VACARE DEO — X

STUDIES IN SPIRITUALITY

Supplement 1

«JUAN DE LA CRUZ, ESPIRITU DE LLAMA»

*Estudios con ocasión del cuarto centenario
de su muerte*
(1591-1991)

Coordinador
OTGER STEGGINK, O.CARM.

Institutum Carmelitanum, Roma

Kok Pharos Publishing House
Kampen, The Netherlands
1991

ISBN: 88-7288-019-X
INSTITUTUM CARMELITANUM
ROMA

ISBN: 90-2422-454-3
KOK PHAROS PUBLISHING HOUSE
PAISES BAJOS

Sumario

II. *Texto, lenguaje y literatura*

Presentación

Otger Steggink, O. Carm.

Los «Estudios con ocasión del IV Centenario de su muerte» que aquí brevemente presentamos, llevan por título: «Juan de la Cruz: espíritu de llama»; calificación ésta, acertadísima, de Antonio Machado. Quiere decir que la «Llama de amor viva» es determinante absoluto de su persona y de su obra; resulta, además, típica de su innata radicalidad.

Tan radical transformación espiritual no significa aislamiento espiritual ni introversión absoluta, sino apertura hacia las criaturas. Al contrario, «el espíritu de llama» inspira toda su persona, toda su vida y toda su obra, transformándole en «hombre de espíritu», uniéndole con el Espíritu de Dios y haciéndole partícipe de la «Llama de amor viva». Dios invade y penetra su persona y, al participarle su vida, inyecta en ella un movimiento de comunión que finaliza y termina la vocación de ser grabada en lo más íntimo del espíritu humano. Así el alma llega a «conocer por Dios las criaturas» y hablando de Dios habla del hombre. Su antropología resulta ser divina, mística; el «hombre de espíritu» integra la perspectiva divina en su visión del hombre y de las demás criaturas, y esto de un modo radical.

Además, tal «espíritu de llama» activa y enriquece todas sus potencias humanas y espirituales. Si en nuestros días San Juan de la Cruz goza de una valoración constante, esto se debe al carácter realista, humano y polifacético de su personalidad y obra: es castellano, carmelita, reformador, poeta, místico, mistagogo, director espiritual, psicólogo, artista... De todo eso tiene mucho, gracias al «espíritu de llama» que penetra todo su ser y obrar.

Tal variedad de aspectos de su personalidad y de temas inherentes a su obra exige necesariamente una investigación variada y el uso de distintos enfoques científicos. En cuanto a tal planteamiento polifacético el presente volumen sigue las líneas directrices que durante las últimas décadas han caracterizado los estudios sanjuanísticos. Queremos dejar claro que «Juan de la Cruz: espíritu de llama», con los múltiples aspectos de su rica personalidad y de su obra, ha inspirado a los autores de este volumen, en su propio campo a cada uno.

No queremos aquí citar a los autores uno por uno, ni intentaremos resumir o valorar sus aportaciones. Lo dejamos al lector.

La presentación detallada de este volumen está en el sumario de títulos y autores, que hablan por sí mismos. Nos limitaremos a indicar brevemente el contenido y el enfoque de las tres partes o secciones en que hemos ordenado las cuarenta y cinco aportaciones; deben tomarse estas tres partes con cierta amplitud. Son las siguientes:

1. *Biografía e historia.*
2. *Texto, lenguaje y literatura.*
3. *Doctrina y magisterio.*

1. *Biografía e historia*

La novedad de la historiografía moderna sanjuanista consiste en el encuadre del protagonista en su ambiente familiar, social, histórico, económico y religioso; lo que proporciona al conjunto un equilibrio sereno y pone fondo a las múltiples posibilidades del biografiado. No resulta posible conocerle con autenticidad sacándole del contexto familiar y social donde se crió y del ambiente cultural y religioso donde se formó.

La información auténtica debe ser ajena a todo prejuicio, debe ser equilibrada. Tan peligroso es despojar a fray Juan de la Cruz de su medio ambiente, como condicionarle a determinadas influencias que de hecho jamás lograron desfigurar al carmelita contemplativo. Su personalidad es libre y goza en sumo grado de libertad de espíritu, aun en medio de las «baraúndas de reforma» que tuvo que presenciar y en las persecuciones que le sobrevinieron de parte de sus hermanos, calzados y descalzos.

Ni las condiciones sociales y culturales donde creció y se formó, ni las circunstancias duras y a veces trágicas, con las que le tocó enfrentarse, le contorsionaron ni le desfiguraron jamás.

Han sido éstas las directrices de esta primera parte las de la historiografía contextual, y el punto de partida es, sin más, la carencia de biografía, en contraste con la abundancia de hagiografía y de la discusión de la realidad histórica de fray Juan de la Cruz, nacido Juan de Yepes, cuya extracción social se falseó en el siglo XVII a tenor de los cánones y modelos de santidad y hagiografía de la piedad barroca.

2. *Texto, lenguaje y literatura*

Como poeta místico fray Juan de la Cruz ocupa un puesto preeminente. Desde principios de este siglo comenzó a desarrollarse un proceso de valoración literaria de sus escritos místicos, particularmente de su poesía mística, que sigue su curso en nuestros días con ritmo creciente. Para comunicarnos su mensaje místico fray Juan de la Cruz se ha servido de dos formas de lenguaje y literatura: poesía y prosa; estando su prosa radicalmente condicionada por la poesía. La bibliografía del «gran poeta más breve de la literatura española» (Jorge Guillén) que abarca las últimas décadas, nos ofrece un elenco impresionante de estudios sobre la poética sanjuanista, la literatura y la lingüística, sobre la hermenéutica de sus escritos y la simbología religiosa de los mismos, sobre la relación que tienen entre sí los tres poemas mayores y sus comentarios, etc.

En este volumen el lector encontrará también una serie de aportaciones relativas a dichos temas textuales, filológicos y literarios. En ellos se ve, en primer lugar, cómo el lenguaje y el género literario condicionan al escritor místico, «espíritu de llama», y al mistagogo. También sale a relucir lo que los biógrafos ya habían descubierto: que fray Juan de la Cruz no es un alma simple, un hombre solamente de experiencia, ni puede ser considerado como autodidacta. Al contrario, además de ser teólogo y filósofo consumado, resulta ser también un gran artista de la palabra y un perfecto técnico del lenguaje. Ha leído las grandes obras de la literatura profana y de la tradición religiosa y mística, del pasado y de su tiempo; ha asimilado y hecho propio el contenido doctrinal de sus lecturas y al mismo tiempo la «forma», la técnica de la composición literaria. Éste es uno de los datos concretos de la exploración y análisis literaria y filológica que nos ofrecen las aportaciones de esta Segunda Parte.

3. *Doctrina y magisterio*

También los teólogos, filósofos y psicólogos siguen ocupándose más que nunca en nuestros días de la personalidad y de la doctrina sanjuanista. Los temas tratados en esta sección son, en parte, los clásicos que versan sobre Dios y la contemplación, la gracia, las criaturas, Cristo, el camino de la oración; mas también se presentan otros temas que en las últimas décadas han recibido cierto relieve, como son: mística y profetismo, la escatología (vida y muerte-resurrección), el camino y proceso de la perfección según San Juan de la Cruz, mas sobre todo la antropología divina (el hombre como Imagen de Dios), punto central en la doctrina del Místico Doctor, y el hombre y la vida teologal.

En esta Tercera Parte se dedican, a continuación, artículos al magisterio del «hombre de espíritu» que fue fray Juan de la Cruz: su dirección espiritual, la recepción de sus escritos místicos en determinados sectores y su influencia en algunas figuras modernas.

Finalmente, se ofrecen en esta parte algunos estudios que constituyen sendas aproximaciones psicológicas de la obra sanjuanista, que abren nuevas perspectivas para la hermenéutica de los textos místicos.

Sabemos que el conjunto de los estudios aquí presentados no abarca todas las facetas de la personalidad y de la obra de místico carmelita. No tenemos la pretensión de presentar una enciclopedia sanjuanista, sino tan sólo un conjunto representativo de contribuciones sobre los aspectos más importantes de la persona y obra del Místico Doctor.

La mayor parte de los autores de este volumen son conocidos por sus estudios y publicaciones de tema sanjuanista. Sin embargo, algunos se estrenan aquí. Son casi todos alumnos y alumnas de los primeros. A todos ellos queremos dar las gracias por sus aportaciones, en nombre del Institutum Carmelitanum, de Roma, que tomó la iniciativa de publicar este volumen en homenaje a San Juan de la Cruz, en ocasión del IV Centenario de su vida y muerte; de modo particular agradecemos a la Sra. Nel Bogert la ayuda que nos prestó en la preparación de los textos para su impresión.

San Juan de la Cruz: de la hagiografía a la historia

Teófanes Egido, O.C.D.

La biografía de San Juan de la Cruz plantea problemas que aún no se han acabado de despejar: sus «Vidas» (numerosas y excelentes desde otros puntos de vista) desde el principio del siglo XVII constituyen ejemplos clásicos del género hagiográfico más que del biográfico[1]. Y la hagiografía, claro está, se acomoda, a su vez, a los modelos de santidad dominantes en los tiempos del hagiógrafo. Esto, que resultaba más que comprensible en el Barroco, se ha ido reproduciendo con sorprendente fidelidad hasta prácticamente hoy a pesar de los avisos de Baruzi y del ensayo del Padre Bruno de Jesús María[2].

---

[1] Las hagiografías clásicas, que prestaron el modelo al que forzosamente debían atenerse, fueron las de José de Jesús María (Quiroga), OCD, *Historia de la vida y virtudes del Venerable P. Fr. Juan de la Cruz, primer religioso de la Reformación de los Descalzos de Nuestra Señora del Carmen*, Bruselas, 1628 (con reiteradas ediciones posteriores); Jerónimo (Ezquerra) de San José, *Historia del Venerable Padre Fr. Juan de la Cruz, primer Descalzo Carmelita, Compañero y Coadjutor de Santa Teresa de Jesús en la fundación de su Reforma*, Madrid, 1641. El P. Fortunato Antolín acaba de editar la otra vida, manuscrita durante tanto tiempo, que fue una de las fuentes más socorridas: Alonso de la Madre de Dio, *Vida, virtudes y milagros del Santo Padre Fray Juan de la Cruz, maestro y padre de la Reforma de la Orden de los Descalzos de Nuestra Señora del Monte Carmelo* (hacia 1630), Madrid, Editorial de Espiritualidad, 1989. Quizá más influjo tuvo, y fue muy leída por el carácter de versión oficial, la vida incorporada al segundo tomo de las crónicas: *Reforma de los Descalzos de Nuestra Señora del Carmen de la Primitiva Observancia hecha por Santa Teresa de Jesús*, del P. Francisco (Pulgar) de Santa María, Madrid, 1655.

[2] Jean Baruzi, *Saint Jean de la Croix et le problème de l'experience mystique*, Paris, 1924 (segunda edición, 1931). Bruno de Jesús María, *Saint Jean de la Croix* (con prólogo de J. Maritain), Paris, 1929 (trad. española, Madrid, 1943). La vida más leída es, indudablemente, la del P. Crisógono de Jesús Sacramentado, *Vida de San Juan de la Cruz*, aparecida al frente de las *Obras* del Santo publicadas por la Biblioteca de Autores Cristianos, Madrid, 1946, y que en su undécima edición (1982) aparece como volumen aparte: hay que advertir el esfuerzo documental (reforzado por las adiciones del editor, Matías del Niño Jesús), el lenguaje, la virtualidad narrativa. Supone una superación de los tratamientos anteriores en España. No obstante, la frecuente inclusión de elementos extra-históricos la sitúa, de nuevo, más cerca del género hagiográfico que del biográfico, explicable, esto último, por la época en que fue elaborada. Más acordes con las exigencias historiográficas son las obras recientes: José Vicente Rodríguez, *San Juan de la Cruz: profeta enamorado de Dios y maestro*, Madrid (Instituto de Espiritualidad a Distancia), 1987, y *Dios habla en la noche. Vida, palabra, ambiente de San Juan de la Cruz* (Madrid, Editorial de Espiritualidad, 1990), redactada en equipo y en fascículos (Arenzano).

No vamos a entrar aquí en tantas cuestiones como suscita la metodología en el tratamiento que hay que emplear en relación con las fuentes nutricias de las hagiografías sanjuanistas y que no son sino los materiales extraídos de las informaciones para los procesos de beatificación. Nos interesa más, por el momento, insistir en algunos factores generales, externos incluso a San Juan de la Cruz, pero que hay que tener en cuenta para no sacar de su quicio histórico a su persona, incluso, muchas de sus magisteriales enseñanzas, producido todo en un mundo y en un ambiente sustancialmente distintos a los de ahora.

1. La sociedad sacralizada de San Juan de la Cruz

La llamada historia de las mentalidades debe atenderse para la comprensión correcta del universo en que se movieron las referencias de San Juan de la Cruz. Una de las coordenadas fundamentales, la que condicionaba y estimulaba las actitudes de aquella sociedad de la segunda mitad del siglo XVI, era la del ambiente universalmente sacralizado en que todo se producía y se percibía. Desde esta perspectiva, la Ilustración del siglo XVIII, descubridora de las posibilidades humanas, de las capacidades de la razón y de las fuerzas físicas, entre otras cosas, contribuyó decisivamente al proceso secularizador posterior. Hasta entonces, hay que repetirlo para no incurrir en groseros anacronismos, las sociedades se distinguían por su universo sacralizado. Es decir, por horizontes absolutamente subordinados a los agentes y a las presencias sobrenaturales. La existencia terrena no tenía sentido autónomo, estaba condicionada por la transcendencia, y la preocupación primordial, el «negocio» (para emplear expresiones teresianas), que realmente importaba era el de asegurar la salvación eterna, la otra vida que no acababa, en contraste con lo frágil y efímero de ésta, cuyas condiciones eran en el siglo XVI tan diferentes a las de las sociedades actuales.

Con todas las protecciones sobrenaturales abigarradas, y con la mirada puesta en la salvación, se iniciaba la vida de los castellanos (y de los no castellanos) de entonces. El mismo bautizo estaba condicionado —al margen de todas sus dimensiones teológicas— por esta obsesión. El nombre impuesto a la criatura era el de un santo como reclamo de protección y aliento a la imitación.

No es preciso insistir en la antroponimia como expresión de las formas habituales de identificación personal, de individualización y pertenencia al núcleo familiar. A Juan de Yepes se le impuso uno de los nombres más habituales en el siglo XVI castellano junto con los de Pedro, Antonio y Francisco [3]. Sus hagiógrafos se acogieron precisamente a estas relaciones para datar el 24 de junio como día de su nacimiento, concretándolo en la fiesta de San Juan Bau-

---

[3] Cfr. José de Jesús María, «San José y la antroponimia de Valladolid», en el vol. *Presencia de San José en el siglo XVII*. Valladolid, Centro Josefino, 1987, págs. 511-520.

tista, mucho más popular que el Evangelista, aunque no falte quien aluda a esta otra festividad de diciembre, cercana a la del nacimiento del Señor[4].

Por otra parte, el bautismo, más que como incorporación a Cristo y a su Iglesia (algo presupuesto en aquel discurso religioso), se miraba como garantía de vida eterna. Era perfectamente comprensible en las familias habituadas a índices elevadísimos de mortalidad infantil, a la contemplación del nacer como una aventura y de la supervivencia como una esperanza llena de inseguridades. En toda Europa, tanto en la católica como en la protestante, las profundas antipatías y drásticas condenaciones contra los anabaptistas se basaban fundamentalmente en el riesgo de las criaturas a la condenación eterna como consecuencia de su rechazo sectario del bautismo de los niños y de sus exigencias de esperar a edades y opciones adultas.

Ello explica también la preocupación solidaria e individual por los numerosos niños expósitos. Había cofradías, legados, fundaciones, obras pías y personas caritativas dedicadas a la recogida de las criaturas abandonadas para asegurarles en la otra vida por el bautizo apresurado ya que estaban abocadas mayoritaria e inexorablemente a la muerte temprana.

Precisamente una de las preocupaciones más intensas de aquella familia de los pobres Yepes en Medina del Campo, centro notable de exposición de niños[5], fue la «de hacer criar a los niños expósitos que echaban a las puertas, y en buscar amas que los criasen, y pedir limosna por las calles y por las puertas de las iglesias para pagar los gastos que con ellos se hacían»[6], dice el hagiógrafo de Francisco de Yepes. Los libros de bautizos de las parroquias medinenses confirman la realidad de este quehacer en las presencias frecuentes, como padrinos de estos abandonados, tanto de Francisco como de su madre Catalina Alvarez y de su mujer Ana Izquierda[7].

2. Juan de Yepes y la educación de los pobres

Mientras tanto, el hijo menor, Juan de Yepes, que logró superar las crisis alimenticias de la década de los años cuarenta (que probablemente arrebataron a su padre y a su hermano Luis), podía sobrevivir gracias a la pobreza de su familia y a los mecanismos arbitrados por aquellas sociedades para afrontar las situaciones cuasiestructurales provocadas por el pauperismo. La emigración de los tres integrantes, aumentados a cuatro desde la boda de Francisco

---

[4] Así lo dice el bien informado Alonso de la Madre de Dios, *o.c.*, p.46, al hablar del nacimiento al «fin del año de mil quinientos cuarenta y dos». Discusión acerca de estos datos cronológicos, en J.V. Rodríguez, *o.c.*, p.26-27.

[5] A. Marcos Martín, *Auge y declive de un núcleo mercantil y financiero de Castilla la Vieja. Evolución demográfica de Medina del Campo durante los siglos XI y XVII*, Valladolid, 1978, pp. 118-140.

[6] J. Velasco, O.Carm., *Vida, virtudes y muerte del venerable varón Francisco de Yepes*, Valladolid, 1616, p.21.

[7] J.V. Rodríguez, en *Dios habla en la noche*, p.43.

en Arévalo con otra pobre (y con los hijos numerosos que irían naciendo y muriendo en seguida de este matrimonio), se explica perfectamente por las urgencias de llegar a un núcleo urbano como el de Medina del Campo. Con sus muchos habitantes, con su riqueza y su actividad mercantil, así como por su dotación asistencial, ofrecía seguridades imposibles de esperar en Fontiveros o en Arévalo. En Medina los Yepes integraron el porcentaje elevado de la población pobre (un 9 por 100 del total de habitantes)[8].

Hay que insistir en las ventajas de que disfrutaban entonces los pobres en sus múltiples variedades. Porque había pobres, acosados por las leyes y la justicia, considerados como marginales y, a veces, como delincuentes: eran los vagos, los capacitados para el trabajo pero que preferían la libertad del mendigar y se resistían al encerramiento productivo, al sistema de reducción que, aunque propuesto por reformadores como Erasmo o Luis Vives y universalizado en los Estados protestantes tras el desmantelamiento de las cofradías, en la España del siglo XVI no consiguió cuajar a pesar de las insinuaciones de algunos teólogos, de las medidas legales de Carlos V y de las duras polémicas mantenidas precisamente por aquellos años de la niñez de Juan de Yepes[9]. A pesar de su esfuerzo por probar lo contrario, entre este enjambre de pobres, vagos y algo maleantes, parece haber vivido Francisco de Yepes, el ingenuo y querido hermano mayor de Juan. Era alérgico al trabajo fijo, empedernido mendicante, que (y esto no resultaba excepcional) acabó sus días con cierta riqueza relativa[10].

El rechazo legal (parece que no social) de los pobres capacitados contrastaba con el amparo prodigado a las otras dos categorías: la de los pobres envergonzantes y la de los pobres de solemnidad. Los envergonzantes estaban, en cierto modo, mimados por una sociedad con la honra como principio básico de estimación y muy comprensiva con estos venidos a menos por los caprichos de la fortuna o por lo que hubiera sido. A fin de cuentas, la pobreza vergonzante no estaba reñida con el linaje honrado. Más exactamente, era como una prueba de honra. Por eso se explican los esfuerzos de los hagiógrafos clásicos de San Juan de la Cruz por encuadrar a su padre en esta categoría (no del todo probable en la realidad, al menos no probada documentalmente). Satirizados o mirados con ternura por el género literario de la picaresca, en tiempos de crisis de subsistencia eran preferidos en los repartos caritativos, y no había ciudad que no contase con su cofradía dedicada exclusiva o prioritariamente a la subvención, eso sí, siempre oculta, discretísima y cómplice, de los envergonzantes[11].

---

[8] Hemos recogido algunos de los porcentajes de pobreza en ciudades castellanas de este siglo en *Aspects of Poverty in Early Modern Europe*, Odense, 1986, pp.60-62.

[9] Síntesis en E. Maza Zorrilla, *Pobreza y asistencia social en España, siglos XVI al XX. Aproximación histórica*, Valladolid, 1987, pp.82-90.

[10] Véanse ampliamente descritas las honras fúnebres y los ingresos de esta pobreza de Francisco, bien apoyado en la fama de santidad del hermano, a lo largo de la *Vida* cit. de J. Velasco.

[11] Cfr. E. Maza Zorrilla, *o.c.*, pp.22-26.

De la caridad pública vivían los pobres de solemnidad, los oficiales y empadronados como tales. En contraste con el disimulo a voces de los anteriores, estos otros clamoreaban su condición. Eran los profesionales de la pobreza. Y la profesión era tan demandada, que el ingreso en su estado se hallaba sometido a probanzas múltiples exigidas por la legislación y por las ordenanzas, criticadas por quienes, como el dominico Pedro Soto, eran partidarios de la omnímoda libertad del pordioseo [12]. Entre los pobres de solemnidad tenían preferencia las viudas, auténtica institución social en el Antiguo Régimen, y entre ellos es muy posible que se encuadrase la madre de Juan de Yepes en Medina del Campo. Al menos es incuestionable que se benefició de tantas ventajas de aquella profesión, entre ellas la de que pudiese ingresar su hijo menor en los «doctrinos».

No era corriente que los niños pobres tuvieran facilidades para la instrucción. No sólo carecían de ella los pobres si nos atenemos a los índices altísimos del analfabetismo del siglo XVI más alevados aún en el campo que en la ciudad, en las mujeres que en los hombres, en los miserables que en los dotados económicamente. Los historiadores actuales se esfuerzan por fijar los márgenes amplísimos de estos sectores que ni leían, ni escribían, ni siquiera sabían firmar, en contraste con las escuetas minorías familiarizadas con la lectura y con la escritura [13]. Un dato: podrá contrastarse el abismo que media entre los comportamientos de la familia de Santa Teresa, en la que (caso raro) madre e hija rivalizan en devorar libros (además, libros prohibidos por la legislación civil), y entre la de San Juan de la Cruz, en la que él fue el único alfabetizado mientras su madre, su hermano, su cuñada (a los sobrinos no les dio tiempo a nada por su muerte prematura) eran analfabetos radicales.

Los ricos, por otra parte, recibían su instrucción en casa, mientras los pobres tenían que recurrir —en las escasas ocasiones en que lo hacían— a instituciones creadas por la caridad colectiva, financiadas por el municipio y por las limosnas. Porque los maestros, de primeras letras o de gramática, que ejercían su profesión libremente eran escasos entonces: 4 en Avila, 12 en Valladolid, 2 en Medina del Campo [14]. Además, tales maestros no estaban al alcance de los pobres.

Sin embargo, las ciudades castellanas, por los años cincuenta, disponían de una institución que ya había proliferado cuando los Yepes llegan a Medi-

---

[12] F. Márquez Villanueva, «La actitud espiritual del Lazarillo», en *Espiritualidad y literatura en el siglo XI*, Madrid, 1968, pp.122-123.

[13] M. Chevalier, *Lectura y lectores en la España del siglo XVI y XVII*, Madrid, 1976. B. Bennassar, en *Orígenes del atraso económico español*, Barcelona, 1985, pp.147-163. M.C. Rodríguez y B.Bennassar, «Firmas y nivel cultural de los testigos y acusados en los procesos de la Inquisición del Tribunal de Toledo (1527-1817) y del Tribunal de Córdoba», en *Caravelle* 31 (1978) 17-46. Más directamente relacionado con tierras sanjuanistas, el documentadísimo estudio (aún inédito) de S. de Tapia, «Nivel de alfabetización en una ciudad castellana del siglo XVI: sectores sociales y grupos étnicos en Avila».

[14] Cfr. S. de Tapia, l.c., nota 21.

na: la de los mencionados «doctrinos». Como su misma denominación indica, la formación cultural estaba subordinada —como todo— a la religiosa, al aprendizaje, memorización y repetición de la doctrina cristiana, de modo de ayudar a misa en latín, de los rudimentos del escribir («juntar letras» se decía), del leer y del contar. Se trataba de una enseñanza sacralizada porque lo que importaba a aquellas sociedades, tal como se expresaban las Cortes en 1548, era «poner remedio a la gran perdición que de vagabundos, huérfanos y niños desamparados había (...), porque habiendo de ser criados en libertad, de necesidad han de ser cuando grandes gente indomable, destruidora del bien público, corrompedora de las buenas costumbres e inquistadora de las gentes y pueblos». Las propias Cortes proclamaban el éxito de la experiencia de estos colegios: «cuánto bien hasta ahora se haya hecho en las partes donde hay colegios son testigos los jueces de ellas, que dicen haber menos latrocinios que solía» [15].

Los colegios de doctrinos tenían características generales en todos ellos: gestionados por algún clérigo de fiar, su régimen era de riguroso internado, cuasiconventual. Más clamorosos en Andalucía, sus pupilos salían por las calles cantando el catecismo que el Maestro Avila les había compuesto, animaban fiestas y procesiones del Corpus [16]. En Castilla la Vieja parecen haber sido más severos, más recoletos. Incluso su catecismo enlazaría más con los anteriores cartones medievales, con las posteriores prosaicas y escuetas «Cartillas de Valladolid» o con los otros catecismos de Ripalda y Astete (que, por cierto, en Medina enseñaba cuando andaba por allí Juan de Yepes) [17].

El colegio de doctrinos de Medina del Campo, como todos, estaba reservado para niños pobres y, a poder ser, como en el caso de Juan, a huérfanos con su madre viuda. Entre las contraprestaciones de los recogidos es presumible que se contaría la de asistir a entierros, más brillantes cuantos más pobres formasen en el cortejo. Es seguro que estaban obligados a pedir limosna para la institución a pesar de los temores expresados por la legislación hacia tal menester [18]. Y en Medina, además, los doctrinos debían acudir a ayudar a las misas y oficios de las agustinas de la Magdalena: era la condición impuesta por el fundador del monasterio, el rico banquero Rodrigo de Dueñas, a cambio de la generosa protección económica dispensada al colegio [19]. Este fue el motivo humano de tantas misas como ayudaba el niño Juan de Yepes en su infancia [20].

Como en todos los colegios de la doctrina, la enseñanza era diversificada. Junto con la doctrina cristiana, común a todos los niños, la mayor parte

---

[15] *Antiguas Cortes de Castilla y León*. Valladolid 1548, petición 152.
[16] Algunos ejemplos, en *Dios habla en la noche*, p.218.
[17] Cfr. las introducciones bien fundadas de L. Resines, *Catecismos de Astete y Ripalda*, Madrid, 1987.
[18] J.V. Rodríguez, *San Juan de la Cruz*, p.30.
[19] *Ibid.*, pp.30-31.
[20] *Ibid.*

aprendía los oficios manuales que los facultasen para el trabajo posterior a las órdenes de los respectivos y variados maestros de gremios. La minoría que manifestaba cualidades para las letras era cultivada en el estudio a la espera de que, una vez abandonado el colegio, pudieran proseguir la enseñanza. El testimonio de Francisco de Yepes, repetido por cuantos aluden a esta etapa, insiste en el fracaso rotundo al intentar encauzar a su hermano por alguno de los oficios gremiales [21]. Baruzi y algunos más enlazan con esta iniciación la habilidad de Fray Juan en su madurez para tallar algunas cruces y hasta la sensibilidad estética al lanzar duras invectivas contra fabricantes de imágenes toscas [22]. Lo indudable es que, desde los nueve años aproximadamente hasta su adolescencia, Juan de Yepes estudió las primeras letras en una institución de caridad para los niños más pobres.

Acabado el aprendizaje de primeras letras, tuvo la fortuna de poder seguir estudios preuniversitarios de gramática, retórica, latinidad, filosofía, en el colegio que la Compañía de Jesús había fundado en Medina del Campo. Pudo gozar, además, de la enseñanza de maestros privilegiados como el Padre Bonifacio y el mencionado Padre Astete. Quizá acudiera a lecciones públicas de la cátedra que en los carmelitas de Santa Ana había fundado el prestigioso Padre Rengifo. La que frecuentó sin género de duda, la jesuita, era una enseñanza con estilo nuevo y humanista calurosamente ensalzada por el propio Cervantes en el *Coloquio de los perros Cipión y Berganza* años más tarde. Es una fase de la vida y de la formación de Juan de Yepes no estudiada en exceso y en la que no insistimos por dedicarse a ella una aportación bien fundada del Padre Luis Fernández en este volumen.

De todas formas, Juan de Yepes no pudo incorporarse a la *ratio studiorum* con dedicación exclusiva por la sencilla razón de que, a tenor de los datos de que disponemos, se vio obligado a seguirla en tiempos parciales y al conciliarla con su trabajo en el hospital de las bubas, a las afueras de la ciudad como lo estaban todos los hospitales de enfermos contagiosos. También desde allí, al margen de otras ocupaciones, tuvo que dedicarse a mendigar para la financiación caritativa del activo centro de asistencia [23].

Después de sus estudios humanísticos, cursados, según José Vicente Rodríguez, de 1559 a 1563 [24], Juan de Yepes ingresa en los carmelitas de Santa Ana. Los motivos de tal decisión no se conocen. El administrador del hospital de las bubas le sugirió la ordenación sacerdotal pensando en la utilidad de Juan como capellán de la institución. No se conoce que fuera solicitado por

---

[21] Declaraciones de Francisco de Yepes, en P.M. Garrido, *Santa Teresa, San Juan de la Cruz y los carmelitas españoles*, Madrid, 1982, p.374.

[22] J. Baruzi, *o.c.*, pp. 80-82.

[23] A. Marcios Martín en su *o.c.* dedica numerosas páginas a este régimen hospitalario. En todo caso, el de las bubas no debe confundirse, como hacen algunos hagiógrafos, (p.e. Alonso de la Madre de Dios, *o.c.*, p.49) con el posterior y general de Simón Ruiz.

[24] *Dios habla en la noche*, p.46.

la Compañía de Jesús, cuyo colegio fue un semillero de vocaciones también para otras órdenes religiosas[25]. Profesado, su destino fue el de la Universidad de Salamanca desde el Colegio carmelitano de San Andrés[26]. Anheloso de otra forma de vida religiosa, andaba pensando en los cartujos cuando tuvo lugar el encuentro histórico que narra Santa Teresa[27]. Y se comprometió en el proyecto de reforma carmelitana masculina en el que soñaba la Madre.

3. *Ambiente reformador en Castilla: entre el rigor y el humanismo*

La reforma teresiana, tanto la femenina como la masculina, se entienden mejor si se recuerda que se encuadra en ese movimiento largo de inquietud reformadora que ha seguido a la postración del siglo XIV, que se encontró con pestes asoladoras, que desertizan conventos y producen adormecimiento, y con un cisma desconcertante entre otras cosas.

La reactivación subsiguiente de reformas compromete, además de a los protagonistas de las diversas órdenes religiosas, a las jerarquías eclesiásticas, a los poderes políticos de los monarcas y de los señores, y no es infrecuente la participación del pueblo que ve como algo propio, en un clima de evidente clericalización, este movimiento que respalda a veces con violento entusiasmo.

El movimiento afectó a toda Europa, es decir, a toda la Cristiandad. Dentro de la península, fue más activo en Castilla a tenor de su hegemonía demográfica, de su dinamismo económico, de su prestancia sobre el resto de los reinos, puesto que en el siglo XV y en el XVI la situación en estos órdenes era la inversa a la actual, en beneficio de la España interior entonces[28]. De hecho, Castilla fue un hervidero de reformas. Habían comenzado con vigor en tiempos de Juan I (1379-1390), registraron tiempos de especial agitación con los Reyes Católicos y con Cisneros (1469-1516), y el ciclo se alarga hasta Felipe II (1556-1598) y el Concilio de Trento.

Las clarisas desde Tordesillas; los benedictinos desde la creciente ciudad de Valladolid; los jerónimos que inician su andadura por tierras de Toledo; el Cister desde el monasterio colindante de Piedra; los agustinos por Salamanca; los franciscanos desde Burgos y Valladolid; todos ellos, y otros más, son modelos que actúan como fermento de un ambiente bullicioso que afecta prácticamente a todas las órdenes religiosas y contagia a los seglares. A excepción de los cartujos, que, según se decía, eran tan rigurosos que no

---

[25] *Ibid.*, p.52.

[26] B. Velasco Bayon, *El Colegio Mayor Universitario de Carmelitas de Salamanca*, Salamanca, 1978. L.E. Rodriguez-San Pedro Bezares, «San Juan de la Cruz en la Universidad de Salamanca, 1564-1568, en *Salmanticensis* 36 (1989) 157-192. Id., *Peripecia universitaria de San Juan de la Cruz en Salamanca*, Avila, 1989.

[27] *Fundaciones* 3,17.

[28] Cfr. los datos que los autores de la obra colectiva *Historia de Castilla y León*, Valladolid (Edit. Ambito), ofrecen en los tomos 4 y 5, Valladolid, 1985.

necesitaban de reforma, y a excepción de los dedicados a redimir cautivos, mercedarios, trinitarios, cuya hora sonará después [29].

También los carmelitas habían ensayado vías nuevas por Europa. No lo habían hecho, sin embargo, en Castilla. Lo que no quiere decir que no desearan hacerlo. Y es que hay que tomar con precaución los tópicos acerca de su decadencia, de su relajación y las generalizaciones derramadas por la historiografía hostil a los no reformados. No debían andar tan dormidos y tan mal cuando en su seno germinaron nada menos que las empresas de San Juan de la Cruz y de Santa Teresa.

De las reformas anteriores, el modelo que más perceptiblemente influye en la carmelitana es el franciscano, que, con fuerza ya en los comienzos del siglo XV, ha cristalizado en el XVI con sus «observantes», recoletos o descalzos: existe una evidente continuidad entre aquellos eremitorios-conventos rurales de Fray Pedro de Villacreces o San Pedro Regalado, los proyectos del cardenal Cisneros, y entre las realizaciones de San Pedro de Alcántara, inspirador (admirado e imitado) de Santa Teresa [30].

Unos y otros, cuando se trata de reformados-descalzos, tienen rasgos comunes y permanentes. El primero y universal se cifra en el retorno a los orígenes genuinos, oscurecidos, según ellos, por las sucesivas mitigaciones de la Regla primitiva, reclamada como referencia inevitable (aunque, como sucedió a Santa Teresa, resultara que la tal Regla no era la auténticamente originaria).

El retorno a la regla y a los orígenes se conduce sobre el rigor. Porque el rigor, en toda su crudeza, ejercía un atractivo singular en aquellas mentalidades, ya fuesen las del pueblo cautivado por lo excesivo de la austeridad clamorosa, ya fuesen las de gentes selectas: Santa Teresa, con su himno necrológico a las increíbles mortificaciones sobrehumanas del amigo San Pedro de Alcántara; o Fray Juan de Santo Matía suspirando por monasterios observantísimos de la Cartuja antes de conocer a la Madre Teresa.

El rigor se convierte en signo de identidad de toda reforma. Pero el rigor concretado en edificios pobres, reducidos, sin lugar para los materiales nobles; rurales como los eremitorios franciscanos, en contraste con los espaciosos y urbanos —a veces magníficos— de los «conventuales» no reformados.

Además del habitáculo, el vestido se consideró como otro de los signos de identidad celosamente cuidado: aquellos descalzos andaban con calzados campesinos (cuando los llevaban), y el hábito no podía ser amplio, de tejidos valiosos, sino estrecho, de tela humilde. Hábito y calzado suelen imponerse

---

[29] Buena información en las obras de J. García Oro. Síntesis «La vida monástica femenina en la España de Santa Teresa», en *Congreso Internacional Teresiano, 4-7 octubre 1982*, I, Salamanca, 1983, 331-349.

[30] J. García Oro, l.c. y «Conventualismo y observancia», en *Historia de la Iglesia en España*, III/1, Madrid, 1980, pp. 22-233; «Reforma y observancias: crisis y renovación de la vida religiosa española durante el Renacimiento», en *Perfil histórico de Santa Teresa*, Madrid, 1981, 49-54; *Cisneros y la reforma del clero español en tiempo de los Reyes Católicos*, Madrid, 1971.

con detalle minucioso en las normas, ordenaciones o constituciones reformadas:
«Todos los frailes anden descalzos y vestidos de sayal, cual se hallare en la tierra donde están; y los hábitos no sean más largos que hasta el tobillo ni más
anchos de diez palmos», pedía la reforma de San Pedro de Alcántara en 1562[31].

Al margen de otras mortificaciones en el dormir en lechos duros (si
aquello se podía llamar lecho), en las disciplinas físicas, las identidades del rigor insistían sobremanera en las comidas, mejor dicho, en los ayunos prolon-
gados, en abstinencias a veces perpetuas, en el comer escaso y sin delicadezas.
Era comprensible en tiempos de hambre. Las ordenaciones alcantarinas citadas prohíben —salvo para enfermos— que los frailes sanos coman «cosas señaladas», como «perdices, gallinas ni pescados preciosos»; mandan que «no se
coma los miércoles carne ni obliguen a ningún fraile sano a que la coma en
ningún tiempo si él no la quiere comer, ni grosura, ni huevos, ni cosa de leche y pescado». Era aún más excesiva el cuidado por no «dessordenar los es-
tómagos», que se ponía en los eremitorios anteriores del Abrojo, de la Aguilera, por el fundador Villacreces y por San Pedro Regalado. El encargado de
la cocina nos habla de aquellos menús con no disimulada fruición: «Si algún
poco (de carne) sobraba de lo que para él (un viejo) se traía, hacíamelo hacer
tasajos y poner al sol, y aquello, con las cabezas y livianos traídos del domingo, en veranos daba yo a los frailes trabajantes de sol a sol los jueves, lleno
de gusano y hediondo, de manera que por gran consolación hubieran los frailes nunca lo comen, y que se lo mudara en fruta, la cual daba yo muy escasa
y por cuenta» (y sigue hablando de esta guisa sobre los pescados, el vino...)[32].

Como es comprensible, la reforma teresiana incorporada con San Juan
de la Cruz y los frailes tuvo numerosos elementos heredados de las otras.
Se percibe cierta tendencia inicial al eremitismo originario del Monte Carmelo, ideal permanente. Se llega incluso a caer en el embrujo del rigorismo
y en excesos que fueron encauzados, mientras vivieron, por la intervención
prudente de Santa Teresa y por el humanismo de San Juan de la Cruz, único carmelita descalzo que pudo experimentar el magisterio y la convivencia
con la Fundadora. Ella pudo informarle, como de hecho hizo, «de toda
nuestra manera de proceder, para que llevase bien entendidas todas las cosas, así de mortificación como de estilo de hermandad y recreación que tenemos juntas»[33], mientras se aprestaba la fundación de Valladolid y en vísperas de la aventura masculina de Duruelo.

A pesar de todo, y como el Padre Antonio Heredia, el prior de aquel
convento primitivo, no parecía sino subyugado por el rigor, cuando la Santa visita la fundación de Duruelo, después de ensalzar el género de vida de
aquella casita de Belén y de sus moradores, tiene que moderar sus excesos.

---

[31] Los textos alcantarinos, en A. Barrado, *San Pedro de Alcántara*, Madrid, 1961.
[32] Cfr. los textos de la reforma villacreciana, de San Pedro Regalado, de Lope de Salazar,
etc., edit. en *Archivo Ibero-Americano* 17 (1957), 687-746.
[33] *Fundaciones* 13,5.

Lo dice, muy a su estilo, cuando recuerda aquella aventura del adviento de 1568: «Después que tratamos aquellos padres y yo algunas cosas, en especial, como soy tan flaca y ruin, les rogué mucho no fuesen en las cosas de penitencia con tanto rigor, que le llevaban muy grande; y como me había costado tanto de deseo y oración que me diese el Señor quien lo comenzase, y veía tan buen principio, temía no buscase el demonio cómo los acabar antes que se efectuase lo que yo esperaba» [34].

Más dolorosa fue la experiencia de Pastrana, fundación también tempranera (1569), recogedora de los afanes eremíticos extravagantes de dos anacoretas recién llegados, Ambrosio Mariano y Juan de la Miseria. Aquel noviciado, por el que pasó el Padre Gracián, se constituyó en paladín del espíritu raro de otra extremista, doña Catalina de Cardona, especie de conversa empeñada en vestir a lo fraile, en mortificaciones llamativas y extemporáneas, amiga de cuevas y de soledades predicadas por ella misma, en convivencia con demonios «que le aparecían como unos alanos grandes y se le subían por los hombros». Para qué seguir con tanta anomalía: léase el inteligente e irónico capítulo 28 de las *Fundaciones* para detectar lo que de verdad y entre líneas narra la Santa sobre esta figura «con olor a reliquias» y a la que en Pastrana y en la Roda (y en algún convento más) se la llegó a proponer como alternativa fundadora de Santa Teresa. La Madre hubo de recurrir a Fray Juan de la Cruz para encarrilar tanto desvarío del maestro novel de novicios: «era cosa excesiva de la manera que los llevaba y las mortificaciones que les hacía hacer» [35].

La pobreza, el rigor, los silencios, la mortificación de los frailes ideados por Santa Teresa estaba subordinado a la vida común sin desigualdades, a la oración, a la acción pastoral [36].

Otra de las diferencias fundamentales entre las reformas medievales y la de San Juan de la Cruz es la referente a los estudios. Santa Teresa simpatiza con los espirituales, no hay duda, y ya hemos aludido al influjo de San Pedro de Alcántara en el arranque de San José de Avila. Pero no es lo mismo 1562 que 1568, ni los comienzos de las monjas deben identificarse con los de Duruelo. El lector atento del capítulo 14 de las *Fundaciones* captará inmediatamente la decepción que le produce el lugarcillo apartado, tan inadecuado para la empresa que ella soñara de frailes espirituales, mas también letrados y predicadores. «Era mi intento el desear que entrasen buenos talentos, que con mucha aspereza se habían de espantar», dirá más tarde [37].

Las reformas anteriores se distinguieron por su aversión radical y casi general a los estudios y a los grados académicos universitarios, considerados

---

[34] *Fundaciones* 14,12.
[35] *Fundaciones* 23,9. Análisis de lo que significó esta tendencia descalza, que no se apagaría del todo, en Efrén de la Madre de Dios, «La escisión de Pastrana», en *Congreso Internacional Teresiano*, I, 389-405.
[36] J. García Oro, «La vida monástica femenina», l.c.
[37] Carta a Ambrosio Mariano, 12 diciembre 1576, 7.

éstos y aquéllos como responsables de la relajación e irreconciliables con la contemplación. Es el eco que resuena en la reforma franciscana a fines del siglo XIV y a comienzos del siglo XV, es decir, con integrantes medievales: «San Francisco —repetía el reformador graduado Villacreces— muchas veces determinó que la ciencia había de ser la caída de la orden»; «más aprendí en la celda, llorando en tiniebla, que en Salamanca o en Tolosa o en París estudiando a la candela». De él dice quien bien le conoció que «el primer estudio que él enseñaba a sus discípulos era llorar y aborrecer el estudio de las letras» [38].

Por el contrario, el Padre Gracián expresaba de esta suerte el programa inicial del Carmen Descalzo: «Para el aumento de una orden no hay mejor camino que plantar seminarios en las Universidades de estudiantes, porque allí toman el hábito los buenos sujetos, como experimenté en los conventos de Alcalá, Baeza, Sevilla y Granada, donde también hay estudios. Faltábame hacer fundación en Salamanca, Toledo, Valladolid, que son Universidades, y aunque me convidaban con diversas fundaciones en diversos pueblos, siempre fue mi opinión que los conventos habían de ser pocos, de gente escogida y en ciudades principales, particularmente Universidades de estudios, para dilatarse esta Orden de la Virgen Santísima María en todo el mundo con fruto de las almas, como se había dilatado la de la Compañía de Jesús» [39].

El modelo de los jesuitas mencionado por Gracián comprueba alguna de las diferencias entre aquellas reformas medievales y la de San Juan de la Cruz, más encuadrada ésta en las constantes del Humanismo. Lo que no quiere decir que, desaparecidos los fundadores y alejado Gracián, no se intentara retornar a posiciones más franciscanas.

4. Reforma del rey y resistencias desde Roma

Todas las reformas tuvieron que vivir tiempos de tensión, y la carmelitana masculina no podía constituir una excepción. Nacida como experiencia dentro del tronco carmelitano, pronto comienza a pesar la conciencia y la necesidad de separarse de la jurisdicción de los calzados como medio inevitable de la propia supervivencia.

Esta lucha por la independencia será la que caracterice toda una etapa llena de sobresaltos, no exenta de violencias, primero hasta 1580, cuando logra erigirse en provincia exenta; después, con más paz, hasta 1588, año en el que el Carmen Descalzo es reconocido como Congregación, es decir, como orden con personalidad propia.

En el forcejeo intervinieron posiciones encontradas y divididas en dos frentes. Por una parte, las resistencias comprensibles y legítimas en el fondo,

---

[38] Cfr. material citado en nota 32.
[39] *Peregrinación de Anastasio,* Diálogo 13: en Biblioteca Mística Carmelitana, III, 194.

representadas en el General de la Orden, empeñado en evitar la separación del grupo cada vez más nutrido de los descalzos. Por otra, éstos, convencidos como estaban de que su proyecto de vida religiosa resultaría inviable sin su autonomía. La incompatibilidad cristalizó en un conflicto no sólo de jurisdicciones sino también, y en mayor medida, de poderes: los descalzos se acogieron a la protección del rey Felipe II; los calzados a la del nuncio, es decir, a la de Roma. «Heme aquí —diría uno de los protagonistas y de las víctimas de los acontecimientos, el citado Padre Gracián— metido entre el rey y el nuncio sobre negocio tan pesado de jurisdicción»[40].

Mientras el nuncio se mantuvo, como hizo Ormaneto, en actitud prudente y diplomática, los descalzos mantuvieron la esperanza. Cuando el sucesor, Felipe Sega (1577) se decantó, como era de esperar, por el General calzado y sus enviados, se agudizaron las tensiones, se retornó a confinamientos de las cabezas de la descalcez, y la Reforma estuvo a punto de zozobrar absorbida por los calzados. Entre las cabezas confinadas, como es sabido, fray Juan de la Cruz fue una víctima señalada. La cárcel conventual de Toledo, por otra parte, era la aplicación de la pena contra los considerados rebeldes por el sector contrario, y era una pena habitual en todas las órdenes religiosas. La suerte de los presos dependía, por lo demás, del talante del carcelero, duro o complaciente, como ocurrió con San Juan de la Cruz, en cuya huida es difícil no descubrir ciertas complicidades[41].

La intervención real fue decisiva. Son conocidas las cartas que la Madre Teresa dirigiera al rey en momentos críticos, sobre todo la del 4 de diciembre de 1577, abogando en ésta por el prisionero de Toledo. En todo ello no hay que descartar el deseo sincero de Felipe II de apoyar los movimientos de reforma: en España se prefería imponer formas más radicales que las moderadas salidas de Trento. Pero el rey operaba también por razones de Estado: el pleito de calzados y descalzos se enmarca en la permanente confrontación entre el poder real y el pontificio por dominar el sector, también poderoso, de las órdenes religiosas.

Acostumbrados los monarcas españoles, sobre todo desde los Reyes Católicos, a controlar la vida religiosa, a actuar cual pontífices (por el reclamado y real «patronato regio») en Granada, en las Indias, sus convicciones y pretensiones regalistas encontraron la ocasión envidiable propiciada por una orden castellana, española, cual la descalcez, con superiores generales «naturales» de estos reinos y residentes no en Roma sino en España. Por eso hay que saber valorar la perspicacia del Padre Nicolao Doria, el genovés que sucederá a Gracián como superior mayor de los descalzos, al propiciar la creación de otra Congregación del Carmelo reformado, la italiana, más pontificia, libre de

---

[40] Perfectamente encuadrados estos problemas en O. Steggink, *La reforma del Carmelo español. La visita canónica del General Rubeo y sus encuentro con Santa Teresa*, Roma, 1965.

[41] Análisis y materiales de este ambiente carcelario, en *Dios habla en la noche*, pp.157-188.

la «protección» y del control del monarca español y con capacidades de expansión en los otros mundos no dominados por la monarquía «católica»[42].

Mas éstos fueron acontecimientos posteriores. El conflicto de los años setenta, conflicto doloroso, terminó cuando el papa Gregorio XIII tuvo que ceder a las presiones de Felipe II y de sus embajadores en Roma bien amaestrados, y concedió (22 de junio de 1580) el Breve de separación a los descalzos con superiores propios, con su autonomía anhelada. El Carmen Descalzo se desbordó en alegría y gratitud. «Gozo» es la palabra que repite y repite Santa Teresa cuando narra la impresión que le produjera la noticia del «apartamiento de los descalzos y calzados a petición de nuestro católico rey Don Felipe», «este santo rey Don Felipe, por cuyo medio lo había Dios traído a tan buen fin»[43].

Y gratitud a raudales derramaron los carmelitas descalzos reunidos en el Capítulo de Alcalá (marzo 1581) para llevar a efecto la separación y dotarse de constituciones adecuadas como confirmación legal de las situaciones reales. Aquel Capítulo, histórico en los anales del Carmen Descalzo, fue solemnísimo, todo él financiado por las arcas reales (en realidad no fue tan caro: «en total casi 100.000 maravedís»). La *Oratio* latina del P. Ambrosio Mariano en aquella ocasión es una pieza retórica encendida, pero la forma retórica no puede ocultar el entusiasmo hacia el rey en su tramo de «conversio ad Philippum Regem» rebosante de gratitud. Y el agradecimiento no se quedó reducido a las palabras bellas: se materializó en algo tan importante para aquellas sociedades sacralizadas como eran las oraciones, los sufragios y los sacrificios «asegurados» para siempre.

El Comisario Apostólico («elegido y preelegido por el rey»), delegado por el Papa, el dominico Padre Juan de la Cuevas, propuso a los capitulares que mostrasen el agredecimiento ofreciendo a «nuestro Señor por la salud de Su Majestad y de sus sucesores y de las personas reales y por el próspero suceso de todas las cosas»: 1) la celebración solemnísima —con misa, naturalmente— de la festividad de San Cirilo (día de la inauguración del Capítulo, 3 marzo) todos los años «de aquí adelante por siempre jamás en cada convento así de religiosos como de religiosas» fundados y por fundar; 2) una misa diaria, dicha rotatoriamente cada día en un convento distinto de frailes y monjas, y —también esto— «siempre»; 3) oración continua, en idénticos términos, «de suerte que ninguna hora de noche ni de día deje de haberla delante del Sacramento por Su Majestad».

Las actas oficiales dicen que las propuestas fueron aprobadas por aclamación y con entusiasmo por aquel Capítulo trascendental de Alcalá. Y añaden, y fue bien cierto, que, no contentos los padres con estas cargas seculares, decidieron «nemine discrepante» comprometer a la Provincia (pronto Orden) con otro ofertorio más corporal y entonces muy preciado: «que de

---

[42] A. Roggero, *Genova e gli inizi della Riforma Teresiana in Italia (1584-1597)*, Genova, 1984.
[43] *Fundaciones* 29,30-31.

las tres disciplinas que en cada convento de la Provincia se tomen en comunidad, que son lunes, miércoles y viernes de cada semana, querían ofrecer la una a Nuestro Señor por Su Majestad, y que en fin de esta disciplina y de todas las demás, con las oraciones que se acostumbran decir, se diga también otra oración que dice: *Quaesumus, omnipotens Deus, ut famulus tuus rex noster Philippus, qui tua miseratione suscepit regni gubernacula,* etc.» [44].

Y así se cumplió con lealtad permanente por los carmelitas descalzos, que en tiempos conflictivos se distinguirían por su ferviente realismo, de todos los reinos de España (cambiando, cuando fuere menester, el nombre de Felipe por el de Carlos o Fernando), hasta que la exclaustración (1835-1836) acabó con la Congregación carmelitana española, puesto que su restauración se haría ya con la condición de ser absorbida por la italiana.

5. *Las Indias occidentales y las del cielo: la muerte de los santos*

No es posible entrar en todas las implicaciones políticas que, desde el regalismo fundamentalmente, pesaron en la trayectoria personal y sobre todo en el compromiso reformador de San Juan de la Cruz. Una de las dimensiones del horizonte de todos los castellanos era el desdoblamiento indiano de los reinos peninsulares. No podemos detenernos tampoco en esta cuestión, que exigiría espacio muy considerable, pero conviene recordar que las Indias fueron la esperanza (o la amenaza) penúltima de fray Juan de la Cruz cuando los superiores del Capítulo madrileño del verano de 1591 le dejaron sin oficio alguno y —quizá sin quererlo— abrieron las compuertas a la persecución desencadenada por los émulos. No obstante, en la mirada de aquellos carmelitas castellanos hacia las Indias parece percibirse, más que el anhelo (que lo tenían como su Madre fundadora y otros) de evangelización o conversión por medio de la oración, la esperanza de sufrir el martirio, idea ésta tan arraigada en la Reforma primitiva.

En el caso de fray Juan de la Cruz, su truncado destino a las Indias provino de una maniobra del Capítulo (léase Padre Doria y secuaces) de 1591 por alejarle de los centros de poder de la nueva Orden (se le nombró «visitador general de los conventos de Indias») pero también de su cansancio ante los problemas internos de la descalcez y ante el acoso personal al Padre Gracián (que en sus mandatos no había sido excesivamente mirado con el Santo): «me dijo —confiesa quien compartía celda con él en aquella ocasión— por librarse de estos ruidos gustaba de ir a las Indias».

Y como para ir a las Indias necesitaba organizar el viaje, reclutar voluntarios, dar sus nombres y asegurar que todo corriese por cuenta de la real hacienda [45], a disponerlo se aprestó encargando el cumplimiento de to-

---

[44] Toda esta documentación, en *Monumenta Historica Carmeli Teresiani* 2, Roma, 1973, p.251-270.

[45] Estos mecanismos en T. Egido, «Ambiente misionero en la España de Santa Teresa», en *Teresa de Jesús. Su vivencia eclesial y misionera*, Burgos, 1982, 19- 46.

dos estos requisitos a leales seguidores. Cambió de idea, quizá por lo complicado de la empresa, quizá por los síntomas de su enfermedad postrera, indudablemente por el peso de las otras Indias sobre el mito de las Occidentales. El responsable de los aprestos recibió una carta desde el solitario convento serrano de la Peñuela, donde se había retirado fray Juan, para desistir del proyecto. Las razones no pueden ser más elocuentes para descubrir los móviles profundos de mentalidades de otrora: agradecía al compañero sus diligencias misioneras pero al mismo tiempo le comunicaba «que ya se había desconcertado la ida de Indias y se había venido a la Peñuela para embarcarse para otras Indias mejores, y que allí pensaba acabar los pocos días que le quedaban de vida y preparar el matalotaje para la embarcación, y amonestándome hiciese lo propio, diciéndome muchas cosas acerca de esto, y se me quitase la gana que le significaba de la ida a Indias tenía, que las verdaderas Indias eran estotras y tan ricas de tesoros eternos»[46].

Poco después moriría, con muerte acelerada por tratamientos tan inadecuados como acordes con los usos médicos de la época. Murió con la agonía y el final terreno de los santos que también se atenían a determinados estereotipos no tanto por parte de fray Juan de la Cruz cuanto por la de los testigos y la de sus hagiógrafos.

Y como tenía ya tanta fama de santidad, inmediatamente después de la muerte tenía que seguir el despojo de las reliquias, tan rentables espiritual y terapéuticamente. Por eso, desde la misma noche del fallecimiento se inició la carrera de mutilaciones del santo cuerpo. No tardarían en llegar los consabidos pleitos por la posesión del tesoro entre Ubeda y Segovia, los desenterramientos con el práctico descuartizamiento, el traslado clandestino en viajes aventureros. Y como las reliquias del santo fray Juan mostraron una capacidad taumatúrgica sorprendente, todo dio como resultado con su cuerpo en Segovia pero sin las partes inferiores de sus cuatro extremidades, repartidas y subdivididas a su vez, y en un proceso lleno de gestos tan propios de aquellas sensibilidades barrocas como inadecuados a las nuestras[47].

En conclusión: no hemos pretendido trazar la biografía —imposible en breves páginas— de San Juan de la Cruz. Solamente hemos intentado llamar la atención sobre la evidente necesidad de situar al Santo en su contexto histórico, tan preciso para la comprensión de su personalidad, de su permanente magisterio, hasta de su lenguaje, como desatendido por quienes lo miran como atemporal conducidos por espiritualismos escasamente rigurosos.

---

[46] San Juan de la Cruz, *Obras completas*, 3a edic. (por J.V. Rodríguez y F. Ruíz Salvador), Madrid, EDE, 1988, p.1096.

[47] Todos los hagiógrafos hablan de esta «fortuna» del Santo. El poder taumatúrgico de sus reliquias llegó hasta los pliegos populares: José de Jesús María, *Relación de un insigne milagro que Nuestro Señor obra continuamente en una parte de la carne del venerable Padre fray Juan de la Cruz*, Madrid, 1615.

La villa de Fontiveros a mediados del siglo XVI

Balbino Velasco Bayón, O.Carm.

1. Un pueblo de Castilla la Vieja

Tendido en los solemnes e impresionantes páramos de la comarca abulense de la Moraña, tiene su asiento el pueblo de Fontiveros. Sus alrededores presentan la estampa de la Castilla abierta, de horizontes infinitos; campos verdes en primavera, de tonalidades variadas cuando doblan las mieses para entrar en sazón.

Dista 45 Km. de Avila y como puntos de referencia más cercanos se encuentra Madrigal de las Altas Torres a 17 Km.; le separan 28 de Arévalo.

Fontiveros aparece en la actualidad con un paisaje urbano de contrastes. Perviven restos de la antigua plaza porticada con columnas de madera, balcones saledizos en algunas calles, casas de adobe con entramado de madera, reliquias de la construcción primitiva; a su lado se levantan modernos edificios de ladrillo de dos y tres plantas con viviendas confortables y acomodadas. Permanecen en pie casonas nobles en cuyas fachadas campean escudos dimitidos; aunque pobre la heráldica, constituye una prueba de que fue solar de familias de hidalgos.

Dentro del paisaje urbano, descuella la magnífica fábrica de ladrillo y manpostería morisca del templo parroquial. Le sigue en nobleza, el antiguo complejo conventual de carmelitas descalzos, situado en la calle de Cantiveros y levantado en el lugar donde nació San Juan de la Cruz.

Junto a él se levanta, desafiando al tiempo, la torre gallarda del que fue palacio del obispo de Jaén, don Alonso de Fuente el Sauz. Adquirido por las monjas carmelitas, en él habitan desde el primer tercio del siglo XVII.

Unas casas consistoriales aceptables, de reciente construcción se encuentran en la plaza mayor y frente a ellas la estatua en bronce de San Juan de la Cruz, erigida en 1942 por subscripción popular al más ilustre de sus hijos.

Los soportes fundamentales de su economía son la agricultura y la ganadería.

Las breves pinceladas que anteceden, nos aproximan a Fontiveros en la actualidad. ¿Cómo era antiguamente? En un intento de desvelar el significa-

do del nombre hemos encontrado unas palabras que dejó caer el Maestro,
don Claudio Sánchez Albornoz, cuando alude, sin más, al origen prerroma-
no[1], pero nos deja sin saber cual sería el significado del topónimo. La primera parte parece ser hay que relacionarla con aguas y fuentes. En Fontiveros han existido, hasta no hace demasiados años, más de media docena de
lagunas de aguas abundantes y superficiales que daban origen a pequeños
riachuelos que cruzaban el pueblo para desembocar en el Zapardiel. La evolución de las grafías medievales Fuentyvesos, Fontevesos, Fuente Vesos, a
la de Hontiveros, y a la actual de Fontiveros, no resulta de fácil explicación,
aun para especialistas en el tema[2]. No conocemos hallazgos arqueológicos.

Con la invasión árabe el año 711 quedaría Fontiveros en la zona de nadie, en el llamado desierto del Duero, durante una larga noche de siglos.
Con toda probabilidad se repobló en tiempos de Alfonso VI, el conquistador de Toledo, en la segunda mitad del siglo XI. Los reyes castellanos otor-
garían diversos privilegios en favor de sus habitantes, en los siglos bajo-me-
dievales. Un simple repaso al resumen de los documentos del Registro General del Sello de Simancas en el último cuarto del siglo XV, nos introduce
en el ambiente de disensiones y pleitos entre los habitantes, de intentos de
conseguir ejecutorias de hidalguía, apelación de sentencias dictadas, rivalida-
des entre familias, como los Panio y los Cuba, reclamación de honorarios
por los servicios prestados en las guerras de Granada, otorgamiento de per-
dón por injurias, confirmación de ordenanzas de cofradías, comisiones para
averiguar las causas de ciertos alborotos, órdenes para no entorpecer la re-
caudación de alcabalas, legitimación de algunos hijos, confirmación de cargos de escribanos, etc.[3]. Este elenco de temas hace pensar que el mismo Registro General del Sello, cuando se explore la documentación, referente al
siglo XVI, puede ser buena fuente de información para reconstruir la vida
del pueblo de la Moraña.

2. *Fontiveros en tiempos de Juan de Yepes*

Entramos en el siglo XVI de luces y sombras para el mundo rural de
Castilla. A mediados del siglo y en Fontiveros las sombras fueron mas acu-
sadas que las luces.

En la política general asistimos a una disminución del protagonismo de
los pueblos que jugaron un papel importante en la Edad Media en beneficio
del poder de la Corona. La evolución de una economía sustentada, casi exclusivamente en la ganadería, para convertirse también en agrícola, presentó, en ocasiones, un duelo entre los mismos moradores de los pueblos.

La industria de los telares debió de tener cierta importancia en Fontiveros. Tejedores eran, como es sabido, los padres de San Juan de la Cruz.

---

[1] Claudio Sánchez Albornoz, *España un enigma histórico*, 2v., Buenos Aires, 1917, I,29.
[2] Eduardo Tejero Robledo, *Toponimia de Avila*, Avila, 1983, 29,62-63.
[3] Registro General del Sello, 12v, Valladolid, 1950-1974, passim.

El descubrimiento de América produjo el consiguiente impacto en la sociedad castellana y Fontiveros no estuvo ausente de esta empresa. Como muchos de los conquistadores y emigrantes, también los fontivereños, quedaron tocados del recuerdo de su lejano pueblo de origen. Juan de Salamanca, natural de Hontiveros, estante en la villa del Espíritu Santo, de Nueva España, hizo testamento el 7 de diciembre de 1539 y dejó 500 ducados para que los destinaran a dotar una capellanía de 3 misas a la semana: en sufragio de las ánimas, en recuerdo de la Pasión del Señor y en honor de la Concepción Inmaculada[4]. Juan Pinto, clérigo, natural de la villa, estante en Indias (Méjico) el 2 de abril de 1559, aparte de ordenar que se hiciera el retablo de la Concepción en el convento de monjas carmelitas de la Madre de Dios de Fontiveros, fundó una capellanía de 3 misas a la semana y la dotó con 1000 florines de 8 reales[5].

Censo de población.   Al abordar este problema llama la atención la cifra que ofrecen algunos autores de 5000 habitantes[6]. Censos fiables de mediados del siglo XVI prueban que es preciso reducirla a menos de la mitad, pero aún así constituye un núcleo rural importante. En las contadurías generales de 1541 figuran 439 vecinos pecheros[7]. Multiplicado este número por un índice de 3'75, admitido comunmente, nos daría una cifra de 1646 habitantes; a la que habría que añadir la de hidalgos, clérigos y monjas. Cualquier cifra superior a los 2000 habitantes parece excesiva.

Disponemos también de censos de los años 1550-1553, conservados en la Sección de Protocolos de la Real Chancillería de Valladolid. Estos censos presentan el siguiente esquema:

Año 1550 .... 505 vecinos
Año 1551 .... 520 vecinos
Año 1552 .... 517 vecinos
Año 1553 .... 573 vecinos[8]

El cuadro supondría una media de 527 vecinos; multiplicado por un índice de 3'75 equivaldría a 1976 habitantes. Si unimos a los pecheros, los hidalgos, clérigos y monjas, rebasaría los 2000 habitantes.

---

[4] Avila, Arch. Diocesano, Fontiveros, Libro 27, *Fundación de la capellanía de Juan de Salamanca. Libro 55, Fábrica de la Iglesia 1536-1573*, f. 120r ss. Mandó el dinero en la armada de Blasco Nuñez Vela, el célebre pacificador del Perú.

[5] Avila, Arch. Diocesano, Fontiveros, Legajo 105.

[6] Crisógono de Jesús Sacramentado, O.C.D., *Vida de San Juan de la Cruz*, 11a ed., B.A.C., Madrid, 1982, 14. Repiten esta cifra José Vicente Rodríguez, *Fontiveros*, en *El Messaggero del Bambino Jesu de Praga*, No 8-9 Aranzano (Genova) 1987 s.p., y J. Jiménez Lozano, *Guía espiritual de Castilla*, Valladolid, 1984, 254.

[7] Simancas, Arch.Gen., Contadurías Generales, Legajo 768, *Servicio del reyno. Relación de los vecinos pecheros y cómo sale cada uno de ellos el cual se sacó de la averiguación que se hizo para repartir el servicio del año 1541.*

[8] Valladolid, Arch. Real Chancillería, Sección Protocolos, 57- 9.

En 1591 el número total de vecinos ascendía a 457: 346 pecheros y 111 hidalgos. Multiplicados por un índice de 3'75 nos proporciona la cifra de 1713 habitantes. Añadiendo los clérigos, religiosas y religiosos que sumaban 93[9], significaría un total de 1806 habitantes. En 1594 los vecinos eran 420, incluyendo clérigos y viudas[10].

El censo de 1591 nos aproxima a la sociedad estamental de la Castilla del siglo XVI. Una gran masa de pecheros —el pueblo llano— y las clases privilegiadas de hidalgos y el clero.

Entre los hidalgos recordemos a los Altamirano, Vivero, Panio, etc.[11]. Sabemos también que Diego de Hontiveros consiguió ejecutoria de nobleza en 1548 en la Chancillería de Valladolid[12]. A la clase humilde de los habitantes pertenecía el matrimonio Yepes-Alvarez, una familia de forasteros, de origen toledano, sin raíces en el pueblo de la vieja Castilla, sin raíces en Fontiveros, sin allegados a quienes recurrir en momentos difíciles y de penuria.

Conforme veremos después, en la década de 1540 al 1550, vivían judíos en número indeterminado; amantes de camorra y levantiscos provocaban alborotos en la iglesia parroquial en alguna festividad.

Las manifestaciones del arte mudéjar en la fábrica del templo hace pensar también en la presencia de grupos de moros.

Hambre en Fontiveros. El hambre se dejó sentir, de modo impacable, precisamente en los años en que Juan de Yepes vivió en Fontiveros. El 16 de abril de 1546 el Visitador General del Obispado de Avila, licenciado Juan García de Villagar, giró una visita a la parroquia y al pueblo; entre las disposiciones que dejó escritas hay una que refleja el dramatismo de la situación y que aconsejaba tomar medidas excepcionales.

«Otrosí, porque la necesidad de los pobres es muy grande y en tal tiempo es lícito vender plata e joyas que la iglesia tenga

---

[9] *Censo de Castilla de 1591.* Ed. Instituto Nacional de Estadística, Madrid, 1948, 78.

[10] *Censo de población de las provincias y partidos de la Corona de Castilla en el siglo XVI con varios apéndices para completar la del resto de la Provincia en el siglo, y formar juicio comparativo con la del anterior y siguiente, según resulta de los libros y registros que se custodian en el Real Archivo de Simancas,* Madrid, 1829, 184.

[11] Juan José Montalvo, *De la historia de Arévalo y sus sexmos,* Valladolid, 1928, *Cuadro genealógico.*

[12] Avila, Arch. Diocesano, Fontiveros, 24, *Libro de la capellanía de Hernando de Hontiveros.* Este prurito de conseguir ejecutorias de hidalguía se mantuvo posteriormente. «El 22 de diciembre de 1571 el alcalde y diputados de la villa de Fontiveros acatan la real provisión sobre la filiación de Antonio de Cogollos en el pleito mantenido sobre su hidalguía». (M.ª Cruz Cabeza Sánchez Albornoz, *La tierra llana de Avila en los siglos XV y XVI: Análisis de la documentación del Mayorazgo de la Serna* (Avila), Avila, 1985, 79-80.

para socorrer a los pobres y porque los hospitales desta villa tienen pan y dinero, dio licencia, para que los alcaldes y regidores e diputados desta villa puedan repartir todo lo que los dichos hospitales tienen, a pobres y mandó en virtud de santa obediencia e so pena de excomunión al arcipreste de Avila o a otro cualquiera lo pase en quenta y no lo contradiga y ansímismo la limosna de arca de Santa María por esta vez» [13].

Por otra parte estos centros hospitalarios no debían de ser eficaces ni funcionar en bien de los pobres. Pero esto requiere una explicación. Consta que hubo en Fontiveros 4 hospitales; en 1543 solamente estaban abiertos dos: el de San Cebrián y el de la Concepción de los que no queda memoria en la tradición local. Cuando el 3 de mayo de 1543 el obispo de Salpe, en el reino de Nápoles, Don Gaspar Torres realizó la visita al pueblo y al clero, dejó algunas disposiciones que reflejan la mala gestión que se realizaba en los mismos y a la que pretendió poner remedio. Reproducimos algunos párrafos de las actas.

«Su Señoría visitó el hospital de San Cebrián y el de Ntra. Sra. de la Concepción y halló que no estaban bien reparados ni proveídos de camas, como era razón...; la ropa dellas era vieja y mal tratada y ninguna dellas tenía sábanas ni almohadas; y halló por relación verdadera que... cada uno de los dichos hospitales tenía renta y bastaría para el reparo dellos y para recoger y albergar y curar los pobres que a ellos ir quisiesen..., y que de la renta dellos se hacían los gastos y fiestas que se referían a las dichas confradías..., y aun los mismos cofrades de las dichas cofradías estaban muy penados y confusos..., que suplicaban a su señoría lo proveyese, conforme a justicia.

Su señoría..., no queriendo usar de rigor, sino proveer en lo porvenir con acuerdo de la justicia y regidores y cofrades de las dichas cofradías, proveyó y mandó que de aquí adelante, cada uno de los dichos hospitales, tenga conocida la renta y hazienda que tiene ...».

Dictó el visitador seguidamente una serie de normas para la elección de mayordomo que debía de hacerse el día de San Cebrián y quien no

«podía gastar un maravedí de la renta ni hacienda de los dichos hospitales, sino en reparo dellos y en proveer las camas de

---

[13] Avila, Arch. Diocesano, Fontiveros Libro 55, *Fábrica de la Iglesia 1536-1575*, f.108v.

la ropa necesaria para que los pobres que allí se vinieren a albergar y acoger sean bien recibidos y curados y bien tratados.

Lo que mandó su señoría que se guarde e cumpla, según
que aquí se dize, so pena de descomunión y de diez dineros de
Oro en los quales desde agora condenó para la fábrica de la Parroquia a qualquiera de los dichos mayordomos que .... gastase
lo que perteneciera a qualquier de los dichos hospitales y so la
dicha pena mandó a los alcaldes que agora son o fueren de aquí
adelante que execute en pena de los diez dineros a qualquiera
que hiciere lo contrario de lo ... mandado e contenido. Y si por
caso, lo que Dios no quiera, fuesen los dichos alcaldes negligen-
tes o remisos en executar la dicha pena, mandó su señoría al
cura que los evite de las oras hasta que le conste que la pena
está executada y entregada al mayordomo de la iglesia» [14].

El panorama del pueblo de Fontiveros en la década de 1540 y
para las familias humildes debía de ser sombrío y triste; el hambre haciendo
presa en el hogar de Catalina Alvarez, viuda de Gonzalo Yepes, muerto al
parecer en torno al año 1542. Son elocuentes los testimonios que acabamos
de alegar y que corroboran las afirmaciones de los biógrafos [15].

Un templo monumental.   La vida cristiana del pueblo giraba en torno al
templo parroquial de San Cipriano, San Cebrián de los documentos del siglo XVI. El solo hecho de que haya sido declarado monumento nacional
por decreto de 26 de mayo de 1943 constituye una prueba de su valor,
como obra de arte. El decreto alude esquemáticamente a la albañilería morisca, a la ampliación de la obra en el siglo XVI y a la riqueza artística en
general [16]. Gómez Moreno hace la siguiente descripción:

«Es la mayor iglesia de la Moraña. Más de 56 metros su
longitud y corresponde a dos épocas. Las naves a la romana-
morisca del siglo XII, y la cabecera, a lo semigótico del siglo
XVI. El ancho de la nave central es de 9'25 m.; y de cada una
de las naves laterales, 5 m.; el de los arcos 4'80, y el de los pilares 1'80 por 1'20 m. Tiene dos portadas a norte y a mediodía,
de ladrillo, con triples arquivoltas apuntadas y alfiz; las paredes
son de tapias, y en el hastial se notan hileras de facetas...» [17].

---

[14] *Ibid.*, ff. 82r ss. y páginas iniciales sin foliar.
[15] Crisógono de Jesús Sacramentado, *Vida de San Juan de la Cruz*, 17 ss.
[16] *Boletín oficial del Estado*, II, VI, 1943.
[17] Manuel Gómez Moreno, *Catálogo monumental de la provincia de Avila*. Texto. Edición revisada y preparada por Aurea de la Morena y Teresa Pérez Higuera, Avila, 1983, 282-283.

En el artesonado mudéjar se aprecian claramente dos partes correspondientes a dos épocas: la original y primitiva en la parte de atrás y la de delante ¿quemada en un incendio? ¿se quemó también el libro primero de bautismos, de acuerdo con la indicación que hizo el licenciado Pedro Martín de Salinas en 1565?[18]

Numerosas partidas de dinero, libradas a partir de 1539 a los canteros Lucas Giraldo y Juan Gómez prueban que se hicieron por estos años dos de las capillas laterales[19].

Consta que en 1541, Martín de Santiago, del convento de dominicos de San Esteban de Salamanca, hizo las trazas para la capilla mayor[20]. El proyecto no debió de seguir adelante, según veremos.

Continuaban librándose partidas por obras en este año y en 1543 a Lucas Giraldo. Para financiar estas obras se vendieron —con los debidos permisos— «varias heredades», pertenecientes a la iglesia. En 1551 se libraron otras partidas en favor del entallador Gaspar de León y del pintor Jerónimo Rodríguez[21].

La capilla mayor fue obra de Rodrigo Gil de Hontañón. En su testamento otorgado en Segovia el 27 de mayo de 1577, ordenó que se tasara la obra que había hecho en San Sebastián (debe de tratarse de una lectura incorrecta por San Cebrián) de Hontiveros y que «se cobre lo que pareciere que se me debe»[22].

El 27 de febrero de 1558 había concertado con Juan Blázquez del Aguila, cura propio de Fontiveros, para «deshacer, rehedificar y reformar la capilla mayor y crucero de la iglesia». En el contrato original se especifican las condiciones, plazos para entregar el dinero, etc. Trabajaron en la misma,

---

[18] El licenciado Pedro Martín de Salinas escribía el 17 de abril de 1565: «advierte el dicho cura a los señores curas que vinieren que en la alhacena blanca de la pila del bautismo donde este libro está ay otro libro de pliego entero, que está lleno de las criaturas que el tiempo que el dicho libro duró se pudieron asentar en él y en este mismo libro están cosidos unos pedaços que procuró aver y los juntó y son el libro viejo que avía *cuando se quemó la iglesia* y otros pedaçitos de otro libro pequeño que halló en la iglesia y sólo tiene en un cuadernillo las criaturas que halló asentadas en él hasta el día que entró a ser cura que fue el 17 de abril de 1565». Pedro Salinas era cura de la iglesia de San Cipriano y comisario del Santo Oficio de la Inquisición de la muy noble ciudad de Valladolid y su distrito (Avila, Arch.Diocesano, Fontiveros, *Bautizados* 2, Frontispicio). «Quemóse la iglesia, año de mill e quinientos e quarenta seis años, dia de la Visitación de nuestra señora, nuestra patrona del pueblo». (Antonio Casaseca Casacesa, *Rodrigo Gil de Hontañón*, Salamanca, 1988, 157). Cita el Libro de Bautismos 1536-1575.

[19] Avila, Arch. Diocesano, Fontiveros 55, *Fábrica de la Iglesia 1536-1575*, f.35r.

[20] Avila, Arch. Diocesano, Fontiveros, Legajo, 112. Fray Martín Santiago trabajó con Gil de Hontañón en el palacio de Monterrey de Salamanca (Joan Hoac, *Rodrigo Gil de Hontañón*. Traducido por Pilar Navascues Benlloch, Madrid, 1985, 123.

[21] Avila, Arch. Diocesano, Fontiveros 55, *Fábrica de la iglesia 1536-1575*, páginas iniciales sin foliar, 91r, 76r ss, 154r ss.

[22] Manuel Pereda de la Reguera, *Rodrigo Gil de Hontañón*, Santander, 1951, CCXXIVV, CCXXXVI, CCXXXIII.

entre otros, Juan de Salcedo y el mencionado Diego de Cubillas. Ambos figuran como aparejadores de Rodrigo Gil[23].

En los años posteriores, además de las cantidades entregadas a Rodrigo Gil, se entregaron otras a Pedro del Valle, cantero, a Juan de Salcedo, aparejador y maestro de cantería, a Diego de Cubilla, aparejador. En 1570, (20 de agosto), se dieron al Sr. Obispo de Avila 1496 maravedises con motivo de la bendición de la capilla mayor[24], lo que supondría que ya estaba terminada en este año.

En 1576 se construyó la capilla de San Juan Bautista por iniciativa y a cargo del secretario de Felipe II, Diego de Arriaga y su mujer, Isabel de Villegas, de la cámara de la Emperatriz. La inscripción que todavía se conserva en dicha capilla, así lo acredita[25].

Posee la iglesia de Fontiveros numerosas obras de Arte, como la talla de Nuestra Señora de los Mártires del siglo XV, un Cristo de gran tamaño también del siglo XV, San Juan Bautista, San Jerónimo Penitente, un calvario, todas ellas del siglo XVI. Los inventarios de este siglo prueban que el templo estaba bien surtido de ornamentos y vasos sagrados para el culto[26].

Talante cristiano de un núcleo rural en el antiguo régimen. Para el servicio de la iglesia había numerosos sacerdotes. En 1549 se enumeran 6 beneficios: uno curado y 5 simples; lo que supone 6 sacerdotes, uno por cada beneficio. Algunos eran servidos por los titulares, otros los servían terceras personas; así el beneficio curado pertenecía a Juan del Aguila, quien no había cantado misa y lo servía por él Francisco Pérez. Además de estos beneficios había 15 capellanías, servidas por otros tantos capellanes. Dotadas estas capellanías por personas devotas, algunas de ellas tenían sus propios patronos, a quienes asistía el derecho de nombrar capellanes. Algunas de las capellanías tenían capilla con ornamentos y todo lo necesario para el culto. Los titulares de las capillas tomaban el nombre del fundador, como la de los Panio o de algún santo o advocación, como la de la Asunción de Nuestra Señora. En las visitas canónicas se insistía en la necesidad de deslindar cuidadosamente sus bienes[27].

Conocemos los nombres de varios de los beneficiados y de los capellanes. Cristóbal Muñoz era teniente de cura en 1537[28]. En 1540 (26 de enero)

---

[23] Avila, Arch. Diocesano, Fontiveros 55, *Fábrica de la iglesia 1536-1575*, cuadernillo independiente sin foliar. Redactado este trabajo ha aparecido el libro del profesor Casaseca al que aludimos en la nota 18 y donde amplía pormenores.

[24] Avila, Arch. Diocesano, Fontiveros 55, *Fábrica de la Iglesia 1536-1575*, f.230r ss., 324r.

[25] Avila, Arch. Diocesano, Legajo 112.

[26] Avila, Arch. Diocesano, Fontiveros, Libro 55, *Fabrica de la iglesia 1536-1575*, (passim).

[27] *Ibid.*, f. 124r ss. Páginas iniciales sin foliar. Referencia sobre provisión de capellanías pueden verse en Ma Cruz Cabeza Sanchez-Albornoz, *La tierra llana de Avila en los siglos XV y XVI*, 117, 119.

[28] Avila, Arch. Diocesano, Fontivero, Legajo 117.

uno de los capellanes se llamaba Pedro Zorita[29]. El 26 de noviembre de 1542, Bartolomé de Madrigal, Luis Pérez de Hontiveros, y Juan Flores eran beneficiados[30]. El 18 de septiembre de 1545, Bartolomé de Madrigal y Luis Pérez de Hontiveros aparecen como beneficiados y Francisco Pérez, teniente de cura[31].

Como personal subalterno contaba la parroquia con dos sacristanes que tenían obligación de enseñar los rudimentos de la doctrina cristiana a los niños los domingos, además de atender a todo lo referente al culto[32]; dos mozos de coro formaban también parte del personal al servicio de la iglesia, a quienes la parroquia proveía de las ropas; su misión sería la de atender a todo lo referente al coro, quizá asistiendo también a algunos actos litúrgicos. Había también un organista[33].

Los beneficiados y capellanes, no sabemos si todos ellos, recitaban en el templo las horas canónicas, lo que significaba que había un culto catedralicio. Algunas deficiencias, sobre este punto debían de existir en torno al año 1543, cuando giró la visita el obispo de Salpe:

> «Fue informado su señoría, leemos en las actas, que algunos clérigos estando en el coro para ayudar cantar las horas y oficios e las misas y aniversarios dexan de cantar y están rezando y algunas veces no hay quien responda al preste que está en el altar; mandó el dicho Sr. Obispo que ninguno en el coro, si no fuere después de dichos los sanctus, no reze, ni parle, ni entienda en hazer ... cosas profanas ... les mandó que guarden y cumplan so pena descomunión ..., porque fue informado que muchos días se dexaba de tañer a maitines y también de dezillos, que en esto se guarde lo contenido en las ordenanzas, so las penas allí propuestas las quales mandó que fuesen irremisibles».

Ordenó también

> «que las misas del alva se digan de mañana a la ora que los señores curas y prebendados con los regidores señalaren. Asimismo se digan los treintenarios en rompiendo el alva».

En los domingos, las misas en las ermitas no debían celebrarse al mismo tiempo que la misa mayor de la parroquia ni llevarse los ornamentos de la iglesia parroquial. Se insistió en la asistencia a las procesiones. Para honra

---

[29] Avila, Arch. Diocesano, Fontiveros, Libro 55, *fFábrica de la iglesia 1536-1575*, f.36r-v.

[30] Avila, Arch. Diocesano, Fontiveros, Legajo 106.

[31] Avila, Arch. Diocesano, Fontiveros, Legajo 117. Hemos ofrecido estos nombres que desempeñaban cargos eclesiásticos en Fontiveros en los años de Juan de Yepes.

[32] Avila, Arch. Diocesano, Fontiveros, Libro 55, *Fábrica de la iglesia 1536-1575*, f.182r ss.

[33] *Ibid.*, f. 34r, 92r.

del clero y también en 1543 advierte el visitador que «inquirió de sus vidas y costumbres y halló que vivían bien e honestamente»[34].

Existían normas especiales sobre colocación el la iglesia; las mujeres no debían pasar de cierta raya, extremo éste que estaba ya previsto en 1536[35]. Hay referencias también a jubileos[36].

En varias ocasiones se alude a los alborotos que promovían los judíos en la festividad de los Reyes Magos dentro del templo. En la visita canónica que giró en 1541 el licenciado Juan García de Villagar advierte que fue informado que

> «en la fiesta de los Reyes hacen judíos (sic) y entran en la iglesia y dizen deshonestidades y toman los bodigos y ofrenda; mandó en virtud de Santa Obediencia e so pena de excomunión que de aquí adelante ninguno de los tales que asy se hicieren judíos (sic) entren en la dicha iglesia con el ábito ni tomen ofrenda, bodigo, ni candela, so la dicha pena dexcomunión e si lo contrario hicieren, ipso facto, guarden con ellos eclesiástico entredicho y no digan misa y se entre el sacerdote a acabar la misa dentro en la sacristía y porque venga a noticia de todos, mandó al cura e su lugarteniente, so pena de excomunión lo notifique el domingo antes de la dicha fiesta e a los clérigos que guarden e cumplan lo susodicho so la dicha pena dexcomunión»[37].

El visitador del año 1555, muy meticuloso además, dictó, entre otras, la disposición de que no se despachara vino antes de la misa mayor del domingo, que no se jugara mientras los oficios divinos a naipes, bolos, ni danzas, que la comunión pascual se hiciera en la iglesia parroquial, etc.[38].

La mentalidad cristiana de la época llevó también a los fieles a realizar numerosas fundaciones. En líneas generales puede afirmarse que estas fundaciones tenían un matiz cultual: misas, aniversarios, capellanias, etc.[39].

El 3 de enero de 1533 Diego Flores legó, por vía testamentaria, el capital necesario para obtener el vino para celebrar la eucaristía[40]; Francisco Arias para que se celebrara una misa en la fiesta del Rosario[41]. En 1559 Agustín de Salazar, alcalde los hijosdalgo dispuso que se celebraran numerosos sufragios por su alma[42].

---

[34] *Ibid.*, f. 82r ss.
[35] *Ibid.*, páginas iniciales sin foliar.
[36] *Ibid.*, 332.
[37] *Ibid.*, f.57r; 144v ss.
[38] *Ibid.*, f. 182r ss.
[39] Avila, Arch. Diocesano, Fontiveros, Legajo 106.
[40] *Ibid.*, f.29v.
[41] Avila, Arch. Diocesano, Fontiveros, Legajo 99.
[42] Valladolid, Arch. de la Chancillería, Pleitos civiles, 929-4, P.Alonso.

Como fundación de carácter social, aunque también con cláusulas sobre sufragios, recordemos la obra pía de Diego Vela, de la que hay abundante documentación, a partir de 1575; ordenó que los bienes de su mujer, Francisca de Alderete, se emplearan en trigo para entregar a los pobres; entre los sufragios alude a 17 misas cantadas con diácono y subdiácono.

Particularmente importante fue la fundación de Isabel de Villegas, mujer del secretario de Felipe II, Diego de Arriaga, el 18 de febrero de 1595, con numerosos legados y 9 capellanías[43].

Ermitas, cofradías, conventos.   Es frecuente encontrar ermitas en tierras de Castilla; algunas de ellas son restos de primitivos poblados, desaparecidos en tiempos de depresiones socio- económicas. En Fontiveros encontramos varias. La principal de éstas, situada en el centro del pueblo, era la de los Santos Mártires, Fabián y Sebastián, llamada simplente de los Mártires. En 1536 y 1541 estaba bien reparada[44]. El pueblo tenía especial devoción a esta ermita, que ha estado abierta al culto hasta tiempos modernos. Sus imágenes pasaron a la iglesia parroquial. En la actualidad tiene diversos usos no religiosos.

Se ha perdido la memoria de las ermitas que aparecen en documentos de mediados del siglo XVI, denominadas de la Cruz, que edificó Diego Negral[45], de Santa María, levantada por Mingo Vela[46]; tampoco queda recuerdo de las de la Consolación, erigida por Luis Hontiveros[47] y de la Quinta Espina, fundada por Juan Gutiérrez Altamirano y Paulina Maldonado; se encontraba esta última al fin de la calle de Cardillejo. En 1543 existía también la de Santisteban que, según veremos, fue anexionada al convento de monjas carmelitas. En 1569 aparece otra bajo el título de Ntra. Sra. del Rosario[48].

En cuanto a las cofradías, documentos de 1541 aluden a una cofradía general, sin especificar nada más; tenía a su cargo el cuidado de los hospitales[49].

Bajo la advocación del Santísimo Sacramento hay constancia de que ya existía una cofradía en 1550, año en que el visitador ordenó a la misma que pusiera un arca donde se depositaran las limosnas para alumbrar el Santísimo, que se dieran las pitanzas ordinarias a los servidores y se hiciera la procesión[50].

---

[43] Avila, Arch. Diocesano, Fontiveros 79, *Obra pía de Diego Vela*. Para la fundación Arriaga-Villegas, Legajo 100.
[44] Avila, Arch. Diocesano, Fontiveros Libro 55, *Fábrica de la iglesia 1536-1575*, páginas preliminares sin foliar y f.54v.
[45] *Ibid.*, 54v.
[46] Avila, Arch. Diocesano, Fontiveros, Legajo 100.
[47] Avila, Arch. Diocesano, Fontiveros, Libro 55, *Fábrica de la iglesia 1536- 1575*, f.184r.
[48] *Ibid.*, f. 297v ss.
[49] *Ibid.*, f.55r.
[50] *Ibid.*, ff.144v ss.

La existencia de la cofradía de las ánimas consta desde 1568 a 1639. Disponía de ordenanzas, que hoy desconocemos, a cuyo cumplimiento exhortó el 15 de mayo de 1571 el visitador Miguel López Cámara [51].

Cofradía de la Vera Cruz. Tenemos noticia de su existencia por el testamento de doña Isabel de Villegas de 16 de julio de 1593 [52].

Acerca de los conventos sabemos que se fundó en 1567 el cisterciense de monjas bernardas, el 23 de enero. Se debió a la iniciativa de doña Ana Gómez Flóres, sobrina y heredera universal de don Manuel Flores, deán de la Santa iglesia de México. Don Manuel Flores, al parecer, había nacido en Fontiveros. Hizo testamento el 2 de septiembre de 1570. Por una cláusula del mismo ordenó que en las casas de sus padres de Fontiveros o en otro lugar, que pareciere conveniente a sus albaceas, se erigiera un monasterio de monjas concepcionistas de doña Beatriz de Silva. Sin que se sepan las razones, fueron las cistercienses de la Concepción bernarda. El convento se clausuró en 1646 y la comunidad se fusionó con la de Arévalo [53].

Sobre el convento de franciscanos descalzos disponemos de un relato sobre las circunstancias de la fundación:

«En el principio deste decenio, año de mil y quinientos y setenta —dice el P. Pérez— se fundaron dos conventos en Castilla la Vieja (donde ya dejamos otro) el primero en la villa de Hontiveros, Obispado y jurisdicción de la muy noble y antigua ciudad de Avila, en una Ermita que antiguamente fue iglesia parroquial, de la vocación de Nuestra Señora de Cardillejo: está un quarto de legua del pueblo, y aunque no tenía feligrés ninguno, tenía cura propio harto devoto, y aficionado a los Descalzos» [54].

El convento de agustinos de Santa Catalina, situado en la antigua plaza de Santa Catalina, en el casco urbano, se fundó en 1569 [55].

3. El Convento de monjas carmelitas de la Madre de Dios en el siglo XVI

De los cinco conventos que existieron, solamente permanece en la actualidad el de las monjas carmelitas de la Madre de Dios. Recientemente se

[51] Avila, Arch. Diocesano, Fontivero, Libro 34, *Libro de la cofradía de las ánimas 1568-1639.*

[52] Avila, Arch. Diocesano, Fontiveros, Legajo 100, *Testamento de Doña Isabel Villegas.*

[53] Fr. Ma D. Yáñez, O.C.S.O., *Un monasterio cisterciense desconocido en tierras de Castilla,* en *Cistercium,* 13 (Abadía de Viacelo) 22-34.

[54] Lorenzo Perez, O.F.M., *Chronica de la Provincia de San Joseph de los Descalzos de la Orden de los menores de nuestro Seraphico Padre S. Francisco; y de la Provincias y Custodias descalzas, que della han salido, y son sus hijas. Compuestas por Fr. Juan de Santa María, predicador y Padre de la misma.* Madrid, 1615, 330.

[55] Thomas Herrera, O.S.A., *Alphabetum augustinianum,* 2v, Madrid, 1644, II, 265.

ha vertido la hipótesis de la posible influencia de la vieja institución carmelitana en la vocación el Carmelo de San Juan de la Cruz. No existe el menor documento sobre el particular, ni tampoco la tradición lo recuerda [56].

Resulta imposible, con la documentación conocida precisar la fecha de fundación. El analista madrileño Juan Bautista de Lezana afirma que le enviaron un relato —no precisa desde dónde ni quién se lo envió— según el cual el convento se habría fundado, como beaterio en 1251 [57].

Tampoco conocemos las circunstancias ni el año en que el beaterio abrazó la Regla de la Orden del Carmen. El primer documento sobre el particular data del 27 de marzo de 1521. De esta fecha existe una patente en la que el general de la Orden del Carmen, «Bernardino de Sena alaba la labor fundadora de la priora de Fontiveros y la nombra priora por el tiempo de su vida» [58].

A partir de esta fecha, otras fuentes del Archivo conventual relativas a compra-venta de los años 1522- 1524, se refieren al «monasterio de la Madre de Dios», al «monasterio de beatas e convento de la Madre de Dios», «beatas de la Madre de Dios». Desde 1525 (13 febrero) figura con el nombre de «monasterio, priora e monjas e convento de Santa María, Madre de Dios».

Resulta interesante comprobar cómo en 1533 figuran como monjas profesas [59], y hay referencia a la red del locutorio; así el 2 de octubre de 1536.

En esta misma línea y apuntando a algún tipo de clausura disponemos de una prueba más explícita. Se trata de un instrumento de poder del 25 de octubre de 1543; se juntaron las monjas

> «a campana tañida,... Ana Ortega, priora del dicho monasterio e María de Soto, sopriora, ...[se enumeran hasta otras 12]

---

[56] El P. Matías del Niño Jesús afirma que la casa natal del Santo estaba colindante a dicho monasterio, «circunstancia, — añade — que pudo influir humanamente en la decisión de fray Juan para ingresar en la Orden del Carmen, pues tan próxima vecindad hace suponer fácil trato y afecto del hogar Yepes-Alvarez con las monjas» (Crisógono de Jesús Sacramentado, O.C.D., *Vida de San Juan de la Cruz*. Edición preparada y anotada por Matías del Niño Jesus, O.C.D., Madrid 1982, 14, nota b). Si efectivamente hubiera alguna relación entre el convento de carmelitas y la vocación de San Juan de la Cruz, no sería por la proximidad de la casa natal con dicho convento, que se encontraba entonces en el extremo opuesto del pueblo, aunque la distancia era corta.

[57] Juan Bautista de Lezana, O.Carm., *Annales sacri prophetici et eliani Ordinis Beatissimae Virginis Mariae de Monte Carmeli*, 4v, Roma, 1645-1656, IV, 1039.

[58] Otger Steggink, O.Carm., *La reforma del Carmelo español*, Roma, 1965, 62. El año 1500 como de la fundación consigna un manuscrito madrileño (Madrid, B.N., Ms.18.575/41, Bartolomé Rey Negrilla, O.Carm., *Carmelo abreviado o Epytome historial de la Orden del Carmen*, ff. 84v-85r).

[59] Fontiveros, Arch. conventual MM. Carmelitas, *Escritura de Hacienda de Fontiveros* I, ff. 16r (paginación independiente), 147r, 462r.

pidieron e demandaron para lo que de yuso hará mención al muy Rvo. Padre fray Juan Flores, vicario provincial de la dicha Orden del Carmen en estos reinos de Castilla, su perlado e superior que presente estaba por la parte de fuera de las rejas del dicho locutorio e el dicho padre vicario provincial dio e concedió la dicha licencia, para lo que de yuso hará mención a la dicha señora priora, monjas e convento del dicho monasterio ...»[60].

En otro orden de cosas el convento consiguió el 9 de septiembre de 1538, permiso para que se enterraran en la iglesia personas que previamente lo habían solicitado. Se oponían los clérigos de la villa[61].

Las diferencias entre los clérigos que servían al convento y la parroquia debieron de existir también en torno al año 1555, cuando el visitador del obispado

«mandó que en adelante ningún clérigo que sirviere a las dichas monjas eche fiestas y salga a ofrecer ni eche agua bendita por la iglesia, haciendo procesión con asperges, so pena de excomunión mayor latae sententiae, ni hagan otros autos parroquiales en perjuicio de la parroquia, ni aministre sacramentos...»[62].

Tenemos también muestras de la devoción que inspiraba en el pueblo, en distintas cláusulas testamentarias en favor del convento, como la manda que hizo Francisco Gutiérrez Altamirano por su testamento, fechado en Valladolid el 6 de octubre de 1545, en virtud de la cual entregó el «azeite necesario para alumbrar al Smo. Sacramento en todo el año»[63].

De la tutela que la Orden del Carmen ejercía sobre la institución, además del documento anteriormente citado sobre la presencia del P. Flores en 1543, poseemos otro dato de 1548. Se trata de una legitimación por parte del general de la Orden y de los capitulares del capítulo general, reunido en Venecia, en favor de Sor María de Muriales, monja profesa de dicho convento, para que gozara de todas las prerrogativas, como legitimada, y concedida como gracia especial de la Religión[64].

---

[60] Fontiveros, Arch. conventual, *Escrituras de Hacienda de Cantiveros.*
[61] *Ibid.*
[62] Avila, Arch. Diocesano, Fontiveros, Libro 55, *Fábrica de la iglesia, 1536-1575,* f.193v.
[63] Fontiveros, Arch. conventual MM. Carmelitas, *Censos al redimir y al quitar en favor del convento de la Madre de Dios de Fontiveros,* 1719. El 25 de noviembre de 1545 Bartolomé de Madrigal dejó, por vía de testamento, 12 fanegas de trigo para que las monjas «tengan cargo de rezar por mi alma» (Valladolid, Arch. de la Chancillería, Pleitos civiles, Pérez Alonso, 929-4).
[64] *Acta capitulorum generalium Ordinis fratrum B.V. Mariae de Monte Carmelo,* 2v., Roma, 1912- 1934. Ed. Gabriel Wessels, O.Carm., I, 433.

Detectamos también la presencia del P. Antonio de Heredia, compañero después de San Juan de la Cruz en la aventura de la reforma, quien presidió la ceremonia de la profesión de doña María de Velázquez el año 1557[65].

Visita del general de la Orden Juan Bautista Rubeo.   Después de un amplio periplo por tierras de Castilla, el Rvo. P. Rubeo llegó a Fontiveros 9 ó 10 de abril de 1567. En tal fecha

> «Se trata de una comunidad bastante numerosa; son alrededor de cuarenta y cinco religiosas..., las carmelitas tienen en su casa a mujeres y doncellas seglares. Conocemos los inconvenientes que proceden de tal convivencia. Las religiosas lo señalan, rogando que se ponga remedio.
>
> Las peticiones que las religiosas presentan al general, para que les dé permiso para salir comprueban que también en Fontiveros las religiosas no se consideran obligadas a guardar el decreto tridentino, por haber profesado vida religiosa sin voto de encerramiento.
>
> Respecto a la observancia de la vida regular, las religiosas alaban unánimemente la celebración de los oficios divinos; tienen arca de depósito y hacen los inventarios de sus bienes.
>
> Según parece, las carmelitas de Fontiveros no son atendidas en lo espiritual por los frailes, al menos no de manera regular, ya que la subpriora, Catalina Arias, "ruega que se envían confesores nuestros dos o tres veces al año".»[66]

Emplazamiento del primitivo edificio.   Indicamos anteriormente que el actual convento en la calle de Cantiveros y junto la casa natal de San Juan de la Cruz no fue el que habitaron en tiempo del Santo. Efectivamente, hasta el traslado, en 1616, se encontraba al extremo opuesto del pueblo. El 2 de agosto de 1597, Antonio de la Cuba vendió «un poquillo de solar que estaba junto a otro poquillo del dicho monasterio, a vuelta de los *Arenales* que enfrentaban ellos y alindan por una parte con huerta del dicho monasterio». El 21 de mayo de 1589 adquirió la comunidad de doña Beatriz de Hontiveros unas casas que convirtieron en palomar a la esquina de los renales[67].

En documentos posteriores y al hacer apeo de las posesiones en 1734-1735 se dice con más pormenores:

> «apearon y deslindaron una tierra que es el sitio donde estaba el convento antiguo de las religiosas y su huerta y linda

---

[65] Fontiveros, Arch. conventual MM. Carmelitas, *Libro de profesiones 1557-1833*, f.1r.

[66] Otger Steggink, *La reforma del Carmelo español*, 330-331. El texto completo de las disposiciones lo publicó el P. Tomás Alvarez O.C.D., *Apuntes del P. Rubeo en su visita a Piedrahíta y Fontiveros*, en *El Monte Carmelo*, 86 (Burgos 1978), 279-180.

[67] Fontiveros, Arch. conventual MM. Carmelitas, *Censos al redimir y al quitar*, f.42r-v.

por el ábrego con el camino que va de esta villa a la de Collado a mano izquierda y por el solano con la *Laguna de los Arenales* y por el cierzo con el caño que vierte dicha laguna y por el gallego con un pradillo el que es y dice ser la plazuela que llaman de los Altamiranos» [68].

Del antiguo monasterio debieron de pasar al nuevo, que fue palacio del obispo de Jaén, Alonso de Fuente el Sauz, algunas obras de arte, como una talla de la Virgen con el Niño en madera policromada, al parecer del siglo XII [69].

4.   *Recuerdo de San Juan de la Cruz en Fontiveros*

No hay duda que debió de tener alguna influencia este pueblo en San Juan de la Cruz. Su «destino temprano estaba como condensado en el mismo lugar del nacimiento: Fontiveros, casi en la linde de Avila y Salamanca, con la vacilación entre lo castellano y lo leonés, señalada por la vacilación que hoy mismo perdura en el nombre: Fontiveros, Hontiveros» [70].

No hay que olvidar, sin embargo, que Juan de Yepes, a los 6 u 8 años, según la cronología que aceptemos a la hora de fijar la fecha de nacimiento, salió del pueblo; su madre se vio obligada a abandonar Fontiveros con el desgarro que supondría apartarse del lugar donde nacieron sus hijos y donde dejó enterrado a su marido y a su hijo Luis. Había que hacer frente a la vida, luchar contra el hambre, y nunca mejor dicho. Por dos veces peregrinó a Toledo, para después marchar a Arévalo y recalar finalmente en Medina.

No consta que Juan de Yepes, fray Juan de Santo Matía, fray Juan de la Cruz, volviera al lugar donde nació. No está de camino entre Medina y Salamanca, centros de su formación carmelitana y científica. ¿Haría alguna excursión apostólica —dada la proximidad— desde Duruelo? Tampoco consta.

Sus raíces familiares no están en Fontiveros. Gómez Menor se encarga de buscarlas por tierras toledanas donde nacieron sus padres [71].

---

[68] Fontiveros, Arch. conventual MM. Carmelitas, *Apeo y deslinde de las tierras y demás heredamientos del convento de Ntra. Sra. del Carmen de Fontiveros de antigua y regular observancia intramuros desta villa de Fontiveros 1734-1735*, f.17r-v.

[69] Fontiveros, Arch. conventual MM. Carmelitas, *Compra que hizo este convento a don Adrián Suárez de Lugo, señor de Fuente el Sauz. Año 1616. Fe y Arte. Santa María de los claustros. Exposición. Iglesia del Monasterio de la Encarnación*, Avila, 1988. *Catálogo*. Gómez Moreno opina que es del siglo XIII.

[70] Damaso Alonso, *La poesía de San Juan de la Cruz* (Desde esta ladera), Madrid, 1942, 103.

[71] José Carlos Gomez-Menor Fuentes, *El linaje familiar de Santa Teresa y de San Juan de la Cruz. Sus parientes toledanos*. Toledo, 1970. Passim.

Juan de Yepes vino al mundo en este pueblo que tuvo importancia en la Castilla rural del siglo XVI, por el número de habitantes, por su iglesia parroquial ... De niño correteó por la zona de las lagunas; cayó en una de ellas, le salvó un labriego con una ijada, pero él había visto *una señora, muy hermosa que le alargaba la mano* [72]. Estaba destinado para grandes empresas. Allí junto a las lagunas se levantaba el convento de monjas carmelitas.

Los fontivereños saben muy bien que San Juan de la Cruz ha hecho el milagro de que el nombre sonoro de Fontiveros —que no Fuenterrabía [73]— haya tenido y siga teniendo amplia resonancia en el mundo entero, que sea pronunciado con respeto y admiración por legiones de hombres y mujeres que se dedican al cultivo del mundo interior, del mundo del espíritu. Profesan al Santo —no podía ser menos—devoción acendrada y en su honor celebran dos novenas al año: una, coincidiendo con la fiesta litúrgica y otra, que finaliza el 1 de mayo y que organiza el círculo católico que lleva su nombre.

En la antigua iglesia de los carmelitas, levantada conforme indicamos, en el solar donde nació, se celebra todos los domingos la Eucaristía y son frecuentes los encargos para celebrarla también los días de entre semana. En locales adyacentes al templo hay reuniones de grupos para profundizar en su fe. ¿Dónde podrían hacerlo mejor? ¿No recuerda este lugar al autor de las Noches?

La estatua en bronce de la plaza mayor es un símbolo perenne del recuerdo de San Juan de la Cruz entre sus paisanos. En muchos de los hogares, veréis también ejemplares de sus obras inmortales. Fontiveros está orgulloso —legítimamente orgulloso— de ser la cuna del Doctor Místico.

---

[72] Crisógono de Jesús Sacramentado, *Vida de San Juan de la Cruz*, 20.

[73] Diccionario Espasa, t.28, Barcelona, 1926, 2970. Incomprensiblemente aparece San Juan de la Cruz como nacido en Fuenterrabía. Corregido en el Espasa manual.

El Colegio de los Jesuitas de Medina del Campo en tiempo de Juan de Yepes [1]

Luis Fernández Martín, S.J.

Pretendemos en este trabajo trazar la historia del Colegio de la Compañía de Jesús de Medina del Campo desde su fundación en 1551 hasta la salida de su alumno Juan de Yepes, el que después fue San Juan de la Cruz.

No cabe duda que los cuatro años de permanencia de este preclaro alumno en las aulas jesuíticas dejaron huella en la formación humana, en el equipamiento intelectual, en la educación religiosa y en los perfiles de la sensibilidad poética del autor de la «Noche obscura», poesía «angélica, celestial y divina».

Niño pobre, huérfano de padre, olvidado de su familia paterna, peregrina desde Fontiveros a Arévalo y de aquí a la populosa villa de Medina del Campo, población muy rica y emporio principal del comercio en Castilla y de las transacciones bancarias, en busca de una oportunidad para sobrevivir. Su madre, Catalina Alvarez, encuentra un cobijo al norte de la villa, dentro de las murallas en la calle de Santiago donde gana el pan para sus hijos tejiendo tocas de seda. Para aliviar sus cargas familiares colocó a su hijo Juan en el Colegio de la Doctrina, especie de orfelinato donde aprendió a leer y a escribir. Tenía diez y siete años cuando ingresó en el colegio que los jesuitas habían abierto pocos años antes en la villa del Zapardiel y perduró allí durante cuatro años, de 1559 a 1563. Allí consiguió adelantarse mucho en los estudios.

La familia paterna de Juan de Yepes noble y bien acomodada no se cuidó de la situación familiar de Catalina y de sus hijos. Estos parientes paternos no fueron sólo eclesiásticos acomodados sino tambien ricos mercaderes. Nosotros hemos encontrado a un homónimo, Juan de Yepes, mercader toledano, que fué a Medina del Campo en 1552 a negociar [2]. ¿Sería, acaso, tío del chicuelo Juan de Yepes acogido en el Colegio de Niños de la Doctri-

---

[1] *Siglas*: AHPV = *Archivo Histórico Provincial de Valladolid; MHSI* = Monumenta Historica Societatis Iesu; Litt.Quadr. = Litterae Quadrimestrae.

[2] AHPV. 5872-234; 29-VIII-1552.

na? Al año siguiente, 1553, volvió el mercader Juan de Yepes a Medina y otorgó allí una carta de finiquito sobre los dares y tomares que tenía con Vitores Ruiz Embito, hermano y socio del célebre banquero Simón Ruiz[3].

Hemos extraído los materiales para este nuestro trabajo de la gran colección «Monumenta Historica Societatis Iesu» y de la Sección de Protocolos notariales del Archivo Histórico Provincial de Valladolid. La bibliografía más orientadora la componen: la «Vida de San Juan de la Cruz», del P. Crisógono de Jesús Sacramentado[4], la «Fisonomía poética de San Juan de la Cruz» de Rafael de Hornedo[5], «Juan Bonifacio» de Félix González Olmedo[6] y la «Historia de la Compañía de Jesús en su Asistencia de España» por Antonio Astrain[7].

Los fundadores del Colegio

El título de fundadores del colegio de Medina recayó en el matrimonio formado por el rico comerciante Pedro Quadrado y su esposa Francisca Manjón. Sus figuras permanecen hoy día en el lucillo sepulcral de la iglesia de Santiago. Representa el caballero de edad madura y lleva calzas gregüescas acuchilladas. A los pies sobre un cojín el casco con elegante cimera. La dama se engalana como a su alta alcurnia conviene. Luce cadena de muy graciosa labor, pendiente va un medallón con el anagrama de Jhs y basquiña guarnecida de labor «contrahecha al natural», de poco relieve, pero muy lucida y graciosa. Lleva sobre su cabeza un pequeño tocado. Todo conforme a la usanza de los últimos años del siglo XVI[8]. Estas estatuas han sido atribuidas a Pedro de la Cuadra aunque más bien parece que se debieron a sus discípulos.

La fundación de este colegio fue atribuída a una profecía de San Ignacio muchos años antes estando en Amberes cuando Pedro Quadrado le dio generosa limosna y el santo le anunció que haría un colegio para la Compañía de Jesús en su pueblo natal, Medina del Campo. Así consta en la inscripción bajo las estatuas en el sepulcro hoy existente en la iglesia de Santiago.

---

[3] AHPV. 7338-1591; 6-V-1553.

[4] Crisógono de Jesús Sacramentado, O.C.D., *Vida de San Juan de la Cruz*. Madrid, 1982.

[5] Rafael de Hornedo, *Fisonomía poética de San Juan de la Cruz*, Razón y Fe, 542, Mayo 1943, 220- 233.

[6] Félix González Olmedo, *Juan Bonifacio*. Santander, 1938.

[7] Antonio Astrain, *Historia de la Compañía de Jesús en la Asistencia de España*. Madrid, 1912.

[8] Esteban García Chico, *Catálogo Monumental de la provincia de Valladolid. Medina del Campo*. Valladolid, 1961, 138.

Rodrigo de Dueñas lleva a los jesuítas a Medina del Campo

Pero el iniciador del colegio fue el importante personaje Rodrigo de Dueñas. Por razón de sus negocios viajaba con frecuencia a Valladolid donde conoció al padre Pedro Fabro y al padre Antonio de Araoz. Quedó tan prendado de su espíritu y doctrina que formó el deseo de llevar a compañeros suyos a Medina.

En 1550 el P. Doctor Miguel de Torres con otros dos compañeros viniendo por Medina del Campo hablaron con Rodrigo de Dueñas quien les pidió encarecidamente que enviasen a aquella villa dos padres para predicar y confesar precisamente en aquella época, el Adviento, por ser feria. Fueron el P. Bautista y otro padre y estuvieron quince días. Era cosa maravillosa —dice un cronista de la época— ver la edificación y moción grande que hay en la villa con los sermones que predica en los «cambios», en mitad de los negociantes donde concurren tantos mercaderes de tantas partes. Pidieron los vecinos que se quedasen los misioneros hasta Pascua. El más interesado fue Rodrigo de Dueñas que les importunaba para que se hospedasen en su casa pero ellos prefirieron irse a un hospital. Este mercader encontraba notable diferencia entre estos nuevos religiosos y los canónigos de la Colegiata o los innumerables beneficiados adscritos a parroquias, capillas y ermitas.

Rodrigo de Dueñas les encargó que obtuviesen del General, padre Ignacio de Loyola, que fundase en la villa. Ofreció casa con todo lo necesario y pagar los alimentos a un estudiante jesuita en Salamanca[9]. En 1551 tres jesuitas entro ellos el P. Bautista y el hermano escolar Pedro Sevillano fueron destinados para permanecer en Medina. Se hospedaron en el Colegio de la Doctrina y más tarde en una casa alquilada dispuesta por Rodrigo de Dueñas[10]. Pronto estuvieron en Medina el P. Doctor Diego del Castillo, canonista, el P. Maximiliano Capella, flamenco, maestro en teología y el hermano Canales[11].

Rodrigo de Dueñas les daba limosnas y ornamentos para que en una pequeña capilla acudiese la gente a Misa, a confesar y comulgar. Este mismo año de 1551 comenzó el P. Capella a leer un curso de Artes a cinco hermanos escolares de la Compañía y a algunos de fuera. No cabían ya los jesuitas en la casa alquilada cuando Antonio de Acosta ensanchó la vivienda con una huerta pegada a ella que les dio en limosna[12]. En 1552 creció mucho el número de gente que confesaba y comulgaba y en el patio de la casa se

---

[9] MHSI, Madrid (1894). Litt. Quadr. I, 250-251; Polanco, Chronicon Soc. Iesu, II, 1550.

[10] MHSI, Madrid (1894), Polanco. Chronicon, II, 339; Luis de Valdivia: *Historia de los colegios de la Compañía de Jesús*. Mss. s/f.

[11] Luis de Valdivia, *o.c.*, s/f.

[12] Luis de Valdivia, *o.c.*, s/f.

hacían sermones a los mercaderes enseñándoles cómo se habían de haber en sus tratos y contratos[13].

Rodrigo de Dueñas, que apreciaba mucho la labor apostólica de aquellos jesuitas, no se inclinaba hacia la fundación de un colegio. El que había llamado a los jesuitas, que les había prometido hasta 160 ducados, orientó sus ayudas hacia otras obras de caridad con niños huérfanos, con mujeres perdidas y hacia un hospital[14].

A la vista de estos hechos los jesuitas temieron que la invitación hecha por el rico mercader fuese sólo para establecerse en Medina, dejando que ellos buscasen por sí los medios para subsistir. Lo único conseguido fue una promesa, no muy segura, de 150 ducados anuales para sostenimiento de la casa. Las perspectivas eran desalentadoras, pero dada la gran importancia de Medina del Campo los jesuitas determinaron quedarse. En 1552 el provincial Araoz nombró rector del incipiente colegio a Pedro Sevillano que no era aún sacerdote pero estaba dotado de gran prudencia, espíritu y conocimiento de las personas. Pusieron los ojos los jesuitas en una iglesia de los caballeros de San Juan pero oportunamente Rodrigo de Dueñas donó a la Compañía una huerta con sus casas y palomar, viña y frutales, todo cercado, extramuros junto a la puerta de Santiago, que fue de Alonso Díez de la Reguera por lo que se la denominaba «la huerta de Reguera»[15]. Aquí se hizo el colegio al que asistió el niño Juan de Yepes. Los mercaderes dieron 500 ducados y el Conde de Feria ofreció otros 100 para el nuevo Colegio[16]. El documento notarial de cesión de la Huerta de Reguera en el camino que va de la Puerta de Santiago al monasterio de Santa María la Real de las Dueñas se formalizó el 29-VI-1553 ante el escribano Luis Pérez[17].

El día de San Pedro de 1553 el P. Francisco de Borja puso la primera piedra en esta finca. Ayudó mucho a esta casa el P. Luis de Medina que era un gran arquitecto y con 4.000 ducados que dio para esta obra. Antonio de Acosta dio otros 2.000 ducados. Comenzó a proteger esta obra doña Francisca Manjón la que persuadió a su marido, Pedro Quadrado, a que fundara él el colegio. Los jesuitas veían cómo la juventud de Medina se criaba viciosamente por las muchas riquezas que había en ella y por el demasiado regalo que suele acompañar a la abundancia de las cosas temporales. Para reformarla deseó mucho la villa que se pusiesen en nuestro colegio clases de latinidad. Fruto de este Colegio fueron tambien las vocaciones religiosas que de él salieron[18]. Entraron en la Compañía cuatro hijos de Rodrigo de Dueñas y cinco hijos de Antonio de Acosta, entre ellos José, el más célebre que tra-

[13] Luis de Valdivia, *o.c.*, s/f.
[14] MHSI. Polanco, Chronicon, II, 329 y ss. y 623.
[15] AHPV. 7337-218; 9-II-1552.
[16] MHSI, Madrid (1895), Polanco, Chronicon, III, 349; 1553.
[17] AHPV. 7338-1028; 29-VI-1553.
[18] A. Astrain, *Historia de la Compañía de Jesús*. I, CXXI.

bajó como misionero en el Perú y escribió la «Historia Natural de las Indias».

Rodrigo de Dueñas labró la iglesia y el monasterio de Santa María Magdalena de las Arrepentidas pero no se olvidó del todo de los jesuitas. Cuando en 1558 hizo su testamento dejó en él a la Compañía de Jesús 44.000 maravedís de juro «con tanto que me den veinte sermones» en el monasterio de la Magdalena y «no dando los dichos sermones no es mi voluntad que se le den los dichos 44.000 maravedís» [19].

Rodrigo de Dueñas no fue el fundador del colegio, pero fue un insigne bienhechor. Mercader, cambista, hidalgo notorio, regidor de la villa, señor de Tórtoles y Población de Cerrato, compró los lugares de San Miguel del Pino, Torrecilla de la Abadesa y San Martín del Monte con el monte que llaman de la Abadesa [20]. Fue Oidor del Real Consejo de Hacienda y la célebre «casa de los Dueñas» recibió este nombre porque una hija de sus amos, doña Mariana Beltrán contrajo matrimonio con Francisco de Dueñas [21] Hormaza, hijo de Rodrigo. Otro hijo, Diego, fue dominico en Sta. María de Nieva; otro, Rodrigo, Deán de Zamora, renunció a sus bienes para que sus padres pudieran hacer mayorazgo en otro de sus hijos [22].

Rodrigo de Dueñas fue uno de los grandes hombres de negocios del tiempo de Carlos V [23]. Importaba naipes de Francia [24] que le transportaba Simón Ruiz [25]. Fue factor de la viuda de Francisco de los Cobos [26] y sacó para ella 9.000 pesos de oro de la Casa de Contratación [27]. Como correspondía a su categoría económica Rodrigo de Dueñas compró unas casas principales en la Plaza Mayor de Medina por 850 ducados de oro [28]. En 1556 adquirió otras con sus corrales y huerta en la calle de Santiago por 2.000 ducados [29].

No sabemos a ciencia cierta el día en que falleció Rodrigo de Dueñas, pero hubo de ser entre el 16 de enero de 1558 en que formalizó su testamento y antes del 11 de marzo en que se hizo la almoneda de sus bienes muebles. Un sobrino carnal de su mujer, Pedro Quadrado, recibió poder del heredero, Francisco de Dueñas Hormaza, para comprar para él cualesquier vasallos, juros, términos, alcabalas, etc [30].

---

[19] AHPV. 7345-22v; 16-I-1558.
[20] AHPV. 7336-335; 14-X-1552.
[21] E. García Chico. *o.c.*, 36.
[22] AHPV. 7671-328; 16-II-1557.
[23] H. Lapeyre, *Une famille de marchands. Les Ruíz*. París, 1955, 565. Ramón Carande, *Los banqueros de Carlos V*. Madrid, 1965-1967, 560.
[24] AHPV. 7335-303; 1-III-1551.
[25] H. Lapeyre, *o.c*, 560.
[26] AHPV. 7335-48; 9-I-1551.
[27] AHPV. 7338-165; 22-V-1553.
[28] AHPV. 7337-104; 23-I-1552.
[29] AHPV. 7343-55; 22-I-1556.
[30] AHPV. 7049-294; 24-X-1558.

Rodrigo de Dueñas, hombre cristiano y generoso, no veía la importancia de la educación de la juventud en los colegios. Para entonces el fundador de la Compañía ya lo veía con absoluta claridad: «Todo el bien de la Cristiandad y de todo el mundo depende de la buena educación de la juventud» [31].

Pedro Quadrado, el fundador del Colegio

Rodrigo de Dueñas dejó iniciadas las obras del nuevo Colegio. Pero Quadrado, rico mercader, sobrino de la esposa de Dueñas, recogió la antorcha y la llevó hasta la meta. En mayo de 1554 el P. José de Acosta escribía a San Ignacio: «Por lo que toca al edificio del colegio va tan bien que los más viéndolo se admiran; de él ahora se construye una parte que enseguida nos daremos prisa en terminar» [32]. Medio año más tarde vuelve a escribir: «Tenemos una casa mejor para la vida religiosa y para la comodidad. En el pasado cuatrimestre se puso el techo. En este edificio tenemos una mediana capilla con el Smo. Sacramento» [33].

La primera intervención de Pedro Quadrado en la obra del colegio se constata en una carta del P. Maximiliano Capella, de septiembre de 1556: «El señor Pedro Quadrado, mercader principal de esta villa, no solamente va adelante, mas aun nos ha hecho una donación de 200.000 maravedís y 15 cargas de trigo de renta. Es cosa maravillosa la gran afición que nos tiene, ya querría ver todo acabado, ansí el colegio como la iglesia. Todo el gasto se le hace poco según el amor que Nuestro Señor le ha dado a esta casa. Verdad es que desea que la donación se tenga secreta, cuanto fuere posible; por caridad que V.P le mande encomendar a Dios Nuestro Señor» [34].

Polanco en su Chronicon informa que aun antes de concluirse la obra del colegio ya se ocupaba una parte del mismo. «Al comienzo de este año habitaron los Nuestros casa propia que ayudaba a la salud» [35]. Al comienzo del verano se había de empezar el templo nuevo y grande porque hasta entonces sólo una pequeña capilla servía para la celebración de los sacramentos y para la catequesis. Uno de los estudiantes prometió 2.000 ducados para la obra y se esperaban más [36]. Este año 1558 se capituló la fundación del colegio a favor de Pedro Quadrado y su esposa doña Francisca Manjón. Acep-

---

[31] Carta de San Ignacio al Rey Felipe II, 1556, cit. por R.E. Villoslada, *San Ignacio de Loyola, Nueva Biografía*, Madrid, 1986, 877.

[32] MHSI, Madrid (1896), Lit. Quadr., III, 6.31-V-1554.

[33] MHSI, Lit.Quadr., III, 29-XII-1554.

[34] MHSI, Madrid (1921), Lit.Quadr., V, 29-IX-1556.

[35] MHSI, Polanco, Chronicon, VI, 566.

[36] MHSI, Polanco, Chronicon, VI, 569.

tó la fundación el General, P. Diego Laínez, siendo Comisario en España el P. Francisco de Borja. Acrecentaron después esta fundación y nos hicieron una hermosa iglesia y casa que es de las mejores que tiene la Compañía [37].

Rodrigo de Dueñas había condicionado su donación a la condición de tener veinte sermones anuales en el monasterio de la Penitencia. Pedro Quadrado se ofreció a pagar otro predicador cuando los jesuitas no pudieran cumplir este compromiso. Para ello hipotecó 15 cargas de trigo de renta que tenía en el lugar de Gomeznarro [38].

A Pedro Quadrado se le dieron ya en vida los honores propios de los fundadores. «El día de San Pedro que es el día de nuestro fundador ha sido señalado para que se le dé candela; se hizo muy solemne fiesta». Las cartas a Roma se hacían eco de la salud del fundador: «Nuestro fundador está enfermo y trabajado por ser hombre de días» [39]. Y en febrero del año siguiente: «Nuestro fundador está mejor ... y ansí ha comenzado a labrar sacristía y corredor» [40]. Y en junio: «Nuestro fundador está ya bien y prosigue con mucha prisa la obra de la iglesia y corredor que está junto a ella» [41]. Y al mes siguiente: «Labra ya la madera de un corredor porque las paredes de la iglesia se acaban ya» [42]. En septiembre: «Las paredes de la iglesia están acabadas y el primer suelo del corredor y se entiende en los arcos altos y en la sacristía» [43]. En enero de 1561: «Por lo que toca al edificio de nuestra casa no les falta ánimo a los fundadores para terminar la obra; ya usamos una gran capilla (de la iglesia) pero todavía no se coronó el templo a causa del invierno» [44].

En la primavera de 1561 a su paso hacia Portugal como Visitador el P. Nadal escribía: «Hízeme muy gran amigo de Pedro Quadrado y su mujer, doña Francisca» [45]. Aprovechó Nadal esta amistad para frenar al fundador en sus intromisiones en el gobierno del colegio: «Hanles acostumbrado a entrometerse demasiado» [46].

«La iglesia se comenzó a cubrir por principio de Quaresma y estaba cubierta para la Semana Santa; y así estaba muy cómoda para el concurso de la gente que hubo mucho porque algunos tienen por excusa de no visitar tantas veces nuestra casa por estar fuera de los muros y embarazada con los

---

[37] Luis de Valdivia, *o.c.*, s/f.
[38] AHPV, 7049-363; 14-XI-1558.
[39] MHSI, Madrid (1925), Lit.Quadr., VI, 355, 4-X-1559.
[40] MHSI, Lit.Quadr., VI, 515; 6-II-1560.
[41] MHSI, Lit.Quadr. VI, 625; 2-VI-1560.
[42] MHSI, Madrid (1897), Lainii, V, 129; 9-VII-1560.
[43] MHSI, Madrid (1925), Lit.Quadr., VI, 788; 1-IX-1560.
[44] MHSI, Madrid (1932), Lit.Quadr., VII, 55; 10-I-1561.
[45] MHSI, Madrid (1989), Nadal,I, 429; 9-IV-1561.
[46] MHSI, Nadal, I, 429; 9-IV-1561.

materiales de la obra: agora esto les da ocasión de la visitar en las confesiones, misas y oficios divinos. Acábase ahora de labrar la sacristía que el invierno pasado quedó comenzada»[47].

El maestro de yesería, Juan Bautista, vecino de Medina de Rioseco, se concertó en junio de 1561 con Pedro Quadrado para hacer la tarea de su especialidad en la capilla mayor, el cuerpo de la iglesia y la tribuna del Colegio del Nombre de Jesús. En la capilla mayor «sus arcos y hornacinas toda ella cerrada de yeso y ladrillo de media citara». «Las hornacinas de cinco llaves ... con sus filateras y pinjantes caladas al romano ... con sus medallas en madera, formas y orlas en los costados ... con sus serafines y veneras y otras cosas que el dicho Pedro Quadrado demandare. Por la cornisa y repisa y arquitrabe quedará un friso en blanco por donde se pueda poner el letrero. Escudos por las paredes. Hará el antepecho del coro y de las tribunas. Pedro Quadrado dará toda la madera, yeso, ladrillo, cal, arena, agua, dos quintales de cordeles y dos mil emplentones y 400 ducados»[48].

En septiembre se escribía: «Nuestro edificio va adelante; ya se construyen las bóvedas; nuestro fundador sigue ayudándonos; ya se han echado los cimientos de una zotea grande, hermosa, mirando a la huerta por donde están las cámaras»[49]. Las impresiones que transmitía Nadal a Roma no podían ser más halagüeñas respecto a la casa que tenían los jesuitas de Medina del Campo: «Tienen un cuarto de casa nuevo, grande y muy bueno, y la iglesia que ya está casi acabada es una de las buenas piezas que he visto en la Compañía. Es fundador Pedro Quadrado el cual hace la fábrica y dexa 600 ducados de renta. Léese Gramática en tres clases aunque el fundador no lo pide ni se le da nada»[50]. Recoge también Nadal los cambios de talante del fundador: «Ahora tratamos con Pedro Quadrado. Ya se enoja, ya se aplaca, ya se queja, ya agradece. Dios nos ayudará»[51]. Como con todos o casi todos los fundadores, hubo problemas domésticos. «Encontré que se había concertado con Quadrado y su mujer sin permiso del P. General ni del Provincial algo que no era propio de la libertad de la Compañía lo que fue difícil de corregir. Las cosas eran difíciles en este Colegio a causa de cierto padre al que halagaban demasiado los fundadores lo que obscurecía el papel del Rector. La cosa se arregló. Se prohibió que la fundadora, doña Francisca Manjón, entrara en la huerta, lo que recibió de buena gana»[52].

Fallecido el fundador el 14 de abril de 1566, su viuda siguió protegiendo eficazmente su fundación. En su testamento formalizado el 26 de mayo

---

[47] MHSI, Lit.Quadr., VII, 251; 1-V-1561.
[48] AHPV. 5876-150; 28-VI-1561.
[49] MHSI, Lit.Quadr., VII, 538; 5-IX-1561.
[50] MYSI, Nadal, I, 655; 23-II-1562.
[51] MHSI. Nadal, I, 686; 11-V-1562.
[52] MHSI, Madrid (1895), Nadal, II, 25; 1562.

de 1586 manifestó su deseo de que el colegio fuera en aumento y dada «la esterilidad de los tiempos y la falta de otras ayudas, le hizo donación de unas casas principales con su vergel y corral frente al colegio en las que vive que valen 2.500 ducados y la mitad de un majuelo. Otros bienhechores como la viuda de Luis de Medina y el célebre mercader Simón Ruiz contribuyeron a comprar un juro de 217.000 maravedís sobre la villa de Venialbo a favor del colegio. Dejó además doña Francisca Manjón al colegio dos imágenes de plata de San Pedro y San Pablo, un Lignum Crucis, otro relicario con la Santa Espina. Dejó además todos sus bienes muebles para hacer la cerca de toda la huerta y para acabar el retablo y reja de la iglesia. Mandaba doña Francisca en su testamento que se renovase el paño de terciopelo negro que cubría la tumba de su esposo. Por fin, liberaba al colegio de la obligación de «dar la vela» a sus sucesores [53]. Pero cuando se daban estas disposiciones testamentarias hacía más de veinte años que Juan de Yepes había abandonado sus aulas para vestir el hábito carmelitano.

En las claves de los arcos de medio punto del crucero de la iglesia van grabadas las fechas de 1560 y 1563, años en los que probablemente se comenzaron y terminaron las obras. En la parte superior van escenas de la vida de Jesús «a lo romano» debidas a los pinceles de Antón Pérez y de Luis de Vélez. La traza de la iglesia parece que se debe al arquitecto Rodrigo Gil de Hontañón y a la iniciativa del padre Francisco de Borja. El exterior de la iglesia carece de interés. Muros lisos de ladrillo, puerta principal de piedra con arco de medio punto y escudos de la familia fundadora. Como remate una orla revestida de sencillos ornatos en cuyo centro ostenta encima el anagrama del J.H.S [54].

Esta iglesia se conserva en la actualidad convertida en Parroquia de Santiago. El edificio del colegio donde estudió Juan de Yepes ha desaparecido pero se conserva un plano que nos ofrece una idea de su construcción. Detrás de la iglesia y a su derecha se levantaba el edificio de dos plantas. En la inferior detrás de la sacristía se abrían dos aulas de Gramática y una de Moral; a la entrada de la iglesia, junto al atrio, estaba un aula de Artes. Corría un amplio tránsito todo a lo largo del lateral de la iglesia que por un ancho pasillo y formando dos patios, uno de cada lado, comunicaba con un pabellón destinado a aposentos y cocina. Tras este amplio conjunto se situaban los corrales «de estudio» o patio de alumnos, el corral de la labranza, las cuadras, la bodega, los lagares y la panera. El resto de la amplia posesión era la huerta con su noria [55].

[53] AHPV, 7713-2325; 26-V-1586.
[54] Esteban García Chico, *Catálogo Monumental de la Provincia de Valladolid*. Medina del Campo, Valladolid (1961), 135-150.
[55] Alfonso Rodríguez y Gutiérrez de Ceballos, *Bartolomé de Bustamante y los orígenes de la arquitectura jesuítica en España*. Roma, 1967, 126.

Organización del Colegio

Pocos años llevaba el colegio de la Compañía de Jesús abierto en Medina del Campo cuando el alumno Juan de Yepes llamó a sus puertas.

Ya hemos visto cómo era el edificio del colegio y la iglesia; quienes fueron los fundadores o grandes bienhechores del mismo. Ahora vamos a estudiar el elemento humano que lo informaba. Advirtamos que la Compañía de Jesús estaba en España muy a los comienzos, con gran escasez de sujetos pero con gran riqueza de entusiasmo religioso y apostólico. ¿Cuántos fueron los jesuitas que moraron en el colegio estos años? Tenemos la estadística numérica de algunos años entre 1551 y 1563.

La comunidad de esta casa llamada colegio era heterogénea: allí había sacerdotes, jóvenes jesuitas escolares e incluso novicios además de hermanos coadjutores. En 1552, al año de abrirse la casa, había en ella veintidos entre padres y hermanos [56]. Al año siguiente —1553— eran veintitrés; de ellos, siete sacerdotes y diez y seis hermanos entre escolares, novicios y coadjutores [57]. En 1554 eran en el colegio además del rector, José Sevillano, seis sacerdotes y ocho hermanos [58].

A partir de 1555 baja ostensiblemente el número de jesuitas en Medina. Quizá haya que atribuir este descenso a la apertura del noviciado de Simancas [59]. En 1556 eran los jesuitas de Medina quince en total; de ellos cinco sacerdotes, cinco escolares que actuaban de maestros en el colegio, dos novicios escolares y tres hermanos coadjutores [60]. En 1560, cuando era alumno de este colegio Juan de Yepes el número de jesuitas era de trece; de ellos cuatro sacerdotes, cuatro escolares y cinco hermanos coadjutores [61]. En 1561 el número de jesuitas fue de diez y seis en total: cinco sacerdotes y once hermanos, entre escolares y coadjutores [62]. De aquí se deduce que Juan de Yepes tuvo como profesores a jóvenes jesuitas escolares pero que llegaban a la Compañía equipados con frescos títulos universitarios obtenidos en las Universidades de Salamanca o Alcalá.

¿Quiénes rigieron este naciente colegio hasta que el alumno Juan de Yepes marchó al noviciado carmelitano?

Tres rectores tuvo este incipiente colegio hasta 1563. El primero, ya lo hemos dicho, fue José Sevillano, aun antes de ser sacerdote, desde 1555 al 1560. En este año comenzó su rectorado el padre Juan Paulo, natural de

---

[56] MHSI, Lit.Quadr., II, 61; 21-XI-1552.

[57] MHSI, Lit.Quadr., II, 268; 4-V-1553.

[58] MHSI, Nadal, Madrid (1898), I, 256; 14-V-1554.

[59] Luis Fernández, *San Francisco de Borja y el Noviciado de Simancas*, Archivum Historicum Societatis Iesu, LV, 1986, 217-260.

[60] P. Luckas, *De origine collegiorum externorum deque controversis circa eorum papuertatem obortis*, en: Archivum Hist.Soc.Iesu, 1960, 189- 245.

[61] Archivum Romanum Soc.Iesu. Hisp.96, fol.504.

[62] MHSI, Lit.Quadr., VII, 249; 1-V-1561.

Granada, rectorado que duró tres años. Al comienzo de su rectorado el regimiento de la villa de Medina del Campo comenzó a dar al colegio ciento cuarenta y cuatro fanegas de trigo en remuneración del trabajo puesto en educar a la juventud. Todo cuanto el colegio les pedía a los regidores de la villa se lo concedían con gran liberalidad[63]. En 1562 empezó sus rectorado el padre Jerónimo Ruiz del Portillo, antiguo rector y maestro de novicios en el noviciado de Simancas y luego celoso apóstol en la Misión del Peru.

Número de alumnos

El número de alumnos externos de la villa siempre fue numeroso teniendo en cuenta que este colegio como todos los de la antigua Compañía siempre fue completamente gratuito. En 1556 los alumnos eran ciento setenta y entre ellos veinticinco sacerdotes de la villa que deseaban una mayor formación en Gramática[64]. En 1559, el año en que Juan de Yepes comenzó a ser su alumno se escribía a Roma: «Crecen cada día los estudiantes ansí en número como en letras y buenas costumbres, por el buen concierto que hay en ellos»[65].

Baja un poco el alumnado al año siguiente 1560, y se comunica a Roma: «Los estudiantes nuestros son ciento sesenta y aprovechan mucho»[66].

En 1561: «De los estudios y estudiantes hay que escribir que desde el quadrimestre pasado hasta agora ha crescido tanto el número de estudiantes así de estudiantes como de niños de leer y escribir que ha sido necesario despedir los niños de leer por agora por no poder satisfacer todos como quisieramos dexando aquellos con quien se ve que hay mayor esperanza de fruto»[67].

La institución de las clases de Latinidad para los alumnos seglares, ya lo hemos dicho antes, tuvo lugar en el año 1555 a petición de las gentes de Medina. Antes esporádicamente se había dado algún curso de Artes a cargo del padre Maximiliano Capella y alguna clase de Latín, pero sin completar el ciclo normal y preferentemente para jóvenes jesuitas. No es fácil por falta de datos asignar cada clase y cada año a un profesor determinado y conocido. Pero sí podemos afirmar que fueron maestros de Juan de Yepes a lo menos los siguientes maestros: en Latinidad dieron sus clases de Gramática los Hermanos Escolares titulados universitarios Miguel de Anda y Gaspar Astete.

---

[63] Luis de Valdivia, o.c., s/f.
[64] MHSI, Madrid (1898), Polanco, Chronicon, VI, 566; 1556.
[65] MHSI, Lit.Quadr., VI, 10-VI-1559.
[66] MHSI, Lit.Quadr., VII, 249; 1-V-1581.
[67] MHSI, Lit.Quadr., VII, 249.

El primero, Miguel de Anda, era vallisoletano, de veinticuatro años, de gran disposición para enseñar los rudimentos de Latín. Entró en la Compañía el año 1552. Para el año 1561 ya había salido destinado a Roma. Durante los años de Medina «consumido de enfermedades y trabajos» tuvo el consuelo de tener por alumno a aquel muchacho de cuerpo menudo y apariencia humilde, elegido por Dios para alma de la Reforma Carmelitana. El resto de su vida, destinado en Cerdeña, enseñó a los más pequeños la Doctrina Cristiana y la clase de Infima Gramática[68].

En el segundo curso de Latín Juan de Yepes tuvo como profesor al gran catequista Gaspar de Astete, natural de Salamanca. Antes de entrar en la Compañía el año 1555 era ya Gaspar bachiller en Artes y había hecho dos años de Teología todo en la Universidad de Salamanca. Fue autor de algunas obras ascéticas impresas en Burgos y Valladolid pero sobre todo fue conocido con fama universal por su «Catecismo de la Doctrina Cristiana» impreso en 1599 y que ha alcanzado más de seiscientas ediciones.

Fue hombre flaco de fuerzas y de corta vista desde joven por lo que no pudo dedicarse en exclusividad a los estudios, pero los años de su magisterio le consiguieron la claridad y la concisión que admiramos en su catecismo[69]. Además de Astete, el alumno Juan de Yepes pudo conocer a otro gran catequista, Jerónimo de Ripalda, que hizo la profesión solemne de cuatro votos en Medina del Campo el 25 de marzo de 1558. Fue autor de otro célebre catecismo editado innumerables veces en España y en el extranjero.

Pero el maestro que más huella dejó en Juan de Yepes y el alma del colegio de Medina del Campo desde 1557 fue el padre Juan Bonifacio. Nacido en San Martín del Castañar (Salamanca) en 1538 cursó los estudios clásicos en Alcalá y Cánones en Salamanca. Empezó su noviciado de jesuita en Simancas donde pasó los ocho primeros meses y lo continuó en Medina del Campo a partir de 1557 teniendo de diez y nueve a veinte años de edad. Sus dotes pedagógicas y sus conocimientos le colocaron ya desde el principio al frente de la clase de Retórica o de «los mayores», sustituyendo al maestro Cuadra.

La disposición contenida en las «Reglas para las escuelas de los colegios» decía: «Hase de advertir, quanto sea posible, que en cada colegio donde se lee, sea el Retórico o el maestro de la suprema clase persona de lustre y opinión de docto»[70]. Juan Bonifacio, el principal maestro que tuvo Juan de Yepes, alumno ya crecido, pudo imprimir en su formación rasgos característicos. No era entonces Juan Bonifacio el maestro experimentado que llegó a ser más tarde en Avila y en San Ambrosio de Valladolid pero ya se

---

[68] Rafael de Hornedo, *Fisonomía poética de San Juan de la Cruz*, Razón y Fe, 542, (1943), 226.

[69] MHSI, Madrid (1901), Paedag., 53.

[70] Félix González Olmedo, *Juan Bonifacio*, Santander, 1938, 54.

descubrían las excelsas dotes de educador y de maestro que no solamente dirigía modélicamente su clase de Retórica sino que supo imprimir un espíritu nuevo en aquel centro. Para esta renovación no cabe duda que se inspiraría en los métodos de sus maestros complutenses.

Ordenación de los estudios

La ordenación de estudios traída a España por el padre Jerónimo Nadal, «De studiis Societatis Iesu», parece que empezó a regir en Castilla por el año 1562 en que Nadal vino de Visitador a las provincias españolas. Comparando el contenido de este plan de estudios con el seguido por estos años 1555 al 1563 en el colegio de Medina del Campo advertimos que la estructura de los estudios era fundamentalmente la misma.

No existía regularmente en este colegio de Medina del Campo una clase preparatoria de Abecedario en la que los niños aprendían a leer, escribir y contar. Juan de Yepes hizo estos estudios en el Colegio de los Niños de la Doctrina Cristiana. La enseñanza del latín, eje de todos los estudios, estaba establecida en tres clases «pequeños», «medianos» y «mayores», o clase de Infima, Media y Suprema gramática.

En Infima se estudiaba la Analogía: declinaciones y conjugaciones y se traducían pequeñas oraciones del verbo «sum». En la clase media se estudiaba y ejercitaba la Sintaxis y se traducían principalmente las cartas de Cicerón. En la clase de Suprema Gramática se estudiaban los pretéritos y supinos y se ejercitaban los alumnos en traducir a Terencio, las Bucólicas de Virgilio, etc. Pero de Terencio se expurgaba todo aquello que pudiera ser nocivo para la inexperta juventud de los alumnos.

Tras estos tres años de gramática se podía pasar al cuarto año de retórica o bien, en ciertos casos, se introducía un cuarto año llamado de Humanidades en el que los alumnos aprendían a escribir con corrección en latín, a hacer versos latinos. Se traducía a Cicerón, César, Virgilio, Ovidio y ciertas cosas de Marcial y aun de Horacio. En la clase de retórica se preleía la retórica de Cicerón a Herennio, algunos libros de Quintiliano y discursos de Cicerón.

En todas estas clases había tres horas por las mañanas y otras tres por la tarde durante las cuales se darían las lecciones, repeticiones, exámenes, preguntas, corrección de ejercicios y algunas veces concertaciones pero sólo en las tres clases superiores. En las tres primeras clases de gramática aprendían los alumnos de memoria algunos trozos de Cicerón o Virgilio. Era lo que se llamaba «el pensum».

Los maestros de latinidad dentro de la Compañía de Jesús se enfrentaban unos contra otros en razón de los autores que debían leer, traducir e imitar. Unos formaban el grupo de la «Vieja Gramática» contra los que se ponían bajo el lema de «Nueva Gramática». El gran humanista y pedagogo

Juan Bonifacio que sin duda fue profesor de Juan de Yepes en el colegio de Medina por afán de concordia hacía de puente y condescendía en parte con los antiguos maestros aunque él pertenecía por edad y formación a la de los modernos. «Bien sabes tu la cautela con que procede en todo la Compañía y cuán enemiga es de dar que hablar. Por eso explicamos todavía (yo mismo se lo aconsejé a nuestros superiores) los preceptos de la antigua gramática, por condescender con algunos que me lo pidieron, que parecen del número de aquellos, que, después de descubiertos los cereales, siguen manteniéndose de bellotas. Por eso vive todavía Vives entre nosotros; por eso tengo yo que explicar, a veces diariamente, los cinco escritores difíciles, por dar gusto a los que buscan más el saber que el saber hablar bien. Por lo mismo me presto sin dificultad a leer a Valerio Máximo, a Suetonio, a Alciato; declaro algunos pasajes de Amiano Marcelino, de Plinio, de Pomponio Mela; traduzco algunos trozos difíciles del Breviario y algunos himnos eclesiásticos, el Catecismo, las cartas de San Jerónimo y el Concilio Tridentino. A mis discípulos ordinarios les leo Cicerón, Virgilio y alguna vez las tragedias de Séneca; Horacio y Marcial expurgados, César, Salustio, Livio y Curcio, para que tengan modelos de todo: de oraciones, de poesía y de historia. De este modo logramos tener contentos a los partidarios de la vieja gramática y damos materia abundante a los que aprenden la nueva, que es más pura y no tan nueva como se cree. La del padre Manuel Alvarez me gusta muchísimo, porque es más exacta y elegante que las otras; pero dejamos este libro de oro, y no nos horroriza al explicar la sintaxis, la palabra *species*, empleada en el sentido bárbaro que tiene en las escuelas. En latín clásico significa otra cosa. Procuramos acomodarnos al tiempo y hacemos de necesidad virtud, porque vemos que no se puede quitar de repente la antigua gramática» [71].

El espíritu precavido y riguroso de la Contrareforma imperante en España en estos años en torno al 1559 en el que se celebró el gran auto de fe en Valladolid contra los luteranos, se traslucía también en la rigurosa selección con que se expurgaban o eliminaban textos latinos clásicos y aun gramáticas para el uso de los niños.

La ordenación de los estudios traída a España por el padre Jerónimo Nadal ofrecía una lista de autores que resonaba de cerca el criterio humanista y paganizante de épocas anteriores. Esta ordenación redactada en Roma demostraba que el ambiente de la Corte Pontificia era más abierto que el que se respiraba en la España de Felipe II. Nadal no tenía inconveniente en proponer para la segunda clase como texto de gramática la de Juan van Pauteren y la sintaxis de Erasmo. La gramática del primero era los «Comentarii gramatici» (1537) y la sintaxis del segundo era el librito titulado «De octo partium orationis constructione libellus» (Lugduni, 1537).

---

[71] Cruz Martínez Esteruelas, *Francisco de Borja, el nieto del escándalo.* Barcelona, 1988, 153,

Ignacio de Loyola no mandó quemar las obras de Erasmo ni hizo condena de ellas. Simplemente tomó precauciones. Laínez, el sucesor, dejó bien claro y por escrito que ni Erasmo ni Vives eran herejes y suavizó la aplicación de las decisiones de Ignacio. La prohibición de esas obras gramaticales sólo vinculó al Colegio Romano quedando el resto de los colegios de la Compañía bajo una simple y prudente recomendación, más flexible.

La lengua griega se estudiaba en los cursos de humanidades y retórica. En el primero de estos cursos por media hora diaria; en el segundo durante una hora. Las fábulas de Esopo, los Diálogos de Luciano se veían en el primer año; Aristófanes y Homero en el segundo [72].

Durante la primera etapa del colegio de Medina del Campo, 1551-1555, cuando los alumnos eran casi exclusivamente los escolares de la Compañía de Jesús, era notorio el entusiasmo con que se trabajaba en la enseñanza. «En lo de los estudios, todos con grande ánimo trabajan y los que sabían algún latín oyen libros de latinidad buenos como Cicerón y otros. Los otros oyen cosas menores; los que estudian Artes van ya al fin del curso» [73]. En 1554: «Por lo que toca al ejercicio de las letras, todos los padres y hermanos vigilan cuidadosamente» [74]. Y meses más tarde: «Se sigue en los estudios de los hermanos principalmente en gramática» [75]. Y al final del año: «Dos hermanos gramáticos en estas Navidades tuvieron sermones latinos en nuestra capilla. Asistieron padres y hermanos y externos» [76].

Actividad docente de Juan Bonifacio

Desde 1557 el salmantino Juan Bonifacio, profesor de retórica, actuaba además como director de estudios, es decir, como orientador, animador y sustentador de un nuevo espíritu que vibró en el colegio medinense durante los años en que fue su alumno Juan de Yepes.

Bonifacio introdujo claramente un giro en el estilo imperante en la totalidad de los centros de enseñanza. Para formular los ejes fundamentales de la reforma bonifaciana poseemos estudios muy iluminadores y completos como los de Rafael de Hornedo y los de Félix González Olmedo [77]. En ellos y en las obras impresas de Juan Bonifacio nos inspiraremos para intentar sintetizar en tres únicos principios todo el conjunto de orientaciones de la nueva pedagogía aportada por el maestro salmantino. Es cierto que el pro-

---

[72] MHSI, Mon.Pedagog., 92.
[73] MHSI, Lit.Quadr., II, 268; 4-V-1553.
[74] MHSI, Lit.Quadr., II, 255; 25-I-1554.
[75] MHSI, Lit.Quadr., III, 6; 31-V-1554.
[76] MHSI. Lit.Quadr. III, 206; 29-XII-1554.
[77] *Christiani pueri institutio adolescentiaeque perfugium auctore Joanne Bonifacio societatis Iesu sacerdote.* Salmanticae, MDLXXVI; *De sapiente fructuoso epistolares libri quinque, auctore Joanne Bonifacio, Societatis Iesu.* Burgis, 1589.

fesor de retórica en el colegio de Medina no era entonces el maduro pedagogo que años más tarde redactaría sus codiciadas obras pedagógicas . Pero sus líneas maestras nacidas del talante personal, de su propia idiosincrasia, de su personal ideología, ya operaban en los años mozos cuando J. Bonifacio actuaba como maestro de retórica en el colegio de Medina del Campo [78].

Simplificando mucho toda la ideología pedagógica de Juan Bonifacio y corriendo el peligro de esquematizar demasiado lo que en sí es complejo y multiforme podríamos sintetizar la pedagogía del colegio de Medina inspirada por el profesor mayor en la siguiente triple formulación «tratar con amor a los discípulos, no basta «saber hacer», es preciso: «hacer hacer»; del humanismo clásico hay que tomar la forma pero hay que sustituir el espíritu paganizante de la Antigüedad por el Humanismo Cristiano.

Pedagogía del amor

Al comenzar el siglo XVI la pedagogía se debatía en un estado lastimoso. Exagerando la idea de la corrupción nativa del hombre y de su perfeccionamiento por el dolor, se había llegado a la pedagogía de la vara fundada en el principio para ellos indiscutible de que «la letra con sangre entra». La profesión de maestro era despreciable; quienes la ejercitaban eran habidos como hombres interesados, codiciosos, crueles y repugnantes. Erasmo definía así al pedagogo: «No deja nunca la vara de las manos; es un hombre de horrible catadura, deforme, cruel, furioso, arrebatado y violento, un verdadero verdugo cuya ocupación favorita es castigar y cuyo único goce es ver sufrir y oir llorar a los niños». No eran éstas exageraciones de Erasmo. Luis Vives decía: «Los maestros ... son avaros, sucios, groseros, iracundos». Los instrumentos favoritos del pedagogo eran el látigo y la vara. Con ellos aparece siempre en los grabados de la época.

Bonifacio nos da otra imagen del maestro: «Ten en cuenta —escribe a un joven maestro— que los tiempos han variado mucho y con los tiempos las costumbres. Es muy diferente también la manera que tiene de educarlos la Compañía de Jesús la cual recomienda a sus maestros que sean moderados en los castigos. Hay que llevar a los niños con amor y con halagos; en nuestras escuelas debe reinar la benignidad; el honor y la gloria deben sobreponerse al temor, y la vergüenza al miedo. De mí sé decir que siempre que trato con alguna dureza a mis discípulos, tengo que entonar el "yo pecador" por no haberme sabido dominar» [79].

Esta norma de benignidad e indulgencia fue borrando la máxima hasta entonces vigente de que «la letra con sangre entra» y ¿qué había de entrar?

[78] F. González Olmedo, *o.c.*, 174- 177.
[79] F. González Olmedo, *o.c.*, 34.

Los jesuitas vieron que entraba mejor con amor, con blandura y suavidad y dejaron resueltamente la vara. La experiencia demostró que habían acertado y los mismos preceptores reconocieron que el nuevo sistema era muy superior al antiguo [80]. La Compañía de Jesús adoptó desde luego este sistema y Bonifacio fue el designado por la Divina Providencia para formularlo y darlo a conocer en España y fuera de España. El fue el primero que recogió las ideas de la Orden en materia de educación en su libro: «Christiani pueri institutio» que apareció en Salamanca en año 1575. Este libro reproduce fielmente las ideas de San Ignacio de cuyos labios las recogieron Araoz, Borja y Nadal que a su vez se las comunicaría al autor a su paso por Medina [81].

«Hacer hacer»

La enseñanza del latín y del griego y aun de la retórica se basaba fundamentalmente en almacenar en la memoria una congeries de reglas y preceptos gramaticales de Nebrija o de Quintiliano.

La aguda perspicacia de Bonifacio, y en general de los maestros jesuítas, adivinó que no había fórmula más eficaz para el aprendizaje del latín que aplicar enseguida los preceptos, asimilarlos y ponerlos en práctiça por medio de traducciones directas e inversas, por el uso de la lengua latina en clases, declamaciones y actos públicos, en la confección de versos según la métrica latina y en la representación de obras teatrales.

No se olvidaba en la versificación la lengua romance y aunque hubo ciertos reparos al principio, pronto se imitaba en las escuelas jesuíticas a Virgilio en castellano siguiendo la pauta de Boscán, Garcilaso y otros renacentistas españoles.

La afición a las letras humanas era ya bastante general en España. En Alcalá, Toledo, Salamanca, Valladolid y otros centros, ciertamente, era vergonzoso no saber latín pero había otras regiones enteras como Murcia, Galicia y gran parte de Castilla y Andalucía que no tenían un mal estudio de gramática ni podían enviar a sus hijos a otras partes [82].

En Medina del Campo la utilización del latín conversacional y del castellano en verso y en diálogos teatrales comenzó muy pronto. Animaba mucho a los estudiantes el ejercicio de componer, declamar o disputar en público. Todos los sábados solía haber algún ejercicio de petición o disputa aun en gramática. Era costumbre invitar a personas seglares para que arguyeran y para otorgar premios a los más aventajados. A tiempos se tenían actos ex-

[80] F. González Olmedo, *o.c.*, 73.
[81] F. González Olmedo, *o.c.*, 33.
[82] A. Astrain, *o.c.*, II, 581.

traordinarios: las composiciones en prosa y en verso se fijaban en los tapices con que se adornaban las salas o los patios[83]. Se multiplicaban los actos públicos y en particular las representaciones teatrales, muchas veces originales de los mismos profesores del colegio. Así en mayo de 1555 se hizo una tragedia hecha por el profesor jesuita José de Acosta, tragedia que trataba de Jephté que mata a su hija con gran aplauso y aclamación sobre alabanzas de la ciencia[84]. En las vacaciones de Navidad de 1556 tuvo lugar una comedia escrita por el mismo Acosta representada por alumnos[85]. Se procuraba que los estudiantes se ejercitasen en componer y argumentar, había muchas oraciones y declamaciones con buenos premios. El domingo de Quasimodo se representaban unos diálogos en latín y romance que había compuesto el maestro de la clase de retórica[86]. Este maestro lo pudo ser Juan Bonifacio.

El día de San Pedro por la tarde se hizo una tragedia sobre las prisiones de San Pedro y sobre la muerte de Herodes mezclando algunas cosas de romance y música para que diese gusto a los oyentes. Halláronse a ella toda la gente que cupo en nuestra iglesia y los principales de esta villa, clerecía y religiosos de diversas Ordenes[87]. El día de San Lucas de 1559 por la tarde se hizo una comedia muy bien y graciosamente[88].

Para el día de San Pedro de 1560 uno de los maestros hizo una tragedia de los hechos y conversión de San Pablo. Era la onomástica del fundador, Pedro Quadrado, quien asistió a Misa en que recibió la vela de manos del padre rector, comulgó en la Misa y comió en casa con algunos de sus deudos y amigos[89].

El día de San Lucas de 1560 por la tarde un maestro ante innumerables personas tuvo un discurso después de que los estudiantes recitaran poemas y discusiones. Tienen ciertas cosas en lengua castellana para entretener a los niños. Intervinieron cerca de veinte alumnos[90].

Siguió la costumbre de representar coloquios y tragedias el día de San Lucas y en otras fiestas. Los mismos estudiantes componían verso y hacían piezas dramáticas dignas de representarse en público.

Decía el padre Juan Bonifacio: «Como dejase ordenado el padre provincial que hubiese vacaciones todos los caniculares, ordenáronse unas conclusiones para el día en que se fenecían las lecciones a las cuales se hallaron presentes muchas personas de calidad como el fundador, el prior de la Mayor y mercaderes muy ricos, letrados y religiosos y seglares los cuales argu-

---

[83] MHSI, Madrid (1897), Polanco, Chronicon, V, 421.
[84] MHSI, Madrid (1898), Polanco, Chronicon, VI, 566.
[85] MHSI, Lit.Quadr., VI; 10-VI-1559.
[86] MHSI, Lit.Quadr., VI; 4-X-1559.
[87] MHSI, Lit.Quadr., VI, 515; 6-II-1560.
[88] MHSI, Lainii, V, 129; 9-VI-1560.
[89] MHSI, Lit.Quadr., VI, 532; 10-1-1561.
[90] A. Astrain, o.c., 584.

yeron en las conclusiones. Los estudiantes representaron la historia de Absalón contra su padre en verso compuesta por ellos mismos»[91].

Como vemos en Medina del Campo estaba en pleno apogeo el principio de la pedagogía implantada por Juan Bonifacio de «hacer hacer».

Humanismo cristiano

Las obras en prosa y en verso de los autores clásicos latinos eran el alimento cotidiano de las clases de gramática de los colegios de latinidad. Los autores del primer renacimiento cultivaban un humanismo audaz y presuntuoso que tantos adeptos iba conquistando entre los letrados y cortesanos. Erasmo. Luis Vives, los hermanos Valdés, no sólo imitaban la envoltura clásica de la prosa ciceroniana o de los versos virgilianos, sus escritos rezumaban materialismo pagano, teología mitológica y se alargaban a veces en expresiones demasiado libres y atrevidas. Nada digamos de las obras de teatro especialmente inspiradas en las comedias de Catulo y de Tibulo.

En la España de Felipe II los criterios morales por el contrario tendían al rigorismo, atemorizados por el riesgo de la entrada solapada de herejes luteranos so capa de humanismo renacentista. Por ello el colegio jesuítico de Medina del Campo y en particular su jefe de estudios, Juan Bonifacio, se esforzó en buscar un equilibrio que admitía el conocimiento de la lengua y la asimilación de las formas clásicas pero recortadas por un sentido de precaución o trasplantadas a temas y argumentos de historia eclesiástica.

Los temas de estudio eran vehículos para inculcar ideas moralizantes en el ánimo infantil de los alumnos de Medina del Campo. Esto lo sabía muy bien y lo ponía en práctica Juan Bonifacio. «Los niños reciben como cera blanda la forma que les des por lo mismo que no tienen ninguna y sobre esas niñerías se asienta luego todo lo demás». «El niño vergonzoso, la virtud amable, el vicio aborrecido, Cristo liberador del linaje humano, amo a Dios, guardo sus mandamientos, aborrezco la mentira» y otras como estas que les dictas y repites a cada paso son como unas centellitas que arrojas en las tierras vírgenes de sus corazones para que prenda en ellos el amor a la virtud y disponen al mismo tiempo sus inteligencias para percibir las bellezas del lenguaje y las elegancias del estilo[92]. «Los buenos libros son otra clase de maestros. Generalmente cada uno es como los autores que lee»[93].

Por esta razón se apartaban de las manos de los niños los textos latinos que encerraban bajo una forma bella, según los cánones del clasicismo, una mentalidad materialista, pagana o excesivamente libre. Muchas páginas de

---

[91] J. Bonifacio, *De sapiente fructuoso*, apud. F.G. Olmedo, I, 136-137, Carta 2a.

[92] J. Bonifacio, *Christiani pueri institutio*. Carta sobre la selección de libros escolares, apud F.G. Olmedo, 154-163.

[93] MHSI, Lit.Quadr., VII, 249; 1-V-1561.

Terencio eran muy peligrosas según el criterio de Juan Bonifacio. Por eso escribió: «Era queja antigua y de muchos que es una lástima privar a los jóvenes de un autor latino tan elegante como Terencio. Yo soy de los que creen que Terencio es elegante. En sus obras hay muchas flores, mas para cogerlas hay que abrirse paso entre zarzales y fangales. ¡Cuántas frases poéticas ... cuantas positivamente feas, inmundas, obscenas, abominables! Pero es elegante. A ese precio no compro yo la elegancia.

Con razón expurga la Compañía a Horacio, a Marcial, a Perseo y a Juvenal. De Ovidio suprime todo lo lascivo y amoroso. A Catulo ni mentarlo siquiera. De Virgilio pasa por alto algunas églogas y los amores de Dido y aun en los discursos de Cicerón suprime algunos pasajes.

Si Terencio no tuviese más que algunos pasajes peligrosos sería muy fácil el remedio, pero con tantos amores y torpezas ¿qué remedio puede haber? Ninguno, ciertamente. Todo el libro es obsceno. La Compañía de Jesús arroja de sus casas todos aquellos autores cuya doctrina es sospechosa o cuyo lenguaje es lascivo. Por eso no pueden entrar en nuestras casas Erasmo ni Terencio porque el primero parece poco sincero en la fe y el segundo es enemigo peligroso de la castidad. El gran Azpilicueta Navarro cree, como nosotros, que se debe arrojar de las escuelas a Terencio»[94]. En el colegio de Medina, como en los otros colegios de la Compañía de Jesús, las ánforas romanas se vaciaban de su contenido materialista y pagano, obsceno y libre, y se rellenaban con vinos de predios cristianos. Estas previsiones complacían a los gobernantes de la España de Felipe II y de la Inquisición, a los políticos, al clero y a gran parte del pueblo. Era una educación apreciada. «El pueblo agradece este beneficio que a sus hijos se hace porque de donde solían salir abroxos y espinas por estar la tierra mal labrada ven agora salir fructa muy sabrosa y según este pueblo tiene falta de ministros de altar tan doctos y ejemplares como deben ser»[95].

Medina era un semillero de vocaciones religiosas. El año 1563 dió el colegio de Medina ocho vocaciones a la vida religiosa. «Ocho han entrado en religión, cuatro en Santo Domingo, tres en el Carmen y uno en San Francisco»[96]. De estos tres ingresados en el Carmen uno fue Juan de Yepes.

Y ahora nos preguntamos: ¿porqué Juan de Yepes no ingresó en la Compañía de Jesús? Su vinculación afectiva con sus maestros jesuitas hubo de ser grande sobre todo con Juan Bonifacio; su aprovechamiento en los estudios fue considerable; su edad entre los veinte y los veintiún años ofrecía una madurez psicológica necesaria para tomar una resolución de tal trascendencia; apreciaba a sus maestros y al tipo de educación que se le daba; esta-

---

[94] A. Astrain, o.c., 576.
[95] José Jiménez Lozano, Poesías. San Juan de la Cruz, Madrid, 1983, 13 y 20. José Gómez Menor, *El linaje familiar de Santa Teresa y de San Juan de la Cruz*. Toledo, 1970, 28.
[96] A. Astrain, o.c., 576.

ba contento con los jesuitas, ¿por qué no ingresó en la Compañía de Jesús con la que convivía como alumno durante cuatro años?

Carecemos de documentación para formular una explicación plenamente satisfactoria. Un autor moderno ha sugerido la siguiente hipótesis: «¿Por qué los jesuitas, siempre inteligentes cazadores de cerebros, no hacen nada por captar a este despabilado muchacho que asiste a su colegio? Parece como si volviese a funcionar, aquí, para los jesuitas, que sin embargo, no tienen estatutos de limpieza ni pruebas de linaje en sus instituciones y acogerán facilmente a los judeo-conversos, la extrema bajeza social, la fuerte mácula de Catalina y sus hijos. Gómez Menor ha sospechado la condición morisca conversa de Catalina, o la de hija de un ajusticiado de derecho común, lo que suponía una infamia social tan gravosa en la época, que explicaría silencios y prevenciones. Y hay razones para pensar en su pertenencia a la casta de los islámicos y conversos de moriscos, desde luego aunque ningún documento concluyente en éste u otro sentido puede ser exhumado todavía.

¿Porqué Juan no quiere ser sacerdote secular con un beneficio en el propio hospital que ha pagado su educación? Porque busca la soledad y el apartamiento; y se diría que la huída. Y una noche de 1563 llama a la puerta de los carmelitas de Medina, una Orden de carácter popular como los franciscanos en los que Juan también ha pensado entrar. En la Orden existía una gran libertad en punto a formalidades jurídicas y litúrgicas y había sido mitigado su primitivo rigor; pero seguía predominando en ella la atención a la vida espiritual. En ese mismo año de 1563 hizo su profesión religiosa, y, al año siguiente fue enviado a Salamanca con el nuevo nombre, que contra la costumbre que había en ese tiempo, había adoptado al profesar: Juan de Santo Matía. ¿Lo adoptó para ocultar el apellido de Yepes? Puede ser, porque ciertamente, muchas de las enconadas e irracionales hostilidades y antipatías que iba a suscitar entre los frailes de la Orden sólo se explicarían por las inquinas y prejuicios de casta. Y los tiempos para nombrarse con ciertos apellidos no eran los más oportunos. En Medina, sin embargo, nada podía ocultar y no lo ocultó.

Hemos seguido paso a paso la creación, el desarrollo, la estructura de los estudios, los nombres preeminentes del profesorado, el talante y la orientación de las normas pedagógicas del colegio de los jesuitas de Medina del Campo desde su fundación, pocos años antes de que Juan de Yepes llamara a sus puertas hasta el día en que se despidió de sus caros maestros para pedir el hábito carmelitano.

Este fue el centro docente en el que Juan de Yepes recibió su primera formación humanística. Allí aprendió los latines, educó su libertad con la seria disciplina colegial, asimiló el equilibrio, la serenidad, la belleza formal de la poesía virgiliana, hizo suyas las máximas de la moral cristiana que profesores y educadores pregonaban cada día; el innato estro poético de Juan de Yepes vibró al unísono con la armonía de los versos de Boscán y Garcilaso.

Francisco de Yepes, hermano de San Juan de la Cruz. Un juglar «a lo divino»

Pablo María Garrido, O.Carm.

Uno de los puntos que en la biografía y bibliografía del Místico Doctor están aún más necesitados de estudio y profundización es, sin duda, el de sus relaciones con su hermano mayor Francisco de Yepes. Encontramos, sí, algunos datos relativos a éste ya en los biógrafos antiguos del Santo y, más abundantes, en los más cercanos a nosotros, así como algunas alusiones al mismo entre los que se han ocupado del aspecto literario de las obras del poeta de Fontiveros. Pero no cabe duda de que son del todo insuficientes. Las íntimas relaciones que existieron entre los dos hermanos no se explican, de hecho, sólo por razones de sangre o afinidad de temperamento, sino que suponen necesariamente una estrecha comunión de intereses e ideales, fundada tanto en la profesión de la misma fe cristiana como en la convergencia de actitudes vitales, si no idénticas, sí muy semejantes.

Es lo que parecía indicar ya el biógrafo de Francisco, el carmelita fray José de Velasco, quien concede a esas relaciones un relieve especial desde la portada misma de su obra [1]. En el *Proemio* al libro II, en cuyos seis primeros capítulos trazaba una breve, pero interesante biografía del Santo, la primera que imprimiría [2], escribía, en efecto:

> Cuán bueno y agradable es a los ojos de todos la unión y conformidad entre hermanos, dice David [cf. *Salmo 132,1*]. Bien

---

[1] José de Velasco, O.Carm., *Vida y virtudes del venerable varón Francisco de Yepes, que murió en Medina del Campo, año de 1607. Contiene muchas cosas notables de la vida y milagros de su santo hermano el P. F. Juan de la Cruz, carmelita descalzo. En particular se trata de las cosas maravillosas que en una medalla, en que está un poco de carne de su bendito cuerpo, se muestran ...*, Valladolid, 1616. Fue impresa por Godínez de Milles, no de Paz, como suele decirse. Volvía a imprimirse, «aora de nuevo corregida y enmendada por el mismo autor», en la misma Valladolid, por Jerónimo Murillo, en 1617. Y por tercera vez en Barcelona, por Jerónimo Margarit, en 1624. Me sirvo de esta última edición, que citaré con la palabra *Vida*, seguida de la página correspondiente.

[2] Dos años antes de que se imprimiese, a su vez, la «resunta» de la vida del mismo entre los preliminares de la edición de sus *Obras espirituales*, en Alcalá, en 1618, por el P. Diego de Jesús Salablanca, O.C.D., y doce antes de que saliera a luz en Bruselas, en 1628, la *Historia de la vida y virtudes* del Santo del P. José de Jesús María Quiroga, O.C.D.

mostraron la que tuvieron en su vida estos dos insignes varones: el santo fray Juan de la Cruz y el venerable Francisco de Yepes; pues no sólo en servir y amar a Dios se conformaron siempre, pero en las muchas virtudes y santidad que tuvieron toda su vida se parecieron mucho, y nuestro Señor mostró esta santa hermandad en hacerlos iguales en las gracias y dones sobrenaturales que les comunicó. Porque entrambos tuvieron visiones, revelaciones, don de profecía, de hacer milagros y otros dones admirables, como se verá en el discurso de esta historia[3].

El P. Velasco, que conoció personalmente a Francisco y le trató, a su vez, con gran intimidad, confesándole además «al pie de los tres años» y convirtiéndose en devoto admirador suyo[4], nos ha transmitido datos abundantes en este sentido. Datos que he creído de interés recoger aquí, al menos los más importantes, en orden a un mejor conocimiento de su santo hermano, por el que el P. Velasco sintió pareja admiración[5].

Las confidencias de Francisco fueron, sin duda, su principal fuente de información, aunque, por su parte, no ahorró esfuerzos para recoger y ordenar la que le ofrecieron otras fuentes, todas de solvencia, de las que pudo disponer, según él mismo confiesa:

> Fuera de muchas cosas que le oí y supe de otras personas, tengo los papeles originales que escribieron tres secretarios que yo alcancé. Los cuales, unos tras otros, escribían sus cosas y, en faltando alguno, sucedía el otro. Son éstos tres vecinos de Medina del Campo. El uno dellos se llamaba Antonio de Santiago (que es ya muerto); los otros dos viven. El uno se llama Francisco de la Peña, y el otro Tomás Pérez de Molina. Son todos bien conocidos en la dicha villa y tenidos por personas de buen ejemplo y loable vida, y que siempre tratan verdad en todas sus

---

[3] Velasco, *Vida*, 82.

[4] *Ibid.*, 284, 385. Es bien significativo lo que dice en p.247: «Yo confieso que, al tiempo que le confesé y comuniqué, que me hallaba bien diferente de lo que soy ahora, cuando esto escribo. Sus palabras y doctrina, no sólo me encendían en el amor divino y eran ascuas que abrasaban mi corazón, pero de cada día sentía mi alma mejorada. Después que con su muerte se eclipsó el sol que me alumbraba de sus virtudes y buen ejemplo, quedé como a escuras, y todo se ha vuelto en buenos deseos y mis miserias y pasiones a su centro».

[5] Así se desprende, no sólo de ésta su biografía, sino también de sus deposiciones en los procesos ordinario y apostólico del Santo de Medina del Campo, el 18 de noviembre de 1614 y 1 de julio de 1627, respectivamente, en el primero de los cuales anticipaba ya las noticias sobre el mismo que después recogería en su obra. Véase la mía *Santa Teresa, San Juan de la Cruz y los carmelitas españoles*, Madrid, 1982, 192-197 (en pp. 324-342, 347-355, el texto íntegro de sus dos deposiciones).

cosas, y en particular en lo que escribieron del santo varón [Francisco]. Fuera de estos papeles originales, que están en mi poder, tengo también algunas cartas y relaciones de personas religiosas y pías, en que tratan dél cosas bien notables, así de lo que oyeron como de lo que dijeron personas fidedignas, que le comunicaron. De todo esto me he procurado ayudar para sacar la verdad desta historia y ponerla por el mejor orden y estilo que he podido. Y como las cosas que estaban escritas deste virtuoso varón andaban repartidas en muchos papeles y escritas por muchas manos, me ha sido de mucho trabajo y cuidado el poner cada cosa en su lugar y el haber apurado la verdad dellas [6].

Inmediatamente antes, el P. Velasco había explicado el por qué de esos secretarios o amanuenses de Francisco, advirtiendo que, «como él no sabía escribir y sus confesores le mandaban que hiciese memoria de las mercedes y regalos que de nuestro Señor recibía, ordenó su Majestad que tuviese muchos secretarios (en diferentes tiempos) para que, andando sus papeles en muchas manos, viniese a noticia de muchos las grandezas y maravillas de nuestro señor». Y añadía:

> Aunque destos papeles se han perdido muchos, y otros han tomado y ocultado, pero están en pie algunos que con buenas diligencias se han podido haber a las manos. Destos tiene algunos el padre Maestro fray Francisco del Barrio, de la Orden de nuestra Señora del Carmen, que fue su confesor algunos años en Medina del Campo. Y él mesmo ha escrito algunas cosas que le dijo, siendo su confesor. También el licenciado don Francisco de Medina Perú, Maestrescuela de la Colegial de Medina del Campo y Vicario de la villa y su tierra ..., tiene muchos papeles destos, los cuales vinieron a sus manos después de la muerte del siervo de Dios, que, como Vicario, hizo buenas diligencias para haberlos [7].

---

[6] *Vida*, 385. A esos tres secretarios, especialmente a Antonio de Santiago, se refiere otras veces el P. Velasco (cf. *Ibid.*, 150-157, 315, 320). Francisco de la Peña y Tomás Pérez de Molina declararían después en el proceso ordinario de San Juan de la Cruz, donde confirman lo que aquí dice Velasco (Roma, Archivo Vaticano, Ritos, ms. 2838, ff. 22r-26v).

[7] *Vida*, 384-385. Sobre el P. Francisco del Barrio, cf. *Ibid.*, 108, 135, 355. En la Biblioteca Nacional de Madrid, ms. 8568, pp. 357-367, se conserva aún una relación suya de lo que había oído a Francisco de Yepes acerca de su hermano fray Juan de la Cruz. Había sido también devoto y admirador de Santa Teresa, en cuyo proceso declaró (cf. Garrido, *Santa Teresa, San Juan de la Cruz*, 50-52, 299-304). Sobre el licenciado Medina Perú, que sería también juez instructor del proceso ordinario del Santo, cf. Velasco, *Vida*, 192, 221, 361.

Todo esto muestra sobradamente la seriedad con que procedió el P. Velasco al redactar la biografía de Francisco de Yepes y, consiguientemente, la fiabilidad de los datos que nos ofrece acerca del mismo y de su hermano San Juan de la Cruz[8]. Intentaré recoger aquí los más fundamentales acerca del primero, en cuanto que pueden ayudarnos a comprender mejor su afinidad de espíritu con el segundo y las estrechísimas relaciones que, como consecuencia, se dieron entre los dos.

1. Un hombre pobre y humilde, sencillo y recto

Con estos rasgos, que caracterizan también la personalidad de Juan de Yepes, podría definirse bien la de Francisco, tal como intenta ponerla de relieve su biógrafo. Parece indicarlo ya desde el *Prólogo* de su obra, en el que escribe:

> Fue [Francisco] humilde en su corazón, sencillo y simple en su trato; llano y sin doblez en sus razones; obediente y sujeto a sus mayores; humilde y afable con los menores, y apacible y manso con todos. De mucho amor para con Dios y de gran caridad para los prójimos. Fue devoto de nuestra Señora y de muchos santos. En la virtud de la perseverancia se señaló mucho hasta la muerte, con la cual alcanzó muchas virtudes, que le guiaron a la perfección. Y, finalmente, fue su vida un dechado de bien vivir y un maestro de bien morir[9].

Primogénito de Gonzalo de Yepes y de Catalina Alvarez, había nacido en Fontiveros, en 1530, aunque ignoramos el día y el mes. Debía de ignorarlos el mismo Francisco, pues, en caso contrario, no habría dejado de consignarlos su biógrafo, quien se contenta con añadir que su nombre se debió a la devoción de sus padres hacia el Santo de Asís, como presagiando que su hijo sería con el tiempo un trasunto perfecto del «Poverello». Tendrían otros dos, Luis y Juan, el futuro San Juan de la Cruz[10].

---

[8] Como se ha dicho con razón y se reconoce comúnmente, la biografía de Velasco, aunque impresa, tiene «valor de documento original idéntico al de los manuscritos» relativos al Santo, puesto que «llena una laguna existente entre ellos: la que se refiere a la niñez de San Juan de la Cruz. En este período es la fuente más rica y casi la única» (Crisógono de Jesús Sacramentado, O.C.D., *Vida de San Juan de la Cruz*, 11 ed., Madrid, 1982, 7). Pero ofrece también datos de interés para otros períodos de la vida del Santo.

[9] *Vida*, f. 7v (entre los preliminares).

[10] *Ibid.*, pp. 1-2. De Luis dice ya aquí Velasco «que murió después, de poca edad», y lo mismo había declarado en el proceso del Santo: «De Luis no tuvo ni tiene [este testigo] noticia por haber muerto de muy pequeña edad» (En: Garrido, *Santa Teresa, San Juan de la Cruz*, 325). Cf. *infra*, nota 21.

La pobreza marcaría desde sus primeros pasos la vida de Francisco, como la de sus dos hermanos, que se agravaría, prescindiendo de la crítica situación económica y social de aquel tiempo, con la muerte del padre, que, según dice Velasco, debió de ocurrir cuando Francisco tenía «diez o once años», es decir, en 1540 o 1541, de acuerdo con la fecha que indica de su nacimiento [11]. Y a esta experiencia de pobreza vendría a juntarse bien pronto la del desamor y la del sufrimiento que tuvo que soportar durante el año que pasó en casa de su tío el licenciado Juan de Yepes, médico de Gálvez (Toledo), a quien su madre tuvo que recurrir, a raíz de la muerte de su esposo, para remediar su pobreza, después de haber llamado en vano a las puertas de su otro cuñado, el arcipreste de Rodillas [12]. De hecho, aunque Francisco hallara buena acogida por parte del primero, la mujer de éste le maltrataría a ocultas del mismo y le impediría frecuentar la escuela [13].

A ésta asistiría sólo al cabo de ese año, cuando su madre, enterada de su triste situación, le restituyó a su hogar de Fontiveros: «Puso a todos sus tres hijos al escuela, para que aprendiesen las primeras letras», dice su biógrafo. Pero por poco tiempo, pues, como añade, Francisco «aprovechó poco en este ejercicio» [14]. De hecho, apenas si aprendería a deletrear y, como ya he indicado, nunca llegaría a saber escribir [15]. De ahí que su buena madre optara por enseñarle «el oficio de tejer, en que ella se ejercitaba», en el que pasaría «todo lo demás de su vida, hasta que por ser viejo lo dejó» [16].

«Pasados algunos años ..., se fueron a la villa de Arévalo, donde se acomodaron con un mercader del mesmo oficio». Debió de ser hacia 1548, puesto que, según dice Velasco, «sería entonces el siervo de Dios de dieciocho años, poco más o menos [17]. Años difíciles, según el mismo insinúa, en los que el hombre empieza a tomar plena conciencia de sí mismo y se siente inclinado a dar riendas sueltas a «los bríos de la mocedad y sangre nueva».

---

[11] *Ibid.*, 5. Estas fechas que da el P. Velasco, quien, sin duda, se informó del mismo Francisco, ponen en cuestión la del nacimiento de su hermano Juan, que, según todos sus biógrafos, habría sido la de 1542, mientras que el mismo Velasco dice expresamente que fue la de 1540 (*Ibid.*, 83) y la confirma al decir que «cuando murió, tendría el santo padre cincuenta y dos años, poco más o menos» (*Ibid.*, 99), no 49, como suele decirse. Otros datos que da, a los que me referiré después, convienen también con ella.

[12] Véanse las puntualizaciones que acerca de estos dos tíos de Francisco, al segundo de los cuales llama el P. Velasco «arcediano de Torrijos», hacía José Gómez Menor, *El linaje familiar de Santa Teresa y San Juan de la Cruz*, Toledo, 1970, 43-45, 208-211.

[13] Cf. Velasco, *Vida*, 3-5.

[14] *Ibid.*, 6. El hecho de que Juan pudiera ir ya a la escuela en Fontiveros, lo que requiere una edad conveniente, parece confirmar también lo que dice Velasco sobre la fecha de su nacimiento.

[15] Cf. *supra*, nota 7. En otra parte el mismo Velasco dice que «no sabía leer ni cantar, sino muy poco» (*Vida*, 286).. Que supiera leer, aunque con dificultad, lo supone también al decir que, cierta vez, «estando recogido en su casa, estaba leyendo la vida de su devoto San Francisco» [de Asís] (*Ibid.*, 294-295).

[16] *Ibid.*, 6.

[17] *Ibid.*, 7.

Así le sucedió a Francisco, y el nuevo ambiente de Arévalo contribuiría a provocar la primera y tal vez única crisis de su vida, que sería breve.

«Bien acondicionado y apacible con todos y de natural alegre», bien pronto comienza a alternar con otros muchachos de su edad. Y como sabe cantar, tañer y danzar, se presta sin dificultad, ya posiblemente enamorado, a acompañarles por las calles del pueblo en rondas nocturnas. Sólo que, a veces, éstas se prolongan demasiado, y él, en vez de ir a dormir a casa, tiene que acostarse con los sacristanes sobre las alfombras de la iglesia. Poco a poco sus amigos, no tan ingenuos como él, le van arrastrando a diversiones menos inocentes y llega a tomar parte con ellos en robos y destrozos de frutas en huertas y viñedos.

Pero un día, mientras llevan a cabo una de estas fechorías en un almendral ajeno, de propiedad, al parecer, eclesiástica, alguien le grita «que estaban descomulgados los que tomaban algo de allí». Y esto basta para que Francisco, desasogado en su conciencia, no pare hasta topar con un buen clérigo, a quien pide la absolución de su pecado. Es el padre Carrillo, que le amonesta a cambiar de vida y le introduce poco a poco en el ejercicio de la oración y en la práctica de los sacramentos y de las virtudes [18], a los que tendremos ocasión de referirnos, pues le acompañarán siempre después a lo largo de toda su vida.

Todavía en Arévalo, tendrá lugar otro acontecimiento, esta vez más feliz, que vendrá ya desde entonces a serenarla. Por consejo de su madre, que vela por él, y hasta por obedecerla, según indica el P. Velasco, Francisco se casa con Ana Izquierdo, moza buena y humilde de Muriel, tres leguas al noroeste de Arévalo, que aprende a tejer sedas con Francisco y su madre y les ayudará con su jornal. Tendrá en ella «buena compañera» todo el tiempo que viva y le secundará siempre de buena gana en sus obras de caridad para con los desvalidos [19]. Y fruto de este matrimonio serán ocho hijos, siete de los cuales morirán antes del uso de razón. Sobrevivirá sólo una hija que será después religiosa cisterciense en el monasterio de Sancti Spiritus de Olmedo, con el nombre de Bernarda de la Cruz [20].

---

[18] *Ibid.*, 7-9. Velasco se refiere también a este beneficiado de Arévalo en p.352, al hablar de los confesores de Francisco, donde completa su elogio, diciendo que fue quien «le enseñó a tener oración y el primero que descubrió su buen espíritu, y el que le sacó del mundo a vida perfecta, y que el tiempo que estuvo en Arévalo aprovechó mucho a su alma».

[19] *Ibid.*, 13-14. Velasco dice que Francisco se casó «pasados algunos años que estuvo en Arévalo», lo que parece indicar que, dado que habría estado allí sólo tres, de 1548 a 1551, lo habría hecho poco antes de pasar a Medina en este último año, como decimos a continuación. Ana Izquierdo moriría poco más de un año antes que Francisco, «a los primeros [días] de agostos» de 1606, según Velasco, quien añade: «Era cofrada de nuestra Señora del Carmen y traía su escapulario y, teniendo salud, guardó siempre abstinencia de carne los miércoles y sábados» (*Ibid.*, 157).

[20] *Ibid.*, 33-34, 39. De los otros siete, la última en morir, a los cinco años de edad, fue una niña que se llamaba Ana, como su madre, y cuya muerte sentirían especialmente.

Pero las dificultades económicas, que habían motivado su éxodo de Fontiveros, obligaban a la viuda de Gonzalo de Yepes a levantar de nuevo la casa y a peregrinar en busca de un mejor medio de vida para ella y para sus hijos. «Pasado algún tiempo —sigue diciendo Velasco—, se fue [Francisco] a vivir a Medina del Campo, con su mujer y su madre y hermano [Juan] (porque ya el otro [Luis] era muerto, que de los tres no quedaron más que dos), movidos de justos intentos. Tendría veinte y dos años, poco más o menos, cuando salió de Arévalo, que fue el año de 1551»[21]. Y en Medina viviría ya de asiento los 56 años restantes de su vida, aunque no dejaría de hacer diversas salidas a otros lugares circunvecinos y a otros más lejanos. Especialmente, para visitar a su hija Bernarda y a su hermano Juan, una vez que ambos se ausentaron de Medina, ausencia a la que Francisco no parece que llegara a acostumbrarse nunca del todo[22].

En 1551, la famosa villa, aunque a causa sobre todo de la rebelión de los Comuneros, hubiera venido a menos de su anterior prosperidad, seguía ofreciendo, sin duda, mayores posibilidades de vida. Sin embargo, no parece que cambiara mucho en este sentido la precaria situación de Francisco y de su familia. Logró, sí, como indica su biógrafo, acomodarse en su oficio de tejedor, que seguiría compartiendo con su madre y su mujer, y establecer su casa, allegando los medios imprescindibles para seguir subsistiendo, pero la pobreza continuaría siendo compañera inseparable en el resto de sus días. Lo que no le impediría el compartirla con sus prójimos, repartiendo a manos largas lo que con manos tal vez no tan largas recibía de su propio trabajo y de las numerosas amistades que tenía[23].

Sí mejoraría, en cambio, su situación espiritual. El año en que llegó, fue también cuando «se fundaba en la dicha villa de Medina el colegio de la Compañía de Jesús», según dice Velasco, quien se complace en poner de relieve el gran fruto que con la llegada de los hijos de San Ignacio obtuvo

---

[21] *Ibid.*, 14-15. Aunque Velasco da a entender aquí que Luis habría muerto en Arévalo, debió de ser estando aún en Fontiveros, en cuya iglesia parroquial estaría enterrado, como advertía ya Crisógono, de acuerdo con el P. Alonso de la Madre de Dios (cf. *Vida de San Juan de la Cruz*, p.21, nota 36).

[22] A las visitas a su hija en el monasterio de Sancti Spiritus de Olmedo, al que «era muchas veces llamado y rogado» por el provecho espiritual que hacía, se refiere con frecuencia Velasco (cf. *Vida*, 49-50, 115-116, 288). En cuanto a las visitas a su hermano, sólo habla expresamente de la que le hizo siendo el Santo prior de Segovia, diciendo que «era cuando fue víspera de San Andrés Apóstol», aunque no indica año (*Ibid.*, 273; cf. pp.88-89), por lo que no parece estar acertado el P. Crisógono al referirse a «la primavera de 1591» (*Vida de San Juan de la Cruz*, 354). Pero sabemos que estuvo con él, acompañado de su madre y de su mujer, en Duruelo, según narra el mismo Francisco en sus dos relaciones sobre su hermano (en Garrido, *Santa Teresa, San Juan de la Cruz*, 376, 379), y en Granada (cf. Crisógono, *Vida*, 280-281).

[23] Cf. Velasco, *Vida*, 15, quien se refiere también con frecuencia a las limosnas y ayudas que recibía de esas amistades, no sólo de Medina, sino de otras partes, como Valladolid, Madrid, Granada, etc. (cf. *ibid.*, 20, 25, 29-30, etc.).

Medina. Se trata una página harto significativa, en orden también a la vida del Doctor Místico, en la que no veo hayan parado mientes sus biógrafos. Vale, pues, la pena recogerla íntegra:

No quise pasar de aquí —dice—, pues viene a propósito, sin dejar de hacer mención del fruto que hizo en aquella villa de Medina la venida de los buenos padres de la Compañía de Jesús, así a este siervo de Dios [Francisco], como a otras almas, con sus sermones, confesiones y doctrina, siéndoles de mucho provecho con la enseñanza de los ejercicios espirituales de oración y mortificación y de frecuentar los sacramentos del altar y de la penitencia. Ejercicios que en aquellos tiempos estaban algo caídos y olvidados. Y aunque había personas que deseaban llegar a menudo a estos divinos sacramentos, como andaban desfavorecidas de unos y perseguidas y murmuradas de otros, andaban amilanadas y llenas de cobardía, sin hallar quien las diese la mano (sino para caer). También los espíritus regalados de Dios con divinos dones de revelaciones y otras gracias celestiales estaban ascondidos y arrinconados, y había pocos que los entendían. Y las personas que trataban de espíritu y que podían entender y juzgar destas cosas, no se conocían. Los religiosos de las Ordenes, que podían examinar y conocer cuáles eran los buenos o malos espíritus, comunicaban con pocos estas materias; sólo ellos entre sí, en sus celdas y coros, trataban destos santos ejercicios. Y como este lenguaje de espíritu y trato interior, donde nuestro Señor descubre sus secretos y comunica sus dones y gracias divinas, era entonces de pocos conocido y de muchos no entendido y materia nueva para los del mundo, desto nació tanto silencio en muchos y cobardía y temor en otros, hasta que nuestro buen Jesús envió esta santa Compañía, con la cual la Iglesia ha recibido mucho aumento y sus hijos, los fieles, han sido enseñados y doctrinados [24].

En este nuevo ambiente, que respiraría también su hermano Juan, era natural que Francisco, iniciado ya en esas prácticas en Arévalo por el padre

---

[24] *Ibid.*, 15-16. Velasco refleja bien, sin duda, la situación religiosa de Medina por aquel tiempo, que era común a toda España y que Sáinz Rodríguez calificaba acertadamente como *espiritualidad fluctuante* (*Espiritualidad española,* Madrid, 1961, 105-147), como consecuencia de la aparición del alumbradismo, del erasmismo y de los primeros brotes de protestantismo, que se agravaría con la publicación del primer *Indice de libros prohibidos* en 1559. Una buena visión de conjunto en Melquiades Andrés, *La teología española en el siglo XVI* (2 v., Madrid, 1976-77), II, 507-629.

Carrillo, se acogiera pronto a la dirección de los padres jesuítas. Con ellos se confesaría, de hecho, «por más de cuarenta años»[25], entre los cuales el famoso humanista Juan Bonifacio, que sería también profesor de su hermano Juan, como dice el mismo Francisco[26]. Pero, según da a entender su biógrafo, los que más influirían en su vida espiritual serían el padre Baltasar Alvarez, que le confesaría «algunos años»[27], y el padre Cristóbal Caro, que lo haría «al pie de veinte», desde que llegó a Medina en 1578 hasta que murió en 1599[28].

Bajo la dirección de estos padres, la vida espiritual de Francisco iría progresando. No sólo acude a «los sermones y pláticas y a los ejemplos» en la iglesia de los mismos y en otras de la villa, sino que, no obstante sus 22 años y su condición de casado, no se desdeña de asistir también con los niños, entre los que estaría su hermano Juan, a las explicaciones del catecismo[29]. Lo que no le impide atender a las exigencias de su propio trabajo y de su familia. Es de interés lo que dice a este respecto su biógrafo, en cuanto revelador de actitudes que se darán también en la vida de su hermano:

> Vivía muy recogido, trabajando de sus manos para sustentarse, aunque pobremente, siguiendo el consejo y orden de San Pablo, que, aunque predicaba de día, trabajaba de noche. Mientras tuvo salud y fuerzas no dejaba de trabajar, y, aunque nuestro Señor le proveyó muchas veces de lo necesario para él y su gente por algunos medios milagrosos ..., pero voluntad era del Señor que estuviese ocupado en su oficio para dar buen ejemplo a todos y para evitar la ociosidad, que es polilla de muchas almas, aunque sean perfectas, y para que no se coman los sudores ajenos sin merecerlo primero con su trabajo. Seguía el ejemplo de los santos del yermo, de quienes se escribe en la vida de los Padres, y lo cuenta Casiano, que trabajaban con sus ma-

---

[25] Velasco, *Vida*, 15, quien, además de los que mencionamos a continuación, recuerda a varios otros, con algunos de los cuales se confesaría también Santa Teresa: José Acosta, Doctor Ramírez, Antonio Lárez, Juan Torres, Juan Osorio, Luis de Santander, Antonio Martínez y Alonso de Avila (*Ibid.*, 352-354).

[26] En su *Relación primera*: «Fue su precetor el padre Bonifacio, que hoy vive» (en Garrido, *Santa Teresa, San Juan de la Cruz*, 375). Este estuvo en Medina desde 1557 hasta 1567, y, posteriormente, desde 1592 hasta 1600 (cf. Felix G. Olmedo, S.J., *Juan Bonifacio [1538-1606] y la cultura literaria del Siglo de Oro*, Santander, 1931).

[27] Velasco, *Vida*, 59-60. Véanse también pp. 132-133, 352-353. Su figura es también bien conocida; véase, en especial, la introducción de Camilo Abad y Faustino Bolado, S.J., a la edición de sus *Escritos espirituales*, Barcelona, 1961.

[28] Velasco, *Vida*, 59-67. Ver también p. 354. Fue él quien procuró que se escribiesen las mercedes que el Señor hacía a su dirigido, poniendo toda diligencia y cuidado en buscar personas fidedignas que lo hiciesen, como ya hemos visto (cf. *Ibid.*, 60, y *supra*, nota 6).

[29] *Ibid.*, 16; cf. *infra*, nota 33.

nos lo que habían de comer y vestir por no ser molestos a los
prójimos [30].

Francisco se contenta con lo estrictamente necesario, pues quiere vivir
desasido de los bienes temporales «para poder sin embarazo, con más firme
fe y esperanza, fiarse de su Majestad y entregarse en sus manos». Le pide
únicamente cuatro cosas: sentir gran dolor de sus pecados, ser siempre obe-
diente a sus mayores, menosprecio de todas las cosas terrenas y ser pobre.
¡Ser pobre! Será siempre la obsesión de su vida, y no sólo por el deseo de
imitar mejor a su Señor Jesucristo, sino como denuncia muda de la mentalidad mercantilista que se respira en Medina, con la que los hombres se afa-
nan sin descanso entre tratos y contratos de bienes y haciendas, entre los
que se enredan y se pierden, como él mismo lo dice en uno de los avisos
que habría recibido del Señor en favor de su confesor padre Caro [31].

Que el Señor le quería pobre se lo había mostrado, al parecer, el fallido
intento de colocarse como escudero al servicio de una familia acomodada de
Medina [32]. Seguirá, pues, siendo pobre, pero más libre y desembarazado para
dedicarse a Dios y a sus prójimos, ayudándoles con obras de caridad, a las
que en adelante se entregará en cuerpo y alma, secundado por su madre y
su mujer. Y también por su hermano Juan, quien entre tanto pasaba del colegio de la doctrina al servicio del hospital de la Concepción, que era el hospital de los pobres [33]. A ellos irán a parar igualmente las limosnas que personalmente podrá conseguir, sin importarle el ir a dar por ello con sus huesos
en la cárcel [34], así como las que le procurarán otras almas buenas y sus mismos confesores. El padre Caro le tendrá de hecho como despensero y mayordomo para repartir lo que a él le llega con este fin entre personas ver-
gonzantes y viudas pobres y necesitadas [35].

2. Un hombre de oración

Entre los ejercicios espirituales a los que Francisco había comenzado a
entregarse ya en Arévalo, a raíz de su «conversión», obtiene un lugar de

---

[30] *Ibid.*, 16-17.

[31] *Ibid.*, 62.

[32] *Ibid.*, 18-19.

[33] *Ibid.*, 15: «al hermano [Juan] que traía consigo [de Arévalo a Medina], que era mozo
de poca edad, acomodó en el hospital para que estudiase, como vio que se inclinaba a las letras». Pero Velasco concreta estos datos, al ocuparse expresamente de fray Juan, diciendo que
«sería de once años entonces» — justos, los que habían pasado desde 1540, en que, según él,
había nacido — y que antes de pasar al hospital había estado en el colegio de los niños de la
doctrina, donde «deprendió las primeras letras», y había intentado el aprendizaje de varios oficios, «pero se aplicó poco a ellos y no salió con ninguno» (*Ibid.*, 84). Véanse también las dos
relaciones de su hermano, en Garrido, *Santa Teresa, San Juan de la Cruz*, 374, 378.

[34] Cf. Velasco, *Vida*, 23.

[35] *Ibid.*, 65.

todo especial el de la oración. Y la importancia de la misma en su vida se irá acrecentando en Medina al calor del mejor clima que en este sentido han empezado a crear los hijos de Ignacio de Loyola, a los que procurarán emular poco después los carmelitas, quienes, entre 1557 y 1560, fundan también su convento y colegio de Santa Ana[36]. Aunque con éstos se confesará sólo más tarde, ya desde un principio tiene que establecer con ellos estrechas relaciones, puesto que su hermano Juan se decide bien pronto, en 1563, a tomar el hábito del Carmen[37].

Antes de hacerlo, éste ha podido ser ya testigo, no sólo de la oración prolongada e intensa a que se entrega su hermano Francisco, sino también de las modalidades de la misma. El comportamiento del Santo revelará, de hecho, después no pocas afinidades con el del mismo Francisco. Es bien ilustrativo a este respecto lo que dice Velasco, refiriéndose al «orden que guardó siempre en su oración»:

> Los veranos se salía todas las noches al campo, cuando quería anochecer, en alzando de obra, y ascondidamente, sin que le viesen, se iba a un lugar apartado del camino. Allí hacía un hoyo grande, como una sepultura, donde se metía y, echado de espaldas, como un cuerpo muerto, los ojos puestos en el cielo y los brazos abiertos en cruz, estaba algunas horas contemplando en los misterios divinos. No estaba siempre un mismo tiempo, porque era más o menos, según se le ofrecía la ocasión o nuestro Señor le despachaba.
> Los inviernos, por los fríos y aguas del tiempo, tenía señaladas algunas iglesias, donde se entraba de noche; y cuando por falta de salud o por otras causas no iba a esos lugares, se metía a orar en su casa, en lo más apartado della. Este orden guardó toda su vida en las partes en donde se halló[38].

¿Cómo no recordar aquí, según han hecho ya otros, la predilección y familiaridad que sentiría también fray Juan de la Cruz por la noche natural, contemplada en todas sus tonalidades, que afortunadamente conocemos a través de testimonios directos, y que convertiría en el símbolo más acabado del camino espiritual cantado por él en su *Noche oscura*? Tanto más cuanto

---

[36] Cf. Crisógono, *Vida de San Juan de la Cruz*, 40-47, y ahora, el trabajo de Balbino Velasco sobre este convento, en este mismo volumen.

[37] Cf. Velasco, *Vida*, 84-85, que no indica el año, pero se refiere en otra parte al buen clima espiritual existente en el convento (*Ibid.*, 117-118).

[38] *Ibid.*, 11-12. En otro lugar concreta que, entre las iglesias a las que se retiraba a orar, «en particular adonde más de ordinario iba era a una parroquia [de Medina] que se llama de San Martín, donde tenía un cura que era amigo suyo, que se llamaba el P. Palomares, varón de mucha virtud y ejemplo», y añade: «Metíase el siervo de Dios en su confesionario, y allí tenía su oración» (*Ibid.*, 169).

que la noche en la vida de Francisco, como en la de su santo hermano y en su poema, no fue el objeto de una mirada meramente estética y recreativa, sino el marco y clima de experiencias fuertes, gozosas o dolorosas [39]. Es esto, de hecho, lo que parece deducirse claramente de los que Velasco narra ampliamente en el libro III de su obra a propósito de «las cosas milagrosas y admirables que sucedieron al siervo de Dios [Francisco] en la oración».

Si éste sentía predilección por los campos y las noches, era, precisamente, «por imitar al buen Jesús, que salía de noche a los desiertos y transnochaba en la oración de Dios» [40]. Allí esperaba encontrarlo con más facilidad, y las luces que, según cuenta su biógrafo, «le enviaba del cielo en forma y figura de estrellas resplandecientes» para alumbrarle en la oscuridad de las noches, no eran probablemente sino otros tantos símbolos de las ilustraciones espirituales que recibía en su oración. Esas estrellas le importaban, de hecho, bien poco, porque, como él mismo decía, «yo no vine aquí, Señor, por mi interés, sino por vuestro amor y por si puedo haceros algún servicio que os agrade; aunque no haya ninguna estrella, no se me da nada; yo no vengo aquí porque ellas salgan, sólo busco a Vos, que sois el blanco de mi alma» [41].

Lo que, en realidad, pretendía Francisco era tener a Cristo siempre consigo, y para lograrlo ponía en práctica lo que Este mismo le habría enseñado. Preguntándole, en efecto, una vez cómo lo conseguiría, le habría respondido que eran necesarias nueve cosas:

> La primera, buscarle; la segunda, hallarle; la tercera, guardarle. Buscarle con afectos de amor, hallarle con buenas obras, guardarle con la limpieza del corazón y no dejarle ir por el pecado. Como hicieron los dos santos discípulos que iban al castillo de Emaús, que no sólo le hallaron, pero no le dejaron ir, sino que le forzaron a que se quedase con ellos. La cuarta es huir las ocasiones de pecar; la quinta, procurar soledad; la sexta, tener oración; la séptima, [buscarle] en el cielo con los bienaventurados; la octava, en el Santísimo Sacramento del Altar; la nona, en el alma del que lo recibe bien [42].

«Procurar soledad» y «tener oración» para en ella buscarlo con afectos de amor. Es lo que haría también su hermano fray Juan de la Cruz. Y para «guardarle con la limpieza del corazón» practicaba igualmente los medios

---

[39] Así Federico Ruiz Salvador, O.C.D., *Místico y maestro, San Juan de la Cruz*, Madrid, 1986, 226.

[40] Velasco, *Vida*, 161.

[41] *Ibid.*, 162-163.

[42] *Ibid.*, 172-173.

que le habría enseñado el mismo Señor y que explanaría magistralmente después en sus obras el Místico Doctor:

> La primera [cosa], que nos neguemos en todo lo que fuere desagradable a los ojos de Dios, y, aunque se pueda hacer o no hacer alguna cosa de propio gusto, será virtud dejarla o hacerla por amor de Dios, como se cuenta de un santo, que por amor del Señor dejó de cortar una flor que le era deleitosa a la vista y al olfato. La segunda, que no nos gobernemos por nuestro parecer, ni hagamos cosa sin consejo de nuestros padres espirituales. La tercera, que las cosas de Dios no se hagan con flojedad, sino con diligencia y fervor. La cuarta, que nos hagamos como un cuerpo muerto a todas las cosas, porque, como el cuerpo muerto no siente ni oye lo que le dicen, ni se queja del mal que le hacen, y aunque le injurien y afrenten y pisen, no dice nada, así el que busca la perfección y la virtud de la paciencia y humildad para agradar a Dios, se ha de considerar como un difunto. La quinta es que procuremos la virtud de la perseverancia en las buenas obras, porque el que comienza y no acaba, no será coronado[43].

Así, viviendo «como un cuerpo muerto» y «con grandes deseos de probar la amargura que tuvo Dios nuestro Señor en la cruz»[44], es como Francisco conseguía gozar de la amistad de este su Señor, quien en la oración le hacía «muchos regalos muy notables», enseñándole también «muchos secretos divinos y muchas virtudes morales»[45], que le confundían: «¿Cómo, Señor, que me dais licencia que os llame amigo, y que Vos lo queréis ser mío, siendo Vos tan grande Señor y yo tan gran pecador?». Pero el Señor, no sólo le ratificaba su amistad, sino que, además, se complacía en revelarle las leyes de la misma, la primera de las cuales es que «el que ama a su amigo ha de procurar darle siempre contento en todas las cosas que sabe son de su gusto»[46].

Y una de las cosas que él sabía le daban contento era que le recibiera en el sacramento de la eucaristía, y hubiera querido dárselo, pero se atenía siempre al parecer de sus confesores, sin exceder ni disminuir el orden que le tenían mandado. Así lo afirma su biógrafo, quien añade que «en los primeros años [de su llegada a Medina] comulgaba cada ocho días». No era poco para aquellos tiempos, en los que esta práctica era vista con tanta pre-

---

[43] *Ibid.*, 176. Las resonancias de la doctrina y práctica sanjuanistas en estos textos de Francisco son tan evidentes que huelga aducir citas del Santo.
[44] *Ibid.*, 174.
[45] *Ibid.*, 171.
[46] *Ibid.*, 172.

vención. De hecho, como sigue diciendo Velasco, cuando más tarde el padre Caro quiso que lo hiciera algún día más cada semana, tuvo que «detenerse por entonces por las muchas murmuraciones y persecuciones que movían las personas poco pías sobre las comuniones, las cuales con celo necio e indiscreto querían encubrir su poca devoción, con contradecir estos santos ejercicios», no obstante lo cual, acabaría por darle licencia para que comulgara también los jueves[47]. Y sólo más tarde, muerto ya el padre Caro, sus confesores del Carmen de Medina se la darían para que lo hiciera igualmente los sábados en honor de la Virgen y, luego, los martes en honor de los ángeles y los lunes por las almas del purgatorio, de las que era devotísimo, para acabar mandándole comulgar todos los días[48].

3. Un juglar «a lo divino»

Con el ejercicio de la oración, continua y profunda, y el de la frecuente comunión, Francisco había ido creciendo en el amor a su Señor hasta enamorarse totalmente de El. Pero, como dice bien su biógrafo, «un pecho enamorado y un corazón herido de amor con dificultad se puede encubrir su fuego, sin que se vea, ni esconder su llaga, sin que la pena que padece le haga descubrir»[49]. Era lo que le sucedía a Francisco, y era natural, por lo mismo, que lo manifestara del modo que sabía. El no era hombre de letras, no sabía apenas leer ni escribir, como hemos visto, pero sí sabía tañer y cantar, aunque fuera «muy poco»[50], por lo que tuvo que servirse de este medio para expresar sus afectos y sentimientos, como había hecho ya en Arévalo cuando, ya tal vez enamorado de Ana Izquierdo, le cantaba coplillas y cantarcillos haciendo la ronda con sus amigos. Convertía así en instrumento de su amor divino lo que antes le había servido para expresar su amor humano.

Lo afirma expresamente Velasco, no una, sino repetidas veces. Así, hablando del amor que sentía hacia Dios y del deseo que tenía de morir por el temor de perderlo, añade:

> Sobre estas cosas se quejaba a nuestro Señor, y para entretener la vida y pasar sus penas le cantaba algunas coplillas y cantarcillos, en que daba por ellos muestra de su amor[51].

---

[47] *Ibid.*, 260-261. Antes se había referido ya a las contradicciones y persecuciones que había sufrido el mismo P. Caro «porque daba a sus hijos espirituales más comuniones de las que en aquel tiempo se sufrían», en las que habría tenido también parte Francisco (*Ibid.*, 65-66). Sobre este punto puede verse el estudio preliminar de Alvaro Huerga, O.P., a la edición de Domingo Valtanás, *Apología sobre ciertas materias morales en que hay opinión y Apología de la comunión frecuente*, Barcelona, 1963, 81-83.

[48] Velasco, *Vida*, 261-262.

[49] *Ibid.*, 198.

[50] Cf. *supra*, nota 15.

[51] Velasco, *Vida*, 240.

Lo mismo dirá a propósito de su devoción a la Virgen, «a quien (después de nuestro Señor) amó mucho y toda su vida tuvo entrañable afecto y amor, y desde niño la comenzó a servir» [52]:

> Mostraba el mucho amor y devoción que la tenía con cantarcillos y coplas que componía. Los romances y versillos que él sabía de su mocedad y los que oía a otros los trocaba y se los cantaba, y en las necesidades que tenía espirituales la pedía socorro con algunas coplillas que hacía [53].

Y a continuación del primer texto, después de aducir algunos, continuaba:

> Muchos cantarcillos y coplillas se dejan de poner por no cansar a los lectores y porque la poesía dellos es muy llana y sencilla. Como él no curaba de guardar reglas de buen poeta, por ser cosas que él no deprendió, sino es lo que en la escuela del amor divino le enseñaban, así procuraba solamente declararse con nuestro Señor, a quien amaba y sabía que le entendía. Muchos romances que hizo y muchos versillos que compuso, todos van enderezados a este fin. Las coplas y cantares que algunos cantores cantaban en las iglesias o los muchachos por las calles, luego procuraba deprenderlas y las trocaba y glosaba a su propósito y las cantaba, y con una guitarrilla que tenía daba música a su Majestad [54].

Es de lamentar que el padre Velasco no quisiera recogerlos todos por la razón que indica de que su poesía era muy llana y sencilla, pues es en esa sencillez y llaneza donde radica su mayor encanto. Pero los que nos ha conservado son más que suficientes para poder considerar a Francisco de Yepes como un buen representante de la tradición poética popular castellana, muchos de cuyos elementos pasarían a los grandes poetas cultos de aquel tiempo y del posterior, sin excluir al mayor de todos, el hermano del mismo Francisco, fray Juan de la Cruz. Lo ponía ya bien de relieve Dámaso Alonso en su sugestivo ensayo sobre la poesía del mismo, aunque en él no tuviera presente la posible influencia de su hermano [55].

---

[52] *Ibid.*, 269. Esta su devoción a María, una muestra más de su afinidad espiritual con su hermano Juan, le llevaría también, una vez muerto el P. Caro, a elegir sus confesores entre los carmelitas de Medina y a ingresar en la Tercera Orden de los mismos (cf. *Ibid.*, 114-115).

[53] *Ibid.*, 270.

[54] *Ibid.*, 241.

[55] *La poesía de San Juan de la Cruz (Desde esta ladera)*, 4a ed., Madrid, 1966, 78-104. Llenaba ya esa laguna Emilio Orozco, *Poesía y mística. Introducción a la lírica de San Juan de la Cruz*, Madrid, 1959, 134-139, después de que José María Cossío hubiera señalado a Francisco como *pre-*

Que el Santo conociera estos cantarcillos y tal vez se los oyera entonar con su guitarrilla, no parece que pueda ponerse en duda. Resulta significativo en este sentido lo que Velasco narra a propósito de la muerte, a los cinco años de su edad, de Anita, la hija de Francisco, a la que tanto él como su mujer amaban tiernamente, y de la madre del mismo. «Estando él descuidado, y sólo cuidadoso de consolar a su mujer», habría tenido una visión de muchos ángeles que, llevando entre ellos a su hija, cantaban unos versos que decían:

> Esta virginal doncella
> por demás será llorarla,
> que muy mejor es cantarla.

Y al visitar a su hermano Juan en el convento de Segovia, poco antes de que éste muriera a su vez, ambos habrían vuelto a gozar de la misma visión de la hija y sobrina, acompañada ahora de la madre de los mismos, mientras ellos podían escuchar una suave música, cuya letra decía:

> El Rey de la gloria
> de amor muere, y llama
> de la santa Cruz
> que tuvo por cama.

Y ambos habrían comprendido y saboreado bien el sentido de los versos. Hacía ya mucho tiempo que habían sentido esa llamada de su Rey y Señor, que ahora les anunciaba de nuevo las muchas penas, «y bien grandes», como dice Velasco, que no les faltarían en el tiempo posterior. Penas que sólo haría dulces el amor. Porque de los dos vale probablemente lo que sigue diciendo de sólo Francisco: que, sintiéndose después arrebatado al cielo, «era tanta la fuerza del divino amor que sentía en su pecho que, no pudiendo encubrirla, con grandes júbilos de alegría la mostraba y con estos versos que iba cantando:

> De aquel alto Rey del cielo
> ando enamorado yo,
> que de otro ninguno no»[56].

Pero Francisco había cantado y seguiría cantando siempre, y a buen seguro que no serían éstos los únicos versos que pudo escucharle su hermano fray Juan. Y aun prescindiendo de que éste pudiera o no encontrar en ellos una fuente de inspiración para los suyos más cultos y elevados, muestran por lo menos la gran afinidad espiritual que se dio entre los dos. Vale, pues,

---

cedente y muestra clara de la *formación popular* del Santo carmelita, en su trabajo *Rasgos renacentistas y populares en el Cántico espiritual de San Juan de la Cruz*, en *Escorial*, núm. 25 (Madrid, 1942), 223.

[56]. Velasco, *Vida*, 34-36.

la pena recoger aquí, si no todos, sí algunos otros de los que Velasco nos ha conservado y a los que hasta ahora no se ha prestado la debida atención.

El tema y el tono de los mismos es diverso, como diversos eran los momentos psicológicos en los que Francisco daba rienda suelta a su inspiración. Y, como su hermano, habría podido decir también que sus versos unas veces se los daba Dios y otras se los buscaba él[57]. Se los daba Dios, sobre todo, cuando, arrebatado por el fuego del amor que ardía en su corazón hacia su Señor, se sentía transpasado por el dolor de su ausencia o por el temor de perderlo. Se los buscaba él, cuando procuraba encerrar en pareados o tercetos algunos avisos o sentencias de vida espiritual, a los que, como su hermano, era también muy aficionado. He aquí algunos ejemplos de estos últimos:

> No pecar y a ninguno no agraviar,
> que el buen vivir es reinar[58].

Era esto lo que él procuraba hacer para agradar a Dios, en lo que hallaba su mayor contento. Y cuando le asaltaba la duda y la angustia de no hacerlo como debiera, se consolaba repitiendo este terceto:

> Alma, no quieras temer
> contempla a Dios humanado
> y vivirás sin cuidado[59].

Sabía, de hecho, por larga experiencia que la contemplación de la vida, pasión y muerte del Señor, no sólo «traen al alma con cuidado de no ofenderle, sino que antes engendran en ella mucho amor y agradecimiento y deseo de servirle». Pero aun en el caso de que alguna vez llegara a ofenderle, el arrepentimiento bastaba para superar el temor y la angustia, porque

> Nuestro Redentor
> los pecados quita
> del alma contrita[60].

La confianza en el amor infinito de Jesús, que provocaba, a su vez, su correspondencia, era para él fuente de consuelo y sosiego:

> El Señor me crió y también me redimió,
> y quiéreme El, y quiérole yo[61].

---

[57] Es lo que había respondido a Magdalena del Espíritu Santo, la cual, según declaraba ella misma, admirada de la belleza del *Cántico Espiritual*, que ella había copiado, se atrevió a preguntarle un día si le había dado Dios aquellas palabras tan divinas (cf. Jerónimo de San José, O.C.D., *Historia del Venerable Padre Fr. Juan de la Cruz*, Madrid, 1641, 289).

[58] Velasco, *Vida*, 171.

[59] *Ibid.*, 155.

[60] *Ibid.*, 279.

[61] *Ibid.*, 189.

De hecho, hallándose durante unas Navidades con algunas tristezas y sequidades, que le traían algo desconsolado, el mismo Señor se las habría disipado, haciendo que oyera cantar en el cielo unos versos que decían:

¡Oh, qué lindo es el Niño de la Circuncisión!
¡Oh, qué lindo el amor! ¡Oh, qué lindo el amor!

Oyéndolos, habría conocido, en efecto, «la fuerza de su amor para con los hombres». Y este amor sin límites de Jesús, que alumbra las almas, sería en adelante objeto del canto con que Francisco se asociará, mientras viva, al coro de los bienaventurados en el cielo:

Tú eres fuego, y eres luz,
Rey de reyes, buen Jesús[62].

Pero era al recibirlo en la comunión, cuando él sentía especialmente la fuerza de ese amor. Lo sabía de antemano, porque, deseando un día crecer en la comprensión de este misterio y diciéndole al Señor: «¡quién supiese quién Vos sois!», Este le habría respondido: «Gustarme has, y gustando lo sabrás». Y así lo hacía él, como hemos visto, cuantas veces podía con licencia de sus confesores repitiendo con frecuencia, para exhortar también a otros a que hicieran lo mismo, unos versillos que le habrían enseñado los ángeles:

Alma, come desta carne
del Señor, que te convida,
y vivirás larga vida.

Este divino manjar
del cuerpo glorificado
a lloro se da en bocado[63].

Y Francisco lloraba, porque, como dice su biógrafo en otra parte, las faltas que hacía, por pequeñas que fuesen, le eran dura muerte. Ver y saber que Dios es ofendido de sus criaturas, le hacían vivir con mucho dolor. Verse obligado a seguir las leyes del cuerpo, le era de gran tormento. Y todas estas cosas y otras muchas le traían en continuo martirio y en penosa cruz. De ahí que para entretener la vida y pasar estas penas se quejase amorosamente al Señor, cantándole la siguiente coplilla con sus glosas:

Si no te dueles, mi Dios,
de mí, que muero por ti,
¿quién se dolerá de mí?

---

[62] *Ibid.*, 185-186.
[63] *Ibid.*, 263.

Tu grande amor, dulce Amado,
me hace ser decidor
de las ansias y dolor
de que estoy atormentado.
Y, si no soy remediado
brevemente yo por ti,
¿quién se dolerá de mí?

No mires a mi maldad,
sino tu gran perfección,
y mira bien la pasión
que me causa tu beldad.
Ten ya de mí piëdad,
pues sabes muero por ti:
¿quién se dolerá de mí?

Eran las quejas de quien, sintiéndose perdidamente enamorado y sabiéndose correspondido («ando enamorado / del que nunca vi, / y él también de mí»), sufría el aparente desdén de su Amado, que sólo servía para encenderle más en su amor:

Ahora, mi Dios, veréis,
cuánto os he amado y querido,
pues que, estando en vuestra ausencia,
de vuestro amor soy herido [64].

Pero el amor creciente a su Señor hacía que creciese paralelamente el que sentía por la Madre del mismo. Sabía bien, de hecho, que ambos son inseparables y se lo habría confirmado el mismo Señor en una visión en que se la había mostrado consigo, mientras los ángeles y santos cantaban:

Mira que viene Jesús,
y también viene María:
¡Oh, qué gozo y qué alegría!
¡Oh, qué gozo y qué alegría! [65]

Aunque ya antes había contemplado una visión parecida, que había desatado sus más íntimos sentimientos, subyugado por su belleza:

¡Oh, qué lindo es el zagal,
el zagal y la doncella!
¡Oh, qué lindo es él!
¡Oh, qué linda es ella!

¡Oh, qué lindo es el zagal,
que es Señor de cielo y tierra!
¡Oh, qué linda es la doncella,
que es Reina de toda ella! [66]

No es, pues, de extrañar que el amor a la Virgen le inspirara sentimientos análogos a los que le inspiraba el amor a su Hijo. A ella se quejaba igualmente de la pena que la causaba su ausencia con la coplilla ya recogida

---

[64] *Ibid.*, 240-241.
[65] *Ibid.*, 189.
[66] *Ibid.*, 183.

(«Si no te dueles, Señora»), glosándola diversamente. Por desgracia, Velasco no ha conservado esta glosa, pero sí otras dos letrillas que solía cantarle:

Tú, Virgen María,
eres más hermosa
que la luz del día
y mucho más linda.

Tú, Virgen sagrada,
eres más hermosa
que la luz del alba,
y mucho más galana [67].

De ahí que no deseara otra cosa sino que acabara de romperse la tela que impedía el «dulce encuentro» con ella y con su Hijo:

La Señora que allí viene,
que el corazón me llevó,
por ella me muero yo [68].

Porque, como dice Velasco, las muchas mercedes y regalos que recibía del Señor le acrecían cada día sus deseos de morir y, por lo mismo, suplicaba a la misma Virgen y a los santos le alcanzasen de El que le despenase. Y cuando se sentía enfermo o le apretaban sus achaques, los consideraba como mensajeros que le traían nuevas de su próxima partida y, contento, preguntaba al mismo Señor:

Decid, mi Jesús, decid,
deste mal si he de morir.

Pero, si Este no accedía a sus deseos, se resignaba amorosamente a su voluntad y seguía cantando su pena por la dilación de su presencia. Pena que le iba purificando cada vez más y preparándole para ese encuentro definitivo, del que no dejaba de concederle algún atisbo para endulzársela.

Es lo que debió de suceder, sobre todo, en el último año de su vida. Cuando el día de la Cruz de Mayo se vio apretado por el mal de costado que le llevaría al sepulcro pocos meses después, gozándose de que el Señor le concediera tener más que padecer y ofrecerle en agradecimiento de lo que El había padecido en la cruz por salvarle, Este se lo pagó de contado con una merced que hinchió su espíritu de dulzura y suavidad, y que él cantó así:

En este mi huerto
una flor hallé,
¡oh, bien de mi alma,
oh, bien de mi vida,
si la cogeré! [69]

---

[67] *Ibid.*, 270.
[68] *Ibid.*, 271.
[69] *Ibid.*, 207-209.

Esta divina flor que había hallado en su alma, es decir, Jesús mismo, el Hijo de la Virgen María, «vástago de Jesé», la cogería, efectivamente poco después, y la poseería por toda la eternidad, como premio a su amor y a sus deseos, en el huerto de la gloria, cuya belleza pudo entrever y cantar en el momento mismo de su muerte:

> ¡Oh, qué linda es la arboleda!
> ¡Quién tuviera la fiesta en ella!

¡Oh, qué linda es la arboleda
y los aires de la gloria!
¡Quién tuviese la fiesta en ella
y ganase la victoria!
¡Oh, qué linda, etc.

Y habiendo bien peleado
mereciese la corona,
que lo que hay en este mundo
es todo como la escoria.
¡Oh, qué linda, etc. [70]

Era el día de San Andrés, 30 de noviembre de 1607, viernes, media hora antes de entrar en el día del sábado. El mismo día de la semana y casi la misma hora en que su hermano fray Juan de la Cruz se había ido a cantar maitines con la Virgen en el cielo, dieciséis años antes, el 14 de diciembre de 1591 [71]. Y ambos quedarían fundidos para siempre en el recuerdo, en el amor y veneración de los carmelitas de Medina, en cuya Tercera Orden Francisco, algunos años antes de morir, había también profesado [72].

---

[70] *Ibid.*, 215.
[71] *Ibid.*, 217; cf. Crisógono, *Vida de San Juan de la Cruz*, 404.
[72] Cf. *supra*, nota 52; cf. mi obra *Santa Teresa, San Juan de la Cruz*, 187-205.

El solar carmelitano de San Juan de la Cruz. La provincia de Castilla desde sus orígenes hasta los tiempos del Santo

Pablo María Garrido, O.Carm.

Un insigne carmelita del siglo XVII, Raimundo Lumbier, prestigioso teólogo y provincial repetidas veces de Aragón y Valencia, en uno de los sermones que predicó con ocasión de la beatificación de San Juan de la Cruz en 1675, se refería ya a la necesidad de tener presentes, no sólo «las hazañas y obras que le hicieron digno de tan alto puesto», sino también «la calidad del solar» del que procedía. La Observancia, —continuaba diciendo— le habría engendrado y le habría hecho santo, mientras que la Descalcez le habría dado méritos para beatificarlo; la Observancia habría encendido la lámpara, pero la Descalcez la habría adornado [1].

Era ésta, sin duda, una observación del todo justa, fundada tanto en el simple sentido común como en la realidad «histórica» —o «biográfica», que diría Ortega y Gasset— de todo hombre, abierta, sí, por su misma naturaleza a la comunión interpersonal y a la relación con el mundo, pero que nunca parte de cero. Nace, con una herencia y lleva en sí y consigo, por lo mismo, un «peso» de tradición que no puede perder ni olvidar sin comprometer seriamente su propia identidad [2].

En este convencimiento el que está a la base de este trabajo sobre la antigua provincia de Castilla, marco en el que se desenvolvió la vida de los Místicos Doctores y a través del cual pudieron vislumbrar ese ideal religioso que ellos quisieron vivir en su integridad [3]. Trabajo que se inscribe en el intento más general, que hice ya con ocasión del todavía reciente IV Centena-

---

[1] Raimundo Lumbier, O.Carm., *Sermón en la Beatificación del B.P. Fr. Juan de la Cruz*, en: Mateo Maya, O.Carm., *Jardín de sermones de varios asuntos y de diferentes oradores sagrados* (2 v., Zaragoza, 1676), II, 601-631. El texto a que me refiero, pp.607-610.

[2] Citado por Severino María Alonso, CMF, *El patrimonio espiritual de un Instituto religioso*, en *La vida espiritual de los religiosos*. Madrid, 1981, 113.

[3] Cf. Efrén de la Madre de Dios, O.C.D., *El ideal de Santa Teresa en la fundación de San José*, en *Carmelus* 10 (1963), 206-230.

rio de la muerte de Santa Teresa, de describir el estado real del Carmelo español del siglo XVI anterior a los dos santos[4].

Es una empresa que no resulta fácil, pues la provincia ha tenido mala suerte en la conservación de la documentación necesaria para poder trazar, aunque sólo sea a grandes rasgos, las líneas maestras de su historia. Apenas queda otra cosa que la documentación relativa a los diversos conventos de la misma, conservada en el Archivo Histórico Nacional de Madrid. A lo que únicamente pueden añadirse las pocas referencias que se encuentran en las actas de los capítulos generales o en los registros de los priores generales de la Orden y en los historiadores antiguos y modernos de la misma[5].

1. Un primer siglo difícil

La provincia de Castilla aparece por vez primera en las actas del capítulo general de Bagnols (Francia) de 1416[6]. A este capítulo asisten un definidor de la provincia de España, que ocupa el décimo lugar entre las provincias, y otro de la de Aragón, que ocupa el último, es decir, en vigésimo segundo, aunque no se da el nombre de ninguno de los dos. Y al determinar las tasas para las diversas provincias se identifica a la provincia de España con la de Castilla[7]. No se indica tampoco el nombre del provincial elegido por el mismo capítulo para cada una de ellas, pero por otras fuentes consta que el elegido para la de Castilla debió ser el P. Juan Martínez de Sevilla, que lo era ya con anterioridad[8].

El hecho de que a este capítulo general asistiera ya un representante diverso para cada una de las dos provincias y de que entre los decretos emanados del mismo no aparezca ninguno relativo a la división de las mismas, hace suponer que esta división había tenido lugar antes. Pero ignoramos el

---

[4] Cf. Pablo María Garrido, O.Carm., *El hogar espiritual de Santa Teresa. En torno al estado del Carmelo español en tiempos de la Santa.* Roma, 1983, 174- 175.

[5] Puede verse lo que sobre esto escribía en *Capítulos de la provincia carmelita de Castilla de 1567 a 1672*, en *Carmelus*, 27 (1980), 137-155.

[6] Cf. *Acta capitulorum generalium Ordinis Fratrum B.V. de Monte Carmelo*, ed. Gabriel Wessels, O.Carm., (2 v., Roma, 1912-1934), I, 148.

[7] Cf. *Acta cap. gen.*, I, 148-149: «Hispaniae seu Castellae VI ducat XII gross. ... Aragoniae X duc. XII gross.».

[8] Tenemos un doble testimonio: el del cronista andaluz fray Miguel Rodríguez Carretero, quien, hablando de la fundación del convento de Escacena, dice que se llevó a cabo el 27 de junio de 1416, previa licencia del arzobispo de Sevilla, D. Alonso de Ejea, fechada en Sevilla el 20 de enero del mismo año, siendo provincial de España fray Juan Martínez (Madrid, Biblioteca Nacional, ms. 18.118: *Epytome historial de los carmelitas calzados de Andalucía*, ff. 40r-42r, y el del castellano fray Pablo Carrasco, quien, a propósito del convento de Requena, aduce cierta provisión del Regente de Castilla, D. Fernando, del 16 de julio de 1416, en favor del mismo, que se ejecutó siendo provincial el mismo Juan Martínez de Sevilla (Roma, Arch.General O.Carm., II Castella 4: *Miscellanea de viris illustribus et conventibus Castellae*, f.131v.

año exacto. Tuvo que hacerse después del capítulo general anterior, celebrado en 1411, pues en éste no se nombraba más que un único provincial para la provincia de «Hispania»[9].

Es probable, con todo, que la división fuera una de las consecuencias del Cisma de Occidente, cuando, como consecuencia de la celebración del concilio de Constanza (1414-1417), parecía entrar en vías de solución. El reino de Aragón se separó del papa Luna el 6 de enero de 1416, mientras que en el de Castilla sólo se aceptó el tratado de Narbona del 13 de diciembre de 1415, el 1 de abril de 1416[10]. Tal vez fue por este tiempo cuando las dos provincias se dividieron, al cesar el reino de Aragón en su obediencia a Benedicto XIII[11].

El capítulo general de 1416 no da tampoco la lista de los conventos de las dos provincias divididas, pero, como dice Steggink, «la nueva provincia de Castilla comprendía los conventos de Toledo, Requena, Avila, San Pablo de la Moraleja, Santa María de los Valles (Torresandino), Gibraleón y Sevilla, a los que se juntó todavía, el mismo año 1416, la nueva fundación de Escacena[12]. Sin embargo, a estos conventos hay que añadir los de Moura y Lisboa, en Portugal, que sólo en 1425 aparecerán formando provincia aparte.

a) *La crisis de la observancia*

La provincia de Castilla iniciaba su vida en tiempos recios, en pleno Cisma de Occidente, y cuando aún se dejaban sentir los efectos desastrosos de la peste negra. Lo que explica la poca vitalidad que muestra durante el primer siglo de su existencia, como tal, en el que sólo se realizarían dos nuevas fundaciones: la de Ecija y Salamanca[13]. Y como ha hecho notar justamente García Oro, «el Carmelo de Castilla no iba a encontrar tiempo para un desarrollo y consolidación equilibrados», puesto que «contando apenas una decena de casas, se vería abocado a una partición de la que nacía impro-

---

[9] Cf. *Acta cap. gen.*, I, 139: «Provincialis ... Hispaniae Fr. Blasius Michael, Lector».

[10] Cf. Ricardo García Villoslada-Bernardino Llorca, S.J., *Historia de la Iglesia Católica*, III, Madrid, 1960, 258-259.

[11] Es posible que hubiera precedido algún intento en este sentido, pues entre los definidores generales del capítulo que había celebrado la parte clementina de la Orden en Castelnaudary (Francia) en 1387 aparecen uno de la provincia de España, llamado Pedro de Cellis, y otro «Vicariae Castellae con el nombre de Bernardo Aymerici (cf. Gabriel Wessels, O.Carm. *Aliquid de statu Ordinis durante magno schismate occidentali (1378-1417).* En: *Analecta Ordinis Carmelitarum*, 3, [1914-1916], 145-146).

[12] O. Steggink: *La reforma del Carmelo español*, 15. Sobre la fundación de Escacena, cf. *supra*, nota 8.

[13] La de Ecija, según Rodríguez Carretero, habría tenido lugar entre 1425 y 1436 (cf. *Epytome historial*, ff.44v-46r). Sobre la de Salamanca, que se efectuó hacia 1480, véase ahora: Balbino Velasco Bayón, O.Carm., *El Colegio Mayor Universitario de Carmelitas de Salamanca*, Salamanca, 1978, 17- 18.

visamente la Provincia de Portugal. El vicario portugués tendría facultades de Prior Provincial. Desempeñaría el cargo Fr. Alfonso de Alfama. El General, Juan Grossi, accedía a todo ello *pro bono pacis*, y conseguía de Martín V las debidas licencias el 30 de mayo de 1425»[14]. División a la que seguiría más tarde, ya casi a final de siglo, la de los conventos andaluces.

El Carmelo español, representado hasta entonces por las dos provincias de Aragón y Cataluña, las cuales habían logrado alcanzar en el siglo anterior, según dice Stegginz, una preponderancia equiparable con la de los dominicos y franciscanos[15], había comenzado ya a principios del siglo XV a sentir «la repercusión, además del estado crítico universal, del aislamiento en que lo dejó el cisma general ocasionado por la prematura elección del papa Urbano V, en 1378»[16].

Por lo que respecta a la observancia en los conventos castellanos durante ese siglo XV, lo más probable parece ser que tuvieran que sufrir los efectos de ese estado crítico universal y que, por tanto, no se vieran libres de la epidemia de la «claustra». Así parece deducirse de la escasa documentación que nos ha quedado de los intentos de reforma de los Reyes Católicos y del cardenal Cisneros en los conventos carmelitas de Castilla a fines del mismo siglo y principios del siguiente. Y no hay señales de que en estos conventos se diera ningún movimiento de observancia, al contrario de lo que sucedió en otras órdenes religiosas[17]. La obra del general Beato Juan Soreth (1451-1471) que tanta eficacia tuvo en las provincias de la Orden en centroeuropa, no tuvo, en cambio, ninguna repercusión en las provincias españolas[18].

Precisamente en el capítulo general de 1451, en el que el mismo Soreth había sido elegido por unanimidad y al que no había asistido ningún representante de las provincias españolas, la elección del provincial de Castilla o de España se dejaba a la disposición del recién elegido general[19]. No sabemos quién fue el nombrado para suceder al veterano Juan Martínez de Sevi-

---

[14] José García Oro, O.F.M., *La reforma del Carmelo castellano en la etapa pretridentina*, en: *Carmelus*, 29 (1982), 131, quien remite a A. Domingues de Sousa Costa, *Monumenta Portugaliae Vaticana*, IV (Braga 1970), 27. Las actas del capítulo general de 1425 señalan ya por primera vez la existencia de la provincia de Portugal, eligiendo como provincial de la misma al mencionado Maestro Alfama (cf. *Acta cap. gen.*, I, 168). Pero debió de tratarse más bien de una confirmación, pues, según parece, había ya presidido como vicario general en 1423 el primer capítulo del Carmelo portugués, en el que habría sido elegido provincial (cf. Manuel María Wermers, *A Orden carmelita e o Carmo em Portugal*, Lisboa-Fátima, 1963, 135).

[15] Cf. *La reforma del Carmelo español*, 10.

[16] *Ibid.*, 13-14.

[17] La bibliografía acerca de este punto es abundante. Una buena visión de conjunto ofrece José García Oro, *Conventualismo y observancia. La reforma de las órdenes religiosas en los siglos XV y XVI*, en *Historia de la Iglesia en España*, III-1o, Madrid, 1980, 211-349.

[18] Cf. Stegginz, *La reforma del Carmelo español*, 17-20.

[19] Cf. *Acta cap. gen.*, I, 223: «Provincialis ... Hyspaniae remittitur dispositioni R.mi Patris Generalis».

lla, que hasta entonces había gobernado, la provincia desde el momento de la separación, y que sólo había asistido a dos de los capítulos generales que se habían celebrado durante su largo mandato: los de 1430 y 1444[20]. El nuevo provincial no asistía tampoco al capítulo general de 1456, en el que aparece elegido como tal Fr. Pedro de Villarreal[21]. Y éste, a su vez, no asistía tampoco al capítulo general de 1462, en el que fue nombrado para sucederle el Maestro Juan Raimundo, a quien el P. Zimmerman, ignoramos con qué fundamento, identifica con el *Joannes Raionis, alias Raymundi, Rami*, primer doctor del convento de Moulins y excelente teólogo, del que se ocupa el carmelita inglés Juan Bale[22]. ¿Se trató de un primer intento por parte del Beato Soreth de introducir la observancia en la provincia de Castilla? En todo caso, no parece que este Juan Raimundo fuera la persona más apta para este cometido[23]. Lo único que parece cierto es que debió de permanecer en su cargo de provincial hasta el capítulo general de 1469, al que asistía como provincial de Castilla un M. *Jacobus* Raimondi. La diferencia en el nombre pudo ser, como conjeturaba el P. Zimmerman, un error del copista[24].

En este capítulo de 1469 ocurre un cambio inesperado y extraño. La provincia de Castilla que hasta entonces había ocupado el décimo lugar entre las demás provincias de la Orden pasa a ocupar el vigésimo segundo, que desde la separación había correspondido a la de Aragón, pasando ésta a ocupar el lugar dejado por la de Castilla[25]. De este cambio no se dan razones ni motivos en el capítulo. Blasco Lorente, quien se ocupará ya en el siglo XVIII, de esta cuestión de la preeminencia entre las dos provincias[26] la atribuye a la influencia del carmelita aragonés Bernardo de Montesa, que en el mismo capítulo fue nombrado vicario general de las provincias españolas, con el encargo de introducir o promover en ellas la observancia[27]. La elección del provincial de Castilla se dejaba al capítulo de la misma provincia que éste debía presidir[28].

Desconocemos cuándo se celebró este capítulo provincial y quién fue el elegido en él, así como la actividad reformadora del vicario general, quien en el capítulo general siguiente de 1472 aparece ya como provincial de Ara-

[20] *Ibid.*, 173 y 199.
[21] *Ibid.*, 231: «Provinciales ... Hispaniae Fr. Petrus Villae Regalis».
[22] *Ibid.*, 239: «Provincialis ... Hispaniae M. Johannes Raymundi»; cf. *Ibid.*, p.186, nota 1.
[23] Véase sobre él: Ludovico Saggi, O.Carm., *Storia dell'Ordine Carmelitano*, pro ms., Roma, 1962-1963, 178.
[24] Cf. *Acta cap. gen.*, I, 245.
[25] *Ibid.*, 245-246.
[26] Eusebio Blasco Lorente, O.Carm., *Ratiocinationes historicae apologeticae pro decore Carmeli Aragonensis*, Pars prima, Zaragoza, 1726, 18.
[27] Cf. Steggink, *La reforma del Carmelo español*, 17.
[28] Cf. *Acta cap. gen.*, I, 246-247: «Provincialis ... Castellae fiet per electionem sub praesidentia M.ri Barnardi de Montesa». Sobre él, véase *Bibl.Carm.* I, 277-278.

gón y es confirmado en su oficio de vicario general [29]. En este capítulo fue elegido provincial de Castilla Rodrigo de Sevilla [30], durante cuyo provincialato se dieron los primeros pasos para la fundación del beaterio de la Encarnación de Avila, por más que la erección canónica del mismo tardara en efectuarse año y medio, ya en el provincialato de Andrés de Avila [31]. Este fue elegido en el capítulo general de 1478 [32] al que asistió como primer socio de Castilla y definidor un tal fr. Antonius de Gnoimel [33].

Este mismo capítulo elegía o confirmaba como provincial de Aragón y vicario general «con plenos poderes en las provincias de Aragón, Cataluña, Castilla y Portugal» al famoso Maestro Gracián de Villanueva [34], oficio este último que ya aparece ejerciendo desde el año anterior de 1477 [35], pero de cuya actividad reformadora sólo se conocen los datos relativos a sus visitas canónicas a la provincia de Cataluña en 1479 y 1480 [36], los cuales parecen reflejar una situación difícil con las características propias de la «claustra». Situación que debía de ser común a las demás provincias españolas. Lo que, según observa Steggink, «comprueba suficientemente que la observancia sorethiana» no llegó a echar raíces en la península Ibérica. Las provincias españolas quedaban al margen del movimiento de observancia de la Orden, cuyo centro de gravedad estaba más allá de los Pirineos». Añadiendo, no sin razón, que «la más desconectada y aislada entre las provincias de España era, sin duda, la de Castilla» [37].

No parece caber duda de que a ésta le faltaba vitalidad y espíritu de iniciativa, de los que sólo encontramos un indicio en la fundación del convento de San Andrés de Salamanca, que tuvo lugar por estos años, concretamente, según parece, en 1480 [38]. Pero la situación no debió de cambiar mucho en esos últimos lustros del siglo XV, durante los cuales vemos sucederse como provinciales, después del ya mencionado Andrés de Avila, que

---

[29] Cf. *Acta cap. gen.*, I, 257-258.

[30] *Ibid.*, 257.

[31] Cf. Steggink, *La reforma del Carmelo español*, 53-56. Véase también: Nicolás González y González, *El monasterio de la Encarnación de Avila* (2 v., Avila, 1976-1977), I, 41-52.

[32] Cf. *Acta cap. gen.*, I, 265.

[33] *Ibid.*, 263. Se trata, sin duda, de fray Antón de Gumiel, que aparece por ese tiempo como prior del convento de los Valles (Madrid, A.H.N., Clero, leg.1382).

[34] *Ibid.*, 263 y 265, donde se dice: «Ordinamus Provincialem ... Aragoniae Mag. Gratianum de Villa nova, quem desiderantes ut Provinciis Hispaniae provideatur de viro probatissimo et Ordinis zelatore, de unanimi assensu Diffinitorum nostri Capituli, ordinamus Vicarium Generalem cum plenitudine potestatis in Provinciis Aragoniae, Cathaloniae, Castellae et Portugaliae».

[35] Barcelona, Archivo de la Corona de Aragón, Fondos Monacales, procedentes de la Universidad, vol.24: *Libro de visitas*. f.4r: 31 de mayo de 1477,

[36] Cf. Steggink, *La reforma del Carmelo español*, 17-18.

[37] *Ibid.*, 19.

[38] Cf. *supra*, nota 13.

fue reelegido en el capítulo general de 1482 [39], al «venerabilis praesentatus» Lopo López, nombrado en el de 1488 [40], y al «venerabilis baccalaurius» Juan de San Miguel, elegido por primera vez en el de 1492 y confirmado en el de 1498, y que debió de permanecer en el cargo hasta 1503, año en que le sucedería Andrés de Yepes [41].

Durante el provincialato de Juan de San Miguel tendría lugar un acontecimiento importante, que debió de contribuir a hacer más precario aún el estado de la provincia: la separación de la misma de los conventos andaluces, los cuales, en virtud de la bula *In specula supremae dignitatis* del 26 de febrero de 1498, se constituían en provincia aparte [42]. Los motivos que en ella se aducían eran la lejanía de esos conventos de los de Castilla, en los que solían celebrarse los capítulos provinciales, y la paz y tranquilidad de los religiosos. Motivos que, al menos por lo que respecta al primero, tal vez no carecieran de fundamento. La distancia entre los conventos de una y otra parte debía de hacer difícil tanto la asistencia de los priores andaluces a los capítulos provinciales como la visita de los provinciales a los conventos de estos últimos. Lo confirmaría el hecho de que en 1472 el convento de Requena hubiera intentado también desmembrarse de la provincia para pasar a la de Aragón y Valencia, aduciendo el mismo motivo, aunque el decreto del general Cristóbal Martignoni no llegara a ponerse en ejecución [43].

Es, pues, comprensible que surgieran «muchas disensiones y diferencias» entre andaluces y castellanos, pero la separación de los primeros no debió de ser muy del agrado de estos últimos, cuyo provincial, Juan de San Miguel, intentó oponerse a ella. Así se desprende de una provisión de los Reyes Católicos, fechada en Granada en 25 de agosto de 1500, por la que se ordenaba a sus oficiales de Andalucía que prestasen su apoyo al nuevo provincial, quien se había quejado «de que el que tiene a los dichos monesterios que se esimieron de su provincia y por estar como están reformados en observancia, sobre lo qual diz que le hacen muchas vexaciones» [44]. La oposición de Juan de San Miguel resultó vana, y la provincia de Castilla se veía así reducida a sólo seis conventos [45].

---

[39] Cf. *Acta cap. gen.*, I, 286. Le había precedido, por breve tiempo, al parecer, fray Juan de Freida, que asistió, de hecho, al mismo capítulo (*Ibid.*, 281).

[40] *Ibid.*, 292.

[41] *Ibid.*, 302, 306, 317.

[42] Cf. *Bullarium Carmelitanum*, ed. Eliseo Monsignani y José Alberto Ximénez, O.Carm. (4v., Roma, 1715-1768), I, 420-422. Véase Steggink, *La reforma*, 31-33.

[43] Una copia de este decreto, que envió al P. Luis Pérez de Castro el carmelita aragonés Diego Ramos el 31 de agosto de 1682, se conserva en el Arch. Gen. O. Carm., II Castella 4: *Miscellanea de viris illustribus et conventibus Castellae*, entre los ff.133-134.

[44] Simancas, Archivo General, Sello, VIII-1500. Publicada por José García Oro, *La reforma de los religiosos españoles en tiempo de los Reyes Católicos*, Valladolid, 1969, 470-471.

[45] Los cinco mencionados al principio (cf. nota 12), más la reciente fundación de Salamanca (cf. nota 38).

b) *Primeros intentos de reforma*

No deja de ser sintomática la afirmación del provincial Juan de Feria de que los conventos andaluces «están reformados en observancia». Probablemente, se trataba sólo de una pura fórmula para ganarse la benevolencia de los Reyes, pues su actuación como tal no parece confirmarla. Conocemos otra provisión de los mismos del 5 de octubre de 1502, esta vez en favor de fray Lucas de San Vicente, quien había sido nombrado vicario general en la provincia, porque el provincial Juan de Feria «no usaba del dicho cargo como devía e la dicha orden rescibía dello detrimento e diminución». Y como éste no se avenía a acatar tal nombramiento, los Reyes mandaban a sus oficiales de Andalucía prestar al vicario general «todo el favor e ayuda e auxilio de nuestro braço real que vos pidiere e menester oviere para usar de su oficio», después de haber comprobado los poderes del general en su favor [46]. Lo que parece indicar que las disensiones seguían existiendo en los conventos andaluces y que la situación de los mismos en cuanto a la observancia no debía de ser muy diferente de la de los de Castilla.

Por esos mismos años, asistimos a diversos intentos de reforma por parte de los Reyes y del Cardenal Cisneros. Y, aunque no son muchos los datos que poseemos en este sentido, son, con todo, como dice Steggink, «significativos y permiten deducir conclusiones concretas sobre el estado del Carmelo español a fines del siglo XV y principios del XVI» [47], y, especialmente, sobre el estado de la provincia de Castilla. Consta, en efecto, que por abril de 1501 se promovió en ésta la reforma por apremio de los Reyes Católicos, que habían mandado «reformar los monasterios de dicha Orden para que fuesen de observancia», e instaron para que el provincial Juan de San Miguel realizase la visita de los mismos con ese fin. Así se desprende de una cédula real del 28 del mismo mes y año en favor de fray Alonso de Requena, quien había intentado introducirla en el convento de Santa María de los Valles, encontrándose con la fuerte resistencia del prior del mismo, que se apoyaba en Juan Delgadillo, «cuyo es el lugar de Castrillo que es cerca del dicho monasterio», y se había ido a la Curia Romana a mover su causa y «se esemyr e libertar de la dicha observancia e se volver como de antes estavan e salirse de la obediencia del dicho provincial» [48].

Pero a estos intentos seguirían poco después los más drásticos, pero, al fin igualmente ineficaces, que realizaría el cardenal Cisneros, en virtud de la concesión pontificia que la reina doña Isabel había obtenido el mismo año

---

[46] Simancas, Archivo General, Sello, X-1502, en: García Oro, *La reforma de los religiosos*, 501- 502. Lucas de San Vicente aparece ya como provincial el 16 de diciembre de 1503 (cf. Steggink, *La reforma*, 31), y debió de ser reelegido, siendo confirmado como tal en el capítulo general de 1510 (cf. *Acta. cap. gen.*, I, 328).

[47] *La reforma del Carmelo español*, 23.

[48] Archivo General de Simancas, Sello IV-1501, citado por García Oro, *La reforma de los religiosos españoles*, 120-121, y *La reforma del Carmelo Castellano*, 134-135.

de 1501[49]. De hecho, por los años de 1502-1503 vemos intervenir al poderoso cardenal en la reforma de diversos conventos carmelitas de Castilla[50].

Su actuación es bien conocida, gracias a los estudios de Steggink y de García Oro. Un informe alarmante de su vicario general y visitador delegado, Antonio García de Villalpando, sobre los conventos de Toledo, Avila y San Pablo de la Moraleja, que desvelaba crudamente el general decaimiento moral, incluídos los superiores y el mismo prior provincial, debió de mover al enérgico cardenal a tomar medidas radicales[51]. Pero conocemos sólo las que tomó respecto del de Toledo, cuyos frailes, al negarse a aceptar la observancia, «fueron constreñidos a salir por fuerza de su monesterio, aunque ellos hizieron todo lo posible por defenderse»[52], adjudicándose la casa e iglesia del Carmen, a las comendadoras de la Orden de Santiago. Decisión que fué respaldada por doña Isabel, por orden de la cual se ejecutaba, de hecho, el 25 de febrero de 1503[53].

Sin embargo, los frailes expulsados acudían a la curia romana y el mismo año obtenían del papa Julio II la revocación del decreto real, que la misma reina acataría[54]. La decisión de Cisneros no podía prosperar frente a los derechos de la Orden a la casa de Toledo, y lo único que debió de conseguir fué un éxodo considerable de frailes, como consecuencia de las sanciones de su visita. Lo que contribuyó a hacer más precario aún el estado de la provincia, al despojar a los carmelitas castellanos de su convento que debió de ser el principal centro de formación.

Esta insostenible situación fué, como ha dicho García Oro[55], la causa determinante del período reformatorio del Maestro Guillermo Tolzá, de la

[49] Se conserva sólo la minuta del despacho de la reina a su embajador en Roma, Francisco de Rojas, en Simancas, Patronato Real, leg.16, 30/1, del que ofrece un extracto Steggink, La reforma, 25. Como advierte García Oro, la reforma de los carmelitas era legalmente factible en virtud de la bula Quanta in Dei ecclesia del 1 de septiembre de 1499, en que Alejandro VI cometía la reforma de las órdenes mendicantes al cardenal Cisneros, al obispo de Jaén, Diego de Deza, y al obispo de Catania y nuncio en España, Francisco Desprats, y del breve Alias vobis de la misma fecha subdelegando las mismas facultades a quienes eligiesen los obispos designados (La reforma del Carmelo castellano, 134).

[50] A.H.N., Universidades, Libro 1.224, f.162r, citado por Steggink, La reforma, p.25, nota 122.

[51] Se conserva en el ms. citado en la nota anterior, f.122r-v: «Relación de carmelitas».

[52] Pedro de Alcocer, Hystoria de la imperial çibdad de Toledo, Toledo, 1554, f. CXIIIv.

[53] Los autos relativos a la toma de posesión por el prior de San Leonardo, fray Juan de León, de los que ofrece detalles más amplios Steggink, La reforma, 26.

[54] Como advierte Steggink, Pedro de Quesada, O.Carm., escribe sobre la devolución del convento toledano: «Guarda este convento en su archivo una carta original de la reyna doña Ysabel, en que manda se les buelva esta casa a los frayles de nuestra Señora del Carmen, y una cédula del rey don Fernando el Católico, y de la dicha reyna doña Ysabel, en que manda lo mismo; de lo uno y de lo otro comete la execución al devoto padre prior de la Sisla, para que les haga bolver esta casa y convento» (Sevilla, Biblioteca Provincial y Universitaria, ms.331/157: Archivo de papeles curiosos, f.299.

[55] La reforma del Carmelo castellano, 138-139.

provincia de Cataluña, quien había sido confirmado en su cargo de vicario general para toda España por Pedro Terrasse que había sido elegido general de la Orden (1503-1511)[56]. El 27 de marzo de 1504 los Reyes comunicaban a sus oficiales y justicias de Castilla que «el Padre Maestro Guillermo Tolosa (*sic*) ... es venido a vesytar e reformar los monesterios de su Orden» disponiendo que se le favoreciese en todo lo concerniente a la realización de su ministerio, como antes lo habían hecho ya en los de Aragón. En la cédula real se aludía, no sólo a la labor de corrección disciplinar —«corregir e enmendar los religiosos»—, sino también a la misión de recuperar los bienes perdidos o enajenados precedentemente: «recobrar todos e qualesquier bienes e otras cosas que a la dicha religión perteneciesen y estén tomados y ocupados»[57].

Esta última alusión, como sigue diciendo el mismo García Oro, la hacía sobre todo al Carmen de Toledo, donde encontramos al vicario general ya el 5 de febrero del mismo año, con anterioridad, por tanto, a la fecha de la cédula real, tratando de componer los graves desconciertos producidos en él por Cisneros[58]. Es cierto que pasó también por el convento de Avila, donde, con fecha de 22 de abril del mismo año de 1504, concedía a la priora de la Encarnación, doña Beatriz Guiera, facultad para que el confesor del monasterio pudiera absolver a las religiosas en el fuero de la conciencia de la pena de excomunión en que hubieran podido caer por haber obrado contra «algunos estatutos tanto en lo referente a la clausura como a la vida de comunidad», que él había ordenado y dispuesto[59].

La visita de Tolzá, quien antes la había realizado también en las provincias de Cataluña y Aragón «muy a satisfacción de los Reyes»[60], no debió de ser del todo ineficaz en esta de Castilla. Aunque el silencio de la documentación posterior no permita sacar conclusiones, cabe sospechar que su visita tuvo que servir para estimular los esfuerzos de los religiosos de la provincia para los que las consecuencias bochornosas de la intervención de Cisneros había sido como un revulsivo que les movió a procurar por sí mismos la reforma[61]. Este habría sido el caso del bachiller fray Hernando López, una figura que merece ser tenida en cuenta. Elegido provincial en el ca-

---

[56] Cf. *Acta Petri Terrasse, Magistri Generalis Ordinis Carmelitarum, ab anno 1503 usque ad 1511*, ed. Zimmerman, Roma, 1931, 6. Tolzá había sucedido a Gracián de Villanueva en 1486, y seguiría ejerciendo este oficio hasta fines del 1512 (cf. Steggink, *La reforma*, p.18, nota 89, y p.28, nota 139).

[57] Simancas-Sello, III-1504. El texto de la cédula ha sido publicado por García Oro, *La reforma de los religiosos españoles*, 518-519.

[58] *La reforma del Carmelo castellano*, 139.

[59] Avila, Archivo de la Encarnación, *Documentos del siglo XVI*, 1, citado ya por Steggink, *La reforma*, p.26, nota 128, y cuyo texto completo lo ha publicado González, *El monasterio de la Encarnación*, II, 239-240.

[60] García Oro, *La reforma del carmelo castellano*, 137.

[61] *El hogar espiritual de Santa Teresa*, 88.

pítulo de 1508, confirmado en su oficio por Julio II mediante breve del 28 de noviembre del mismo año y, posteriormente, por diversos capítulos generales, puede darse por seguro que, como pensaba ya Zimmerman, ejerció bien su oficio en orden a la observancia religiosa de la provincia[62]. A su iniciativa tuvo que deberse la revocación hecha por el capítulo general de 1510 de todas las licencias concedidas a los religiosos de Castilla que prestaban sus servicios en las iglesias de los seculares, así como la destitución de fray Miguel de Madrigal de su priorato perpetuo en el convento de Salamanca[63].

De ahí que no parezca cierto, como piensa García Oro[64], que entre los carmelitas castellanos se ralentizara la iniciativa reformatoria una vez desaparecida la Reina Isabel el 26 de noviembre de 1504. El habla de un paréntesis de unos veinte años (1504-1524) de silencio documental sobre la reforma carmelitana en España. Pero no menciona la actuación de Hernando López y se refiere sólo a la de su sucesor en el cargo fray Hernando del Barco. Y esto tal vez explica su poca duración en el cargo, por más que tenga en su haber la provisión real de 13 de julio de 1520 para que los oficiales de la corona le asistiesen en su buen propósito de reducir a los conventos y a su jurisdicción a los numerosos vagos y apóstatas[65], lo cual parece estar en línea con la actuación de su predecesor, quien volvería a ser reelegido más tarde, si hemos de creer a Zimmerman[66]. A ella debió deberse el plantel de buenos religiosos, en los que los delegados del general Audet encontrarían válida colaboración para la implantación de su eficaz reforma[67].

No obstante la escasez de documentación, existen algunos indicios de que otros aspectos en el Carmen de Castilla tuvieron religiosidad del pueblo. El primero se refiere al convento de San Pablo de la Moraleja, el cual debió de ser un foco de espiritualidad para toda la región. Así se desprende de la devoción que por él sintieron los reyes, quienes le hicieron objeto de mercedes y privilegios, todos ellos recogidos en una relación impresionante que enviaba a Roma, el P. Antonio Bernal del Aguila[68]. Devoción de los reyes que hay que considerar como expresión de la que sentía al pueblo castellano, y que se explica «por las sagradas reliquias y indulgencias concedidas por muchos Sumos Pontífices de todo género de personas, favorecién-

---

[62] Benito Ma de la Cruz Zimmerman, O.C.D,, *Colligite fragmenta ne pereant*: III. *Los provincias de Castilla*, en: *El Monte Carmelo*, 11 (1910), 450-451.

[63] Cf. *Acta Petri Terrasse*, 59 y 60. No creemos dudosa, como opina Steggink (*La reforma*, 29), la ejecución de estos decretos, habida cuenta de la buena actuación del provincial en favor de la observancia.

[64] *La reforma del Carmelo castellano*, 140.

[65] Simancas-Sello, VII-1520.

[66] Según él, aparece, como tal, en un documento de 18 de febrero de 1530 (cf. *supra*, nota 57), apenas dos meses antes de la llegada de los delegados de Audet.

[67] *El Hogar espiritual de Santa Teresa*, 89.

[68] Roma, Arch.Gen.O.Carm., II Castella 4: *Miscellanea de viris illustribus et conventibus Castellae*, ff. 151r-154v.

dole con sus limosnas, según la posibilidad de cada uno; pero más en particular de los reyes de Castilla»[69].

Por otra parte, hay base suficiente para afirmar que los goznes sobre los que debió de girar la espiritualidad de los carmelitas castellanos de esa época fueron la Humanidad de Cristo y la devoción a la Virgen, su Madre. Respecto de la primera, como ya hemos recordado en otro lugar[70], encontramos un testimonio curioso y significativo donde menos podría esperarse: en El corbacho de Alonso Martínez de Toledo, el famoso Arcipreste de Talavera. En el capítulo 9 de la segunda parte, que terminó de escribir en 1438, encontramos en boca de una de las protagonistas esta curiosa expresión: «Representación fazen de la Pasión al Carmen»[71]. Expresión que significa que, en el sentir del pueblo los carmelitas de entonces se caracterizaban por su devoción a este misterio de la vida de Cristo.

En cuanto a la segunda, el documento que la atestigua pertenece igualmente al convento de Toledo y su noticia nos la ha conservado el P. Pablo Carrasco[72]. Se trata de una carta de hermandad, dada por el prior del mismo, «doctor en sagrada teología e vicario general en los Reinos de Castilla de la Orden de la Virgen Santíssima del Carmen», Fr. Diego de San Juan de la Palma, a los bienhechores de la Orden, «veiendo e sabiendo los muchos milagros e maravillas que Nuestro Señor Dios faze de cada día por ruego de la Virgen Santa María, su Madre, en la capilla que está en el dicho monasterio y atitulada de la Virgen Santa María de la Soterraña...»[73].

En este sentido cabe recordar también que esta devoción a la Madre de Dios bajo el título de la Soterraña, con el que los carmelitas solían entonces aludir a las cuevas del Monte Carmelo en las que habían vivido sus antepasados, existía igualmente en los conventos de Requena y el ya mencionado de San Pablo de la Moraleja[74]. Y la fundación del de Torresandino (Burgos), junto a la ermita de Santa María de los Valles, que tuvo lugar al finalizar el mismo siglo XIV, no debió de tener otra razón que la de la veneración a la Madre de Dios[75].

---

[69] Ibid., f.151v.

[70] El hogar espiritual de Santa Teresa, 115-116.

[71] «Quiero ir a los perdones, quiero ir a Sant Francisco, quiero ir a Missa a Santo Domingo: representación fazen de la Pasión al Carmen; vamos a ver el monesterio de Sant Agustín: ¡Oh, qué fermoso monesterio! Pues passemos por la Trinidad a ver el casco de Sant Blas...., vamos a Santa María de la Merced: oiremos el sermón» (Alfonso Martínez de Toledo, El corbacho, ed. Michel Gerli, [Ediciones Cátedra, col. «Letras hispánicas», 92], Madrid, 1981, 185).

[72] En su relación sobre este convento que se conserva en el códice romano que hemos citado en la nota 8, ff.113r-120v.

[73] Ibid., f.118r-v.

[74] Ibid., ff.131v-132v, 151r.

[75] Cf. Balbino Velasco, Notas históricas sobre el convento de Los Valles, en Homenaje a Pedro Sainz Rodríguez, III (Madrid, 1986), 703-712.

c) *La situación cultural*

Pasando ya a la vida intelectual y cultural de la provincia durante este primer difícil siglo de su existencia, los datos son igualmente escasos[76]. Al contar con pocos conventos, situados en su mayor parte en ambiente rural, alejados de los grandes centros de irradiación cultural, la provincia se limitó a sobrevivir a lo largo de ese siglo, sin poder igualar, ni siquiera emular, la vida cultural de sus dos provincias hermanas de Aragón y Cataluña, situación que vendría a agravarse por la desmembración de los conventos de Portugal y de Andalucía. Y, por otra parte, las posibilidades económicas de la provincia castellana debieron ser muy escasas, lo que ciertamente no favorecía la presencia de sus religiosos en las universidades y otros centros de importancia cultural.

Todo esto explica suficientemente «la constante ausencia de religiosos castellanos y andaluces en los centros escolásticos de la Orden», al contrario de lo que sucedía entre los catalanes y aragoneses, que constataba ya Steggink[77]. Como la había constatado también mucho tiempo antes, en el siglo XVII, el carmelita castellano Luis Pérez de Castro. Basándose únicamente en los pocos datos que había podido hallar en las actas de los capítulos generales, él, tan ponderado siempre en sus juicios históricos, daba una visión que creemos pesimista[78].

Consta, por otra parte, que los religiosos de Castilla comenzaron a frecuentar las aulas de la Universidad Salmantina casi desde el momento mismo de su separación de la de Aragón, cuando aún no se había fundado allí convento de su Orden. Conocemos dos nombres: el del carmelita hispalense fray Antonio Triguero, lector de Teología, quien, con fecha de 30 de junio de 1425, había recibido licencia del Papa para estudiar teología durante siete años y graduarse en Salamanca[79] y el de fray Alvaro Martínez, maestro en teología, de quien se dice que había estudiado igualmente en Salamanca, además de en Oxford y Lérida, en diversos documentos de 1428 y 1429 que ha dado a conocer Beltrán de Heredia[80]. En el capítulo general de Narbona de 1444 fue destinado como estudiante al convento de la curia romana fray Pedro de Palencia[81].

---

[76] *El hogar espiritual de Santa Teresa*, 45-51.
[77] *La reforma*, 19.
[78] Roma, Arch.Gen.O.Carm., II Castella 4: *Miscellanea de viris illustribus et conventibus Castellae*, f.IVv: «Capitulo Generali Placentino, anno 1503, nullus ex Castellae Provincia affuit, instituitur tamen provincialis Fr. Andreas Yepes, nude sic nominatus *pro inculto more illius Provinciae, studiis et magistris tunc vacuae*... Ad comitia Neapolitana 1510 sub eodem Terrasse nullus pro Castellae provincia venit: *mores quos ante gerebant, nunc quoque habebant*, institutus vero est provincialis fr. Ferdinandus Lupi, nullo titulo ibi decoratus».
[79] Cf. Vicente Beltrán de Heredia, O.P., *Bulario de la Universidad de Salamanca (1219-1549)* (3v., Salamanca, 1966-1967), II, n.712, p.270.
[80] *Ibid.*, nn.789, 795, 796 y 802; pp.322, 325, 326 y 329.
[81] Cf. *Acta cap.gen.*, I, 259.

De lo que no cabe duda es de que el número de graduados castellanos que Steggink da para este tiempo [82], habría que aumentarlo. Como maestro en teología aparece el primer provincial fray Juan Martínez de Sevilla; y como «Doctor en teología» se presenta también en 1448 el prior de Toledo y vicario general en los Reinos de Castilla fray Diego de San Juan de la Palma [83]; «Doctor en santa teología» se intitula igualmente, en un documento en favor del convento de los Valles (Burgos) del 6 de julio de 1471, el provincial fray Rodrigo de Sevilla [84], y «bachiller en santa teología» fray Andrés de Avila, que fue también provincial de 1478 a 1481 y de 1482 a 1488 [85].

Más tarde, ya en los primeros lustros del siglo XVI, como bachilleres en teología y después maestros en la misma aparecen fray Hernando López, que gobernaba la provincia durante largos años [86], fray Juan de León, que sería provincial de Andalucía, nombrado por los delegados de Audet [87], y fray Alonso González, que lo era por Salamanca y sería buen colaborador de los mismos [88]. Y como maestros en teología se presentan también fray Hernando del Barco, provincial, a su vez, al que ya hemos mencionado [89], y fray Juan de Quirós, buen humanista, confesor y teólogo del arzobispo de Sevilla y General Inquisidor don Alonso Manrique [90]. A los que hay que añadir, probablemente, el nombre de fray Andrés de Zaragoza, confesor y teólogo igualmente del obispo de Jaén don Alonso Suárez de Fuente el Saz desde 1500 y fundador del convento carmelita de la misma ciudad en 1511 [91].

---

[82] Dice, en efecto: «Encontramos a los siguientes castellanos graduados entre 1350 y 1550: fray Blas de San Miguel, en 1375 enviado al *studium generale* de Tolosa (*Acta cap.gen.* I, p.74), figura en 1411 como *lector* y provincial de Castilla (*ibid.*, p.139), fray Pedro de Palencia, en 1444 bachiller en el convento de la curia romana (*ibid.*, p.209); en 1488 figura como provincial de Castilla fray Lupus Lupi (López), presentado en Teología (*ibid.*, p.292); en 1492 encontramos al «ven. lector», prior de Requena (*ibid.*, p.297), y al provincial Juan de San Miguel, que en 1469 figura como bachiller en Toledo (*ibid.*, p.303, nota 3); en 1524 fray Alonso Muñoz es enviado al *studium* de Padua; en algún documento de 1548 es llamado «bachiller», mientras en otros figura siempre como «maestro» (*ibid.*, p.368, nota 1)». (*La reforma*, p.19, nota 94).

[83] Cf. *supra*, nota 77.

[84] Madrid, A.H.N., Pergaminos, Carpeta 377, no 10.

[85] Así se intitula en el documento con que concedía el hábito de beata de la Orden, en 1479, a la fundadora del monasterio de la Encarnación de Avila doña Elvira González. Puede verse en González, *El monasterio de la Encarnación de Avila*, II, 229-230.

[86] Como «bachiller» aparece en dos documentos del 16 de septiembre de 1510, que ha publicado González, *El monasterio de la Encarnación*, II, 240-244; como «maestro», en cambio, en el capítulo general de 1517 (*Acta cap.gen.*, I, 354).

[87] Cf. Steggink, *La reforma*, p.37, nota 189.

[88] Cf. Steggink, *La reforma*, p.332, nota 189.

[89] Cf. *supra*, nota 60. Como «maestro en santa teología» figura en el documento con que autorizaba el 23 de noviembre de 1522 a las monjas de la Encarnación de Avila la venta del inmueble de la Calle del Lomo (cf. González, El monasterio de la Encarnación, II, 257-259).

[90] Véase lo que decimos sobre él en *El hogar espiritual de Santa Teresa*, 74-75.

[91] Cf. Steggink, *La reforma*, p.32, y nuestro *Estudio preliminar* a la ed. de Jaime Montañés, *Espejo de bien vivir y para ayudar a bien morir*, Madrid, 1976, 23-25.

Y no debieron de ser éstos los únicos graduados, pues entre ellos habría que enumerar también a otros carmelitas del siglo XV, que los bibliógrafos recuerdan como hijos ilustres del convento de Sevilla, que por entonces formaba parte de la provincia de Castilla, como José de San Vicente, Alonso de Santa Cruz, Francisco de las Casas o Casaus, Felipe Albertoa[92] y Antonio Henríquez[93].

Todo esto muestra que las actas de los capítulos generales no reflejan del modo debido el estado cultural de la provincia de Castilla por este tiempo. Y sería igualmente erróneo pensar que ésta careciera de todo centro de formación propio. Debió de serlo el convento de Toledo, si hemos de creer a Zimmerman, quien, hablando del provincial Juan de San Miguel, que gobernó la provincia de 1491 a 1503, hacía notar que «en 1469 había sido conventual de Toledo, donde había un número considerable de religiosos prudentes y sabios, como convenía al convento de la capital. El prior, Alonso de ...(el apellido no puede descifrarse) era licenciado en teología, lo mismo que Juan de Frojeda, que por este tiempo desempañaba probablemente el cargo de Regente, encargado del curso de teología. Bajo su dirección tenía dos bachilleres: Miguel de Santo Domingo, de bastante edad, pues ya en 1437 era conventual de Toledo y bachiller en 1458, y el otro, el futuro provincial Juan de San Miguel»[94]. Pero lo mismo cabría decir del convento de Requena, que era el más antiguo de la provincia y que debió de gozar siempre de relativa importancia, puesto que al capítulo general de Roma de 1492 asistía como definidor del mismo un tal «Ven. Lector Prior Raquene, primus socius Castellae»[95].

Por lo demás, en este tiempo estaba ya fundado el convento de San Andrés de Salamanca, que aparece por primera vez en 1480, y que desde un principio debió de quedar agregado a la Universidad del Tormes. Se halla mencionado como «Studium» en los capítulos generales de 1482 y 1488, aunque no se den los nombres de los estudiantes promovidos al mismo[96]. Y si esto significa, como consta Steggink[97], que se trataba de un mero proyecto, no se sigue que no sirviera ya desde entonces como centro de formación para los estudiantes de la provincia. Los nombres de Miguel de Madrigal y de Hernando del Barco podrían ser exponentes del auge que iría adquiriendo el colegio de San Andrés. Y cualesquiera que fueran los

---

[92] Cf. Fermín Arana de Varflora, *Hijos de Sevilla ilustres en santidad, letras, armas, artes o dignidad* (4 t., Sevilla, 1791), III, 12; I, 28; II, 4, 34.

[93] Cf. Mario Méndez Bejarano, *Diccionario de escritores, maestros y oradores naturales de Sevilla y su actual provincia* (3v., Sevilla, 1922-1925), I, 304, quien recoge también a los anteriores (*Ibid.*, 11, 117, 383). A Alonso de Santa Cruz lo recuerda también Francisco Alvarez, *El movimiento bíblico en Sevilla durante el siglo XVI*, en *Archivo Hispalense*, 26 (1957),13.

[94] *Los provinciales de Castilla* (Cf. *supra*, nota 57), 450.

[95] Cf. *supra*, nota 78.

[96] Cf. *Acta cap.gen.*, 284 y 291.

[97] *La reforma*, 19-20.

deméritos del segundo en orden a la observancia religiosa, en su haber cuenta su preocupación por promover los estudios entre sus hermanos de hábito, mediante su intento de fundar un nuevo colegio en 1520, en Valladolid[98].

2. Una reforma eficaz

Esta era la situación del Carmelo castellano, un tanto modesta y hasta mediocre, cuando tomaba las riendas del gobierno de la Orden Nicolás Audet (1524-1562), quien ya desde el momento de su nombramiento como vicario general el 27 de julio de 1523 se había alzado como paladín de la reforma con su famoso *Isagogicon*, especie de carta pastoral enérgica, dirigida a todos los provinciales de la Orden, en la que exponía su programa para introducirla en las diversas provincias durante los casi cuarenta años de su generalato[99].

El provincial de Castilla que la recibió debió de ser fray Juan de Bovilla, quien había sucedido al mencionado Hernando del Barco, pero que no asistiría al capítulo general de 1524, que eligió por unanimidad al nuevo general y aceptó sin reservas su plan de reforma, dejando al arbitrio del general la elección de los provinciales en las provincias que no habían enviado representación al mismo[100]. Pero Audet debió de confirmar a Juan de Bovilla, a quien sucedería el veterano Hernando López, que gobernaba la provincia a principios de 1530[101]. Y éste tuvo que ir preparando a los religiosos a la aceptación de la reforma del nuevo general. Sólo así se explica el que los delegados del mismo, Salvat Duchesne y Pedro de Averiis, no encontraran excesivas dificultades en su cometido en la provincia de Castilla[102].

a) La implantación de la observancia

Efectivamente, por abril de 1530 se encontraban ya en ésta, tratando de hacer realidad los deseos de Audet, según los cuales «se concertaría la vida regular, se extirparía todo género de propiedad y, saneando las costumbres, se nombrarían superiores reformados»[103]. El 10 de abril estaban en Avila[104]

---

[98] Véase lo que sobre estos puntos decíamos en el *Hogar espiritual de Santa Teresa*, 54-55.

[99] Cf. Adrianus Staring, O.Carm., *Der Karmelitengeneral Nikolaus Audet und die katholische Reform des XVI. Johrhunderts*. Roma, 1959, 30-47: «Audets Reformprogramm».

[100] Cf. *Acta Cap.Gen.*, I, 366.

[101] Cf. *supra*, nota 66.

[102] Datos sobre los mismos en Steggink, *La reforma*, p.35, nota 179.

[103] *Ibidem*. Son palabras del mismo Audet en carta al provincial de Alemania Inferior, Teodorico de Gouda del 5 de abril de dicho año.

[104] Así consta, como observa Steggink, del acta levantada en 1536 por el vicario general Pedro Bou, que citaremos más adelante (cf. nota 117).

y el 14 se firmaba en Madrid la Provisión Real en su favor recomendando su ministerio y encargando a las justicias reales que les asistiesen en todo momento [105]. Y con la colaboración de los buenos religiosos, sobre todo del maestro fray Alonso Muñoz, que fue elegido provincial, visitaron y redujeron a la observancia los conventos de la provincia, aunque no sin provocar «el éxodo de la mayor parte» de los frailes [106].

Era natural que la implantación de la reforma con sus fuertes exigencias encontrara resistencias. Si los más débiles optaron por la retirada [107], los que se creían más fuertes intentaron oponerse. Pero la oposición esta vez no vino, al parecer, del convento de Toledo, que no muchos años antes se había atrevido a enfrentarse al cardenal Cisneros y cuyos moradores ahora aceptaron la observancia, permaneciendo en ella «con grande honestidad» [108], sino de otros, como los de Requena y Salamanca.

En cuanto al primero nos informa una provisión de Carlos V en favor de fray Francisco Polo, prior del convento, en 1532, en la que se dice que

«nos hiço relación ... diciendo que bien sabíamos que por nuestro mandado e de nuestro Muy Santo Padre [Clemente VII] fueron reformados los monesterios de la dicha Orden ..., la qual dicha reformaçión diz que fue consentida por todos los priores, frayles e conventos de los dichos monesterios, e que agora en el Capítulo de la dicha Orden que se fiço en el monesterio de San Pablo de la Moraleja, él fue elegido por prior del dicho monesterio del Carmen de Requena, e que se teme que algunos frayles religiosos del dicho monesterio no querrán estar debaxo su obediencia, por no ser reformados, porque diz que han intentado e intentan cosas contra dicha reformaçión, e an procurado e procuran de impetrar, o an impetrado algunas bulas o letras apostólicas para se quitar de la dicha Observancia e por ser ellos señores del dicho monesterio» [109].

Con todo, las resistencias de estos frailes no debieron de prosperar, como no prosperarían tampoco las del convento de Salamanca, encabezadas esta vez por una figura de mayor relieve, Hernando del Barco, en 1521 promovido al obispado de Salone, «cum retentione prioratus Sancti Andreae extra muros Salmantinos» de por vida, priorato que no estaba dispuesto a

---

[105] Simancas-Sello, IV-1530. Citada por García Oro, *La reforma del Carmelo castellano*, 144.
[106] Lo dice el mismo Audet en su *Status Ordinis* de 1531: Provincia Castellae habet paucos conventus, maior pars fratrum discessit propter reformationem. Provincialis est exemplaris vir et satis doctus» (en: Staring, *Der Karmelitengeneral Nikolaus Audet*, Anhang I, 1).
[107] Cf. nota precedente.
[108] Pedro de Alcocer, *Hystoria de la imperial çibdad de Toledo*, f. CXIII.
[109] Simancas-Sello, IV-1532. Citado por García Oro, *La reforma del lCarmelo castellano*, 144-145.

renunciar. Como advertía ya Steggink[110], una nota marginal del *Libro de profesiones del Convento de Avila*[111] nos informa de la firmeza con que el nuevo provincial Alonso Muñoz actuó contra el recalcitrante.

Al año siguiente estaba en Salamanca para tomar posesión del convento, fulminando censuras contra el obispo- prior y contra los religiosos rebeldes, «que unos eran franceses y otros hijos de esta provincia»[112]. La resistencia debió de ser dura, pues el provincial se vio obligado a retirarse a Fontiveros, desde donde despachó una agravatoria. Y como estas medidas quedaran sin efecto, excomulgó al obispo y sus cómplices, excomunión que se publicó «ad valvas» en todos los colegios salmantinos. Pero, como añade García Oro, «fue preciso llevar la querella al Consejo Real que dictaminó contra el obispo. También se vio forzado a enjuiciar la causa el General Audet, quien naturalmente sentenció en favor del Provincial de Castilla. Y todavía en julio de 1533 el obispo se resistía por medio de su juez conservador, el trinitario fray Luis Sarmiento, que fue reconvenido por la Corte y obligado a dejar la causa. Todo en vano hasta que se suscribió una concordia en la que recibía su compensación por la renuncia del priorato»[113].

Así, concluye con razón Steggink, «aunque la provincia, con sólo seis conventos y el número de religiosos radicalmente reducido, quedó pequeña y de poca capacidad expansiva, tal depuración surtió efectos muy positivos. Desde entonces el terreno estaba preparado para la introducción de la reforma total»[114].

Por julio de 1536 la visitaba, en calidad de nuevo vicario general de las provincias de España, el provincial catalán Pedro Bou, promotor a su vez de la reforma en su provincia[115], quien daba testimonio de la regularidad con que el provincial Alonso Muñoz había girado sus visitas a los conventos de ésta de Castilla[116]. Pero Steggink no está en lo cierto al pensar que

---

[110] *La reforma*, p.36, nota 184.

[111] Madrid, A.H.N., Clero, libro 479, f.1v.

[112] Esta frase de «que unos eran franceses» debe hacer alusión a estudiantes extranjeros de otras provincias que en el tiempo precedente habían acudido a estudiar a la universidad de Salamanca. (cf. Steggink, *La reforma*, p.28, nota 140).

[113] *La reforma del Carmelo castellano*, 146. No sabemos quién le sucedió como prior. Steggink aduce una escritura del convento de San Andrés de junio de 1539, en la que aparece ya como tal fray Alonso González, quien sería uno de los más celosos promotores de la observancia y futuro provincial de Castilla en 1567 (cf. *La reforma*, p.36, nota 185).

[114] *Ibíd.*, p.37.

[115] Véase lo que decimos sobre él en *El hogar espiritual de Santa Teresa, 33-34 y 86.*

[116] Avila, Archivo del convento de Santo Tomás, *Libro de gastos del Carmen de Avila,* s.XVI, f.LXXXIII-v: «Pateat cunctis quod nos frater Petrus Bos sacrae Theologiae professor ac humilis vicarius generalis in provinciis Hispaniarum, sc. Catalonie, Aragonie, Castelle et Betice ... visitantes nostram provinciam Castelle generali visitatione, visitavimus nostram conventum Abule, ab illa visitatione generali quam fecit multum reverendus pater vicarius generalis magister Salvator de Quercu, decima aprilis anni 1530 usque ad ultimam julii anni 1536; in quo tempore fuerunt facto plures visitationes per reverendum patrem provincialem fratrem Alfonsum Muñoz...» Citado por Steggink, *La reforma*, p.42, nota 211.

éste continuaba en su cargo por ese tiempo [117]. Le había sucedido fray Antonio de Lara, quien aparece como tal en una escritura del monasterio de la Encarnación de Avila del 29 de noviembre del mismo año de 1536 [118]. Y él sería quien recibiría el 3 de noviembre de 1537 la profesión de doña Teresa de Cepeda y Ahumada, la futura Teresa de Jesús, que había entrado en el mismo dos años antes y que estaba llamada a encarnar los anhelos de reforma que estaban tomando fuerza, transcendiendo su materialidad jurídica y disciplinar, como ha dicho bien García Oro [119].

Pocos años después, por los de 1546-1547, tenía lugar la visita del nuevo vicario general Damián de León, que había sucedido a Pedro Bou en este oficio [120]. Era por entonces provincial de Castilla fray Juan de Altamiras, quien, como sus antecesores, debió de gobernar bien la provincia, teniendo además intervenciones de importancia en la vida del dicho monasterio de la Encarnación [121]. Pero de la actuación de Damián de León no nos han quedado noticias, como tampoco de la segunda visita que realizó en 1552, siendo ya provincial el conocido fray Gregorio Fernández [122].

La actuación de este último debió de ser también eficaz en orden a la consolidación de la observancia durante los seis años de su provincialato (1550-1556). Así parece probarlo el hecho de que, al finalizar su sexenio, el mismo Damián de León, que seguía ejerciendo como vicario general, le trasladara, siguiendo la táctica ya usada por los delegados de Audet [123], a la provincia de Andalucía con el mismo cargo de provincial en un nuevo intento de introducir en ella la reforma. El nuevo cometido del padre Fernández no debió de ser fácil, pero parece ser que realizó una buena labor a través de los seis años que duró también aquí su provincialato [124], aunque este su buen hacer quedara después de nuevo frustrado al caer el gobierno de la Bética en manos del tristemente célebre fray Gaspar Nieto.

---

[117] *Ibid.*, pp.41-42.

[118] Véase: Nicolás González, *El monasterio de la Encarnación de Avila*, II, 267-268.

[119] *La reforma del Carmelo castellano*, 145. Cf. Efrén de la Madre de Dios, O.C.D./ Otger Steggink, O.Carm.: *Santa Teresa y su tiempo* (2v., Salamanca, 1982-1984), I, 225-235.

[120] Véase sobre él, *El hogar espiritual de Santa Teresa*, 42, 87-88.

[121] Cf. González, *El monasterio de la Encarnación de Avila*, I, 185-187, 137-141.

[122] En esta ocasión le acompañaba como socio y secretario el entonces jovencísimo fray Miguel de Carranza, que en su deposición en el proceso de Santa Teresa se refiere a esta visita que hizo a la de Castilla en 1552. (cf. Pablo María Garrido, O.Carm., *El hogar espiritual de Santa Teresa*, 64-65, 75-77, 102-103, 111-112, 114).

[123] Salvat Duchesne nombró provincial al castellano fray Juan de León, mientras que otros castellanos observantes fueron designados para los oficios más importantes. Así lo decía Diego de Coria y Maldonado en carta al general Enrique Silvio del 8 de abril de 1606: «El vicario general truxo de la provincia de Castilla un provincial, que se llamó fray Juan de León, y otros frayles que la reformaron ...» Citado por Steggink, *La reforma*, p.37, nota 189.

[124] Véanse datos más concretos con la documentación correspondiente en Steggink, *La reforma*, 43-44, quien aduce los juicios contrapuestos sobre su actuación de Coria y Maldonado y de Santa Teresa.

Entre tanto, el de la provincia de Castilla había pasado a buenas manos, pues al padre Fernández le había sucedido de nuevo el ejemplar Alonso Muñoz, quien debió de retenerlo hasta 1560, año en que encontramos ya de provincial a fray Angel de Salazar[125], tan conocido en la historiografía teresiana.

La reforma introducida por los delegados de Audet era ya por estos años una consoladora realidad. Todos los conventos habían aceptado la observancia, viéndose así cumplidas las esperanzas que el general había concebido al enviarlos[126]. Éste, de hecho, en su *Brevis instructio* que compuso entre 1550 y 1557, enumeraba ya a la provincia de Castilla entre las *totalmente reformadas*[127]. Es este algo en lo que conviene insistir, puesto que ha sido frecuente, al tratar de justificar la obra de Santa Teresa y de San Juan de la Cruz, presentar el estado de la vida religiosa de esta provincia de una manera excesivamente sombría[128], como en otra parte hemos intentado probar[129]. La provincia de Castilla, y lo mismo vale de las demás provincias españolas, alcanzará por el contrario su mayor período de esplendor en santa emulación con la descalcez.

La reforma de Audet no había tenido, como se ha dicho, «éxito mediano entre los frailes»[130], sino que había sido como el romper de la alborada que anunciaba el día luminoso que se iniciaría con la aparición de esos dos gigantes del Carmelo castellano, que constituyen, sin duda, la gloria de la provincia. Porque, si ésta «había dejado un vacío en los conventos que todavía no había suplido convenientemente»[131], había venido a ser, por otra parte, como una escarda eficaz que había contribuido a vigorizar la vida espiritual de los religiosos y conventos, creando así el clima adecuado en el que pudiera desarrollarse la obra de los dos grandes santos. Por lo demás, ellos no fueron los únicos frutos, sino que habría que recordar otros, como fray Angel de Salazar, quien sería uno de los mejores colaboradores de los generales posteriores de la Orden en la implantación de la reforma tridentina, o como la figura humilde de fray Diego de Santo Matías, que santificó

---

[125] Cf. *El hogar espspiritual de Santa Teresa*, 153-158.

[126] Cf. *supra*, n.104.

[127] En Staring, *Der Karmelitengeneral Nikolaus Audet*, Anhang I, 3, p.433.

[128] Lo advertía ya Steggink, *La reforma*, 336-339, refiriéndose especialmente a las afirmaciones incisivas, pero infundadas, del P. Crisógono de Jesús Sacramentado en su biografía de San Juan de la Cruz: «Los conventos de Castilla no had admitido las severas leyes reformadoras del general Audet. Los frailes se han sublevado. Hasta 1567, que el nuevo general, fray Juan Bautista Rubeo, de Rávena, haga la visita a las provincias españolas, reinará cierta anarquía en los conventos castellanos y andaluces» (*Vida de San Juan de la Cruz*, 11a ed., Madrid, 1982, p. 45).

[129] En: *El hogar espiritual de Santa Teresa*, en la que hemos procurado completar los datos que ofrece el mismo Steggink.

[130] Tomás Alvarez, O.C.D., en su recensión a la obra del mismo Steggink, en *Ephemerides carmeliticae*, 17, (1966), 548.

[131] Steggink, *La reforma*, 339.

el convento de Avila con su vida ejemplar, de la que daría buen testimonio la misma Santa de Avila [132], o la más noble, pero igualmente digna, de fray Diego Rengifo, fundador del convento de Medina del Campo, en el que fray Juan de Santo Matías, futuro San Juan de la Cruz, le tuvo probablemente por confesor y director espiritual [133].

b) *La promoción cultural*

A este resurgir de la observancia regular y de la vida espiritual hay que añadir el impulso dado a la formación intelectual. «Como todas las instituciones en trance de reforma, según observa García Oro, los carmelitas españoles y sobre todo los del reino de Castilla, culminaban su dura labor reorganizadora queriendo forjar un hogar para la juventud, lo que exigía un gran esfuerzo disciplinar e intelectual. Al parecer, el Carmelo castellano lo emprendía desde 1532 consiguiendo que el Capítulo General declarase San Andrés de Salamanca colegio interprovincial destinado a los estudiantes de las distintas provincias de la península ibérica y esforzándose en reajustar la disciplina regular en el nuevo centro. Este último empeño llevó a los carmelitas a obligar a los estudiantes de su Orden a recogerse a San Andrés, no sin fricciones llamativas. El caso del estudiante portugués, fray Pedro Fogoça, que residía en Salamanca, fuera de su convento, con autorización de su provincial y licencia del Nuncio en España y en julio de 1537 se hallaba preso por iniciativa del Provincial de Castilla y orden real, demuestra hasta qué punto se estaba intentando restaurar la disciplina en el cenobio salmantino, yendo en este caso bastante más allá de lo que aconsejaba la sana prudencia» [134].

En el mencionado capítulo general de 1532 se habían destinado al colegio de San Andrés por vez primera a diversos estudiantes de las distintas provincias para cursar sus estudios en el *Alma Mater* salmantina, entre los cuales a tres de la provincia de Castilla: fray Alfonso Romero y fray Francisco Paredes, los dos del convento de San Pablo de la Moraleja, y fray Angel de Torquemada, del de Avila [135]. Pero sería el capítulo general de Venecia de 1548 el que declararía oficialmente el colegio de San Andrés «colegio común de todas las provincias españolas» [136].

Esta determinación del capítulo general se puso en práctica sin tardanza. A partir del curso de 1551-1552 podemos seguir con cierta exactitud el número de estudiantes carmelitas en la universidad del Tormes, a través de

[132] Cf. *Vida*, 38,31; en *Obras completas*, ed. Efrén de la Madre de Dios y Otger Steggink, Madrid, 1986, 215. Cf. *El hogar espiritual de Santa Teresa*, 137-138.

[133] Cf. *ibid.*, 95-96.

[134] *La reforma del Carmelo castellano*, 146, según el cual, la documentación relativa a este caso se halla en Simancas-Sello, VII-1537.

[135] Cf. *Acta cap.gen.*, I, 386-387,

[136] *Ibid.*, 429.

los libros de matrículas de la misma, la mayoría de los cuales son castellanos. Sus nombres, que estarían después a la base de la restauración intelectual y espiritual de la provincia en la época postridentina, los hemos recogido en otra parte [137] por lo que respecta sólo al período anterior a la visita del general Rubeo en 1567, quien encontraría entre ellos al que sería el más famoso fray Juan de Santo Matía. Aquí queremos recordar únicamente a dos ilustres maestros, a los que éste llegó a conocer y cuyo influjo probablemente tuvo que experimentar: fray Alonso de Villalobos y fray Martín García, alias de Requena [138].

Un número de estudiantes, no excesivo, pero tampoco escaso contaba entonces la provincia; a los que habría que añadir los que pudieron estudiar en otros centros universitarios, como Avila, Toledo, Valladolid y, sobre todo, Alcalá, por lo que no deja de presentar reservas la afirmación del religioso trinitario según la cual por aquel tiempo «no avía nadie que quisiese estudiar en esta Orden (del Carmen), y se contentaba con hacerse ordenar» [139].

Indice, por lo demás, de la vitalidad aportada a la provincia por la reforma de Audet son las nuevas fundaciones de Medina del Campo (1557), Valladolid (1560) y Valderas (1566), que marcan el comienzo de un movimiento expansivo que se prolongará a lo largo del período restante del siglo XVI [140]. Con estos tres, el número de conventos de la provincia se elevaba a nueve, aunque, como consecuencia del éxodo de la «mayor parte de los frailes» que había ocasionado la reforma, no excesivamente poblados, como indicaba la misma Santa Teresa, refiriéndose al año de 1567: «los religiosos eran tan pocos, que aun me parecía se iban a acabar» [141]. Según cálculos del P. Steggink, serían poco más de un centenar [142].

c) *La forja del ideal*

Esta disminución de religiosos había sido el precio doloroso, pero necesario de la iniciada renovación. Antes de finalizar el siglo, concretamente en 1594, los religiosos de la provincia había subido a unos 300, divididos en 15 conventos, y poco después, a principios del siglo siguiente, eran ya 430 [143].

Este aumento cuantitativo no era sino la expresión de la vitalidad interna que la provincia había logrado con la reforma de Audet, que recibiría

---

[137] En *El hogar espiritual de Santa Teresa*, 51-53.
[138] Cf. *Ibid.*, 55-57.
[139] Citado por Steggink, *La reforma*, 339.
[140] Cf. Steggink, *La reforma*, 66-67. Para esas fundaciones sucesivas, véase: Balbino Velasco Bayón, O.Carm., *Miguel de la Fuente, O.Carm. (1573-1625); ensayo crítico sobre su vida y su obra*. Roma, 1970, 64-66.
[141] *Fundaciones* 2,5; en: *Obras completas* (cf. *supra*, nota 133), 680.
[142] Steggink, *La reforma del Carmelo Español*, 67.
[143] Cf. Velasco, *Miguel de la Fuente*, 66-85, 126-129.

el espaldarazo definitivo con la visita de Rubeo en 1566-1567, quien resumiría así sus impresiones sobre la misma: «Quella provincia (de Castilla) per il piu è ben ordinata, ma si gli trovorno alcuni disordini». Desórdenes que, según advertía Steggink, se reducían a ciertos detalles de la vida regular, como las deficiencias en la administración señaladas por el general en los escrutinios de algunos conventos [144]. Pero este juicio del general, si puede aceptarse como substancialmente válido, no refleja adecuadamente el clima cultural y religioso de la provincia por aquel entonces.

Y algo parecido habría que decir respecto del estado de los monasterios de religiosas, cuyas deficiencias, que no pueden negarse, se han exagerado indebidamente por no haberse tenido en cuenta su situación jurídica y legislación correspondiente de beaterios, sin obligación de estricta clausura. Sus deficiencias se debían a lo que podría considerarse como un defecto de origen consistente en esa su misma imperfecta organización, defecto que se vería agravado por el gran número de monjas que vivían en ellos, con la consiguiente falta de medios de subsistencia. Había, con todo, entre ellas, como reconocería el mismo general, buena voluntad, espíritu de piedad y no pequeña dosis de sacrificio [145].

El escrutinio de los tres monasterios existentes en la provincia, de Fontiveros, Piedrahita y Encarnación de Avila, hechos por él, confirma lo que Santa Teresa había escrito, refiriéndose a este último: que en ellos había «tantas que sirven muy de veras y con mucha perfección al Señor» [146], como lo demostraría el hecho de que ella pudiera sacar del mismo más de treinta monjas para sus fundaciones de descalzas [147]. Y hoy podemos dar por modesta, en ningún caso exagerada, la conclusión a que llegaba Steggink de que la situación de los mismos «puede calificarse de discreta en líneas generales, y hasta satisfactoria en algunos casos» [148].

Los tres monasterios castellanos, que, como los demás que surgieron por entonces, nacieron probablemente al calor de la renovación de la vida cristiana promovida en las últimas décadas del siglo XV y primeras del XVI por los Reyes Católicos y el cardenal Cisneros, fueron los primeros en recoger los frutos de la dura siembra llevada a cabo por los delegados de Audet y sus colaboradores. Cualesquiera que fueran sus defectos, es cierto que no fueron tan imperfectos como una literatura superficial los ha solido presentar [149].

Porque no es verdad que los carmelitas castellanos, a excepción de ésta ultima y de San Juan de la Cruz, quedaran del todo al margen del influjo

---

[144] Cf. Steggink, *La reforma del Carmelo español*, 338.

[145] Cf. *Ibid.*, 288-289, 308-310.

[146] *Vida* 7,3; en *Obras completas*, 53. Véase también *Vida* 32,9; *Ibid.*, 179.

[147] Cf. Garrido, *El hogar espiritual de Santa Teresa*, 90-91.

[148] *Beaterios y monasterios carmelitas españoles en los siglos XV y XVI*, en *Carmelus*, 10 (1963), 201.

[149] Garrido, *El hogar espiritual*, 136- 151.

tan vasto y poderoso de los pujantes movimientos y corrientes de espiritualidad que por aquellos mismos lustros producían en la Península una valiosa
floración literaria espiritual [150]. Creo más bien que fue la apertura a los mismos, que probablemente había ya comenzado antes de la llegada de los delegados de Audet, la que hizo posible el éxito innegable de su acción renovadora. Y los dos santos doctores son, sin duda, los mejores exponentes de la
eficacia de la misma con su incomparable aportación a esa valiosa floración
literaria espiritual [151].

Entre los autores espirituales contemporáneos de los mismos, además
de Diego Velázquez, Juan Gutiérrez de la Magdalena y Pedro de Padilla,
habría que contar a otro: fray Diego Sánchez de la Cámara, poeta espiritual
como el Santo de Fontiveros, quien, en 1589, publicaba en Madrid su obra
Pasión de Nuestro Redentor Jesucristo. Escrita en jugosos versos, es un testimonio más de la ferviente devoción que los carmelitas del siglo XVI sintieron
hacia los misterios de la humanidad de Cristo y que tanto relieve obtuvo en
los escritos de los dos Santos Doctores [152]. Devoción que, por lo demás, había sido también característica de los del siglo anterior y más en concreto
de los del convento de Toledo [153].

Y, curiosamente, la obra del mencionado Juan Gutiérrez de la Magdalena, que imprimió también en Madrid, en 1576, poco antes de que, en
cuanto provincial de Castilla, fuera responsable de la prisión de fray Juan de
la Cruz en ese convento, está en la misma línea. De hecho y a pesar de su
título —*La vida y historia de la gloriosa santa Helena*— la obra trata fundamentalmente de otra cosa y, como decía el censor de la misma, fray Diego
de Santo Tomás, «es muy útil para la religión cristiana, porque ayudará muy
mucho a la devoción de los fieles, pues hallarán en él (libro) tan gustoso
tratado cuanto lo es el de la Santísima Cruz, en que murió Jesucristo nuestro Señor, cuya invención admirablemente describe» [154].

La cruz formaba, sin duda, parte importante del ideal carmelitano que,
como ha dicho bien García Oro, se había ido forjando en Castilla a lo largo
de los difíciles años de renovación, y que tanto Santa Teresa como San Juan

---

[150] Cf. Tomás Alvarez, O.C.D., *Sobre temas de historia teresiana*, en *Ephemerides carmeliticae*,
28, (1977), 150-151.

[151] *El hogar espiritual*, 99-105.

[152] No he podido ver esa edición original, sino la que hizo en Bruselas, en 1624, Guillermo Espallart, callando el nombre de su autor, bajo el título de *Triunfo del amor divino en que se
trata de la reparación del género humano por la muerte de Cristo*. Un ejemplar de la misma en la Biblioteca Nacional de Madrid, R/2772.

[153] Cf. *supra*, p.

[154] Folio 2v. Fray Juan Gutiérrez escribió esta obra a petición de la hermandad y cofradía
de la misma santa, que radicaba en la iglesia del convento de Madrid. La dedicó a Da Isabel
de Osorio, quien después intentaría entrar entre las carmelitas descalzas, como lo hizo su hermana D.ª Inés, y a la que Santa Teresa escribiría diversas cartas (en *Obras completas*, 1179, 1238-
1239, 1266-1267).

de la Cruz heredaron ya depurado y fueron capaces de potenciarlo a alturas insólitas. «La reforma del Carmelo —como él añade— llegó con cierto retardo, per surgió con un empuje y una madurez tan logrados que dio frutos casi inmediatos. Siempre podremos interrogarnos si pudo llegar antes y nunca podremos responder. Pero nunca dejará de asombrar la granazón prodigiosa de su brote que le situó en la vanguardia de la vida espiritual» [155].

---

[155] *La reforma del Carmelo castellano*, 148.

El Colegio de Carmelitas de Santa Ana de Medina

Balbino Velasco Bayón, O.Carm.

1. *Acercamiento a la historia de una villa castellana*

Medina del Campo es una de las villas de más solera de Castilla la Vieja. Importante nudo de comunicaciones ferroviarias y cabecera de una extensa comarca agrícola, cuenta en la actualidad con una población aproximada de 20.000 habitantes. Las industrias de electrificación, fundición de hierro, las fábricas de muebles y un comercio agresivo presentan una población con aire vivo y moderno.

El topónimo Medina, de origen árabe, significa ciudad[1]. Sin demasiada fortuna en hallazgos arqueológicos[2], sigue el curso normal de los pueblos de su área geográfica en el período de la desertización de la cuenca del Duero, durante la invasión árabe, hasta ser repoblada en tiempo de Alfonso VI entre los años 1070 y 1080, convirtiéndose en un concejo medieval belicoso[3] y en principal núcleo de la comunidad de Villa y Tierra de su nombre en la extremadura castellana[4].

La evolución, sin embargo, de Medina, presenta connotaciones especiales que la diferencian de otras villas castellanas, y que la convertirán en ciudad de renombre europeo. Nos referimos a las famosas ferias, que fue el telón de fondo de su prosperidad y de las que tenemos amplia información[5]. «El pasado histórico más glorioso coincide con el siglo XVI. En esta centuria su actividad mercantil y financiera, junto con la comercialización de sus

---

[1] José Manuel Ruiz Asencio, *Medina del Campo en la alta Edad Media*, (siglo VIII-XIII), en *Historia de Medina del Campo y su tierra*, 3v., Valladolid, 1986, I, 153-54.

[2] *Ibid.*, Rafael Galván Morales, *Evolución prehistórica de la tierra de Medina*, I, 73 ss.

[3] José Manuel Ruiz Asencio, *Medina del Campo en la Edad Media*, en *Historia de Medina*, I, 142.

[4] Gonzalo Martínez Díez, *La comunidad de villa y tierra de Medina*, en *Historia de Medina*, I, 203 ss.

[5] Falah Hassan Alhusein, Diversos estudios sobre el tema, en *Historia de Medina*, III, passim.

excelentes caldos le otorgaron protagonismo nacional e internacional. Esta centuria marcó el cenit del esplendor de Medina: se construyó la colegiata y el palacio de Dueñas; se estableció un correo ordinario semanal entre Medina y Sevilla, la imprenta adquirió gran prestigio, tanto por la calidad como por la cantidad de obras que imprimió»[6].

Tuvo asimismo fuerte representación en la conquista de América con nombres como el soldado cronista, Bernal Díaz del Castillo o el P. Acosta[7] y ha pasado también a la historia el célebre médico y filósofo, Gómez Pereyra[8].

En cuanto a la población, en torno a 1561, hay que calcular en unos 15.000 habitantes[9], cifra considerable en el concierto de los pueblos de la España del siglo XVI. Entre éstos, había un grupo reducido de grandes e influyentes familias, otro numeroso de labriegos y pastores, gran proliferación de mercaderes y de los dedicados a oficios artesanales; era abundante la colonia de judíos y moros. El número de pobres se calcula en un 8 por 100.[10]

En el aspecto eclesiástico gozaba de cierta autonomía y se presenta como un caso singular. «Los feligreses de cada parroquia elegían, presentaban a sus beneficiarios que habían de ser preferentemente pilongos, bautizados en la misma pila, porque éstos tenían el derecho de ser presentados y al obispo correspondía únicamente la colación, que no podía rehusar, si no constaba positivamente de su indignidad e incapacidad del presentado. A su vez, el clero, los beneficiados parroquiales, nombraban al arcipreste hasta 1480; posteriormente al abad, para ejercer en toda la abadía la jurisdicción ordinaria. Fundamento de este patronato es la bula, dada por Su Santidad Sixto IV, el año 1480»[11].

A pesar de ser abundantes los estudios sobre Medina, faltan monografías acerca de las instituciones religiosas que contribuyan a esclarecer una de las grandes facetas de su historia. Las noticias por ejemplo, del convento de carmelitas de Santa Ana, son escasas e imprecisas. El hecho de que en el mismo tomara el hábito San Juan de la Cruz nos ha movido a intentar reconstruir su historia, en la primera fase, que coincide con la del noviciado de fr. Juan de Santo Matía.

[6] Eufemio Lorenzo, *Prólogo* a la *Historia de Medina*, I, 9, 13.

[7] Eufemio Lorenzo, *Los medinenses en el descubrimiento, conquista y colonización de América*, en *Historia de Medina*, I, 609 ss.

[8] Modesto Santos López, *Gómez Pereyra, médico y filósofo medinense*, en *Historia de Medina*, I, 579 ss.

[9] Alberto Marcos Martín, *Medina del Campo en la época moderna*, en *Historia de Medina*, II, 490.

[10] Julio Valdeón Baruque, *Medina del Campo en los siglos XIV y XV*, en *Historia de Medina*, I, 220-221.

[11] Gerardo Moraleja Pinilla, *Historia de Medina del Campo*, 403-404.

2. El P. Diego Rengifo y la fundación del Colegio de Santa Ana

El P. Rengifo nació en Avila de familia noble. «Nobilis abulensis» rezaba la inscripción de la lápida sepulcral. Ignoramos dónde hizo los estudios y las circunstancias de su formación. Antes de ingresar en la Orden del Carmen fue cura de la iglesia de Santa María de Medina. Se le considera hijo del convento de Avila, si bien no sabemos el año en que hizo la profesión. Consta que fue confesor de Carlos V, lo que acredita su personalidad[12]. El hecho de haber sido cura en Medina prueba que conocía bien la población, donde pudo scomprobar la falta de centros de enseñanza[13]. Sensible a esta necesidad pretendió poner el conveniente remedio.

De acuerdo con las noticias que poseemos, el primer paso para la fundación del colegio fue obtener un documento pontificio que respaldara su proyecto. El 9 de mayo de 1549 la Sagrada Penitenciaría de Roma expedía un rescripto, a su favor, y le facultaba para «fundar en Medina un colegio para 12 escolares y 4 criados hermanos, carmelitas, dotando la fundación con las limosnas recibidas por la predicación de la bula de Ntra.Sra. del Carmen». Se hace constar la concesión de indulgencias a quienes ayudaran a la fundación. Se le autorizaba también a dictar estatutos para el buen régimen del mismo, corregirlos y adaptarlos, de acuerdo con las circunstancias, sin que fuera preciso para ello licencia del Ordinario o de cualquier otro superior[14].

Obtenido el rescripto pontificio, conseguiría también permiso de los superiores de la Orden del Carmen; le llegó a través del Vicario General para las provincias de España, Damián de Leon[15]. Le concedió poderes excepcionales y fue firmado en Zaragoza el 26 de mayo de 1552. Aparece el P. Rengifo como rector perpetuo del colegio de San Andrés de Salamanca, extremo éste que desconocíamos; se le había otorgado el cargo en el capítulo provincial celebrado bajo la presidencia del propio Damián de León, cuyas actas desconocemos. Añade que le constaba del proyecto de la fundación, de acuerdo con el Breve Pontificio, proyecto que bendecía y con la autoridad de su cargo le instituia, como rector perpetuo de dos colegios, es decir, del de Salamanca y del de Medina, con la facultad de nombrar otro

[12] Pablo M. Garrido, O.Carm., *El hogar espiritual de Santa Teresa. En torno al estado del Carmelo Español en tiempos de la Santa*, Roma, 1983, 95. La parroquia de Santa María estaba en la Mota. (Gerardo Moraleja Pinilla, *Historia de Medina del Campo*, Medina, 1971, 393-394).

[13] Valladolid, Arch.Hist.Prov., Protocolos, leg.7352, f.299v.

[14] Otger Steggink, O.Carm., *La reforma del Carmelo español*, Roma, 1965, 66. El texto del rescripto lo encontramos en Toledo, Arch. Protocolos, leg.1509, ff.1827r-1828v. Valladolid, Arch.Prov., Protocolos, leg.7352, f.295r ss.; Simancas, A.G. Patronato Real, leg.27,64.

[15] Sobre Damián de León que fue también provincial de Aragón véase: Otger Steggink, *La reforma del Carmelo Español*, 41-45, 97, 240; Pablo M. Garrido, *El hogar espiritual*, 58-59, 61-62, 79, 112; José García Oro, *La reforma del Carmelo castellano en la etapa pretridentina*, en *Carmelus*, 29 (Roma 1982) 147.

rector en su ausencia; le confería asimismo el cuidado de todos los estudiantes, junto con la administración de los bienes.

Hay más. Le eximía de la obediencia y jurisdicción del Provincial de Castilla, quedando bajo la jurisdicción inmediata del General de la Orden y de su Vicario. Le concedía esta exención por ser persona benemérita y en atención al provecho de los estudiantes; le autorizaba para que pudiera llevar a los colegios a religiosos de cualquiera de los conventos de España, sin mediar permiso de los provinciales o priores, con tal de que ellos asintieran; podía también admitir a religiosos que hubieran caído en alguna irregularidad y absolverlos de cualquier censura. Se le autorizaba a aplicar al colegio de Medina, no obstante su afiliación al de Salamanca, los bienes adquiridos o por adquirir, y aplicarles, de acuerdo con su discreción y la concesión pontificia, y sin que fueran obstáculo anteriores decretos. Ordenó finalmente que todas sus disposiciones fueran cumplidas bajo pena de excomunión latae sententiae [16]. Discutibles estas facultades que desbordaban la autoridad de los provinciales y priores, constituyen prueba manifiesta del gran predicamento de que gozaba ante las autoridades de la Orden.

Recordemos que el rescripto pontificio le autorizó a aplicar al colegio de Medina las limosnas recibidas por la predicación de la bula de Ntra.Sra. del Carmen. «La capitulación sobre la predicación de la bula con los tesoreros generales de la Cruzada y la ratificación de la misma por el Comisario General de mayo de 1552 y de 12 de septiembre de 1553 respectivamente, se insertan, junto con el texto del rescripto apostólico en la escritura notarial de 3 de octubre de 1553, fechada en Valladolid, que pasó ante Gracián de Alderete, secretario de la Cruzada». Respecto al concierto del P. Rengifo con don Francisco de Artiaga y Miguel de Çamora, tesoreros de la Santa Cruzada, hecho en Valladolid el 3 de septiembre de 1553 se estableció que se diese de «limosna para ayudar a la obra de dicho colegio de cada una bula que se echare en la dicha predicación, lo que mandase y señalase el Ilmo. y Rmo. señor obispo de Lugo, comisario general de la dicha cruzada» [17].

Mientras realizaba estas gestiones, ignoramos dónde se encontraba el P. Rengifo. Es probable que estuviera en Valladolid. Sabemos que el General de la Orden, Nicolás Audet, el 6 de noviembre de 1555, le nombró procurador de las cuatro provincias de España ante la curia real. Le consideraba hombre diligente para cumplir con este cometido. Firmó el documento en el convento de Transpontina de Roma [18].

Lo encontramos también en Valladolid el 29 de septiembre de 1557. En esta fecha doña Luisa de Mendoza, mujer que fue de don Pedro de Mercado Osorio, otorgó una carta de venta en favor de fr. Diego Rengifo «rec-

---

[16] Valladolid, Arch.Hist.Prov., Protocolos, leg.7352, ff.296v- 297r.
[17] Otger Steggink, *La reforma del Carmelo español*, 66.
[18] Valladolid, Arch.Hist.Prov., Protocolos, leg.7352, ff.297v- 298r.

tor perpetuo del colegio o monasterio de Santa Ana que nuevamente se edificó en la villa de Medina del Campo». Se enumeran en esta carta las propiedades, objeto de compra-venta: 650 obradas, poco más o menos, con las principales casas, huertas y prados y trigo de censo perpetuo en el lugar de Zofraga y sus términos. El precio fue de 4500 ducados para abonar en la siguiente forma: 1000 en Navidad de 1557; 800 en San Juan de junio; 1200 para fundar un censo a razón de 14.000 maravedises de millar; los 2.500 restantes debían abonarse a los herederos de Alvar Pérez Osorio [19].

En la misma fecha, el P. Rengifo firmó carta de obligación sobre el pago de los 4.500 ducados en los plazos convenidos. También firmó carta de censo en favor de los herederos de Alvar Pérez Osorio, por valor de 2.500 ducados [20].

Después de esta serie de gestiones, la fundación en Medina se realizò, según algunos autores, en 1557. En este año, dice el P. Crisógono, el Emperador «había estado en Medina, de paso para Yuste y se hospedó en el palacio que Rodrigo de Dueñas tenía en la calle de Santiago frente por frente al convento de la Magdalena por él fundado. Rodrigo de Dueñas dio al P. Rengifo las casas contiguas a la ermita de Santa Ana, donde se hizo la fundación» y el Emperador además de hacer donación de solares, otorgó la conveniente licencia para el establecimiento carmelitano [21]. No afirma expresamente el P. Crisógono que la fundación se realizara en 1557; lo da a entender, al relacionarla con la visita del Monarca. El P. Steggink se inclina también por esta fecha [22]. Si efectivamente hubiera coincidencia entre la visita y la fundación, el convento se hubiera fundado en 1556. El paso del Emperador por Medina, después de haber abdicado a la Corona, fue el 1556 y no el 1557 [23].

Estaban situadas estas casas en la Ronda de Santa Ana, extramuros de la villa y en la plaza que actualmente se denomina del Carmen.

De 1559 encontramos cartas de poder en favor del P. Rengifo que prueban la estima en que se le tenía. Así, García Rodríguez, arcediano que fue de la iglesia catedral de Salamanca, autorizó a su criado, Antonio Ordóñez y al P. Rengifo el 1 de abril de 1559, para que compraran, con cargo a los bienes, dos camas de tapicería de Flandes de la tienda de Cornelio, mercader, vecino de Medina, por el precio que concertaran [24]. Otros poderes

---

[19] Valladolid, Arch.Hist.Prov., Protocolos, leg. 269, f.1523r ss. Ante el notario Antonio Rozas.

[20] *Ibid.*, f.1532 ss.

[21] Crisógono de Jesús Sacramentado, O.C.D., *Vida de San Juan de la Cruz*, B.A.C., Madrid, 1982, 40.

[22] Otger Steggink, *La reforma del Carmelo español*, 66.

[23] Ricardo Sendino González, *Visitas de los reyes*, en *Historia de Medina*, III, 572; Pedro Aguado Bleye, *Manual de Historia de España*, 3v, Madrid, 1947-1959, II, 48.

[24] Valladolid, Arch.Hist.Prov., Protocolos, leg.7346, f.162r ss.

recibió el 12 de julio de 1559, para actuar en nombre de la casa de Villaviciosa, para operaciones económicas [25].

Verificada la fundación del convento, el 26 de julio de 1560 formalizó la entrega de bienes ante el notario toledano, Juan Sánchez de Canales. El documento de donación reviste toda la solemnidad del caso:

«Sepan cuantos esta carta vieren como yo, fray Diego Rengifo, de la Orden de Ntra.Sra. del Carmen, en la muy noble e muy leal cibdad de Toledo, usando de un breve a mi concedido por nuestro muy santo padre Paulo papa tercio, otorgo e conozco que doy e dono e fago gracia e donación entre bibos al monasterio de Santa Ana que yo he heregido en la villa de Medina del Campo, de todos los bienes que de yuso yrán declarados con los vínculos e condiciones y en la forma siguiente.

Primeramente, doy e dono al dicho monasterio de Santa Ana en la dicha villa de Medina del Campo, el sytio en que está fundado el dicho monesterio de que su Magestad me hizo merced e asymismo le doy e dono todos los hornamentos e plata e otras cosas que yo, al presente tengo e tuviere al tiempo de mi fin e muerte. Iten, hago gracia e donación al dicho monesterio de las casas de morada que yo tengo en la dicha villa de Medina del Campo que son junto al dicho monesterio».

Continúa seguidamente enumerando los bienes, censos y tributos que otorgó para la fundación. Fijó las condiciones de esta donación. Debían nombrarse un lector de gramática y otro de artes, para enseñar a los frailes y alumnos de Medina y su comarca. El lector de artes sería carmelita y, en su defecto, seglar. Ambos cobrarían los honorarios de las rentas provenientes de los bienes legados para la fundación. Las rentas sobrantes se aplicarían para mantener a los frailes que oyeran la gramática y artes y en edificar el nuevo convento. Los otros religiosos debían sustentarse de las limosnas e ingresos propios del convento.

Expresó también su voluntad de que se estudiara teología; previendo, sin embargo, que las rentas no eran suficientes para la dotación de cátedra, si en adelante adquiría más bienes, se aplicarían para el sustento de frailes que la frecuentaran.

Los bienes fundamentales no podían venderse ni enajenarse y se reservaba la administración de los mismos. En virtud de la facultad que tenía el P. Provincial de disponer de la cuarta parte de los bienes que adquiriera, esta donación no debía servir de obstáculo, como tampoco para los legados, aplicables a sufragios o en favor de sus antiguos criados y criadas.

---

[25] Valladolid, Arch.Hist.Prov., Protocolos, leg.7346, f.444r ss.

Se reservó el nombramiento de los estudiantes de gramática y artes, así como los lectores y los castigos por posibles transgresiones. También la posibilidad de promulgar estatutos y de nombrar visitadores. En caso de sobrevenirle la muerte, sin haber hecho los estatutos, podían promulgarlos el provincial de los carmelitas y el prior del convento de San Pablo de la Moraleja. El primer capítulo provincial que se reuniera, debía comprometerse a aceptar las condiciones de la escritura fundacional. Termina con distintas cláusulas para dar validez a la donación [26].

Esta escritura fue considerablemente aumentada y concretados varios de sus extremos por el mismo P. Rengifo ante el notario de Medina, Luis Pérez, el 10 de marzo de 1563. El encabezamiento reza así: «En el nombre de la Sma. Trinidad, Padre, Hijo y Espíritu Santo, tres personas y un solo Dios verdadero que vive y reina por siempre sin fin y de la gloriosa siempre Virgen Santa María, su bendita madre, manifiesta cosa sea a todos, etc.» Después del traslado del rescripto, que en la escritura se califica como bula, alude a «la gran falta que en esta dicha villa ha avido de letras, por no aver avido quien en ella bien enseñare: «siempre tuve deseos, afirma, de tener con qué poder servir a Dios nuestro Señor, fundando algún colegio en el que se leyesen o enseñasen.... Gramática, Artes y Teología». Indica que poseía algunos bienes temporales y que pidió al Rey que le concediera un suelo que decían de la Carnicería, para edificar un colegio que, en la fecha señalada, ya se había comenzado a labrar y gastado «algunas sumas de maravedises». A dicho colegio de Santa Ana legó todos sus bienes.

En el colegio debían recibirse ocho colegiales de la Orden del Carmen y cuatro familiares: «que todos sean latinos, de buena vida, fama e costumbres, los quales quiero que sean de las ocho casas e monasterios de la dicha Orden del Carmen, más cercanas a esta villa de Medina». Fijó el tiempo de permanencia en ocho años; en cuanto a los estatutos debían guardarse los del colegio de San Gregorio de Valladolid de la Orden de Santo Domingo.

El número de cátedras sería de cuatro: dos de teología y dos de artes, con dos lectores para cada una de ellas, las cuales se den a «personas doctas en letras, en ciencia y concienzia y por oposición». Los votos en la oposición los emitirían el prior de San Pablo de la Moraleja de la Orden del Carmen, el prior de San Andrés de Salamanca, el de Ntra.Sra. de Gracia, el Abad de San Bartolomé, el ministro de la Trinidad y el rector de la Compañía de Jesús, los cuatro últimos de Medina; también tenían derecho a voto los licenciados y bachilleres teólogos que hubiere en la villa para las de teología y los artistas para las de artes. En cuanto a la forma de votar se haría como en la universidad de Salamanca. La duración de las cátedras de artes

---

[26] Toledo, Arch.Hist.Prov., Protocolos, leg.1509, f.727 ss.

debía prolongarse por tres años y al finalizar el plazo quedarían vacantes; la duración de las de teología sería de 4 años. Los catedráticos que las hubieren desempeñado podrían ocuparlas de nuevo mediante oposición, como se hacía en Salamanca.

Al tiempo de firmar la escritura leían la cátedra de artes el doctor Antón Alvarez y la de teología, Alonso Fernández de Bobadilla, canónigo de la iglesia mayor de Medina, a quienes se prolongaba el plazo de lectura hasta seis años, para vacar después; las de teología se leerían conforme a la doctrina de Santo Tomás, las de artes según Domingo Soto.

Encomendó a don Pedro Vivero y a otros dos caballeros regidores y dos catedráticos que fueran al colegio de San Gregorio de Valladolid a por los estatutos «y los vean y si les pareciere muden o alteren cualquier de los dichos estatutos».

Señaló el sueldo de los catedráticos de teología en 20.000 maravedises al año, los de artes en 10.000 y «a cada uno dellos 10 cargas de trigo de lo que esta villa diere»; la mitad del dinero debía entregarse por el día de San Juan de junio, la otra mitad por navidad; las cargas de trigo, el día de Santa María de agosto. Al doctor Antonio Alvarez, a título personal, que leía artes, se le darían 6.000 maravedises más y a los de teología 17.000.

A los colegiales, y mientras se estuviera construyendo el convento, no se les daría emolumento alguno.

Enumera a continuación los bienes que entregó al colegio; una heredad de tierras, prados, huerta, bosque y casa en Zofraga, con una renta anual aproximadamente de 137 cargas de trigo y cebada al año; sesenta y cinco aranzadas de viñas con ciertas heredades de tierras de Pozaldez, con una renta anual aproximada de 16 cargas de pan; dos pares de casas, un palomar y un lagar en Pozaldez; 60.000 maravedises de censo anuales, a razón de 16.000 el millar al año sobre bienes del Ilmo.Sr. Marqués de Astorga que deseaba acrecentar; mil ducados que don Gonzalo Mexía le debía; otros 1.000, donación del Rey, 500 ducados que le debía don Fadrique Enríquez; 700, deuda de los herederos del señor Nuño Rengifo; 300, deuda de don Diego del Aguila; 400, deuda del bachiller Garnica, vecino del Barco de Avila; 21.000 maravedises, deuda de don Antonio de Acuña; 1.000 reales, deuda de Francisco Sánchez y su hermano, clérigo de Avila; 60 ducados, deuda de la abadesa del monasterio de las Gordillas; 400 reales, deuda de Alejo García, vecino de Avila; unas 25 aranzadas de viñas a los Llanos; 170 ducados, deuda del tesorero Tinajas, para cobrarlos de sus testamentarios; de los pasos que se predicaron en Osma debía pedirse cuenta a Andrés García del Real, de que había escritura en casa del notario de Cruzada de la Corte; una copa con su sobrecopa labrada, prestada al licenciado San Roso, vecino de Medina; 24 ducados, deuda de Antonio Godoy, vecino de Medina; dos cucharas de plata, prestadas a Osorio, paje del príncipe, nuestro señor; una taza dorada y labrada; un salero y un platico de plata, prestados a Lois y Eras, vecinos de Avila; dos mulas de arada y dos regaladas, seis bueyes; 60 ducados, deuda de Bartolomé Merino de Valdestillas; 1.400 reales de unas ovejas que debían ciertos vecinos de Valdestillas; todos los bienes muebles, ornamentos, oro y plata, joyas y menaje de casa, mulas y ganado y las viñas de Ceaños y Pozaldez, que por todas eran 80 aranzadas que se vendan y empleen en juro o renta cierta y sana en Medina, «para que se haga e cumpla e pague lo contenido en la escritura».

Deducidos los gastos de los catedráticos, todo lo demás debía aplicarse al colegio y colegiales, para los reparos y aderezos del mismo.

Nombró patronos y conservadores del colegio, de sus bienes y renta a los regidores de Medina «para que tengan cuydado de ver e vean cómo se leen las dichas cátedras y se hace y cumple lo contenido en esta escritura». Debían nombrarse todos los años dos caballeros regidores, para que, juntamente con el corregidor y su lugarteniente, tomaran cuenta ante los escribanos de los bienes y rentas, pago de catedráticos, cumplimiento de los estatutos de San Gregorio, etc.; por este cometido se les pagaría un ducado.

Nadie podía intervenir en la marcha del colegio, aunque tuviera licencia del Papa o del Rey; en caso de no cumplirse las condiciones fundamentales, la Justicia y Regimiento de la villa podría trasladar las cátedras a otra iglesia o monasterio.

Añadió una clásula interesante en relación con la Justicia y Regimiento:

> «yo tengo pedido y suplicado a los señores justicia y regidores desta dicha villa que me ayuden y favorezcan para esta obra, pues es en beneficio del ennoblecimiento de la villa dicha e de los vecinos e moradores della; porque la azienda que yo en ella tengo no es tanta que vaste para lo que dicho es, por tanto pido y suplico a los dichos justicia e regidores de la dicha villa de Medina que aceten esta escritura y lo en ella contenido y se obliguen los bienes propios e rentas de la dicha villa, para que en cada año perpetuamente, para siempre jamás de aquí adelante, doten y paguen al retor y colegiales del dicho colegio, que en él son e serán, cuarenta cargas de trigo, para ayuda de los gastos de la dicha casa e colegio e cátedra; e si ansí no lo hicieren e cumplieren, quiero e es mi voluntad que esta dicha escritura de donación e dotación sea en sí misma e de ningún efecto y valor e quiero y es mi voluntad quel monasterio del Señor Santandrés de la ciudad de Salamanca de la dicha Orden, hayan e hereden todos mis bienes e tengan las dichas cátedras e colegiales que la dicha casa e convento por la Orden e con los estatutos que de suso está dicho».

Los bienes y heredades de Zofraga no podían venderse, tomar ni permutar, sino permanecer vinculados a la fundación.

Otorgó todo su poder al concejo de Medina, para la administración de los bienes, pagos de catedráticos, etc. Concretamente recayó el nombramiento en Luis de Medina y, a su muerte, el que señalara la Justicia y Regidores, patronos, y el P. Provincial y si no estuviere en la villa y tardare, el abad de San Bartolomé.

Finalmente, el P. Rengifo nombró dos catedráticos nuevos, uno de artes y otro de teología:

«por cuanto es mi voluntad que las dichas cátedras no cesen de se leer y enseñar, como hasta aquí se a hecho, quiero que la una cátedra de artes la lea el P.fr. Alonso Ruiz, de mi Orden, e que la lea por todo el tiempo que los otros sus lectores que sean nombrados, sin que le puedan remover, ni quitar el dicho tiempo y cumplido se tenga la orden susodicha e que la cátedra de teología la lea fray Martín García, de mi horden, prior de los Valles, la cual comienza a leer desde el año de sesenta e cinco adelante hasta sesenta e nueve[27].

Así aparece el plan del P. Rengifo sobre el colegio de Medina en la escritura de 10 de marzo de 1563. Algunas de las cláusulas requieren explicación. En la escritura firmada en Toledo el 26 de julio de 1560 habla de estudios de gramática y artes; de teología, solamente para pasantes; en cambio en la de Medina, que hemos resumido, si bien en principio alude a gramática, artes y teología, en el cuerpo de la misma limita la enseñanza a artes y teología, —con dos catedráticos en cada una de las facultades— e indica que los colegiales, al ingresar, debían ser gramáticos. Se advierte, pues, un cambio de planes, tal vez ante la existencia del colegio de la Compañía para estudiantes de gramática que, fundado en 1551, estaba a pleno rendimiento[28].

Como punto de mira para el régimen del colegio, señaló el P. Rengifo los estatutos del de los dominicos, de San Gregorio de Valladolid. Estos estatutos permanecen manuscritos en la biblioteca del convento dominicano de San Pablo, también de Valladolid. Con toda probabilidad el P. Rengifo conoció el funcionamiento del de San Gregorio y le sirvió de inspiración para el de Santa Ana de Medina. Existe afinidad entre la forma de reclutamiento de colegiales y años de permanencia en el centro; determinó el P. Rengifo, según vimos, que los colegiales se reclutaran de los conventos más próximos y que permanecieran en el colegio por espacio de 8 años, extremos que estaban previstos en los estatutos del de San Gregorio.

---

[27] Valladolid, Arch.Hist.Prov., Protocolos, leg.7352, f.299 ss.
[28] Véase el artículo del P. Luis Fernández en este mismo volumen.

Constituyen, por otra parte, estos estatutos un cuerpo de legislación admirable en el que se prevén las prácticas piadosas, disciplinares, horarios de estudios, castigos, conservación de bienes, atención a enfermos, etc.[29]. «Todo se reduce a religión y estudios, afirma el P. Arriaga, como a principales cabezas, y a la primera subordinada la segunda». Influyeron también en otros centros[30].

El P. Rengifo sobrevivió pocos años a la fundación del colegio de Santa Ana. Ignoramos la fecha en que murió, pero el 30 de abril de 1563 ya había fallecido, de acuerdo con distintos instrumentos notariales[31].

No tenemos datos de lo que sería la fábrica conventual de Santa Ana, por esta época. Según hemos visto anteriormente, se estaba construyendo en 1557, pero ignoramos si se trataba de mera adaptación de casas existentes o de creación de un edificio de nueva planta. El complejo llegó a ser apreciable posteriormente. El regidor de Medina, Juan de Salazar, fue el patrono del convento y dotó a la capilla mayor de un excelente retablo[32]. Dicho retablo, despiezado en parte, puede contemplarse en el Santuario de la gran promesa de Valladolid, donde fue trasladado en 1870[33]. Lo entallaron Sebastián de Ucete y Esteban de Rueda en los años 1620-1621. Antes de esculpirlo, la comunidad de carmelitas de Santa Ana les impuso la siguiente condición: «en lo más alto a de estar el Santo Cristo que oy tiene (el convento) por la mucha deboción suya». Este Cristo es obra del primer tercio del siglo XVI y las figuras que «le acompañan emparentadas con las de Francisco

---

[29] Valladolid, Biblioteca del convento de dominicos de San Pablo, *Estatutos del colegio de San Gregorio fundado por el Ilmo. y Rvmo.Sr.Dn.Fr. Alonso de Burgos*. Ms. s.f. Agradezco al P. Jesús María Palomares, O.P., la gentileza de haber puesto a mi disposición el manuscrito de dichos estatutos.

[30] Gonzalo de Arriaga, O.P., *Historia del Colegio de San Gregorio de Valladolid*. Editada, corregida y aumentada por el P. Manuel Ma Hoyos, O.P., Valladolid, 1928, 101 ss.

[31] En carta de poder otorgada por el P. Angel de Salazar el 30 de abril de 1563, referente a la administración de los bienes del colegio, al referirse al P. Rengifo se advierte: *rector que fue del colegio de Santa Ana* (Valladolid, Arch.Hist.Prov., Protocolos, leg.7352, f.446r). En una carta de pago de Toribio de Busto, de 11 de mayo de 1563 y en relación también con los bienes del convento de Medina, al aludir al P. Rengifo se le da como *difunto que haya gloria* (Valladolid, Arch.Hist.Prov., Protocolos, leg.7352, f.586r. También en otros instrumentos posteriores, 9-XII-1563 (Valladolid, Arch.Hist.Prov., Protocolos, leg.7357, f.447r ss); 12-I-1564 (Valladolid, Arch.Hist.Prov., Protocolos, leg.7352, f.463 ss). Estos documentos notariales invalidan la inscripción sobre el sepulcro del P. Rengifo según la cual murió en 1572 y por consiguiente, no pudo ser su maestro de novicios (Pablo M. Garrido, *El hogar espiritual de Santa Teresa*, 95). Solamente en el caso de admitir que vistiera el hábito el 24 de febrero habría coincidido, y por muy poco tiempo, en Santa Ana, con el P. Rengifo.

[32] Gerardo Moraleja, *Medina del Campo. Plano explicativo de la población antigua y moderna*, Medina del Campo, 1934, 403-404. No fue, por consiguiente el carmelita Juan de Salazar, quien levantó el convento, como erróneamente vienen repitiendo algunos escritores (Bruno de Jesús María, *San Juan de la Cruz*. Traducción del francés, Madrid, 1942, 32; Crisógono de Jesús Sacramentado, *Vida de San Juan de la Cruz*, 42).

[33] Gerardo Moraleja Pinilla, *Historia de Medina del Campo*, 403.

Rincón»[34]. Por consiguiente, desde el punto de vista artístico y respecto al convento de Santa Ana, solamente conocemos este calvario, del tiempo de San Juan de la Cruz.

La marcha ulterior del colegio de Santa Ana cae fuera de los límites de nuestro trabajo. Queremos, sin embargo, advertir que el Regimiento de Medina debió de negarse a entregar la cantidad de 40 cargas de trigo todos los años, requeridas por el P. Rengifo, para su buen funcionamiento. No hemos podido comprobar, en un primer sondeo, en los libros de Acuerdos del Ayuntamiento medinense del año 1563 y siguientes, que hiciera entrega alguna de trigo al colegio de Santa Ana, mientras que aparecen algunas partidas en favor de los niños de la Doctrina y del colegio de la Compañía[35]. Más aún, en la sesión del Regimiento de la villa de 31 de marzo de 1565 el regidor, Pedro Morejos, expuso que después de muerto el P. Rengifo, se habían sucedido diversas negociaciones a propósito de esta entrega y se manifestó radicalmente contrario «porque las cátedras de dicho colegio son de ningún efeto ni provecho para la villa». Perjudicaba, según él, a los intereses de la villa y pedía y requería al señor Corregidor que no se cumpliera una real provisión, dictada en este sentido[36]. A pesar del probable incumplimiento, el colegio debió de funcionar, como tal, varios años y en abril de 1566 fue nombrado rector, el P. Antonio de Heredia[37]. El 1575 quizá no estuviera abierto a la enseñanza. Consta que los regidores no habían cumplido con esta obligación y el P. Martín García, ya conocido, comunicó al capítulo general de los carmelitas, reunido en Piacenza, que se exigiera el compromiso de cumplirlo y que se firmara ante notario. De no hacerlo así, y siguiendo la voluntad del P. Rengifo, que se aplicaran los bienes legados a Santa Ana, para el convento salmantino de San Andrés. El colegio, por consiguiente, debió de tener vida efímera. El número de conventuales en este año era de 13. Debía mantenerse este número y uno de ellos que fuera idóneo para predicar el evangelio[38].

3. Juan de Yepes, estudiante en Medina

En 1551 recaló en Medina una familia de emigrantes pobres: Catalina Alvarez, viuda de Gonzalo Yepes y sus hijos, Francisco y Juan. Fue la meta de una peregrinación dolorosa, después de haber buscado inutilmente Catalina un porvenir en tierras de Toledo, entre los parientes de su difunto marido y después de haber pasado unos años en Arévalo. La ciudad de las fe-

[34] Jesús Urrea, *Los Maestros de Toro. Nuevos datos y obras*, en B.S.A.A. 48 (1982) 247-248. El retablo sufrió desafortunadas alteraciones realizadas por Félix Granda en 1941 (*Ibid.*).

[35] Medina del Campo, Arch. Municipal, *Acuerdos 1559-1563*, passim.

[36] Medina del Campo, Arch. Municipal, *Acuerdos 1564-1565*, ff.41v-42r.

[37] Otger Steggink, *La reforma del Carmelo español*, 334.

[38] *Decreta facta a Generali Rubeo*, en *Analecta O.Carm.*, 3 (Roma 1908-1915) 459-460.

rias ofrecía mayores oportunidades para hacer frente a la vida. Se instalaron en una casa de la calle de Santiago. Juan de Yepes, nacido en 1540 ó en 1542, tenía 9 u 11 años cuando llegó a Medina, según la cronología que admitamos. Catalina Alvarez encontró para Juan de Yepes una plaza en el colegio de la Doctrina, «especie de orfelinato» para niños pobres, donde recibió una instrucción cristiana y al mismo tiempo asistió, como monaguillo, a la vecina iglesia del convento de la Magdalena. No prosperó en los oficios de carpintero, sastre, entallador y pintor. Lo trasladaron después al Hospital de las Bubas de Ntra.Sra. de la Concepción y se mostró como un solícito recadero, ganándose la confianza del administrador, don Alonso Alvarez de Toledo; pedía limosnas para los enfermos y los cuidaba en el hospital.

Fueron compatibles estos quehaceres con el estudio de Gramática en el colegio de la Compañía. Juan de Yepes, que mostró una vocación decidida por los libros, debió de comenzar estos estudios en 1559 y prolongarlos durante varios años [39].

El problema, sin embargo, de las materias y cursos realizados en Medina continúa siendo un enigma. El P. José de Velasco, el primero que publicó una síntesis biográfica de San Juan de la Cruz, afirma: «le acomodaron en el colegio de los niños de la doctrina y allí aprendió las primeras letras. Después estudió en el colegio de la Compañía de Jesús. Presto mostró su gran ingenio, porque en pocos años salió buen latino y retórico» [40].

Tenemos también el testimonio de Francisco de Yepes: «le dieron licencia para que fuese a oír lecciones de gramática en el colegio de la Compañía de Jesús. Fue su preceptor el P. Bonifacio, que hoy vive» [41].

Los biógrafos posteriores son más explícitos. El P. José de Jesús María (1562-1629), aludiendo a las facilidades, otorgadas por el administrador del Hospital, afirma que «le dio lugar para que acudiese a oyr gramática al Collegio de la Compañía de Jesus» [42]. El P. Francisco de Santa María (1567-1649): «aprovechó en la gramática que oyó de los padres de la Comapñía. Passando al curso de Artes y dando el Administrador más tiempo [43].

Que estudiara artes, además de gramática, en Medina, lo afirman también Alonso de la Madre de Dios y Jerónimo de San José [44].

---

[39] Crisógono de Jesús Sacramentado, *Vida de San Juan de la Cruz*, 16 ss. El P. Garrido defiende que nació el año 1540 (Pablo M. Garrido, O.Carm., *San Juan de la Cruz y Francisco de Yepes*, Salamanca, 1989, 23 ss).

[40] Joseph de Velasco, O.Carm., *Vida, virtudes y muerte del venerable varón Francisco de Yepes, vecino de Medina del Campo*, Barcelona, 1624, 84 ss.

[41] Véase Silverio de Santa Teresa, O.C.D., *Historia del Carmen descalzo en España, Portugal y América*, V, Burgos, 1936, 22.

[42] Joseph de Jesús María, O.C.D. *Hechos heroycos de la portentosa vida y virtudes de San Juan de la Cruz*, Málaga, 1717, 15.

[43] Francisco de Santa María, O.C.D., *Reforma de los Descalzos de Ntra.Sra. del Carmen*, II, Madrid, 1655, 3-4.

[44] Véase Crisógono de Jesús Sacramentado, *Vida de San Juan de la Cruz*, 45-46.

Los biógrafos modernos han abordado igualmente el tema. El P. Silverio de Santa Teresa, al comprobar que estuvo matriculado tres años, como artista, en la universidad de Salamanca se hace la siguiente pregunta, cuando en 1929 editó las obras del Santo: «Si estudió artes en Medina, ¿a qué repetir curso? ¿Donde consta que estudió artes en Medina? Su hermano sólo habla de humanidades» [45]. Al volver sobre el mismo asunto en 1943 afirma categóricamente: «en el colegio de la Compañía no se cursaban artes y en Medina tampoco había ningún centro donde se enseñasen; la proximidad de Salamanca y Valladolid, donde tanto florecían estos estudios, hacían inútil su establecimiento en Medina. Ciertamente el Santo no estudió artes en la célebre villa castellana» [46].

No descarta la posibilidad de que estudiara artes el P. Crisógono. Aludiendo al año de ingreso en el noviciado de Santa Ana en 1563, dice: «¿No será a este año, más que a los que cursó en el colegio de la Compañía al que hay que referir lo que dicen el padre Alonso y Jerónimo de San José, cuando aseguran que fray Juan cursó artes en Medina del Campo? Es casi seguro que ya funcionaban las clases en este año, porque hacía tres que el P. Rengifo había hecho la manda» [47].

En contra de las afirmaciones del P. Silverio y en la línea del P. Crisógono, los documentos aportados prueban que había estudio de artes en Santa Ana de Medina. Recordemos que el P. Rengifo fundó el colegio en 1556, el 26 de julio de 1560 entregó los bienes al mismo y el 10 de marzo de 1563 ratificó la donación, añadiendo algunas cláusulas. En esta fecha, y en virtud de los poderes que se le otorgaron, confirmó como catedrático de artes, al doctor Antón Alvarez y nombró, también catedrático de artes, al carmelita P. Alonso Ruiz, quien había cursado estudios en Salamanca y que debió de sucederle como rector del colegio. Había también, según vimos, estudios de teología [48].

---

[45] Silverio de Santa Teresa, O.C.D., *Obras de San Juan de la Cruz*, I, Burgos, 1929, 31.

[46] Silverio de Santa Teresa, *Historia del Carmen descalzo*, V, 42. Niega también esta posibilidad José de Jesús Sacramentado, O.C.D., *Aspecto cultural de San Juan de la Cruz*, en *Sanjuanística Studia a professoribus Facultatis Theologiae Ordinis Carmelitarum Discalceatorum edita*, Roma, 1943, 386.

[47] Crisógono de Jesús Sacramentado, *Vida de San Juan de la Cruz*, 45-46.

[48] Véase documentos sobre la fundación citados más arriba. El P. Alonso Ruiz era rector del colegio de Santa Ana, cuando en 1563 hizo la profesión en la Orden del Carmen, San Juan de la Cruz y es probable que también lo recibiera en la Orden (Crisógono de Jesús Sacramentado, *Vida de San Juan de la Cruz*, 46). Natural de Medina del Campo aparece matriculado en la universidad de Salamanca como artista en el curso 1554-1555 (Salamanca, Arch.Univ., Matrículas, L.271, f.6r); como presbítero artista en 1555-1556 (*Ibid.*, L.273, f.9r); como presbítero artista en 1556-1557 (*Ibid.*, L.273, f.9r); como presbítero teólogo en 1559-1560 (*Ibid.*, L.276, f.12r); en 1560-1561 (*Ibid.*, L.277, f.8r); en 1561-1562 (*Ibid.*, L.278, f.10r). Faltan algunos libros matrículas en esta época.

Si fue en el curso 1562-1563, o en años anteriores, cuando pudiera haber estudiado artes Juan de Yepes, es un extremo que la documentación conocida no nos permite precisar.

4. Fray Juan de Santo Matía, novicio carmelita en Santa Ana

A los 21 ó 23 años vistió Juan de Yepes el hábito, ingresando en la Orden del Carmen. Difícil resulta precisar el día. El P. Dosithé de Saint Alexis afirmó que fue el 24 de febrero, festividad de San Matías, fecha rechazada por el P. Crisógono. El P. Garrido ha razonado la afirmación del P. Dosithé, al indicar que era práctica común de la época, que al nombre de pila acompañara el del santo del día en que se vistió el hábito [49]. Se observarían las ceremonias llenas de símbolismo y significado, propias de este acto emotivo, prescritas en las constituciones del beato Juan Soret [50]. El ambiente de los conventos de la provincia de Castilla, y más concretamente, las directrices del P. Rengifo, a la hora de la fundación del convento, hace impensable que no se observaran y se hace un flaco servicio a la personalidad de Juan de Yepes al verterse afirmaciones, acerca de la anarquía en que vivían los carmelitas de Castilla [51]. En el año de noviciado se pondría en contacto con la vieja Orden: su Regla, la Institución de los primeros monjes, sus leyendas, sus santos, para, una vez terminado, hacer la profesión en un día de 1564, también con ceremonias prescritas en las constituciones indicadas.

El noble abulense, P. Diego Rengifo, desde su sepulcro situado en la pared del claustro que miraba a la iglesia conventual de Santa Ana [52], estaría satisfecho de fray Juan de Santo Matía quien compensó con creces sus desvelos en la fundación del colegio. En él nació para la Orden del Carmen el príncipe de los místicos y futuro Doctor de la Iglesia.

---

[49] Pablo M. Garrido, *San Juan de la Cruz y Francisco de Yepes*, 34,35.

[50] Véase nuestra obra *Miguel de la Fuente, O.Carm., 1573-1625. Ensayo crítico sobre su vida y su obra*, Roma, 1970, 89 ss. El rito completo de la vestición del hábito y profesión puede verse en *Sacrae Constitutiones nove fratrum et sororum bte. Marie de Monte Carmelo*, Venetijs, 1499. Se trata de las famosas constituciones del Beato Juan Soret, puestas al día por Audet y publicadas de nuevo en Venecia en 1524, cap.12.

[51] En este sentido nos vemos obligados a disentir de la opinión del P. Crisógono acerca del estado de la provincia de Castilla y de que las ceremonias no eran conocidas (Crisógono de Jesús Sacramentado, *Vida de San Juan de la Cruz*, 44-45. En esta última página hace también una puntualización el P. Matías del Niño Jesús, citando al P. Otger Steggink *La reforma del Carmelo español*, 337). Véase el artículo del P. Pablo M. Garrido, sobre la provincia de Castilla en este volumen. Del mismo autor, *El hogar espiritual de Santa Teresa*, passim. Nos ocupamos también del tema en la *Historia del Carmelo español*, Volumen I, Roma, 1990, 163ss.

[52] Madrid, B.M., Ms.18.575/41. Bartolomé Rey Negrilla, O.Carm., *Carmelo abreviado o Epytome historial de la Orden del Carmen*, 1716, f.84r.

Creemos además que el P. Rengifo alguna influencia debió de tener en la vocación de Juan de Yepes. Un documento, recientemente exhumado por el P. Pablo Garrido, considera al Santo como uno de sus hijos espirituales[53].

5. Recuerdo de San Juan de la Cruz en Medina

Resulta edificante la deposición del P. Antonio de Sagrameña, prior del convento de Santa Ana, realizada el 18 de noviembre de 1654:

> «se movió este testigo y fue incitado por una devoción interior y particular a la veneración del dicho venerable padre, y con este espíritu, sin que nadie le digese nada ni se lo advirtiese, procuró, siendo prior de dicho convento de Santa Ana, poner el dicho libro de profesiones en que está la profesión del dicho venerable padre, con mucho aseo encuadernándolo con su cuero negro dorado, todo con el escudo y armas de dicha Orden de Ntra.Sra. del Carmen, uno en un lado y otro en el otro lado del dicho libro, y al principio dél puso la imagen y retrato del dicho siervo de Dios, fray Juan de la Cruz, la cual tiene sobre la cabeza, al lado derecho, un querubín que envía un rayo al oído del siervo de Dios, y al otro lado pintada una cruz a que está mirando como aficionado a ella, con un letrero que dice: *Beatus Joannes a Cruce primo incola Carmeli, deinde retitutae observantiae parens ac propugnator. Obiit anno 1591.* Y debaxo del letrero tiene escritas unas palabras de San Pablo ad Galt. 2o: *Vivo autem, iam non ego; vivit vero in me Christus».* Hizo pintar también una imagen entera del Santo en el capítulo del convento donde suelen reunirse los religiosos»[54].

El convento de Medina se convirtió en un foco de devoción hacia San Juan de la Cruz. Quizá la prueba más significativa sea la biografía que publicó el P. José Velasco, incluida en la más amplia de su hermano Francisco de Yepes[55]. Se advierte en el P. Velasco una reverencia sincera a los herma-

[53] Pablo M. Garrido, *El hogar espiritual*, 95. Según este documento San Juan de la Cruz aparece. como hijo espiritual del P. Rengifo. Dice así: «E stato sempre in opinione di buono e santo religioso, in gran stima e venerazione di tutto il populo, per aver avuto figli spirituali e di gran santità, e fra essi il B. Giovanni della Croce» (*Ibid.*).

[54] Pablo M. Garrido, *Santa Teresa, San Juan de la Cruz y los carmelitas españoles*, 212, 196, 321- 322. Al parecer vistió el hábito de descalzo en el coro de Santa Ana de Medina (Pablo M. Garrido, *El hogar espiritual de Santa Teresa*, 95).

[55] Esta vida de San Juan de la Cruz la ha editado, enriqueciéndola con notas y una introducción el P. Pablo M. Garrido, *San Juan de la Cruz y su hermano Francisco de Yepes*, 113-198. La biografía del Santo, 165-198.

nos Yepes y admiración profunda hacia la reforma de Santa Teresa, de la
que fue cimiento la casa de la gloriosa Santa Ana, con los nombres de fray
Juan de la Cruz, fr. Antonio de Heredia, fr. Baltasar de Jesús, fr. Joseph de
Cristo. Esto le lleva a volcarse en elogios hacia su convento que irradiaba
espiritualidad en la población medinense [56]. La obra del P. Velasco nos introduce en el ambiente cristiano y pecador de Medina; presenta a Francisco
de Yepes como un juglar a lo divino y un apóstol de la caridad. Parece ser
que el bueno de Francisco recibió la visita inoportuna de la Inquisición,
pero «aora, dice Velasco, sus huesos están publicando sus virtudes». Merito-
ria la obra por estas facetas, lo es, sobre todo, por tratarse de un instrumento inapreciable para reconstruir la infancia de San Juan de la Cruz. Los elogios que le tributa no pueden ser más encomiásticos: «Este insigne varón,
fue uno de los ilustres que ha tenido nuestra España, en estos tiempos, entre los varones más señalados que han florecido en ella» [57].

El rescoldo de la devoción al Santo permanecía en el siglo XVIII. «Así
lo pudo comprobar fr. Manuel de Santa María al estudiar (una copia del
Cántico) que seguían venerando los moradores de aquel convento» [58]. Lo
mantienen vivo en nuestros días los PP. Carmelitas Descalzos. Una capilla,
en lo que fue convento de Santa Ana, con lienzos alusivos a la vestición del
hábito y primera misa del Santo, recuerda su paso por el mismo.

---

[56] Joseph de Velasco, *Vida de Francisco de Yepes*, 117 ss. Sobre la vida del P. Velasco, véase Pablo M. Garrido, *San Juan de la Cruz y Francisco de Yepes*, 113 ss. Conocemos también la
nota de que fue testamentario de Juana Escobar, quien testó el 10 de julio de 1626, y dejó heredera de sus bienes a su alma, para que se celebraran misas en el convento de Ntra.Sra. del
Carmen (Valladolid, Arch.Prov., Protocolos, leg. 6881, s.f. Madrid, A.H.N., Clero, Libro 1638,
s.f.).

[57] Joseph de Velasco, *Vida de Francisco de Yepes*, passim.

[58] Pablo M. Garrido, *Santa Teresa, San Juan de la Cruz y los carmelitas españoles*, 86, 212.

Arraigo de fray Juan de la Cruz en la Orden del Carmen

Otger Steggink, O.Carm.

> *«L'enracinement est peut-être le besoin le plus important et le plus méconnu de l'âme humaine. C'est un des plus difficiles à définir. Un être humain a une racine par sa participation réelle, active et naturelle à l'existence d'une collectivité qui conserve vivants certains trésors du passé et certains pressentiments d'avenir»*
>
> (Simone Weil, *l'Enracinement*, Prélude à une déclaration des devoirs envers l'être humain. Paris, Gallimard, 1949, p.45)

Esta afirmación realista de Simone Weil —en quien sería muy interesante estudiar la fuerte influencia de San Juan de la Cruz[1]— nos sirve como punto de partida y como pauta a la vez para abordar y desarrollar el tema de la «participación real, activa y natural» de Juan de Yepes en la existencia de la Orden carmelitana de su tiempo, en sus «tesoros del pasado» y en sus «presentimientos del porvenir». Se trata, en efecto, en el caso de fray Juan de la Cruz, de una participación real y sumamente activa, creativa y reformadora a la vez, o en términos actuales, de una participación renovadora y «de un recurso al carisma primitivo».

Nos proponemos, pues, en este ensayo tratar el tema anunciado bajo su doble aspecto» en primer lugar, el de la participación asimilativa por parte de fray Juan de la Cruz en los «tesoros del pasado», en la tradición mística carmelitana, y, en segundo lugar, el de la elaboración personal y creativa de tal participación en «los presentimientos del porvenir». Las distintas etapas de su vida nos darán los elementos necesarios para captar la dinámica espiritual y mística que condujo al primer «carmelita contemplativo» y «descalzo» al arraigo espiritual definitivo.

---

[1] Cfr. José Luis Aranguren, *Catolicismo y Protestantismo como formas de existencia*, Madrid, 2a edición, 1957, p.233.

1. Primeras tentativas de arraigo espiritual carmelitano: el ideal y la realidad

La evolución espiritual de Juan de Yepes no presenta el carácter dramático que encontramos en el itinerario espiritual conmovido de doña Teresa de Ahumada. En la vida del hijo menor de Catalina Alvarez, la pobre viuda de Gonzalo de Yepes, no hay asomo de ruptura, de conversión espiritual, cuando, en 1563, entra en el Carmelo. Juan de Yepes, «el servidor de los pobres» en el Hospital de la Concepción, de Medina, escoge decididamente su camino espiritual del que no desviará ya jamás. Su hermano Francisco cuenta que «aquel caballero que tenía cuidado del Hospital, Alonso Alvarez de Toledo, echando de ver lo que había de ser (Juan de Yepes) por las grandes muestras que ya daba de virtud, después que acabó su estudio, le rogaba que cantase allí la misa y se quedase por capellán del Hospital»[2]; otro testigo, Tomás Perez de Molina, advierte: «el dicho señor del dicho hospital le quería mucho y deseaba que se quedase allí para que fuese capellán y confesor de los pobres, mas él no gustó deste exerciçio, porque deseaba *apartarse más y apretarse más* ...»[3].

Tal beneficio eclesiástico hubiera sido para Juan de Yepes y su madre, que frisaba ya en los cincuenta, un porvenir seguro. Sin embargo, el joven Yepes no andaba en regateos, y cerrando los ojos a la oferta del administrador del hospital, siguió su propio deseo de retirarse de modo más radical. «Y así se fue muy secretamente al convento de Santa Ana del Carmen desta villa, donde pidió el hábito», relata su hermano Francisco, que añade: «y el prior y frailes se le dieron al punto con mucho contento»[4].

Nadie dice si antes había tenido contacto con el convento carmelitano de Santa Ana o con los frailes carmelitas. ¿Serían éstos tal vez los capellanes del Hospital de la Concepción —donde trabajaba Juan de Yepes— como lo eran en Avila, del Hospital de Santa Escolástica?

El hecho de que escoge la Orden del Carmen entre tantas otras órdenes, representadas en Medina —jesuitas, dominicos, premostratenses, trinitarios, benedictinos, agustinos, franciscanos y capuchinos, de los que algunos le codiciaron seriamente—, hace suponer que el joven «servidor de los pobres» haya tenido contacto con los carmelitas, habiéndose informado sobre el género de vida que llevan. Desde luego, no es suya una resolución repentina e indocumentada. Muy serios debieron de ser los motivos cuando hubo de tomar una decisión tan inesperada, tan contraria a las ilusiones de

---

[2] Madrid, Bibl.Nac., ms.12738 (declaración de Francisco de Yepes), f.613; Archivo Vaticano, *Riti*, nr. 2838, f.10 (decl. de fray José de Velasco); lo mismo repite Elvira de San Angel, como oído a Francisco de Yepes (*ibid.*, f.15).

[3] Cf. Tomás Pérez de Molina, en Arch.Vat., *Riti*, nr. 2838 (*Proceso Informativo de Medina del Campo*, 1614-1618), f.23v.

[4] Declaración de Francisco de Yepes, BN, Madrid, ms. 12738, ff.613 y 614.

su protector, que se vio obligado a irse «muy secretamente al convento de Santa Ana»[5].

No nos convence la sugerencia de supuestas relaciones de la familia Yepes con los carmelitas de Toledo como un factor que habría influido en la opción por el Carmelo de parte de Juan de Yepes. Gómez-Menor ha sido quien ha hecho notar que «por los años 1515-1517 se cuenta entre los moradores del convento del Carmen (de Toledo) ... un fray Diego de Yepes, que firma, con el prior fray Guillén y otros siete religiosos más, varias cartas de licencia para la venta o traspaso de propiedades tributarias al convento»; la conclusión del autor que «se trata probablemente de un familiar del Santo» además que «en tal supuesto no dejaría de ser conocido por el futuro fraile e inclinarle tal vez en la elección que hizo de esta orden religiosa» nos parece francamaente improvisada, sin fundamento[6].

Tampoco convence la sugerencia de Pablo Garrido que «ese fray Diego de Yepes no fuera el único de la familia que hubiera tomado el hábito carmelita», y aduce otro nombre, «el de fray Andrés de Yepes, de más relevancia al parecer, puesto que en el capítulo general de la Orden de 1503 era elegido provincial de Castilla...», y se pregunta: «¿no sería también de ascendencia toledana y de la misma familia de los Yepes?»[7]. Sugerencias de este estilo pueden multiplicarse sin fundamento. Así se podría, por ejemplo, sugerir que también la Madre María de Jesús (de Yepes), la fundadora del monasterio reformado de las descalzas de la Imagen de Alcalá, que vino a visitar a la Madre Teresa de Jesús, en Toledo, (cf. *Libro de la vida*, c.35, 1-2), sería de la familia de los Yepes, de Toledo.

Sin embargo, hay otros testimonios que tratan de rodear la vocación carmelita de Juan de Yepes con detalles milagrosos. Hablando de los motivos que le indujeron a tomar el hábito del Carmen, el padre Jerónimo de San José declara: «Estaba un día el devoto mancebo orando con el fervor y devoción que solía, y rogaba con ansias al Señor fuese servido de encaminarle al estado de vida que más le hubiese de agradar ... Oyó el Señor su oración y ... consoló a su siervo, respondiendo a sus deseos con este oráculo divino: "Servirme has (le dijo) en una religión cuya perfección antigua ayudarás a levantar"»[8].

El mismo fray Jerónimo de San José declara también que fue llamado el Santo por «particular noción de Dios nuestro Señor a levantar una nueva perfección que estaba caida, por lo cual andaba buscando qué religión es-

---

[5] *Ibid.*, f.613.

[6] José Carlos Gómez-Menor Fuentes, *El linaje familiar de Santa Teresa y de San Juan de la Cruz. Sus parientes toledanos*. Toledo, 1970, pp.52-53.

[7] Pablo María Garrido, O.Carm., *San Juan de la Cruz y Francisco de Yepes*. En torno a la biografía de los dos hermanos. Salamanca, Ediciones Sígueme, 1989, p.32.

[8] Jerónimo de San José, *Historia del Venerable Padre fray Juan de la Cruz*, Madrid, 1641, l.1, c.4, p.27-28.

tuviese más necesitada de reforma para entrar en ella, y habiendo llegado
por entonces los padres carmelitas calzados a fundar a Medina del Campo,
como con la ocasión de la nueva fundación viese que no estaban las cosas
tan asentadas, le pareció que aquélla era la religión para que Dios le llamaba, para ayudar a repararla ...»[9].

También la Madre María de Jesús (Lerma) supone al Santo animado
del propósito de entrar en la orden que «estuviese más relajada», y declara
que «ansí andaba tratando en unos y otros conventos para ver cuál lo estaba
más»[10]. El padre Alonso de la Madre de Dios, por fin, refiere la siguiente
«hablilla»: un día Juan de Yepes ve andar por la calle a un carmelita sin
capa blanca, y exclama: «Aquí es donde tengo de ser fraile y levantar esta
Orden»[11].

Con razón, el padre Crisógono de Jesús Sacramentado califica todas estas declaraciones de «pura leyenda»[12]. Juan de Yepes escoge una orientación
espiritual de acuerdo con su temperamento y carácter introvertido y recogido; un ambiente de arraigo espiritual propio de sus aspiraciones de «apartarse más y de apretarse más»; lo que cree encontrar en la Orden del Carmen
por su tradición contemplativa y su estado de observancia, tal como se le
presentaba en el convento de Santa Ana, de Medina del Campo. Lo que acabó de determinarse fue ser fundada la Orden del Carmen en servicio de la
Madre de Dios. El mismo padre Jerónimo de San José Ezquerra asigna este
motivo como el decisivo que le hizo preferir el Carmen: «considerando que
esta sagrada Orden tenía por Madre, Patrona y Protectora a la misma celestial Reina que él desde sus tiernos años había también escogido por tal, y
de cuyas manos había recibido singularísimos favores»[13].

Estos fueron, pues, los verdaderos motivos que le hicieron superar todas las dificultades y rechazar otros ofrecimientos. Juan de Yepes buscaba
su arraigo espiritual allí donde, a base de las informaciones obtenidas, con-
fiaba conseguir su ideal de vida contemplativa.

Con Juan de Yepes tomaban el hábito del Carmen aquel año de 1563
otros dos alumnos del colegio de los jesuitas de Medina del Campo; lo que

---

[9] *Información de Segovia* (1616), art.40, en B.M.C., t.14 (Burgos, 1931), p.415.
[10] Madrid, BN, ms.12738, f.911r.
[11] Madrid, BN, ms.2711, f.153r.
[12] *Vida de San Juan de la Cruz* ..., 11a edición, Madrid, Editorial Católica, 1982, p.43-44.
[13] *Historia del Venerable Padre fray Juan de la Cruz*. Madrid, 1641, libro I, c.5, p.29. Lo mismo atestiguan dos medinenses que le conocieron «al servidor de los pobres» en el hospital de
la Concepción. Juan López Osorio dice: «Con la devoción tan grando que tenía de Nuestra Señora, tomó el hábito de carmelita de la Observancia en el monasterio de Nuestra Señora del
Carmen, advocación de Santa Ana, de esta villa, donde le vi (Arch.Vat., *Riti*, nr. 2840, f.58r)».
Y Pedro Fernández de Bustillo declara: «Encendiéndose de día en día más el amor ardiente de
la Inmaculada Virgen María, Madre de Dios, se salió del dicho Hospital donde estaba y se fue
al convento de Santa Ana, de la Orden de Nuestra Señora del Carmen, en esta villa, y tomó
el hábito del paño, y allí le vi y hablé con él» (*Ibid.*, f.62r).

nos hace pensar que entre Juan de Yepes y sus dos compañeros existía cierta afinidad espiritual. Suponemos que el joven Rodrigo Nieto, de sólo quince años, y Pedro de Orozco, futuros condiscípulos de Juan de Yepes en la Universidad de Salamanca, son también sus compañeros de noviciado, en 1563-1564, siendo los dos, según las matrículas universitarias, «naturales de Medina del Campo» y también, como Juan de Yepes, alumnos del colegio de los jesuitas [14].

Suponemos que Juan de Yepes y sus compañeros tenían conocimiento, por lo menos inicial, de la vida carmelitana al momento de tomar el hábito en el convento de Santa Ana, de Medina del Campo. Este contacto inicial iría perfeccionándose durante el año de noviciado a través de la praxis diaria de la vida religiosa y a base de la iniciación en la tradición espiritual carmelitana, a saber a base de las lecturas carmelitanas por excelencia: la Regla y Constituciones y el famoso *Libro de la Institución de los primeros monjes*. En cuanto a la iniciación espiritual de fray Juan de Santo Matía hay que recurrir a estos documentos fundamentales.

La cuestión merece ser estudiada con detención, para valorar detalladamente la interpretación sanjuanista de la tradición mística del Carmelo y su aportación original en la reforma descalza y en sus escritos al patrimonio espiritual carmelitano, sus «presentimientos del porvenir».

Fray Juan de Santo Matía

No conocemos con seguridad y certeza fecha y detalles de la toma de hábito de Juan de Yepes. El día 24 de febrero de 1563, señalado por algunos historiadores [15], terminado el curso de 1561-1562 en los jesuitas, resulta probable. El único indicio que nos induce a admitir tal fecha es el sobrenombre de «Santo Matía», elección que sería debida a coincidir su toma de hábito con la fiesta del Apóstol (24 de febrero), que en 1563 coincidió con Miércoles de Ceniza, «circunstancia ésta que no desagradaría a fray Juan en el momento que decidía abandonar el mundo» [16].

A base de las antiguas Constituciones de la Orden nos es posible reconstruir el acto de la toma de hábito y de la iniciación en la vida carmelita-

---

[14] Son ocho los alumnos que, en 1563, salen del colegio de la Compañía para tomar el hábito en distintas órdenes: «cuatro en Santo Domingo, tres en el Carmen y uno en San Francisco», escribe el jesuita, padre Olea (cf. Antonio Astrain, *Historia de la Compañía de Jesús en la Asistencia de España*, t.2 (Madrid, 1905), l.3, c.9, p.576; para las matrículas, véase: Archivo de la Universidad de Salamanca, Libro 281 (1564-65), f.17r.

[15] Cf. Dosithée de Saint Alexis, O.C.D., *Vie de Saint Jean de la Croix* (2 vols., Paris, 1727), vol.1, p.12; Bruno de Jésus-Marie, O.C.D., *Saint Jean de la Croix* (Etudes Carmélitaines), Bruges, Desclée de Brouwer, 1961, p.51.

[16] En la provincia de los carmelitas de Castilla se daban más casos de que los frailes, en la toma de hábito, elegían como sobrenombre el Santo del día; así, p.e., el de fray Juan Gutiérrez *de la Magdalena*, provincial de Castilla de 1576 a 1579 y responsable de la prisión de fray Juan de la Cruz, en el convento de Toledo. Véase: Pablo Garrido, *o.c.*, pp.35-36.

na. Estas Constituciones, llamadas las «del general Soreth», de 1462, «corregidas y enmendadas por el R. Maestro Nicolás Audet, prior general de la Orden», y publicadas en 1524, son las vigentes en la provincia de Castilla, donde la observancia logró asentarse entre los años de 1550 y 1557 en todos los conventos [17].

En el capítulo *De inditione novitiorum* (Quinta pars, cap.V) se lee que el candidato al hábito es calzado con zapatos negros de hebillas «según el estilo de los hermanos», la cabeza afeitada en forma de corona, un abrigo de seglar cubriendo su túnica de jerga blanca, bien sesgada, que le llega «usque media tibia», hasta media pierna.

«Después de haber sido tocado la campana para llamar a la sala capitular a todos los frailes, y cuando éstos estén reunidos allí, el candidato es conducido al capítulo por el fraile que la haya instruido en lo que debe pedir, decir y hacer, delante del prelado; el cual, revestido de estola por encima de la capa blanca y sentado en una silla allí preparada, tenga agua bendita a un lado y la túnica con el escapulario separado, la correa y la capa blanca al otro lado. Y el novicio se postre delante de él en la alfombra».

Entonces el prelado —en el caso de Juan de Yepes con toda probabilidad el prior, fray Alonso Ruiz—, le pregunta: «¿Qué deseas?»

El candidato responde: «La misericordia de Dios, la pobreza de la Orden y la compañía de los hermanos».

A continuación el prior expone cuál será el camino espiritual que le espera en la Orden del Carmen. Le repite oficialmente las doce preguntas ya propuestas para eliminar todos los obstáculos jurídicos de su admisión. Siempre de rodillas, Juan de Yepes responde «no» a las doce preguntas. El prior le advierte que tendrá que observar «devotamente y por amor de Dios» la obediencia, la castidad y la pobreza religiosas.

El hijo menor de Catalina Alvarez acepta todo eso, respondiendo «que, con la ayuda de la gracia de Dios y con el apoyo de las oraciones de los hermanos se propone guardarlo todo».

---

[17] Véase: Otger Steggink, O.Carm., *La reforma del Carmelo español...*, Roma, Institutum Carmelitanum, 1965, p.66; las Constituciones de 1524 llevan como título:
— *Aurea et saluberrima Ordinis Fratrum Deiparae Virginis Mariae de Monte Carmelo statuta, in capitulo generali Venetiis celebrato, Sanctissimi Dni nostri praecepto et omnium eiusdem generalis capituli patrum consilio, ad instaurationem eiusdem Ordinis, pie simul, et sapienter ordinata.*
— *Isagogicon preciosissimis comparandum gemmis ad reformationem vitae regularis et sanctimoniae patrum Carmeli montis.*
— *Constitutiones ordinatae per R. Magistrum Jo. Soret Generalem, approbatae et publicatae per diffinitores capituli generalis Bruxellensis celebrati anno Dni MCCCCLXVI (!). Et correctae et emendatae per R. Magistrum Nicolaum Audet Ordinis Priorem Generalem, et diffinitores capituli generalis celebrati Venetiis anno Domini MDXXIIII.* Colofón: Venetiis, ... per Joannem Antonium et fratres de Sabio, 1524 Kal. Septembris.

El prelado pronuncia la oración: «Deus que te incaepit in nobis, ipse te perficiat, per Christum Dominum nostrum»; a lo que el coro responde: «Amen».

Después de haberse leventado el candidato, el prior le quita el vestido de seglar diciendo: *«Exuat te Dominus veterem hominem cum actibus suis»*. Al haberle el prior quitado el vestido de seglar, el candidato se arrodilla de nuevo; luego el prior recita las oraciones simbólicas rogando a Dios, e invocando la intercesión de la Virgen, Madre de Dios y «principal Patrona de esta sagrada Orden del Carmen», para que el candidato, «renovado en el espíritu de su mente», sea digno de poner por obra sus promesas. Terminadas tales oraciones se procede a la vestición del hábito religioso.

En primer lugar, el prior le viste de la túnica, hace la señal de la cruz, y dice: «Induat te Dominus novum hominem, qui secundum Deum creatus est in iustitia et sanctitate veritatis. In nomine Patris etc.». Luego le ciñe con la correa y le recuerda las palabras que dijo el Señor a San Pedro: *«Cum esses iunior cingebas te, et ambulabas ubi volebas, cum autem senueris alius te cinget. In nomine Patris, etc.».* Y «poniéndole el escapulario con la capucha separada», de novicio —esto «a diferencia de los profesos», que lo llevan todo unido— le dice: «Tolle iugum Christi suave, et onus Ejus leve. In nomine Patris, etc.».

Y por último, dándole la capa blanca, trae a la memoria las palabras del Apocalipsis: *«Qui sequuntur agnum sine macula ambulabunt cum eo in albis, ideo sint semper tua vestimenta candida in signum internae puritatis. In nomine Patris, etc.».*

El novicio, siempre de rodillas, «inclina la cabeza, y el prelado le rocia con agua bendita y con las manos extendidas sobre él implora la bendición del Señor». Entonces el prior entona el himno *Veni Creator.*

«Cantado el primer verso, todos se levantan y se dirigen cantando, en procesión, a la iglesia», donde el novicio «se prosterna delante del altar en la alfombra, mientras los demás frailes se encuentran en sus sillas del coro, y el prior de pie al lado del altar».

Terminado el himno se dicen las oraciones finales, después de las cuales el novicio es rociado de nuevo con agua bendita y levantado del suelo; «con las manos juntas, es llevado al altar para que lo bese reverente y devotamente»; a continuación, besa «la mano y la mejilla del prior», fray Alonso Ruiz, «y los demás frailes, según orden de profesión, diciendo a los sacerdotes: *"Ora Deum pro me, pater"*, y a los demás: *"Ora Deum pro me, frater"*. Y después se coloca en la última silla del coro, hacia el altar, donde estará hasta el fin de la misa, y entonces comulgará devotamente»[18].

---

[18] Véase el capítulo *De inditione novitiorum*, Cap.V, de la *Quinta pars*, de las Constituciones de Juan Soreth, en la edición de Sevilla, de 1573, f.129v-134v.

Iniciación carmelitana

Después de la toma de hábito fray Juan de Santo Matía empieza su iniciación en la vida carmelitana, bajo la dirección del maestro de novicios. No pudo ser el maestro de novicios de fray Juan el fundador del Carmen medinense, fray Diego Rengifo, como se ha querido insinuar; éste ya se había muerto en tal fecha [19].

El año de noviciado es ante todo una iniciación en la vida regular. Los novicios viven en el noviciado, un recinto reservado para ellos, de donde no pueden salir, sino para ir al coro, a clase o a otro asunto de cierta urgencia. Ningún fraile, «de cualquier grado, edad o condición que fuese», puede entrar en el noviciado, «con excepción del maestro, del preceptor de gramática, y también del prior...» [20]. Además, tienen que quedar separados de los profesos en sus recreos, y divertirse y jugar entre sí [21].

En los conventos que no disponen de noviciado separado del resto de la comunidad no pueden admitirse candidatos, a no ser que hayan cumplido dieciocho años [22]. La edad mínima para tomar el hábito es de catorce años [23]. Las Constituciones del general Soreth ordenan que «los novicios clérigos, durante el tiempo de noviciado, con diligencia se apliquen a aprender el rezo del oficio divino. Y que se les instruye en los singulos puntos de la Regla, en las ceremonias del coro ... según el ordinal, y en las prescripciones de estas Constituciones. Y no se les encarga de algún estudio hasta que hayan sido instruidos suficientemente en estas cosas» [24].

También inculcan las Constituciones «que a ningún novicio se dé algún oficio..., mas se procure que el novicio sea solícito de la salud de su alma...» [25].

Buena parte del día y de la noche los novicios se juntan con los profesos en la iglesia para cantar el oficio divino «según el uso de la iglesia de Jerusalén», el rito propio de la Orden carmelitana [26].

Además, «en el convento donde hay al menos cuatro novicios, se debe cantar todos los días muy de mañana por los mismos novicios la misa en honor de la Virgen, con algún cántico devoto y breve al final de la misma, a la que siempre asiste el maestro. Igualmente, después de Completas —así

---

[19] Cfr. Pablo M. Garrido, O.Carm., *El hogar espiritual de Santa Teresa*..., Roma,Institutum Carmelitanum, 1983, p.95-96. Solamente si vistiera fray Juan el hábito el 24 de febrero de 1563, habría podido conocer en Medina, al padro Rengifo, aunque por muy poco tiempo.

[20] *Isagogicon R.M.N. Audet*, De Novitiatu. Caput VIII, 2, in: *Aurea et saluberrima Ordinis Fratrum Deiparae Virginis Monte Carmelo statuta...*, Venetiis..., 1524, et nunc noviter typiss traditae ... Hispali, 1573, p.42v.

[21] *Ibid.*, Caput VIII, 6, p.43r.

[22] *Ibid.*, Caput VIII, 9, p.43v.

[23] *Ibid.*, Caput VIII, 3, p.42v.

[24] *Ibid.*, Caput XIII, Prima pars de las Constituciones del general Soreth, p.63v-64r.

[25] *Ibidem.*

[26] *Ibid.*, Cap. III, 1, De Officio divino, p.51r-52r.

prescriben las Constituciones —, los novicios se junten delante del altar de la Virgen y canten algunos cánticos devotos. Los dichos novicios, sin embargo, deben ser instruidos en que, desde el principio, formen una voz baja y profundo, de manera que con los años no se hagan una voz afeminada, sino viril y propio de religiosos» [27].

«Los novicios se destinen, además, a tales estudios para los cuales su índole parece a la más sana parte de la comunidad ser más apta. Pues la familia de nuestra sagrada Orden necesita no solo doctores y predicadores, sino también cantores y otros que se distinguen por varias cualidades». Las Constituciones prescriben también que «todos los novicios que se juzgarán capaces de llegar a las sagradas órdenes, tendrán que dedicarse al estudio de gramática» [28].

«En todos los conventos donde hay noviciado —ordenan la continuación— debe destinarse un presupuesto especial y suficiente para manutención de los novicios; de esto se debe proveer a los novicios todo lo necesario, y sobretodo de la ropa de vestir, y que no lleven hábitos sucios y despedazados», ya que «en el hábito de la Virgen debe aparecer candor y pureza» [29].

Este es, en grandes líneas, el marco exterior, en el que se desarrolla la vida conventual carmelitana en el noviciado de Santa Ana, de Medina del Campo.

Una Regla de ermitaños

La iniciación espiritual carmelitana se desarrolla a través de la lectura y meditación de los textos espirituales antiguos, «tesoros del pasado». Como libro de texto figura, en primer lugar, el libro de las *Constituciones antiguas*, en las que la primera página se abre bajo el título clásico de la llamada «Rubrica prima», que dice:

«¿Cómo contestar a los que preguntan cuándo y de qué manera nació nuestra Orden? ¿Y cómo nos llamamos Hermanos de la Bienaventurada Virgen María del Monte Carmelo?»

Y la respuesta suena:

«Decimos, en testimonio de la verdad, que desde el tiempo de Elías y su discípulo Eliseo, que habitaron piadosamente en el Monte Carmelo, situado no lejos de Acón, numerosos santos Padres, tanto del Antiguo como del Nuevo Testamento, gustaron vivir en la soledad de esta misma montaña para contemplar

---

[27] *Isagogicon*, De novitiatu, caput VIII, 4, ibid., p.43r.
[28] *Ibid.*, c.VIII, 5, p.43r.
[29] *Ibid.*, c.VIII, 8, p.43v.

las cosas celestiales. Allí, cerca de la fuente de Elías, persevera-
ron en una penitencia continua gloriosa y religiosamente ...».

Y sigue la Historia:

> «Construyeron un oratorio en honor de la Madre del Salva-
> dor. Y por este motivo tomaron el nombre de Hermanos de la
> Bienaventurada Virgen María del Monte Carmelo...».

Alberto, patriarca de Jerusalén, delegado de la Santa Sede antes del
Concilio de Letrán (1215), los reunió bajo una misma Regla, que aprobaron
Honorio III, Gregorio IX e Inocencio IV [30].

Además de los estatutos comunes a toda regla monástica, como son los
relativos a los tres votos substanciales, la mesa común, la elección de un superior, el oficio divino y el capítulo conventual, la Regla carmelitana tiene
su fisonomía propia. Aun después de haber sido adaptada por el papa Inocencio IV, en 1247, a las circunstancias de Occidente, sigue conservando los
rasgos fundamentales de su origen eremítico: entre estos, en primer lugar,
la soledad exterior y colectiva, prescrita por la Regla inocenciana en estos
términos:

> «Podréis tener solares y sitios en los yermos, o donde os
> fueron dados, que sean dispuestos y acomodados para la obser-
> vancia de vuestra religión».

Más definida está la soledad individual del carmelita:

> «Cada uno de vosotros tenga su celda en el sitio y solar
> adonde determinaréis demorar, apartadas y divididas de las
> otras, conforme a cada una le fuere señalada por el prior y co-
> munidad, o por la mayor parte de él».

Inocencio IV introdujo en 1247 un elemento cenobítico, añadiendo al
texto primitivo:

> «Con condición que lo que se os diere en limosna para co-
> mer, lo comáis comúnmente en refectorio oyendo alguna lección
> de la Sagrada Escritura...» (cap.4).

La parte principal de la vida carmelitana, y el núcleo de toda la Regla,
está en el doble precepto que ordena la permanencia en la celda y la oración
incesante:

> «Estén todos los hermanos siempre en sus celdas o junto a
> ellas, meditando de noche y de día en la ley de Dios y velando

---

[30] *Rubrica prima* de las antiguas *Constituciones* en: *Aurea et saluberrima Ordinis fratrum Deiparae Virginis de Monte Carmelo statuta*, p. 47v-48r.

en oraciones, si no estuvieren ocupados en otros justos y honestos oficios y ejercicios».

El texto hace recordar a los antiguos ermitaños del Monte Carmelo, que en perfecta soledad y a solas con Dios

> «a ejemplo e imitación del santo varón y solitario profeta Elías ..., hacían vida solitaria, elaborando en las colmenas de sus celdillas, como abejas del Señor, miel de dulzura espiritual» [31].

La adaptación a la vida cenobítica y mendicante, a raiz de la forzada emigración de los ermitaños del Carmelo hacia Occidente, por causa de las incursiones de los sarracenos en Tierra Santa, dificultó bastante la observancia literal de la Regla. Las celdas ya no eran ermitas o cuevas esparcidas por el monte, sino habitaciones contiguas, incluso en el recinto de las ciudades y en el casco de los poblados, formando parte de un mismo edificio, cuyas puertas daban al mismo claustro o dormitorio. El encerramiento constante, en estas nuevas circunstancias en Occidente, resultó imposible.

Así que «para quitar los escrúpulos de los pusilámines», y aprobar costumbres introducidas a consecuencia de la forma cenobítica de los conventos y de la vida mendicante —la llamada «vida mixta»—, el papa Eugenio IV declaró en la bula *Romani Pontificis providentia*, dada el 15 de febrero de 1432:

> «Podrán, sin embargo, a sus debidas horas, libre y lícitamente estar en sus iglesias y claustros y permanecer y pasear por sus alrededores» [32]; palabras éstas que interpretan y aplican a la nueva estructura de los conventos y a la vida mixta el precepto de la Regla: «Estén ... siempre en sus celdas o junto a ellas», etc.

El trabajo manual constituye otro distintivo:

> «Estaréis siempre ejercitándoos en alguna hacienda, por que el diablo os halle siempre ocupados, y por vuestra ociosidad no haga puerta por donde entrar a tentaros ...».

La guarda del silencio completa el cuadro de condiciones adecuadas para la vida de unión con Dios; así prescribe la Regla inocenciana:

> «Por tanto, establecemos que desde el punto que fueren dichas Completas guarden el silencio hasta *Prima* del día siguiente. En el otro tiempo , aunque no haya tanta observancia del silencio, mas siempre haya gran cuidado y vigilancia en evitar el mucho hablar...» (cap.16).

---

[31] Así escribe Jaime de Vitry en su *Historia Orientalis*, cap.51 y 52, ed. J. Bongars, *Gesta Dei per Francos*, vol,1, Hannoviae, 1611, pp.1074-1075.

[32] Véase el texto de la bula publicada por el P. Ludovico Saggi, O.Carm., en: *Carmelus*, 5 (1958), p.20-22.

Con el regimen eremítico oriental y la vida sedentaria se hermanan el ayuno y la abstinencia de carnes. La Regla inocenciana conserva este elemento y prescribe:

«Ayunaréis todos los días, excepto los domingos, desde la misma fiesta de la Exaltación de la Cruz hasta el día de la Resurrección del Señor, si enfermedad o flaqueza u otra justa causa no os persuadiere a quebrar el ayuno, porque la necesidad no tiene ley» (cap.12).

Tal era la Regla carmelitana que formaba la base vital de la iniciación religiosa de fray Juan de Santo Matía y sus connovicios.

Vocación a la vida mística

Todo hace pensar que la formación carmelitana de los novicios en el siglo XVI está inspsirada sobre todo por las páginas evocadoras del *Libro de la Institución de los primeros monjes*, el manual del espíritu carmelita e historial de sus tradiciones espirituales y místicas, «el principal libro de lectura espiritual» de la Orden, en que los carmelitas, hasta el siglo XVII, se emparon del verdadero espíritu. En la mentalidad de los carmelitas de los siglos XIV al XVII la *Institución* es la Regla antigua, anterior a la Regla de San Alberto, resultando así la fuente primitiva, aunque jurídicamente lo era y es la Regla de San Alberto, patriarca de Jerusalén [33]. Tal concepto de la

---

[33] El título completo de esta «magna charta» de la espiritualidad carmelitana es: *Liber de Institutione primorum monachorum in lege vceteri exortorum et in nova perseverantium*. Aparece por primera vez en la colección clásica de tratados y opúsculos sobre el origen de la Orden, anotado por el maestro catalán Felipe Ribot, quien lo atribuye al patriarca de Jerusalén Juan XLIV. Lo traen muchos manuscritos de fines del siglo XIV y XV, entre los cuales destaca el manuscrito 779 de la Biblioteca Arsenal de Paris (año de 1370). Editóse por primera vez en letras de molde en el *Speculum fratrum ordinis carmelitarum*, Venetiis, 1507, ff.3-28, por lo que consiguió una difusión notable. Otras ediciones posteriores de cierta importancia difusora fueron las del P. Tomás de Jesús, O.C.D., en su tratado *Commentaria in regulam primitivam...*, Salamanca, 1599, pars 1a, c.2, pp.421-126; las de *Bibliotheca Patrum*, t.IX, París, 1624, pp.619-662; de Pedro Wastelius, O.Carm., *Ioannis Nepotis Sylvani, Hierosolymitani Episcopi XLIV ... Opera omnia ...*, t.I, Bruxellae, 1643, pp.1-32; Juan Bautista de Lezana, O.Carm., *Annales sacri, prophetici et eliani Ordinis Beatissimae Mariae de Monte Carmelo ...*, Romae, 1656, t.III, pp.34-98; Daniël a Virgine María, O.Carm., *Speculum carmelitanum ...*, Antverpiae, 1680, t.I, pp. 7-114 (núms.19-283). Señalamos aquí el intento, sólo en parte logrado, de parte del P. Diego de Coria Maldonado, O.Carm., de editar el tratado en castellano en su *Dilucidario i demonstración de las chrónicas i antiguedad del sacro orden de la siempre Virgen Madre de Dios, Santa María del Monte Carmelo ...*(Córdoba, año 1598).

El P. Gabriel Wessels, O.Carm., publicó la *Pars ascetica*, a saber los primeros ocho capítulos, en *Anal. O.Carm.*, 3 (1914-1916), pp.347-367. Modernamente han aparecido traducciones en casi todos los idiomas europeos, al menos de los primeros ocho capítulos. El P. François de Sainte Marie lo insertó en *Les plus vieux textres du Carmel*, Paris, 1945, pp.109-141. En castellano existe una traducción moderna, editada en Avila, 1959.

Institución se basaba en lo que el mismo maestro Felipe Ribot, editor de los *Decem libri de peculiaribus gestis religiosorum carmelitarum* escribe a este propósito:

> «*Quod nulla, aut pauca, Albertus in praedicta regula inseruit, quae Ioannes prius in institutione huius religionis non habebat; sed quae Ioannes in generali suadendo scripserat; Albertus in regula in speciali determinat*» [34].

Hoy día el libro es considerado como un compendio y comentario bíblico de las tradiciones histórico-espirituales carmelitanas, compuesto alrededor de 1370 por el mismo editor de la colección de los *Decem libri*, el carmelita catalán Felipe Ribot [35]. Lo importante, para nuestro fin, es el hecho de que el libro existía como manual de espiritualidad carmelitana por excelencia a lo largo del siglo XVI.

Como el mismo título indica, el autor de la *Institución*, en su instrucción a Caprasio, monje del Monte Carmelo, se propone exponer el camino hacia «la perfección profética y el fin de la vida religiosa eremítica», entendiendo por *profética* la continuación de la vida que llevaban los Hijos de los Profetas en el Antiguo Testamento [36].

A lo largo de un comentario alegórico a las narraciones bíblicas sobre el Profeta Elías de los *Libros de los Reyes* expone en los primeros ocho capítulos el ideal eremítico-contemplativo que ha de polarizar la vida del monje carmelita, y cuyo núcleo está en la consecución del doble fin que tiene la vida eremítica carmelitana.

Dice la *Institución*:

> «El fin de esta vida debemos saber que es doble: uno es aquel que adquirimos por nuestro esfuerzo y práctica virtuosa, ayudándonos la divina gracia, esto es: ofrecer a Dios un corazón santo y puro de toda mancha de pecado actual. Al cual arribamos cuando llegamos a la perfección y estamos en Carith, esto es, cuando estamos escondidos en aquella caridad, de la cual

---

[34] *Speculum fratrum ordinis carmelitarum*, Venetiis, 1507, f.30. Durante siglos se ha defendido la paternidad literaria de Juan XLIV, patriarca de Jerusalén, alrededor del año 400, con miramientos apologéticos. El P. Gabriel Wessels, O.Carm., mantuvo que el libro fuese escrito alrededor de 1155 (*Anal. O.Carm.*, 3 [1914-1916], pp.368-380). El P. Bartolomé Xiberta, en un principio, expresó su conformidad con esta tesis (*Anal. O.Carm.*, 6 [1927], p.168); más tarde admitió que el tratado podría ser también de antes de mediados del siglo XIII, y quizás del siglo XIV (*ibid.*, 7 [1930], p.207). Clemens Kopp, por su parte, opina que la *Institución* es obra del siglo XIV (*Elias und Christentum auf dem Karmel*. Paderborn, 1929, p.113).

[35] Cf. Rudolphe Hendriks, O.Carm., *La succession héréditaire*, en: *Elia le prophète*, II, p.69 (Etudes Carmélitaines, 1956).

[36] *Liber de Institutione*, c.2.

dijo el Sabio: "El amor encubre las faltas" (*Prov.*, 10). Queriendo Dios que llegara Elía a este fin, díjole: "Escóndete en el torrente Carith".

El otro fin de esta vida nos es dado por mero don de Dios,
a saber: no tan sólo después de muerte, sino ya en esta mortal
vida nos es concedido gustar de su dulzura alguna vez que otra
en lo íntimo de nuestro corazón y experimentar en nuestra alma
la virtud de la divina presencia. Esto es a lo que llamamos beber
del torrente del gozo de Dios. Dios prometió este fin a Elías di-
ciéndolo: "Y allí beberás del torrente"» [37]

Con razón, el beato Tito Brandsma escribió a propósito de este texto
fundamental y programático: «Jamais, dans aucun Ordre, livre fournissant
une norme de vie et déclarant la fin vers laquelle doivent tendre ses mem-
bres, n'a énoncé de façon aussi formelle la vocation à la vie mystique» [38].

El camino que conduce a la meta propuesta está tendido sobre el ejercicio del desprendimiento total, en el que se distinguen cuatro grados. En
primer lugar conviene al monje dejar todas las cosas del mundo y alejarse
de sus parientes [39]. Luego viene la renuncia de la propia voluntad y el dominio de las pasiones [40]. El tercer grado de la vida profética y eremítica es la
soledad y la renuncia de todas las cosas terrenas [41], y por fin el cuarto grado
consiste en la perfecta caridad que purifica al alma del afecto al pecado [42].

Conseguido, pues, el renunciamiento total de todas las cosas, surge la
caridad, que conduce al alma hasta la suma perfección.

«Y tú, hijo mío, así exhorta el autor de la *Institución*, si
quieres esconderte pronto en la caridad y llegar al fin de tu destino y beber del torrente de la contemplación, no sólo debes
evitar lo que está prohibido, sino también todo aquello que te
retarda para el más ardiente amor» [43].

Toda esta doctrina se repite gráficamente a partir del capítulo 9, relatando la vida del profeta Elías continuada por sus discípulos hasta llegar al
Nuevo Testamento [44].

---

[37] *Ibid.*, c.2.
[38] Art. «Carmes», en *Dictionnaire de Spiritualité*, t.I (Paris, Beauchesne, 1932), col.106.
[39] *Liber de Institutione*, c.3.
[40] *Ibid.*, c.4.
[41] *Ibid.*, c.5.
[42] *Ibid.*, c.6.
[43] *Ibid.*, c.7.
[44] Véase un análisis completo del contenido del libro por el P. Alberto de la Virgen,
O.C.D., en su artículo «Doctrina espiritual del "Libro de la institución de los primeros monjes"», en *Revista de Espiritualidad*, 19 (1960), pp.427-446.

Con la luz de la fe cristiana los discípulos de los Profetas comenzaron a descubrir los misterios antiguos. Ahora entendían perfectamente la revelación hecha a Elía en el Monte Carmelo, descrita en III Reg., c.18[45]. «Lo que allí le fue revelado dignóse Elías manifestarlo no a todos, sino en secreto a los suyos, por los cuales hemos sabido que en aquella visión simbólica reveló Dios a Elías cuatro grandes misterios:

1.º, que nacería una doncella limpia de todo pecado desde el vientre de su madre;

2.º, el tiempo de este nacimiento;

3.º, que esta doncella viviría en castidad perfecta a semejanza de Elías;

4.º, que Dios se uniría a la naturaleza humana tomando carne de aquella doncella»[46].

Interpretando estos secretos que así les unían a aquella Virgen, «ya al tiempo de los Apóstoles la llamaban hermana, y daban a sí mismos el título de hermanos de la Virgen María[47]. Así se estableció un parentesco espiritual entre los monjes del Carmelo, sucesores de Elías y de los Hijos de los Profetas, y la Virgen María.

De esta manera interpretaban su historia todos los carmelitas. Bajo la incubación de estas imágenes y tradiciones exuberantes, de sabor medieval, crecía un ideal contemplativo perfectamente definido, que es como la esencia de la vida carmelitana recogida en la *Institución*. También la tradición eliano-mariana con su característica de ejemplaridad-imitación está trazada en el libro en términos claros y concretos.

Un número notable de manuscritos conservados actualmente en bibliotecas públicas de Francia, Inglaterra, Alemania, Italia y Bélgica, y en algunas bibliotecas y archivos de la Orden, y al mismo tiempo la noticia de un número mayor de manuscritos perdidos[48], denota que el *Libro de la Institución* gozaba de una difusión grande dentro de la Orden ya antes de salir impreso en el *Speculum ordinis fratrum carmelitarum*, de 1507. A partir de esta fecha su difusión debió de ser mucho mayor. Los autores suelen presentar la *Institución* como «el principal libro de lectura espiritual», a partir del siglo XIV

---

[45] *Liber de Institutione*, c.32.

[46] *Ibid.*, cc.33-34.

[47] *Ibid.*, c.36.

[48] Entre los manuscritos existentes, los más importantes son los de París, Bibliothèque Arsenal, ms. 779, procedente de los Carmelitas de la Place Maubert (siglo XIV); Clermont-Ferrand, Bibliothèque Universitaire, ms. 256 (siglo XIV); Semur-en-Auxois, Bibliothèque Municipale, ms. 28, procedente de los Carmelitas de Semur (siglo XV); München, Stadtsbibliothek, Clm. ms. 471 (siglo XV); London, Lambeth Palace, ms. 192 (siglo XV), con una traducción inglesa de fr. Thomas Scrope Bradley (siglo XV); Boxmeer, Instituto Carmelitano, manuscrito procedente de Gand y escrito por Joannes Simonis de Nova Terra, partis Zelandiae (1446). Tenemos conocimiento de una docena de manuscritos perdidos, en su mayor parte procedentes de conventos de Bélgica.

hasta el XVII, época de los directorios de los Novicios[49]. Por ser considerada como la primera Regla, anterior a la de San Alberto, su autoridad hubo de ser grande. Por cierto, no se puede medir tal influencia por las citas explícitas de la *Institución* por parte de los escritores espirituales de la Orden. Resulta ser sobre todo el clima espiritual, el ideal eremítico-contemplativo en imitación de Elías y la vida de parentesco espiritual con la Virgen María, lo que la *Institución* transmite. En cuanto a la tradición mariana —argumento que ha sido estudiado mejor que lo demás—, la influencia de la *Institución* es manifiesta a partir del siglo XIV en todos los autores[50].

Por cierto, no quedan muchas huellas manuscritas de la espiritualidad carmelitana en España anteriores al siglo XVI. En cuanto al *Libro de la Institución* señalamos en primer lugar el códice zaragozano de 1458 con los *Decem Libri* de Felipe Ribot, transcrito por fray Bernardo de Montesa, carmelita de Calatayud, más tarde provincial de Aragón y vicario-general de las provincias españolas de parte del General Juan Soreth[51]. No hemos podido dar con el paradero actual de este códice, si es que existe todavía. En segundo lugar conocemos el códice de Avila, de mediados del siglo XV, como el anterior; volveremos a hablar de este manuscrito interesante por extenso.

A partir de 1507 el *Speculum* debió de ser también en España el vehículo principal de las tradiciones espirituales de la Orden y el libro preferido de formación carmelitana. Hemos podido registrar en casi todas las bibliotecas públicas ejemplares, procedentes de los conventos antiguos.

Un detalle significativo para la difusión del *Speculum* en España al tiempo de que nos ocupamos nos ofrece el P. Gracián de la Madre de Dios Dantisco. Cuando estaba ya ordenado sacerdote, atendiendo a las carmelitas de la Imagen de Alcalá de Henares, sintió el Maestro Gracián el deseo de informarse sobre la historia y el espíritu de la Orden carmelitana. «Y assí —relata el mismo P. Gracián— se fue un día al Carmen de los Calçados y pidió a fray Hernando Suárez que acaso estava allí estudiando con Cárdenas y otros frayles, que le diesen algún libro si tenían y historias de su Orden.

---

[49] En su introducción a la parte ascética, el P. Gabriel Wessels escribe: «Regula Joannis 44 quoad partem asceticam magnum certe influxum in Ordinem exercuit. Ante saeculum XVII fuit praecipuus liber O.N. pro lectione spirituali fratrum, praesertim postquam 1507 impressus erat. Ab omnibus profecto considerabatur ut antiqua regula ordinis. Influxum suum quoque habuit in doctrinam S. Teresiae et S. Ioannis a Cruce, sicut et Michaelis a S. Augustino, Directorii Novitiorum et aliorum librorum asceticorum O.N....» (*Anal. O. Carm.*, 3 [1914-1916], p.346); cf. Crisógono de Jesús Sacramentado, O.C.D., *San Juan de la Cruz y su obra científica y literario*, t.I, Avila, 1929, pp.36-37.

[50] Valerius Hoppenbrouwers, O.Carm., *Devotio mariana in ordine fratrum b.m.v. de Monte Carmelo*, Romae, 1960, p.89.

[51] Véase *Bibliotheca carmelitana*, de Cosmas de Villiers, t. I, col. 277-278.

Dióle —prosigue el P. Gracián— el *Speculum Ordinis* con mucho contento...»[52].

Resulta interesante, en primer lugar, el hecho de que un convento recién fundado —como era el de Alcalá, donde se establecieron en 1567, y el P. Gracián habla de los años 1570-1572— se posee el *Speculum Ordinis* de 1507, y segundo, que al pedir el P. Gracián un libro sobre la Orden se le daba precisamente éste.

El «Libro de la Institución» en la reforma de los descalzos

En cuanto a San Juan de la Cruz, los biógrafos y los comentaristas de sus obras dan por seguro el hecho de que el Doctor Místico conocía el *Libro de la Institución*. Sin embargo, no presentan pruebas convincentes. El P. Jerónimo de S. José señala este libro entre los tratados espirituales que el Santo leyó antes de pasarse a la Reforma[53].

El P. Crisógono de Jesús Sacramentado indica elementos de identidad doctrinal entre la *Institución* y el autor de las *Noches*[54]. Lo mismo vienen a decir el P. Bruno de Jesús-Marie y el P. François de Sainte-Marie[55]. Les sigue en esto el P. Efrén de la Madre de Dios, aunque advierte la escasez de noticias positivas[56]. No falta quien señala estrechas relacionesa de dependencia[57].

De otra parte, el P. Fortunato de Jesús ha expresado sus dudas en cuanto a la existencia de tal dependencia doctrinal[58].

Con todo, ninguna cita explícita puede alegarse del *Libro de la Institución* por parte de San Juan de la Cruz escritor.

A propósito de Santa Teresa, los autores han presentado, más o menos, las mismas hipótesis[59]. El P. Jérôme de la Mère de Dieu llega a aformar que la Santa menciona el *Libro de la Institución*, traduciendo así un texto del primer capítulo de las *Quintas Moradas*: «Ainsi, nous toutes qui portons ce saint habit du Carmel, nous sommes appelées à l'oraison et à la contem-

---

[52] *Autobiografía* del P. Gracián de la Madre de Dios Dantisco, ms. autógrafo del P. Gracián (Avila, Biblioteca Teresiana, hoy «Casa de la Cultura»), c.2, sin foliar.

[53] *Historia del venerable Padre Fr. Juan de la Cruz*..., Madrid, 1641, libro 1.º, c.11,4.

[54] *San Juan de la Cruz, su obra científica y literaria*, t.I, Avila, 1929, p.36-37; ídem, *Escuela mística carmelitana*, Avila, 1930, p.38-41.

[55] Bruno de Jesús-Marie, *Saint Jean de la Croix*, Etudes Carmélitaines, 1961, pp.61-62; François de Sainte Marie, *Le plus vieux textes du Carmel*, París, 1945, p.101 y ss.

[56] *San Juan de la Cruz y el misterio de la Santísima Trinidad en la vida espiritual*, Zaragoza, 1947, p.170-171; confróntese: *ibid.*, p.168.

[57] Así el P. Patrick of St. Joseph, O.C.D., en su artículo «Le livre de Jean de Jérusalem», en *Etudes Carmélitaines*, 3 (1913), pp.365-386.

[58] Véase *Revista de Espiritualidad*, 21, (1962), p.544, nota 23.

[59] Véase lo dicho por el P. Gabriel Wessels en *Anal. O.Carm.*, 3 (1914-1916), p.346, y por el P. Patrick of St. Joseph en su citado artículo en *Etudes Carmélitaines*, 3 (1913), pp.365-386.

plation, c'est la notre première *Institution*[60]. Tal traducción de las palabras castellanas *Este fue nuestro principio*, además de no ser exacta, peca de tendenciosa y forzada, para comprobar una tesis preconcebida. Semejante juicio merece la interpretación del texto citado por parte del Padre Elisée de la Nativité[61]. Al mismo tiempo confesamos, de acuerdo con el mismo P. Elisée, no haber hallado prueba directa de lectura de la *Institution* por parte de los dos grandes exponentes de la Reforma Carmelitana. Sin embargo, a pesar de que no hallamos citas directas del *Libro de la Institución* ni en los escritos de San Juan de la Cruz ni en los de Santa Teresa, hay alusiones que justifican la conclusión de que ambos conocían la doctrina espiritual de la *magna charta* del Carmelo, y aún más: que esta tradición contemplativa-eremítica eliana inspiraba directamente la orientación espiritual de la Reforma teresiana.

Así sabemos que Santa Teresa, a lo largo de la génesis de su ideología reformadora, caracterizada por el creciente afán de entroncar con los padres del Carmelo, trató de documentarse sobre los principios de la Orden. Al tiempo de la fundación de San José de Avila, el prior del Carmen, fray Antonio de Heredia, la asistió en la organización de la vida carmelitana según la primitiva regla[62]. La Santa alude directamente a la información que éste le dio acerca de la pobreza de los antiguos padres del Carmelo: «quien lo ha leído»[63]. Aunque tenía en sus manos la Regla de 1247, de Occidente, sus intenciones miraban más allá, al yermo primitivo del Monte Carmelo[64]. Las alusiones de la Santa a la vida de los antiguos padres del Carmelo tienen su fuente de inspiración directa o indirectamente en las páginas evocadoras del *Libra de la Institución*. Desde luego, en su propio convento de la Encarnación de Avila se conservaba «un libro encuadernado en tabla del origen de la Orden»[65], probablemente el códice precioso, de mediados del siglo XV, que trae el texto latino y *castellano* de todos los tratados y opúsculos de los siglos XIII y XIV, entre ellos los *Decem Libri*, de Felipe Ribot, con el texto

---

[60] *La tradition mystique du Carmel*, Bruges, 1929, p.54.

[61] «Les carmes imitateurs d'Elie», en *Elie le Prophète*, t.II, p.89.

[62] Cf. la deposición del P. Miguel Carranza, O.Carm., en el *Proceso de Valencia*, de 1595, en B.M.C., t.19, p.134.

[63] *Camino de perfección* (Escorial), c.2,7.

[64] «Pretendí — escribe — se guardase esta Regla de nuestra Señora como se principió» (*Camino*, c.3,5). Y a las monjas de San José de Avila enseña: «Y acordaos de nuestros padres santos pasados y santos ermitaños, cuya vida pretendemos imitar...» (*Camino*, c.16,4). «Todo el estilo que pretendemos llevar — así declara — es de no sólo ser monjas, sino ermitañas» (*Camino*, c.20,1).

[65] El códice, procedente del «convento de Avila», como se lee en la hoja de guarda, de mediados del siglo XV, había ido a parar al convento de Jerez de la Frontera, donde lo encontramos en 1951. Fue trasladado a Roma, al Archivo General de la Orden. Ha sido descrito minuciosamente por el P. Gracián de Sta. Teresa, O.C.D., en *Ephemerides Carmeliticae*, 9 (1958), pp.442-452.

completo de la *Institución* en primer plano[66]. Hay, pues, motivo suficiente para pensar que la idiología primitiva del Carmelo, aprendida en la lectura de *un libro del origen de la Orden*, presidía aquella conversación celebrada en la celda de Doña Teresa de Ahumada por el mes de septiembre de 1560, que dio origen al proyecto de fundación del primer monasterio de San José de Avila. Aquella tarde —dice la Madre María Bautista—

> «se comenzó a tratar de cuán penosa vida era la que se pasaba en aquella casa, por haver tanta gente, comunicación y bullicio; acerca de lo cual dijo la Santa algunas razones, nacidas de aquel grande afecto que traía de retirarse a vida más quieta *trayendo a la memoria la soledad y retiro de los antiguos ermitaños de su Orden, y cómo, viviendo según la regla primitiva, pasaban una vida celestial*».

Concluye la misma María Bautista diciendo que hablaban de

> «cómo se reformaría la regla que se guardava en aquel monesterio..., *y se hiciesen unos monesterios a manera de ermitañas, como lo primitivo que se guardava al principio desta regla que fundaron nuestros santos padres antiguos*»[67].

En la velada de septiembre de 1560 las enseñanzas de la Institución constituyeron el punto de partida del ideal de la reforma que fue formulada en estas palabras: de hacer *«unos monesterios a manera de ermitañas»*[68].

El ideal del Carmelo que Doña Teresa de Ahumada acariciaba era exactamente lo que allí estaba escrito, creído y asimilado espiritualmente con toda la sinceridad del alma. Tal orientación eremítica-contemplativa de la ideología teresiana sería reforzada y mejor documentada también, particularmente en cuanto a la reforma de los frailes, por mediación del P. Gracián de la Madre de Dios. Ya vimos que éste, antes de entrar en el noviciado de Pastrana, se estaba empapando del espíritu de la Orden por medio de la lectura del *Speculum* de 1507, que le dieron los carmelitas de Alcalá de Henares. Por estos años de su acercamiento al Carmelo —entre 1571 y los primeros meses de 1572—, el P. Gracián comenzó a cartearse con la Madre Teresa

---

[66] En el *Inventario de los papeles que se allan en el archivo deste convento de la Encarnación* (siglo XVII), conservado en el archivo del monasterio abulense, se lee en el fol.112r: «Libro del origen de la Orden N.55, Cajón 2. En el dicho cajón del N.2 ai un libro enquadernado en tabla del origen y constituziones de la Orden». Estos detalles coinciden con las características del contenido y de la forma del códice Avila-Roma; también el carácter bilingüe tiene mejor explicación por su procedencia del monasterio de las monjas.

[67] *Relación que la Madre María Baptista... dejó escrita de su llamamiento a la religión...*, f.282r (ms. Valladolid, Monasterio de las Carmelitas Descalzas).

[68] *Ibídem*.

de Jesús. No nos han llegado las mismas cartas que escribió a la Madre Teresa de Jesús el futuro «capitán de los hijos de la Virgen»; pero sí, conocemos su contenido, al menos en parte. Era el fruto de sus estudios sobre la historia y el espíritu de la Orden, que el P. Gracián comunicaba a la Madre Fundadora. «Comencé —así escribe el mismo P. Gracián— con este cuydado a escribir cosas desta Orden y sobre la Regla; escribí un *tratadillo de la vida de los Prophetas de la Horden*, que embié a la Madre Teresa de Jesús...» [69]. Resulta ser este tratadillo del joven Gracián una clara alusión a los capítulos X-XV del *Libro de la Institución*. Entre las obras manuscritas del P. Gracián figuran «diversos opúsculos de la religión del Carmen como *Antiquitas carmelitana, Suma del Libro de Juan Patriarca cuarenta y cuatro de Hierusalem,*» esto es, del *Libro de la Institución* [70].

Por medio del P. Gracián la Santa tuvo, pues, información directa del contenido de la *Institución de los Primeros Monjes*, y, sin duda, de otros tratados contenidos en el *Speculum* de 1507.

Con todo esto queda bastante clara la inspiración fundamental de dos protagonistas de la Reforma, Santa Teresa y el P. Gracián, en la tradición contemplativa del Carmelo, tal como ésta se transmitía en el *Libro de la Institución*.

En cuanto a fray Juan de Santo Matía, durante su noviciado y sus estudios en Salamanca, el contacto con los textos espirituales de la Orden se puede dar como seguro. También la lectura de la *Rubrica prima* —punto de partida de la tradición eremítica-profética del Carmelo— puede darse por segura como elemento básico de la formación religiosa de aquellos días. La presencia del *Speculum antiquum* de 1507 en el colegio recién fundado de Alcalá y el códice de Avila del siglo XV nos hacen suponer que también en Medina y Salamanca fray Juan de Santo Matía pudo leer estos textos clásicos del Carmelo. Más tarde, en el contacto con la Madre Teresa de Jesús durante la época de la organización de la vida de los «carmelitas contemplativos» en Valladolid y Duruelo, el entroncarse con los padres antiguos del Carmelo será la fuente de inspiración, como la había sido en la fundación del monasterio de San José, de Avila.

Como carmelita descalzo hará, años más tarde, referencia explícita al *Libro de la Institución*, para justificar el apostolado de los «carmelitas contemplativos»; lo que significa que lo ha leído y atribuye al texto autoridad y calidad normativa.

Suponemos que precisamente el afán de «apartarse más y apretarse más», y la tradición eremítica-contemplativa del Carmelo, en consonancia

---

[69] *Autobiografía* del P. Gracián, ms. autógrafo, c.2 (s.f.), conservado en la Biblioteca Teresiana de Avila (Casa de la Cultura).

[70] *Peregrinación de Anastasio*, Diálogo XII, ed. de Giovanni Maria Bertini. Barcelona, Juan Flors, Editor, 1966, p.167.

mutua, obraron con gran fuerza sobre la conciencia vocacional de fray Juan de Santo Matía; hasta tal punto, que la Regla carmelitana, en su sentido histórico-literal, esto es en su forma eremítica-contemplativa, era para él suprema ley de la vida carmelitana. Por eso, el joven estudiante salmantino se comprometió, apenas profesado, a observar la Regla primitiva de la Orden [71], lo que implicaba una vida más recogida, de mayor silencio y soledad, y abstinencia de carne.

Una crisis vocacional

Sin duda, sus ideales contrastaban con la realidad de la forma de vida que se llevaba entonces en los conventos de la Orden. Esto no podía llamarse vida eremítica-contemplativa en el sentido estricto de la palabra. Desde su llegada a Occidente, a mediados del siglo XIII, los Carmelitas se habían visto obligados a abandonar su primitivo estilo de vida que llevaban en Oriente, asociándose a la vida mixta de los mendicantes. Esta transformación de estilo de vida significa el abandono de la soledad colectiva y la participación activa, en medio de las villas y ciudades, al apostolado urbano. De otra parte, los frailes del Carmelo conservaban la conciencia de ser una Orden de origen eremítica, legalmente transformada —la *rubrica prima* de las Constituciones y el *Libro de la Institución* lo prueban—, mas este ideal contemplativo eremítico del pasado no podía realizarse dentro de las estructuras de una vida mendicante, tal como la habían abrazado los frailes carmelitas, también en Castilla. Y al ideal contemplativo sin más se había acogido fray Juan de Santo Matía, en su afán juvenil de «apartarse más». Su naturaleza necesitaba recogerse y ahorrarse, profundizar en el silencio.

Así fray Juan no pudo sentirse «mendicante». Lo tocó, más particularmente en el estudio salmantino, vivir en su alma la crisis vocacional de los ermitaños carmelitas del siglo XIII y sentir en su alma la reacción en favor del ideal primitivo, más eremítico. Como muchos carmelitas del siglo XIII y XIV, fray Juan de Santo Matía pensaba que el paso a la Cartuja le daría la solución a su problema interior vocacional [72].

El Carmelo de Castilla

En esta crisis personal del «estudiante religioso» no parece que tuvo parte decisiva la situación en que se hallaba la vida regular de los conventos castellanos, como algunos autores han querido insinuar. El problema que vive fray Juan de Santo Matía es más fundamental, más fuerte, como lo demuestra su intento de dejar la Orden y pasar a la Cartuja.

---

[71] Cf. Crisógono de Jesús Sacramentado, *Vida de San Juan de la Cruz*, 11a ed., Madrid, 1982, nota 32.

[72] Cf. Benoît-Marie de la Croix Zimmerman, *Les saints déserts*, París, 1927, pp. 4-6.

De otra parte, el Carmelo de Castilla —donde fray Juan de Santo Matía no lograba arraigarse bien— no pasa por una época de florecimiento. La enérgica intervención reformadora del general Audet por los años de 1530-1531, a la que siguió el éxodo de «la mayor parte de los frailes»[73], había tenido un efecto purificador pero al mismo tiempo tal reforma dejaba un vacío en los conventos que por los años de 1566-1567 no había sido suplido convenientemente. Se notaba la falta de personal. Santa Teresa, refiriéndose al año de 1567, afirma que «los religiosos eran tan pocos, que aun me parecía se iban a acabar»[74]. La falta de personal calificada es indudable, y debe repercutir necesariamente en el estado de la observancia. Según un cálculo aproximado, basado en numerosos documentos notariales de la época, los carmelitas de Castilla eran poco más de un centenar, distribuidos en sólo ocho conventos[75]. Gracias a la labor de consolidación de parte de los provinciales, a partir de 1531 la provincia se había hecho del todo reformada, u *observante*[76].

Así, entre las cuatro provincias españolas, la de Castilla era la mejor bajo el aspecto de la observancia, y no hay motivo para equipararla con la de Andalucía y describirla como infectada por «cierta anarquía»[77].

Lo que fue importante, sí, era la falta de preparación intelectual. La provincia no tenía centros escolásticos propios, faltando profesorado. En el capítulo provincial de Avila, de 1567, encontramos sólo dos Maestros en teología y cuatro Presentados[78]. El número de estudiantes castellanos en el colegio interprovincial de Salamanca, por los años de 1564-1568, resulta muy reducido[79]. Tampoco encontramos estudiantes de Castilla en los centros escolásticos fuera de la provincia. Con todo, parece exagerado el testimonio de un religioso trinitario contemporáneo que dice: «Que no había nadie que quisiese estudiar en esta Orden, y se contentaba con hacerse ordenar»[80].

En conclusión: el ambiente claustral que fray Juan de Santo Matía piensa dejar al intentar el paso a la Cartuja es muy modesto, y hasta precario bajo ciertos aspectos, aunque sin asomos de «anarquía» en cuanto a la observancia religiosa, como se ha querido afirmar; se trata más bien de una recu-

---

[73] Véase Otger Steggink, O.Carm., *La reforma del Carmelo español...* (Roma, 1965), pp.35-37.

[74] *Libro de las Fundaciones*, c.2,5.

[75] Cf. Otger Steggink, *o.c.*, pp.66- 67.

[76] *Ibid.*, pp.35-37 y 41-42.

[77] Cf. Crisógono de Jesús Sacramentado, *Vida de San Juan de la Cruz*, Madrid, 1982, 11a ed. (B.A.C., 15), p. 45. Véase también: *A propòsito del estado de la provincia de Castilla* en Otger Steggink, *o.c.*, pp.336-339.

[78] *Ibid.*, p.339.

[79] Cf. *ibid.*, pp.277-279.

[80] *Proceso apostólico de Baeza*, fol.50r: Archivo Vaticano, *Riti*, nr.2862, f.118: dicho de fray Luis de San Angelo.

peración espiritual e intelectual, como lo demuestra el desarrollo histórico de la provincia de Castilla en el último cuarto del siglo XVI.

El fondo de la crisis vocacional del carmelita salmantino está, a nuestro modo de ver, en la orientación «mendicante» de la Orden que era por su origen, eremítica y contemplativa. Fray Juan de Santo Matía siente la división del Oriente y del Occidente. Nunca hay que perder de vista el hecho de que fray Juan, ante la oferta de la Madre Teresa de Jesús de asociarse al movimiento de los carmelitas contemplativos en Duruelo, ve la posibilidad de crearse una Cartuja dentro de la Orden. Al abismarse en Duruelo, busca y ensaya una vida de Cartujo carmelita. Nunca le fallará esa aspiración cartujana que guarda en el fondo de su ser. Así el paso a Duruelo representa una fase de su desarrollo espiritual personalísimo: una fase de arraigo definitivo.

2. El arraigo definitivo

Fray Juan de la Cruz se liga, a raíz del encuentro con la Madre Fundadora, a la renovación del estilo eremítico-contemplativo en la Orden del Carmen. Duruelo significa para él la continuación de esos fervores juveniles de «apartarse más y de apretarse más». En este sentido, el paso de fray Juan no es una desviación, sino más bien el seguir su instinto firme de recogimiento sobre el propio camino dentro de esa Orden.

Y este camino se lo trazó el propio fray Juan de la Cruz de acuerdo con la Madre Teresa de Jesús. Según la común intención de ambos se trataba de crear un movimiento de frailes a semejanza de lo que se había hecho con las monjas descalzas. Cuando fray Juan de Santo Matía la comunica a la Madre Fundadora su propósito de pasarse a la Cartuja, sin duda «para apartarse más y apretarse más», la Madre Teresa le explica cómo podrá hallar todo lo que busca —una vida de penitencia y de contemplación— en el movimiento de «carmelitas contemplativos» que ella está planeando ya en serio, autorizada por el general de la Orden y con la aprobación de los maestros, el actual provincial de Castilla y su antecesor. El nuevo estilo de vida de los frailes de Duruelo quedó calcado sobre el de las monjas. El esbozo de las Constituciones destinadas a regir la vida de los frailes contemplativos y presentadas al general Rubeo para su aprobación, resulta ser *calco material* de las Constituciones de las descalzas de San José, correspondientes a la etapa redaccional abulense de 1567 [81].

La coincidencia textual entre las llamadas Constituciones del Padre Rubeo para los frailes contemplativos y las que escribió la Madre Teresa de Je-

---

[81] Véase la exposición detallada de este problema crítico-textual en: Tomás de la Cruz-Simeón de la Sagrada Familia, O.C.D., *La reforma teresiana*, pp.96-101; cf. también: Otger Steggink, O.Carm., *La reforma del Carmelo español*, p.391, n.262.

sús para sus descalzas de San José es confirmada por el Padre Angel de Salazar, el cual —refiriéndose a las Constituciones presentadas al prior general con ocasión de la visita de abril de 1567— declaró: «Este testigo vio y aprobó los capítulos y la Regla de los dichos monasterios de descalzos, *así de monjas como de frailes*, que la dicha Madre Teresa de Jesús presentó ante el general de la dicha Orden del Carmen, el cual general asimismo vio y aprobó la dicha Regla»[82].

Se trataba, pues, de un único código de Constituciones, destinadas en primer lugar para las monjas de San José y —según la intención de su autora— adaptables, con los consiguientes cambios de género y algunos retoques, a la vida de los frailes contemplativos. Lo que fray Juan de la Cruz y fray Antonio de Heredia hicieron en unión con la Madre Teresa fue adaptar el texto para los frailes. Eran las «actas del repartimiento del tiempo, como declara fray Angel de San Gabriel, y del vestido y descalcez y observancia de la Regla sin mitigación», y que en todo lo demás se guardasen «las Constituciones del Soreth y del General [Rubeo], como no contradijese a la Regla primitiva»[83].

Lo que importa es saber que, según los testimonios de la época, tenemos en las llamadas Constituciones del Padre Rubeo —que en realidad son de la mano de la Santa, retocadas para los frailes por fray Juan de la Cruz y fray Antonio de Heredia— *la magna charta* de los carmelitas de Duruelo. Sus características eran:

1.ª la orientación estrictamente contemplativa y eremítica;

2.ª la subordinación radical del apostolado accidental al fin principal contemplativo-eremítico;

3.ª los elementos monacales, como lo eran el trabajo manual, la soledad colectiva, el silencio y la oración.

A este programa de vida recogida se había acogido fray Juan de la Cruz en Duruelo. Reflejaba, sin duda, el aire primordial de la Orden con todo el sabor de yermos, oración, soledad y silencio. Así los quería la Madre Teresa a sus descalzos: que lleven «el estilo de ermitaños y gente retirada»[84]; como religiosos que profesan «estado de soledad»[85], declarando que «éste es el de nuestra Orden»[86]. A Pastrana llegarán con el título de «ermitaños de frailes descalzos»[87], y en Salamanca habían de aparecer a los ojos de todos «como ermitaños contemplativos»[88].

---

[82] *Proceso de Valladolid*, 1595, 3a ed., B.M.C., t.19, p.2.
[83] Carta de fray Angel de San Gabriel al P. José de Jesús María (Quiroga), sin fecha, BNM, ms. 3537, fol.9r.
[84] *Visita de Descalzas*, 42.
[85] Carta 15-9-1574, 2.
[86] *Ibídem*.
[87] *Fundaciones*, 17,14.
[88] Carta 21-10-1576, 15.

El primer supuesto de la mente reformadora de fray Juan de la Cruz queda así ya apuntado: el enraizamiento de la reforma en el tronco de la Orden, inspirándose en la tradición eremítica-contemplativa y en la «vía del recogimiento».

Sin embargo, el movimiento de los *carmelitas contemplativos* —así le gusta al P. Rubeo llamarles— toma un giro imprevisto para todos, particularmente para fray Juan de la Cruz con su aspiración cartujana. Es voluntad del P. Antonio de Jesús, su compañero y superior de la primera hora, que salgan por aquellos contornos a predicar con frecuencia.

Más tarde se formará una tempestad que amenaza destruir lo comenzado. Un grupo heterogéneo, portador de diversas tendencias, va surgiendo. En medio de tensiones por dentro y por fuera, fray Juan de la Cruz seguirá practicando, según el acuerdo inicial con la Madre Teresa de Jesús, *su* reforma de «apartarse más», buscando la Cartuja dentro de la Orden. Bajo este punto de vista, no se siente «mendicante», como lo hizo el verdadero coautor de la reforma, el P. Gracián. Este último —al presidir la reunión de Almodóvar del Campo, el 9 de septiembre de 1576— defendía que el movimiento, nacido en las entrañas de la Orden del Carmen, había de ser también mendicante y participar de una manera o de otra en la predicación y en la evangelización del mundo hispánico.

Fray Juan de la Cruz, de su parte, sostenía que una vida de retiro y soledad ya es un ministerio de almas [89]. Más elocuente que sus escritos —que respiran soledad por todas partes— es su conducta, tal como nos ha sido transmitido por una multitud de testimonios directos. Todo el tiempo que fue superior de las casas, dirigía su magisterio y su ejemplo a acostumbrar a los súbditos a la riqueza del paisaje campestre, a la soledad y alejamiento de creaturas. A los religiosos les pedía un retiro absoluto. Pero no impedía a los seglares venir al convento. Antes bien parece que se gozaba en ello. Sabía que estando estos retirados, más iba a influir el religioso en el seglar que el seglar en el religioso. El convento solitario que regía fray Juan de la Cruz ejercía una misteriosa atracción en torno.

Así vemos a los seglares acudiendo asiduamente al convento donde fray Juan se encuentra, hasta su mismo lecho de muerte, en que él tiene para estos seglares finuras de gran significado. A los que le reprochaban esa excesiva clausura y pretendían obligarle a un visiteo de cumplimiento entre los seglares, pronto les reducía a su pensamiento, demostrando, a veces, con sucesos palpables, que aún la manutención de los religiosos estaba ligada a su estricto encerramiento [90].

Solía también trabajar en la agricultura y obligaba a trabajar a sus religiosos, aprovechaba estas labores para sacar y enseñar a sacar abundante

---

[89] Cf. Crisógono de Jesús Sacramentado, O.C.D., *Vida de San Juan de la Cruz*, Madrid, 1982, 11a ed., p.269

[90] Cf. *ibid.*, p.259-260.

jugo de contemplación. Otras veces tallaba maderas y reparaba las paredes de las casas, o trabajaba —como en Segovia— en la construcción del convento. Hay en todo esto un auténtico clima y espíritu monacal, al que apuntan el temperamento y la preparación de fray Juan de la Cruz.

Podemos afirmar igualmente, que los sermones en público le sonaban mal. Su natural rehuía hablar en público, porque sabía que el estilo de los letrados del siglo concedían la mejor parte de sus sermones a las galas del lenguaje, a la amplificación oratoria y a la propia invención. Su labor favorita estaba en el confesionario y en las sentencias que escribía en billetes individuales y cartas de dirección espiritual.

Si en Alcalá y en Baeza estuvo al frente de los estudiantes que oían en la Universidad, no era con el fin de que enseñasen después al pueblo por los púlpitos o las cátedras, sino para que se formasen en las letras y en la teología que les permitiese sacar fuerzas de la soledad.

Indudablemente, de distinta opinión y conducta fueron el P. Antonio de Jesús y Jerónimo Gracián. Sus aspiraciones y actividades apostólicas hallaron, además, una amplia acogida en el corazón de la Madre Teresa de Jesús. Sin embargo, mientras ella vivía, el P. Gracián podía dedicarse a sus tareas apostólicas y fray Juan de la Cruz seguir su camino de soledad y retiro. El poder aglutinante de la Madre Fundadora era capaz de reunir en torno a sí aquellos hombres tan distintos. Desde luego, fray Juan no pretendió nunca dirigir él este movimiento de reforma. El escogió su sitio, vivió escondido, aunque se prestase a los oficios.

Sin embargo, la vinculación de fray Juan de la Cruz al movimiento colectivo es profunda y le produce dolores purgativos. Bajo este aspecto, resulta conmovedora la fidelidad de fray Juan de la Cruz a los *suyos*, demostrada por esta confidencia relativa a sus sentimientos en la cárcel de Toledo. «A ratos me desconsolaba pensar: ¿Qué dirán de mí? ¿Que me he ido volviendo las espaldas a lo comenzado?» [91].

Estas palabras que refirió más tarde a la Madre Ana de San Alberto indican bien cómo estaba arraigado en la colectividad del movimiento, aunque debe saberse, en aquella sociedad difusa, distinto de todos los demás.

La prueba suprema de cuán hondas raíces había tomado lo «comenzado» en Duruelo, la dio quizás poco antes de morir, cuando llamó al prior de Ubeda y le dijo, señalándole su hábito, colgado detrás de la puerta: «Padre nuestro, ahí está el hábito de la Virgen que he traído en uso. Yo soy pobre y no tengo con qué enterrarme. Por amor de Dios suplico a V.R. que me le dé de limosna» [92]. Ese hábito, el símbolo de su vida, de sus fervores juveniles, de su soledad y de sus dolores, de su arraigo en la Orden, estaba en litigio so-

---

[91] BNM, ms.12.738, f.1003.
[92] *Ibid.*, p.382.

bre la mesa de la Consulta de Madrid, bajo la presidencia del P. Doria, precisamente en aquellos días. Ese hábito era suyo, el de su primitiva ilusión reformadora —recortado por la Madre Teresa de Jesús—, y sólo le queda salir del mundo con lo suyo «a cantar Maitines al cielo».

Fray Juan de Santo Matía en Salamanca

Balbino Velasco Bayón, O.Carm.

1. El Convento del Señor San Andrés

En la espaciosa avenida del Rector Esperabé de la ciudad del Tormes se levanta en la actualidad un moderno convento de carmelitas, construido con la piedra dorada de Villamayor, que, hoy como en tiempos del plateresco y del barroco se deja elaborar hasta hacer con ella verdaderas filigranas. Ocupa parte del solar del primitivo convento de San Andrés que, después de la famosa avenida de San Policarpo de 1626, se denominaría de Santa Teresa y en el que se forjaron numerosas generaciones de carmelitas[1].

En cuanto al año de fundación es preciso descartar el 1306 que fijan algunos historiadores[2] y señalar, como punto de partida, el 1480[3]. Se establecieron junto a la primitiva ermita de San Andrés que ya aparece en un plano correspondiente al reinado de Alfonso IX (1188-1230)[4] y que estaba junto a la puerta de San Pablo.

Penosamente debieron ir ganando terreno los carmelitas para ampliar el espacio. El 28 de diciembre de 1547 consta que habían solicitado del ayuntamiento unas peñas que estaban a la espalda del convento. El Príncipe pidió informes al Corregidor de Salamanca sobre el particular[5]. Sabemos también que trabajó en el convento, el cantero Pedro Juan de Lanestosa en 1542[6].

---

[1] Balbino Velasco Bayon, O.Carm., *El colegio mayor universitario de Carmelitas de Salamanca*, Salamanca, 1978. En las páginas que siguen resumimos este estudio que mereció el premio *Salamanca* del Centro de Estudios Salmantinos en 1976.

[2] Vicente de la Fuente, *Historia de las Universidades, colegios y demás enseñanzas en España*, II, Madrid, 1885, 123. M. Villar y Macías, 3v., Salamanca, 1887, I, 123.

[3] Gil González Davila, *Teatro eclesiástico de la iglesia y ciudad de Salamanca*, Salamanca, 1618, 125. Roma, Arch.Gen.O.Carm., II, Madrid, B.N., Ms. 15.575/41; Bartolomé Rey Negrilla, O.-Carm., *Carmelo abreviado o epítome historial de la Orden del Carmen de 1716*, f.83r-v.

[4] Julio González, *Alfonso IX*, Madrid, 1944, 264.

[5] Vicente Beltran de Heredia, O.P., *Cartulario de la universidad de Salamanca*, 6v., Salamanca, 1970-1973, V, 107.

[6] Antonio Casaseca Casaseca, *Los Lanestosa. Tres generaciones de canteros en Salamanca*. Salamanca, 1975, 23.

El edificio, sin embargo, debía de ser pobre y construido con materiales endebles. Un testigo anónimo de los destrozos ocasionados por la avenida de San Policarpo el año 1626 nos ofrece una interesante relación de lo que era por estas fechas la iglesia conventual. Dice literalmente:

> «este testigo en el tiempo de la inundación y crecida del río Tormes que fue en el año 1626 y antes della vivió a la puerta del río frente a la iglesia de San Millán desta ciudad y por bivir tan cerca del dicho convento de Ntra. Sra. del Carmen se yba y confesaba y a oír misa de ordinario y vio la iglesia de dicho convento, la cual era de tapias de tierra y con la dicha crecida que llegó a ella se cayó un pedazo de dicha iglesia y porque no se acabase de caer la apoyaron con algunos postes para aprovechar la teja y madera de ella, porque si no se hiciera se perdiera todo, porque, como eran de tierra las otras partes, quedaron mojadas y blandas, con que no era posible quedar en pie y por esta causa dieron orden los religiosos de sacar los santos, y algunas cofradías que en dicho convento estaban se salieron dél y las mandaron a otros conventos y en particular se acuerda de la cofradía de San Crispín de los zapateros que la transfirieron al convento de la Stma. Trinidad calzada, donde está al presente y por estar dicha iglesia antigua tan mal parada y con grande riesgo no se podían celebrar los divinos oficios ni sacrificios de misas y así fue necesario el de hacerla y edificarla de nuevo como hoy está, por haberse caído dicha iglesia antigua como tiene referido por causa de la dicha inundación que así lo vio ser y pasar»[7].

Aunque esta declaración se refiere al templo, es probable que el convento estuviera construido con parecidos materiales. Creemos que está muy lejos de la realidad un escritor moderno cuando afirma:

> «La Orden (del Carmen) viene de Oriente. Pero ¡cómo ha perdido su esplendor! Aquellas escaleras imperiales del convento de San Andrés, el brillo de los espejos en la sacristía, el metal de las cruces, ¿a quien predican? Los oros en las casullas y en los cálices, ¿cómo pueden apaciguar el corazón donde hierven los malos deseos?»[8].

---

[7] Madrid, A.H.N., Clero 159 (signatura antigua). Documento suelto. Hizo esta declaración el 26 de septiembre de 1663 cuando ya estaba terminado el nuevo y espléndido complejo conventual (Balbino Velasco, *El colegio mayor universitario de Carmelitas*, 45 ss.).

[8] Anselmo Donazar, O.C.D., *Fray Juan de la Cruz. El Hombre de las ínsulas extrañas* . Burgos, 1985, 24-25.

Un convento así de rico es probable que no hubiera encajado con el sentido austero de San Juan de la Cruz, que es lo que quiere indicar el autor, pero mal podía serlo con tapias de tierra.

2. Centro de estudios para los carmelitas de España

El hecho de que Salamanca fuera uno de los principales centros de cultura, contribuyó a establecer la fundación y a que la Orden mirara con preferencia al convento salmantino, para convertirlo en casa de estudios. Ya antes de la fundación, el P. Antonio Triguero pidió licencia para estudiar en Salamanca en 1428. Otro carmelita sevillano, Alvaro Martínez, había estudiado también en Salamanca y obtuvo permiso del Papa para predicar a judíos, sarracenos y otros infieles en Vizcaya, Asturias, Galicia y Andalucía[9]. Podríamos decir que estos dos casos conocidos son precedente de lo que sería la actividad científica en San Andrés.

El convento, como tal, debió de incorporarse a la universidad en los años de la fundación. En un escrito de 1587 el prior, fr. Sebastián de Oliva, indica que hace más de un siglo que «es colegio incorporado a esta universidad, y como tan antiguo tiene posesión de argüir en los grados de teología en lugar antiguo». «Al no aparecer el documento que lo acreditara se pidió a la universidad confirmar la incorporación antigua, y si no incorporar de nuevo». Tampoco en la universidad se encontró el documento y efectivamente, se incorporó de nuevo[10].

En los capítulos generales de finales del siglo XV aparece por primera vez en el de Aviñón de 1482 el Estudio Salmantino, aunque sin señalar nombres de lectores[11]. Vuelve a nombrarse en el de La Rochelle de 1488[12]. Muy a principios del s. XVI, en 1503, el P. Miguel Madrigal obtuvo licencia para leer en Salamanca hasta el magisterio. En agosto de 1508 con el título de presentado se le eximió de la filiación del convento de San Pablo de la Moraleja, para pertenecer al de Salamanca. En octubre del mismo año era maestro[13].

---

[9] Vicente Beltrán de Heredia, O.P., *Bulario de la Universidad de Salamanca*, 3v., Salamanca, 1970- 1973, II, 322. El 16 de enero de 1437 el Papa Eugenio IV concedió a este último exención de la obediencia del provincial de Castilla por bula fechada en Bolonia. Aparece en la misma como profesor de teología (Simancas, A.G., Patronato Real, 66-52).

[10] Vicente Beltrán de Heredia, *Cartulario de la Universidad de Salamanca*, IV, 382-383; V, 105.

[11] *Acta capitulorum generalium Ordinis fratrum B.V. Mariae de Monte Carmelo*, 2v., Roma, 1912- 1934, I (1318-1593). Ed. fr. Gabriel Wessels, O.Carm., Roma, 1912, 284.

[12] *Ibid.*, 291.

[13] *Ibid.*, 320.

A partir, al menos, de 1529 se destinaban estudiantes de Cataluña a Salamanca[14]. En el capítulo general de Padua de 1532 aparece «no como *Studium Generale* con estudios y profesorado propio, sino como colegio interprovincial destinado a los estudiantes de las distintas provincias españolas que frecuentaban las aulas de la universidad salmantina»[15]. De hecho, en este mismo capítulo se destinaron los siguientes religiosos para cursar estudios en la universidad: fr. Juan Abril, del convento de Valencia, fr. Juan Huesca, fr. Adám de León del de Zaragoza, fr. Pedro del de Sevilla, fr. Alfonso Romero, fr. Francisco Paredes del de San Pablo, fr. Angel Torquemada del de Avila[16].

En el siguiente capítulo de Venecia de 1548 se declara oficialmente al convento de San Andrés como colegio de todas las provincias de España. Se obligaba al prior a recibir a todos los estudiantes de otras provincias con letras dimisionarias de sus superiores. Debían pagar 10 escudos al año. El prior y convento no podían obligar a los estudiantes a celebrar más de dos misas a la semana. A los estudiantes se les debía tratar bien y alimentar convenientemente[17].

Hasta el curso 1551-1552 en que aparece matriculado el convento de San Andrés, como tal, no podemos precisar, ni el número, ni los nombres de estudiantes. A partir de esta fecha pueden comprobarse ambos extremos con facilidad. El número en los primeros años era escaso.

Un sondeo en los libros de matrículas del archivo universitario nos da una cifra aproximada de 660 estudiantes durante la segunda mitad del s. XVI. Dividida esta cifra por unos tres años de permanencia en la universidad quedaría reducida a 220 estudiantes lo que da una media de 4 estudiantes por año que acceden a la universidad. El número, sin embargo, de matriculados no es uniforme; oscila entre 5 y 35[18].

Procedían de Valencia, Zaragoza, Lisboa y por supuesto del centro: Toledo, Medina del Campo, etc. En las primeras décadas solían matricularse algunos artistas, aunque en menor número que teólogos. Posteriormente la mayoría teólogos y muy pocos artistas[19].

---

[14] *Acta capitulorum provincialium Provinciae Cathaloniae 1476-1566*. Barcelona, Biblioteca Universitaria, Ms. 1039, f.140v. Para años sucesivos anteriores a 1560, con respecto a Cataluña: ff.178v, 183v, 189v.

[15] Otger Steggink, *La reforma del Carmelo español*, 19-20.

[16] *Acta capitulorum generalium*, I, 386-387.

[17] *Acta capitulorum generalium*, I, 429.

[18] Salamanca, Arch. Universitario, Libro de matrículas 268 y siguientes; Balbino Velasco, *El colegio mayor universitario*, 20.

[19] Salamanca, Arch. Universitario 305, *Libro de matrículas 1594-1595*, f. 3r. En las actas de los capítulos de la provincia de Aragón y Valencia podemos comprobar una serie de disposiciones por las que se destinan religiosos para estudiar en Salamanca. En el de Huesca, mayo 1558, se destinaron a Salamanca o Alcalá a los estudiantes de Zaragoza, Juan de Heredia y Juan Casanova (Valencia, Arch. General del Reino, Clero 1425, *Actas de los capítulos de la provincia carmelitana de Aragón y Valencia, 1558-1628*, 4). En el de Sangüesa de junio de 1661, a

Entre los alumnos célebres del colegio de San Andrés, en el período anterior a San Juan de la Cruz, recordemos algunos nombres. *Baltasar Limpo*, portugués. Ingresó en la Orden a los 16 años, en 1494; al siguiente año hizo la profesión y pasó posteriormente a estudiar a Salamanca. En 1521 lo vemos regentando la cátedra de Prima de Teología de la universidad de Lisboa. Fue provincial del Carmen, obispo de Oporto en 1536. Siendo obispo intervino en el Concilio de Trento como uno de los miembros destacados del mismo (1546-1549), y tomó parte activa en las discusiones sobre los sacramentos [20].

Diego de León. La mayoría de los biógrafos afirman que nació en Utrera [21]. Méndez Bejarano, en cambio, afirma categóricamente que nació en Sevilla. Un documento romano señala que estudió en Salamanca [22]. El 22 de octubre de 1560 Pío V lo nombró obispo titular Columbricense o Colimbricense, isla célebre de Escocia.

Por la correspondencia epistolar de este período se ve cuanto apreciaba el papa y los legados los buenos servicios del obispo Columbricense. Fray Diego fue pedido por Felipe II, para preceptor de los príncipes de Bohemia [23].

Al parecer llegó a contradecir alguna de las opiniones de Guerrero, arzobispo de Granada [24]. De regreso del Concilio y a su paso por Huesca, se graduó en Cánones, *título dignitatis* en la universidad sertoniana el 16 de junio ó el 17 de septiembre de 1570 [25].

Se encontraba en Sevilla en 1572 vistiendo el viejo sayal carmelita y contribuyó al establecimiento de los carmelitas descalzos de Triana [26].

Juan de Heredia del convento de Zaragoza y Lorenzo Lloris, del de Valencia. Estos aparecen efectivamente matriculados a partir de 1561-1562 (Salamanca, Arch. Universitario, 276, *Libro de matrículas 1561- 1562*, f.6r). En el capítulo de Viver, mayo 1566, a Salamanca o Alcalá, a Alberto Laborta y Cornelio Antista (Valencia, Arch.Gen. del Reino, Clero, 1425, *Actas de los capítulos provinciales*, 31).

[20] Manuel María Wermers, O.Carm., *Baltasar Limpo, Ord.Carm. 1478-1558, Excerpta ex dissertatione ad lauream in facultate historiae ecclesiasticae pontificiae Universitatis Gregorianae*, Braga, 1957, 32. Manuel de Sa, O.Carm, *Memorias históricas dos ilustrissimos arcebispos, obispos e escritores portuguezes da Ordem de Nossa Senhora do Carmo*, Lisboa, 1724, 52.

[21] Cosme de Villiers, O.Carm., *Bibliotheca Carmelitana*, Aurelianis, 1752. Ed. facsimilar de Gabriel Wessels, O.Carm., Roma, 1927, I, col.391; Roma, Arch.Post.O.Carm., IV/46, *Vitae servorum Dei*, f.7v.;Juan del Río Sotomayor y Gutierrez, *Descripción de Utrera, fundación y adorno de sus templos y hazañas gloriosas de sus hijos*, Sevilla, s.a., 222.

[22] Mario Méndez Bejarano, *Diccionario de escritores, maestros y oradores naturales de Sevilla*, 3v., Sevilla, 1922, I, 371. Roma, Arch.Post.O.Carm., IV/46, *Vitae Servorum Dei*, f.7v.

[23] Constancio Gutiérrez, S.J., *Españoles en Trento*, Valladolid, 1951, 91 ss.

[24] Cosme de Villiers, *Bibliotheca carmelitana*, I, col.391-392; II, col.903.

[25] Ricardo del Arco, *Memorias de la universidad de Huesca* (colección de documentos inéditos para la historia de Aragón, 8) I, 114-233.

[26] Roma, Arch.Post.O.Carm., 4/46, *Vitae servorum Dei*, f.7r ss.

Murió en Sevilla en 1629. Gran conocedor del latín, griego y hebreo dejó manuscritas varias obras [27].

Juan Gutiérrez de la Magdalena, futuro provincial de los carmelitas de Castilla figura matriculado el curso 1552-1553. Escribió la *Vida de Sancta Helena*, editada en Madrid en 1678 [28].

Juan de Herrera, bachiller por la universidad de Salamanca enseñó artes en la de Huesca hacia 1580. Murió en 1595. Dejó manuscrito un comentario a la filosofía de Aristóteles [29].

Estos nombres constituyen una prueba de que el convento de San Andrés contribuyó a levantar en nivel de cultura de los carmelitas en España y Portugal.

3. Disciplina conventual

El esquema de la vida religiosa estaba previsto en las constituciones del Beato Juan Soret actualizadas por el general Audet. A la altura del año 1530, cuando se trató de implantar la reforma propiciada por el general de la Orden, Nicolás Audet, el convento de San Andrés presentó especiales problemas. Desempañaba el priorato el P. Hernando del Barco, nombrado obispo titular de Salona en 1521, pero con esta cláusula: «cum retentione prioratus Sancti Andreae extramuros salmantinos». Se resistió el prelado a dejar el priorato. El P. Alonso Muñoz recibió orden del capítulo general de Padua el año 1532, para que quitara al obispo el priorato perpetuo. Al año siguiente fue a Salamanca, para tomar posesión del convento fulminando censuras contra el obispo-prior y contra los religiosos rebeldes «que unos eran franceses y otros hijos de esta provincia». El provincial fue obligado a retirarse a Fontiveros. Desde allí llegó incluso a fulminar excomunión contra el obispo y sus seguidores. Se ignora hasta cuando permaneció en su

---

[27] *In IV Libros Sententiarum Commentaria. De Arte Grammatica Hebrea* lib.I. *Tres orationes in concilio tridentino dictae. Disputationes in eodem concilio agitatae*, lib. I. *Dictionarium Graecum* (Cosme de Villiers, *Bibliotheca Carmelitana*, I, col.391-392, II col.903). Sobre el año de su muerte existe disparidad de criterios. Se afirma también que murió en 1589 (Constancio Gutierrez, *Españoles en Trento*, 293).

[28] Cosme de Villiers, *Bibliotheca Carmelitana*, I, 861; Otger Steggink, *La reforma del Carmelo español*, 233.

[29] Cosme de Villiers, *Bibliotheca Carmelitana*, I, col.2; Balbino Velasco, O.Carm., *El convento de carmelitas de Huesca*, en *Carmelus*, 26 (Roma 1979) 143.

contumacia el obispo prior, pero el hecho es que en 1539 ya era prior de Salamanca el P. Alonso González[30].

En este mismo contexto, el provincial, Antonio de Lara, dio otra muestra de energía. Lo prueba el caso «del estudiante portugués, fr. Pedro Fogaça, que residía en Salamanca, fuera de su convento, con autorización de su provincial y licencia del nuncio en España y en julio de 1537 se hallaba preso por iniciativa del provincial de Castilla y orden real». Opina Gracía Oro que esta medida iba «más allá de lo que aconsejaba la sana prudencia»[31].

Acaso estas medidas surtieron buenos efectos. Un documento de 1559 acredita el buen clima que existía en el aspecto espiritual. Se trata de una carta de la princesa doña Juana fechada en Aniago el 19 de octubre de dicho año y dirigida al obispo de Pamplona, don Alvaro de Moscoso; en ella y después de encargar que diera crédito a don Gabriel de la Cueva, a propósito de cierta obra pía en favor del convento de San Andrés, añade que lo debe hacer «por la buena relación que hay de la vida y ejemplo de los religiosos de dicho monasterio»[32].

El normal funcionamiento del Estudio Salmantino hizo que los capítulos generales siguieran preocupándose por la buena marcha del mismo, señalando directrices oportunas. El de Roma de 1564 mostró particular interés. Se instaba al provincial y maestro de la provincia de Castilla a que lo ampliaran, que se alimentara convenientemente a los estudiantes y se recibieran caritativamente los de las otras provincias de España y también de Portugal. Se les exigía al mismo tiempo una disciplina rigurosa. Una vez admitidos en el colegio, solamente podían salir del mismo para asistir a la universidad, lo que debían hacer de dos en dos, vestidos con capa blanca y caminar con religiosa compostura. Para los desobedientes se establecieron las penas corrientes de la época, ocho días de cárcel por la primera transgresión; por la segunda, tres disciplinas y un día a pan y agua; si faltaban por tercera vez, se les debía expulsar del colegio, con obligación de volver a sus provincias[33].

---

[30] Otger Steggink, *La reforma del Carmelo español*, 36. García Oro añade a este propósito: «Fue preciso llevar la querella al Consejo Real que dictaminó contra el obispo. También se vio forzado a enjuiciar la causa el general Audet, quien naturalmente sentenció en favor del provincial de Castilla y todavía en julio de 1533 el obispo se resistía por medio de su juez conservador, el trinitario fray Luis de Sarmiento, que fue reconvenido por la Corte y obligado a dejar la causa. Todo en vano hasta que se subscribió con Barco una concordia en la que recibía su compensación por la renuncia del priorato» (J. García Oro, O.F.M., *La reforma del Carmelo castellano en la etapa pretridentina*, en *Carmelus*, 29 [Roma, 1982, 133]). Cita este autor la obra del P. Steggink, *La reforma del Carmelo español*, concretamente la p.36, pero estas noticias no aparecen en dicha obra. Debe de tratarse de algún documento del R.G.S. de Simancas.

[31] J. García Oro, *La reforma del Carmelo castellano*, 146.

[32] Vicente Beltrán de Heredia, *Cartulario de la Universidad de Salamanca*, V, 107-108.

[33] *Acta capitulorum generalium*, I, 453.

Un documento posterior contribuye a acercarnos a la realidad conventual. Nos referimos a la visita que giró el obispo de Salamanca, en cumplimiento del breve *In prioribus* de Pío V. Desconocemos el informe completo del posible escrutinio. Solamente nos son conocidos dos resúmenes substanciados en sendas comunicaciones del obispo de Salamanca al Rey y al Rdo. Sr. Gabriel Çayas. Están fechadas en Salamanca el 30 de septiembre de 1568.

En la primera de ellas, después de haber indicado que hizo la visita personalmente y por medio de los provisores a los conventos de la Vera Cruz de mercedarios, de San Andrés de carmelitas y de la Sma. Trinidad de Salamanca, además de otros monasterios en Villeruela, dice que había enviado informe detallado de dicha visita de cada uno de ellos. Ante un nuevo mandato del Rey de enviar informe «de las culpas particulares y delictos personales de los frailes» añade: «el licenciado Francisco de Çúñiga, mi provisor, por mi comisión se juntó con los religiosos de la orden de Santo Domingo que asistieron a cada una de las dichas visitas e haviendo visto los processos de la dicha visita y las ynformaciones secretas que se hizieron de la vida y costumbres de los religiosos y religiosas de dichos monasterios no resulta culpa ni delicto particular contra ellos, ni alguno de ellos, excepto las relaxaciones y omisiones universales de la Orden de no cumplir tan exactamente su regla como debían».

En el informe enviado al Rdo. Sr. Gabriel Çayas insiste en lo mismo, pero hay una reticencia: «Todo viene a parar en que los frayles son los más religiosos y sin pecado de quantos ay en la tierra, porque como se a proçedido guardando el honor de la Orden sin tomar ynformación de personas de fuera de los monasterios, no se les a podido hallar culpa. Plega a Dios que no la tengan» [34].

En cuanto al número de religiosos que formaban la comunidad salmantina por estos años podemos ofrecer alguna orientación. El 16 de agosto de 1560 los conventuales eran 12. Ejercía el cargo de prior el P. Francisco de Ledesma y de subprior el P. Martín de Santillana [35].

La situación económica no debía de ser desahogada, por lo menos no lo era a la altura del año 1575 en que se habla de su gran pobreza. Situado el convento extramuros es probable que hubiera poco culto en el templo conventual [36].

---

[34] Balbino Velasco, *El colegio mayor universitario de Salamanca*, 41. Simancas, A.G., Patronato Real, leg.23-104, *Informe del obispo de Salamanca y del obispo de Salamanca al Rdo. Gabriel Çayas.*

[35] Sobre el número de religiosos, Madrid, A.H.N., Clero, Legajo 5864, *Diversas escrituras.*

[36] Lo manifiesta un texto del general Juan Bautista Rubeo, cuando se planteó el problema de la aplicación de los bienes del P. Rengifo, fundador del convento de Medina al de Salamanca «ne frustra nostrae Provinciae Castellae studiosi rei literariae operam darent, *ob nimiam illius collegii paupertatem*; quod hactenus evenire perspicuum est, cum in ea provincia admodum pauci doctrinis et disciplinis praediti inveniantur» (Benito de la Cruz Zimmerman, O.C.D., *Regesta Joannis Baptistae Rubei*, 171). Solamente tenemos la nota a que aludimos anteriormente de la po-

4. *En la universidad salmantina*

El joven carmelita, fr. Juan de Santo Matía, que había hecho la profesión en Santa Ana de Medina, pasó al convento de San Andrés para cursar los estudios en la famosa universidad. Un cambio en el escenario de su vida. De la tranquilidad de un convento provinciano al bullicio estudiantil universitario, pero viviendo la rigurosa disciplina conventual. Aunque los biógrafos no señalan la fecha de este traslado es probable que pasara antes del mes de octubre, para coincidir con el comienzo del curso escolar.

Cuando llegó fr. Juan de Santo Matía la comunidad salmantina estaría formada por unos 15 religiosos. En el curso 1564-1565 figuran matriculados 6 teólogos y 4 artistas. A estos habría que añadir los superiores y encargados de la formación. El curso siguiente 1565-1566 se matricularon 13 estudiantes: 6 teólogos y 7 artistas; en el curso 1566-1567 se matricularon 9: 1 teólogo y 8 artistas; en el curso 1567-1568 se matricularon 11: 7 teólogos y 4 artistas. Como es sabido fr. Juan de Santo Matía estudió 3 años Artes y uno Teología [37].

Durante estos años fr. Juan de Santo Matía con sus compañeros recorrió el corto espacio que media entre el colegio de San Andrés y la sede de la universidad. Apenas salían del convento se situaban en la calle de San Pablo, para torcer a mano izquierda por la del Tostado que actualmente desemboca en los jardines fronteros al palacio de Anaya, entonces colegio mayor de San Bartolomé. A la izquierda quedaba la catedral nueva en construcción [38]. Enfrente se encontraba con la fachada secundaria de la universidad en la que actualmente leemos unas líneas preciosas que Cervantes dejó caer en una de las páginas del *Licenciado Vidriera: Salamanca que enhechiza la voluntad de volver a ella a todos los que de la apacibilidad de su vivienda han gustado.* Por esta misma fachada y a través de un amplio pórtico penetraba en el recinto universitario, en el templo de la ciencia, pero también de la intriga para conseguir la cátedra y a veces horno donde se fraguaban muchas de las grescas estudiantiles que traían en jaque a las autoridades de la ciudad.

Entre los compañeros de la andadura universitaria de fray Juan de Santo Matía hay nombres conocidos por sus méritos relevantes. El zaragozano *Juan de Heredia* ya de estudiante fue un dialéctico que deslumbró por su brillantez a los capitulares del capítulo provincial celebrado en abril de 1567 en Avila, bajo la presidencia del general de la Orden, Juan Bautista Rubeo [39].

---

breza de la fábrica de la iglesia; consta también que María Sánchez, beata de Ntra. Sra. del Carmen, otorgó escritura de arrendamiento en favor de San Andrés el 1 de diciembre de 1553. A su muerte pasaron algunos bienes al convento el 4 de mayo de 1564. (Madrid, A.H.N., Clero, Legajo 5846, *Diversas escrituras*).

[37] Crisógono de Jesús Sacramentado, *Vida de San Juan de la Cruz*, 50-51.

[38] M. Villar y Macías, *Historia de Salamanca*, Salamanca, 1887, II, 235.

[39] Otger Steggink, *La reforma del Carmelo español*, 331 ss.

Desempeñó el cargo de prior de Valencia, rector del colegio del Carmen de Zaragoza, provincial de los carmelitas de Aragón y Valencia y uno de los grandes predicadores de su tiempo [40]. *Bartolomé Sánchez*, toledano, licenciado y maestro en Artes y en Teología por la universidad de Salamanca fue catedrático de Lógica Magna de la misma desde 1584 hasta que se jubiló en 1604. Fue también prior del convento de San Andrés y provincial de los carmelitas de Castilla [41]. En el proceso de beatificación de Santa Teresa hizo una deposición preciosa enalteciendo la ciencia divina de la Santa quien no solamente creyó los misterios de la fe, sino que los vivió y los supo exponer [42]. Dejó varias obras manuscritas [43]. *Hernando de Medina*. Fue prior del convento de Toledo y provincial de los carmelitas de Castilla. Hizo una declaración en el proceso de beatificación de Santa Teresa en la que manifestó su gran admiración por ella [44]. *Sebastián de Oliva*. Fue prior del Carmen de Toledo y confesor del cardenal Quiroga [45]. *Rodrigo Nieto*. Provincial de Castilla. Natural de Medina del Campo y al parecer de ascendencia noble. Murió en Toledo en 1586 y fue sepultado bajo una losa de mármol con su efigie [46].

Entre los superiores de fray Juan de Santo Matía en San Andrés, el nombre más conocido es el del *P. Martín García*. Natural de Requena, hizo la profesión el 4 de enero de 1547. En 1551-52 y 1552-53 figura matriculado como presbítero teólogo en la universidad de Salamanca. En 1563 era prior del convento de los Valles y debía de gozar de excelente reputación, cuando el P. Rengifo, en virtud de los poderes que se le habían conferido, lo nombró para regentar la cátedra de Teología del colegio de Santa Ana de Medina del Campo. En abril de 1567 fue nombrado prior del convento de San Andrés. En uno de los días de dicho año en que se celebraba el capítulo provincial de Avila, defendió conclusiones teológicas y se le concedió el título de maestro. Escribió un tratado que tituló: *De similitudinibus Sacrae*

---

[40] Eusebio Blasco Lorente, O.Carm., *Ratiocinationes historicae apologeticae pro decore Carmeli Aragonensis*, Caesaraugustae, 1713, 87-88. Dejó manuscritos varios sermones. Murió en 1609 (Onda, Arch.Carmelitano, *Libro de profesiones del convento del Carmen de Zaragoza*, 50).

[41] Balbino Velasco, *El colegio mayor universitario de carmelitas*, 30-31.

[42] Silverio de Santa Teresa, O.C.D., *Biblioteca mística carmelitana. Procesos de beatificación de Santa Teresa*, XX, 80. Véase con más pormenores: Pablo M. Garrido, O.Carm., *Santa Teresa, San Juan de la Cruz y los carmelitas españoles*, Madrid, 1982, 54-55.

[43] Cosme de Villiers, *Bibliotheca carmelitana*, I, col. 250. Alude a *Sermonarios y Tratados teológicos*. Se conserva manuscrita una exposición de los *Predicables* y los *Posteriores* que reproducen sus lecciones de Lógica. (Vicente Muñoz Delgado, *Lógica hispano-portuguesa*, en *Repertorio de la historia de las ciencias eclesiásticas de España*, 4, siglos I-XVI, Salamanca, 1972, 107).

[44] Pablo María Garrido, *Santa Teresa, San Juan de la Cruz y los carmelitas españoles*, 49-50; 61- 62.

[45] Bruno de Jesús María, *San Juan de la Cruz*, 70.

[46] Pablo María Garrido, *El hogar espiritual de Santa Teresa*, 52. Más pormenores sobre condiscípulos en la obra del mismo autor: *San Juan de la Cruz y Francisco de Yepes*, Salamanca, 1989, 51ss.

Scripturae [47]. Alguna influencia debió de tener en la formación científica de fray Juan de Santo Matía [48].

Los años que frecuentó la universidad corresponden a su período más glorioso. La facultad de Artes comprendía los estudios de «Lógica, Filosofía natural y moral. En dialéctica se estudiaba el *Organon* de Aristóteles, introducido por las *Súmulas* de Domingo Soto, las cuales en la práctica docente, habían sustituido a las de Pedro Hispano. En Filosofía natural, también se seguía a Aristóteles por sus libros "Físicos"; y en Filosofía moral al mismo Estagirita en la *"Etica"*, la "Política" y la "Economía" alternando».

Para explicar estas disciplinas había «catedráticos propietarios, regentes de cursatorias además de prácticas y repasos». El horario de clases era rígido e intenso y variaba ligeramente, según las estaciones. «Los sumulistas y lógicos lección magistral de 7,30 a 9; luego, de 9 a 10 práctica, lecciones "de coro", interrogatorios por parte de los regentes y dudas propuestas por los alumnos. Por la tarde, de 15 a 16 horas, lección magistral de vísperas; a continuación de 16 a 17, las mismas prácticas, dudas e interrogatorios».

En cuanto a los nombres de los catedráticos sabemos que el curso 1564-1565 «explicaba Súmulas el Maestro Martín de Peralta, de origen navarro, cumplidor y escasamente multado por infracciones cometidas. Por otra parte, en 1565-1566 explicaba Lógica Magna el mercedario fray Gaspar de Torres, asimismo un maestro riguroso en sus deberes. El curso 1566-1567 fray Juan oiría 3.° año de Artes; es decir, Filosofía. En Filosofía natural estaba jubilado el propietario, maestro Enrique Hernández y las clases efectivas las daba el substituto maestro Miguel Francés. En Filosofía Moral también estaba jubilado el maestro y canónigo Francisco Sancho, impartiendo sus clases el maestro Diego Bravo». Estos catedráticos eran prestigiosos y acudían numerosos alumnos a sus lecciones. Son conocidos también los nombres de los regentes adjuntos, dados a conocer por Rodríguez-San Pedro, cuyas lecciones pudo haber oído Fray Juan [49].

---

[47] Pablo María Garrido, *El hogar espiritual de Santa Teresa*, 57. Proporciona algunos datos más sobre la vida del P. Martín García. Definidor en el capítulo general de 1575, según vimos murió en 1578. Había sido también prior en el convento de Valladolid en 1572. Esta última noticia en el legajo 1816 del A.H.N. de Madrid. Encontramos en documentos relacionados con el convento de Salamanca un Martín García (Salamanca) quien en 1557 (ya profeso) legó cierta herencia a dicho convento (Madrid, A.H.N., Clero, libro 10684). No creemos se trate del que venimos aludiendo. Dejamos simplemente anotado el dato. Con anterioridad al P. Martín García había sido prior, el P. Hernando Maldonado (Otger Steggink, *La reforma del Carmelo español*, 276). Véase también nuestro trabajo en este volumen: El *El Colegio de Carmelitas de Santa Ana de Medina*. Cosme de Villiers, *Bibliotheca Carmelitana*, II, col. 384.

[48] Jean Vilnet, *La Biblia en la obra de San Juan de la Cruz*. Versión del P. Marcelino de Lizano, O.F.M., Buenos Aires, 1953, 18.

[49] Luis Enrique Rodríguez-San Pedro Bezares, *San Juan de la Cruz en la universidad de Salamanca 1564-1568*, en *Salmanticensis* 36 (1989) 168ss. Del mismo autor y con descripción del ambiente general de la universidad: *Peripecia universitaria de San Juan de la Cruz en Salamanca*, Avila, 1989, passim.

No consta que fray Juan de Santo Matía obtuviera el bachillerato al finalizar sus estudios, como artista.

La facultad de Teología giraba en torno a tres cátedras nucleares: Prima, Vísperas y Biblia. Existían además las cursatorias de Durando, Santo Tomás, Escoto y alguna otra. El horario de clases comenzaba a las 7,30 de la mañana y terminaba a las 5 de la tarde con cierta flexibilidad, según las estaciones. Rodríguez San Pedro apunta la posibilidad de que fr. Juan de Santo Matía estudiara dos cursos en el año que se matriculó como teólogo; uno, de julio de 1567 a enero de 1568 y otro de enero de 1568 a junio del mismo año, sistema previsto en los estatutos de la época. Lo que parece cierto es que fr. Juan no alcanzó los grados. La cátedra de Prima la regentaba aquel año Mancio de Corpus Cristi, al que se multa por entrar tarde y salir pronto. La de Vísperas, el agustino fr. Juan de Guevara, a quien también se multó en 1568-1569 «por no repetir y por ciertas lecciones incumplidas». La cátedra de Biblia la regentaba el maestro Gaspar Grajal por jubilación del titular Gregorio Gallo. La cursatoria de Durando, fray Luis de León; la cursatoria de Santo Tomás, hasta enero del 67 el maestro Pedro de Espinar, después el maestro Diego Rodríguez, ambos poco cumplidores; la cursatoria de Escoto, el licenciado Cristóbal Vela, al que se pusieron bastantes multas. «Finalmente, existía un partido de teología de Santo Tomás encomendado al dominico Juan Gallo.»

Se conocen las materias explicadas en el período 1567-1568 en que estuvo matriculado, como presbítero teólogo, Juan de Santo Matía. «Se explicaron cuestiones de escolástica tomista acerca de la Encarnación, el fin último del hombre y los actos humanos, así como sobre el sacramento de la Penitencia. Todo ello además de otras cuestiones sobre la fe, la Resurrección de los muertos o el hombre como criatura, en cátedras más secundarias. A lo que hay que añadir la lectura y comentario de salmos entre el número 50 y los posteriores al 73. Como se ve estamos ante una pedagogía fragmentaria, unos estudios que no logran panorámicas globales.»[50]

¿Qué decir sobre el régimen de estudios y las posibles clases en San Andrés? No hay duda que en los últimos años del s. XVI se daban lecciones en San Andrés. El P. Pedro Cornejo aparecía en el año 1596 como «presentado en teología y lector della» y en esta fecha solamente enseñaba en la univerdad una de las cátedras de cursatorias de artes[51]. Años más tarde cuando Juan Bautista Lezana estudió en Salamanca, hacia 1606, continuaba el mismo sistema[52].

---

[50] Luis Enrique Rodríguez-San Pedro, *San Juan de la Cruz en la universidad de Salamanca*, 182ss.

[51] Balbino Velasco, *Miguel de la Fuente*, 114 y 77-78.

[52] Juan Bautista de Lezana, O.Carm., *Annales sacri, prophetici et eliani Ordinis Beatissimae Virginis Mariae de Monte Carmeli*, 4v. Roma, 1645-1656, IV, 1025.

La cuestión se planteó a propósito de los estudios de San Juan de la Cruz. Fue el P. Crisógono el primero que abordó el tema defendiendo que el Santo, además de asistir a la universidad, recibió otras clases en el convento[53]. La crítica le fue adversa. Volvió sobre el tema en la biografía de la B.A.C. Doble es su argumento. El testimonio de los historiadores, en particular de Pedro Chacón, quien hace una afirmación de tipo general sobre el sistema de estudios en los conventos, y los puntos de contacto doctrinales de S. Juan con los escolásticos carmelitas, en especial con Bacontorp. Estos puntos serían reminiscencia de las lecciones de San Andrés[54].

No podemos ofrecer documentos a este propósito, pero sí algunas indicaciones. En las actas del dominico, Pedro Fernández, levantadas a raíz de la visita a los conventos carmelitas de Castilla en 1571 dice: «al prior y presidente que es o por tiempo fuere de Sant Andrés de Salamanca mando, so pena de absolución de su oficio que no reciba a ninguno al hábito que no sepa completamente gramática, pues en aquel estudio hay en quien escoger y con el ayuda de Dios se dará orden que en este dicho convento haya estudio principal de artes y teología, el cual no es razón que ocupen con gente ignorante»[55]. Afirma pues que no había estudio principal de artes y teología en el convento, prueba de que los estudiantes frecuentarían la universidad.

Existe una decisión del capítulo general de Piacenza de 1575 por la que se prohibía que hubiese estudiantes en San Andrés dedicados a la disciplina de filosofía o artes, excepto los pertenecientes a otras provincias distintas de la de Castilla. Opinamos que al admitirse a estudiantes de otras provincias a estudiar filosofía sería con el fin de que asistieran a la universidad y en este sentido no parece que se excluyera a los de Castilla. De hecho aparecen en los años siguientes matriculados, como artistas, nombres con apellidos castellanos. Parece ser que el alcance de la prohibición era para aquellos que, siendo de Castilla, no frecuentaban la universidad, lo cual favorecería la tesis del P. Crisógono. Cabe la posibilidad, en efecto, de que con anterioridad a 1575 se diera clase de filosofía a religiosos de Castilla, exclusivamente en San Andrés, lo que quizá pretendió evitar dicha prohibición[56].

---

[53] Crisógono de Jesús Sacramentado, O.C.D., *San Juan de la Cruz, su obra científica y su obra literaria*, Avila, 1929, 26 ss.

[54] Crisógono de Jesús Sacramentado, *Vida de San Juan de la Cruz*, 74 ss. Dice Chacón: «y aunque van todos a oír a escuelas en los doctos colegios (de religiosos) se leen lecciones de las dichas facultades por personas eminentes en letras de las dichas órdenes». Escribió esto no mucho después de 1560. (Pedro Chacón, *Historia de la Universidad de Salamanca*, en *Seminario erudito* de Antonio Valladares y Sotomayor. Madrid, 1789, XVIII, 37).

[55] Roma, Arch.Gen.O.Carm., II Castella, 2, *Actas del Visitador Pedro Fernández*, s.f. Sobre Pedro Fernández véase A. García, *Teólogo de Trento e insigne bienhechor de la Reforma Carmelitana* en: *Studium* 3(Avila-Madrid 1963), 223- 287.

[56] «Nullus vacabit philosophiae exceptis studentibus aliarum provinciarum» (*Acta capitulorum Generalium*, I, 520). Véase también *Analecta O.Carm.*, 3 (Roma, 1912- 1916) 458. Nótese que nos movemos en el campo de la posibilidad. Puede también interpretarse, según apunta Rodríguez-San Pedro, «como un deseo de mantener la amplitud de acogida del colegio, tal

Aunque no fuera *Studium Generale* el de San Andrés, con profesorado propio, es probable que en el mismo hubiera lecciones complementarias. De otra forma, no se explicaría fácilmente la licencia otorgada al P. Miguel Madrigal, a que hemos aludido, o que en 1539 fuera destinado al estudio salmantino el Magister, Antiquus Romeu, catalán [57]. Cuando en las actas se señalan estos destinos, no se menciona la universidad. Creemos pues probable el régimen de asistencia normal a la universidad y clases complementarias en San Andrés. El P. Pablo Garrido se manifiesta contrario a esta opinión [58].

Desde la documentación conocida, no existen razones contundentes para afirmar que hubiera lecciones en San Andrés, ni existen tampoco para negarlo. El único camino, por ahora, sería el iniciado por el P. Crisógono. Estudiar con detención la doctrina filosófico-teológica de Bacontorp y ver los posibles reflejos en las obras de San Juan de la Cruz.

5. Vida ejemplar

Acerca de su vida como religioso en San Andrés tenemos testimonios indicadores.

> «Habita una celda estrecha y oscura. El ventanillo da al Sagrario; fray Juan se pasa las horas de noche en oración. Sus condiscípulos le admiran... Nadie se atreve a cometer una falta en su presencia. Si están hablando en tiempo o lugares prohibidos y ven que se acerca, se disuelven diciendo: "Que viene fray Juan ...". Hay un testimonio de esta excelente impresión que fray Juan de Santo Matía deja en sus condiscípulos: el de la madre Teresa. A los pocos días de partir fray Juan de Salamanca, en septiembre de 1568, escribía la insigne reformadora a don Francisco de Salcedo: "no hay fraile que no diga bien de él, porque ha sido su vida de gran penitencia"» [59].

---

como se estipulaba en el capítulo de 1564 y, si tenemos en cuenta que no debía de andar muy sobrado de rentas, es lógico que restringiera la asistencia a los estudiantes artistas de Castilla, los cuales podían cursarles en otros conventos». (Luis Enrique Rodríguez-San Pedro, *San Juan de la Cruz en la universidad de Salamanca*, 162, 178-179. El nombre de Juan de Santo Matía consta entre los votantes para la cátedra que se proveyó en el doctor Macías Rodríguez el 30 y 31 de agosto de 1566. Figura también emitiendo su voto, como presbítero teólogo en el curso 1567-1568 *(Ibid.)*.

[57] *Acta capitulorum generalium*, I, 407. Estudió en París en 1526; fue regente del convento de Barcelona, prior de Perpiñán en 1540, prior de Barcelona en 1555 (Barcelona, Arch.Universitario, Ms.1039, *Acta capitulorum provincialium*, ff.133r, 150r, 168r, 198r). Fue también visitador y delegado en Andalucía del vicario general, Pedro del Bos (Bou) y provincial de Cataluña (Otger Steggink, *La reforma del Carmelo español*, 43).

[58] Pablo María Garrido, *El hogar espiritual*, 68-69.

[59] Crisógono de Jesús Sacramentado, *Vida de San Juan de la Cruz*, 64-65.

Particularmente interesante es el del toledano, P. Alonso de Villalba, quien coincidió con fray Juan de Santo Matía el último año 1567-1568 en que aparecen ambos matriculados en la universidad. Dice en carta enviada al P. José de Jesús María el 12 de enero de 1606:

> «con ser tan mozo como era, vivía religiosamente con grande recogimiento y observancia, y hacía dura y áspera penitencia, así en ayunos como en disciplinas y cilicios, de los cuales yo ví y tuve en mis manos como zaragüelles hechos de esparto, agudos al modo de las redes que ponen en gallineros, y lo mesmo un jubón, que todo esto traía a raíz de la carne, y vi disciplinas bien ásperas y usadas y gastadas, llenas de sangre; cama en que dormía a manera de un cuezo sin colchón largo, que tenía en un hueco un madero por cabecera. Esta era la vida que entre nosotros hacía el P. fray Juan de la Cruz, y siempre oí decir que llevaba adelante en aumento, y así viéndole y hablándole después algunas veces, conocí en él gran religión y vida inculpable y penitente. Esto es lo que me puedo acordar de aquel tiempo»[60].

Un testimonio del P. Jerónimo de Olmos, quien aparece matriculado en la universidad a partir de 1587-88 nos ofrece un dato curioso; afirma en el Proceso apostólico que

> «acabó sus estudios con mucha virtud, pobreza y penitencia, porque en un libro antiguo de nuestra Orden, donde se escribía en aquel tiempo el gasto y recibo, donde dice: compróse una ropa al cura de tal parte, para hacer hábito a fray Juan de Santo Matía que estudiaba en Salamanca, que entonces traíamos hábitos negros»[61].

Una prueba elocuente del aprecio y estima que los superiores tenían de fr. Juan es que en el capítulo de Avila, celebrado en abril de 1567, le nombraron prefecto de estudiantes «que para este cargo debía escogerse el estudiante más apto, que tendría que leer una lección y dirigir las discusiones escolásticas»[62].

Anotemos también cómo a principios de febrero de 1567 llegó el general de la Orden, Juan Bautista Rubeo, procedente de Lisboa, para girar la

---

[60] Pablo María Garrido, O.Carm., *Santa Teresa, San Juan de la Cruz y los Carmelitas españoles*, Madrid, 1982, 179, 183-84. Equivocado el apellido: Villalobos por Villalba en: Bruno de Jesús María, *San Juan de la Cruz*, 65 y Silverio de Santa Teresa, *Obras de San Juan de la Cruz*, I, Burgos, 1929, 179.

[61] Pablo María Garrido, *Santa Teresa, San Juan de la Cruz y los carmelitas españoles*, 198. Sobre Jerónimo de Olmos p.197 ss. 211-212.

[62] Bruno de Jesús María, *San Juan de la Cruz*, 68.

visita al colegio de San Andrés, quien permaneció breves días en el mismo. Una patente del 9 de febrero en favor de Francisco de Enzina prueba que allí se encontraba en esta fecha [63]. De su posible relación con fray Juan de Santo Matía solamente poseemos el siguiente testimonio muy poco preciso por cierto:

> «El P. Generalísimo ... conocía al santo padre fray Juan, a quien había visto y conoció en su convento de Salamanca, y por el nombre de su santidad conservaba memoria de él» [64].

Finalizado el curso 1566-67 fray Juan de Santo Matía regresó al convento de Medina y en el verano de 1567 celebró su primera misa conforme a las ceremonias del ritual carmelitano de Siberto de Beka [65]. Representaría un acontecimiento de especial significado para su madre, Catalina Alvarez, para toda la familia Yepes y para el colegio de Santa Ana.

El encuentro en Medina con la madre Teresa, embarcada en la aventura divina de la fundación de conventos de monjas, significó un cambio en los planes de su vida. Había pensado retirarse a la Cartuja, pero a ruegos de la madre Teresa optó por secundar sus deseos y prometió asociarse a ella en la fundación de conventos de carmelitas descalzos [66], en los que hubiera el mayor número de elementos eremíticos y dentro de los esquemas de la vida mixta de la Orden del Carmen.

Regresó a Salamanca donde se matriculó el último año, según vimos, como presbítero teólogo y al terminar el curso, de nuevo pasó a Medina para inmediatamente cumplir el compromiso adquirido con la madre Teresa. No consta que volviera a Salamanca, pero sin duda su permanencia en San Andrés marcó a fray Juan de Santo Matía. La raíz del rigor teológico de sus obras inmortales hay que buscarla en sus años salmantinos.

6. Recuerdo de San Juan de la Cruz en Salamanca

La memoria de San Juan de la Cruz permaneció viva en Salamanca. Es significativo que, en 1725, con motivo de la canonización se bendijera una imagen del Santo [67].

---

[63] Otger Steggink, *La reforma del Carmelo español*, 280.

[64] Alonso de la Madre de Dios, O.C.D., *Vida, virtudes y milagros del Santo Padre Fray Juan de la Cruz*... Edición preparada por Fortunato Antolín, O.C.D., Madrid, Editorial de Espiritualidad, 1989, p.74.

[65] Sobre el rito carmelitano: Agustín Forcadell, O.Carm., *Conspectus historicus liturgiae carmelitanae*, (Bibliotheca carmelitana) Roma, 1940.

[66] Bruno de Jesús María, *San Juan de la Cruz*, 73 ss.

[67] Balbino Velasco, *El colegio mayor universitario de Salamanca*, 89.

Disponemos de un testimonio de 1761 transmitido por el historiador, Bartolomé Rey Negrilla. Afirma que «todos los años le celebran (a San Juan de la Cruz) fiesta particular los colegiales teólogos (predicando uno de ellos) con fuegos, sermón, su Majestad expuesto, a sus expensas» [68].

San Juan de la Cruz es un orgullo del colegio del Señor San Andrés. A partir de la riada de San Policarpo, su nombre será substituido por el de Santa Teresa, acaso por la ferviente devoción a la Santa del P. Orbea, patrocinador de la fábrica monumental [69]. Respetamos la decisión, pero de haberse cambiado el nombre, el de San Juan de la Cruz hubiera sido más apropiado.

---

[68] Madrid, B.N., Ms. 18.575/41, Bartolomé Rey Negrilla, *Carmelo abreviado*, f.83v. Pablo María Garrido, *Santa Teresa, San Juan de la Cruz y los carmelitas españoles*, 287, 274.

[69] Balbino Velasco, *El colegio mayor universitario de Salamanca*, 45 ss.

Filosofía, teología y humanidades en la Universidad de Salamanca durante los estudios de San Juan de la Cruz (1564-1568)

Vicente Muñoz Delgado

I. *Introducción: Formación preuniversitaria de Juan de Yepes en Medina del Campo*

Juan de Yepes, el futuro San Juan de la Cruz, se inicia en la enseñanza elemental y primaria en su pueblo natal de Fontiveros, la continúa en Arévalo de 1548-1552 y la termina en Medina del Campo en el Colegio de la doctrina de 1552-1559 [1]

Es necesario conceder mayor importancia a los estudios que después realiza en Medina con los Padres Jesuitas de 1559-1563, que son de grado medio y aún pueden considerarse de categoría superior y universitaria, dada la importancia que con el Renacimiento adquiere la Gramática y Retórica.

Los temas que más estudia son Gramática, Retórica y Latín con sentido verdaderamente renacentista. Son sus profesores jóvenes jesuitas, como Juan Bonifacio, Gaspar Astete, Juan Guerra, Miguel de Anda. Se explica la *Gramática* de Nebrija y probablemente también la *Retórica* hasta que apareció el manual del P. Cipriano Suárez, S.I., (1562), que fue adoptado como texto oficial en los numerosos colegios que la incipiente Compañía de Jesús iba creando. La revolución de Vives, Nebrija, etc., había extendido el dominio de la Retórica y Gramática, renovando el nexo con las ciencias filosóficas, ya que colocaba la teoría de la palabra después de la del razonamiento. La Retórica era una derivación y consecuencia de los estudios filosóficos [2].

---

[1] Emilio Miranda, *San Juan de la Cruz. Itinerario biográfico* (Avila, 1990), pp.18-27.

[2] M. Menéndez Pelayo, *Historia de las ideas estéticas en España* II (Madrid, CSIC 1962), pp.147-198; J. Rico Verdú, *La Retórica española de los siglos XVI y XVII* (Madrid, CSIC 1973), pp. 43-76; Antonio Martí, *La preceptiva retórica española en el Siglo de Oro* (Madrid, Gredos 1972), pp.13-100, 234-57; Daniel de Pablo Maroto y otros, *Introducción a San Juan de la Cruz* (Avila, 1987), pp. 9-29; Franco Gaeta, *Lorenzo Valla* (Nápoles, 1955), pp.77-126. V. la nota 101 y lo que exponemos en la parte final de este trabajo, sobre Retórica.

El P. Juan Bonifacio había estudiado en Salamanca y Alcalá. En el colegio de Medina se enseñaban las Humanidades, como en Salamanca y Alcalá, dentro de un ambiente renovado y renacentista. El P. Bonifacio explicaba de este modo cómo ilustraba sus clases de Latín y Retórica: «Me presto sin dificultad a leer a Valerio Máximo, a Suetonio, a Alciato. Declaro algunos pasajes de Amiano Marcelino, de Plinio, de Pomponio Mela. Traduzco algunos trozos difíciles del *Breviario* y algunos *Himnos eclesiásticos*, el *Catecismo*, las *Cartas* de San Jerónimo y el *Concilio tridentino*. A mis discípulos ordinarios les leo Cicerón, Virgilio y alguna vez las tragedias de Séneca, Horacio y Marcial expurgados, César, Salustio, Livio y Curcio, para que tengan ejemplos y modelos de todo: de oraciones, de poesía y de historia»[3].

Desde 1560 en adelante era costumbre en ese tipo de colegios representar diálogos, églogas y tragedias con argumentos sacados de la Sagrada Escritura y compuestos por los mismos estudiantes. Por ejemplo, a finales del año escolar 1561-1562, estando presente con toda probabilidad Juan de Yepes, una carta del P. Bonifacio nos cuenta: «Como dejase ordenado el P. Provincial que hubiese vacaciones todos los caniculares, ordenáronse unas conclusiones para el día en que se fenecían las lecciones, a las cuales se hallaron muchas personas de cualidad, como el fundador, el prior de la iglesia mayor y mercaderes ricos, hombres también letrados, así religiosos como seglares, los cuales arguyeron en las conclusiones. Los estudiantes después de ser fenecidos los argumentos que ellos y los de fuera propusieron representaron la historia de Absalón contra su padre David, compuesta por ellos mismos en verso. Y tuvimos mucho que hacer en persuadir a los oyentes que era obra de estudiantes aquélla».

Otro día uno de los profesores hizo una tragedia, tomada de los *Hechos de los Apóstoles*, sobre la conversión de San Pablo. «Todos dijeron que no se había representado con mejor ni con tanto concierto y ricos vestidos»[4].

Aquí comenzó Juan de Yepes a familiarizarse con la Sagrada Escritura, con los clásicos latinos y con el pensamiento renacentista, tan unido a la nueva lectura filológica de la Biblia, como iremos viendo. Probablemente también aquí inicia el conocimiento de los literatos españoles, como Garcilaso, según insinúa Efrén de la Madre de Dios[5].

Medina, en el período de permanencia en ella de Juan de Yepes, tiene una enorme importancia comercial y algunos mercaderes asistían a los actos

---

[3] Félix G. Olmedo, SI, *Juan Bonifacio (1538-1606) y la cultura literaria del Siglo de Oro* (Santander, 1939) p.54; Antonio Astrain, *Historia de la Compañía de Jesús en la asistencia de España* (Madrid, Razón y Fe, 1902- 25) II, pp.584-85; Crisógono de Jesús, *Vida y obras de San Juan de la Cruz* (Madrid, BAC 1950) pp.49-52. C. Labrador y otros, *La «Ratio studiorum» de los jesuitas* (Madrid, Univ. de Comillas, 1986) pp. 129-133.

[4] Astrain, II, pp.584-585.

[5] V. García de la Concha (dir.), *Nebrija y la introducción del Renacimiento en España* (Universidad de Salamanca, 1983) pp.53-64, 205-22; Efrén de la Madre de Dios, *San Juan de la Cruz y el misterio de la Santísima Trinidad en la vida espiritual* (Zaragoza, 1947) pp.150-59.

de los colegios, como hemos visto en el de la Compañía. «Había una actividad febril, intensa, durante las 24 horas. Se exponían y vendían telas de Holanda y Francia, tapices de Flandes, libros impresos de Italia, cordobanes, sedas de Valencia y Granada ... En el mercado había lugares reservados a los cambistas holandeses, ingleses y genoveses». Hasta la crisis que culmina en el *Indice de libros prohibidos* de 1559 se publican en Medina numerosos tratados de vida espiritual, que disminuyen de 1558 a 1562 [6].

A principios de 1563 Juan de Yepes entra en el noviciado carmelita de dicha ciudad, profesando al año siguiente con sus dos compañeros Fr. Pedro de Orozco y Fr. Rodrigo Nieto. Según el P. Pablo Garrido, los tres novicios al mismo tiempo que vivían su año de probación religiosa, estudiarían Artes y Teología los dos cursos 1562-1563 y 1563- 1564, familiarizándose con los problemas fundamentales de esas dos facultades. Se funda el citado autor en el testimonio del jesuita Francisco de Olea, que en carta de 10 de enero de 1563 desde Medina, refiriéndose muy probablemente al P. Diego Rengifo, fundador del convento carmelita, afirmaba «y ahora ha levantado un religioso un colegio donde se lean artes, teología y gramática» [7].

El P. Crisógono también afirma que Fr. Juan de Santo Matía asiste a clases de Artes en el convento carmelitano de Medina y por esa razón más tarde volverá desde Salamanca como pasante. José de Velasco, en el proceso informativo, declara que Fr. Juan, durante el noviciado en Santa Ana compuso unas canciones en verso y de estilo pastoril «en agradecimiento de la merced que le había hecho el Señor en hacerle digno de estar en la dicha religión». El P. Eulogio interpreta de distinta manera el testimonio del P. Velasco buscando subterfugios para soslayar y deformar un texto que me parece claro [8].

Baruzzi y otros han aludido a la presencia de Gómez Pereira en Medina durante la permanencia de Fr. Juan en esa ciudad. Pereira (1500-d. 1558) nace en Medina, estudia en Salamanca medicina y vuelve a su ciudad natal dedicado a su carrera médica y a algunos negocios. Tenía tal crédito que Felipe II lo lleva a Valladolid para asistir al príncipe heredero. Es casi imposible que Juan de Yepes no oyese hablar de él, siendo enfermero del Hospital de Ntra. Sra. de la Concepción. Pereira era hombre moderno y avanzado, pero no era propiamente un renacentista y pienso que no estaba conforme con todo lo que enseñaban los jesuitas. Gómez Pereira, escribe el P. Mauricio de Iriarte, clamaba contra la pedantería de los humanistas, filólogos o

---

[6] Georges Morel, *Le sens de l'existence selon S. Jean de la Croix* I (Paris, Aubier 1960), pp.57- 62; Andrés Melquiades, *La Teología española en el siglo XVI* (Madrid, BAC 1967) II, pp.543-55 reseña por orden cronológico los escritos espirituales publicados de 1530-1559.
[7] Pablo María Garrido, *San Juan dre la Cruz y Francisco de Yepes* (Salamanca, Ediciones Sígueme 1989) pp.45-50; Crisógnono de Jesús, *o.c.,* p.63.
[8] Crisógono de Jesús, *o.c.,* pp.63, 65-66; Eulogio de la Virgen del Carmen, *San Juan de la Cruz y sus escritos* (Madrid, 1969) pp.44-56.

gramáticos, para quienes el culmen de la ciencia está en conocer los secretos de las lenguas griega y latina... Fue Erasmo el primer promotor de esta herejía científica.... Hay que volver al estudio de los métodos lógicos y de los físicos, sin los cuales no hay lugar para el progreso científico[9].

Fr. Juan oirá esos juicios en Salamanca, pero es posible que conozca ya desde los tiempos de Medina la problemática encerrada en ellos. La obra principal de Gómez Pereira se titula *Antoniana Margarita* y con ello sintetizaba el nombre de sus padres. Se publica en Medina en 1553 y fue combatida por el teólogo salmantino Miguel de Palacios al que responde nuestro médico en una obra impresa en Medina en 1555. Palacios vuelve a refutarlo en sus *In tres libros Aristotelis de Anima commentarii* (Salamanca 1557). Francisco de Sosa, también médico en Medina, refuta a Pereira escribiendo *Endecálogo contra Antoniana Margarita, en el cual se tratan muchas y muy delicadas razones y autoridades con que se prueba que los brutos sienten y por sí se mueven* (Medina 1556).

Pereira ataca el hilemorfismo, las especies inteligibles, el entendimiento agente y es precursor de Descartes en la defensa del automatismo de los animales y, sobre todo, en la defensa de la *introspección*. La experiencia interna tiene un gran valor para él y al describir el conocer propio se proclama *testigo ocular* de su proceso autocognoscitivo[10].

El tema tiene importancia en la formación de San Juan de la Cruz, si estuvo en contacto con él. Las relaciones de Pereira con el Renacimiento, con los profesores de Salamanca y la defensa de la introspección pueden haber ejercido algún influjo en nuestro carmelita, en el probable supuesto de que directa o indirectamente hayan llegado a su conocimiento.

Quiero concluir esta introducción señalando que Medina es la plataforma desde la que Fr. Juan llega a Salamanca. En Medina recibe su preparación y me parece que es necesario destacar esa formación mucho más de lo que se hace de ordinario. Sus conocimientos en Gramática y Retórica estaban a la altura de las cátedras homólogas de la ciudad del Tormes. También llevaba conocimientos de Biblia, algo de teología y de artes así como de la temática renacentista.

En la parte última de este trabajo volveremos sobre la Retórica en Salamanca especialmente desde la consideración del Brocense.

---

[9] Mauricio de Iriarte, *El Doctor Huarte de San Juan y su Examen de ingenios* (Madrid, CSIC 1948) pp.162-63; Jean Baruzzi, *Saint Jean de la Croix et le problème de l'experience mystique* (Paris, 1931) pp.84-90; Marcial Solana, *Historia de la filosofía española* (Madrid, 1942) I, pp.209-271.

[10] M. de Iriarte, 100, pp.160-62, 177-78; José Luis Abellán, *Historia crítica del pensamiento español. II. La edad de oro (siglo XVI)* (Madrid, Espasa-Calpe 1979) pp.189-98; Leopoldo Durán, *Miguel de Palacios. Un gran teólogo desconocido* (Madrid, FUES 1988) pp.13-30.

II. *La facultad de artes durante los estudios de San Juan de la Cruz (1564-1567)*

1. Fr. Juan de Santo Matía, alumno de filosofía en Salamanca

Fr. Juan aparece matriculado como artista, con varios compañeros del colegio carmelita de San Andrés, el 6 de enero de 1565. Vendría a Salamanca en el otoño de 1564, al terminar el noviciado, para estudiar filosofía durante los tres cursos 1564-1565, 1565-1566 y 1566-1567. Es algo que tenemos sólidamente documentado así como la presencia de nuestro carmelita en las votaciones estudiantiles de los procesos de cátedras en agosto de 1566, enero de 1567 y posteriormente otras dos veces en enero de 1568 cuando cursa teología [11].

En cambio, no tenemos tan precisamente documentados los cursos y profesores de sus lecciones, porque al lado de las cátedras de propiedad había las regencias y catedrillas, que se completaban. Durante estos años aparecen religiosos en ambos tipos de cátedras y tenían algunos privilegios, como eran las convalidaciones de clases oídas en la propia casa religiosa. Había también casos, como el de los jesuitas, que en la década de los cincuenta «asisten regularmente como oyentes ordinarios a las clases públicas, pero sin matricularse ni individualmente ni como colegio; además no ganan cursos, no adquieren grados ni opositan a cátedras» [12].

Parece también que las posibilidades de oír lecciones en el colegio carmelita de San Andrés de Salamanca eran muy reducidas, a tenor de lo que afirma recientemente Pablo María Garrido. «Aunque no pueda admitirse, como ya hice notar en otra parte, la presunción del P. Crisógono de que el Santo simultaneara las lecciones de Artes en la Universidad con las de Teología en el colegio de San Andrés, por la simple razón de que en éste no existían por aquel entonces, es casi seguro que sí tendría que asistir a la lección de Sagrada Escritura que el regente del Colegio tenía que exponer diariamente, según prescribían las *Constituciones* de la Orden, así como a la disputa escolástica que, el menos una vez a la semana, tenía que sustentar o presidir el Maestro de estudiantes, sin olvidar la lección de moral práctica o casuística que debía tenerse también cada día». Esos serían los actos y lecciones que Fr. Juan tenía en casa y cuando en el Capítulo Provincial de

[11] *AUS, Matrículas*, 283, f.17v; *Procesos de Cátedras: AUS*, 962, 486, 529; 963, f.11, 75. Luis Enrique Rodríguez-San Pedro, «San Juan de la Cruz en la Universidad de Salamanca 1564-1568», *Salmanticensis (1564- 1568)* (Avila 1989) pp.23-25; Crisógono de Jesús, *o.c.*, 66-96; Balbino Velasco Bayón, *El colegio mayor universitario de Carmelitas de Salamanca* (Salamanca 1978) 18-26. Utilizaremos *AUS* en vez de *Archivo Universitario de Salamanca*.

[12] Benigno Hernández, SI, «El colegio de la Compañía y la Universidad de Salamanca en el siglo XVI», *Studia Historica*, VII (1989) p.727.

1567 es nombrado Maestro de estudiantes, el último curso que está en Salamanca, debía presidir la disputa escolástica semanal [13].

Los tres cursos de Artes comenzaban por las Súmulas, que se explicaban el primer año. En el curso 1564- 1565 era propietario de Súmulas el Maestro Martín de Peralta; el segundo año se cursaba Lógica Magna y el año académico 1565-1566 la explicaba en propiedad el mercedario Fr. Gaspar de Torres. El tercer año de su matrícula de Artes, 1566-1567, Fr. Juan de Santo Matía debía cursar Filosofía natural y Filosofía moral. Era profesor propietario de Filosofía natural el médico portugués Enrique Fernándes, que estaba jubilado y en su lugar explicaba como sustituto Miguel Francés. Tenía la propiedad de Filosofía moral el Maestro Francisco Sancho, también jubilado desde junio de 1561, y explicaba en su lugar el Maestro Diego Bravo [14].

La Universidad se regía por los *Estatutos* de Diego Cobarrubias que había visitado la Universidad en 1560 y 1561 por orden del Rey Prudente. Los *Estatutos* de 1561, resultado de esa famosa visita, establecen un régimen de vigilancia de cátedras y regencias a través de cinco visitas anuales que había de realizar el Rector. Las *Visitas de Cátedras* suelen tomar como testigos a dos estudiantes ordinarios que, bajo juramento, testifican la materia que explicaba y cómo cumplía sus obligaciones el profesor.

Como no tenemos registros y probanzas de cursos de Fr. Juan, nos queda como recurso único indicar las materias que explicaba cada profesor y cada regente en cada uno de los tres años de su matrícula de Artes. Sobre cada caso hago unas breves consideraciones para poder valorar la formación que recibe nuestro santo carmelita.

2. La cátedra de Súmulas de Martín de Peralta

Martín de Peralta era natural de Viana (Navarra) y había obtenido el grado de Maestro en Artes en la Universidad de Zaragoza. Pronto obtiene en Salamanca una cursatoria de Artes; desde 1551 está encargado de la cátedra de Escoto y en 1557 pasa a la cursatoria de Santo Tomás. El 15 de diciembre de 1561 es nombrado catedrático de propiedad de Súmulas o Prima de Lógica hasta agosto de 1579 en que se publica la vacante por defunción del propietario [15]. El 20 de diciembre de 1564 en la visita de la cátedra «estando leyendo el dicho M.° Peralta, con buena copia de oyentes... dijeron que... comenzó a leer por el San Lucas el primero de los *términos* de Soto

---

[13] Pablo María Garrido, *San Juan de la Cruz y Francisco de Yepes*, 48; Id., *El hogar espiritual de Santa Teresa. En torno al estado del Carmelo en tiempos de la Santa* (Roma 1983), p.67, con el decreto del Capítulo Provincial en que se dice «se dará orden que en este dicho convento (de Salamanca) haya estudio principal de Artes y Teología». De ahí infiere Garrido que antes no había tales estudios.

[14] Rodríguez-San Pedro, *Salmanticensis*, 1989, pp.169-176; Id., *Peripecia universitaria*, pp.23-25.

[15] E. Esperabé Arteaga, *Historia pragmática e interna de la Universidad de Salamanca* (Madrid 1917) II, pp.383-84.

y al presente va en *De oratione*... leyendo en latín y a provecho» (*AUS*, 941, 84r). En la visita de febrero de 1565, explicaba el tema *De ascensu et descensu*, donde incluían la inducción (f.95v-96r). En setiembre de 1566 dijeron «agora va en la materia de suppositione» (f.141r) y antes en abril del mismo año «va en la *appellatio* al fin» (f.144r) y en enero de 1567 «va al presente de *argumentatione* (f.187r).

Ahí tenemos explicitados algunos de los temas de las famosas *Súmulas* de Domingo de Soto, que él mismo había reformado en las sucesivas ediciones ante los ataques de los humanistas. Probablemente utilizaban la segunda edición corregida (Salamanca 1554) que se dividía en cinco libros: 1.º Los términos (f.1v-15v); 2.º La proposición y las propiedades de los términos (suposición, ampliación, apelación, etc.) (f.16r-52r); 3.º Oposición de proposiciones, los enunciados modales, la conversión, la proposición hipotética (f.52v096r); 4.º La proposición exponible (f.96v-119r); 5.º El silogismo (f.119v-150v). Soto apremiado por las burlas y críticas de los humanistas añadía estas significativas palabras: «in calce extra numerum pauca verba *De Obligationibus* et *Insolubilibus* importunissimis sophistis etiam concedemus» (f.1r).

En una regencia de manera paralela, Pedro García († 1603) Galarza, colegial de San Bartolomé y más tarde obispo de Coria, en una visita de febrero de 1565 dos alumnos bajo juramento «dixeron que va leyendo los *términos, de nomine et verbo et divisione et argumentatione, de oratione, de suppositione et ampliatione* y va en los *exponibles* al principio» (941, f.96v). Son los mismos temas.

En la Biblioteca Capitular de La Seo de Zaragoza hay los siguientes manuscritos de Galarza con la signatura 62-54: *Compendium dialecticae, In Logicam, In Metaphysicam, In Physicam, In Moralem ad Nicomachum*. Es decir, ha escrito un tratado completo de filosofía. Era natural de Bonillas (Cuenca), había estudiado en Sigüenza y Alcalá. A Salamanca llega por 1562.

El licenciado Andrés Morales en setiembre de 1564 explicaba *Súmulas* y, en la visita del 20 de diciembre, los testigos «dijeron que el dicho Licenciado Morales comenzó por San Lucas el primer libro de los *términos* y agora va en los *parvos logicales*» (f.81r) y, en otra visita posterior, los testigos «ambos contestes dijeron que comenzaron por todos los santos a oír los *términos* y los acabó por Navidad y después leyó todos los libros como se siguen por las *Súmulas* de Soto hasta acabar el quinto libro y agora va en las *questiones* proemiales de la lógica en la questión quarta y hasta Navidad leyó también los *parvos logicales*» (f.107v).

Lo más probable es que Juan de Santo Matía asistiese al curso de Peralta, pero también es posible su incorporación a cualquiera de los cursillos de regentes en alguna catedrilla cursatoria. En todos los casos los temas de Súmulas son similares [16].

---

[16] Rodríguez-San Pedro, *Salmanticensis*, 171, 173-75; Esperabé, II, 354. Acerca de algunas actuaciones rigoristas en Coria por parte del obispo García de Galarza: Angel Rodríguez Sánchez, «Moralización y represión en la España del siglo XVI», *Homenaje a Pedro Sáinz Rodríguez*

Dada la formación renacentista en Humanidades, sobre todo en Retórica, recibida por Fr. Juan en Medina, es casi seguro que le desagradaría el mal latín de estas clases. El Brocense que comienza Artes por 1545 las abandona hartamente desilusionado por las trivialidades que enseñaban sus maestros. Narciso Gregori, Luis de Lemos, profesores en Salamanca en la década de los cincuenta, critican abiertamente la lógica del tiempo y toman posición moderada ante las burlas renacentistas a los temas de Súmulas [17].

A mediados de noviembre de 1560 murió en Salamanca Domingo de Soto. Tiene la famosa oración fúnebre Fr. Luis de León, que colma de elogios a su ilustre maestro, pero hace una reserva respecto a la sofistería lógica en la que se dejó llevar de algunos defectos de la época [18].

3. La cátedra de Lógica Magna del mercedario Fr. Gaspar de Torres

El segundo curso de Artes, el aspirante a Bachiller debía oír lógica que tiene en propiedad el Maestro Fr. Gaspar de Torres. Gaspar había nacido en un pueblo al lado de Cazorla (Jaén) por 1510. Por 1526 entra de mercedario en el convento de Cazorla y, después de la profesión, es enviado a estudiar Filosofía y Teología a Salamanca. Pronto enseña en varias cátedras cursatorias hasta el 17 de junio de 1549 en que obtiene la propiedad de Vísperas de lógica.

En su Provincia mercedaria de Castilla desempeña importantes cargos. En el Capítulo Provincial de 1556 es elegido Definidor y en el siguiente sale Provincial, cargo que desempeña durante el sesenio de 1559-1565. En la Universidad fue Viceescolástico e interviene de manera decisiva en numerosos asuntos, como en la elaboración de los citados *Estatutos* de 1561. Se jubila en junio de 1568, cuando Fr. Juan deja Salamanca y vuelve a Medina

---

(Madrid, FUES, 1986) III, 591-601, donde el obispo decide «hacer ordinariamente inquisición general e solemne visitación y escrutinio de la vida e costumbres de todos sus súbditos, ansí clérigos como legos», p.600. Acerca de los manuscritos filosóficos de García de Galarza: Charles H. Lohr, *Latin Aristotle. Commentaries. Renaissance Authors* (Florencia 1988), 162.

[17] V. Muñoz Delgado, «Narciso Gregori y la lógica del humanismo en Salamanca durante la segunda mitad del XVI», *Estudios* 19 (1963) pp.247-54; Id., «Fray Narciso Gregori (1516-1561), médico, filósofo y humanista», *Asclepio* 16 (1964) pp.193-203; Id., «Luis de Lemos y su crítica de la lógica humanista», *Cuadernos de historia de la medicina española* 12 (1973) pp.415-32.

[18] Fr. Luis de León, *Opera* (Salamanca 1891-1895) VI, pp.385-405: «totam, eam quae aetate vigebat (spinosam quidem eam et inutilem, sed tamen per obscura et perdifficilem) disserendi rationem, omnes laqueos, omnia rationum diverticula, flexus, ambages, laberinthos omnes, omnes adversariorum illudendi et illaqueandi rationes tanquam tuos digitos notasse et perceptas habuisse. Quod hae artes haberentur in pretio *illius aetatis culpam fuisse*, p.403. Cf. V. Muñoz Delgado, «Nominalismo, lógica y humanismo» en el colectivo *El erasmismo en España* (Santander,Sociedad Menéndez Pelayo 1986), pp.109-173; Id., «La crítica de los humanistas a la ciencia y lógica de la escolástica tardía», en *Filosofía y Ciencia en el Renacimiento* (Santiago de Compostela 1988),341-56. Vide la segunda parte de la nota 65.

como pasante. Pienso que es uno de los profesores que más pueden haber interesado a Fr. Juan[19].

La enseñanza de esta cátedra se basaba en la explicación de los libros del *Organon* del Estagirita, combinando la docencia del propietario con la de los regentes. Así se expresaban los *Estatutos* de 1561: los regentes «desde San Lucas hasta fin de mayo lean *Peri Hermeneias* y todo lo restante de la *Lógica* de Aristóteles, salvo los libros que en la cátedra de propiedad de Lógica se leyeren»[20].

Las visitas de cátedra explicitan con precisión lo que enseñaba Fr. Gaspar en el curso 1565-1566, en el que está matriculado nuestro fraile carmelita. El 14 de diciembre de 1565 declaran los alumnos que Fr. Gaspar «con buena copia de oyentes» comenzó por San Lucas las *cuestiones proemiales* (si la lógica es ciencia, si es teórica o práctica, si es arte o ciencia, etc.), luego explicó los *Universales* y los *Analíticos Primeros* de Aristóteles y al presente va en el cap.25. En enero de 1566 había comenzado los *Analíticos Posteriores* e iba al presente en el cap.8. En el mes de abril de 1566 iba en el predicamento *De substantia* y en junio en el *De qualitate*[21].

Los regentes, en sus cátedras cursatorias, enseñaban de manera paralela y complementaria esos mismos tratados, procurando no coincidir en el mismo tema. Así en el curso citado de 1565-1566 el licenciado Hernando de Rueda comenzó por San Lucas leyendo *Predicamentos* y *Posteriores* y en abril explicaba el *Peri Hermeneias* con gran copia de oyentes. El licenciado Andrés de Morales leía en marzo *Posteriores* y en abril los *Tópicos*. Estos regentes por las tardes repasaban lo explicado por la mañana, pero siempre se trata de la *Lógica* de Aristóteles[22].

Me parece que hay algunas facetas del carácter y de la vida de Gaspar de Torres que pueden haber llamado la atención de Fr. Juan. Por ejemplo, protegió a Francisco Navarro, profesor de Retórica, y mantuvo al Brocense al frente del Trilingüe a pesar de algunas dificultades. En general fue amigo de los humanistas[23].

Durante el Provincialato de Fr. Gaspar se acusa vivamente la iniciativa de reforma mercedaria, mediante programas presentados a la Corte por los superiores de la Provincia de Castilla. Según García Oro, el último y tenso capítulo de la conflictiva reforma de Felipe II lo llenan las tres órdenes,

---

[19] Guillermo Vázquez Núñez, *Biografía del Maestro Fray Gaspar de Torres, mercedario, catedrático, Cancelario de Salamanca y Obispo de Medauro* (Madrid, 1927) pp.6-20, 28-30, 43-51; Esperabé Arteaga, II, pp. 304, 412- 13.

[20] *Estatutos de 1561*, título XIX.

[21] *AUS*, 941, f.122r, 141r, 144r, 164v, 187r. Rodríguez-San Pedro, *Salmanticensis*, 1989, p.174.

[22] *AUS* 941, f.138v, 144r, 148r; Rodríguez-San Pedro, *Salmanticensis*, 174-175.

[23] G. Vázquez, 22-26, 38-42; V. Beltrán de Heredia, *Cartulario de la Universidad de Salamanca* (Salamanca 1971) III, 216-17.

mercedarios, trinitarios y carmelitas. Todas ellas se sitúan en la segunda mitad del siglo en la órbita de la reforma [24].

En 1565 Gaspar de Torres imprime en Salamanca la *Regla y Constituciones de la Orden de la Merced*, 64 fols. Nuestro Fr. Gaspar predicaba con alguna frecuencia y en las citadas *Constituciones* pone como apéndice un *Sermón
de la Santa Cruz*, que era uno de sus temas predilectos. Presenta la cruz de
Cristo como una alta palmera que es la escalera para subir al cielo [25].

El P. Gaspar de Torres tenía un hermano de sangre, también mercedario, llamado Fr. Baltasar de Torres, muy dado a la soledad y vida contemplativa. En 1556 es Comendador de Nuestra Sra. de los Remedios en la Provincia de Albacete, muy próximo a la Fuensanta. Esa casa pasa a los trinitarios desde 1558. Estaba en el desierto de la Roda y allí se confesaba la beata
Cardona de la que habla Santa Teresa en las *Fundaciones*, cap.28. «Se llamaba
ella Dña. Catalina de Cardona. Después de algunas veces que me escrivió
sólo firmaba: la pecadora... Después que se hizo el monesterio todavía se
iva —y estaba y dormía— a su cueva, si no era ir a los oficios divinos. Y
antes que se hiciese, iva a misa a un *monesterio de mercenarios*, que está a un
cuarto de legua y algunas veces de rodillas» [26].

El encuentro personal entre Fr. Gaspar de Torres y Santa Teresa de Jesús, en Sevilla por 1575, es seguro según las tradiciones que conservan las
mercedarias del convento de la Asunción de esa metrópoli andaluza. La Santa
reformadora oiría misa en la referida Asunción, de cuya observancia hizo
grandes elogios, según relación de testigos presenciales. «Así lo declaró a muchas personas la Santa Madre Teresa de Jesús, cuando el año de 1575 asistió
en esta ciudad a la fundación de su convento de monjas descalzas de su Orden, estando hospedada en casa del noble caballero Juan Gutiérrez Tello, casa
que estaba en frente de las monjas de la Asunción, de quien hablamos, y ahora está esta casa incorporada en el convento grande de la Merced.

Del convento de la Asunción de Sevilla sale Sor Clemencia de la Santísima Trinidad para fundar la casa de mercedarias descalzas de Lora. En este
convento entra, en junio de 1617, Sor María la Antigua, que procedía de las
clarisas de Marchena, y muere el 22 de setiembre de ese año. Sor Antigua

---

[24] José García Oro, «La reforma de las órdenes religiosas en los siglos XV y XVI», en
Ricardo García-Villoslada (director), *Historia de la Iglesia en España*, III, 2.º (Madrid, BAC,
1980) 324, 338; G. Vázquez Núñez, *La Merced a mediados de los siglos XV y XVI. Documentos
inéditos y observaciones* (Roma, 1931) 34-40, 73-89, 92-111; Francisco Cano Manrique, «Desarrollo
histórico de la Orden mercedaria descalza», *Analecta Mercedaria* 8 (1989) 129-39.

[25] G. Vázquez, *Mercedarios ilustres* (Madrid 1966) 451; Id., *Gaspar de Torres*, p.33; A. Astrain, *Historia de la Compañía de Jesús*, II, 65, 68, 506; Germán García Suárez, «El Maestro Gaspar de Torres y su obra "Comentario a las Constituciones"», *Analecta Mercedaria* 3 (1984) 5-10;
Id., «Pastoral de la vida religiosa según el Maestro Gaspar de Torres», *Estudios* 29 (1973) 465-
78; Id., «Teología de la vida religiosa en Zumel», *Estudios* 45 (1989) 5-60.

[26] G. Vázquez, *Breve reseña de los conventos de la Orden de la Merced* (Roma, 1932), p.15. En
1558 este convento pasa a los trinitarios.

había nacido en Cazalla por 1566 y ahora, con fama de santa, se la disputan mercedarios y franciscanos. De ella nos queda una singular obra mística *Desengaño de religiosos y de almas que tratan de virtud* (Sevilla 1678, 1690, etc.), que contiene poemas muy parecidos a los de San Juan de la Cruz y según algunos como Luis Vázquez, proceden directamente del santo de Fontiveros. Entre la correspondencia perdida de San Juan recuerda el P. Eulogio las cartas a Sor María la Antigua[27].

Nada sabemos de las relaciones personales entre Fr. Juan de Santo Matía y su profesor Fr. Gaspar, pero pienso que dado el ambiente reformista de ambos la mutua influencia es muy probable. Aunque Teresa y Juan, los dos santos reformadores del Carmelo, hay que considerarlos unidos, no siempre la relación establecida con uno de ellos implica necesariamente de manera directa al otro.

4. La cátedra de Filosofía natural

En el tercer año, en el curso 1566-1567, de ocho a nueve de la mañana el candidato debía cursar Filosofía natural, en cuya cátedra se explicaban las varias obras de Aristóteles sobre el tema, incluyendo la *Metafísica* que no tenía enseñanza institucionalizada, problema que apasionó mucho en la década de los setenta.

El titular propietario de Filosofía natural era el portugués Enrique Hernández, como escribe Esperabé, o Henrique Fernándes como prefieren los lusitanos. Vive en Salamanca, como jubilado, hasta su muerte acaecida a fines de 1584. Nos ha dejado una importante obra poco estudiada *De rerum naturalium primordiis sectiones VIII* (Salamanca, 1543) de 80 folios[28].

El maestro lusitano tuvo varios sustitutos durante el largo período entre su jubilación y su muerte. Uno de ellos fue el mercedario Narciso Gregori, que también era médico, por 1557 del que hemos hablado al relatar los que combatían las *Sumulas* de Soto[29]. El sustituto que daba las lecciones, en

[27] *Obras Completas de San Juan de la Cruz*, ed. de Eulogio Pacho (Burgos, 1982) p.1407; G. Vázquez, *Mercedarios ilustres* (Madrid, 1966) 675-78; Luis Vázquez Fernández, «Poemas sanjuanistas fuera del Carmelo», *Estudios* 38 (1982) 149-198. Cf. una obra curiosa y poco conocida del mercedario Fr. Juan de Rojas y Ausa, *Representaciones de la verdad vestida, místicas, morales y alegorías sobre las Siete Moradas de Santa Teresa de Jesús, reformadora del Carmen y maestro de la primitiva observancia, careadas con la Noche oscura del B.P. S. Juan de la Cruz, primer carmelita descalzo, manifestando la consonancia que estas dos celestiales plumas guardaron al enseñar a las almas el camino del cielo* (Madrid, 1677, 1679) 511pp., más 12 preliminares.

[28] Esperabé, *Historia*, II, 358-59; J. Verissimo Serrâo, *Portugueses no estudo de Salamanca* (Lisboa, 1962) I, 202-4; Teresa Santander, *Escolares médicos en Salamanca (siglo XVI)* (Salamanca, 1984), p.151, n.875; Pilar Valero García, *La Universidad de Salamanca en tiempos de Carlos V* (Salamanca, 1984) 267, donde reseña el tema de las explicaciones de Fernándes de 1534-1547, en la cátedra de filosofía natural.

[29] V. supra la nota 17. El alumno de Medicina, Juan Méndez Nieto, *Discursos medicinales* (Salamanca, 1989), pp.5-15, habla de Soto y Gregori.

el tercer año de nuestro Fr. Juan, era el aragonés Miguel Francés del que hablaremos algo más adelante en este apartado.

Antes quiero recordar que el médico y filósofo portugués Henrique Fernándes tenía mucho crédito en Salamanca y aparece en los *Libros de Claustros* con relativa frecuencia. El 13 de enero de 1574 el carmelita Bartolomé Sánchez, compañero de Fr. Juan de Santo Matía en el colegio de San Andres y en la Universidad, se presenta para Maestro en Teología. Aparecen como padrinos León de Castro y Henrique Fernándes (*AUS*, 778, f.79v). En abril de 1584 el mismo carmelita opta al Magisterio en Artes, después de haber obtenido la cátedra de Lógica. También ahora aparece como padrino de la solemnidad nuestro Fernándes, que impone las insignias de Maestro al carmelita, lo lleva al asiento que le corresponde, lo presenta al abrazo y *osculum pacis* de todos los colegas de la Universidad (*AUS*, 780, f.11v-13v).

Bartolomé Sánchez es el primer carmelita profesor de la Universidad salmantina y al no haber padrino adecuado en los de casa se busca al amigo de confianza. El padrinazgo repetido de Fernándes indica una cierta confianza y especiales relaciones con los frailes del colegio de San Andrés. Por eso quiero resumir la obra impresa del médico y filósofo lusitano por el influjo que pudo haber tenido en Fr. Juan de Santo Matía [30].

La obra *De rerum naturalium primordiis* (Salamanca, 1543) se divide en estas 8 secciones: 1.ª Naturaleza y objeto de la Filosofía natural (f.1r-9r). 2.ª Los principios de las cosas naturales: materia, forma y privación (f.9v-45r). 3.ª De las causas de las cosas naturales (f.45v-54v). 4.ª Del movimiento (f.55r-64r). 5.ª Acerca del lugar (f.64v-66v). 6.ª El vacío (f.667r-69r). 7.ª El tiempo (f.69v-74r). 8.ª Del infinito y del primer motor (f.74v- 78v).

Al terminar la primera sección señala que la autoridad de Aristóteles ha de ser la preferida, salvo cuando entre en colisión con la fe ortodoxa «Aristotelem in naturalibus nobis ducem sumemus eumque imitabimur... Possunt etiam aliae rationes sumi cur Aristoteles sit omnibus anteferendus». A continuación enumera 6 razones en favor del liderazgo del Estagirita (f.9r).

En esa primera sección describe todo el cuadro del saber de la época para señalar el puesto que corresponde a la Filosofía de la naturaleza. De manera muy abreviada podríamos resumirlo en los siguientes cuadros.

En primer lugar, hay un saber *sermocinal*, *orgánico* e *instrumental*, que trata de las segundas intenciones, y puede ser:

— *Gramática* (de vocibus quoad congruum vel incongruum).
— *Lógica* (de vocibus quoad verum vel falsum).
— *Retórica* (de vocibus quoad bene dicendum seu recte vel ornate persuadendum).
— *Poética* (de vocibus quoad fictas persuasiones pertractat).

---

[30] Rodríguez-San Pedro, *Salmanticensis*, 1989, 165.

Excepto en Gramática, señala los libros del Estagirita como guía del estudio de cada disciplina (f.3v, col.1).

A este saber instrumental se opone la *ciencia real (prima intentio)*, que puede subdividirse en teórica y práctica. Las ciencias *teóricas* contienen esta triple división:

1) *Filosofía natural* (circa res mobiles materiae coniunctae).
2) *Matemáticas* (circa res partim coniuncte partim separate.
   Se subdivide de este modo:

   — *Geometría* (de quantitate continua).
   — *Perspectiva* (de linea visuali).
   — *Aritmética* (de quantitate discreta).
   — *Música* (de numero sonoro).
   — *Astrología* (de coelis et stellis secundum quantitem et numerum).
   — *Náutica*.
   — *Estereometría* (scientia solidorum).

«Sacra Theologia divinitus inventa est seu revelata, ideo non ponitur inter scientias humanitus inventas» (f.5r, col.1).

Este saber teórico, contemplativo, especulativo tiene por finalidad el saber y la búsqueda de la verdad (*sistit in scire, finis est veritas*). Acerca de la Filosofía natural discute especialmente el puesto donde debe colocarse la enseñanza del *De anima*, que también pertenece a esa disciplina (f.3v-5v).

El saber *activo* se divide de este modo:

   — *Etica o Moral individual*, que busca hacer bueno al hombre.
   — *Económica o Moral* familiar, que trata de la familia.
   — *Política o Civil*, que trata del buen gobierno de la ciudad.

Hay, además, divisiones y subdivisiones como la de ciencia *subalternante* y *subalternada*, ciencia *común* y ciencia *especial* y otras que omito por brevedad. Fernándes parece muy tradicional y esta clasificación de las ciencias se encuentra en Salamanca desde fines del XV hasta fines del XVI [31].

Es contrario a los Renacentistas, por ejemplo al minimizar la importancia de la Gramática, que no es ciencia ni siquiera *orgánica*, en contra de la opinión generalizada, «nullius scientiae est proximum organum» (f.5v, col.2). Igualmente respecto a la Retórica, tan exaltada por los modernos, dice que hay que seguir a Aristóteles «quia in scientia demonstrativa non utitur sermonibus rhetoricis» (f.9r, col.2). En Lógica, después de recordar los libros del *Organon*, al llegar a los *Topica* dice: «in octo libris Topicorum ubi *loca edocentur et sedes* ad que maxime quibus *probabiliter de quolibet disserere*

---

[31] V. Muñoz Delgado, «Francisco Zumel y la ética en Salamanca de 1578-1607», *Cuadernos salmantinos de filosofía* 17 (1990), nota 20.

possumus» (f.3v, col.1), palabras que parecen muy acordes con lo que predomina en los más recientes autores, en este caso renacentistas.

En Fernándes hay muchas doctrinas que pueden haber influido en el futuro San Juan de la Cruz, como la doctrina de las especies sensibles e inteligibles, los sentidos interiores y exteriores, los hábitos, las pasiones (f.16v), las cualidades contrarias en el mismo sujeto, los grados de la cualidad sobre todo en el orden espiritual, que trata con especial extensión (f.216v-20r).

Del máximo interés sería examinar los comentarios al *De Anima*, que también formaba parte de la Filosofía natural y la explicó Fernándes algunos años. Ya hemos hablado del comentario de Miguel de Palacios (Salamanca 1557). Zumel, Báñez y otros la explicaban al comentar la Primera Parte de Santo Tomás, cuestiones 75-91, porque trata temas similares.

Pero volvamos a Miguel Francés, que es el encargado de la Filosofía natural en el tercer curso de Artes de Fr. Juan, es decir, en el curso 1556-1567. Nace en Zaragoza y en su Universidad se hace Maestro en Artes. Pasa a estudiar a París donde continúa la tradición matemática de los aragoneses. En Salamanca tiene una cursatoria de Artes desde 1554 hasta 1559. El 1 de junio de ese año lo designan sustituto del Maestro Henrique Fernándes, en la cátedra de Filosofía natural, donde permanece hasta octubre de 1579 en que obtiene en propiedad la docencia de Súmulas, que desempeña hasta marzo de 1582 en que muere.

Como buen matemático recibe consultas de la Universidad de Bolonia sobre ciertas dudas acerca de la corrección del calendario y quedó muy agradecida con la respuesta, como muestra en una carta. Otro *Parecer y dictamen, dado juntamente con el Maestro Fr. Luis de León a la reducción del calendario*, revela también su competencia.

A partir de 1563 hay documentación en el Archivo Universitario de «que padecía mucha necesidad» y se le concede ayuda económica[32].

Miguel Francés explicaba la Filosofía natural de 8 a 9 de la mañana. En la visita de enero de 1567 se dice que había comenzado por San Lucas el libro primero de la *Metafísica* de Aristóteles y al tiempo de la visita iba en el cap.2.º del libro II. En abril del mismo año iba en el libro V[33].

La *Metafísica* no tenía cátedra en ese tiempo y en Salamanca se explicaba de manera alternativa con los varios libros de filosofía natural del Estagirita[34].

---

[32] Beltrán de Heredia, *Cartulario* (Salamanca 1970) II, 265-66 y en IV (Salamanca 1972) 323; Ricardo García Villoslada, *La Universidad de París durante los estudios de Francisco de Vitoria* (Roma, Universidad Gregoriana, 1938) 299, 408; Esperabé, II, 348.

[33] Rodríguez-San Pedro, *Salmanticensis*, 1989, p.175.

[34] G. Vázquez, *El Padre Francisco Zumel, general de la Merced y catedrático de Salamanca (1540- 1607)* (Madrid 1920) 18-22; J. Gallego Salvadores, «La metafísica en España durante el siglo XI», *Repertorio de historia de las ciencias eclesiásticas en España* (Salamanca 1979) VII, 158-184; Id., «La enseñanza de la metafísica en la Universidad de Salamanca durante el siglo XVI», *Cuadernos salmantinos de filosofía* 3 (1976) 211-36; Ramón Hernández, «El famoso parecer de Báñez so-

Miguel Francés en el curso 1565-1566 había explicado *De Anima* con gran copia de oyentes entre ellos Gregorio de Valencia, natural de Medina del Campo. En el curso 1564-1565 explicaba *De generatione et corruptione* y los *Meteoros*. Son obras del máximo interés para entender la base filosófica de la explicación místico-teológica de Fr. Juan[35].

De modo paralelo y complementario, combinándose para no repetir en varias cátedras la misma materia, había las regencias y catedrillas que también explicaban los libros de la Filosofía natural de Aristóteles. El licenciado Alonso de Calahorra, de agosto de 1565 a febrero de 1566, explicaba los libros III-V de la *Física* del Estagirita; en abril de 1566 leía *De generatione et corruptione* y en junio hasta enero de 1567 explica *De coelo*[36].

Había más regentes como, por ejemplo, Juan de León, colegial de Oviedo, que también explicaba por esos años temas de la Filosofía natural de Aristóteles.

En el curso 1564-1565 desde San Lucas «ha leydo tercero, quarto, quinto, sexto y sétimo y agora va en el 2.º del octavo» de los *Phisicos* de Aristóteles. Eso se atestigua en la visita de febrero de 1565[37]

Me parece que no necesitamos más testimonios. Se explicaba alternativamente por la obra del Estagirita, combinando los regentes y la cátedra de propiedad para no repetir lo mismo. Como no conservamos nada escrito de esos profesores y regentes, poco más se puede decir.

5. La cátedra de Filosofía moral

Fr. Juan de Santo Matía en su tercer año de Artes, en el curso de 1566-1567, de 9 a 10 de la mañana debía asistir a clase de ética. El titular y propietario de la cátedra de Filosofía moral era el Maestro Francisco Sancho, nacido por 1500 en Morella, hoy Provincia de Castellón. Probablemente, estudia Artes en Valencia. En Salamanca ingresa en el colegio de San Bartolomé por el año 1534 y en 1543 se pasa al Colegio Mayor de Cuenca. Comienza su docencia en Salamanca en varias cátedras cursatorias, obteniendo la de Lógica Magna en 1542, que desempeña hasta el 10 de mayo de 1549 en que se le provee la de Filosofía moral. Se jubila el 25 de junio de 1561. Marcha al Concilio de Trento en compañía de D. Pedro González de Mendoza, obispo de Salamanca. En 1558 obtiene la canonjía de Sagrada Escritura de la catedral de Salamanca. Fue comisario de la Inquisición siendo

---

bre la enseñanza de la metafísica en Salamanca», *Estudios filosóficos* 68 (1976) 3-16. Bartolomé Sánchez, compañero de estudios y hermano de hábito de San Juan de la Cruz, emite su voto y parecer en los claustros acerca de la discutida cátedra de metafísica (*AUS*, 68, f.83, f.88v).

[35] *AUS, 941, f.81v, 97r, 106v, 113r, 130r, 140r, 146v;* Rodríguez-San Pedro, *Salmanticensis,* 1989, p.175.

[36] *AUS* 941, 114v, 128v, 137v, 148r, 189v.

[37] *AUS* 941, f.97rv.

muy famoso por sus consultas a la Suprema acerca de la inspección de libros. Es un personaje muy influyente en la censura durante este período y es muy notable su aportación al *Indice* de 1559. Fue nombrado obispo de Segorbe en 1577, muriendo a los seis meses el 23 de junio de 1578 [38].

Pienso que era sujeto importante, cuando llega Fr. Juan a la Facultad, aunque estuviese ya jubilado.

En el curso 1566-1567 enseñaba como sustituto de Filosofía moral el Maestro Diego Bravo, que cumplía lo mandado en los *Estatutos* de 1561 explicando las *Éticas* del Estagirita. En la visita de 10 de enero de 1567 se dice que por San Lucas comenzó el libro 9 de la Ética y ahora comenzaba el libro 10. En abril de ese mismo año continuaba explicando el mismo libro 10. El tema debió de agradar mucho a los discípulos, porque los libros 9 y 10 de la *Ética a Nicómaco* tratan de la amistad y el profesor dedicó el curso completo a tan hermoso tema [39].

Diego Bravo era buen cumplidor de su oficio. En el curso 1564-1565 explica casi todo el curso el libro IV y V, que tratan de la virtud (f.84v, 100v, 106r).

Para terminar este apartado, podemos reflexionar acerca de la influencia de la Facultad de Artes de Salamanca en Fr. Juan. En primer lugar, adquiere gran destreza y agilidad en los numerosos torneos dialécticos que se practican en San Andrés, que él dirige cuando le nombran prefecto de estudiantes, en otros colegios y en la Universidad salmantina. Después se lucirá en los ejercicios académicos que él mismo organiza en Alcalá y en Baeza. Como dice un testigo «daba en el discurso de los argumentos tales distinciones y soluciones que oyó admirar a hombres doctos» [40].

En Salamanca adquiere también el conocimiento de la escolástica que después le servirá como elemento de la gran síntesis que sabe hacer entre Filosofía, Teología y Mística, influyendo hasta en su método expositivo. Pero como observaba ya el P. Crisógono «los datos existentes no permiten otra cosa que señalar el marco en que forzosamente han de moverse los estudiantes y el ambiente general que tienen que respirar». Por eso es conveniente que pasemos a la Facultad de Teología y después a las Humanidades [41].

---

[38] Esperabé, II, 397; Constancio Gutiérrez, *Españoles en Trento* (Valladolid, 1951) 436-39; J.L. González Novalín, «La Inquisición española», en R. García-Villoslada, *Historia de la Iglesia en España* (Madrid, BAC, 1980) III-2o, 184, 188, 192, etc.

[39] *AUS*, 941, f.192; 942, 28rv; f. 8v- 10v; Rodríguez-San Pedro, *Salmanticensis*, 1989, 175-76.

[40] Crisógono de Jesús, 76, 85, 251; Emilio Miranda, *San Juan de la Cruz* (Avila, 1990) 73.

[41] Crisógono, 79; Federico Ruiz, *Místico y maestro: San Juan de la Cruz* (Madrid 1986) 52-53; Eulogio Pacho, introducc. a *Obras Completas de San Juan de la Cruz* (Burgos 1982), pp.XIV-XXIX, 142-158; José Luis Abellán, *Historia crítica del pensamiento español* (Madrid 1979) II, 320-27. V. la nota 103.

III. *La Facultad de Teología durante los estudios de San Juan de la Cruz*
(1567-1568)

Fr. Juan de Santo Matía, tras los cursos de Artes, en 1567, es nombrado Prefecto de estudiantes, como acabamos de recordar. Las vacaciones oficiales duraban del 8 de setiembre hasta el 18 de octubre. Posiblemente aprovechando las vacaciones Fr. Juan se ordena de sacerdote y vuelve a Medina a cantar su primera misa en presencia de su madre, hermano y otros parientes. Allí se encuentra también a la M. Teresa a quien Fr. Juan revela ilusionado su sueño de vivir un ideal de recogimiento en la Cartuja, bien meditado en la ciudad del Tormes. La dialéctica de la M. Teresa consigue convencerle de la permanencia en un Carmelo nuevo que se estaba fraguando [42].

Fr. Juan de Santo Matía y su compañero Pedro de Orozco vuelven a Salamanca matriculándose ambos en Teología con este epíteto «presbítero y teólogo» para el curso 15657- 1568 [43].

También aquí tenemos bien documentada la matrícula de nuestro carmelita. Pero no sabemos cuántos y cuáles son los cursos que hace. En los *Estatutos* de 1561 se permitía hacer dos cursos en uno. Fr. Juan podía hacer un curso de julio de 1567 a enero de 1568 y otro de enero de 1568 a junio del mismo año. También hay que recordar lo que hemos dicho, según la investigación de Pablo María Garrido, que durante el noviciado pudo haber hecho dos cursos de Artes y Teología. Por otro lado, en claustro pleno de 4 de enero de 1567, se afirma que en el convento de San Esteban y otros monasterios se leían las mismas lecturas que en las cátedras de propiedad de Teología y a las mismas horas. Además también había una cátedra de Teología en la catedral y cada vez había mayores facilidades para asistir [44]. No nos queda más remedio que pasar brevemente revista a los profesores durante el año 1567-1568, principalmente en las cátedras de Vísperas, Prima y Biblia.

Enseñaba Prima de Teología el Maestro Mancio de Corpus Christi. Era natural de Becerril de Campos (Palencia) y profesa de dominico en San Esteban de Salamanca en 1524. El 15 de noviembre de 1546 se hace Bachiller en Teología e Sigüenza. Por 1548 es catedrático de Prima de Teología en Alcalá hasta 1564 y en esa docencia tuvo como alumno a Fr. Luis de León. A la muerte del dominico Pedro de Sotomayor viene Mancio a Salamanca para sucederle en Prima de Teología, obteniéndola en noviembre de 1564. De su enseñanza en la ciudad del Tormes tenemos abundante documenta-

---

[42] Crisógono de Jesús, 70-72, 91-97; E. Miranda, 36-37; Rodríguez-San Pedro, *Salanticensis*, 1989, 180-82.

[43] *AUS, Matrículas 1567-1568*, f.16; Crisógono, 70, nota 20.

[44] Rodríguez-San Pedro, *Salmanticensis*, 182-84; Id., *Peripecia universitaria de San Juan de la Cruz en Salamanca, 1564-1568* (Avila 1989) 18, 19; Pablo María Garrido, *San Juan de la Cruz y Francisco de Yepes*, 48-49.

ción y muchos manuscritos. Interviene en el proceso de Carranza donde expresa una convicción sincera acerca de la culpabilidad de su hermano de hábito. Tuvo la confianza de Felipe II, que le hace importantes consultas y dio su parecer sobre los ejercicios de San Ignacio a petición del cardenal Silíceo en 1553 y sobre los alumbrados de Extremadura. Es especialmente de notar que dio un parecer favorable sobre el espíritu de Santa Teresa y sobre algunos de sus escritos. Muere en Salamanca el 8 de julio de 1576[45].

En octubre del curso 1567-1568 se señaló a Mancio que leyese a partir de la Tercera parte de la *Suma* de Santo Tomás. Sin embargo, según la visita hecha a su cátedra el 16 de diciembre, comenzó por San Lucas la materia de simonía (II-II, q.100) y a la sazón explicaba la q.I, art.2 de la Tercera parte acerca de la conveniencia y necesidad de la Encarnación. En marzo va en la Tercera parte q.3, art.2, que trata de la unión hipostática y el modo de unión entre ambas naturalezas «ex parte personae assumentis». En mayo de ese mismo año de 1568, Mancio va en la q.9, art.3, de la misma Tercera parte, que trata de la ciencia infusa y adquirida de Jesús[46].

Desde el 13 de setiembre de 1566 al 8 del mismo mes de 1569 el coloso agustino, Fr. Luis de León, fue nombrado sustituto de la cátedra de Prima de Mancio. Parece que Mancio lee la Tercera parte hasta la q.19, adonde llega a fines de junio y desde ahí lee el agustino que continúa con las cuestiones 20-27, que tratan de la sujeción de Cristo al Padre, la oración, sacerdocio y predestinación de Cristo, Cristo mediador y santificación de la Virgen Santísima.

Un manuscrito sin catalogar de la Biblioteca del Seminario de Valladolid conserva un Comentario de Mancio a la Tercera parte de Santo Tomás, con las suplencias de Fr. Luis de León en el verano de 1568. Ha sido estudiado por Beltrán de Heredia y Muñoz Iglesias[47].

Muy a gusto debió sentirse Fr. Juan de Santo Matía con el tema de estas explicaciones por dos profesores de tanta categoría y tanta fama entre los alumnos. Fr. Luis de León explicaba también el curso de 1567-1568 la cursatoria de Durando, como veremos más adelante, dentro de este mismo apartado.

Después de Prima le seguía en importancia Vísperas de Teología, que en aquel entonces regentaba el agustino Fr. Juan de Guevara (1518-1600). Entra de agustino en Toledo, donde profesa en 1536. Fue profesor en el colegio de San Agustín de Salamanca en 1544 y 1545, teniendo como alumno especial a Fr. Luis de León. Estudia Teología en Salamanca y Valladolid. En Salamanca tuvo brevemente la cursatoria de Santo Tomás y, a partir de

---

[45] V. Beltrán de Heredia, *Miscelánea* (Salamanca 1972) I, 541-43; II, 363-446.

[46] *AUS*, 942, f.77, 81, 118, 123; Rodríguez-San Pedro, *Salmanticensis*, 185, 187.

[47] Beltrán de Heredia, *Miscelánea*, II, 383-384; Salvador Muñoz Iglesias, *Fray Luis de León, teólogo* (Madrid, CSIC 1950), 18-21.

enero de 1557, la de Durando. Intentó varias veces conseguir la cátedra de Vísperas de Teología que logra el 6 de marzo de 1565. Se jubila el 24 de mayo de 1586 y muere el 23 de agosto de 1600. Es una gran figura de la Universidad salmantina, interviniendo en numerosos asuntos. No publica nada y han llegado a nosotros sus lecciones de manera fragmentaria conservadas en apuntes de sus alumnos. Hemos de destacar en especial sus relaciones con Fr. Luis de León [48].

En nuestro curso de 1567-1568 explicaba la *Prima Secundae* de Santo Tomás. A mediados de diciembre de 1567 iba en la q.3, art.4 sobre la *beatitudo* como fin del hombre y su naturaleza en orden el entendimiento especulativo y práctico. En marzo de 1568 va en la q.6, art.4, acerca de lo voluntario y violento en los actos humanos. En la segunda quincena de mayo llegaba a la q.9, art.4, sobre los motivos de la operación de la voluntad [49].

El asunto de estas lecciones tiene que haber interesado mucho a Fr. Juan. Uno de los temas conflictivos entre místicos y escolásticos era que los primeros afirmaban amar más de lo que conocen. Entre los mismos tomistas había en ese tiempo discusiones acerca del influjo del entendimiento sobre la voluntad y la dependencia de ésta respecto al conocer [50].

La cátedra de Biblia era del Prof. Gregorio Gallo (1512-1579). Había nacido en Burgos y viene a Salamanca a estudiar Filosofía y Teología. Cuando era Bachiller en teología suple a Domingo de Soto, durante una enfermedad, en la cátedra de Vísperas de Teología. Tuvo varias sustituciones y varias cátedras cursatorias. Obtiene en propiedad la de Biblia el 19 de octubre de 1540. En 1552 asiste al Concilio de Trento y se jubila en la cátedra el 9 de julio de 1560. Es canónigo de Salamanca y en 1566 es elegido obispo de Orihuela, siendo el primer prelado de esta sede, y en 1577 es trasladado a la diócesis de Segovia, donde muere el 25 de setiembre de 1579 [51].

Fr. Juan de Santo Matía oiría en esta cátedra al sustituto que, desde 1560, era Gaspar de Grajal, que ganó la sustitución al otro coopositor, Fr. Luis de León, aunque siempre fueron grandes amigos y estuvieron de acuerdo en la mayoría de las opiniones, como sobre las deficiencias de la

---

[48] José Barrientos García, *Juan de Guevara*, en *Evangelización en América. Los agustinos* (Salamanca 1988) 103-121; G. de Santiago Vela, *El P. Maestro Juan de Guevara*, en: *Archivo histórico hispano-agustiniano*, 7 (1917) 267-80, 333-45.

[49] *AUS*, 942, f.81, 110, 121; Rodríguez-San Pedro, *Salmanticensis*, 186-88.

[50] Andrés Melquiades, en R. García Villoslada, *Historia de la Iglesia en España*, III-2.°, 320-23; V. Muñoz Delgado, *El influjo del entendimiento sobre la voluntad según Francisco Zumel* (Madrid 1950) 30-57, 199-243; Santiago M.ª Ramírez, *De hominis beatitudine* (Salamanca 1942) I, 186-200; Luce López Baralt, *San Juan de la Cruz y el Islam* (Colegio de México-Universidad de Río Piedras 1985) 19-85.

[51] Constancio Gutiérrez, *Españoles en Trento* (Valladolid 1951) 540-47; Laureano Robles, «Reglas para predicar» del obispo Gregorio Gallo: *Revista española de Teología* 38 (1978) 359-67; Pilar Valero García: *La Universidad de Salamanca en la época de Carlos V* (Salamanca 1988) 266, con el elenco de temas explicados en la cátedra de Biblia de 1540-48. V. nota 62.

Vulgata. Grajal era maestro en Santa Teología y en la investigación inquisitorial en mayo de 1568 acerca de Pedro Ramus se proclama su discípulo ante el comisario, nuestro ya conocido de la cátedra de Filosofía moral, Francisco Sancho: «Dixo que sí conoce (a Ramus), porque le oyó en París cinco meses, leyendo en un colegio de Cambray Retórica e liciones de Ciceron, e también e leydo algunos libros suyos». Grajal añade que entonces tendría 38 años [52].

Esa inspección de la Suprema se hace estando en Salamanca nuestro carmelita. Como sabemos, estaba sumamente interesado por la Sagrada Escritura ya desde los tiempos de Medina. Grajal comenzó el curso de 1567 explicando el *Salmo 50* y en diciembre iba en el *Salmo 58*; en marzo de 1568 explicaba de 9 a 10 de la mañana el *Salmo 73* y en mayo iba en el cap.2.º del profeta Miqueas, que lamenta la cautividad y los pecados de Israel, con la protección divina a pesar de todo [53].

Gaspar de Grajal era bastante cumplidor, según los libros de visitas. Desde 1570 hervían en Salamanca ciertas tendencias liberales en la interpretación de la Escritura. La voz y la fama de novedades de Grajal, en su cátedra, corre por los círculos universitarios y había quienes las acogían con agrado y quienes se escandalizaban. Grajal comenzó a preocuparse y fue a consultarse a San Esteban entre otros con Domingo Báñez. Según las referencias de dicho dominico, el Maestro Grajal pensaba que lo que dice Santo Tomás q.I, art. 9 y 10 de la Primera parte acerca de los sentidos de la Escritura no tenía valor, que no había sentido alegórico y que la «Teología escolástica hacía daño para entender o deprender la Escritura Sagrada». En marzo de 1572 dejó de leer la sustitución y fue preso por la Inquisición [54].

Las opiniones de Grajal hay que considerarlas conjuntamente con la problemática que suscitan Martín Martínez de Cantalapiedra, catedrático de hebreo y Fray Luis de León, en este momento profesor de Durando. Hemos aludido a esta temática ya varias veces y volveremos sobre ello al tratar

---

[52] Esperabé, II, 357; Miguel de la Pinta Llorente, «Una investigación inquisitorial sobre Pedro Ramus en Salamanca», *Religión y cultura* 24 (1933) 18-9. Ramus (1515-1572) se pasa al protestantismo; por eso lo persigue la Inquisición. Mártir protestante en la famosa noche de San Bartolomé en París.

[53] Grajal «siendo abad de la iglesia de Santiago de Peñalva, de la diócesis de Astorga, escribió su obra *Comentarium in Michaeam Prophetam* en 1570». Al frente de esa obra, figura un *Epigrama* laudatorio del Brocense del que hablaremos más abajo, Fr. Sánchez de las Brozas, *Obras. II. Poesía* (Cáceres, 1985) con la trad. y notas de Avelina Carrera de la Red, p.«42, 91. Las lecciones Grajal en Salamanca 1567-1568, en *AUS*, 942, f.79, 88rv, 123; Rodríguez-San Pedro, *Salmanticensis*, 186.

[54] Beltrán de Heredia, *Miscelánea* (Salamanca 1972) II, 405-11; III, 43-54; M. de la Pinta Llorente, *Procesos inquisitoriales contra los catedráticos hebraistas de Salamanca; Gaspar Grajal, Martínez Cantalapiedra y Fray Luis de León* (Madrid 1935); L. Juan García, *Los estudios bíblicos en el siglo de oro de la Universidad de Salamanca* (Salamanca 1921).

de las Humanidades[55]. Sin duda que, desde sus estudios en Medina del Campo, tal problemática habrá interesado mucho a nuestro santo carmelita.

Vistas las cátedras de propiedad, recordemos brevemente lo que se enseñaba en las cursatorias o regencias de manera paralela y complementaria.

En la cursatoria de Santo Tomás explicaba el maestro Diego Rodríguez. En octubre de 1567 comenzó por San Lucas la cuestión 84 de la Tercera parte de la *Suma Teológica* acerca del sacramento de la penitencia y en diciembre, en el momento de la visita, iba en el art.1 de la cuestión 85, que trata de la virtud de la penitencia. En mayo de 1568 explicaba la cuestión 9 del *Suplemento, de qualitate confessionis*[56].

En la cursatoria de Durando estaba nuestro agustino Fr. Luis de León, que la desempeñaba desde marzo de 1565. Por San Lucas de 1567 comienza el comentario de Durando, lib.III, *De fide*, dist.23, q.6, leyendo el sustituto Pedro de la Puente. Pronto se incorpora el agustino que en marzo de 1568 explicaba Durando, *De fide*, dist.25, q.2, continuando con el tema todo el curso[57].

En las *Opera* (Salamanca 1891-1895) de Fr. Luis, t.V, 9-447 hay un tratado *De fide*, que es un comentario a las distinciones 23-25 del lib.III de las *Sentencias* de Durando y es lo que Fr. Luis ha leído en el curso 1567-1568, contenido en el ms.III-0-23 de El Escorial. Es un manuscrito escolar que contiene lo copiado por los alumnos de dicho cursos reproduciendo sus lecciones desde la q.6 de la dist.23. Esos alumnos son posiblemente compañeros de Fr. Juan de Santo Matía y es de suponer que también él tomaría sus apuntes. En general el ms. trata del objeto de la fe y al principio algo acerca de los hábitos en general[58].

Recordemos también lo dicho al hablar de Mancio del que Fr. Luis de León era sustituto. Por tanto pudo haber posibles relaciones y contactos entre el carmelita y el agustino. Durante la estancia de Fr. Juan en Salamanca, Fr. Luis tuvo la cursatoria de Santo Tomás de 1561-1656, año éste en que pasa a la de Durando, que explicaba en el último curso de nuestro santo carmelita. Notemos que a partir de 1561 comienza la traducción del *Cantar de los Cantares*[59].

---

[55] Los probemas entre gramáticos, humanistas y filólogos con los teólogos venían desde muy atrás, desde la primera generación de humanistas. Cf. Beltrán de Heredia, «Nebrija y los teólogos de San Esteban de principios del siglo XVI», *Miscelánea* (Salamanca 1972) I, 443-68; Andrés Melquiades, *La teología española en el siglo XVI* (Madrid, BAC 1977) II, 629-35.

[56] *AUS*, 942, f.88rv, 116r; Rodríguez-San Pedro, *Salmanticensis,* 186-188.

[57] Rodríguez-San Pedro, *Ibid.*, 186- 87; S. Muñoz Iglesias, *Fray Luis de León*, 18, 38.

[58] Muñoz Iglesias, 18-21, 37-38, 48-50. Véase la nota 48.

[59] Muñoz Iglesias, 14-18, 121. Fray Luis de León, *Obras completas castellanas* (Madrid, BAC 1951) 44-50. Cf. Joaquín Maristany del Rayo, «Un curso inédito de 1569 de Fray Luis sobre la Eucaristía», en Varios, *Fray Luis de León. Aproximaciones a su vida y su obra* (Santander, Sociedad Menéndez y Pelayo 1989) 95-133. Véase más delante la nota 106.

La cursatoria de Escoto la regentaba ese curso de Fr. Juan el licenciado Cristóbal de Vela, que después fue obispo de Canarias y arzobispo de Burgos. Explica al Maestro de las Sentencias y por San Lucas de 1567 comienza la distinción 43, q.5a acerca de la resurrección de los muertos, leyendo la letra de Escoto y declarándola extensamente. En junio de 1568 explicaba la dist.44, q.2a que sigue con los novísimos en el lib.IV [60].

Finalmente, durante el curso de 1567-1568 había un partido de Teología tomista encomendado al dominico Fr. Juan Gallo, hermano del ya citado Gregorio Gallo. Juan Gallo era natural de Burgos, entra de dominico en su ciudad natal. Estudia en Alcalá y de 1560-1561 es professor en la Universidad de Compostela. A principios de 1562 recibe la orden de Felipe II de partir para Trento. Por 1565 incorpora sus grados de Sigüenza y oposita en Salamanca a Vísperas de Teología, que se la gana nuestro ya conocido agustino Fr. Juan de Guevara con la eficaz ayuda de Fr. Luis de León.

Como reparación y para que se quedase en Salamanca, el 6 de marzo de 1565 el Claustro de diputados le asigna un partido en la Facultad de Teología, con la aprobación del Rey. Terminado el trienio de su cátedra en octubre de 1568, obtiene la prolongación por otros cuatro años y después vuelve a ser prorrogado por segunda vez en atención al provecho y utilidad de sus lecturas. En 1572 sucede a Grajal en la cátedra de Escritura y muere en 1575.

Dejó varios tratados manuscritos. Comentó el *Cantar de los Cantares* conservado parcialmente en la Biblioteca Provincial de Palencia, escribió un *Tratado sobre los diferentes estados del hombre*, comentó parte de la *Suma teológica*, el *Salmo 421(42)*, etc. [61].

Juan Gallo explica durante ese curso desde la cuestión 76 de la Primera Parte de Santo Tomás, acerca de la unión del alma y el cuerpo, las potencias del alma y algunos temas de la II-II, como la simonía, y desde la cuestión 183 hasta el final donde se trata de los estados de perfección y en especial del estado religioso, los diferentes institutos religiosos y la entrada en religión [62].

Es posible que los cursos de Juan Gallo sean los que más podían interesar a Fr. Juan de Santo Matía. Las cuestiones 183-189 sobre la II-II se

[60] *AUS*, 942, f.89, 126v; Rodríguez- San Pedro, *Salmanticensis*, 188.
[61] Beltrán de Heredia, *Miscelánea*, I, 539-41; C. Gutiérrez, *Españoles en Trento*, 624-35; Esperabé, II, 352-53; Klaus Reinhardt, «Juan Gallo OP (1575) und seine Betrachtung über den Psalm 41(42)»: *Homenaje a Pedro Sáinz Rodríguez* (Madrid 1986) I, 93-110; J.M. Coll, «Cartas inéditas del maestro Fr. Juan Gallo, OP», *Anales del Instituto de Estudios gerundenses* 17 (1964/65) 79-105; Andrés Melquíades, *La Teología española* II, 632 reseña los manuscritos de Juan Gallo y Gregorio Gallo. Mejor aún Klaus Reinhardt, «Die biblischen Autoren Spaniens bis zum Konzil von Trient». *Repertorio de historia de las ciencias eclesiásticas en España* (Salamanca 1976) V, 188-91. Véase la nota 52.
[62] *AUS*, 942, f.74v; Rodríguez-San Pedro, *Salmanticensis*, 185.

conservan sin catalogar, con la signatura de procedencia, en la Universidad de Coimbra[63].

Pienso que Fr. Juan de Santo Matía se sintió muy a gusto con los temas que explicaban sus profesores de Teología. Seguramente habrá pensado en la tensión entre místicos y teólogos, entre escrituristas y escolásticos. En setiembre de 1560 moría Melchor Cano y en 1563 se publicaba en Salamanca póstuma su famosa obra *De locis theologicis*, una valoración de las fuentes bíblicas y patrísticas armonizadas con la razón escolástica, obteniendo un equilibrio entre razón y autoridad.

Nos interesa subrayar especialmente, el influjo que Cano recibe del holandés Rodolfo Agrícola, *De inventione dialectica*, terminada en 1479, pero editada póstuma por vez primera en Lovaina (1515). Se convirtió en la lógica por excelencia de los humanistas y en 1554-1555 la edita en Salamanca el mercedario Narciso Gregori, siguiendo la moda de París. Hemos visto al hablar de Grajal una investigación inquisitorial acerca de Pedro Ramus, que estaba en la misma línea de Agrícola del que había recibido mucho influjo.

La obra de Cano supone el asentamiento de este influjo humanista en Teología. Pero era mucho mayor en el Brocense y otros profesores de Humanidades y lenguas antiguas en la Salamanca de entonces. Por eso, para entender bien el ambiente que había, necesitamos hablar especialmente de las Humanidades. El problema afectaba a las relaciones con el protestantismo. Felipe Melanchton (1560) había escrito, para la reforma luterana, los *Loci communes rerum theologicarum* (1521), también muy influido por Agrícola. La obra de Melanchton se repartió a los padres de Trento, entre ellos a Carranza, para el estudio de la materia. La doctrina de los *Loci* gana terreno, como lo demuestra Andrés Eborense, *Loci communes sententiarum et exemplorum memorabilium* (Lisboa 1569), de la que hay 2 ejemplares en la Biblioteca Provincial de Burgos[64].

---

[63] Beltrán de Heredia, *Miscelánea* (Salamanca 1973) 203; F. Stegmüller, *Filosofia e Teologia nas Universidades de Coimbra e Evora no século XVI* (Coimbra 1959) 457.

[64] Véase la nota 17. V. Muñoz Delgado, «Lógica, ciencia y humanismo en la renovación teológica de Vitoria y Cano», *Revista española de Teología* 38 (1978), 205-271; José Sanz y Sanz, *Melchor Cano* (Madrid, Ed. «Santa Rita», 1959) 286-90; Ignacio Tellechea, «Melanchton y Carranza. Préstamos y afinidades», *Diálogo ecuménico* 13 (1978) 4-6, 414-17; 14 (1979) 51. En el *Indice* de 1559 se incluyen varias obras de la nueva lógica: Juan Hospiniano, Juan Caesarius, Gaspar Rodolfo, Juan Sturm, U. Zasius, Melanchton, etc. Cf. R. García Villoslada, dir., *Historia de la Iglesia en España*, III-2.º, 696-709. V. la nota 53. Cf. Rita Guerlac, *Juan Luis Vives against the Pseudodialecticians* (Dordrecht, D. Reidel 1979) 24-43.

IV.   *Las Humanidades en Salamanca.Gramática, Retórica, Colegio Trilingüe, Astrología y Música*

1.   Gramática y Biblia, Latín y castellano

Es necesario que atendamos al interés que suscitan las Humanidades, que están influyendo poderosamente en Artes y Teología. En la segunda mitad del siglo XVI las cátedras de Música, Astrología, Retórica y Gramática no están propiamente adscritas a ninguna Facultad y tienen cierta independencia. Por 1550 se crea en Salamanca el Colegio Trilingüe imitando a Lovaina y a la Complutense[65].

Esas cátedras van a ser muy importantes, porque tienen ideales contrapuestos a los de la Filosofía y parcialmente a los de Teología. Supongo también que Fr. Juan de Santo Matía había recibido una formación en Gramática y Retórica de signo predominantemente humanista y es de creer que conservaría interés por comentar en Salamanca lo que había estudiado en Medina del Campo.

La Gramática es algo fundamental, depósito de las tres lenguas de la Iglesia es algo básico para los estudios sagrados y profanos. Sin ella la Biblia es ininteligible y lo mismo las ciencias que están escritas en lengua latina y griega. Era la vía para el conocimiento universal. Para muchos humanistas toda exégesis bíblica y teológica es en última instancia Gramática. Fr. Luis de León ironizaba sobre los teólogos e inquisidores que se declaran jueces en las cuestiones de la Vulgata, siendo así que ignoran el griego y el hebreo. En su proceso uno de los cargos era el que desdeñaba la Teología de la Escuela. El humanismo que Valla y Erasmo oponen a la escolástica es la lectura nominalista de la Biblia. Esta variante del humanismo es la que produce las grandes polémicas del XVI[66].

Los *Estatutos* de 1561 mandaban que «los catedráticos de Gramática han de leer media hora de Laurentio Valla y en la otra media hora un poeta o historiador que el Rector les asignare *ad vota audientium*» (tit.XIV).

El famoso León de Castro, amigo y maestro del Brocense, adversario de Fr. Luis de León, tuvo en propiedad Prima de Gramática y una regencia de griego, precisamente cuando Fr. Juan de Santo Matía llega a Salamanca. El 20 de diciembre en la visita de esa cátedra dijeron dos oyentes ordinarios «lee dos libros: en la primera media hora a Laurentio Valla... y en lo restante lee a Valerio Máximo» (*AUS*, 941, f.86v, 95r, 107v); en febrero de 1566

---

[65] Ana Carabias en *Azafea* II (1986) 91-119; Id., «Evolución histórica del Colegio Trilingüe de Salamanca: 1550-1812», *Studia histórica* I/3 (1983) 143-168; Varios, *Historia de la Universidad de Salamanca* (Salamanca 1990) II, 223-35.

[66] Luis Gil Hernández, *Panorama social del humanismo español (1500-1800)* (Madrid, Alhambra 1981) 248; S. Alvarez Turienzo, «Clave epistemológica para leer a Fray Luis de León», en Academia Literaria Renacentista, I. *Fray Luis de León* (Salamanca 1981) 26-7. V. la nota 102.

leía el 4.º libro de Valla, *Elegantiae linguae latinae* y en la segunda parte los comentarios de Julio César (f.132r).

En Griego leía a Homero en diciembre de 1565 (f.117v) y por la misma fecha en 1566 dijeron que «por San Lucas comenzó a leer un diálogo de Platón, llamado Critón, en griego y lo ha proseguido» (f.129). En abril había terminado el Critón «y después ha leído un *Sermón* de San Basilio y lo acabó por Pascua, y después de Pascua comenzó otro *Sermón* de San Basilio» (f.144v).

León de Castro interviene eficazmente en la fundación y *Estatutos* del Trilingüe. Sucede en Retórica a Hernán Núñez el Pinciano. Chocó con Fr. Luis de León y Martínez de Cantalapiedra que eran partidarios de fundarse en el texto hebreo para comprender mejor el Antiguo Testamento. León de Castro tenía por sospechosos los manuscritos hebreos de la Biblia, que consideraba manipulados por los rabinos. La versión de los LXX, efectuada sobre un texto anterior no corrupto, debía servir de guía a la Iglesia [67].

Se jubila en Prima de Gramática en julio de 1569 y muere en octubre de 1585. Tuvo líos con Arias Montano, amigo de Fr. Luis de León, defendiendo la versión tradicional de la Biblia de San Jerónimo y haciendo una campaña en contra de la *Políglota* de Amberes desde 1570, aún antes de su publicación. Comentó al profeta Isaías (Salamanca 1570), a Oseas (1586) y escribió una *Apología* de la Vulgata (Salamanca 1585). Es famosa la denuncia que hace de su mayor enemigo, Fr. Luis de León, el 26 de diciembre de 1571 [68].

Como era tan tradicional y poco amigo de los humanistas, es muy interesante su testimonio cuando la citada investigación inquisitorial sobre Pedro Ramus en Salamanca, en mayo de 1568. Bajo juramento Castro declara: «que a visto obras suyas en poder de otros, pero que nunca las tuvo este testigo, porque nunca le contentaron, más de ser gran latino... Dixo que a oydo dezir que en Salamanca avía algunos muy aficionados a la doctrina de Pedro Ramos en Artes y Philosophia e que tenían sus libros, porque en casa de D. Juan de Almeida, que al presente es Rector desta Universidad, quando comenzaba a oyr las artes o antes las comenzase, se tenían en su casa conclusiones y algunas según la opinión de Pedro Ramos... que avía muchos aficionados a sus desatinos que dezía en Lógica y Philosophia; y porque este testigo era tan enemigo destos desatinos y de las cosas deste Ramos, no se lo declaraban, pero que devían de ser todos estos que se tienen por *muy latinos* en Salamanca» [69].

León de Castro había sido discípulo en Teología del Comisario del Santo Oficio, el ya citado Francisco Sancho. Su testimonio es muy impor-

---

[67] Esperabé, *Historia*, II, 339-40; J. López Rueda, *Helenistas españoles del XVI* (Madrid 1973) 77-78; S. Muñoz Iglesias, *Fray Luis de León, teólogo* (Madrid, 1950) 86-89.

[68] López Rueda, 78-86.

[69] M. de la Pinta Llorente, «Una investigación inquisitorial sobre Pedro Ramus en Salamanca», *Religión y Cultura* 24 (1933) 11-13.

tante como indicativo de los bandos y enemistades que hay en Salamanca durante los estudios del santo carmelita.

Además del catedrático de Prima de Gramática también aquí había regentes y otras opciones. Fernando de Salazar, regente de Gramática, leía en febrero de 1565 a Cicerón, Terencio y más tarde a Horacio (*AUS*, 941, f.99v). El licenciado Meneses en febrero de 1565 leía a Tulio, *De officiis* (f.101r) y en junio de 1566 explicaba la *Eneida* de Virgilio (f.169r).

Francisco Sánchez de Aguilar fue otro profesor de Prima de Gramática por estos años, desde 1561 hasta 1580 en que se jubila, realiza una enseñanza similar en el Trilingüe, explicando la obra de Lorenzo Valla y otros escritos como Valerio Máximo, los Comentarios de César, etc. (f.86v, 131c-132r, 143v).

Otro profesor de Gramática es Bartolomé Barrientos, que era Maestro de Artes por la Universidad de Zaragoza, tiene una regencia desde 1561 a 1574. Dejó varias obras de Gramática como *De verborum constructione* (Salamanca 1570), *Opuscula liberalium artium* (Salamanca 1573), *De cometarum explicatione atque praedictione* (Salamanca 1574), *Brevissimae in Somnium Scipionis Explanationes* (Salamanca 1570). Me interesa destacar este breve comentario al sueño de Escipión para ver un camino por donde entraba en la Universidad el platonismo, a pesar de la legislación salmantina en Artes que estaba inspirada en el aristotelismo.

Después de un breve compendio de la vida de Marco Tulio, recuerda Barrientos el modelo platónico seguido por Cicerón y el argumento del *Sueño*: la inmortalidad del alma y el premio de la vida celestial. En los escolios ocupa un lugar preferente Platón con sus diferentes obras y también Aristóteles, sobre todo Filosofía natural y Ética. Tiene afán pedagógico y está atento a los progresos y adelantos como astronomía y cosmografía [70].

Un profesor de griego muy acreditado es Juan Escribano que fue regente del Trilingüe por lo menos en dos ocasiones. Desde 1559 está al servicio de la Universidad, conoce matemáticas, el griego, el árabe, el hebreo y siríaco. En enero de 1575 es encarcelado por la Inquisición de Valladolid donde estuvo preso más de año y medio. Leyó la *Gramática* griega, los *Diálogos* de Luciano y sobre todo la *Retórica* de Aristóteles [71].

Un famoso profesor de hebreo, durante estos años, es Martín Martínez de Cantalapiedra (1519-1579), estudia en Valladolid y Salamanca, el 14 de abril de 1561 fue nombrado catedrático de hebreo. Por la libertad con que

---

[70] Andrés Gallego Barnes, «Comentaristas españoles del sueño de Escipión», en *Actas del Simposio: Filosofía y Ciencia en el Renacimiento* (Universidad de Santiago de Compostela, 1988) 30-31; Esperabé, II, 329; Beltrán de Heredia, *Cartulario de la Universidad de Salamanca* (Salamanca 1970) II, 259; V. Muñoz Delgado, «Ciencia y Filosofía en la Península Ibérica (1450- 1600)», *Repertorio de historia de las ciencias eclesiásticas en España* 7 (1979) 88-9.

[71] Esperabé, II, Luis Gil Hernández, *Panorama social* 435; López Rueda, *Helenistas*, 98-102; Beltrán de Heredia, *Cartulario*, 1v (1972) 290- 91, 363. Las lecturas de Escribano en *AUS*, 942, f.147r, 160v.

expone su manera de ver acerca de la *Vulgata* fue buscado por la Inquisición y encarcelado en Valladolid en 1579, muriendo poco después. Escribió una *Gramática hebreo* (Salamanca 1569) y *Libri decem hypotyposeon theologicarum* (Salamanca 1565, 1582), reglas para entender las Escrituras. En la catedral de Palencia se conservan varios manuscritos sobre este mismo tema [72].

Todos estos profesores se consideraban muy unidos a toda la problemática de la Escritura y a las directrices dadas por Trento. Me parece que son problemas que debieron preocupar a Fr. Juan. *Gramático* era un oficio muy importante y desde Nebrija está unido a la misión del exegeta.

Pero la Gramática está también unida al tema del castellano. Con la *Gramática de la lengua castellana* de Nebrija (Salamanca 1492) comienza una nueva era, una nueva monarquía y un nuevo imperio. El castellano cada vez es más adulto. El humanismo en lengua vulgar comienza a ganar terreno en prosa y poesía. Fr. Luis de León, profesor de Fr. Juan, es un altísimo exponente de esta dirección tanto en prosa como en verso. Por 1561 comienza Fr. Luis la traducción del *Cantar de los Cantares* y dignifica la poesía castellana incorporando la tradición clásica y la bíblica [73].

Morel dice que en Salamanca Fr. Juan descubre a Boscán y Garcilaso, aunque muy bien podría haberlo hecho ya en los tiempos de Medina. Por lo menos en la ciudad del Tormes hay ambiente y un enorme intercambio entre jóvenes de distintos lugares. En la sociedad de la época, dice Blecua, la poesía desempeña funciones múltiples apenas hoy existentes. Las Universidades son un lugar ideal para la génesis, desarrollo y transmisión de la obra literaria [74].

A los varios aspectos de desarrollo y problemática del lenguaje ya aludidos quiero solamente añadir que en el Trilingüe es donde aparece con más fuerza el movimiento en favor del uso de la lengua romance, a pesar de la insistencia de autoridades y visitadores en el empleo del latín. Me remito a estudios especializados sobre el tema, como los de Urbano González de la Calle. Un hombre como el Brocense prefería hablar en castellano al mal latín que se empleaba en clases y conversaciones; *latine loqui corrumpit ipsam latinitatem* dijo según las visitas de 1571 y 1585. Pero ya antes, por ejemplo en diciembre de 1565 el regente del Trilingüe, Juan Escribano afirma: «se ha hablado y se habla en el colegio en romance... es imposible hablar latín

---

[72] Esperabé, II, 371; Klaus Reinhardt, «Die biblischen Autoren Spaniens», *Repertorio de historia* (Salamanca 1976) V, 206-7; S. Muñoz Iglesias, «El decreto tridentino sobre la Vulgata y su interpretación por los teólogos del siglo XVI», *Estudios bíblicos* 5 (1946) 137-69.

[73] Alberto Blecua Perdices, «El entorno poético de Fray Luis», en Academia literaria renacentista. I. *Fray Luis de León* (Salamanca 1981)89-93; Antonio Fontán, «El humanismo español de Antonio de Nebrija», *Homenaje a Pedro Sainz Rodríguez*, II, 209-28.

[74] Blecua, *Ibid.*, 86; G. Morel, *Le sens de l'existence selon Saint Jean de la Croix* (Paris, Aubier, 1960) 64-69; *Obras completas de San Juan de la Cruz*, ed. E. Pacho (Burgos 1982) 7, 1184. V. la nota 106.

e que después de la visita acá no a visto este testigo que se aya castigado a nadie porque dexe de hablar latín»[75].

Hubo el problema de la precisión del lenguaje místico del que a veces desconfiaban los teólogos. Pero la experiencia mística vivida solamente podía expresarse en romance. S. Juan de la Cruz es un místico creador y el latín difícilmente podía dar cuenta de su vida íntima. El latín era un estorbo para la comunicación de tales experiencias. E. Pacho recuerda que, a partir del cap.28 del lib.II de la *Subida del Monte Carmelo*, suele suprimir las mismas citas de la Biblia en latín[76].

2. Retórica, lógica y ramismo en Salamanca. El Brocense

Hemos recordado ya varias veces la nueva problemática de la lógica debido al humanismo renacentista. Especialmente importantes son ahora el ámbito y los límites de la Retórica y Dialéctica.

En la primera media hora mandaban los *Estatutos* de 1561 explicar los preceptos por algún autor que señalase el Rector, oído el parecer del catedrático y en la otra media hora se explica a un orador escogido por el Rector con el voto de los oyentes (tít. XV). Esto en Retórica.

Durante el tiempo de nuestro trabajo era catedrático Francisco Navarro, que había estudiado en París. En la investigación inquisitorial sobre Pedro Ramus en Salamanca «dixo que lo conoce porque este testigo fue competidor suyo en cathedra e lectura de eloquencia e Retórica, en la Universidad de París, leyendo el dicho Pedro Ramos en un colegio y este testigo en otro que se decía Bellova». Incorpora Navarro el grado de Maestro por París en Salamanca. A la jubilación de Hernán Núñez fue contratado para enseñar Retórica en Alcalá y en 1550 vuelve a Salamanca, sucediendo a León de Castro en Retórica y sustitución de griego y latín. En el curso de 1553-1554 fue nombrado catedrático de Retórica, cargo que desempeña hasta su muerte en noviembre de 1573[77].

En la visita de cátedra de 20 de diciembre de 1564 leía en la primera media hora la *Rethorica ad Herennium* y en la segunda mitad explicaba el *Pro*

---

[75] Pedro Urbano González de la Calle, *Varia. Notas y apuntes sobre temas de letras clásicas* (Madrid 1916) 231 ss; Id., «Documentos inéditos acerca del uso de la lengua vulgar de los libros espirituales», *Boletín de la Real Academia Española* 12 (1925) 258-73, 470-98; 13 (1928) 76-88, 302-17. A. Gallego barnés, «Humanidades renacentistas». Varios, *La Universidad de Salamanca* (Salamanca 1990) II, 230.

[76] *Obras completas de San Juan de la Cruz*, (1982) 404; E. Colunga, «Intelectuales y místicos en la teología española del XVI», *Ciencia tomista* 9 (1914) 209-21, 377-94; 10 (1914) 223-42; 11 (1915) 237-63; 12 (1916) 5-21; Andrés Melquiades, *La teología española en el siglo XVI*, II, 511-619; Sergio Vences, «Castellano y Filosofía en el Renacimiento», en *Filosofía y Ciencia en el Renacimiento* (Santiago 1988) 377-86; Baruzzi, «Le problème des citations scriptuaires en langue latine dans l'oeuvre de Saint Jean de la Croix», *Bulletin Hispanique*, t.24, n.1; Henri de Lubac, *Esegesi medievale* (Roma, Edizioni Paoline 1972) II, 1831-43.

[77] Pinta Llorente, *Una investigación Inquisitorial*, 117-18; Esperabé II, 377.

Mylone de Cicerón y en febrero continuaba con los mismos temas; en junio de 1565 iba en el lib.V de Quintiliano; en 1566, después de la *Rethorica* leía a Tulio *Pro Lege Manilia* y las *Fílipicas*[78].

Entre los regentes estaba el Bachiller Cristóbal de Sagramena, que leía en junio de 1565 la *Retórica* y los *Emblemas* de Alciato (f.109v). Otras veces lee los *Epigramas* de Marcial, *De amicitia* de Cicerón, *De bello Jugurtino* de Salustio, etc. (f.118v, 129r, 101r).

Un autor de gran importancia es Francisco Sánchez de las Brozas. Nacido por el 1523, cumplidos los 11 años le llevaron a Évora y Lisboa, donde cursa latinidad y humanidades. En 1545 estudia Artes en Salamanca y abandona la carrera pasándose a Teología, que tampoco fue capaz de terminar, porque no aguantaba el predominio de la escolástica y el mal latín de los profesores, como ya sabemos.

En Salamanca perfecciona humanidades con el Pinciano y con León de Castro. Desde esos años de estudiante enseña en privado Retórica, latín y griego para ayudarse económicamente. Desde 1551 regenta en Salamanca la cátedra de Retórica y en 1556 es nombrado sustituto de la misma cátedra. Para llegar a tener esa cátedra en propiedad tuvo que esperar hasta la muerte de Navarro a quien sucede en Retórica en 1573[79].

En 1556 publica su *Ars dicendi* (Salamanca 1556, 1558, 1569, 1573), donde tomando como fuentes a Cicerón, Quintiliano, Aristóteles y Hermógenes une la tradición griega y latina en Retórica. La obra se convierte en una técnica de comprensión y análisis de poetas y oradores. Al principio, en el prefacio, cita a Audomar Talón, el colaborador y *alter ego* de Pedro Ramus y dice «illius igitur ordinem in omnibus fere sum secutus».

Pero en la edición de 1558 *De arte dicendi liber unus auctus et emendatus* hay la primera apropiación de la Retórica ramista por otro autor, como señala el P. Ong. Aquí empieza propiamente el ramismo del Broncense.

Por 1561 prepara el primer esbozo de la que será famosa obra, *Minerva* (Lyon 1562), en que sigue mucho a Ramus, sobre todo en el tema de los modos del verbo. Liaño pone dos cuadros paralelos para que se destaque lo que toma del famoso protestante francés[80].

El filoramismo en el Brocense es algo muy profundo y en la citada inspección inquisitorial de 1568 declara: «dixo que le conoce por oydas de muchas personas y por aver leydo sus libros, de los quales al presente este testigo tiene algunos que son *Animadversiones in Aristotelem* y *Lógica* y otros libros de latinidad, como son las *Geórgicas* de Virgilio y algunas oraciones que

---

[78] *AUS*, 941, f.84r, 95v, 106v, 126r, 144v, 166.

[79] Esperabé II, 393-97; Avelina Carrera de la Red, en la introducción a Francisco Sánchez de las Brozas, *Obras. II Poesía* (Cáceres 1985) 20- 24; Jesús María Liaño, *Sanctius el Brocense* (Universidad de Salamnca, 1971) 28-80.

[80] Sánchez de las Brozas, *Obras. I. Escritos retóricos* (Cáceres 1984) 38-39; Liaño, 110; Walter J. Ong, *Ramus and Talon Inventory* (Harvard University Press, 1958) 180.

no se acuerda el testigo dellas... Dixo que este testigo vió un *Arte de gramática*, que el dicho Pedro Ramos compuso. Y que este testigo imprimió otra arte en la qual contradezía en algo la *Arte de gramática* del dicho Pedro Ramos y que se la enbió con un título de su letra deste testigo que decía *Franciscus Sanctius Broncensis Petro Ramo dono mittit*, sin screvirle carta ni otra cosa ni sabe que aya llegado a sus manos y questo avrá *más de quatro años*[81].

Responde a la preguntas que hacía el Comisario del Santo Oficio en mayo de 1568 y si hacía más de cuatro años del envío a Ramus significa que la fiebre ramista de Salamanca sucede durante la estancia de Fr. Juan de Santo Matía o muy poco antes. Otra obra que indica el influjo de los temas renacentistas es el comentario y edición de los *Progymnasmata Rhetorica Aphtonii sophistae* de Rodolfo Agrícola (Salamanca 1556). En esa línea es fundamental, para el tema de la unión entre Retórica y Dialéctica, el famoso *Organum dialecticum et rhetoricum* (Lyon 1579, Salamanca 1588) donde da un paso más en su ramismo señalando que la *elocutio* es propia de la retórica mientras que la *inventio et dispositio* pertenecen solamente a la Dialéctica[82].

No puedo detenerme en la vida y escritos de un autor conocido que representa el humanismo filológico, filosófico, poético y científico. Le gustaba leer la *Biblia* con ojos de filólogo, comentó al *Eclesiastés* y tenía otros escritos de exégesis que no han visto la luz pública. El Brocense con todo el colegio Trilingüe era mirado con recelo por la Facultad de Teología, porque compartían con Fr. Luis de León la creencia en la absoluta necesidad de conocer los clásicos para interpretar la Biblia[83].

Merece también un puesto en la literatura española por su *Comentario a Garcilaso* y sus edición anotada de Juan de Mena. En 1574 publica en Salamanca los *Comentarios a Garcilaso*, que interesaban mucho a los estudiantes y lo llevaban a sus casas. En la brevísima introducción que antepone confiesa el Brocense: «*muchos años* ha que, por tener yo afición al excelente poeta Garcilaso de la Vega, hice sobre él algunas anotaciones y enmiendas y comunicándolas con algunos amigos míos, que también en ello pusieron sus diligencias, determiné que por vía de impresión fuesen comunicadas a los que del ingenio de Garcilaso son aficionados»[84].

Me parece que es uno de los autores que más podían interesar a nuestro carmelita. Gramáticos, Retóricos y Filólogos tenían un gran sentido religioso. Ramus, por ejemplo, parte de la *naturalis dialectica*, como imitación de

---

[81] Pinta Llorente, *Una investigación*, 14-16.

[82] Liaño, 28-48, 59-80. J. González Bedoya, *Tratado histórico de Retórica filosófica* (Madrid, Nájera 1990) I, 122.

[83] López Rueda, *Helenistas*, 317-23; Eugenio Asensio, «El ramismo y la crítica textual en el círculo de Fray Luis de León», en *Fray Luis de León* (Salamanca 1981) 49-52; A. Tovar y M. de la Pinta Llorente, *Procesos inquisitoriales contra Francisco Sánchez de las Brozas* (Madrid 1941) 3ss.

[84] Antonio Gallego Morell, *Garcilaso de la Vega y sus comentaristas* (Madrid, Gredos 1972) 23-25.

la naturaleza, pasa luego a la Dialéctica como arte o doctrina con sus dos partes *inventio et iudicium* y llega al tercer estadio religioso que es la *ascensión* a Dios: en la Dialéctica uno está en contacto con la multitud de cosas tal cual están en la mente de Dios. Hay ahí un movimiento platónico reproduciendo la subida a las ideas puras y a lo divino[85]. Además, la *Dialectique* (París 1555) de Ramus, está escrita en francés, siguiendo la misma tendencia en favor de la lengua propia que hemos visto en Salamanca.

Urbano González de la Calle ha estudiado los temas que leía en sus clases el Brocense. En marzo de 1567 leía la *Metamorfosis* de Ovidio, además de un tratado de Retórica. En mayo y julio de 1568 leía la prosa de Suetonio, interpretaba las *Elegantiae* de L. Valla y utilizaba como texto de retórica su propio *De arte dicendi*, en vez de la *Rhetorica ad Herennium* que había leído antes. En octubre de 1568 «dixeron que lee a Rodolfo Agrícola después de haber acabado la *Rhetorica*». Entro los testigos aparece un Diego, natural de Ontiveros, diócesis de Avila[86].

3. *Astrología y arte de la memoria*

Quiero recordar brevemente la cátedra de Astrología. Con la de Música y Gramática de menores estaban exceptuadas en lo preceptuado en los *Estatutos* de 1561 que mandaban «leer en latín». «En la cátedra de Astrología el primer año se lea en los ocho meses *Esphera* y *Teórica de Planetas* y unas tablas...» (tít. XVIII). Luego se explicaba a Euclides, el *Almagesto* de Tolomeo con alguno de sus comentaristas y en astrología judiciaria al islámico Alcabisio. Desde 1561 en Salamanca se puede ya elegir para explicar a Tolomeo, Geber o Copérnico (2.º año). Bustos Tobar y Manuel Fernández Alvarez han estudiado a fondo los libros de visitas de estas cátedras. De 1564 a 1569 el autor que más aparece en las visitas de cátedra es la *Esfera* de Juan de Sacrobosco con las obras de Euclides, el *Almagesto* y la *Cosmografía* de Apiano[87].

Son titulares de esta cátedra primero Juan Aguilera y desde 1561 su hermano Hernando. Juan de Aguilera era natural de Salamanca y el 29 de

---

[85] Walter J. Ong, *Ramus. Method and the Decay of Dialogue* (Cambridge, Mass, 1958) 189-90. En la *Dialectique* de Ramus hay también la otra fase: la universalidad descendente, que va de lo general a lo particular, método común a poetas, oradores y filósofos. F. Akkerman y A.J. Vanderjagt (eds.), *Rodolphus Agricola Phrisius (1444-1485)* (Leiden, E.J. Brill 1988) 270-80. Nuestros místicos aplicaron mucho lo de ascendente o subida y bajada o descendente, lo que Soto y otros llamaban ascensus-descensus en Súmulas. Cf. Federico Ruiz, *Místico y maestro. San Juan de la Cruz* (Madrid 1986) 125.

[86] Pedro Urbano González de la Calle, *Francisco Sánchez de las Brozas. Su vida profesional y académica. Ensayo biográfico* (Madrid 1923) 69-75.

[87] Manuel Fernández Alvarez, *Copérnico y su huella en la Salamanca del barroco* (Universidad de Salamanca 1974) 16-20, 29-30; E. Bustos Tovar, «La introducción de las teorías de Copérnico en la Universidad de Salamanca», *Revista de la real Academia de ciencias exactas, físicas y naturales* 67/2 (1973) 235-52. Véase la nota siguiente.

agosto de 1535 recibe el doctorado en Medicina. Desde su juventud cultiva las Matemáticas, la Astronomía y la Filosofía. Tenía enormes ansias de saber y también gozaba de habilidad en la práctica de la Medicina. En 1540 marcha a Roma y presta sus servicios médicos a los pontífices Paulo III y Julio III, al mismo tiempo que perfeccionaba sus conocimientos matemáticos y astronómicos. En 1538 había tenido la sustitución de Astrología en Salamanca y a su vuelta de Roma por 1551 aparece al frente de esa cátedra, en la que muere a fines de 1560 o principios de 1561.

Le sucede en la cátedra de Astrología su hermano Hernando de Aguilera desde el 8 de febrero de 1561, que incorpora el grado de maestro en Artes por Zaragoza. Muere el 1 de julio de 1576 [88].

Hemos de considerar a los dos hermanos muy unidos ambos con canonjías en la catedral salmantina. Como escritor interesa más Juan.

Juan de Aguilera en 1554 hace la segunda edición ampliada de su *Canones Astrolabii Universalis secundo aediti*, auctore... Non solum astrologis, verum etiam philosophis, medicis atque theologis aliisque omnibus ingeniosis hominibus utilis atque iucundissima (Salamanca, Andraeas a Portonariis 1554) 144 hojas en 8.º.

Aguilera con sus amigos, como Juan Páez de Castro, comparten esfuerzos para el perfeccionamiento del astrolabio, el instrumento utilizado anteriormente por los árabes para observar los movimientos de las estrellas y altura del polo. La obra consta de cuatro libros con estos temas: 1.º Matemáticas y Astronomía. 2.º Problemas astronómicos. 3.º Medición de alturas, distancias y profundidades. 4.º Problemas de áreas, dimensiones de cuerpos, etc. Pienso que su hermano Hernando la tiene de texto en la cátedra de Astrología, como aparece en las visitas de 1569-70 (*AUS*, 943, f.8v).

Hernando era más avanzado que Juan y parece ser el que influye eficazmente para que se mencione a Copérnico en los *Estatutos* de 1561 [89].

---

[88] Esperabé II, 319; Beltrán de Heredia, *Cartulario de la Universidad de Salamanca* (Salamanca 1970) II, 252-55; IV (Salamanca 1972) 137: «unos pedían que leyese la *Esfera*, otros pedían que leyese *Teóricas*... Votaron que la lectura fuese *Esfera*». Era el 9 de enero de 1552. En diciembre de 1565, Hernando, maestro y canónigo, por «el San Lucas comenzó la *Esfera* y va en el tercer capítulo que es el penúltimo y que no ha hecho salto» (*AUS*, 941, f.83v). En febrero de 1566 se dice que explicaba «Arismética pratica, sumar, restar, multiplicar y medio partir y partir enteto, raíz cuadrada y cúbica... Después comenzó a Euclides y ha leído cuatro libros» (f.140r). En junio de ese mismo año leía la *Esfera* de Sacrobosco (f.168r) y lo mismo leía en enero de 1568 (942, f.90v). Se cumplían los *Estatutos* de 1561 que distinguían tres años en esta cátedra. Primer año: «se lea en los ocho meses *Esfera* y *Teóricas de planetas* y unas *Tablas*; en la sustitución *Astrolabio*». Segundo año: «seis libros de Euclides y Artimética hasta las raíces cuadradas y cúbicas, el *Almagesto* de Ptolomeo o el *Epítome* de Monte Regio o Geber o Copérnico, al voto de los oyentes. En la sustitución: la *Esfera*». Tercer año: «Cosmografía o Geografía; un introductorio de judiciaria y perspectiva o un instrumento, al voto de los oyentes. En la sustitución: lo que pareciere al catedrático comunicado con el Rector» (título XVIII).

[89] Vicente Muñoz Delgado, «Juan de Aguilera y su Ars memorativa (1536)» en: *Cuadernos de historia de la medicina española* 14 (1975) 175-90; L.E. Rodríguez-San Pedro, *La Universidad salmantina del barroco. Período 1598- 1625* (Salamanca 1986) II, 601-3.

El arte de la memoria

De Juan Aguilera conservamos otra obra que quiero recordar brevemente por la importancia que tiene la *memoria* en el XVI europeo. Lleva este título: *Ars memorativa doctoris Joannis de Aguilera salmanticensis, studiosis omnibus tam utilis quam iocunda* (Salamca 1536) 28 fols. en 8o. Está dividida en estos cuatro capítulos: 1.º *De locis quibus vice chartarum utimur* (f.4v-11r). Da 11 reglas para ayudar a recordar, mediante la asociación de lo que se quiere memorizar con algún lugar determinado. 2.º *De imaginibus rerum* (f.11r-17r), con 8 reglas para asociar con imágenes sensibles lo que queremos recordar. 3.º *De imaginibus verborum et syllabarum* (f.17r-25r), enumera 10 reglas para asociar palabras y proposiciones con imágenes sensibles, a fin de ayudar a memorizarlas. 4.º *Praecepta quaedam valde necessaria* (f.25r-28r), donde da 6 consejos suplementarios para aumentar el poder de la memoria [90].

Aguilera piensa que el tema del arte memorativo pertenece principalmente a la consideración de los médicos y filósofos. Señala que en este escrito va a situarse en la tradición retórica, aunque promete una obra nueva desde el punto de vista de la medicina. Nos interesa señalar que el arte memorativo está muy unido a la lógica de los *Topica* y ambas dan reglas para la utilización de *lugares* e *imágenes*. El Brocense enseñó algún tiempo Astrología y también escribió un *Artificiosae memoriae Ars*, como afirma Liaño [91].

Pedro Ramus pone en varios lugares la *memoria* como constitutiva de la dialéctica, al lado de la *inventio et dispositio*. La memoria tiene por misión el ser un instrumento para introducir orden en el conocimiento y en el discurso. «Dialectico inventionem, dispositionem, memoriam merito assignamus». Ramus llega a identificar método y memoria, como instrumento clasificatorio de las operaciones y conceptos humanos, llegando a la creación de una *topica universal*, muy importante en el XVII, como señala Paolo Rossi [92].

Yates escribe un capítulo titulado el *ramismo como arte de la memoria*. El orden abstracto del análisis dialéctico es *natural* a la mente humana. El método de análisis dialéctico se puede usar convenientemente para memorizar todos los temas, incluida la poesía. Ramus se deshace de la imaginación, desaparecen las estimulantes imágenes y utiliza la propaganda protestante contra las imágenes católicas. Por eso en el *orden dialéctico* abstracto del ramismo emerge el misticismo que concibe la *dialéctica natural*, como imagen de la luz eterna

---

[90] Muñoz Delgado, *Juan de Aguilera*, 5-16 (separata).

[91] Liaño, 59-80; Esperabé, II, 393-94. El 20 de junio de 1567 el Brocense leía el *Arte de la memoria*. P.U. González de la Calle, *Francisco Sánchez de las Brozas*, 63-64.

[92] Paolo Rossi, *Clavis Universalis. Arti mnemoniche e logica combinatoria da Lullo a Leibniz* (Milano-Napoli 1960) 140-43.

divina, es decir una concepción mística, al estilo del arte de Lulio, en que se sube de lo particular a lo general y se desciende de lo general a lo particular [93].

Según algunos, el arte de la memoria tiene un insospechado influjo en los místicos, en la Literatura y Arte religioso, en la Predicación y Retórica eclesiástica, en la Meditación por imágenes, en la Composición de lugar. La memoria tiene en San Juan de la Cruz una importancia mucho mayor que en el tomismo. La purgación de la memoria se hace mediante la esperanza que se atiene a la presencia actual de Dios, como dice en la *Subida*, libro III, de manera extensa [94].

4. La Música

Según los *Estatutos* de 1561 el catedrático de Música tenía la obligación de dar una clase diaria, alternando la parte teórica con la práctica. Durante el tiempo de nuestro trabajo, tenemos de 1542-1566 al profesor Juan de Oviedo, que venía de otra Universidad e incorpora aquí sus estudios. Le sucede Francisco de Salinas que desempeña su profesorado de 1567-1590. En el mes de enero de 1567 ya estaba en la cátedra, porque pide aumento del sueldo [95].

Fr. Juan de Santo Matía puede haber conocido a Oviedo y a Salinas. Lo que sabemos de Salinas ilumina también algo la actuación de Juan de Oviedo en la cátedra de Música.

Francisco de Salinas nace en Burgos y fue alumno de artes y lenguas clásicas en Salamanca. Más tarde marcha a Italia donde alcanza una gran formación europea y renacentista, estudiando los tratados griegos de Música en la Biblioteca Vaticana y en la de San Marcos de Venecia. Fue organista de la capilla del Duque de Alba, virrey de Nápoles.

Después de vivir más de 20 años en Italia vuelve a España ya con 50 años a cuestas y es organista de la catedral de Sigüenza y después de la de León. Desde aquí vuelve a Salamanca y a principios de enero de 1567 debió tomar posesión de la cátedra. Fue nombrado por Decreto de Felipe II y eso molestó a algunos miembros del Claustro, aunque ya le ayuda Fr. Luis de León, y así no hizo oposiciones.

Compuso una obra *De musica libri septem* (Salamanca, M. Gastius, 1577). Es una obra muy importante y por ella podemos ver lo que se ense-

---

[93] Frances A. Yates, *El arte de la memoria* (Madrid, Taurus 1974) 271-83, 319-23. Cirilo Flórez, «Pedro Ciruelo y el arte renacentista de la memoria», *Homenaje a P. Sáinz Rodríguez*, I, 283-94.

[94] Fernando R. de la Flor, *Teatro de la memoria* (Salamanca 1988) 49-102; *Obras completas de San Juan de la Cruz* (Burgos 1982) 422-41; José C. Nieto, *Juan de Valdés y los orígenes de la Reforma en España e Italia* (México FCE, 1979) p.391, nota 164, señala las diferencias entre S. Juan de la Cruz y Valdés.

[95] V. Beltrán de Heredia, *Cartulario de la Universidad de Salamanca*, IV, 236-37. El Rector propone aumento de sueldo «con condición que dentro de los cuatro años primeros siguientes se gradúe de Maestro en Artes o se incorpore de Maestro por este Estudio, e con obligación que se le pone en todas las fiestas... ha de tañer los órganos e tener cuenta con ellos», p.237.

ñaba en Salamanca. Por ejemplo estudia el concepto general de Música, su división, relación con la Aritmética y las operaciones aritméticas que necesita el músico. Tiene mucho interés por lo popular y en el libro V al tratar del ritmo copia el comienzo de 57 melodías populares (castellanas, italianas, francesas y una mora). Las sabía de memoria y fueron aprendidas escuchándolas. Con esos ejemplos ilustra la doctrina del ritmo[96].

Fr. Luis de León lo conoce en 1567 y la famosa *Oda* fue compuesta en 1577 con motivo de la publicación del tratado *De musica*. Con el Brocense y tantos otros perteneció Salinas al círculo de amigos de Fr. Luis, que iba «muchas veces a su casa», y «oyó de este testigo la especulativa y comunicaba con este testigo cosas de poesía y otras cosas de arte». En los *Libros de Claustros* de la Universidad se dice que él «solo en España podía dar noticia de música especulativa e descubrir e enseñar este arte liberal». Felipe II pide a la Universidad que «no le obligásedes, siendo como era ciego y anciano, andar por las calles con música»[97].

Procuró tener la capilla de San Jerónimo de la catedral con libros de canto, oficio divino y de difuntos. Además, todos los actos protocolarios y de ceremonias llevaban el correspondiente cortejo de músicos. En los colegios mayores se enseñaba órgano y canto llano y muchos estudiantes tenían instrumentos de música que no se los podía quitar[98].

La cátedra de música en fiestas y honras fúnebres tenía especiales relaciones con toda la Universidad.

V. *Conclusión final*

Hemos llegado al final de esta breve presentación de algunos aspectos de la Universidad de Salamanca durante la permanencia en ella de San Juan

---

[96] Dámaso García Fraile, en Varios, *La Universidad de Salamanca. II. Docencia e Investigación* (Salamanca 1990) 246-53. Samuel Rubio, «La música religiosa española en el XV y XVI», en García Villoslada *Historia de la Iglesia en España* (Madrid, BAC, 1980) III-2.º, 555-83. El 14 de setiembre de 1565 en la visita de la cátedra de Canto de Juan de Oviedo dos oyentes ordinarios, después de jurar decir la verdad «ambos contestes dixeron que por San Lucas comenzó principios de canto y va cantando y juntamente enseñando la pratica del canto llano y lee y enseña bien y a provecho» (*AUS*, 941, f.101v). Algo muy parecido se dice el 15 de diciembre de dicho año. En abril de 1566 se afirma «comenzó canto de órgano y cante llano todo junto...» (f.101). Del Maestro Salinas, el Abad, como se le llamaba, se dice el 17 de diciembre de 1567 que durante media hora explicaba las proporciones de música por el Maestro Espinosa y la otra media hora practicaba y enseñaba canto llano (*AUS*, 942, f.86v).

[97] Angel Cilveto Lekuneberri, «Poesía y tradición musical en Fray Luis de León, en Varios, *Fray Luis de León. Aproximaciones a su vida y obra* (Santander 1989) 135-167, donde utiliza mucho el *De musica* de Salinas; Fray Luis de León, *Obras completas castellanas* (Madrid, BAC, 1951) 1436; Beltrán de Heredia, *Cartulario*, IV, 236, 251-54; F. Lázaro Carreter en el rotativo *ABC*, 22 de marzo 1990, p.1.

[98] Dámaso García Fraile, 246.

de la Cruz. Como carecemos de datos concretos y precisos acerca de sus estudios y profesores no nos queda otra posibilidad que la de estudiar el marco general en que estaba encuadrado el estudiante [99].

En la primera parte, a modo de introducción, he destacado la importancia de su formación en Medina, porque con el Renacimiento habían subido mucho de categoría tanto la Retórica como la Gramática y la Latinidad [100]. En la misma perspectiva, en la última parte, hacemos una breve presentación de los estudios humanísticos en Salamanca, destacando la importancia del estudio de las lenguas y su gramática correspondiente en orden a la Escritura. Desde las Humanidades tenemos también un horizonte adecuado para entender otros problemas como la nueva Lógica, unida a la Retórica y en conflicto con la Facultad de Artes [101].

Quedan reseñados los presuntos profesores de Fr. Juan, lo que enseñana, sus escritos y algunas de las discusiones en que están metidos. En filosofía predominaba el aristotelismo; pero en Teología al lado del aristotelismo tomista de los dominicos está el agustinismo y platonismo, preferido por los místicos y humanistas [102]. Por brevedad, he dejado de lado las Facultades de Derecho y Medicina.

Pero en la Salamanca de ese tiempo había muchos canales y medios de comunicación entre los miembros de la Universidad. Por ejemplo, en Teología había las conclusiones mayores en número de 10 encomendadas a bachilleres y licenciados; las 12 conclusiones menores corrían a cargo de alumnos no graduados. En los conventos había conclusiones y actos especiales. A veces duraban varias horas y asistían profesores y alumnos. También se juntaban en las votaciones para las cátedras [103].

Había profesores que daban clases particulares en su casa y a veces tenían un círculo de adictos, como hemos visto al hablar del ramismo. Había tragedias y representaciones teatrales que presenciaba la Universidad, como las que hacía el Brocense en 1566 y 1568 [104]. Circulaban libros entre las amistades y se pasaban de mano en mano. Se multiplicaban las copias de manus-

---

[99] Efrén de la Madre de Dios, *San Juan de la Cruz y el misterio de la Stma. Trinidad* (Zaragoza 1947) 186; Crisógono de Jesús, *Vida y obras*, 79.

[100] Jerrold E. Seigel, *Rhetoric and Philosophy in Rennaissance Humanism* (Princeton University Press 1968) 137-169; W. Risse, *Die Logik der Neuzeit* (Stuttgart-Bad Cannstatt 1964) I, 14-200; Cesare Vasoli, *La dialettica e la retorica dell'Umanesimo* (Milán, Feltrinelli 1968) 28-81.

[101] V. *supra* las notas 56, 74, 80-83. Ciriaco Morón Arroyo, en Varios, *Fray Luis de León* (Santander, Soc. Menéndez Pelayo 1989) 311- 35.

[102] El P. Quiroga afirmaba que el Santo «estudiaba por Santo Tomás las lecciones que oía en las escuelas», en Pablo María Garrido, *San Juan de la Cruz y Francisco de Yepes* (Salamanca 1989) 50.

[103] Rodríguez-San Pedro, *Peripecia universitaria de San Juan de la Cruz en Salamanca* (Avila 1989) 50.

[104] P. Urbano González de la Calle, *Francisco Sánchez de las Brozas*, p.76.

critos de manera privada como sucede por 1562 con la traducción castellana del *Cantar de los Cantares* de Fr. Luis de León [105].

En las Universidades, dice López Rueda, cualquier persona interesada podía asistir a las clases aunque siguiese otra Facultad. Los jesuitas desde mediados de siglo asisten a clases sin estar matriculados, además de dar clases en su casa abiertas a los externos [106].

Las predicaciones, sobre todo en Cuaresma, reunían a los estudiantes. Las beatificaciones, tomas de posesión, profesiones religiosas, las rogativas, honras fúnebres de personajes, festejos de la realeza, variados acontecimientos eran lugar de encuentro [107].

San Juan de la Cruz vivió este ambiente de manera moderada, aunque solamente tenemos documentada su presencia en algunas votaciones de cátedra [108]. Hay mucha posibilidad de que asistiese también a clases en las que no estaba matriculado. Pero carecemos de documentación.

---

[105] «Le aconteció a Fray Luis con el *Cantar* lo mismo que le estaba aconteciendo con sus poesías: que corrían de mano en mano sin que él tuviera noticia de ello al principio», p.46, en *Obras completas castellanas de Fr. Luis de León* (Madrid, BAC, 1951).

[106] J. López Rueda, *Helenistas españoles*, 256-57; B. Hernández en *Studia Historica* VII (1989) 723-44; Astrain, II, 65, 68, 506.

[107] Fernando R. de la Flor, *Atenas Castellana* (Salamanca 1989) 31-37.

[108] Se dice de nuestro santo en Salamanca: «vivía tan recogido en su celda estrecha y oscura con continuo silencio que no salía ni se divertía fuera de ella más que a los actos de comunidad» en Aniano Alvarez Suárez, *Dialogando con Fray Juan de la Cruz* (Burgos 1988) 22-23. Sus votaciones en cátedras en Rodríguez-San Pedro, *Salmanticensis*, 1989, 176-80.

La teología en Salamanca durante los estudios de San Juan de la Cruz (1560-1570)

Melquiades Andrés Martín

Divido este trabajo en dos partes: la primera con datos más objetivos; la segunda sobre el ambiente universitario en la Ciudad del Tormes durante aquellos años. En él se adentró con plenitud un carmelita de inquieta y apasionada serenidad, de extraordinario talento y cultura, en la plenitud de su vida. Contaba 24 años. Permaneció allí hasta los 28: cuatro años de apertura a los problemas de la época y de toma de postura ante los mismos. Se llamaba Juan de Santo Matía.

I. *Macro objetivo*

1. *Estudios*

Nada nuevo puedo añadir a los documentos publicados sobre su matrícula en la facultad de Artes (tres años) y en la de Teología (uno) y sobre su estancia en el colegio de San Andrés. Lo desveló Baruzi y lo completó el P. Crisógono[1]. Pero la carrera o curso de estudios del santo acaso no esté del todo aclarada antes y después de su toma de hábito en 1563. ¿Qué cátedra cursó en Medina? ¿Gramática sólo? ¿Algún curso de Artes? ¿Los cuatro años de estudio en Salamanca se dividen estrictamente en tres de Artes y uno de Teología, de acuerdo con los libros de matrícula? ¿Asistió también a algunas clases de Gramática y de Teología durante los años de matrícula de Artes? ¿Qué asignaturas y ejercicios escolares tenía en el colegio de San Andrés? ¿Con qué lecturas completó los cursos magistrales?

---

[1] *Vida de San Juan de la Cruz*, obra póstuma de Crisógono de Jesús Sacramentado... Edición preparada y anotada por Matías del Niño Jesús, O.C.D., undécima edición; Madrid, BAC, 1982, p.50-51, J. Baruzi, *Saint Jean de la Croix et le problème de l'expérience mystique*, París, 1931, p.94-151. Una visión genérica muy sugerente en Federico Ruiz, *Religioso y estudiante: Dios habla en la noche*, Madrid, Editorial de Espiritualidad, 1990, p.61-87.

Los cuatro años de Salamanca, 24 a 28 de una vida de 51, densos d
formación científica y espiritual, le abrieron a los problemas de la universi
dad, de la sociedad, de la reforma, del humanismo del hombre, del renaci
miento y del método, de la oración y contemplación, de los derechos huma
nos en el Estado y en la Iglesia. Salamanca marca a Juan de Santo Matí
como hombre, como religioso y como poeta y le sitúa en una textura crea
dora.

Después de abandonar la Ciudad del Tormes su vida oscilará alternati
vamente entre la vida contemplativa y la universidad. De Salamanca a Du
ruelo y Pastrana y de nuevo a la universidad de Alcalá; de la Ciudad de He
nares a Avila, a la carcel de Toledo y de nuevo a la universidad de Baeza
Tres universidades incidieron, cada una a su modo, en la contextura vita
del Santo: Salamanca, Alcalá y Baeza. Cada una aportó algo nuevo a su
modo interno de ser y escribir. Los problemas vivos de cada una, su atmós
fera intelectual y espiritual presentan incidencias características. Me limitaré
a la universidad de Salamanca en el entorno de la década 1560-1570.

La penetración en el ambiente no puede suplir el vacío de fuentes en
relación con las obras del Santo. Pero su cuidadosa precisión teológica, el
modo de recurrir a la expresión poética, su preocupación por sentir con la
Iglesia, las relaciones entre escolástica y mística (*Cántico*, prólogo 2,3), sobre
ciencia y sapiencia (*Cántico*, 26,13), sobre esencia y experiencia, su teología
de la gracia como participación en la naturaleza divina, sus afirmaciones so
bre el amor ... pueden ser objeto de relectura a la luz de las coordenadas vi
vidas en Salamanca o en Baeza. El Santo no es tan claramente intencionado
como Santa Teresa. Habría que estudiar sus silencios, las palabras dejadas
caer al desgaire, las repeticiones, incluso las confidencias, como aquellas des
garradoras a María de la Encarnación y a D.ª Ana de Mercado en julio y
agosto de 1591. «De lo que a mí toca, no le dé pena, que ninguna a mí me
da... Porque estas cosas no las hacen los hombres, sino Dios que sabe lo
que nos conviene y las ordena para nuestro bien... Y donde no hay amor,
ponga amor, y sacará amor»[2]. «Esta mañana habemos ya venido de coger
nuestros garbanzos... Otro día los trillaremos. Es lindo manosear estas cria
turas mudas, mejor que no ser manoseados de las vivas...»[3]. No pocas ten
siones vividas por el Santo se reflejan en sus escritos, acaso más de lo que
se cree.

2. *Los profesores de teología*

En 1568 la facultad de Teología tiene siete cátedras. No existe lo que
hoy llamamos plan de estudios propiamente dicho sino cátedras principales
y catedrillas o cátedras menores con lecturas obligatorias según el estatuto

---

[2] San Juan de la Cruz, *Dios habla en la noche,* p.1303.
[3] San Juan de la Cruz, *Dios habla en la noche,* p.1305.

universitario. Las mayores son Biblia, Prima y Vísperas. Las menores o catedrillas: Durando o Nominales, Escoto, Santo Tomás y Partidos de Teología. He aquí los catedráticos:

— *Cátedra de Biblia*: Gregorio Gallo, desde 1540 a 1579. En ella se explica un año el Antiguo, y otro, el Nuevo Testamento. Se tiene a la hora de tercia durante una hora. Gregorio Gallo preside el encuentro entre hebraistas y escolásticos rígidos, que dura desde 1569 a 1576. ¿A qué lecturas asistió el Santo?

— *Cátedra de Prima*: A primera hora de la mañana, durante hora y media. 1560-1564, Pedro de Sotomayor, que sucede a Domingo de Soto; 1564-1576, es catedrático Mancio de Corpus Christi, que inició su magisterio con unas lecturas sobre la Iglesia [4]. No resultaba fácil entonces ser hijo de la Iglesia. Teresa y Felipe II se alegran de ello al tiempo de morir. Juan de la Cruz acudirá a la autoridad de la Iglesia.

— *Cátedra de Vísperas*: A primera hora de la tarde, durante una hora, 1561-65, Juan de la Peña, defensor fidelísimo de Carranza; 1564-1600, Juan de Guevara, agustino.

— *Cátedra de Santo Tomás*:

1561-1565: fray Luis de León;
1565-1567: maestro Pedro del Espinar;
1567-1568: maestro Diego Rodríguez de Lecina.

— *Cátedra de Durando de de Nominales*: de 2 a 3 de la tarde en invierno, y de 3 a 4 en verano:

1557-1565: Juan de Guevara;
1565-1573: fray Luis de León.

— *Cátedra de Escoto*:

1562-1565: maestro Pedro del Espinar.
1565-1572: Cristóbal de la Vela.

— *Cátedra de Partidos de Teología*: 1565-1572: Juan Gallo.

El alumno tenía un mes para decidirse por las cátedras de su agrado. No sabemos con precisión las que eligió Juan de Santo Matía en el curso 1567-1568. ¿Mancio, Juan de Guevara, Gregorio Gallo, Diego Rodríguez de Lecina, Luis de León, Cristobal de la Vela, Juan Gallo? Biblia, Prima y

---

[4] A. Sarmiento, *La Eclesiología de Mancio*. Pamplona, Eunsa, 1976, 2 vols.

Vísperas eran compatibles. Los estatutos prescriben lo que debe explicar cada catedrático. He aquí los de 1561, entonces vigentes:

> «En las cátedras de ... Prima y Vísperas se han de leer los cuatro *Libros de las Sentencias* del Maestro, como manda la constitución, de esta manera: Que se lean las partes de Santo Tomás, en el primer años desde la primera cuestión hasta la 50;
> en el segundo, desde la 50 de la primera parte hasta el fin de la primera parte y 20 cuestiones de la Prima Segunda;
> en el tercer año, desde la cuestión 20 hasta el fin de la Prima Segunda;
> el cuarto año desde la 1a cuestión de la Segunda hasta la cuestión 57, *"de iustitia et iure"*;
> el quinto año, desde la 57 hasta la 123, *"de fortitudine"*;
> el sexto, desde la cuestión 123 hasta el fin de la *Secunda Secundae*;
> el séptimo, desde la 1a cuestión de la 3a parte hasta la cuestión 60 *De Sacramentis*;
> el octavo, desde la cuestión 60 hasta el sacramento de la Penitencia inclusive;
> el noveno, desde *De Penitentia* hasta el fin del Cuarto o Adiciones»[5].

Así mismo señala de modo taxativo la diferencia de tres años que debe existir entre las explicaciones de los profesores de Prima, Vísperas y Santo Tomás, y el quehacer de los catedráticos de las cátedras menores y del de Biblia. Este debe leer un año el Antiguo, y otro, el Nuevo Testamento siempre alternando. El Rector señala el libro objeto de comentario al finalizar el curso anterior, «ad vota audientium» y consultando a uno o dos maestros.

En la cátedra de Nominal debe ser leido autor nominal, como Gabriel Biel o Marsilio, en cinco años, según el orden que establecen los estatutos. Lo mismo se manda al catedrático de Escoto. No se obliga el profesor a seguir doctrinalmente a los titulares de la cátedra, pero sí a explicarlos exhaustivamente, bajo pena de multa del Rector.

La universidad tiene a gala ofrecer al alumno una visión completa de los principales sistemas teológicos. «Porque entendiendo el uno, no se entiende el otro ... Es necesario se lean, porque siempre haya letrados en unas vías y en las otras: y si se quitase alguna cátedra, se olvidaría o perdería luego tal doctrina, de donde ningún provecho vernía a la cristiandad»[6]. La se-

---

[5] Esperabé Arteaga, *Historia pragmática e interna de la Universidad de Salamanca*. Salamanca, 1914- 1917, I, p.256-257.
[6] M. Andrés, *La teología española en el siglo XVI*. Madrid, BAC Maior, 2 vols., I, p.61-66.

guridad y claridad doctrinal acompañó de por vida, en general, a los alumnos de Salamanca en sus correrías por Europa dividida y por América descubierta, cristianizada y pacificada.

3. El alumnado

En la segunda mitad del siglo XVI la universidad llega a su cota más alta de alumnado, que sobrepasa los 7000. Ninguna nación europea tiene porcentaje tan alto de universitarios. Ello explica el soporte intelectual del Siglo de Oro español. Proceden de toda la geografía española y de algunas naciones europeas. Los alumnos se matriculan y juran ante el rector los estatutos de la universidad. Al cabo de un mes fijan el profesor de su elección en la facultad de teología. Luego viene el trabajo de cada día, la impregnación en el ambiente universitario: profesores, clases, comentarios políticos, literarios, musicales, fiestas, colación de grados ... Los profesores no esquivan el diálogo y se ponen al poste.

Juan de Santo Matía procede de una joven pero acreditada escuela de humanidades en Medina, dirigida desde 1557 a 1567 por el insigne humanista Juan Bonifacio, jesuita[7], que sigue la línea de Vives, Nebrija, Sobrarias, Arias Barbosa ... en lo tocante a selección de textos clásicos para los ejercicios escolares. Así aparece en su obra *Christiani Pueri institutio*, Salamanca, 1575. En la universidad están matriculados no pocos de los futuros profesores en la generación siguiente. Juan de Santo Matía asiste a las clases de la universidad y del colegio. Este gira en torno a aquella. En la calle se comentan los grandes problemas de Flandes, Inglaterra, Roma; el de la restitución del Perú; el de las nuevas ordenanzas que se preparan para América, y sustituyen la guerra de conquista por pacificación y evangelización.

II. Ambiente intelectual

1. Panorama general

En 1563 terminó el Concilio de Trento, se puso la primera piedra del Escorial y se abrió al culto la catedral nueva de Salamanca, a falta aún de algunos de sus remates cargados de fantasía. Trento votó al final una reforma más canónica que interna. Los obispos y teólogos españoles retornaron insatisfechos. La reforma española, anterior e independiente de la luterana, buscaba el mejoramiento interior del individuo y, a su través, el de la orden religiosa, la parroquia, la sociedad y la Iglesia. Se inició casi dos siglos antes, en torno a 1380, en Galicia y Valencia y alcanzó su culmen en la segun-

---

[7] F.G. Olmedo, *Juan Bonifacio, 1538-1606, y la literatura del siglo de Oro*. Santander, 1939.

da mitad del siglo XVI con el florecimiento de la mística, la extensión de la descalcez a una decena de órdenes religiosas y el respaldo intelectual de cerca de 30 universidades florecientes en torno a 1570. La reforma española fue una puesta al día del episcopado, órdenes religiosas, clero diocesano y fieles. El capítulo general carmelita de Roma de 1564 había prohibido salir del convento a sus estudiantes, excepto para ir a la universidad. Llamada importante a la observancia, y a buscar a Dios en el interior del hombre y del convento más que en el bullicio exterior.

El ambiente de la calle complementa el de la universidad. Salamanca está llena de gramáticos, artistas, canonistas, civilistas, médicos, teólogos. En 1567 se promulga la *Nueva Recopilación de Leyes de Castilla*; en 1568 muere el príncipe Don Carlos y la reina Isabel de Valois; arrecia la rebelión de los Paises Bajos; la moral renovada de Soto y Vitoria se concreta en la *Suma de tratos y contratos*, de T. Mercado (1569); el ideal de Las Casas y de los misioneros de América triunfa en las ordenanzas del Consejo de Indias preparadas por Juan de Ovando; Pio V concede el discutido impuesto del excusado; se acuñan los doblones de plata (1566); se viven las secuelas del índice de libros prohibidos de Fernando de Valdés (1559); continúan las fricciones entre espirituales y escolásticos sobre el valor de la experiencia y la oración vocal y afectiva; Carranza se encuentra procesado por la Inquisición; los jesuitas cuidados a fin de precisar su espiritualidad y el lenguaje con que expresarla; se acentúan las diferencias entre filólogos, exegetas y escolásticos rígidos.

La facultad de Teología, y en su tanto las de Gramática, Artes y Derecho, representan el triunfo de la experiencia y especulación acumulada durante siglos, que se negaba a privar al hombre de la tradición y a dejarle desnudo ante unos textos, que eran palabra de Dios, pero por eso mismo desbordaban al hombre. Todas las facultades parten de que el hombre es un ser libre, capaz de mejorar, progresar y merecer. La libertad para ellos es el motor de la voluntad. El hombre es su voluntad, sus deseos. Esto se encuentra, a mi parecer, en la base del español en los campos de Europa, América y Filipinas.

En Salamanca se amasó el proyecto de derechos del hombre y del hombre transformado en Dios, meta suprema del humanismo cristiano. Ese hombre baja al fondo de sí mismo y a través de las diversas vías o caminos de perfección, trata de subir a Dios. Juan de Santo Matía se formó en esas coordenadas y desde ellas concibió *Subida* y *Noche*. ¿Qué le sugerían el final de las obras de la catedral nueva de Salamanca o el comienzo de las del Escorial? ¿Qué, el *De locis theologicis, Libri decem hypotyposeon, Ars dicendi*... en orden a los métodos o caminos de unión con Dios, al proyecto de cristiano esencial? Su generación fue la de los grandes proyectos de pacificación de Europa (paz de Chateau-Cambresis), de América (Ordenanzas de 1573), del hombre en sociedad (Suárez, Báñez...), del hombre con Dios (Juan de Avila, Luis de Granada, Luis de León, Teresa de Jesús, Juan de los Angeles...).

La facultad de teología ofrece un estatuto, exigente en extremo, sobre la profesión de teólogo. Es tan vasta, dice Vitoria, que nada resulta ajeno a su misión de iluminar los problemas de los hombres desde la revelación. El teólogo trata de lo divino y humano, añade Melchor Cano, de modo que ambos extremos se esclarezcan. Como a Dios no lo podemos ver en espíritu tan claro como en el hombre, que es su imagen, de ahí que la teología tenga que detenerse largamente en los problemas humanos [8].

El primer deber del profesor es buscar la verdad dentro de una disciplina. El tema del método es céntrico en la facultad de teología en la década 1560-1570. El rector cuida sin descanso del cumplimiento del estatuto universitario. En las clases se sigue el método escolástico basado en planteamiento preciso, lenguaje técnico, aportaciones históricas, lugares teológicos, solución de las dificultades. Vitoria y su escuela gustan distinguir el pensamiento de los antiguos, de los modernos y el suyo propio [9]. Así inician al alumno a un pensamiento personal. Soto se presenta como nacido en el nominalismo, alimentado en el seno de los reales y caminado en peregrinación hacia la verdad [10]. El progreso no se detuvo en los antiguos, ni en los modernos, ni se detendrá en ellos. De ahí su preocupación por renovar los métodos de enseñar e investigar. Nada de repetir a los clásicos sino superarlos [11]. Nada de abrazarse con una escuela filosófica sino estudiarla y tratar de rebasarla. Profesar con pertinencia una escuela es obstáculo para el que desea saber. Nadie tiene cerrada la puerta para buscar la verdad [12]. En ese ambiente vivió Juan de Santo Matía.

2. El humanismo

Salamanca responde a uno de los grandes retos: el de la verdad de Dios y del hombre y el de la forma literaria de expresarlo. El tema pervive sin el apasionamiento que reviste en Valla, Erasmo, Nebrija y otros autores. Salamanca ha llegado a una síntesis iniciada en el *Eusebio* del Tostado, reforzada por las cátedras de lenguas de Alcalá, por humanistas como Nebrija, Sobrarias, Arias Barbosa. Ellos integraron «bonae litterae» y teología, hombre y derecho, moral y economía, escolástica y espiritualidad, poesía y mística, buscando ante todo la verdad. Ni siquiera los profesores de gramática se conformaron con las puras formas literarias. Buscaron la difícil armonía entre verdad y belleza, entre *unum*, *verum*, *bonum* et *pulchrum*, que encontraría

---

[8] Melchor Cano, *De locis theologicis*, libro XII, cap.1.

[9] M. Andrés, *o.c.*, II, 351-354.

[10] D. de Soto, *In Porphirii Isagogrem ac Aristotelis categorias absolutissima commentaria*, Venetiis, 1562, p.65; Qui inter nominales nati sumus integreque reales enutriti, tentabimus pro captu nostro materiam tractare.

[11] M. Andrés, *o.c.*, II,7.

[12] M. Andrés, *o.c.*, II, 82. Pedro Sánchez Ciruelo, *Dialogus Disputatorius Compluti*, 1526, fol.LXXI-LXXII, en «*Additiones inmutationesque opusculi de Sphera mundi*», BNM, 10.888.

lugar propio en la poesía y sobre todo en las grandes metafísicas publicadas en la última década del siglo XVI por Diego de Más, Francisco Suárez, Diego de Zúñiga y Cristobal de Ramoneda[13].

Juan de Santo Matía asiste al sordo enfrentamiento entre lengua latina y castellana en la universidad. La lengua oficial era el latín, en situación de retroceso, mientras el español se ha convertido en lengua de la diplomacia, «que merece ser sabida y entendida por toda la gente cristiana», según palabras de Carlos V en Roma en 1536.

Esta situación se refleja claramente en los estatutos universitarios de 1561:

> «Ytem estatuimos y ordenamos que todos los lectores de la universidad, así de catedráticos de propiedad como de catedrillas, sean obligados a leer en latín, y no hablen en la cátedra en romance, excepto refiriendo alguna ley del reino, o poniendo ejemplo, so pena que los catedráticos de propiedad, por cada lección en que hiciesen lo contrario ... se les multe tres reales, y a los de catedrilla se les asienten o multen "nullus legit". Y que el rector haga particular pregunta e información dello en la visita»[14].

También los estudiantes estaban obligados a hablar latín. Daño para la lengua del Lacio y propaganda clara para la castellana. El Brocense se opone a esa costumbre, porque «qui latine garriunt, corrumpunt latinitatem», dice al fin de *Minerva*, y porque resulta más facil enseñar bien desde el principio que corregir lo mal aprendido.

Los alumnos encuentran en las librerías el cancionero general, las novelas humanistas y bizantinas, literatos italianos, libros españoles y norteños de espiritualidad, el *Cancionero espiritual* (1549). Conocen la línea de la poesía religiosa en lengua latina[15] y castellana. La práctica de la métrica latina era común en los centros de humanidades. Se editan juntas, desde 1543, las obras de Boscán y Garcilaso, hasta que se independizaron en 1569[16]. Las églogas de Garcilaso triunfan casi a la vez que el magisterio teológico de Francisco de Vitoria. En el entorno de 1526 Vitoria inicia su magisterio en Salamanca y la lírica española gira desde los cancioneros hacia lo italiano. Sánchez de las Brozas iniciaría en 1574 los comentarios a Garcilaso. Garcila-

---

[13] M. Andrés, *Historia de la teología Española*, Madrid, FUE, 1983, p.606-608.

[14] Estatutos de 1561, título, XXI, en Esperabé Arteaga, *o.c.*, I, 266; P. Urbano de la Calle, *Varia, notas y apuntes sobre temas de letras clásicas*. Madrid, 1915, p.214 ss; id., *Latín universitario*, en «Homenaje a Menéndez Pidal», Madrid, 1924, I, 795 ss.

[15] M. Andrés, *Humanismo español y ciencias eclesiásticas (1450-1565)*, «Repertorio de las Ciencias Eclesiásticas en España», 6 (1977) 111-142, especialmente 132-142.

[16] Garcilaso de la Vega, *Obras Completas*, ed. de A. Labandeira, Madrid, FUE, 1981, p.68-70 enumera 19 ediciones entre 1543 y 1569 junto con las obras de Boscán.

so, poeta, se enriquece a sí mismo mediante el engrandecimiento de su mundo poético. Algo similar hacen los autores espirituales a través de la reflexión de las potencias al centro del alma de lo que ellos llaman engrandecimiento del intento de distinguir los procesos interiores y de darlos a conocer[17]. Lo mismo hacían desde sus puntos diversos de vista los profesores respectivos. Existe un clima común creador en muchas facultades universitarias y en Consejos de gobierno. Tampoco falta interdisciplinaridad entre teología y derecho, teología y metafísica, gramática y teología, filología y exégesis. El alumno no queda cerrado en un racionalismo repetidos sino abierto hacia el futuro del hombre y del cristiano.

Al terminar el curso de Artes Juan de Santo Matía se encuentra con Santa Teresa en Medina. ¿Qué diría el primero sobre el hombre, las virtudes cardinales y teologales, la fortaleza, el señorío de sí mismo, la oración contemplativa, la Cartuja, el ideal de reforma? Al terminar el encuentro la Santa no le llama Bruno, ni Francisco, ni Domingo, sino «Senequita». ¿Qué mundo universitario e interior reflejó Juan de Santo Matía?

3. El método

La palabra «descubrir» traspasa el alma española en el siglo XVI: nuevos mares, nuevas ínsulas, nuevos hombres, nuevos montes y ríos, nuevas estrellas, nuevos métodos universitarios de enseñar y buscar, nuevos caminos de unión con Dios. Unos lo enmarcan en el deseo natural de saber, otros lo llaman lindo deseo de nuestra generación, otros afán incansable de buscar la verdad. A ello juntan con frecuencia industria y arte[18]. En las relaciones y memorias de descubridores y misioneros se repite como estribillo: *pasé, hallé, seguí, encontré, progesuí, ví, descubrí* ... Maravilloso momento creador. Protagonizan la historia descubridores y conquistadores; la novela, peregrinos; la universidad, metodólogos, la espiritualidad, hombres de deseos. El *Deseoso* protagoniza *Espejo de la vida religiosa*, uno de los libros más editados y traducidos de la espiritualidad española[19]. Su antagonista, *Bien me quiero*, es también peregrino. «Los pies del alma son sus deseos con los cuales va lijera y prestamente donde quiere». No dejes morir tus deseos[20].

El optimismo general, —no faltan negruras—, constituye una especie de envolvente. Hay que mejorar las conquistas de los antiguos escolásticos del siglo XIII y XIV y los de los nominalistas y humanistas modernos. En 1563 sale a luz *De locis theologicis*; codificación de las preocupaciones metodo-

[17] R. Lapesa, *La trayectoria poética de Garcilaso*, Madrid, 1968, p.175.

[18] Fernández de Oviedo, *General y Natural historia*, BAE, vol. 117, p.2,5.

[19] *El tratado llamado el Deseoso, por otro nombre Espejo de religiosos*. Sevilla, 1533, traducción aumentada sucesivamente en tres partes; la cuarta protagonizada por «Bien me quiero»; traducido al italiano, inglés (ocho ediciones), holandés (diez ediciones), alemán, danés, polaco, portugués.

[20] F. de Osuna, *Tercer Abecedario Espiritual*, Madrid, BAC, vol.333, p.152.

lógicas de la escuela teológica de Salamanca, para enseñar a crear teología y buscar la verdad. Impugnar la verdad a sabiendas es pecado grave contra la justicia y la caridad[21]. La preocupación de Cano es encontrar pruebas válidas en el discurso o investigación, aplicar a la ciencia divina el *De inventione* de Agrícola, hacer un *Ars Theologica*. Ese mismo año es prologada la metodología bíblica de Martín Martínez Cantalapiedra: *Libri decem hypotyposeon theologicarum sive regularum ad intelligendum Scripturas divinas*. Unos años antes, 1556, apareció *Ars dicendi* de Francisco Sánchez de las Brozas, auténtico arte de hablar, como el autor dice en el prólogo. Los tres tienen conciencia de realizar una obra nueva[22]. La década 1560-1570 brilla por sus éxitos metodológicos en la universidad de Salamanca. El corazón del renacimiento es la búsqueda de métodos de hacer algo según reglas claras y ciertas.

En esa época se forma Juan de Santo Matía en Salamanca. El presenta un método experiencial y desnudo del aspirar radical del hombre hacia Dios y de su unión con él. Su obra constituye la cima de la época de las reformas: de la católica y de la protestante, y acaso de un posible camino de la anhelada unidad. No se contenta con reflexiones sobre lo humano y lo divino, sobre las virtudes cardinales y teologales. La pura ciencia humana no basta para saber entender esa unión, ni la simple experiencia interior para saberla decir, porque sólo el que pasa por ello lo sabrá sentir.

En Salamanca se vive la crítica teológica a los planteamientos protestantes, el enfrentamiento entre escolástica y mística, la conflictiva apertura dominicana hacia la oración afectiva, el método de abordar los grandes problemas teológicos. Los criterios que propone en el prólogo *Subida* son los tres primeros lugares teológicos de Melchor Cano en *De Locis*[23]. Con el ejercicio de la escolástica se entienden las verdades divinas, y con el de la mística se saben por amor y se gustan[24]. De ese modo junta doctrina sólida y rigurosa con una experiencia interior universalizada, basada en la Sagrada Escritura, en la herencia de la Iglesia, en la prudencia de la doctrina común. Había encontrado en Salamanca integradas revelación y «bonae litterae». El integraría teología mística y poesía.

4. *El hombre y su realización*

El gran problema de la escuela teológica de Salamanca es el hombre en su tarea de retornar a Dios. De ahí la importancia de los tratados *De iustitia et iure*, *De legibus* y los *Comentarios* a la segunda parte de la *Suma teologica* de Santo Tomás. El hombre es objeto y sujeto de sus grandes preocupaciones. En él se encuentran realistas y nominalistas. Los segundos estudian más a

---

[21] Francisco de Vitoria, *Comentarios a la IIa-IIae*, ed. Beltrán de Heredia, c.69, a.2, no 12.

[22] Francisco Sánchez de las Brozas, *Escritos Retóricos*. Intr. y ed. de E. Sánchez Salor y C. Chaparro, Cáceres, 1984, p.36-37.

[23] *Subida*, prólogo, 2.

[24] *Subida*, prólogo, 3.

la persona concreta; los primeros gustan elevarse a su esencia, a la humanidad, a los derechos que le competen como individuo y miembro de la sociedad. ¡Qué proceso más sugestivo el que va desde la «*Dignidad del hombre*» de Hernán Pérez de Oliva y los *Comentarios* de Vitoria a la *Secunda Secundae*, a los tratados de Suárez sobre la justicia, el derecho y las leyes! Es un proceso creador que camina desde el hombre natural hasta el llamado a participar de la vida trinitaria en el amor. Dios quiere hacer a la creatura racional partícipe de su naturaleza. Cuando Dios hace al alma esta sobrenatural merced, entonces todas las cosas de Dios y del alma son unas en transformación participante. «Y el alma más parece Dios que alma, y aun es Dios por participación; aunque es verdad que su ser, naturalmente tan distinto, se le tiene del de Dios como antes» [25].

Los autores espirituales se centran en el hombre nuevo, que renueva su juventud como el águila. Todos son llamados a este gozo, aunque son pocos los que entran por la puerta angosta. Estos realizan en plenitud la verdad del hombre. No disimulan las exigencias que ello comporta: pobreza, purificación, vacío de sí y de las cosas, noche oscura... El «sólo Dios basta» de la mística española supera y trasciende el «solus Deus» luterano. No es planteamiento teórico, sino renuncia práctica a todo lo que no es Dios en sí mismo, a bienes naturales o de creación y sobrenaturales, como carismas, iluminaciones ... Sólo Dios basta. Nada de quedarse en creaturas de cualquier tipo que sean, ni en formas aunque sean reveladas. Sólo Dios basta. Dios límpio de todo estorbo. El dinamismo de la purificación resulta algunas veces tan agudo «que le parece al alma que ve abierto el infierno y la perdición» [26].

Salamanca abierta a lo trascendente pone al alumno en el camino del hombre y del cristiano esencial. En Nueva España se ensaya el retorno a la Iglesia de los Hechos de los Apóstoles. Junto al proceso del hombre como ser natural resulta de subido interés el proceso de la mística española para clarificar la experiencia de la unión con Dios, desde *Exercitatorio de la vida espiritual* y *Carro de dos Vidas* (ambos en 1500) hasta las *Moradas, Subida* y *Noche* en la doble vertiente de contenidos y formas de expresión. Son escalones importantes *Sol de contemplativos* (1514), *Arte para servir a Dios* (1521), los *Abecedarios* de Francisco de Osuna, especialmente el *Tercero* y *Cuarto* (1527 ss), *Via Spiritus* de Bernabé de Palma (1532), *Subida del Monte Sión* (1535-38) de Bernardino de Laredo, *Libro de la oración y meditación* (1554) del P. Granada, *Audi Filia* (1556) de San Juan de Avila ... Cuando Teresa recibe el don de efabilidad, continúa ese proceso de clarificación de la mística española y distingue grados y modos precisos en expresiones genéricas anteriores como «recogimiento» y otras. A su vez Juan de la Cruz traduce su

---

[25] *Subida*, II,5.7.
[26] *Noche oscura*, II,6.

experiencia a fórmulas breves, lapidarias, no poco escolásticas, casi demoledoras en prosa por su desnudez, y plenas de gracia irrepetible en poesía. Se expresa por figuras, semejanzas y comparaciones y lo sujeta todo al juicio de la Santa Madre Iglesia. El sentir con ella no le quita genialidad a él, ni a Vitoria, Soto, Cano, Suárez ...

San Juan de la Cruz recoge en su poesía los motivos garcilasescos de fuentes, bosques, espesuras, prados, sirenas, ninfas, filomenas, zagales y zagalas, preocupación por la naturaleza ... Conjunta el «unum, verum, bonum et pulchrum» de la facultad de Artes, la armonía entre Dios y el mundo de los comentarios al *De Sphera* de Sacrobosco, los romances de los cancioneros, los símbolos gratos a los autores espirituales: centro del hombre, esfera, noche, luz, tiniebla, agua, fuego, sonido ... Y con ello expresa la vida del espíritu. En el trasfondo de «la cristalina fuente con sus semblantes plateados» se refleja un claro fondo bíblico, humanista y popular profundísimo: la criatura esencialmente diferente del Creador, pero con posibilidad de intercambio e inhabitación recíprocos.

La reducción de las potencias al centro del alma, tradicional en la mística franciscana, negativa en su primera consideración, resulta decididamente positiva en su conjunto. El mismo lo reconoce: «Viendo cómo aniquilamos las potencias acerca de sus operaciones, quizá parecerá que antes destruimos el ejercicio del camino espiritual que le edificamos» [27]. Esa reducción-aniquilación conduce al yo pleno del hombre, al centro activísimo de la vida del espíritu. Desde él resulta facil sacar el alma de sus límites naturales y subirla sobre sí.

Juan de la Cruz elabora una vía, camino, método para hacer ese recorrido en pobreza y desnudez perfectas a la esencia pura de Dios. Camino a la vez desencarnado y lírico. Sólo Santa Teresa, que viajaba a la vera del Santo, pudo decirle sonriendo: «Dios me libre de gente tan espiritual que todo lo quieren hacer contemplación perfecta, dé do diere» [28].

Desde el mercader, el conquistador y descubridor, el indio americano, el espiritual concreto Salamanca se esforzaba en 1560 en llegar al hombre universal, al banquero cristiano, al conquistador justo, al hombre nuevo nacido del seguimiento de Cristo y partícipe de la naturaleza divina. Humanismo radical, alejado de toda ascensión escalonada y neoplatonizante y de etapas parciales de dudosa llegada al original. Juan de la Cruz aplica el método aprendido en Salamanca, a través de la reducción de los sentidos y potencias al fondo del alma, con una radicalidad que solamente aparece en la historia

---

[27] *Subida*, II,1.2.3; M. Andrés, *La reflexión de las potencias al centro del alma*, «Actas del I Congreso Internacional sobre Santa Teresa», Madrid, 1982, p.7-23.

[28] Santa Teresa, *Vejamen sobre las palabras «Búscate en mí»*, en: *Obras Completas*. Edición manual. Transcripción, introducciones y notas de Efrén de la Madre de Dios, O.C.D. y Otger Steggink, O.Carm., Octava Edición. Madrid, Biblioteca de Autores Cristianos, 1986, p.1432-1433.

de la Iglesia primitiva, en los orígenes del monacato, en Francisco de Asís, en el nacimiento de los descalzos extremeños ... Es la negación metódica radical de sí mismo por amor. Juan de los Angeles la cantaría poco después en *Lucha espiritual y amorosa entre Dios y el alma*[29].

Una cata sobre la estética del amor en Salamanca en la década 1560-1570. En 1530 publica Osuna *Ley de amor*, o *Cuarto Abecedario Espiritual*, que pocos años después reduce a grados Bernardino de Laredo. En 1534 aparece la traducción castellana del *Cortesano* de Castiglione con una exposición neoplatónica del amor en su última parte. En 1564 son traducidos al latín, y cuatro años después al castellano, *Diálogos de Amor* de León Hebreo. Las obras de Boscán y de Garcilaso, reeditadas con frecuencia desde 1543, se elevan de lo sensible a lo inteligible, de lo material a lo inmaterial hasta llegar a la belleza. Desde la belleza de los cuerpos materiales ascienden a la de las ideas y a la absoluta, que es Dios.

Los espirituales españoles no orillan la senda de la belleza en su ascensión a Dios. El «gocémonos, Amado,/ y vámonos a ver en tu hermosura/ al monte y el collado,/ do mana el agua pura...», tiene un largo precedente en la vía del beneficio de Dios desde Palma, Osuna, Laredo, Juan de Cazalla ... Acaso su primer planteamiento integral se encuentre en el anónimo franciscano *Fuente de vida* (Valencia, 1527, Burgos, 1528...), que en el cuarto tratado desgrana la belleza de las cosas, la consonancia de la música, la suavidad de los olores, la dulzura de los sabores, la destreza de manos y pies, la nobleza del entendimiento, la capacidad de la memoria, la grandeza de la voluntad... Todas las cosas te ponen en demanda de amor. Le sigue Juan de Cazalla en *Lumbre del Alma* (Valladolid, 1528)[30]. Los místicos españoles no tratan de trasformar en espirituales los temas de amor humano de Castiglione, Garcilaso, Boscán, León Hebreo. El amor les abre a Dios y en la poesía encuentran el mejor camino de manifestarse. No es el hombre el que se hace creatura nueva subiendo por su cuenta. Es Dios el que perfecciona al hombre de modo acomodado a su naturaleza. Cuando llega lo inefable, ellos lo efabilizan a su modo, sobre todo con la poesía..

5. La cima de la época de las reformas

La época de las reformas abarca los siglos XIV, XV y XVI. Su doble centro es la reforma luterana y la española. La primera se ha querido explicar sobre todo por circunstancias históricas, especialmente de la Iglesia. Estos elementos son imprescindibles para entender la obra de Lutero, pero no constituyen el meollo de su reformulación teológica de la justificación por la sola fe y de sus esquematizaciones en la sola Escritura, sólo Cristo, sola

---

[29] Juan de los Angeles, *Lucha espiritual y amorosa...*, Madrid, 1600, es abreviación de *Triunfos del amor de Dios*, Medina, 1589-90, NBAE, vol20.

[30] M. Andrés, *La teología española en el siglo XVI*, II, p.259 ss.

la gracia, sólo Dios. Ni ellas, ni los análisis doctrinales, ni las guerras religiosas, ni los encuentros en dietas y convenciones reenhebraron la unidad rota.

Por eso cada vez me llama más la atención el camino seguido por los místicos españoles, que tiene su cima en San Juan de la Cruz. Ellos levantan la bandera del Evangelio, e invitan a seguirla sin quedarse en planteamientos puramente doctrinales o metodológicos. El «sólo Dios basta» tiene contenido doctrinal y espiritual. Lo mismo digo de la vía del seguimiento de Cristo. No se basan en una ideología sobre Jesús, sino en la contemplación y amor a su persona. La vida para ellos sólo tiene sentido si se emplea en el seguimiento del Salvador. No se llega a Dios sino a través de Cristo, medida y norma de la existencia cristiana (Subida, II, cap.22, 3-4). La contemplación no termina en una abstracción, sino en dos personas: la propia y la de Cristo, Dios y hombre. De ahí su humanismo y su realismo. A Cristo se llega por medio de la fe con todas sus exigencias, oscuridades y belleza. La teología de las virtudes teologales es elemento fundamental. Así llegamos al sólo Dios basta, sólo Cristo, sola la fe, nada sin la gracia.

6. Vida contemplativa

La contemplación ha suscitado recelos y miedos en casi todas las épocas de la historia de la Iglesia. Pocas veces tan intensos como en el entorno de 1560 en España. En ello influyó la espiritualidad de la descalcez franciscana, no bien vista por la Observancia; los lenguajes distintos y facilmente confundentes de las diversas vías espirituales españolas, italianas y nórdicas; la desviación de los alumbrados; la crítica erasmista no siempre acertada en su objeto y modo; la espiritualidad protestante. Todo ello produjo profundos desgarrones en el seno de la orden franciscana, dominicana y jesuítica, recién fundada y aún sin sistema oficial teológico y espiritual[31].

Francisco de Vitoria aborda en sus clases el tema de la oración mental y afectiva desde la ascesis dominicana de signo litúrgico, intelectual, adherido a la tradición. Vitoria había conocido en Valladolid la mística de los benedictinos, llamados «beatos», y la de los franciscanos observantes y descalzos.

> «De alio genere contemplationis, quod est meditari de Deo et angelis, quod nunc habent monachi, qui manent per tempus longum elevati, nihil cogitantes, bonum quidem est; sed parum

---

[31] M. Andrés, *Alumbrados, erasmistas, «luteranos» y místicos, y su común denominador; el riesgo de una espiritualidad más «intimista»*, en Angel Alcalá y otros, «Inquisición Española y mentalidad inquisitorial», Barcelona, Ariel, 1984, p.373-409 (trad. inglesa en la colección «Atlantic Studies on Society in Change», no 49, New Jersey, 1987, p.457-494); M. Andrés, *o.c.*, II, 110 ss.

invenio in Scripturis, et re vera non est illud quod sancti viri commendant. Vera contemplatio est lectio Scripturae Sacrae, studium verae sapientiae. Alii vero qui non possunt studere, orent» [32].

Poco después estalló el enfrentamiento a fondo en la orden por razones de espiritualidad. Por un lado Carranza, el P. Granada, Juan de la Peña, antes «benedictino-beato» en Valladolid; por otro Cano, Cuevas y sus seguidores. El choque repercutió en toda la orden y llevó a Carranza al tribunal de la Inquisición. El envolvente socio-religioso del momento se encuentra descrito en *Diálogo* de Juan de la Cruz O.P. [33]. El busca la paz interna de la orden en los caminos llanos y seguros, reales y trillados de la espiritualidad tradicional, y desconfía de los atajos (palabra muy importante en la historia de la espiritualidad contemporánea) de los brevecitos modos (título de una obra de Juan de Cazalla [34]), y de la oración afectiva. El libro termina con esta confesión desgarradora: «No tenemos en este tiempo capitán y guías ..., no ... holocausto de perfecta mortificación, no sacrificio de suave devoción, no ofrenda de alegre y pronta obediencia» [35].

Desde esos caminos «llanos y seguros, que mil quinientos años ha tenido la Iglesia» [36], Cano acusa a Carranza de alumbradismo en torno a cincuenta veces, y de sabor de herejía y lenguaje luterano no menos de veinte. Las objeciones contra la mística del recogimiento se concretaron con el tiempo en tres: Una, *metafísica*, por admitir amor sin previo conocimiento y amor puro, que para Juan de la Cruz, O.P., equivale a amor sin motivo; otra, *teológica*, por hablar de unión inmediata entre Dios y el alma y exaltar excesivamente el valor de la experiencia; y la tercera, *lingüística*, por emplear lenguaje confuso y perplejo, sin precisión teológica, lenguaje de herejes y luteranos, lenguaje de Alemania.

Cano habla de tiempos «peligrosos», Santa Teresa los llama «recios» y Domingo de Soto sencillamente «estos tiempos». Terrible ventena la de 1550-1570 por causa del Indice de Libros prohibidos de 1559. Ella contempla la muerte del Emperador, y el cambio de equipo de gobierno. En el Indice figura el sacerdote secular más famoso: el P. Avila; el jesuita más conocido: Francisco de Borja; los místicos franciscanos más editados: Osuna, Palma y Evia; los dominicos más significados en la línea de la oración afectiva: Carranza y Luis de Granada.

---

[32] Francisco de Vitoria, *Comentarios a la IIa-IIae de Santo Tomás*, Salamanca, 1935, vol.V, Q.182, a.3.

[33] Juan de la Cruz, O.P., *Diálogo sobre la necesidad y obligación y provecho de la oración y divinos loores vocales y de las obras virtuosas y santas ceremonias que usan los cristianos, mayormente los religiosos*, Salamanca, 1555; Madrid, BAC, 1962, vol.221.

[34] M. Andrés, *o.c.* II, p.262.

[35] Juan de la Cruz, O.P., *o.c.*, Madrid, 1962, p.551.

[36] M. Cano, en F. *Caballero, Conquenses ilustres. Melchor Cano*, Madrid, 1871, p.500.

Juan de Santo Matía vió el Indice puesto en sitio visible de las librerías, conoció los problemas de la espiritualidad dominicana, pues vivía al lado de San Esteban y eran comidilla de alumnos y profesores, y muy probablemente coincidió en Medina con Baltasar Alvarez. Precisamente en 1567 coloca Baltasar Alvarez su «mudanza» o conversión. El trasforma el colegio y noviciado de Medina en centro de aquella espiritualidad, que llamarían «avilista, de cartuja, de recoletos y espirituales» algunos miembros de la Compañía de Jesús. 1567 es el año de la ordenación sacerdotal de Juan de Santo Matía, del encuentro con Santa Teresa, del proyecto de Duruelo.

El problema del lenguaje no era puramente formal. Encubría el ideal de hombre, arropado por herencia de siglos (tradición) o desnudo ante los textos sagrados. Rota la unidad con el pasado por la nueva visión protestante había que replantear el pensar, hablar y actuar. Las metodologías teológicas y exegéticas pusieron sobre el tapete el problema de fondo. Melchor Cano y Cuevas en su famosa censura del Catecismo de Carranza acuden muchas veces al problema envenenado del lenguaje. Qué acertadamente les contesta Juan de la Peña en respuesta a una consulta de la Inquisición:

> «Si este nombre (lenguaje luterano) se da a todo lo que parece a lo que ellos hablan, será blasfemia y error, porque ellos han usurpado el hablar de la Escritura y Santos en muchas cosas, e por ello no habemos de mudar de lenguaje; porque el lobo tome vestidura de oveja, ella no ha de dejar la suya ... Así digo yo de los cristianos que los lenguajes usados e que se sacan de los santos no hay por qué los dejar. Algunos muy propios de herejes, como ... "sola la fe justifica" ... hanse de evitar ... Pero ... si el hereje llama viva a la fe sola, ¿por qué tengo yo de espantarme de la fe viva? ... Querer huir todas las maneras de hablar ... de estos herejes no es posible, si no aprehendemos de nuevo a hablar e olvidamos el lenguaje de San Pablo, que es el más usado por estos herejes» [37].

La mística española desborda las fórmulas protestantes más famosas sin polemizar sobre ellas, y, a mi parecer, las supera en profundidad y exigencia. Sólo Dios basta, seguimiento radical de Cristo, vida de fe en totalidad hasta la transformación en Dios desde la razón y la libertad. Y cuando la prosa no basta con sus formulaciones, viene en su auxilio la poesía.

La teología escolástica termina aceptando la experiencia en la censura de Báñez a la *Vida* de la Mística Doctora [38]. Esta, a su vez, ofrece una tipología de formas de la contemplación infusa a partir de la cuarta *Morada*.

---

[37] J.I. Tellechea, *Censura de Juan de la Peña sobre una proposición de Carranza*, «Anthologica Annua» 10 (1962), 448-449.

[38] D. Báñez, *Censura al autógrafo de la «Vida» de Santa Teresa*, en Santa Teresa, *Obras completas...*, Octava Edición, Madrid, B.A.C., 1986, p.230-232.

7. La doctrina de la gracia habitual

Los teólogos distinguen gracia actual y habitual. La primera consiste en los auxilios con que Dios previene y ayuda al hombre para obrar bien. La segunda es un don o cualidad permanente que Dios infunde al alma, y la hace agradable a El, amiga e hija. La disputa sobre libertad y gracia actual surgió con naturalidad y fuerza poco después de finalizado el concilio de Trento entre los defensores de la razón, de la libertad y del concepto cristiano del hombre. El replanteamiento del tema de la gracia habitual tiene lugar casi a la vez, como reflexión sobre la justificación y la multiplicación de obras de alta espiritualidad. Los místicos aireaban todo lo referente al cristiano esencial, a la interioridad, oración, unión con Dios, transformación, amor que hace de dos uno solo, sin perder la naturaleza y personalidad.

Stegmüller ha estudiado, entre otros, la historia de las disputas sobre libertad y gracia actual [39]. El insigne filósofo y teólogo argentino Sanchez Sorondo ha publicado una magnífica monografía sobre la gracia habitual en Salamanca durante los años que estudia este artículo [40].

Los escolásticos reflexionaron sobre ese misterio desde la participación del hombre en la naturaleza divina (2 Petr 1,4), la nueva creatura (2 Cor 5,7) y la generación a partir de Dios (1 Jo 5,18). ¿Cómo acaece eso? He ahí la labor del teólogo. Los de Salamanca comentaron esos textos desde el Doctor Angélico. Santo Tomás concibe la creación de Adán y la regeneración de la gracia como participación en el ser de Dios. Ambas realidades son entendidas como la aurora del ser participado. La primera funda una participación natural de su ser y vida; la segunda, o recreación en Cristo, expresa otra sobrenatural por la inhabitación de la Trinidad en el alma del justo. El autor de la *Suma Teológica*, basándose en el príncipe de los Apóstoles, la llama participación de la naturaleza divina, participación del ser divino, que al generar al hombre en un ser y obrar deiforme, lo hace hijo de Dios y Dios por participación.

El florecimiento de la mística y la nueva ola de alumbrados de 1570 forzó al los teólogos a profundizar en el tema. La gracia no es participación de Dios como quiera, sino en grado excelentísimo y supremo y en aquella excelencia que está en Dios no virtual sino formalmente. Este modo escolástico de hablar lo explican, a veces, por referencia al sol, que en sí mismo es

---

[39] F. Stegmüller, *Francisco de Vitoria y la doctrina de la gracia en la escuela de Salamanca*, Barcelona, 1934. Algunas de la amplísima bibliografía sobre esta materia en *Historia de la Teología Española*, dirigida por M. Andrés, II, 35 ss, 69 ss; Beltrán de Heredia, *Domingo Báñez y las controversias sobre la gracia. Textos y documentos*, Madrid, 1968. F. Stegmüller, *Geschichte der Molinismus...*, München, 1935; L. Meyer, *Historia controversiarum de divinae gratiae auxiliis*, Venetiis, 1742.

[40] M. Sánchez Sorondo, *La gracia como participación de la naturaleza divina*, Salamanca, 1979, con bibliografía, p.331-336.

luz formalmente, y contiene además la fuerza o virtud que desarrolla las plantas. La gracia participa un grado excelente y supremo de la naturaleza divina en aquel o aquellos atributos que están en Dios formalmente y hacen único y perfectísimo su ser infinito.

¿Se adelantaron los místicos con su vivencia a la doctrina sistemática de los profesores? ¿Cómo la expresaron en romance? El salto desde García de Cisneros, Gómez García, Osuna, Laredo ... a Santa Teresa y San Juan de la Cruz es importante. En *Sol de contemplativos*, (último capítulo) Osuna, Laredo, Palma ... se habla de unión con Dios por amor, de tocamiento de Dios a la voluntad o al entendimiento del hombre. Santa Teresa afirma expresamente que por la gracia Dios nos ha hecho «particioneros» de su divina naturaleza [41]. San Juan de la Cruz repite muchas veces que en la consumación de unión el alma «está hecha divina y Dios por participación, cuanto se puede en esta vida» [42].

El magisterio de Juan Vicente Asturicense, dominico, inició una nueva doctrina sobre esta materia. La gracia es participación de la naturaleza divina en lo más propio y constitutivo del ser divino en cuanto ser imparticipado, divina plenitud de todo ser, eterno, infinito. Alfonso Curiel, contemporáneo y profesor de la cátedra de Escoto en Salamanca (1582-1585), analiza el parecer de Juan Vicente y ofrece una doctrina que se hizo común entre los teólogos: la gracia participa la naturaleza divina en el grado supremo que constituye la esencia de Dios, que es un ser intelectual altísimo sobre toda inteligencia y espíritu, al cual grado se debe connaturalmente: la visión beatífica y la bienaventuranza eterna. La gracia es participación de la intelectualidad divina. Quien la tiene es elevado al orden intelectual supremo y sobrenatural, sirviéndole la gracia de raíz y primer principio. Otros doctores escolásticos declaran la excelencia de la gracia como participación de la santidad y bondad de Dios, cuya naturaleza es sustancial y esencialmente santa y buena. No pertenece a este artículo exponer la evolución de esta doctrina hasta Suárez, Ripalda y los Salmanticenses. Pero sí señalar la conexión entre escolásticos y místicos. ¡Qué acierto el del Santo de integrar escolástica y mística, siguiendo la línea de Osuna, Juan de Avila, Luis de Granada ..., y sobre todo mística y poesía! El el anoniomato aparente de la escolástica queda referido en él a ese yo que vive de modo invisible en cada verso. Desde su experiencia se abre a la universalidad. Por de fuera ofrece líneas desnudas, algo así como un Escorial, severo en su exterior, pero lleno de vida en su iglesia, biblioteca y celdas monacales. San Juan de la Cruz es muy hijo de su tiempo. No se le puede entender fuera de él.

---

[41] Santa Teresa, *Exclamaciones* 17,7, en: *Obras completas*, Madrid, B.A.C., 1986, p.648.
[42] *Cántico*, estrofa 22; *Subida* II, 5,7; *Avisos*, 2,28.

Fray Juan de la Cruz, confesor de la Encarnación en Avila

Nicolás González y González, pbro.

Fray Juan de la Cruz vivió cinco años, de 1572 a 1577, en la ciudad de Avila desempañando el oficio de confesor de las monjas carmelitas del Monasterio de Santa María de la Encarnación. Era el convento femenino más importante que había en Castilla. Fray Juan tenía por entonces treinta y dos años.

El joven sacerdote, místico y poeta, encontró una ciudad ideal para el desarrollo de su personalidad. Una ciudad con solera histórica, perceptible en las murallas y en las bellísimas iglesias románticas de San Vicente, San Pedro, San Andrés y San Segundo. Pero quedaría aún más fascinado por el sorprendente apogeo cultural, artístico y religioso de la ciudad. Los mejores edificios civiles se acababan de estrenar o se estaban construyendo en aquel momento. Los más grandes tallistas, pintores, orfebres y entalladores se habían dado cita en Avila para llenar de belleza sus templos e instituciones[1].

Tampoco Avila había conocido hasta entonces ni conocería después mayores cotas de florecimiento espiritual en el clero y en los seglares[2]. Avila era una ciudad más bien pequeña, con los doce mil habitantes. Aunque pequeña

> «no hay para qué salir de allí para virtud y estudio; y en todo el pueblo hay tanta cristiandad que es para edificarse los que vienen de otras partes; mucha oración y confesiones, y personas seglares que hacen vida muy de perfección»[3].

Precisamente el mismo año que fray Juan llega a Avila muere una mujer sencilla que la gente aclama como la «santa de Avila», la famosa María Diaz.

---

[1] María Teresa López Fernández, *Arquitectura civil del siglo XVI en Avila*, Avila, 1984.
[2] Baldomero Jiménez Duque, *La Escuela sacerdotal de Avila del siglo XVI*, Madrid, 1981.
[3] Teresa de Jesús, *Carta*, Toledo, 17-1-1570, n.11.

A esta ciudad, se incorpora nuestro carmelita en 1572 como maestro del espíritu en el Monasterio de la Encarnación, con el oficio concreto de confesor de las carmelitas. Debemos, pues, empezar por describir la situación de este convento.

1. El Monasterio Abulense

El Monasterio de la Encarnación había sido fundado entre 1511 y 1515 por la joven priora Beatriz Guiera, por traslado de un anterior beaterio carmelitano existente en la Calle del Lomo, intramuros. Era el segundo emplazamiento del Beaterio erigido por doña Elvira González de Medina en 1479, con licencia del Provincial de Castilla, P. Andrés de Avila [4].

Para los dos beaterios anteriores se habían reutilizado los palacios preexistentes de los Aguila y los Verdugo. El que proyectó la priora Beatriz Guiera se construyó de nueva planta, en descampado, al norte de la ciudad, entre el arroyo de la Mimbre y los terrenos de Fuentes Claras, sobre un antiguo cementerio judío [5]. Fué inaugurado en 1515, exactamente el mismo día que recibía las aguas bautismales la niña Teresa de Ahumada, el 4 de abril.

El convento pasó a un primer plano en la historia de la Orden del Carmen por haber profesado y vivido en él Santa Teresa de Jesús por espacio de más de treinta años (1535-1563; 1571-1574). Cuando llega aquí fray Juan de la Cruz en 1572, en el convento residen unas 130 monjas. Ocupa el cargo de priora la Madre Teresa de Jesús desde octubre de 1571.

Fray Juan encuentra un convento a medias de construir, muy empobrecido, endeudado, con un excesivo número de carmelitas. En la casa se admitían doncellas y familiares de las religiosas en régimen de internado. Sobre la santa y recien llegada priora cargaba el peso de todos los problemas y necesidades de la casa.

«Las ocupaciones son tantas y tan forzosas, de fuera y de dentro de la casa —había escrito meses antes a su amiga doña Luisa de la Cerda—, que aún para escribir ésta tengo harto poco lugar ... ¡Oh, Señora! quien se ha visto en el sosiego de nuestras casas y se ve ahora en esta baraúnda, no sé cómo se puede vivir ...; a donde hay ciento y treinta, ya entenderá vuestra señoría el cuidado que será menester para poner las cosas en razón» [6].

---

[4] Nicolás González González, *El Monasterio de la Encarnación de Avila*, I, Avila, 1976, pp.91-123.
[5] *Ibidem.*
[6] *Carta*, Avila, 7-11-1571.

Entre las ocupaciones de la priora estaba la más elemental y prioritaria de tener que buscar de comer para ella y para sus monjas. Por estas fechas escribe a su hermana doña Juana pidiéndole algunos reales para comprar comida, pues no come del convento sino solo pan; y días más tarde le pide unos pavos. La situación real del convento era de extrema necesidad. Los gastos sobrepasaban tres veces los ingresos, según las cuentas y los testigos de la época. Las monjas pasaban hambre. La causa de aquella bancarrota se debía a las obras de construcción que nunca acababan. Había llegado a tal extremo la penuria de la casa que se había planteado la posibilidad de tener que cerrarse. Los testimonios de la época no dejan ninguna duda sobre esta calamitosa situación:

> «La renta del monasterio no llega a la tercia parte del año para sustentarse». El Monasterio se «perderá dentro de muy breve tiempo, porque no tendrá con qué sustentarse ...» [7]; «... ha de venir a perderse dentro de breve tiempo, e no se ha de poder conservar ni permanecer por faltarle los alimentos y sustentaciones necesarios para las religiosas» [8]. «Es público y notorio en esta ciudad que el dicho monasterio debe mucha cantidad de dineros y que tiene extrema necesidad» [9].

En 1565 dice Nuño del Peso

> «haber visto llorar a la Priora por su necesidad y no poder sustentar la casa» [10].

La nueva priora trató por todos los medios de poner remedio. Pronto se notó su influencia:

> «la mayor parte del año no nos daban más de pan y agua del convento; ella nos dió de comer sin faltar un día todo el tiempo que estuvo aquí» [11].

La vida comunitaria de las carmelitas no era tampoco menos problemática que su situación personal. Era costumbre que cuando se agotaba la des-

---

[7] Declaración de Mateo de las Piñuelas, mayordomo del convento a la 13a pregunta, 1565 (*El Monasterio de la Encarnación*), 158.

[8] *Ibidem.*

[9] Declaración de Juan Suarez, *ibidem*, 158.

[10] Declaración de Diego González del Barco, *ibidem*. Declaración de Nuño del Peso, *ibidem*.

[11] *Relación de la elección hecha 7 de octubre de 1577*, en: *Ephemerides Carmeliticae*, XX (1969), pp.177-180.

pensa, tenían que salir del convento varias de las monjas para habitar en casa de sus parientes y deudos, donde permanecían meses enteros. Por eso en la práctica no había apenas clausura. También de fuera para dentro pasaban al convento todo género de seglares a fin de socorrer a las monjas. No sabemos si había turnos establecidos para estas obligadas salidas, o corresponderían exclusivamente a las monjas que no dispusieran de medios propios para suplir las raciones del convento. Aunque el Concilio de Trento había prohibido recientemente estas salidas de clausura, por necesidad la comunidad llevaba años en que quedaba reducida a la mitad en varias temporadas [12].

El número de monjas era claramente excesivo para formar una comunidad religiosa. Las de la Encarnación eran conscientes de ello, y desde años atrás habían intentado poner remedio. Pero como esa limitación llevaba consigo la reducción también de los ingresos económicos, que el convento necesitaba para subsistir, las medidas restrictivas que se tomaban terminaban por no cumplirse. A las prioras, más que a nadie, las angustiaba esa «muchedumbre de monjas», que por los años de 1565 había llegado a las doscientas [13]. En 1571 habían disminuido hasta ciento treinta, sin contar las freilas, criadas, familiares, doncellas y huéspedes.

La casa era, por tanto, más que un convento. Era todo un complejo social de monjas y de otro tipo de personas. De algunas hemos hecho ya mención. Pero habría que hablar también del personal que trabajaba al servicio y a costa del monasterio: patrón seglar, confesores y capellanes, letrados, procuradores, mayordomos, médicos, azemileros, demandaderos, hortelanos, etc.

Así era, a grandes rasgos, la situación del monasterio que encontró la Madre Teresa de Jesús en octubre de 1571, cuando vino de priora, y para el que trajo de confesor a fray Juan de la Cruz en 1572.

Otro dato más pudo influir también en la decisión de la priora para reclamar la presencia de su mejor asesor: la edad avanzada y la poca salud de la máxima responsable de una casa en tales condiciones. Madre Teresa tenía ya 57 años. De salud andaba muy floja. Al comenzar el invierno, recien llegada a la Encarnación, le habían vuelto las calenturas y los catarros, provocados por el frío intenso de Avila. Pasadas las cuartanas, le sobreviene el dolor de costado y de huesos, y ha de someterse a las sangrias y purgas caseras, que debilitan sus fuerzas. Escribe:

«Estoy ya enfadada de verme tan perdida, que, si no es a misa, no salgo de un rincón, ni puedo ... Cierto, a mi me pare-

---

[12] *El Monasterio de la Encarnación*, p.202.
[13] *Ibíd.*, p.157.

cía imposible, luego que aquí vine, poder mi poca salud y poco natural tanto trabajo»[14].

En tales circunstancias siente una gran soledad:

> «Dame tan en un ser poca salud (y que con esto lo haga todo, y yo me rio algunas veces), y déjame sin confesor y tan a solas que no hay con quien tratar cosa para algún alivio, sino todo con miramiento»[15].

Desde la soledad del claustro de la Encarnación, reclama un confidente con quien desahogarse, el imprescindible alivio de la amistad.

Lo necesita ella y sus monjas queridas. Y más que como remedio para los problemas temporales, lo necesita sobre todo para el espíritu. Para ella, las estructuras externas no son las que condicionan la paz y felicidad de las monjas. Según su criterio, ocurre al revés. La pobreza de espíritu, la mediocridad, la ignorancia, la falta de virtud ... son la causa de que los monasterios se descompongan, y de que las monjas pasen hambre, y no sean libres y felices. A su juicio, lo que la Encarnación necesitaba era revitalizar el alma de la comunidad, poner espíritu en la casa, dar razón para ser lo que debía ser. Y para lograrlo necesitaba un hombre de «harta oración y de buen entendimiento».

2. El nombramiento de fray Juan para confesor

Santa Teresa conocía la Encarnación mejor que nadie. Antes de ser priora del convento, había vivido aquí durante más de veintisiete años como monja. Ahora tenía lo que le había hecho falta antes, autoridad y poder para solucionar los problemas de una casa que amaba entrañablemente. Pero tenía, además, una segunda responsabilidad: la de ser fundadora de la Reforma Teresiana. Desde la Encarnación sigue pensando y dirigiendo sus monasterios recien fundados y preparando nuevas fundaciones. No es que se viera priora de calzadas, por un lado, y reformadora de descalzas por otro. Ella era lo que era, reformadora en todas partes.

Con este talante innato de mujer sabia y pragmática, intuyó que solucionando el problema de la Encarnación podía solucionar a la vez el de sus fundaciones. El problema de sus fundaciones era la falta de monjas preparadas. Si para sus fundaciones de descalzas lo que precisaba eran monjas bien formadas, que no se podían improvisar de la noche a la mañana, y si en la Encarnación lo que sobraban eran monjas, lo que había que hacer era cuali-

---

[14] *Carta a doña María de Mendoza*, Avila, 7-3-1572, 3-4.
[15] *Ibíd.*, 4.

ficar a las calzadas y facilitar su traslado a la descalcez. La solución no estaba, por consiguiente, en reducir el número de entradas en la Encarnación, como habían pretendido otras prioras anteriores, sino potenciar su formación y crear las condiciones debidas para que cuantas quisieran, pudieran pasar a engrosar las casas de la Reforma. Este fué el planteamiento que se hizo nuestra priora en la primavera de 1572.

Para conseguir su propósito comenzó su reforma por los encargados de alentar el espíritu y la libertad de las monjas de la Encarnación, los confesores. Esta previsión de buscar ayuda de personas influyentes en la formación de la conciencia de las monjas fué la raíz del éxito conseguido en el escaso periodo de su priorato. Ella se ve limitada e insuficiente para llevar a cabo su doble plan. Y desde esta constatación, busca ayuda externa, aunque comporte el cambio radical de las relaciones tradicionales de los confesores.

A la Madre Teresa nunca le habían satisfecho algunos de los confesores que había conocido en la Encarnación. Conocemos algunos defectos que la santa les atribuye, como, por ejemplo, insuficiente preparación para dirigir las almas por los caminos del espíritu, ignorancia de la moral cristiana en puntos fundamentales y de los diversos estados de la vida espiritual. Por eso, recuerda que

> «gran daño hicieron a mi alma confesores medio letrados ... No sabían más ... Era cosa ancha lo que me decían y de más libertad ... Lo que era pecado venial decíanme que no era ninguno; lo que era gravísimo mortal, que era venial. Esto me hizo tanto daño que no es mucho lo diga aquí para aviso de otras de tan gran mal ... Duré en esta cegüedad creo más de diecisiete años, hasta que un padre dominico, gran letrado, me desengañó en cosas ...»[16].

Valiéndose del simil que emplea el autor de la *Llama de amor viva*, diríamos que eran confesores que servían para «desbastar el madero» o a lo sumo para «entallar» madera de santos, pero no para «perfilarla y pulirla ..., y pintarla y poner la última mano y perfección»[17]. Concretamente ella tuvo que lamentarse de la intervención de los confesores carmelitas en el monasterio de la Encarnación. En carta al Rey Felipe II, fechada el 4 de diciembre de 1577, ella escribe:

> «Bien creo tiene vuestra Majestad noticia de cómo estas monjas de la Encarnación han procurado llevarme allá, pensando havría algun remedio para librarse de los frailes, que cierto

---

[16] *Vida*, 5,3.
[17] San Juan de la Cruz, *Llama de amor viva*, Canc., 3,57.

les son gran estorbo para el recogimiento y relisión que pretenden, y de la falta de ella que ha havido allí en aquella casa tienen toda la culpa».

La nueva priora, al querer reconducir las monjas a un clima de mayor interioridad y silencio, constata que los confesores oficiales que tiene el convento no valen ni para advertir a las monjas de los peligros que comporta el trato indiscriminado con la gente de la calle ni para hablarles de la obligación moral de evitar las ocasiones.

«Estaba todo el daño en no quitar de raiz las ocasiones, y en los confesores, que me ayudaban poco; que a decirme en el peligro que andaba y que tenía obligación a no traer aquellos tratos, sin duda creo se remediara» [18].

¿Para qué «apretarlas en lo exterior» como priora, sin «tener quien en lo interior las ayude»? [19] Más que el orden externo y el cumplimiento de la regla monástica, ella quiere una buena formación de las conciencias y una vida interior que emane del convencimiento personal y del trato con Dios en la oración y el recogimiento. Y eso tenía que hacerlo el confesor.

A la experiencia se remite. Su vida había cambiado por completo el día que descubrió un nuevo estilo de confesores, los padres jesuitas de San Gil, o los dominicos de Santo Tomás. Por eso estaba convencida de que la vida de la comunidad cambiaría el día en que cambiara de confesores.

Tampoco estaba de acuerdo en que los confesores se entrometieran en asuntos de gobierno de la casa, traspasando el fuero de la conciencia, como lo venían haciendo algunos, o por razón de simultanear el oficio de confesor con el de vicario, o por abusos consentidos por anteriores prioras. Ese proceder tenía muchos inconvenientes. Para la priora uno bastaba, como escribiría años después:

«Que tengo bien visto que si el vicario se contenta de una, no puede la priora quitar que parle lo que quisiere con ella —porque es superior— y de aquí vienen mil desventuras» [20].

La falta de responsabilidad y de seriedad de dirigentes y de dirigidas no es que permitiera traspasar el límite de lo prohibido, es que daba lugar

---

[18] *Vida*, 6,4.
[19] *Carta al P. Jerónimo Gracián*, 9-1-1577, 2: «lo que ha de hacer gran provecho es si les dan buenos confesores ..., porque apretarlas en lo exterior y no tener quien en lo interior las ayude, es gran trabajo; así le tuve yo hasta que fueron descalzos a la Encarnación».
[20] *Carta al P. Jerónimo Gracián*, Palencia, 19-2-1581, 1.

a pérdida de tiempo, y era causa de empobrecimiento y de mezquindades. Estaba en juego la razón de ser de la vida contemplativa y de la Reforma.

La priora impone su autoridad en la Encarnación sobre el tema de los confesores y reclama la intervención de la máxima autoridad que había entonces sobre los frailes, la del visitador apostólico fray Pedro Fernández. Encomienda el asunto a su fiel colaborador P. Julián Dávila, con quien se sentía identificada, «al cual le daba el Señor los mismos deseos que a mí» [21]. Se traslada inmediatamente a Salamanca, y expone al visitador apostólico los deseos de la priora de la Encarnación. Sobre estas gestiones hay una documentación de primerísima mano. El propio Julián Dávila, en una declaración que presentó por escrito con fecha 24 de abril de 1596, para el incipiente proceso de beatificación de Santa Teresa, describe los trámites y el resultado obtenido:

«Cuando ya tenía abundancia de frailes descalzos de la Orden que ella había fundado, parecióle que en un monasterio como el de la Encarnación, a donde había tantas almas que si se les pusieran por confesores frailes descalzos que las animasen a guardar mayor perfección, que sería de gran servicio de Dios; y esto no se podía hacer si no era quitando a los del paño, que son los ordinarios confesores que toda la vida han tenido, lo cual era muy dificultoso salir con ello. Pero con todo eso la daba Dios santidad y sagacidad para salir con cuanto aprehendía y entendía era más servicio de Dios. Y como en aquel tiempo tenía la visita apostólica de los carmelitas fray Pedro Fernández, fraile dominico, hombre de gran prudencia y santidad, que estaba a la sazón en Salamanca y la Madre estaba de priora en la Encarnación, enviome a mí con este recaudo a Salamanca para que lo tratase con el dicho padre y también para que como testigo de vista le diese razones que le moviesen a conceder su petición. Yo se las dí, y aunque el padre entendió la dificultad que había ansí de parte de las monjas, como de parte de los padres del Carmen, que lo habían de tomar pesadamente, con todo eso me dió la licencia, y yo la traje y di a la santa Madre y en muy poco tiempo dio trazas de que viniesen dos frailes descalzos muy siervos de Dios para ser confesores del convento» [22].

La dificultades que encontró la priora para efectuar el cambio fueron muchas, tanto por parte de las monjas penitentes como por parte de los frai-

---

[21] *Fundaciones*, 3,2.
[22] *Archivo del Obispado de Avila. Proceso de Beatificación de Santa Teresa de Jesús.* Avila, 1596, II, ff.292-292v.

les confesores. Por parte de las monjas, porque estaban acostumbradas desde toda la vida a tratar con los calzados, y un cambio de costumbres en un convento equivale a un cambio de vida. ¿Por qué tener que aceptar un cambio tan importante en la organización de la casa sólo porque lo quiera la nueva priora, sabiendo que su mandato terminaría a los tres años?, se preguntaban algunas. Ningún género de oposiciones y críticas le hizo perder su motivación y objetivo a quien tenía por lema «acudir a aquellas cosas que fuesen mayor servicio de Dios, no mirando el trabajo que la había de costar ni la dificultad que había de tener en aquello»[23].

El convento del Carmen, donde residían los viejos confesores, estaba predispuesto contra la Madre Teresa desde la fundación del monasterio de San José (1562), en que terminó haciéndose al margen de la Orden, bajo la jurisdicción del obispo diocesano. Ahora iban a recibir otro duro golpe los del Carmen, si se les privaba de la Capellanía de la Encarnación, que venían desempeñando desde siempre, desde que se fundó el primer Beaterio en 1479, y en éste desde 1515. Tenían incluso unos derechos adquiridos, como el de percibir cien fanegas de trigo al año por la capellanía, el derecho a la buena imagen en la ciudad, etc.

En un principio la priora trató de compaginar el servicio de los nuevos confesores de manera que no quedara excluido el convento del Carmen, fijándoles allí la residencia.

No fué su propósito tampoco excluir a los demás confesores no carmelitas que bajaban a la Encarnación a título personal. Ella era la primera en necesitarlos. Por los confesonarios y locutorios de la Encarnación desfilaban dominicos, jesuitas y sacerdotes del clero secular. En total solían ser unos diez los confesores de la Encarnación. Entre ellos, Julián de Avila, secular; fray García de Toledo, dominico; el clérigo Gonzalo de Aranda; Cristóbal de Velázquez, Jerónimo López, Hernando Morales, Pedro de las Cuevas, Diego de Vera, Gaspar de Avila y el clérigo de Santo Domingo. Pero los que daban la pauta y los criterios generales en la comunidad eran los confesores ordinarios y oficiales del convento, es decir, los carmelitas.

La cronista Pinel da a entender que primero el Comisario prohibió a los padres de la Observancia que bajasen a la Encarnación. Esto sucedería a últimos de 1571. Como los descalzos se retrasaran en venir a Avila hasta últimos de abril o primeros de mayo, en esos meses fueron sustituidos por los dominicos[24]. Otros opinan que los descalzos no vinieron hasta finales del verano, como luego diremos.

Tan pronto como la priora tuvo en la mano la licencia del visitador apostólico para que viniesen dos frailes descalzos como confesores del convento, necesitaba escoger al mejor por propia seguridad. En tales circuns-

---

[23] Declaración de Julián Dávila: BMC, 18,224.
[24] María Pinel, *Retablo de Carmelitas*. Madrid, 1981, p.91.

tancias necesitaba al menos una persona de su absoluta confianza, que no le pudiera fallar, en quien poner de lleno su conciencia y la de sus monjas. Inmediatamente se lo propuso al más sabio y santo de los descalzos, a fray Juan de la Cruz. Era el que más cualidades reunía para confesor, de ciencia y virtud, de inteligencia y corazón, de letras y de experiencia. El candidato lo tenía seleccionado previamente. De un maestro de tal categoría estaba segura que saldrían buenas discípulos.

Buscó a fray Juan por Alcalá y Pastrana. Aunque Julián Dávila diga que, una vez obtenida la licencia, se trasladó «en muy poco tiempo», parece que tardó en llegar unos meses. Es imposible precisar la fecha exacta de su venida. Sabemos cierto que el 27 de septiembre de 1572 ya estaba fray Juan en Avila, porque en carta que escribe Santa Teresa desde el monasterio, fechada ese día, da la noticia a su hermana: «Gran provecho hace este descalzo que confiesa aquí; es fray Juan de la Cruz»[25]. Un mes antes había escrito a la misma señora, y no le decía nada, por lo que suponemos que entonces no había llegado todavía. Vendría a finales del verano, según opinión del padre Silverio y del padre Efrén entre otros.

Con fray Juan vino otro compañero descalzo. Ambos fijaron su residencia en el convento del Carmen, entre los calzados, situado junto a la muralla, a la parte norte de la ciudad, relativamente cerca de la Encarnación. Gozaba de prestigio en la ciudad desde sus comienzos en 1378, aunque había venido a menos por aquel entonces. Sólo residían en él una docena de frailes. Fray Juan comienza a bajar desde el Carmen a la Encarnación, a diario, como lo habían hecho sus predecesores en el cargo. El santo de Fontiveros conocía ambos conventos. Por la Encarnación había pasado el 8 de julio de 1568 para recoger dos monjas, a las que acompañó hasta Valladolid. Y en septiembre de ese mismo año regresando de Valladolid pasó por Avila camino de Duruelo, para ultimar con el dueño de esta finca la entrega de una casa con vistas a comenzar la fundación de los descalzos allí, y se había hospedado en el Carmen.

Ya en Avila, la priora lo presentó a la comunidad en un acto capitular convocado al efecto. Así recogió una de las asistentes la noticia: «*Tráigoles un padre, que es un santo, por confesor*»[26]. No sabemos la reacción de las monjas en la sala capitular, pero tenemos derecho a imaginarnos alguna escena semejante a la que protagonizaron meses antes cuando ella se presentó como priora, también impuesta por los superiores. Menos que antes, porque tenía ganada ya la confianza de la comunidad.

En el Carmen se intentó normalizar la convivencia de los dos descalzos con los calzados, trayendo otros más, no para que el convento quedara con-

---

[25] *Carta*, 27-9-1572, 11.
[26] Deposición de Ana María de Jesús para la beatificación de San Juan de la Cruz: BMC, 14,301.

vertido en un monasterio de la Descalcez, sino «para que lo gobernaran conforme a sus leyes». De cuatro de ellos habla la Santa en carta del 13 de febrero de 1573:

> «Puso en este monasterio del Carmen prior y subprior y portero y sacristán descalzos ..., y son bien a mi gusto» [27].

3. En la casa de la Torrecilla

La residencia de fray Juan entre los calzados del Carmen terminó pronto. No sabemos la causa. Suponemos varias. ¿Sería que los frailes calzados hacían la vida imposible al reformador y cofundador de los descalzos? ¿Sería que las inclemencias del tiempo y la distancia entre el Carmen y la Encarnación hacían peligrar la salud de fray Juan, o le impedían dedicarse por completo a la atención espiritual de las monjas? Por las razones que fuesen, lo cierto es que la priora proporciona a su confesor una vivienda particular en las inmediaciones de la Encarnación. Otra experiencia de la que tomará ejemplo años después, para recomendar al provincial que no obligue a los descalzos, cuando lleguen a una ciudad donde hay monasterio de la Orden, a que tengan que posar siempre con ellos:

> «Si se pudiese, decir que cuando hubiese parte adonde con toda edificación pudiesen estar, que no fuesen con ellos» [28].

Esta nueva residencia de fray Juan era una de las nueve casas colindantes con el monasterio de la Encarnación, y propiedad del mismo, de las que hay referencias desde 1535. Estaban situadas al Barrio Nuevo, en el camino que iba desde la ciudad a la ermita de San Lorenzo, hoy desaparecida, próxima al río Adaja. Eran unas casas que había arrimadas a las tapias conventuales del poniente. Casas de labranza, del mismo estilo que otras de la barriada, construidas con sillarejo, de una planta, con cocina de lumbre baja, portal y alcobas. Se accedía a ellas desde la calle por sus respectivos corrales. Una de ellas era conocida por el nombre de La Torrecilla. Fué la que habitó precisamente fray Juan de la Cruz y su compañero padre Germán de Santo Matías [29].

Para destinar la casa a vivienda de los confesores de modo estable no bastó la decisión de la priora, ni la conformidad de la comunidad. Requirió

---

[27] Carta al P. Gaspar de Salazar, Avila, 13-2-1573, 3.
[28] Carta al P. Jerónimo Gracián, Palencia, 21-2-1581, 8.
[29] Nicolás González González, San Juan de la Cruz en Avila. Avila, 1973.

previamente la licencia del visitador apostólico, Pedro Fernández, para esa finalidad, es decir, para que dos frailes de la Casa del Carmen «salieran de dicha casa y habitasen en una casita próxima al dicho monasterio», y su orden expresa de que una vez trasladados a esta casita, «no volvieran a su primitiva casa, dando precepto a los superiores de dicha Orden que no debían interponerse contra lo preceptuado»[30].

Fray Juan debió trasladarse a este nuevo domicilio en la primavera de 1573. Con fray Juan vivió en esta casa únicamente fray Germán. Aunque los biógrafos hablan de otros padres carmelitas que simultanearon el oficio de confesores con el santo en la Encarnación, y tratan de precisar incluso el tiempo que cada uno de ellos vivió con fray Juan en La Torrecilla, creemos que tales frailes debían ser los que acompañaban a nuestro descalzo cuando residía en el convento del Carmen, nó cuando vivió fuera. Todos los testimonios que aparecen en el proceso que se abrió en 1618 sobre esta casa de la Torrecilla, sólo hablan de fray Juan y de fray Germán. Cuando los testigos hacen memoria de los frailes que conocieron habitar en la dicha casita, nadie recuerda ni cita más que a los dos. Ambos a dos juntos, incluso citando primero a fray Germán y luego a fray Juan. El mismo Julián de Avila sólo habla de estos dos:

> «El uno de estos padres se llamaba el padre fray Juan, que fué de los dos primeros que tomaron el hábito de descalzos y el otro el padre Germán».

Esta peculiar morada de fray Juan de la Cruz junto a la Encarnación en Avila está muy documentada. Su denominación de «*Casa de la Torrecilla*» se lo debemos a María López, mujer de Pedro Jiménez, vecina del barrio próximo de San Andrés, contemporanea de nuestro confesor. Había estado casada con Pascual Martín, sacristán de las monjas, con quien vivió en otra casita cercana, que tenía una parra. En el proceso de 1618 declara que

> «conoció vivir e morar en una casa que llaman la Torrecilla al padre fray Joan Jerman y a otro padre que no se acuerda su nombre. Los cuales eran carmelitas descalzos de la Orden de la Santa Madre Teresa de Jesús. Los cuales eran confesores e los vió confesar e administrar los santos sacramentos a las dichas monjas»[31].

---

[30] *Breve de Gregorio PP.XIII*, dirigido a la priora y monjas de la Encarnación. *Proceso del auditor de la Cámara en que se manda executar el brebe de Grego 13 del año 1584*. Original en pergamino, expuesto en el Museo Teresiano de la Encarnación de Avila.

[31] *Proceso sobre que los Padres Confesores del monasterio de la Encarnación no habiten unas casillas suyas, año 1618*. Archivo del Obispado de Avila, legajo, 58, doc.16, ff.1-48.

Advertimos que une los dos nombres de los confesores en una misma persona, por fallo de memoria, dada su avanzada edad.

La casita de fray Juan estaba, como hemos apuntado ya, al lado del monasterio, «no dentro de su ámbito ni clausura, fuera de ella y en la calle pública, por encima del pilón de la Mimbre, que va al campo y a la ciudad», y «confinaba con las paredes de la huerta de la hortaliza» [32]. Una de las casas en las que «siempre que no han vivido en ellas los padres confesores, han vivido seglares y hombres casados» [33]. Distintas de otras dependencias que estaban dentro del patio del monasterio, en las que vivían el sacristán y demandaderas.

En la casa de La Torrecilla vivieron San Juan de la Cruz y fray Germán desde el año 1573 al 1577. De su estancia hay testimonios de primera mano, por los que podemos conocer algunos datos de la actividad ministerial, de sus relaciones con el monasterio, de la estimación social que gozaban en la barriada, etc. Un contemporaneo suyo

> «conoció vivir en las dichas casillas al padre fray Joan y el padre Jermán, que eran hombres mayores, que heran de la horden de carmelitas descalzos, los cuales confesaban y administraban los santos sacramentos a las dichas monjas e convento y a otras personas que ocurrían a él» [34].

Hacían los oficios divinos, decían Misa y confesaban [35].

En el monasterio les guisaban la comida y se la enviaban a la casa de La Torrecilla por medio del personal al servicio de las monjas. Conocemos incluso la persona que portaba la comida desde el torno al domicilio de los confesores, y los nombres de la cocinera y de la mayordoma. El camarero de nuestros confesores se llamaba Juan de Rodea, vecino de la calle Luenga en el mismo barrio. El mismo testifica que

> «vió estar e bivir en unas casillas que están junto al dicho monesterio de monjas de la Encarnación estramuros desta ciudad, al padre fray Jermán y a fray Joan de la Cruz, carmelitas descalzos, los cuales estubieron allí unos dias y el testigo fué su criado y las monjas les adereçavan la comida en una cocina que tenían para ello: y este testigo yba por la comida y se la llevaba. Lo cual adereçaban la dicha comida Leonor de Sauçedo y Gerónima de la Cruz o Rruiz; y doña Ynes de Quesada, monja del dicho convento, hera su mayordoma e mandava e rejía lo que se

---

[32] *Proceso sobre que los Padres Confesores* ..., 1618, testigo 12, a la 2a pregunta, f.44.
[33] *Ibidem*, declaración de Antonio Martín de Palacios, 11 mayo 1618, f.35v.
[34] *Ibidem*, decl. de Alonso Díaz, vecino de Avila, de 54 años, ff.11-11v.
[35] *Ibidem*, decl. de Lázaro López, vecino de Avila, de 55 años, f.15.

les avía de dar a los frailes. Los quales vivían con mucho recoji-
miento, y se fueron de las dichas casillas el por qué no lo sabe.
Y después vivieron en las dichas cassillas gente seglar»[36].

Personas del barrio, contemporaneas de los confesores, recuerdan bien
su fisonomía cuarenta años más tarde. El uno era alto y bermejo. El otro
era pequeño de estatura y barbinegro[37].
Además de las actividades que desarrollaban dentro del convento, dedi-
caban parte de su tiempo a niños y jóvenes del barrio, que acudían a la casa
de La Torrecilla atraidos por su enseñanza. En una de las salas en verano,
y al calor de la cocina en invierno, fray Juan y su compañero enseñaban a
leer y a escribir a los muchachos, y les daban su catequesis[38].

4. Confesor de monjas

Fray Juan de la Cruz desempeñó a la perfección su oficio de confesor
según testimonio de las monjas que con él se confesaron. Era su especialidad.
Su ejemplaridad como fraile cabal fué el primer impacto que quedó
grabado en las monjas desde el primer momento que lo conocieron personalmente. Una de sus dirigidas, Ana María de Jesús, resume así el juicio de
las demás:

> «Era el santo fray Juan hombre muy penitente el tiempo
> que estuvo aquí; así él como su compañero guardaban la Regla
> primitiva sí en no comer jamás carne, como en sus continuos
> ayunos, y junto al monasterio vivían en una pobre casita. Era el
> santo fray Juan muy templado en el comer; comía muy poco;
> no cuidaba del comer, contentándose con cualquier cosa que le
> daban, sin jamás haberse quejado ni pedido otra cosa, antes no
> se le daba nada que se lo diesen ni se lo dejasen de dar, bueno
> o malo; antes, de lo que le daban, cuando le parecía tal, enviaba
> a las monjas enfermas. Estaba muy flaco y gastado por la gran

---

[36] *Ibidem*, decl. de Juan de Rodea, vecino de Avila, de 55 años, f.22.
[37] *Ibidem*, decl. de Antonio Martín de Palacios, vecino de Avila, de 43 años, ff.33-33v.:
«El dicho padre fray Jermán hera muy bermejo, de buena estatura e una señal de herida encima
de la sien. Y el padre fray Joan de la Cruz hera pequeño e barbinegro, e los conocio estar en
las dichas casillas..».
[38] *Ibidem*. Decl. de Antonio Martín de Palacios: ... «este to siendo muchacho *parlaba con
ellos y le enseñavan a leer en cartillas y la doctrina cristiana y a rreçar*, porque bivía la madre deste
to en una casa más arriva de donde vibían los dichos padres».

penitencia que hacía ... Cuando vivía aquí junto al monasterio de la Encarnación, tenía una pobre casita sin alhajas, y su hábito era muy pobre de sayal sin verle jamás quejar» [39].

Esta misma carmelita asegura que

«fué mucho lo que el santo hizo en su doctrina y vida ejemplar, y que el fruto y provecho que aquí hizo con sus confesiones y pláticas espirituales y trato de oración se ha echado bien de ver por el gran recogimiento y virtud que aún hasta ahora persevera con provecho de muchas almas santas que aquí ha habido y hay de singulares virtudes y santidad» [40].

Con una priora santa al frente del gobierno de la casa, y un confesor no menos santo en la dirección espiritual, se produjo un cambio sensible en la comunidad.

«Dándose la mano el uno en el gobierno y el otro en el confesonario, criaron espíritus admirables y mujeres insignes. Las cuales, entregadas a la virtud, pasaban su pobreza con suma alegría» [41].

La admiración por su confesor crece hasta el punto de atribuirle milagros en vida. Pinel, la cronista de las tradiciones en la casa, relata que

«aquí le concedió la virtud y gracia de hacer milagros ..., y la de conocer espíritus. En este convento resucitó una religiosa que había muerto sin sacramentos, y volvió a la vida el tiempo que necesitó para recibirlos. Aquí le dió virtud para triunfar del infierno librando dos almas engañadas del demonio» [42].

Las monjas le quieren y él hace por las monjas todo lo que está a su alcance, incluso en remediar sus necesidades materiales:

«Una vez encontrando con una monja que andaba barriendo, reparó en que la vió descalza; y sabiendo después andaba así por pobreza y no tener que calzarse ni de qué comprarlo, el san-

---

[39] BMC, t.14, 302-303.
[40] BMC, t.14, 301-302.
[41] María Pinel, *Retablo de Carmelitas*..., p.56.
[42] María Pinel, *ibid.*, p.92.

to buscó dineros de limosna y se los dió para que comprase calzado»[43].

La Madre Teresa no podía estar más satisfecha de su confesor; escribe:

«puse allí en una casa un fraile descalzo, tan gran siervo de nuestro Señor que las tiene bien edificadas, con otro compañero, y espantada esta ciudad del grandísimo provecho que allí ha hecho, y ansí le tienen por un santo, y en mi opinión lo es y ha sido toda su vida»[44]. «Gran provecho hace este descalzo que confiesa aquí; es fray Juan de la Cruz»[45]. «Acá ha dias que confiesa uno de ellos harto santo; ha hecho gran provecho»[46].

Las monjas se confesaban «una vez en la semana a lo menos; a más tardar, en quince días». Cada una debía tener «tal padre o confesor señalado, honesto y devoto, sabio y discreto y aprobado en la observancia reglar; no en edad muy juvenil, más de madura edad, al cual en los negocios y cosas arduas llamen, y sin su consejo ninguna cosa temerariamente hagan», según las Constituciones[47]. Las monjas acudían al confesor para implorar la absolución de los pecados, para pedir su consejo en las prácticas de penitencia, con sus dudas de fe y de moral, con sus ignorancias y escrúpulos ... Era su paño de lágrimas.

Para la priora fué también su mejor amigo y confidente. A diario participa en su Misa, recibe de sus manos la eucaristía, se confiesa semanalmente con él. Asiste a las pláticas que dirige a la comunidad alguna vez al mes, y se entrevista con él en el locutorio cuantas veces lo pide. A los pocos meses, la dicha de la priora sube hasta los grados más altos del arrobamiento, al sentirse mortificada en su más íntima sensibilidad espiritual, por darle un día el celebrante la forma partida en la comunión. En presencia de su adorado confesor el Señor la premió con el máximo regalo del matrimonio espiritual. Día 18 de noviembre de 1572[48]. Otro día conversando mutuamente en el locutorio sobre sacrosantos misterios de la religión, ambos quedaron arrobados.

«Y preguntada después la santa virgen Teresa de la causa de este rapto, respondió que este ímpetu en Dios había sido causado de que hablando el Santo padre fray Juan en el misterio

---

[43] Declaración de Ana María de Jesús: BMC, t.14, p.303.
[44] *Carta*, Avila 4-12-1577, n.3.
[45] *Carta*, Avila, 27-9-1572, n.11.
[46] *Carta*, Avila, 13-2-1573, n.3.
[47] Efrén de la Madre de Dios-Otger Steggink, *Tiempo y vida de Santa Teresa*, Madrid 1968, pp.63-64.
[48] *Cuentas de Conciencia* 29a.

de la Santísima Trinidad con unas palabras más que humanas, había dado al alma una tan alta noticia amorosa de la Santísima Trinidad que el alma, enajenada en aquel amor inmenso, salió de sí» [49]. Fiesta de la Trinidad del año 1573.

En octubre de 1574 a la Madre lTeresa se le cumplen los tres años de priora, y se despide de la Encarnación. Fray Juan continua en su confesonario por tres años más. De este último periodo no podemos pasar de largo la famosa elección machucada del otoño de 1577. El confesor, por cariño a las monjas y por razón de su oficio, no pudo permanecer neutral en un asunto tan grave, que afectaba a las conciencias de sus dirigidas. Respetaría la libre decisión de quienes votaran por priora a la Madre Teresa de Jesús y la de quienes no la votaran. De ello estamos seguros, aunque le habían levantado el falso testimonio de que llevaba dos años sobornando los votos a favor de la Madre. Pero ante la excomunión decretada por el provincial contra las votantes, el confesor no podía permanecer neutral. Las monjas le acosaban a preguntas sobre si las censuras les afectaban o nó, sobre si estaban o nó excomulgadas, sobre si podían o nó comulgar, etc. Las víctimas buscaban asesoramiento entre «gentes de ciencia y conciencia». Con su opinión coincidía la del confesor. Para el universitario de Salamanca estaba claro que nadie puede ser legalmente excomulgado por el uso legítimo de sus derechos, y que, por consiguiente, que aquella excomunión impuesta por el provincial era nula de raiz. La antigua priora de la Encarnación opinaba lo mismo:

> «Los letrados dicen que no están descomulgadas y que los frailes van contra el concilio en hacer la priora que han hecho con menos votos ...». «Todos los teólogos de Avila decían que no estaban excomulgadas» [50].

Por defender la verdad y la libertad de conciencia, a fray Juan le costó la carcel. En la noche del 3 al 4 de diciembre de 1577 lo sacaron violentamente de su casita de La Torrecilla y le llevaron a Toledo.

Terminaba así su etapa de confesor en Avila. San Juan de la Cruz dejó una huella imborrable en el monasterio. Aunque las monjas continuaron siendo «calzadas», en la comunidad se respiraba un ambiente de espiritualidad semejante a las descalzas. Fué una cantera para nuevas fundaciones, como había pretendido la santa reformadora. Se había cumplido ampliamente el objetivo que se había propuesto alcanzar al traer aquí a fray Juan para confesor.

---

[49] P. Silverio de Santa Teresa, *Historia del Carmen Descalzo*, t.5, p.74.
[50] *Carta*, 22-10-1577, n.6. *Carta* 16-1-1578, n.10.

Para fray Juan fueron cinco años de remanso, en los que logró una gran madurez personal, y una gran experiencia en la dirección de las almas. Aquí escribió algún poema como «Vivo sin vivir en mí» y quizá el de «Entréme donde no supe», notas espirituales para sus dirigidas, el «memorial» para la Inquisición en 1574 sobre el asunto de la monja endemoniada del monasterio de Gracia, y cartas que se han perdido. De este periodo queda en la Encarnación el famoso dibujo de Cristo en la Cruz, como testimonio de esa otra actividad artística que el santo pudo cultivar en su retiro, frente a las murallas de la ciudad de Avila.

San Juan de la Cruz, Exorcista en Avila (1572-1577)

José Vicente Rodríguez, O.C.D.

En 1567 y en Salamanca, sin que podamos concretar documentalmente el día, aunque sí sospechar que fue en la Pascua florida, recibía la Ordenación sacerdotal fray Juan de Sancto Matía, carmelita del Colegio de San Andrés.

Tiempo antes y en la misma ciudad había recibido las llamadas órdenes menores, la tercera de las cuales era la del exorcistado. Al acercarse el obispo aquel día, oyó fray Juan las palabras que se le dirigían, al entregarle el libro donde estaban escritas las fórmulas de los exorcismos:

> «accipe et commenda memoriae et habe potestatem imponendo manus super energumenos, sive baptizatos, sive catechumenos» (= recibe y encomiéndalo a la memoria y ten la potestad de imponer las manos sobre los energúmenos, sean bautizados, sean catecúmenos).

Pero ¿quién le iba a decir que a lo largo de su vida iba a tener que emplearse a fondo y tantas veces en el ejercicio de ese ministerio? No hacía mucho que había concluido el Concilio Tridentino y precisamente en la sesión 23 del 15 de julio de 1563, siendo fray Juan novicio en Medina del Campo, los Padres conciliares habían reafirmado la doctrina del Sacramento del Orden y enumerado entre las órdenes menores la del exorcistado. Y el Ritual Romano cuidaría los detalles relativos el ejercicio de dicha orden para que nadie se atreva a intervenir, sin las debidas garantías y cautelas, en tema tan delicado.

Fray Juan de la Cruz en Avila

Juan de Sancto Matía transformado en Juan de la Cruz tendrá su residencia estable en Avila desde 1572, fines de mayo, hasta primeros de diciembre de 1577. En 1568 había estado ya en la ciudad, pero de paso camino de Duruelo. En 1572 viene porque requerido por la Madre Teresa de Jesús y con los debidos permisos del comisario apostólico fray Pedro Fernández, O.P., para ser confesor del monasterio de La Encarnación, del que la Madre es priora desde el año anterior: octubre de 1571.

Aparte el rencuentro con la Madre Teresa, Avila va a significar para Juan de la Cruz la entrada en ámbitos y en tareas de dirección espiritual y religiosa, no del todo nuevos para él, pero sí bastante diferentes.

Serán unos años de fuertes tensiones y experiencias «de hombres y de demonios».

La monja posesa: doña María de Olivares

Como experiencia más fuerte de demonios ha quedado en la biografía de fray Juan de la Cruz su intervención en el caso de la monja posesa de Avila, doña María de Olivares.

Ya los primeros y clásicos biógrafos sanjuanistas tratan del caso, echando un velo sobre la identidad religiosa de la Orden a la que pertenecía la posesa. Así José de Jesús María (Quiroga) trata de ocultar hasta la ciudad en que sucedieron los hechos, e inicia su relato de la siguiente manera:

> «estando de asiento el venerable padre en una ciudad principal de estos reinos (que de propósito callo) entre otros muchos demonios que expelió de cuerpos humanos, dejó libre de algunas legiones de ellos a una monja de una religión grave, que por ser caso raro le contará más en particular»[1].

Jerónimo de San José, por el rumbo que lleva, en su historiar las cosas, no silencia la ciudad y comienza así: «más prodigioso que los pasados es otro caso que le sucedió también en la misma ciudad», se entiende de Avila de la que está hablando en el capítulo anterior. Y continúa: «Había en un convento de monjas una religiosa moza, de edad de hasta veinte años»[2]. Casi de la misma manera procede Alonso de la Madre de Dios: «Había aquí a este tiempo en uno de los monasterios de esta ciudad una monja»[3]. Francisco de Santa María escribe con el mismo recato, reconociendo que este

---

[1] *Historia de la vida y virtudes del Venerable padre Fray Juan de la Cruz...*, Bruselas 1628, lib.2, cap.33, p.688 (Historia).

[2] *Historia del Venerable padre fray Juan de la Cruz...*, Madrid, 1641, lib.2, cap.11, p.195 (Historia).

[3] *Vida, virtudes y milagros del santo padre fray Juan de la Cruz, maestro y padre de la Reforma de la Orden de los Descalzos de Nuestra Señora del Monte Carmelo*. Edición preparada por Fortunato Antolín, O.C.D., Madrid, Editorial de Espiritualidad, 1989, p.192-199, libro I, cap.26 con este título: «De la gracia que tenía nuestro Santo Padre de expeler demonios de los cuerpos humanos con singular luz y postestad sobre ellos». En la Declaración para los Procesos del santo habla también del caso, pero más abiertamente: BMC 14, p.377-379.

caso concreto «está tan lleno de circunstancias notables, que obliga a referirlo». Y comenzando y continuando con el ocultamiento dicho, escribe: «Una monja de cierta religión grave...; los prelados de su religión que las historias callan por justos respetos» [4].

Ya los historiadores de nuestro siglo: Bruno [5], Silverio [6], Crisógono [7], no tienen que andar escondiendo ni el nombre de la ciudad, ni de la Orden, ni del convento a que pertenecía la famosa posesa. Y, finalmente, se ha podido averiguar nombre y apellidos de la interesada, cuya profesión religiosa nos suministra los datos siguientes:

«Yo, doña María de Olivares, hija de Juan de Olivares y de doña Catalina Guillamas, su legítima mujer, que santa gloria hayan, vecinos de la ciudad de Avila, DIGO que, siendo ya cumplido el año de mi probación en este monasterio de nuestra Señora de Gracia de Avila, de la Orden de nuestro Padre Sant Augustín: Que es mi libre y deliberada voluntad de hacer profesión y prometo obediencia a Dios todopoderoso y a la bienaventurada Virgen Santa María nuestra Señora y a nuestro glorioso Padre Sant Augustín, y al muy Reverendo padre fray Antonio de Velasco, Vicario del dicho monesterio: y a la muy Reverenda Señora doña Catalina de Henao, priora del dicho convento y a sus sucesores y mayores en nombre del Reverendísimo Padre nuestro General Christóforo Pasavino y de sus sucesores y prometo de vivir sin proprio y en castidad y observancia regular según la Regla de nuestro Padre Sant Augustín hasta la muerte.

En fe de lo cual lo firmé de mi nombre y suplico al Padre Vicario que presente está suscriba y acepte este mi profesión y la firme de su nombre, y a la señora Priora con algunas de estas señoras religiosas también lo firmen de sus nombres.

Fecha en este monesterio de nuestra Señora de Gracia de Avila a veinte y un días del mes de abril, año del Nacimiento de nuestro Salvador JHS Christo, de mil y quinientos y sesenta y tres años» [8].

Firman, además de la interesada: doña M.ª de Olyvares, fray Antonio de Velasco, vicario; doña Catalina de Henao, priora; doña Inés de Vera, subpriora.

---

[4] *Reforma de los Descalzos...*, t.2, Madrid 2a ed., 1720, lib.6, cap.9, p.23-24 (= Reforma).

[5] Habla en su *Saint Jean de la Croix* ..., c.11.

[6] En su *Historia del Carmen Descalzo*, t.5, c.4.

[7] En su *Vida de San Juan de la Cruz*, BAC, c.7.

[8] *Libro de Profesiones* (Archivo Madres Agustinas de Nuestra Señora de Gracia, Avila), p.44.

A estos datos suministrados por el simple documento de la profesión religiosa se ha podido llegar una vez identificado el nombre de la posesa en los papeles de la Inquisición: Archivo Histórico Nacional, Madrid: Libro 578 y Legajo 3192.

No deja de ser curioso que los compañeros de fray Juan que hablan del caso como testigos de vista y que, como veremos, le acompañaron en el desempeño de su menester de exorcista, no nos den ni el nombre ni el apellido de la posesa.

La reconstrucción histórica, por ahora posible, nos lleva a configurar así a María de Olivares. Nacida en Avila entró de muy niña en Santa María de Gracia, primero, lo más probable, como educanda y luego allí mismo se hace monja. Pronto comienza a llamar la atención por una serie de cosas maravillosas que no encuentran explicación normal y corriente.

De hecho, sin haber cursado ningún estudio especial conoce y explica la Sagrada Escritura de un modo superior y singular. Se dice también que «hablaba todas las lenguas, sabía todas las artes». No pocos doctos y muchos curiosos vienen a escuchar sus interpretaciones bíblicas y sus comentarios teológicos. Entre los hombres célebres y letrados de verdad que vienen atraídos por la fama y algunos también en plan de discernimiento de aquel espíritu por lo menos sorprendente se señalan Mancio de Corpus Christi, dominico; Bartolomé de Medina, dominico también y ambos profesores de la Universidad de Salamanca. Juan de Guevara, agustino, cuyas lecciones de cátedra en la Universidad salmantina han sido calificadas de «milagro» por la altura mental; Fray Luis de León, el grande maestro de tantas artes y ciencias, de tanto saber bíblico, que pertenece a la familia agustiniana de la monja «prodigio» como el mencionado Guevara, también agustino. Parece que también llegó a Avila el famoso predicador franciscano, franciscano europeo, es decir que llenaba Europa con su predicación, quedando en algo proverbial aquello de «*Toletum docere, Panigalorum delectari, Lupum (Lobo) movere*».

No sabemos si intervienen también figuras de Avila, como pueden ser don Francisco de Salcedo, Julián de Avila, algunos de los grandes dominicos o jesuitas del momento. En fin, gente de lo más docta en ciencias sagradas y tan grandes letrados como ciertamente desfilan por el convento de nuestra Señora de Gracia «parece que todos dan por bueno aquel espíritu y por infusa aquella ciencia maravillosa». No estamos en grado de saber hasta qué punto aprueban unos y otros y con qué ardor o proselitismo hablan de la cosa, como suele suceder en estos casos. Pero la monja, sin duda, se iba apuntando puntos con tantas visitas y alabanzas como iba recogiendo.

Pero sigue habiendo algo oscuro en el caso. El padre provincial y parece que también el padre general de la Orden llegan también a Avila a realizar la visita canónica o pastoral propia de sus oficios. Hablan con la monja y no quedan tranquilos. Tienen grandes reservas sobre todo este caso y buscan quien les disipe ciertas dudas. Puestos al corriente de la fama de santidad, del alto espíritu, de la doctrina de fray Juan de la Cruz, el confesor del monasterio de La Encarnación, quieren que él la vea. Le insisten, como ya le han insistido antes otras personas y sobre todo, según parece, la superiora de las Agustinas. Fray Juan se resiste, alegando, probablemente, su falta de experiencia en estas lides, su misma juventud —tiene entonces no más de 32 años—, etc., esas limitaciones que sólo los santos tienen bien conocidas y experimentadas.

El superior agustino le dice que le confiere todos los poderes, todas las atribuciones, entradas, en el monasterio, lo que sea necesario para discernir el caso perfectamente. Ante tantos ruegos accede fray Juan y se concierta entonces una primera entrevista, que habría que calificar de provisional. Juan de la Cruz pasa al locutorio exterior; por la otra parte de la reja aparece la monja. ¡Caso curioso! La que era famosa por su locuacidad, siendo muy «aguda, decidora, y tan salada en los gracejos» y que había sido siempre tan celebrada por esto, ¡caso curioso¡, al encontrarse frente por frente con aquel fraile tan chiquito, aparentemente tan insignificante como fray Juan, se queda sin habla, como muda, «tan muda en presencia del padre que no pudieron hablar palabra, comenzó a temblar y sudar, como el delincuente delante del juez». Así pinta la escena el padre Jerónimo de San José [9], y de modo parecido Quiroga [10] y Alonso [11], y Francisco de Santa María [12].

Sale fray Juan del locutorio y anuncia, en secreto, al superior (general y provincial) que aquella monja no tiene buen espíritu, que está endemoniada y que habrá que conjurarla y muchas veces. El superior confirma su voluntad de que intervenga fray Juan y haga todo lo que haya que hacer para resolver aquella situación. Finalmente accede Juan de la Cruz. Pero, bien consciente del terreno que pisa, y antes de ponerse a conjurar y a echar exorcismos, lo contará él años más tarde, dio «noticia a los inquisidores de aquel distrito, y que le habían dado licencia para que hiciera la diligencia que convenía» [13].

Diario de campaña

Lo que pasa de aquí en adelante es una verdadera novela, algo que hoy meteríamos en ciencia-ficción. Y que yo no dudaría en llamar *diario de campaña*. Con esto no queremos decir que el caso no sea histórico o que sus in-

---

[9] *Historia*, l.c., p.196-197.
[10] *Historia*, l.c., p.691.
[11] *Vida*, l.c.
[12] *Reforma*, l.c., p.23.
[13] Lo mismo sustancialmente dicen acerca de asegurarse con el permiso de la Inquisición otras religiosas del mismo convento de Caravaca: Ana de San Alberto, María del Sacramento: *Ibid.*, p.198-199 y 205 respectivamente. (BMC 14, 190); así lo refiere Florencia de los Angeles descalza en el monasterio de Caravaca.

cidencias no sean verdaderas, teniendo, como tenemos, declaraciones de testigos de vista que asisten con fray Juan al desarrollo de los hechos. Lo lamentable es que no dispongamos del dictamen emitido por el propio fray Juan y que se alegaba en el proceso o dossier de María de Olivares presentado ante la Inquisición, como veremos más adelante.

Juan de la Cruz no desconoce los riesgos que se corren en estas intervenciones y se prepara espiritualmente con oraciones, ayunos, sacrificios, penitencias.

Organizando de alguna manera este *diario* de batalla o de campaña se lo puede encuadrar en varios días, a efectos del relato, aunque no respondan a días sino más bien a meses, ya que uno de los testigos que acompañó varias veces al santo en este campo de batalla certifica haber durado los exorcismos nada menos que ocho meses, a dos sesiones por semana. Hecha esta advertencia sobre el género literario que voy a usar para referir tantos detalles, recuerdo también que los conjuros los hacía a veces antes de celebrar la Misa. Entonces revestía fray Juan su capa blanca y estola violácea o morada. Cuando los hacía en seguida después de la celebración eucarística, se quitaba la casulla e intervenía con alba y estola [14].

La acción del exorcista duró, probablemente, desde febrero a septiembre de 1574, es decir, comienza antes de ir con la Santa a la fundación de Segovia en marzo de ese año. Veamos, pues, el mencionado diario.

Día primero

Acompañado de otro religioso descalzo —sabemos el nombre de tres de ellos: padres Pedro de la Purificación y Gabriel Bautista y fray Francisco de los Apóstoles— sube fray Juan desde su casita de la Torrecilla, junto al monasterio de La Encarnación, al monasterio de Gracia y comienza los conjuros. El exorcista entiende que allí hay «mucho demonio», «muchos demonios». Ante la acción conjuradora, la monja pierde los sentidos. También se muestra feroz y comienza a gritar, gritaba el diablo por medio de ella, por medio de la posesa:

—«¿A mí, frailecillo? ¿No tengo yo siervos?».

Las monjas presentes salen huyendo, escapadas, como alma que lleva el diablo ante las voces y las furias que escuchan y contemplan. El compañero de fray Juan también quiere huir, pero el santo lo detiene y le dice:

—«No tema, padre, es sacerdote».

El exorcista impone silencio al diablo, que calla, de hecho, y le obedece en este momento. Prosiguen los exorcismos. Juan pone una cruz sobre la posesa y la cruz es arrojada al suelo. Se le intima que la recoja del suelo y,

---

[14] Así lo cuenta Francisco de los Apóstoles en *carta* del 7-XII-1614: Biblioteca Nacional, Madrid, ms.12738, fol.789.

además, que la bese. Y lo hace. Se han conseguido algunos actos de obediencia y sumisión, pero nada de salir de la posesa. El enemigo se niega a ello de la forma más decidida. Y llora la posesa porque hay quien ame a Dios.

Día segundo

Vuelve fray Juan a dar batalla y les aprieta de tal manera que «huyen, a lo que mostraron, los demonios que allí se hallaron, aunque luego sucedieron otros». Y el padre Alonso escribe con gracia: «A uno que parecía superintendente de éstos, como el santo le vio hablador y que luego ejecutaba lo que le mandaba, mandó volviese en lengua castellana estas palabras: *«Et Verbum caro factum est et habitavit in nobis»*. El luego respondió: *«El Hijo de Dios se hizo hombre y moró entre vosotros»*. Replicóle el siervo del Señor: *«¡Mientes, que no dice entre vosotros, sino entre nosotros!»*. El con la misma velocidad que antes le dijo: «Anda, que lo que digo es así, que no se hizo himbre para morar con *nosotros* sino con *vosotros* y así moró con *vosotros*» [15]. La prueba de la traducción de este fragmento del prólogo de San Juan demuestra lo mismo: por boca de la monja habla el demonio: está posesa.

Día tercero

Fray Juan insta a que salgan de la posesa. Por toda respuesta los allí encastillados responden por medio de su portavoz: «No te canses, no saldremos; ésta es nuestra por haberse ella entregado por nuestra con cédula escrita, firmada con su mano y sangre; y no vamos a devolver el escrito».

Día cuarto

El ritual romano tan cuidadoso en este campo advierte que serán necesarias las preguntas relativas al número y al nombre de los demonios instalados en la persona posesa, relativas al tiempo y a la causa que les ha llevado a tomar posesión de ella, etc. La Santa Madre Teresa aludiendo a este caso, como veremos más adelante, asegura que fray Juan «les mandó en virtud de Dios le dijesen su nombre y al punto obedecieron» [16]. Pedro de la Purificación que acompañaba al santo, abreviando el relato, dice que el «padre fray

---

[15] BMC 14, p.378 y *Vida, virtudes y milagros...*, l.c., p.195.

[16] *Carta* a Inés de Jesús en Medina; hay que fechar esta misiva en octubre-noviembre de 1574, como hacen con toda razón Luis Rodríguez Martínez y Teófanes Egido en su edición: *Santa Teresa de Jesús*, Epistolario, EDE, Madrid 1984, p.180 y también en Santa Teresa de Jesús, *Obras Completas*, 3a edición EDE, Madrid 1984, p.1338.

Juan de la Cruz halló que la dicha religiosa tenía muchas legiones de demonios» [17]. Jerónimo de San José, abundando en su descripción, una vez que ha recordado lo de la cédula firmada con la sangre escribe así: «Hecho este pacto, y apoderado el infierno de aquella miserable alma, se trastornó en ella un infinito número de infernales ministros, y entregóse a un principal demonio, a quien, como soldaos inferiores, acompañaban y obedecían los demás que la guardaban, haciendo centinela en todas las partes y coyunturas de su cuerpo, donde cada uno tenía su propio lugar, y escrito allí su nombre» [18].

Aunque fray Juan se fue haciendo con sus nombres, lo cual es un camino para sobreponerse a ellos y dominarlos, no logró tampoco el desalojo en este día y siguen haciéndose fuertes a causa de la entrega voluntaria de la posesa.

Día quinto

Fray Juan ha hecho larga oración y grandes penitencias y pide también oraciones y sacrificios a otras personas. Mientras celebre la misa, el demonio devuelve la cédula. Fray Juan la quema. Pedro de la Purificación que está presente lo narra así: «y el dicho padre fray Juan de la Cruz hizo traer el demonio este escrito y que se le diese en su propia mano y se le dio, y el dicho padre le tomó y le quemó» [19]. La monja como quien se libra de una pesadilla insoportable, comienza a revivir y confiesa ahora ella, personalmente, no por medio de ningún demonio, «cómo, siendo niña, apareciéndosele, con ofertas que le había hecho, la había engañado y había hecho el pacto y cédula que decían».

Día sexto

Fray Juan se va haciendo con la situación. El diablo está a punto de ceder, cuando llega una criada de La Encarnación. De parte de la priora le

---

[17] *Relación*, transcrita al final del códice del *Cántico Espiritual* de San Juan de la Cruz: Cántico-B, que se conserva en Carmelitas Descalzos de Segovia, fol.1v. Véase también Biblioteca Nacional, Madrid, ms.2711, fol.262ss.

[18] *Historia*, l.c., p.199. Ana de San Alberto: BMC 14, p.198-199, aludiendo siempre a este caso recuerda, como escuchado por ella y otras religiosas de su comunidad de Caravaca de la boca de santo padre Juan de la Cruz, el dato de que la posesa «por todas las coyunturas de su cuerpo tenía escritos los nombres de los demonios que la poseían; y también le dijo que tenía hecha una cédula escrita con sangre de su corazón al demonio; y dificultando el dicho venerable Padre que cómo sabía que era con sangre de su corazón, la dicha monja le mostró un dedo de su mano y dijo que sacando sangre de cierta vena de aquel dedo correspondía y que así picándose en aquel dedo había sacado sangre y hecho la dicha cédula».

[19] *Relación* cit., en nota 17, fol.1v- 2r.

comunica que hay una monja, cuyo nombre y apellidos le da, que ha tenido un ataque y que vaya a atenderla en seguida. Fray Juan suspende el conjuro y acude presuroso a La Encarnación. El diablo le ha jugado esta vez una mala pasada. La monja no estaba mala, ni al monasterio de Gracia ha ido ninguna criada verdadera con tal encargo. Todo ha sido un engaño diabólico. Una falsa alarma.

Días sucesivos

Estos días sucesivos vienen a equivaler a no pocas semanas y meses de catequesis, de reeducación en la fe y de reordenación de las ideas. El demonio quiere engañar con falsas apariciones y visiones a la pobre posesa. Ella, tiene de bueno, que se lo cuenta todo a fray Juan y éste la va guiando e iluminando. El demonio que es una gran *simia* —así lo llama el mismo fray Juan en su libro *Subida del Monte Carmelo*, lib.2, c.26, n.6— se sirve de todo y trata de imitarlo todo para engañar. Y así, escribe billetes con avisos espirituales y grandes consejos imitando perfectamente la letra de fray Juan. Y entre una y otra verdad para mejor engañar distila errores y sobre todo siembra un sentido de desesperanza, de desesperación, de que aquello ya no tiene remedio, etc.

Además de imitar la letra, se disfraza de fray Juan; se acerca al locutorio y habla a la monja en ese mismo tono de desesperanza y confusionismo. Avisado el santo acerca del estado de depresión de la pobre María de Olivares, acude y ve que todo ha sido un engaño. Finalmente, trama el enemigo algo tan enorme y descomunal que parece increíble y uno se convence aún más de qué gran comediante es Lucifer y sus tropa. Esto ya no es sólo teatro sino cine bien montado.

Quien cuente este embeleco es el padre Pedro de la Purificación que estaba entonces con fray Juan y que le acompañó todos estos días. Lo cuenta en la declaración jurada en Portugal ante la autoridad eclesiástica en Coimbra y ante notario público, ya citada varias veces. Dejando a un lado otros detalles, presenta así lo que se refiere a esta grande farsa o farándula diabólica:

«... un día de estos en que el dicho padre fray Juan de la Cruz confesaba a la dicha religiosa, para poderla más engañar el demonio, él y otros tres demonios tomaron figuras, el uno de el dicho padre fray Juan de la Cruz, y otro de la dicha religiosa y otro de la tornera del monasterio y otro del mismo monasterio. Y tomadas estas figuras, el que tomó la del santo padre fray Juan se puso en un confesonario del monasterio fingido; y el que tomó la figura de la tornera fue a llamar a la dicha verdadera religiosa que viniese al confesonario que la llamaba el dicho padre fray Juan y vino al confesonario donde estaba el demonio; y el que había tomado la figura de la religiosa se quedó en el lugar donde ella estaba porque no la echasen menos y se puso a escribir. Y preguntándole otras religiosas a quién escribía, respondió que al dicho padre fray Juan de la Cruz.

Y estando así estas figuras con este embuste, llegó el dicho padre fray Juan de la Cruz verdadero con el dicho padre fray Pedro, su compañero, y llamaron a la portería del verdadero monasterio y salió la portera verdadera y le dijeron que llamase a la dicha religiosa endemoniada, que la quería conjurar y, andándola buscando el el lugar o celda donde solía estar, desapareció el demonio que había tomado la figura de la dicha monja; y, buscándola más en otras partes, topó con ella la tornera y preguntóle que qué hacía allí respondió que estaba hablando con el dicho padre fray Juan de la Cruz.. Y la tornera dijo que no podía ser, porque el dicho padre fray Juan llegaba en aquella hora a la portería del monasterio. Y sabiendo esto el dicho padre fray Juan conjuró a la dicha religiosa endemoniada, la cual le confesó que el demonio la quería engañar y hacerla desesperar. Y el dicho padre fray Juan echó fuera de ella todos los demonios que tenía y se quedó sana y fuera de aquel trabajo»[20].

En las últimas líneas abrevia Pedro de la Purificación lo que duró mucho tiempo hasta que fray Juan logró desalojar al maligno de aquella persona. Hay otro de los días un intercambio de palabras entre el exorcista y el demonio. Fray Juan ha seguido haciendo oración, sacrificios y penitencias. Una tarde quería ya darle el último asalto. El demonio furioso dijo:

—«Ni tú ni nadie nos ha de echar de aquí, ni hemos de salir». Fray Juan con toda humildad replica:

—«Mira, soberbio, que aunque soy un hombrecillo pecador, por la virtud de mi Señor Jesucristo has de salir tú y tus secuaces». Replica rápido el demonio:

—«¡Por nadie!». Y fray Juan, seguro:

—«¡Sí, por la virtud de Cristo!».

El demonio pide ayuda a otros de su camarilla; ase de un papel y escribe lleno de rabia:

—«No saldré de aquí». Fray Juan de la Cruz, elevando los ojos al cielo, grita:

—«Autor de toda maldad, yo llamo en mi ayuda a la Madre de Dios, a San José, a San Agustín y a Santa Mónica, y así afirmo que, aunque pese a todo el infierno, habéis de salir en la mañana para no volver más».

---

[20] *Ibid.*, fol.2.

Y, vuelto a su compañero, fray Pedro de la Purificación, le dice ya casi de noche cuando ya han salido del convento:

—«¡Volvamos allá!» Y deteniéndose un poco el paso, dice:

—«No. Vámonos a casa, es tarde; volveremos de mañana».

A la mañana siguiente mientras se encaminan al monasterio de Gracia dice fray Juan a su acompañante:

—«Démonos prisa que hay necesidad». Y así era. El demonio había echado mano a la profesa, arrebatándola de entre las monjas con una fuerza superior y estaba para arrojarla por la baranda de un corredor alto del convento. La priora y otras monjas tiraban también de la posesa y no la podían detener. La priora entonces, armándose de valor, gritó:

—«En virtud de mi Señor Jesucristo y por el poder que tiene sobre vosotros el padre fray Juan de la Cruz os mando, demonios, dejéis a esta criatura de Dios». Y la dejaron, pero aparecía toda maltratada, medio quemada, chamuscada, echa una pena. En este momento llega fray Juan de la Cruz. Lleno de compasión recomienza los exorcismos. La batalla final fue tremenda. Después de grandes debates «salieron bramando y diciendo que desde Basilio hasta entonces ninguno les había hecho semejante fuerza. Quedó la monja como muerta. Volvió en sí. Estúvose un poco sentada en el suelo, descansando de la fatiga pasada. Levantóse sana» [21].

Viaje de fray Juan a Valladolid

Fray Juan extiende un memorial escrito de todo lo que ha pasado y da su juicio. El Memorial se alegará en el Proceso completo de María de Olivares. La Inquisición de Valladolid envía todo el dossier a la suprema de Madrid y desde Madrid el 23 de octubre de 1574 se comunicaba a Valladolid que «luego que se reciba ésta, hagáis parecer en ese Santo Oficio a fray Juan de la Cruz, carmelita descalzo, y le examinéis del memorial que envió o dio en esa Inquisición» [22]. Y allá fue fray Juan. También llevaron a Valladolid a María de Olivares a primeros de noviembre de ese mismo año «y se puso en el monasterio de la Madre de Dios».

---

[21] BMC 14, pp.378-379; y en *Vida*, l.c. Como otra de las tretas usadas por el enemigo a lo largo de lo que hemos llamado *días sucesivos* recoge Alonso el dato ya aludido, pero circunstanciándolo más: «Faltando algunos días el santo de Avila, fingió el demonio una carta que el varón de Dios escribía a esta monja, y en ella venían diversos engaños, y vuelto el siervo de Dios, como oyese a la monja los tales engaños y le enseñase la carta, él le dijo que la letra dijera era suya si no fuera por las cosas allí escritas que sabía no eran suyas» (BMC 14, pp.378-379). Juan de Santa Ana habla también de este caso del diablo falsificador de cartas; y dice habérselo oído contar al santo: Biblioteca Nacional, Madrid, ms.8568, pp.402-404.

[22] Cfr. Archivo Histórico Nacional, Madrid, *Inquisición*, lib.578, fol.228. En otra serie de cartas se habla del mismo proceso, en el mismo lib.578, fol.230-231; 241-242; etc.; lo mismo que en el legajo 3192, nn.70,73,76,82,83,84, etc.

Resonancia del caso narrado

Aunque no con la resonancia que hoy tendría en la prensa y en otros medios de comunicación, este caso de un fray Juan exorcista con tanto imperio sobre el maligno y sus legiones: ¿tres?, ¿siete?, ¿ciento ochenta?, se hizo muy famoso. La madre Teresa se hace eco de lo sucedido en carta del otoño de 1574 a la priora de Medina, Inés de Jesús:

«Mi hija: mucho me pesa de la enfermedad que tiene la hermana Isabel de San Jerónimo. Ahí las envío al padre fray Juan de la Cruz para que la cure, que le ha hecho Dios merced de darle gracia para echar los demonios de las personas que los tienen. Ahora acaba de sacar aquí en Avila de una persona tres legiones de demonios, y les mandó en virtud de Dios le dijesen su nombre y al punto obedecieron» [23].

Fray Juan se llega a Medina y se entrevista con la monja creída posesa. Su veredicto es: No está posesa para nada. Esta hermana Isabel de San Jerónimo (Alvarez) lo que tiene es falta de juicio. Está sencillamente loca. Y de hecho así murió la pobre el 23 de noviembre de 1582.

Mas exorcismos en Avila

El caso más ruidoso y más trabajoso para fray Juan fue el de María de Olivares. Pero no fue el único en el que tiene que intervenir el confesor de La Encarnación. Los testigos cuentan, al menos, otro par de ellos. Uno también de una monja, sin que sepamos exactamente a qué monasterio o a qué familia religiosa pertenecía. Es dentro de la ciudad de Avila. Llega fray Juan con su compañero Pedro de la Purificación. Comienzan los exorcismos. El demonio se resiste. No se da por vencido. A la hora de vísperas, suspenden los exorcismos y comienzan las primeras vísperas de la fiesta de la Santísima Trinidad.

Cuando todo el coro está cantando el primer *Gloria Patri*, después de la entonación, los demonios sacan, arrebatan con fuerza a la monja y la ponen, levantándola en el aire, «la cabeza abajo y los pies, cosidos con el hábito, arriba, de suerte que la cabeza venía a estar en el alto de la coronación de las sillas del coro, de que todos quedaron admirados». Se detiene el coro. Se interrumpen las Vísperas. Fray Juan dice en alta voz:

— «¡Lucifer, en virtud de la Santísima Trinidad Padre, Hijo y Espíritu Santo, cuya fiesta celebramos, te mando vuelvas esta religiosa a su asiento

---

[23] Véase anteriormente la nota 16.

en la manera que antes estaba». El demonio obedece. Sigue el canto de Vísperas y concluídas éstas, se reanudan los conjuros y la monja queda libre y sana[24].

Este Pedro de la Purificación que le acompaña en este lance como en otros da también su juicio de valor y escribe las palabras siguientes, que no dejan de ser significativas:

> «Tuvo —el padre fray Juan de la Cruz— particular don de Dios en expeler demonios y conocer espíritus, si eran de Dios o del demonio. Y así hizo gran servicio de nuestro Señor en la ciudad de Avila en muchos monasterios de monjas donde se padece mucho de melancólicas y endemoniadas, y así curó muchas y otras seglares con gran reputación de su nombre y del de la Orden»[25].

El otro caso es de una muchacha joven a la que traen de una aldea para que la conjurase y la librase del maligno. Una de las monjas de La Encarnación, la renombrada Ana María Gutiérrez, lo cuenta como testigo de primera mano:

> «... y se acuerda esta testigo que cuando la trajeron era un domingo y que estando esperando al santo padre fray Juan en la portería de la parte de dentro, rezando dos monjas Prima, llegaron a rezar el Quicumque vult[26]. Y en yéndolo rezando, como lo oyó el demonio, se encomenzó mucho a inquietar y a decir no podía o no había de oír aquello, y a esta mujer endemoniada curó el santo padre fray Juan, y lo mismo oyó decir hizo a otros endemoniados»[27].

El padre Alonso que cuenta también el caso añade: «la cual haciendo un voto de servir a Dios en aquel monasterio, se quedó allí y lo sirvió en adelante con edificación de las monjas y de la ciudad»[28].

---

[24] Alonso de la Madre de Dios: BMC 14, p.377; y *Vida*, l.c.

[25] Biblioteca Nacional, Madrid, ms.2711, fol.197-199.

[26] Se trata del conocido y así llamado *Símbolo Atanasiano* que se rezaba en la hora litúrgica de Prima el día de la Santísima Trinidad y, además los domingos, cuando se hacía oficio de dominica, exceptuándose unos cuantos dentro de las octavas de Navidad, de la Epifanía, de la Ascensión y del Corpus., en el domingo de Resurrección y de Pentecostés. Además, este símbolo *Quicumque vult salvus fieri* figuraba entre las oraciones del ritual a decir en los exorcismos.

[27] BMC 14, pp.300-301.

[28] *Vida*, l.c.

Final

Al final de este recorrido y de esta recomposición nos podríamos preguntar mil cosas:

Primera pregunta: ¿Esta experiencia de lucha, casi un pulso con el Maligno, aparece reflejada en los escritos de Juan de la Cruz? Pienso que sí, y el énfasis que pone las veces que habla del posible o real pacto voluntario o expreso con el demonio y los efectos perniciosos que señala (2S 29,10; 2S 31,2; 3S 31,4; 3S 43,1) de haberse entregado de esa manera a Satanás, como a dueño y señor, nos hacen creer que está refiriéndose, sin falta, al caso de María de Olivares que fue el más estrepitoso que le pasó y el más largo en este género de cosas y de peleas.

Me parece no haberme excedido hace no mucho tiempo cuando en un estudio sobre *La imagen del diablo en la vida y escrito de San Juan de la Cruz* decía:

> «Si se arrancasen de sus libros las páginas que directa o indirectamente tratan del demonio, se perderían no pocos tesoros y habría que hacer una relectura muy diversa. El cuadro luminoso de su magisterio escrito no sería tal sin la sombra de Satanás. También aquí habrá que aplicar a los lectores la comparación del propio Juan de la Cruz cuando enseña a mirar un cuadro o una imagen, cuyas excelencias se captan conforme a la potencia visual que cada uno tenga» (2S 5,9) [29].

Segunda pregunta. ¿Esta experiencia de exorcista en Avila, sin excluir la que en años sucesivos tiene durante su estancia en Andalucía, ha significado algo en el itinerario espiritual de fray Juan, en su santificación? La respuesta me parece clara: si fray Juan tenía conciencia de lo que le obligaba y comprometía esta acción o intervención de exorcista y de la preparación espiritual que se le pedía tiene que haber influído muchísimo en él. A todos resulta Juan de la Cruz como un hombre sumamente responsable en cuanto emprende.

Se puede, sin duda, hablar y se habla de la espiritualidad sacerdotal, aquí había que hablar de la espiritualidad del exorcista. La sustancia de esa espiritualidad y de sus exigencias la encontraba señalada Juan de la Cruz en el mismo ritual romano y en compendio se lo oyó al obispo que le ordenó de exorcista, cuando antes de entregarle el libro, como recordamos al principio, le decía:

> «Los que vais a ser ordenados, hijos carísimos, para el oficio de exorcistas debéis conocer lo que recibís. Pues el exorcista

---

[29] Véase: *Revista de Espiritualidad* 44 (1985), p.329.

ha de expulsar los demonios ... Recibís pues la potestad de imponer las manos sobre los energúmenos y por la imposición de vuestras manos por virtud de la gracia del Espíritu Santo y de las palabras del exorcismo, son arrojados de los cuerpos de los posesos los espíritus inmundos.

Procurad, pues, que así como echáis los demonios de los cuerpos de los demás, así echéis fuera de vuestra mente y de vuestro cuerpo toda inmundicia y maldad, de modo que no sucumbáis ante los que ahuyentáis de los demás con vuestro ministerio. Aprended por vuestro oficio a superar los vicios, de modo que el enemigo no pueda reivindicar en vuestras costumbres nada para sí. Entonces tendréis justamente imperio sobre los demonios en otras personas cuando habreis superado en vosotros antes la malicia múltiple de ellos».

Y se le aconseja gran fe, inmensa humildad, coherencia entre su fe y su vida. Sin licencia peculiar y expresa del Ordinario del lugar, nadie puede realizar legítimamente exorcismos sobre los posesos. El Ordinario del lugar concederá esta licencia solamente a un presbítero piadoso, docto, prudente y con integridad de vida. Que es casi literalmente lo que se decía en el Código de Derecho canónico anterior (c.1151) y se venía repitiendo en toda la legislación anterior [30]. Aunque no hemos encontrado el permiso de don Alvaro de Mendoza para que se ocupara del caso de María de Olivares, no dudo de que se le daría con gusto, si, como algunos biógrafos piensan, también anduvo la Santa Madre Teresa por medio para convencer entre todos al padre fray Juan de la Cruz que se ocupase del caso.

Juan de la Cruz mismo recordará en 3S 45,3 el caso estrepitoso que se lee en los Hechos de los Apóstoles:

«Algunos de los exorcistas judíos ambulantes pretendieron pronunciar sobre los que tenían los malos espíritus, el nombre del Señor Jesús, diciendo: "Os conjuro por Jesús, el que predica Pablo". Hacían esto siete hijos de un tal Escevas, sumo sacerdote judío; pero el mal espíritu les respondió así: "A Jesús confieso yo y a Pablo reconozco; pero vosotros ¿quién sois?" Y echándose sobre ellos de un salto el hombre en que estaba el mal espíritu, dominando a todos, pudo con ellos, de forma que escaparon de aquella casa desnudos y maltrechos» (Hch 19,13-1).

Y añade Juan de la Cruz, después de recrear esta escena que era para ser vista: «El Señor "tiene ojeriza con los que, en-

---

[30] De las cualidades del sacerdote exorcista se ocupaba el ritual romano, el derecho canónico y como la quintaesencia de todo se lee ahora en el Nuevo Derecho c.1172.

señando ellos la ley de Dios, no la guardan, y predicando ellos buen espíritu no le tienen"» (3S 45,3).

Esta experiencia larga, de ocho meses, y tremenda de exorcista le sirvió mucho para caminar hacia Dios por la cantidad y calidad de oración, paciencia, fe, sacrificios que tuvo que vivir en tanta tensión y durante tantos meses.

Observancia y Descalcez carmelitana: reforma romano-tridentina y «reforma (española) del Rey»; un conflicto y su primera víctima

Otger Steggink, O.Carm.

El panorama histórico[1]

No cabe duda de que la trayectoria del Carmelo español desde sus principios hasta los días de Santa Teresa y San Juan de la Cruz revela elementos que ilustran de manera elocuente la forma histórica de la que surge la reforma del siglo XVI.

La nota dominante, al menos en lo que toca a los conventos castellanos y andaluces, es un marcado aislamiento secular. Mientras el Carmelo aragocatalán intervino activamente en la historia de la Orden durante todo el siglo XIV, se quedó rezagado el conjunto castellano-andaluz, el cual no hizo acto de presencia en el concierto de las provincias carmelitanas hasta avanzado ya el siglo XVI. Faltando centros escolásticos propios y manteniéndose sus religiosos alejados de los estudios generales y universidades existentes fuera de la provincia, el Carmelo castellano-andaluz quedaba desconectado, y eso no sólo en lo que al movimiento escolástico se refería. Tampoco arraigó allí en el siglo XV la llamada «observantia sorethiana» (del general Juan Soreth), que desde mediados del siglo se extendió por las provincias carmelitanas de más allá de los Pirineos.

Por otra parte, ni la reforma monástica nacional del cardenal Cisneros ni las intervenciones de los Reyes Católicos dejaron huellas duraderas en los conventos carmelitas. A fines del siglo XV y a principios del siglo XVI dominaba allí «la claustra»[2].

---

[1] Este primer párrafo introductorio reproduce, en líneas generales, el epílogo de mi tesis de doctorado, «*La reforma del Carmelo español*». La visita canónica del general Rubeo y su encuentro con Santa Teresa (1566-1567). Roma, Institutum Carmelitanum, 1965.

[2] Véase: José García Oro, O.F.M., *La reforma del Carmelo castellano en la etapa pretridentina*, en *Carmelus* 29 (Roma 1982), 130-148.

Queda, además, como dato significativo el que en esta coyuntura de aislamiento y de vida claustral se desarrolla la organización de las primeras comunidades de beatas y monjas carmelitas. De las tres comunidades fundadas en Castilla, al menos dos, a saber las de Piedrahita y Fontiveros, se profesaban todavía en la segunda mitad del siglo XVI «beatas de Nuestra Señora del Carmen», mientras el convento de la Encarnación de Avila, fundado igualmente en un principio como beaterio, no había alcanzado por entonces la forma de vida regular que podía compararse con la que desde mediados del siglo XV había sido implantada por el gran promotor de la observancia, el beato Juan Soreth, en los primeros monasterios de monjas más allá de los Pireneos.

En Andalucía surgieron siete comunidades de religiosas, que a mediados del siglo XVI aparecen como monasterios de clausura estrecha. Al mismo tiempo hallamos una observancia ejemplar de *sanctimoniales*, en el monasterio de la Encarnación de Valencia.

En conjunto, pues, la ausencia de la observancia en los conventos de los frailes repercutió también en las comunidades de monjas y beatas.

Después de la separación de los conventos andaluces de la provincia de Castilla, cada conjunto de conventos siguió su propio camino. La provincia de Castilla, depurada y diezmada por la enérgica intervención reformadora del general Audet en 1530-1531 —según declaración del mismo general «la mayor parte de los frailes se marchó»— aceptó la observancia, que en 1550 hallamos extendida a todos los conventos castellanos. En Andalucía fracasaron todas las tentativas de extirpar «la claustra» e implantar la observancia. Se señala, por otra parte, durante la primera mitad del siglo XVI, en la provincia andaluza, una gran actividad fundacional y un incremento notable de religiosos; con sus dieciséis conventos de frailes y siete monasterios de beatas y monjas, la provincia de Andalucía era, con mucho, la mayor de todas las españolas; pero también «la más indómita»[3]. En los conventos de Aragón y Cataluña la reforma de Audet echó raíces; faltó, sin embargo, la consolidación de la observancia.

Es evidente, que el retraso y el aislamiento del Carmelo castellano-andaluz no quedaban superados con la intervención del general Audet; sus consecuencias repercutían todavía en los acontecimientos memorables de la segunda mitad del siglo XVI.

---

[3] Según testimonio del padre Jerónimo Gracián de la Madre de Dios, en su *Peregrinación de Anastasio*, Diálogo I, ed. de Giovanni Maria Bertini. Barcelona, Juan Flors, Editor, 1966, 38.

La «reforma del Rey» frente a la «reformatio regularium» de Trento

Tal era la coyuntura del Carmelo español cuando por el año de 1560 el Rey Católico inició su campaña en pro de una reforma nacional de las órdenes religiosas. Sus proyectos fueron más de cinco años objeto de largas y trabajosas negociaciones en Roma. Sumamente instructiva para el desarrollo histórico de la reforma del Carmelo español resulta la trayectoria de tales negociaciones, llevadas a cabo en un clima de mutua desconfianza y recelo.

El rey de España pretendía reducir a todos los claustrales de sus reinos a la observancia, al estilo de Cisneros. La ejecución de tal reforma debería encomendarse a prelados españolas, bajo la dirección de la corte. El rey y sus ministros, juzgando insuficiente la *reformatio regularium* de Trento, negociaban facultades del todo particulares, al margen del Concilio. En el ambiente de la curia romana tales instancias fueron acogidas con poca simpatía. El cardenal Carlos Borromeo se alzó, como defensor de la universalidad del programa tridentino, contra las pretensiones particularistas de la corte española. En Trento, los padres habían votado por una reforma moderada y de alcance universal, encargando la ejecución de la misma a los superiores de las órdenes. Este último requisito era combatido por los ministros del Rey Católico *cum ira et studio*; hacían todo lo posible para impedir que los generales extranjeros viniesen a visitar y reformar los conventos españoles. Así, el rey hizo gestiones para realizar también sus proyectos respecto de la reforma del Carmelo español, haciendo instancia para que se nombrase vicario general español, investido de facultades amplísimas, para visitar y reformar las cuatro provincias españolas, al estilo del vicario general de la Congregación de Mantua, en Italia, y de la de Albi, en Francia; todo esto, con ocasión de la celebración del capítulo general de la Orden, en Roma, en la fiesta de Pentecostés, de 1564[4].

Sin embargo, tal nombramiento de un vicario general «natural» para las provincias españolas tropezó con las dificultades previsibles para todos, menos para el rey y sus ministros, que parecían movidos por una idea fija. Al tratar el asunto con los carmelitas españoles presentes en Roma, el padre Miguel de Carranza, el provincial de Aragón, hombre de confianza del Rey Católico, halló entre sus paisanos gran contradicción. La discrepancia entre los propios españoles contribuyó a corroborar la posición del general y de los demás capitulares, los cuales, por cierto, no estaban inclinados a ceder la jurisdicción de la Orden en puntos tan importantes como requería la corte española.

Vistas las intervenciones frente a las Congregaciones de Mantua y Albi, el ambiente estaba prevenido contra todo asomo de independencia. No podían permitir que surgiera un movimiento semejante en la península Ibérica.

---

[4] Véase los documentos relativos a tal negociación en Otger Steggink, O.Carm., *La reforma del Carmelo español*. Roma, Institutum Carmelitanum, 1965, 459- 467.

Por otra parte, no era posible pasar por alto el serio aviso que acababa de dar el rey de España. El general y sus definidores prefirieron atenuar su negativa delicadamente, decidiendo «que el mismo general fuesse a España lo más presto que pudiesse». Para dar a la corte de Madrid la garantía de una pronta intervención se decretó «que si dentro de dos años no yva, que las provincias de España pudiessen elegir vicario general, y que entre tanto se reformassen algunas cosas, y entre otras el tener propios»[5].

Cuando, por fin, el rey de España se resolvió a aceptar y promulgar el Concilio, el 12 de julio de 1564, lo hizo sin reserva, «generalmente, sin limitación ni en particular ni en general»[6]. Con todo, la ejecución de los decretos tridentinos se efectuaría con la intervención y según los criterios de la corte, especialmente en cuanto a la ejecución de la reforma[7]. Pues, a este respecto, ni el rey ni sus ministros querían de ninguna manera moderar sus pretensiones ni conformarse con el decreto tridentino. Desde Madrid se insistía en la reducción total de los claustrales a la observancia, y el rey ordenó al cardenal Pacheco, embajador interino, que tenía que convencer al papa, «diziéndole y haziéndole entender que lo statuydo en el Concilio de Trento no es remedio bastante para ello»[8].

Además de la divergencia profunda sobre el criterio de reforma, existía otra, más delicada por cierto, relativa a la ejecución de la misma. En Madrid no querían saber nada en absoluto de la visita y reforma de los conventos españoles por parte de los generales de las órdenes venidos de Roma y a quienes el Concilio había encargado el cometido[9]. Los generales extranjeros estaban desacreditados en la corte del Rey Católico, y los obispos españoles, por su parte, trataban de conseguir mayor jurisdicción sobre los religiosos, a pesar del Concilio tridentino[10].

Durante los últimos meses del pontificado de Pío IV la tirantez entre Madrid y Roma se había intensificado enormemente. A los agravios de la corte a la jurisdicción eclesiástica, denunciados con todo detalle por el nun-

---

[5] Simancas, Archivo General, Estado, leg.896, n.82: *Don Luis de Requeséns a Felipe II*, Roma, 16 junio 1564; cf. *Acta Cap.Gen.*, I, 467.

[6] *Novísima Recopilación*, ley 13, tít.1.º, lib. I; cf. Bernardino Llorca, S.J., *Aceptación en España de los decretos del Concilio de Trento*, en *Estudios Eclesiásticos*, 3(1964), 341-360.

[7] Simancas, Estado, leg.897, n.63 (minuta). *Felipe II a don Luis de Requeséns*, Madrid, 15 julio 1564: «Aunque en algunos de los decretos de reformación ay que mirar y advertir en la execución y en la orden que se ha de tener, todavía nos ha parescido aceptar el Concilio y decretos dél generalmente, sin limitación ni en particular ni en general».

[8] Simancas, Estado, leg.897, n.3 (copia): *Felipe II al cardenal Pacheco*, Aranjuez, 1 enero 1565.

[9] *Concilium Tridentinum*, t.IX, 1079, c.1.

[10] Ya en su carta del 31 de marzo de 1565 el cardenal Pacheco había advertido al rey:: «Y podría ser que en defecto de los prelados frayles se diesse la execución a los ordinarios, aunque esto contradizen muchos de los cardenales y dizen que esto es lo que desseavan los obispos españoles en Trento, y dirá Su Santidad que se prueve este remedio ...» (Simancas, Estado, leg.899, n.53).

cio en Madrid, se añadió en el curso de 1565 la intromisión del Consejo Real en los concilios provinciales que entonces se celebraban. Pio IV se había quejado amargamente de Felipe II y sus ministros, protestando con energía y condenando tal política de intromisión eclesiásticos. «Vosotros en España —había dicho el papa al cardenal Pacheco y al enviado extraordinario Pedro de Avila— queréis ser un segundo papa y remitirlo todo al rey; pero si el rey quiere ser rey en España, yo quiero ser papa en Roma [11]. Sólo la elección para la silla de San Pedro del cardenal Alejandrino, Miguel Ghislieri, dominico, inquisidor supremo y ferviente partidario de la reforma eclesiástica, llevó nuevas esperanzas de entendimiento. La situación había cambiado bastante, y las perspectivas eran francamente prometedoras para las aspiraciones e instancias que el Rey Católico y su corte habían presentado y defendido en vano durante cinco años. La posición de los generales extranjeros, dada la condescendencia del nuevo papa, iba a ser delicada.

Bajo tales auspicios, el general del Carmen dejó la Ciudad Eterna, a principios de abril de 1566. De hecho, la realización de la visita de sus súbditos españoles coincidía exactamente con la última fase de las negociaciones, en la que triunfó la política de la Corte, consiguiendo breves apostólicos en virtud de los cuales la reforma de las órdenes en España quedaba encomendada a los ordinarios y bajo la dirección de la Corona. El prior general del Carmen, fray Juan Bautista Rubeo, pisaba aun tierra española, cuando el Rey Católico, que no había desistido de su pretendida reforma nacional, había, por fin, logrado su intento. Las normas de Trento le parecían demasiado generales, y la Corte estimaba que España era «diferente», y el antiguo recelo contra los papas retoñaba con fuerza.

El 16 de abril de 1567, mientras en Avila el general Rubeo esbozaba con la Madre Teresa de Jesús una posible reforma de «carmelitas contemplativos», o descalzos, se firmaba en Roma el breve *Superioribus mensibus*, en el cual se encargaba la visita de las Ordenes del Carmen, de la Trinidad y de la Merced, a los ordinarios, supervisada por una «Junta de reforma», establecida en la Corte.

En vísperas de pisar el general Rubeo la frontera pirenáica, a 6 y 7 de septiembre de 1567, las postas repartían las cartas ejecutorias del rey a los ordinarios en cuyas diócesis había conventos de dichas órdenes.

La «reforma del Rey» puesta en ejecución

Como un ataque de sorpresa, las visitas habían de comenzar simultáneamente en toda España. En aquel ejército de reformadores bisoños cun-

---

[11] Esta y semejantes quejas: en el despacho del cardenal Pacheco, de Roma, 30 noviembre 1565, y en la carta de Pedro de Avila y en otras de Pacheco, fechadas el 22 y 23 sept. 1565, publicadas por Döllinger, *Beiträge zur politischen, kirchlichen und Kulturgeschichte der sechs letzten Jahrhunderte*, Bnd.I, Regensburg, 1863, 629 y 639.

dió el desconcierto, y entre los ineptos se infiltraron no pocos adversarios del general Rubeo, por él castigados por su mala conducta, especialmente en Andalucía, que arteramente supieron envolver a los visitadores «extraños».

Aunque la visita había de comenzar el 5 de octubre de 1567, algunos visitadores pretendieron averiguar antes eventuales abusos, como si fuera parte de la misma visita. Tal sucedió en el convento de Valderas (León), que pertenecía a la provincia de Castilla, y donde el licenciado Guerra, vicario general de León, acompañado de dos dominicos, Pedro de Enzinas y Juan de Herrera, del notario Diego de Peñaranda y del alcalde de Valderas, Jerónimo Gómez, y algunos alguaciles, rodearon de improviso el convento del Carmen el día 2 de octubre. El visitador mandó cerrar enseguida todas las puertas y constreñía a los frailes a escuchar el breve del papa.

El prior carmelita, fray Alonso Hernández, replicó sobresaltado que habían sido ya reformados aquel año «por su general como juez apostólico». El visitador «dixo que no obstante lo dicho, procedía su reformación adelante ...», y mandó que le entregasen todas las llaves del monasterio y «las reglas que tenían y por donde se regían». El prior presentó las Constituciones del general Juan Soreth, la «magna charta» de la observancia carmelitana, y las que el general Rubeo les había dado en la visita canónica de aquel año de 1567. El escrutinio duró varios días. Pero el visitador se desesperaba porque no encontraba «el cuerpo del delito», que eran las reglas de una supuesta «primitiva observancia». La visita fue suspendida, no cerrada, para dar cuenta al rey y pedir instrucciones.

En la Corte se aseguraba que la Orden del Carmen no tenía «observantes». Resulta, sin embargo, sorprendente y, a la vez, intrigante el testimonio del mismo prior, fray Alonso Hernández, que declara «*que oyó decir que en la primera institución desta religión de nuestra Señora del Carmen, se instituyó que los frailes anduviesen descalzos e no comiesen carne algún día. E destos hay unas monjas en Nuestra Señora de Medina del Campo, e unos religiosos en Avila, e que andavan vestidos de buriel*» [12].

Y esto se dijo el 4 de octubre de 1567, cuando, en efecto, existían los monasterios de descalzas en Avila y Medina del Campo, pero cuando lo de los frailes no era nada más que un proyecto. De todos modos, se perfila en la visita de Valderas el conflicto naciente entre la llamada «primitiva observancia» —que será identificada por la corte con la reforma de los descalzos— y la «observancia» carmelitana, promovida por Roma y establecida en la provincia de Castilla, pero no reconocida como tal por la Corte de España.

La «reforma del Rey», la visita canónica de parte de los ordinarios, se efectuó también en el colegio de San Andrés de Salamanca, en la segunda

---

[12] Simancas, Patronato Real, leg.23, n.60: *Visita y reformación fecha del monesterio de Nuestra Señora del Carmen de Valderas ...*, f.XVIv.

mitad de 1568, antes de fines de septiembre, cuando, pues, fray Juan de Santo Matía, estaba todavía allí. El obispo de Salamanca la hizo ejecutar por su provisor Francisco de Zúñiga y los dominicos visitadores. Dice el informe que «haviendo visto los proçessos de la dicha visita y las ynformaçiones secretas que se hizieron de la vida y costumbres de los religiosos y religiosas de dichos monasterios no resulta culpa ni delicto particular contra ellos, ni alguno de ellos, exçepto las relaxaciones y omissiones universales de la Orden de no cumplir tan exactamente su regla como debían»[13].

En el informe enviado al Reverendo Señor Gabriel Zayas, en la corte, se insiste en lo mismo, pero hay una reticencia: «Todo viene a parar en que los frayles son los más religiosos y sin pecado de quantos hay en la tierra, porque como se ha proçedido guardando el honor de la Orden sin tomar ynformaçión de personas de fuera de los monasterios, no se les ha podido hallar culpa. Plega a Dios que no la tengan»[14].

Así que fray Juan de Santo Matía tuvo que experimentar en Salamanca, y quizás también en Medina del Campo de donde era conventual, durante el último año de su estancia entre los carmelitas «de la observancia» los efectos disgregantes del conflicto de jurisdicción que conducirá inevitablemente a una «baraunda de reformas», particularmente donde se trataba de visitadores del clero secular, más o menos inexpertos en los problemas de la vida regular y deseosos de mantener bajo su obediencia a los religiosos.

Extremadamente penosa para el padre Rubeo, y fatal para su obra de reforma en España fue la serie de intrigas y denuncias que, contra su persona y actuación, lanzaron algunos frailes andaluces, reclamando «reforma del rey». La admisión del recurso a la «ley de fuerza», intentado por los frailes rebeldes, y la subsiguiente intransigencia del Consejo Real en contra de la actuación del general italiano, tienen fácil explicación en la innata prevención de los ministros del rey contra los superiores y visitadores extranjeros y en la política eclesiástica, de inspiración nacionalista, que reinaba en la Corte de España.

Sin embargo, la incoherencia de tal actitud hacia el general del Carmen es evidente. No se comprende cómo estos señores alardeasen de ser los únicos reformadores capaces de introducir la observancia en los conventos de España, excluyendo a los legítimos superiores, poniendo al mismo tiempo en serio peligro la pretendida observancia, al favorecer a unos frailes rebeldes en contra de su superior general, visitador y comisario apostólico, cuya reforma por otra parte, aprobaban y alababan. La intervención del Consejo en favor de los frailes intrigantes y rebeldes y el boicot sistemático de las medidas tomadas por el general con toda justicia para cortar en su raíz to-

---

[13] Simancas, Patronato Real, leg.23-104: Informe del obispo de Salamanca a Su Majestad, fechado en Salamanca, 30 de septiembre 1568.
[14] Ibidem.

dos los desórdenes de la provincia andaluza tuvieron consecuencias gravísimas. La permanencia de este grupo de frailes intrigantes y rebeldes en la Orden, y su rehabilitación por parte del Consejo Real, quedará durante varios años como una de las causas principales de las contiendas facciosas entre los frailes andaluces, y tendrá sus repercusiones en las demás provincias de la península ibérica.

Por fin, la infiltración de algunos de estos sujetos —como fray Baltasar Nieto y fray Gabriel de la Peñuela— en las filas de los «carmelitas contemplativos», o descalzos, y su permanencia durante varios años en la Descalcez, en contra de las prohibiciones repetidas y enérgicas del general Rubeo, causará serios conflictos. La «reforma del rey» desacreditaba al general y su autoridad apostólica. Los visitadores no querían concluir las visitas. Medio año más tarde, en julio de 1568, volvieron a la carga con nuevas instrucciones de la Corte, e irrumpieron otra vez, repitieron el escrutinio y tornaron a dejar suspensa la visita.

Este género de visitas semi-políticas era irritante. El padre Rubeo era informado minuciosamente y se quejaba al papa: «Mientras el general está en España —decía—no publican el breve de su visita. Partido el general, encargan la visita a los ordinarios y la implantan con el brazo secular. Entraron en el convento de Toledo y en otros lugares derribando puertas, han encarcelado a los frailes por apelar al papa ... y algunos obispos de Cataluña han hecho pagar a cada convento, por su visita, hasta 25 escudos. El obispo de Cuenca (Bernardo de Fresneda) ha pretendido que los provinciales resignaron en sus manos el provincialato, y otros obispos han hecho lo mismo con los priores y han pedido a las monjas su obediencia, para ampliar así su jurisdicción. Han nombrado el nuevo Consejo de Reforma, formado por el obispo de Cuenca, el confesor de la Reina, el confesor del príncipe, Velasco y Menchaca. Los visitadores de Sevilla han quitado la excomunión que pesaba sobre fray Gaspar Nieto, fray Juan Mora y fray Baltasar Nieto, cosa que no podían hacer, según el indulto de Calixto III» [15].

En Andalucía, efectivamente, el provincial, fray Juan de la Cuadra, había sido constreñido a darles libertad; éste, en desquite, envió a la Corte las escrituras del proceso y la patente de expulsión dada por el general Rubeo contra los dichos [16]. Sin embargo, ellos amparados por los visitadores, se revolvieron contra el provincial y fue nombrado vicario en su lugar el penitenciado fray Juan de Mora. Era lo peor que podía suceder para poner en ebullición todas las pasiones que había encontrado el padre Rubeo en su visita de 1567, y en provincial informó al general avisándolo, según rumores, que «el generalato se quitará de la Italia» [17]. El general se quejaba, en su in-

---

[15] *Informationi della visita fatta in Spagna*, f.75r, en: Otger Steggink, *La reforma*, 472.
[16] Cf. *Analecta O.Carm.*, 4(1917-1922), 199-202.
[17] *Carta al P. Rubeo*, Utrera, 24 octubre 1567 (Roma, Arch.Gen. O.Carm., II Baetica, 6[6]).

forme al papa: «Ahora los carmelitas de Andalucía y de Castilla se han desmandado más que nunca ... Pretenden establecer en España otra obediencia y apartar las monjas a la que profesan» [18].

En junio de 1568 el rey de España enviaba los primeros informes y proponía medidas drásticas: «De lo que hasta agora se ha visto resultan tales cosas, especialmente en la del Carmen, que verdaderamente paresce no tienen remedio ninguno ... Y según se averigua y lo que resulta, es verdadera reformación extinguir la dicha Orden del Carmen y poblar sus monesterios de otros religiosos y personas que sirven a Dios y den al pueblo otro ejemplo de vida y doctrina» [19]. Y el embajador de España en Roma, Zúñiga, escribe al rey: que sobre los carmelitas dice el papa que «ha creido fácilmente el daño que se ha hallado en el Carmen, porque está mal edificado de lo que acá ha visto en los monesterios destos religiosos. Hará harto al caso —añadía—, para persuadirle que la extinga, proponerle que se podrán dar los monesterios y hacienda destos frailes a los de Santo Domingo, que ansí me escrive el secretario Zayas que manda Vuestra Majestad que se procure» [20].

La treta de Zúñiga habría quizá fascinado a otro papa; pero, el dominico Pio V era incorruptible. A 19 de septiembre respondería Zúñiga: el papa «está muy duro en querer extinguir ninguna religión ... No quiere extinguir la Orden del Carmen por que no piense lo hace por acrecentar la de Santo Domingo ...». También lo comprendió el rey, y de su mano escribió la siguiente postilla marginal: «Si no concede la extinción del Carmen, creo que sería bien pedirle que les dé acá cabeza» [21].

La desfavorable acogida de las instancias reales, por parte del papa, no logró entibiar el brío de la política nacionalista de que estaba animado el rey de España, que volvió a lanzar su proyecto de que se nombrasen «generales naturales» para todas las órdenes religiosas representadas en España. Sin embargo, el papa ya no estaba para canciones, y estaba decidido, ante el fracaso evidente de la «reforma del rey», a quitar la visita y reforma de las órdenes de manos de los ordinarios. La demora de aquellas visitas que no tenían fin y acarreaban infinidad de quejas le traía inquieto. El rey contestaba que las visitas «ha días que están acabadas; pero no se han concluido ni cerrado, porque para sacarse de ellas el fruto que se pretende, es más que necesario hacer capítulo provincial, en que asista uno de los prelados ordinarios juntamente con algunos de los religiosos de Scto. Domingo» [22]. Era la idea fija del rey. Se había llegado a un punto muerto.

---

[18] *Informationi della visita fatta in Spagna*, l.c., 472.
[19] Carta del Rey a D. Juan de Zúñiga. Aranjuez, 8 junio 1568: Simancas, Estado, leg.1565 (libro 76).
[20] Simancas, Estado, leg.907, n.34.
[21] *Ibid.*, n.4: *Carta de D. Juan de Zúñiga al rey*. Roma, 19 de septiembre de 1568.
[22] *Carta del rey a D. Juan de Zúñiga*, 1 de agosto de 1568, en Simancas, Estado, leg.908, n.77-78.

El papa ya no era tan sensible a los argumentos del rey como los primeros días. Zúñiga osó quejarse de ello por haberse vuelto «tan atrás de lo que a él en estas cosas le ofreció»[23]. Y cada día se replegaba más. Con fecha 9 de mayo de 1569 Zúñiga informaba: «En materia de reformas, ninguna cosa quiere hacer el papa de cuantas le pedimos ...; porque creo que se ha persuadido que se le quiere usurpar su jurisdicción en estas cosas, y está en lo que a ellas toca tan vedrioso como V. Magestad verá»[24].. El rey acusó el golpe y apostilló de su mano: «Malo va esto, y no deve de pensar hacer más diligencias. Creo que tomó en mala coyuntura al papa con lo de las jurisdicciones»[25].

No tardó el embajador Zúñiga en descubrir que el viraje del papa coincidía con la presencia en Roma de un personaje enigmático llegado de Milán, socio que fuera del cardenal Borromeo en la reforma diocesana, veronés de la escuela de Giberti, experto negociador, datario del cardenal Pole en Inglaterra, que había venido a hacerse cargo de la reforma de regulares y se había ganado toda la confianza del papa, Monseñor Nicolás Ormaneto[26].

Felipe II, irreductible, se aferraba a su «iglesia nacional» y repetía: «por muy buenas y sanctas que sean las constituciones, serán de poco momento si, a lo menos por algún tiempo, los ordinarios no tienen auctoridad para hacérselas guardar»[27]. Pero era ya causa perdida. Las maniobras de Ormaneto, lentas y seguras, habían sorteado los arrecifes, y eliminados los ordinarios, la causa de los frailes iba a ponerse en manos de regulares. Lo supo Zúñiga, y a 29 de julio escribía: «En lo de las Ordenes de la Trinidad, del Carmen y de la Merced, cometen la reformación y el asistir a los capítulos a ciertos frailes dominicos, que el general ha señalado en cada provincia, y (el Papa) no quiere que perlado ninguna tenga desto cuidado, sino que estos frailes se hallen en los capítulos provinciales, y vistas las visitas se ordene allí la reforma, y para la esecución della quede poder a estos frailes dominicos, cada uno en su provincia, de secutarla y ver cómo se guarda»[28].

Con fecha 24 de agosto escribía el secretario papal al nuncio Castagna: «Sobre los frailes del Carmen, de la Trinidad y de la Merced, aunque fueron visitados por los ordinarios del lugar a instancias del rey, considera Su San-

---

[23] *Carta del rey al mismo*, 12 de marzo de 1569, en Simancas, Estado, leg.910, n.91-92.

[24] *Carta de D. Juan de Zúñiga al secretario Gabriel Zayas*. Roma, 6 de mayo de 1569, en Simancas, Estado, leg.911, n.30.

[25] Ibid., leg.911, n.39.

[26] Cf. F.M. Carnini, S.I., *Monsignor Nicolò Ormaneto Veronese, vescovo di Padova, nunzio Apostolico della Corte di Filippo II re di Spagna, 1572-1577* (Roma, 1894); C. Robinson, *Nicolò Ormaneto* (London, 1920); Arch.Vat., Fondo Borghese, serie III, n.129: *Niccolò Ormaneto. Cenni intorno alla sua vita*.

[27] *Carta del rey a D. Juan de Zúñiga*, Madrid, 13 de julio de 1569, en Simancas, Estado, leg.910, n.127- 129.

[28] *Carta de D. Juan de Zúñiga al secretario Gabriel de Zayas*, 29 julio 1569, en Simancas, Estado, leg.911, n.66.

tidad que no conviene que los obispos, por ocuparse en el gobierno de los religiosos, descuiden el de los seglares, y que los frailes serían mejor comprendidos por los mismos frailes, y así ha nombrado comisarios frailes dominicos, con todas facultades oportunas al efecto, como Vuestra Señoría verá por los breves que se envían».

Entre las advertencias no faltaban las consabidas suspicacias: «Procure con Su Majestad —decía— que no se entrometa en asuntos esclesiásticos. No conviene que los seglares manden a los religiosos ni se ocupen de sus cosas. Hágale comprender con las mejores formas que pudiere, que se ha de evitar la ingerencia de sus ministros ...» [29].

El breve *Singularis* se había despachado el 20 de agosto de 1569 en la forma dicha. Era un golpe de mano que echaba por tierra todos los propósitos del rey, tercamente defendidos.

A 21 de octubre el nuncio informaba: «Entiendo que de momento no han de quedar satisfechos ni el rey ni los ministros. He hablado con su Magestad sobre el breve y piensa que por esta vía no se alcanzará nada de reformación ... Temo —concluía— que si el rey persiste en su opinión y se niega a amparar la visita, se hará poco o nada, y los comisarios rehusarían quizá el cargo» [30]

En Roma no fue menor el aturdimiento. El breve había sorprendido a todos. El general del Carmen, ajeno a todo, seguía gobernando sin embarazo. Con fecha 8 de agosto previene ciertas disensiones que asomaban entre calzados y descalzos, y prohibe a éstos reciban a ninguno de España o Portugal, y especialmente a los por él castigados, Ambrosio de Castro, Gaspar Nieto, Melchor Nieto, Juan de Mora, y de los de Castilla sólo a los que llevaren patentes de su provincial, y si alguno hubiere recibido de los mencionados, que los expulsen. Además, tenían que ser deferentes con el rey y dóciles al Papa, verdadero superior de la Orden, que ahora se dignaba complacer de nuevo al rey con aquella visita apostólica.

Era lamentable que se hubiesen nombrado visitadores ajenos a la Orden, y aunque lo acataba, quería evitar que los comisarios rebasasen sus facultades con detrimento de los derechos de la Orden [31].

Visitadores apostólicos

Los tres dominicos designados por su general para las provincias carmelitas de España fueron: por Castilla, fray Pedro Fernández, por Andalu-

---

[29] *Carta del cardenal Alejandrino al nuncio Castagna*, 24 agosto 1569, en Arch.Vat., Nunziatura di Spagna, vol.368, f.227r.

[30] *Carta del nuncio Castagna el cardenal Alejandrino*, 21 octubre 1569: Roma, Archivio di Stato, Fondo S.Croce, 196 (F.15), f.120.

[31] *Regesta Johannis-Baptistae Rubei*, f.213r, ed. Zimmerman (Roma, 1936), 101, n.394; el texto completo en: *Anal. O.Carm.*, 4 (1917-1922), 208-209.

cía, fray Francisco Vargas, y por Cataluña, fray Miguel de Hebrera; tres religiosos excelentes, muy letrados.

La visita en Castilla hubo de comenzar a primeros de octubre de 1570. El visitador, fray Pedro Fernández, era de lo más calificado que en España tenía la Orden de Santo Domingo. A los ojos de la Madre Teresa de Jesús era «persona de santa vida y grandes letras y entendimiento», «muy avisado y letrado»[32]. Incluyó en su visita también a los descalzos «por no venir exceptuados en el breve, y decía que pudieran salir destos monasterios personas de mucho espíritu y celo que reformaran otras Ordenes ...»[33]. Con rara habilidad decidió navegar entre dos aguas. Conocía los prejuicios de la Corte, que no reconocía la «observancia» del Carmen, y los descalzos, que profesaban el pristino rigor del «primer instituto», eran para él la clave de la solución y la quiso aprovechar. Por otra parte, respetaba las directrices del padre Rubeo en su visita apostólica, cuya obra era precisamente la erección de los descalzos.

Con este equilibrio estructuró unos estatutos, que resumían la labor positiva de su visita desde octubre de 1570 hasta el 23 de septiembre del año siguiente en el capítulo provincial de Castilla, celebrado en San Pablo de la Moraleja. La lectura de las «actas» de fray Pedro Fernández para descalzos y calzados de Castilla deja perplejos; son normas tan de descalzo que parecen todos unos[34]. Cuando en Castilla los «carmelitas contemplativos», o descalzos, por orden del visitador dominico, ocupan los principales conventos de los observantes para apropiarse de ellos e imponerles la Descalcez como único patrón de vida carmelitana, estamos ante las últimas consecuencias de «la reforma del rey»: la pretendida reducción de los observantes a la descalcez; lo que en la mentalidad reinante en la Corte equivalía, más o menos, a la famosa reducción de los «conventuales» o «claustrales» a la «observancia».

En efecto, la incorporación de los descalzos a las comunidades principales de Avila y Toledo, por orden del visitador apostólico, fray Pedro Fernández, por los años de 1571-1572, no tuvo lugar para reformar dichos conventos, sino para apropiarse de ellos. Esto se desprende de una relación del primer historiador de la Descalcez carmelitana, fray José de Jesús María

---

[32] *Fundaciones*, c.28,6; *Carta a Diego Ortiz*. Avila, 27 mayo 1571,7; véase: A. Huerga, O.P., *Pedro Fernández, O.P. Teólogo en Trento, artífice en la reforma teresiana, hombre espiritual*, en: *Il Concilio di Trento e la riforma tridentina*. Atti del Convegno storico internazionale. Trento, 2-6 settiembre 1963 (2 vols., Herder, 1965), p.647-665.

[33] Juan López, *Quarta parte de la Historia General de Santo Domingo* (Valladolid, 1615), c.30, 462.

[34] Los *Estatutos* se conservan en Roma, Arch.Gen.O.Carm., II Castella, 2.

(Quiroga), sobre las «causas que tuvieron nuestros Padres Calzados para perseguir a los Descalzos»; dice

> «que los Padres Comisarios apostólicos les quitaron a San Juan del Puerto, e instaron con Nuestro Padre Fray Antonio (de Jesús) y fray Baltasar de Jesús tomasen para sí los conventos de Toledo y Avila en propiedad, que con este intento les avía puesto a ellos prelados de ellos, y ordenado llebasen consigo otros descalzos (unos y otros quitó el Tostado quando vino con su comisión).
> Penetraron que los comisarios querían poner en los descalzos el imperio de su república, de lo que tenían muestras conocidas; pues cuando salió provincial segunda vez el P. Fray Angel de Salazar, hizo gran esfuerzo el P. Fray Pedro Fernández por que sacasen provincial a N.P. Fray Antonio, prior de Mancera; y quando vio que la provincia no avía venido en ello, hizo priores a los descalzos ya dichos de conventos de calzados y mandó llevasen oficiales descalzos, lo qual era poco menos que hazerlos descalzos a todos. Traslucían asimismo de estas disposiciones y de palabras que los comisarios apostólicos decían que el fin de Pio Quinto y el Rey Phelipe era ir haciendo de descalzos todas sus casas de Castilla y Andalucía, recogiéndoles a ellos a algunas, impidiéndoles la recepción de novicios y protegiendo el aumento de los descalzos; esto, si no fue así, lo sospecharon, y que caminaba disimulado y por veredas secretas el intento»[35].

El comisario de Andalucía no era tan diestro ni tan mirado como su hermano de hábito en Castilla. Ni tenía descalzos en su tierra. Era fray Francisco de Vargas; hombre que detestaba los problemas, a quien se le caía ahora uno de los más escabrosos que se podía tener. Andalucía era un avispero, donde el propio general del Carmen había salido mal parado.

La visita última de los ordinarios había sido desastrosa, y los castigados por el general Rubeo se habían levantado echando espuma de venganza. En el capítulo de la visita, celebrado en Sevilla el 24 de octubre de 1571, no hubo ninguna medida de efectos positivos. La clave del éxito de fray Pedro Fernández era el buen uso que supo hacer de los descalzos, y Vargas quedó con las ganas de imitarle. De los descalzos le llegó a Vargas la fama de fray Ambrosio Mariano de San Benito, el antiguo ermitaño del Tardón, que en Madrid y en el palacio del príncipe Ruy Gómez conoció al padre Vargas y supo pintarle como él sabía las ventajas de la descalcez y cómo realizar con ellos en Andalucía lo que el padre Fernández había hecho en

---

[35] Este texto es reproducido por el padre Andrés de la Encarnación, O.C.D., en sus *Memorias historiales* (R, n.237: Madrid, Bibl.Nac., sección de manuscritos, ms.13.483, ff.107-108).

Castilla. Vargas le ofreció dos de las casas de los calzados, la de Jaén y la de San Juan del Puerto.

Fray Mariano deslumbró al comisario andaluz. Con ser lego fue tratado por él como «reverendo padre», y con fecha 20 de noviembre de 1571 le escribió: «Entendiendo que vos, el padre Mariano Azzarro, religioso de la regla primitiva, tenéis una casa junto a la çibdad de Sevilla ... y yo he deseado que de la dicha Orden primitiva se fundasen algunas casas en esta provincia ... mando en virtud de sancta obediencia que con la mayor brevedad posible se efectúe la población de la dicha casa ..., dando autoridad para rescebir novicios, como no sean de los calzados de la dicha provincia y reconosciendo por padre y prelado al Rmo. General desta dicha Orden ...» [36].

El protagonista fray Mariano tuvo que ceder lugar al prior de Pastrana, fray Baltasar Nieto, que —como fray Mariano— frecuentaba el palacio de los príncipes de Eboli. Su situación de descalzo insigne, sin serlo en absoluto, había borrado ante sus compatriotas el negro pasado. El cronista lo presenta como oráculo al que acudió Vargas, y «respondióle —dice— que de presente le era casi imposible hacerlo que le mandaba, así por la necesidad de su asistencia en el convento de Pastrana como porque el príncipe Ruy Gómez se le havía aficionado de suerte que no permitiría tan larga ausencia» [37]. Era un coqueteo. Un testigo de Pastrana dice sin rebozo que «por temor del general no osó» [38]

Con intención o sin ella, pasó aquellos días por Córdoba fray Diego de Heredia y Rengifo, calzado andaluz, descalzado en Pastrana, buscando la suerte de fray Baltasar Nieto. Iba acompañado de fray Ambrosio de San Pedro. Ambos se presentaron al comisario Vargas en el convento de San Pablo. Este les ofreció la casa de San Juan del Puerto para noviciado de descalzos y la patente de vicario de la misma. Presentóse fray Diego de Heredia y Rengifo con las órdenes del comisario provincial para que desalojase sin demora el convento, y tomó posesión del mismo. Al poco tiempo se le unieron muchos calzados solicitando igualmente el hábito descalzo; el propio cronista reconoce «haverse movido algunos de estos padres con amargo celo contra el general» [39].

Un descalzo: «visitador apostólico de todos los descalzos y de los calzados de Andalucía»

El 20 de agosto de 1573 se cumplieron los cuatro años de comisión señalados en el breve pontificio *Singularis*, y el P. Vargas, que no veía la hora

---

[36] Madrid, Arcivo Histórico Nacional, sección de Clero, libro 8.494, n.3.

[37] *Reforma de los descalzos*, III, 1,5.

[38] Declaración de fray Angel de San Gabriel: Madrid, Bibl.Nac., sección de manuscritos, ms.3.537. f.7r.

[39] *Reforma de los descalzos*, III, 1,6-8.

le dejarla, la abandonó hasta recibir nuevas instrucciones. Sin embargo, el nuevo nuncio de Madrid, Ormaneto, le respondió que no se habían extinguido las facultades de comisario, y las renovó con su autoridad especial con fecha 8 de mayo de 1574. Por estos días escribió de nuevo fray Mariano al comisario Vargas ofreciéndose para sus planes de reforma. Y Vargas, que no deseaba otra cosa, respondió 20 de junio rogando al Rdo. Padre «viniese por acá y truxese algunos padres que fuesen primitivos» [40].

Poco antes, a 27 de abril de 1573, acababa de profesar el padre Jerónimo Gracián, varón limpio, bienquisto en la Corte, en particular del príncipe Ruy Gómez y del secretario Zayas. Era la mejor pieza para presentarla al comisario de Andalucía. El padre Baltasar Nieto, que había recibido de Vargas una patente comprometedora de «visitador y reformador general» en Andalucía, subdelegó en el padre Gracián con otra patente de 4 de agosto: «Mando a vos, fray Jerónimo Gracián de la Madre de Dios, fraile profeso de la Orden del Carmen de los primitivos, que visitéis y reforméis los conventos que hay en la dicha provincia ... de la manera que yo lo hiciera» [41].

Había que buscar un pretexto para llevar a cabo aquella expedición sin infundir sospechas al provincial de Castilla y juntamente sin ir contra obediencia. Se dio el alegato subrepticio de las casas que Mariano tenía en Sevilla, y partieron ambos, recibiendo Mariano por el camino las órdenes sagradas, pues era lego y aspiraba a ser piedra angular en la reforma en Andalucía. La ida a Andalucía del lego fray Mariano y del recién profeso Gracián, mozo de veintiocho años, soliviantó a los calzados y encendió la ira del provincial de Castilla, fray Angel de Salazar, que se sintió burlado, y además comprometido con los sucesos siempre turbios de Andalucía. El recelo comenzó a tomar cuerpo también en Castilla contra los descalzos.

Las noticias de España no tardaron en llegar a Roma y poner en vilo al padre general. Acababa éste de recibir noticias directas del padre Gracián. El general le escribió de propio puño, a 26 de abril de 1574, una carta de doble filo: «... De las cosas que me escriva hacerse da nosotros en Sevilla, dígole que sois como novicio, y no sabiendo los institutos de la Orden, es cosa fácil que sea guiado por calles y rastros no buenos. Bien creo yo que sepa las obras y acciones tomar su bondad de las circunstancias y no basta sola la del fine ... Pésame que debaxo de buen celo y de tal pretexto se pongan en semejantes recelos y contiendas. Dios remedie a la violencia, que yo remediaré a lo que tocare a mi oficio, ni haré lo que no conviene» [42].

El general sentía lesionados sus derechos y estaba dispuesto a defenderlos con toda la dignidad de general. El padre Gracián era inocente en aquellos manejos tortuosos de Baltasar Nieto y Mariano Azzaro. El comisario Vargas, más complacido cada vez del padre Gracián, le otorgó, con fecha

---

[40] Madrid, AHN, sección de Clero, libro 8494, n.7.
[41] De 28 de abril de 1573 (Madrid, AHN, sección de Clero, libro 8494, n.4-5).
[42] Madrid, AHN, sección de Clero, Papeles, leg.3820, VII, n.47.

8 de junio 1574, las patentes de «vicario provincial de calzados y descalzos de Andalucía»[43]. Sin embargo, los frailes de España estaban en connivencia con el general de la Orden, y sus quejas eran recogidas por éste y presentadas como argumentos perentorios contra los comisarios pontificios.

El 13 de agosto de 1574 un breve de Gregorio XIII, *Cum sicut accepimus*, ponía fin a la visita de los comisarios dominicos; suponiendo que ya era hora que la visita pasase a manos del general o de los por él designados. El nuncio Ormaneto decidió prescindir de sus facultades hasta que Roma aclarase la intención de tal intervención. Y recibió como respuesta: «No ha sido intención de N. Sr. alterar en modo alguno las facultades que tiene V.ª S.ª»[44]. Así que nombró al joven Gracián «visitador apostólico de todos los carmelitas descalzos y de los calzados del Andalucía», llamándole con este intento a Madrid, cuando Gracián había ido a Beas, esperado por la Madre Teresa en aquella fundación[45].

Gracián aprovechó su situación de ventaja en la corte para tratar algunas cosas convenidas en Beas con la Madre Teresa, en particular «que se hiciera provincia aparte de descalzos» y que «ningún descalzo entendiera en la reformación de los calzados»; y esto con tanta insistencia que el rey lo mandó poner a discusión de letrados; y en esto andaban cuando llegaron los despachos de Roma para nombrar a Gracián comisario en la forma dicha; y sólo a vivo ruego le eximieron de los calzados de Castilla[46]. El breve se le dio el 5 de agosto.

Mientras esto sucedía en Castilla, la Madre Teresa aireaba en Beas los problemas de la descalcez y no era ajeno al nuevo cargo de visitador. «Los amigos y deudos del padre Gracián insistían en que no la aceptase —dice la M. María de S. José—, y el que más lo defendía era su hermano el secretario Antonio Gracián ... Yo vi cartas suyas donde persuadía a nuestra Madre no le consintiera a su hermano que se metiera en tal guerra». Y la M. María de San José sigue puntualizando: «Nuestra Madre y todos los descalzos veíanse perdidos si no nos amparábamos con tan buena ocasión como era asentar nuestras casas siendo él padre visitador, y que si quedábamos en poder del general y los padres calzados, nos habían de deshacer (como luego se vio por lo que salió del capítulo), lo cual hizo al padre determinar y a todos darle prisa»[47].

La Madre Teresa escribió largo al general de la Orden desde Sevilla, exponiéndole la situación de los descalzos y amortiguando sus enojos por las fundaciones andaluzas. «Los monesterios —aclaraba— se hicieron por

---

[43] *Ibíd.*, II, n.51.

[44] Arch. Vat., *Nunziatura di Spagna*, vol.151, f.5v.

[45] *Peregrinación de Anastasio*, diálogo I, ed. de Giovanni María Bertini. Barcelona, Juan Flors, 1966, p.38.

[46] AHN, sección de Clero, libro 8494, n.32, f.15r.

[47] María de San José, *Libro de recreaciones...* Burgos, 1913, p.112.

mandado del visitador Vargas ... porque acá tiénese por la principal refor-mación que haya casas de descalzos, y ansí el nuncio dio licencia, como re-formador, cuando mandó a fray Antonio de Jesús que visitase, para que fundasen monesterios. Mas él hízolo mejor, que no hacía sino pedirla a V.ª S.ª. Y si acá estuviera Teresa de Jesús quizá se huviera mirado más esto, porque no se tratava de hacer casa que no fuese con licencia de V.ª S.ª, que yo no me pusiese brava. Y en esto hízolo muy bien fray Pedro Fernández, en lo que mirava no desgustar a V.ª S.ª. El de acá (Vargas) ha dado tantas licencias a estos padres y rogándoles con ellas, que si V.ª S.ª ve las que tie-nen, entenderá no tienen tanta culpa» [48].

La Madre Teresa había insistido, efectivamente, con Gracián para que tuviese aquellas atenciones con el general de la Orden, escribiéndole: «Mien-tras más pienso en que vuestra paternidad escriva al general y haga cuantos cumplimientos pudiere, mejor me parece ... Mire, mi padre, que a él prome-timos obediencia, y que no se puede perder nada» [49]. Gracián estaba domina-do por el nuncio, por la Corte y por muchos de sus descalzos que preferían seguir la diplomacia dura del rey contra cualquier intromisión extranjera. Por otra parte, el mayor entuerto esgrimado por Rubeo eran los frailes que se habían pasado a la descalcez por sustraerse a su obediencia. La Madre Te-resa reconocía que era gravísima razón, y daba la palabra de que se pondría remedio. Informada por Mariano supo que «ese Piñuela (fray Gabriel de la Peñuela) por engaño tomó el hábito. Días ha que andan por echarle, y ansí lo harán». A fray Gaspar (Nieto) «nunca le han querido admitir ni tener su amistad, y a otros» [50].

Medidas drásticas del general Rubeo contra los descalzos

Cuando la carta de la Madre Teresa llegaba a manos del P. General ya se habían tomado medidas drásticas contra los descalzos. Para el 22 de mayo de aquel año jubilar 1575 se había convocado en Placencia el capítulo gene-ral de los carmelitas. Con fecha 15 de abril el P. Rubeo había alcanzado una bula de Gregorio XIII dirigida a los gremiales del mismo, exhortando a la renovación de la vida religiosa . Al principio del capítulo se leyó al comien-zo de las sesiones el breve *Cum sicut accepimus*, del 13 de agosto del año pre-cedente, «para liberar —advertía el secretario— a las provincias españolas de la visita de los extraños». Luego se leyó la bula reciente «en favor de la observancia» [51]. En realidad, el primer documento ya estaba superado con la

---

[48] *Carta al P. Rubeo*, Sevilla, 18.6.75, 16-17.
[49] *Carta al P. Gracián*. Sevilla, 30.12.75, 8.
[50] *Carta al P. Rubeo*. Sevilla, 18.6.1575, 15 y 17.
[51] *Bull. Carm.*, p.183-184; *Acta Cap. Gen.*, I,486- 487.

reiteración del nuncio Ormaneto, y la visita de los extraños iba a ponerse en manos del P. Gracián, que no lo era.

No tardó en aparecer la silueta de los descalzos rebeldes: «Algunos desobedientes, rebeldes, contumaces, vulgarmente llamados descalzos, han morado y moran fuera de la provincia de Castilla en contra de las licencias del prior general, a saber, en Granada, Sevilla y La Peñuela. Se les conmina bajo penas y censuras eclesiásticas, y si fuere menester con el brazo seglar, que dentro de tres días abandonen tales conventos». En el apartado de los decretos vuelven a cargar: «Los carmelitas de la primera regla, vulgarmente llamados descalzos, dejen los conventos que tienen fuera de Castilla. Sean visitados y constreñidos a cuanto allí se estatuya en conformidad con la primera regla».

Después «sancionaron a fray Mariano, otro ermitaño del Tardón, y a fray Baltasar Nieto, que fue de la Orden de los Mínimos: que de no cejar en su rebelión contra las patentes del prior general, serían expulsados de la Orden del Carmen, por incorregibles» [52]. La voz del general se había hecho coro en aquella magna asamblea. Le ejecución de las medidas adoptadas se dejó a discreción del general con sus definidores; y Rubeo completó de propio puño los dictámenes, escribiendo: «Todos los descalzos quedarán privados de sus oficios y administraciones, y el provincial les nombrará un superior y echará del Andalucía y del reino de Granada a los que no acataren las patentes susodichas y apresará a cuantos osaren contradecirlas». También ordenó que «los primitivos y sus conventos estén siempre sujetos al provincial de Castilla, y no deben levantar iglesia ni convento ni admitir religiosos de esta ni de otra Orden sin licencia escrita del general» [53].

Fray Jerónimo Tostado «vicario general de toda España»

Para llevar a cabo lo prescrito Rubeo nombró un vicario general para España, el portugués Jerónimo Tostado, a quien durante el capítulo había dado muestras de especial consideración [54]. Algunos meses más tarde, a 10 de diciembre, en Cremona, le daría patentes de «provincial de Cataluña de los frailes carmelitas y vicario en estos reinos de España y de Portugal de todos los religiosos carmelitas, primitivos y mitigados, visitador y comisario general del prior general para visitar y reformar todos los monesterios della, ansí de religiosos como de religiosas» [55].

No había aún partido Gracián a la visita de Andalucía cuando llegaron noticias de lo acaecido en el capítulo de Placencia. Ormaneto consignaba en

---

[52] *Acta Cap. Gen.*, I,509-515 y 533- 534.
[53] Roma, Arch. Gen. O. Carm., I. C.O., 3, f.102r.
[54] *Acta Cap. Gen.*, I,486, nota 3 y ss.
[55] Roma, Arch. Gen. O. Carm., II, Catalaunia, 2.

las patentes de Gracián que sus poderes subsistían «no obstante la decisión del capítulo general y las letras apostólicas dadas a la Orden»[56].

El capítulo de Placencia había también reducido a la Madre Teresa a un convento «a manera de cárcel», el que ella quisiese escoger, y aunque escogió el de Avila, los acontecimientos la detuvieron en Toledo. El padre Gracián dice que se le comunicó a la Madre Teresa «las cláusulas del capítulo general, en que manda se encierre en un monesterio, con una carta y mandamiento de fray Angel (de Salazar, provincial de Castilla), tan llena de mofa y escarnío que, entre otras palabras, dice del P. Antonio que fue el primero que comenzó a danzar en este sarao, y allí en Avila dice, según escribe la supriora de San José (María de San Jerónimo) que le dijo que enviaba un mandamiento a la Madre que se encerrase, dando a entender que las cosas del nuncio y la visita suya son negocios de burla». Y Gracián concluye: «Para todas las cosas de reformación no tenemos otro más contrario que fray Angel ... Si de una parte se pusiesen todos los relajados juntos, y destotra parte sólo fray Angel, escogería antes por contrarios a todos juntos que no a él solo para la reforma»[57].

En realidad, las facultades de Gracián eran concedidas por los poderes apostólicos del nuncio, al margen de toda autoridad interna de la Orden. Pero el clamor confuso, coreado por la intrigante Andalucía, hizo creer que fray Jerónimo Tostado venía con poderes sobre Gracián. Por lo que pudiere haber, la Madre Teresa aconsejó a Gracián que evitase el encuentro con el Tostado, no fuera que éste le presentase sus patentes y le inmovilizase de momento, sino que hurtando el cuerpo huyese a consultar el caso con el nuncio para obrar luego sobre seguro. Gracián se marchó inesperadamente y fue a Madrid por caminos desviados. La huida de Gracián confundió a los calzados. Sin embargo, el provincial destituido, alegando que era él el verdadero provincial nombrado por el capítulo de Placencia, arrogóse el cargo y depuso a los que había nombrado el padre Gracián[58]. Aquel furor se extendió por todos los conventos, y así, al pasar por Toledo, el padre Antonio de Jesús fue apresado por los calzados y encarcelado, hasta que por orden del padre Tostado le dieron libertad[59]. Con todo, era un mal agüero.

Tensión en Castilla

Mientras tanto, en Castilla había convocado a capítulo el provincial fray Angel de Salazar. Cumpliendo con las órdenes de Placencia, había con-

[56] AHN, sección de Clero, libro 8494, n.16.
[57] Roma, Archivo de la Postulatura General O. Carm., cod.IV, 145, f.490r.
[58] *Carta del P. Jerónimo Gracián*, Alcalá, 23 agosto de 1577, en *Regesta Rubei*, Documenta varia, 254.
[59] *Informe contra Tostado* (1577) (Roma, Arch. Gen. O. Carm., II, Castella,1).

vocado también a los descalzos para el día 12 de mayo de 1576, acudiendo el prior de Pastrana, fray Diego de la Trinidad; el rector de Alcalá, Elías de San Martín; el prior de Mancera, Juan de Jesús (Roca); tan a punto que cuando ellos llegaron ya se estaban redactando las conclusiones y las actas, muy contrarias a cuanto los descalzos podían aprobar. Habían recibido consignas del nuncio para que no admitiesen innovación alguna ni cuanto derogase los poderes de Gracián. El padre Roca protestó briosamente desenmascarando la trama. Fue la declaración de guerra entre calzados y descalzos en Castilla. El cronista dice: «Desabridísimo quedó todo el capítulo y resuelto de hacer la guerra a la descalcez» [60].

Un capítulo de descalzos en Almodovar

Informado el nuncio de aquella jugada contra los descalzos, y de acuerdo con el padre Gracián, convocó éste a los descalzos en Almodovar del Campo. En virtud de las facultades que tenía del nuncio Ormaneto [61], confirmaba las fundaciones de descalzos, «hechas con licencias y patentes de los visitadores apostólicos», los Remedios de Sevilla, los Mártires de Granada y la Soledad de La Peñuela, «pues que las facultades de los visitadores, consignaba, son superiores a las del Rmo. General». La convocatoria fue dada en Pastrana a 3 de agosto, para celebrarse el 26 del mes de 1576. En aquel capítulo elegirían superiores pars sujetarles «todos los conventos de frailes y monjas descalzos, así de Castilla como de Andalucía».

Acudieron los priores descalzos burlados en el capítulo de San Pablo de la Moraleja, y, además fray Francisco de Jesús, prior de Granada, Antonio de Jesús, de los Remedios de Sevilla, y fray Juan de la Cruz, confesor de la Encarnación de Avila [62], quizás «como una delicadeza a su autoridad de primer descalzo», piensa el P. Crisógono [63].

Así que fray Juan viaja de Avila a la villa manchega de Almodovar del Campo.

Fue el 1 de septiembre cuando el padre Gracián declaró que durante su comisión no convenía elegir otra provincial, por no poner dos cabezas, sino que el primer definidor le supliese en su ausencia; y éste fue el padre Antonio [64]. El capítulo trató primeramente de las *Constituciones*. Fueron redactadas por Gracián a principios de 1576, a poco de ser nombrado por el nuncio superior de los Descalzos y visitador de los calzados de Andalucía [65]. En ellas

---

[60] *Reforma de los descalzos*, III, 50,3.
[61] Con fecha 3 de agosto de 1575, en *Regesta Rubei*, Documenta varia, 43-245.
[62] *Reforma*, III, 50,4.
[63] *Vida de San Juan de la Cruz* ... Undécima edición. Madrid, 1982, p.135-136.
[64] *Regesta Rubei*, Documenta varia, p.274.
[65] *Reforma*, t.1, l.3, c.41, p.756.

ha recogido las instrucciones redactadas por fray Antonio de Jesús y fray Juan de la Cruz en Duruelo, las dadas por los generales Soreth y Audet para la reforma de la Orden; por cierto, Gracián hizo caso omiso de las que el general Rubeo había dado a los carmelitas contemplativos; esto a diferencia del comisario apostólico de Castilla, fray Pedro Fernández. Los capitulares de Almodovar examinan y discuten sobre todo el punto referente a las relaciones entre la vida activa y la contemplativa.

Dos corrientes se manifiestan en los descalzos; algunos —fray Antonio de Jesús y fray Jerónimo Gracián— representan la inclinación por dar más énfasis a la vida activa, al apostolado, mientras otros —fray Gabriel de la Asunción, fray Brocardo *el Viejo* y fray Francisco de la Concepción— defienden la prioridad de la vida contemplativa. Parece que este es también la opción de fray Juan de la Cruz.

Por cierto, los historiadores de la Reforma aseguran que fray Juan de la Cruz insistió en dar al recogimiento contemplativo todo el valor que las *Constituciones* daban a este punto. La Madre Teresa había advertido reiteradamente al padre Gracián que importaba mucho enviar descalzos a Roma para que informasen que les lloverían todos los males por no tener quien hablase allá en su favor. Fueron nombrados en el capítulo de Almodovar los padres Juan Roca y Pedro de los Angeles, para que negociasen en Roma una cierta autonomía de los descalzos, entonces el único medio de salvar la reforma desde que el capítulo general carmelitano se ha colocado claramente contra los descalzos.

Fray Juan secuestrado

Entre otros acuerdos, y éstos con miras a quitar a los calzados pretextos de disgusto, se decidió también que fray Juan de la Cruz renunciase a su oficio de vicario y confesor de la Encarnación de Avila. «Quizá lo ha propuesto el propio fray Juan —dice el padre Crisógono— en vista de la actitud violenta en que éstos se han colocado» [66].

A principios de 1576 ya ha habido un primer conato de violencia contra fray Juan y su compañero en la Encarnación. El prior de Avila, el padre Alonso Valdemoro, sacó violentamente de la casilla de la Encarnación al «vicario», fray Juan, y a su compañero fray Francisco de los Apóstoles, y los llevó presos al Carmen de Medina del Campo. La cosa fue pública. «Valdemoro, como es prior de Avila —escribe la Madre Teresa al general de la Orden— quitó los descalzos de la Encarnación, con harto gran escándalo del pueblo» [67]. Por cierto, la ciudad protestó y presentó un oficio al nuncio de Madrid contra el atropello. El nuncio Ormaneto mandó, bajo excomu-

---

[66] *Vida de San Juan de la Cruz*, p.138.
[67] *Carta al general Rubeo*, fines de enero 1576, 16.

nión, que los calzados repusiesen a fray Juan en su oficio de confesor. Más aun: ordenó que los calzados no volviesen a aparecer por el monasterio de la Encarnación ni siquiera para decir misa a las monjas [68].

Con todo, el encierro de fray Juan y su compañero debió durar poco, visto que en febrero escribía la Madre Teresa al general de la Orden, en Roma: «Ya se tornaron los descalzos» [69].

De otra parte, la intervención del nuncio Ormaneto provocaba en los calzados una desatada furia. La situación de fray Juan y su compañero en la Encarnación resultaba ser cada día más violenta. Fray Juan ya había querido retirarse antes —según el padre Alonso de la Madre de Dios—, probablemente cuando la Madre Teresa dejó de ser priora de la Encarnación; pero ni el nuncio ni el comisario apostólico, fray Pedro Fernández, le habían dejado entonces [70]. Estando así las cosas, se comprende la decisión del capítulo de Almodovar. Pero tal decisión no se llevó a efecto. Fray Juan volvió de Almodovar a su puesto de la Encarnación de «vicario y confesor». Parece que fue una instancia de las monjas y una consiguiente orden del nuncio que confirmaba a fray Juan en su oficio, que impidió la ejecución de la decisión capitular [71].

El *vicario y confesor comprometido*

Mientras tanto la situación de fray Juan se hace siempre más delicada. Los calzados, al enterarse de la reunión capitular de Almodovar, se meten con mayor furia contra los descalzos. Un suceso grave, provocado por el propio Tostado, a cuenta de las monjas de la Encarnación y sus confesores descalzos, viene a agravar la tensión reinante, implicando directamente al «vicario y confesor», fray Juan de la Cruz. El recuerdo del priorato de la Madre Teresa no se había olvidado y los ánimos se inclinaban a elegirla de nuevo.

El padre Tostado, adelantándose, dio órdenes al provincial, fray Juan Gutiérrez de la Magdalena, para proceder según los planes por él trazados. Y en el acta notarial se lee:

> «Vino el P. fray Juan Gutiérrez, provincial, a esta casa, diciendo que era enviado por el vicario general fray Jerónimo Tostado, que quedaba en la Corte de Su Majestad, y no mostró ninguna comisión del dicho vicario, sino solamente la patente

---

[68] *Carta de la Madre Teresa al Rey Felipe II*, 4 dic. 1577.

[69] *Carta al general Rubeo*, fines de enero 1576, 17.

[70] Alonso de la Madre de Dios, O.C.D., *Vida, virtudes y milagros del Santo Padre Fray Juan de la Cruz...* Edición preparada por Fortunato Antolín, O.C.D., Madrid, Editorial de Espiritualidad, 1989, p.208.

[71] *Ibíd.*

original que el mismo vicario traía de Roma para sus visitas, persuadiéndonos a le obedecer y diciendo le havía obedescido toda la provincia. Venido el día de la elección, que fue a 7 de octubre de 1577, mandó salir fuera a nuestros confesores descalzos, que ordinariamente se suelen hallar presentes en tales actos en esta casa, y quedándose él solo con su compañero, al convento que estaba ya ayuntado, leyó una carta del dicho vicario general de ciertas exhortaciones; y tras esto leyó otra del mismo, poniendo muchas excomuniones a cualquiera que votase por monja fuera de casa ... Acabadas de leer las excomuniones, ninguna respondió palabra, y haviendo ofrescido todas sus votos por orden, al tiempo de regularlos, el segundo leyóse de la M. Teresa de Jesús; y entonces comenzó el padre provincial y su compañero a echar terribles maldiciones sobre cuyo era aquel voto, diciendo a gran furia que no era digna el alma de cuya era de ser socia de aquella cuya era el primero. Tanto que estávamos admiradas de ver tales géneros de maldiciones nunca leídas. Ya todos los votos que iban saliendo de la M. Teresa de Jesús, íbase martillando con una llave grande y maldiciendo a cuyos eran. Y acabados de leer los votos, los quemaron con grande ira».

«Tuvo la M. Teresa 54 votos, y son por todos los votos que hay en el convento, 98. Y la señora competidora tuvo 39. Hecho esto, el padre provincial mandó que volviesen a votar por las de dentro de casa, y que las perdonaba. Dijeron que, pues havía elección canónica que no era menester. Entonces volvieron a maldecir y descomulgar de nuevo con grande enojo. Y dijeron que las dejase informar al vicario general». Y al día siguiente el provincial volvía para continuar la elección, y «diciendo ellas que querían esperar respuesta, las echó con nuevas maldiciones y excomuniones y las hizo salir de allí. Y fue causa que no se hiciese la elección como manda el concilio, por votos secretos, y saliéndose todas juntas se fueron al coro alto, delante un Crucifijo afligidas, y mandó luego las fuesen a echar de allí. Y las echaron y cerraron con llave el dicho coro; y él se quedó recogiendo los demás votos en el coro bajo. Y envió por la confirmación» ... «Entre tanto respondió el vicario desde Madrid, no haciendo caso de nuestras informaciones y poniendo muchas culpas y faltas a la M. Teresa de Jesús y afirmándose en lo que tenía dicho. Y después envió la confirmación para la sobredicha señora»[72].

La competidora que fue elegida por minoría e impuesta por Tostado era doña Juana del Aguila. «Ya la tienen confirmada —escribía la Madre

---

[72] Roma, Arch. Gen. O.Carm., II, Castella, 1 (1577), ff.3-4.

Teresa— y las demás están fuertes y dicen que no la quieren obedecer sino por vicaria. Los letrados dicen que no están descomulgadas y que los frailes van contra el concilio ... No sé en qué parará. Están todos espantados de ver una cosa que a todos ofende, como ésta» [73].

Sin embargo, los letrados no intimidaban al provincial. Respondió éste al procurador de las monjas, Rodrigo de Agustina, que la Madre Teresa era de hábito y profesión diferente y debajo del obispo de Avila —esto era falso— y no podía ser elegida; y «mandé —decía— a las monjas que eligiesen priora del dicho monasterio y no de fuera, y así eligieron por priora a doña Juana del Aguila, y yo confirmé y quedó pacífica en su priorato» [74]. La elección de la Madre Teresa era nula según las nuevas leyes tridentinas, pero aún no se habían llevado a la práctica en España, y por eso los letrados y las monjas del partido teresiano no se ajustaron a ellas en esta ocasión [75].

Aunque no tenemos testimonios directos al respecto sobre la actitud del vicario y confesor de las monjas en este asunto, resulta del todo probable que la mayoría de las monjas actúa bajo su consejo en votar a la Madre Teresa y en no aceptar las censuras impuestas. Parece que esto induce a los calzados a cortar enérgicamente todo trato de los descalzos con la Encarnación y recuperar la vicaría de este monasterio [76]. Debe influir también el hecho de que los confesores descalzos ya no gozan de la protección del nuncio Ormaneto, fallecido el 18 de junio, mientras su sucesor, Felipe Sega, favorece a los calzados. Los calzados se creen con las manos libres: dan por terminada la comisón del padre Gracián y, seguros del amparo del nuevo nuncio, creen llegada la hora del vicario Tostado para acabar con los «descalzos rebeldes»; también con el vicario de la Encarnación y su compañero.

Fray Juan es realista y presiente el desenlace; lo anuncia unos días antes a Ana María, monja de la Encarnación: «como en breve tiempo la habían de prender y venir sobre él grandes trabajos», y la ruega «que le encomendase a Dios, que había de venirle un grande trabajo. Y replicándole ella que cómo, estando tan acabado, gastado y flaco por la penitencia, había de ser esto, él le dijo que así sería» [77]. Además, ya ha habido varios conatos de secuestrar a los confesores descalzos. Fray Inocencio de San Andrés, discípulo predilecto de fray Juan, declara: «me contó el mismo padre (fray Juan) ... que los padres carmelitas calzados procuraron con mano armada muchas veces prenderlos, y caballeros de la ciudad que les tenían particular devoción, habiendo tenido noticia, los defendieron con gente que muchas veces

---

[73] *Carta* del 22 de octubre 1577, 4-5.

[74] Roma, Arch. Gen. O.Carm., II, Castella 1 (1577).

[75] Véase: Hipólito de la Sgda. Familia, O.C.D., *La elección machucada*, en: *Ephemerides carmeliticae*, 1969, 162-193, y *Monte Carmelo*, 1969, p.14.

[76] Véase las cartas de la M. Teresa del 22 de octubre 1577, nn.4-6, y 7 de diciembre 1577, nn. 8-10.

[77] Decl. de Ana María: BNM, ms.19.407, f.151.

los velaron. Y viendo los padres calzados que no había por entonces lugar su pretensión, diéronle de mano para asegurarlos. Y cuando les pareció que había mejor ocasión, porque no los velaban ni ellos se recelaban tanto, porque habían pasado muchos días sin que los inquietasen» [78].

Por lo visto, lo prevén también los propios descalzos y, para prevenir el golpe, se decide sacarle a fray Juan de la Cruz de Avila nombrándole prior de Mancera [79]. Por cierto, tal medida llega tarde.

Fray Juan preso

La Madre Teresa, al ver las maniobras de los calzados contra los descalzos, escribió: «Andan desatinados estos padres» [80]. Tan desatinados que Tostado pasa a más y se mete con los propios descalzos que confiesan en la Encarnación por orden del comisario apostólico y por el del nuncio Ormaneto, y ordena que los lleven en secreto y los encarcelen, a fray Juan en Toledo y a su compañero fray Germán de San Matías en San Pablo de la Moraleja. El encargado del nuevo atropello es fray Hernando Maldonado, prior de Toledo, que ha venido a levantar la excomunión de las monjas, nombrado en el capítulo de la Moraleja «custodio de la provincia» [81].

Es la noche del 2 de diciembre de 1577. El «custodio de la provincia» va acompañado de gente armada. Dentro de la casilla están los dos descalzos oyendo cómo aporrean la puerta y a voces conminan a que abren. Las voces se oyen desde el convento de la Encarnación. La puerta es al fin descerrajada a golpes y los dos descalzos se rinden, sin oponer resistencia. Les dicen que se den presos por orden del vicario general, Jerónimo Tostado; fray Juan contesta: «Enhorabuena; vamos» [82].

Los frailes calzados, seglares y gente armada, suben con los dos descalzos, maniatados con hierros, y los llevan «presos como malhechores», y «el día que los prendieron dicen que —en el Carmen de Avila— los azotaron dos veces y que les hacen todo el mal tratamiento que pueden» [83]. El día 4 de diciembre acudió al Carmen el notario Vicente de Hernán Clares, acompañado de testigos, y preguntó por fray Juan de la Cruz y fray Germán de San Matías, «por no los hallar —dijo— en la casa donde residen junto al monasterio de la Encarnación. Pidió a un fraile que abrió la puerta, si estaban en el dicho monesterio. Dixo que hoy los havía visto entrar ... a cierto

---

[78] BNM, ms.8568, f.543.
[79] José de Jesús María (Quiroga), O.C.D., *Historia de la vida y virtudes del Venerable P. Fr. Juan de la Cruz...* En Bruselas, por Juan Meerbeeck, 1628, l.2, c.3.
[80] *Carta* del 10 de diciembre, 1577,5.
[81] Véase: las actas del capítulo provincial de Castilla, de 1576, en BNM, ms.2711, fol.420v-421r (*Regesta Rubei*, Documenta varia, p.247).
[82] Alonso de la Madre de Dios, *o.c.*, p.232.
[83] *Carta a María de S. José*, 10 dic. 1577, 8-10.

negocio que tenían que hacer, que ya no estaban allí» [84]. No sabemos cuanto tiempo estuvieron allí. Parece que algunos días, y que trataron de convencer a fray Juan de dejar la descalcez.

También se dice que «le quitaron por fuerza el hábito de descalzo para que no fuese conocido en el camino ... y le vistieron hábito de calzado» [85]. Algunos testigos dicen que fray Juan, al día siguiente, había echado a correr de nuevo y entrado en la casilla para poner a buen recaudo algunos papeles de importancia, y otros engulló, y en seguida le volvieron a apresar. Eran estos papeles «unos papeles de mucha importancia en que nuestra santa Madre y los padres fray Jerónimo Gracián y Mariano y el mismo Santo trataban los negocios de la Reforma y renovación de lo descalzo» [86].

Pronto se corrió por Avila la voz de aquel secuestro con muchos pormenores del mismo. «El día que los prendieron, supo la Madre Teresa, dicen que los azotaron dos veces y que les hacen todo el mal tratamiento que pueden. Al padre fray Juan de la Cruz llevó el Maldonado a presentar al Tostado; y al fray Germán llevó el prior de aquí (Valdemoro) a San Pablo de la Moraleja; y cuando vino dijo a las monjas que son de su parte que a buen recaudo le dejava aquel traidor; y dicen que iva echando sangre por la boca» [87].

Aquel mismo día escribió la Madre Teresa indignada al Rey Felipe II pidiendo justicia: «Un fraile que vino a absolver a las monjas las ha hecho tantas molestias, y tan sin orden y justicia, que están bien afligidas ... Y sobre todo hales quitado éste los confesores, y tiénelos presos en su monesterio, y descerrajaron las celdas y tomáronles en lo que tenían los papeles. Está todo el lugar bien escandalizado cómo no siendo perlado ni mostrando por dónde hace esto (que ellos están sujetos al comisario apostólico), se atreven a tanto, estando este lugar tan cerca de adonde está Vuestra Majestad, que ni parece temen que hay justicia ni a Dios. A mí me tiene muy lastimada verlos en sus manos, y tuviera por mejor que estuvieran entre moros, porque quizá tuvieran más piedad. Y este fraile (fray Juan), tan siervo de Dios, está tan flaco de lo mucho que ha padecido, que temo por su vida. Por amor de Nuestro Señor, suplico a Vuestra Majestad mande con brevedad le rescaten ... Si Vuestra Majestad no manda poner remedio, no sé en qué se ha de parar, porque ningún otro tenemos en la tierra ...» [88].

En carta del 10 de diciembre a la Madre Teresa repite lo que escribió a Felipe II: «Más los quisiera verlos en tierra de moros» [89]. Cuando la Madre Teresa escribe esto, fray Juan ya es llevado por fray Hernando Maldonado

---

[84] Roma, Arch. Gen. O.Carm., II, Castella 1 (1577).

[85] BNM, ms.8568, f.543 (Decl. de Inocencio de San Andrés).

[86] BNM, ms.12.738, f.1018. (Isabel de San Francisco).

[87] *Carta a la M. María de San José*. Sevilla. Avila, 10 de diciembre 15772,9.

[88] *Carta al Rey D. Felipe II*. Avila, 4 diciembre. 1577, 5-7.

[89] *Carta a la M. María de San José, Sevilla. Avila,* 10 diciembre 15772, 8.

a Toledo, dando grandes rodeos, por sendas solitarias, sin entrar en poblado. Fray Juan hace el viaje en un buen macho[90]. El tiempo es invernal y la comitiva atraviesa la sierra de Guadarrama en un día de nieves y celliscas.

Fray Juan es maltratado y el mulero que acompaña a los frailes, llega a conmoverse, y junto con un mesonero planea la fuga de fray Juan; pero éste no acepta tal ofrecimiento y sigue el camino desconocido sin saber a dónde va a ir. Si la Madre Teresa escribe al rey, las monjas de la Encarnación acuden al nuncio Sega[91]. Con todo, fray Juan ha desaparecido como si le tragase la tierra, bajo una severa consigna de silencio y de desorientación. Es verosímil que si el prior de Toledo se ha llevado a fray Juan lo tenga en su convento de Toledo; pero nadie lo imagina, porque el provincial echa la voz de que lo han llevado a Roma.

La Madre Teresa gemía sin cesar. «Espantada estoy —decía— de este encantamiento de fray Juan»[92]. Tampoco olvidan a fray Juan los buenos amigos en Avila. «Doña Yomar llora a su fray Juan de la Cruz —escribe la Madre— y todas las monjas. Cosa recia ha sido esta»[93]. Las monjas de la Encarnación, dirigidas de fray Juan desde hace más de cinco años, «lo han sentido y sienten más que todos sus trabajos, aunque son hartos ... Dicen las monjas que son unos santos y que en cuantos años ha que están ahí, que nunca los han visto cosa que no sea de unos apóstoles»[94]. «Al menos el uno, que llaman fray Juan de la Cruz, todos le tiene por santo, y todas, y creo que no se lo levantan. En mi opinión —declara la Madre Teresa— es una gran pieza. Y puesto allí por el visitador apostólico dominico, y por el nuncio pasado, y estando sujetos al visitador Jerónimo Gracián, es un desatino que ha espantado»[95].

La voz de la Madre condolida llega a la corte. Privadamente, los secretarios del rey están indignados y lamentan lo que se está perpetrando contra aquel justo de Dios. El secretario Mateo Vázquez escribe al secretario Zayas sobre «lo del carmelita de Toledo», rogándole rompiese luego su carta:

> «Me enterneció de manera que se me saltaron las lágrimas de los ojos leyendo los papeles de V.M. Me duele más por lo que toca al exemplo público, ver lo que pasa y se dexa pasar en este mundo malo ... Ando tan afligido que no tengo corazón para pasar de aquí; no porque me falte ánimo, sino de coraje, que haya nadie en el mundo osado pensar tan gran maldad y atrocidad contra quien desde que nasció no supo ni quiso ofen-

---

[90] BNM, ms.12.738, f.997. (Ana de S. Alberto).

[91] Alonso de la Madre de Dios, *o.c.*, p.233.

[92] *Carta al P. Jerónimo Gracián*, 22 mayo 1578,6.

[93] *Carta al mismo* del 15 abril 1578,21; *carta al mismo* del 10 y 11 marzo 1578,4; *carta al mismo* del 15 abril 1578,8.

[94] *Carta a la M. María de San José*, 10 diciembre 1577,10.

[95] *Carta a D. Teutonio de Braganza*, 16 de enero 1578.

der a persona del mundo, sino hacer a todos todo el bien y servicio que ha podido»[96].

Las cartas de la Madre Fundadora al rey solían tener eficacia inmediata.
Esta vez parece cruzarse una fuerza oculta que lo impedía. Con todo, la Madre Teresa conoce bien los desmanes a que pueden conducir las pasiones
frailescas. Hace poco ha tenido que aconsejar al padre Gracián que no come
nunca en los conventos de los carmelitas andaluces, que le podrán envene-
nar. Y Gracián es hombre que, por su familia, tiene ascendiente en la Corte.
Fray Juan es tan sólo «hijo de un pobre tejedor», de Fontiveros; hijo de Catalina Alvarez, que, sin duda, tenía que enterarse del atropello y sufrirá
como saben sólo hacerlo las madres.

Fray Juan de la Cruz es «una gran pieza» para la Madre Teresa; pero
para el rey es menos, un frailecico; uno de tantos. Mientras tanto, la Madre
Teresa teme que haya «algún grave desmán»[97].

[96] Simancas, Estado, leg.160, n.230 (1578).
[97] *Carta a D. Teutonio de Braganza.* Avila, 16 enero 1578, 12.

Fray Juan de la Cruz en prisiones: bodas místicas en la cárcel

Otger Steggink, O.Carm.

«Después que me tragó
aquella ballena...»
(Fr. Juan de la Cruz, carta 1)

En el «convento principal» del Carmen de Castilla

Después de haber ejecutado la orden del vicario general Jerónimo Tostado de sacar de la Encarnación, de Avila, a los dos confesores, fray Juan de la Cruz y fray Germán de San Matías, el prior de Toledo, fray Hernando de Maldonado, se hizo cargo de fray Juan de la Cruz, mientras el padre Valdemoro, prior de Avila, llevó a fray Germán de San Matías al convento de San Pablo de la Moraleja, pueblecito de la provincia de Avila, entre Arévalo y Medina del Campo. En cuanto a fray Juan de la Cruz se refiere, dice el carmelita toledano, fray Juan Bautista Figueredo, «determinaron de llevarlo a Toledo sin que él supiese a dónde iba, y a la entrada de Toledo le taparon los ojos con un pañuelo»[1]. Así, después de haber atravesado calles del todo desconocidas en el barrio de Antequeruela, franqueó fray Juan con los ojos vendados la puerta de Visagra, y, tras unos minutos de camino cuesta arriba, pasó el umbral del Carmen toledano, situado al Oriente de la ciudad, dominando el puente de Alcántara. «La frontera del monasterio mira a la plaza de Zocodover... La galería de la parte contraria... cae en el río Tajo»[2]. «Su fundación y sitio está sobre las riberas del río Tajo, entre el célebre artificio de Januelo y la famosa puente de Alcántara. Su edificio es insigne, especialmente el templo, cuya capilla mayor, teniendo sus cimientos en la parte del río, sube con tanta altura que pone espanto al mirarla, así desde lo alto como desde lo bajo»[3].

---

[1] BNM ms.12.738, f.1215 (Relación de fray Juan Bautista Figueredo).

[2] José de Jesús María (Quiroga), O.C.D., *Historia de la vida y virtudes del Venerable P.Fr. Juan de la Cruz...* En Bruselas, por Juan Meerbeeck, 1628, 1.2, c.9.

[3] Sevilla, Biblioteca Provincial, estante 331, n.157: Archivo de papeles curiosos que el padre Maestro fray Pedro de Quesado juntó en Roma el año MDCXXXV, f.302.

El convento es considerado como «el principal de la provincia de Castilla». Lo habitan cerca de veinte religiosos entonces. Para la edificación del mismo se cedieron las antiguas murallas de la ciudad, perdida la utilidad militar de las mismas. Debió de construirse la parte principal del convento espacioso y de sólita construcción en el siglo XVI.

La iglesia es amplia, grecorromana; da acceso a ella una bella puerta dórica en piedra bien labrada, que corona una imagen de Nuestra Señora del Carmen[4]. Aquí es conducido fray Juan de la Cruz, a mediados de diciembre de 1577. Cuando corre por el convento la voz que ya ha llegado «el primer descalzo», varios frailes acuden a verle, y a recriminarle[5].

Fray Juan de la Cruz declarado «rebelde e desobediente en contumacia»

La Madre Teresa de Jesús escribió el día 10 de diciembre a la Madre María de San José: «Al padre fray Juan llevó el Maldonado —que es el prior de Toledo— a presentar al Tostado; y al fray Germán llevó el prior de aquí (Alonso Valdemoro) a San Pablo de la Moraleja»[6].

Los historiadores primitivos suponían —como la Madre Teresa de Jesús— que en Toledo estaba esperando el padre Jerónimo Tostado para presidir el juicio de fray Juan; lo que no está claro. El vicario general Tostado no estaba autorizado por el Consejo Real para hacer uso de sus facultades apostólicas, y no solía dar la cara. Su arma era la encelada y el rumor de sus poderes.

La Madre Teresa de Jesús lo sospechaba cuando avisó que iba a verse con el padre Gracián en Alcalá: «Ni fue allá ni vino acá. Con todo dicen los del paño (los calzados) que él lo hace todo y procura la visita, que esto es que nos mata»[7]. El pado Jerónimo de San José (Ezguerra), manejando meticulosamente los datos históricos, dice que «se comenzó con él a executar el orden que el vicario general (Tostado) avía dado el P. Prior (Maldonado) que le llevava a su cargo: que se calzase, o si no, apretarle con castigos como a desobediente»[8].

En consecuencia, «metiéronle en una pequeña y oscura cárcel, quitándole por entonces la capilla y el santo escapulario, como a persona indigna de él[9].

Otro día compareció ante el tribunal presidido por el padre Hernando Maldonado, por delegación del vicario general, acompañado de otros padres graves del Carmen toledano. No es del todo convincente que le son leídas

---

[4] Balbino Velasco, O.Carm., *El convento de carmelitas calzados de Toledo*, en *Anales Toledanos*, vol.XVII, 1983, 31-32.

[5] BNM, ms.8568, f.543 (Relación de fr. Inocencio de S. Andrés).

[6] *Carta a la M. María de S. José*, Avila, 10 dic. 1577, 9.

[7] *Carta a D. Teutonio de Braganza*, 16 enero 1578, 14-15.

[8] Jerónimo de S. José, *Historia*, III, c.6,1, p.242.

[9] Alonso de la Madre de Dios, O.C.D., *Vida, virtudes y milagros del santo padre fray Juan de la Cruz...* Edición preparada por Fortunato Antolín, O.C.D., Madrid, Editorial de Espiritualidad, 1989, p.235.

al menudo fraile «barbinegro» las actas del Capítulo General de Placenza contra «algunos desobedientes, rebeldes y contumaces, llamados vulgarmente "descalzos", los cuales, en contra de las patentes... del prior general, han vivido y viven fuera de la provincia de Castilla la Vieja, en Granada, Sevilla y cerca del pueblecito llamado La Peñuela, y no quisieron, excusándose con falacias, cavilaciones y tergiversaciones, aceptar humildemente los mandatos y las letras del prior general...»[10].

Tales actas van formuladas exclusivamente contra los que han fundado o habitan las casas descalzas de Andalucía y fray Juan de la Cruz ha llevado más de cinco años como «vicario y confesor» del monasterio de la Encarnación de Avila. Teniendo poderes absolutos para hacer y deshacer —al menos así lo pretende el propio Tostado— es más probable que su delegado Maldonado intime directamente a fray Juan que abandone aquella vida que ha comenzado como «primer descalzo» y se reintegre a un convento de su Orden.

Fray Juan sabe muy bien que no le alcanzan las penas lanzadas contra los descalzos de Granada, Sevilla y La Peñuela, conventos fundados sin licencia del general y únicos a quienes el capítulo declara rebeldes si no abandonen aquellos conventos. Conoce las normas legales vigentes y los motivos por los que se aplican. Cree, sin embargo, que no está sujeto en aquel momento.

El mismo contará más tarde a su confidente Ana de San Alberto que le habían encarcelado «porque no había obedecido a los mandatos de los Calzados que habían salido de un capítulo, porque eran contrarios a la Orden de los Descalzos y de los mandatos que tenían del Señor Nuncio y del visitador apostólico, fray Pedro Fernández[11].

Lo que quizá fray Juan de la Cruz no sabe es que el propio vicario general Jerónimo Tostado no ha obtenido el *placet* del rey que necesita para ejecutar en España sus facultades apostólicas. Según una provisión real, fechada en 5 de noviembre de 1577, una sentencia obtenida por el procurador fiscal Chumacero ha retirado los poderes al vicario general[12].

Además, como advierte la Madre Teresa de Jesús, según el padre fray Pedro Fernández, «si no traí el Tostado poder sobre los visitadores, qué valdrán las actas»[13].

Esto es de gran importancia, porque Juan de la Cruz y Germán de San Matías han sido «puestos ahí (como confesores de la Encarnación) por el visitador apostólico dominico (fray Pedro Fernández) y por el nuncio pasado, y estando sujetos al visitador Gracián»[14].

De modo que fray Juan ha estado en la Encarnación por obediencia a una autoridad superior a la del general de la Orden y a la de su capítulo ge-

---

[10] *Acta Cap.Gen.* I, p.508-515.

[11] BNM, ms.12.738, ff.302-323; ed. B.M.C., 14, p.200.

[12] Silverio de Santa Teresa, *Obras de Sta. Teresa*, t.VIII, 154; véase: *Testimonia Discalceatorum circa exercitium officii Vic.Gen. ex parte Hieronymi Tostado*, Alcalá 1 octobris 1577: M.H.C.T, I, vol.1, p.400-406.

[13] *Carta al padre Mariano de San Benito, 16 febrero 1577, 9.*

[14] *Carta a D. Teutonio de Braganza, 16 enero 1578, 12.*

neral en aquel momento. Nombrado «vicario y confesor» de las monjas de la Encarnación por el visitador apostólico, fray Pedro Fernández, y confirmado en este puesto por el nuncio Ormaneto, y bajo la obediencia de fray Jerónimo Gracián —cuya autoridad era superior a la del capítulo y del prior general [15]— resulta claro que no pueden alcanzarlo los mandatos del vicario general, ni siquiera los del capítulo.

No vale decir que, muerto el nuncio Ormaneto, han cesado todas esas autoridades. Los visitadores han sido nombrado por Ormaneto en virtud de su cargo de legado a latere, no de su autoridad personal, y sólo en virtud de una derogación expresa del nuevo nuncio pierden su válidez. El nuncio Sega no anulará el nombramiento de Jerónimo Gracián hasta el 23 de julio de 1578 [16].

Así lo entenderán los letrados a quienes consulta la Madre Teresa de Jesús. «Cuando murió el nuncio pasado, tuvimos por cierto —escribe ella— se acababa la visita» (de Gracián). Sin embargo, «tratado con teólogos y legistas de Alcalá y Madrid y algunos de Toledo, dijeron que no, porque estaba ya comenzada, y que ansí, aunque muriese, no cesaba, sino que se había de acabar...».

Así lo entiende también el Consejo Real que anula las patentes del Tostado el 5 de noviembre de 1577, impidiéndole una visita que se funda en la autoridad del capítulo de la Orden y del general contra la de los visitadores apostólicos.

Escribe la Madre Teresa:

«Y el presidente (del Consejo Real) Covarrubias le tornó a decir (a Gracián) no lo dejase, porque no se había acabado. En esto conformaron todos. Después este nuncio, en viniendo, le dijo le trajese los poderes y los procesos, él (Gracián) lo quería dejar todo. Avisáronle que se enojaría el rey, porque también estaba a su mandato. El fue al arzobispo (de Toledo, don Gaspar de Quiroga) y le dijo lo que pasaba. El le reñó... Algunos letrados, y aun el presentado Romero, que se lo pregunté yo aquí (en Avila) decían por cuanto el nuncio no había mostrado las facultades que tenía para mandar en este caso, que no estaba obligado a cesar, por muchas razones que daban» [17].

No sabemos cómo se defiende fray Juan ante el tribunal. Cierto es que se tiene firme en su actitud de solidaridad absoluta con la descalcez. Entonces se le trata de cambiar de opinión con amenazas; a lo que fray Juan responde que no dará un paso atrás, aunque le cueste la vida [18]. Luego se intenta sobornarle con ofrecimientos como éstos: le prometen un priorato, buena celda y buena librería; se le llega a ofrecer una cruz de oro [19]. Tal bajeza fue, en un alma sensible como él, aferrarse con una fuerza nueva al há-

---

[15] Breve Nicolai Ormaneto, in Hispania Nuntii, pro P. Hieronymo Gracián. Madrid, 3 augusti 1575: M.H.C.T., 1, pp.221-223.

[16] Derogatio P. Hieronymi Gratiani, en Regesta Rubei, Documenta varia, 268-272, n.20; también en M.H.C.T., 2, pp.20-25.

[17] Carta a un consejero, fin. agosto 1578, 1-3.

[18] Alonso de la Madre de Dios, O.C.D., o.c., p.249.

[19] BNM, ms.8568, f.543 (Inocencio de S. Andrés).

bito de descalzo. Fray Juan se muestra insobornable, contestando: «El que busca a Cristo desnudo, no ha menester joyas de oro»[20].

El tribunal le declara «rebelde y contumaz». Sentencia vergonzosa y jurídicamente inválida por falta de competencia del tribunal en este asunto. Le declaran «rebelde», porque —según el prior de Toledo, fray Hernando Maldonado— «los descalzos andan contra obediencia, que no están obligados a seguir a los visitadores, sino a su general»[21]. Y «ellos no les parece van contra Dios, porque tienen de su parte los prelados»[22].

Sin duda, el conflicto jurisdiccional está al rojo blanco. Al mismo tiempo resulta evidente que tanto calzados como descalzos toman posiciones contrarias —los calzados están con el general de Roma y los descalzos con los visitadores y con el Rey— movidos ambas partes por el afán de defender y mantener su propia identidad religiosa, la de la Observancia carmelitana y la de la Descalcez; de modo que, en el fondo, se trata de un conflicto entre dos espiritualidades, entre dos observancias.

Y fray Juan debe de experimentar su condena como «rebelde y comtumaz» como efecto de tal encrucijada: es víctima de una trama enrevesada que se ha originado entre hermanos de religión de una orientación religiosa distinta y hasta rival.

Jurídicamente la sentencia de fray Hernando Maldonado, delegado del Tostado, contra fray Juan de la Cruz es nula, ya que éste no está autorizado para ejercer sus facultades apostólicas de vicario general, desde que el Consejo Real ha anulado tales facultades por sentencia del 5 de noviembre de 1577.

Por falta de tal autorización pública el vicario general procede por los caminos torcidos de la clandestinidad, dando órdenes de secuestrar violentamente a fray Juan de la Cruz y de conducirle en el máximo secreto al convento de Toledo, para poder sentenciarle y encarcelarle, de nuevo clandestinamente, haciendo caso omiso de la anulación de sus facultades de vicario general por el Consejo Real.

Pero ¿por qué escogen a fray Juan de la Cruz, al menudo fraile «barbinegro», como los vecinos de la Encarnación le conocen? ¿Qué ven de responsable, de culpable o de temible en él? ¿Era la fuerza de su silencio o la serenidad y la fuerza encerrada en aquel semblante, que los calzados describen en seguida como «lima sorda»?

Apuntando su estrategía destructora contra la descalcez en la liquidación del «primer descalzo», los calzados dejan entrever que consideran a fray Juan de la Cruz como «la gran pieza» de la reforma de los descalzos, al lado de la Madre Teresa de Jesús, a la que, en el capítulo general de Placenza condenaron a escoger un convento «como cárcel» e interrumpir su actividad fundadora.

Los calzados declaran a fray Juan desobediente y rebelde, puesto que —según ellos— no pudo residir en la casilla cerca del monasterio de la En-

---

[20] BNM, ms.12.738, f.567.
[21] *Carta a Ambrosio Mariano*, 18 febrero 1577, 4.
[22] *Carta al P. Jerónimo Gracián*, 17 abril 1578, 3.

carnación «como vicario y confesor» sin autorización escrita del general; además, se ha mostrado solidario con las monjas que quisieron elegir a la Madre Teresa de Jesús de nuevo en priora, en contra del mandato del vicario general [23].

Se le aplican las penas que precriben las Constituciones en caso de rebelión: «el tal desobediente, contumaz y rebelde, juzgamos que tendrá que ser encarcelado por el tiempo que al general de la Orden le pareciese conveniente» [24]; en este caso hace sus veces el padre Tostado, o mejor dicho, pretende hacerlo, sin que, por entonces, tenga facultades efectivas para ello.

La cárcel de fray Juan de la Cruz

Después de esta comparecencia ante el tribunal presidido por fray Hernando Maldonado, fray Juan es llevado a la cárcel. «Era esta cárcel una celdita puesta al fin de una sala..., situada en la cabecera que camina al río Tajo. Tenía de ancho seis pies y hasta diez de largo, los cuales tomaba de la sala, sin otra luz ni respiradero sino una saetera en lo alto de hasta tres dedos de ancho...» [25].

En el suelo, donde estuvo el servicio hasta ahora, se pone una tabla y dos mantas viejas; será la cama del preso [26]. Este recinto no tiene más abertura para recibir el aire y la luz que la dicha «gatera o saetera, que venía a estar en un rinconcillo», según explica el buen carcelero. Es necesario, para que el prisionero tenga un poco de claridad, que el sol dé en un corredor frente a la sala a que esta prisión sirve habitualmente de desahogo.

En esta celdita oscura y mísera entra fray Juan, sin capucho ni escapulario, con sólo el hábito y ceñida la correa, en señal de castigo a su «rebeldía»; no lleva consigo más que el breviario y un libro de devoción; «subía sobre un banquillo para poder alcanzar a ver, y aun esto avía de ser cuando el sol dava en el corredor que estava delante de la sala hacia donde este agujero caía. Porque como se avía hecho esta celda para retrete de esta sala, en que poner un servicio cuando aposentavan en ello algún prelado grave, no le avían dado más luz» [27].

Cuando fray Germán de San Matías, su compañero en la casilla cerca de la Encarnación en Avila, se escapó de la cárcel del convento de San Pablo de la Moraleja, «llegó la nueva desto a Toledo, y temiendo no les sucediese lo mesmo con... fray Juan de la Cruz, pusieron fortaleza a su cárcel, añadiendo al candado de la celdilla otra llave a la puerta de la sala, para tenerle más seguro» [28].

Para fray Juan de la Cruz, todo eso constituye un mundo nuevo y problemático, sin salir jamás ni para sus necesidades, ni para decir la Santa

---

[23] *Acta Cap.Gen.*, I, p.508.
[24] *Aurea et saluberrima...* (*Constituciones* de 1524) *Tertia pars,* 94v.
[25] Alonso de la Madre de Dios, *o.c.*, p.246.
[26] BNM, ms.12.738, f.20 (Relación de fray Juan de Sta. Ana).
[27] José de Jesús María, *Historia*, l.2, c.4, p.480-481.
[28] Alonso de la Madre de Dios, *o.c.*, p.247-248.

Misa. Además, no es fray Juan de los que tienen reservas de salud para los tiempos malos, sino la carne justa sobre el hueso, llena de riesgos. Pronto, ya es diciembre, tendrá que sentir los efectos de las heladas toledanas, que tanto impresionaron a la Madre Teresa de Jesús[29], y tendrá que decir más tarde «que de frío se le habían quitado de los pies las uñas o a lo menos mudado todos los cueros»[30]. Aquí el menudo fraile «barbinegro» pasará ocho meses y medio, incomunicado, hambriento, consumiéndose entre miseria, sin otra luz que tres dedos de ancho que entra por la lumbrera en el tejado de la carcelilla.

A pan y agua y disciplinas

La comida que le lleva el carcelero es muy pobre: agua, pan y unas sardinas, a veces sólo media [31]. Alguna vez el carcelero le regala con parte de las sobras de la comunidad[32]. Tres días a la semana, los lunes, miércoles y viernes, que son los prescritos en las Constituciones, ayuna a pan y agua y recibe la disciplina en el refectorio[33]. Mientras los religiosos comen sentados a la mesa, fray Juan, de rodillas en medio del refectorio, come en el suelo pan y agua[34].

Terminada la cena, el prior se dirige duramente al «primer descalzo», reprendiéndole «que él ha sido el que ha dado en estos desatinos y disparates de descalzarse y mudar hábito y que tiene revuelta y escandalizada toda la religión, y es oprobio de ella; ¡Mira quién!, un frailecillo nos pone en tanto alboroto, y otros mil oprobios»[35]. «Lo vituperaban con palabras afrentosas; y porque jamás respondía, le llamaban "lima sorda"; y que el haberse pasado a la Orden de los Descalzos era por mandar y ser tenido por santo»[36].

Después de la represión, fray Juan recibe la disciplina: medio desnudo, arrodillado, la cabeza inclinada; dura el recitado de un *Miserere*. Sufre los azotes mandados por las Constituciones, y no de rúbrica, sino algunos descargados con evidente mal humor[37].

Hay en el convento religiosos jóvenes, novicios y estudiantes —quizás algunos compañeros de la Universidad de Salamanca, como fray Luis Ruiz y fray Cristobal de Toledo, fray Alonso de Villalba—; se conmueven al ver la actitud de resistencia pasiva y de integridad religiosa de fray Juan; «los

[29] *Carta a la M. María de S. José*, 9 enero 1577, 12.

[30] BNM, ms. 8568, f.475 (Fr. Pedro de S. Cirilo).

[31] *Ibid.*, f.919 (Fr. Inocencio de S. Andrés).

[32] BNM, ms.12.738, f.20 (Fr. Juan de Sta. Ana).

[33] *Aurea et saluberrima...* (Constituciones de 1524), Tertia pars, c.viij, p.110; «le llevaban tres veces a la semana al refectorio, donde la daban disciplina» (Ana de S. Alberto: B.M.C., t.14, p.200).

[34] BNM, ms.12.738, f.20 (Fr. Juan de Sta. Ana).

[35] Declaración de Francisca de la Madre de Dios: B.M.C., t.14, p.173.

[36] Declaración de Ana de S. Alberto: B.M.C., t.14, p.200.

[37] BNM, ms. 8568, f.543 (Fr. Inocencio de S. Andrés).

religiosos mozos lloraban y se enternecían dél y decían entre ellos: "Este es santo; digan lo que quisieren"»[38]. Sin embargo, los mayores, los responsables, se sienten irritados por tal potencia pasiva de aguante e integridad. «Tan inmóvil como una piedra», dice plásticamente un hermano converso[39].

Haciéndole la guerra fría

La hacen la guerra fría, tratando de intimidarle y hundirle la moral. Se acercan los frailes del convento disimuladamente a la puerta de su celdita para decir en alta voz cosas molestas y propinarle amenazas violentas. Fray Juan oye decir: que la reforma de los descalzos «es orden nueva e invenciones»; de la Madre Teresa se dice que es «una vagamunda e inquieta, y que los monasterios que he hecho —dice ella misma— ha sido sin licencia del papa ni del general»[40]. Fingen la supresión de los conventos de los descalzos por intervención del Tostado; dan por segura la inminente desaparición de la Reforma descalza bajo la intervención del nuevo nuncio, Felipe Sega.

Hasta oye frases hirientes como éstas: «¿Qué aguardamos de este hombre? Empocémosle, que nadie sabrá de él»[41]. También le dan a entender que «no saldría de la prisión sino para la sepultura»[42]. Tales conversaciones de los pasillos van perforando sus oídos, alma adentro. Está solo, terriblemente solo. Sospechas y temores le asaltan y rodean al núcleo oscuro de su alma.

«... nunca hay quien se acuerde de este santo»

Mientras tanto, la Madre Teresa parece ser la única persona que se preocupa del «santico de fray Juan». Al día siguiente del encarcelamiento ya escribe al rey Felipe II pidiéndole «mande que con brevedad le rescaten»[43]. Habla, a continuación, también del informe de la protesta mandada por las monjas de la Encarnación al Consejo Real, en carta del 16 de enero de 1578 a don Teutonio de Braganza. Ella expresa sus esperanzas de que surta efecto: «No sabemos si los han suelto, aunque tenemos confianza en Dios que lo ha de remediar». Se lamenta de que el asunto, que va por vía judicial, haya de quedar suspendido hasta pasado Reyes: «Como ahora viene la Pascua y no se pueden tratar negocios de justicia pasados Reyes, si ahora no está negociado, será largo trabajo para los que padecen»[44].

Con angustia creciente va contando los días que lleva preso. «Ha ya ocho días mañana que están presos», escribe a la M. María de San José el

[38] BNM, ms. 12.738, f.559.
[39] Arch.Vat., Riti, nr. 2867, f.136 (Inocencio de S. Andrés).
[40] Carta al padre Pablo Hernández, 4 oct. 1578, 3.
[41] BNM, ms.12.738, f.19-20 (Juan de Sta. Ana).
[42] Alonso de la Madre de Dios, o.c., p.249.
[43] Carta al Rey Felipe II, 4 fiv. 1577, 8.
[44] Carta a la M. María de S. José, 19 dic. 1577, 2-3.

10 de diciembre de 1577. «Ha hoy dieciséis días que están nuestros dos frailes presos», escribe el día 19 del mismo mes. Y el día 16 de enero de 1578 escribe al arzobispo de Evora, don Teutonio de Braganza: «Por mandato del padre Tostado, ha más de un mes que prendieron los dos descalzos». Y sigue el 9 de marzo de 1578 sin saber donde están: «Acá (en Avila) —escribe a Roque de Huerta— ha dicho el Magdaleno (= fray Juan Gutiérrez de la Magdalena, provincial de los calzados de Castilla), por muy cierto ... que al padre fray Juan de la Cruz, que ya le ha enviado a Roma». Y no puede más que gemir: «Dios le saque de su poder, por quien él es».

Y no se contenta con palabras. Pide por carta a las carmelitas de Beas que, para pedir por la liberación de fray Juan, «digan la letanía en el coro por espacio de quince días. Y en estos días, de más de las horas de oración que tienen, se les añada otra»[45].

Cuando le llegan rumores de que fray Juan está encarcelado en Toledo, escribe a la priora de las descalzas de esta ciudad, pidiéndola que se entere. Y la priora, Ana de los Angeles, procura sacarle la verdad al carmelita calzado que es confesor de las descalzas; pero, sin resultado; de otro fraile del Carmen toledano tampoco logra saberlo con certeza, aunque llega a sospecharlo. Leonor de Jesús, tornera de las descalzas de Toledo, asegura que la priora «hizo las diligencias que pudo, y vino a saber cómo era verdad que estaba preso el dicho fray Juan de la Cruz»[46], pero no dice si supo que estaba allí. Sin embargo, como parece que esto fue unos días antes de la fuga de fray Juan, nada pudo hacer ya la Madre Teresa.

No hay que extrañarse de la reserva por parte de los frailes calzados de Toledo. Un precepto de las Constituciones les prohibe bajo penas severísimas favorecer de ningún modo al fraile encarcelado. El que contraviene esta ley, es privado de lugar, pasando a ocupar el último en los actos comunes, y si es conventual, se le priva de voz y voto en el capítulo[47].

La Madre Teresa no se cansa en trabajar por la liberación de fray Juan. En carta al padre Gracián, del 15 de abril de 1578, insiste en que se hagan gestiones con el rey. Puede hacerlas el padre Mariano —escribe a Gracián: «El padre Mariano, que habla con él (con el rey), se lo podía dar a entender, y suplicárselo, y traerle a la memoria lo que ha que está preso aquel santico de fray Juan... Enfin, el rey a todos oye; no sé por qué ha de dejar de decírselo y pedírselo el padre Mariano en especial»[48]. Sin embargo, sus palabras parecen una voz en el desierto.

Cinco semanas más tarde, la Madre Teresa debe confesar: «Espantada estoy de este encantamiento de fray Juan de la Cruz...»[49]. Y, cuando fray Juan ya se ha escapado de la cárcel, sigue todavía insistiendo en que se tomen medidas concretas para salvarle la vida al «primer descalzo», su «Senequita». Escribe: «Si alguna persona grave pidiese a fray Juan al nuncio, que

---

[45] *Carta a la M. Ana de Jesús*, med. agosto, 1578.
[46] BNM, ms.12.738, f.386; véase también: Alonso de la Madre de Dios, *o.c.*, pp.251-252.
[47] *Aurea et saluberrima...* (Constituciones de 1524), Tertia pars, cap.viij, *De gravissima poena.* De praebentibus auxilium incarcerati, p.110v.
[48] *Carta al p. Jerónimo Gracián*, 15 abril 1578, 8.
[49] *Carta al mismo*, 22 mayo 1578, 6.

luego le mandaría a sus casas, con decirle que se informe de lo que es ese padre, y cuán sin justicia le tienen... A la princesa de Eboli que lo dijese Mariano, lo haría» [50].

La Madre Teresa parece ser la única persona que se vuelve por fray Juan. Los demás descalzos no hacen nada, a pesar de las instancias de la Madre Fundadora. Fray Antonio de Jesús, Jerónimo Gracián, Ambrosio Mariano, Juan de Jesús Roca, todos han sido puestos en libertad muy pronto [51]. Sólo el «primer descalzo» sigue del todo incomunicado y entregado a la merced de sus verdugos, que, sin piedad, persisten en el tratamiento inhumano que le dispensan.

La Madre Teresa tiene la intuición de cuán mal que fray Juan lo está pasando. escribe el 11 de marzo de 1578, angustiada, al padre Gracián: «Terriblemente trata Dios a sus amigos. A la verdad, no les hace agravio, pues se hubo ansí con su Hijo» [52].

Situación crítica de los descalzos

No existe ni el mínimo indicio de que piensen soltarle al «primer descalzo», el cual para los calzados de Castilla sigue siendo el símbolo vivo de la resistencia descalza. Según las Constituciones de la Orden, el preso queda a disposición del prior general; en el caso de fray Juan la suerte del preso depende del vicario general, que no piensa soltar a su presa. El Tostado se cree, por fin, con las manos libres gracias a la intervención del nuncio Felipe Sega, el cual, con fecha 23 de julio de 1578, revoca las disposiciones de su antecesor, y quita al padre Gracián la autoridad de visitador [53].

Aunque el rey, con fecha 9 de agosto, despacha una provisión para recoger el contrabreve del nuncio que anula los poderes del padre Gracián, tal contrabreve está volando ya por todos los conventos [54]. El estampido del contrabreve produce una confusión desconcertante, que el vicario general, Jerónimo Tostado, no deja de aprovechar. El nuncio asume para sí los poderes del padre Gracián, y corre la voz de que pasan íntegros al vicario general.

Con sentimientos de revancha se presentan los calzados en los conventos de los descalzos con la breve del nuncio para tomarles la obediencia. En Pastrana, los padres maestros fray Hernando Suarez y Diego de Coria Maldonado, calzados andaluces, son recibidos con caballerosidad por el padre Gracián; «díjeles —así refiere éste— que dijesen al nuncio que, aunque el rey havía enviado aquella provisión, que les mostré, los descalzos no quería-

---

[50] *Carta al mismo*, 19 de agosto 1578, 8.
[51] *Reforma de los descalzos*, t.I, l.4, c.30.
[52] *Carta al p. Jerónimo Gracián*, 10 y 11 marzo 1578, 4.
[53] *Derogatio P. Hieronymi Gratiani*, en *Regesta Johannis-Baptistae Rubei* (Romae, 1936), Documenta varia, pp. 268-272; también en: M.H.C.T., 2, pp. 20-25.
[54] BNM, ms.13.483: *Memorias historiales* II, R. N.236.

mos sino obedecer a su Señoría y a los maestros carísimos calzados»[55]. Los dos calzados, sin embargo, no se ablandan por la cortesía de Gracián. Y uno de ellos, fray Diego de Coria Maldonado, expresa, años más tarde, sus sentimientos íntimos en estas palabras: «Esta provincia (de Andalucía) envió a la corte de Su Magestad al p. Maestro fray Fernando Suárez y a mí, para que como procuradores de ella defendiésemos ante el rey y ante el nuncio Filipo Sega su causa; y ayudándonos, destruimos aquel monstruo de el descalzo y le reduximos a la obediencia de el Rmo. padre General, de quien con todas fuerzas se procuravan ausentar»[56].

Sin embargo, por tal actitud de condescendencia del padre Gracián hacia los calzados, el rey se siente traicionado por los descalzos. Tal enojo real les cuesta caro. Los calzados, de su parte, siguen en sus treces, actuando como si el breve del nuncio conservara su valor legal, y más que nadie lo hace el Tostado. La Madre Teresa le tiene miedo: «Si no estuviera de por medio saber que el Tostado nos venía a destruir... A trueco de no estar sujetos a "los del paño" (los calzados) todo lo daré por bien empleado». Ella envía a Julián de Avila a Madrid para pedir recomendaciones y suplicar al nuncio en favor de Gracián, y que nunca someta los descalzos a los calzados[57].

«¿Qué dirán de mí?»

No sabemos si fray Juan está al tanto de la situación crítica por la que está pasando la descalcez. Probablemente llega a calar la intención de las conversaciones que los calzados llevan delante de la puerta de su celdita. Sin embargo, no sabe si serán verdad las cosas feas que dicen, y que pasan a ser pesadillas en su imaginación. «Decía él (fray Juan de la Cruz) que en los trabajos de su prisión no había sentido cosa tanto como oirlos decir que esta reforma se deshacía, que de propósito lo andaban diciendo donde él lo pudiese oir, para desanimarle más»[58].

Desde luego, fray Juan sabe que en el momento que le cogieron dependía del visitador apostólico, fray Pedro Fernández; la cuestión es saber si esta autoridad subsiste aún. ¿Y qué ha sido de los poderes del padre Gracián? ¿Qué es de «la buena Madre Teresa», por el capítulo general de 1575 condenada «a no salir de una casa», dejar su actividad fundadora, y recogerse a un monasterio «a modo de cárcel?»

Unos prelados de la Orden, de paso por Toledo, se alojan en la sala vecina, y hablan del favor que les dispensa el nuevo nuncio, Felipe Sega. Trata éste de nombrar visitador al padre Jerónimo Tostado. Así se terminará con los descalzos. Tal noticia es exacta.

[55] *Peregrinación de Anastasio*. Introducción, edición y notas de Giovanni María Bertini. Barcelona, Juan Flors, 1966, Diálogo III, pp.57-58.

[56] *Carta de fr. Diego de Coria Maldonado al prior general Enrique Silvio*, 1606, (Roma, Archivo General O.Carm., II, C.O., 1[7], 19.

[57] *Carta al padre Jerónimo Gracián*, 9 agosto 1578, 17.

[58] BNM, ms.12.738, f.920 (Declaración de la Beata Ana de S. Bartolomé).

En todo caso, fray Juan no tiene la mínima esperanza de una próxima liberación; hasta llega a temer por su vida. Debilitado físicamente, se siente envuelto en una noche oscura tremenda. ¿Será cierto lo que los calzados comentan delante de su puerta? ¿Es él tal vez un iluso? Está incomunicado física y espiritualmente; tiene su espíritu atormentado.

Lo que le duele, además, es el que los descalzos, y la Madre Teresa sobre todo, ignorantes de su actitud, puedan pensar que lo haya dejado todo. «Yo le digo, hija —confesará el propio fray Juan a la Madre Ana de San Alberto— que a ratos me desconsolaba pensar "¿qué dirán de mí, que me he ido volviendo las espaldas a lo comenzado?"; y sentía la pena de la Santa Madre»[59].

Resumiendo —con las palabras de su discípulo predilecto, fray Inocencio de San Andrés—: «en este tiempo que le tuvieron preso, padeció grandes aflicciones interiores y sequedades»[60].

Por la noche del espíritu

Fray Juan está pasando angustias muy concretas. Come pan y sardinas, que le llevan para sostener su debilidad, una comida «poca y de tal suerte aderezada que muchas veces entendía que en ella venía muerte, por muchos indicios que para ello tenía...»[61]. La imagen de un envenenamiento de la comida le ronda también. Ya sabemos con qué soltura se manejaba la ponzoña para eliminar a los indeseables.

Un hombre puede estar muy preparado para la muerte, para la muerte abstracta y repentina, pero cuando esa muerte se acerca lentamente, cuando se ve avanzar una mano que no acaba de asestar el golpe; ante la muerte concreta y fría no hay fibra en hombre que no dé un salto hacia atrás, y si está en una prisión se ponga pálido o se agarre a las paredes.

Un día es la amenaza sorda del veneno, otro día oye que van a cogerlo y meterlo vivo en un pozo. La oscuridad del cuarto y el agotamiento físico deben agudizar estas visiones. Pero si apunta la sospecha de que aquel estado va a durar para siempre, de que de allí solo va a salir para la sepultura, como pretendieron infiltrarle al prisionero, entonces ese hombre puede acabar tragándose la muerte de verdad, y cruzar el paso a nivel hacia un mundo iluminado, y, traspuesto, quedar en trance, «en su más profundo centro».

Por el versículo del Salmo 62: «En la tierra desierta, sin agua, seca y sin camino parecí delante de tí para poder ver tu virtud y tu gloria», místicamente comentada en el «Libro de la Institución de los primeros monjes», la *Magna Charta* de la mística carmelitana, el salmista no da a entender —escribirá el propio Juan— «que los deleites espirituales y gustos muchos que (él) había tenido le fuesen disposición y medio para conocer la gloria de Dios, sino las sequedades y desarrimos de la parte sensitiva, que se entiende aquí por la

---

[59] BNM, ms.12.738, f.1003.
[60] BNM, ms.8568, f.544.
[61] Arch.Vat., *Riti*, n.º 2867, f.137 (Inocencio de S. Andrés).

tierra seca y desierta»; y no dice «que los conceptos y discursos divinos, de que él había usado mucho, fuesen camino para sentir y ver la virtud de Dios, sino el no poder fijar el concepto en Dios, ni caminar con el discurso de la consideración imaginaria, que se entiende aquí por la tierra sin camino» [62].

Por muy rápida que sea la noche pasiva del sentido para los seres fuertes y capaces de sufrir, fray Juan la sufrió harto tiempo, porque estaba destinado «de pasar a tan tan dichoso y alto estado como es la unión de amor» [63]. Transcurrió, pues, «harto tiempo y años», aún entre la salida de esta noche y la entrada en «la horrenda noche» del espíritu [64]. Esta es intensa, porque la unión será profunda. Es preciso que el espíritu de fray Juan «se ablande, humille y purifique..., y se ponga tan sútil, sencillo y delgado, que pueda hacerse uno con el espíritu de Dios».

Hay momentos en que la contemplación obscura, de purgativa se torne iluminativa y amorosa. El alma «salida de tal mazmorra y tales prisiones, y puesta en recreación de anchura y libertad, siente y gusta gran (suavidad) de paz y amigabilidad amorosa con Dios» [65]. «Como entonces se ve actuada (el alma) con aquella abundancia de bienes espirituales..., piensa que se acabaron sus trabajos» [66].

Pero los últimos meses debieron ser atroces. A la noche mística, se unieron las negras maquinaciones satánicas y humanas, las tinieblas de la cárcel. Más tarde dirá, hablando de aquellos meses de prisión: «Después que me tragó aquella ballena...»; y en el Libro segundo de la *Noche oscura* describe la noche de espíritu con la misma imagen: «el alma se siente estar deshaciendo y derritiendo en la haz y vista de sus miserias con muerte de espíritu cruel; así como si, tragada de una bestia, en su vientre tenebroso se sintiese estar digiriéndose, padeciendo estas angustias como Jonás (2,1) en el vientre de aquella máxima bestia. Porque en este sepulcro de oscura muerte le conviene estar para la (espiritual) resurreción que espera» (*Noche*, II, 6,1).

Esto fue lo que pasó a fray Juan, y entonces, llegado un momento máximo de opresión, una voz que no era la suya, comenzó a cantar. «Unas veces me las daba Dios y otras me las buscaba yo mismo», dirá más tarde fray Juan contestando a una monja sobre el origen de las estrofas del *Cántico espiritual* [67]. Fray Juan necesita concebir y expresar esos versos. Están escritos indeleblemente en su imaginación. El arranque es violento y franco:

> *Adónde te escondiste,*
> *Amado, y me dejaste con gemido?*
> *Como el ciervo huiste,*
> *habiéndome herido;*
> *salí tras ti clamando, y eras ido.*

---

[62] *Noche*, I, 12,6.
[63] *Noche*, I, 14,6.
[64] *Noche*, II, 14,3.
[65] *Noche*, II, 7,4.
[66] *Noche*, II, 7,5.
[67] Véase: la relación de la M. Magdalena del Espíritu Santo: B.M.C., t.10, p.325.

Salido de la noche pasiva del espíritu, fray Juan padece las penas del amor impaciente. Se queja amorosamente a Cristo de que así se esconda, después de haberle herido. Y el Señor le responde: «Aquí estoy contigo, y yo te libraré de todo mal» [68].

Seguro de su Amado, le buscará, sin descanso, infatigable; llegado un momento máximo de opresión y superado, muertos ya del todo los problemas de este mundo y de la vida, una voz que no era la suya comenzó a cantar estos versos de una entrega audaz y total:

> *Buscando mis amores*
> *iré por esos montes y riberas;*
> *ni cogeré las flores,*
> *ni temeré las fieras,*
> *y pasaré los fuertes y fronteras.*

«Y este es el amor impaciente en que no puede durar mucho el sujeto sin recebir o morir» [69].

Fray Juan vuelve a tomar de las ramas de los «verdes sauces» el harpa que llevaba en Sión: «Sobre el Salmo super Flumina Babylonis»; paráfrasis bíblica que trasluce sitaciones espirituales concretas y obedece a sentimientos íntimos personales de fray Juan, y precisamente los sentimientos de lucha entre la vida y la muerte:

> *estábame en mí muriendo,*
> *y en ti solo respiraba.*
> *En mí por ti me moría,*
> *y por ti resucitaba,*
> *que la memoria de ti*
> *daba vida y la quitaba.*
>
> *Moríame por morirme*
> *y mi vida me mataba,*
> *porque ella perseverando*
> *de tu vista me privaba.*
> *Gozábanse los extraños*
> *entre quien cautivo estaba* [70].

Estos versos transparentan inconfundiblemente las vivencias de una dialéctica entre la vida y la muerte. A partir de la experiencia de la cárcel fray Juan de la Cruz sabe mucho del misterio de la vida más allá de la muerte: la paradoja de Dios fuente de vida.

---

[68] BNM, ms.12.738, ff.417-441; B.M.C., t.14, p.174.
[69] *Noche*, II, 13,8.
[70] Los versos 29-34 del *Romance sobre el Salmo «super flumina Babylonis»*.

«Ya a la media noche, que es totalmente oscura», de lo más profundo del ser brota un quejido:

> *Qué bien sé yo la fonte que mana y corre,*
> *aunque es de noche.*
>
> *Aquella eterna fonte está escondida,*
> *qué bien sé yo do tiene su manida,*
> *aunque es de noche*[71].

Por un momento se esclarece el panorama, se descorre el velo que esconde «aquella eterna fonte», y la envuelve la ilustración del misterio de la Santísima Trinidad. Durante días, fray Juan resuelve en su mente «aquella claridad nunca escurecida» de la sabrosa noticia, y canta:

> *En el principio moraba*
> *el Verbo, y en Dios vivía,*
> *en quien su felicidad*
> *in finita poseía...*[72].

Pasa la divina visitación y vuelve la angustia. Pasan los meses, y la tortura del cuerpo se afinca en la carne, mientras la herida del alma se vuelve «llaga afistolada». «Para poder alentar» —según expresión gráfica de Isabel de San Francisco— el místico canta:

> *Lloraré mi muerte ya,*
> *y lamentaré mi vida,*
> *en tanto que detenida*
> *por mis pecados está.*
> *¡Oh mi Dios! ¿Cuándo será*
> *cuando yo diga de vero:*
> *vivo ya porque no muero?*[73].

Los «rigurosos aprietos» encienden cada vez más la «vehemente pasión de amor divino», y cuando ya no puede contenerse, increpa al Amado:

> *¿Porqué, pues, has llagado*
> *aqueste corazón no le sanaste?*
> *Y pues me le has robado*
> *¿por qué así le dejaste*
> *y no tomas el robo que robaste?*

---

[71] Versos 1-5 del *Cantar del alma que se huelga de conocer a Dios por fe.*

[72] Estrofa primera del *Romance sobre el evangelio «In principio erat Verbum» acerca de la Santísima Trinidad.*

[73] Ultima estancia de las *Coplas del alma que pena por ver a Dios* que comienzan: *Vivo sin vivir en mí.*

Estas son las canciones que el olvidado e incomunicado descalzo repite mentalmente, hasta las tararea, con intención de escribirlas. Estas son «las cosas de devoción» que desea poner por escrito para entretenerse, según declara su carcelero. Con ellas va llenando las cuartillas que antes de su huida formarán un cuadernillo, guardado como único recuerdo y como única memoria escrita de aquellos meses de secuestro.

Bodas místicas en la cárcel

En la intensa reclusión de la mazmorra las penas interiores y exteriores son seguidas del desposorio espiritual. Y las treinta primeras estrofas del *Cántico*, que fray Juan sacará de la cárcel en agosto de 1578, celebran no solamente el desposorio, sino también el matrimonio místico. El desposorio tuvo lugar en la estrofa 12: «Apártalos, Amado», y el matrimonio en la estrofa 27: «Entrado se ha la esposa».

Sin duda alguna, fray Juan expresa su propia experiencia en estos versos. Fray Juan conoció en su mazmorra el sentimiento de plenitud que caracteriza la unión perfecta. El *Cántico espiritual* y también el poema de la *Noche*, que refleja sus experiencias carcelarias, celebran sus bodas místicas:

> *¡Oh noche que guiaste,*
> *oh noche amable más que la alborada;*
> *oh noche, que juntaste*
> *Amado con amada,*
> *amada en el Amado transformada!*

El buen carcelero

A los seis meses de su encarcelamiento se hace cargo de fray Juan de la Cruz un nuevo carcelero; acaba de llegar de Valladolid; tiene treinta y ocho años y se llama fray Juan de Santa María[74]. Debe encontrar sólo una sombra de hombre, un ser pálido y traspuesto. Esto le desarma totalmente. Es más humano que el anterior; comienza a mirar al prisionero con compasión y un poco de devoción. Procura proporcionar algún alivio al pobre hermano de hábito. Trata de ahorrarle las bajadas al refectorio a recibir la disciplina[75]. Fray Juan protesta el primer día que lo advierte: «¿Por qué me ha privado, padre —le dice al carcelero— de mi merecimiento?»[76].

---

[74] Declaró en Avila el 23 de junio de 1616: B.M.C., t.14, pp.289-292.
[75] BNM, ms.12.738, f.402 (Francisca de S. Eliseo).
[76] *Ibid.*, f.823 (Constanza de la Cruz).

A los pocos días fray Juan de Santa María le da una túnica limpia, que reemplace a la que se le cae ya al preso hecha jirones[77], conmovido por la paciencia de fray Juan, a quien devoran la disentaría y terribles fiebres[78]. Fray Juan de Santa María deja enternecerse su corazón. «Le abría la puerta de la cárcel para que se saliese a tomar aire a una sala en lo alto que estaba delante de la carcelilla, y le dejaba allí, cerrando la sala por de fuera. Esto era algunas veces en cuanto los religiosos se recogían a mediodía, y en comenzándose ellos a bullir, volvía este testigo y abría la sala, y decíale se recogiese; y el bienaventurado padre lo hacía luego, poniendo las manos y agradeciéndole la caridad que le hacía.

Y aunque este testigo no le había conocido de tiempos antes, de sólo ver su virtuoso modo de proceder que aquí tenía, y la paciencia con que llevaba su ejercicio, tan riguroso, le tuvo por un alma virtuosa y santa, y por esto se holgaba darle este poco alivio»[79].

El verano toledano, pesado, se hace sentir. Ya ha pasado el Corpus, la fiesta que fray Juan celebra siempre con gran solemnidad y regocijo, rezando largas horas ante la Hostia[80]. Esta vez, fray Juan la pasa solo, sin misa, sin comunión, en el negro calabozo. Sin embargo, es hermosa:

> *Aquesta viva fonte que deseo*
> *en este pan de vida yo la veo,*
> *aunque es de noche.*

El 14 de agosto, el prior, acompañado de dos frailes, entra en la carcelilla. Fray Juan está orando de rodillas, con la frente en el suelo, de espaldas a la puerta cerrada de su carcelilla. Al entrar el prior, fray Juan continúa en la misma postura, creyendo que es el carcelero. Viendo esto, el padre Maldonado le da un puntapié, y le dice cómo no se levanta en su presencia.

El pobre fray Juan le responde que le ruega le perdone, puesto que no sabía que fuese él. «Pues, ¿en qué piensa ahora?», le dice el prior.

Fray Juan «le respondió cómo estaba pensando que otro día era día de Nuestra Señora, y que gustara mucho decir misa y consolarse; y el dicho prelado le respondió que no sería en sus días..., dejando al dicho santo muy afligido por no dejarle salir a decir misa»[81]. No le queda a fray Juan el menor resentimiento. El carcelero, fray Juan de Santa María, atestigua: «En el tiempo que (este testigo) le tuvo a su cargo, le vio que, estando roto y maltratado y con la indescomodidad del lugar en que estaba y flaco, vio este testigo lo llevaba todo el siervo de Dios con gran paciencia y silencio, por-

---

[77] *Ibídem.*
[78] Declaración de María de S. Francisco (Arch.Vat., *Riti,* n.º 2838, f.25).
[79] Arch.Vat., *Riti,* n.º 2865, f.108.
[80] José de Jesús María, O.C.D., *Historia de la vida y virtudes del Venerable P.Fr. Juan de la Cruz...* En Bruselas, por Juan Meerbeeck, 1628, p.330.
[81] BNM, ms.12.738, f.138 (Declaración de Martín de la Asunción que lo oyó a fray Juan).

que jamás le oyó ni vio quejarse de nadie, ni culpar a nadie, ni acuitarse quejarse o llorar su suerte»[82].

Y más tarde, relatando sus ocho meses y medio de cárcel, no pronun ciará ni una palabra contra sus perseguidores; hasta los defiende, diciendo que «lo hacían por entender acertaban»[83].

La fuga: única posibilidad de sobrevivir

Fray Juan se ve morir en la cárcel. Además, cree que quieren liquidarle[84]; por lo que siente fuertes impulsos que le empujan a la fuga. Siente mu cha confianza en la vida. Quizás influye también el hecho de que le ha cambiado el carcelero; el joven fray Juan de Santa María, de treinta y ocho años, afloja la vigilancia y aún deja a ratos la puerta de la carcelilla abierta.

Así fray Juan concentra su atención en la cerradura, en los pasillos, en el ruido del Tajo que pasa allí abajo lamiendo la muralla del convento. Le hace falta orientarse bien. Ansiosamente da vueltas a esa constelación de cosas que hacen falta para escapar con éxito. Se ofrece al carcelero para llevar él mismo a verter el propio servicio; lo hará cuando los frailes duermen la siesta.

Fray Juan de Santa María asiente, mostrándose un carcelero amigo; «este testigo —es él—, visto su gran paciencia, compadecido algunas veces, en acabando de comer le abría la puerta de la cárcel para que saliese a tomar el aire en una sala en lo alto, que estaba delante de la puerta de la carcelilla, y le dejaba allí, cerrando la sala por fuera. Esto era algunas veces en cuanto los religiosos se recogían a mediodía».

Fray Juan, pues, cuando sale para hacer la limpieza convenida, aprovecha para orientarse. Y «en comenzándose ellos —los religiosos— a bullir, volvía este testigo —el carcelero— y abría la sala, y decíale se recogiese; y el bienaventurado padre lo hacía luego, poniendo las manos y agradeciéndole la caridad que le hacía. Y aunque este testigo no le había conocido de tiempo antes, de sólo ver su virtuoso modo de proceder que aquí tenía, y la paciencia con que llevaba su ejercicio, tan riguroso, le tuvo por un alma virtuosa y santa, y por esto se holgaba darle este poco alivio»[85].

En una próxima ocasión, fray Juan se adelanta algo más. La puerta de su carcelilla se cierra con un candado y sus tornillos. El trata de aflojar éstos. «Mientras el fraile comía, el padre fray Juan procuraba entrar y sacar los tornillos por los agujeros»[86]. Así, los agujeros van agrandándose, y los tornillos podrán caerse a un empujón desde dentro.

---

[82] BNM, ms.19.407, f.146 (fr. Juan de Santa María).
[83] BNM, ms.12.738, ff.26, 30, 561 y 642 (Fr. Pedro de la Purificación).
[84] BNM, ms.12.738, f.20 (Fr. Juan de Sta. Ana).
[85] Declaración de fr. Juan de Santa María: B.M.C., t.14, p.290.
[86] Declaración de fr. Juan de Santa María (Arch.Vat., Riti, n.º 2865, f.108).

Por aquellos días, el carcelero le da también tijeras, aguja y hilo para que pueda recoser los harapos de su túnica y de su hábito[87].

Una de las veces que fray Juan sale a «una sala en lo alto, lleva el hilo que le ha sobrado, ata a uno de los extremos una piedracita y, echándole por una de las ventanas del corredor, toma la altura desde la ventana hasta el suelo.

Vuelto a su carcelilla mide allí con el hilo de punta a punta las dos manticas viejas que tiene por cama y ve que, aun haciéndolas tiras, faltará cosa de dos estados para que lleguen al suelo; dos estados que pueden salvarse sin riesgo contando lo que da el cuerpo con los brazos tendidos»[88].

Ya tiene fray Juan hecho su plan, convencido de que amar la muerte como lazo de estrecha unión —«¡rompe la tela de este dulce encuentro!»[89]— no tiene nada que ver con el amor a una vida que aún puede servir a Dios y a los hombres.

Está preparando su fuga con todo detalle. En su programa de fuga entra también un despido cordial de su carcelero amigo, fray Juan de Santa María: «uno de los postreros días que estuvo en la cárcel, llamando el santo padre fray Juan a este testigo, le dijo le perdonase, y que en agradecimiento de los trabajos que él a este testigo había dado, recibiese aquella cruz y Cristo que le ofrecía, que se la había dado una persona tal, que demás de se deber estimar por lo que era, merecía estima por haber sido de la tal persona. Era la cruz de una madera exquisita y relevados en ella los instrumentos de la Pasión de Cristo Nuestro Salvador y clavado en ella un Cristo crucificado de bronce, la cual este santo solía traer debajo del escapulario, al lado del corazón»[90].

Son los días de la Octava de la Asunción de la Virgen, de 1578. Fray Juan lo tiene todo preparado; ha rasgado las mantas en tiras; las ha anudado y cosido por las puntas unas a otras y tiene en la mano el garabato del candil que le ha prestado el carcelero los últimos días. Es de noche.

Fray Juan de Santa María le trae la cena, pero se ha olvidado el agua. Mientras va por ella, fray Juan aprovecha la ausencia del carcelero, que ha dejado la puerta abierta, y afloja rápidamente las armellas atornilladas del candado. Terminada la cena del preso, fray Juan de Santa María cierra la puerta, sin advertir —o quizás sin querer advertir— novedad alguna, y se marcha[91].

---

[87] Declaración de Inocencio de S. Andrés, BNM, ms.8568, f.546; ms.12.738, f.823 (Declaración de Constanza de la Cruz).

[88] BNM, ms.8568, f.546 (Decl. de Inocencio de S. Andrés).

[89] Llama de amor viva, canción 1a.

[90] Declaración de fr. Juan de Santa María: B.M.C., t.14, pp.290- 291.

[91] José de Jesús María (Quiroga), Historia de la vida y virtudes del Ven. P. Fr. Juan de la Cruz, l.2, c.9.

Las ventanas del corredor que dan al Tajo están de par en par; esta noche calurosa ha quedado abierta hasta la puerta de la sala grande, a la que da la carcelilla del «primer descalzo». Dos padres graves, recién llegados, están aposentados en la sala grande. Vienen a acostarse «cerca de media noche»; dejan «las puertas abiertas por el calor, que era el mes de agosto» [92]. Los frailes huéspedes, ya acostados hablan largo rato. A las dos ya no se oye nada. Fray Juan piensa que la hora ha llegado y da un empujón a la puerta de la carcelilla. Los tornillos del candado caen al suelo.

Los huéspedes se despiertan «¡Deo gratias! ¿Quién va?», grita uno de ellos.

Fray Juan se queda quieto; inmóvil. Los frailes huéspedes vuelven a dormirse. Entonces recoge fray Juan las tiras de las mantas y el garabato del candil, sale de la carcelilla, pasa por entre las dos camas de los huéspedes; sale de la sala al corredor y va derecho a la ventana de arco que da al Tajo [93]. Es «un miradorcillo alto que caía a un despeñadero la vista del Tajo», con su baranda hecha de media asta de ladrillo y barro, alta hasta la cintura, con un cuartón de madera encima por pasamano [94].

Tiene que ser un momento de suma emoción para fray Juan: mete el garabato del candil entre el cuartón de madera y los ladrillos que sirven de antepecho al balcón; sujeta al garabato una punta de las tiras de una manta anudada, dejándolas colgar por fuera [95]; se quita el hábito, lo echa abajo, y «asiéndose con las manos y con entrambas rodillas», comienza a descolgarse por las tiras de la manta abajo. «El tenía tan pocas carnes y pesaba tan poco, que las mantas no padecieron detrimento alguno» [96]. «Por aquí se descolgó el siervo de Dios —dice el buen carcelero, fray Juan de Santa María— según juzgaron este testigo y los demás religiosos del convento cuando al día siguiente faltaba de la cárcel y los retazos colgados» [97].

Cuando llega fray Juan a la punta falta aún un estado, o cinco pies, un metro y cuarenta centímetros, para llegar al suelo; se deja caer. Es una punta del muro de la ciudad, donde cae. En el suelo, fray Juan se viste el hábito y sigue por lo alto de la muralla. «Comenzó a correr el corral y mirar si había alguna parte por donde salir a la calle y halló las paredes tan altas y con una puerta cerrada. El religioso que tenía cuidado dél —fray Juan de Sta. María— le había dicho cómo había cerca de su convento un convento de monjas. Acordóse (fray Juan) deste convento y dijo: "Si por ventura es

---

[92] BNM, ms.12.738, f.20 (Juan de Sta. Ana).

[93] BNM, ms.8568, f.546 (Inocencio de San Andrés); ms.12.738, f.20 (Juan de Sta. Ana).

[94] Alonso de la Madre de Dios, *o.c.*, p.261; BNM, ms.19.407, f.145.

[95] BNM, ms.8568, f.546 (Fr. Inocencio de S.Andrés); ms.19.407, f.146 (Fr. Juan de Sta. María).

[96] BNM, ms.8568, f.546 (Fr. Inocencio de S. Andrés); ms.19.407, f.146 (Juan de Sta. María).

[97] BNM, ms.19.407, f.146 (Fr. Juan de Sta. María, carcelero).

este corral de las monjas". Advirtiendo con más atención y mirando los edificios, conoció que era de las monjas».

Fray Juan siente una angustia tremenda. Cuatro muros le cercan a la izquierda, el muro del convento del Carmen, y de frente, el del monasterio de las monjas de la Concepción. Su situación resulta sumamente comprometedora. ¡Qué escándalo si le encuentran aquí! ¡Qué terrible represalia tomarán contra él![98].

Por fin, por unos agujeros que hay en la pared, se encuentra, «sin saber cómo, en lo alto de la pared y muy consolado, pareciéndole que el ángel del Señor le guiaba». Fray Juan se arrastra por la pared hasta llegar al punto en que ésta da a una calleja, y «como era ya pasada mucha parte de la noche, no parecía gente, y pudo echarse sin que nadie le viese»[99].

Fray Juan se salva porque le gusta vivir, porque quiere gozar de la creación, porque le tiran las piernas. Fray Juan de la Cruz, «hijo de un pobre tejedor», se salva solo. Nada tendrá que agradecer a los Príncipes de Eboli, ni a los Duques de Alba, ni a los amigos que tienen en la Corte el padre Jerónimo Gracián o el padre Mariano de San Benito (Azarro). Se salva por sus piernas. Se encomienda a la Virgen, pero corre.

¡Qué solitaria es la libertad que recobra este fraile! Fray Juan no se engaña. No piensa que va a encontrar el abrazo emocionado de los amigos, el triunfo, la vuelta a los honores, todo eso que acompaña a un fugitivo cuando este es campeón de un movimiento. Fray Juan sabe que está medio olvidado. Sin embargo, corre por su vida.

No conoce Toledo, y mucho menos de noche, pero tira arriba y llega a la plaza de Zocodover, que está cerca. Desde un bodegón, cerca del convento, le ven y pensando que no le han abierto el convento por ser tan tarde, le llaman: «Padre, véngase acá, porque aquí se podrá estar hasta mañana, que, como es tarde, no le abrirán»[100]. «El les respondió que se lo agradecía mucho y que Nuestro Señor se lo pagase, que quería pasar adelante»[101]. Y «pasó por la plaza (de Zocodover), que no pudo menos», y oyó que las verduleras, que dormitan al pie de sus puestos, al verle descalzo, sin capilla, le toman por un fraile aventurero, baldonándole con palabras soeces»[102].

El convento de las carmelitas descalzas adonde se dirige fray Juan, está próximo a la plaza: tirando a mano derecha por la calle de la Sillería y torciendo por la del Correo (hoy Nuñez de Arce), a cuyo extremo, en una plazoleta, está el convento de las Descalzas. Parece que fray Juan no lo sabe. Pero, andando no sabe por dónde, encuentra una puerta abierta. En el za-

---

[98] BNM, ms.12.738, f.20 (Fr. Juan de Sta. Ana).
[99] BNM, ms.8568, f.546 (Fr. Inocencio de S. Andrés).
[100] BNM, ms.12.738, f.20-21 (Fr. Juan de Sta. Ana).
[101] BNM, ms.8568, f.547 (lFr. Inocencio de S. Andrés).
[102] BNM, ms.12.738, f.919 (Inés de Jesús).

guán están un caballero con la espada desenvainada en la mano y un criado que sostiene una hacha que da luz.

Fray Juan se para y dice al caballero: «Suplico a vuestra merced se sirva de hacerme caridad que esta noche me quede en este zaguán, en este poyo, porque en mi convento no me abrirán por ser tan tarde; que luego por la mañana me iré...» ...»Respondió el caballero que estuviese en hora buena. Aunque no le dieron ropa alguna. Cerraron la puerta de la calle y otra que había al subir la escalera, y quedóse allí el padre Juan, y el caballero se recogió»[103].

Allí, recostado en un poyo, pasan las horas hasta el amanecer. Cuando fray Juan se da cuenta que comienza a clarear, golpea la puerta. Son ya las ocho de la mañana, y los calzados del Carmen toledano deben haber descubierto que fray Juan falta de la carcelilla y que los retazos están colgados de la ventana por la que se dejó caer camino de la libertad. Tiene prisa el fraile fugitivo.

Un criado le abre la puerta y fray Juan sale inmediatamente en busca del monasterio de las Descalzas; pregunta a los primeros que encuentra, y le indican el camino. Llegando al monasterio, encuentra cerrada la puerta; llama y le abre la mujer que cuida la portería de las monjas[104]. Llama después al torno, y cuando la joven tornera, Leonor de Jesús, pregunta desde dentro quién es, responde el frailecito fugitivo: «Hija, fray Juan de la Cruz soy, que me he salido esta noche de la cárcel. Dígaselo a la Madre Priora»[105].

Cuando llega ésta, la Madre Ana de los Angeles, fray Juan le pide amparo: «dijo le favoreciesen apriesa, porque entendía venían en su seguimiento»[106]. La priora opina que fray Juan puede entrar en la clausura para confesar a una monja enferma, Ana de la Madre de Dios; así el fraile fugitivo entra en el recinto conventual acompañado por las terceras o clavarias, como de costumbre[107].

Las monjas se quedan asustadas al verle al fraile menudo barbinegro tan deteriorado, macilento, la barba crecida, sin capa ni capilla[108]. Fray Juan teme de que los calzados del Carmen toledano ya estén buscándole y que de un momento a otro puedan llegar al monasterio de las Descalzas. Lo dice a la priora, que, enseguida, toma sus precauciones, poniendo otra tornera, Isabel de San Jerónimo, en lugar de la joven inexperta Leonor de Jesús[109].

Y, en efecto, los calzados no tardan en llegar; dos frailes se presentan en la portería, preguntando por «un padre de la Orden que se llama fray

---

[103] BNM, ms.8568, f.547 (Fr. Inocencio de S. Andrés).

[104] Ibid., f.548.

[105] BNM, ms.12.738, f.386 (Leonor de Jesús, tornera).

[106] Ibid., f.815.

[107] BNM, ms.12.738, f.386. (Leonor de Jesús, tornera); cf. ibid., f.401 (Francisca de S. Eliseo).

[108] Ibid., f.401 (Francisca de S.Eliseo); f.386 (Leonor de Jesús).

[109] Ibid., f.823-824 (Constanza de la Cruz).

Juan de la Cruz». Isabel de San Jerónimo, hábilmente esquiva la respuesta directa: «Por maravilla verán a ningún religioso», contesta. Sin embargo, los frailes no se contentan con tal respuesta y piden las llaves del locutorio y de la iglesia, hacen un registro minucioso y se van sin decir nada [110]. No se fían. Algunos, ayudados de alguaciles, rondan durante todo el día el monasterio de las Descalzas; y otros van buscando al fugitivo por los caminos que sospechan puede haber tomado fray Juan, y llegan hasta Avila y Medina [111].

En el convento de los calzados hay variedad de reacciones ante la escapada del «primer descalzo». Los superiores y «padres graves», organizan enseguida la búsqueda del fugitivo, que sigue siendo para ellos la «gran pieza» de la descalcez; y piden cuenta al carcelero, fray Juan de Santa María. Este responde que le ha encerrado la víspera por la noche, y que los huéspedes han dormido ante su puerta; y éstos estaban aún en la cama cuando les vinieron a comunicar la huida de fray Juan de la Cruz. Desde luego, todos se extrañan mucho, al ver las tiras de la manta y de la túnica del mango del candil, de que la ventana haya podido resistir.

Hay también frailes que se alegran sinceramente de la huida de fray Juan. Y, entre ellos, como primero, el buen carcelero, fray Juan de Santa María. Este declarará más tarde: «Y aunque a este testigo le privaron de voz y lugar por algunos días —por haber dejado escapar al preso— él y otros frailes particulares se holgaron se hubiese ido, porque tenían compasión de le ver padecer, llevándolo todo con tanta virtud» [112].

Fray Juan, mientras tanto, está recibiendo, en el monasterio de las Descalzas, toda clase de atenciones; las monjas le regalan como pueden. La hermana enfermera le trae unas peras asadas con canela [113]. Otras le asean el hábito, vistiendo él mientras tanto una sotanilla vieja que tienen del capellán del monasterio [114].

Fray Juan cuenta a las Descalzas sus aventuras de la cárcel y de la fuga, —«¡Oh dichosa ventura!» Así está hasta mediodía [115].

A esta hora sale fray Juan a la iglesia por una portezuela interior que da al templo; sacóle la perlada —dice la Beata María de Jesús— «por la puerta que solíamos barrer la iglesia» [116]. Y allí, pegado él a la reja del coro

[110] *Ibid.*, f.920 (Inés de Jesús).
[111] Alonso de la Madre de Dios, *o.c.*, p.270.
[112] BNM, ms.19.407, f.145 (Decl. de fr. Juan de Santa María): B.M.C., t.14, pp.289-292.
[113] BNM, ms.12.738, ff.823-825.
[114] *Ibid.*, f.401 (Francisca de S. Eliseo).
[115] *Ibid.*, f.817.
[116] *Ibid.*, f.387 (Leonor de Jesús).

por fuera y las monjas por dentro, recita los romances que ha compuesto en la cárcel:

> *En el principio moraba*
> *el Verbo, y en Dios vivía,*
> *en quien su felicidad*
> *infinita poseía.*
> *El mismo Verbo Dios era*
> *que el principio se decía;*
> *él moraba en el principio,*
> *y principio no tenía.*

> *En aquel amor inmenso*
> *que de los dos procedía*
> *palabras de gran regalo*
> *el Padre al Hijo decía,*
> *de tan profundo deleite,*
> *que nadie las entendía;*
> *sólo el Hijo lo gozaba,*
> *que es a quien pertenecía.*

Isabel de Jesús María atestigua: «Me acuerdo también que aquel rato que le tuvimos escondido en la iglesia dijo unos romances que traía de cabeza, y una religiosa los iba escribiendo, que había él mismo hecho... Son tres, y todos de la Santísima Trinidad..., que empiezan: "En el principio moraba/ el Verbo, y en Dios vivía..."»[117].

La priora, Ana de los Angeles, opina que el fraile fugitivo no podrá quedarse en la iglesia durante la noche y envía secretamente un recado a don Pedro González de Mendoza, bienhechor de la comunidad, canónigo de la cátedral y administrador del Hospital de Santa Cruz. Al presentarse éste en las Descalzas, la priora le informa de todo lo ocurrido. Don Pedro se ofrece a llevarse a fray Juan de la Cruz consigo al Hospital de Santa Cruz. Le hace subir, tal como está, con la sotanilla sobre el hábito, a una carroza y le lleva, «y estuvo en su casa con grande secreto y hasta tanto que se sintió para poderse poner en camino»[118].

Fray Juan, en casa de don Pedro González de Mendoza, no está lejos de las Descalzas; está más cerca del Alcázar y próximo al convento del Carmen. Desde el Hospital fray Juan puede ver las ventanas del corredor, quizá el balconcillo por donde se descolgó. ¡Qué lejos estarán de sospechar los padres calzados que el descalzo fugitivo —»la lima sorda»— está tan cerca...!

En cuanto a la historia íntima del fraile preso y liberado cabe decir que la realidad sumamente penosa se hace experiencia religiosa y humana de pri-

---

[117] *Ibid.*, f.835.
[118] *Ibid.*, f.387 (Leonor de Jesús).

mera orden. La prisión toledana resultará altamente creadora. «Toledo es el Tabor de España», se ha escrito con respecto a la prisión de fray Juan de la Cruz. Y eso deberá ser la experiencia de fray Juan: la experiencia de Dios en la noche que se hará «dichosa ventura».

Con todo, las incidencias de aquella noche, las emociones de la fuga le servirán más tarde para una de sus más bellas poesías, el poema que comienza «En una noche oscura». Es imposible no leer en estos versos las emociones de un presidiario que huye durante la noche, pero que va guiado por un fuerte instinto y una esperanza firme de ponerse a salvo:

> *En una noche oscura*
> *con ansias en amores inflamada,*
> *¡oh dichosa ventura!,*
> *salí sin ser notada,*
> *estando ya mi casa sosegada.*
>
> *A escuras, y segura,*
> *por la secreta escala disfrazada*
> *¡oh dichosa ventura!,*
> *a escuras y encelada*
> *estando ya mi casa sosegada.*

También el poema de la *Noche*, como el *Cántico espiritual*, celebra sus bodas místicas:

> *¡Oh noche que guiaste,*
> *oh noche amable más que la alborada;*
> *oh noche que juntaste*
> *Amado con amada,*
> *amada en el Amado transformada!*

Tal transformación mística y su consiguiente reproducción literaria significan, en el contexto histórico-religioso del naciente movimiento contemplativo de los carmelitas, la piedra de toque de la autenticidad religiosa del mismo. La vivencia mística en la cárcel de Toledo y la fidelidad radical de fray Juan de la Cruz a su ideal contemplativo constituyen, además, una prueba de su arraigo carmelitano. El Tabor toledano resulta así la trasfiguración del «primer descalzo» y de su ideal contemplativo, que trascende bajo todos los aspectos la «reforma del Rey» y las tensiones trágicas entre la Observancia y la Descalcez.

Teresa de Jesús y Juan de la Cruz
Antagonismo somático y Simbiosis espiritual

Efrén de la Madre de Dios, O.C.D.

La sistematización de una vida es el producto de la misma vida y de la fisonomía que la aureola.

S. Pablo insinuaba repetidas veces que «las acciones engendran su propia mentalidad» (Colos 1,21).

En consecuencia podríamos temer que de dos divergencias tan notables como las que presentan Santa Teresa y San Juan de la Cruz, debieran aparecer dos sistemas irreconciliables de la vida espiritual. Y en verdad no es así, sino que entre ambos ha surgido un sistema único, que podemos clasificar de idéntico, como si estuviese pergeñado por la misma cabeza. Y es esto un fenómeno único en la historia que merece una aclaración positiva, cosa que pretendemos hacer en el presente ensayo.

La discrepancia de ambos santos carmelitas es evidente desde su apariencia somática: Ella, «antes grande que pequeña, gruesa más que flaca, y en todo bien proporcionada»[1].

El, cenceño, «entre mediana y pequeña estatura, un hombre no hermoso»[2].

Ella, «de cuerpo algo abultado, fornido, todo él muy blanco y limpio... El rostro, no nada común; no se puede decir redondo ni aguileño. Los tercios de él muy iguales»[3].

El, «de color trigueño, algo macilento, más redondo que largo, calvo venerable con un poco de cabello delante»[4].

En el sistema morfológico de Kertschmer, ella aparece predominantemente pícnica, que incluye propensiones maníaco-depresivas. Y él, casi lep-

---

[1] Efrén de la Madre de Dios/Otger Steggink, *Tiempo y vida de Santa Teresa*, Madrid, B.A.C., 1968, 23.
[2] Jerónimo de San José, *Historia del V.P. Fray Juan de la Cruz* (Madrid, 1641), l.8, c.12,9.
[3] Efrén de la Madre de Dios/Otger Steggink, *l.c.*
[4] Jerónimo de San José, *l.c.*

tosomático, con propensiones implícitas de esquizofrenia. La verdad es que ni uno ni otra pueden ser encuadrados totalmente en semejante tipología; pero nos referimos a la impresión superficial.

Entrando más adentro en el sistema de Hipócrates renovado, a base de un temperamento endocrino, en ella prevalece el sistema sanguíneo, de energía «tumultuosa y oscilante, con tendencias ciclotímicas. San Juan de la Cruz, por el contrario, parece estar encasillado entre el Bilioso-Nervioso, de enorme regularidad y resistencia temperamental. De ellos se dice que son de sí «estrategas y doctrinarios, que preparan minuciosamente sus planes de ataque o de defensa»[5].

En el examen grafológico, ambos están retratados también como dos tipos antagónicos, como evidencia la referencia directa de Girolamo Moretti[6].

¡Sorpresa!

Sin embargo, en el encuentro histórico de los dos protagonistas en el otoño de 1567 en Medina del Campo, Santa Teresa tomó conciencia de haberse encontrado con el descalzo cabal, que ella había soñado, mientras desconfiaba descaradamente del pomposo y gallardo Fray Antonio de Heredia, de 57 años, muy parecido a ella en su apariencia corpórea: «porque aunque siempre fue buen fraile y recogido, para principio semejante no me pareció sería ni tenía espíritu ni llevaría adelante el rigor que era menester»[7].

Fray Juan llegó a la Madre con manifiesta humildad, casi diríamos como un derrotado moral, que en su interior había pretendido dejar la Orden del Carmen y marcharse a la Cartuja, para conseguir un recogimiento que por su cuenta no había conseguido en Salamanca. Pero la Madre, como una profetisa, le aseguró que asociándose a ella le iría mejor, y «el gran bien que sería, si avía de mejorar, ser en su mesma Orden, y cuánto más serviría al Señor»[8].

En toda la alocución de la Madre Teresa Fray Juan se limitaba a escuchar, como si intuyese que por aquella vía le llegaría claro el mensaje de Dios, que desde su primera misa parecía brillar en su alma con insospechada claridad, con la merced reciente del Matrimonio espiritual que había recibido, después de la terrible «noche oscura» de Salamanca, de la cual los primeros biógrafos han dado noticias demasiado vagas, pero que no podemos dejar de tener muy en cuenta. Desde entonces había presentido que la Ma-

---

[5] M. Périot, *Temperamento y personalidad* (México, 1949) p.256.
[6] Jerónimo M. Moretti, *Los santos a través de su escritura* (Madrid, Studium, 1964), p.342-343 y p.244-245.
[7] *Fundaciones*, 3,16.
[8] *Fundaciones*, 3,17.

dre Teresa le iba a decir los designios de Dios; sin embargo no se adelantó a buscarla, sino aguardó a ser llamado por ella, que así suele ser el estilo de Dios.

Fray Juan accedió a la propuesta de la Madre Teresa, pero no de una manera servil, sino imponiendo «sus condiciones», y éstas fueron que «no se tardase mucho».

Así se cerró aquel memorable y primer encuentro de nuestros dos protagonistas. La Madre volvió con inefable regocijo a sus monjas, que rezaban por el éxito de aquella aventura, y con la boca grande les dijo: «He hallado un varón según el corazón de Dios, y el mío» [9].

La noche del 9 de agosto de 1568 salían las fundadoras de Valladolid desde Medina, escoltadas por Fray Juan de Santo Matía. Dice el historiador Jerónimo de San José que en este camino nuestros dos protagonistas «se manifestaron los corazones y lo íntimo de sus sentimientos: dió a la Santa el Venerable Padre cuenta del suyo, y la Santa a él de muchas de las mercedes y misericordias que recibía del Señor, y particularmente de cómo el Señor le había dado a entender sería él quien primero se descalzase» [10].

Con la intención de que fray Juan fuese el primero (que tanto dolió después al viejo Fray Antonio), la Madre le envió con cierta premura a acondicionar la casita de Duruelo según sus designios comunes.

En la carta de presentación a los amigos de Avila, arracimados en torno de Francisco de Salcedo, el «caballero santo», la Madre, espontánea con sus íntimos, dijo cosas que apenas podríamos sospechar, unas de elogio sincero y otras que revelaban ciertas discrepancias temperamentales, lo cual a nadie podía sorprender con solo vislumbrar sus figuras antagónicas [11]. Al mismo tiempo que exhibía las discrepancias periféricas, afirmaba cerradamente que entre ambos no existía fisura; «Es *cuerdo* y *propio para nuestro modo*, y ansí creo le ha llamado nuestro Señor *para esto*». «Aunque ha poco tiempo (28 años de edad y uno de misa), mas parece le tiene el Señor de su mano; que, aunque hemos tenido aquí algunas ocasiones —y yo, que soy la mesma ocasión, que me he enojado con él a ratos—, jamás le hemos visto una imperfección».

Es curioso este exabrupto, que confiesa sus enojos a la vez que confiesa que no hubo jamás en él «una imperfección». Estamos quizá ante el integrismo juvenil del Santo, que no salía de su forma de ser tan aína, sino a su manera y estilo pacato, y la «energía tumultuosa y oscilante» de la Madre, que tendía a imponer «el suyo»; o también quizá ante la mujer cincuentona (tenía 53 años) que se alarma tiernamente ante el rigor y entereza de un varón en quien ha puesto toda su confianza, y necesita decirle que sea más blando en sus formas. No olvidemos también que Fray Juan era de sí muy

[9] Andrés de la Encarnación, *Memorias historiales*, D, n.º 27, BNM, ms.13.482.
[10] Jerónimo de San José, *Historia*, l.1, 12,3.
[11] *Carta a D. Francisco de Salcedo*. Valladolid, fines de septiembre 1568, 2.

encogido, si bien no era por timidez, sino por inhibición temperamental, y la Madre hubiese preferido en ciertas ocasiones que tuviese el remango que ella tenía para enfrentarse con la gente.

Vuelve a repetir que la virtud de Fray Juan se ha puesto de manifiesto «entre hartas ocasiones», y concluye sus intrincadas afirmaciones asegurando que «tiene harta oración y buen entendimiento»[12].

Era como señalarlo «oráculo de Dios» para ella; pues si «buen letrado nunca la engañó»[13], como decía ella, letrado y santo era todo cuanto de un varón podía esperar para escuchar en él a Dios.

Las evidentes diferencias temperamentales no marcan, sin embargo, un sesgo de disensiones; más bien acentúan mejor la fuerza aglutinante de cierta identidad común que hace de ambos una sola cosa, la cual se funda en un principio único, que se abre paso en ambos sin deformaciones, merced a la entrega incondicional de cada protagonista al mismo principio, que es Dios.

Santa Teresa lo reconocía sin titubeos: «Como tienen consigo al mesmo Señor, y Su Majestad es el que ahora vive..., se entiende acá que este movimiento interior procede del centro del alma»[14].

Fray Juan, por su parte, en la carcelilla de Toledo, suspiraba hacia dentro con su verso galaicoportugués: «Que bien sé yo la Fonte que mana y corre,/ aunque es de noche»[15].

La persona humana es muy compleja, con partes infinitésimas ya en el alma, ya en el cuerpo, repleto de tentáculos innumerables, conectados con el alma, unas veces informantes y otras transmisores. Pero las dos laderas elementales del caudaloso río de la personalidad son la ribera de de la conciencia y el inmenso continente de la subconsciencia, donde está la «morada de Dios». Los psicólogos comparan estas dos partes del ser humano a un iceberg, que esconde debajo del agua nueve décimas partes de su volumen.

La persona integral sólo se abarca cuando incluimos en su componente la inmensidad del subconsciente, que en la 7a Morada se aglutina con la conciencia, creando así una radiante unidad diáfana, cuyo centro luminoso es Dios.

Santa Teresa pretendió toda su vida darse a conocer tal cual era. Quería ser diáfana, para que sus consejeros viesen con claridad todo lo que era en su interior. «Podré errar, mas no mentir», era su dicho[16].

---

[12] *Ibid.*, 8.
[13] *Libro de la vida*, 5,3.
[14] *7 Moradas*, 3,7.
[15] *Poesías*, 6.
[16] *4 Moradas*, 2,7.

Cuando escribió el libro de su *Vida* en 1560, era su pretensión dominante descubrir todo lo que era, a manera de una confesión. Aquel libro recibió dos nombres: «Mi alma», cuando lo acababa de escribir; y más adelante, cuando ya había entrado en su 7a Morada, lo llamó «De las misericordias de Dios». Este segundo nombre era más acertado que el primero, porque abarcaba todo su ser desde la raíz, que era Dios.

Aquel libro contenía, en verdad, sólo hechos contretos, detectados por su conciencia. Y por tratar cosas concretas fue denunciado a la Inquisición en 1575.

La fórmula de aquel nuevo libro se la dio sin pensarlo demasiado el P. Gracián cuando le dijo: «Escriba otro libro y diga la doctrina en común, sin que nombre a quien le haya acaecido aquello que allí dijere»[17].

El P. Gracián pretendía más bien que escribiese un libro doctrinal. Pero Santa Teresa, que seguía pensando en su propia vida movida por Dios, pretendía más bien hacer una historia críptica de las cosas que movían su alma y se reflejaron en su historia.

Así nacía un nuevo género de historia, sin nombres, sin fechas, sin lugares ni dimensiones humanas. Iba a ser, más bien, un recuento vivencial de los gérmenes vitales replegados en los entresijos del ser humano, hasta lo esencial, que partía de Dios y avanzaba sobre todos los humanos, y en particular, como gracia cristiana, sobre sus hermanas monjas a quienes ella dirigía sus escritos.

Una alegoría para la conciencia

Aunque el libro de las *Moradas* se escribía desde la 7a Morada en plena madurez, no excluía, sin embargo, su intención mistagógica, para que sus lectoras, las carmelitas, entendiesen sus lecciones: «Iré hablando con ellas en lo que escriviré»[18].

Pretendía con ello abajarse al nivel de sus lectoras, a las cuales conocía muy bien, y otra vez les había dicho en forma de maternal advertencia: «que alguna simplecita verná que no sepa qué es interior y esterior»[19].

Y como siempre se había valido de comparaciones, incluso cuando pretendió enseñar a sus confesores la oración, hablándoles de «las cuatro maneras de regar un huerto», no podía hacer menos con sus lectoras; porque «este lenguaje, decía, es tan malo de declarar a los que no saben letras, como yo, que avré de buscar... a que venga bien la comparación»[20]. Y parti-

---

[17] Véase: Juan Luis Astigarraga, O.C.D. (ed.): «Escolias y adiciones al libro de la Vida de la M. Teresa de Jesús que compuso el P. Doctor Ribera, hechas por fray Jerónimo Gracián de la Madre de Dios, carmelita descalzo» en *Ephemerides Carmeliticae*, 32 (1981 II), p.428-429.

[18] *Moradas*, Prólogo, 5.

[19] *Camino de perfección* (Escorial), 53,3.

[20] *Libro de la vida*, 11,6.

cularmente en el libro de las *Moradas* volvía a recordar: «Nuestra torpeza de mujeres todo lo ha menester, y ansí por ventura quiere el Señor que vengan a nuestra noticia semejantes comparaciones» [21].

Castellana nata, con castillos a la vista desde que nació, y moradora de ciudades-castillo, como Avila y Toledo, la tres veces amurallada, para hablar de su alma no tenía a mano otra comparación más socorrida, tanto más cuanto que en todos sus libros precedentes había recurrido a este comparación. Y ahora, enfrentándose con su propia alma, se sintió constreñida a proclamar:

> «Es nuestra alma como un castillo, todo de un diamante u muy claro cristal, adonde hay muchos aposentos, ansí como en el cielo hay muchas moradas» [22].

El Castillo, en este caso, era el esquema pedagógico adonde referir sus lecciones profundas. Mas cuando empieza a desentrañar sinceramente el contenido profundo de su interior, echa de ver enseguida que la comparación le resulta pequeña, y tiene que recurrir a otras comparaciones para dar sentido más exacto a la primera, que es el esbozo de sus lecciones. Las nuevas comparaciones aclaran y dan sentido más exacto al contenido de aquel castillo que a bulto a dicho que se podía suponer que era como el alma.

La enmienda consta, nada menos, que de otras diez comparaciones análogas, que darán un sentido más aproximado de lo que es el alma donde mora Dios:

1.ª   Es un *paraíso*, «donde El tiene sus deleites» [23].

2.ª   Es *fuente de vida*: «que de aquí le viene ser sus obras tan agradables a los ojos de Dios y de los hombres, porque proceden de esta fuente de vida» [24].

3.ª   *Arbol de vida*: «este árbol de vida está plantado en las mesmas aguas vivas de la vida» [25].

4.ª   Como la *luz del sol*: «que está en el centro, y cosa no puede quitar su hermosura; mas si sobre un cristal que está a el sol se pusiese un paño muy negro, claro está que aunque el sol dé en él, no hará su claridad operación en el cristal» [26].

5.ª   Es *cielo y palacio de Dios*: «Ansí como en el cielo hay muchas moradas». El alma es iluminada «por la luz que sale de este palacio» [27].

---

[21] *1 Moradas*, 2,6.
[22] *1 Moradas*, 1,1.
[23] *Ibidem*.
[24] *1 Moradas*, 2,2.
[25] *1 Moradas*, 2,1.
[26] *1 Moradas*, 2,3.
[27] *1 Moradas*, 1,1.

6.ª   Es *como un palmito*: la vida vegetativa sustituye a la rígida arquitectura pétrea, cristalina o diamantina: «Considerad como un palmito, que para llegar a lo que es de comer, tiene muchas coberturas que todo lo sabroso cercan» [28].

7.ª   Es como *abeja en su colmena*: «Como la abeja en la colmena labra la miel» [29].

8.ª   Es como el *cuerpo humano*: «Son las almas que no tienen oración como un cuerpo con perlesía u tollido, que aunque tiene pies y manos, no los puede mandar» [30].

9.ª   Somos como un *gusano grande y feo*, que labra la seda, y acabado el capuchillo, «sale de él una mariposica blanca muy graciosa» [31].

10.ª   Es como la *petición de mano de los novios* que vienen a vistas [32].

Todas estas alegorías complementarias significan que en el esquema previo del *castillo* no cabían todos los avatares de la vida espiritual, y necesitaba de otras alegorías, surgidas al paso, para aclarar, con fulgurante fantasía, todo lo que no podían decir las piedras rígidas de un castillo, que le servía de esquema mistagógico.

San Juan de la Cruz y la alegoría vivencial

Los escritos primigenios de San Juan de la Cruz fueron redactados para sí mismo, en poesía versificada, en la cárcel de Toledo, a sus 38 años.

Sabemos que cierto día pidió a su carcelero «un poco de papel y tinta, porque quería hacer algunas cosas de devoción para entretenerse, y se las trajo» [33].

También asegura la Madre Magdalena que cuando Fray Juan de la Cruz estuvo en la cárcel, «sacó, cuando salió de la cárcel, un cuaderno que estando en ella había escrito... Este cuaderno, que escribió en la cárcel, le dejó en el convento de Beas, y a mí me mandaron trasladarle algunas veces» [34].

Fray Juan, desde la infancia, llevó una vida casi nómada, desde Fontiveros de la Moraña, donde nació, por Arévalo y el sur de Avila, hasta los montes de Toledo, hasta Gálvez, a campo traviesa, para regresar por el mismo paisaje hasta Medina del Campo, donde se inició en los estudios y en la

---

[28] *1 Moradas*, 2,8.
[29] *Ibid*.
[30] *1 Moradas*, 1,6.
[31] *5 Moradas*, 2,2 ss.
[32] *5 Moradas*, 4,4.
[33] Declaración de fr. Inocencio de S. Andrés, BNM, ms.12.738, f.823.
[34] Decl. de Magdalena del Espíritu Santo: B.M.C., t.10, p.325.

vida religiosa del Carmelo, hasta llegar a la Universidad y el Colegio Mayor de San Andrés a orillas del Tormes.

El campo castellano y manchego que le entró por los ojos, se configuró y creció con él, penetrando en los entresijos de su alma: las florecillas silvestres, el césped, el soto, los bosques y las alimañas que en ellos moran, así como los pájaros y aves caudales que cruzaban los cielos azules de la Moraña, revivían cada vez que él soñaba o buscaba formas de expresar sus íntimos sentimientos. Cuando entró en el Carmelo, la bíblica Montaña se parecía a los paisajes que él había sorbido en su trashumancia y en el cielo tan azul de la Moraña. Su paisaje interior se llenaba de pronto de pastores con sus rebaños entre majadas y oteros, montes y riberas, flores, fieras, fuertes y fronteras. Y se imaginaba que el Hijo de Dios, que pisó nuestras praderas terráqueas, «mil gracias derramando pasó por estos sotos con presura, y yéndolos mirando, con sola su figura vestidos los dejó de hermosura» [35].

Cualquier provocación que sacudiese sus sentimientos íntimos, era como una lluvia que hacía reverdecer los valles encantados de su corazón.

En la cárcel de Toledo, pequeña, oscura y sucia, se consolaba internándose en sus jardines interiores y se inhibía de las tensiones que le atenazaban.

Y sucedió que cierto día «oyó una voz como de muchacho, que cantaba en la calle esta letra:

> Muérome de amores,
> Carillo, ¿qué haré?
> ¡Que te mueras, alahé!» [36].

Y metiéndose en su refugio interior, como un rugido suspiraba:

> «¡Oh, bosques y espesuras,
> plantadas por la mano del Amado!
> ¡Oh, prado de verduras,
> de flores esmaltado:
> decid si por vosotros ha pasado!».

Y todo esto, así como las nostalgias de su oculta Fonte «que mana y corre, aunque es de noche», lo redactaba a solas, con la escasa luz de una saetera muy alta, cual si desentrañase su propia idiosincrasia y apareciese el embrujo de la naturaleza campera que en él se había hecho carne.

Desde el otoño de 1567, sus horizontes individuales comenzaron a trocarse en jardines floridos del Monte Carmelo ante la floración de las monjas de la Madre Teresa, de cuya dirección espiritual se había hecho cargo. Su

---

[35] *Cántico espiritual*, cc.1-5.
[36] Jerónimo de S. José, *Historia del V.P.*, l.3, c.15,3.

panorama individual casaba perfectamente con el ideal ingenuo de aquellas doncellas, de las cuales decía la Madre Teresa: «Yo me estava deleitando entre almas tan santas y limpias, adonde sólo era su cuidado de servir y alabar a nuestro Señor» [37].

Desde 1572, llamado a la Encarnación de Avila por la propia madre Teresa, se hizo cargo de las confesiones y dirección espiritual del venerable monasterio de la Encarnación, y bajo su férula se arropaban también las descalzas de San José y el racimo de amigos del «caballero santo». Impartía su doctrina, como atestigua Ana María de Jesús, monja entrañable de la Encarnación, por medio de billetes ocasionales y aleccionadores, así como de versificaciones que componía para solaz del círculo carmelitano. Todo era apenas un atisbo y ensayo de los jardines primaverales que renacían en su interior.

Con aquellos contactos espirituales había descubierto paisajes fabulosos dentro de las almas blancas. Ahora, año de 1578, en la cárcel de Toledo, escribía sólo para sí mismo, y en aquellas redacciones se le entrecruzaban ambos paisajes, el de la naturaleza absorbida en su ser, y el de la gracia, cosechada en el trato con almas blancas, y de este cruce surgía un lenguaje insólito, mezcla de cosmos y de Dios. Así escribía en *Cántico espiritual*, no inspirado en el paisaje andaluz, que no conocía aún, ni de los Montes de Toledo, cuya silueta podía apenas vislumbrar ocasionalmente desde lejos. Los montes y riberas, los sotos y los bosques y espesuras, así como la cristalina fuente de semblantes plateados, eran anagramas ambivalentes que le brotaban del alma sobre un paisaje que solo se vislumbraba con la Fe: «Por los Montes, dice, que son altos, entiende aquí las virtudes; por las riberas, que son bajas, entiende la mortificación. Las flores son todos los gustos y contentamientos y deleites que le pueden ofrecer en esta vida».

Si le atraen los elementos de lo creado sólo es porque «son plantados por la mano del Amado». Y en ese libro abierto de la creación vislumbra con relativa nitidez «el rastro de quien El era, no solamente dándoles el ser de la nada, mas aún dándoles innumerables gracias y virtudes, por la Sabiduría suya, por quien las creó, que es el Verbo, su Unigénito Hijo» [38].

Aquellos apuntes redactados en la cárcel eran, en verdad, una *autobiografía críptica*, más intensa y auténtica que la del Castillo de Santa Teresa; porque aquí transmitía, no un paradigma mistagógico, sino toda la vivencia de su más profundo centro, sin afanes de darla a conocer a sus lectores.

El paradigma surgiría más tarde, cuando ejerciendo el oficio de confesor de las Descalzas de Beas y prior de los Descalzos del Calvario, tenía que desplazarse cada fin de semana a través de dos leguas de boscaje, hasta el monasterio de Beas, desde noviembre 1578 a junio del año 1579.

---

[37] *Fundaciones*, 1,2.
[38] *Cántico*, 3,4 y 5,1.

Ocurre en este tiempo un suceso crucial. Lo refiere Juan de Santa Eufemia: tuvo que acudir desde su convento del Calvario a la ciudad de Izanatoraf a conjurar aun endemoniado, y echó al demonio dejando sano y bueno al hombre [39].

Es la ciudad de Iznatoraf un paraje tan original e insólito, que hace recordar aquello del Evangelio: «No se puede ocultar una ciudad situada en la cima de un monte» [40].

Cuando bajó de aquella cumbre, se le iban los ojos hacia aquella silueta insólita de lineas escuetas, como una pirámide coronada por la morada de Dios, el templo parroquial.

Pasados unos días, aquel fin de semana se presentó Fray Juan en Beas con una hojita, a manera de registro para el breviario, como lo refiere la Madre Magdalena: «Allí compuso el *Monte*, y nos hizo a cada una uno de su letra para el breviario, aunque después les añadió y enmendó algunas cosas» [41].

Se necesitaba mucha imaginación para descubrir en aquellas rayas la silueta de un Monte. Porque era un Monte muy ingenioso, con perspectiva en escorzo, como una panorámica avizorada desde el aire, como si la viese un pájaro en vuelo. En primer plano, la plataforma superior, una cumbre redonda, y en declive se adivinaba una pendiente perpendicular que llegaba hasta la base, cercada ésta por un densísimo seto, hecho de sentencias verticales, que rodeaban el lindero del Monte. La pendiente es tan rígida, que más parece una escala colgada que un sendero labrado desde abajo.

En el centro de la plataforma superior, un rótulo anunciaba: *Sólo mora en este Monte / Honra y Gloria de Dios*. Y esto iba enmarcado por una sentencia estremecedora para todo carmelita; tomada de Jeremías: *Introduxi vos in terram Carmeli, ut comederetis fructum eius et optima illius*. Aquello era, ni más ni menos, «la ciudad santa, la nueva Jerusalén, que bajaba del cielo de parte de Dios, preparada como esposa ataviada para su Esposo» (*Apoc.*, 21,2).

Aquella senda recta, como descolgada de lo alto, tenía una inscripción: *Senda del Monte Carmelo. Espíritu de perfección*. Y entre las dos paralelas: *Nada, nada, nada, nada, nada, nada*. Estaba claro: la senda para alcanzar la cumbre era el Amor, que como la luz va en linea recta.

Aquel Monte no era una *alegoría nocional*, un esquema, como el Castillo teresiano; era más bien una *síntesis* de cuanto Fray Juan llevaba rumiado en su interior, venerando al Dador de todo bien. Era una *alegoría vivencial*, otro Castillo, no arrancado de los edificios de piedra hechos por un arquitecto, sino del inmenso edificio de la naturaleza, donde se barruntan los dedos y la Sabiduría de Dios.

---

[39] *Informaciones de Baeza, 1617:* B.M.C., t.14, p.26.
[40] Mat. 5,4.
[41] *Relación de la M. Magdalena del Espíritu Santo:* B.M.C., t.10, p.325.

En este Monte inmenso podemos reconocer, en vez de estancias o compartimentos fabricados, *siete niveles* escalonados, en cada uno de los cuales nacen y se crían diferentes formas de vida, fauna y flora.

Lo asombroso es que, si acoplamos ambas alegorías, los *Siete Niveles* sobre las *Siete Moradas*, hallamos una *identidad total* de contenido y de doctrina, aun en cosas accidentales; con ventaja, en favor del Monte, que como alegoría viva y elástica, ofrece recursos para toda la estructura espiritual, sin tener que recurrir, como en el Castillo de Santa Teresa, a alegorías complementarias para expresarse.

San Juan de la Cruz recurre también a infinidad de alegorías, pero todas crecen en su Monte, todas nacen del contexto como si brotasen espontáneamente de la vivencia genial que las inspira. Es una creación continua, incapaz de depender de otro sino de sí mismo.

Espigando sobre sus pasos hemos encontrado en cada Nivel un símbolo que lo ambienta; no le sirve a él de esquema, pero sí al lector de orientación, en la siguiente forma:

Nivel 1.º: el seto está formado por *gramíneas*, muralla terrible.

Nivel 2.º: en el *soto*, los árboles succionan el agua de la oracion.

Nivel 3.º: las *aves ligeras* sobrevuelan el boscaje.

Nivel 4.º: la *Fuente* de agua viva brota de la peña.

Nivel 5.º: las *plumas de los vientos* arrastran las lluvias benéficas.

Nivel 6.º: el *Huerto cercado* acoge a los amantes en seguro.

Nivel 7.º: la *Nube divina* envuelve con la vida secreta de Dios.

Identidad espiritual

Entre las dos alegorías, la *nocional* y la *vivencial*, subsiste la misma realidad, adornada con idénticos atavíos, pues una misma es la «novia de Dios». Las aclaraciones de nuestros dos protagonistas parecen inventadas por *una misma cabeza*.

No podemos quedar satisfechos con solo decir que esta «cabeza» es el Espíritu Santo, que por el Bautismo habita en cada cristiano. De esto solo podríamos deducir «lo esencial de la vida cristiana». Pero la coincidencia de nuestros dos protagonistas es más descarada y pormenorizada, y es debida, pensamos, a la tradicional doctrina del Carmen, sorbida por ambos con ansiedad suma, y la llevaban asimilada cuando se encontraron los dos en 1567.

Aclarada esta coyuntura, sigamos paso a paso, aunque con cierta celeridad, los hitos de tan extraña coincidencia.

1.   En la *1.ª Morada* y *Nivel 1.º*,
la *cerca del castillo* y el *seto que cerca* el Monte

a)   El cuerpo, cerco del alma, «el engaste y grosería de estos cuerpos»[42] crían en sus albañales impúdicas sabandijas que reptan en el cieno «Con tantas cosas malas de culebras y víboras y cosas emponzoñosas que entraron el él, no le dejan advertir a la luz»[43].

El *seto* del Monte son los «sentidos corporales, cada uno de los cuales retoña de sí poderosos vástagos y crían a su amparo peligrosa fauna, descrita por San Juan de la Cruz minuciosamente[44].

b)   Los remedios, son análogos: «Cortar el seto», o limpiar de la pez el cristal donde ha de dar la luz del sol». Y todo por amor: «Cualquier gusto que se le ofreciere a los sentidos, renúncielo, por amor de Jesucristo»[45].

Y aquellos que en vez de obrar por amor «se cargan de extraordinarias penitencias y no procuran negar sus apetitos» hacen «penitencia de bestias»[46].

Teresa rechaza también «unos ímpetus de penitencias, que la parece no tiene descanso sino cuando se está atormentando»[47].

El remedio de estos «excesos» es el amor de Cristo: «La puerta para entrar en este castillo es la oración y consideración[48]. Y aconseja: «Han menester acudir a menudo a Su Majestad, tomar a su bendita Madre por intercesora y a sus santos[49].

San Juan de la Cruz aconseja igualmente que renuncie a todo «por amor de Jesucristo, conformándose con su vida, la cual debe considerar para poderla imitar»[50].

Es evidente que en este primer paso los dos Santos han dicho «lo mismo» para que el alma domine al cuerpo.

2.   En la *2.ª Morada* y *Nivel 2.º*, se trata de
las *pasiones* y *fantasías apasionadas*.

Una aparente divergencia: Según Santa Teresa, esta Morada «es de los que han ya comenzado a tener oración». San Juan de la Cruz, por su parte, relega la «oración discursiva» al Nivel 3.º. Sin embargo la diferencia es tan solo de imprecisión por parte de Santa Teresa, pues ella habla de oración «no discursiva, sino afectiva»; y así aconsejaba a los principiantes: «No os

---

[42]   *1 Moradas*, 1,2.
[43]   *1 Moradas*, 2,14.
[44]   *Subida*, 1.3, 25,2-6.
[45]   *Subida*, 1.1, 13,2.
[46]   *Subida*, 1.1, 8,4.
[47]   *1 Moradas*, 2,16.
[48]   *1 Moradas*, 1,17.
[49]   *1 Moradas*, 2,12.
[50]   *Subida*, 1.1, 13,3.

»ido ahora que *penséis en El* ni que saquéis grandes consideraciones; no os »ido más de que le miréis»[51]. Diríamos igualmente que la oración que aquí .dmite también San Juan de la Cruz es oración «de rastreo», siguiendo las .uellas de Dios: es cierto que el alma se enardece en oyendo que «Dios crió odas las cosas y en ellas dejó algún rastro de quien El era»[52].

Otro elemento común en ambos es que el alma necesita aquí calor en special al principio, procuren tratar amistad y trato con otras personas que raten de lo mesmo»[53]. Y también el Santo: «Miren lo que hacen y en cuyas nanos se ponen; porque el que sólo se quiere estar, sin arrimo y maestro ‐ guía, será como árbol que está solo y sin dueño en el campo»[54]. Y el pro‐ »io Juan de la Cruz, aunque remite la Fantasía al siguiente Nivel, aquí la ‐onsidera como «atractivo» que mueve la voluntad pasionalmente.

La misma Santa Teresa, que parece incluir aquí ciertas «locuciones ima‐ ;inarias», quiere más bien significar ciertos arrimos sentimentales: «con pa‐ abras que oyen a gente buena u sermones u con lo que leen, por donde lla‐ na Dios, u enfermedades, trabajos, y también con una verdad que enseña ‐n aquellos ratos que estamos en la oración, cuando hay perseverancia y »uenos deseos»[55].

3. En la *3.ª Morada* y *Nivel 3.º*, se toca el tema dominante de la *razón*.

Santa Teresa pone en evidencia que sufren aquí de un obstinado ego‐ :entrismo, por no contar sino con sus propias razones: «Canonizan en sus pensamientos estas cosas y querrían que otros las canonizasen» y es lamenta‐ »le «verlos sujetos a tanta miseria y no contradecir su *razón*»[56]. Y la verdad ‐s que «no está aún el amor para sacar de razón»[57].

San Juan de la Cruz, por su parte, hace un retrato magistral de estos principiantes, imbricados en todos los siete vicios capitales.

Ambos protagonistas señalan aquí el arrancamiento para pasar[58] de la meditación a la contemplación: «Esforcémonos, hermanas mías, por amor del Señor; dejemos nuestra *razón* y temores en sus manos, y andemos con grande humildad, a que aquí creo está el daño de las que no van ade‐ lante»[59].

San Juan de la Cruz da en la raíz cuando plantea que «todo lo que aquestos sentidos pueden recibir y fabricar, se llaman imaginaciones y fanta‐

---

[51] *Camino* (Valladolid), 26,3.
[52] *Cántico*, 5,1.
[53] *Libro de la vida*, 7,20.
[54] *Dichos de luz y amor*, 5.
[55] *2 Moradas*, 1,3.
[56] *3 Moradas*, 2,1.
[57] *3 Moradas*, 2,7.
[58] *Noche*, l.1, cc.2-7.
[59] *3 Moradas*, 2,8.

sías, que son formas que con imagen y figura de cuerpo se representan» [60], «a estos tales se les ha de decir que aprendan a estarse con atención y advertencia amorosa en Dios..., recibiendo lo que Dios obra en ellos» [61].

El primer barrunto de la contemplación lo pergeñó Santa Teresa primorosamente con la «centellica que comienza el Señor a encender en el alma del verdadero amor suyo, y quiere que el alma vaya entendiendo qué cosa es este amor con regalo» [62]. Y la respuesta la daba San Juan de la Cruz con aquel versillo del *Monte*:

> «Cuando con propio amor nada quise,
> dióseme todo sin ir tras ello».

4. En la *4.ª Morada* y *Nivel 4.º*
comienza a sentirse la *vida nueva*.

a) Ambos protagonistas centran su mistagogia sobre el *agua*.

Santa Teresa, fascinada por el agua, casi pierde de vista su Castillo, confesando: «No me hallo cosa más a propósito para declarar algunas de espíritu, que esto de *agua*» [63]. Y propone dos pilones: uno se llena por la boca con agua ajena y mucho ruido; el otro, asentado sobre un manantial, se llena desde su fondo hasta rebosar, silenciosamente: «Lo que viene por arcaduces es los contentos, que se sacan con la *meditación*; estotra fuente, viene el agua de su mesmo nacimiento, que es Dios».

San Juan de la Cruz permanece absorto ante su «cristalina fuente»: «porque della le manan a el alma las aguas de todos los bienes espirituales» [64].

b) La misteriosa llamada interior es calificada por Santa Teresa como un *silbo del Pastor*: «Tiene tanta fuerza este *silbo del Pastor*, que se desamparan las cosas exteriores en que estavan enajenadas y métense en el Castillo» [65].

San Juan de la Cruz lo funda en el «silbo de los aires amorosos»: «Y llámale silbo, porque esta sutilísima y delicada inteligencia se entra con admirable sabor y deleite en lo íntimo de la sustancia del alma» [66].

c) El impacto sensorial que produce en el cuerpo la nueva vida, está registrado por los dos Maestros como «vuelco del cerebro». Santa Teresa percibe el fenómeno y lo delata: «Estoy considerando lo que pasa en mi cabeza, del gran ruido de ella; no parece sino que están en ella muchos ríos

---

[60] *Subida*, 1.2, 12,3.
[61] *Subida*, 1.2, 12,8.
[62] *Libro de la vida*, 15,4.
[63] *4 Moradas*, 2,3-4.
[64] *Cántico*, 12,3.
[65] *4 Moradas*, 3,1-2.
[66] *Cántico*, 14,14.

caudalosos, y por otra parte, que estas aguas se despeñan, muchos pajarillos y silbos; y no en los oídos, sino en lo *superior de la cabeza*, adonde dicen que está lo superior del alma. Y yo me estuve en esto harto tiempo, por parecer que el movimiento grande del espíritu hacia arriba subía con velocidad; pero con toda la baraúnda de ella no me estorba a la oración ni a lo que estoy diciendo. Pues si en lo *superior de la cabeza* está lo superior del alma, ¿cómo no la turba? Mas sé que es verdad lo que digo» [67].

San Juan de la Cruz reconoce el fenómeno sin el menor titubeo: «Es cosa notable, dice, lo que a veces pasa en esto; porque algunas veces, cuando Dios hace estos toques de unión en la memoria, súbitamente le da un *vuelco en el cerebro*, que es adonde ella tiene su asiento, tan sensible, que le parece se desvanece toda la cabeza y que se pierde el juicio. Y de tal manera que se pasa mucho tiempo sin sentirlo ni saber qué se hizo aquel tiempo» [68].

d) Otro efecto, esta vez negativo, acusan también los dos en este punto, el *pasmo y abobamiento*, producido por causas naturales: «En tiniendo algún regalo, dice la Santa, sujétales el natural, y como sienten contento alguno interior y caimiento en el exterior y una flaqueza, paréceles que es lo uno como lo otro, y déjanse *embebecer*, que no es otra cosa más de estar perdiendo tiempo» [69].

San Juan de la Cruz, remembrando al demonio, dice: «Suele sugerir y poner gusto, sabor y deleite en el sentido acerca de las mismas cosas de Dios, para que el alma, *enmelada* y encandilada en aquel sabor, se va ya cegando con aquel gusto» [70]. Y así lo llama *encandilamiento* y *enmelamiento*.

e) Es aquí donde Santa Teresa se acordó de la «loca de la casa», que con sus impertinencias perturba la quietud del alma: «Yo vía las potencias del alma empleadas en Dios y estar recogidas con El, y por otra parte el pensamiento (imaginación) alborotado, traíame tonta» [71].

Tanto que se asessoró de un letrado, que era Fray Juan, y se serenó.

San Juan de la Cruz, con el simbolismo de las «aves ligeras», decía: «Son ligeras y sutiles en volar a una parte y a otra; las cuales, cuando la voluntad está gozando, suelen hacerle *sinsabor* y apagalla el gusto con sus vuelos sutiles» [72].

f) Los dos Maestros afirman unánimes que aquí empieza el lado sobrenatural: «Comienzan, dice la Santa, a ser cosas sobrenaturales» [73]. Y el Santo, como teólogo, dice también: «Pasan de su término natural al de Dios, que es sobrenatural» [74].

---

[67] *4 Moradas*, 1,10-11.
[68] *Subida*, l.3, 2,5-7.
[69] *4 Moradas*, 3,11.
[70] *Subida*, l.3, 10,2.
[71] *4 Moradas*, 1,8.
[72] *Cántico*, 20-21,5.
[73] *4 Moradas*, 1,1.
[74] *Subida*, l.3, 2,8.

5.   En la *5.ª Morada* y *Nivel 5.º*, entramos en el
centro del alma y *tocamos a Dios* allí presente.

a)   El *centro* es nombrado por ambos como «lugar de cita con Dios»
«Entra en el *centro* sin ninguna (puerta), como entró a sus discípulos y salió
del sepulcro sin levantar la piedra» [75]. «Ansí queda el alma con tan grandes
ganancias, por obrar Dios en ella sin que nadie lo estorbe, ni nosotros mesmos» [76].

San Juan de la Cruz, como a la inversa, dice: «El *centro* del alma es
Dios, que será cuando con todas sus fuerzas entienda, ame y goce a Dios» [77].

b)   La *esencia* del alma, que es donde se realiza esta gracia, es lenguaje
común de ambos: «Su Majestad está tan junto, dice la Santa, y unido con
la *esencia* del alma, que no osará llegar (el demonio), ni aun deve de entender
este secreto» [78].

«Es en la sustancia del alma, donde ni el centro del sentido ni el demonio pueden llegar» [79].

b)   La idea de *unión* no es de una cosa acabada, sino de un *germen* en
crecimiento continuo, que para explicarlo ha dejado la Santa la alegoría del
Castillo y la ha sustituido por la del gusano de la seda: «Ya no tiene en nada
las obras que hacía siendo gusano; hanle nacido alas, ¿cómo se ha de contentar, pudiendo volar, de andar paso a paso? Todo se le hace poco cuanto
puede hacer por Dios, según sus deseos» [80].

San Juan de la Cruz apela en esta coyuntura a la naciente «pasión de
amor», que «hiere en la sustancia del alma y mueve las afecciones pasivamente; porque la raíz y el vivo de la *sed de amor* siéntese en la parte superior
de el alma, esto es, en el espíritu» [81].

c)   Nuestros dos protagonistas mencionan aquí precisamente los acos
del *demonio*. Si bien era razonable que Santa Teresa lo mencionase, recordando su caída desde la 5a Morada por dejar la oración, instigada por el demonio, no sería tan razonable que también San Juan de la Cruz tocase aquí este
asunto. La Santa decía: «He conocido a personas muy encumbradas y llegar
a este estado, y con la gran sotileza y ardid del demonio, tornarlas a ganar
para sí; porque deve de juntarse todo el infierno para ello» [82].

San Juan de la Cruz alega también la envidia del demonio: «El cual, al
tiempo que Dios da al alma recogimiento y suavidad de sí, tiniendo él gran-

---

[75] *5 Moradas*, 1,13.
[76] *5 Moradas*, 1,5.
[77] *Llama*, 1,12.
[78] *5 Moradas*, 1,5.
[79] *Llama*, 1,9.
[80] *5 Moradas*, 2,8.
[81] *Noche*, l.2, 13,3-4.
[82] *5 Moradas*, 4,6.

le envidia y pesar de aquel bien y paz del alma, procura poner horror y temor en el espíritu, por impedirla aquel bien, y a veces como amenazándola llá en el espíritu»[83].

5. En la *6.ª Morada* y *Nivel 6.º* se celebra el
Desposorio espiritual en el Huerto cerrado.

a) La nota externa del Desposorio son los *arrobamientos*: «Fué la primera vez que me hizo esta merced de arrobamientos, dice la Santa, entendí estas palabras: ya no quiero que tengas conversación con hombres, sino con ángeles. Y muy en el espíritu se me dijeron estas palabras»[84].

Otra nota muy saliente es que estos raptos suelen ir acompañados de terribles sufrimientos interiores, tanto que la Santa osa decir: «Algunas veces lo considero y temo que, si lo entendiensen antes, sería dificultosísimo determinarse la flaqueza natural para poderlo sufrir ni determinarse a pasarlo, por bienes que se le representasen»[85].

El mismo tema resuelve con maestría San Juan de la Cruz: «En aquella visitación del Espíritu divino, es arrebatado con gran fuerza el del alma. Y esta es la causa por que en estos raptos y vuelos se queda el cuerpo sin sentido, y aunque le hagan cosas de grandísimo dolor, no siente»[86]. Confirma este particular la Santa, cuando dice: «Yo confieso que gran temor me hizo al principio, grandísimo; porque verse levantar un cuerpo de la tierra..., muéstrase una majestad de quien puede hacer aquello, que espeluza los cabellos y queda un gran temor de ofender a tan gran Dios»[87].

b) En ambas perspectivas tiene comienzo la terrible «noche oscura del espíritu». La Santa exclama: «¡Qué son los trabajos interiores y esteriores que padece, hasta que entra en la sétima morada!»[88].

San Juan de la Cruz, por su parte, anuncia «una penosa turbación de muchos recelos, imaginaciones y combates que tiene el alma dentro de sí. De aquí es que trae en el espíritu un dolor y gemido tan profundo, que le causa *rugidos y bramidos* espirituales, pronunciándolos a veces con la boca y resolviéndose en lágrimas»[89].

c) Santa Teresa acentúa sobremanera el horrible dolor de las enfermedades, alegando razones sentimentales: «porque descompone lo interior y esterior de manera que aprieta un alma, que no sabe qué hacer de sí, y de muy buena gana tomaría cualquier martirio de presto que estos dolores»[90].

---

[83] *Cántico*, 20-21,9.
[84] *Libro de la vida*, 24,1.
[85] *6 Moradas*, 1,2.
[86] *Cántico*, 13,6.
[87] *Libro de la vida*, 20,7.
[88] *6 Moradas*, 1,2.
[89] *Noche*, l.2,9, 6-7.
[90] *6 Moradas*, 1,7.

San Juan de la Cruz reconoce también que el cuerpo es un gran impe dimento para gustar a Dios como El es: «Que no querría que la comunicas Dios nada de espiritual, cuando la comunica a la parte superior; porque, ha de ser muy poco, o no lo ha de poder sufrir, por la flaqueza de su condi ción, sin que desfallezca el natural» [91].

d) Ambos también dan cuenta viva de los *roces diabólicos* en el espíri tu, que son terribilísimos, porque va de espíritu a espíritu: «Es una inquie tud, dice la Santa, que no se sabe entender de dónde le viene, sino que pare ce resiste el alma y se alborota y aflige, sin saber de qué. Pienso si siente un espíritu a otro» [92].

Lo confirma con certeza San Juan de la Cruz: «Como va de *espíritu a espíritu* desnudamente, es intolerable el horror que causa el malo en el bueno» [93].

e) Sin embargo ambos consideran estas diabluras como «un bien» con que Dios alisa a las almas: «Son tantas las veces, dice la Santa, las que estos malditos me atormentan, y tan poco el miedo que yo les he, con ver que no se pueden menear si el Señor no les da licencia» [94]. Y el Santo asegura que «cuando el alma está resignada y contraria, el demonio va cesando, de que ve que no hace daño; y Dios, por el contrario, va aumentando y aven tajando las mercedes en aquella alma humilde y desapropiada» [95]. Y la razón es «porque ni el entendimiento ni el demonio pueden entrometerse ni llegar a hacer pasivamente *efecto sustancial* en el alma de manera que le imprima el efecto y hábito de su palabra» [96].

Los buenos efectos de la «visión del infierno que tuvo Santa Teresa [97], confirma el Santo, diciendo: «Es aquí de saber que cuando el ángel bueno permite al demonio esta ventaja de alcanzar al alma con este espiritual ho rror, hácelo para *purificarla y disponerla* con esta vigilia espiritual que le quie re hacer» [98].

f) La «merced del dardo», que parece una merced esporádica en la Santa, la incluye el Santo en su doctrina con una profundidad insospechada: «Acaecerá que, estando el alma inflamada, dice el Santo, en amor de Dios, que sienta embestir en ella un serafín con una flecha o *dardo enherbolado*, en cendidísimo en fuego de amor, traspasando a esta alma, que ya está encendi da como un ascua, o por mejor decir, como llama... Siente la llaga el alma en deleite sobremanera» [99]. Y es su opinión que «pocas almas llegan a tanto

[91] *Cántico*, 19,1.
[92] *Libro de la vida*, 25,10.
[93] *Noche*, 1.2, 23,5.
[94] *Libro de la vida*, 31,9.
[95] *Subida*, 1.2, 11,8.
[96] *Subida*, 1.2, 31,2.
[97] *Libro de la vida*, 32,9- 12.
[98] *Noche*, 1.2, 23,10.
[99] *Llama*, 2,9.

omo a esto; mas algunas han llegado, mayormente las de aquellas cuya vir-
ud y espíritu se había de difundir en la sucesión de sus hijos» [100].

Santa Teresa, que describía «su caso», aseguraba que «no es dolor cor-
oral, sino espiritual, aunque no deja de participar el cuerpo, y aun
arto» [101].

g)   El tema de la Humanidad de Cristo, distintivo que es de la doctri-
a de Santa Teresa, no palidece, antes se acentúa con los asertos teológicos
e San Juan de la Cruz: «Todo nuestro bien y remedio es la Sacratísima
Humanidad de nuestro Señor Jesucristo» [102], dice la Santa. Y él enseñaba:
Hay que ahondar en Cristo, porque es como una abundante mina con mu-
hos senos de tesoros, que nunca les hallan fin ni término» [103]. Y también:
Mírale a El también humanado, y hallarás en éso más que piensas; porque
ambién dice el Apóstol: Mora en El corporalmente toda la plenitud de la
Divinidad» [104].

La Santa encarecía los grandes provechos en la tierra de la Humanidad
le Cristo, «gran ayuda para todo bien» [105]; pero San Juan de la Cruz señala
u trascendencia en virtud de la unión hipostática del Verbo, que será obje-
o de la visión beatífica [106].

h)   Es también concorde la opinión que ambos tienen de las *palabras
sustanciales*, que en la 6a Morada se hacen frecuentes. «Es tan en lo íntimo
lel alma, y paréce tan claro, dice ella, oír aquellas palabras con los oídos del
alma a el mesmo Señor, y tan en secreto que la mesma manera del entender-
as, con las operaciones que hace la mesma visión, asegura y da certidumbre
o poder el demonio tener parte allí» [107].

Y el Santo enseña: «Acerca destas palabras sustanciales no tiene el alma
que hacer en obrar lo que ellas dice; porque estas *palabras sustanciales* nunca
se las dice Dios para que ella las ponga por obra, sino para obrarlas en
ella» [108].

7.   En la *7.ª Morada* y *Nivel 7o* se celebra
el *Matrimonio espiritual* bajo la *Nube Divina*.

a)   La *Nube* es la expresión espontánea de los dos Santos en este paso
glorioso del Matrimonio espiritual: «Allí, dice la Santa, se le muestra la

---

[100] *Llama*, 2,12.
[101] *Libro de la vida*, 29,13.
[102] *6 Moradas*, 7,6.
[103] *Cántico*, 37,4.
[104] *Subida*, 1.2, 22,6.
[105] *6 Moradas*, 7,15.
[106] *Cántico*, 37,1.
[107] *6 Moradas*, 3,12.
[108] *Subida*, 1.2, 31,2.

Sma. Trinidad, todas Tres Personas, con una inflamación que primero viene a su espíritu, a manera de una *Nube* de grandísima claridad»[109]. Y el Santo decía romanceando:

> «Cuando más alto se sube
> tanto menos entendía
> qué es la tenebrosa *nube*
> que a la noche esclarecía»[110].

b) El tema central, el Matrimonio con Dios, es una palabra que la Santa no osaba pronunciarla hasta sentirse asesorada por Fray Juan de la Cruz. En la *Cuenta de conciencia* donde refiere el suceso de su merced personal, no osa llamarla Matrimonio sino veladamente bajo la palabra «esposa de Cristo»[111]. Más adelante, perdido el recelo, escribió un verso que decía:

> «Venturosa fue su suerte,
> pues mereció tal esposo;
> no la osaré más mirar,
> pues ha tomado *marido*
> que reina y ha de reinar»[112].

Fue en la 7.ª Morada donde rompió el recelo, junto al Santo, y escribió: «Para que entendáis lo que os importa que no quede por vosotras el celebrar vuestro Esposo este *espiritual matrimonio* con vuestras almas»[113].

San Juan de la Cruz acomete el tema derechamente en la estrofa 22 del Cántico espiritual, y afirma: «Este estado de *matrimonio espiritual* es el más alto grado de que ahora habemos de hablar»[114].

Del Matrimonio dice la Santa que es «como los que ya no se pueden apartar... El *desposorio* espiritual es diferente, que muchas veces se apartan, y la unión también lo es»[115]. Como el Santo: «Es mucho más, sin comparación, que el *desposorio espiritual*; porque es una transformación total en el Amado; y así pienso que este estado nunca acaece sin que esté el alma confirmada en gracia»[116].

Santa Teresa, basándose en sentimientos personales, era reacia a aceptar semejante afirmación; porque «no se *tiene por segura*, sino que anda con mucho más temor que antes en guardarse de cualquier ofensa de Dios y con ordinaria pena y confusión de ver lo poco que puede hacer y lo mucho a

---

[109] *7 Moradas*, 1,7.
[110] *Poesías*, 9,5.
[111] *Cuentas de conciencia*, 29a.
[112] *Poesías*, 11.
[113] *7 Moradas*, 1,7.
[114] *Cántico*, 22,3.
[115] *7 Moradas*, 2,4-5.
[116] *Cántico*, 22,3.

que está obligada, que no es pequeña cruz, sino harto gran penitencia» [117]. La perspectiva teológica se ha eclipsado esta vez en el alma de la Santa, confundiendo el «temor» con el *Don de Temor de Dios*, que es lo que ella está describiendo y que reconoce en su última *Cuenta de conciencia*, donde reconoce: «Algunas veces parece quiere Dios se padezca sin consuelo interior; mas nunca, *ni por primer movimiento*, tuerce la voluntad de que se haga en ella la de Dios» [118].

San Juan de la Cruz conocía también los entresijos que angustiaban a la Santa, y decía que «aunque haya conformidad, todavía padece alguna manera de pena y detrimento: lo uno, por la transformación beatífica, que siempre echa menos en el espíritu; lo otro, por el detrimento que padece el sentido flaco y corruptible...» [119].

Que Santa Teresa contase de hecho con la «confirmación en gracia», se deduce de las comparaciones, de «sabor panteísta», con que explica aquella unión matrimonial: «Es como si cayendo *agua* del cielo en un río, adonde queda hecho *todo agua*, que no podrán dividir ni apartar cuál es el agua del río u la que cayó del cielo. O como si un arroíco entra en la mar, no avrá remedio de apartarse. U como si en una pieza estuviesen dos ventanas, por donde entrase gran luz; aunque entra dividida se hace *toda una luz*» [120].

c) Es también un avance común de ambos el mencionar las relaciones personales con «cada una de las Tres Personas de la Trinidad».

La Santa reconocía cuidadosamente «hablarme todas Tres Personas, y que se representaban dentro, en mi alma, distintamente. Entendí aquellas palabras que dice el Señor, que estarán con el alma que está en gracia las Tres Divinas Personas, porque las vía dentro de mí» [121]. Y en las *Cuentas de conciencia* había escrito: «Las Personas veo claro ser *distintas*... La Persona *que habla* siempre bien puedo afirmar la que me parece que es» [122].

En la misma linea está San Juan de la Cruz, que dedica toda una estrofa de la *Llama de amor viva* a distinguir minuciosamente la obra personal de cada una en el alma: «El *cauterio* es el Espíritu Santo; la *mano*, el Padre; y el *Toque*, el Hijo» [123].

d) La cita de Dios para celebrar el *Matrimonio espiritual* es la *Morada de Dios*, la 7.ª, el 7.º Nivel, que está integrando al alma en gracia. Los dos Maestros son explícitos en esta grandiosa afirmación.

Dice Santa Teresa: «Pues cuando Su Majestad es servido hacerle la merced dicha, primero la mete en *su Morada*; y metida en *aquella Morada* por

[117] 7 Moradas, 1,12.
[118] Cuentas de conciencia, 66a, 7 y 10.
[119] Cántico, 39,14.
[120] 7 Moradas, 2,6.
[121] Cuentas de conciencia, 58a,18; cfr. Efrén de la Madre de Dios, O.C.D., El Monte y el Castillo. La vida de la gracia en Santa Teresa y San Juan de la Cruz. Avila, 1987, p.634-640.
[122] Cuentas de conciencia, 58a,18.
[123] Llama, 2,1.

visión espiritual, por cierta *manera de representación de la Verdad*, se le muestr
la Sma. Trinidad...; se le comunican todas Tres Personas y la hablan»[124].

San Juan de la Cruz, tras una dramática búsqueda de Dios en el *Cántic
espiritual*, concluye: «Alma hermosísima entre todas las criaturas, que desea
saber el lugar donde está tu Amado, para buscarle y unirte a El; ya se t
dice que *tú misma eres* el aposento donde El mora y el escondrijo donde est
escondido»[125]. Hay que buscarle en fe y en amor: «Andando ella tratando
manoseando estos misterios y secretos de fe, merecerá que el amor la descu
bra lo que en sí encierra la fe, que es el Esposo que ella desea»[126]. «A esta
altas noticias no puede el alma llegar por alguna comparación; sin la habili
dad del alma las obra Dios en ella»[127].

Y refugiándose en la Revelación, aclara: «Es de notar que el Verb
Hijo de Dios, juntamente con el Padre y el Espíritu Santo esencial y presen
cialmente está escondido en el íntimo ser del alma»[128].

e)   La *paz profunda* que goza el alma se compara al cielo empíreo, mo
rada cósmica de Dios.

Dice Santa Teresa: «En metiendo el Señor a el alma en *esta morada*, qu
es el centro de la mesma alma, ansí como dice que el *cielo empíreo*, adond
está nuestro Señor, no se mueve como los demás, ansí parece no hay lo
movimientos en esta alma, en entrando aquí, que suele aver en las potencia
y imaginación de manera que la perjudique ni le quite su paz»[129]..

San Juan de la Cruz, sin nombrar el «empíreo», define su contenido
pero habla del *tercer cielo*, que es el equivalente de empíreo: «Dios no s
mueve, y así estos visos de gloria que se dan al alma son estables, perfecto
y continuos, con firme serenidad en Dios. Entonces verá el alma clar
cómo, aunque le parecía que acá se movía Dios en ella, en sí mismo no s
mueve, como el fuego (de aquí «empíreo») tampoco se mueve en su es
fera»[130].

f) El retrato del alma que vive en Matrimonio espiritual, que en la San
ta fueron los *diez años* últimos, y en el Santo fueron 24, coinciden perfecta
mente, si comparamos la *Cuenta de conciencia de 1581*[131] con el retrato del qu
ha salido de la «interior bodega» que describe el Santo así:

1.º   «Le parece al alma que lo que antes sabía y aun lo que sabe tod
el mundo ... es pura ignorancia».

---

[124]   *7 Moradas*, 1,7.
[125]   *Cántico*, 1,7.
[126]   *Cántico*, 4,11.
[127]   *Subida*, l.2, 26,8.
[128]   *Cántico*, 1,6-8.
[129]   *7 Moradas*, 2,11.
[130]   *Llama*, 3,11.
[131]   *7 Moradas*, 3, 2-14.

2.º «No se puede conocer cómo es pura ignorancia la sabiduría de los hombres ... y cuán digno de no ser sabido».

3.º «Los sabios de Dios y los sabios del mundo, los unos son insipientes para los otros».

4.º «Está el alma en este puesto, en cierta manera, como Adán en la inocencia, que no entiende el mal ni cosa juzga a mal; porque no tienen en sí el hábito de mal por donde juzgar».

5.º «No se ha de entender que pierde los hábitos con la sabiduría superior de las otras ciencias, así como una luz pequeña con otra grande (una candela y el sol), la grande es la que priva».

6.º «No solo se aniquila todo su saber primero, pareciéndole todo nada; mas también toda su vida vieja se renueva en nuevo hombre» [132].

Epílogo

Los dos carmelitas se han emboscado bajo la Nube y se han abismado en la misma *Fonte que mana y corre* cuyas aguas producen en ellos idénticos frutos. Con ser de sí antagónicos, en sus vidas corre el mismo aire, aquí reflejado, y sus facciones, desde la luz de los ojos hasta el suave andar, parecen sacadas del mismo troquel, porque corren por ellas las mismas expresiones espirituales, que envuelven los cuerpos en un halo misterioso, y solo se ven rayos indefinibles, que provienen del Espíritu Santo:

«Y me mostró un río de agua de vida, reluciente como cristal, que sale del Trono de Dios y del Cordero; a un lado y otro del río hay un árbol de vida, que da doce frutos, uno cada mes; y las hojas del árbol sirven para curar a las naciones ... Ya no habrá más noche, ni necesitan luz de lámpara ni luz del sol; porque el Señor Dios los alumbrará» [133].

---

[132] *Cántico*, 26, 13-17.
[133] *Apoc.*, 22,1-5.

OBRAS ESPIRITVALES que encaminan a vna alma ala perfecta vnion con Dios. Porel Venerable P.F. Ivañ DELA CRVZ, primer Defcalzo dela Reforma de N. Señora del Carmen, Coadjutor de la Bienauenturada Virgen. S. Terefa de Iefus Fundadora de lamifma Reforma. Con vna rejunta dela vida del Autor, y vna difufion por el P.F. Diego de Iefus Carmelita defcalzo, Prior del Conuento de Toledo. Dirigido al Iluftrifimo Señor Don Gafpar de Borja Cardenal dela Santa Iglefia de Roma, del titulo de SANTA CRVZ en Hierufalen. IMPRESO EN ALCALA POR LA VIVDA DE ANDRES SANCHES EZPELETA. ANNO DE M.DC.XVIII.

Tres poemas, un tratado y tres comentarios

Relación entre las obras sanjuanistas

Eulogio Pacho, O.C.D.

La interpretación exacta del epígrafe y de sus propósitos reclama algunas aclaraciones preliminares. En la clasificación de sus poesías San Juan de la Cruz distingue como «canciones» todas las que llevan versos endecasílabos, mientras los heptasílabos son «coplas», «romances» y «glosas». Habría que añadir, por no especificadas, «navideñas» o «villancicos». La terminología preceptiva moderna ha mantenido prácticamente invariada la nomenclatura del Santo —corriente de su época— menos para las «canciones» y «cantares». Con este último nombre él indica únicamente la poesía de *La fonte*. Suelen designarse ahora como «poemas». En la categoría se incluyen cinco composiciones: *Cántico, Noche oscura, Llama, El pastorcico* y *La fonte*.

Las tres primeras tienen en común idéntica estructura estrófica: la lira, pero con una diferencia notable: es de cinco versos en *Cántico* y *Noche*; de seis en *Llama*. Para el intento de estas páginas conviene recordar algo que les es exclusivo: la declaración o comentario en prosa, añadido con notable posteridad a su composición poética. De los «cinco poemas» aquí interesan únicamente esos tres.

Hablar de tres «poemas» explicados en prosa hace pensar naturalmente en sendos tratados doctrinales. Es sabido, en cambio, que las obras —corrientemente llamadas «mayores»— de Juan de la Cruz son cuatro. Que a tres «poemas» no correspondan sendos escritos en prosa se debe a un hecho elemental: a que uno de los poemas —el de la *Noche*— se ha glosado dos veces. El dato plantea ya un problema inevitable de relación entre los diversos «comentarios» [1]. Alguna diferencia tiene que existir entre la doble expli-

---

[1] La doble glosa o paráfrasis del poema «En una noche oscura» hace aquí referencia al hecho de servir de base inicial a la *Subida del Monte Carmelo* y a la *Noche oscura*. Es sabido que en este escrito se intenta comentar por dos veces la primera estrofa de esa poesía. A lo largo de estas páginas se consideran unitariamente las diversas redacciones del *Cántico espiritual* y de

cación de la misma poesía. También entre ésta y las que no se han glosado más que en un sentido.

El hecho mismo de que los tres «poemas» subsistieran un tiempo sin la explicación didáctica autoriza una confrontación previa de los mismos en su estado originario. Es un problema que queda al margen de estas páginas, enfocadas a estudiar la relación existente entre los grandes escritos en prosa de San Juan de la Cruz. No interesa directamente la vinculación doctrinal. Tampoco la literaria o estilística. Se considera únicamente la redaccional o estructural en función de la exégesis doctrinal.

Dos ingredientes básicos condicionan cualquier aproximación al «comentario» de los poemas sanjuanistas: la intencionalidad didáctica de la «declaración» en prosa y su inevitable vinculación a los versos. Ambos condicionamientos interpretativos son aplicables por igual al análisis literario y a la exégesis doctrinal. Se condicionan recíprocamente. Las consideraciones que siguen se centran en el primero en cuanto sirve de apoyatura a la segunda. El estudio literario pormenorizado de las cuatro «obras mayores» desborda con mucho los límites de este apunte.

No es precisamente un campo generosamente cultivado. Mientras se multiplican —con tendencia inflacionista— los ensayos sobre la estética y la literatura de la poesía sanjuanista, resultan parcos y leves los dedicados a su prosa. Los más andan diseminados por obras de índole general o son apenas alusivos. Mientras en los más antiguos se destacan los recursos artísticos y literarios, en la producción más reciente se indagan los componentes estructuralistas desde las más variados enfoques[2].

---

la Llama. Se alude únicamente, cuando hace al caso, a la segunda redacción del Cántico (CB) en los elementos propios que alteran la estructura de la primera (CA). En la Llama no existe problemática especial bajo los aspectos que aquí interesan. Para no multiplicar sin necesidad siglas y referencias, dentro del texto, abreviamos los títulos con la primera palabra de cada escrito.

[2] Siguiendo los criterios de la preceptiva tradicional señaló algunos rasgos del estilo sanjuanista Crisógono de Jesús, San Juan de la Cruz: su obra científica y su obra literaria (Madrid-Avila 1929), t.II, 161-181, 311-329. Remozó aquellas sugerencias en Valor literario de la obra de San Juan de la Cruz, en Orientación española (Buenos Aires 1942) 13-17. Recoge abundantes opiniones de historiadores de la literatura Sabino de Jesús, San Juan de la Cruz y la crítica literaria (Santiago de Chile 1942) 247-370, 396-418. Apuntan a nuevas orientaciones, entre otros, E. Cardera: El manierismo en San Juan de la Cruz, en Prohemio 1 (1970) 333-335; J. Camón Aznar: Arte y pensamiento en San Juan de la Cruz, Madrid 1972; Victor G. de la Concha: Conciencia estética y voluntad de estilo en San Juan de la Cruz, en Boletín de la B. de Menéndez Pelayo 56 (1970) 371-408; A. Ruano: La mística clásica. Teoría de lo literario en San Juan de la Cruz, Puerto Rico, 1971. Más ceñidos al análisis directo del estilo literario, en algunas obras, los trabajos de H. Hatzfeld, La prosa sanjuanista en el «Cántico espiritual», ib., p.306-317. Desde otro punto de vista es conocido y citado el libro de su discípula Rosa María Icaza, The Stilistic Relationship between Poetry and Prose in the «Cántico espiritual» of San Juan de la Cruz, Washingthon 1957. Bajo otro punto de vista más rico y original Luce López-Baralt en su libro San Juan de la Cruz y el Islam (México 1985). En el cap. I, p.56-85 recoge y sintetiza lo expuesto en otros trabajos.

En ningún caso es lícito «postponer la información histórica» relativa a la génesis de los «comentarios». Al contrario, debe presuponerse y respetarse con escrupulosidad. Es ella la que garantiza la precedencia cronológica de los poemas y su condición originaria de poesía pura, «exenta». La misma información histórica sobre el proceso redaccional de las «declaraciones» explica no pocas diferencias literarias entre ellas e, incluso, peculiaridades de cada una [3].

1. Los propósitos y los proyectos

El dato histórico fundamental asegura la prioridad de los poemas y la condición advenediza de los «comentarios», como algo agregado o adosado a los mismos.

La misma historia confirma y rubrica las confesiones prologales del autor, en las que declara las motivaciones y los objetivos de la glosa. Intenta enseñar y guiar a las almas en el camino del espíritu sirviéndose de la experiencia religiosa y mística que ha tratado de comunicar en la poesía. Compone escritos de pedagogía espiritual, no obras literarias de intento. Quiere ser director y mistagogo, no arquitecto literario.

Fray Juan de la Cruz pudo, en teoría, proponer sus enseñanzas espirituales al margen de las poesías; con exposición propia y autónoma. Circunstancias «religiosas y pastorales» (contra las cuales nada valen «laicidades desempolvadoras») [4] le impulsaron a un compromiso de inevitables consecuencias metodológicas y literarias.

Una vez comprometido a comunicar su experiencia y proponer sus conocimientos «declarando» el contenido de los poemas, se impuso ciertas téc-

---

[3] Las frases entrecomilladas proceden de Jorge Guillén, en su mediocre ensayo *San Juan de la Cruz o lo inefable místico*, publicado en su libro *Lenguaje y poesía* (Madrid 1962), 95-142 y reproducido en otras muchas publicaciones. Asume las afirmaciones José Luis L. Aranguren, *Estudios literarios* (Madrid 1976) p.1, tratando de minimizar la importancia de la investigación histórica, la única capaz de situar a San Juan de la Cruz en su auténtico marco cultural y religioso. Ambos autores sienten cierto desdén por la fatigosa labor de los entregados a la verificación puntual de los hechos. Para seguir el proceso histórico de los escritos sanjuanistas sigue siendo referencia obligada mi libro *San Juan de la Cruz y sus escritos*, Madrid 1969. Allí se hallarán reunidos los datos apurados por la crítica.

[4] Expresión literal de J.L. Aranguren para aludir a la consideración y estudio de la poética sanjuanista desde visiones profanas o laicas, como liberación del poso religioso de la misma y de la crítica tradicional. En las páginas de su ensayo *San Juan de la Cruz* (9-92) publicado en el libro citado en la nota anterior, se trasluce cierta animosidad contra lo religioso y clerical. La frase citada en p. 10. El apartado tercero de ese ensayo se dedica a la prosa sanjuanista, quedándose en consideraciones genéricas y afirmaciones dogmatizantes sin apoyo analítico suficiente, p.39-62.

nicas de composición en las que la vena del poeta y el recuerdo de los versos habían de marcar huellas indudables. No hace falta mucho esfuerzo para descubrir en los grandes tratados frecuentes periodos de prosa rítmica y de prosa rimada. Y ello sin insistir en el dominio del léxico poético en algunas obras, como en la *Noche* y en la *Llama*.

Otra aportación histórica, que esclarece el género literario adoptado por el autor, asegura que los textos actualmente conocidos fueron precedidos de ligeros ensayos, unas veces orales y otras por escrito. En ambos casos se trató de «explicar» a personas interesadas el sentido y el contenido de los poemas. La redacción ordenada de las cuatro obras «mayores» es simple prolongación de aquellos escarceos. Prescindiendo de la extensión, del orden y del método, quedaba fijado con anterioridad el objetivo y el género literario. La explicación completa y ordenada fue bautizada como «declaración de las canciones»[5].

Las cuatro obras mayores se abren con idéntico propósito e idéntica estructura: «desenvolver en prosa» la «poética narración», según la definición o sentido que por entonces se daba al término «declaración». Tenía antecedentes y modelos abundantes en la exégesis bíblica, pero no era exactamente ni «comentario» ni «glosa», las dos formas tradicionales más próximas de la explicación bíblica[6].

El género sanjuanista tiene contados precedentes en la literatura occidental, sobre todo en la religiosa y espiritual. Tampoco ha sido imitado luego con amplitud y sólida fortuna. La originalidad puede resultar inconve-

---

[5] Sobre los ensayos que precedieron a la redacción de los grandes escritos puede verse el libro citado *San Juan de la Cruz y sus escritos*, p. 204-218, 230-241, 253-261. No se han individuado con seguridad los fragmentos que sirvieron de arranque a las obras mayores, fuera de la *Subida* que tiene retazos incorporados bien conocidos, como el *Montecillo de perfección* y su explicación en el cap. 13 del primer libro. El cap. séptimo del segundo tuvo probablemente origen similar.

[6] Conviene repasar con atención el título y subtítulo completo de las cuatro obras mayores del Santo para comprobar el alcance y el sentido de la «declaración». El significado que se daba a la palabra, cuando se aplicaba a la interpretación de la poesía, está bien recogida en autores de la época como Alejo Venegas, cuando escribe: «Declaración es una desenvoltura de la cosa encogida; quiero decir, que así como la cosa envuelta no se conoce hasta que se descoge, así el libro por claro que sea se dice que está encogido»: *Breve declaración de las sentencias y vocablos obscuros que en el libro del «tránsito de la muerte» se hallan* (ed. Madrid 1911), 261. Más adelante define la poesía así: «La poética narración es una explicación por rodeos de fingimientos, con tal que no salgan de los límites de la razón, porque no es otra cosa sino una ficción racional que por vía de admiración guía al entendimiento del oidor», ib., p.261. —Otros autores al respecto cf. mi ed. crítica del *Cántico espiritual* (Madrid 1982), 606, nota 1.

niente desde el punto de vista doctrinal, mientras literariamente es un dato a favor muy destacado[7].

En todo obra humana —mucho más si artística— entre el proyecto y la realización suele mediar considerable distancia. Las «declaraciones» proyectadas por Juan de la Cruz se proponían inicialmente explicar «la inteligencia mística» condensada en los versos. Querían ser versión prosada de la primera versión poética de su experiencia mística. Quiere decirse que la explicación didáctica sometía la historia viva a un estilo de pensar y de comunicar[8]. Y ese estilo en Juan de la Cruz —altísimo poeta— no era otro que el «escolasticismo» de la época. Se sustentaba en unas categorías filosóficas y teológicas concretas; caminaba por unos métodos y esquemas mentales bien definidos.

El autor es consciente de lo difícil que resulta conjugar las dos cosas: «dejar en su anchura» los «dichos de inteligencia mística», que son los versos, y encerrar su contenido en términos «usados» y comprensibles. Como el reducir a esquemas la infinita posibilidad de los símbolos[9]. La combinación admite, sin duda, variaciones abundantes. No tiene delante más que dos condicionamientos básicos: comunicar comprensiblemente el sentido espiritual de los poemas y aprovechar la oportunidad para amaestrar a las almas que solicitan su magisterio. Los límites entre la «declaración» y la «explicación», prolongada por la doctrina teológica, en sí son muy elásticos. Es lo que le permite mantener unas constantes e introducir en cada caso variaciones inconfundibles. Tal es el panorama de los cuatro comentarios o declaraciones.

---

[7] Se ha estudiado con especial interés la historia de la poesía comentada anterior y contemporánea de San Juan de la Cruz y apenas se le han encontrado antecedentes ni concomitantes. Las mayores aproximaciones se hallan en la poesía italiana comentada, sin que la técnica exegética pueda identificarse. Ha indagado el tema, con resultados más concretos que nadie, Luce López-Baralt, *San Juan de la Cruz y el Islam* (México 1985) 161-191; también el capítulo anterior, p. 113-159. La misma autora comenta agudamente la obra de los «herederos» de Juan de la Cruz en la poesía comentada, Agustín Antolínez y Cecilia del Nacimiento, p.87-111. Dentro de la espiritualidad posterior se hallan semejanzas notables como las del jesuita J.J. Surin y el capuchino Carlo di Zezze.

[8] Sugerentes reflexiones sobre la relación entre el artista y el pensador en el caso de fray Juan en Eugenio D'Ors: *Estilo del pensamiento de San Juan de la Cruz*, en *Revista de Espiritualidad* 1 (1942) 241-254 y en el libro antes citado de J. Camón Aznar, cf. nota 2. Sobre la mentalidad escolástica del Santo y su incidencia en los escritos: *Iniciación a San Juan de la Cruz* (Burgos 1982) 24-29.

[9] Es importante tener en cuenta las afirmaciones del prólogo del *Cántico*, particularmente el n.2. En el *argumento* con que se abre la *Subida* se propone un programa que intenta conjugar la exégesis literal de la poesía y el tratado sistemático. Se demostró luego un estruendoso fracaso.

2. Constantes y variables de las cuatro «obras mayores»

Todas las grandes obras arrancan con el convencimiento de que lo primario es la «declaración». Lo que ha de presentarse en directo y en primer plano es el contenido inmediato de la poesía correspondiente, es decir: la traducción fiel de la experiencia simbolizada. La explicación y la ampliación de temas aludidos o adheridos se ha de colocar en segundo plano, a nivel inferior.

Ese propósito se explicita de forma inequívoca al principio de la *Subida* y del *Cántico* (argumento y prólogo). No se confiesa abiertamente en la *Noche* ni en la *Llama*. De atenerse a las compromisos proemiales, las dos últimas obras resultarían «declaraciones» más ceñidas y directas, sin apenas divagaciones o excursiones doctrinales más o menos próximas en el contenido. Rima perfectamente con la promesa prologal de ambas la información histórica sobre su génesis y composición. Escritura rápida, de un tirón y en quince días la *Llama*, para calmar las impaciencias de la destinataria. Y en la *Noche* algo semejante para no dejar desairados a los religiosos que habían solicitado la explicación de la poesía respectiva [10].

Todo esto indica que existen rasgos muy comunes a *Noche* y *Llama*, y presentes más remotamente en *Subida* y *Cántico*. Sin duda alguna, la «declaración» en prosa es más directa, ceñida y adherida a la inmediatez de la experiencia mística en *Noche* y *Llama* que en las otras dos. Eso explica la mayor frescura y plasticidad de la prosa, el curso más rápido, la tendencia menos alegorizante y la urgencia de los neologismos, mucho más abundantes que en *Subida* y *Cántico*.

Este rasgo de «declaración» más concentrada y restringida en lo experiencial tiene sus contrapartidas, como se verá, pero permite comprobar que la temática global de ambos comentarios es más reducida o limitada que en los otros dos, especialmente en la *Llama*. La «oscuridad de la noche» y el «fuego de la llama» concentran totalmente la atención. Lo demás son digresiones forzadas y ejemplificadoras.

En cierto modo la concentración argumental de *Noche* y *Llama* es debida por igual a motivaciones externas y a exigencias formales. Entre éstas cabe destacar la brevedad de los respectivos poemas y la unidad nuclear del símbolo en ellos plasmado. Reteniendo el compromiso de atenerse a la «inteligencia mística» que llevan los versos, apenas se «ofrecía ocasión de tratar y declarar otros puntos», cosa que sucede —según propia confesión— en el poema del *Cántico*.

La simple lectura del mismo basta para que cualquiera los vislumbre por lo menos. Un poema de tanta extensión y de composición tan discontinua, como nos atestigua la información histórica, alude a experiencias abun-

---

[10] Información histórica sobre el proceso de composición de ambas obras en el libro *San Juan de la Cruz y sus escritos*, p. 263-273.

dantes y variadas, sugiere argumentos complejos y distanciados a la hora de desenvolver la trama narrativa de los versos. Con razón afirma el prólogo que la «materia» pide explicaciones y ofrece ocasión de tratar muchos puntos de oración o vida espiritual (pról.3). Fácil comprobar que en el escrito se tratan —aunque con cierta brevedad— mayor abundancia de argumentos que en *Noche* y *Llama*. Indudablemente, en estas dos «declaraciones» la concentración simbólica se ha correspondido con la concentración cronológica de composición y con la concentración argumental[11].

En la *Subida* y en el *Cántico* el proceso redaccional estuvo acompañado de «grandes quiebras», es decir, de prolongadas interrupciones, especialmente determinantes en la *Subida*. Para el *Cántico* más documentadas en la poesía y en los ensayos de glosas aisladas[12]. Quedan en ambos escritos señales palpables del accidentado proceso redaccional. Bastaría recordar la incidencia de las citas bíblicas (en bilingüe, o sólo en español) como tengo recordado en distintas ocasiones.

No hay que buscar, con todo, la clave diferencial respecto de *Noche* y *Llama*, en la accidentada y prolongada redacción. Radica, ante todo, en el diverso enfoque inicial. En el umbral mismo de ambas obras se apunta metodológicamente un peligroso equilibrio entre «declarar» y «tratar», es decir, atenerse al sentido de los versos, como clave de la experiencia, o aprovecharlos para estirar a la vez las consideraciones doctrinales y pedagógicas a que dieren lugar, según «ofrecieren ocasión».

Naturalmente, la realización de semejante proyecto afecta no sólo a la previsible extensión sino también y de manera especial a la forma de realizar la «declaración». La extensión mayor del *Cántico*, respecto a *Noche* y *Llama*, era consecuencia inevitable del poema. En la *Subida* tiene necesariamente otra explicación. En última instancia es resultado de la forma peculiar en que se ha conjugado la «declaración» de los versos y la explicación sobreañadida como pretexto y ocasión.

Sobre el procedimiento a seguir y el género literario elegido no puede caber la menor duda. Queda explicitado sin dificultades interpretativas en el subtítulo de la obra y en el «argumento» programático, anterior, sin duda, al prólogo añadido con posterioridad. Tanto en *Subida* como en *Cántico* se reitera la intención de conjugar el «tratar» y el «declarar». No se dan como sinónimos, por más que lo sean en otras ocasiones en el vocabulario sanjuanista. «Declarar» alude, en las premisas proemiales, a la explicación de la

---

[11] La afirmación tiene aplicación particularmente al CB pero vale también para la primera redacción del *Cántico*. La *Llama* se escribió de un tirón en quice días. No debió de ser mucho más el dedicado a la *Noche*.

[12] Sobre la accidentada composición de la *Subida*, cf. *San Juan de la Cruz y sus escritos*, p.230-241, 253-260. No es posible establecer con seguridad si la «declaración» del *Cántico* comenzó antes de completar el poema de 39 estrofas (cf. ib., 188-219). Naturalmente, la revisión del CB implica un lapso de tiempo importante respecto al poema.

poesía; no es otra cosa que el verbo correlativo del título «declaración». «Tratar» quiere significar exponer ordenadamente un cuerpo doctrinal más o menos conectado con el contenido poético, incluso no forzado por el mismo. En la *Subida* comprende todo el itinerario espiritual que conduce a la unión divina.

La armonía inicial se rompe tras los primeros compases. Mientras en *Cántico* se mantiene el propósito dominante de la «declaración», y la temática a «tratar» se supedita a oportunidad sugerida por el contenido de los versos, en *Subida* se invierten los términos. Lo que se intenta es «tratar» de conducir a las almas a la unión con Dios a través del camino de la purificación. La doctrina apropiada a tal propósito se dice «está incluída en las Canciones» de la *Noche*. Por ese motivo se toman como referencia («tengo de ir fundado en ellas») para la exposición global (cf. argumento). El significado de la propuesta es claro; implica procedimiento inverso al del *Cántico*. En éste la «declaración» lleva al ulterior desarrollo doctrinal. En *Subida* es el tratado ordenado el que recurre a la «declaración» de la poesía.

Los resultados están a la vista. Juan de la Cruz se ha mantenido fiel a la propuesta preliminar en ambas obras. Así enfocadas y desarrolladas terminan por colocarse en las antípodas. *Cántico* y *Subida* acaban por representar los dos géneros más distanciados desde el punto de vista literario y estructural, el que ahora interesa. Pese al proyecto inicial, *Subida* rompe el molde —por muy elástico que se le suponga— del comentario o «declaración». El *Cántico*, a pesar de la carga doctrinal sobreañadida a la experiencia poética, se mantiene en los límites rigurosos del comentario o «declaración». Más incluso que *Noche* y *Llama*. Según este enfoque, tenemos ordenación diversa de lo propuesto anteriormente. El método seguido y la extensión concedida a la «declaración» de cada verso (o grupo de versos) en *Noche* y *Llama* acercan notablemente ambos escritos a la *Subida*.

Para percibir el alcance de semejantes datos, incluso en el plano de la interpretación doctrinal, conviene añadir algunas verificaciones textuales. Se refieren a la estructura del comentario o declaración, tal como la presenta Juan de la Cruz. Se formula así:

En *Subida*:

«Las he querido poner —las Canciones— aquí juntas, para que se entienda y vea junta toda la sustancia de lo que se ha de escribir; aunque al tiempo de la declaración, convendrá poner cada canción de por sí y, ni más ni menos, los versos de cada una, según lo pidiere la materia y declaración» (*Argumento*).

En *Noche*:

«Se ponen primero todas las canciones que se han de declarar. Después se declara cada canción de por sí, poniendo cada una de ellas antes de su declaración, y luego se va declarando cada verso de por sí, poniéndole también al principio» (Pról.).

En *Cántico*:

«Pondré primero juntas todas las canciones, y luego por su orden iré poniendo cada una de por sí para haberla de declarar; de las cuales declararé cada verso poniéndole al principio de su declaración» (Pról.4).

En *Llama*:

«Las cuales —Canciones— iré declarando por el orden de las demás: que las pondré primero juntas, y luego, poniendo cada canción, la declararé brevemente; y después, poniendo cada verso, lo declararé de por sí» (Pról.4).

No puede pedirse mayor identidad. El esquema concuerda en todas sus partes. Se aplica por igual a los cuatro escritos. Todos ellos se presentan como «declaraciones» o comentarios. El ordenamiento estructural debería ser, por lo mismo, idéntico. Se ajustaría a este formulario:

— Reproducción íntegra del poema respectivo.
— Copia de cada estrofa o canción.
— Declaración global o sumaria de la misma.
— Repetición de cada uno de los versos.
— Declaración de los mismos.

Es el esquema que se sigue puntualmente, sin diferencia alguna, en *Noche*, *Cántico* y *Llama*. En ésta y en *Cántico* se comienza y se termina así, sin alteración alguna. En *Noche* se respeta sustancialmente el formulario, pero no se culmina la «declaración», al quedar incompleta la obra. Bajo este punto de vista la excepción está representada por *Subida*.

3. La «Subida», comentario abusivo y fallido

Se inicia regularmente colocando el poema de la *Noche* a seguido del «argumento», equivalente al prólogo de los otros escritos. Inmediatamente se introduce un largo prólogo de sabor teórico y doctrinal, añadido, con toda probabilidad, en un segundo tiempo. Saltando esa pieza adventicia, se comprueba que prosigue intacto el esquema del comentario, ya que se copia la primera estrofa y se propone una declaración global de la misma (cap.1, nn.4-6). Sólo que se escribe el título («declaración de la canción») después de un párrafo destinado a organizar la temática de la misma en plan de tratado (nn.1-3). Se mantiene el esfuerzo de fidelidad al esquema del comentario colocando de nuevo (al principio del cap. 2) el primer verso seguido de un intento de «declaración». Esta se enreda con ordenaciones sistematizadoras, al insertarse en libros y capítulos, hasta que pierde perfiles externos y desaparece durante muchas páginas sin dejar rastro alguno de la poesía. Al fin del primer libro se retoman los versos, en sendos capítulos, para cumplir el expediente de la «declaración». Se insertan en el marco de los capítulos, que son los que ya van pautando la exposición de corte tratadista (cap. 14 verso 2.° y cap. 15, v.3-5).

A esas alturas apenas es posible reconocer ya la estructura del comentario. Ha ido difuminándose de tal manera que apenas cabe comparación con las otras obras. En la mente del autor todavía no se ha producido la renuncia definitiva. Inicia el segundo libro de la *Subida* empeñado en mantener un compromiso imposible: seguir conjugando malamente «declaración» y «tratado», «declarar y tratar». Reproduce la segunda estrofa de la *Noche* y avanza una sumaria declaración global (S 2,1,1-3). Termina empeñado en el propósito. Lo condensado en la breve «declaración», se «irá bien declarando por extenso en este segundo libro» (n.3 al fin). Se exponen ciertamente «cosas bien importantes para el verdadero espíritu» (ib.), pero no en forma de glosa o «declaración» del poema.

Enfila un nuevo capítulo (el 3.°) con epígrafe y comienzo bien significativos: «Comienza a tratar», «síguese tratar» (3,1). Nada de comentar o declarar: tratar. Efectivamente, a partir de ahí se rompió el frágil equilibrio; la composición híbrida de tratado y comentario se volvió imposible. Triunfó la ciencia sobre la experiencia, la teología sobre la mística. El poema de la *Noche* continuó hasta el fin como referencia fundamental, pero lejana. La *Subida* se definió a la altura del segundo libro como un tratado riguroso y sistemático con todas las consecuencias en el plano literario y exegético. Me parece lamentable que no se dé más peso a este dato determinante entre los estudiosos «doctrinarios» del Santo [13].

Merece ulterior indagación saber si el fracaso del comentario en la *Subida* se limita a la estructura literaria o si alcanza también al meollo doctrinal, al contenido de la experiencia mística simbolizada en el poema de la *Noche*. Esta segunda verificación no pertenece al presente apunte sino indirectamente: en cuanto establece relación con el comentario de la *Noche* desde la misma vertiente estructural y no solamente doctrinal. Tiene mucho que ver con el traído y llevado díptico *Subida-Noche*.

La existencia mismo del libro de la *Noche* y su peculiar forma redaccional son comprensibles cabalmente a partir de las verificaciones precedentes. Es cierto que en la *Subida* está explicado, en buena parte, el sentido de la «noche oscura del alma», temática central del correspondiente poema. No es menos seguro que se hace de manera diluida y difusa, prolongando más allá de la letra el alcance real del símbolo básico. En todo caso, al lector de la

---

[13] Sobre el particular puede verse el libro citado *San Juan de la Cruz y sus escritos*, p. 253-269; mi edición de las obras sanjuanistas (Burgos 1982) p. 133-135, 543-546 y en *Iniciación a San Juan de la Cruz*. p. 73-90, 121-126.

Subida le quedan resellados los versos que sirven de arranque, porque no se han comentado o explicado en su significado inmediato. En modo alguno ha quedado cumplido el propósito o proyecto inicial. Quienes solicitaron al autor la declaración no pudieron sentirse satisfechos.

La constatación textual no es ningún *apriori*. Queda además refrendada por la existencia del libro de la *Noche*. Carecería de sentido si el poema homónimo hubiese tenido explanación cumplida en la *Subida*. Ni en cuanto a la forma ni en cuanto al contenido central está comentado o declarado. Ambas cosas se suplen con la escritura del auténtico «comentario», el de la *Noche*. Se recorta así convenientemente el título de estas páginas. Son tres los grandes poemas comentados por Juan de la Cruz, pero no en cuatro ocasiones, sino en sendos escritos. La *Subida* no es ni declaración ni comentario.

Si en la armonización del «tratar» y «comentar» *Subida* y *Cántico* arrancaron con idénticos planes y propósitos, la realización genuina lejos de aproximar ambos escritos los coloca en posición de antípoda. Son las obras literariamente más dispares, por lo menos desde el punto de vista estructural. Es cierto, según queda dicho, que *Noche* y *Llama* apenas conocen dispersión argumental que las aleje del núcleo simbólico respectivo. Pero, por otro lado, la «declaración» de los versos es más compleja y prolongada que en el *Cántico*. Las digresiones y los desdoblamientos doctrinales son muy extensos y con rasgos típicamente expositivos. Existe así cierta compensación entre limitación argumental y extensión explicativa. A la inversa de lo que ocurre en el *Cántico*. *Noche* y *Llama* se aproximan, pues, al módulo del tratado, aunque no se presenten proemialmente como tal y de hecho no lleguen al abandono del comentario o «declaración». Reducida la *Subida* a genuino tratado sistemático, se establece perfecta equivalencia entre tres poemas y tres comentarios.

4.   Tres «comentarios» heterogéneos

Los tres comentarios distan mucho de ser idénticos en su factura. Ateniéndonos a la configuración propuesta por el propio autor, no cabe duda de que el *Cántico* representa el paradigma mejor logrado, pese al propósito prologal de compaginar «declaración» y explicación de puntos doctrinales suscitados por la experiencia contada en los versos (pról.4). El esquema externo se mantiene uniforme e inalterado a lo largo de todo el escrito. Apenas si la agrupación de dos estrofas en sendas ocasiones (13-14 y 29-30 en CA, 14-15 y 20-21 en CB) representa modificación digna de tal nombre. Tampoco rompe la estructura del esquema elegido (verso por verso) la frecuencia con que se juntan dos y tres versos en la «declaración». Por lo general, forman unidad gramatical y su separación sería violenta. Sólo hasta cierto punto puede considerarse irregularidad esquemática la «anotación» adicional de la segunda redacción [14].

El respeto al esquema elegido llega hasta mantener notable homogeneidad en la extensión concedida a cada uno de los puntos implicados en el comentario: declaración global y declaración parcial de cada verso o grupo de versos. La proporción no es matemática, pero se mantiene dentro de límites que permiten hablar de uniformidad. El hecho, fácilmente verificable, es de notable alcance a la hora de comparar el *Cántico* con los otros comentarios y establecer criterios de exégesis.

La preocupación por mantener cierta porporción en la «declaración» directa e inmediata (podría llamarse literal) de estrofas y versos, limita casi automáticamente el espacio para «tratar» los muchos puntos de oración aludidos en la poesía (pról.4). Precisamente por eso el *Cántico* no pierde nunca el ritmo y la configuración del «comentario», cosa que sucede con frecuencia en la *Llama* y, sobre todo, en la *Noche*, según se verá. Desde el punto de vista literario y doctrinal puede tener sus ventajas y sus inconvenientes, como se apuntará luego.

De la constatación anterior se deriva una consecuencia inmediata, cuya verificación no ofrece dificultad. La concentración temática de *Noche* y *Llama* no impide alejamiento del «comentario» directo, en cambio la dispersión argumental del *Cántico* se mantiene conjugada con la «declaración» ceñida e inmediata de los versos. Quiere decirse que entre los tres comentarios existe disparidad en la forma de combinar la exégesis auténtica del poema —el dato de la experiencia— y la complementariedad doctrinal y pedagógica. Tal diferencia proviene, no del esquema externo, propio del comentario, sino de su realización concreta. Dicho de otra manera: la configuración material y externa de la «declaración» es consecuencia en muchos casos del desarrollo interno del texto. En última instancia, de la diversa armonización entre «declaración auténtica» y ampliación doctrinal. El «tratar» queda externamente supeditado al «declarar», pero formalmente está presente y condiciona la redacción.

---

[14] Como es sabido, una de las características del CB es la añadidura de un párrafo entre las diversas estrofas declaradas, designada como «anotación para la canción siguiente». La colocación material de la misma en las ediciones no es siempre idéntica. Algunas la consideran como final, otras como comienzo de las respectivas «declaraciones». Es claro que hacen de enlace o puente entre unas y otras. A juzgar por la documentación textual, no forman un elemento estructural nuevo. Los manuscritos suelen colocar el epígrafe, que señala esas 'anotaciones' al margen, no en centro de página. No suelen separar el texto correspondiente como apartes propios de división. En cualquier caso, esas piezas no hacen otra cosa que ampliar la función de enlace apenas sugerido en la «declaración» sumaria puesta a continuación de los versos. Caso excepcional del mismo fenómeno se registra en el CA al comienzo del grupo estrófico 13-14.

a. *El Cántico espiritual, «comentario» unitario y riguroso*

Es, por tanto, necesario poner atención no sólo en la configuración externa de los comentarios para captar su trama literaria y aquilatar convenientemente los contenidos doctrinales. Se impone también el examen cuidadoso de las interferencias entre lo narrativo-descriptivo (propio de la «declaración») y lo expositivo-doctrinal que se sobrepone como explicación o sistematización.

La confrontación resulta cómoda arrancando del modelo más regular, que es el del *Cántico*. Aunando la declaración global de cada estrofa y la propia de cada verso, o grupo de versos, se distinguen con suficiente precisión estratos y niveles diferentes en relación al comentario. En la «declaración» inicial o sumaria se explica, por lo general, el estado o situación espiritual del alma concreta en relación a la escala del amor nupcial. Ello obliga a establecer habitualmente relación espiritual cronológica entre las estrofas que anteceden y, a veces, con las que siguen. Son excepcionales los casos en que se proponen explicaciones o disertaciones doctrinales [15]. Por tanto, en esa primera pieza se concentra la descripción genuina del poema o la clarificación de la experiencia. Ello no quiere decir que sea siempre rigurosa y no admita adaptaciones impuestas por la ordenación esquemática, siempre presente en el comentarista [16]. Estructuralmente pertenece a la «declaración» o narración histórica del protagonista. Hace referencia directa a la experiencia.

En la glosa propia de cada verso, o grupo de versos, se cruzan o se suceden, según los casos, la interpretación directa del texto-lema y su enlace con el conjunto de la estrofa y del escrito. La primera se distingue fácilmente por el tono narrativo-descriptivo, por la alusión directa a lo que «siente, dice, cuenta, canta, etc. el alma» en el verso. No es necesario que aparezca la fórmula «que quiere decir», «es a saber» o semejantes. No se da tampoco separación visible y explícita del enlace doctrinal. Este se establece de manera muy natural, generalmente sin incidencia alguna en la gramática o el estilo. Tampoco es uniforme el cruce de ambos elementos en cada estrofa ni en cada verso. Por la frase se percibe el progresivo distanciamiento de lo histórico y el esfuerzo de esquematización didáctica. La incidencia en el esquema externo es prácticamente nula.

Más detectable es otro elemento de importancia decisiva. Corresponde a la preocupación doctrinal más que a la interpretativa del poema. Comprende todo lo que de por sí no tiene dependencia directa, sino sólo indirecta con el sentido auténtico y originario de la poesía. Se refiere a los «puntos

---

[15] Pueden repasarse, como ejemplos de enlace entre estrofas, los casos siguientes: 7,1; 13,2; 17,2; 18,3; 22,2; 23,2; 24,2; 25,2; 27,3; 28,2; 30,2; 33,2 etc. Ofrecen explicaciones previas a la «declaración» pormenorizada de los versos, entre otras: 4,1; 7,2-4; 19,2; 29,5; 32,2; 37,2 etc.

[16] Casos bien elocuentes son los de 3,1; 4,1; 7,2-5; 13,2; 14,2; y los más significativos del enlace 15-16 y el esquema de 22,3 (27,2 de CA) que ha motivado el *argumento* puesto en CB a seguido del poema.

a tratar», aludidos en el prólogo. Se distingue en el texto por su carácter expositivo, demostrativo o justificativo. Lleva dos preocupaciones dominantes: justificar filosófica y teológicamente la doctrina expuesta; acomodarla a un esquema mental más ordenado y lógico que el presentado en la poesía y, por consiguiente, adherido a la declaración directa de los versos. Tampoco existe distinción externa para señalar este elemento. Se interfiere de manera totalmente libre y arbitraria con el narrativo-descriptivo.

Su identificación resulta relativamente fácil, por lo menos en los casos más notables. Se dan, entre otros, definiciones (como en 7,2-4; 8,4; 17,3-4, etc.), comparaciones, digresiones, dobles interpretaciones, confirmaciones con textos bíblicos, de manera especial en párrafos propios del CB, y en otras prolongaciones similares [17].

La lectura atenta permite discernir con suficiente precisión los textos relativos a la «declaración» del verso y aquellos que tienen función de complemento, organización y justificación doctrinal, es decir, lo motivado por la poesía y su comentario, no lo adherido a la letra ni a la experiencia original. Mucho más arduo resulta decidir cuándo lo que aparece como «declaración» directa e inmediata responde a la carga auténtica de la experiencia y cuándo es recurso literario o simple exigencia de aclarar verso por verso el poema [18]. No debe olvidarse a este respecto la advertencia prologal sobre la «anchura de los dichos de amor» y la posibilidad de diversas interpretaciones que no los aten a «una declaración» (pról.2). En cualquier caso, ese pro-

---

[17] Como ejemplificación de esos fenómenos pueden consultarse: entre las definiciones 8,4; 15,24 y la singular del CB 38,5-9; entre explicaciones, adiciones, como «ocasiones» para prolongar la «declaración»: 1,6 y 20; 2,8; 12,4; 11,11; 14,8; 14,13-16, etc. Ponen en pista «protocolos» como «es de notar», «de donde podemos inferir», «para cuya inteligencia», etc. Es bien sabido que una de las peculiaridades del CB (imitada en *Noche* y *Llama*) consiste en prolongar lo dicho en CA con la incorporación de citas bíblicas debidamente enlazadas y glosadas, tanto al principio como al fin de las anteriores «declaraciones»: 18,1; 19,1; 20,21,1-3; 23,6; 30,10-11; 33,8; 36,1-2; 38,7;38,7-9, etc. Entre las diversas interpretaciones directas de versos y estrofas destaca el caso de las «guirnaldas» en 30,6-7, pero se dan otras menos perceptibles, como 2,3, etc.

[18] En el fondo, es el problema básico de la técnica del «comentario» sanjuanista. Hay versos que evidentemente son simple enlace gramatical y que, por lo mismo, no se prestan a interpretación alguna, como 10,3; 19,3; 26,3; 29,4; 32,1 y 4; 37,1-2; 38,1-2; 38,3; 40,1. De hecho, más que «declaración» se hace simple ilación con lo que sigue, sin superar lo gramatical, fuera de casos excepcionales. Pero frente a esos casos extremos se dan otros en que el comentario es ficticio o externo más que real y de contenido, v. gr. 8,5; 23,3-4; 30,1 etc. La raíz del problema está en saber la razón de que muchos versos con apariencia de un contenido preciso, se junten con otros y se engloben en única «declaración». Por lo que se puede vislumbrar, se prestarían a interpretación aislada, máxime cuando los mismos vocablos y relativos conceptos se comentan en otros lugares de la misma obra. Bastará repasar la lista de las agrupaciones para comprender el alcance de este interrogante: 3,4-5; 5,3-5; 6,4-5; 7,4-5; 8,1-2; 8,3-4; 9,1-2; 9,3-4; 11,3-5; 12,4-5; 16,1-2; 16,3-4; 20,4-5; 21,1-2; 23,3-4; 25,3-5; 27,3-4; 29,1-2; 31,1-2; 33,3-4; 34,3-5; 37,1-2, 38,1-2; 38,3-5, 40,4-5. En todas las listas de estas notas se indican las estrofas y los versos (no los nn. marginales de las ediciones). No es fácil hallar razones para saber el porqué de tales agrupaciones y su ausencia en casos similares.

blema afecta más a la interpretación doctrinal de la obra que a su estructura literaria, lo único que aquí interesa.

La presencia de tantos ingredientes, en apariencia dispares, no desfigura la estructura típica del Cántico como modelo del comentario-declaración. Sin duda alguna, es el escrito que mejor se corresponde con la idea de «comentario» y con la interpretación sanjuanista de «declaración». El que el propio autor haya realizado otras, en las que se aleja de los módulos del *Cántico*, no contradice la concepción subyacente bajo la fórmula «declarar estrofa por estrofa y verso por verso». La fidelidad del *Cántico* a la misma explica algunas peculiaridades de su prosa tenidas por deficiencias artísticas o literarias. [19]

b.   *La «Llama de amor viva». «Comentario» irregular*

Queda ilustrado cómo el proyecto de «comentario» fracasó muy pronto en la composición de la *Subida*. También cómo idéntico plan se asumió con rigor al comienzo de la *Noche* y de la *Llama*. En las advertencias prologales de ambas obras no se abre la puerta a prolongaciones ajenas al sentido directo e inmediato del poema y de sus versos. Basta poner su texto ante los ojos para poder repetir el proverbio: del dicho al hecho gran trecho. La configuración externa es patente y atestigua que los versos siguen haciendo de guión-lema en la exposición [20]. Si se supera la impresión un tanto superficial producida por semejante constatación, se llega al convencimiento de que apenas se salvan las exigencias —sanjuanistas por lo menos— del «comentario». Sin llegar a la desaparición total de los versos, en ambos escritos se difumina con mucha frecuencia la presencia de los mismos.

Evidentemente, no es cuestión nominal: si deben llamarse con propiedad «comentarios», «declaraciones» sólo porque así se designen en el título original [21]. Lo que importa para el análisis estructural y, consiguientemente,

---

[19] Tal el caso, por ejemplo, de la «casi continua caída en interpretaciones alegóricas», que tanto disgusta a J.L. Aranguren, *Estudios literarios*, p.49. El hecho merecería un juicio tan negativo como para considerar al *Cántico* «la menos valiosa» de las obras sanjuanistas (ib.), si no se tuviesen en cuenta otros rasgos y factores. A nivel de interpretación y comunicación ese recurso es el más eficaz o más pedagógico. Cuanto el simbolismo es de mayor originalidad y densidad tanto más exige cauces racionales y discursivos para su comunicación y comprensión por otros.

[20] Ya queda recordado que el texto original de la *Noche* no conoce la división actual en libros y capítulos, con respectivos epígrafes. Es acomodación editorial discutible, aunque se perpetúe desde 1618. Quien busque la lectura conforme al texto sanjuanista debe prescindir de la división editorial y guiarse por las estrofas y versos, como única repartición externa del escrito.

[21] Conviene recordar que únicamente *Subida* es título original del autor. *Noche* y *Llama* se han tomado por los editores del primer verso del respectivo poema. El *Cántico espiritual* deriva de las «canciones espirituales», epígrafe del Santo. Los tres «comentarios» originariamente se rotulan «declaración de las canciones», como puede comprobarse por lo que ahora resulta subtítulo en todos ellos.

para la indagación doctrinal, es lo realmente realizado en ambos escritos; el resultado final del proceso de composición. Cualquier sumaria confrontación basta para constatar que entre ambas obras existe notable diferencia. Mientras *Llama* se aproxima al *Cántico*, *Noche* se aleja considerablemente de él. Bastará anotar algunos rasgos peculiares de cada una de esas obras, con referencia comparativa al auténtico comentario, el *Cántico*.

La *Llama* aparece en todo como prolongación del *Cántico*. Por muchos títulos y razones cabría hablar legítimamente de un díptico formado por ambos escritos, como suele hacerse para *Subida-Noche*. El núcleo doctrinal (adherido a la experiencia mística) de la *Llama* es manifiesta ampliación del *Cántico*. La proximidad interpretativa y literaria —al menos en cuanto al género— se afirma explícitamente en el prólogo de *Llama* (n.3). La vinculación entre ambos escritos es más profunda; tiene sus raíces en la misma composición poética. La de *Llama* enlaza, sin ruptura alguna, con el último verso de la estrofa 39 (38 de CA) del *Cántico*, que representa el vértice de la experiencia mística, el más perfecto grado de perfección (pról.3).

La glosa de las cuatro estrofas, que constituyen el poema de la *Llama*, en lo que al esquema externo se refiere, mantiene perfecta uniformidad con el *Cántico*: poesía íntegra al principio, cada canción «de por sí», declaración sumaria o global de la misma (con epígrafe explícito) y comentario de cada verso. En las dos primeras estrofas no existen agrupaciones, cada verso va suelto en el comentario. En la tercera se juntan los dos últimos (5-6), y en la última, hacen grupo los dos primeros y los tres finales; quiere decirse que únicamente el tercero se coloca como lema aislado. El fenómeno no constituye irregularidad alguna, pese a contravenir lo propuesto en el prólogo. Se repite el caso del *Cántico*, al parecer por las mismas razones: la unidad temática y la secuencia gramatical. En las dos obras podrían fusionarse otros versos por idénticos motivos, ya que las agrupaciones no obedecen a criterios rigurosos y uniformes. Desde este punto de vista la *Llama* entra de lleno en el módulo del «comentario» rigurosamente sanjuanista. No existen otras pautas, lemas o epígrafes externos que guíen en la lectura.

Penetrando más adentro en el texto la configuración del «comentario» va perdiendo perfiles. La proporción en la «declaración» de cada verso (o grupo de versos) no mantiene el rigor del *Cántico*. Consecuencia inevitable es que tampoco se da proporción material entre las cuatro canciones. Solamente la tercera ocupa casi tanto espacio como las dos primeras, mientras la cuarta es tan breve como la media dominante en el *Cántico*. La desproporción entre el comentario de las cuatro estrofas y entre los versos de cada una es de sencilla verificación. El caso más llamativo es el del tercer verso de la canción tercera. Llena él solo 51 de los 84 números marginales (según las modernas ediciones). Muy dilatados también los versos tercero de la primera estrofa, segundo y quinto de la segunda.

Explicación tan prolija sugiere inevitablemente la presencia de consideraciones extrañas o lejanas al sentido auténtico y directo de los versos. De alguna manera se han debido de deslizar «los puntos a tratar», aunque se digan motivados por lo inmediato y narrativo. Basta un repaso detenido del texto para verificar cómo efectivamente las adherencias doctrinales y pedagógicas ocupan buena parte del escrito. Para el caso es secundario que se trate de digresiones, comparaciones o exposiciones ordenadas. Lo decisivo aquí es que alejan inevitablemente al lector de los versos, difuminan el riguroso «comentario» y acercan el escrito al tratado. La impresión de hallarse con frecuencia ante textos no sugeridos por la experiencia original de la poesía es inevitable.

Recurren continuamente los enlaces delatores del tránsisto a lo explicativo o justificativo: «Es de notar», «es de saber», «esto digo para», «donde conviene saber», etc. No siempre esos «protocolos» anuncian huídas del comentario directo, pero es muy frecuente[22]. También se produce el alejamiento sin semejante aviso, lo que quiere decir coincidencia básica con el *Cántico* en el salto indefinido entre comentario y materiales acarreados por fray Juan, teólogo, maestro y mistagogo, que se coloca en situación de guía espiritual.

Según lo señalado para el *Cántico*, desde el punto de vista literario y estructural, son muchos los recursos a través de los cuales se inserta ese elemento del esquema interno. Abundan las definiciones, aplicaciones bíblicas y digresiones. Basta que el lector repase los textos anotados para identificar estas y otras modalidades. Sin duda, el fenómeno más representativo de la *Llama* y el más fácil de aislar es el de la digresión.

Se repite con tanta frecuencia y en proporciones tan amplias que el mismo autor se ve forzado a confesar la presencia de algo alejado del hilo conductor enhebrado en la secuencia de los versos, por tanto, de la experiencia y de la historia. Pueden servir de ejemplificación casos como los de 2,13 («volvamos, pues, a la obra que hace aquel serafín»); 2,31 («volviendo, pues, a nuestra declaración», interrumpida desde nn. 23-24) o como el más llamativo de todos, el de 3,27, donde se anuncia el comienzo de la digresión en propios términos: «Aunque nos detengamos un poco en volver al propósito, que yo volveré luego». El incumplimiento ha sido de escándalo. El paréntesis de la digresión es de estilo teresiano. Se cierra al cabo de muchos números y páginas como la cosa más natural: «Volvamos, pues, ahora al propósito de estas profundas cavernas» (n.68).

La variada gama de textos propios de la explicación doctrinal se inserta literariamente en la trama narrativo-descriptiva de la *Llama* con la misma

---

[22] Periodos correspondientes a la ampliación doctrinal y pedagógica son: 1, 10-13, 19, 24-25, 30, 33; 2, 143-14, 19-20, 24-27, 31, 33-34; 3, 3-6, 11-15, 18-22, 24-26, 27-67 y 79-85; 4, 4-12. No siempre el comienzo y el fin se corresponde con la numeración marginal.

naturalidad y con los mismos criterios que en el *Cántico*. No rompen nunca la trabazón del comentario, como si se tratase de piezas mal engarzadas. Pese a todo, son más fáciles de identificar y aislar que en la obra anterior. La misma extensión favorece el discernimiento, pero no es la única ayuda.

El prolongarse tanto la explicación de un verso produce inevitablemente la sensación de alejamiento de su verdadero contenido. Con ello desaparece también la visual del comentario o «declaración». El lector tiene la impresión de hallarse ante un tratado o exposición que atiende más a la organización sistemática de la doctrina que a desentrañar la enjundia viva de los versos.

La concisión o brevedad del *Cántico* resulta una ventaja indudable desde este ángulo de visión. Resultado inverso ofrece la extensión del poema comentado. Mientras en *Cántico* las «declaraciones» sumarias de cada estrofa fuerzan o imponen una secuencia cronológica, no siempre segura y bien delimitada, en *Llama* se evita tal inconveniente. Por lo demás, los elementos de la arquitectura interna se mantienen idénticos en ambas obras. Por ello la *Llama* se coloca en última instancia entre los verdaderos comentarios; mantiene el módulo previsto y prometido por el autor: el de la «declaración». Distinguir lo que es «declaración» auténtica y lo que se añade como contexto didáctico y doctrinal equivale, al igual que en el *Cántico*, a separar la experiencia de la ciencia, la mística de la teología. No es poca cosa.

La afinidad doctrinal y la proximidad literaria entre *Cántico* y *Llama* podrían autorizar la visión de un díptico a semejanza de lo que suele hacerse con *Subida* y *Noche*. En ninguno de los dos casos conviene forzar la expresión. Los cuatro escritos mayores son partes del mismo proyecto unitario en la visión sanjuanista de la vida espiritual. Todos ellos apuntan las líneas fundamentales, pero cada uno lo hace desde ópticas diferentes. Originalmente nacieron como escritos autónomos o independientes, pese a la convergencia fundamental hacia idénticas preocupaciones y enseñanzas. No hay duda de que la *Llama* se empareja mejor que ninguna otra obra —literaria y estructuralmente hablando— con el *Cántico*. Ambas son «declaraciones» o comentarios: más directo y ceñido el uno, más amplio y sobrecargado el otro.

c. *La Noche oscura, «comentario» condicionado o forzado*

Diversos son los motivos que confluyen en la opinión más divulgada sobre el género literario de la *Noche*. Entre las razones más poderosas habría que señalar dos: las confusiones frecuentes sobre la composición de la obra, en lo que a la cronología se refiere, y la relación, tanto histórica como literaria, con la *Subida*. Quizá fuera preferible formular de otra manera esas motivaciones agrupándolas en una: reducida consideración del dato histórico y

le la estructura literaria. Sobre ambos aspectos la investigación es menes-
erosa [23].

Si se fuerza la tesis de la unidad absoluta de *Subida-Noche*, están demás
cualesquiera consideraciones. El respeto a los datos históricos y a los mismos textos autoriza los análisis que permitan aquilatar la auténtica relación
entre ambos escritos. La documentación histórica certifica la duplicidad de
obras. La trayectoria textual las ha transmitido como escritos separados o
autónomos, por los menos en su materialidad. Es el fundamento sobre el
que se apoya la tradicional nomenclatura de cuatro y no tres «obras mayores». Es un dato que parece suficientemente asentado como para no volver
aquí sobre él.

La convergencia del dato histórico y de la transmisión textual está refrendada por notas individuantes inconfundibles. La primera es la presentación pública de sí misma, con su nombre propio, con su objetivo y con su
método. Con ligeras variantes, los manuscritos que han legado el texto coinciden en el título: «Declaración de las canciones del modo que tiene el alma
en el camino espiritual para llegar a la perfecta unión de amor con Dios».
No es identificable con el de la *Subida*; tampoco confundible con él [24]. El
prologuillo que sigue inmediatamente y la advertencia puesta a seguido del
poema completan la presentación individualizada y autónoma de la *Noche*.
No tenían ni lugar ni razón de ser si se tratase de prolongar materialmente
la *Subida*. Sea lo que fuere de las vinculaciones que las unen, en su composición y redacción material, son dos obras diferentes e independientes. Resulta, por tanto, legítima la mutua confrontación, lo mismo que la comparación con los otros escritos sanjuanistas.

El análisis comparativo tiene que afianzarse sobre otro pilar básico en
este punto: la ausencia de divisiones y correspondientes epígrafes en el texto
original del Santo. Se trata de otro rasgo individuante de la *Noche* respecto
a la *Subida*. Los libros y capítulos que figuran en las ediciones no son del
autor. Se introdujeron con discutible legitimidad en la edición príncipe de
1618. Desde entonces siguen ahí enhiestos desafiando la autenticidad sanjuanista. Cualquiera que sea el juicio sobre su utilidad doctrinal, literariamente
significan un atentado a la pluma del autor. Quien pretenda leer la *Noche* tal
como salió de la pluma de fray Juan debe prescindir de ese lazarillo [25].

---

[23] Los estudios en torno a la *Noche* se han centrado en demasía en el simbolismo, en las
fuentes y en la poesía. Suele darse por contemporánea la composición de *Subida* y *Noche*, lo que
carece de fundamentación histórica. Véase el libro sobre los escritos, p. 263-268.

[24] Cf. lo dicho en nota 21.

[25] En mi edición de las *Obras completas* (Burgos 1982/2.ª ed. 1987) se adopta una fórmula
de compromiso. Por un lado, se restituye el texto a la forma original pautada únicamente por
los versos; por otro, se mantiene la división tradicional en libros y capítulos, pero relegándola
a segundo plano, como ayuda para las referencias y citas.

Se encontrará entonces con la única guía de las estrofas y de los versos. Exactamente como en *Cántico* y *Llama*. Originalmente no existe otro esquema que el anunciado en el prólogo. Lo único que falla es la programación allí propuesta. Según ella, en las dos primeras «canciones se *declaran* los efectos de las dos purgaciones espirituales ... En las otras seis se *declaran* varios y admirables efectos de la iluminación espiritual y unión de amor con Dios». Esto era lo previsto, supuesto el contenido místico del poema en sus ocho estrofas. El plan quedó truncado. Es sabido que la «declaración» se interrumpe al comenzar el comentario de la tercera estrofa.

Naturalmente, la interrupción no puede afectar a lo realizado hasta entonces. Reduce únicamente el campo de exploración. Los resultados compensan con creces la limitación del texto. La primera verificación (si se cuenta con edición apropiada) descubre sin dificultad la presencia del esquema típico del comentario sanjuanista. Al igual que en *Cántico* y *Llama* presenta la siguiente trama estructural: poema íntegro (seguido de breve anotación como en el CB), estrofas comentadas de por sí, declaración sumaria con título explícito y versos sueltos con la respectiva declaración.

Al comparar la ejecución del plan en cada canción se tropieza el lector con una anomalía muy extraña: la primera estrofa se cometa o «declara» por dos veces, seguidas una de otra. Es caso único en toda la producción sanjuanista. Resulta aún más extraño si se tienen en cuenta otros datos, como los siguientes: esa misma canción primera se «declaró» brevemente en la *Subida*; aquí no se recuerda de manera explícita ese hecho; tampoco se anuncia al trazar en el prólogo el plan que se intenta seguir.

A poco que se ponderen todos los elementos en juego se llega a la conclusión de que la explicación no depende del género literario sino de motivaciones pedagógicas, doctrinales o sistemáticas. No son las que interesan de momento, a no ser en cuanto afectan a la estructura redaccional de la obra. La doble «declaración» de esa estrofa inicial no altera para nada la secuencia esquemática. Las dos veces mantiene idéntico desarrollo formal. Lo que cambia es la interpretación o contenido de la canción y de sus versos. La configuración externa coincide con la siguiente y con todos los «comentarios».

Todo lo dicho lleva a concluir que en *Noche* tenemos tres «declaraciones» o comentarios correspondientes sólo a dos de sus estrofas, es decir: existen tres modelos de «declaración» prescindiendo de los contenidos: dos de la primera estrofa y el propio de la segunda. Este dato singularísimo arroja no poca luz para comprender la técnica sanjuanista del comentario. Es la mejor referencia para estudiar las disertaciones doctrinales interpuestas o superpuestas a la «declaración» directa y auténtica de los versos. El fenómeno peculiar de la *Noche* (sobre todo si combinado con el de la *Subida*) revela el sentido atribuido por el autor a la declaración prologal del *Cántico* sobre la posibilidad de atribuir a las estrofas y versos «diversos sentidos» (n.2).

Las diversas interpretaciones dadas a la primera canción de la «noche oscura» en *Subida* y en el libro de la *Noche* parece que van más allá de lo que consentiría la aludida advertencia prologal. Si el contenido auténtico y directo de la experiencia poético-mística —según confesión de fray Juan— es el propuesto en la «segunda declaración del libro de la *Noche*», las dos anteriores (la primera y la anterior de *Subida*) tienen todas las apariencias de ser adaptaciones relativamente remotas del núcleo central simbolizado en la «noche» [26]. Tales adaptaciones están forzadas por la tendencia esquematizadora del mismo comentarista que busca orden y rigor en la presentación de su doctrina espiritual [27].

Con frecuencia se deja llevar de esa tensión conceptualizadora y estira el «comentario» hasta convertirlo en disertación lógicamente estructurada, por más que externamente mantenga el módulo de la «declaración». La proximidad temática y cronológica de la *Noche* a la *Subida* ha incidido decisivamente en este caso. De la experiencia de la «noche», como situación concreta, como tránsito y salida a oscuras, se pasa esquemáticamente al itinerario completo de la purificación-noche, asunto de tratadista mucho más que de comentarista [28].

---

[26] No parece deba ponerse en duda el contenido auténtico, directo u original del poema. Se insinúa con claridad e insistencia. Frases como las de N 1,8,2 al fin, y la de 1,13,3 sobre la «grave palabra y doctrina», apuntan inconfundiblemente al núcleo de la experiencia cantada en la poesía. La afirmación más explícita es la siguiente: «La cual —contemplación— aunque está declarada al propósito de la primera noche del sentido, principalmente la entiende el alma por esta segunda del espíritu, por ser la principal parte de la purificación del alma. Y así a este propósito la pondremos y declararemos aquí otra vez» (2,3,3). Se refiere a la primera estrofa, declarada ya en otro sentido en *Subida* y en *Noche*.

[27] La ordenación sistematizadora de la *Subida*, que culminó en el tratado, suplantando al «comentario», implantó un esquema doctrinal extraño al sentido inmediato del poema y al símbolo base del mismo. Ese esquema quedó asumido por el autor como línea maestra de su sistema doctrinal y espiritual, condicionando luego los demás comentarios posteriores al CA. Las propuestas de los primeros capítulos de la *Subida* sobre las partes y momentos de la noche-purificación sirven en adelante para encuadrar todo lo que se refiere a ese tema. Así se explica la adaptación —abusiva desde el sentido inmediato de la experiencia-noche— de las estrofas para atribuirlas contenidos globales diferentes. La 1.ª estrofa, en *Subida* se aplica a la purificación dicha «activa» del sentido (lib. 1,13-15); la segunda se empareja con la purificación activa del espíritu (lib. 2,1). En la *Noche* resulta otra equiparación: la primera declaración de la primera estrofa se ordena a la purificación «pasiva» del sentido (1,8,1-2); la segunda explicación de la misma estrofa «se entiende ahora de la purgación contemplativa, o desnudez y pobreza de espíritu, que todo aquí es una misma cosa» (2,4,1). Por fin, la 2.ª estrofa se aplica también en *Noche* a la purificación pasiva del espíritu (2,15), lo mismo que la propuesta general para la 3.ª (2,25). Pocas dudas pueden caber de que semejante artilugio no se contemplaba al momento de la experiencia ni cuando se componían los versos. Fue dibujándose al comienzo de la *Subida* y con intento de organizar, según cierto proyecto de vida espiritual, un esquema bien trazado lógicamente. Desde ese momento cualquier comentario del poema de la «noche oscura» quedó irremediablemente comprometido y condicionado.

[28] Enfoque diferente de la relación *Subida-Noche* puede verse en J. Damián Gaitán, *San Juan de la Cruz: en torno a Subida y Noche. Su relación con el poema «Noche oscura»*, en el libro mis-

Que la propensión al desarrollo sistemático difumine los contornos propios del «comentario» en la *Noche* se demuestra por otros caminos y no únicamente por la forzada adaptación en las diversas «declaraciones» de la primera estrofa. Para que quede más claro conviene analizar con algíun detalle la secuencia propia del «comentario» en su desarrollo exterior.

En la 1.ª estrofa todos los versos se comentan aisladamente. Ofrece, sin embargo, una singularidad el primero que se repite como lema-guía dos veces: al principio (1,1) y antes de comenzar el capítulo octavo (según la distribución de las ediciones). En la segunda explicación de la misma estrofa se juntan prácticamente los tres últimos versos (2,14). En la segunda canción todos son independientes o autónomos. Bajo este aspecto puede decirse que *Noche* cuadra bien en la configuración del «comentario», pese a la peculiaridad del primer verso repetido.

Esa rareza tiene justificación manifiesta. Al «declarar» el primer verso, el autor incide en la esquematización de la doctrina según los estadios o etapas del itinerario espiritual y se tropieza con los principiantes. Se cuela entonces una larga disertación sobre los vicios capitales en los mismos (2-7) que, por su extensión, aleja al lector del verso guía. Concluida la exposición, como si de un preámbulo se tratara, retoma la estrofa para «declararla». El fenómeno se repite luego con frecuencia haciendo que pierda fluidez y homogeneidad el «comentario».

Basta recordar la desproporción «explicativa» de los versos para advertir cómo se entrecruzan «comentario» y tratado o disertación. En la primera «declaración» de la estrofa inicial son muy extensos los comentarios a los versos 1.º (contando incluso desde el cap. 8 al 10), el 4.º (parte del 11, 12-13) y 5.º (14 del lib. 1o y 1-3 del 2.º). Son, en cambio, muy breves los versos 2-3 (parte del capítulo 11).

En la segunda «declaración» de la misma estrofa son muy extensos el 1.º (cap. 5-10 del lib. 2.º) y el 2.º (11-14). Brevísimos los comentarios a los versos 3-5 (cap. 14). La extensión de los primeros se debe también a la intromisión subitánea de disertaciones doctrinales, como las de los capítulos 9 y 12.

Mejor proporción se observa en la segunda estrofa, pero no faltan las irregularidades, debidas a idéntico motivo. Son comentarios breves los del 1.º (cap. 16), del 3.º (22), del 4.º (23), aunque con disertación sobre el demonio) y el 5.º (brevísimo, 24). Solamente el 2.º resulta notablemente amplio (17-21) a causa de la acumulación de digresiones ejemplificativas y explicativas (en especial en los cap. 18 y el grupo 19-20 con la escala del amor).

El balance final es claramente favorable al «comentario», aunque a trechos se pierda la trabazón propia del mismo y triunfe la ordenación doctri-

---

celáneo *Introducción a San Juan de la Cruz* (Avila 1987) 77-90. La aplicación concreta de los criterios apuntados en estas páginas al *Cántico,* en mi libro *Vértice de la poesía y de la mística* (Burgos 1983) 97-149.

nal. El símbolo de la noche, que pauta la «declaración» directa del poema, se trasmuta sin previo aviso en sistema doctrinal sobre la noche-purificación. La preocupación de vincular la temática tratada con la *Subida* condiciona permanentemente la pluma del comentarista. Está preocupado por dos cosas: por un lado, la exigencia de «declarar» el sentido genuino del poema, según tiene prometido; por otra parte, completar el esquema doctrinal de la *Subida* en lo relativo al aspecto pasivo de la purificación. Lo fue posponiendo en esa obra y, al quedar interrumpida, el propósito no llegó a cumplimiento.

Juan de la Cruz sabe perfectamente que la vertiente pasiva es precisamente la que se simboliza poéticamente en el poema de la *Noche*. Basta comentarla en su sentido originario y genuino para que la laguna de la *Subida* quede colmada. Sólo que surge ante su pluma una dificultad. Si adopta el método de la *Subida*, se hace impracticable la «declaración» o el comentario, al estilo del *Cántico* y *Llama*. No es posible ensamblarlo con la técnica del tratado. Si, por el contrario, adopta los módulos rigurosos de éste, es imposible seguir la línea elástica del comentario y colocar en primer plano la historia del alma que canta la «dichosa ventura de salir sin ser notada, en una noche oscura».

La solución tiene algo de salomónica con abundantes y claras y apariencias de compromiso: módulo del «comentario», pero densidad doctrinal y rigor expositivo, aunque no ordenado sistemáticamente. Fórmula suficientemente compleja para que no pueda hablarse con absoluta propiedad del díptico *Subida-Noche*. La expresión, nada feliz, es apenas aplicable a la presencia —respectivamente— de vertiente activa y vertiente pasiva en la purificación. Y no de manera excluyente.

* * *

Las consideraciones que preceden acaso permitan afrontar con mejores garantías dos aspectos del sanjuanismo: por un lado, el análisis literario; por otro, la exégesis doctrinal. Ambas cosas quedan al margen por el momento en espera de mejor ocasión. Lo expuesto parece suficiente para valorar mejor las constantes y variables que afectan a las llamadas «obras mayores» de fray Juan.

Todas ellas son prosa didáctica, pero con diferencias notables. Diferencias que están en clara dependencia del mayor o menor respeto al módulo del «comentario». Cuanto más se alejan de la poesía de referencia, el estilo de la prosa se hace más ceñido al propósito pedagógico, se vuelve más rigurosa y analítica, con tendencia a lo abstracto. Bajo ese punto de vista la *Subida* supera con creces a todos los demás escritos.

El alejamiento del poema produce, en cambio, pérdida de la viveza y de la frescura estilística. Se esfuma insensiblemente la carga simbólica y el plasticismo de las imágenes. La vinculación al símbolo de base hace que

Llama y *Noche* mantengan fuerza expresiva y sugestiva permanente (fuera d algunas digresiones) y elevado ritmo descriptivo.

En los tres comentarios la prosa es obra de arte exquisito con ritm melódico inseparable de la poesía. Desde este ángulo literario superan clara mente a la *Subida*. En contrapartida, son más genéricas e imprecisas en l elaboración sistemática. Tienen menor comunicación pedagógica a nivel d enlace doctrinal. Está claro que «tratado» y «comentario» tienen exigencia propias; también ventajas y desventajas.

La correlación literaria y pedagógica puede prolongarse en relación los tres «comentarios» con resultados previsibles. En el *Cántico* se da u constante desdoblamiento alegórico en favor de la comunicación didáctica Ello motiva la pérdida de intensidad o concentración simbólica a lo larg de la exposición. En la *Llama* permanece firme la tensión en torno al símbo lo central, lo que reduce el recurso a la alegoría explicativa. El primor lite rario no facilita, en cambio, la organización esquemática de la enseñanza como en el *Cántico*. Algo semejante sucede con la *Noche*, según se centre l atención en la secuencia narrativo-descriptiva o en las digresiones expositi vas.

En líneas generales se concluye que no existe correlación entre valor li terario y rigor doctrinal. No se excluyen en la balanza sanjuanista. Las pre ferencias del autor no coinciden necesariamente con las de cada lector. Lo que importa es no mutilar arbitrariamente lo que es genuinamente sanjua nista: el arte y la ciencia, la poesía y el prosa, el tratado y el comentario, el poema y la «declaración».

Antítesis Dinámicas de la Noche Oscura

María Jesús Mancho

I. *Introducción*

Uno de los aspectos más interesantes de la lengua de san Juan de la Cruz es la reiterada formulación antitética que presentan muchas de sus expresiones. Esta característica de su estilo se fundamenta en la existencia previa de parejas de antónimos, de muy variada índole, que proliferan en su producción literaria.

La expresión antitética responde a una contraposición conceptual, de origen filosófico y religioso, que se halla en la raíz misma del pensamiento del carmelita [1]. Esta contraposición, al ser explicitada, genera lingüísticamente numerosas antítesis, formadas por el enfrentamiento en un mismo contexto de términos de significado opuesto. El análisis e interpretación de algunas de ellas, extraídas exclusivamente de los libros de la *Noche Oscura*, constituye el objeto de este trabajo.

Se puede afirmar que en san Juan existe una marcada tendencia a categorizar la experiencia a base de contrastes dicotómicos [2], los cuales se manifiestan lingüísticamente mediante la antonimia. De este modo, se produce en sus escritos una auténtica eclosión de antónimos, tanto léxicos como gramaticales [3].

---

[1] Una aproximación a este planteamiento filosófico, a partir del análisis interpretativo de los términos *contrario* y *extremo* en los escritos sanjuanistas, puede verse en mi trabajo «Expresiones antitéticas en San Juan de la Cruz», en M.ª Jesús Mancho (Ed.), *La espiritualidad española del siglo XVI. Aspectos literarios y lingüísticos,* Salamanca, Ed. Universidad, 1990, pp.25-35.

[2] En este aspecto no hace sino seguir en grado máximo una tendencia humana al parecer universal. Véanse sobre este particular las afirmaciones de John Lyons en «Oposición y contraste», *Semántica*, Barcelona, Teide, 1980, especialmente, p.260. Esta tendencia se manifiesta lingüísticamente por medio de la antonimia: «El lingüista debe tomar en consideración que la oposición binaria es uno de los principios más importantes que gobiernan la estructura de las lenguas y que su más evidente manifestación, por lo que se refiere al vocabulario, es precisamente la antonimia». *Ibídem*, p.254.

[3] Por antónimos gramaticales entendemos, siguiendo a O. Duchacek: «Sur quelques problèmes de l'antonymie», *Cahiers de Lexicologie*, 6, 1965, pp.5-66, aquellos formados mediante un

II.   *Antítesis dinámicas de la Noche como «proceso» o «tránsito»*

La contraposición de modalidades antitéticas es consustancial al pensamiento sanjuanista y se incardina en la base misma de su sistema. Por lo que se refiere a su concepción simbólica nocturna, hace algún tiempo[4] señalamos la existencia de tres ejes sobre los que giraba su estructura semántica. El de **proceso o tránsito**, el de **negación** y el más simbólico de los tres, el de **oscuridad**. Ya cuando intentamos estructurar el léxico en campos semánticos, nos llamó poderosamente la atención el hecho de que prácticamente en su totalidad fueran antonímicos. Pues bien, en cada uno de estos tres ejes se detecta la presencia de abundantes antítesis, expresión de esas modalidades antinómicas que determinan la configuración de tales áreas léxicas.

Por lo que respecta al primero de ellos, el de **proceso o tránsito**, es necesario resaltar su carácter eminentemente dinámico, por cuanto designa un proceso espiritual, simbolizado por un *camino* ascendente, una *subida* ardua y penosa, que requerirá enorme energía y esfuerzo de la voluntad, toda vez que la meta, la unión mística, se halla situada en la *cima* o *cumbre* de un *monte*, **El Carmelo**. El alcanzarla supone una empresa total, un objetivo que compromete de modo absoluto a la persona en esta vida. Y, precisamente, este logro, una vez alcanzado, viene a constituir una antesala espectante de la otra, una *alborada* en relación con el *día* de la eternidad.

En este eje distinguíamos varias dimensiones entre las que se desenvolvía el movimiento: una horizontal, de **avance y retroceso**, una **exteriorizadora-interiorizadora**, otra relacional, **aproximadora-alejadora**, y, finalmente, una vertical, de **ascenso y descenso**. En todas ellas no es difícil distinguir los antónimos **direccionales**, en terminología de Lyons[5]. Es preciso subrayar que lo importante no es la localización geométrica, espacial, que estos términos dibujan, sino la dinámica, frecuentemente dialéctica, que los relaciona: el dinamismo que los humaniza.

1.   Dimensión horizontal

En cuanto a la primera de estas dimensiones, un primer ejemplo de antítesis nos lo ofrecen los deícticos *aquí/allí* y *acá/allá*, que en muchos casos designan esta vida, próxima al hombre, por consiguiente, *humana*, y la eter-

---

proceso derivativo: la adición de prefijos a una forma básica correspondiente a uno de los miembros del par. Véase igualmente J. Lyons, «Oposición y contraste», en *Op.cit.*, especialmente p.258, L. Guilbert: «Les antonymes. Y-a-t-il un système morpholexical des antonymes?», *Cahiers de Lexicologie* 4, 1964, pp.29-36 y R. Warczyk: «Antonymie, négation ou opposition», *La linguistique* 17, 1981, pp.29-48.

[4] Puede consultarse nuestro estudio *El símbolo de la Noche en San Juan de la Cruz. Estudio léxico-semántico*, Salamanca, Publicaciones de la Universidad, 1982.

[5] Véase «Oposición direccional, ortogonal y antipodal» en *Op.cit.*, pp.363 y ss.

na: «Así como se purgan los espíritus en la otra vida con fuego tenebroso material, en esta vida se purgan y limpian con fuego amoroso, tenebroso, espiritual; porque ésta es la diferencia: que *allá* se limpian con fuego y *acá* se limpian e iluminan sólo con amor»[6]. Del mismo modo, *aquí* designa el proceso de la *noche* oscura, la contemplación purgativa sufrida por el alma en concreto, frente a *allí*, que señala la del purgatorio en la otra: «Porque de éstos son los que de veras "descienden al infierno viviendo" (Ps. 54,16), pues *aquí* se purgan a la manera que *allí*, porque esta purgación es la que *allí* se había de hacer»[7]. Naturalmente, la relación que se establece entre el *allí* y *aquí* fundamenta toda una profunda concepción religiosa de la existencia.

Pero es en la clase léxica verbal en donde puede apreciarse mejor este enfoque dual sanjuanista, toda vez que los verbos designan movimiento, acción con desplazamiento espacial. En esta primera dimensión es importante la dinámica progresiva, positiva, el *ir adelante* en el camino espiritual y no *volver atrás*, o contrapartida negativa, anuladora del impulso activo y, por tanto, superador: «Estos en este tiempo, si no hay quien los entienda, *vuelven atrás*, dejando el camino o aflojando, o a lo menos se estorban de *ir adelante*»[8]. Incluso el *no ir adelante*, esto es, no necesariamente el *volver atrás*, sino el mero hecho de *no avanzar*, el *estar parado* o, aún más, el *aflojar* la marcha, el ritmo, ya son algo negativo, puesto que contrarrestan la necesariamente constante y activa progresión espacial.

El impulso positivo se manifiesta igualmente por *llevar adelante* (por parte de Dios, cuando el alma ha entrado ya en las fases pasivas): «Una alma que Dios ha de *llevar adelante*»[9], o por *pasar adelante*: «Sólo digo, para fundar

---

[6] *II Noche*, 12,1. Otros ejemplos en que puede apreciarse esta contraposición se encuentran en *II Noche*, 6,6.

[7] *II Noche*, 6,6. Lo que se comprueba igualmente en este otro contexto: «Y así, el alma que por *aquí* pasa, o no entra en aquel lugar (purgatorio) o se detiene *allí* muy poco, porque aprovecha más una hora (*aquí*) que muchas *allí*» (*II Noche*, 6,6).

[8] *I Noche*, 10,2.

[9] *II Noche*, 1,1. Otros contextos: «Pone Dios en la noche oscura a las (almas) que quiere purificar de todas estas imperfecciones para *llevarlas adelante*» (*I Noche*, 2,8). «Queriendo Dios *llevarlos adelante* y sacarlos de este bajo modo de amor a más alto grado de amor de Dios» (*I Noche*, 8,3). «Porque estos que comienza Dios a *llevar* por estas soledades del desierto...» (*I Noche*, 9,5). «De tal manera pone Dios al alma en este estado y en tan diferente camino la *lleva*...» (*I Noche*, 9,7). «Que no (sic) todos los que se ejercitan de propósito en el camino del espíritu *lleva* Dios a contemplación...» (*I Noche*, 9,9). «Los *lleva* ya Dios por otro camino, que es de contemplación...» (*I Noche*, 10,2). «A los muy flacos con mucha remisión y flacas tentaciones mucho tiempo les *lleva* (Dios) por esta noche...» (*I Noche*, 14,5). «Las almas que han de pasar a tan dichoso y alto estado como es la unión de amor, por muy aprisa que Dios las *lleve*, harto tiempo suelen durar en estas sequedades» (*I Noche*, 14,6). «Aquella horrenda noche de la contemplación..., en que de propósito pone Dios al alma para *llevarla* a la divina unión» (*II Noche*, 1,1). «A la misma medida y modo que va Dios *llevando* al alma y habiéndose con ella...» (*II Noche*, 23,7). «En esta dichosa noche de contemplación *lleva* Dios el alma por tan solitario y secreto modo de contemplación ...» (*II Noche*, 25,2).

la necesidad que hay de la noche espiritual, que es la purgación para el que ha de *pasar adelante*...»[10]. La meta espacial se hallará siempre *adelante*, ofreciéndose a la voluntad como conquista final, siempre cimentada en el amor.

También es significativa la oposición *ir/venir*, que implica —frente a *ir/volver*— a las personas del discurso, esto es, supone deixis[11]. No es lo mismo, por tanto, *ir* hacia la unión mística, que *venir*, ya que en este último caso se presupone que el que habla —o escribe, como en la situación del santo,— ya ha alcanzado el objetivo deseado: «No se puede *venir* a **esta** —obsérvese la proximidad espacial con relación al sujeto señalada por el demostrativo—unión sin gran pureza, y esta pureza no se alcanza sin gran desnudez de toda cosa criada y viva mortificación»[12].

Otros antónimos enfrentados, representantes de un «movimiento hacia» y un «movimiento desde», son *salir* y *llegar* que aparecen en el siguiente contexto junto a *buscar/hallar*, ambas parejas oponiéndose por cuanto los segundos términos poseen un rasgo culminativo de la acción designada por los primeros: «El que rehusare *salir* en la noche ya dicha a *buscar* al Amado ... no *llegará a hallarle*, como esta alma dice de sí que la *halló saliendo* ya a escuras y con ansias de amor»[13].

Como puede apreciarse, el *salir* o la *salida*, verdadero impulso dinámico inicial, de partida[14], cuyo motor no es otro que el Amor, tiene como contrapunto, que es además su objetivo y finalidad, la *llegada* a la meta de la unión mística. La *salida* conlleva una aventura espiritual —*lance* lo llama también San Juan de la Cruz—, dinamizadora, infusora de energía, vitalizadora del espíritu. El alma *sale*, pero para iniciar una progresión espiritual, esto es, para *ir, andar, caminar, correr* y adentrarse en la *Noche*, lo cual sólo puede conseguirlo impulsada por vehementes ansias de amor: «Y esta *salida* dice ella (el alma) que pudo hacer con la fuerza y calor que para ello le dio el amor de su Esposo en la dicha contemplación oscura»[15].

---

[10] *II Noche*, 2,4. Hay más contextos en que aparece el sintagma *pasar adelante*: «Aunque no *pasan adelante*, para que se conserven en humildad y conocimiento propio los ejercita Dios...» *I Noche* 4,5). «... La necesidad que hay de la noche espiritual, que es la purgación para el que ha de *pasar adelante*» (*II Noche* 2,4).

[11] Fenómeno lingüístico del que era perfectamente consciente San Juan de la Cruz, como se desprende del siguiente contexto: «Porque los bienes no *van* del hombre —plano en el que se sitúa la 1.ª persona, esto es, el propio San Juan — a Dios — plano de la 3.ª persona, donde se sitúa El—, sino *vienen* de Dios al hombre», (*II Noche*, 16,5). Es decir, *ir* designa movimiento desde el *yo-aquí* hacia el *tú-ahí-él-allí*, mientras que *venir* designa un movimiento inverso.

[12] (*II Noche*, 24,4). Análogo es el ejemplo que sigue: «Las cuales (manchas del hombre viejo), si no salen por el jabón y fuerte lejía de la purgación de esta noche, no podrá el espíritu *venir* a pureza de unión divina» (*II Noche*, 2,1).

[13] *II Noche* 25,4.

[14] Recuérdese cómo, tanto en el poema de la *Noche oscura* como en el *Cántico Espiritual*, el dinamismo de la acción por parte del alma se inicia mediante la forma verbal *salí*. En ambos casos son las *ansias amorosas* las que mueven y provocan la *salida*.

[15] *I Noche*, Decl. 2.

Podríamos traer más ejemplos de antítesis verbales, tales como las representadas por *llevar/traer*, paralela a la de *ir/venir*, sólo que diferenciada por el clasema de transitividad —que sirve muy bien para poner de relieve la actitud pasiva del alma en los estadios más avanzados del proceso, en los que ella ya no es capaz por sí misma de continuar la dinámica progresiva, ya no puede *ir* y, lo que es aún más importante, no debe, sino que Dios la *lleva*—, pero direccionalmente análoga, o las formadas por *pasar/llegar* [16], o *caminar/llegar* [17], como designadoras de un movimiento durativo frente a otro puntual, pero creemos que éstas serán suficientes para dar una idea, siquiera aproximada, del alcance de estas expresiones antitéticas en el movimiento direccional horizontal [18].

2. Dimensión interiorizadora

Otra dimensión característica del proceso místico que San Juan denomina simbólicamente Noche, es la interiorizadora. La meta del proceso místico se sitúa en el *centro* o *fondo* [19] del alma, expresión y dinámica que presenta ecos del recogimiento franciscano. Y es que en el alma se distinguen unos estratos *interiores* de otros *exteriores*. Hay naturalmente una gradación, ya que se procede de fuera hacia dentro, y así unas veces se contrapondrán los **sen-**

---

[16] Por ejemplo en los contextos siguientes: «Por el cual camino ordinariamente *pasa* (el alma) para *llegar* a esta alta y dichosa unión con Dios» (*I Noche*, anot.); «Para que, *pasando* por aquí, *lleguen* al estado de los perfectos, que es el de la divina unión del alma con Dios» (*I Noche*, 1,1.); «Y así, (a) este toque de tan subido sentir y amor de Dios no se *llega* sino habiendo *pasado* muchos trabajos y gran parte de la purgación (*II Noche*, 21,6).

[17] «Y así, sin *caminar* a las veras con el traje de estas tres virtudes, es imposible *llegar* a la perfección de unión con Dios por amor» (*II Noche*, 21,12).

[18] Sobre las oposiciones **direccionales** ha escrito Lyons unas clarividentes afirmaciones que no nos resistimos a transcribir: «La oposición direccional no puede tratarse satisfactoriamente si no se hace dentro de un marco más general que analice la **localización como un cierto estado y el movimiento como un tipo de cambio de estado**. Visto desde esta perspectiva, la llegada a París se halla en la misma relación con estar en París como casarse a estar casado...; a su vez, partir o salir de París, está en la misma relación con estar en París como morir con vivir u olvidar con saber. **Dificilmente podríamos exagerar la importancia de la oposición direccional, deíctica o no, como relación estructural**. Cubre totalmente la estructura tanto gramatical como léxica de las lenguas ... y forma asimismo el fundamento de lo que podríamos considerar **uso metafórico de determinados lexemas y expresiones**». *Op.cit.*, p.264. (El subrayado es nuestro).

[19] Es allí donde tiene lugar la unión por amor: «Porque el amor es asimilado (al fuego), que siempre sube hacia arriba, con apetito de engolfarse en el *centro* de su esfera» (*II Noche*, 20,6), y donde el alma se siente a salvo de las asechanzas del enemigo: «Como ve (el demonio) que no puede alcanzar y contradecirlas al *fondo* del alma...» (*II Noche*, 23,3); «Porque (el alma), en sintiendo la turbadora presencia del enemigo..., se entra ella más adentro del *fondo* interior» (*II Noche*, 23,4).

tidos *exteriores* a los *interiores* y otras las **potencias**[20]. El orden preferente es el de *interiores/exteriores*, revelando así cuál es el antónimo considerado como positivo. Idéntica ordenación se puede comprobar en el siguiente contexto en que aparecen contrapuestos los adverbios *adentro* y *afuera*, acompañados de *tesoros*, el primero, y de *males*, el segundo: «Porque, como mora en estas humildes almas el espíritu sabio de Dios, luego las mueve e inclina a **guardar** *adentro* sus **tesoros** en secreto y echar *afuera* sus **males**»[21].

Lógicamente los verbos reflejarán esta dinámica y así encontraremos *entrar* opuesto a *salir*. El esquema es sencillo: se *saldrá* de un estrato o estado considerado como *exterior*[22] para *entrar* en otro *interior*. Pero, una vez alcanzado éste, se volverá a *salir* de él para *introducirse* en otro progresivamente más *íntimo*, y así sucesivamente hasta llegar al centro del alma, lo *interior* en grado absoluto. Un ejemplo nos lo mostrará claramente: «La causa es porque ya en este estado de contemplación, que es cuando *sale* del discurso y *entra* en el estado de aprovechados, ya Dios es el que obra en el ánima»[23]. De ahí que, de manera global, el dinamismo espiritual, el camino, sea interiorizador, y por él el alma deberá *entrar*: «El cual (camino), por ser tan estrecho y por ser tan pocos los que *entran* por él...[24]. Lógicamente, cuando el desarrollo simbólico avance y la progresión se identifique con el medio oscuro envolvente, esto es, con la *Noche*, el alma tendrá igualmente que *en-*

---

[20] «Desnúdales las potencias y afecciones y sentidos, así espirituales como sensitivos, así *exteriores* como *interiores*», II *Noche*, 4-3. «Que, por cuanto aquí purga Dios al alma según la sustancia sensitiva y espiritual y según las potencias *interiores y exteriores*...», (*Noche*, 6,4). «Y la cortedad *interior*, esto es del sentido *interior* de la imaginación, y juntamente la del *exterior* acerca desto, también la manifestó Moisés delante de Dios en la zarza», (II *Noche*, 17,4). «La contemplación infusa que aquí lleva se infunde pasiva y secretamente en el alma a excusa de los sentidos y potencias *interiores y exteriores*», (II *Noche*, 23,2).

[21] I *Noche*, 2,7.

[22] Hay muchos contextos en que se contraponen *exterior* e *interior*, poniendo de manifiesto una cierta concepción y estructura antropológicas. Pueden servir de ejemplo los siguientes: «La cual no alcanzan los sentidos de la parte interior *exteriores ni interiores*» (I *Noche*, 9,8). «Queriendo Dios desnudarlos ... desnúdales las potencias y afecciones y sentidos, así espirituales como sensitivos, así *exteriores* como *interiores*» (II *Noche*, 3,3). «Que por cuanto aquí purga Dios al alma según la sustancia sensitiva y espiritual y según las potencias *interiores y exteriores*» (II *Noche*, 6,4). «Porque esto tiene el lenguaje de Dios, que, por ser muy íntimo al alma y espiritual, en que excede todo sentido, luego hace cesar y enmudecer toda la armonía y habilidad de los sentidos *exteriores e interiores* (II *Noche*, 17,3). «Y la cortedad *interior*, esto es, del sentido *interior* de la imaginación y juntamente la del *exterior* acerca de esto, también la manifestó Moisés» (II *Noche*, 17,4). «La contemplación infusa que aquí lleva se infunde pasiva y secretamente en el alma a excusa de los sentidos y potencias *interiores y exteriores* de la parte sensitiva» (II *Noche*, 23,2).

[23] I *Noche*, 9,7.

[24] (I *Noche*, anot.). No sólo se *entrará* por —es significativa la utilización de la preposición **por**, en lugar de la esperable **en**— el camino, sino también en su comienzo, simbolizado por la **puerta**: «Que es grande dicha y ventura..., lo otro, por ser muy pocos los que sufren y perseveran en *entrar* por esta **puerta** angosta y por el camino estrecho que guía a la vida, como dice nuestro Salvador» (II *Noche*, 11,4).

rar en ella: «En esta noche oscura comienzan a *entrar* las almas...»[25]; «Cuan-
o el alma *entrare* en la oche oscura...»[26]. Incluso, cuando el santo recurra
l símbolo de la **escala**, en los últimos estadios del proceso místico, el alma
eguirá *entrando* en una dimensión ascendente: «Cuando dijimos la aniquila-
ión en que se ve el alma cuando comienza a *entrar* en esta escala de purga-
ión contemplativa...»[27].

El verbo **salir** forma parte de dos oposiciones semánticas: una la que
ontrae con **llegar**, esto es, reflejando un movimiento con un punto de par-
da y otro de llegada, y otra la que establece con **entrar** en esta dimensión
nteriorizadora. Pero, paralelamente a la oposición entre **ir/llevar**, o a la de
ubir/levantar, basadas en el clasema de transitividad, San Juan distinguirá
ntre **salir/sacar**, para diferenciar una actitud activa del alma, que obra, y
tra pasiva en la que es obrada y se deja actuar por Dios: «Esta noche sensi-
iva en la cual hace Dios el trueque que habemos dicho arriba *sacando* el
lma de la vida del sentido a la del espíritu, que es de la meditación a con-
emplación»[28]. *Sacar* puede oponerse direccionalmente también a *entrar*,
omo podemos comprobar en el ejemplo siguiente: «En esta noche oscura
omienzan a *entrar* las almas cuando Dios las va *sacando* del estado de princi-
iantes»[29].

Dimensión relacional

Se aprecia, igualmente, la existencia de antítesis integradas en una di-
nensión relacional aproximadora-alejadora, que en los libros de la *Noche*,
ue son los que estamos manejando, aparecen representadas únicamente por
a pareja *apartar/juntar*. El punto de referencia es, naturalmente, Dios, cuya
roximidad resulta antagónica e incompatible con el mundo y demás imper-
ecciones, por lo que la unión con Él, aproximación máxima, supondrá el
partamiento radical de estas últimas: «Y así, porque estas virtudes tienen
or oficio *apartar* al alma todo lo que es menos que Dios, le tienen consi-
uientemente de *juntarla* con Dios»[30]. Oposición que, en otros textos, va
compañada de la establecida entre *acercar/alejar*[31].

---

[25] *I Noche*, 1,1.

[26] *I Noche*, 4,8.

[27] *II Noche*, 19,1.

[28] *I Noche*, 10,1. Lo mismo se advierte en el contexto siguiente: «Queriendo Dios llevarlos
delante y *sacarlos* de este bajo modo de amor a más alto grado de amor de Dios» (*I Noche*,
,3).

[29] *I Noche*, 1,1.

[30] *II Noche*, 21,11. La misma idea, aunque sin antítesis, la expresa como sigue: «Todo lo
ual hace Dios a fin de que, *apartándolos* y recogiéndolos todos (los gustos) para sí, tenga el
lma más fortaleza y habilidad para recibir esta fuerte *unión de amor* de Dios» (*II Noche*, 11,3).

[31] Empleos de estos dos antónimos, sin constituir antítesis, se encuentran, por ejemplo, en
I Noche, 23,4: «Sintiendo ella (el alma) muy bien que se pone en cierto refugio, donde se ve

4. Dimensión ascendente

Lo característico de todo proceso místico es que resulta direccionalmente ascendente: se realiza entre dos polos espaciales: **arriba/abajo**. Y, naturalmente, todo lo elevado designará metafóricamente entidades o cualidades espirituales o sobrenaturales: «De aquí es que todo lo *espiritual*, si de *arriba* no viene comunicado del Padre de las lumbres (Iac 1,17) sobre (el) albedrío y apetito humano...» [32], e, incluso, la misma divinidad y su sede, los cielos. Nos hallamos inmersos, pues, en plena simbología uraniana. En los textos de la *Noche*, hemos encontrado un ejemplo de esta contraposición entre *arriba/abajo*, que revela la oposición *cielo/tierra* [33] y *Dios/hombres*: «No dándole al alma su entendimiento algún alivio de luz, ni de *arriba*, pues le parecía el *cielo* cerrado y *Dios* escondido, ni de *abajo*, pues *los* que la enseñaban no le satisfacían» [34]. Es curioso que tanto aquí, como en los abundantes sintagmas *cosas de arriba y/ni de abajo* [35], o en los análogos *cosas del cielo y/ni de la tierra*, el orden secuencial sea siempre el mismo. Es decir, el opuesto positivo tiende a preceder al negativo, configurando lo que Malkiel denominó **binomios irreversibles** [36]

Importa mucho subrayar que *alto* y *bajo* [37] son los extremos de un eje que es el de la **verticalidad**; eje que nos introduce en un espacio vertical que **engrandece** a los seres en el sentido de la **altura** [38]. La altura, el ámbito aéreo, acogerá y envolverá a las almas que quieran vivir por encima de sí

estar más *alejada* del enemigo y escondida...», o *II Noche*, 16,11: «Porque cuanto el alma más a El (Dios) *se acerca*, más oscuras tinieblas siente y más profunda oscuridad por su flaqueza» (*II Noche*, 16,11).

[32] *II Noche*, 16,5.

[33] Vemos esta contraposición mediante el sintagma **cosas del cielo y de la tierra**, paralelo al de **cosas de arriba y de abajo**, en el contexto siguiente: «Enajenados e inhabilitados le tienen todos los apetitos para poder gustar de **cosa del cielo ni de la tierra**», *II Noche*, 11,2. La contraposición presenta los antónimos siempre en el mismo orden: «Hácese a esta alma todo angosto; no cabe en sí; no cabe en el **cielo ni en la tierra**, y llénase de dolores hasta las tinieblas (*II Noche*, 11,6).

[34] *II Noche*, 21,5.

[35] En los textos sanjuanistas se repite con profusión el sintagma **cosas de arriba y de abajo**, que aparece, por ejemplo, en *I Noche* 9,2; *I Noche* 11,1, *I Noche* 11,4, *I Noche* 13,3, *II Noche* 7,3, *II Noche* 8,2, *II Noche* 8,5, *II Noche* 9,1, *II Noche* 9,4 y *II Noche* 24,3.

[36] Véase Y. Malkiel: «Studies on irreversible binomials», *Lingua*, 8, 1959, pp.113-60.

[37] «On se tromperait cependant si l'on se bornait à une simple juxtaposition des images du *haut* et des images du *bas*. Ces images qui suivent une géometrie sont en quelque manière trop claires. Elles sont devenues images logiques. Il faut se dépendre de leur simple relativité pour vivre la dialectique dynamique de ce qui va en haut et de ce qui va en bas» (G. Bachelard: «La psychologie de la pésanteur», en *La terre et les rêveries de la volonté*, Paris, Lib. J. Corti, 14ème impress., 1988, p.342).

[38] «La vie spirituelle est caracterisée par son opération dominante: elle veut grandir, elle veut s'élever. Elle cherche instinctivement la *hauteur*». G. Bachelard: «Le rêve du vol», en *L'air et les songes. Essai sur l'imagination du mouvement*, Paris, Lib. J. Corti, 1987, p.52).

mismas, que quieran elevarse más allá de su limitación y contingencia propias y sumirse en un dinamismo transformador.

Dentro de este eje de la verticalidad dinamizada en altura, es lógico que la dirección positiva y a lo que la persona haya de tender intensamente, o a lo que se sienta irresistiblemente atraída o arrastrada, sea hacia lo *alto*, característico de la verdadera vida, la aérea —no hay que olvidar que existe un uranotropismo marcado—. Por tanto, se verá impelida a rechazar o a alejarse de lo *bajo*, que en sí es más imperfecto: «Queriendo Dios llevarlos adelante y sacarlos de este *bajo* modo de amor a más *alto* grado de amor de Dios ...» [39]. De alguna manera, *bajo* resulta sinónimo de *humano* y *natural* —terrestre en definitiva, con todas sus connotaciones negativas de fijación y apego a lo terreno, de pesadez espiritual, inhibidora de cualquier impulso vitalizador de la existencia—, opuesto a *divino* y *sobrenatural-celestial,* esto es, aéreo, etéreo, con las implicaciones de ligereza y movilidad, cualidades previas de la libertad espiritual, logradas en virtud de una depuración o sublimación moral y de un impulso o fuerza dinamizadores —: «Porque estas **naturales** potencias no tienen ni *pureza* ni *fuerza* ni *caudal* para poder recibir ni gustar las cosas *sobrenaturales* al modo de ellas, que es *divino*, sino sólo al suyo que es *humano* y *bajo*» [40].

La contraposición *alto/bajo*, en origen de índole espacial y dinámica, sirve, pues, para caracterizar los niveles divino y humano: «Como las obras que hace (el alma) por Dios son muchas y todas las conoce por **faltas e imperfectas**, de todas saca confusión y pena, conociendo tan *baja manera* de obrar por un tan *alto* Señor» [41]. Por ello, el mismo Dios será considerado no sólo *alto*, sino *altísimo*, en un contexto en el que este adjetivo no se halla aún lexicalizado, sino inmerso en una dinámica ascenso-descensional: «Y entonces, de esta manera, se preció el que *levanta* al pobre del estiércol (Ps. 112,7), el *altísimo* Dios, de *descender* y hablar allí cara a cara con él (Job)».

No es de extrañar, pues, que la meta de este proceso, la unión mística, en la cual el alma será transformada en Dios, sea calificada de *alta*: «Por el cual camino ordinariamente pasa (el alma) para llegar a esta *alta* y dichosa unión con Dios» [42]. El proceso que conduzca a ella será, por consiguiente, ascensional, eminentemente positivo. Pero en él se comprobará, de modo sangrante, la dialéctica de lo *alto* y lo *bajo*: la atracción del abismo, de lo bajo, de lo pesado, que arrastra al ser a una caída física y moral, y la resistencia que opone la voluntad, sostenida siempre por las ansias de amor a Dios, mediante enérgicos esfuerzos para enderezarse y volverse a levantar de nuevo. El resultado de esta tensión conflictiva, verdadera pugna dinámica de contrarios, será una sucesión de fases ascendentes y descendentes, por-

---

[39] *I Noche*, 8,3.
[40] *I Noche*, 16,4.
[41] *II Noche*, 19,3.
[42] *I Noche*, Anot., 2.

que, para que algo suba es necesario previamente que algo baje, en un ritmo alternante bien analizado por Bachelard[43]: «Lo cual, hablando ahora natural-mente echará de ver bien el alma que quisiere mirar en ello cómo en **este camino** (dejando aparte lo espiritual que no se siente) echará de ver cuántos *bajos y altos* padece»[44].

La altura es característica concomitante a Dios, tanto como la **alteza**. El término *alteza* en el libro de la *Noche* se aplica a la Sabiduría divina: «Descubriéndole (a Job) las *altezas profundas*, grandes, de su Sabiduría, cual nunca antes había hecho en el tiempo de la prosperidad»[45]. Se comprueba la unión de lo *alto* y lo *profundo*, toda vez que lo alto adquiere tal riqueza que acepta una trasmutación de las imágenes dinámicas y acoge las metáfo-ras de la profundidad. El resultado es una síntesis paradójica —estrictamen-te un oxímoron— y simbólica de la divinidad, que abarca y engloba, aunándolos[46] dialécticamente, los dos polos extremos del eje paradigmático de la verticalidad.

Pues bien, como ha mostrado Mircea Eliade[47], lo alto revela lo sagra-do. Por consiguiente, los lugares **altos** son lugares de encuentro entre Dios y el hombre y enclaves en que las propiedades divinas se trasvasan a las hu-manas. Este y no otro es el papel asignado, ya desde la Biblia, a los *montes*: Sinaí, Gólgota, etc. Y, siguiendo una tradición mística muy arraigada, el proceso místico es designado metafóricamente por una **subida** de un **mon-te**: Sión, Carmelo, etc., en cuya **cumbre**, otro símbolo ascensional derivado de la simbología uraniana, tiene lugar el encuentro máximo entre el alma y Dios, en que la primera se transformará por amor a El.

Parece inevitable, pues, que el que pretenda llegar hasta Dios haya de seguir un tránsito ascensional[48], tránsito a la vez sublimador, depurador de

---

[43] «Etudions les *images d'écrassement*. Nous allons les sentir se dialectiser par l'intervention des images contraires, comme si la *volonté de redressement* volait au secours de la matière écrasée. Si l'on arrive à sensibiliser cette dualité, on pourra voir s'animer la rythmanalyse des images contraires de l'écrassement et du redressement» (G. Bachelard: «La psychologie de la pésan-teur», *La terre et les rêveries de la volonté*, p.357).

[44] *II Noche*, 18,3. Obsérvese bien cómo el verbo empleado por san Juan es *padecer*, lo que revela la dolorosa batalla interior librada.

[45] *I Noche*, 12,3. Otro contexto es el siguiente: «Lo primero es por la *alteza* de la Sabiduría divina, que excede al talento del alma, y en esta manera le es tiniebla» (*II Noche*, 5,2).

[46] «C'est *uno actu*, c'est dans l'*acte même* vecu dans son unité qu'une imagination dynami-que doit pouvoir vivre le double destin humain de la profondeur et de la hauteur... L'imagina-tion dynamique unit les pôles. Elle nous fait comprendre qu'en nous quelque chose s'élève quand quelque action s'approfondit —et qu'inversement quelque chose s'approfondit quand quelque chose s'élève». (G. Bachelard: «La chute imaginaire», en *L'air et les songes*, p.127).

[47] Puede consultarse a este respecto, por ejemplo, su *Traité d'histoire des religions*, Paris, Pa-yot, 1987, especialmente el capítulo titulado «Le ciel: dieux ouraniens, rites et symboles», pp.46-114.

[48] La identificación entre el movimiento progresivo y el ascensional propiamente dicho se manifiesta en el siguiente contexto: «Para dar a entender cuán secreto y diferente del saber del hombre es este *camino y subida* para Dios» (*II Noche*, 18,4).

imperfecciones, aligerador y liberador, que disponga al alma a la transformación mística. Para transformarse, el hombre —el alma— debe movilizarse sí, pero en una dimensión ascendente; debe elevarse, eliminando todo vestigio de gravedad y lastre pesado. Así, reconoce San Juan de la Cruz, ésta, **«alcanzando** la **libertad** dichosa y **deseada** de todos del espíritu, salió de lo *bajo* a lo *alto*, de *terrestre* se hizo *celestial*, y de *humana divina*, viniendo a tener su conversación en los *cielos* [49]. Obsérvense la síntesis dimensional que existe en *salir de lo bajo a lo alto*, el cambio o mutación consecuentes a este desplazamiento, designados mediante el verbo *hacerse*, y la *libertad* —esto es, el sentimiento de liberación interior— **alcanzada** en este devenir, cuya consecución y logro fue objeto **deseado** y **esperado**. Este contexto constituye una muestra de himno a la esperanza. A una esperanza fundamentada en amor y en claves cristianas, y que, por tanto, será recompensada. El dinamismo, especialmente el ascendente, se basa en ella, en la esperanza de alcanzar la meta y objetivo últimos [50]. *Esperar* y *alcanzar* en el sistema del santo proporcionan un ejemplo claro de antonimia. *Alcanzar* equivale a «obtener algo, después de una persecución o seguimiento previos». Pero el que obtiene algo de alguna manera lo posee ya. Por ello, San Juan incide en las notas de posesión que se encuentran en dicho término. Y es en este sentido en el que resulta antónimo de *esperar*, porque, ¿cómo se va a esperar algo que ya se posee? Y, como es característico en el pensamiento de santo, el logro de un extremo se obtiene del cumplimiento de su contrario: habrá que avanzar en esperanza —«sin desfallecer (el alma) *corre por la esperanza*» [51], dice San Juan— si se quiere *alcanzar* la meta de la unión: «Sin esta librea de verde de *solo esperanza* de Dios no le convenía al alma salir a esta pretensión de amor, porque *no alcanzara nada*, por cuanto *lo que mueve y vence es la esperanza porfiada*. La relación *esperar/alcanzar* es correlativa; por ello, en la *Noche* encontramos: «Por esta causa desta librea verde ... se agrada tanto el Amado del alma, que es verdad decir que *tanto alcanza* dél *cuanto ella dél espera*» [52]. Y en el poemita de la caza cetrera de amor leemos: «Porque esperanza de cielo/ *tanto alcanza cuanto espera* [53]. El *tanto* deriva del correlativo *cuanto* de modo proporcional. Consiguientemente, habrá que es-

---

[49] *II Noche*, 22,1. Otros contextos en que se contraponen **alto** a **bajo** se encuentran en *I Noche* 8,3; *II Noche* 18,3 y *II Noche* 19,3.

[50] «En prenant conscience de sa force ascensionnelle, l'être humain prend conscience de tout son destin. Plus exactement, il sait qu'il est une matiére d'espérance, une substance espérante. Il semble que, dans ces images, l'espérance atteigne le maximum de précision. Elle est un destin droit». (G. Bachelard: *Le rêve du vol*», p.74).

[51] *II Noche*, 20,1.

[52] *II Noche*, 21,8.

[53] Otros contextos en que aparece esta misma contraposición, aunque no se formen estrictas antítesis, al no pertenecer los términos opuestos a la misma categoría léxica, se encuentran en *II Noche*, 21,8 y *II Noche*, 22,2.

perar el Todo, con exclusión de cualquier otra apetencia o fines secundarios, para —y sólo así— *alcanzar* el Todo.

El dinamismo ascensional es designado preferentemente mediante los verbos *subir* y *volar*. El primero, que conlleva un cierto esfuerzo consciente, se opone a *bajar* o *abajar*. La acción de *bajar* implica más que una simple caída moral[54]. Ambas imágenes evidencian, como apuntamos más arriba en relación con la contraposición entre *alto* y *bajo*, toda una dialéctica de la tensión y el esfuerzo sublimadores, que conducen a lo alto de la verticalidad, por un lado, y de la desmoralización vital que arrastra a lo bajo: «Elles commandent la dialectique de l'enthousiasme et de l'angoisse»[55]. Por ello, en el proceso místico, habrá toda una serie de *subidas y bajadas* hasta que se consiga la perfección: «Y éste es el ordinario estilo y ejercicio del estado de contemplación hasta llegar al estado *quieto*: que nunca permanece en un estado, sino todo es *subir y bajar*»[56]. Así pues, dinámica frente a quietud, pero una dinámica ambivalente y dialéctica, en continua tensión entre contrarios, «hasta que, adquiridos los hábitos perfectos, cese ya el *subir y bajar*»[57].

La progresión mística es muy elevada, por lo que, en los estadios finales, el santo recurre al símbolo de la **escala**, también de gran raigambre tradicional. Ahora bien, la ascensión mística tiene unas características especiales: es una ascensión paradójica y no solamente antitética. Explícitamente afirma el santo: «Suele Dios hacerla *subir* por esta *escala* para que *baje* y hacerla *bajar* para que *suba*»[58]. La misma idea que en el poema anteriormente mencionado se expresa como sigue: «*abatíme tanto, tanto, | que fui tan alto, tan alto*, que le di a la caza alcance», donde *abatir* es sinónimo de *bajar* o *descender*. Se trata, naturalmente, de la explanación de la paradoja evangélica: «El que se ensalza será humillado, y el que se humilla será ensalzado», ya que *bajar* posee también el significado de «humillar» y viceversa. Esta misma oposición paradójica se comprueba entre *levantar*, en sentido metafórico «ensalzar»[59] y *humillar*[60], que enlaza con las formadas explícitamente por *ensalzar/humillar* y *engrandecer/humillar*, y también *levantar/descender*: «Y entonces,

---

[54] «Naturellement, il y a *un voyage vers le bas; la chute*, avant même l'intervention de toute métaphore morale, est une réalité psychique de toutes les heures. Et l'on peut étudier cette chute psychique comme un chapitre de physique poétique et morale» (G. Bachelard: «Imagination et mobilité», en *L'air et les songes*, p.18).

[55] G. Bachelard: *Ibídem*, p.18.

[56] *II Noche*, 18,3.

[57] *II Noche*, 18,4.

[58] *II Noche*, 18,2. Unas líneas antes, escribe San Juan: «En este camino el **abajar** es **subir** y el **subir abajar**, pues el que se humilla es ensalzado, y el que se ensalza es humillado».

[59] *Levantar* es definido como «ensalzar» en la acepción 19 del *Diccionario de Autoridades*, y en la acepción 20 del *DRAE*.

[60] En el contexto siguiente parece encontrarse la clave de la explicación de esta paradoja: «Esas mismas comunicaciones que hace al alma que la **levantan en Dios**, la **humillan en sí misma**», *Noche*, 18,2.

de esta manera se preció el que *levanta* al pobre del estiércol (Ps. 112,7), el *altísimo* Dios, de *descender* y hablar allí cara a cara con él (Job)»[61].

Lo característico del pensamiento del santo es que la obtención de un concepto extremo se logra paradójicamente mediante el cumplimiento de su contrario, por lo que para conseguir uno habrá que optar decididamente por el opuesto, pero además, y esto no deja de ser significativo, de un modo correlativo, como comprobaremos en el ejemplo siguiente: «*Conforme* al grado de unión a que Dios la quiere *levantar*, la *humillará* más o menos intensamente, o más o menos tiempo»[62], algo que ya habíamos advertido en el poema del vuelo místico: «*Cuanto más* alto llegaba/ de este lance tan subido/ *tanto más* bajo y rendido/ y abatido me hallaba», en donde *tanto* deriva del *cuanto* anterior.

El verbo *volar*, mucho más simbólico, remata significativamente el tratado de la *Noche*. Designa una progresión ascendente dinámica, veloz, semejante a un arrebatamiento, sin obstáculos que se interpongan, puesto que se comprueba que la resistencia a la ascensión disminuye conforme se va ascendiendo.

La imagen del *vuelo* presupone un fuerte impulso inicial, que se prolonga ininterrumpidamente —obsérvese la insistencia del santo en el sintagma *sin desfallecer*— e implica «ligereza» por parte del agente, ligereza que está explícita en un contexto de la *Noche* y aplicada a *volar*: «**Sin desfallecer corre** (el alma) por la esperanza, que aquí el amor que la ha fortificado la hace *volar ligero*»[63]. Esta propiedad es debida a una depuración de imperfecciones, consiguiente a una sublimación espiritual: sólo los seres purificados pueden «volar», los que han arrojado el lastre, la carga pesada: «La causa de esta *ligereza* en amor que tiene el alma en este (sexto) grado de amor es por estar ya muy dilatada la caridad en ella, por estar aquí el alma *poco menos que purificada del todo*»[64]. Consecuentemente, el «vuelo» se da en las últimas fases del proceso místico, próxima ya la unión.

El *vuelo* supone lejanía, extrañamiento de la tierra, de las limitaciones inherentes a la naturaleza humana. Este alejamiento dinámico en la altura determinará en los seres aéreos y puros, por haber sido ya purificados, la aparición de *alas*, que simbolicen el impulso ascensional continuado y la inmersión en un espacio libre y luminoso: «En el cual sexto grado también Isaías dice aquello: 'Los santos que esperan en Dios mudarán la fortaleza, tomarán *alas* como de águila y *volarán* y no desfallecerán', como hacían en el grado quinto»[65]. Y las *alas* aquí corresponden a los de un ave caracterizada por su *alto* remonte, hasta el punto de permitirle la aproximación a la

---

[61] I *Noche*, 12,3.
[62] I *Noche*, 14,5.
[63] II *Noche*, 20,1.
[64] II *Noche*, 20,1.
[65] II *Noche*, 20,1.

luz. Porque en este vuelo se conjuga la ascensionalidad con la luminosidad: «C'est la synthèse de la lumière, de la sonorité et de la légèreté qui determine une ascension droite» [66]. Y esto se comprueba hasta tal grado en San Juan, que en el poema ya citado leemos: «cuanto más alto subía/ *deslumbróseme* la vista», deslumbramiento producido evidentemente por una aproximación excesiva al foco luminoso, esto es, al *sol*.

Nos hallamos, pues, ante una movilidad máxima, pero sin dificultad; el ser es ya ligero, aéreo, claro, luminoso y, sobre todo, *libre*. Goza —en virtud de la lejanía vertical y diáfana, apatecida y buscada— de ausencia total de ruidos y perturbaciones externas, terrestres, e internas. Disfruta de una libertad plena en su soledad ansiada, soledad colmada sólo de amor, que es el que garantiza la continuidad del impulso, la progresión dinámica: «Pero el *amor solo* que en ese tiempo arde, solicitando el corazón por el Amado, es el que guía y *mueve* al alma entonces, y la hace *volar* a su Dios por el camino de la *soledad*» [67]. Hemos dicho que esta imagen del *vuelo* remata el tratado, bruscamente interrumpido, por lo demás, de la *Noche oscura*. Creemos que se pueden aplicar en toda su justeza las palabras de Bachelard: «*Le rêve du vol* a des fonctions moins indirectes: *il est une réalité de la nuit, une réalité nocturne autonome*. Considéré a partir du réalisme de la nuit, un amour du jour qui se satisfait par le vol onirique se désigne comme un cas particulier de lévitation. *Pour certaines âmes qui ont une puissante vie nocturne, aimer c'est voler*» [68].

En conclusión, un análisis de las antítesis en la obra de San Juan de la Cruz proporciona una ayuda indispensable no sólo para un mayor conocimiento de su lengua y de su estilo, sino también para una mejor comprensión de su sistema místico.

---

[66] G. Bachelard: «Le rêve du vol», p.65.

[67] II *Noche*, 25,5.

[68] G. Bachelard: «Le rêve du vol», p.45-46. El subrayado es nuestro.

Léxico de «luz» y «calor» en *Llama de amor viva*

Joaquín García Palacios

En los últimos y fríos días del mes de noviembre de 1988 se celebró en Avila un congreso sobre *La eclosión de la espiritualidad en la España del XVI: Aspectos literarios y lingüísticos de la mística carmelitana*. En aquella ocasión presenté una comunicación a propósito del símbolo de la **llama** en San Juan de la Cruz[1]. Hoy vuelvo con el tema con el fin, no tanto de analizar dicho símbolo, sino de estudiar una pequeña parte del léxico sanjuanista. Para ello me he servido de las dos redacciones que el santo escribió como comentario en prosa a su poema *Llama de amor viva*[2]. De aquí he extraído el vocabulario relacionado con el campo semántico del **fuego**, y de él he seleccionado, con vistas al estudio definitivo, los términos que tienen un carácter positivo.

La razón de estas sucesivas elecciones se puede entender fácilmente si se tienen en cuenta algunos de los puntos principales que trataba en mi comunicación.

La obra de San Juan puede ser interpretada como un todo perfectamente estructurado, en el que cada parte cumple un cometido. La **noche** se descubre como uno de los símbolos más complejos de la obra sanjuanista[3]; un símbolo que encierra en sí un proceso que pasa por sucesivas negacio-

---

[1] García Palacios, Joaquín: «*Consideraciones sobre el símbolo de la llama en San Juan de la Cruz*», en las *Actas* del mencionado Congreso; en *La espiritualidad española del siglo XVI,* ed. Universidad de Salamanca, 1990. El artículo trata fundamentalmente de la construcción simbólica *llama-fuego*, las características que esa unidad simbólica posee y cuáles son sus relaciones (parecidos y divergencias) con el otro símbolo central de la obra sanjuanista: la Noche.

[2] Las citas que haga serán a partir de la 2a edición de *Obras completas*, de José V. Rodríguez y Federico Ruiz Salvador. Madrid, Ed. de Espiritualidad, 1980. Las siglas que utilizo son las comúnmente aceptadas LA (1a redacción de la *Llama*) y LB (*2a redacción*), señalando a continuación canción (nos romanos), parágrafo y n.º de página.

[3] Ver el análisis que de este símbolo hace Ma Jesús Mancho Duque en su libro *El símbolo de la «noche» en San Juan de la Cruz.* Ed. Universidad de Salamanca, 1982. Y también «Panorámica sobre las raices originarias del símbolo de la *noche* en San Juan de la Cruz», en *BBMP,* LXIII, 1987, pp.125-155.

nes, que se desarrolla y ahonda en lo negativo hasta alcanzar el fin que lleva implícito: lo positivo. La **llama**, en cambio, se revela como la culminación de ese proceso, como el símbolo que contiene todo lo positivo, pues se desenvuelve en el estadio más alto del camino místico: la unión del alma con Dios.

Esa concepción de noche-proceso/llama-culminación se puede comprobar mediante el análisis del léxico. En los libros de *Subida* y *Noche* tenían plena vigencia términos como *tinieblas, oscurecer y noche*, que aparecían con abrumadora frecuencia. En *Llama* la situación es diferente: esos vocablos de carácter negativo (denotan falta de *luz*) se hallan en contadas ocasiones y normalmente se refieren al pasado.

Por eso, al estudiar el léxico que gira en torno al símbolo de la **llama**, me he encontrado con que las voces que constituyen el centro del tratado son aquellas de carácter positivo que se refieren a realidades luminosas e ígneas, es decir, palabras relacionadas con la *luz* y el *calor*. Estos son los dos componentes del fuego señalados tanto por San Juan como por los diccionarios consultados [4], y por la propia experiencia de la realidad observada. Y **fuego** es precisamente el otro término de índole simbólica, íntimamente ligado a **llama** [5] que, por sus características, desempeña también un papel central dentro del entramado léxico de los comentarios en prosa a *Llama de amor viva*.

De entre todas las clases de palabras, estudio únicamente dos, sustantivos y verbos, por considerar que en ellos se halla la base que configura el sistema sanjuanista. Además, existe una serie de paralelismos semánticos entre estas dos categorías léxicas, bastante clarificadores a la hora de establecer los significados y usos metafóricos que los lexemas [6] adquieren en la prosa de la *Llama*.

---

[4] Para nuestro análisis del léxico hemos utilizado preferentemente los siguientes diccionarios:
— *Diccionario de Autoridades* (1726-1739). Ed. facsímil, Madrid, Gredos, 1979.
— Sebastián de Covarrubias,: *Tesoro de la lengua castellana o española*. 1611. Madrid, Turner, 1977.
— J.Corominas, y J.A. Pascual: *Diccionario crítico-etimológico Castellano e Hispánico*. Madrid, Gredos, 1980.
— Real Academia Española: *Diccionario de la Lengua Española*. Vigésima ed. Madrid, 1984.
— María Moliner: *Diccionario de uso del español*. Madrid, Gredos, 1981.
[5] Por esa razón, en aquel artículo de Avila señalado anteriormente, preferí hablar de la «construcción simbólica *llama-fuego*». En adelante, cuando me refiera a *llama* o a *fuego* entendidos estos en cuanto símbolos, se sobrentenderá este concepto de unidades íntimamente relacionadas entre sí, que integran una formación simbólica superior.
[6] No pretende éste ser un estudio especializado de Semántica, y por lo tanto rehuiré en lo posible el empleo de tecnicismos propios de esta ciencia. Sin embargo, y siempre en interés de una mayor claridad expositiva, aclararé ciertos términos de uso a veces inevitable, por expresar con mayor precisión un concepto que la lengua común tendría problemas en referir:
Campo léxico o semántico: «es una estructura paradigmática constituida por unidades léxicas que se reparten una zona de significación común y que se encuentran en oposición inmediata

Para San Juan es muy importante la división del **fuego** en sus componentes y, así, en algunos pasajes claves de *Llama* señala que «luz» y «calor» son esos elementos y al mismo tiempo indica cuáles son las acciones que produce: *alumbrar o lucir* y *dar calor*.

Por lo tanto, para agrupar de la manera más ordenada posible el léxico perteneciente al campo semántico del **fuego**, he seguido los criterios que el propio San Juan y la especial idiosincracia de la *Llama* me han sugerido. Ello me ha conducido al establecimiento de tres microáreas incluidas en ese campo general del **fuego**, basándome bien en la preponderancia de uno de esos dos elementos, o en la coexistencia de ambos.

Estos microcampos son los siguientes:

1. Un grupo constituido por todas las unidades léxicas en las que se muestran conjuntamente los dos componentes del **fuego**. *Luz y calor* están fuertemente unidos, y son el denominador común de todo este campo.

2. Un segundo formado por los términos en los que es preponderante la presencia del rasgo significativo *luz*. Dentro de este grupo se incorporan también unas unidades léxicas que incluyen un sema relacionado con las «nociones relativas a la potencia visiva», del tipo *ojo, vista* o *ver*.

3. El tercer microcampo está integrado por todos aquellos lexemas en los cuales está presente y representa un papel esencial el sema «calor» que a la vez funciona como un lexema correspondiente a ese campo.

La finalidad que perseguimos no es una descripción de la estructura del campo semántico del **fuego**. Nuestro objetivo, más bien, son las palabras, su análisis y su estudio con la pretensión de llegar a definirlas correctamente, teniendo en cuenta nuestra propia competencia de hablantes de español, las definiciones extraídas de los diccionarios, cualquier aportación sincrónica o diacrónica que nos ayude a la correcta comprensión de los vocablos y, sobre todo, el valor significativo que los términos adquieren al estar incluidos dentro del sistema de San Juan. Los contextos serán los que, sin desprecio del resto de los datos, nos den el sentido con el que una unidad léxica va

---

las unas con las otras: (E. Coseriu: «Las estructuras lexemáticas». En: *Principios de semántica estructural*, Madrid, Gredos, 1981, p.170).

Lexema (otras veces lo llamaré *unidad léxica*): «una unidad de contenido léxico expresada en el sistema lingüístico» (E. Coseriu: *Ob.cit.*, p.171).

Sema (o *rasgo significativo*): «Los rasgos distintivos de contenido (que constituyen los lexemas)» (H. Geckeler: *Semántica estructural y teoría del campo léxico*, Madrid, Gredos, 1976, p.299).

Archilexema: «corresponde, desde el punto de vista del contenido, al significado global de un campo léxico. Representa como denominador común la base semántica de todos los miembros de un campo» (H. Geckeler, *Ob.cit.* p.297).

a ser considerada en nuestro trabajo. Así, podremos dar cuenta de los significados físicos o metafóricos de una misma palabra según el contexto en que esté inmersa, y estaremos en condiciones de señalar tanto las correspondencias de los términos del santo carmelita con los de la lengua general, como las divergencias, cuando San Juan aparta a las voces de los usos que tenían en su tiempo al adaptarlas para su escritura.

I. Léxico perteneciente al primer microcampo: **Luz y calor = fuego**

Este primer microcampo se caracteriza por incluir algunos de los lexemas que desempeñan una función simbólica central en *Llama de amor viva*. Unidades léxicas como **fuego**, **lámpara** y **llama**, ofrecen una gran dificultad para su análisis, debido precisamente a ese carácter simbólico, que les otorga unos rasgos peculiares que impiden su traducibilidad [7].

Debido a la polivalencia semántica de los símbolos, el criterio que he seguido ha sido el de agrupar los contextos en los que aparecen esas formas según los diversos significados, con el fin de lograr un acercamiento hacia la significación global de esos lexemas. Acercamiento que nunca va a ser total, pero que al menos intenta aproximarse al máximo a una aprehensión exhaustiva del «corpus» contextual.

En todos los lexemas se intenta definir primeramente el significado denotativo que el término posee en la lengua general, para pasar después al uso (o usos) figurado que puede tener en esa misma lengua o, si este paso no existe, tratar directamente la significación del lexema en el sistema sanjuanista.

En cuanto a los lexemas verbales, existe un dato muy interesante que nos aporta una serie de pistas sobre el sistema de San Juan. Se trata de verbos del tipo *encender* o *inflamar*, los cuales presentan una diferencia esencial con su realización en los comentarios a *Subida* y *Noche*. Son unidades léxicas caracterizadas por poseer un aspecto causativo [8], ya que indican el comienzo de una acción. Pues bien, en *Llama* es prácticamente general que se realicen en la forma de participio, con lo cual pierden su significación primaria en

---

[7] En relación con el estudio del símbolo, ver los libros ya clásicos: Dámaso Alonso: *La poesía de S. Juan de la Cruz (desde esta ladera)*. CSIC, Madrid, 1942. — Angel L. Cilvetti: *Introducción a la mística española*. Madrid, Cátedra, 1974. — Mircea Eliade: «Le symbolisme des ténèbres dans les religions archaïques» en *Polarité du symbol*. Etudes Carmelitaines. Desclée de Brouwer, 1960; *Imágenes y Símbolos*. Madrid, Taurus, 1983. — Jorge Guillén: «Lenguaje insuficiente: S. Juan de la Cruz o lo inefable místico», en *Lenguaje y Poesía*. Madrid, Alianza ed. 1969, 73-111. — Georges Morel: «La structure du symbole chez saint Jean de la Croix», en *Recherches et débats*, 29, 1959, 68-86.

[8] Benjamín García Hernández: *Semántica estructural y lexemática del verbo*. Reus, Ed. Avesta, 1980, 3 y 57 entre otras.

cuanto verbos, convirtiéndose en *adjetivos verbales*[9], que expresan una acción acabada.

Si nos situamos en la perspectiva de San Juan era esperable que esto ocurriera, ya que la *Llama* se refiere al estado de la unión, y en ella no tienen ningún sentido ese tipo de acciones causativas, designadoras del comienzo de un proceso que tuvo lugar en el pasado.

Fuego:

En varias ocasiones está utilizado en sentido denotativo, y podría definirse como: «combustión de un cuerpo con desprendimiento de luz y calor». Es muy frecuente el uso de este lexema con su significado físico, referido al símil del *madero*, del que San Juan se sirve por su evidente analogía con el proceso espiritual que intenta describir.

Se tratará de un fuego que, en primer lugar, tiene que enjugar al madero con su calor, para después, cuando ya esté preparado, entrar y unirse con él. El paso siguiente será que el madero despida fuego de sí mismo; un fuego capaz de expeler vivas llamas.

> «... *habiendo entrado el* **fuego** *en el madero, le tenga transformado en sí y esté ya unido con él, todavía afervorándose más el* **fuego** *y dando más tiempo en él, se pone mucho más candente e inflamado hasta centellear* **fuego** *de sí y llamear»* [10].

Son todos ejemplos que nos muestran la gran semejanza existente entre el fuego que penetra en el madero y la infusión de amor divino que, en la Contemplación, predispone al alma para después introducirse en ella.

En otros contextos en que el lexema también está usado en un plano denotativo, *fuego* está entendido como el elemento que con su «calor» puede quemar para sanar. En estos casos es evidente la relación entre este lexema y *cauterio*, y con todos los otros que estudiamos en el tercer microcampo, en los cuales se produce esa situación paradójica, en la línea bíblica del fuego como agente purificador.

También en sentido físico, pero siempre manteniendo ese paralelismo que nos incita con frecuencia a relacionarlo con el uso figurado que hace San Juan del término, se repiten a menudo los contextos en que se nos descubren los componentes del fuego «... *porque el fuego dondequiera que se aplique y en cualquier efecto que haga, da su calor y resplandor»* (*LA*, III, 3, 1206).

La mayor importancia del lexema *fuego* está en su empleo figurado, equivalente a «fuerza o vehemencia de alguna pasión de ánimo». Con el ob-

---

[9] Ver J. Alcina y J.M. Blecua: *Gramática española*. Barcelona, Ariel, 1975. — M. Luján: *Sintaxis y semántica del adjetivo*. Madrid, Cátedra, 1980.

[10] *LA*, Prol. 3, 1174. Ver otros ejemplos de la acción del fuego en el madero en *LA*, 1, 4, 1177; *LA*, 1, 16, 1181; *LA*, 1, 19, 1184; *LA*, 1, 27, 1188 y *LB*, 1, 25, 936.

jeto de conseguir una mayor claridad, se pueden agrupar los contextos en
que aparece esta unidad léxica usada figuradamente, en cuatro apartados que
responden a otras tantas perspectivas:

a) **divino:** indica tanta la procedencia del fuego (*siendo Dios infinita luz
e infinito* **fuego divino**) [11], como las características que de él se derivan.

La línea direccional de ese fuego va de arriba-abajo, porque Dios está
en las alturas y el alma en la Tierra; su acción es transformar el alma en sí,
por participación de su sustancia. Ese fuego es divino, pero además es *de
amor* y está caracterizado por la *vehemencia de la pasión* que en sí encierra [12].

En estos casos, San Juan habla desde un estadio en el cual el alma está
ya poseída por el fuego. Sin embargo, existió un momento anterior y doloroso para el alma en el que el fuego, que estaba fuera, tuvo que purificar
al alma.

b) **purgativo:** En *Noche* aparecía este adjetivo formando un sintagma
con *fuego*. En *Llama* no ocurre lo mismo, pero sí existe un grupo de contextos [13] en los que *fuego* tiene ese sentido, refiriéndose a estados pasados de im-
pureza y oscuridad, antes de la *muy íntima y calificada unión y transformación del
alma en Dios* que tiene lugar el la **llama.**

El alma, en su camino espiritual, se ve obligada a atravesar un Purgatorio en esta vida, aprisionada como está a las cosas del mundo. Más tarde,
en su avance hacia la perfección, el alma tendrá que pasar por otros fuegos,
los cuales, aunque destruyan sus características terrenales, serán agradables
para el alma, que sufre, pero a la vez se deleita.

c) **consumidor**; en este caso ya no se tratará del fuego anterior a la
unión, sino de otro fuego, divino como aquel, que *abrasará* al alma en su
amor.

> «... *siente ya el alma en sí, no sólo como* **fuego** *que la tiene consu-
> mida y transformada en suave amor, sino como* **fuego** *que, además de
> eso, arde en ella y echa llama*» (*LA*, 1, 3, 1176).

Un *fuego de Dios, de gloria, vehemente*, porque tiene la fuerza del amor,
pero que, como éste, es *suave*; un fuego que no consume y acaba los espíritus en que se asienta, sino que los deleita y endiosa, ardiendo en ellos dulcemente [14].

---

[11] *LA*, III, 2, 1205.
[12] Ver *LA*, II, 2, 1191 y *LA*, 1, 16, 1181.
[13] Ver, por ejemplo: *LB*, 1,15, 929 y *LB*, II, 25, 958.
[14] Ver *LA, II, 3, 1191.*

La paradoja se halla dentro del significado del término: el fuego *quema y consume,* causa *llagas,* pero, como San Juan exclama, *cuanto más me abrasas más suave me eres* [15].

d) **fuego de amor**: Este sintagma, bastante abundante en *Llama,* se refiere al divino fuego de amor que tanto es purgador como consumidor; dependerá únicamente del punto en que se halle el proceso, para asignarle una u otra característica. El alma siempre será la sustancia combustible.

El *fuego de amor* afectará al alma para prepararla y hacerla apta para poder recibir en ella el fuego. Después se transformará ella misma en fuego y de ese punto es de donde nacerá la llama: el *sumo fuego* [16] al que, como divino, atribuirá San Juan las mismas características que a Dios [17].

Debido al estado de unión entre el alma y Dios, cuando el fuego de amor y el alma se han confundido en la llama, en una serie de contextos referidos al proceso de comunicación e intercambio de amor, el fuego aparece en una relación estrecha —implícita o explícita— con la llama [18].

Llama:

Este lexema se realiza en un sentido denotativo en algunos contextos de la *Llama,* pudiendo definirse como «la parte superior y sutil del fuego que se levanta a lo alto».

Ya desde este sentido físico, **llama** está muy relacionada con **fuego,** pues es efecto de él y lo necesita para existir. Así, San Juan aprovecha de nuevo el símil del *madero* para aclarar el sentido que quiere dar al sustantivo, al que otorga los mismos atributos que al **fuego,** la «luz» y el «calor». Destaca su claridad y resplandor inherentes y, lo que es más importante, subraya el movimiento interiorizante que se produce dentro de ella, aspecto éste que San Juan utiliza para describir lo que en la unión sucede [19].

---

[15] Ver *LA,* II, 2, 1191; *LA,* II, 8, 1193; *LA,* II, 6, 1192; *LA,* II, 31, 1203 y *LA,* III, 8, 1208.
San Juan, para hacer hincapié en los dos aspectos del fuego, suavidad y transformación, une a dos símbolos, de elementos antónimos: fuego y agua.
Dice J.E. Cirlot en su *Diccionario de símbolos* (Barcelona, Labor, 1979, p.209): «En este sentido de mediador entre formas en desaparición y formas en creación, el fuego se asimila al agua, y también es un símbolo de transformación y regeneración».

[16] Así lo denomina San Juan en *LA,* II, 5, 1192.

[17] *Infinito* (*LA,* II, 7, 1193), *inmenso fuego de amor* (*LA,* II, 10, 1194).

[18] Respecto a este apartado es interesante leer toda la canción III de *LA.* Con una prosa de gran emotividad, dominada por una especie de reviviscencia del fenómeno místico, constantemente se confunden los términos **luz, fuego** y **calor,** se describe impetuosamente la comunicación interior de amor que se produce en el fuego de la llama y San Juan, como en un arrobamiento, hace poesía en prosa, dejando que lo emotivo predomine sobre lo doctrinal.

[19] Sobre la *llama* en sentido físico, ver *LA,* I, 3, 1176; *LA,* II, 8, 1193; *LA,* III, 9, 1209; *LA,* I, 14, 1181 y *LB,* I, 16, 930.

El *Diccionario de Autoridades* ofrece una acepción metafórica que, en cierta manera, puede servir para tender un puente entre el sentido físico y el propiamente simbólico de este término en San Juan de la Cruz: «metafóricamente significa la fuerza y eficacia de alguna pasión y afecto».

No se puede prescindir del contenido denotativo de **llama**, pues este lexema no lo pierde al adquirir un significado simbólico. Al igual que hicimos con **fuego**, intentaremos agrupar los contextos para conseguir alguna luz sobre la significación de este lexema en cuanto símbolo.

A)   Realizaciones contextuales de *llama* en las que, frente a la intensidad de los aspectos positivos del amor, aparecen otros dotados de una carga negativa para el alma.

La situación, de sufrimiento o de gozo para el alma, variará sustancialmente según el estadio del proceso místico en que se encuentre.

A.1.   Dentro del efecto purgativo de la Contemplación.

La **llama** sirve entonces para dar luz al alma y hacerle ver sus propias imperfecciones. El estado en que se encuentra es en extremo doloroso, pues, por una parte, siente la negación de las cosas de este mundo, y, por otra el deslumbramiento ante la **llama** divina. El alma sufre un grave enfrentamiento entre los atributos positivos de la **llama** y los propios negativos [20], el cual finalizará cuando la **llama** acabe de purgarla y consiga romper las telas que la separaban de Dios.

A.2.   En el estadio de la Unión amorosa.

El ángulo —una nueva situación— desde el que el alma contempla la **llama** es muy distinto: antes estaba fuera de ella; ahora ella misma es *llama de amor*.

Por lo tanto, al cambiar la perspectiva, se modificará el modo de sentir, que ahora será de regocijo ante el conocimiento de los atributos divinos y el disfrute de la intensidad del amor que cauteriza sus heridas.

El alma está dentro de la *llama*, que la hiere y la cauteriza, pero lo hace con amor y ternura, porque no le puede comunicar otra cosa que no sea el bien [21].

B)   Realizaciones del lexema *llama* en las que éste aparece como una consecuencia del fuego de amor, y por lo tanto en unos contextos que nos remiten explícita o implícitamente al sintagma *llama de amor*.

Se trata de una serie de contextos en los que esta unidad léxica adquiere una connotación claramente positiva, al estar relacionada con el estadio

---

[20] Ver sobre todo *LA*, I, 19, 1183 y *LB*, I, 23, 935.
[21] Ver *LA*, I, 24, 1187; *LA*, I, 3, 1176; *LA*, I, 15, 1181; *LA*, III, 5, 1207; *LA*, III, 9, 1209; *LA* I, 6, 1177; *LA*, I, 7, 1178 y *LA*, I, 14, 1181.

de la unión. Las *llamas* que se producen entonces son de amor, porque de amor era el fuego que las originó. En esa situación el alma no se conforma con el estatismo, sino que se mueve, en una dinámica de amor, conjuntamente con el Espíritu Santo [22].

C) Los dos tipos de movimientos presentes en la **llama**.

Por una parte el movimiento ascensional que está presente en los semas que integran el significado físico de *llama*: «parte **superior** del fuego que se **levanta** a lo alto». Este dinamismo vertical, en sentido abajo-arriba representa la elevación del amor del alma hacia Dios.

Simultáneamente a este movimiento ascendente, se produce otro, de tipo interiorizador. Al contrario que la llama material, que manifiesta sus acciones hacia el exterior, el objetivo de la **llama** simbólica es el centro más profundo del alma; *alumbra y calienta* hacia adentro [23].

Lámparas:

Es ésta una unida léxica con un significado difícil de desentrañar, pues a las especiales características del símbolo que es, se une un tratamiento muy particular por parte de San Juan.

Físicamente *lámpara* es un «cuerpo que despide luz», pero en ningún caso aparece la realización de este lexema de tal forma que pueda entenderse como una reducción semántica de la voz *fuego*. Desde el primer contexto en que se halla inserta, San Juan deja muy claro que interpreta esta palabra como una suma de los dos componentes del *fuego*, «luz» y «calor» [24].

El símbolo de las **lámparas** está íntimamente relacionado con el de **llama** como dice A.L. Cilvetti [25]. Esta nueva forma simbólica le sirve al santo carmelita para especificar a la **llama** («amor del alma a Dios») en los atributos divinos. Para comprender algo de lo que este símbolo puede significar, es necesario situarlo en el estadio de la unión amorosa del alma con Dios, en el momento en que la transformación de aquella se ha completado y ya se produce la reciprocidad en la transmisión del amor. En esa intercomunicación de *innumerables lámparas que la dan luz y amor*, o como dice en el pasaje correspondiente de LB, ... *de Dios le dan noticia y amor* [26], Dios se está

---

[22] Ver *LA*, I, 3, 1176; *LA*, III, 8, 1208; *LA*, III, 15, 1211 y *LA*, III, 10, 1209.

[23] Ver *LA* I, 4, 1177 y *LA*, I, 15, 1181 para el movimiento ascendente y *LA* I, 14, 1180 y *LA*, I, 30, 1189 para el movimiento interiorizador.

[24] La única vez que aparece este lexema realizado en sentido físico, se ponen de manifiesto esos componentes: ... *es de saber que las lámparas tienen dos propiedades, que son lucir y arder* (*LA*, III, 1, 1205). En el párrafo correspondiente de *LB* (967) sustituye el verbo *arder* por *dar calor*, el cual, indudablemente, se ajusta mejor al sistema de San Juan.

[25] A.L. Cilvetti: *Ob.cit.*, 226.

[26] *LA* III, 3, 1206 y *LB*, III, 3, 968, respectivamente.

mostrando al alma en lo más profundo de sí, haciéndola partícipe de los atributos que le va descubriendo.

Y como la materia de esos atributos es inefable, el santo carmelita comentará, como en tantas otras ocasiones, la dificultad que le supone describir lo que esas lámparas comunican [27]. Unas lámparas que transmiten el conocimiento de la divinidad e indisolublemente unido a él, el amor, verdadero motor del intercambio luminoso y afectivo, a través de los resplandores que esas **lámparas** dejan en las potencias del alma, ya *clarificadas y encendidas en Dios* [28].

Lexemas verbales: **encender, inflamar, prender, arder, llamear y respendar**

Como ya he indicado anteriormente, tanto *encender* como *inflamar* muestran una peculiaridad que hace necesario considerar las realizaciones de estos verbos dentro de la obra completa de San Juan, y no únicamente en la *Llama*.

Ambos lexemas verbales aparecen en los comentarios a la *Llama* bajo la forma de participio, con lo cual están mucho más cerca del adjetivo que del verbo. Hay que tener en cuenta este matiz gramatical previo, pues esto sucede precisamente como consecuencia del sistema sanjuanista, perfectamente construido.

Dentro de la lógica de San Juan, que concibe la **noche** como un proceso místico que se completa y tiene su finalidad en la **llama**, culminación de ese árido camino, es perfectamente comprensible que *encender* no signifique la «acción de provocar la combustión de un cuerpo con desprendimiento de luz y calor» sino, en su realización de participio, el «resultado» alcanzado como consecuencia de esa acción. De la misma manera, *inflamado* evo-

---

[27] Ver contextos sobre las **lámparas** a lo largo de toda la canción III de *LA*.

[28] Otros lexemas sustantivos pertenecientes a este primer microcampo, y que no puedo exponer más ampliamente debido a los límites del presente trabajo, son: *Llamarada*: Tiene el mismo significado de **llama** al que se añade un sema que se podría denominar como «de poca duración» o «instantaneidad», lo que agudiza el sentido de movimiento que el lexema *llama* posee (ver *LA* III, 10, 1209; *LA*, I, 22, 1185 y *LA*, I, 8, 1178).

Centella: Posee únicamente el significado denotativo: «partícula incandescente que salta de cualquier cuerpo con fuego» (Ver *LA*, I, 27, 1188).

Inflamación: Su sentido físico («efecto del fuego con desprendimiento de llamas») no aparece en San Juan, pero de él se desprende el figurado, referido al amor divino: «efecto de la comunicación del sentimiento amoroso de origen divino en el alma» (Ver *LB*, I, 16, 930 y *LA*, I, 3, 1176).

Ascuas: Lo encontramos en dos ocasiones y en ambas hace referencia al alma que está completamente poseída por el fuego de amor, desbordándose en llamas que se dirigen hacia su amado (Ver *LB*, I, 16, 930 y *LA*, II, 8, 1193).

Ignito: Cultismo que equivale a «materia o cuerpo combustible» (Ver *LA*, II, 2, 1191 y *LB*, II, 2, 946).

caría la «cualidad de un cuerpo en combustión, con desprendimiento de luz, calor y llamas», con pérdida del sema «provocar», propio de las formas personales del verbo [29].

En Llama de amor viva el *horno está encendido*, lo mismo que el aire, *encendido y transformado en fuego* dentro de la *llama* [30]. Por eso, el lexema *encender* adquiere en *Llama* un significado metafórico susceptible de ser interpretado como «cualidad de alguien o algo dominado por un estado pasional».

El alma está «encendida» y dominada por un fuerte estado pasional, ya que el amor de Dios ha obrado en ella y provocado el ardor de sus afecciones volitivas, la pasión amorosa hacia la divinidad. Así, en el estado de unión en que se encuentra con su Amado, sus palabras serán encendidas, lo mismo que su amor, o los *motivos encendidísimos* del Espíritu Santo. Todo sucederá en claras y encendidas sombras de las lámparas divinas, que están *clarificadas y encendidas en Dios* [31].

El lexema *inflamar* se realiza dos veces en un plano físico, referido al conocido ejemplo del *madero*, que ya está *inflamado*, pues se ha producido su unión con el fuego. De igual modo, en el plano metafórico, el alma tiene que estar ya unida y completamente poseída por el fuego divino del amor para que sea posible su encendimiento e inflamación. Así, *inflamado* podría definirse como el «estado del alma poseída por el ardor de la pasión amorosa hacia Dios con gran vehemencia y fuerza» [32].

Arder significa «permanecer un cuerpo en estado de combustión con desprendimiento de luz y calor». Sin embargo, este sentido físico no se encuentra en la *Llama*, donde este término metafóricamente se refiere a «permanecer un ente en estado de ardimiento psicológico producido por una pasión amorosa de gran fuerza» [33].

El alma está repleta de pasión de amor, como consecuencia de la acción del fuego que Dios le ha enviado. Un fuego vehemente, consumidor e intenso, pero que, a la vez, arde con suavidad. En evidente paradoja, ese arder es intenso, y de su misma fuerza nace su suavidad.

Cuando el alma está ardiendo, la comunicación de amor entre los dos amantes es ya perfecta. Al ser Dios inmenso, lo mismo que su amor, la fuer-

---

[29] Encender aparece en *Llama* una única vez en una forma personal y, curiosamente, se refiere al pasado (*LA*, III, 1, 1204).

[30] Ver *LA*, 1, 14, 1180 y *LA*, III, 9, 1209.

[31] Ver la realización de este lexema en *LA*, Prol., 4, 1174; *LA* I, 5, 1177; *LA*, I, 14, 1181; *LA*, II, 8, 1193; *LA*, II, 9, 1193; *LA*, III, 10, 1209; *LA*, III, 14, 1211; *LA*, III, 16, 1211 y *LA*, III, 67, 1233.

[32] *El alma está inflamada en la divina unión* (*LA*, I, 1, 1175), *inflamada en amor* (*LA*, II, 8, 1193) o *ama inflamada de las lámparas* (*LB*, III, 3, 968), *ya que su voluntad se sentirá inflamada o enternecida y enamorada* (*LA*, III, 42, 1223)

[33] Así define M.ª Jesús Mancho este lexema en su libro sobre el símbolo de la **noche** *Op. cit.*, 222.

za de la pasión que *arder* lleva consigo es inmensa; y como Dios es bondad, es imposible que el alma, ardiendo, sufra alguna penalidad[34].

A lo largo de este trabajo se comprueba que existe un paralelismo considerable entre las clases sustantiva y verbal, dentro del campo semántico que estudiamos. Por ello, es lógico que junto a *llama* exista el lexema verbal *llamear*. Del mismo significado del sustantivo se puede deducir la definición de llamear: «desprender llamas un cuerpo en combustión». Será de nuevo el símil del madero, ya transformado en fuego, llameando, el que nos sirva para ilustrar esta aparición del término[35].

Si seguimos los sucesivos significados del sustantivo y no olvidamos nunca los contextos, descubrimos que *llamear* en su sentido figurado significa «comunicar amor el alma a Dios, inflamada como está por el fuego divino de amor». Y del mismo modo que la **llama**, posee un movimiento ascensional que le sirve al alma para establecer un contacto más directo con Dios y tomar conciencia de lo que supone la unión total con El[36].

Encontramos una serie de contextos en los cuales el infinitivo *llamear* se encuentra sustantivado por pérdida de su categoría verbal. Sin embargo, su contenido significativo no varía, ya que cambian únicamente los significados laterales derivados de su categoría verbal[37]. Normalmente es el Espíritu Santo quien dirije la acción representada por este término, pues está unido con el alma dentro de la **llama**. Ese *llamarear* son las comunicaciones que, de la divina gloria, está transmitiendo el Espíritu Santo al alma[38].

II.   Léxico perteneciente al segundo microcampo: luz

En esta segunda microárea se puede considerar a **luz** como archilexema de la misma, pues es la base común de que participan todas las unidades léxicas incluidas en ella. Todos estos lexemas, casi sin excepción, tienen un significado eminentemente simbólico. **Luz**, desde el centro del campo, ad-

---

[34] Ver *LA*, Prol., 4, 1174; *LA*, I, 1, 1176; *LA*, II, 2 y 3; 1191 y *LB*, II, 3, 946. En otros dos contextos (*LA*, III, 1, 1205 y LA, III, 2, 1205) aparecen juntos *lucir y arder*. En estos casos, San Juan sustituye *arder* por *dar calor* en el párrafo correspondiente de *LB*.

[35] *LA.*, Prol., 3, 1174. *Llamear* poseería un aspecto *resultativo*, como consecuencia del lexema verbal *inflamar*, *no-resultativo*.

[36] Ver para este verbo *LA*, I, 3, 1176 y *LB*, I, 3, 923.

[37] *Llamear* sustantivado aparece en *LA*, I, 6, 1177; *LA*, I, 23, 1186 y *LA*, III, 10, 1209. En esta última aparición se realiza bajo la forma *llamarear*.

[38] El verbo **prender** aparece una sola vez en *Llama* y lo hace en un sentido físico: «empezar la combustión de un cuerpo con desprendimiento de luz y calor» (*LA,* I, 27, 1188).

Una única vez encontramos también el verbo **respendar** (*LB*, I, 22, 933) con un sentido denotativo: «saltar partículas incandescentes de un cuerpo en combustión». Aunque el significado de esta voz no está aún demasiado claro, creo que he aportado alguna luz sobre el asunto en mi estudio «Español **respendar**. Historia de una palabra», en *Studia Zamorensia* (Philologica), VIII. Ed. Universidad de Salamanca, 1987, 27-34.

uiere un significado relacionado con la actividad cognoscitiva, que, como
eremos, en San Juan está dirigida al conocimiento de carácter sobrenatural,
l cual podrá optar el alma cuando haya sido iluminada por la divina luz.

El proceso que se describe hasta llegar a la unión con Dios, es muy si-
iilar y corre paralelo al que se producía en el anterior campo semántico. Es
vidente la unidad entre los tres microcampos, por lo que la estructura de
no no puede contradecir la de otro. «Luz» y «calor» son los componentes
el **fuego** y, bien, juntos, o por separado, en sus respectivas áreas reflejarán
na estructuración semejante del léxico que se agrupa en torno a ellos.

En *Llama de amor viva* se parte de una situación en la que el alma ya
stá alumbrada por la luz enviada por Dios. Desde esa cima se inicia un
nálisis doctrinal, retrospectivo, en el cual los escasos términos lumínicos
egativos (caracterizados por el sema «ausencia de luz») que aparecen se re-
ieren al pasado, y sirven para contrastar la anterior oscuridad en que se en-
ontraba el alma con la luz que, en la unión, ella es capaz de despedir hacia
u amado.

Dentro de este microcampo hemos establecido dos subáreas, que son
álidas tanto para los sustantivos como para los verbos analizados.

La primera está formada por todos aquellos lexemas en los que el ras-
o sémico común es la «luz».

En la segunda están englobados los lexemas que tienen presente el
ema «luz», pero subordinado a otros rasgos significativos relacionados con
a «facultad de percibir los objetos mediante el sentido de la vista».

I.1.   *Primera subárea*

Luz:

Encontramos muy pocas veces este lexema con su significado denotati-
o equivalente a «agente físico producido por cuerpos en combustión que
ermite hacer visibles los objetos».

San Juan, así como para explicar la acción del fuego en cuanto produc-
or de la combustión de un cuerpo, utilizaba el ejemplo del *madero*, ahora,
ara ejemplificar la acción de la luz sobre un cuerpo, aprovecha el símil del
ristal[39].

Donde este lexema adquiere su verdadera categoría, convirtiéndose en
entro, no sólo de la *Llama*, sino de toda la obra sanjuanista (recuérdese que
a **noche** es privación de «luz»), es en su aspecto simbólico. Sirve entonces

---

[39] Ver *LA*, I, 13, 1180. Como puede observarse existe un gran paralelismo entre los tex-
os que se refieren al *madero* y éste que trata sobre el *cristal*. Tales coincidencias, evidentemente,
o son fortuítas, y sirven para demostrar la calidad de la prosa de San Juan.

para *caracterizar la sabiduría sobrenatural infundida por Dios en el alma en los esta dios místicos más avanzados* [40].

En sentido metafórico este término puede ser definido como «actividad cognoscitiva producida por la fe, Dios, etc. que permite el conocimiento de verdades naturales o sobrenaturales».

El emisor de **luz**, como sabemos, es Dios, y el receptor, el alma. Mediante ese agente el alma va a ser capaz de *conocer* sobrenaturalmente y llega a la unión con Dios. Unión que se realizará gracias al calor de amor y a la luz de sabiduría, los dos aspectos que componen el fuego divino. Esos elementos integrantes del fuego se mostrarán en muchos casos juntos en los textos, llegando incluso, en algunas ocasiones, a formar sintagmas del tipo *luz caliente* o *fuego de la luz*.

El lexema que estudiaremos se encuentra unas veces aislado, pero en otras forma parte de sintagmas con diversos términos que especifican el carácter de esa luz. Una luz que estará cargada de connotaciones positivas pues, como hemos dicho, el origen de la misma es Dios, la bondad suprema. El alma recibirá todos esos beneficios cuando sea alumbrada por la divina luz.

Sin embargo, existe una serie de contextos que hacen referencia a un estado anterior a la unión en el cual el alma siente dolor, pues está oscura, ya que aún no ha recibido la infusión de *luz divina*. Se tratará, como vimos al estudiar el lexema *fuego*, de la fase purgativa dentro de la Contemplación.

El alma no podía ver la luz de Dios por *estar en tinieblas* (en pecado), o por *estar a oscuras* (ignorar) y, por tanto, necesitaba la infusión de *luz sobrenatural* para ver sus propias *tinieblas*, su gran imperfección. La **luz** expulsa las *tinieblas* y entonces el alma puede *ver la luz*, esto es, conocer a Dios [41].

El sentido, que antes estaba *oscuro y ciego* ahora, por medio de la unión con Dios, está hecho una *resplandeciente luz* [42]. La inmensidad de Dios, plasmada en su *divina luz*, al entrar en el alma convierte a ésta en una luz que además es resplandeciente. San Juan se detiene en ese momento, con regocijo, en describir los favores que esa **luz** concede al alma. Dios le comunicará sus atributos para que entre ellos pueda producirse una relación de semejantes, y le transmitirá fundamentalmente un conocimiento de orden sobrenatural.

Este conocimiento de Dios en lo más íntimo de su ser representa para el alma la conquista mayor a que puede aspirar. En esa sensación real de apacibilidad en que se encuentra, *endiosada*, como dice San Juan, no le queda

[40] M.ª Jesús Mancho: *Op.cit.*, 143.
[41] Sobre este aspecto, ver *LA*, I, 16, 1182; *LA*, I, 18, 1183; *LA*, III, 61, 1231 y *LA*, III, 62, 1231.
[42] *LB*, III, 76, 1008.

más que intentar comunicar ella a Dios todo el amor que le sea posible; y, por la situación en que se encuentra, siempre será más de lo que el alma en su condición terrena pudiera imaginar[43].

Lumbre:

Este lexema, no demasiado frecuente en *Llama*, funciona prácticamente como sinónimo de **luz**. Es más, hay un contexto en el que se realiza como *lumbre* en *LA* y como *luz* en *LB*[44]. Debido a esta equiparación con *luz*, en *lumbre* se atenúa el posible significado de «materia combustible encendida», potenciándose el de «luz de los cuerpos en combustión».

En *Llama* únicamente se encuentra realizado en un plano metafórico, cuyo significado es «conocimiento sobrenatural producido por infusión divina que permite al alma conocer sobrenaturalmente». Este es el contenido significativo de *lumbre* cuando aparece formando parte del sintagma *lumbre sobrenatural*. En otros casos hallamos el sintagma *lumbre natural*, el cual hay que entender como «actividad intelectiva, cuya sede radica en el entendimiento, que permite el discernimiento de las ideas».

Una tercera unidad sintagmática, *lumbre de gloria*, viene a significar el medio más perfecto para que el alma llegue a la *clara visión de Dios*, es decir, a la contemplación perfecta de Dios o *visión beatífica*, y consiga la unión con él en medio de la luz más intensa[45].

Resplandor:

Se trata de un lexema bastante escaso en *Subida* y *Noche* que, cuando aparece, lo hace con un significado casi exclusivamente denotativo. En cambio, en *Llama*, San Juan recurre muchas veces a él con un empleo casi siempre metafórico.

En un plano físico significa «luz o brillo muy intenso que sale de algún cuerpo»; será «luz» o «brillo» según si la luz es propia o reflejada de otro cuerpo. Sólo lo encontramos una vez en este plano[46], pero conviene no olvidar este significado, ya que se mantiene en el uso verdaderamente importante de este lexema: el simbólico.

Para acercarnos a la significación de este término tenemos que situarnos en el mismo nivel requerido para **lámparas**, unidad léxica con la que está muy relacionado: el estadio supremo de la unión amorosa.

Resplandor funciona a la vez como medio y como efecto del proceso divino de comunicación de sabiduría al alma; ésta recibe, por medio de los

---

[43] Ver contextos de este lexema en: *LA*, III, 2, 1205; *LA*, III, 3, 1206; *LA*, III, 5, 1206; *LA*, III, 8, 1208; *LA*, III, 13, 1210; *LA*, III, 16, 1212; *LA*, III, 42, 1223; *LA*, III, 62, 1233 y *LA*, III, 70, 1235.

[44] *LA*, 1, 21, 1185 y *LB*, I, 26, 936.

[45] Ver *LA*, III, 62, 1231; *LB*, III, 47, 991; *LA*, II, 30, 1202 y *LA*, III, 70, 1235.

[46] *LA*, III, 3, 1206.

resplandores, el conocimiento de los atributos divinos. A la vez ella emite un *resplandor*, situada donde se encuentra, repleta de sabiduría y amor divinos [47]. El intercambio amoroso en el centro de la **llama** entre el alma y Dios, posibilita que la anterior dicotomía tenga sentido.

Resplandor significa además, con lo que completa y no desplaza a los otros significados, «reflejo de algo, del objeto que despide luz». El alma recibe el *resplandor* de la sabiduría divina, de las lámparas de sus atributos, de las noticias amorosas divinas, para conocer sobrenaturalmente e irse perfeccionando cada vez más en su amor.

La luz de los resplandores lleva implícito un movimiento interiorizante, pues se produce dentro del círculo amoroso de la unión, en el que **luz** y **calor** viajan por un camino ascendente y descendente, de Dios al alma y de ésta a Dios [48].

Sombra:

En *Llama* no tiene un sentido luminoso negativo como ocurría en *Subida* y *Noche*.

Ese significado negativo de *sombra* como «falta parcial de luz causada por la intercepción de los rayos de luz de un cuerpo opaco» (II *Noche*, 6,2), ni siquiera se entreve en *Llama*, donde **sombra** funciona como sinónimo de *resplandor* y, por lo tanto, está situado también en el estadio superior de la unión con Dios [49].

El *Diccionario de Autoridades* recoge en la tercera acepción de esta palabra «la apariencia o semejanza de alguna cosa», sentido del que San Juan se sirve para hacer a *sombra* sinónimo de *resplandor*.

Dios *hace sombra* al alma, y eso es lo mismo que *ampararla y favorecerla*, porque Dios es grande y luminoso y cada cosa *hace la sombra conforme al talle y propiedad de la misma cosa* [50].

Si las **lámparas** portaban luz divina, las sombras que las proyectan la poseerán también. La *sombra* incluirá en sí las mismas características que el ser del que procede aunque, evidentemente, no sean de la misma entidad.

---

[47] Ver *LB*, III, 9, 972 y *LA*, III, 3, 1206.

[48] Ver *LA*, III, 12, 1210; *LA*, III, 9, 1209; *LA*, III, 10, 1209 y *LA*, III, 67, 1233. Encontramos otros contextos en los que *resplandor* se aparta un poco del motivo central de la *Llama*, y así está referido a Jesús, reflejo que los hombre vieron de la gloria de Dios (*LA*, III, 3, 1205; *LA*, II, 15, 1196 y *LB*, III, 17, 976).

[49] *Resplandor* y *sombra* funcionan como sinónimos en *Llama*. También es sinónimo de estas unidades léxicas *obumbración*, probable cultismo derivado del verbo latino *obumbrare*, que aparece en la *Vulgata*, o de *obumbratio*, que no lo hemos podido encontrar en la Biblia, pero sí en algunos comentarios a textos bíblicos.

En dos ocasiones se realiza como *obumbración* y en otra (por cambio de sufijo) como *obumbramiento* (*LB* III, 12, 973 y *LB*, III, 13, 974).

[50] Ver *LB*, III, 12, 974 y *LB*, III, 13, 974.

San Juan explica que el grado supremo de conocimiento, por parte del alma en esta vida, es una *sombra* de lo que Dios es y significa.

La *sabiduría*, la *hermosura*, la *fortaleza* de Dios que el alma recoge, serán esos mismos atributos de Dios pero, como el mismo San Juan de la Cruz dice, *en sombra*[51].

El Espíritu Santo hará que el alma, unida como está a Dios, le conozca. Y así el alma recibirá sombra de *omnipotencia*, de *sabiduría* y de *bondad infinita*, sombra de deleite y de gloria de Dios[52].

Lexemas verbales: **lucir, alumbrar, esclarecer, ilustrar, resplandecer, centellear**

La primera característica común a todos estos lexemas verbales es su escasa frecuencia de aparición en la *Llama*, por lo cual parece preferible no aventurar demasiadas consideraciones sobre ellos, en espera de otros datos de las restantes obras sanjuanistas para llegar a conclusiones más sólidas.

Sin embargo, podemos observar algunos detalles interesantes:
Los lexemas *alumbrar, esclarecer* e *ilustrar* se realizan unas veces en forma personal y otras en la forma de participio, con lo que esto trae consigo, como ya hemos visto anteriormente en el caso de *encender* e *inflamar*.

Dios *alumbra* al alma para que vea sus propias miserias y con el fin de que más adelante pueda contemplar los bienes divinos. Cuando el alma ha alcanzado el estado místico de unión con Dios, la acción que este verbo refiere («comunicar conocimiento o sabiduría divina o sobrenatural») está ya completada, pues *alumbrar* corresponde a un estado anterior a la unión. Por lo tanto, no tiene ya sentido su función comunicadora, al aludir a un estado

---

[51] Los contextos en que aparece este lexema, ahorran muchos comentarios: *LB*, III, 14, 974 y *LB*, III, 15, 975.

[52] Otros lexemas sustantivos de esta primera subárea son: *Iluminación*: Lo hemos encontrado en una ocasión (*LA*, III, 17, 1213) con un significado técnico propio de la mística. Representa una fase del proceso místico anterior a la unión. Su significado podría ser: «acción de comunicar sabiduría sobrenatural».

Ilustración: También es un tecnicismo místico y aparece en un único contexto (*LB*, III, 9, 972). Se refiere al efecto, el resultado conseguido por medio de la iluminación. El *Diccionario de Autoridades* señala una acepción con este sentido, lo que indica la existencia de ese significado técnico en la lengua general de la época de San Juan: «se toma también por inspiración divina o revelación».

Rayo: En sentido físico se halla formando parte del sintagma *rayo de sol*. Su significado sería «línea de luz emitida por un cuerpo luminoso» (*LB* I, 15, 929); *LA*, III, 40, 1222). *Rayo divino y rayo de noticias divinas* (*LA*, III, 17, 1212 y *LA*, III, 55, 1229); en este sentido metafórico, dentro del sistema sanjuanista equivaldría a «infusión esclarecedora de la sabiduría divina», sin olvidar el sema «línea» que también está presente en el plano figurado.

Sol: Empleado siempre en sentido físico: «astro centro de nuestro sistema planetario, emisor de luz y calor». El sol es el centro y es benefactor, lo mismo que Dios, por lo que San Juan utiliza este lexema para establecer comparaciones.

del alma, ya repleta de luz; es entonces cuando aparece realizado en la forma de participio [53].

El verbo *esclarecer* en un plano físico significa «acción de comunicar luz y claridad», y es precisamente «claridad», de todos sus rasgos significativos el que San Juan escoge como preponderante en el uso que hace de este verbo.

Esclarecer hace referencia a una acción resultante de la comunicación de «luz», necesariamente previa, ya que la claridad es una consecuencia de la luz. Del mismo modo que el cristal tiene que estar *limpio y puro* [54], trasladándolo al plano metafórico, el alma debe de ser pura y estar libre de imperfecciones humanas, para que la luz divina pueda actuar sobre ella y *esclarecerla*. El proceso de purificación del alma tiene que haberse cumplido con anterioridad.

En la fase de la unión más que de comunicación de claridad deberíamos hablar de una claridad ya asumida por el objeto al que le ha sido comunicada. El alma se encontrará entonces con *sus potencias esclarecidas dentro de los resplandores de Dios*, gozando de *esta alta y esclarecida posesión* [55].

Ilustrar presenta un sentido más bien técnico, perteneciente al registro de la mística, que debía de ser bastante común en la lengua de la época [56]: «comunicar conocimientos de carácter sobrenatural». Esta acepción resulta del significado físico («comunicar luz») que sólo aparece en una ocasión en *Llama de amor viva* [57].

Existe una fase iluminativa en la que el alma recibe la luz o sabiduría que Dios le envía. Pero después, todos los datos que aluden a comunicación, a un movimiento en desarrollo, se eliminan y el alma, que habrá recibido la luz, estará *ilustrada* y preparada para la unión con Dios. A partir de este momento el verbo se realizará en todas las ocasiones bajo la forma de participio que alude a una acción ya concluída que ha desembocado en un estado determinado [58].

El verbo *lucir* significa «emitir luz», pero en este plano físico aparece en una sola ocasión. En los restantes contextos de la *Llama* adquiere un significado propio del sistema sanjuanista: «despedir sabiduría divina o conocimiento sobrenatural». Este lexema verbal, por su propia naturaleza semántica, se presenta unido en el discurso a términos que designan focos lumino-

---

[53] Para la forma de participio ver *LA*, III, 1, 1204. Para formas personales del verbo, *LA*, II, 3, 1191; *LA*, III, 61, 1231 y *LA*, IV, 9, 1240. No aparece realizado en sentido físico.

[54] Para el uso de *esclarecer* en el plano físico, ver *LA*, I, 13, 1180.

[55] Ver *LB*, III, 70, 1005; *LA*, III, 1, 1204; *LA*, III, 9 y 10, 1209 y *LB*, III, 69, 1005.

[56] La primera acepción del Diccionario de Autoridades dice: «se usa también por inspirar, o alumbrar interiormente, con luz sobrenatural y divina».

[57] Ver *LB*, I, 10, 927.

[58] *Ilustrar* aparece el *LB*, I, 15, 930 realizado en una forma personal y en *LA*, I, 18, 1183; *LB*, I, 32, 941; *LB*, III, 64, 1002; *LB*, III, 67, 1008 y *LB*, III, 80, 1011 en forma no personal: participio, con valor adjetivo.

os; *Su luz* (de la llama) *luce en las tinieblas*, las lámparas le lucen al alma, luce *la luz sobrenatural* y lucen *las piedras preciosas de las noticias*.

En una serie de contextos *lucir y arder*, verbos que designan acciones correspondientes a los dos componentes del fuego, figuran juntos en una misma línea discursiva, asociados a las **lámparas** que, como vimos, pertenecen plenamente al estadio de la unión. La aparición conjunta de estos dos lexemas verbales supone un aspecto original respecto a los tratados anteriores en el proceso místico: *Subida* y *Noche* [59].

La unidad léxica *resplandecer* posee un carácter intensivo respecto a *lucir*. Aunque conserva los rasgos de «despedir mucha luz física» (significado denotativo con el que no encontramos ninguna realización del lexema en *Llama*), se muestra únicamente en dos ocasiones y en ambas con un sentido metafórico, señalado también por el *Diccionario de Autoridades*: «metafóricamente vale sobresalir y aventajarse en alguna acción, virtud u otra cosa».

En el sistema sanjuanista es el alma la que sobresale debido a la profundidad del conocimiento o sabiduría divina que ha recibido de su amado [60]. El alma, a causa de la luz sobrenatural asumida, participa de toda esa luminosidad que a su vez intenta mostrar a su amado en su continua intercomunicación de amor [61].

II.2. *Segunda Subárea*

Ojo:

Su significado denotativo es «órgano del sentido corporal que permite la percepción de los objetos físicos mediante la luz». Aparece en varios contextos esta realización del lexema en que actúa como órgano del sentido de la vista. Son bastante frecuentes los casos en que el ojo tiene delante algún impedimento que no le permite ver con normalidad [62]. Será necesario lim-

---

[59] En *Subida* y *Noche* se encontraban muy pocos contextos con el verbo *lucir* debido a su intransitividad (M.ª Jesús Mancho: *Op.cit.*, 203) y en ninguna ocasión aparecía junto a *arder*. Para la realización de lucir en el plano físico, ver *LA*, III, 1, 1205, y para el plano metafórico *LA*, I, 1, 1183; *LA*, III, 3, 1205; *LA*, III, 5, 1207; *LA*, III, 62, 1232; *LA*, IV, 13, 1242; *LA*, III, 2, 1205 y *LA*, III, 3, 1205-6.

[60] Ver *LA*, III, 9, 1209 y *LB*, III, 1, 967.

[61] También pertenece a esta 1a subárea el verbo *centellear*. Lo hemos hallado una única vez y realizado en sentido físico: «despedir destellos rápidos y cambiantes de luz». Este lexema representará un punto en el proceso inmediatamente anterior a *llamear* (*LA*, Prol., 3, 1174).

[62] En *LA*, III, 61, 1231 dice: *Por dos causas puede el ojo dejar de ver: o porque está a oscuras o porque está ciego*. En el párrafo correspondiente de *LB*(III, 70, 1005), sustituye *ojo* por *sentido de la vista*, lo que posiblemente sea más coherente ya que en el ojo (una parte de ese sentido es la vista) se puede producir algún impedimento para que no vea bien, mientras que el quedarse *a oscuras* o *ciego* es algo más general que afecta a todo el sentido.

piar el ojo, eliminando la *niebla, las motas y los pelos*, para que la percepción visual sea perfecta [63].

Trasladando este esquema físico al plano metafórico, el ojo espiritual del alma percibirá también objetos, pero de orden intelectual, al adoptar *ojo* el significado metafórico de «entendimiento». Y lo mismo que el ojo físico, el *ojo de la razón*, el *ojo del juicio*, el *ojo del sentido* o el *ojo espiritual* tendrán impedimentos que entorpecen la aprehensión de sus objetos correspondientes y suponen serios obstáculos para la visión del objeto principal: Dios.

El único que puede quitar esas trabas de delante de los *ojos del alma* es Dios, mediante la infusión de luz del conocimiento, con lo cual el ojo podrá ver, es decir, *entender sobrenaturalmente* y gozar así de la unión con Dios, donde todo es agradable [64].

Vista:

Una sola vez encontramos el significado físico de este lexema como «sentido corporal con que se perciben los objetos mediante la luz física» [65]. Si trasladamos este significado al plano metafórico, hallamos un «sentido intelectual capaz de percibir objetos de esa índole, ayudado por la luz», es decir, por la sabiduría divina.

Este lexema se realiza en tres acepciones diferentes:

a)   *vista del entendimiento*. La determinación que acompaña sintagmáticamente al término central nos lleva a pensar en un sentido de la vista muy especial: un modo intelectual de aprehender objetos intelectuales, pero que no puede salir de los dominios naturales. La *llama le es esquiva* porque se trata de un objeto divino que no se puede captar mediante la *vista del entendimiento*.

b)   *objeto de la actividad visual. Vista* está acompañada también de distintas determinaciones de carácter más elevado: *sobrenatural y beatífica*. En estos casos *vista* no alude a la facultad de ver, al sentido de la vista entendido conforme al sistema de San Juan, sino que se confunde con *visión* [66].

c)   *ejercicio de la actividad de ver. ...viendo el alma lo que Dios es en sí y lo que es en sus criaturas en una sola vista* (*LA*, IV, 7, 1239).

---

[63] *Ojo* en sentido físico aparece el *LA*, III, 34, 1219 y *LA*, I, 18, 1183.
[64] Ver *LA*, III, 63 y 64, 1232; *LB*, III, 75, 1008; *LA*, IV, 9, 1240; *LB*, III, 71, 1006; *LA*, III, 62, 1232; *LA*, I, 17, 1182; *LA*, I, 23, 1186; *LA*, I, 30, 1190; *LA*, IV, 12, 1241 y *LA*, III, 15, 1211.
[65] *LB*, III, 72, 1000.
[66] Vista del entendimiento: *LA*, I, 18, 1183.
Objeto de la actividad visual: *LA*, IV, 6, 1239; *LB*, I, 14, 928 y *LB*, I, 27, 937.

Visión:

Aparece tres veces en *Llama* y todas ellas con un significado técnico místico-teológico equivalente a «objeto sobrenatural percibido por la facultad intelectiva mediante la infusión divina».

En las tres ocasiones este lexema se encuentra directamente relacionado con *gloria*. El alma ha sufrido ya la transformación en Dios debido a los favores que éste le ha hecho. Por ello, está capacitada para llegar a gozar de esa visión beatífica o conocimiento esencial de Dios[67].

Lexemas verbales: **ver, mirar, traslucirse**[68]

El significado denotativo del lexema *ver* («percibir objetos físicos mediante la luz») no se halla nunca en *Llama*. En sentido metafórico este verbo equivale a «conocer» y su contenido se podría expresar como «conocer o percibir objetos congnoscibles mediante la actividad intelectiva».

En la *Llama*, estadio superior del proceso místico, sólo se produce un tipo de conocimiento muy específico, el sobrenatural. La luz divina ya ha alumbrado al alma, y ésta será capaz de *ver*, esto es, de conocer objetos supernaturales.

En el pasado, el alma no podía *ver* bien, a causa de algún objeto que se lo impedía o por su propia ignorancia. El ojo ha de estar completamente limpio para que el alma pueda ver-conocer sobrenaturalmente[69].

Dios infunde luz al alma, le concede una gran merced, y ésta expresa su gozo a través de todo lo que ve, maravillándose de tanta grandeza y del resultado magnífico que Dios ha dejado en ella mediante la divina unión. Se trata de ese momento en que el alma es capaz de conocer simultáneamente la unidad y diversidad de los atributos divinos, y consigue verse a sí misma en un movimiento conjunto con Dios dentro de la llama de amor[70].

---

[67] Ver contextos en *LA*, I, 14, 1180; *LA*, III, 15, 1211 y *LB*, I, 24, 935.

[68] De los tres lexemas, el único que aparece con cierta frecuencia es **ver**.

Mirar: «Aplicar a algo el sentido de la vista para verlo». Indica un proceso en desarrollo cuyo resultado es *ver* lo que se está mirando (*LB* IV, 11, 1018). Lo encontramos en otro contexto y funciona como sinónimo de *ver* (*LA*, I, 21, 1185).

Traslucirse: Su significado sería el mismo que el de *ver*, pero con una característica propia: Este verbo implica la existencia de un obstáculo que impida la *visión* perfecta del objeto. En un plano físico su significado es: «dejarse ver algo a través en un cuerpo que deja pasar la luz». En sentido figurado lo que se traslucirá no será algo posibilitado por la luz física, o esta misma, sino un asomo de luz divina, esto es, de conocimiento sobrenatural de Dios (*LA* IV, 7, 1239; *LA,* I, 26, 1187; *LA*, III, 17, 1212 y *LA*, I, 23, 1185).

[69] *LB*, III, 72, 1007; *LB*, III, 71, 1006 y *LB*, III, 38, 986.

[70] Ver *LB*, I, 31, 940; *LB*, III, 78, 1010; *LB*, III, 16, 976; *LA*, I, 23, 1186; *LB*, III, 17, 976 y *LA*, IV, 6 y 7, 1239.

III.   Léxico perteneciente al tercer microcampo: **calor**

En *Llama de amor viva* es el **calor** el elemento fundamentalmente afectivo de entre todos los términos correspondientes al léxico que, en mayor o menor medida, se pueden agrupar bajo un encuadre eminentemente simbólico. Si el **fuego** aparecía en muchos contextos asociado con *amor* formando el sintagma *fuego de amor*, y en otras muchas ocasiones aludía a ese sentimiento, aunque no se explicitase su forma gráfica era, sobre todo, porque dentro de sí contenía «calor». En **fuego** se unían lo intelectivo y lo afectivo, y esta simbiosis, aunque se desgajase, nunca se podía separar completamente. El **fuego** era luz, conocimiento, sabiduría e inteligencia, pero también amor, entrega, pasión y vehemencia.

Pues bien, en este campo semántico se agrupan todas esas unidades léxicas que tienen como base de comparación para relacionarse entre sí el lexema *calor*, el cual se constituye en centro y archilexema del área.

Precisamente por ese carácter afectivo que simbólicamente **calor** comporta, existe una mayor dificultad a la hora de analizar este campo. Porque aquí se pone de manifiesto lo irracional, la fuerza y la tranquilidad, lo uniforme y lo mudable, la unión. El **calor** es amor en la obra de San Juan de la Cruz.

Y ese amor es pasión. En una unión como la que se describe, o por lo menos se intuye, en la *Llama*, no sirven las cosas que no se acaban o que se hacen mal. El alma pretende todo, con todas sus consecuencias, con su dolor inicial, pero también con su placer final. Y si el dolor fue muy grande el alma, que con su fuerza y la ayuda de su Dios consiguió vencerlo, aspira a conseguir un placer inmenso, porque inmensos son la gloria y el amor de su Amado. Así, todos los términos que encontramos pertenecientes a este campo, se caracterizan por poseer el sema «calor», pero determinado éste por una nota de «intensidad».

Es precisamente el «calor» la parte del fuego que puede, y de hecho sucede así, dañar; el fuego quema debido al calor intenso que lleva en sí. Este dato figura como una constante en todos los términos correspondientes a este campo, que aparecen en *Llama*: ese fuego —por su calor— no quema, sino qu beneficia al alma.

En todos y cada uno de los lexemas correspondientes a este campo está presente la paradoja. Lo que se podría interpretar, desde una perspectiva puramente humana, como un aspecto negativo, actúa de modo contrario. Y esto sucede así porque el calor es de amor. El *cauterio* hiere con fuego, pero estas heridas se infligen para poder atajar un mal mayor, y en aras de una curación definitiva.

Este **calor** excesivo *abrasa, quema y derrite*, destruye en definitiva las imperfecciones terrenales del alma. Pero ésta se halla contenta, porque conoce que esa destrucción le es provechosa: se aniquilará el alma mundana, apegada a las cosas de la vida, para hacer surgir un alma nueva, endiosada, con características divinas, que pueda tratar a su amado como a un igual.

Calor:

En el plano físico conviene distinguir entre dos sentidos diferentes de este sustantivo:

1. «Energía física productora de elevación de la temperatura producida por fuentes calóricas».

2. «Sensación física de elevación de la temperatura experimentada por los cuerpos por efecto de fuentes de energía».

Estos dos sentidos se desarrollan en los diversos contextos de *Llama*, bien en el plano denotativo, bien en el plano metafórico con las trasposiciones pertinentes.

De nuevo el símil del *madero*, al que hay que suministrar calor para que se predisponga a echar a arder, sirve como punto de partida para posteriores usos metafóricos del lexema[71]. El madero necesita del calor para unirse con el fuego, así como el alma precisa *calor de amor* para lanzarse a la aventura mística, avanzar en la **noche** donde se desnuda de sus feos accidentes y, finalmente, lograr la unión con su amado. En sentido metafórico, el fuego es el agente espiritual que irradia energía de ese mismo tipo.

La unidad léxica que estudiamos normalmente no aparece aislada, sino formando parte del sintagma *calor de amor*. Ese **calor**, que en un estado posterior será altamente beneficioso para el alma, le causa gran dolor cuando aún no ha llegado a la cima de sus aspiraciones. Dios es el origen del que surge ese **calor** que le es comunicado al alma junto con la luz de sabiduría. Y como Dios es inmenso, el **calor** que envía al alma lo será también, con lo que el **fuego** que ha entrado en ella se apasionará cada vez con mayor intensidad.

La respuesta del alma no se hará esperar: quiere devolver **calor** a quien se lo envió. En ese momento supremo de la unión desea ser a la vez receptáculo y fuente de la energía desbordante que ella y su Amado se comunican[72].

Ardor:

Este lexema se realiza únicamente en el plano metafórico como «amor muy intenso causado por Dios»[73].

---

[71] En sentido físico, ver *LA*, I, 16, 1181.

[72] Para este lexema, ver *LA*, I, 16, 1182; *LA* III, 42, 1233; *LA* III, 3, 1206 y *LA*, III, 1, 1204.

[73] En el plano denotativo, del que parte el metafórico, su significado sería: «calor intenso y vehemente causado por un principio extrínseco o intrínseco».

Es evidente una clara relación entre este término y **calor**. Lo que dife
rencia a ambos es la nota de «intensidad» que caracteriza a *ardor* y, por e
contrario, está ausente en la otra unidad léxica. Si **calor** representa el amo
divino, *ardor* será equivalente, con palabras de San Juan, a un amor particu
larmente *subido*.

El *ardor glorioso* será el encargado de hacer efectivo el cauterio, la heri
da de amor. La vehemencia del **ardor** conseguirá que toda el alma se ve
invadida por una gran pasión de amor hacia su benefactor. En las **lámparas**
se ha producido simultáneamente la comunicación de «luz» y «calor», por l
cual el conocimiento sobrenatural que Dios ha transmitido al alma ha llega
do acompañado de un afervoramiento del amor de ésta, un **ardor** intenso,
porque la fuerza que lo ha originado posee la intensidad absoluta [74].

Cauterio:

En el sentido físico («instrumento o medio para quemar una parte del
cuerpo herida y provocar su curación») aparece en una única ocasión [75], aun
que este significado sirve de base para su posterior uso metafórico, que en
Llama equivaldría a «medio para herir al alma con el fin de destruir sus ca
racterísticas negativas y divinizarla».

El **cauterio**, a pesar de referirse a «purificación», no se realiza única
mente en la fase contemplativa del proceso místico, abarcando también su
acción los primeros dominios del estado de la unión amorosa entre el alma
y Dios. San Juan afirma que la **llama** es el Espíritu Santo, pero también
asegura que éste es el **cauterio**.

Cauterio vehemente que quema, pero a la vez sana, y continúa subien
do su efecto porque, como es fuego de amor, cuanto más actúe mayor bien
provocará en el alma. Cauterio divino, intenso y beneficioso que opera so
bre el centro de la sustancia del alma. Cauterio que, en definitiva, es de fue
go y es de amor [76].

Los restantes lexemas sustantivos de este microcampo se encuentran en
Llama en escasas ocasiones, por lo que simplemente aludo a ellos en nota
a pie de página [77].

---

[74] Ver *LB*, I, 7, 925; *LB*, I, 36, 944; *LA*, III, 5, 1207 y *LA*, II, 9, 1193.

[75] Ver *LA*, II, 2, 1191.

[76] De ahí que los sintagmas en los que se ha realizado constantemente posean esos com
ponentes. Hemos encontrado *cauterio de fuego, cauterio de vehemente fuego, cauterio de amor y cauterio
divino del amor*. Ver *LA*, II, 1, 1190; *LB*, II, 16, 953; *LA*, II, 6, 1192; *LA*, II, 7, 1193; *LA*,
II, 14, 1195 y *LA*, II, 31, 1203.

[77] *Fragua*: Sólo lo hemos hallado una vez y con un significado físico: «lugar para calentar
los metales y forjarlos». Su único valor estriba en servir de comparación con otros términos
que sí pertenecen al sistema sanjuanista: el alma es esa *fragua* (*LA*, II, 8, 1193).

Horno: Aparece una vez con el significado de «recinto con mucho calor para transformar
una cosa». Funciona entonces como base de comparación con el estado del alma cuando siente
la acción del cauterio divino.

Lexemas verbales: **dar calor, cauterizar, abrasar, quemar, derritir**

Ninguno de estos lexemas verbales se actualiza en los contextos de *Llama* según su significado denotativo, sino en un plano metafórico, que es el que más se adecúa al sistema sanjuanista. El sentido puramente físico de los términos está presente y sirve de base para realizar el proceso metafórico que convierte a éstos en plenos exponentes de una estructura perfectamente construída.

El sintagma *dar calor* funciona como centro de este microcampo dentro de la clase gramatical de los verbos y alude a la «comunicación de amor de Dios al alma». La simbiosis que en el plano nominal se producía entre los dos elementos del fuego, «luz» y «calor», en el plano verbal tiene su correspondencia en el par *lucir y dar calor*, ya que la comunicación de luz y de calor, esto es, de conocimiento sobrenatural y amor divino, corre paralela en el proceso místico. Así, encontramos un buen número de contextos en los que *lucir y dar calor* aparecen unidos[78].

Del mismo modo que la comunicación de sabiduría era un don divino, el calor que el alma recibe es un regalo de su Amado. Pero ella no se conforma con la pasividad, con lo cual el verbo *dar calor* cumplirá el camino del amor en los dos sentidos: por una parte es el amor de Dios al alma, pero por otra ésta *da calor de amor* a Dios. Como es lógico, esta reciprocidad se produce en el momento en que el alma está profundamente inmersa en la unión, cuando es capaz de tratar a Dios de igual a igual.

El lexema verbal *cauterizar* tiene un significado análogo al del sustantivo correspondiente. *Cauterizar* es «aplicar el cauterio». Funcionará con el mismo sentido paradójico que desarrollaba el sustantivo y con sus mismas características.

La acción expresada por *cauterizar* persistirá incluso en los estados más avanzados de la unión; el sujeto será Dios y el objeto cauterizado, el alma[79].

En sentido metafórico hace relación a la unión del alma con Dios, que es un *horno encendido*, señalando con énfasis especial la alta gradación calorífica que allí se produce. Ver *LA*, II, 8, 1193 y *LB*, I, 16, 930.

Derretimiento: El núcleo del sentido metafórico que presenta en *Llama* se halla en su sentido físico: «desunión de las partes de un todo por acción del calor». El todo que ve desunidas sus partes es aquí el alma, que pierde sus características mundanas anteriores debido a la acción divina. Se provoca en ella una destrucción que significará su ascenso a una nueva vida: el *endiosamiento* de que habla San Juan de la Cruz.

Para que ese *derretimiento* sea posible, es necesario un calor abundante e intenso. El amor, una vez más, es pasión (ver *LA*, III, 20, 1213 y *LA*, II, 8, 1193).

Brasas: En sentido físico su significado es «trozo incendescente de materia combustible». Lo incluyo en este microcampo porque en la ocasión en que aparece funciona como sinónimo de **cauterio** (*LA*, I, 18, 1183).

[78] Ver *LA*, III, 3, 1205; *LB*, III, 2, 967; *LA*, Pról., 1, 1173; *LA*, III, 68, 1234 y *LA*, III, 70, 1235.

[79] Ver para este verbo *LA*, I, 8, 1178; *LA*, I, 30, 1189 y *LA*, II, 8, 1193.

Abrasar significa denotativamente «causar heridas con fuego o algo muy caliente». San Juan, sin embargo, trastoca el significado de la Lengua, y la palabra, plenamente introducida en su sistema, adquiere una nueva significación: *abrasar*, a pesar de la fuerza aniquiladora y destructora que lleva consigo, no nos remitirá a «herir o dañar».

Dios es la fuente de la que procede el **fuego** que *abrasa* y transforma en sí lo que toca. Ese fuego (de amor) no se envía con la misma fuerza a todas las almas, sino que, según su grado de purificación, así será la intensidad de la acción abrasadora. Y cuanto más abrasadas sean, mayores beneficios recibirán, porque el *abrasar* destruye pero, de modo paradójico, es suave y provoca efectos benefactores [80].

Quemar es «consumir algo con fuego» en un sentido físico que, como ya hemos dicho, no se realiza en *Llama*. La acción de *quemar* es posible gracias al componente del fuego que nos interesa para el análisis de este microcampo: el «calor».

En uno de los contextos estudiados (*LA*, II, 3, 1191) el fuego baja del cielo *no quemando, sino resplandeciendo; no consumiendo, sino alumbrando*. San Juan juega hábilmente aquí con los moldes semánticos establecidos en la lengua para esta palabra, y así, aunque en este verbo se perciba el rasgo significativo «calor», San Juan lo atenúa en favor de «luz», con lo cual se acentúa el carácter iluminativo del fuego, eliminando de *quemar* toda capacidad destructora.

Este fuego, sin embargo, puede *quemar y herir*, pero sus heridas serán de amor, y por lo tanto, suaves y placenteras para el alma [81].

En los contextos de *Llama* en que se recoge el verbo *derretir* está ausente su sentido físico de «fundir al fuego una sustancia», aunque esos rasgos significativos se conserven en las realizaciones del lexema en el plano metafórico.

La Llama hiere y enternece tanto al alma *que la derrite en amor* (*LA*, I, 7, 1178). La vehemencia de ese amor conducirá al alma a un estado pleno de aniquilación.

Este verbo, en cualquiera de los contextos examinados, comporta un alto grado de intensidad, lo que nos lleva a situarlo en un punto muy adelantado del proceso místico [82].

---

[80] Ver estos empeos paradójicos del verbo en *LB*, II, 3, 946; *LA*, II, 2, 1191; *LA*, II, 3, 1191; *LA*, II, 7, 1193 y *LA*, II, 31, 1203.

[81] En el otro contexto en que aparece este lexema, las lámparas *queman de amor* (*LA*, III, 5, 1207). Pues bien, en el párrafo correspondiente de *LB* lo sustituye por *abrasan en amor*, aún más significativo porque, paradójicamente, la acción de estos dos verbos es un *deleite*.

[82] Otros contextos del verbo *derretir* en *LA*, I, 7, 1178 y *LA*, III, 20, 1213.

Conclusiones

Las características de la prosa de San Juan de la Cruz se derivan de las propias necesidades impuestas por el carácter de lo que quiere interpretar. Su objetivo es explicar el poema y las vivencias místicas que le condujeron a ese modo de expresión.

A pesar de ser consciente de sus limitaciones expresivas a la hora de tratar lo inefable, lo intenta. Y aquí es cuando interviene su genio literario, creador de todo un sistema metafórico, recreador de las palabras, de las que trata de exprimir todo su jugo para intentar conseguir su objetivo.

San Juan tiene que forzar los términos, dislocar en muchos momentos la norma lingüística, porque el uso que los vocablos tienen en la lengua general no le sirve. Y así, su prosa está repleta de oxímoros, antítesis, paradojas, asociaciones sintagmáticas y semánticas de diverso tipo, medios de los que se tiene que ayudar para que los signos se acerquen más a lo que él pretende expresar. Su prosa estará también repleta de constantes metáforas y de símbolos. Este último es el medio que San Juan encuentra más apropiado para que lo que escribe no traicione lo vivido con anterioridad.

Mediante el análisis de los lexemas que se agrupan en la *Llama de amor viva* en torno al campo semántico del **fuego**, hemos querido poner de relieve la existencia de un sistema léxico que, aunque participa de las unidades pertenecientes a la lengua, posee un sentido personal en la obra sanjuanista. Ese sistema no es exclusivo de la *Llama*, sino que arranca de los mismos poemas, y se desarrolla en los otros tratados que el santo escribió para explicarlos.

Lo que sí es característico de *Llama* es el especial tratamiento que ese sistema adquiere en este libro, pues el objeto a que se refiere es diferente al de otros tratados como *Subida* y *Noche*. En estos el motivo central era el proceso para llegar a la consecución del fin perseguido. En *Llama* todo gira alrededor del fin mismo, pues en ella se describe el estado superior del alma que ha alcanzado la unión con la divinidad. Por lo tanto, podría hablarse de un sistema léxico general del que participan todos esos tratados, pero con especiales características en cada uno de ellos.

Las conclusiones de carácter general a las que podemos llegar, después de efectuar nuestro análisis, son las siguientes:

1) Las unidades léxicas que hemos recogido se relacionan entre sí formando una estructura con una coherencia interna indudable, en la que predominan los significados metafóricos de los términos.

La tupida red de convergencias que se establece en el plano metafórico es normalmente paralela a la que se produce entre los significados referenciales [83].

---

[83] No hay que olvidar que San Juan ha extraído los términos de la lengua general, y por esos en muchas ocasiones hace uso del empleo metafórico que la palabra ya tenía en la Lengua

2)   Existencia de un paralelismo entre las dos clases léxicas estudiadas: sustantivos y verbos.

La estructura semántica que aparece en los sustantivos se corresponde con bastante precisión con la de los verbos, en cada uno de los tres microcampos en que hemos dividido el «corpus» total de voces seleccionadas.

3)   En los tratados de *Subida* y *Noche* era fundamental el concepto de *proceso*, que propiciaba un predominio de los verbos sobre los sustantivos y, en esta segunda clase, una mayor parte de sustantivos que designaban acciones[84]. En cambio, en *Llama* la situación cambia: el proceso se ha completado, y de la misma forma que no tienen sentido los términos de carácter negativo (pertenecientes al proceso en sí), tampoco serán preponderantes los lexemas que hacen referencia a un desarrollo de la acción.

Así, en *Llama de amor viva* predominan los verbos que aluden a una acción derivada de la consecución de un estado (*lucir, resplandecer, arder, llamear*, etc.), mientras que los verbos de carácter preferentemente ingresivo o progresivo, se hallan con frecuencia realizados en la forma de participio, con lo cual se pierde su dinamicidad (sería el caso de *encender, alumbrar,* etc.).

En cuanto a los sustantivos, normalmente no designan acciones, sino estados (*ilustración, inflamación, derretimiento,* etc.), o bien sirven para la representación de un concepto (*llama, lámpara, luz, sol,* etc.) susceptible de ser empleado metafóricamente.

4)   Muchos de los lexemas que San Juan utiliza en esta obra constituyen el núcleo simbólico en torno al cual se estructura todo el léxico que hemos estudiado.

Estos símbolos poseen un carácter arquetípico. El **fuego** está presente en numerosas culturas, por su aspecto destructor pero a la vez generador de vida. San Juan toma este símbolo de su mayor fuente de inspiración —la Biblia—, donde la sabiduría desciende hasta los apóstoles convertida en lenguas de fuego, otorgándoles una nueva vida.

El otro gran símbolo, estrechamente unido al anterior, la **llama**, tiene también unas raíces míticas, relacionadas con su aspecto ascensional.

5)   Se produce una especialización semántica para gran parte de las unidades léxicas usadas metafóricamente.

Así, los términos lumínicos (*luz, resplandor, alumbrar, resplandecer,* etc.) designan la actividad de orden intelectivo o cognoscitivo, mientras que todo lo relacionado con lo afectivo está representado por realidades que giran al-

---

(es el caso de **calor** y todo su campo semántico, que hace referencia al «amor»), mientras que otras veces es creación original suya (sucede esto con **sombra**, utilizado en un sentido opuesto al del sistema de la Lengua).

[84] Ver el libro de M.ª Jesús Mancho ya citado con anterioridad.

rededor del lexema *calor*. Y, por último, las voces que pertenecen al campo semántico del **fuego** (*llama, lámpara, inflamar*, etc.) remiten a la unidad entre lo afectivo y lo intelectual, entre el amor y la sabiduría.

6) Hay que señalar la presencia de ciertas formas no registradas en los diccionarios consultados. Tal es el caso de *obumbración* e *ignitos*, evidentes cultismos, y *respendar*, una voz hoy arcaica, que ya en tiempos de San Juan era poco frecuente [85].

7) Es interesante fijarse en cómo se distribuyen los términos pertenecientes a los campos que estudiamos en los diversos apartados del tratado de la *Llama*. Esas unidades léxicas de «luz y «calor» son mucho más frecuentes en los párrafos de carácter poético que en aquellos referidos a aspectos doctrinales. Estos lexemas abundan en los comentarios a las estrofas primera y tercera, pero escasean en los textos relacionados con la segunda y la cuarta.

Todos los datos que he apuntado no son más que breves consideraciones sobre una pequeña pieza del entramado léxico de San Juan. Espero, cuando menos, que puedan servir como punto de partida para posteriores estudios, cuyo objetivo sea analizar esa prosa que posee méritos propios para ocupar un hueco importante dentro de la literatura del XVI, y que, sin embargo, se ha visto abandonada y oscurecida al ser la sombra de unas poesías tan perfectas.

---

[85] Ver nota n.º 38.

Das Paradies als Zentrum des Verlangens
Eine strukturale Analyse des «Cántico».

W. G. Tilmanns, O.C.D.

Einleitung

Bis in unsere Zeit kennen wir viele Formen der Paradiessymbolik als Ziel menschlichen Verlangens. Unter dem Namen Paradies verbirgt sich für den Menschen ein Zustand vollkommener Harmonie und vollkommenen Friedens, eine Vereinigung mit der Natur und mit sich selbst, mit Gott als Ursprung von alledem und von den Zeiten, die uns als Vergangenheit und Zukunft umgeben. Als Symbol des Anfangs und des Endes ist das Paradies immer verlorenes Paradies; es markiert sowohl das Verlangen als auch die unwiderrufliche Trennung. Wir sind auf Reisen und das Paradies ist der Heimathafen[1]. Die Psychoanalyse erkennt das Paradiesverlangen als ein gefährliches Verlangen, weil diese Trennung nicht als unwiderruflich ernst genommen wird[2]. In der Soziologie wird verdeutlicht, wie stark die Paradiesvorstellungen mit kulturellen Zukunftsvorstellungen verbunden sind. Ob die Zukunft utopisch, als menschlicher Entwurf, gedacht wird oder als göttliche Gabe, immer orientiert sich dieses Denken an Bildern, die auf das alte Symbol des Gartens, der Intimität und Geborgenheit bietet, verweisen[3]. Das Paradies kehrt, wenn auch in veränderter Form, zurück in der Traumwelt, die die Fernsehwerbung, Regenbogenpresse und Ferienbroschüren entstehen lassen: weg aus dem Heute und zurück in das (verlorene) Pa-

---

[1] Vgl. A. Vergote, *Interprétation du langage religieux*. Paris, 1974, p.67: «Le paradis est l'archaïque présent en l'homme en tant que distant, séparé par une brisure immémoriale. Pour cette raison, le paradis est la terre natale de tous les symboles, pour autant toutefois qu'il est perdu, et que sa remémoration se convertit en l'effort de constituer les symboles dans leur diversité actuelle».

[2] Vgl. J. Pohier, *Au Nom du Père. Recherches théologiques et psychoanalytiques*. Paris 1972, p.63-89: Conquête de Rome et Paradis perdu.

[3] Vgl. A. Hahn, *Soziologie der Paradiesvorstellungen*. Trier 1976.

radies[4]. Es ist nicht das Ziel dieses Artikels, der Kraft oder der Gefahr der Paradiessymbolik nachzuspüren, sondern zu allererst an die christliche Tradition der Spiritualität anzuschließen. In dieser Spiritualität wird beschrieben, wie das Verlangen mit dem Paradies verfahren kann und wie es sich von einer allzu schnellen Identifikation mit diesem (göttlichen) Paradies reinigen kann und wie es lernt, Gott als Anderen in diesem Verlangen zu respektieren. Dieser Aufsatz ist in dem grösseren Rahmen eines Forschungsprojekts zur christlichen Bewertung des menschlichen Verlangens entstanden und ist sich der Tatsache bewußt, daß hier die Spiritualitätsgeschichte der Theologie zu Hilfe kommen kann. Diese Studie beschränkt sich auf das Gedicht von Juan de la Cruz, aber sie will dieses Gedicht in die größere mystisch-monastische Tradition stellen, die Jahrhunderte lang mit dieser Paradiessymbolik umgegangen ist. Darum skizzieren wir kurz den Zusammenhang zwischen der Paradiessymbolik und der mystischen Vereinigung, so wie sie in der langen Tradition der Exegese des Hohenliedes zu finden ist. Innerhalb des Kontextes christlicher Sinngebung wird dann das Gedicht untersucht, um danach mit einigen Bemerkungen über das Paradiesverlangen und die Art, wie es in diesem Gedicht seine Wirkung entfaltet, abzuschließen.

Unseren Ausgangspunkt bilden zwei Begriffe: «Paradiesidee» und «Paradiessymbolik». Unter Paradiesidee verstehen wir einen Komplex von Gedanken, Empfindungen und Vorstellungen, die sich auf einen ursprünglichen Glückszustand beziehen, den der Mensch durch aufständische Selbstbestätigung verloren hat und nach dem es ihn zurückverlangt. Von Bedeutung ist hier das theologische Denken über den ersten Gnadenzustand und den Sündenfall, die Erlösung durch Jesus Christus und die ekklesiologische Verwirklichung dieser Erlösung, die Verinnerlichung dieser Erlösung und das mystische Verständnis der individuellen Geschichte als Aufstieg zum (ursprünglichen) Stand dieses ersten Gnadenzustandes. Wir verwenden den Begriff «Paradiessymbolik» für die Gesamtheit der Bilder und Verweisungen, die dieser Paradiesidee eine Rolle in der affektiv-emotionalen Vorstellungswelt von sowohl kollektiver wie auch individueller Religiosität zuerkennen.

I. *Das Paradies als Zentrum eines doppelten Verlangens*

Durch das Judentum bedacht und durch die christliche Tradition weitergegeben ist das Paradies ein fundamentelles Symbol für das menschliche

---

[4] Vgl. W.G. Tillmans, *Symboolonderzoek van TV- reclame als proeve van theologische evaluatie*. Uitnodiging tot een interdisciplinaire aanpak. Amsterdam, 1985.

Verlangen geworden. In seinem Persischen Ursprung wurde unter Paradies verstanden: ein Park, ein Garten oder ein Baumgarten, durch eine Mauer oder eine Umzäunung umschlossen und manchmal in Terrassen auf einem Berghang angelegt. Sein Besitz war das Vorrecht von Königen und Mächtigen und als solcher das Traumbild menschlichen Wohlergehens im Alten Orient[5]. Im Alten Testament erhält dieser Gartenbegriff, in Assoziation mit Bildern wie etwa es (versprochene) Land, Stand und Weingarten eine typisch religiöse Bedeutung, deren zentraler Ausdruck die jahwistische Erzählung Gen 2,4b - 3,24 bildet[6]. In der prophetischen und apokalyptischen Eschatologie wird dieses Paradies in vielerlei Form zum Zentrum der Vorstellungen. Der Plan Gottes von Schöpfung und Heilsgeschichte ist die Wiederaufnahme des Menschen in das Paradies. Das Paradies wird in die Vergangenheit projiziert als Basis für die Hoffnung auf die Zukunft. JHWH steht am *Anfang* und am *Ende* von allem. Der Mensch kann in seiner Hoffnung auf dieses versprechen der *Mitte*, in der er lebt, einen Platz zwischen diesen beiden Extremen zuerkennen.

Das Paradies fungiert auch als Zentrum des Verlangens, und zwar auf zweierlei Weise.

JHWH verlangt nach Israel. Die Propheten beschreiben das in der Dramatik eines Hochzeitsverhältnisses. Israel selbst erhält nun paradiesische Bedeutung. Es ist die Braut, der Weingarten, die Stadt Jerusalem als junge Mutter, nach der JHWH verlangt. Er kann sie durch die Wüste führen, Er kann sie aber auch in eine Wüste verwandeln, aber Er kann sie auch zu einem Garten für sich machen, einem blühenden Weingarten, grün wie der Frühling und fruchtbar für alle. Der Garten ist mit dem frischen Glück des jungen Brautpaares verbunden, das die ursprüngliche Güte von Schöpfung und Bund in Erinnerung ruft.

In diesem Kontext von Hochzeit, Frühling und Paradies muß auch das biblische Hohelied gelesen werden. Obwohl man keinen kausalen Zusammenhang nachweisen kann, ist die Verwandtschaft des Hohenliedes mit der Prophetenliteratur überraschend und bestimmend für die spätere exegetische Tradition. Sowohl in der jüdischen wie auch in der christlichen Tradition wird das Hohelied als eine Allegorie der Bundeshochzeit von JHWH mit Israel gelesen, und von Christus mit der Kirche und/oder der Seele des Gläubigen. Wie im Buch Tobit (8,6; 10,11; 11,17) wird auch im Hohenlied das Hochzeitsfest mit paradiesischen Motiven verbunden. Außerdem assoziieren sie prophetische Visionen der kommenden Vollendung Jerusalems: so wie früher der Jubelschrei der jungen Brautpaare verstummte (Jer 7,32-

---

[5] Vgl. J. Jeremias, «Paradies», in *T.W.N.T.*, Ed. V, 97; E. Cothet, «Paradis», in *Dict. de la Bible*. t.VI, 1177-1181.

[6] Für die Bedeutung der Paradiessymbolik in der jüdischen und christlichen Tradition greife ich hier auf eine frühere Studie zurück: W.G. Tillmans, *De oude paradijssymboliek. Een verkenning*, in *Bijdragen* 36 (1975), 350-390.

34; 16,5-9; 25,10) als Folge von Strafe und Züchtigung, so soll der Jubel Jerusalems klingen in einem neuen Land mit einem neuen Volk (Jer 33,6-13). Vor allem die Fauna und Flora des Hohenliedes ist obligatorisch (Hld 2,11-13; 4,12-15 analog zu Gn 2,8-10), die das Bild eines herrlichen Gartens darstellen (vgl. Jes 61,3), einen blühenden Weingarten, eine erquickende Natur voll von köstlichen Früchten und berauschenden Getränken. Das Paradies ist hier Ausdruck des Hochzeitsglücks und zeigt wie die israelitische Vorstellung hier einen Zusammenhang sieht zwischen der Harmonie von Mann und Frau und dem Frieden mit der Erde. Wenn man schließlich liest, wie die Braut als herrlicher «hortus conclusus» (Hld 4,6; 10,16; 6,2) oder als «Turm Davids» (Hld 4,4; 6,4; 7,4-5; 8,9-10) typisiert wird, dann versteht man den Lebenskontext, die Jerusalem die Braut und der Weingarten von JHWH sein lassen.

Das Paradies ist auch das Zentrum des Verlangens des Menschen nach Gott und wird als solches in der Weisheitsliteratur angesprochen. Die Weisheit von JHWH übersteigt um vieles das menschliche Können. Die Weisheit steht am Anfang der Schöpfung (Sir 24,3-12) sie gleicht einem Lebensbaum (Spr 11,30) und einer Lebensquelle (Spr 13,14.27; 16,22). Sie ist das Modell, das Gott in Seiner Schöpfung gebrauchte (Job 28 und Bar 3,9-4,4) und stand als Ratgeberin an seiner Seite (Spr 1-8; Sir 4,11-19; 14,20-15,10; 24,1-29); sie ist der Spiegel von JHWHs Herrlichkeit und Schöpferkracht (Weish 7,22-8,1)) und läßt «den Anfang, das Ende und die Mitte der Zeiten» erkennen (Weish 7,18). Die Weisheit gehört ursprünglich zur Hochzeitssymbolik: «Ich trachtete sie als Lebensgefährtin zu nehmen» (Weish 8,1.9.16). Im Gegensatz zur «fremden» Frau der Versuchung (Spr 1,33-2,19; 5,1-6; 7,1-27) ist die Weisheit die ideale Frau, deren liebevolle Wege zu Glück und Frieden führen (Spr 1,33-2,19; 8,17-19). Als Mutter lädt sie ein, in ihrem Haus zu wohnen, zu essen und zu trinken (Spr 9,1-3; 14,1; Sir 1,14-21; 3,11-14; 15,1-6). Als Lebensbaum (Sir 1,20) ist sie der duftende und grüne Weinstock mit herrlichen Früchten (Sir 24,13-22) und als Lebensgefährtin weiht sie den Menschen in die Geheimnisse der Schöpfung ein (Weish 7,22-9,18). Das Subjekt von Verlangen und Geschichte liegt nun beim Menschen (als Mann) der das Paradies anstrebt (die Weisheit als Frau), das bei Gott ist.

Wenn in Christentum die Weisheit mit dem Logos und mit Christus selbst verbunden wird, dan erhält das Gottesverlangen aufs neue paradiesische Züge[7]. Wir finden das vor allem in der Exegese des biblischen Hohen-

---

[7] In den alten Märtyrergeschichten begegnen wir Paradiesvisionen, die im Essen und Trinken gipfeln, nicht nur als Hinweis auf die Liturgie, sondern als Schmecken der Weisheit, die Christus ist, vgl. *Passio SS. Perpetuae et Felicitatis*, 4,8-11; *Passio SS. Mariani et Jacobi*, 6,15-15; die Gabe der himmlischen Milch und die Brüste der Braut sind bereits bekannte Typisierungen der Communio mit dieser Weisheit, vermutlich auf der gleichen Ebene wie 1 Kor 3,2: «Milch müßte ich euch geben, keine feste Speise» und 10,4: «und dieser Fels war Christus».

liedes wieder: die Seele dürstet nach der Weisheit und ihren Früchten. Daher auch, daß Juan de la Cruz die Vereinigung mit Christus als Weisheit in Bildern des Essens und Trinkens beschreiben kann.

Die Entwicklung der kirchlich-kollektiven und der individuell-mystischen Hochzeitssymbolik anhand der allegorisierenden Exegese des Hohenliedes ist bereits ausführlich beschrieben worden[8]. Ebenfalls wurde ausführlich genug bewiesen und beschrieben, auf welche Weise der «Cántico» von Juan de la Cruz in diese Tradition aufgenommen ist[9]. Es gibt allerdings auch genügend Anzeichen dafür, daß mit dieser Exegese des Hohenliedes auch Hinweise auf die Paradiessymbolik verwoben sind.

Das Hohelied als typologischer Kern der Heilsgeschichte

Seit der allegorisch-mystischen Interpretation des Origenes gilt die Brautlyrik des Hohenliedes, gedeutet in Kontinuität mit dem Verhältnis von Christus mit der Kirche, als die Wiedergabe der individuellen Gottesbeziehung schlechthin. Die drei Bücher Salomons (Proverbia, Ecclesiastes und Canticum) können nur «spirituell» gelesen werden. Das Hohelied steht seit der Zeit der Kirchenväter auf der Leiter der allegorischen Hierarchie ganz oben: nach der erziehenden und der reinigenden Wirkung der beiden anderen Bücher erhebt das Hohelied den Beschauenden zur Mystik[10]. In dieser Exegese erhält das Hohelied einen ahistorischen und vor allem exemplarischen Charakter; es ist mit seiner Bildsprache der Liebe eine typologische Verdichtung der gesamten Heilsgeschichte. In der mystischen Deutung (oft eine unentwirrbare Vermengung von «sensus moralis» und «sensus mysticus») bietet es die Widerspiegelung der individuellen Heilsgeschichte

---

[8] Vgl. F. Cavallera, Cantique des Cantiques, in *Dict. de Spiritualité*. Paris 1953, t.II, k.95-96; H. De Lubac, *Exégèse médiévale*. Les quatre sens de l'Ecriture. Première Partie, t.II. Paris 1959; J. Leclercq, *Initiation aux auteurs monastiques de moyen âge*. L'amour des lettres et le désir de Dieu. Paris 1957; P. Jouön, *Le Cantique des Cantiques*. Commentaire philologique et exégétique. Paris 1909; F. Ohly, *Hohelied-Studien*. Grundzüge einer Geschichte der Hoheliedauslegung des Abendlandes um 1200. Wiesbaden 1958.

[9] Vgl. W.G. Tillmans, *De anwezigheid van het bijbels Hooglied in het «Cántico Espiritual» van San Juan de la Cruz*. Brussel 1967; F. Pepin, *Noces de feu*. Le symbolisme nuptial de «Cántico Espiritual» de saint Jean de la Croix à la lumière du «Canticum Canticorum». Paris 1972. Mehr literarisch ausgearbeitet: J.L. Morales, *El Cántico Espiritual de San Juan de la Cruz, su relación con el Cantar de los Cantares y otras fuentes escriturísticas y literarias*. Madrid 1971.

[10] Vgl. u.a. Basilius der Große, *Hom.XII, I, in princ. Prov.*, MG 31,387: «Proverbium enim motum est institutio... Ecclesiastes vero physiologiam attingit, nobisque eorum quae in hoc mundo sunt vanitatem patefacit. Canticum autem canticorum modum ostendit animarum perficiendarum. Continet namque sponsae et sponsi concordiam, hoc est, animae cum Deo Verbo familiaritatem et consuetudinem»; Gregor von Nyssa, *In Cantica cant. Hom.I*, MG 44, 770-771: «Et cum sic cor expurgasset ab habitudine quae est id quod apparet, tunc per Canticum Canticorum mystice introduxit cogitationem ad divina adita...».

des Gläubigen und realisiert dadurch eine bedeutungsvolle Verbindung des subjektiven Heilsgeschehens mit dem objektiven Heilsgeschehen [11].

Die mystische Interpretation des Hohenliedes durch die Väter wird, sowohl in ihrer individuellen wie auch ihrer kollektiven Anwendung, durch die monastische Bibelinterpretation des Mittelalters übernommen, wodurch das Hohelied mit der ihm inhärenten Braut- und Paradiessymbolik die Frömmigkeitsliteratur bis in das 17. Jahrhundert hinein beherrscht [12].

Die Paradiesidee gemäß dem «sensus moralis»

In der monastischen Exegese des Hohenliedes bezieht sich die darin verwendete Paradiesidee zu allererst auf die äußerlichen Lebensumstände des «vacare Deo». Man spricht vom Eintritt ins Kloster als einer neuen «conversio», einer Wiederherstellung der Taufgnade in ihrer ursprünglichen Reinheit. Das Kloster, der Orden, das kontemplative Leben insgesamt werden denn auch als ein irdisches Paradies geschildert, mit dem für ihn spezifischen Kennzeichen des Lebensbaumes, der vier Ströme, der zentralen Lage, der idyllischen Naturharmonie und des himmlischen Friedens. Das Kloster erhält eine Bezeichnung, analog zu der Kirche. Das «genus monachorum» ist in «das Haus von Gott» eingetreten, es hat «Babylon» verlassen und «Jerusalem» gewonnen, als ein «auserwähltes Volk» und «königliche Priesterschaft», es ist aus «Ägypten» ausgezogen und in das «versprochene Land» eingezogen. Der Mönch hat schließlich das Paradies wiedergefunden, denn jetzt, nach der «lex naturae», der «lex litterae» und der «lex gratiae» lebt er in der Vollendung der «lex regulae» [13]. In der Theologie des Klosters, die nicht mehr auf das «quaeritur» und das «sciendum» gerichtet ist, sondern auf das «desideratur» und das «experiendum», ist das Hohelied das am häufigsten gelesene und kommentierte Buch der beiden Testamente [14]. Als Illustration der klösterlichen Geborgenheit und Intimität werden dann sehr beliebte Bilder verwendet, wie etwa «hortus conclusus» (Hld 4,12), «cel-

---

[11] H. De Lubac, *o.c.*, p.560: «... c'est dans le commentaire du *Cantique des Cantiques* que la tradition a poursuivie l'explication de ce schème de la manière la plus systématique et la plus immédiatement parlante. Ce petit livre est en effet compris d'un bout à l'autre comme exprimant le coeur de la révélation partout diffuse dans les Ecritures: il célèbre symboliquement le grand mystère d'amour».

[12] Die Braut- und Paradiessymbolik (am ausführlichsten in der spezifischeren Gartensymbolik) finden wir sowohl in der klassischen lateinischen Literatur sowie vor allem in großem Ausmaß in der Lyrik des Rheinlandes und des Niederländischen Sprachraumes wieder, so etwa fast auf jeder Seite des Sammelwerkes von S. Axters, *Mystiek brevier.* Dl.II. *De Nederlandse mystieke poëzie.* Antwerpen 1946. Auf verschiedenen Wegen ist der Einfluß dieser Blütezeit der Mystik bis in das Werk des Juan de la Cruz durchgedrungen, vgl. J. Orcibal, *Saint Jean de la Croix et les mystiques rhéno-flamands.* Paris 1966.

[13] Vgl. H. De Lubac, *o.c.*, p.574- 577.

[14] Vgl. J. Leclercq, *o.c.*, p.11-13 und 82.

laria» (Hld 1,3), «cella vinaria» (Hld 2,4), «rex in accubito suo» (Hld 1,11), «in foraminibus petrae» (Hld 2,14), «vinea» (Hld 7,12), «lectulus noster» (Hld 1,15) und ähnliche andere Räume [15].

Die Paradiesidee gemäß dem «sensus mysticus»

Hat ein Mönch sich einmal «a saeculi vanitate» zurückgezogen und ist er in den «hortus dilecti» eingetreten, dann erhält das Hohelied seine volle Bedeutung; es führt den kontemplativen Leser in das Hochland der Mystik ein, dorthin, wo die letztendliche Verwirklichung der Heilsgeschichte vorhergeahnt wird. Die «anima», die Seele-Braut, wird gemäß Hld 1,6 [16] aufgenommen in die paradiesischen Weidegründe des Wortes oder in das Brautgemach des ewigen Bräutigams (Hld 1,11) [17] oder, letztendlich, in das «alte» Paradies Seiner Gerechtigkeit [18].

Die aufsteigende Bewegung der Seele kan sich mit einer abwärtssteigenden Bewegung des himmlischen Christus, der den Kräuter oder «Rosengarten» der Seele betritt, überschneiden. Die Verinnerlichung der Paradiesidee und ihrer Symbolik finden wir am deutlichsten ausgesprochen in der Lyrik des Bernhard von Clairvaux und des Richard von St.-Victor [19]; es ist auch die beliebteste Darstellung in der Frömmigkeitsliteratur der Niederlande. «In hortum venit et fructum comedit dilectus quando Christus mentes visitat, et bonorum operum dilectatione se satiat», schreibt Gregor der Große und er setzt damit eine lange Tradition seit Origenes fort, der bereits die «Eintrittstexte» des Hohenliedes mit dem «inhabitatio»-Gedanken des Johannesevangeliums verbunden hatte [20]. Diese Verinnerlichung des Para-

---

[15] Vgl. die Texte bei H. De Lubac, *o.c.*, p.577-581.

[16] Vgl. Honorius von Autun, *Expositio in Cant. Canticorum*. ML 172,372; Bernardus von Clairvaux, *In Cant. Sermo XXXIII, 2*. ML 183,952: «... Quis non illic vehementer cupiat pasci et propter pacem, et propter adipem, et propter satietatem? Nihil ibi formidatur, nihil fastiditur, nihil deficit. Tuta habitatio paradisus, dulce pabulum Verbum, opulentia multa nimis aeternitas».

[17] Vgl. Gregorius der Große, *Super Cantica cant. Expositio*. ML 79,492: «Accubitum suum rex tunc intravit, quando Dominus noster Jesus Christus corporaliter coeli interiora penetravit. Quo ibi requiescente, nardus sponsae odorem suum dedit...».

[18] Vgl. Bernardus, *o.c.*, Sermo XXIII,3-4. ML. 183,885-886; Richard von St.-Victor, *Explicatio in Cantica canticorum, cap.XXIX*. ML 196,487-490: «Hortus est anima in qua excoluntur virtutum plantaria... Haec est paradisus in qua versatur, cujus deliciis et amaenitate delectatur... (nach Ausführungen über das verlorene und wiedergewonnene Paradies). Hanc paradisum emittit hortus devotae animae, et de hoc hortu emittitur ad hortum conclusum supernae civitatis Hierusalem. Cujus confortatae sunt serae portarum, omnis exclusa miseria, omnis inclusa felicitas et beatitudo sempiterna».

[19] Vgl. Bernardus, *Sermo XL,6 ML* 183,826; *Sermo XXV, 4-5. Ibid.*, 900-902; *Sermo LIX, 4-5. Ibid.*, 1063; *Sermo LXXII, 11. Ibid.*, 1134.

[20] *Super Cant. cant. Expos. Cap.V,1*. ML 79,516. Origenes, *In Cant. cant. Prologus*. ML 13,65: «Nihil ergo interest in scripturis divinis, utrum charitas dicatur, an amor, vel dilectio, nisi quod in tantum nomen charitatis extollitur, ut etiam ipse Deus charitas appelletur, sicut Joannes dixit: ...».

dieses in die Seele hinein verlangt allerdings eine besondere Hingabe; der Gläubige muß seinen Acker bebauen und mit Tugenden bepflanzen und vor Füchsen schützen [21]. Der Garten muß voller Tugenden blühen, um so die Seele zu beschützen wie die tausend Schilde, die in Hld 4,4 [22] das Brautbett beschützen. Diese Anstrengung führt zur hochzeitlichen Vereinigung mit dem Bräutigam-Christus und zur Einweihung in Seine göttliche Weisheit. Vor allem die «foramina petrae», die «cubiculum regis» und die «cella vinaria» werden hier mit Vorliebe verwendet [23]. Der Eintritt der Braut in einen dem Bräutigam gehörenden Raum (Brautgemach, Felsenhöhle, Garten, Weinberg, Keller, usw.) ist die Wiedergabe eines mystischen Aufstiegs, der nur im Paradies eine befriedigende Vollendung erfahren kann, das, wie Richard von St. Victor ausführt [24], als ewiges Erbe des Vaters für die Rechtfertigen als die Erben erneut zugänglich ist, nachdem das Feuer des Cherubs, das den Zutritt versperrte, durch den erlösenden Christus gelöscht wurde.

Diese fortwährende Symbolik menschlichen Verlangens hat im Hochmittelalter schließlich sowohl literarisch wie auch architektonisch ihren Ausdruck in den vielen Baum-, Kräuter- und Gemüsegärten gefunden mit dem «Rosengarten» als Höhepunt, der bereits in der Tradition Maria und später Christus versinnbildlichte. Von Bedeutung ist hier auch ein möglicher Einfluß des Islam auf den kulturellen Kontext des Juan de la Cruz [25].

Der Beitrag der bukolischen Literatur

In der Nachfolge der klassischen Mythologie kannte auch noch das Mittelalter die Schäferspiele und -Dialoge; die Blütezeit der Pastorale fällt allerdings in die Renaissance [26]. Das kulturelle Milieu der arkadischen Literatur verleiht der Naturidylle des Hohenliedes nicht nur mehr Plastizität, es erweitert sie auch um das Material der profanen Romanze. Die spanisch-franziskanische Schule des Francisco von Osuna, des Bernardo de Laredo und des Alonso de Madrid hatte bereits die Natursymbolik bei geistlichen

---

[21] Vgl. Origenes, in seinem Kommentar auf Hld 2,7 en 15, *Lib.III*. MG 15,164 und *Lib.IV*. MG 14,193.

[22] Vgl. Gregorius von Nyssa, *Hom. IX*: MG 44,963,966,970; Ambrosius, *Liber de Isaac et anima*, Cap.V: ML 14,544-545; Richard von St. Victor, *o.c.*, cap.XII. ML 183,470.

[23] Vgl. Richard von St.Victor, *o.c.*, cap.XXII: ML 183,470; Origenes, *o.c.*, cap.II,15: ML 79,499- 500; Ambrosius, *o.c.*, cap.IV: ML 14,53; Gregorius der Große, *o.c.*, cap.II: ML 79,495.

[24] *O.c.*, cap.XLI: ML 196,521- 522.

[25] Vgl. E.R. Curtius, *Europäische Literatur und lateinisches Mittelalter*. Bern 1948, p.106-108. W. Stammler, *Wort und Bild*. Studien zu den Wechselbeziehungen zwischen Schrifttum und Bildkunst im Mittelalter. Berlin 1962, p.109-116.

[26] Vgl. H. De Lubac, *o.c.*, p.218 e.v.; E. Kretzulesco, *Quaranta*. Les jardins du songe. «Popyphile» et la mystique de la Renaissance. Leiden 1976.

Schriftstellern populär gemacht[27]. Garcilaso de la Vega (1502-1536), der Prinz des Spanischen Petrarkismus, führte die «lira» ein, die Versform, die Juan de la Cruz in seinem Cántico-Gedicht übernehmen sollte. Der Heilige hat außerdem die Praxis der «poetas a lo divino» übernommen, vor allem des Sebastián de Córdoba, um eine religiöse Transposition liebgewonnener Bilder der profanen Liebesgedichte zustande zu bringen[28]. Obwohl nach einiger Diskussion festgestellt wurde, daß der Einfluß des Hohenliedes dominierend und bestimmend gewesen ist, müßen wir in unserer weiteren Untersuchung diesem literarischen Kontext Rechnung tragen.

II. Der Aufbau des Gedichtes nach der literaturgeschichtlichen Kritik

In unserer strukturellen Analyse der Symbolik wollen wir dem Beitrag der historischen Kritik Aufmerksamkeit schenken.Obwohl wir die synchrone Lesweise einer bestimmten Redaktion bevorzugen (A), sind wir der Meinung, daß nur bei schwerwiegenden internen Argumenten von der historischen Genese und dem damit verbundenen Aufbau abgewichen werden kann[29].

Elemente externer Textkritik

Das Werk trägt drei aufeinander folgende Titel, einen vor dem Prolog[30], einen über dem Gedicht und einen über dem sich daran anschließenden Kommentar[31]. Das der Terminus «Braut» erst nach dem Gedicht aufgenommen wurde, kann bedeuten, daß er hier funktionell verwendet wird: im Gegensatz zu Christus als dem Bräutigam von Anbeginn an ist die Seele erst nach der Begegnung und der Verlobung mit dem Bräutigam Braut[32].

---

[27] Vgl. J. Brouwer, *De Achtergrond der Spaanse Mystiek.* Zutphen 1935, p.50ff.; M. Milner, *Poésie et vie mystique chez Saint Jean de la Croix.* Paris 1951, p.47-50.

[28] Die eindringlichsten Studien in dieser Hinsicht sind noch immer die Werke von Damaso Alonso, *La poesía de San Juan de la Cruz.* Madrid 1942, p.29-49 en *Poesía Española, ensayo de métodos y limites estilísticos.* Madrid 1952, p.57-83.

[29] Unsere Studie basiert auf der Textausgabe der ersten Redaktion, der sogenannten Red.-A, als erster poetischer Ausdruck des Mystikers. Wir berufen uns nur auf den Kommentar um die theoretische «Paradiesidee» zu illustrieren, die eine reflexive Übersetzung des Gedichtes ist. Für die spanische Ausgabe des Gedichtes berufen wir uns auf J.V. Rodríguez/F. Ruiz Salvador, *San Juan de la Cruz. Obras completas.* Madrid 1988 (3), 857-979. Wir zitieren Rodríguez-Obras, 38,1, 972, das heißt Strophe 38, im Kommentar unter Nummer 1. Die Übersetzung des Gedichtes wird so buchstäblich wie möglich sein. Für die Übersetzung des Kommentars berufen wir uns auf I. Behn, *Johannes vom Kreuz. Das Lied der Liebe.* Einsiedeln 1984.

[30] Rodríguez-Obras, 861: «Declaración de las canciones que tratan de el ejercicio de amor entre el alma y el esposo Cristo...»

[31] Rodríguez-Obras, 863 und 868, respektive «Canciones entre el alma y el esposo» und «Comienza la declaración de las canciones entre la esposa y el Esposo».

[32] Man muß hier bedenken, daß die Braut-Terminologie mehr die eschatologische Perspektive betont: die Braut wird erst «Frau» bei der Parousie, das ist zumindest die Schlußfolgerung, wenn man mit der Beschreibung der historischen Kirche im Neuen Testament in der Analogie bleiben will; vgl. dazu R.A. Batey, *New Testament Nuptial Imagery.* Leiden 1971.

Diese Anspielung auf das Hohelied ist deutlich, auf die Paradiesidee wird allerdings nicht hingewiesen.

Chevallier zitiert hingegen ein Werk von José de Jesús-María (Quiroga), dem ersten Biographen der Unbeschuhten, mit dem Titel: *Subida del alma a Dios y entrada en el paraíso* (Alcalá 1617), in das, vor der ersten spanischen Ausgabe des Cántico in 1627, bereits viele Fragmente aufgenommen sind. Es ist bei Quiroga daher deutlich die Rede von einem Paradieseintritt als höchste Entwicklung des Gebets im Zusammenhang mit dem Cántico des Juan de la Cruz [33]. Die Überschriften der verschiedenen Strophen (Str 4 und 5) und die Andeutungen des sprechenden Subjekts («esposa» und «esposo») stammen aus den ersten Handschriften von Sanlúcar de Barrameda. Daß sie authentisch sind oder wenigstens von Juan de la Cruz genehmigt wurden, wird aus seiner handschriftlichen Hinzufügung von «el Esposo» in der Mitte der 12. Strophe deutlich [34]. Wichtig ist, daß der Heilige die Strophen nicht selbst numeriert hat [35]. Über die Entstehungszeit kann man geteilter Meinung sein, aber es ist sicher, daß das Gedicht in drei aufeinander folgenden Perioden zusammengestellt wurde. Die ersten 31 Strophen wurden in Toledo geschrieben; die Strophen 32-34 in Granada oder Baeza in den Jahren 1582-1584 und die 5 letzten Strophen (35-39) wahrscheinlich ebenfalls in Granada in den Jahren 1582-1584 [36]. Damit ist noch nichts über die interne Anordnung der Strophen innerhalb der drei Teile gesagt. Die ersten 31 Strophen sind mit bestimmten Unterschieden von Kloster zu Kloster weitergegeben worden und außerdem kann die spätere Erweiterung des Gedichts mit acht Strophen ihren Einfluß auf sowohl die Bedeutung als auch die Anordnung der vorhergehenden Strophen gehabt haben [37].

Elemente der internen Textkritik

In seinem Kommentar (Red. A) erklärt San Juan, daß das Gedicht den Verlauf des geistlichen Lebens in drei aufeinander folgenden Stufen wieder-

---

[33] Ph. Chevallier, *Le Cantique Spirituel*. Notes historiques. Texte critique. Version française. Paris 1930, p.LXIV.

[34] Vgl. P. Simeon de la Sagrada Familia, *San Juan de la Cruz, Doctor de la Iglesia, Obras completas*, Texto crítico-popular. Burgos 1959, p.177.

[35] Vgl. Silverio de Santa Teresa, *Obras de San Juan de la Cruz*, editadas y anotadas, t.III: *Cántico Espiritual*. Burgos 1930, p.7, Fußnote 1.

[36] Vgl. Eulogio Pacho, *El «Cántico espiritual» retocado. Introducción a su problemática textual*, in *Eph.Carm.*, 27(1976)2, 443.

[37] W.G. Tillmans, *Oorsprong en symboliek van het Cántico Espiritual*, in *Bijdragen* 35 (1974)2, 203-205.

gibt, als reinigenden, erleuchtenden und vereinigenden Weg[38]. Der Heilige legt die Zäsuren nach Strophe 5, 11 und 26. Man muß dabei beachten, daß sowohl im Gedicht als auch im Kommentar die erste Strophe als einleitende Übersicht für die gesamte kommende Bewegung funktioniert.

Eine besondere Schwierigkeit besteht beim Kommentar auf Strophe 17, in der San Juan mehr als einmal auf die geistige Hochzeit verweist[39]. Dieser anscheinende Widerspruch in der Red.-A des Kommentars ist Gegenstand von vielen Spekulationen und Diskussionen gewesen. Wir schließen uns hier bei der Meinung von Trueman Dicken an, der die Strophen 17-26 als einen «Proto-Cántico» sieht. Das bedeutet, daß dies eine Einheit ist, die hinsichtlich der geistigen Hochzeit zuerst selbständig kommentiert wurde. Später wurde dieser Kommentar aufgenommen in den Gesamtkommentar zu allen 39 Strophen (in der Strophe 27 als Moment der geistigen Hochzeit funktionierte), wobei durch Unaufmerksamkeit der Kommentartext die Strophe 17 nicht im Sinne der geistigen Verlobung korrigiert wurde[40]. Man kann diese Darstellung auch dann noch verteidigen, wenn man die Annahme verteidigt, daß zuerst ein Gedicht von 31 Strophen kommentiert wurde und der Kommentar in einer späteren Redaktionsphase wegen der Erweiterung von 31 auf 39 Strophen verändert wurde; mit demselben Wiederspruch als Ergebnis[41]. Das bedeutet, daß die Strophen 17-26 ebenso intensiv als Vereinigung gedeutet werden können wie die späteren Strophen, wodurch die didaktische Ordnung der poetischen Vorstellungskraft relativiert wird. Das wird auch deutlich, wenn der Kommentar seiner Systematik wegen die ursprünglichen Bilder des Gedichtes korrigieren muß, wie etwa im Kommentar zu Strophe 31, die eine Unruhe zeigt, die in der geistigen Ehe nicht mehr vorkommen darf[42]. Die Strophen 17 (Eintritt in den Keller), 27 (Eintritt in die Höhle) und 35-36 (Eintritt in das Unterholz bzw. in die Spelunken) werden immer von Strophen gefolgt (18, 28 und 37), die durch den Terminus «allí» (dort) die Bedeutung der genannten Plät-

---

[38] Vgl. Rodríguez-Obras 27,2 p.946: «Para declarar el orden de estas canciones más abiertamente ... es de notar que primero (el alma) se ejercitó en los trabajos y amarguras de la mortificación y en la meditación, que al principio dijo el alma desde la primera canción hasta aquella que dice: *mil gracias derramando* y después pasó por las penas y estrechos de amor ... hasta la que dice: *apártalos, Amado*. Y allende de esto ... hasta esta de ahora que comienza: *Entrada se ha la esposa*, donde restaba y a hacer el Esposo mención del dicho matrimonio espiritual entre la dicha alma y el Hijo de Dios, Esposo suyo, el cual es mucho más que el desposorio, porque es una transformación total en el Amado...». Der Autor nimmt folgende Einteilung vor: Str.1-5: reinigender Weg; Str.6-11: erleuchtender Weg; Str.12-26: die geistige Verlobung; Str.27-39: die geistige Hochzeit.

[39] Etwa Rodríguez-Obras, 17,3, p.919.

[40] E.W. Trueman Dicken, *o.c.*, 446- 447.

[41] Vgl. R. Duvivier, *La Genèse du «Cantique Spirituel» de saint Jean de la Croix*. Paris 1971, p.445-446.

[42] Vgl. Rodríguez-Obras, 31,6, p.957.

ze markieren [43]. Weiter können wir auch an einen bereits davor von uns ausprobierten Strukturierungsversuch anschließen, nämlich hinsichtlich der Assoziationen mit dem Hohenlied; dieser Versuch ergibt fünf kohärente Gruppen: Gruppe 1-11; Gruppe 12-26, mit den zentralen Strophen 12, 15, 17, 21-22 und 25-26; Gruppe 27-31, mit zentralen Strophen 27 und 30; Gruppe 32-34 und schließlich Gruppe 35-39 [44].

Es ist deutlich, daß ein linear geordneter Zeitverlauf im Gedicht nicht besteht. Wir haben es mit einer spiralförmigen Bewegung zu tun, die in mehreren, innerlich zusammenhängenden Gruppen von Strophen das Grundthema des Gedichtes wiederholt, immer in anderen Farben und mit wechselnder Intensität. Die Kunst besteht darin, im inneren Zusammenhang der Strophen das Grundthema und seine Symbolik nachzuweisen.

III. *Die Paradiessymbolik im Gedicht*

Drei Elemente erscheinen uns bei der Bestimmung der Paradiessymbolik von wesentlicher Bedeutung: es handelt sich dabei um einen geschlossenen Raum, der als Objekt des Verlangens den Anfang und das Ende der Geschichte bildet (d.h. der erlebten und in konkreten Bildern angegebenen Zeit); der Raum wird mit Naturbildern, die im Umfeld des biblischen Hohenliedes liegen, beschrieben und umgeben; schließlich wird die Symbolik von der Paradies-Idee begleitet, eine eher theoretische und reflexive Überzeugung, die einerseits eine rationalere Widerspiegelung des Symbolerfahrens ist und die andererseits den kontinuierlichen Interpretationsrahmen für die diskontinierliche Erfahrung bildet. Durch die assoziative Verbindung mit dem Gedicht kann die Paradies-Idee eventuell im Kommentar als Hilfsmittel dienen. Wenn wir die Heilsgeschichte als «kumulativen Prozeß von Geschehnissen und ihre Interpretation» verstehen [45], dann ist es theologisch nicht ohne weiteres möglich, den Inhalt des «Paradieses» mit dem der Symbolik des Alten und Neuen Testamentes zu identifizieren; die Überlegungen der Väter und mittelalterliche Traditionen bilden ein unabkömmliches Bindeglied zum Verständnis der sanjuanistischen Symbolik. Außerdem müßen wir auch die literarisch-assoziative Kraft der Minnelyrik des Mittelalters und der Renaissance berücksichtigen. Wir verfügen nicht über eine verwendbare Klassifikation der Paradiessymbolik im Rahmen einer Symbolforschung; wir werden allerdings die Erkenntnisse von G. Durand berücksichtigen und uns an sein «traject anthropologique» anschließen [46]. Das Vor-

---

[43] Vgl. Eulogio Pacho, *La Llave exegética del Cántico Espiritual*, in *Eph.Carm.*, 9(1958) p.319-336.

[44] Vgl. W.G. Tillmans, *De aanwezigheid van het bijbels Hooglied*, p.48 ff.

[45] H. Berkhof, *Christelijk geloof*. Een inleiding tot de geloofsleer. Nijkerk 1973, p.65.

[46] G. Durand, *Les structures anthropologiques de l'imaginaire*. Introduction à l'archétypologie générale. Paris, 1973, p.38: «... il faut nous placer délibérément dans ce que nous apellerons le

handensein der Paradiessymbolik wird sich schließlich an ihrer strukturierenden Fruchtbarkeit zeigen müßen; wir werden daher der Anordnung von
Zeit und Raum besonders Aufmerksamkeit schenken.

Strophe 1 bis 12

Mit der Frage «adónde» (wo) beginnt Strophe 1 unmittelbar mit der
Suche nach dem Geliebten und gibt dadurch dem kommenden Drama die
Raum-Symbolik als wichtigsten Hintergrund. Die Frage wird im Kommentar mit Hld 1,6 verbunden, als Frage an den himmlischen Vater nach der
«Weide»; eine Frage nach der «blumenbedeckten Ruhestatt» (Hld 1,15) des
Göttlichen Wortes, für alle Geschöpfe verborgen[47]. Die Gleichsetzung des
Bräutigams mit dem flüchtenden Hirsch ist sowohl vom Hohenlied her möglich (2,9; 2,17 und 8,14) als auch von der bukolischen Literatur[48]. Von Bedeutung ist hier die Umkehrung der Bilder im Vergleich zur traditionellen
Symbolik. Im Hohenlied ist der Bräutigam verwundet und die Braut der
paradiesische Quell (Hld 4,9-15); in der christlichen Tradition ist Christus
(Gott) der Quell und die menschliche Seele der durstende Hirsch (Ps 41,2);
in der bukolischen Literatur ist der Geliebte der verwundete Hirsch und
wird die Frau an die Quelle plaziert. Dennoch ist diese Klassifikation
Mann-Hirsch und Frau-Quelle zu einfach. Zuallererst gibt es auch in der
klassisch mythologischen Tradition die den flüchtenden Hirsch (als Metamorphose des Mannes) jagende Frau-Göttin[49]. Außerdem sehen wir, wie in
Strophe 12 der Hirsch verwundet (wie in Strophe 34) selbst die Kühle
sucht, womit Strophe 12 harmonisch an Strophe 11 anschließt, in der die
Braut an den «kristallenen Quell» gesetzt wird. Die anfängliche Suche nach
den flüchtenden Hirsch von Strophe 11 wird in Strophe 12 durch eine entgegengesetzte Bewegung durchkreuzt. Allerdings hält die Schilderung der
«verwundeten Braut und des flüchtenden Hirschs» den Leser bis zur Strophe 12, in der endlich das Treffen zustande kommt, in Spannung. Die
Flucht des Hirschs setzt die Braut in Bewegung, wodurch Raum
durchschritten und die Zeit detailliert wird: die Braut macht sich auf die Suche nach dem Versteck des Geliebten. Die Strophen 2 und 3 schließen sich
unbestreitbar an die (apokryphen) «Sololoquios» des Augustinus an: in arkadischen Bildern erforscht die Braut —immer weiter hinaufschreitend—

---

traject antropologique, c'est-à-dire l'incessant échange qui existe au niveau de l'imaginaire entre
les pulsions subjectives et assimilatrices et les intimations objectives émanant du milieu cosmique et social».

[47] Rodríguez-Obras, 1,3, p.869-890. Analog zur Inkarnation ist die «inhabitatio» bereits
früher als das Verlassen der geheimen Wohnung im Himmel (dem Schoß des Vaters) durch
das Wort vorgestellt, um als Bräutigam in die ebenso geheime Wohnung der Seele einzutreten,
vgl. Ambrosius, *Liber de Isaac et anima*. ML 14,555 als Kommentar auf Hld 7,11.

[48] Vgl. J. Morales, *o.c.*, p.118-121.

[49] Vgl. G. Durand, *o.c.*, p.359-360.

ihre kosmische und soziale Umgebung, um eine Spur ihres Geliebten zu finden. Sie weigert sich, sich an möglichen Rastplätzen auszuruhen (Berge, Ufer und Blumen) oder sich durch etwas abschrecken zu lassen (wilde Tiere, Befestigungen und Grenzen). Die Augustinische Korrektur auf diese verstreute Exteriorität wird nicht zur Sprache gebracht, sie wird aber in Strophe 6 und 7 dramatisch dargestellt werden [50].

Die Strophen 4 und 5 sind nach dem gleichen Schema entworfen [51], allerdings mit Betonung der Intimität und des Charmes der Natur, die im Kommentar durch eine Anspielung auf das Rituale Romanum noch paradiesisch vertieft wird: «Constituat te Christus, Filius Dei vivi, intra paradisi sua semper amoena virentia» [52]. Die Strophen 6 bis 10 bilden den negativsten Abschnitt des Gedichtes. Die Braut findet keine Halt in ihrer Umgebung; die Spuren des Geliebten in der Natur verwunden sie nur, sich selbst hat sie verloren durch den fortwährenden Schmerz ihres unerfüllten Verlangens. In diesem desolaten Zustand verfällt sie dem Selbstmitleid, sich selbst fremd und heimatlos in der Welt. Strophe 7 greift das «Schmachten» von Strophe 5 auf, um der Natur ihren entweichenden und verbergenden Charakter vorzuwerfen. Strophe 11 bildet dazu den Abschluß: die heftige und verzweifelte Jagd nach dem Geliebten wird langsamer und das Verlangen kehrt sich außerdem wiederum nach außen.

Stilistisch ist es auffallend, daß San Juan hier zum ersten Mal Epitheta verwendet, wodurch die Aufmerksamkeit bei der gesehenen Umgebung festgehalten wird. Das Bild des Wasserspiegels hat eine heilende Funktion, da das Verlangen «innen» und «außen» zueinander gebracht wird. Das Bild des spiegelnden Wassers (Quelle) ist zu universal, um seine Abstammung auf eine bestimmte Tradition zurück zu führen; man könnte an die zwei Egloga des Sebastián von Córdoba denken, an das Neue Testament (Joh 4,14 und 7,38-39), und an die «Subida del Monte Sion» des Bernardo de Laredo [53]. Das Bild knüpft an Strophe 10 an, in der Akzentuierung des Visuellen und im Verlangen nach einem Sehen von «Angesicht zu Angesicht», wie es der Kommentar des Mystikers angibt [54]. Die Frage an das spiegelnde Wasser ist nicht die Frage nach dem «Selbst», sondern nach der unmittelba-

---

[50] Vgl. J.L. Morales, *o.c.*, p.123. Der Augustinische Text lautet: «Circuivi vicos et plateas civitatis hujus mundi, quaerens te, et non inveni: quia male quaerebam foris quod erat intus. *Misi nuntios meos*, omnes sensus exteriores, ut quaererem te, et non inveni: quia male quaerebam».

[51] *Ibid.*, p.127, mit dem vergleichbaren Text: «Interrogatio creaturarum, profunda est consideratio ipsarum; responsio earum attestatio ipsarum de Deo, quoniam omnia clamant: Deus nos fecit».

[52] Rodríguez-Obras, 4,5, p.880-881.

[53] Vgl. J.L. Morales, *o.c.*, p.139- 142; G. Morel, *Le sens de l'existence selon S. Jean de la Croix*. t.III: Symbolique. Paris 1961, p.112, Fußnote 54 *bis*.

[54] Rodríguez-Obras, 10,4, p.893.

ren Anwesenheit des Antlitzes des Geliebten, oder, in der Theologie des Kommentars, nach dem Wasser —dem absoluten Quell der ganzen vermittelnden Schöpfung— der der Geist ist[55].

Strophe 12 bis 27

In Strophe 12 erreicht das Suchen der Braut seinen ersten Endpunkt im Sehen der Augen des Bräutigams. «Und weil die Seele so stürmisch —wie es die letzte Kanzone bezeugte— nach den Augen des Geliebten verlangt hatte, enthüllt ihr der Geliebte einige Strahlen seiner erhabenen Gottheit, wie sie es begehrte. Doch von solcher Hoheit und Wucht war diese Einstrahlung, daß die Seele in ekstatischer Verzückung außer sich geriet. Das aber bewirkt eine solche Schädigung und Verstörung ihres natürlichen Wesens, daß sie solche Übergewalt in ihrer Schwäche nicht aushalten kann und in die Worte ausbricht: «Laß sie nicht, Liebster, offen! Diese deine göttlichen Augen wende von mir hinweg! Sie verzücken mich höher, als es Menschennatur erträgt, hinein in höchste Vergeistigung». Es schien der Liebenden, daß ihre Seele nun dem Leibe entwiche, wie sie es immer begehrt hatte».

Diese Stelle im Kommentar veranschaulicht treffend den überraschenden und überwaltigenden Charakter der ersten Begegnung. Die Verzückung wird versinnbildlicht im Vogelflug als der Mitte der Verbildlichung, der im Aufstieg die Luft bzw. die Lüfte bewegt. Die auffliegende Taube wird aber zur Erde zurückbeordert, damit die Begegnung sich dort weiter vollziehen kann[56]. Neben dem Wasser spielt auch die Luft mit ihrer vertikalen Ausrichtung eine bedeutende Rolle in der Symbolik des Vogelfluges des Gedichtes. Die spirituelle Symbolik des Vogelfluges können wir im Werk von San Juan öfters finden. Die Taube als Bild der Braut ist im Hohelied bereits vorgegeben. Die Worte des Bräutigams weisen außerdem auf Hld 2,8-17, die wegen ihrer auditiven und visuellen Frühlingsbilder in der Tradition sehr beliebt waren[57]. In seiner Beschreibung der Symbolik des Vogelfluges und der Taube neigt G. Durand dazu, diese Bilder als einen Ausdruck der männlichen Erotik, wenn auch in sublimierter Weise, zu sehen[58]. Das sexuelle Muster der Symbolik des Gedichtes stellt im Moment

---

[55] Wir können hier nur auf die feinsinnige Interpretation von G. Morel, *o.c.*, p.110-115, verweisen, in der das Wasser deutlich als Grund-Symbol der Anwesenheit gezeichnet wird, die allesumfassend jede weitere symbolische Meditation ermöglicht.

[56] Vgl. G. Morel, *o.c.*, p.120-121: «C'est seulement lorsqu'il est sorti très loin hors de son intériorité immédiate que l'Absolu se manifeste *vraiment* à lui. L'apparition du cerf à la strophe XII est donc d'un autre ordre que la première apparition évoquée au début du Cántico».

[57] Vgl. Wilhelm von St. Thierry, *Expositio altera super Cantica Canticorum*. Cap.II, ML 538.

[58] G. Durand, *o.c.*, p.146: «Quant à la colombe ... Si elle joue un rôle sexuel dans la mythologie chrétienne, ce rôle est nettement sublimé; le phillisme, dont l'oiseau est quelquefois chargé, n'est qu'un phallisme de la puissance, de la verticalisation, de la sublimation et, si le vol s'accompagne de volupté, c'est, le remarque Bachelard, d'une volupté purifiée... C'est pour cette raison que la colombe, et l'oiseau en général, est pur symbole de l'Éros sublimé...».

noch ein Problem dar. Es ist allerdings deutlich, daß San Juan —wie auch hier in Strophe 12— immer wieder im Vergleich zum Hohenlied die Rollen umdreht; der Braut werden die Aussprüche und Bewegungen zugeteilt, die im Hohenlied und in der Weisheitsliteratur dem Mann (auf der Suche nach dem «weiblichen» Paradies) zugeschrieben werden [59]. Dadurch entsteht eine Mehrdeutigkeit, die eine schnelle Systematisierung ausschließt. Im Gedicht wird auch der Bräutigam «verwundet» genannt; im Kommentar ist San Juan vorsichtiger: die Liebeswunde des Hirsches ist in Wirklichkeit das buchstäbliche Mitleiden mit der Wunde der Braut. Dennoch hält der Kommentar den Zusammenhang zwischen Strophe 12 und dem Wasser der Strophe 11 fest: «Es ist nämlich die Eigenart des Hirsches, Höhen zu ersteigen; ist er verwundet, so sucht er in schnellem Lauf Linderung in kühlem Gewässer» [60].

Die Strophen 13-14 bilden einen Höhepunkt im Gedicht; in vollkommener Originalität werden Naturbilder mit den reichsten und überraschendsten Epitheta zu einer sowohl visuell wie auch auditiv atemberaubenden Landschaft aneinandergereiht. Die Unmittelbarkeit dieses endlosen Raumes durchbricht die Dualität von Subjekt und Objekt und resultiert in einer Erfahrung, die im Kommentar als maximal und total beschrieben wird: «In diesen Kanzonen sagt die Braut: 'All dies ist der Geliebte in sich; all dies ist er für mich'». Und er ist es für sie, weil sie bei den göttlichen Heimsuchungen in solchen Ekstasen inne wird, was der Ausruf des heiligen Franziskus in Wahrheit besagt: «Mein Gott und alle Dinge!» Da Gott für die Seele «alle Dinge» ist und das Vortreffliche von ihnen allen...» [61]. Der Zustand der Seele in diesem Reichtum und Überfluß, in dieser Ruhe und Entspannung, Einsicht und geistlicher Süße, in Gottes Licht und Weisheit, und in der funkelnden Harmonie von Gottes Geschöpfen und Werken, —alles Worte des Kommentars— ist vollkommen paradiesisch. Die Seelentaube «gewahrt bei ihrem Fluge zu dieser göttlichen Arche ... die vielen Wohnungen, von den die göttliche Majestät durch den Mund des Jüngers Johannes sprach, Wohnungen in dem Hause seines Vaters...» [62].

Der Kommentar muß die Bilder allerdings detaillieren, um sie besprechbar machen zu können, das Gedicht spricht aber von *einer* Wirklichkeit: Gott, der Mensch und Welt vereint. Es geht hier nicht nur um die Erfahrung der Welt als von Gott und dem Menschen verschieden, sondern auch um die Welt als Subjekt, als Gott selbst; in der Verbindung des Geliebten mit dem Universum («Mein Geliebter, die Berge...») ist Gott alles: «... eine jede dieser bekundeten Herrlichkeiten ist Gott, und sie alle zusam-

---

[59] Vgl. W.G. Tillmans, *De oude paradijssymboliek*, p.379-381.
[60] Rodríguez-Obras, 12,8, p.899 = I. Behn, *o.c.*, p.86.
[61] Rodríguez-Obras, 13-14,5, p.902 = I. Behn, *o.c.*, p.91-92.
[62] *Ibidem*.

men sind Gott»; und der Mensch ist ebenso Subjekt der Welt, in der er die Vermittlung für die Vereinigung mit Gott findet [63].

Hinsichtlich der inhaltlichen Funktion der Symbolik können wir einen anthropologischen Hinweis im Werk von G. Durand finden. Er stellt die Symbolik des paradiesischen Zentrums in das System des «Régime Nocturne», das eine synthetische und dramatische Kosmologie aufbaut, in der die Bilder des Tages mit den Figuren der Nacht zusammenfließen. Das Symbol des Paradieses und die dazugehörigen Bilder passen in das Schema der Intimität und der Tiefe. Neben den bekannten Bildern wie etwa Garten, Weinberg, Weide, abgeschloßener Wald oder Unterholz, Nest, Haus, Tempel und (runde) Stadt, sind auch das Grab und die Wiege, die (verborgene) Kammer, der Keller und die Höhle, das Boot und die Arche, die beschützte und (durch Wasser oder Feuer) abgeschirmte Insel, das Ei, die Vase und der Bauch dazugehörige Bilder. Das Paradies kann auf einem Berg liegen, aber es enthält wesentlich und immer einen abgeschloßenen Raum. Der Nachdruck liegt sehr stark auf dem «Mutterschoß, obwohl das Wasser (die Quelle), der (Lebens)Baum und der errichtete Stein, die beiden letzten eine Individualisierungsfunktion erfüllen können. Im Gegensatz zu den quadratischen und rechteckigen Figuren der Geborgenheit (die eine eher defensive Funktion erfüllen), ist die runde Figur der Paradiessymbolik zu allererst Bild der Intimität und kann vermutlich nicht als Symbol der Totalität interpretiert werden. Kennzeichnend für die Symbolik des Zentrums ist die Wiederholung: der heilige und zentrale Platz kann in endlosen Variationen vervielfältigt werden und in der Ordnung der Zeit als fortwährender Beginn funktionieren. Das Ziel dieser Symbolik ist eine «schützende» Funktion, sie ist als «le contenant» verbunden mit «le contenu». Dieses letztere ist eine Flüßigkeit, durch die, über das Schema der Nahrung, die Intimitätssymbolik mit der Wassersymbolik verbunden wird. Durand nennt hier u.a. das Salz, die Milch, den Honig, den Wein und das Gold. Bei all dem muß man bedenken, daß der Autor es eine heikele Sache findet, Symbole nach Schlüsselobjekten anstatt nach strukturellen Trajekten der Imagination zu klassifizieren [64].

Verschiedene Bilder in den Strophen 13-14 können sich hieran anschließen, aber die Struktur dieser Figuration (mit paradoxalen Einheit von auditiven und visuellen Bildern) ist zu weit und zu offen für jeden wie immer gearteten «geschollenen Hof».

Die Strophen 15-16, die ausführlich an die Bilder des Hohenliedes anknüpfen, passen besser in die oben umschriebene Symbolik. Die mit Blumen bedeckte Ruhestatt, aufgebaut aus Frieden, durch Löwengruben und goldene Schilde geschützt, bildet «le contenant» des Funkens, des gewürz-

---

[63] Rodríguez-Obras, 13,4,5 = I. Behn, *o.c.*, p.92.
[64] Vgl. G. Durand, *o.c.*, p.269-307.

ten Weines und des göttlichen Balsams, die, durch ein dreifaches «al», als Attribute des Geliebten in Strophe 16 die Mädchen in Bewegung bringen. Der Kommentar ist in der Ortsbestimmung von «unsere Lagerstätte» zwischen Braut und Bräutigam unbestimmt, aber er übersteigt deutlich die Allegorie des Seelen-Gartens, indem er dessen Vollkommenheit von der Vereinigung der Geliebten abhängig macht. Die «Berührung des Funkens» in Strophe 16 schließt an Hld 5,4 an («et venter meus intremuit ad tactum eius») und bei der mittelalterlichen Tradition der tiefsten Seelenrührung. Der gewürzte Wein assoziiert Hld 8,2 und 1,2, wobei letzteres auch das Bild des Balsams suggeriert. Das Wort «emissiones», ein Latinismus bei San Juan, verleiht den Attributen ihren kostbaren Charakter durch die Assoziation mit Hld 4,13: «emissiones tuae paradisus».

Die Strophen 17-18 bilden einen Höhepunkt der gegenseitigen Annäherung. Das Eintreten in den Weinkeller des Geliebten und das Trinken des Weines gelten in Kommentar als Symbol der geistlichen Hochzeit. Die Beschreibung der darauf folgenden Extase und Entfremdung von der alten Welt sind durch die Erfahrungen von Ruusbroec und Tauler beeinflußt; die Lyrik des Gedichtes trägt deutlich die Spuren der arkadischen Literatur der Renaissance [65].

Wichtig ist die positive Deutung der Entfremdung im Kommentar; die Seele wird der Weisheit des Geliebten teilhaftig und wird in Läuterung zu einem neuen Menschen umgeformt [66]. Im Kommentar zu der «allí»-Strophe 18, die im Gedicht den Inhalt der Wein-Gabe in Strophe 17 ausarbeitet, beschreibt San Juan die Umkehr der «ersten Bewegungen», als charakteristische Ausarbeitung der Paradies- Idee [67].

Die Strophen 19-20 zeichnen, indem sie das Schlußthema der Strophe 18 weiterspinnen, den Abschied der Braut von ihrer alten Welt: im bukolischen Bild der Hirtin verläßt sie die Herde und wird auf den Fluren nicht mehr erblickt. Dies alles nach Art der Literatur und der Volklieder der damaligen Zeit [68].

Die Strophen 21-24 sind eine Rückblende, in der die Braut erzählt, wie sie mit dem wogenden «einen Haar» ihren Geliebten gefangen und von ihm

---

[65] Vgl. J.L. Morales, *o.c.*, p.169- 170.

[66] Rodríguez-Obras, 17,12, p.922-23, inklusive der marginalen Hinzufügungen des Heiligen selbst.

[67] Rodríguez-Obras, 18,5, p.925 = I. Behn, *o.c.*, p.175: «Sie ist wie göttlich, eingegottet, derart, daß sie sich keiner, selbst keiner ersten Regung bewuß ist, die Gottes Willen zuwiderliefe. Wenn eine unvolkommene Seele in der Regel, zum mindesten in ihren ersten Regungen, zu etwas Schlechtem hinneigt ..., dan bewegt und neigt sich jene erhöhte Seele mit den Kräften des Verstandes, des Willens, des Gedächtnissen und der Triebe regelmäßig und schon in den ersten Regungen hin zu Gott».

[68] Vgl. Damaso Alonso, *La poesía de San Juan de la Cruz*, p.137-38.

darauf ihre Schönheit erhalten hat. Die blühenden Blumen und die frischen Morgen sind mit Hld 7,2 zu verbinden, was durch den Kommentar mit Verweisung auf Hld 3,11 und 2,5 noch unterstrichen wird. Der Kommentar allegorisiert Strophe 21 vor allem mit dem bekannten Bild der Blumen als Tugenden im Seelengarten.

In den weiteren Strophen wird der Werbungs-Stolz der Braut durch den Hinweis auf die Gnadengaben des Bräutigams korrigiert, wodurch der «amor ecstaticus» Vorrang erhält vor dem «amor physicus»[69]. Hals, Haar und Ohren der Braut sind zurückzuführen auf Bilder aus dem Hohenlied 4,9: «Vulnerasti cor meum, soror mea sponsa; vulnerasti cor meum in uno oculorum tuorum et in uno crine colli tui»; 4,4.7 und 7,4). Im Kontext der Symbolik von San Juan kann man das «eine Haar» besser mit dem dünnen Faden, den der Vogel im Flug festhält, assoziieren als mit dem dunklen Wasser der Weiblichkeit[70]. Der Inhalt dieser Verse ist die gegenseitige kreative Zärtlichkeit.

Die Strophen 25-26 kehren wieder zu «unserem Weinberg» und «meinem Garten» zurück, den bekannten Paradiesbildern aus dem Hohenlied (2,15-16; 4,16-5,1 und 6,1- 2), sie füllen den Raum mit blühenden und duftenden Blumen (Rosen), verborgen auf der Höhe, aber geöffnet für den erneuerten Südwind. In beiden Strophen ist der Garten voll von Bewegung: die Füchse werden gefangen und ein Blumenstrauß (Pinienzapfen) wird gebunden, der Nordwind läßt nach und der Südwind atmet den Blumenduft für den Geliebten, der weiden kommen wird. Der Kommentar verweist wiederum auf den Seelen-Garten, in dem sich der Sohn Gottes aufhalten möchte[71].

Strophe 27 bis 32

Die Strophen 27 und 28 bilden gemeinsam einen Eintritts— und einen «allí»-Text. Zuallererst stellt der Bräutigam fest, daß die Braut in den Garten eingetreten ist und daß sie den ruhespendenden Arm des Geliebten gefunden hat. Strophe 28 folgt hier der Vulgatübersetzung von Hohenlied 8,5 und der damit verbundenen klassischen Paradiesinterpretation: im Kommentar erscheint die Mutter sowohl als Eva im Paradies wie auch als menschliche Natur; der Baum ist sowohl der Apfelbaum des Paradieses wie auch der erlösende Kreuzesbaum: «Denn deine Mutter, die menschliche Na-

---

[69] Vgl. zu dieser Einteilung P. Schoonenberg, *o.c.*, p.11.

[70] Vgl. G. Morel, *o.c.*, p.133.

[71] Rodríguez-Obras, 25,2, p.940; 26,4, p.943 und 26,9, p.944- 45.

tur, wurde von den ersten Eltern unter dem Baum geschändet. Und wieder unter einem Stanne, unter dem Kreuze fandest du Genesung»[72].

Die Strophen 29-30 isolieren den Garten und die darin schlafende Braut durch eine sanfte Beschwörung von der lebendigen, aber auch bedrohenden Umgebung; dies geschieht durch Bilder, die sowohl aus der pastoralen Mode stammen (Leiern und Sirenen) wie auch aus dem Hohenlied (2,7 3,5 und 8; 8,9-10). Wegen des Bildes der schützenden Mauer nennt der Kommentar die Braut «hortus conclusus» und allegorisiert, im Gegensatz zum Gedicht, den Garten als Seelen-Garten für den Geliebten[73].

In Strophe 31 übernimmt nun die Braut dieselbe Beschwörung, wobei allerdings die «Schwellen» und «Randgebiete» dieselbe Schutzfunktion Ubernehmen wie die «Mauer» in Strophe 30. Im Kommentar schließt San Juan —um die vollkommene Ruhe dieser Phase zu illustrieren— an die Grundintention der Paradies-Idee an, indem er ausdrücklich auf die «erste Bewegung» und den «Zustand der Unschuld» verweist[74].

Strophe 32 bis 35

Strophe 32 setzt die Bewegung (wenn auch nur für kurze Zeit) in Gang; im Kommentar wird diese Strophe als eine Bitte um mehr Innerlichkeit, um größere Teilnahme an der göttlichen Herrlichkeit, kurz, um einen wesentlich bedeutenderen Eintritt des göttlichen Geliebten in das Tiefste der Seele gedeutet. Zentrale Bilder sind dabei die «Berge» und die «fremden Inselweiten»; sie bedeuten vielleicht eine Wiederaufnahme dieser Bilder aus Strophe 13, aber dann mit einer anderen Intentionalität, wie wir sie auch in Strophe 35 finden, die ebenfalls eine Wiederaufnahme der Bewegung durch die Braut ist. Beide Strophen sind außerdem eine Wiederaufnahme des Gedichtes durch San Juan in den beiden späteren und voneinander unabhängigen Perioden. Der Terminus «Escóndete» muß daher eher als eine Bitte um eine tiefergehende Intimität verstanden werden dann als Aufforderung, sich vor der Außenwelt zu verstecken.

---

[72] Rodríguez-Obras, 28,4, p.949-50; vgl. 28,1, p.949: «pues la reparó y remedió por el mismo medio que la naturaleza humana fue estragada, por medio del árbol del paraíso, en la madre primera que es Eva». Der Kreuzesbaum als Wiederkehr des (kosmischen) Baumes in der Mitte des paradieses ist ein bereits altes Thema, vgl. M. Eliade, *Beelden en symbolen*. Hilversum 1963, p.37, 141-146; eine große Anzahl von Texten findet man in H. De Lubac, *Aspects de Bouddhisme*. Paris, 1951, p.57-79; vgl. den Kommentar des Robert de Tombelaine, der im 16. Jahrhundert als der des Gregorius der Große gelesen wurde, *Super Cant. Cant. Expositio*, Cap. VIII. ML 79,541; oder, ausführlicher bei Anselmus von Laon, *Ennarationes in Cantica Canticorum*, Cap.VIII. ML 162, 1224.

[73] Rodríguez-Obras, 29-30,12, p.955.

[74] Vgl. Rodríguez-Obras, 31,5, p.957 (kursiv W.T.): «pero cuando sólo son *primeros movimientos*, sólo se dice tocar a los umbrales o llamar a la puerta, lo cual se hace cuando hay acometimientos a la razón de parte de la sensualidad para algún acto desordenado ... De donde está es ya *una bienaventura vida semejante a la del estado de la inocencia*, donde toda la armonía...».

Strophe 32 ist dann eine positive Wiederaufnahme des ersten Satzes
es Gedichtes[75].

Strophe 33 bietet der Braut, «dem weißen Täubchen», eine andere
Heimkehr: die Arche und die grünen Ufer. In seinem Kommentar scheint
San Juan «la blanca palomita» mit der Poesie des Garcilaso und des Boscan
zu assoziieren, vor allem mit den sog. Fonte-frida Romanzen des letzteren;
er sieht aber auch, belehrt durch die Exegese des Gregorius und des Bernar-
dus, einen deutlichen Zusammenhang mit Hld 1,9 und 2,11-13. Das Früh-
lingsbild dieser Stelle kann die grünen Ufer und das damit verbundene
Wasser leicht entstehen lassen[76]. Vor allem aber macht die «Arche» diese
Strophe zu einem Eintritt ins Paradies: «So schwebte diese Seele bei ihrer
Erschaffung aus der Arche, aus Gottes Allgewalt hinaus, (sie irrte über die
Sintflut der Vergehen und der Unvollkommenheiten, ohne Ruhe zu finden)... Und so kehrt die Seele, diese zarte Taube, nicht nur weiß und rein
in die Arche ihres Gottes zurück, so rein wie sie bei ihrer Erschaffung daraus hervorging, sondern auch mit Mehrung, mit dem Zweig der Krönung
und des Friedens...»[77].

Strophe 34 bildet den verdichtetsten Ausdruck der «soledad» im Werk
des Mystikers. Diese Strophe ist der Rückblick auf den langen Weg zur
geistlichen Hochzeit, die mit dem «Nest» der Einsamkeit endet: ein Platz
ungestörter Ruhe und Wärme, in unmittelbaren Kontakt mit dem Geliebten
(ohne Dazwischentreten von Engeln, Menschen, Figuren und Formen, sagt
der Kommentar, d.h. ohne Bilder der inneren oder äußeren Sinnesorgane);
ein Geliebter, der ebenso durch die Liebe verwundet ist (durch die Einsamkeit ihrer Liebesreise, sagt wiederum der Kommentar). Hinsichtlich des «su
nido» zitiert San Juan Ps 83,4: «Etenim passer invenit sibi domum, et turtur
nidum ubi reponat pullos suos», und verbindet dadurch diese Strophe mit
Strophe 33.

Strophe 35 bis 39

Strophe 35 setzt die Geliebten wiederum in Bewegung; den Berg oder
den Hügel hinauf, auf dem das reine Wasser aufsteigt, mit der Einladung,

---

[75] Es könnte sein, daß der erste, etwas rätselhafte Vers dieser Strophe in Assoziation zu
Hld 8,14 (Schluß) enstanden ist: «Fuge, dilecte mi, et adsimilare capreae hinnuloque cervorum
super montes aromatum», der als Bitte an den göttlichen Bräutigam, seine vollkommene Offenbarung erst zu «seiner Zeit» zu geben, interpretiert wurde, damit menschlicher Wahn nichts
verderben könne, vgl. Rupert von Deutz, o.c., Lib.VII. ML 168,961 und Wilhelm von St.
Thierry, o.c., Cap.I. ML 180,476.

[76] Für die genaueren Angaben vgl. J.L. Morales, o.c., p.212-14.

[77] Die Arche als Symbol des Paradieses blickt auf eine lange Tradition zurück, vgl. Honorius von Autun, o.c., ML 172, 354; Hugo von St. Victor, De arca Noë morali. ML 176, 617-680
und vor allem: De arca Noë mystica. ML 176, 681-704; besonders zu beachten ist das in der
Überschrift vorgegebene Programm. Cap.I, Ibid., 681-82: «De arcae descriptione per crucis fi-

tiefer in das Unterholz einzudringen. Das Ziel all dessen: die Schönheit de. geliebten Bräutigams. Strophe 36 wieder ist, als Fortsetzung dieser Einla dung, ein Eintrittstext, durch Hld 8,2 und vor allem 2,14 inspiriert: «colum ba mea in foraminibus petrae, in caverna maceriae, ostende mihi faciem, so net vox tua in auribus meis: vox enim tua dulcis, et facies tua decora». Hal ten wir fest, daß San Juan diesen Text wiederum durch die Braut und nich den Bräutigam sprechen läßt.

Paralell zu den Strophen 17 und 27 wird auch hier wieder der Bräuti gam zum Zentrum des Paradieses und dann mit den Attributen der Brau des Hohenliedes.

Die Felsenhöhle und der Keller sind für San Juan Symbole des tiefster Inneren und schließen an den «Seelengrund» der Rheinländischen Mystik an. Es handelt sich hierbei dem Kommentar zufolge um die tiefste Gabe der Nähe und der Weisheit. Die Spalten im Fels (der Fels, der nach 1Kor 10,4 Christus ist) sind die hohen und tiefen Mysterien der Menschwerdung, die Granatäpfel sind die göttlichen Attribute: «Es sei auf die sphärische Gestalt der Granatäpfel hingewiesen; jeder Granatapfel bezeichnet hier irgendeine Kraft und Seinsweise Gottes, und diese wiederum ist Gott selber; und die Kugelform der Frucht deutet darauf hin, daß er weder Anfang noch Ende hat» [78]. Durch ein Zitat (Hld 8,2) wird außerdem der Granatapfelmost in ei nem Atemzug mit dem «duftenden Wein» genannt, den wir bereits in Stro phe 16-17 angetroffen haben.

Strophe 37 ist wiederum eine «allí»-Strophe und wird inhaltlich von Strophe 38 aufgefüllt. Dieser Inhalt des «Granatapfelmostes» und «des ande ren Tages», dessen, was «die Seele angestrebt hat» wird durch eine Reihe mit Epitheta verzierten Naturbildern wiedergegeben: die Luft, der Gesang, der Wald, die serene Nacht und die schmerzlose Flamme. Den Wald und die Luft kennen wir bereits aus Strophe 13, die Musik und die Nacht aus Strophe 14. Die Ruhe und das Genießen der Strophe 38 werden im Kom mentar als Paradiessymbole bestätigt: der «andere Tag» ist der Zustand der ursprünglichen Gerechtigkeit Adams; ein Zustand von Liebesfeuer, den die Seele als eine Rückkehr zu dieser Unschuld erfährt, die durch keine fremde Bewegung gestört werden kann [79].

Strophe 39 bildet den Abschluß des Gedichtes. In Assoziation mit Hld 8,11 wird ein Wasserkreis um den Aufenthaltsort der Geliebten gezogen, wodurch er wie eine Insel von allen Bedrohungen abgeschlossen ist, oder,

---

guram, et agnum in centro ejus stantem, et columnam in altum erectam, designatis tam crucis quam spatiorum ab ea derelictorum, et aliorum omnium coloribus ad mysticum sensum facien tibus, cum ipsius arcae longitudine, latitudine et profunditate seu altitudine mystice intellecta».

[78] Rodríguez-Obras, 36,6, p.969. Im Manuskript fügte San Juan ein Zitat aus Hld 5,14 als Notiz hinzu: «Venter ejus eburneus distinctus saphyris».

[79] Rodríguez-Obras, 37,5, p.972 und 38,11, p.977.

wie der Kommentar feststellt: die Seele kann in aller Ruhe von den Was-
sern, den geistlichen Gaben Gottes genießen, ohne daß die Kavallerie, die
sinnlichen, inneren und äußeren Kräfte sie noch stören können.

Einige Schlußfolgerungen

Wenn die Fahrt der Braut zum Ort ihres Geliebten, durch die nur ver-
weisende und daher enttäuschende Leere der Natur in der ersten Begegnung mit dem Bräutigam endet (Strophe 12), dann sehen wir in den darauf
folgenden Strophen eine Wiederholung der paradiesischen Zentralsymbolik,
in einer Variation von Bildern und in immer neuer Bewegung. Die Ein-
trittstrexte, (Strophe 17, 27, 33 und 35-36) richten sich auf einen geschloßenen Raum, der als «contenant» in seinem Zentrum, durch die darauffol-
genden «allí»-Strophen noch verdeutlicht, den gesuchten Geliebten und/
oder seine Attribute beinhaltet.

Zweimal wird diese Geschloßenheit allerdings durchbrochen (in Strophe 13-14 und Strophe 38), wobei bei letzterer, durch die «allí»-Strophe 37,
die Gabe innerhalb des Paradieses gemeint ist.

Undeutlich bleibt die Rollenverteilung innerhalb des Gedichtes, da die
Braut wiederholt mit Bewegungen und Aussprüchen verbunden wird, die
im Hohenlied typisch für den Bräutigam sind und andererseits der Bräutigam mit begehrenswerten Attributen versehen wird, die im Hohenlied als
typisch für die begehrte Braut gelten. Im Cántico-Gedicht spielt also eine
komplexe Wechselseitigkeit eine Rolle, die es nicht zuläßt, das Paradies ein-
seitig mit dem Bräutigam oder der Braut zu identifizieren. Von daher auch
unser Vorhaben, über die allegorisierende Identifikation des geschloßenen
Raumes mit dem Seelengarten, wie sie manchmal im Kommentar getroffen
wird, hinauszugehen. In aszetischer Hinsicht kann die Seele in ihrer Übung
der Tugend der Tradition des «sensus moralis» zufolge sehr wohl als Garten dargestellt werden, der für den kommenden Bräutigam bereitet wird.
Im Kommentar zur geistlichen Hochzeit und im Gedicht entsteht das Paradies allerdings erst beim wirklichen Kommen/oder bei der Anwesenheit des
Bräutigams, oder, in konsequenter Fortsetzung wie in Strophe 30, der
schlafenden Braut. Das Bild des ebenfalls verwundeten Hirsches macht diese
Wechselseitigkeit noch deutlicher, obwohl auch im Gedicht (Strophe 21-24)
die letzte Gratuität des Paradieses bewußt beim Bräutigam angelegt wird.

Schließlich sehen wir am deutlichsten in Strophe 28 die Paradies-Idee
hervortreten; diese Idee ist der tragende Untergrund und bildet den traditionellen Interpretationsrahmen der Vorstellungskraft und ihrer Bewegung
im Gedicht.

IV. *Die Dialektik des Paradieses nach Ort und Zeit*

Unsere selektive Suche nach der Paradiessymbolik hat in der Vorstellungskraft des Gedichtes bereits eine erste Kohärenz gezeigt. Wir kön-

nen diese Auswahl allerdings erst dann als fruchtbringend bezeichnen, wenn wir ihr eine strukturierende Kraft zuerkennen können. Um letztere auffinden zu können, berufen wir uns auf die Kategorien Raum und Zeit. Der Raum und der Zeitablauf innerhalb des Gedichtes bilden immerhin den Hintergrund, vor dem die Bewegung des Bräutigams und der Braut festgestellt werden kann. Im Rahmen des Raumes und der Zeit können wir die Strophen nach funktionellen Ähnlichkeiten ordnen.

Die «abschließenden» Strophen

»Suchen, finden und abschließen» bilden gemeinsam eine zyklische Bewegung, die wir wiederholt im Gedicht zurückfinden. In der Mitte dieser Bewegung steht die erste Begegnung (Strophe 12), aber auch die Eintrittstexte erfüllen so eine Zentralfunktion (Strophe 17, 33, 35 und 36).

Die Strophen 15 und 25 und, noch deutlicher, die Strophen 31 und 39, erfüllen in dieser Wiederholung der Bewegung eine abschließende Funktion: indem der Fundort mit Löwengruben umschlossen (Strophe 15), jeder von dem Höhen ferngehalten wird (Strophe 25), die Außengebiete mit Schwellen getrennt werden (Strophe 31) und die Belagerung beendet wird (Strophe 39), markieren diese Strophen den erreichten Liebesort als ein Endziel, das von seiner Umgebung deutlich abgegrenzt wird. Die Frage «wo ist der Geliebte» wird hier durch das Bild eines sehr bestimmten Ortes beantwortet, wobei der Rest des Raumes als bedrohende oder zumindest verstummte Umgebung zurückgedrängt wird. Dem Inhalt der Symbolik nach können wir hier von einem paradiesischen Platz sprechen, einem «hortus conclusus», der innerhalb einer größeren Umgebung festgelegt wird; es ist ein bestimmtes Paradies.

Dieser Abschluß wird immer durch die Braut vollzogen oder vollendet. Gegenüber der Außenwelt ist es schließlich eine negative Bewegung, es bestehen aber Nuancen hinsichtlich des Standpunktes, von dem aus gesprochen wird, und hinsichtlich des Zeitpunktes des Abschlußes. In Strophe 15 wird die erreichte Lagerstatt als erreichtes Endziel bestätigt (alle Epitheta sind Partizipia der Vergangenheit), während es nicht deutlich ist, ob diese Beschreibung von innen oder von außen geschieht. In Strophe 25 ist die negativ-abschließende und die positiv-vollendende Arbeit im Weinberg noch im Gang, während die Braut von innen aus spricht. In Strophe 31 kann von einer bestimmten Vorläufigkeit des Abschlußes gesprochen werden («solange wie»), die Braut spricht von innerhalb der Grenze der Schwellen. In Strophe 39 geschieht die Beschreibung deutlich von außen her und vollkommen in der Vergangenheit, allerdings so lebendig, daß die Umgebung eine auffallend begrenzende Rolle zugeteilt erhält. Die Kennzeichnung des Paradieses als ein bestimmter Moment innerhalb einer größeren Zeitspanne ist nuanciert: Vergangenheit oder noch im Begriff zu geschehen, d.h. noch nicht im Abschließen vollendet. Die Bestimmung des Raumes ist deutlicher. Die Fahrt der Braut findet ihren eigenen Worten zufolge an diesen Orten hr deutliches Endziel, das von allen anderen Räumen abgegrenzt wird. Innen ist das Paradies, außen nur noch die Umgebung, die nicht (mehr) im Liebesspiel mitspielt. Aber das Außen als umringender Raum macht die Ortsbestimmung dieses «hortus conclusus» möglich.

Strophe 12 beschreibt im Präsens die Begegnung der Braut mit dem Bräutigam auf der Höhe, mit Imperativen und Optativen, die die Vollendung in die Zukunft verlegen; es handelt sich hier um keinen typischen Eintrittstext. In Strophe 15 beschreibt die Braut ihren Eintritt in den Keller und das Trinken des Weines, dies alles im Perfekt. Strophe 27 beschreibt, ebenfalls im Perfekt, den Eintritt der Braut in den Garten. Das Ruhen der Braut in den Armen des Geliebten steht im Präsens, ist aber, wie die ganze Strophe, eine Feststellung des Bräutigams. Dasselbe geschieht in Strophe 33 hinsichtlich der Rückkehr der Taube in die Arche; mit Perfektpartizipien, und gleichfalls durch den Bräutigam festgestellt, wird der Zustand der Braut beschrieben. In Strophe 35 und 36 wird der Eintritt von der Braut selbst beschrieben, hier aber ist die Zeit das Futur: die Braut bittet um eine Intensivierung des Zusammenseins, das Eintreten in das Unterholz und in die Felsspalten sind dessen Wiedergabe.

Zusammenfassend können wir feststellen, daß die Eintrittstexte, die dem Paradies im Raum einen festumschriebenen Platz zuordnen, keine aktuellen Erlebnistexte der Braut sind. Es sind Grenzüberschreitungen, (von außen nach innen, vom Verlangen zur Erfüllung), wobei das erreichte Resultat erst in nachhinein dem Leser durch den Bräutigam mitgeteilt wird: die Braut ist in den gesuchten Raum eingetreten. Wir werden daher weiterfragen müssen, was dann in diesem Raum geschieht.

Die bestimmende Funktion der «allí»- Strophen

Was innen geschieht, der Inhalt der Gabe des Paradieses, wird uns in den Strophen 18, 28 und 37 ausdrücklich erzählt, indem sie wiederholt auf den bestimmten und betretenen Raum verweisen und eine weitere Auslegung des in den Strophen 17, 27 und 36 erlangten Liebesortes geben. Durch ihre Verweisungen betonen diese Verse noch deutlicher die Zentralfunktion dieses bestimmten Paradieses innerhalb der Bewegung des Gedichtes. Inhaltlich verweist Strophe 18 auf die Brust und die Erkenntnis; Strophe 28 auf die Hand und die Genesung; Strophe 37 auf «dasjenige», was die Seele bereits lange anstrebte, nämlich dasjenige des «anderen Tages» und dessen, was in Strophe 38 darauf folgen wird. Alle diese «allí»-Strophen werden im Kommentar von einem Hinweis auf den ursprünglichen paradiesischen Zustand der Unschuld begleitet; an ausdrücklichsten finden wir das in der Explikation des «anderen Tages». Alle drei Strophen vermeiden allerdings das Präsens: Strophe 18 und Strophe 28 stehen im Perfekt, Strophe 37 im Futur. Wie bei den Eintrittstexten scheint auch hier das paradiesische Zentrum keine gegenwärtige Erfahrung zu sein. Gegenwärtig ist nur die Bewegung zu und von diesem Zentrum. Sobald das Paradies räumlich fixiert

ist, ist es hinsichtlich der Zeit aktuell abwesend, ist es Vergangenheit ode
Zukunft; d.h. ihm wird ein Zeitmoment zugewiesen, der vom aktuellen E
leben der Braut (und dem der Leser) distanziert ist. Es handelt sich um de
bekannten Garten, den die Braut betreten hat oder gemeinsam mit der
Bräutigam betreten wird. Die Beschreibung durch Braut oder Bräutigar
geschieht in diesen bestimmenden Strophen immer von außen, während da
wiederholte dreifache «Dort» den Platz von der Umgebung und den Mc
ment von der aktuellen Zeit abgrenzt. Es handelt sich hier also um eine
bestimmten Platz, der sich, abgeschlossen von seiner Umgebung, weiger
diese Zentrumfunktion zu erfüllen, und um einen bestimmten Zeitpunk
der sich weigert, in der gegenwärtigen Zeit anwesend zu sein. Das ist di
negative Seite des Symbols.

Die Verweisung auf den «anderen Tag» weist allerdings auch auf ein
positive Funktion eben dieses bestimmten Paradieses hin: obwohl es nich
gegenwärtig ist, strukturiert es als Moment der Vergangenheit und der Zu
kunft die aktuelle Zeit der Bewegung. Das aktuell abwesende Paradies is
dadurch, das es ordnend anwesend ist, in der Bewegung wirksam: durch
Erinnerung und Hoffnung, durch Bekannt- und Erwartetsein bestimmt e
den Wert des Suchens durch die Braut. Obwohl es aktuell nicht greifbar ist
scheint das Paradies der Vergangenheit und der Zukunft das wirkliche Zen
trum der aktuellen Brautgeschichte in Zeit und Raum zu sein: das, was ge
kommen ist, und das, was kommen wird, bestimmt die Ausrichtung der Be
wegung, es ist der Sinn von Zeit und Raum und strukturiert sie daher. Da
Paradies ist seit der ersten Frage der Braut in Strophe 1 und seitdem sich
der Bräutigam in Strophe 12 als ebenfalls verwundet erweist, das Ziel des
Raumes. Diese Liebes-Wunde der Braut und später die des Bräutigams bil
det die negative Energie des Dramas, die Richtung der Fahrt durch Raum
und Zeit wird allerdings durch das Paradies bestimmt: dort ist der Geliebte
und dort werden die beiden sich finden. Grundlegender als die Brautsymbo
lik ordnet also das (abwesende) Paradies die Bewegung im Gedicht, da es
die Bewegung der Partner programmiert. Das bestimmende Paradies is
nicht in der Bewegung anwesend, es ist aber der Grund der Bewegung. Die
Fixierung des Paradieses in die es umgebende Zeit und Raum läßt es in die
ser aktuell erfahrenen Zeit und in diesem aktuell erlebten Raum abwesend
sein, läßt es aber gerade dadurch Zeit und Raum strukturieren. Das genau
ist die Dialektik des Symbols: als Anfang und Ende macht es die Geschich
te, es ist aber aktuell nicht mit der Geschichte zu identifizieren. Es ist die
Erinnerung und das Ziel, das die negative Kraft des Verlangens verursacht
und ihm seine Richtung weist.

Die aktuelle Gabe des Paradieses

Es gibt eine konkrete Stelle im Gedicht, an der der Leser aktuell in das
Paradies mit hineingenommen wird. Die «allí»-Strophe 37 endet mit einem
Doppelpunkt, d.h. Strophe 38 bildet den Inhalt des Paradieses. Diese Stro-

phe 38 ist ein unmittelbares und aktuelles Erleben: der Atem des Lufthau-
ches, der Gesang der Nachtigall, der anmutige Wald, die klare Nacht und
die schmerzlose Liebesflamme sind ohne die normale und katagoriale Trennung von Subjekt und Objekt präsent. Es besteht außerdem eine auffallen-
de Ähnlichkeit des Ausdrucks und verschiedener Bilder zu Strophe 13-14,
wodurch der «andere Tag» innerhalb des Gedichtes unvermeidbar Assoziationen mit der dort beschiebenen Extase hervorruft. Es handelt sich hier
um die Anwesenheit der Braut in einer allumfassenden Welt ohne jede
beschränkende Aufteilung in Raum und Zeit. Nur zweimal finden wir in
den Strophen ein Partizip Perfekt, das auf die Vergangenheit verweist: die
Nacht ist zur Ruhe gelegt und die Musik ist Stille geworden. Es gibt keinen
geschlossenen Garten und noch viel weniger ist ein «allí»-Text vorhanden.
Der Ausdruck in Strophe 38, 13-14 zeigt eine «Peak Experience», in der die
objektivierende Haltung der Welt einer kosmischen Harmonieerfahrung
weicht, einer «ego-transcending conception», die ein Zusammenfallen des
Wahrnehmers mit dem Wahrgenommenen bewirkt. Die Widerholung der
Wahrnehmung bringt eine stets wachsende Bereicherung des Subjektes, weil
in dieser zunehmenden Familiarität der innere Reichtum der wahrgenommenen Welt immer mehr hervortritt und tiefer durchschaut wird[80]. Der Inhalt
des Paradieses ist hier das Paradies selbst, d.h. die harmonische und kohärente Unmittelbarkeit von allem, ohne Unterbrechung und ohne Verweisung auf einen Raum und eine Zeit außerhalb: das Paradies ist die ganze
Zeit und der ganze Raum, es ist jederzeit und überall. Dieses Erleben und
Raum findet am Anfang des Gedichtes seinen Gegenpol[81]. In den Strophen
1-7 wird die Symbolik der Landschaft von der Bewegung als Ausdruck des
Verlangens, das den Abstand zwischen Braut und Bräutigam überwinden
will, dominiert. In diesen Strophen verwendet San Juan keine Adjektive,
denn nichts wird für sich selbst angegeben. Der Raum ist, da Abstand vom
Geliebten, negativ. In den Strophen 9-10 wendet sich das Verlangen der
Braut gegen sie selbst; sie sucht eine Antwort auf ihre Verlangen in ihrem
eigenen Lebenslauf, allerdings auch hier vergeblich. Der Raum und die Zeit
sind dann als Orientierung des Verlangens erschöpft; sie weiß nicht mehr,
wohin sie sich wenden soll, und endet in Strophe 11 in erschöpften und
hoffnungslosen Selbstmitleid. Weder in Raum noch in Zeit gibt es etwas,
das Halt bietet. Die Braut schwebt, und mit ihr der Leser, verloren und
ohne jede Stütze; es besteht für sie keine Welt mehr, d.h. sie ist nirgendwo,

---

[80] Die Kennzeichen einer solchen Wahrnehmung fundet man bei A.H. Maslow, «Cognition of Being in the Peak Experiences», in *Journ. Gen. Psych.*, 94(1959) p.43- 66. Vielleicht etwas schwieriger nachzuweisen sind Elemente der «structures mystiques de l'imaginaire», wie
sie G. Durand, *o.c.*, p.307-320 beschreibt, vor allem die sinnliche und euphemistische Direkt-
heit, womit auf die, manchmal paradoxale, Intimität der Dinge näher eingegangen wird.

[81] Die beste Analyse dieser Anfangsphase haben wir bei R. Duvivier gefunden, *Le dynamisme existentiel dans la poésie de Jean de la Croix*. Paris 1973, p.55- 127.

ganz und gar verloren; sie hängt zwischen Himmel und Erde: «Es ist eigentlich das Leiden von jemandem, den man aufhängt oder so in die Höhe hält
daß er nicht mehr atmen kann»[82]. So wie hier Zeit und Raum gegen die
Braut arbeiten, so arbeiten sie an der Erfüllung in den Strophen 13-14 und
38 mit.

Wenn das Paradies im Erleben der Braut anwesend ist, dann erscheint
es als nicht bestimmbar in Zeit und Raum; es ist dann eine ganze Welt, es
ist alles. Man kann das Paradies dann als ein autosignifikativ funktionieren-
des Symbol bezeichnen. Der «totalisierende» Charakter der Zeit ist dann absolut: Ausdruck und Bedeutung sind identisch[83]. Innerhalb des Gedichtes
bedeutet das, daß die Welt (der Naturbilder) nicht mehr vom Paradies zu
unterscheiden ist: die Welt ist das Paradies und umgekehrt.

Die Welt als positive Spur in den «Vorbereitungsstrophen»

Wir haben gesehen, wie die Bestimmung des Paradieses die Umgebung
zur Außenwelt macht, negativ sowohl in Bezug auf die Vergangenheit (verloren und verlassen) als auch auf die Zukunft (Abwehr der drohenden
Störung der Intimität). Die positive Funktion der Welt (von Zeit und
Raum) als Vermittlung des Paradies ist —unter Augustinischen Einfluß—
an deutlichsten in den Strophen 2-5 ausprobiert, aber diese Vermittlung endet dann in vollkommener Negativität: die Welt bildet einen Pfad für das
Verlangen, dieses aber kann nicht still stehen bleiben; die Verweisung endet
mit einer größeren Wunde (Strophe 6-10) und mit einer Negativität, die die
Braut allen Haltes, sowohl der Zeit als auch des Raumes nach, beraubt.
Nach dieser gründlich negativen Phase, in der jede mögliche Identifikation
der Natur mit dem erwüschten Paradies für immer vernichtet ist, sehen wir
eine neue Vermittlungsmöglichkeit für die Natur in dem entstehen, was wir
Vorbereitungsstrophen nennen, die den Eintrittstexten vorhergehen und die
durch inhaltliche Assoziation damit verbunden sein können: Strophe 16, 26
und 35 (Strophe 11 und 21-22 können in einem anderen Kontext wahrscheinlich dieselbe Funktion erfüllen). In Strophe 16 bilden der Funke, der
Wein und der Balsam ausdrücklich die Spur für «le contenu» des Kellers in
Strophe 17. In Strophe 25 und 26 sind die blühenden Rosen, der atmende
Südwind und die duftenden Blumen die inhaltliche Ausstattung des Gartens, den die Braut in Strophe 27 betreten wird. Strophe 32 (Berge und In-

[82] *Noche* II,6,5. Rodríguez-Obras, p.488: «...de manera que si a uno suspendiesen o detuviesen en el aire, que no respirase...». Dieses Bild verwendet R. Duvivier zurecht für den Leser, *o.c.*, p.117: «elle nous permet de définir aux mieux l'impression que nous donnent les strophes 8 à 10bis: nous sommes comme suspendus en l'air, parece que ce poème qui était nouri
d'espace et d'action n'est plus rien que la pensée d'un désir frustré». Dieselbe «impression» findet man bei G. Morel, *o.c.*, p.89.
[83] Vgl. L. Van der Kerken, *Filosofische taal en poëtische verwoording*, in *Ts. van Philosophie*, 21 (1960)2, p.160.

seln) und 35 (Berg, Hügel, Wasser und Unterholz) sind Texte, die die Bewegung (nach oben) wieder in Gang setzen, womit der Eintritt in den abgegrenzten Raum nach Zeit und Ort bestimmt werden kann. Mit Ausnahme von Strophe 16 stehen alle diese Texte im Imperativ; sie beinhalten eine Einladung für das, was zu erwarten ist. Es sind typische Bewegungstexte, an die sich die «eilenden» Mädchen von Strophe 16 vollkommen anschließen. Die Naturbilder in diesen Texten besitzen eine tragend-verweisende Kraft als der Rahmen für die Fahrt ins Paradies. Das ist allerdings auch ihre Beschränkung: sie bilden nur eine verweisung auf den Inhalt des Paradieses und werden daher auch überholt.

Einen bleibenderen Wert besitzen die Naturbilder, die innerhalb des abgegrenzten Paradieses funktionieren, sowohl in den Eintritts— wie auch in den «allí»-Strophen und den Abschlußtexten, und die die überholten Bilder als Außenwelt abweisen. Eine Nuancierung finden wir in Strophe 29-30, die Beschwörung der das Paradies umringenden Natur durch den Bräutigam dessen Beschwörung durch die Braut in Strophe 31 abgeschlossen wird. In diesen beiden Strophen klingt durch die Ablehnung auch etwas wie eine mögliche Harmonie mit der Umgebung an, wodurch die schlafende Braut einen breiteren Kontext in der Natur erhält. Vollkommen positiv ist die Natur dann in der Totalität der Strophen 13-14 und 38.

Diese nuancierte Vermittlerrolle der Natur ist allerdings erst nach der vollkommenen Abwesenheit des Paradieses in Strophe 6-10 möglich; erst im Anerkennen des verlorenen Paradieses kann die Natur die positive Kraft dieses abwesenden Paradieses symbolisieren[84].

In dieser Dialektik von Paradies und Welt (Zeit und Raum) sehen wir das Paradies die Bewegung hinsichtlich von Zeit und Raum bestimmen und dabei in der Aktualität selbst abwesend bleiben. Ist das Paradies allerdings gegenwärtig, dann hören Zeit und Raum als das Allumfassende, in dem das Paradies ist, auf: das Paradies ist dann die ganze Zeit und der ganze Raum. Dieser dialektische Umschlag ist der geheime Angelpunkt der Bewegung des Gedichtes, zu dem uns die Strukturierung der Bilder den Weg gewiesen hat.

Eine Strukturierung des Gedichtes

Das Spiel der Paradiessymbolik bringt ein bestimmtes Muster in das Gedicht, das die Gesänge nach einer Bewegung von Vorbereitung, Eintritt, Paradiesgabe und Abschluß ordnet, eine Bewegung, die sich dann einige Male wiederholt und, etwa durch Subjektverbreiterung zum «wir» in Strophe 35-36, an Intensität zunehmen kann. Wir sehen dann folgendes Ergebnis:

---

[84] Vgl. A. Vergote, *Interprétation du langage religieux*. Paris 1974, p.66-68.

Abschnitt I: Strophe 1 bis einschließlich Strophe 15, mit folgender Detaillierung: Strophe 1: Einleitung; Strophe 2-7: die positive und die negative Naturvermittlung; Strophe 8-10: Verirrung und Selbstbeweinung; Strophe 11: Vorbereitung; Strophe 12: Begegnung (Eintritt); Strophe 13-14: Paradiesgabe; und Strophe 15: Abschluß durch die Braut.

Abschnitt II: Strophe 16 bis einschließlich Strophe 20 mit folgender Einteilung: Strophe 16: Vorbereitung; Strophe 17: Eintritt; Strophe 18: «allí»-Strophe als Verdeutlichung des Ortes; und Strophe 19-20: Abschluß durch die Braut.

Abschnitt III: Strophe 21 bis einschließlich 25, mit folgender möglicher paralleler Einteilung: Strophe 21- 22: Vorbereitung; Strophe 23: Begegnung; Strophe 24: Verdeutlichung; Strophe 25: Abschluß durch die Braut.

Abschnitt IV: Strophe 26 bis einschließlich 31, mit folgender Ausführung: Strophe 26: Vorbereitung; Strophe 27: Eintritt; Strophe 28: «allí»-Strophe als Verdeutlichung des Ortes; Strophen 29-30: Paradiesgabe und Abschluß durch den Bräutigam; und Strophe 31: Abschluß durch die Braut.

Abschnitt V: Strophe 32 bis einschließlich 34, mit Strophe 32: Vorbereitung; Strophe 33: Eintritt; und Strophe 34: Paradiesgabe und Abschluß durch den Bräutigam.

Abschnitt VI: Strophe 35 bus einschließlich Strophe 39, eingeteilt in: Strophe 35: Vorbereitung; Strophe 35-36: Eintritt; Strophe 37: «allí»-Strophe als Ortsverdeutlichung; Strophe 38: Paradiesgabe; und Strophe 39: Abschluß durch die Braut.

Die Rückblende in Strophe 21-25 kann wegen ihrer eigenen Thematik nich so einfach in paralleler Weise eingeteilt werden, obwohl es nicht erstaunlich ist, daß in diesem Rückblick ein ähnlicher Rhytmus wie in den anderen Strophen eingehalten wird.

Strophe 25 und 26 haben wir als Abschluß und Vorbereitung aufgeteilt, obwohl in Strophe 25 (die beiden ersten Verse) auch von einer Vorbereitung die Rede ist, ähnlich der in Strophe 26, und obwohl in Strophe 26 (erster Vers) auch eine abschließende Bewegung vorkommt und außerdem von einem umgekehrten Eintritt gefolgt wird: nicht der Geliebte, sondern die Braut selbst tritt in den Garten.

Schließlich bleiben Zweifel hinsichtlich der Strophen 32-34 bestehen: Ein deutlicher Eintrittstext wird von einer Strophe eingeleitet bzw. gefolgt, die in das größere Schema schwer einzufügen sind. Zweifellos ist Strophe 32 allerdings ein Bewegungstext und beinhaltet die Einsamkeit in Strophe 34 auch einen negativen und abschließenden Wert.

Schließlich ist noch der auffallend objektiv-feststellende Ton des Bräutigams in Strophe 27 und 33-34 bemerkenswert, der eigentlich von der Braut und von der Taube distanziert, die den Garten bzw. die Arche betritt. Die Benennung von Ort und Zeitpunkt sind hier an deutlichsten. Gemeinsam mit Strophe 28 sind diese Strophen der am stärksten reflexive Ausdruck der Paradies-Idee, die das Gedicht bewegt. Strophe 13-14 und 38 bilden den lyrischsten Ausdruck der Paradies-Idee.

V. Das Zusammenspiel von Paradies- und Brautsymbolik

Die Paradiessymbolik, bereits bedeutungsvoll anthropologisch als archaisch-distante Quelle der Natursymbolik, ist als Ausdruck von Gottes Versprechen (als Anfang und Ende) in die alttestamentliche Heilsgeschichte aufgenommen und wird mit dem Kreuzesbaum als zentralem Geschehen, in der christlichen Geschichtserfahrung fortgesetzt. Vor allem in der mystisch-monastischen Tradition hat sich diese Paradiessymbolik dank der Allegorese des Hohenliedes fortgesetzt, das als Charakterisierung von Gottes Umgang mit den Menschen gelesen wurde.

Die Braut als Zentrum der Bewegung

Im Prolog und in der Declaración gibt San Juan eine Zusammenfassung des Cántico-Gedichtes. Die Gesänge sind allererst der «symbolische» Ausdruck mystischen Bewogenseins. Es wird keinerlei Erklärung dafür gegeben, daß das Gedicht die Form von «Brautgesängen» angenommen hat. Wie selbstverständlich wird das Gedicht auch als Ausdruck des individuellen Personalverhältnisses der Seele zu Gott gesehen. Das ist der Kontext, in dem die gesamte Argumentation geführt wird und das Gedicht seine Bedeutung erhält: in ihm funktioniert auch die Hl. Schrift. Wenn der Autor die Unaussprechlichkeit religiöser Erfahrung unterstreichen will, dann verweist er auf dasselbe Problem bei den «liebenden Seelen» und schließt sofort an das Hohelied und «anderen Bücher der Hl. Schrift» an: Bücher, die auch diese Sprache «in seltsamen Gleichnissen und Annäherungen» verwenden, als Sprache des Hl. Geistes, um die Fülle der Bedeutung anzugeben[85].

In der Declaración wird die Braut des Cántico-Gedichts ohne weiteren Hinweis mit der Seele und der Bräutigam mit dem «Wort, Gottes Sohn» identifiziert[86]. Niemals aber wird San Juan die Braut des Hohenliedes in Zitaten Seele(nbraut) nennen, da diese Braut des biblischen Buches eine historische Person bleibt und erst durch die allegorische Interpretation als Sprachrohr für die aktuelle Seele in ihrer Erfahrung hier-und-jetzt gelten kann; es besteht also Respekt vor der historischen Eigenheit der Gotteserfahrung in diesem biblischen Buch, wie «typisch» sie auch für San Juans eigene Erfahrung gelten mag.

---

[85] Rodríguez-Obras, *Prologo 1*, p.861-862 = I. Behn, *o.c.*, p.9-10.
[86] Rodríguez-Obras, 1,1, p.869: «En esta primera canción, el alma enamorada del Verbo Hijo de Dios su Esposo, deseando unirse con él por clara y esencial visión...»

San Juan gibt dem Drama eine dichtere Struktur, als er sie im Hohenlied finden konnte. Das Cántico-Gedicht verschärft die dialogisierende Konfrontation der zwei Hauptpersonen; nur selten kommt eine andere Person zu Wort, und dann nur über einen Ausruf des Bräutigams oder der Braut. Auch eine andere Orientierung tritt im Gedicht zutage. Der Leser-Zuschauer des pastoralen Dramas steht an der Seite der Braut: sie ist die Norm für die Entwicklung. Dadurch stellt das Gedicht sowohl poetisch wie auch didaktisch die Selbstanalyse in der Wiedergabe des mystischen Aufstieges in den Mittelpunkt. Die Entwicklung zur Vereinigung ist faktisch gebunden an die Entwicklung der Braut auf ihrem Weg zu einem Festpunkt in ferner Höhe. Daher kommt es, daß die Braut in der ersten Strophe durch die Liebe verwundet ist und zum Bräutigam in der Strophe 12 und 36 sprechen kann wie umgekehrt auch der Bräutigam zur Braut im Hohenlied spricht: als Ausdruck des Verlangens der Seele nach dem Paradies ist sie der Kern der Bewegung: sie ist nicht die Empfangende, sondern die Suchende, sie ist nicht das Ziel der Entwicklung, sondern das Paradies mit dem Bräutigam.

Die Nuancen der Gegenseitigkeit

Die allegorische Lesung des Hohenliedes bietet die am deutlichsten ausgesprochene Gegenseitigkeit des Liebesverlangens zwischen Gott und Mensch; dadurch ist eine Nuancierung in der Verwendung, wenn die dogmatische Wahrheit von Gottes Gnadengabe und Gratuität bestehen bleiben soll, gefordert. Diese Nuancierung finden wir auch im Cántico-Gedicht. Wenn der Bräutigam im Dialog aktiv auftritt, dann darf das nicht als ein deutliches Liebesverlangen (und die damit verbundene theoretische «Abhängigkeit») ausgelegt werden. In Strophe 12 ist der Bräutigam der verwundete Hirsch, der im Wirbelwind der auffliegenden Taube Kühle findet; im Kommentar entsteht eine deutliche Assoziation mit Strophe 11: der verwundete Hirsch sucht das Wasser; aber in einer weiteren Ausarbeitung wird die Liebeswunde des Hirsches vor allem auf das Mitleiden mit der verwundeten Hindin zurückgeführt. In Strophe 27 tritt nicht der Bräutigam in das Paradies ein, sondern er beschreibt objektiv den Eintritt der Braut und sich selbst als den dort anwesenden Geliebten. Strophe 28 richtet sich direkt an die Braut, aber exakt als Ausdruck der Gratuität ihrer Wiederherstellung unter dem Apfelbaum. Die Strophen 29-30 sind eine Beschwörung der Umgebung, um die schlafende Braut nicht zu stören. Die Strophen 33 und 34 sprechen wiederum objektiv über ihren Eintritt und über den Bräutigam als dritte Person, als «begehrten Gesellen» und «ihren Geliebten». Wenn in Strophe 34 der geführte Geliebte «auch in Einsamkeit durch Liebe verwundet» genannt wird, wird dies analog zu Strophe 12 im Kommentar sofort wieder abgeschwächt. Am ausgeprägtesten finden wir diese Nuancierung in den Strophen 21-24: die Liebe des Bräutigams gibt der Braut erst wirklich ihre Schönheit; in diesen Versen —die fast reflexiv das Thema des einen Haares am Hals der Braut weiterführen— wird noch am deutlichsten die theoretische Beschränkung der Paradies-Idee des Kommentars (das Paradies ist ein Geschenk Gottes, frei) ausgedrückt; die Korrekturen des Kommentars auf Strophe 12 und 34 haben dieselbe Reichweite. Die Christologie und, damit verbunden, die Soterologie sind in diesem Gedicht «menschlicher» und von einer mehr gegenseitigen Art als im Kommentar, während doch die Braut überzeugend die suchende und verlangenden Entwicklung verkörpert. Vielleicht ist das durch die «hochchristologische Idee» des Kommentars bestimmt, der wiederholt den Bräutigam mit Gott selbst verwechselt. Ist das Gedicht dann sehr wohl im Stande, den heilshistorischen Christus als Bräutigam im ersehnten Paradies der Gotteserfahrung zentral zu stellen?

Der Bräutigam als «le contenu» des Paradieses

Die Braut im Gedicht beherrscht nicht die Landschaft und nicht den Zug zum Paradies; dafür ist zuviel vertikale Symbolik mit den Naturbildern verweben. In Strophe 2 und 3 wird deutlich die Reise als «in die Höhe» gerichtet beschrieben und dieser Eindruck bleibt bestehen, bis er in Strophe 12 bestätigt wird, wenn der Hirsch «auf den Hügeln» erscheint. In Strophe 25 wird der Weinberg auf der Höhe angelegt; in Strophe 32 und 35-36, Strophen der Bewegung und des Eintritts, wird die Aufwärtsbewegung wieder aufgenommen; und in der letzten Strophe des Gedichtes zog die «Reiterbande» bergabwärts. Dies alles weist auf das «Anders-Sein» des Bräutigams und auf die damit verbundene Gratuität: die Braut kann das Paradies nicht machen und den Bräutigam nicht fangen. Sie kann das Paradies nicht machen, nur vorbereiten, wie in Strophe 25-26 angegeben wird. Allerdings kommt nirgendwo der Bräutigam in ihren Garten, immer umgekehrt, wie Strophe 27 in einem merkwürdigen Bruch mit den beiden vorhergehenden Strophen zeigt. Sie kann den Bräutigam nicht fangen —mit Ausnahme der später wieder korrigierten Strophe 22—, sondern ihn nur im Paradies finden.

Der Bräutigam ist nicht das Paradies, sondern sein Inhalt: Funke, Wein und Balsam von Strophe 16 werden der Wein, die Brust und die Erkenntnis des Bräutigams in Strophe 17-18. Die Mitte des Paradieses sind die süssen Arme des Geliebten (Strophe 27) und seine Hand unter dem Apfelbaum (Strophe 28); er ist der begehrte Geselle an den grünen Ufern und er ist die Schönheit und das Leben der Granatäpfel (Strophe 35-37). Erst in Strophe 13-14 und 38 sehen wir eine Identifikation von Paradies und Bräutigam, dann aber sind beide nicht mehr in einer umfassenderen Zeit und einem umfassenderen Raum zu bestimmen; es besteht eine Identität, die das Das-Eine-ist-gleich-dem-Anderen übersteigt, die weiter reicht als eine panentheistische Abstraktion [87].

---

[87] Vgl. G. Morel, *o.c.*, p.125: «Le panenthéisme est en effet insuffisant, si le panenthéisme est une abstraction. Dans le dévoilement en vérité l'amour apparaît le seul Réel: Dieu est tout».

Schlußbemerkung

Am Verhältnis zwischen Paradies und Bräutigam kann man ablesen, wie San Juan in der extroverten und kosmischen Symbolik seiner religiösen Bewogenheit Christus zum Mittelpunkt macht; das Paradies, das als Anfang und Ende durch seine aktuelle Abwesenheit wirksam ist, wird im historischen Christus verankert, damit durch Teilnahme an Ihm die Geschichte erneut sinnvoll, kohärent und imaginär-ansprechend geordnet werden kann, als Bewegung zum Paradies und Kommen des Paradieses. Der Indikativ im Sprechen des Bräutigams macht das Paradies gegenwärtig (Strophe 27 und 33), sein Imperativ ruft die Braut zur Erde zurück (Strophe 12). Erst der Optativ der Braut aber schafft den Raum und die Zeit für das Verlangen: Zeit und Raum zum Durchschreiten, dank des heilshistorischen Kerygmas. Dieser Optativ als Ausdruck des Paradiesverlangens offenbart in seiner symbolischen Imagination erneut und beispiellos die Faszination des Heilsangebotes Gottes und damit die mystische Erfahrung des San Juan de la Cruz. Wir können daher feststellen, daß das Cántico-Gedicht nicht nur an die Jahrhunderte alte Tradition der Hoheliedinterpretation anknüpft, sondern außerdem die Paradiessymbolik verwendet, um den heilshistorischen Jesus Christus, den Bräutigam in der dem Paradies zustrebenden Brautssymbolik, auf fruchtbare Weise eine Rolle in der mystischen Erfahrung spielen zu lassen. Jesus Christus, das erschienene und kommende Wort Gottes, ist in der Vermittlung der Paradiessymbolik an- und abwesend und transformiert dadurch das Gottverlangen zur christlichen Heilsgeschichte.

In seiner Prosa beschreibt San Juan de la Cruz die mystische «Fahrt» als «Ausfahrt» aus der Welt. Er knüpft dabei an die monastische Tradition an, aber auch an die introverte Mystik des Nordens. Die Seele-Braut kann dem christlichen Schauplatz des Stehens in der Welt nicht entkommen. Der in dieser Welt durchlebte Lebensprozeß wird allerdings verinnerlicht und in der Braut als Hauptperson einer individuellen Heilsgeschichte zentriert. Die Verinnerlichung, die innere Geschichte, wird in Bildern der Äußerlichkeit erzählt, der Gebetsprozeß des Umgangs mit Gott wird zu einer Fahrt durch die Natur.

In dieser Fahrt steht das Paradies als Motiv und Ziel aller Bewegung im Mittelpunkt. In der Darstellung sehen wir einen deutliches Anknüpfen an vorgegebene Traditionen und Kulturen. Das Paradies wird allerdings nicht nostalgisch dargestellt. Die «Wunde» führt nicht in die Vergangenheit zurück, sie ist nicht regressiv, sondern progressiv. Selbst die Ausarbeitung

---

Es muß festgehalten werden, daß in dieser Interpretation von *Gott* gesprochen wird, was eine Verschiebung des Subjekts bedeuten kann: der heilshistorische Christus als Mittelpunkt des bestimmten Paradieses und Gott als Subjekt des unbestimmten Paradieses. Eine Untersuchung dieser Möglichkeiten darf allerdings nicht die erste Interpretation des Gedichtes durch den Heiligen selbst übersehen.

der Wunde in der Prosa ist ein Entwurf nach vorne, in die Zukunft. Auffallend ist allerdings, daß dieses Paradies nie mit dem «Jetzt» des Augenblicks zusammenfällt, es gibt keine «Ewigkeit» des Genusses, das Paradies entzieht sich der Lösung der Identitätsfrage: keine Verschmelzung, keine Vereinigung, die in ihrer allbeherrschenden Kraft das Sprechen und Verlangen zum Schweigen bringt. Das Paradies ist eine negative Kraft, die wegen der bleibende Differenz zur Verwirklichung des Verlangens die Fahrt in Bewegung hält. Es ist wichtig, das festzuhalten. Es wird von der christlichen Tradition her eine Antwort auf den öfter geäußerten Vorwurf gegeben, daß das Christentum das menschliche Verlangen zu einer Vision der endgültigen Verschmelzung mit dem Göttlichen verleite.

Y pacerá el Amado entre las flores: La Declaración en prosa

Domingo Ynduráin

Detente, cierço muerto;
ven, austro, que recuerdas los amores,
aspira por mi huerto,
y corran tus olores
y pacerá el Amado entre las flores.

«Significa el alma este deleite que el Hijo de Dios tiene en ella en esta sazón por nombre de *pasto*, que muy más al propio lo da a entender, por ser el pasto o comida cosa que no sólo da gusto, pero aun sustenta. Y assí el hijo de Dios se deleita en el alma en estos deleites della, y se sustenta en ella, esto es persevera en ella como en lugar donde grandemente se deleita, porque el lugar se deleita de veras en él. Y esso entiendo que es lo que él mismo quiso dezir por la boca de Salomón en los *Proverbios*, diziendo: *Mis deleites son con los hijos de los hombres*, es a saver, quando sus deleites son estar conmigo, que soy el Hijo de Dios. Y conviene aquí notar que no dize el alma aquí que pacerá el Amado *las flores*, sino *entre las flores*, porque como quiera que la comunicación suya, es a saver, del Esposo, sea en la misma alma mediante el arreo ya dicho de las virtudes, siguese que lo que *pace es la misma alma transformándola en sí*, estando ya ella guisada, salada y sazonada con las dichas flores de virtudes y dones y perficiones, *que son la salsa con que y entre que pace*; las quales por medio del aposentador ya dicho, están dando al Hijo de Dios savor y suabidad en el alma, para que por este medio se apaciente más en el amor de ella; porque esta es la condición del Esposo, unirse con el alma entre la fragancia de las flores. La qual condición nota muy bien la Esposa en los *Cantares*, como quien tan bien la save, por estas palabras, diziendo: «Mi Amado descendió a su huerto, a la erica y aire de las especies odoríferas, para apacentarse en los huertos y coger lirios (VI,1). Y otra vez dize: «Yo para mi amado, y mi amado para mí, que se apacienta entre los lirios» (VI,2), es a saver, que se apacienta y deleita en mi alma, que es el huerto suyo, entre los lirios de mis virtudes y perficiones y gracias»[1].

Para mí, en este, como en tantos otros casos, la explicación en prosa de San Juan es fruto más del voluntarismo, y de la necesidad, que de otras razones. Cada uno de los textos, la prosa y el verso, parecen remitir a tradiciones, contextos y sentidos muy alejados entre sí. Y, sin duda, es así en cuanto a la expresión literaria; sin embargo, si se puede prescindir de la referencia doctrinal que se da en la Declaración, de la, para mí, desdichada comparación y circunstancias, entonces la cosa podría ser de otra manera. Y refiero a la transformación de la amada en el amado, que es el término real en uno y otro caso.

En los textos de San Juan se produce, en definitiva, el mismo fenómeno: el sujeto se alimenta y deleita con el objeto; bien porque lo come, bien porque lo contempla y, en cierto modo, lo absorbe o recibe[2]. En uno y otro caso, es una inversión del planteamiento con que se inicia el *Cántico*: entonces, la belleza estaba en el amado, y era la amada quien la buscaba. Ahora, para que la nueva situación haya sido posible, ha sido necesario que la amada se embelleciera, se transformara en el amado. De este modo, él puede pacer en ella, deleitarse en ella; lo que, en definitiva es convertirla y convertirse en él mismo. Todo este proceso está descrito en el *Cántico*, y tiene su lógica poética; y también tiene los correspondientes problemas doctrinales. Los pasos y reiteraciones en que se describe el tránsito pueden ser estos:

> *y, yéndolas mirando,*
> *con sola su figura*
> *vestidos los dexó de hermosura.* (estr.5)

> *de lo que del amado en tí concives?* (estr.8)

> *y véante mis ojos,*
> *pues eres lumbre dellos* (estr.10)

> *los ojos deseados*
> *que tengo en mis entrañas dibuxados!* (estr.12)

---

[1] Cito siempre las Declaraciones por la edición de Cristóbal Cuevas, *San Juan de la Cruz, Poesías*, Madrid, 1979.

[2] A este respecto, hay que recordar la teoría de la visión tal como la formulan Empédocles, Platón y Lucrecio; teoría retomada por S. Agustín, G. de Saint-Thierry, S. Anselmo, etc. Lo que me interesa destacar es que la luz tiene algo de material, es algo emanado de los cuerpos y captado o absorbido por el ojo. Por otra parte, la idea de la absorción y transformación en Dios y por Dios —con o sin ingesta— es algo ampliamente aceptado, por ejemplo S. Dionisio: «lex Divinitatis est infima per media ad suprema reducere» *(De ecclesiastica hierarchia*, c.5,4). Savonarola: «finalmente, l'amante ne l'amato converso, il primo perchè l'amante in sè vive ne l'amato. Il secondo perchè, ricognoscendosi l'amato ne l'amante, ne l'amante ama sè medesimo, dove amando se ama l'amante già in amato converso» *(De charitate, 10)*.

Quando tú me miravas,
su gracia en mí tus ojos imprimían;
por esso me adoravas,
y en esso merecían
los míos adorar lo que en tí vían.

No quieras despreciarme
que si color moreno en mí hallaste,
ya bien puedes mirarme,
despúes que me miraste,
que gracia y hermosura en mí dexaste. (estr.32-33)

y vámonos a ver en tu hermosura (estr.36)

La transformación del amado en el amante no es un hecho sin consecuencias ni condiciones. En primer lugar, entre uno y otro debe haber una coincidencia, deben poseer una naturaleza semejante, participar en mayor o menor grado de la misma naturaleza pues de otro modo no podría el amante conocer al amado ni, por supuesto, amarle. Es decir que, antes de producirse el proceso de embellecimiento y transformación el amante ya posee algunas de las cualidades del amado. Cuando el amado es Dios, es El quien ha creado esa semilla, belleza o amor inicial que desembocará en la transformación total; incluso las criaturas naturales poseen una belleza que ha sido creada por Dios, que le reflejan, y, por ello, remiten al creador. En la literatura profana, es la belleza de la dama, el amor que se manifiesta en su figura, lo que en cierto modo crea o convierte en acto el amor que hasta entonces sólo estaba en potencia dentro del enamorado al que, de esta manera, atrae y transforma.

Esas son las condiciones previas, el inicio del proceso. Pero, cuando éste se ha producido, la transformación hace que el amante se convierta en el amado. En el éxtasis místico, el alma se endiosa, o diviniza, o se hace Dios, lo que no deja de plantear problemas de todo tipo, como veremos. Si el amor o la belleza que hay en el hombre ha sido puesta o actualizada por el objeto de su amor, parece claro que cuando el objeto, el amado, corresponde al sentimiento amoroso de lo que se enamora es de su propia naturaleza vista en el otro: es un espejo. Espejo que pueden ser los ojos o la superficie de las aguas; el reflejo de la luz, etc.

Estos procesos tienen dos caminos; uno, hacia fuera, la ascensión por la cadena aurea de las criaturas; el otro, la interiorización pues en el interior del hombre habita la verdad. Ahora bien, en cierta medida son procesos o caminos equivalentes pues el ascenso por el exterior lleva a la interiorización, y el descenso hacia uno mismo acaba en el otro, en Dios. Todo ello da lugar a las repetidas y conocidas paradojas conceptuales. Como todo lo existente ha sido creado por Dios, y el hombre lo ha sido a su imagen y semejanza, buscar en el espejo es buscar —y hallar, eventualmente— la imagen que en él se refleja y que (depende de las teorías) está fuera o forma parte de él.

Es el objeto del amor quien desencadena el proceso. Y lo inicia antes de que el amante sea consciente de ello. Lo cual significa, por una parte, que el amado es luz y guía del amante antes de que conozca el objeto de su amor: es que el hombre —y las cosas— tienden de manera espontánea y natural a su centro, a ocupar el lugar que les corresponde dentro del orden de la creación. Pero, como sensación o impresión subjetiva, se puede enunciar esto de otra manera, diciendo que el enamorado es raptado por el amor y sacado fuera de si, como la presa es cogida por las garras del ave cetrera.

Todos estos elementos están relacionados y forman una estructura o constelación de motivos, de manera que la aparición de uno de ellos implica la presencia —implícita o explícita— de los demás y del sistema que, en conjunto configuran. Y todos ellos se encuentran en la poesía de San Juan, lo mismo que en la tradición, en la literatura y en la doctrinal si es que, en estos campos, resulta posible separar la una de la otra.

Volviendo a la serie de versos en que San Juan expone el proceso de la transformación, tenemos no sólo la insistencia en la mirada, en los ojos, sino también el hecho de que ya antes de haber visto el objeto de su amor, la amada tiende hacia él, pues el amado ha impreso una como centella o esplendor en ella. Es una luz o lumbre que arde en su corazón y la guía hacia su querido. Naturalmente, la herida, carencia, luz o llama es el amor.

Uno de los temas más frecuentes y repetidos en la poesía platonizante es cómo se produce el amor, quién o qué lo genera y provoca, dónde y cuándo se manifiesta. Así expone la cuestión Miguel Angel:

> *Dimmi di grazia, Amor, se gli occhi mei*
> *veggono'l ver della belta c'aspiro*
> *o s'io l'ho dentro allor che, dov'io miro,*
> *veggio scolpito el viso di costei.*
> *Tu 'l de' saper, po' che tu vien con lei*
> *o torm'ogni mie pace, ond'io m'adiro;*
> *né vorré manco un minimo sospiro,*
> *né men ardente foco chiederei.*
>
> *La beltà che tu vedi è ben da quella,*
> *ma crece poi c'a miglior loco sale,*
> *se per gli occhi mortali all'alma corre.*
> *Quivi si fa divina, onesta e bella*
> *com'a sé simil vuol cosa immortale:*
> *questa e non quella agli occhi tuo percorre.*

Según esto, la belleza reside en el objeto pero ese amor, emboscado en el rostro y los ojos de la amada, hace nacer y crecer el amor en quien la contempla. Algo semejante había dicho ya Dante en uno de sus poemas:

> *La nimica figura, che rimane*
> *vittoriosa e fera*
> *e signoreggia la vertù che vole,*
> *vaga di se medesma andar ni fane*
> *colà dov'ella è vera,*
> *como simile a simil correr sole.* (*Rime*, LIII)

y había conceptualizado en el *Convivium* (Trat.4, canc.III,1-20). En la época que nos ocupa se trata de algo ya asumido; por ejemplo Ariosto:

> *La bella donna mia d'un si bel fuoco,*
> *e de si bella neve a il viso adorno,*
> *ch'Amor, mirando in torno*
> *qual di lor sia più bel, si prende giuoco.*
> *Tal é propio a veder quell'amorosa*
> *fiamma che nel bel viso*
> *si sparge, ond'ella con soave riso*
> *se va de sue bellezze inamorando.*
> (*Madrigali*, VIII,1-8).

Como vemos, el enamorado se enamora de la belleza que ve en el rostro ajeno y el amor que en él se expresa pues la sonrisa es el signo del amor. Llevadas las cosas al extremo, se puede acabar en el mito de narciso, enamorado de su propia belleza reflejada en el espejo de la fuente, en las aguas. Reflejo que puede adoptar formas muy diferentes y se presta a variadas combinaciones, según la teoría a la que sirven o la sensibilidad de los autores. Pero, de una u otra manera, lo que se mantiene, en general, es la visión de la belleza reflejada en la superficie del agua que, entonces, funciona como espejo del amor. Y esto sucede tanto en la gnosis como en ortodoxia cristiana, o en textos literarios; por ejemplo en la cosmogonía esotérica del *Corpus Hermeticum*[3]: «Y cuando ella vio que él poseía la belleza y el poder de los Administradores junto a la imagen de Dios, la Naturaleza sonrió con amor porque había visto los rasgos de la imagen maravillosa del hombre reflejada en el agua, y su sombra en la tierra ...». Lo que no tiene nada de extraño si recordamos que los reflejos divinos en la superficie de las aguas (y la sombra de las cosas reales) se encuentra ya en el libro octavo de la *República* de Platón y recuerda Plotino a las docetas y tantos otros. Claro que esa misma imagen puede corresponder no a Dios, sino al amor: es el mismo brillo el del amor en los ojos de la amada y el de Dios en las aguas. En defi-

---

[3] *Poimander*, Trat. 1,14.

nitiva, todo enamorado se enamora del amor, del sentimiento y la expresión
de amor que descubre en el otro: el otro (y el uno) es un espejo que recibe
y refleja amor. Y viceversa. Es la tradición platonizante que en el Renacimiento aparece, una y otra vez, patrocinando e ilustrando cualquier discre-
teo amoroso.

Lo que en un momento fue doctrina esotérica se ha hecho del dominio
común y lo utiliza cualquier autor. Por ejemplo, Betussi hace razonar a Raverta de esta guisa:

> *Perché dall'amato si genera l'amore nell'animo dell'amante, il quale
> riceve lo amore allo amato, di maniera che, essendo lo amante il recipien-
> te, è inferiore all'amato....*[4],

texto que enlaza con Sabunde y el proceso de perfeccionamiento que veía-
mos antes. Otro ejemplo característico puede ser el lio que organiza Luis
Escrivá en el *Veneris tribunal*:

> *que mucho más dezía la platónica lengua quiero dezir más que de
> plata que el amante en su encendido ánimo forma en talla imprime la
> verdadera ymagen la imaginada figura de la amada y adorada diosa de
> donde el límpio zero del ánimo del amante es hecho propio espejo de la
> amada como claramente desta amada en él se vea la ymagen y de aquí
> nasce que (no sólo porque la alma vea en sí transformada y hecha propia
> parte la principal parte del amante pero porque a sí solo se vee en el áni-
> mo del amante figurado lo amado) es natural fuerça que como a sí y por
> otro él (como se vea a sí) ame al amante lo amado*[5].

No sé si merece la pena multiplicar las citas de este jaez puesto que se
encuentran con facilidad en la estela platónica, con más o menos aditamen-
tos y variaciones según la época, el medio y el lugar donde han sido redactados; y lo mismo entre cristianos que en el misticismo musulmán, pues
unos y otros heredan y asumen las doctrinas platónicas y herméticas.

Hay que señalar que la base de todo este juego —o la condición— es
la participación, por semejanza, en la esencia divina porque sólo lo semejante da con lo semejante y porque sólo puede ser conocido (y, eventualmente
amado) lo que participa de algún modo con el objeto; lo cual implica una
naturaleza semejante entre uno y otro. Plotino se pregunta cómo es posible
que las afecciones del cuerpo lleguen al alma pues lo material puede comu-

---

[4] Giuseppe Betussi, *Il Raverta*, en *Trattati d'amore del Cinquecènto*. Roma-Bari, Laterza,
1980, p.33; cfr., en el mismo volumen, Tullia d'Aragona, *Dialogo della infinità di amore*, p.195,
etc.

[5] Luis de Escrivá, *Veneris Tribunal*. Venecia, Aurelio Pincio, 1537, fol.49R.

nicar sus afecciones a otra cosa material, a otro cuerpo, pero no al alma que es espiritual y posee, por tanto, otra naturaleza. Siguiendo a Platón (*Banquete*, 206 d), Plotino supone que, antes del amor, las almas poseen una inclinación hacia lo bello y una especie de conocimiento y afinidad o parentesco con la belleza, y una conciencia racional de esta participación, lo que explicaría cómo y por qué se produce el fenómeno de la pasión amorosa. Es algo semejante a lo que ocurre con la visión, con la capacidad que tienen los ojos para percibir la luz. La explicación del proceso es equivalente en ambos casos: «De manera semejante, el ojo de la mente ve las cosas iluminadas por una luz ajena, y en ellas, en efecto, ve la cosa y la luz; sin embargo, si se atiende con vehemencia a la esencia de las cosas iluminadas, percibe menos la luz. No obstante, si alguna vez abandonara la apariencia de las cosas y atendiera intensamente a aquello por lo que las ve, percibiría la luz e incluso el mismo origen de la luz. Puesto que conviene que la mente contemple de este modo la luz, y no como algo extrínseco, de nuevo volvamos a aquel ojo puesto que ese ojo tampoco ve una luz ajena ni exterior, pues antes que perciba una luz exterior, ve una propia y brillante, por un instante brillantísima»[6].

No es diferente lo que sostiene Proclo aunque si vaya más lejos en el proceso de interiorización, manteniendo inamovible el punto de partida: «Decimos que lo semejante es conocido por lo semejante. Dicho de otra forma, la sensación conoce lo sensible; la opinión lo opinable; el razonamiento, lo racional [...]. Por ello, Sócrates tiene razón en el *Primer Alcibiades* cuando dice que es entrando en sí misma como el alma consigue la visión de la totalidad, incluso de Dios ...]. El alma, cuando mira lo que está, ve las sombras y las imágenes de lo que existe, pro cuando se vuelve hacia sí misma, revela su propio ser y sus propias razones. Al principio, es como si se viera sólo a sí misma, pero, después, cuando llega al conocimiento de sí misma y profundiza en él, descubre en sí la inteligencia y la jerarquía de los

---

[6] «Simili ratione mentis aspectus videt quidem et ipse per lumen aliud res illuminatas prima illa natura, atque in illis re vera videt et illud: verumtamen ad naturam rerum illuminatarum impensius se convertens minus ipsum interea cernit. At si visas quandoque res dimiserit et tamen illud, per quod videt, attente perspexerit, lumen iam ipsum luminisque principium pervidebit. Quoniam vero mentem oportet eiusmodi lumen non tamquam extrinsecum aliquid intueri, rursus ad illum oculum accedamus, qui ipse quoque quandoque non extrinsecum lumen nec alienum videat, sed ante lumen externum intueatur proprium aliquod et lucidus intra momentum temporis perlucens, aut nocte in tenebris coram se ex prosiliente quendam aspiciat radium» *(Plotini Enneades cum Marsilii Ficini interpretatione castigata.* Paris, 1855, Eneada V, Lib.5,7, p.335-336). En el comentario se lee: «Potest tamen intentionem a singulis veris retrahere, convertereque ad principii lumen, quo et haec vera sunt, et hic intelligens: atque ita ipso quoquo modo tamquam lumine fruit. Similiter, si voluntatis a singulis bonis amandis revoces ad amandum ipsum bonum, quo et tu amas, et illa sunt amabilia, frueris statim ipso bono, videlicet insolito quodam gaudio».

DOMINGO YNDURAIN

seres. Cuando, por último, se mete en el interior de sí misma y como es el templo del alma, entonces contempla, con los ojos cerrados, a los dioses y todo lo que es»[7].

Ese éxtasis que se produce en lo íntimo de la conciencia, el llamado éxtasis plotínico, como interiorización que es recuerdo; el amor que se infunde desde fuera; y la imagen en el espejo o el reflejo de la belleza en las criaturas se encuentra, como no podía ser menos, también en Plutarco: «Una vez enviados aquí abajo, el Amor ya no puede llegar directamente al alma: sólo puede llegar al alma a través del cuerpo [...]. El amor celeste nos muestra, como en un espejo, bellas imágenes de bellas realidades. Sin duda, a diferencia de la realidades, que son divinas, impasibles y perceptibles por el espíritu, estas otras imágenes son mortales, pasibles y perceptibles por los sentidos materiales pero, gracias al efecto del amor, brillan sus formas, sus colores y todas ellas con el brillante resplandor de la juventud. Por medio de estas imágenes, el Amor despierta poco a poco en nuestra memoria...»[8].

Así pues, sólo es posible el amor porque —y cuando— ya hay belleza y amor tanto en el amado como en el amante[9]. Y cuanto más haya de lo uno o de lo otro —de lo uno y de lo otro— más intenso será el sentimiento amoroso. Que en el hombre haya amor, belleza y conocimiento de lo real, no es problema para los platónicos, pues suponen que el alma, aún caída y encerrada en la cárcel del cuerpo, conserva, de una vida anterior, unos restos y un acuerdo más o menos esclarecido e su origen primero. Algunos padres, como San Agustín, adoptan el sistema y lo adaptan a las necesidades y exigencias de la nueva doctrina. Sustituyen, para ello, la memoria de una vida pasada por la huella que Dios ha impreso en los más escondidos repliegues del alma. Pero, sea uno u otro el camino la meta es la misma: la unión con lo semejante, la transformación.

Y es aquí cuando, para los cristianos, empiezan los problemas, en la naturaleza de la unión pues la transformación implica una divinización, más o menos metafísica, pues como dice S. Bernardo, «sic affici deificari est»[10], o Juan Escoto: «Non enim aliter potuit ascendere in deum nisi prius fieret deus»[11], como resultado y requisito, respectivamente. Como para los gnós-

---

[7] *Teología platónica*, I,3.

[8] *Erotihos*, 765, A-B.

[9] Para Santo Tomás, los sentidos corporales se complacen en las cosas deluidamente proporcionadas como en algo que se les asemeja. (*Summa theologica*, I, q.5, a.4 ad 1).

[10] *De diligendo Deo*, X, 28; cfr. S. Buenaventura: «Secundum hanc igitur divina intelligendo, non secundum nos, sed nos totos a nobis totis extra factos et totos deificatos». (*De scientia Christi*, q.7, respondeo; ver *Collationes in Hexameron*, 7, 14 etc.).

[11] *Omelia super prologum Iohannis*, 5; texto que continúa: «Ut enim radius oculorum nostrorum species rerum sensibilium coloresque non prius potest sentire quam se solaribus radiis immisceat, unum ipsis et cum ipsis fiat, ita ...».

ticos el conocimiento, el amor para los cristianos tiene la misma finalidad, Θεοτηναι [12]. Esta fusión y transformación se explica mediante unas imágenes características: «Stilla aquae modicae multo infusa vino, ferrum ignitum, luce perfusus aer» [13], y algunas otras. Pero estas imágenes no dejan de presentar determinados peligros en los años por los que escribe San Juan de la Cruz. Por una parte, el principio general de que el hombre se hace semejante a Dios por el amor se puede expresar mediante una sentencia que, aún tomada quizá de Pedro Lombardo, constituye el fundamento de la doctrina y las tesis condenadas en los alumbrados: «que el amor de Dios en el hombre es Dios» [14]. «Esta proposición se nota porque diziendo la sana theologia que la forma y anima de la ffee es la charidad, por la qual entienden una qualidad infusa y unida en el anima, el auctor huye de este lenguaje común de los theologos y paresce que da en el error del maestro de las sentencias, porque Sant Juan dixo: *deus charitas est*, soño que la charidad en nosotros no es criatura, sino el mesmo espiritu criador, y Alcazar, alumbrado del Reyno de Toledo, enseñó a sus discipulos que el amor de dios en el hombre es dios; y los nuevos lutheranos de España eseñaban que la ffee para justificar, aunque ha de ser biva no es menester que sea formada con charidad, y assi la davan animada por el espiritu de dios, conforme a las palabras del auctor y los alumbrados pusieron una union permanente *sine ullo medio inter deum et vires animae nostrae ut forma materiae, et anima corpori ut patet in Enrrico Herp*, y aun que el auctor no tenga el sentido de estos, ni el del maestro de las sentencias, fue mal hecho en el lugar propio...» («Censura de los Maestros Fr. M. Cano y Fr. D. de Cuevas sobre los comentarios y otros escritos de D. Fr. Bartolomé de Carranza, 1559», en F. Caballero, *Conquenses ilustres*, t.II, Madrid, 1871, p.550).

Por otra parte, la disolución del alma es Dios como una gota que se disuelve en un líquido, eventualmente en el mar, puede confundirse fácilmente con las doctrinas averroístas, la integración en el *spiritus mundi*, etc.

Creo que es el temor a ser confundido con los averroístas lo que explica que Aldana introduzca unas precisiones cautelares (por lo demás superfluas) es la *Epístola* VII, dirigida, precisamente, a Arias Montano:

> *y como el fuego saca y desencentra*
> *oloroso ligor por alquitara*
> *del cuerpo de la rosa que en ella entra,*

---

[12] *Poimander* I, 26.

[13] Ver J. Pepin, «Stilla aquae modica multo infusa vino, ferrum ignitum, luce perfusus aer»: «L'origine de trois comparaisons familières à la théologie mystique médiévale», *Miscelanea André Combes*, I, Roma, 1967, p.331-375.

[14] Y la perfección o impecabilidad que ello implica, la posibilidad de prescindir de la Iglesia y de su mediación, etc.

así destilará de la gran cara
del mundo inmaterial varia belleza
con el fuego de amor que la prepara:
y pasará de vuelo a tanta alteza
que, volviéndose a ver tan sublimada,
su misma olvidará naturaleza,
cuya capacidad ya dilatada
allá verá do casi ser le toca
en su primera causa transformada
Ojos, oídos, pies, manos y boca,
hablando, obrando, andando, oyendo y viendo,
serán del mar de Dios cubierta roca [15].

Cual pece dentro el vaso alto, estupendo,
del Oceano irá su pensamiento

desde Dios para Dios yendo y viniendo:
seréle allí quietud el movimiento,
cual círculo mental sobre el divino
centro, glorioso origen del contento; [16]
. . . .

no que del alma la especial natura
dentro al divino piélago hundida
cese en el Hacedor de ser hechura,
o quede aniquilada y destruída,
cual gota de licor que el rostro enciende
del altísimo mar toda absorbida,
mas como el aire en quien en luz se extiende
el claro sol, que juntos aire y lumbre
ser una misma cosa el ojo entiende [17]

Dadas estas circunstancias, nada tiene de extraño que San Juan no utilice en las Declaraciones del *Cántico* la metáfora de la gota de agua, rechazada por Aldana, ni la del aire iluminado, matizada por aquél, como tampoco la de la llama que se funde con otra o enciende una nueva de la misma naturaleza que la original ... [18]. Es un hecho tanto más significativo cuanto los

---

[15] Cfr. v.508: «aquel alto piélago de olvido»: y ver los v.589-600. Como San Bernardo, Gregorio Nacianceno describe a Dios como un piélago de realidad (*Sermón* XXVIII, 17). El olvido y la disolución llegan a Miguel de Molinos ... y a A. Machado.

[16] La imagen del círculo se difunde gracias, sobre todo, a Boecio, o al *Corpus Areopagiticum*; el locus es: «Deus est sphaere intelligibilis, cuius centrum ubique, circunferentia nusquam» (A. de Insulis, *Regulae theologiae*, 7), idea que, en último término arranca de Platón (*Leyes*).

[17] Francisco de Aldana, *Epistolario*, ed. Rodriguez Moñino, Madrid, 1978.

[18] Según McGrady, la imagen deriva de Cicerón, *De officiis*, I, xvi, 51-52, y se hizo proverbial en la literatura posterior, v. gr. Ovidio, *Arte*, III, 93-96; Lorris, *Roman de la Rose*,

spirituales que pudo leer San Juan no dejan de utilizar estas imágenes.
Todo esto plantea, una vez más, el problema de la relación entre Poesía y
Declaraciones, y la exacta naturaleza de las últimas, tanto por lo que dicen
como por lo que omiten. No deja de ser significativa, por ejemplo, la ausencia de referencias explícitas a S. Bernardo, Cusa, J. Escoto, Sabunde, los
místicos nórdicos, etc. o de sus contemporáneos españoles, salvo Santa Teresa. Es algo que no parece normal pero, habida cuenta de la relación entre
franciscanos y alumbrados, y el ensañamiento con que se persiguieron las
desviaciones, tampoco debería extrañarnos demasiado [19]. San Juan en la poesía sólo dice «amada en el amado transformada».

Los ventores de la orden de Santo Domingo no rechazan la transformación, la aceptan si bien con cautelas y distingos que la alejan de la efusi-
vidad franciscana. Domingo de Soto se refiere a ella en el *Tratado del amor
de Dios* y la formula de esta manera: «Porque nuestra bienaventuranza consiste en poseer a Dios por vista donde gozando de él hartamos nuestros deseos y fijamos en él nuestra voluntad con la pureza y firmeza de aquel acen-
drado de amor que en él nos transforma» (Lib.I, c.1); «que pues él descen-
día a la tierra a hacerse hombre por nosotros no era sino para llevarnos al
cielo y deificarnos con su vista» (Lib.I, c.8); aunque hay algún momento
más emotivo, como: «estar siempre avidos y abrazados con él. Lo cual siempre se consigue por el amor que nos transforma en él, como hijos engendrados de su gracia y de su voluntad» (Lib.II, c.2), pero siempre mantiene las
distancias y la distinción entre sujeto y objeto así como la finalidad de la mirada, el intelectualismo; por ello advierte: «en esto se mostró el grande amor
de Dios con nosotros, como dijimos que se hizo hombre por nosotros y nos
dejó su mismo cuerpo y sangre en el santísimo Sacramento para que con
aquel celestial mantenimiento nos transformásemos en él. Aunque la perfec-
tísima unión y consumadísima nuestra con Dios ha de ser en el otro siglo,
donde viéndole como él es y recibiendo la lumbre de su divinidad, así como
las estrellas reciben la lumbre del sol, estaremos transformados en él. No
porque nuestra substancia se pueda convertir en la suya, porque la esencia
divina es incorruptible y ni ella se puede transformar en otra, ni otra en ella.
Pero nos transformamos por nuestras potencias que nuestro entendimiento
estará transformado en el resplandor de su luz y resplandeciendo en ella, y
nuestra voluntad inflamada en su amor, y nuestras almas empapadas en la
fruición y delectación de su presencia» (Lib.II, c.5).

Es de notar cómo los mismos puntos de partida, incluso las mismas
imágenes, reciben un tratamiento completamente diferente; tratamiento que

---

v.7.410-7.412; *Caballero Cifar, guzmán de Alfarache* (ver Cristóbal de Tamariz, *Novelas en verso*,
Charlottesville, Virginia, 1974, p.400,n.). Aquí, se puede añadir Santa Teresa, *Moradas*, VII,
2,6. Por otra parte, Pico, en el *Comento*, mostraba al hombre como una materia arrebatada por
el fuego y transformada en llama por la fuerza del amor.

[19] Ver P. Miguel Angel: *La vida franciscana durante los dos coronamientos de Carlos V*.

excluye de manera radical e inequívoca la deificación de las sustancias, la di
solución, etc. Incluso cuando cita a San Dionisio, Soto restringe el alcanc
de la transformación: «La primera virtud del amor es, como dice San Dioni
sio, ser unitivo, que junta al amigo con el otro» (Lib.II, c.5).

Habida cuenta de las opiniones de Domingo de Soto y de Melcho
Cano sobre estas cuestiones, es lógico que los espirituales tomen precaucio
nes, como hace, por ejemplo Buenaventura Morales en la defensa de Juar
Casiano, donde presenta un buen muestrario de cautelas, casos y distingos
«La quarta duda se movió sobre la transformación y unión de l'alma cor
Dios, de la qual hizo mención el autor, en el tratado de la oración, y en lo
problemas, pero más particularmente trata d'ella en la epístola al lector, qu
está en fin de los problemas. Donde dize que el mismo Espíritu santo que
une al padre con el hijo tan perfectamente que los unidos y la unión sor
una misma cosa, esse mismo Espíritu santo ayunta nuestra alma con Dios
y la transforma en Dios, etc. Para esto hay que notar que Juan Cassiano er
las colaciones de los padres santos del yermo, en la colación por que es d'e
santo abad Isaac, donde trata de la oración, trata d'esta unión en el cap
VII, donde escribe lo que dixo sobre esto el abad Isaac, cuyas palabras po
nemos aquí en Romance, que son estas. Quiso nuestro Señor Iesu Christo
apartarse a orar en el monte [...]. Entonces pues, se cumplirá en nosotros
esta oración, quando todo nuestro amor, todo nuestro deseo, todo nuestro
estudio, todo nuestro esfuerço, todo nuestro pensamiento, todo quanto vié
remos, habláremos o esperáremos, fuese Dios. Estas y otras muchas cosas
dize allí Cassiano, en persona de aquel santo solitario Isaac, dignas de ser
leídas. De manera que dezir que l'alma santa se haze uno con Dios, como
el padre y el hijo son uno, no es otra cosa sino dezir que assí como el padre
y hijo son uno en voluntad y es amor essencialmente, assí l'alma santa se
haze uno con Dios por amor, y por un mismo querer, no essencialmente,
sino accidentalmente, de suerte que la comparación no se ha de entender to
talmente que sea una misma unión la que tienen entre sí el padre y el hijo
que la que tiene l'alma santa con Dios, porque esto sería blasfemia, mas ha
de tomarse la comparación con un grano de sal, como dizen, porque la
unión d'el padre con el hijo es essencial, y la de l'alma es accidental, y
(como dizen los theólogos) por participación» (fol.241r-242r). Menos mal
que Morales realiza estos arriesgados números de funambulismo con red; y
con las precauciones de las glosas marginales.

Poco más allá, continúa Morales: «Y assí, porque él era uno con el pa
dre, en amor y en voluntad, quando orava en el huerto, dixo: No se haga
como yo quiero, sino como tu quieres. Esta unión de l'alma con Dios que
se haze por amor, llámala san Dionysio y otros santos, transformación, no
absolutamente, sino por comparación, como dezimos de los que se aman en
trañablemente que son un coraçón y un alma, y en declarar qué cosa sea

esta unión, ha avido diversos pareceres. Unos dixeron que quando l'alma se une a Dios por amor pierde su propio ser, y recibe el ser de Dios, de manera que ya no es criatura, sino el mismo Dios. Este desatino tan grande quisieron algunos ignorantes sacar de ciertas palabras de sant Bernardo en la Epístola ad fratres de Monte Dei, las quales no pongo aquí por no ser prolixo. Esta heregía tuvo un Almarico, herético condenado por la yglesia en el concilio Lateranense, y como a tal le contó sant Agustín entre los herejes, y escrivió contra ella Iuan Gerson en una Epístola. Otros dixeron que el amor de la criatura humana para con Dios no era otro sino el mismo Dios, de manera que según esta opinión avíamos de dezir que l'alma racional ama a Dios por el Espíritu Santo. Esta opinión impusieron algunos al Maestro de las Sentencias, y deséchanla los doctores theólogos, porque no puso alguna forma de amor actual, o habitual, la qual fuesse necessaria, como un medio para amar a Dios. Algunos otros uvo que procuraron con semejanças corporales declarar esta unión, o transformación, como unos que dixeron que l'alma se ayunta y se transforma a Dios, como una gota de agua si la echassen en una gran cuba de fuerte vino se convertiría en vino, porque entonces aquella gota de agua ya pierde su propio ser, y se convierte totalmente en otro ser diferente, asi mismo como el manjar que se convierte en la substancia d'el que lo come, y acuerdo me aver leído en la Theología mystica de Iuan Gerson, que una devota muger oyendo predicar d'esta unión, y traer esta semejança, para dalla a entender se encendió interiormente de tal manera, y concibió dentro de sí un fervor tan desmedido que no pudiendo el espíritu contenerse dentro d'el cuerpo, ella como una tinaja llena que hierve y no tiene por donde respirar, rompidos todas las venas y arterias, rindió en un mismo punto toda la sangre de su cuerpo, juntamente con la vida. Para confirmar esta semejança, quieren se algunos aprovechar de un dicho de sant Bernardo, en el libro *de praecepto et dispensatione*, que dize. L'alma más verdaderamente está donde ama que donde anima, mas aunque el dicho de sant Bernardo es verdadero, pero la semejança o comparación es muy coxa y desproporcionada, porque si fuesse verdadera ya tornaríamos al error primero que diximos, y no pierde l'alma en esta divina unión su propio ser, como la gota de agua, que se echa es la cuba d'el vino, la qual dexa de ser agua, y se convierte en vino. Otros comparan esta unión de l'alma con Dios a un carbón, o a un hierro encendido, donde el carbón y el hierro se quedan en su propio ser, aunque reciben en si ciertas propiedades d'el fuego y d'el calor, que está encorporado en ellos, y parece que pierden las suyas, o casi, como son la frialdad, el rigor, el negror, etc. Y esta no es mala semejança a mi parece, assí también podríamos hazer comparación en el ayre el qual recibe y encorporar en sí de tal suerte la luz del sol, que aunque cada uno se tiene su propio ser, parecen luz y ayre una misma cosa. Assí también el hierro juntado con la piedra ymán, toma la propiedad d'ella, de manera que atrae a sí otro yerro, como haze la misma piedra ymán. Semejantemente el vapor que es substancia es agua, recibe con el ca-

lor una livianeza, y una cierta propriedad de ayre. Otros hazen comparación
en la materia y la forma...» (*Apología o defensión*, Amberes, 1556, fols. 243-
244).

La lección ha sido bien aprendida y asumida. Así, también fray Diego
de Estella toma sus distancias y elige bien sus comparaciones: «Tiene el
amor virtud de ayuntar y transformar. Es semejante al fuego que se ayunta
con el hierro, y se entra por sus poros y venas hasta que lo transforma en
sí, de manera que aunque ay verdadera substancia de hierro, está transformado en el fuego, y sus obras más son de fuego que de hierro. Assí es el
amor que de tal manera ayunta a los que ama que los transforma. Hallamos
esto más altamente verificado en tí Dios nuestro, y Señor nuestro, pues tu
amor te ayuntó a lo que mucho amabas, sin detrimento alguno de tu divinidad, y sin que se consumiesse nuestra humanidad allegada tan de cerca a
esse divinissimo fuego, de quien dize la escriptura. Dios es fuego que consume...» (*Meditaciones del amor de Dios*, Salamanca, 1578, meditación LXVIII,
fol.180v). Y también: «Entonces serás abrasada como un carbón muy encendido, y assí encendida y abrasada del amor, serás toda transformada en
tu Dios, y allegándote toda a él como está escripto, serás hecha un espíritu
con él, cuyo fuego dize Esaías que es en Sión y horno en Jerusalén», (Meditación LIX, fol.158r). «Assí como el fuego va lançando fuera la humedad
del madero con su calor y no cessa hasta que lo transforma en sí, de esta
manera el divino amor [...] hasta que nos transforma en tí, y deifica...» (Meditación LXVIII, fol.182v). Y fray Juan de los Angeles en los *Triumphos del
amor de Dios* habla de la transformación (fol.38r-v), la compara al madero
quemado, al hierro y al carbón encendidos (221r, 228r) siguiendo en esto a
Gerson también, pero mantiene la individualidad (213v) y la deificación por
participación (241v).

En la Declaración del *Cántico* se hacen frecuentes referencias a la unión,
pero son pocas las ocasiones en que San Juan acude a una imagen. El alma
arde y se regenera como el ave fénix (p.134), o Dios entra al alma «en sus
divinos resplandores por transformación de amor» (p.186), planteamiento
desarrollado después un poco más: «porque, a manera de sol, quando de lleno enviste en la mar, esclarece hasta los profundos senos y cavernas, y pa-
rescen las perlas y benas riquíssimas de oro y otros minerales preciosos,
etc.» (p.237). Pero la más repetida es esta: «bien assí como quando la luz de
la estrella u de la candela se junta y une con la del sol, que ya el que luce
ni es la estrella, ni la candela, sino el sol, tiniendo en sí diffundidas las otras
luzes» (p.242), que se amplía así: «estando ambos en uno, como si dixiera-
mos agora la bidriera con el rayo de sol, o el carbón con el fuego, o la luz
de las estrellas en la del sol —no, empero, tan essencial y acavadamente
como en la otra vida»—(p.261); y resuena en: «assí como una luz grande
absorve en sí muchas luzes pequeñas», y: «assí como haze el sol con la bi-

driera, que, infundiéndose en ella, la haze clara, y se pierden de vista todas las máculas y motas que antes en ella parescían, pero, buelto a quitar el sol, luego buelven a parecer en ella las nieblas y máculas de antes». (p.266). Y la más significativa: «que con la omnipotencia de su abisal amor absorve el alma en sí con más efficacia y fuerça que un torrente de fuego a una gota de rocío de la mañana, que se suele bolar resuelta en el aire» (p. 286; cfr.265) [20].

El rocio de la mañana evaporado por la fuerza del sol es motivo que aparece con frecuencia, v.gr. en *Job*, 6,17; Santiago, *Canónica*, cap.3: «¿Qué es nuestra vida, sino humo o vapor que parece un poco y luego se deshace y desaparece?». En esta línea lo utiliza Gómez Manrique («duran como ruciada»), Jorge Manrique (copla XIX) o Diego de Valera: «San Gregorio, es el tercero de las constumbres, dice: Tal es la vida el cobre como el vapor que se levanta de la tierra e dura poco» (*Tratados* BAE, p.151b). Es la tradición negativa; pero hay otras, como la que da Santo Tomás de Villanueva: «finalmente llamado, importunado, [el señor] viene y sale al camino al ánima que le dessea ver, rodeado de celestial rocio y divina dulcedumbre de preciocissimos unguentos...» (*Sermón segundo del amor de Dios* II, cap.I; *Scala parad.*, c.5), resuena en Montesino («como rocio menguado/del sol en marinas conchas») y, sobre todo, se concentra en Osuna, en el *Cuarto abecedario*: «No sin misterio quiso elegir el espiritu sancto de venir en especie de fuego que suele derretir los metales: transformándolos en sí para los juntar» (cap XV, fol.LXIro). «Los vapores de la tierra no pueden subir en alto, si primero no los inflama el calor del sol que deciende el día del espiritu sancto en gran abundancia porque el espiritu sancto es calor de amor que atrae a lo alto. El padre eterno se llama sol, su luz es su hijo que engendra por via

---

[20] De abundantísimos textos de esta transformación el P. Eulogio de San Juan de la Cruz en *La transformación total del alma en Dios según S.J. de la Cruz*. Madrid, 1963. El autor de este estudio advierte: «Quedan, naturalmente, excluídos del concepto de transformación del alma en Dios, en mero sentido filosófico, la panteización del alma, y su anihilación entitativa u operativa. a) El alma no alcanza la esencia de Dios, en sentido de que esta esencia sea al alma una especie de forma substancial. Doctrina que, por lo demás, ha sido sancionada por la Iglesia, es la condenación del Maestro Eckhart, que defendía la transformación substantiva del alma en Dios. b) Nuestra Madre la Iglesia, asimismo, condenó el nihilismo operativo de Miguel de Molinos y la eliminación o aniquilamiento de la voluntad que quiso defender el célebre quietista español» (p.156-157).

Sin embargo, algunos textos de San Juan, citados por el P. Eulogio, quedan cuando menos, en la ambigüedad; v.gr.: «Aquel endiosamiento y levantamiento de la mente en Dios, en que queda el alma como robada y embebida en amor toda hecha un Dios, no la deja advertir a cosa alguna del mundo, porque no sólo de todas las cosas, mas aún de sí queda enajenada y aniquilada, como resumida y resuelta en amor» (p. 244 ss). Hay otros casos menos comprometidos doctrinalmente, como: «haciéndola Dios desfallecer, en esta manera, a todo lo que no es Dios naturalmente, para irla vistiendo de nuevo, desnudada y desollada ya ella de su antiguo pellejo» (*Noche*, L.2, c.13, n.11), donde la clara referencia al Apóstol se dobla con una resonancia clásica, me refiero al mito de Marsias, moralizado por Pico, M. Angel y tantos otros en el Renacimiento.

de noticia intellectual que se dize lumbre del anima» (fol.LXIro); y: «Mientras estamos en la tierra parece que deciende a nos el amor de Dios como los rayos del sol para elevarnos como vapores a la perdurable gloria». (*Ley de amor y quarta parte del abecedario espiritual*, Burgos, 1536, cap.XXII y «vapor de la virtud de dios», fol.XCIV). Por su parte, fray Diego de Estella habla de las conchas que se abren con el sol, como Montesinos (*Variedad del mundo*, Madrid, 1980, p.307 y cfr. Meditación LXXXII).

En todos los casos, queda bien clara la diferencia entre el objeto y el sujeto, entro el alma y Dios y en todos los casos, salvo en el último, San Juan prefiera la comparación a la metáfora. Parece como si renunciara a las imágenes de más empeño. Evita San Juan describir el éxtasis y la unión, trabajo que deja a Santa Teresa: «Lugar era este conviniente para tratar de las differencias de raptos y éxtasis y otros arrobamientos y subtiles buelos de espíritu que a los espirituales suelen acaecer; mas, porque mi intento no es sino declarar brevemente estas canciones, como en el prólogo prometí, quedarse en para quien mejor lo sepa tratar que yo, y porque también la bienaventurada Theresa de Jesús, nuestra madre, dexó escritas de estas cosas de espíritu admirablemente, las quales espero en Dios saldrán presto impresas a luz» (p.189).

Y, en efecto, no lo hace en la Declaración pero tampoco en las canciones. Salvo, quizá, en «Mi amado, las montañas», San Juan, en el *Cántico*, da el proceso que lleva a la unión, y las reflexiones posteriores pero elude o sólo la insinúa aquí. Es en otros poemas, la *Llama*, por ejemplo, donde acomete la empresa. Por ello, en el *Cántico* se cuenta una el desarrollo de una historia con un argumento seguido y coherente y racional como proceso; lo mismo sucede en la *Noche*. Sin embargo, en los otros poemas se refleja el sentimiento, las sensaciones y experiencias eludidas en aquéllos, esto es, el momento de absoluta irracionalidad en el que se conoce por *nescientiam*, intuitivamente, donde se neutralizan los contrarios, etc. De ahí que, en la *Llama* y *Entréme donde no supe* sean poemas sintácticamente desconyuntados e inconexos, mucho más cercanos en expresión a la gnosis.

Por otra parte, frente a los demás poemas, el Cántico se caracteriza por la presencia de elementos circunstanciales explícitos, de tiempo y de lugar; aparecen otras realidades y otros seres diferentes del amado y la amada, cosa que no ocurre en las otras composiciones cuyo grado de abstracción es mucho más alto. El *Cántico*, pues, aparece, dentro de lo que cabe, como una canción renacentista, descoyuntada, por supuesto, pero dentro de las coordenadas de ese sistema. San Juan complica el sistema establecido, entre otras cosas porque el mismo proceso, de búsqueda y rememoración, de embellecimiento y pérdida, se repite, sin advertencia, varias veces, en distintos registros, lo que establece una serie de ecos y disonancias característicos: el lector recibe una serie de reberberaciones y como reflejos que dificultan la percepción racional, al tiempo que intensifican las sensaciones.

Estos efectos se producen, sin duda, en el interior del *Cántico* pero alcanzan también a los otros poemas y a las explicaciones en prosa. Además, consuenan disuenan frente a diferentes tradiciones literarias y doctrinales. Y estas correspondencias no siempre van en el mismo sentido, ni necesariamente se apoyan o suman unas a otras reforzando una idea o sentido. Por el contrario, un mismo término o imagen puede cambiar leve o radicalmente de sentido, y de valor, sin advertencia previa ni explicación posterior, sólo por su situación en el contexto. Lo mismo sucede con las tradiciones y series literarias, para asombro y desesperación del comentarista.

San Juan de la Cruz y la retórica del patetismo

Cristóbal Cuevas García

Tras los estudios de J. Maritain, R. de Reneville, T.S. Eliot, M.C. Ghyka, E. Orozco y otros sobre la analogía entre sentimiento místico y poético, parece claro que ambos coinciden en su condición de vivencia teopática: estado anímico de exaltación emotiva que tiene muchos rasgos de patetismo. Los espirituales benedictinos llamaron a esa actitud *sobria ebrietas*, poniendo de relieve con ese *oppositum* lo que en ella hay, por una parte de intelectual, y por otra de dionisíaco. Desde esa vital tesitura se genera la «palabra sustancial» de S. Juan de la Cruz, conmovida y conmovedora a la vez. Su propia expresión oral, como afirman sus contemporáneos, estaba llena de unción, mostrando «tanta abundancia de consideraciones dulces, tanta suavidad en la lengua, tanto calor en las palabras, tanta profundidad en los pensamientos espirituales, que a todos traía suspensos i admirados»[1]. La Hermana Ana María, del convento de la Encarnación de Avila, atestigua, por ejemplo, que sus pláticas espirituales tenían «tal afecto y calor, que encendía con ellas a los que trataua»[2]. Ello deriva de su inalterable «proximidad al misterio», lo que provoca una intensa exaltación de lo emocional en forma de «gran ímpetu de alegría», «grandes ímpetus de pena»[3], con la consiguiente necesidad de comunicar la riqueza de tales vivencias. De ahí el recurso a la poesía y al canto, únicos cauces adecuados para expresar lo inefable. Nadie ha sabido manifestar mejor que Santa Teresa esa tensión desbordante: «¡Oh, válame Dios —exclama— , cuál está un alma cuando está ansí! Toda ella querría fuesen lenguas para alabar a el Señor; dice mil desatinos santos... Yo sé persona que con no ser poeta, que le acaecía hacer de

---

[1] Fray Francisco de Santa María, *Reforma de los Descalços de Nuestra Señora del Carmen*, Madrid, 1655, II, p.33b; también fray Andrés de la Encarnación, ms.13482 de la Bibl. Nac. de Madrid, f.61r.

[2] «De las informaciones hechas en Segovia», *Fragmentos historiales para la vida de nuestro santo padre fray Juan de la Cruz*, ms.8568 de la Bibl.Nac. de Madrid, f.97.

[3] Santa Teresa de Jesús, *Moradas*, 6, 6, 11 y *Exclamaciones*, 16,1.

presto coplas muy sentidas declarando su pena bien, no hecha de su entendimiento...»[4].

También San Juan de la Cruz coincide con la Santa en la ponderación de tales emociones y en la dificultad de expresarlas adecuadamente. «La delicadez de el deleite que en este toque se siente —afirma— es imposible decirse...; que no hay vocablos para declarar cosas tan subidas». Para él, sólo queda la solución de hablar por aproximaciones, recurriendo a «palabras encendidas», «palabras como fuego», con lo que los conceptos de «palabra» y «llama» se identifican en cierto modo para referirse a una forma de expresión que apenas puede dar idea del incendio de que procede. Ello le obliga a recurrir a un lenguaje arrebatado que eleva el discurso poético a un alto nivel emocional en gracia a su afectividad de arranque. Por eso se niega a escribir en frío, difiriendo su encuentro con la página blanca hasta que Dios «ha abierto un poco la noticia y dado *algún calor*» (*Llama*, 2,21 y Pról.1, respectivamente).

No es, sin embargo, San Juan de la Cruz un poeta visionario que escribe sus versos al dictado de una inspiración pasivamente recibida. Mientras más se investigan sus escritos, mejor se descubre, por el contrario, su condición de escritor nato, dominador reflexivo y experimental de todos los recursos del idioma. Desde la organización general del poema —el *Cántico espiritual* es ejemplo paradigmático— a los más menudos detalles de retórica y estilo, todo obedece a un propósito claro de carácter artístico. Lejos de incontrolados automatismos, su poesía no surge de la entrega a una febril exaltación, sino de la concreción de emociones y atisbos en palabra sabiamente manejada. Como de Herrera decía Francisco de Rioja, también de San Juan se puede decir que «ninguna cosa ai en este autor que no sea cuidado i estudio...; nada de lo que escrivió deja de ser mui lleno de arte»[5].

Hoy sabemos cuán seria fue su preparación humanística desde la adolescencia medinense. Entonces, bajo la guía del P. Bonifacio, adquiere soltura en el manejo de la panoplia verbal. Desde los diecisiete a los veintiún años (h. 1559-1563), dedica seis horas diarias a imponerse en gramática y retórica, partiendo de los textos de Nebrija, actualizados por tratados más recientes, como los de J. Petreyo (1539), M. Salinas (1541), A. García de Matamoros (1548), P.J. Núñez (1552) y algún otro[6]. Esta base se profundiza luego con el estudio de las *artes concionandi*, sistematizadas en libros tan prestigiosos como el *Modo de predicar* de fray Diego de Estella (1576), la *Retórica*

---

[4] *Libro de la vida*, 16,4.

[5] *Versos de Fernando de Herrera,*, (1619), ed. de F. Pacheco, en *Poesía castellana original completa*, ed. de C. Cuevas, Madrid, 1985, p.484. «Nuestro análisis estilístico —observaba tempranamente E. D'Ors— nos ha mostrado, en San Juan de la Cruz..., más bien que el lírico arrebatado, el consciente y siempre avisado artista», en «Estilo del pensamiento de San Juan de la Cruz»: *Revista de Espiritualidad*, 1(1942), p.253.

[6] Cfr. F.G. Olmedo, *Juan Bonifacio (1538-1606)*, Santander, MCMXXXVIII, pp.43-59.

lesiástica del P. Granada, o el *De sapiente fructuoso* de su propio maestro uan Bonifacio (1589). Tras estos estudios —prescindiendo de la dudosa rofundización humanística que algunos le suponen durante su etapa sal- ıantina—, San Juan aparece perfectamente pertrechado de recursos expre- ivos. Con razón le proclama C.P. Thompson *a master of poetic techniques who andles a large number of rhetorical devices to great effect*[7], hasta poder conside- ársele un modelo de perfecto artista literario.

Así lo demuestra de forma eminente el *Cántico espiritual*, su poema de nás empeño y dificultad creativa. A su completo acabamiento dedicó años le atención, creemos que ni siquiera la versión *CB* fue para él un estado re- laccional del todo satisfactorio. Parece claro, no obstante, que el poeta lo oncibió desde el principio como una estricta obra literaria, poniendo a con- ribución toda su sabiduría humanística para llevarlo al límite de su perfec- ión. Por eso, para comprender este y otros poemas, habrá que atender pri- nordialmente a su personal teoría poética, base que los sustenta estética- nente.

Como ya hemos escrito en trabajos anteriores, el arte tiene para San `uan de la Cruz un carácter instrumental, que hace deseable su perfección n cuanto de ella depende el efecto que ha de hacer en sus destinatarios. Por so dice que su intención —y la de San Pablo en *I Cor*, 2,1-4— «no es con- lenar el buen estilo y retórica y buen término, porque antes hace mucho al `aso al predicador, como también a todos los negocios; pues el buen térmi- ıo y estilo aun las cosas caídas y estragadas levanta y reedifica, así como el nal término a las buenas estraga y pierde» (*S*3, 45,5). Pero si su deseo es nover a los lectores a emprender el camino místico, la recurrencia a una re- órica basada en el *mouere* le resulta insoslayable. Partiendo de la realidad de ʝue él mismo está conmovido (Horacio, *Ars*, 102-103), ha de buscar en sus ɔalabras cuanto pueda conmover. Por eso dice, a propósito de la escultura `eligiosa, que en «lo que toca a las imágenes..., las que más mueven la vo- untad a devoción se han de escoger» (*S*3, 35,1 y 2).

Esa es la clave de su arte en general, puesta de manifiesto por diversos `ríticos, que le lleva a potenciar lo vital y conmovedor por encima de lo ʃormalmente perfecto. La estética sanjuanista descansa en la valoración de los recursos artísticos capaces de influir en la conducta de sus lectores, por lo que potenciará lo que K. Bühler llama función conativa o apelativa del lenguaje, desarrollando el *ornatus* con atención especial a las figuras aptas *ad mouendum*.

A confirmar estas convicciones, sobre todo en lo que respecta al *Cánti- co espiritual*, hubo de influir decisivamente el ejemplo del *Cantar de los canta- res*, donde brilla con oriental fastuosidad una retórica emotiva de claras con-

---

[7] *The Poet and the Mystic. A Study of the Cántico espiritual of San Juan de la Cruz*, Oxford, 1977, p.115.

notaciones eróticas. Como dijo M. Bataillon, el apasionado lenguaje del bí
blico epitalamio llega a nuestro escritor teñido de la metafísica mística qu
le habían dado los *Soliloquios* del Seudo Agustín, que acrecienta los rasgo
sentimentales frente a los hieráticos del poema sulamítico[8]. Si pensamos
por otra parte, que en el siglo XVI se consideraba a este como una églog;
«a lo divino»[9], entenderemos mejor el tipo de *ornatus* que en él habría d
destacarse. Su carácter de poema amatorio, que canta afectos pastoriles ei
medio de una naturaleza incitante y amable, cuadraba bien con la sensibili
dad en boga. «La materia desta poesía —escribía J. Juvencyus— es las co
sas i obras de los pastores, mayormente sus amores; pero simples i sin daño
no funestos con rabia de celos, no manchados con adulterios», sino blanda
mente sugestivos. El paisaje —deleitoso y fértil, con fuentes y arboledas
plantas domésticas y vides, verde hierba y ganado—, se configura sobre la:
pautas del *locus amoenus*. Poema escrito para el corazón, la égloga había dє
pintar sentimientos tiernos, intensificando los aspectos emotivos del poema
Ello se lograba con la máxima eficacia a través de la égloga dramática[10], quє
tensa el sentimiento con singular eficacia.

Adaptándose a estas pautas, nace el *Cántico* sanjuanista «en amor dє
abundante inteligencia mística» (Pról.,2). Hay en él un germen de patetismc
—παθος: "conmoción emotiva", elemento que Quintiliano (*Inst.*, 6,2,8) con
sidera una de las formas fundamentales de *affectus*. A él pertenece «todo lo
que es entusiasmo o vehemencia natural, toda pintura fuerte *que mueve*, quє
hiere, que agita el corazón; todo lo que transporta al hombre fuera de si
mismo»[11]. Al fondo, late el *topos* platónico del *furor poeticus*. Como observa
ba fray Luis de Granada, el propósito de excitar esta zona de la sensibilidad
con recursos retóricos podría motivar una emotividad suave o acre— *ithi* o
páthi —, según lo exigiera la naturaleza del asunto[12], siempre en procura dє
conmover para persuadir, a la vez que se deleita y enseña.

El destinatario del mensaje místico está, pues, en el foco de atención
del carmelita. Él le hace dosificar el flujo temporal de la vivencia lectora,
pulsando los resortes que la excitan o sedan[13]. Los tratados de predicación

---

[8] «Sobre la génesis poética del *Cántico espiritual* de San Juan de la Cruz», (1949), *Varia lección de clásicos españoles*, Madrid, 1964, p.173. También, J.L.L. Aranguren, *San Juan de la cruz*,
Madrid, 1973, p.12.

[9] «Canción devota a lo pastoril» le llama, por ejemplo, el ms.8568 de la Bibl. Nac. de Madrid, f.117r; «égloga o cántico divino», «divina égloga», fray Francisco de Santa María, *Reforma*, II, pp.30a y 292b, etc.

[10] J. Juvencyus, *Institutiones poeticae*, en D. Decolonia, *De arte rhetorica*, Venetiis,
MXCCXLIII, pp.288-289.

[11] F. Sánchez, *Principios de retórica y poética*, Madrid, 1813, p.118. Sobre la deficiente catalo-
gación de la retórica que lo expresa, cfr. A. de Maizières, *Traité du pathétique, où étude littéraire
du coeur humain*, I, Versailles, (s.a.), pp.vj-vij.

[12] *Los seis libros de la Rhetórica eclesiástica*, (1576), Barcelona, MDCCLXXXVIII, p.104.

[13] S. Fish, «La literatura en el lector: estilística *afectiva*», en R. Warding (ed.), *Estética de
la recepción*, (1979), Madrid, 1989, pp.111, 114 y 115.

le la época insistían en la necesidad de conocer estos recursos, enseñando
encauzar incluso el tono emocional, «de arte que al cabo vaya con grande
uria, hasta que acabe el período de digresión, que ha de acabar como caba-
lo que va acabando su carrera, poco a poco [14]. Capítulos esenciales de este
.rte —bien conocidos, por lo demás, por S. Juan de la Cruz—, eran los
ledicados al «modo de mover, persuadir y pronunciar», pues sus destinata-
ios, como quería fray Luis de Granada, debían esforzarse «no tanto ... en
nstruir quanto en mover los ánimos de los oyentes» [15]. A partir de estas
:onvicciones, el poema sanjuanista nace con el propósito de conmover a los
ectores partiendo de una intuición arrebatada —«inteligencia de amor»—,
ļue desarrolla un verbo verberado por «figuras, comparaciones y semejan-
:as, (que) antes rebosan algo de lo que sienten, y de la abundancia de el espiritu vierten secretos y misterios, que con razones lo declaran» (*Cántico*,
Pról.,1).

Fiel a la doctrina aristotélica sobre los afectos (Retórica, 1377*b*-1388*b*),
a través de la tardía interpretación de Boecio [16], S. Juan de la Cruz se esfuerza por encauzar en sus lectores los cuatro fundamentales —gozo, temor, esperanza y dolor—, consciente de que «dondequiera que fuere una pasión de
:stas irá también toda el alma y la voluntad y las demás potencias: (*S*3,
16,6). Desde esa perspectiva, toda la retórica del *Cántico* recibe coherencia
·ecurriendo a cuanto puede mover, *incitando, aut ad voluptatem, aut ad moles-
tiam, aut ad metum, aut ad cupiditatem: tot enim sunt motus genera, partes plures
generum singulorum* [17].

«Algunos juzgan —observaba M.C. Sáiz— que no hay más de un solo
afecto del ánimo, es a saber, aquel amor del qual nacen todos los demás
afectos» [18]. Así piensan, por ejemplo, Granada, Estella y otros tratadistas de
:u tiempo, a los que sigue S. Juan de la Cruz, que hace girar el *Cántico* sobre la relación dialéctica de un «Amado» y una «Amada», en que ésta «busca
sus amores» —«Aquel que yo más quiero»—, a impulsos de una «dolencia
de amor» que la hace enardecerse hasta olvidar toda ocupación desamorada,
«que ya sólo en amar es mi exercicio». «Andando enamorada», hace guirnaldas floridas en el amor del Amado, que le corresponde «adamándola»
—pues «*adamar* es amar mucho; es más que amar simplemente; es como
amar duplicadamente, esto es, por dos títulos o causas» (*CB* 32,5)—.

---

[14] Fray Diego de Estella, *Modo de predicar y Modus concionandi*, ed. de P. Sagües Azcona, II,
Madrid, 1951, pp.153 y 155.

[15] *Rhetórica*, p.104.

[16] *De consolatione Philosophiae*, 1, metr.VII, 10-14; Gualterus de Insulis (s.XII), como San
Juan, identificaba pasiones con afectos: *Quatuor sunt affectus seu passiones in homine, de quibus Boe-
thius: «Gaudia pelle...»*;, ed. Sundby, p.X, Renier, p.399. El santo cita expresamente al filósofo
romano en *S*2, 21,8 y 3, 16,6, exigiendo que el espiritual controle esas fuerzas.

[17] C. Suárez, S.J., *De arte rhetorica*, Hispali, 1573, fol.4v.

[18] *Eloqüencia castellana y latina...*, Madrid, 1766, p.95.

Dieciocho veces aparece en el poema la referencia nominativa al amor aparte las dos en que se habla de «querer» y «querido» —y la conceptista mente críptica «Carillo»—, o las expresiones indirectas del tipo «llagar e corazón», «robar el corazón», «ciencia sabrosa», «darse de hecho», etc. Un atmósfera obsesivamente erótica domina el *Cántico espiritual*, convirtiéndolc en una gran sinfonía de afectos. A este campo pertenece también el gozc presente en la respuesta de las criaturas, en la entrega amorosa y en la con sumación final; el dolor de la búsqueda angustiosa; la esperanza de la pre gunta a los pastores, a la naturaleza y al propio Amado (CB 2, 4 y 6; 10-11) y de la *peregrinatio amoris* (*CB* 3), siempre con tierna emotividad, «porque e gemido es anejo a la esperanza» (*CB* 1,14); el temor, en fin, del rechazo de los mensajeros de amor (*CB* 6,3-4), de los «miedos de la noche veladores» (20,5), del desprecio (33,1) y de la inconcreta amenaza de Aminadab (40,2).

Los afectos hasta aquí enumerados pertenecen al campo de la *inventio* Pero el *Cántico espiritual* aprovecha también generosamente los resortes ad *mouendum* que la *elocutio* pone a disposición del poeta. «Así —observaba e P. Granada— se ha de dispertar el ánimo del oyente, que ya empezaba conmoverse por la grandeza de la cosa, con figuras a propósito para esto»[19].

Tales figuras, pertenecientes a las «de sentencia», recibían por antono masia el nombre de «figuras afectivas». Surgidas de la búsqueda de una reacción emotiva del lector u oyente, constituían recursos automatizados que solían concretarse en la *exclamatio, evidentia, sermocinatio, fictio personae expolitio, similitudo* y *aversio*[20]. Demostrando una vez más la formación retóri ca de su autor, el *Cántico espiritual* constituye un muestrario completo de es tas figuras, acumuladas sobre todo en las coplas 6 a 11 para poner de mani fiesto el sufrimiento amoroso de la Esposa.

Ya desde su arranque, nuestro poema delata un estado anímico de vio lenta emotividad. La búsqueda del Amado por parte de la Esposa aparece irruptivamente como un grito de angustia, en que la herida producida por un abandono incomprensible se concentra en dos versos desgarradores. La *interrogatio* —parte esencial de la *exclamatio*— abre, pues, el *Cántico*, encar nando con nueva emoción el tema de una ausencia a la par vital y metafísi ca. *Quare faciem tuam avertis, gaudium meum per quod gaudeo?*, se preguntaba e Seudo Agustín en los *Soliloquios*. San Juan debió de recordar este pasaje, junto al *Cantar de los cantares*, pero su *interrogatio* se tiñe de dolor real con su propia vivencia carcelaria. La estrofa 6 retoma el recurso, preguntándose por el posible remedio, aliándose con una interjección que multiplica el efecto de la queja —«¡Ay!, ¿quién podrá sanarme?»—. En ocasiones, la *inte rrogatio* es técnicamente retórica, aunque el fondo de autenticidad esté laten-

[19] *Rhetórica*, p.217.
[20] Vid., por ejemplo, H. Lausberg, *Manual de Retórica Literaria*, (1960), 3 vols., Madrid, 1966-1968, II, pp.223-258; también, C. Suárez, *Rhetorica*, fol. 12v.

te en un estupor que embarga al místico: «Mas, ¿cómo perseveras ...?», «¿Porqué, pues has llagado ...» (*CB* 8 y 9).

De esa manera, mediante el empleo de formas afectivas aisladoras y elevadoras, se forja un lenguaje apasionado, muy próximo al que el habla coloquial utiliza en momentos de acaloramiento. La interrogación retórica, considerada por H. Blair «signo natural de un ánimo conmovido y agitado»[21], es, en consecuencia, un resorte eficaz para mover a los lectores, pues, como decía Quintiliano, lo que se propone como pregunta angustiosa *magis ardet* (*Inst.*, 9, 2, 8). Y es que, como afirmaba Arias Montano, había sido instituida *non ad discendum, sed ad vincendum*[22], y ello tanto para afirmar con vehemencia como para revelar el abismo del *nescivi* místico, persiguiendo dramáticamente a un Amado deseado y deseante.

La *interrogatio* se emplea cinco veces en forma directa, y una indirecta —a través del imperativo-interrogativo «decid si...» (v.20)— en los cuarenta y cinco primeros versos del *Cántico espiritual*. Luego desaparece radicalmente. Quiere esto decir que la primera cuarta parte del poema, con su búsqueda desgarradora, es la que apela con más intensidad a los afectos desde la angustia del yo místico, constituyendo con él el *clímax* de la «retórica del patetismo»[23]. El análisis de las formas puras de la *exclamatio* confirma, por otra parte, que el *Cántico* se estructura sobre un inicio intensamente retorizado que paulatinamente va apagando tensiones hasta dar paso al goce de la entrega final.

Así, aunque el poema está lleno de imperativos suplicatorios, apremiantes u optativos, las exclamaciones propiamente tales —no olvidemos que la *interrogatio* es una de sus variedades—, llegan sólo al verso 90 (*CB* 18), es decir, a la mitad aproximadamente de la composición. Una sola vez se alía al *quaesitum* —«¡Ay!, ¿quién pódrá sanarme?» (v.26)—, uniéndose en los demás casos a diversas formas de apóstrofe. Así empezará el poema —con escasa ortodoxia retórica— embutiendo la apelación al Amado en la interrogación inicial —«y sentimos suspenso todo el ser reconcentrado en ansiedad, que se retiene, muy tensa, cuando va a dispararse»[24]—.

Desde una perspectiva artística, estos apóstrofes son de una suprema eficacia. Como quería Quintiliano (*Inst.*, 4, 1, 69; también Fortun., 2, 19, y Vict., 15), se dirigen siempre a un interlocutor distinto del lector-oyente, a veces humano —el Amado (*CB* 1 y 13), los pastores (*CB* 2), la Amada vista

---

[21] *Lecciones sobre la Retórica y las bellas letras*, traducción de J.L. Munárriz, II, Madrid, 1799, p.131.

[22] *Rhetoricorum libri IIII*, Valentiae, MDCCLXXV, p.133.

[23] J. Coll y Vehí, *Compendio de Retórica y Poética*, Barcelona, 18756, pp.40-41.

[24] Jorge Guilén, «San Juan de la Cruz o lo inefable místico», *Lenguaje y poesía*, (1961), Madrid, 1969, p.78 —habla directamente de la *Subida-Noche*—. *Tametsi multis videatur Apostrophem in ipso dicendo principio nequaquam adhiberi posse* —observaba D. Decolonia—, *interdum tamen orationem inchoat egregie, ut docet initium primae Catilinariae: «Quousque tandem abutere, Catilina, patientia nostra?»; o.c.*, p.74.

como paloma, lo que aumenta el patetismo al figurarla formalmente como no humana (*CB* 13), las ninfas de Judea (*CB* 18) y Carillo (*CB* 19)—. Más frecuentes aun són los apóstrofes dirigidos a seres de la naturaleza —«bosques, espesuras, prado» (*CB* 4), «cristalina fuente» (*CB* 12), «cierzo muerto, austro» *(CB* 17) —, o bien a conceptos abstractos, como «vida» (*CB* 8). Al extender el ámbito del «tú» poético a un radio tan amplio, San Juan proclama patéticamente el interés de la creación entera por el drama amoroso que se desarrolla entre los pastores, dando evidencia literaria, a través de la retórica, a la afirmación paulina de que *omnis creatura ingemiscit usque adhuc ..., sed et nos ipsi ..., adoptionem filiorum expectantes* (Rom 8, 22-23). Los amantes buscan la complicidad afectiva de cuanto les rodea, obteniendo una respuesta tan espontánea que el lector apenas percibe el primitivismo casi fabulístico que alienta en el fondo de esos tropos.

También la *optación* —«que explica el afecto del ánimo que desea», como dice fray Luis de Granada, la *adjuración* —«que tiene todavía mayor fuerza, y aparece en aquellas palabras de San Pablo: *Yo os conjuro ...*» (II *Tim.* 4,1)—, y la *obsecración* que pide la ayuda divina o humana —*haec figura, prae ceteris, vehemens est* [25]— tienen su lugar en el poema. Así, el ansia de ver reflejados los ojos del Amado en la fuente cristalina (*CB* 12), la conjuración a las criaturas «por las amenas liras y cantos de serenas» (*CB 21*), la petición de ayuda a pastores, bosques y prados (*CB* 2 y 4), etc., van adensando el clima emotivo a través de un empleo magistral de resortes que hacen contagiosas las conmociones de ánimo del místico, manifestando sorpresa, admiración, alegría, dolor y otros afectos semejantes. San Juan de la Cruz demuestra en tales versos cómo domina la retórica de la pasión. La propia lectura de estos versos exige una *pronuntiatio* anhelante, pues, como observaba Mayáns, «quando el ánimo se halla agitado de algún movimiento violento, entonces los espíritus animales corren por todas las partes del cuerpo, i entran con abundancia en los músculos que ai junto a los condutos de la voz, i los hinchen, i hallándose encogidos estos condutos, sale la voz con ímpetu tanto mayor quanto mayor golpe dio la passión del que habla» [26].

Aunque la figura retórica llamada *evidentia* sea tan eficaz para mover los afectos, no tiene San Juan de la Cruz lo que algunos críticos han llamado una «pluma pincel». Su descriptivismo es, sin embargo, alusivo y simbólico, y por ello dramático. La copla 4, por ejemplo, nos habla exclamativamente de unos misteriosos bosques y espesuras, y de un prado de verduras de flores esmaltado. El retrato personal sólo aparece, en cambio, en optación —«véante mis ojos», «descubre tu presencia», «si...» (*CB* 10-12)—.

El Amado se pinta genéricamente como bello en *CB* 5,7 y 11; tiene ojos fascinantes (*CB* 12), y es comparable a las montañas, los valles solita-

---

[25] *Rhetórica*, pp.223 y 222, respectivamente; Decolonia, *Rhethorica*, p.69.
[26] G. Mayáns i Siscar, *Rhetórica*, Valencia, MDCCLVII, pp.139-140.

rios, las ínsulas extrañas y lo más hermoso de la naturaleza (*CB* 14-15). En cuanto a la Esposa, se destaca su cuello languideciente, sus cabellos, sus ojos llagadores y su color moreno (*CB* 22, 30-31 y 33). De esa forma, la *evidentia* figura de sentimiento (Quint., *Inst.*, 8,3,61; 9,2,40, etc.), nos conmueve haciendo presente el desencadenante de la emotividad, *ut non tam audiri vel legi, quam ante oculos versari videatur*[27].

Con eficaz sobriedad, quedan así emotivamente destacadas las personas, lugares y tiempos (*Schem.* dian.,1), ya sugeriendo rasgos eróticos, ya recurriendo al imperativo o al presente dramáticos, ya a adverbios de lugar expresivos de la presencia («allá», «por estos sotos», «allí»...), a apóstrofes, al estilo directo, etc. De esa forma, el poeta crea un «paisaje con figuras» de alta emotividad, haciendo creer al lector que se halla en ese escenario y entre esos amantes. Para conmover, es mejor el dramatismo que el pintoresquismo. «Por esta razón —decía H. Blair—, el fundamento del acierto (en la poesía) patética es pintar de la manera más natural y más fuerte el objeto de la pasión que deseamos excitar, y describirlo con unas circunstancias que sean capaces de despertar los ánimos» de los lectores[28].

En el *Cántico espiritual* se potencia, además, el campo de la *evidentia* reproduciendo los coloquios de los personajes, y convirtiendo a la naturaleza misma en interlocutora, con lo que hace su aparición la *sermocinatio*, que se perfila como *pathopoeia* en cuanto manifiesta afectos. El carácter mismo del poema, como expresión de las ansias de dos enamorados que ascienden hacia una cumbre de perfecta unión, imponía la emotividad de esta figura. Y así, la composición recoge ante todo las palabras de la Esposa (treinta y tres coplas), la cual, por medio de la *etología*[29], manifiesta su pasión con dramático arrebato. Los parlamentos líricos se producen, en general, precedidos del *apóstrofe*, subrayándose la tensión emotiva con un lenguaje breve e incisivo. Una vez hablan las criaturas (*CB* 5) y tres el Amado (*CB* 13, 20-22 t 34-35).

En los demás casos intervienen, activa o pasivamente, los más diversos personajes —vivos e inanimados, inteligentes e irracionales, concretos y abstractos—. La *sermocinatio* adopta en consecuencia un ritmo anhelante, dando presencia, en rápidas alternativas, a la Esposa, el Amado, los pastores, los bosques y espesuras, la vida, la fuente, los cazadores de raposas, el cierzo y el austro, las ninfas de Judea, Carillo, las aves ligeras, leones, ciervos, etc. La palabra surge siempre emotivamente, *suadendo, obiurgando, quaerendo, laudando, miserando* (Quint., *Inst.*, 9,2,30). Pensamientos filosóficos, teología y especulación en general dejan paso a lo emotivo, aunque una se-

---

[27] D. Decolonia, *o.c.*, p.74.
[28] *Rhetórica*, III, p.124.
[29] «*Ethología* es introducir hablando a alguna persona, pero de tal manera que en sus mismas palabras esté manifestando ... alguna pasión de que se halle poseída ... En su lenguaje se ha de ver pintado su carácter, o alguna pasión de ánimo»; C. Hornero, *Elementos de retórica*..., Madrid, 17812, p.80.

rie de signos alegórico-simbólicos, acuñados por años de reflexión emocionada, permita luego, a través del comentario, sistematizar el itinerario místico. En el poema, sin embargo, no hay más que afectos. Como caso extremo de *ebrietas* se llega a la interpelación de personajes múltiples —criaturas de *CB* 4, animales simbólicos de *CB* 20-21—, que responden tal vez como un coro de seres inanimados que cobran voz por un momento para dar señas del Amado: «Mil gracias derramando...» (*CB* 5).

No sabemos si San Juan de la Cruz distinguía teóricamente la *fictio personae* —«prosopopeya»— de la *sermocinatio* —«etopeya»—. En cualquier caso, el *Cántico espiritual* introduce, como acabamos de ver, a seres irracionales que hablan con otros personajes, compartiendo sus angustias y orientándolos en su demanda. El lector, fascinado desde el principio por el grito angustiado de la Esposa, ve en el recurso a las criaturas y en la respuesta de estas, tras la pregunta a los pastores, una continuación de las pesquisas, sin que *artísticamente* perciba la inverosimilitud de esa situación. Así, San Juan de la Cruz saca el máximo partido de esta figura de sentimiento, una de las más eficaces del canon retórico, pero también una de las más amenazadas de afectación. «Aunque esta clase de personificación —advierte H. Blair— no es violenta en ocasiones, es sin embargo más difícil en la execución que las otras, porque es claramente la más grandiosa de todas las figuras retóricas: ella es el estilo de una pasión fuerte solamente; y por tanto jamás se debe intentar sino cuando el ánimo está en gran manera agitado y acalorado». Claro que el carácter de égloga «a lo divino» del *Cántico espiritual* hace más creíbles las intervenciones aludidas, al tratarse de cosas directamente relacionadas con el escenario de amor por la tradición bucólica occidental, que en esto se separa del *Cantar de los cantares*. «Todas las pasiones fuertes —concluye Blair— se encaminan a usar de esta figura ... Y si no hallan otro objeto, se dirigirán a los bosques, a las rocas y a las coas más insensibles más bien que permanecer en silencio» [30].

La propia intensidad afectiva de la *sermocinatio* exige, sin embargo, que se la dosifique cuidadosamente, utilizándola sólo en momentos de arrebato. Su eficacia, por lo demás, se acrecienta cuando los seres inanimados que así se vivifican son eminentes en belleza y nobleza. Así sucede en el *Cántico espiritual*, donde la platónica amorosidad de los protagonistas oscila entre la ternura y la agonía gracias a este recurso «vehementísimo», que *valet plurimum ad mouendum..., rapitque in omnem affectum auditores..., et sic adamantina durities auditoris mollescet* [31]. Estribando en su capacidad lírica, su intensa emotividad y su fantasía creadora, San Juan de la Cruz obtiene de la *fictio personae* los afectos más conmovedores.

---

[30] *O.c.*, II, pp.95-96.
[31] Fray Luis de Granada, *Retórica*, p.219; J. de Santiago, *De arte rhetorica libri quatuor*, Hispali, 1595, pp.203-205.

El dramatismo del *Cántico espiritual* —en lo formal y en lo sicológico— descansa de forma principal en la continua alternancia de apelaciones. Se trata de un fenómeno que percibe fácilmente cualquier lector, cuya «simpatía» queda presa desde el principio en la desazonante búsqueda del Amado. La Esposa, en efecto, inasequible al desaliento, se dirige a cuantos pudieran orientarla en su inquisición. Y al alejarse una y otra vez de los interlocutores ineficaces, busca otros afanosamente, atrapándonos en el dramatismo de la *aversio*, figura por la cual *convertimus ad aliquam personam aut rem, et tamquam praesentem appellamus* (Rutil., 2,1).

La fuerza emotiva de este recurso es, en ocasiones, muy intensa, sobre todo cuando sucede a un parlamento demorado. Así, la *optación* a la fuente cristalina de *CB* 12, que interrumpe la serie de tres coplas dirigidas al Esposo. O la rápida sucesión de interlocutores de las coplas 16 a 19 —cazadores, cierzo, austro, ninfas de Judea, Carillo—, con el conjuro múltiple «a las aves ligeras ..., y miedos de la noche veladores» (*CB* 20-21). Tras ellos, en nueva forma de *aversio*, sobrevienen los versos narrativos de la entrada de la Esposa «en el ameno huerto deseado» (*CB* 22). Todo ello configura una expresión poética anhelante, de apelaciones dispersas, que constituye tal vez el resorte fundamental del patetismo del poema sanjuanista. Como del *Cantar de los cantares* escribió fray Luis de León, también del *Cántico* se puede decir que es «un enamorado razonamiento entre dos, pastor y pastora», en que aquel «ruega y arde, y pide celos ..., variando entre esperanza y temor, alegría y tristeza ..., haciendo testigos *a los montes y árboles* de ellos, *y a los animales y a las fuentes*, de la pena grande que padece ... *Van las razones cortadas* y desconcertadas ...; que así como el que ama siente mucho lo que dice, así le paresce que, en apuntándolo él, está por los demás entendido; y la pasión con su fuerza y con increíble presteza le arrebata la lengua y el corazón de un afecto en otro; y de aquí son sus «*razones cortadas*» [32].

«Como el ciervo huiste»: también la *similitudo*, como figura de sentimiento, tiene su lugar en nuestro poema, alcanzando un grado supremo de pureza e intensidad en las coplas 14-15 —«Mi Amado, las montañas ...»—. Es verdad que en esta ocasión destaca, ante todo, la alegoría y el simbolismo, pero también el ambiente afectivo se acrecienta gracias a estos símiles. San Juan de la Cruz, al recurrir a experiencias vitales del lector haciéndole presentes cosas conocidas, introduce irruptivamente en el poema una luz dramática, al yuxtaponer un factor diáfano a otro críptico.

Y así, el símil, que es sobre todo una «figura de dignidad», eleva también el tono emotivo, como observó Dámaso Alonso a propósito de las canciones 14-15: «Al balbuciente en rapto no se le ha ofrecido nada ("ningún símil") más bello. Y lo ha expresado con esa sencilla intuición serena

---

[32] *Exposición del «Cantar de los cantares»*, (h.1561-62), 1a ed. 1798, *Obras completas castellanas*, ed. F. García, I, Madrid, MXMLVII7, pp.71-73. El subrayado es mío.

que sólo el gran arrebato puede sugerir»[33]. En realidad, el poeta se sirve de los *loci similitudinum* como de un depósito de figuras heridoras, reflejando ideas de la predicación jesuítica. Así, en su misma época, el P. Juan de Santiago hablaba del símil como recurso afectivo en estos términos: *Inter omnia argumentorum genera, exempla magis mouent, propter naturae similitudinem: comparationes, imagines, similitudines, quae sunt sensibus vicinae*[34]

De entre las figuras afectivas «frente al asunto», y dentro de la categoría de *figurae elocutionis*, sólo la *expolitio* carece de presencia clara en el *Cántico*. La explicación podría estar en el carácter intelectual y manierista de tal recurso —«consiste en pulir y redondear (Her., 4,42,54: *rem expolire*) un pensamiento mediante la variación de su formulación elocutiva y de los pensamientos secundarios»— [35].

La presencia de otras muchas figuras de matiz afectivo compensa, sin embargo, con creces esta ausencia. «Hay otras figuras —decía fray Luis de Granada— que sirven también mucho para la acrimonia y para amplificar los asuntos, quales son la repetición, conversión, complexión, interpretación, sinatroísmo o congerie, contraria, contención y algunas otras»[36]. Todas ellas aparecen en nuestro poema. Citemos, por ejemplo, la *repetitio*, estudiada por C.P. Thompson a propósito de la anáfora de «allí» en *CB* 27 y 38. El *acusativo pleonástico* de «el robo que robaste» de *CB* 8. La *reiteración* cimera —*the supreme example*— de «soledad» en *CB* 35, o la de palabras como «cuello» en *CB* 31, con su evocación de un ritmo cuasi-litúrgico. Las *antítesis* y *paradojas* que cristalizan en opósitos petrarquistas del tipo «música callada» o «soledad sonora» (*CB* 15), los cuales, al subrayar el contraste entre plano humano y divino, fraguan en una serie de «agudezas». La emoción sube de punto cuando el poeta desencadena un proteico trueque de realidades, en que el Esposo es a la vez agua y vino, ciervo y paloma, noche y luz, mar, montaña y *carillo*, creándose un complejo mundo de subsímbolos que dan profundidad intelectivo-afectiva al discurso poético.

La sabiduría de San Juan de la Cruz en el uso de la retórica del sentimiento se demuestra en su capacidad de establecer variantes que eviten la afectación y la monotonía. «Importa variar los afectos —aconsejaba Gregorio Mayáns—, porque deste modo el ánimo del oyente se combate de muchas maneras»[37]. Así, el estilo del *Cántico* tiene algo de llama —«llama rauda, veloz, dulcemente heridora», decía Dámaso Alonso[38], con la expresión apasionada que corresponde a unos versos amorosos que son, por lo mis-

---

[33] «Frenesí divino», en «La poesía lírica vista desde el centro de nuestro Siglo de Oro», (1963), *Obras completas*, III, Madrid, 1974, p.57.

[34] *De arte rhetorica*, p.143.

[35] H. Lausberg, *Retórica*, II, p.245.

[36] *Rhetórica*, I, p.225.

[37] *Rhetórica*, I, p.161

[38] *La poesía de San Juan de la Cruz. (Desde esta ladera)*, (1942), Madrid, 19583, p.145.

mo, esencialmente sentimentales. Desde la búsqueda inicial— verdadera concentración de figuras patéticas, como ya hemos dicho —, hasta la consumación final «en la interior bodega» o en «las subidas cavernas de la piedra», corre una línea emotiva que oscila, se adensa o se difumina, regulada por una dócil retórica, que el poeta maneja con plena maestría.

De esa manera, San Juan hermana, con certero instinto de escritor, la inspiración más ardiente con la artesanía más controlada, forjando una obra conmovedora gracias al más genuino «estilo patético» —«estilo de las pasiones»—. Así consigue, como quería Mayáns, que su verso «sea vehemente, encendido i eficaz, pero que no parezca de algún hombre furioso o demasiadamente apassionado, sino animado de un espíritu racional, dulcemente impulsivo, i espressado sencillamente, para que assí *mueva mejor*, sin que el adorno lo impida, llevando tras sí la atención que *mueve*» [39].

Del mérito de estos logros dan idea tantos mediocres poemas de amor como corrieron en su tiempo, sobre todo los dedicados a asuntos religiosos. Frente a la mayoría de ellos, el místico de Fontiveros se sirve con destreza de una retórica bien asimilada, convertida en sierva de la poética. Dueño de todos sus recursos, San Juan de la Cruz comienza *in medias res* —por el momento más apasionado—, exclama, se lamenta, elide, colapsa, insiste en el contrapunto, suplica o balbucea. El estudio de este aspecto de su labor creadora nos lo presenta como un verdadero maestro de la técnica verbal, eficaz sin efectismos, dominador de la indispensable carpintería poética —injerida, por otra parte, en la entraña misma de sus versos, de los que hace desaparecer todo rastro de tramoya—. Sólo una paciente investigación de los entresijos de su alada palabra permite al fin —y se han necesitado casi cuatro siglos de espera—encontrar lo que hay aquí de filología.

Nunca la retórica ha logrado una mayor presencia en la poesía con un menor protagonismo aparente.

Como el Esposo del *Cántico*, ella ha pasado con tácita eficacia por estos versos. Al final, con toques leves y justos, «vestidos los dexó de hermosura».

---

[39] *Rhetórica*, I, pp.168 y 169. Los subrayados son míos.

Mystik —Der Brand in der Sprache

Elisabeth Hense

In den Prologen seiner großen Werke behandelt Johannes vom Kreuz u.a. das Problem mystischen Sprechens. Die Diskordanz zwischen dem Sagbaren und dem Zu-Sagenden thematisiert er hier in aller Schärfe. Sprache kann die ungeschiedene, namenlose Wirklichkeit, die dem Mystiker begegnet, nicht adäquat aussagen; anderseits läßt sich diese Wirklichkeit auch nicht durch Verstummen zum Schweigen bringen.

Obwohl sein Sprachvermögen versagt, hält der Mystiker —er kann nicht anders— an der Sprache fest. Negationen überrollen sich und ersticken die konventionelle Bedeutung der Worte; Bilder und Paradoxe evozieren eine Wirklichkeit, die unsere Logik nicht erfaßt; mit Ellipsen und extremen Formulierungen behauptet Sprache sich am Rande ihrer selbst und weist, von diesem oder jenen vorgewußten «Inhalt» entblößt, auf etwas Offenes, Leeres und Freies, zu dem sie in fundamentaler Beziehung steht. Sie umkreist diese «Stätte», die immer wieder hinter andere Horinzonte zurückweicht, müht sich von Hilfswort zu Hilfswort und kann doch das Wesentliche nicht sagen. Aber wund von der Wirklichkeit, die sie sucht, widerfährt der unbeholfenen, menschlichen Sprache das Ungehörte: das Andere reit sie auf und gibt einen Blick frei: für einen unsterblichen Augenblick lang und so voller Leben und voller Glut, da Sprache dies niemals festzuhalten vermag.

Solches im Nachhinein erläutern oder ausdeuten zu wollen, muß dem Mystiker von vornherein unmöglich erscheinen —es sei denn, das Wunder geschieht aufs Neue und die Wirklichkeit drängt sich der Sprache mit solcher Gewalt auf, da dem Menschen die Zunge gelöst wird und jedes Wort ins Fahrwasser der allesüberwältigenden Begegnung mit diesem Andern gerät. Die Sprache bricht aus der gewohnten Bedeutung, der vertrauten Formulierung, dem plausiblen Vergleich und dem geschlossenen Bild auf, weil die Wirklichkeit, die sie meint, jenseits von Sprache liegt. Und manchmal, so erfährt es der Mystiker, bricht diese Wirklichkeit, ohne daß Worte dies forcieren könnten, in sein menschliches Sprechen ein. Von hier aus erhält mystische Sprache ihren Sinn und ihre innere Spannweite, ihre Einsichtig-

keit und ihre Glut. In seinem Prolog zur «Lebendigen Liebesflamme»
beschreibt Johannes vom Kreuz, wie ein Anderes ihn hat öffnen und frei-
machen (*abierto*) müssen, bevor er genügend Einsicht (*noticia*) und Glut (*calor*) zum Schreiben besaß:

> *Alguna repugnancia he tenido, muy noble y devota señora, en decla-
> rar estas cuatro canciones que Vuestra Merced me ha pedido, porque,
> por ser de cosas tan interiores y espirituales para las cuales comunmente
> falta lenguaje —porque lo espiritual excede al sentido— con dificultad
> se dice algo de la sustancia; porque también se habla mal en las entrañas
> del espíritu, sino es con entrañable espíritu; y, por el poco que hay en mí,
> lo he diferido hasta ahora que el Señor parece que ha abierto un poco la
> noticia y dado algún calor... (Llama, Prólogo,1).*

> *Einiges Widerstreben habe ich empfunden, edle und gottesfürchtige
> Frau, diese vier Strophen auszulegen, wie Euer Gnaden mich gebeten ha-
> ben. Denn es ist nicht leicht, etwas über das Wesentliche dieser sehr in-
> nerlichen und geistlichen Dinge zu sagen. Die Sprache ist hierfür gewöhn-
> lich unzureichend, denn das Geistliche übertrifft jeden Sinn. Darum
> kann man auch nur schwer über das Innere des Geistes sprechen, es sei
> denn mit innigem Geist. Und weil dieser nur gering in mir war, habe ich
> es bis heute aufgeschoben. Jetzt hat mir der Herr jedoch anscheinend et-
> was Einsicht eröffnet und einige Wärme geschenkt...*

Sprache, die benennt, begreift und unterscheidet, reicht nicht sehr weit
auf dem Weg ins «Innere des Geistes», das eben nicht dies oder das ist, sondern eher etwas Namenloses, etwas Un-Begreifliches, etwas Ungeschiedenes.
Solches aber kann die Sprache nicht sprechen. Als ein System von Lauten,
Gebärden und Zeichen nimmt sie immer schon und unweigerlich Abstand.
Sie ist Name, Zugriff und Geschiedenheit, und somit gerade eine Entfremdung von der Wirklichkeit vorsprachlicher Einheit im Innern des Geistes.
Mystische Sprache befindet sich in dem Dilemma, einerseits keine Distanz,
selbst die Distanz eines Wortes nicht zu ertragen und andererseits ohne den
Spielraum der Worte verstummen zu müssen. Wenn überhaupt kann der
Mystiker die Wirklichkeit, die ihm widerfährt, nur aus unmittelbarem Erleben in Sprache ausdrücken. Die Gewalt der Liebe bricht die Sprache dann
auf; sie wird eine Weite, in die der Mystiker hineingeht, um sich darin zu
verlieren.

Worte sind Zwischenräume; sie berühren und wahren die Ufer, sie
sind die Kluft in der Schöpfung, die die Alterität des andern gewährleistet.
Nur wenn beide Pole bestehen bleiben, haben Liebe und Sprache einen
Raum, ja sind dann selbst der Raum, in dem die Begegnung geschehen und
die Vereinigung sich vollziehen kann.

Im Innersten des Geistes, so ist die Erfahrung der Mystiker, schließt
sich jedoch die Kluft und decken sich die Pole. Darum hat die Sprache

dann Mühe, noch etwas zu sagen. Der Raum wird zum Spalt, zu schmal für ein Wort. Jedes Wort wäre ein Keil, der die Ufer auseinandertrieb. In der innigsten Einheit des Geistes endet die Sprache. Hier, im Ungesprochenen der Sprache, wohnt Gott und kein Wort kan ihn erfassen. Kein Name, kein Begriff, keine Unterscheidung kann die Schwelle zur Gottheit überschreiten. Das eigenmächtige Wort trifft nur auf nicht-Gott. Hier endet der Mensch mit einem Mundvoll Schweigen und die lautlose, in kein Wort zerlegte Stille kan zu sprechen beginnen —freilich ohne daß der Mensch noch etwas «hört».

Die Konfrontation mit der eigenen Sprach-Leere ist wie eine finstere Nacht, in der der Mensch auf seine kreatürliche Nichtigkeit zurückgeworfen wird, die er nicht mehr mit eigenen Worten auszufüllen vermag.

> *Para haber de declarar y dar a entender esta noche oscura por la cual pasa el alma para llegar a la divina luz de la unión perfecta del amor de Dios, cual se puede en esta vida, era menester otra mayor luz de ciencia y experiencia que la mía; porque son tantas y tan profundas las tinieblas y trabajos, así espirituales como temporales, porque ordinariamente suelen pasar las dichosas almas para poder llegar a este alto estado de perfección, que ni basta ciencia humana para lo saber entender, ni experiencia para lo saber decir; porque sólo el que por ello pasa lo sabrá sentir, mas no decir* (Subida, Prólogo,1).

> *Um die dunkle Nacht zu erläutern und verständlich zu machen, durch die der Mensch hindurchgeht, um zum göttliche Licht der vollkommenen Liebesvereinigung mit Gott zu gelangen, soweit das in diesem Leben möglich ist, bedürfte es eines anderen größeren Lichtes des Wissens und der Erfahrung, als das meine es ist. Denn durch so viele und so tiefe geistliche und irdische Finsternisse und Schwierigkeiten müssen die glücklich gepriesenen Mensche hindurchgehen, um diesen hohen Stand der Vollkommenheit zu erlangen, da kein menschliches Wissen sie zu verstehen kann; nur wer hier hindurchgegangen ist, kann es nachfühlen, nicht aber aussagen.*

Die Sprache gibt keine Worte mehr her für das, was dem Mystiker widerfährt. In der Nacht der Wortfinsternis wird sie entblößt von jedem Verstehen *(entender)* und jedem Sagen *(decir)*. Was noch übrig bleibt ist ein sprach-loses Offen-Stehen, Sich-Ausrichten und Fühlen *(sentir)*. Die Dunkelheit der Sprache hat ihren tiefsten Abgrund erreicht, wenn sie alles Wissen *(ciencia)* und alle Erfahrung *(experiencia)* losgelassen hat, wenn ihr keinerlei Sinn *(sentido)* mehr anhaftet und sie —ohne sich auf sich selbst besinnen oder an jemanden richten zu können— sozusagen reglos im Fühlen der Nacht ausharrt. Dies kann die Sprache nur stumm erleiden. Eine Ödnis tut sich auf; aller Worte ledig ist der Mensch jetzt offen und frei für das offene, freie, weiselose «Nichts», das ihm von außerhalb seines kreatürlichen

«Etwas» immer schon zugewandt ist. Blind und stumm geworden, ohne eigenes Licht und ohne eigenen Laut, wird der Mystiker von der Nacht des Schweigens in das furchtbare Dunkel göttlichen Schweigens geführt. Der Atem stockt und erstirbt. Zwei Mundvoll Schweigen: menschliches Verstummen-Müssen und göttliches Still-Schweigen. Dunkler kan die Nacht nicht sein: Schweigen gegenüber Schweigen, menschliche Nichtigkeit gegenüber göttlichem Nichts.

Menschliche Worte können Gott nicht erfassen und menschliches Schweigen kann ihn nicht begreifen. Gott bleibt unantastbar und läßt sich nicht zwingen, nicht mit Worten und nicht ohne Worte.

Erst wenn auch unser Schweigen ledig steht und Gott losläßt, der sich nicht kundtut, und der Mensch mit Gott im verschwiegenen, ungeformten, ungeschiedenen Wort verharrt, wird die Einsamkeit des Geistes (*extrañable espíritu*) aus paradoxale Weise «Stätte» lebendiger Worte. Es ist dieselbe unzulängliche, menschliche Sprache; sie hat aber eine neue Richtung gewonnen, ist «in-Eins-gesprochen» mit göttlichem Wort.

Der Sprachraum hat sich —jedoch von der anderen Seite her— erneut geöffnet. Das ist die Atemwende, die göttlichen und menschlichen Atem unzertrennbar miteinander vereint. In dem Maße wie der Mensch den Zugriff auf sein Sprechen verliert, kann Gott ans Wort kommen, und sei es in dunkler Rede. Unfindbar für sich selbst verliert sich der Mensch in dieser Dunkelheit und erleidet göttliche Beredsamkeit.

Nüchtern und desillusionierend grenzt Johannes vom Kreuz den Weg zu Gott von allem ab, was innerhalb menschlicher Reichweite liegt und sei es noch so tugendhaft und erhaben:

> ...*porque aquí no se escribirán cosas muy morales y sabrosas para todos los espirituales que gustan de ir por cosas dulces y sabrosas a Dios, sino doctrina sustancial y sólida, así para los unos como para los otros, si quisieren pasar a la desnudez de espíritu que aquí se escribe* (Subida, Prólogo,8).

> *Hier wird nicht über hochmoralische und reizvolle Dinge für all jene geistlichen Menschen geschrieben, die so gern über schöne und reizvolle Dinge zu Gott gehen möchten, sondern vielmehr eine Lehre geboten, die Wesentliches aussagt und solide ist und für jeden gilt, wenn er zur Entblößung des Geistes durchdringen will, die hier beschrieben wird.*

Nur die Entblößung der Sprache und Sprachlosigkeit kann Gottes Worte klingen lassen. Das ist ein schmerzlicher Prozeß, der nichts mehr zu tun hat mit religiösem Sentiment und dem Schwelgen in schönen Tugenden. Eine Wirklichkeit und Wahrheit, die der Mensch nicht mehr auf sich selbst zurückführen kann, hat ihn von außen berührt. Das unmittelbare Gewahrwerden dieser allesüberwältigenden Gegenwart erschüttert ihn bis ins Mark seiner Seele. Ohne daß der Mensch es hätte suchen können, findet er etwas Ansprechbares: ein Du —als Kraftquelle, als Gegenwart, als Berüh-rung. Diese Wirklichkeit, die ihm gewisser ist als seine Sinneswahrnehmun-gen, läßt sich ansprechen, nicht aber aussagen Ihrem Wesen nach läßt sie sich nicht in das Maß und die Grenzen der Sprache fassen. Aber in der Weite eines Gesprächs zwischen menschlichem Ich und göttlichem Du manifestiert sie sich unter und zwischen soviel Worten in einer unangreifbaren Sprach-substanz: der *«doctrina sustancial y sólida»*. Vom Menschen aus gesehen ist sie eine Sprachentblößung, von Gott aus gesehen ein überfließen der Sprache. Es ist dieselbe unzulängliche, menschliche Sprache, sie ist aber Gespräch ge-worden, d.h. offen für die Gegenstimme eines Anderen. Die Sprache ist so-zusagen porös geworden, durchlässig wie ein Gitter, durch das dem Men-schen der Atem aus einer Weite oder Ferne oder Fremde entgegenweht. Der gewendete Atem ist wesentliche und tragfähige Lehre, weil er den Men-schen aus der Isolation seines Kreisens um sich selbst holt und ihn in die Wirklichkeit, d.h. vor das Antlitz eines Anderen stellt, das erst wirkende, eigentliche, sinnschwere Wirklichkeit sein kann.

Trotz allem bleibt darum die Sprache für den Mystiker unverloren. Sie mußte hindurchgehen durch ihre eigene Antwortlosigkeit und das schmerz-liche Verstummen der eigenen Stimme. Und sie darf wieder zutage treten: als zu-gesprochene und mit-gesprochene Sprache, die lauschend und tastend Gottes schöpfendes Liebeswort im menschlichen Wort hörbar macht, wenn auch nur schattenhaft.

Wirklichkeit und Sprache decken sich nicht. Die Sprache ist «weniger», weil sie «mehr» ist, d.h. in eine Vielheit von Worten und Wortpausen zer-legt. Schon in der Alltagserfahrung übertrifft das Wirkliche und Lebendige alles Sagbare, um wieviel mehr tut es die Wirklichkeit, von der der Mys-tiker spricht, die Eine und Allesumfassende. Dennoch erhebt der Mystiker den Anspruch das übertreffende, also die Wirklichkeit selbst zu sagen:

> *... y como se lleve entendido que todo lo que se dijere es tanto menor de lo que hay, como lo es lo pintado que lo vivo, me atreveré a decir lo que supiere* (Llama B, Prólogo,1).

> *Wie man nur allzu gut weiß ist alles, was man sagen kann, sehr viel we-niger, als das, was ist, eben wie ein Gemälde verglichen mit dem Leben-digen; dennoch werde ich mich unterstehen zu sagen, was übertrifft.*

Wenn keine Begrifflichkeit, kein Vorwissen, keine Phantasie und keine Sehnsucht des Wirkliche *(lo que hay)* und das Lebendige *(lo vivo)* mehr überdecken und verfremden und alle eigenmächtige Sprache zerfallen ist, kan der Mensch einer Gegenwart, die ihm immer schon entgegen wartet, unmittelbar begegnen. Dies ist die Schwelle, die mystische Sprache immer wieder überschreiten muß, um sprach-los und in der Berührung mit dem Unsagbaren Sprache zu zeugen. Obwohl die so gezeugte Sprache nicht mehr auszusagen vermag als Sprache eben überhaupt, übertrifft sie doch

alles Aussagbare, weil sie in der Bewegung des Gesprächs währt und gegen-
währt und das Wirkliche wirken läßt. In der unmittelbaren Berührung mit
dem, was ist und was lebendig ist, fühlt der Mystiker sich und seine Sprache bejaht. Indem die Sprache den mühsamen Weg der Reduzierung in Of-
fen-sein, Leer-sein und Frei-sein geht, fließt Wirklichkeit in sie ein und erleuchtet und durchglüht sie. Nur in der Gegenseitigkeit einer lebendigen
Begegnung kennt mystische Sprache Einsicht *(noticia)* und Glut *(calor)* und
findet der Mystiker Worte; es sind Liebesworte, hindurchgegangen *(pasar)*
durch die Nacht des Schweigens und in der Berührung mit einem Andern
auf verborgene Weise in Liebe umgeformt. Im Sprechen dieser Worte
«leibt» Johannes vom Kreuz die Liebesvereinigung mit seinem Gott, ohne
daß ein einziges Wort noch hinderlich «kluftet». Sprache erweist sich ihrem
Wesen nach als ein äußerst bewegliches Beziehungsgeschehen, als etwas
Kreisendes, das über beide Pole hinaus in sich selbst zurückkehrt und somit
das Auseinanderliegende verbindet. Natürlich kann es dem Menschen nicht
gelingen, das Verbindende festzuhalten —mystisches Sprechen bleibt ein
Balanceakt auf des Messers Schneide und wird unweigerlich immer wieder
entgleisen. Darum relativieren die Mystiker grundsätzlich alle Sprache und
warnen vor einem starren Sich-Festklammern an Worte. Was bleibt ist jedoch ein unerschütterliches Vertrauen auf den anderen Pol, auf Gott, mit
dem mystische Sprache flutet und ebbt. Wenn der Mensch abnimmt, kann
Gott zunehmen. Wenn der Mensch schweigt, kann das Flutwort Gottes als
tragende Kraft auf ihn zukommen.

> *Y así, para este saberse dejar llevar de Dios cuando Su Majestad
> los quiere pasar adelante, así a los principiantes como a los aprovechados,
> con su ayuda daremos doctrina y avisos, para que sepan entender o, a lo
> menos, dejarse llevar de Dios* (Subida, Prólogo,4).

> *Damit sie sich von Gott tragen lassen können, wenn seine Majestät
> sie voranbringen will, geben wir mit Gottes Hilfe sowohl für die Anfän-
> ger als auch die Fortgeschrittenen dazu Lehre und Weisung, so daß sie
> verstehen, um was es geht, oder sich wenigstens von Gott tragen lassen.*

Mystischer Rede beschränkt sich nicht auf eine intellektuelle Klärung
der Begriffe oder Darstellung der Zusammenhänge. Wer einen mystischen
Text verstehen will, darf sich darum nicht in erster Linie auf seine Verstand
verlassen, sondern muß sich dem tragenden Wortfluß des Textes anver-
trauen und dessen Bewegung nachgeben. Das ist das Wenigste *(lo menos)*
und das Einzige, was der Mensch «tun» kann: zulassen, nachgeben, sich tragen lassen *(dejarse llevar)*. Wenig tun ist in diesem Fall aber nicht einfach,
auch für den Fortgeschrittenen nicht, denn man muß immer wieder alles dafür aufgeben und loslassen: vor allem den Wahn des autonomen Wortes, die
Sicherheit moralischer Pflichterfüllung und die Scheinwelt seiner selbstge-
scheiderten psychischen Zwänge. Der Mensch kann sich nur tragen lassen,

wenn er seine kreatürliche Nichtigkeit als festen Grund unter den Füßen fühlt. Sobald er aber seinen göttlichen Ursprung verleugnet und das Leben aus eigener Kraft greifen will, belastet er sich selbst damit so sehr, da er unter seinem eigenen Gewicht begraben liegt. Nur wenn der Mensch leicht und nichtig ist, kann er auf göttlicher Flut treiben; nur wenn seine Worte in göttlichem Wind verwehen, kann der Mensch den lebenspendenden Atem Gottes genießen.

Passiv werden und sich tragen lassen ist für den Menschen jedoch eine unmögliche Aufgabe; er kann nur passiv werden, wenn ein Anderes ihn passiv macht, er kann sich nur tragen lassen, wenn ein Anderes ihn trägt. Mystische Sprache, die sich nur mit leerer Hand und leerem Mund verstehen läßt, führt den Menschen unweigerlich von allen selbsterdachten und selbstgemachten Scheinsicherheiten weg. In einem sehr fundamentalen Sinn ist sie Lehre und Weisung *(doctrina y avisos)*, um loszulassen, passiv zu werden und sich tragen zu lassen, da sie den Menschen unmittelbar in diese Bewegung und diese Wirklichkeit hineinzieht und ihn zu einem anderen und tragenden Pol in Beziehung stellt, damit er von innen heraus verstehen kann *(saber entender)*. Mystische Sprache kann von nichts anderem sprechen als von dem, was an ihr selbst geschieht. Das Wort, das lebendige, das unterwegs ist und sich einem andern zuspricht, lehrt nicht etwas anderes als es selbst ist, sondern mit ihm im Angesicht Gottes zu leben. Es ist seinem Wesen nach offene, freie Aufmerksamkeit und entblößte, verwundbare Präsenz. Es ist dieselbe unzulängliche, menschliche Sprache, sie ist aber sozusagen Herzschlag der Liebe geworden, also das, was die Liebe hörbar und fühlbar macht und das, was sie pulsieren läßt. In ihrer Lebendigkeit, Bewegtheit und Glut übertrifft die Sprache ihre erstarrte Worthaftigkeit und schwint im Freien:

> Por quanto estas *Canciones*, religiosa Madre, parecen ser escritas con algún fervor de amor de Dios, cuya sabiduría y amor es tan inmenso, que, como se dice en el libro de la Sabiduría, toca desde un fin hasta otro fin *(8,1)*, y el alma que de él es informada y movida en alguna manera esa misma abundancia e ímpetu lleva en el su decir, no pienso yo ahora declarar toda la anchura y copia que el espíritu fecundo del amor en ellas lleva; antes sería ignorancia pensar que los dichos de amor en inteligencia mística, cuales son los de las presentes *Canciones*, con alguna manera de palabras se puedan bien explicar; porque el Espíritu del Señor que ayuda nuestra flaqueza, como dice San Pablo *(Rom 8,26)*, morando en nosotros, pide por nosotros con gemidos inefables lo que nosotros no podemos bien entender ni comprender para lo manifestar.
>
> Porque ¿quién podrá escribir lo que a las almas amorosas, donde él mora, hace entender? Y ¿quién podrá manifestar con palabras lo que las hace sentir? Y ¿quién, finalmente, lo que las hace desear? Cierto, nadie lo puede; cierto ni ellas misma, por quien pasa, lo pueden. Porque ésta

es la causa por que con figuras, comparaciones y semejanzas, antes rebo-
san algo de lo que sienten y de la abundancia del espíritu vierten secretos
y misterios, que con razones lo declaran (Cántico, Prólogo,1).

Diese Gesänge, ehrwürdige Mutter, sind, wie es scheint, mit einiger
Liebesinbrunst für Gott geschrieben, dessen Weisheit und Liebe so gren-
zenlos sind, da sie sich, wie das Buch der Weisheit (8.1) sagt, von einem
Ende bis zum andern erstrecken. In ihrem Sprechen besitzt die Seele, die
in diese Liebe eingeformt und von ihr bewegt wird, in gewisser Weise die-
selbe Überfülle und Heftigkeit. Darum möchte ich jetzt nicht die ganze
Weite und Fülle erklären, die der fruchtbare Geist der Liebe hier hin-
eingelegt hat. Es würde vielmehr von Unwissenheit zeugen, zu denken,
daß das, was die Liebe in der mystischen Erkenntnis sagt, wie hier in den
vorliegenden Strophen, irgendwie mit Worten gut erklärt werden könnte.
Der Geist des Herrn aber, der wie Paulus (Röm.8,26) sagt, unserer
Schwachheit zuhilfe kommt, indem er in uns wohnt, erbittet für uns mit
unaussprechlichen Seufzern, was wir nicht so gut verstehen oder begreifen
können, da wir es selbst auszudrücken vermögen.
Wer könnte beschreiben, was er die liebenden Seelen, in denen er wohnt,
zu verstehen gibt? Und wer könnte in Worte fassen, was er sie fühlen
läßt? Und wer schließlich, was er sie ersehnen läßt? Ganz gewiß vermag
dies niemand , ja sicher nicht einmal diejenigen, die dies erfahren, vermö-
gen es. Aus diesem Grund lassen sie in Bildern, Vergleichen und
Umschreibungen etwas von dem, was sie fühlen, überströmen. Aus der
Überfülle des Geistes geben sie eher geheime Mysterien wieder, als daß
sie etwas mit der Vernunft erklären.

Die Liebe ist grenzenlos und erfüllt das All. Sie ist sozusagen der von
Gott vorgegebene Lebensraum, in dem wir atmen und uns bewegen. Die
Liebe ist wie die Luft, etwas, das der Mensch nicht festhalten oder selbst
zustande bringen kann. Man besitzt sie nur, wenn man sie immer wieder
losläßt. Mystisches Sprechen ist auf ein bloßes Ein- und Ausatmen der
alleserfüllenden Liebe Gottes reduziert und wird an deren Überfülle *(abun-*
dancia) und Heftigkeit *(impetú)* mit gleicher Überfülle und Heftigkeit
stimmhaft. Es impliziert die grenzenlose Weite *(anchura)* und Fülle *(copia)*
der Liebe, ohne diese jedoch mit begrenzten Worten verdeutlichen *(expli-*
car) oder ausdrücken *(manifestar)* zu können. Aber über alle Worte hinaus
manifestiert menschliche Stimmhaftigkeit als solche das reichliche überfließen göttlich-menschlicher Liebe, weil sie diese in Worten abbildet *(co-*
pia) —und sei es in unaussprechlichen Seufzern.

Das bewegende *(movida)* Ereignis der Liebe formt sich menschlicher
Sprache ein *(informar)*. Der liebende Mensch wird unmittelbar zum Sprechen bewegt und seine Sprache mit all ihren Worten, Bedeutungen, Bildern,
Klängen und Rythmen gerät in Bewegung und wird in Liebe umgeformt
oder überformt. Die Dynamik und Form mystischer Rede spiegelt göttliche

Heftigkeit gegenüber menschlicher Heftigkeit und göttliches Überfließen in menschliches Überfließen. Mystische Rede hat keinen anderen Inhalt: Sie ist Lieben und Sich-Lieben-lassen. Alle Sprache umspielt dem Mystiker seine Liebe und seine Liebe ist ein Spiel mit der Sprache.

Die Stimmhaftigkeit mystischer Rede erfährt er als Surplus göttlicher Liebe. Aber was sichtbar, fühlbar und hörbar wird, ist als solches dem menschlichen Fassungsvermögen entsprechend begrenzt. So vermag mystische Rede das, was Gott den Menschen auf unaussprechliche Weise verstehen *(entender)*, fühlen *(sentir)* und ersehen *(desear)* läßt, in ihrer Liebesbewegtheit zwar zu verstehen, zu fühlen und zu ersehen, aber nicht zu sagen. Sie kann der göttlichen Bewegung nachgeben und aus der Fülle des Geistes in Bildern Vergleichen und Gleichnissen etwas von dem überströmen *(rebosar)* lassen, was man da sehen und erleben *(ver)* kann, aber mit dem Verstand kann sie dies nicht erklären. Mystische Rede gründet sich nicht auf den Verstand, sondern auf den *sensus illuminati amoris* (1), den Sinn erleuchteter Liebe, wie Willem von Saint-Thierry sagt. «Sinn» hat in seinem indogermanische Stamm «sent-» die Grundbedeutung «Weg», «Reise», «Gang», und läßt sich in diesem Zusammenhang am besten als Richtungs- und Orientierungssinn verstehen. Die Sprache vertraut sich dem Sinn erleuchteter Liebe an und macht eine Reise; sie orientiert sich an der Liebe und nimmt in ihrem Unterwegssein Sinn wahr und erwidert Sinn. Das ist nie der vorgewußte Sinn eines philosophischen Grundsatzes oder theologischen Dogmas, sondern der erst in der Liebesbewegung zu entdeckende und zu beantwortende Sinn, der jede Frage nach einem Sinn überholt, denn Liebe kennt und braucht kein Warum. Darum übertrifft die Liebe oder das Geistliche jeden Sinn *(lo espiritual excede al sentido)*, den Verstand und Sprache aufspüren oder festhalten könnten, und läßt sich doch mit dem Sinn erleuchteter Liebe auf unaussprechliche Weise finden.

> *Las cuales semejanzas, no leídas con la sencillez del espíritu de amor e inteligencia que ellas llevan, antes parecen dislates que dichos puestos en razón...*
>
> *Por haberse, pues, estas Canciones compuesto en amor de abundante inteligencia mística, no se podrán declarar al justo, ni mi intento será tal... Y esto tengo por mejor, porque los dichos de amor es mejor declararlos en su anchura, para que cada uno de ellos se aproveche según su modo y caudal de espíritu, que abreviarlos a un sentido a que no se acomode todo paladar. Y así, aunque en alguna manera se declaran, no hay para qué atarse a la declaración; porque la sabiduría mística, la cual es por amor, de que las presentes Canciones tratan, no ha menester distintamente entenderse para hacer efecto de amor y afición en el alma, porque es a modo de la fe, en la cual amamos a Dios sin entenderle. (Cántico, Prólogo,1- 2).*

Wenn solche Umschreibungen nicht mit der Einfachheit des Geistes der Liebe und Erkenntnis gelesen werden, den sie enthalten, scheinen sie eher Unsinn zu sein als mit Vernunft gesprochenen Worte ... Da diese Gesänge in der Liebe überfließender mystischer Erkenntnis geschrieben wurden, können sie auch nicht genau erklärt werden; das beabsichtige ich also auch nicht... Es ist besser, die Sprache der Liebe in ihrer Weite zu erklären, damit jeder sie sich auf eigene Weise und nach eigener geistlicher Fassungskraft zunutze mache. Dies ist besser, als sie auf einen Sinn zu verkürzen, der sich nicht dem Gaumen eines jeden anpaßt. Obwohl diese Gesänge also in etwa erläutert werden, ist es nicht nötig, sich an diese Erklärung zu binden; denn die mystische Weisheit, die durch Liebe da ist, —und davon handeln ha diese Gesänge — braucht nicht genau zu wissen, was sie sagt, um in der Seele den Effekt der Liebe und Zuneigung zu bewirken. Diese Weisheit ist wie der Glaube, mit dem wir Gott lieben, ohne ihn zu verstehen.

Den *sensus illuminati amoris*, mit dem mystische Texte geschrieben sind und dementsprechend auch gelesen werden müssen, kennzeichnet eine «Einfachheit des Geistes der Liebe und Erkenntnis» *(la sencillez del espíritu de amor e inteligencia)*, wie Johannes vom Kreuz sagt. Diese Einfachheit des Geistes ist weder irrationale, gefühlshafte Romantik noch eine simplistische, unkritische Voreiligkeit. Ausdrücklich betont Johannes vom Kreuz hier, daß mystische Sprache mit Verstand gesprochen wird *(dichos puestos en razón)*, aber ihre eigene und äußerst anspruchsvolle Logik besitzt, die sich nur dem einfachen Geist der Liebe und Erkenntnis offenbart und ohne ihn als Unsinn *(dislates)* erscheinen muß. Der einfache Geist ist der Gegenpol des zwiespältigen, in sich zerrissenen Geistes, der Ja vom Nein trennt und Licht vom Schatten. Der einfache Geist macht vor der Scheidung in Affirmation und Negation halt und wahrt das volle Spektrum der Unentschiedenheit, die Gesamtheit aller Farben, in denen sich das Leben brechen kann. Auf widersprüchliche und paradoxale Weise formuliert er das Leben als ein-fach, d.h. bei aller Vielstelligkeit der Erscheinungen und des Ausdrucks geht es ihm um die Wirklichkeit, die Eine ist und als solche erst noch gesucht und gewonnen werden muß. Der einfache Geist erkennt und liebt Eines in der Vielfalt des Lebens und ist selbst unvermischte Eines: offen und bloß, ohne Argwahn, grundlos und ohne Eigennutz. Der einfache Geist schärft den Sinn für dies Eine, das Liebe ist, das sich nicht in die Enge treiben und genau *(al justo)* mit Worten festhalten läßt, aber in seiner Weite *(anchura)* erklärt *(declarar)* werden kann. Die Weite der Liebesworte gestattet jedem einzelnen, sich diese auf eigene Weise und nach eigener Fassungskraft zunutze zu machen, während sie auf einen Sinn verkürzt, sich nicht dem Geschmack eines jeden anpassen. In der Weite der Liebesworte umfaßt der einfache Geist gleichsam das ganze All, will er aber etwas davon mit eben diesem «Wortmaterial» festhalten, so zersplittert die Wirklichkeit in seinen

Worten und es bleibt ihm nichts. Darum relativiert Johannes vom Kreuz seinen Kommentar und hält nicht einmal seine eigenen Erklärungen und Deutungen seiner großen Gedichte für bindend. Der Leser soll nicht an Worten hängen, wenn er die Weite mystischer Sprache entdecken will. Das bedeutet aber nicht, daß Johannes damit der Willkür jeder beliebigen Interpretation Tür und Tor öffnet, er will nur niemanden auf dieses oder jenes «Wortmaterial» festnageln, das in seiner Begrenztheit auch nicht alles sagen kann. Vielmehr vertraut er voll und ganz auf die mystische Weisheit (*sabiduría mística*), die durch die Liebe, von der mystische Sprache spricht, auf verborgene Weise da ist, sich mit dem Sinn erleuchteter Liebe orientiert und mit der Einfachheit des Geistes der Liebe und Erkenntnis spricht bzw. schreibt und hört bzw. liest. Die *sabiduría mística* kann nicht anders als die Liebe im Schreiber in der mystischen Erkenntnis (*inteligencia mística*) überließen zu lassen und dieselbe Liebe wiederum im Leser zu wecken, wachsen zu lassen und zu kultivieren. Sie unterscheidet nicht, begreift nicht, gibt keinen Namen — sie ist der offene, leere und freie Raum der Sprache und Liebe schlechthin. Sie braucht darum auch nicht im einzelnen (*distintamente*) zu wissen, was sie sagt, um den Effekt der Liebe und Zuneigung im Leser zu bewirken. Der Leser erfährt, daß lesend und immer wieder lesend seine Liebesfähigkeit in Bewegung kommt, daß der Text sich öffnet und wirksam wird und zur Vollendung kommt, wenn er als Leser wie der Schreiber in Liebe brennt. Dann beginnt er von innen heraus zu verstehen, auch ohne Worte, dann schmilzt alle Sprache im Feuer seiner Liebe und das Offene, Leere und Freie kommt nackt auf ihn zu und umgibt ihn von allen Seiten. Und wiederum ereignet sich das Wunder der unmittelbaren Begegnung von Gott und Mensch und wiederum wird der Mensch in die unauslotbare Tiefe göttlicher Liebeskraft hineingezogen, die ihn im Kern seiner Person berührt und umformt.

> *Y en este encendido grado se ha de entender que habla el alma aquí, ya tan transformada y calificada interiormente en fuego de amor que no sólo está unida en este fuego, sino que hace ya viva llama en ella; y ella así lo siente y así lo dice en estas Canciones con íntima y delicada dulzura de amor, ardiendo en su llama ...*

> *So entfacht, muß man wissen, spricht die Seele hier. Innerlich ist sie schon so sehr in Liebesfeuer umgeformt und wie es selbst beschaffen gemacht, da sie mit diesem Feuer nicht nur vereinigt ist, sondern da es auch bereits eine lebendige Flamme in ihr bildet. Sie fühlt es so und spricht in diesen Strophen so hierüber, in innigster und zartkosender Liebessüße, glühend in ihrer Flamme.*

Mystische Sprache erweist sich als etwas Immaterielles, als etwas wie Feuer und Zärtlichkeit und ist doch zugleich etwas Irdisches, etwas Festes, ein immer neuer Landgewinn in der Suche nach Wirklichkeit. Wer sie

spricht, wird in ihrem Feuer verschlungen und seine Erde steht in Liebes-
brand. Die Buchstaben, Worte, Bedeutungen, Bilder, Klänge und Rythmen
stehen in Flammen. Die Sprache schmilzt und bricht wie ein glühender La-
vastrom aus dem Innern des Geistes *(las entrañas del espíritu)*, dem in Liebe
brennenden Geist hervor. In der Glut seines Sprechens erfährt der Mystiker
unmittelbar und total das Wunder der Liebesvereinigung mit Gott und
wird darüberhinaus so sehr in göttliches Liebesfeuer umgeformt und be-
schaffen gemacht wie es selbst, da dieses Feuer in ihm eine lebendige Flamme *(viva llama)* entzündet: seine Sprache, in der er in inniger und zärtlicher
Liebessüße brennt.

Auch wenn mystische Sprache im Nachhinein unweigerlich wieder er-
löschen muß, haften ihr die Spuren des Brandes bleibend an. Mystische
Sprache ist wie Lavagestein, das auch ausgebrannt und erkaltet noch vom
Feuer zeugt.

Dieses Gestein habe ich hier mit Johannes vom Kreuz und Ihnen betrachtet — das Feuer aber ist anders.

Semantica della parola
Il linguaggio mistico di San Giovanni della Croce

Giovanna della Croce, O.C.D.

Per una lettura degli scritti sangiovannei è indispensabile tener presente che accanto al linguaggio concettuale del teologo ci si incontra in essi con un altro che non meno di questo consente di esprimere la realtà divina o i misteri della Rivelazione, quali si sperimentano nella vita spirituale. San Giovanni della Croce ha usato il linguaggio caldo dei mistici, che si contrappone a quello freddo dei teologi, e spesso, anche quando ha scritto in prosa. Ciò spiega che il suo linguaggio è ben diverso dal linguaggio dello studioso o da quello dei discorsi che si fanno tutti i giorni. Più di un autore ha detto che il suo è un linguaggio dotato di un forte fascino[1], capace di oltrepassare tutti i limiti del comune parlare. Giovanni stesso lo sintetizza nel Prologo al *Cantico spirituale*:

> «... sería ignorancia pensar que los dichos de amor en inteligencia mística (...) con alguna manera de palabras se pueden bien esplicar» (1,1).
>
> «... no pudiendo el Espíritu Santo dar a entender la abundancia de su sentido por *terminos vulgares y usados*, habla misterios en extrañas figuras y semejanzas. De donde se sigue que los santos doctores, aunque mucho dicen y más digan, *nunca pueden acabar de declararlo por palabras*, así como tampoco por palabras se pudo ello decir. Y así, lo que de ello se declara, ordinariamente es lo menos que contiene en sí» (1,1).

Peraltro:

> «... la sabiduría mística (...) no ha menester distintamente entenderse para hacer efecto de amor y afición en el alma» (ib. 1,2)[2].

---

[1] P.es., M.Baldini, *Il linguaggio dei mistici*, Brescia 1988, p.10. L'autore si riferisce ad altri studiosi di Scienze linguistiche.

[2] San Juan de la Cruz, *Obras completas*, editas por el *P.Simeón de la Sagrada Familia*, Burgos 1959. Per le citazioni in traduzione italiana mi servo delle *Opere,* Postul. Gen. O.C.D., Roma, [5]1985.

E' chiaro per il santo: non ci sono parole (nel senso di vocaboli) per spiegare il contenuto dell'esperienza mistica. Non si riesce a spiegare con il linguaggio comune l'abbondanza delle comunicazioni divine, motivo per cui lo stesso Spirito Santo, per parlarci dei misteri, ricorre al linguaggio delle immagini e delle somiglianze, inteso nel senso della Bibbia.

In questa convinzione il santo si serve della metafora, del simbolo, dell'allegoria per individuare, spiegandoli, certi settori dell'esperienza sopranaturale. Ci si incontra nei suoi scritti con una semantica descrittiva, ricca di creazione di paragoni prevalentemente presi dalla natura, mediante i quali la parola diventa spazio di gioco, tanto da permettergli di gettare un ponte tra la semantica della frase e la semantica della parola. Nella letteratura classica spagnola egli è il grande maestro [3] nel generare l'immagine poetica per situare, mediante essa, lo stato d'animo in una nuova realtà, inesprimibile con i nostri vocaboli. Tra i mistici occidentali gli viene riconosciuta la insolita capacità di creare, mediante accostamenti di parole, rapporti più profondi tra gli esseri e le cose, o di collocare su diversi livelli parole di valore denotativo uguale, per scoprire verità e misteri di amore divino.

1. Il rapporto tra poesia e prosa

Gran parte degli scritti di Giovanni della Croce sono in prosa, cioè sono commenti scritti per interpretare, col discorso logico, l'espressione o l'ispirazione poetica [4]. Il santo è consapevole della distanza qualitativa dei suoi commenti dall'altezza del composto lirico. D'altra parte, si sente anche chiamato a spiegare il contenuto dell'esperienza mistica e a indicare il cammino

---

[3] Ciò viene sottolineato da H.U.von Balthasar, *Giovanni della Croce*, in: *Gloria. Una estetica teologica. Stili laicali*, vol.III, Milano 1975, pp.97-155. Egli afferma: «Le poesie di Giovanni vengono celebrate da molti come il vertice della lirica spagnola» (p.111). Circa l'influenza subita da Boscán e Garcilaso, cf. Dámaso Alonso, *La poesía de San Juan de la Cruz*, Madrid 1942; M. Milner, *Poésie et vie mystique chez St.Jean de la Croix*, Paris 1951. Tra gli studi più recenti cf.: M.A.Garrido Gallardo, *San Juan de la Cruz, emisor poético*, in: AA.VV., *Simposio sobre San Juan de la Cruz*, Avila 1986, pp.109-127, e M.Alvar López, *La palabra trascendida de San Juan de la Cruz*, ibid., pp.205-234.

[4] Ci si potrebbe domandare, con Alvar López, se «la poesia sirve a San Juan como fin de su experiencia mística o es un instrumento para escribir los relatos en prosa», (*La palabra...*, cit., p.227). A parte le poesie, di cui si conosce la data approssimativa della composizione (*Notte oscura*, del *Cantico spirituale*, della *Fiamma d'amor viva*), nel rapporto tra la poesia e la prosa (commento) non si tratta di una questione cronologica, ma tutto rientra nel quadro di creatività e comunicazione. Giustamente annota Alvar López: «El místico tenía un saber acumulado tras muchas años de lecturas, y, además, lo tenía asimilado. Era el cuerpo doctrinal que sustentaba todo su quehacer. De otra parte, los poemas nacían por la proclividad del hombre y la inspiración de Dios, eran su experiencia reducida a poesía» (ibid., p.228). Tutta l'esperienza interiore del Santo poteva bastare per comporre testi in prosa di alta teologia mistica. Ma per trovare parole adeguate ad esprimere contenuti inesprimibili, Giovanni oltrepassa l'enunciato in prosa, situandosi poeticamente nella realtà sperimentata.

per aprirsi alle graduali comunicazioni di Dio. I suoi commenti assolvono
infatti la funzione mistagogica di accompagnare e di illuminare il lettore nella ricerca di Dio.

Questo orientamento didattico si esprime in Giovanni della Croce nel-
l'uso del termine «io», indicatore della referenza di un discorso rivolto a
qualcun altro cui si parla. Egli scrive in prima persona, usa i verbi al presente, perché vuole trasmettere elementi di conoscenza, suggerire cammini
da intraprendere, offrire precisazioni per non lasciare alcun dubbio su ciò
che l'anima, desiderosa di Dio, deve fare o accettare dalla pedagogia divina.
Se le sue frasi sono così legate al presente, strettamente congiunte con la
spiegazione del versetto poetico, nella loro unità hanno però un senso al di
fuori del solo didattico: c'è una referenza, una tensione di uscire o di tras-
cendersi per raggiungere qualcosa d'altro. Ciò fa si che il suo linguaggio si
caratterizza per una precisa intenzionalità, la quale specifica non solo la frase
come tale ma anche nella sua elaborazione, ponendo l'accento su parole in-
dividuali isolate.

Di qui l'importanza della semantica delle parole in Giovanni della Croce. Nel loro valore denotativo —riverbero o eco di sublimi esperienze mistiche— esse si rivelano capaci di suscitare nel lettore disposizioni e sentimenti simili, fino a istituire nuovi rapporti significativi con l'enunciato.
L'esempio più conosciuto offre la dodicesima strofa del *Cantico,* letta insie-
me con le parole del commento:

> *O fonte cristallina,*
> *se in questi tuoi sembianti (semblantes) inargentati,*
> *formassi all'improvviso*
> *gli occhi desiati,*
> *che tengo nel mio interno disegnati* (CB, 12)[5].

Per chi legge solo questa strofa, la referenza alla fede può risultare del
tutto inattesa e sorprendente. La trasposizione di una *fonte cristallina* alla
fede sembra addirittura ardita, e solo leggendo il commento ci si convince
come si possa affermare attraverso il paragone una identità concreta, nonostante i due ambiti diversi (la fede = concetto astratto, la fonte cristallina
= realtà fisica percettibile). La trasposizione sfocia immediatamente in un
secondo accostamento: i *sembianti inargentati* vengono intesi come le singole
proposizioni della fede che nella vita terrena dell'uomo sono come la stessa
fede, cioè di argento, e solo nell'altra vita mostreranno il loro *oro segreto.*
Questo oro è tanto desiderato dall'uomo che vorrebbe vedere i suoi raggi

---

[5] Per l'esegesi della strofa XII del *Cantico* B si può consultare l'analisi letteraria e dottrinale relativa alla strofa XI, fatta da J. Lara Garrido in *La mirada divina y el deseo: exégesis de un
símbolo complejo en san Juan de la Cruz* (AA.VV., *Simposio sobre San Juan de la Cruz,* Avila, pp.69-
107), dato che esiste una continuità tra le due strofe.

divini, da Giovanni paragonati a *occhi desiati*. E' appunto «la fede che ce l
propone», che fa trovare «nei suoi articoli» occhi divini che brillano come
«raggi e verità divine» (CB 12,4-5), occhi dell'Amato che con la sua presen
za «sembra stia sempre a guardare» tali verità. Dove? Nell'intimo più perso
nale dell'uomo. Egli li tiene *disegnati* o abbozzati (*dibujadas*) nel suo *interno*
non ancora in modo perfetto , ma infusi per fede —«come un disegno che
non è ancora una pittura perfetta»— e nell'amore, cioè secondo la volontà
Ma il «disegno dell'amore, in cui quando si è raggiunta l'unione, l'immagine
dell'Amato viene riprodotta in maniera così viva e perfetta da poter dire
con verità che l'Amato vive nell'amante e questi in quello» (CB 12,7), allar
ga lo sguardo del santo verso la vita futura, in cui il velo della fede si rom
però e l'amore prenderà il suo posto. Eppure, già la stessa splendente super
ficie della fonte cristallina, così meravigliosamente trasparente e insondabile,
rispecchia questo disegno d'amore, tanto che Giovanni non fa fatica ad es
primere, con un secondo concetto, associato per contiguità, il primo nel suo
sviluppo terminale.

Nell'espressione poetica la fede viene intesa per mezzo di paragoni, presi
dalla natura e dalla Scrittura (Gv 4, 14;7,39), con associazione di aggettivi
per rilevare maggiormente le caratteristiche (la *fonte* è *cristallina*, i *sembianti*
sono *inargentati*), e ciò vale anche per la fede in quanto desiderio vissuto del
l'uomo che cerca Dio, con la differenza di associare forme verbali (gli *occhi*
desiderati, nell'*interno designati*). Queste quattro parole, nate in un atto d'ispi
razione mistico-poetica immediata, ricevono nel commento un senso nuovo,
che è frutto non solo di riflessione logica ma anche di una semantica psico
logizzante. Questa è presente in molti passi dell'opera sangiovannea, specie
nel tentativo del santo di far incidere maggiormente le trasposizioni senso
riali che congiungono due ambiti percettivi diversi. Tuttavia, nei confronti
dell'ispirazione poetica le innovazioni semantiche dei commenti restano pal
lidi echi, «nostalgici additamenti verso la *spiratio* divina originaria»[6].

Si comprende che per questo motivo il commento del santo a questa do
dicesima strofa del Cantico non mette in luce le sfumature mistiche che si
connettono con la parole *fonte cristallina*. Se alla fine della vita la fede diven
ta chiara visione, questa stessa fede, prima avvolta di un abito oscuro, es
sendo cioè una fonte oscura, riceve da Cristo l'abito chiaro, limpido, cristal
lino, fino a diventare uno specchio puro di Cristo[7]. E' vero, il termine
«specchio» non si trova qui nel *Cantico*. Ma il tema acqua-specchio compare

---

[6] H.U.von Balthasar, *San Giovanni della Croce*, p.116.
[7] Circa il rapporto tra «cristalina» e «Cristo», mi sembra troppo artificiosa l'approssimazio
ne fatta da R.Hoornaert e riportata criticamente da G.Morel, *Le sens de l'existence selon St. Jean
de la Croix*, Paris 1961, vol.III, p.111, nota 52: «...Jean de la Croix regarde come une trouvaille
une évocation obtenue par une simple consonance. Par exemple le mot *cristalina* (fuente), la
source cristalline...Or pourquoi cette source est-elle cristalline, sinon parce qu'elle vient du
Christ».

on tutta la sua forza per indicare la realtà della presenza reale di Cristo[8].
Più l'uomo si immerge nella fonte cristallina, più egli rinasce nelle sue acque
trasformato in Cristo. Il passaggio dall'uomo vecchio all'uomo nuovo avviene nella fede in Cristo ossia nel tuffarsi nella fonte cristallina, morendo
misticamente al passato terreno nella profondità senza fondo delle sue acque, nell'incontro dello sguardo d'amore divino.

Se Cristo è la fonte, «da essa emanano le acque di ogni bene spirituale»
CB 12,3): lo Spirito Santo. L'elevata inventiva simbolica, sempre legata alla
parola «fonte», continua. Il commento con la citazione di Gv 7,38-39 spiega
che coloro che credono in Cristo, riceveranno lo Spirito Santo. Ma l'intuizione mistica s'addentra nel centro dell'esperienza trasformante. Le acque di
questa fonte sono nella loro trasparenza l'immagine della suprema realtà del-
'Essere divino: «le Dieu vivant dont l'Ésprit selon le langage évangélique
signifie en effet le mouvement qu'est Dieu dans sa plenitude: l'un l'autre
ivrés l'un à l'autre dans l'Amour. Sous cette forme le concept d'Esprit est
concept suprême, celui qui introduit au Réel universel et concret». Così
Georges Morel nel suo studio su *Le sens de l'existence selon S. Jean de la
Croix*[9]. Il Dio trinitario rivelantesi nel Figlio incarnato, è il Dio vivente che
diventa accessibile nel simbolo dell'acqua della fonte. E' lui che l'anima de-
sidera di conoscere, di sperimentare nell'incontro con gli «occhi» divini, di
cui lo sguardo, già abbozzato nell'interno dell'uomo, produce ineffabili esperienze.

Tutto ciò fa vedere, quanta ricchezza si connette con l'identificazione di
una sola parola usata da Giovanni della Croce, intenzionalmente, per trascri-
vere la profondità del mistero[10]. E si potrebbe riportare altri esempi, arri-
vando sempre alla medesima conclusione: in Giovanni della Croce la semantica delle parole isolate rivela una ricchezza che non viene mai raggiunta nella prosa, anche se fu scritta al fine di servire quale spiegazione del loro contenuto.

2. *Dimensioni del linguaggio metaforico*

Quasi tutti i grandi mistici cristiani attestano che la dinamica profonda
della loro avventura spirituale procede non da una volontà di realizzazione
di sé, ma dalla comunicazione di Dio per mezzo della sua grazia e nello Spirito Santo. Per parlare di questa comunicazione divina, per la quale né la

---

[8] In LB 3,17, in riferimento a Sap 7,26, Cristo —la Sapienza divina— è chiamato «espejo
sin mancilla e imagen de su bondad», cioè del Padre.

[9] Georges Morel, *o.c.*, p.112.

[10] Va ricordata la poesia: «Que bien sé yo la fonte que mana y corre», che ha per argo-
mento la conoscenza di Dio per fede. Il santo mette in luce, che questa fonte «nascosta» ... è più
«bella» di ogni cosa, «chiarezza che mai viene offuscata», emana «correnti abbondanti» = lo
Spirito (allusione a Gv 7,39).

teologia né il linguaggio logico dispongono di termini sufficienti, Giovanni della Croce introduce ampiamente la metafora. Come va intesa?

Da Aristotele la definizione della metafora è passata nel pensiero occidentale per indicare un'operazione letteraria che presenta una idea sotto il segno di un'altra o che trasporta tale segno a un altro. Nella produzione letteraria e poetica del sec. XVI spagnolo, prima e contemporanea a Giovanni della Croce, la metafora viene liberamente impiegata per sostituirsi a una espressione letterale non adeguata o mancante, per introdurre una parola capace di sostituire un vocabolo troppo povero o anche per rappresentare l'enunciato sotto un aspetto nuovo. A differenza del semplice paragone che nell'accostamento tra due idee o concetti non ne cancella la dualità, la metafora sostituisce completamente con una nuova parola l'enunciato con la prima parola. La sostituzione avviene perché nell'intuizione dello scrivente, specie del poeta, il nuovo termine metaforico sembra essere il rappresentante «per eccellenza» dell'oggetto paragonato.

Una tale trasposizione che è caratteristica della metafora estetica, usata dai poeti, può dare l'impressione di aver scoperto una nuova verità o anche di aver individuato rapporti più profondi che realmente esistono tra soggetto e oggetto, ma che difficilmente si lasciano esprimere. Resta tuttavia da chiedersi se l'enunciato metaforico può veramente essere equivalente all'espressione letteraria sostituita, e cosi senza restrizioni essere messa al suo posto.

Lo chiediamo al Dottore mistico del Carmelo, consapevoli che questa domanda costituisce per noi uomini del sec. XX una vera difficoltà. Eppure, quando la metafora è presa dalla natura, «la découverte et la possession de la nature ne peut avoir sens (per noi) que comme découverte et possession de la souveraine Présence» [11]. Giovanni infatti invita l'uomo moderno a ricordarsi e a convincersi che l'incontro fra Dio e uomo avviene nel mondo reale e attraverso le realtà di questo mondo. Egli lo conduce, per mezzo della semantica della parola a un nuovo modo di percepire, di sentire, di interpretare le realtà della natura, di contemplare in essa immediatamente Dio, di vedere le forme, le imagini della natura soltanto in funzione o come specchio delle proprietà divine.

Un esempio caratteristico di un tale oltrepassare il senso in direzione di un enunciato metaforico e di trasferire i sentimenti del cuore dalla sola idea astratta alla rappresentazione metaforica della medesima, può essere la strofa XIV del *Cantico B*:

> *Mi Amado las montañas,*
> *los valles solitarios nemorosos,*
> *las insulas extrañas,*
> *los ríos sonorosos,*
> *el silbo de los aires amorosos.*

---

[11] G.Morel, *o.c.*, p.47.

Che cosa dice circa l'Amato —il Cristo— l'enunciato metaforico? Dice,
—e va notato che lo dice al presente impiegando appunto il termine di sostituzione— l'Amato *è* (e non, p.es., l'Amato può venir comparato a... oppure l'Amato potrebbe essere come...). Oggi si direbbe che Giovanni fa uso
della metafora *in praesentia,* la forma più frequente, in cui la semantica della
parola rivela chiaramente la trasposizione dell'idea primitiva all'idea nuova.
Nella visione del santo, Dio infatti è tutto: «todas las cosas al alma y el bien
de todas ellas» (CB 14, 5). Per spiegare come l'uomo può avvicinarsi a questo tutto che è Dio, egli ricorre alla metafora. Questo «tutto» gli si comunica
«por la semejanza de la bondad de las cosas» —il mondo intero costituito
da singole realtà che vengono elencate nella strofa XIV. Il mondo è specchio o immagine della grandezza infinita di Dio e l'uomo, che contempla le
proprietà divine in questo specchio, contempla realmente e immediatamente
Dio, anche se non ancora lo vede «essenzialmente e chiaramente», come ne-
la vita futura.

Per ricordare il carattere dell'infinito delle proprietà divine, descritte me-
aforicamente da Giovanni della Croce con sempre nuove sfumature, elabo-
rando la stessa immagine in tutte le direzioni, i predicati sono tutti al plurale. Sono *le* montagne, *le* valli, *le* isole remote, *le* acque, *le* aure amorose. La
forma plurale non aggiunge nulla alla descrizione dell'enunciato in sé. Anche una sola cima si presenta allo sguardo dell'uomo «imponente, bella, gra-
ziosa, fiorita e odorosa» (CB 14,6), e una sola valle solitaria emana «quiete,
amenità, freschezza, ombra ecc.» (CB 14,7). E così una sola isola remota,
circondata del mare, affascina per la sua lontananza dalle comunicazioni
umane (CB 14,8), e un sol fiume può avere tutte le «tre proprietà» indicate
dal santo (CB 14,9). Ma l'uso del plurale incrementa il modo di percepire
dell'uomo, allargando il suo sentimento, facendolo risalire dall'enunciato
all'idea stessa: l'infinita maestà e grandezza di Dio.

Per arrivare a una tale contemplazione dell'Amato —di Dio o Cristo in
quanto seconda Persona trinitaria— Giovanni della Croce fa una geniale
trasposizione da oggetto a soggetto: la bellezza della natura non è più soltanto lo specchio o l'immagine di Dio, ma diventa soggetto della contemplazione: «Mi Amado las montañas», solo la virgola, nessuno linetta per di-
videre i due enunciati. Nell'intuizione poetica non occorre nemmeno il verbo ausiliare *ser,* usato nel commento non soltanto come tale, ma nel senso
ontologico. «Il est significatif que dans l'argument qui précède le commentaire des deux strophes (XIV-XV) saint Jean de la Croix ait au langage spa-
tial substitué le langage ontologique» [12]. La metafora estetica consente al
poeta di raggiungere, per mezzo della sostituzione, la dimensione ontologica, senza per questo perdersi nell'astrazione.

Che il santo intende sottolineare in questo accostamento categorico, fa-
cendo ricorso a due ambiti diversi da lui visti nella luce del concetto «tut-

---

[12] *Ibid.,* p.125.

to», l'incidenza ontologica, risulta dall'affermazione introduttiva alla compa
razione che verrà fatta: «Todo lo que aquí se declara *está en Dios* ("è" ir
Dio, nel senso di trovarsi in Dio), eminentemente en infinita manera, o, poi
mejor decir, cada una de estas grandezas que se dicen *es Dios*» (CB 14,5). La
metafora determina la verità dell'essere di Dio, in termini di presenza attua
lizzando quel superamento metaforico che inevitabilmente sfocia nel metafi
sico: l'invisibile viene concepito attraverso il visibile, l'intelligibile viene
raggiunto attraverso il sensibile.

Potremmo dire che qui si verifica l'adagio di Heidegger: «La metafora
esiste soltanto entro i confini della metafisica» [13]. Giovanni della Croce si ri
vela il teologo mistico per eccellenza, formatosi alla metafisica tomista, tan
to che la metafora in lui non può non essere che prevalentemente verticale
ascendente, trascendente, impiegando cosi anche l'uso della lingua. Questa
direzione metafisica spiega la puntualizzazione di alcune metafore, prese dal
la natura, che secondo il modo di vedere del Santo e della sua epoca, si adat
tano a portare immediatamente nell'invisibile. E spiega anche l'uso della lin
gua che nel Dottore mistico del Carmelo tenta il superamento metafisicc
con rinvio alla metafora «naturale», per ravvisare in essa l'essere dell'amatc
Dio, certo, soltanto come «un barlume di ciò che egli è in sé» (CB 14,5).

La medesima metafora coinvolge poi la dimensione uomo-mondo (natu
ra). L'uomo non esiste in modo astratto e lontano dalla realtà. Si trova in
continuo dialogo con la natura, per mezzo del quale tutto il creato gli di
venta storicamente ambito intimamente congiunto con la sua esistenza. Se
questo creato «è» per lui l'Amato, ne consegue che egli più si inserisce in
esso, più si inserisce misticamente in Dio, e più prende possesso delle realtà
della sua terra, più prende possesso del suo Amato, come lo esprime la cele
bre preghiera del Santo: «Miei sono i cieli e mia è la terra...». Poiché tutto
questo è possesso dell'uomo, egli possiede anche il suo Dio.

In Giovanni della Croce la metafora mette dunque in gioco un meravi
glioso repertorio di accostamenti, di congiunzioni colte da un punto di vista
esperienziale, che in gran parte anticipano o portano in direzione del *risveglio*
—l'incontro con la Parola nella sostanza dell'anima— descritto nella quarta
strofa della *Fiamma d'amor viva* come privilegio dell'anima trasfigurata nel
l'amore. Nel contemplare tutte le bellezze della terra, l'anima «vede come
tutte le creature celesti e terrestri hanno la propria vita in Dio... Tutte le
cose in lui sono vita (Gv 1,3)» (LB 4,5 e 4). Che una tale contemplazione
non si stanca di paragonare l'Amato a tutte le bellezze della natura aperta
davanti allo sguardo, molto al di là di una poesia bucolica, in quel tempo
in voga, ce lo attesta la ricchezza di sempre nuovi paragoni e metafore nel
Cantico spirituale. Ma il Santo insegna ai suoi lettori che «soltanto là dove

---

[13] Cf. lo studio di P.Ricoeur, *La metafora viva*, Milano 1981, in particolare p.359 ss.

amante cerca lo sguardo che s'apre sull'Unico-Amato, possono aprirsi an-
he a lui gli occhi verso tutta la luce della bellezza che l'Amato ha suscitato
el mondo con lo sguardo dei suoi occhi» [14].

Accanto alla metafora *poetica* Giovanni della Croce tenta anche l'inter-
retazione metaforica del *concetto,* del pensiero speculativo, dell'astratto. Nel-
a prospettiva semantica, l'enunciazione metaforica in sé è priva di determi-
azione concettuale. Essa non fa altro che portare a espressione linguistica
n soggetto referenziale , sviluppandolo e dispiegandolo conforme all'inten-
ione semantica, motivo per cui questa intenzione di trasferire il primo
nunciato in un nuovo soggetto, per esprimersi, dispone soltanto di indica-
ioni di senso che non sono affatto determinazioni di senso. Il concetto in-
rece s'appella a spazi diversi e non si iscrive nel dinamismo semantico tipico
lell'ordine metaforico. Ciò nonostante anche il pensiero speculativo può ri-
orrere alle possibilità metaforiche del linguaggio, e, senza confondersi con
a metafora poetica, può esprimere con l'immagine il senso dell'enunciato.

E' questo che il santo Dottore del Carmelo intende fare. Ad esempio,
er illustrare la rinascita nello spirito —che «significa avere un'anima somi-
liantissima a Dio in purezza»—, introduce questa similitudine: «Se un rag-
io di sole colpisce una vetrata appannata da nebbia e offuscata da macchie,
questa non potrà essere completamente rischiarata e trasformata in luce,
ome avverrebbe se fosse tersa e monda di quelle macchie. Anzi tanto meno
errà illuminata, quanto meno sarà libera da quei veli e da quelle macchie,
al contrario quanto più sarà priva di queste, tanto maggior luce riceverà.
Ciò accade non a causa del raggio, ma della vetrata; se infatti questa fosse
ompletamente pura e tersa, il raggio la trasformerebbe e la illuminerebbe
n modo tale da farla sembrare *una cosa sola con esso* e da farle emanare la sua
tessa luce. Se è vero che la vetrata, benché sembri identificarsi con il rag-
io, ne è diversa per natura, però si può dire che *ella sia raggio o luce per par-
ecipazione»* (2S 5,6). Segue la conclusione che l'anima, «come la vetrata, è
empre investita (está embistiendo) dalla luce dell'essere di Dio». Questa
uce dimora in lei per natura» (ibid.).

Il testo citato fa vedere con quanta forza espressiva Giovanni della Croce riesce a ripensare e a illustrare la realtà spirituale della rinascita spirituale,
operata nell'anima con la grazia divina, ricorrendo all'immagine della vetra-
a che riceve il raggio divino e viene penetrata da esso. Avendola presentata
prima nella mera prospettiva semantica del discorso dottrinale, l'idea della
rasformazione partecipante poteva restare parola meramente didattica per il
lettore. Con il ricorso alla prospettiva metaforica, l'enunciato semantico diventa vivo, aperto all'esperienza dell'uomo, capace di precisare «visibilmen-
e» un concetto di trascendenza, di rapporto verticale.

---

[14] H.U.von Balthasar, *San Giovanni della Croce,* p.144.

Non è necessario pensare qui che al pensiero del santo soggiaccia un ritorno all'analogia entis di San Tommaso d'Aquino [15], anche se nell'opera sangiovannea l'analogia entis è riscontrabile, appartenendo in lui alla medesima famiglia del metaforico, ma viene usata mediante referenza alle proprietà dell'essere divino. Giovanni della Croce non ricorre a categorie filosofiche per descrivere l'esperienza. Fino in fondo poeta, il momento poetico prevale in lui con tutta l'autonomia di fronte a forme razionali espositive.

Infine la metafora può arricchirsi e diventare in lui allegoria, intesa nel senso di un enunciato metaforico ripresentato con aggiunta di nuovi particolari che vengono sviluppati attraverso varie immagini. Anche l'allegoria comporta l'innovazione semantica per essere «strumento cognitivo» [16]. Basti pensare all'impiego dell'allegoria sponsale in CB 22, con la quale il santo, sulla scia del *Cantico* biblico e della tradizione mistica medievale, si spinge fino a tradurre in parole l'esperienza di amore unitivo, paragonata al matrimonio spirituale. Ma qui compare già la simbologia, ampiamente sviluppata da Giovanni, per evocare l'incontro sponsale dell'anima con l'Amato [17].

3. Semantica e simbologia

Se la metafora è una espressione sostituita ad una espressione letterale mancante o insufficiente, il simbolo trascende la ricerca dei confronti perché «è l'espressione in immagini di una *intuizione dello spirito*, dove una carica affettiva mette in simpatia l'io e la realtà percepita» [18]. Il simbolo non viene creato per affermare una identità intuitiva e concreta, ma essendo identico all'idea intuitiva, esso viene colto dal soggetto nell'intenzione di comunicare ciò che si sottrae alla descrizione e che trascende, anzi differisce da «tutti gli altri usi ordinari del linguaggio metaforico» [19], essendo impossibile fornire di esso un significato letterale.

In questo senso, cioè meno informativo-descrittivo di sublime realtà percepite, ma per spingere altri ad incamminarsi sui sentieri ascensionali del-

---

[15] Cf. B.Montagnes, *La doctrine de l'analogie de l'être d'après saint Thomas d'Aaquin*, Louvain-Paris 1963; C.Fabro, *Partecipazione e causalità secondo S.Tomaso d'Aquino*, Torino 1960.

[16] «La metafora per il mistico non è un semplice ornamento o un sostituto della similitudine, essa è destinata a provocare incrementi semantici», scrive Massimo Baldini. Perciò «spesso le metafore sono per il mistico "strumenti cognitivi"», e tanto più lo sono nella forma continuata, cioè quando sono allegorie». (*Il linguaggio dei mistici*, p.46).

[17] Sulla simbologia sponsale cf. lo studio di G.Pattaro, *Il linguaggio mistico*, in: *La Mistica*, Roma 1984, vol.II, pp.498-501. L'autore nota che la sponsalità mistica, simbolicamente riferita alla realtà biblica dell'alleanza, «la assume per renderla espressiva...non dell'*erôs* dell'uomo, ma dell'*agapê* di Dio» (p.501).

[18] Cf. Lucien Marie de St.Joseph, *L'expérience de Dieu*. Actualité du message de saint Jean de la Croix, Paris 1968, p.91.

[19] M.Baldini, *Il linguaggio dei mistici*, p.154.

a mistica, Giovanni della Croce presenta il simbolo della *notte oscura*[20]. Con
l simbolo della notte egli rinuncia al linguaggio comune e ordinario per
costruirsi una nuova dimensione linguistica, con la quale scopre anche aspetti
nascosti dell'esperienza. Infatti, essendo polivalente e ambivalente, la «notte»
—modellata sulla notte cosmica—, «in quanto realtà antropologica viene
vissuta dall'uomo in movimento verso l'unione ed è quindi espressiva il tale
movimento. Ma il movimento dell'uomo dal crepuscolo al giorno —radica-
to nel "passaggio" cosmico della notte—, è in un senso vero movimento
di tutte le cose verso un mattino e un meriggio». In questo senso, il simbolo esprime mediante una sola parola come si attua «nell'uomo e attraverso
l'uomo, che raggiunge nell'alleanza la propria dimensione autentica, il cammino del mondo verso "la gloria dei figlioli di Dio"»[21]. Le stesse proprietà
della notte cosmica forniscono al Santo i particolari del «passagio» (buio, in-
certezza, pericoli ecc.), rendendo in questa maniera il simbolo, cioè l'intuizione originaria della «notte» metafora continuata. Nel contempo il simbolo
della «notte», in quanto cammino di contemplazione, è aperto al movimento
di Dio verso l'uomo, a Dio che si comunica e si dona.

Questo movimento che Giovanni paragona alla «segreta sapienza» che
scende nell'anima immersa nel silenzio della notte, o che si manifesta attraverso «il linguaggio secreto di Dio» (2N 17,4) comunicando «inteligencia
sosegada y quieta, sin ruido de voces» (CB 15,25), viene spiegato teologica-
mente con l'azione della grazia. Ma per rendere il linguaggio più persuasi-
vo, più caldo, più conforme alla propria esperienza, il Santo sceglie un' altra
via: quella della simbologia. Egli riprende i grandi simboli della Sacra Scrittura che indicano la presenza e l'azione di Dio in tre Persone nella vita interiore. Sono le grandi intuizioni della *Fiama d'amor viva* che aprono, con
stupende prospettive semantiche, l'anima a percepire l'azione di Dio Padre
nel tocco della «*mano* blanda», quella del Figlio nel tocco di *luce* e splendore
e quella dello Spirito Santo «nel *cauterio*, nel fuoco bruciante» (cf. LB 2, 1).

L'insistenza sul toccare sottolinea la misura forte e penetrante della comunicazione di Dio. Ciò illustra soprattutto il tocco con il *fuoco* che lascia
profonde piaghe. Anche se Giovanni lo chiama «soave» —lascia ferite
d'amore el «dolce incontro» (LB 1,1) in cui lo Spirito Santo è sentito anzitut-
to «come fuoco da cui (l'anima) è consumata e trasformata in soave amore»—, questo tocco è «come fuoco che arde in lei e getta fiamme, le quali
irrorano l'anima di gloria e la temperano di vita divina» (cf. LB 1,3). Se lo
Spirito talvolta viene avvertito dall'anima nella dolcezza di un'aspirazione
segretissima: nello «spirare dell'aura», nel tocco, cioè nel suo movimento
verso l'anima, egli è visto nel simbolo del fuoco e dell'acqua, delle acque di-

---

[20] Esiste una letteratura abbondante sul tema della «notte oscura». Oltre lo studio fondamentale di F.Urbino (l'ultima traduzione in tedesco: *Die dunkle Nacht*, Salzburg 1988), si veda
la bibl. di F.Ruiz-Salvador, *Giovanni della Croce*, in: *La Mistica*, vol.I, pp.596-597.

[21] Cf. G.Moioli, *Note introduttive a S. Giovanni della Croce*, pro ms., Milano s.a., p.6.

vine che danno vita, essendo esse luce e fiamme: nel tocco «gli elementi in reciproca compenetrazione diventano l'uno l'altro»[22]. Ma fuoco, «lampade di fuoco» , sono «gli attributi divini che si comunicano all'anima come «notizie amorose». La centralità del simbolo del fuoco nella rete degli asserti se mantici evoca la forma trinitaria del movimento di Dio verso l'uomo, ap punto sottolineando la caratteristica della fiamma che ferisce, del cauterio. I l'uomo riceve questa forma non come «un essere-di-fronte bensì in un pure essere-dentro del fuoco e della ferita», o come afferma lo stesso santo: «.. l'anima è dentro questi splendori» (LB 3,9). Infatti, «in Giovanni non si tratt mai di una sopraffazione della creatura da parte di Dio, ma di una assunzio ne dell'intero suo essere»[23]. Ma nonostante le immagini riportate per chiari re simili esperienze, «tutto ciò che si può dire in questo senso è sempre infe riore alla realtà: la trasformación del alma en Dios es indecible» (LB 3,8)[24].

Come tutti i mistici, il santo Dottore del Carmelo ripete che ciò che egl ha percepito, è indicibile. Recenti studi[25] vedono proprio nell'ineffabilit uno dei segni caratteristici dell'esperienza mistica autentica, valorizzando le affermazioni dei mistici sia da un punto di vista logico, sia da un punto d vista linguistico. Per quanto Giovanni della Croce tenti di aiutarsi con l'ab bondante linguaggio metaforico, con l'introduzione di quasi un sistema sim bolico, egli non può non avvertire l'insormontabile distanza che esiste tr realtà sperimentata e l'enunciazione semantica. Quando si serve della parola sforzandosi di giungere a una fenomenologia dell'inesprimibile, egli come molti altri mistici si perde in produzioni verbali che possono sembrare contraddittorie o che sono intessute di paradossi. Nel già citato studio su Giovanni della Croce, Hans Urs von Balthasar intitola un intero capitolo al «paradosso della poesia mistica», e vi dimostra come il santo illustra, antici pando l'eterna visione, il «paradossale ricupero del mondo definitivamente abbandonato e perduto in Dio»[26].

---

[22] G.Morel, Le sens de l'existence, p.143. L'autore continua: «Que l'eau puisse brûler, que le feu puisse désaltérer, voilà despropos insensés à l'entendement pris comme tel et qui pour le mystique ne sont en rien hyperboliques: ils expriment de la manière la plus réaliste que les elements du cosmos sont composés de la même substance et que cette substance n'est vraimen substance, c'est-à-dire divine, que par une opération radicale où s'abolissant les uns dans les autres ils renaissent transfigurés: leur transfiguration est la manifestation de l'Amour, la réalisation de la vie (mystique)» (ibid.).

[23] H.U.von Balthasar, Giovanni della Croce, p.131.

[24] Cf. 2N 17,6: «...l'anima (comprende) quanto bassi, insufficienti, e in qualche modo impropri siano le parole e i termini usati in questa vita per trattare delle cose divine e come sia impossibile , benché se ne parli altamente e saggiamente in modo naturale, intendere e sentire come sono, senza la luce della mistica teologia»

[25] P.es., P.C.Appleby, Mysticism and Ineffability, in: International Journal for Philosophy of Religion, 1980, II, n.3, pp.143-166; J.Kellenberger, The ineffabilities of Mysticism, in: American Philosophical Quarterly, vol.10, 1973, pp.201-211. Altra letteratura è indicata da M.Baldini, Il linguaggio dei mistici, pp.137-138.

[26] H.U.von Balthasar, Giovanni della Croce, p.134.

Ma bisogna ripetere che in Giovanni il paradossale di certi asserti si piega solo alla luce del prevalente elemento poetico [27] della sua produzione etteraria. L'intuizione poetica ha la sua logica propria, diversa da quella dei concetti filosofici e teologici, e ciò vale in modo particolare per il grande mistico spagnolo. La sua esperienza, dichiarata «indicibile», si appella proprio per questo al poter essere descritta in modo veridico da asserti che alla logica sembrano suonare auto-contraddittori. Per esempio, quando dice che nella vita di fede «Dio è per l'anima una notte oscura» (2S 2, 1); ma «per mezzo della fede si manifesta all'anima in luce divina» (2S 9,1). Oppure: «coloro che immaginano Dio come un gran fuoco o splendore, o sotto qualsiasi altra figura, vanno assai lontanto da lui» (2S 12,5), perché egli «non cade sotto immagine, o forma, o intelligenza particolare» (2S 18,7); ma dopo aver elencato, per mezzo di espressioni simboliche, egli ripete che «Dio è, nel suo essere, tutte le cose» (FB 4,5), «è infinita luce e fuoco di amore (FB 3,2). Dio è, da una parte, «inaccessibile e nascosto» (CB 1,12), mentre, dall'altra, «sa e intende ogni cosa» (CB 2,4), «si fa presente» all'uomo (2S 22, 11), lo «perfeziona secondo il modo dell'uomo» (2S 17,4). ecc. La logica del mistico-poeta non trova contraddittorietà in simili asserti. Anzi, l'inventiva semantica dimostra in lui che «le leggi della nostra conoscenza ed esperienza quotidiana non sono applicabili all'esperienza mistica» [28].

Infine non si può dimenticare che anche Giovanni della Croce ricorre al comune simbolo della parola non detta: il *silenzio*. «Dio si comunica all'anima in segreto silenzio» (cf. FB 3,44), cioè la sua comunicazione trascende assolutamente ogni possibilità linguistica per essere descritta. La scelta del silenzio costituisce l'unica possibilità per dare piena espressione semantica di fronte all'esperienza. «La divina contemplazione... trascende la capacità naturale, non solo perché soprannaturale, ma anche perché è via che guida e conduce l'anima alle perfezioni dell'unione con Dio, verso le quali, poiché sono cose ignorate dall'uomo, si deve camminare umanamente non sapendo e divinamente ignorando» (2N 17, 7), cioè nel silenzio, limitandosi a un discorso nel quale molte cose non solo non vengono dette perché ineffabili, ma perché solo tacendo si attinge alla dimensione della trascendenza. Le cose divine sono segrete. Si possono spiegare con «termini umani» soltanto «al lume della mistica teologia» (2N17,6).

---

[27] P.es., le «lampade di *fuoco* sono *acque* vive dello Spirito» (LB 3,8). L'apparente contradizione è legata per il comune aspetto luminoso dell'esperienza: «l'eau resplendit et la flamme ruiselle (...) Le mystique baigne dans la transparence et respire la clarté: la subtilité de la lumière évoque ainsi la perméabilité de celui en qui plus rien ne fait obstacle à la présence et qui se laisse traverser par elle: le mystique est en ce sens un être lumineux» (G.Morel, *Le sens de l'existence*, p.143). Tra gli altri esempi che si riscontrano nell'opera sangiovannea, va ricordata, in CB 15, l'espressione: «musica silenziosa», nella quale si gode «la quiete del silenzio».

[28] W.T.Stace, *Mysticism and Philosophy*, London, [4]1980, p.270.

The Biblical Imagination of John of the Cross in *The Living Flame of Love*

Keith J. Egan

This essay explores the use of the bible by John of the Cross in *The Living Flame of Love*[1]. This poem and its commentary have been chosen as a focus because they represent an end product of John's writings[2]. John of the Cross himself lent support to the approach of reading his writings backwards. He informed the readers of *The Ascent of Mount Carmel* that «the latter parts will explain the former»[3]. Moreover, an appreciation of the role of the bible in the *Flame* provides some keys for a better understanding of the function of the scriptures elsewhere in John's works. Indeed, a clearer understanding of the place of the bible in John's writings makes his poetry and his other writings more accessible to readers.

John and the Bible

The study of the bible in John of the Cross, published forty years ago by Bishop Jean Vilnet, put all subsequent research into this theme in his debt. Vilnet demonstrated the all-pervasive place of the bible in the life and work of this saint and doctor of the church[4]. John's culture was tho-

---

[1] Spanish text: *Obras Completas*, 2d ed., eds. José Vincente Rodriguez and Federico Ruiz Salvador (Madrid, 1980). English: *The Collected Works of St John of the Cross*, 2d ed., trans. K. Kavanaugh and Otilio Rodriguez (Washington, DC, 1979). Abbreviations: SAscent; NDark Night; CSpiritual Canticle; LFlame. A and B are added to designate versions. Poems appear in quotation marks; commentaries are in italics.

[2] For the dates on John's writings see Eulogio Pacho, *Iniciación a San Juan de la Cruz* (Burgos, 1982), pp. 20-4; 195-203. Version B (LB) has been used for this essay because a comparison of the two versions reveals thatthe second version is only a little longer and has only a few additional scriptural texts.

[3] S, Prol. 8. A further justification of this approach will be published elsewhere.

[4] Jean Vilnet, *Bible et Mystique chez Saint Jean de la Cruz*, «Etudes Carmélitaines» (Paris, 1949). Henceforth: Vilnet. See also Vilnet, «L'Ecriture et les Mystiques», *Dictionnaire de Spiritualité*, 4(i), (Paris, 1960), cols. 248-53. For further bibliography on John and scriptures see Pacho, pp. 282-3.

roughly biblical. The Carmelite Rule according to its «primitive spirit» was the touchstone of the Discalced reform of the order[5]. This rule called John of the Cross to meditate day and night on the law of the Lord[6]. Moreover, as a Carmelite friar, John participated in the daily round of the divine office and in the daily celebration of the Eucharist, both of which continually exposed him to the scriptures. John also spent four years at the University of Salamanca where scriptural concerns were hotly debated. For a short time John was the rector of the Carmelite college at Alcalá de Henares[7], the university yown of Cardinal Cisneros (d. 1517) and of the *Biblia Políglota Complutense*. Later as rector of the Carmelite friary near the University of Baeza, Juan de la Cruz was often consulted about the bible by various members of the university community[8].

John of the Cross joined the Carmelite order in 1563, the year in which the Council of Trent concluded its deliberations. Although the council responded conservatively to the demand for a more biblically centered Christian life, it, nonetheless, issued decrees early in its work that dealt with the bible and tradition, the Vulgate Bible, and the teaching and preaching of the scriptures[9]. Catholic reform in its own way emphasized the bible; in fact, Juan de la Cruz lived in an era that was intensely and thouroughly scriptural. Moreover, his unique devotion to the bible had a significant impact on his poetry and his doctrine. Unlike the Protestant reformers, however, John did not refer to the scriptures as the Word of God but as *la sagrada escritura* or *la divina escritura*[10], a sacred and holy text that profoundly stirred his spirit and his imagination.

The Bible in the Poem

«Songs Sung by the Soul in Intimate Union with God» is the way John of the Cross referred to the poem more widely known as «The Living Flame of Love»[11]. John composed this poem for his directee and friend, the laywoman Ana de Peñalosa[12]. This poem represents his deepest experience

---

[5] Otger Steggink, *La Reforma del Carmelo Español; la visita canónica del ... Rubeo y su encuentro con ... Teresa* (Rome, 1965), pp. 357, 388-91.

[6] *The Rule of Saint Albert* (Aylesford and Kensington, England, 1973), pp. 82-3.

[7] Pacho, pp. 9-12.

[8] Crisógono de Jesús, *The Life of St John of the Cross* trans. K. Pond (NY, 1958), p.145.

[9] *Conciliorum Oecumenicorum Decreta*, 3rd. ed. (Bologna, 1973), pp.663-5, 667-70.

[10] *Concordancias de las obras y escritos ... San Juan de la Cruz*, 2d ed., ed. Luis de San José (Burgos, 1980), pp.498-500.

[11] *Obras Completas*, p.920.

[12] E. Allison Peers, *Handbook to the Life and Times of St Teresa and St John of the Cross* (Westminster, MD, 1954), p.213.

of *matrimonio espiritual* (LB, Prol.3). In keeping with the primacy of the poem in its relationship to the commentary, I turn first to the impact that the bible had on the poem, «The Flame». In doing so, I am more than a little aware of the precariousness of trying to identify the sources of a poem. To keep to the confines of this paper I have relegated scriptural identifications to Schema A at the end of the essay. Only the most summary remarks appear in the following paragraphs. The reader is also referred to the section of this essay on John's biblical imagination because comments there refer to the poem and its commentary.

It is amazing how extensive is the presence of the bible in a poem with only four stanzas and six lines to each stanza [13]. What is most remarkable is the overriding influence on the «Flame» of the Song of Songs. The poem's most distinctive symbols (love, living flame, lamps of fire, caverns, the beloved, and an awakening of love) resonate with the book of the bible known to John as the Songs of Solomon (CB 1). Indeed, the fundamental motif of the «Flame» was derived from these biblical love songs as they were transmitted in the monastic and mystical traditions. Notwithstanding the risk, I offer an approximation of the basic motif of John's poem: The fire of divine love penetrated to the depths of John where the paradoxical gifts of this encounter were a taste of eternal life. This union with the Beloved brought unimaginable light, warmth and beauty. Finally, this divine love gave birth to love in the breast/womb of John [14]. As with the interpretation of any poem, there is room for variations on this theme. My reading of the poem tries to stay faithful to the integrity of the poem at the same time recognizing that the themes and symbols of the Song of Songs were mediated to John of the Cross through the *nachleben*, afterlife, of the Song of Songs. John of the Cross had direct access to the biblical songs as well as a host of commentaries. Other than the meter there is no reason to require that John derived *a lo divino* the motif or the major symbols of this poem from other sources [15]. Moreover, John's biblically derived symbols and themes as well as his own interpretations of the poem make it untenable to classify the «Flame» simply as a song of human love. That human love is the archetype of the «Flame» is undeniable. Moreover, Juan de la Cruz never apologized for using human love vividly and boldly as the symbol of divine love. Yet Jean Leclercq has shown that the monastic tra-

---

[13] On the derivation of the meter of this poem: Colin Thompson, *The Poet and the Mystic: a Study of the Cántico Espiritual* (Oxford, 1977), pp.70-1; Margaret Wilson, *San Juan de la cruz: Poems* (London, 1975); p.51.

[14] On *seno*, breast/womb in the fourth stanza, see Schema A and Keith J. Egan, «The Symbolism of the Heart in John of the Cross, «*Spiritualities of the Heart*», ed. A. Callahan (NY, 1989). *Seno materno* appears in Os 12.3 and Job 24.20 with the former as a translation of *utero* in the Vulgate.

[15] Wilson, ibid., on some possible borrowings.

dition interpreted the Song of Song as «symbolical and not erotic»[16]. This monastic tradition was John of the Cross' tradition. Human love was for John *the* way to image divine love.

Schema A lists other biblical influences on the *«Flame»* besides the Song of Songs and thus illustrates the breadth of the scriptural impact on this poem. Further attentive reading of the poem will undoubtedly reveal other biblical sources for the «Flame». As with the commentary, the bible had an impact on John not only through his direct reading of the texts of the bible but also through the liturgy, preaching, and the sometimes quite extended biblical selections that were imbeded in the spiritual literature at his disposal, especially in Spanish spiritual writings of the sixteenth century. There was also the *a lo divino* practice among Spanish poets[17] that contained much from the bible and to which John had access. Although it is an injustice to treat so sublime a poem in such a summary fashion, the scope of this paper requires that I move to the commentary. Before the reader moves on, a perusal of Schema A would be beneficial.

The Bible in the Commentary

Schema B at the end of this essay lists biblical references that occur in the *Flame*. This schema does not pretend to be exhaustive. Everytime that I have re-read the commentary in preparation for this essay I have discovered additional references to the bible. Further reading of the *Flame* will inevitavble disclose more biblical references. The schema would, moreover, become a concordance to the commentary if all biblically inspired themes, language, and symbols were included in it. A note to the schema lists without references themes like *amor*, *gloria* and *transformación* that in one form or the other occur too frequently to be noted in the schema.

The sheer frequency of biblical references in a text is, of course, no guarantee that the bible has been used aptly. Nonetheless, the tabulation of biblical references serves to alert the reader to the pervasive influence of the bible, an influence all too often neglected in the interpretation of the writings of John of the Cross. Not counting the frequently occurring biblical vocabulary noted in the previous paragraph, Schema B contains 252 references to the bible. This figure is even more significant when one realizes that this briefest of John's commentaries runs to only 72 pages in the Kavanaugh-Rodriguez translation (1979 edition). Of these references 168 are

---

[16] Jean Leclercq, *Monks and Love in Twelfth- Century France* (Oxford, 1979), p.31 and passim.

[17] Dámaso Alonso, *La Poesía de San Juan de la Cruz*, 3rd ed. (Madrid, 1958), pp.37ff and passim.

from the Old Testament with 84 from the New Testament. These figures make for a ratio of two thirds Old Testament to one third New Testament citations, a seeming constant for John of the Cross[18]. John's predilection for the Old Testament was akin to that of the monastic writers of the middle ages[19]. Moreover, John's lyrical bent had greater scope in the scriptures that had originated with Israel. Of these writings, John's favorite author far and away was David who for John was the author of the psalter. The 39 citations from this book of prayer are hardly surprising for a *maestro espiritual* whose chief concern was for matters deeply «interior and spiritual» (LB, Prol.1). Yet, as with the poem, it is another book of the Hebrew bible, the Song of Songs, that is most significant for its impact on the *Flame*. Schema B and its note show that the dominant language and symbolism of the *Flame* originated with the Canticle, a book of only 8 chapters. Schema B has 27 references to these Songs. The decisive influence of the Song of Songs on John's Spiritual Canticle is unmistakable[20]. Its impact on the *Flame*, poem and commentary, is every bit as real. As a writer who sought to chart the ways of God in human life, John of the Cross also turned often to the wisdom literature in the formal sense of Proverbs, Job, Ecclesiastes, Sirach, and the Wisdom of Solomon. John cited as well wisdom literature in the less formal sense of other Old Testament books that contained wisdom motifs. Wisdom was a key theme for John of the Cross, whether derived from the Old or the New Testament.

Among the New Testament writings, John went most often to the Gospel of John (16 times). The rich symbolism of this book attracted a poet in search of ways of describing the indescribable. Rarely did John seek help from Mark and then usually from language that may have come from parables in other synoptic authors. Like spiritual writers through the centuries, the Spanish mystic found abundant help from the Pauline writings which for John included Ephesians and the Letter to the Hebrews. For a text with its eye on the endtime, the *Flame* sought help from the Apocalypse only occasionally (7 times) and some of these phrases could have come to John by way of the liturgy. The reader is referred to the two schemas which have much to reveal to anyone who reflects upon what John of the Cross used from the bible and what he did not use.

---

[18] Vilnet p.35: lists 159 biblical citations in the *Flame* with 115 (OT) and 44 (NT). My tabulation is a sharp increase but at near the same proportion, 66% to 33%. My figures mean that John used about 1-1/2 (1.45) citations per editorial section. There are 174 of the latter in the *Flame*.

[19] Jean Leclercq, *The Love of Learning and the Desire for God*, 2d ed., trans. C. Misrahi (NY, 1974), p.100.

[20] W.G. Tillmans, *De Aanwezigheid van het Bijbels Hooglied in het «Cántico espiritual» van San Juan de la Cruz* (Brussels, 1967); Fernande Pepin, *Noces de Feu; Le Symbolisme nuptial du «Cántico espiritual» de Saint Jean de la Croix à la lumière du «Canticum Canticorum»* (Paris, Montréal, 1972).

How John Used the Bible

In the *Flame* Juan de la Cruz almost always quoted the bible in the vernacular[21]. His quotations are usually very brief. John's basic text was the Latin Vulgate, but it has not been possible to identify what copy of the bible was at his elbow. The Clementine edition of the Vulgate did not appear until 1592, the year following the death of the Carmelite friar. How much John of the Cross acted as his own translator into the vernacular is not clear. That he relied on his memory for some texts appears quite likely.

None of John's commentaries were explicit expositions of scripture. But he did imitate the style of the commentaries on texts that had developed during the middle ages, especially the commentaries on scripture. The *Flame* followed this style more closely than his other commentaries, a style that John described in his prologue to the *Flame*[22].

> I shall use in this commentary (*declarando*) the method (*el orden*) I have used before: first I shall quote all the stanzas together, and then, after recording each separately, I will present a brief explanation (*declararé*) of it; finally, I will quote each verse and comment (*declararé*) upon it.

It would be erroneous and pretentious to attribute to John of the Cross a conscious hermeneutics. This Spanish friar was neither a professional theologian nor a biblical scholar. Yet, with intelligence and application, John made the most of the limited university education that gave him a thorough grounding in the bible and theology[23]. John revealed this ability and training in the commentaries written for those who sought from him an explication of his poetry. Only in the exposition of his poetry did John of the Cross comment himself or use the exposition of others to offer interpretations of the bible[24]. That hardly means that the bible was incidental to John; rather the bible was the primary literary resource for his poetry and for his commentaries. As we shall see shortly, John consciously looked to

---

[21] *Flame*: Latin quotes only: L 1.28; 2.31,34,36; 4.17; Latin and vernacular 2.36; 3.21,79.

[22] For commentaries on the bible in sixteenth century Spain see *Historia de la Teología Española*, 2 (Madrid, 1987), 75-160.

[23] John's three years as an arts student and one year of theology at the University of Salamanca were far from the many years required for higher degrees in scripture/theology. Eight years of arts and eight years of theology were necessary for Carmelites during the late middle ages. Little would have changed by John's time. See William J. Courtenay, *Schools and Scholars in Fourteenth-Century England* (Princeton, 1987), pp. 69-72.

[24] I am convinced that many of John's themes and perhaps direct borrowings could be identified by the searching of patristic and medieval commentaries, especially commentaries on the Song of Songs.

the bible and to the tradition of the church as the crucial resources of his doctrine, what he perceived as an evangelical doctrine (L 3.47, 59; *doctrina de Cristo*, 3.62). Yet, even in his explication of this doctrine freedom was important. John instructed his readers that they were not to be limited by his explanations (CB, Prol.2), a point not emphasized nearly enough by expositors of John's teachings.

To discover John's explicit thoughts on the use of the bible, one must turn to the prologues of his commentaries. Like his medieval predecessors, Juan de la Cruz took to heart the function of the terse prologues that he and they composed. In the prologue to the *Ascent* (2), John wrote that he trusted more in the scriptures than in experience and learning (*ciencia*). He saw the bible as his mainstay especially for what he considered to be the most important and obscure issues of the spiritual life. With the bible as his guide John was unafraid of erring because «the Holy Spirit speaks in it». His intention was to adhere to «sound interpretation (*sano sentido*)» and to the teaching of «holy Mother Catholic Church» to whose authority he completely submitted. As a matter of fact, John deferred to the judgment of anyone with more expertise than he had in these matters. John of the Cross never used words lightly. His statements about the bible and the church were not mere formalities[25].

In the prologue to the *Spiritual Canticle* John of the Cross wrote much the same as above about the place of the bible and the church in his writings. But, he made some significant additions. In this prologue (4), John wrote that he corroborated and expounded (*confirmado y declarado*) the most difficult issues in his teaching with citations (*autoridades*) from the bible. John thus explicitly looked to the bible for confirmation and illustration of his teachings about the mystical journey to union with God in love.

In the prologue to the *Spiritual Canticle* (1), John of the Cross reminded his readers about the incomprehensible character of the mystical experiences expressed in his verses. These experiences defied rational explanations. Something of their meaning could be communicated only through images, comparisons and similes (*figuras, comparaciones, semejanzas*). John illustrated this need by reminding his readers that the Song of Songs and other books of the bible found it necessary to use exotic images and similes. This biblical symbolism was, in fact, John of the Cross's main resource for the symbols in his poetry and in his commentaries.

John added little to the above convictions when he came to write the prologue to the *Flame*, but he used a word new to his prologues to describe his reliance on the bible. He now (1) spoke of this reliance, of his working

---

[25] On formulas of submission at the time see Keith J. Egan, «Teresa of Jesus: Daughter of the Church and Woman of the Reformation». *Carmelite Studies* 3 (1984), 80.

under the aegis of the sacred book, as *arrimándome a la escritura divina*. John's prologues thus expressed unswerving allegiance and dependence on the scriptures and the church. Moreover, he found in the bible a justification and a source for the symbolism that pervaded his poetry and commentaries.

Though not a biblical scholar, John of the Cross was better informed about technical aspects of biblical interpretation than a superficial reading of his writings would indicate. He was anything but naive about the interpretation of the bible. He fully realized the difference for interpretation that differing translations make (N 2.11.5). He clearly had a working knowledge of the medieval tradition of the four senses of scripture, classified by his contemporaries as 1. *sentido literal* 2. *tropológico* 3. *alegórico* (*espiritual o místico*) 4. *anagógico* [26]. While John of the Cross was no Thomas Aquinas or Nicholas of Lyra who had special regard for the literal or historical sense of scripture [27], he used at times the literal interpretation and knew full well that the obvious meaning of scripture had its place. Thus he took Jesus at face value in the quotation from Lk 14.33: «He who does not renounce all that he possesses cannot by my disciple». Yet, John saw here also a spiritual or mystical application: renunciation of whatever stood in the way of God's activity in the soul (LB 3.46). John singlemindedly and consistently looked to scripture for ways to understand and to describe the journey of the soul to union with God. In this context the literal meaning of scripture was only the rind (corteza), imagery familiar to the monastic writers of the middle ages. For John of the Cross the spiritual meaning of scripture was fuller and even «more extraordinary» and transcended the literal meaning (S 2.19.5) [28].

Although Juan de la Cruz was well schooled in the Latin classics at the Jesuit college in Medina del Campo and later at the University of Salamanca, he was not a humanist *scholar*. He did not concern himself with philological, historical, or textual issues in the study of the bible. John had a good command of Latin, but there is no evidence that he knew Greek or Hebrew. Yet John's classical training shaped not only the composition of his verses but also enabled him to craft carefully the prose of *The Living Flame of Love* [29].

---

[26] *Historia de la Teología Española*, (Madrid, 1983), 643.

[27] Beryl Smalley, *The Study of the Bible in the Middle Ages*, 2d ed. (NY, 1952), p.368 and passim. Lyra: Henri de Lubac, *Exégèse Médiévale*, 2:2 (Paris, 1964), 344-67.

[28] John often used scripture in what was to be called in the late sixteent century, the *sentido acomodaticio*; cf. *Historia de la Teología*, 2. 142. See B. Ahern, «The Use of Scripture in the Spiritual Theology of St John of the Cross», *Catholic Biblical Quarterly* 14 (1952), 6-7.

[29] Helmut Hatzfeld, «La prosa de San Juan de la Cruz en la "Llama de amor viva"», *Estudios Literarios sobre Mística Española* 3rd ed. (Madrid, 1976), 325- 48.

The Biblical Imagination of John of the Cross

What, then, is most significant about the use of scripture by John of the Cross? What is there about his usage that the reader needs to understand in order to enter more fully into John's ethos? I believe that it was the biblical imagination of John of the Cross that was most distinctive in his use of the bible, an imagination that associated him with the monastic and mystical tradition of the patristic and medieval eras[30]. John's imagination was shaped by the bible like the imaginations of Origen, the later Augustine, Gregory the Great, and Bernard of Clairvaux, to pick only the best known of this lineage. Like Augustine, the scriptures set John's heart «throbbing»[31].

John of the Cross came to his mystical experiences already filled with the language, figures, symbols, and stories of the bible. For the tradition out of which John came the bible was a book of images[32]. Moreover, this book of symbols and stories further empowered a person already gifted with symbolic consciousness to discern imaginatively the loving presence of God in his life[33]. John discovered in the bible a fertile ground from which he took symbols that enabled him to imagine his experiences and to share these experiences with others. The stories of the bible made John bold in the expression of what God had accomplished in him. John, in fact, was unafraid to imagine and to express equality with God in love (LB 3.6; 4.13; CB 28.1; 30.6; 32.6; 38.2-4; 39.6). Biblical stories and symbols about a God active in human history prepared John of the Cross to describe a God active in his life, a loving activity that was in John's words «totally indescribable, *totalmente indecible*». (LB 4.10)

John of the Cross would not have felt complimented by my choice of the word imagination. For him *imaginación* was a lower faculty largely associated with the *fantasía* that could interfere with God's self revelation.

> The more it (*memoria*) leans on the imagination, the farther away it moves from God and the more serious is its danger; for in being what He is —unimaginable— God cannot be grasped by the imagination (LB 3.52. See also 3.66).

---

[30] On monastic exegesis: H. de Lubac, 1:2 (Paris, 1959), 571- 86.
[31] *Confessions* (NY, 1961), 12.1.
[32] Leclercq, *Monks and Love*, p.33.
[33] On John's symbolic activity see Lucien-Marie de St-Joseph, «Experience Mystique et Expression Symbolique chez Saint Jean de la Croix», *Polarité du Symbole, Etudes Carmélitaines* (Bruges, 1960) and Egan above, n.14.

To ease John's mind, however, I refer to the imagination as the capacity of the whole person to penetrate the mystery of reality and to express what has been encountered in creative ways. Juan de la Cruz in this sense possessed a gifted imagination as a poet and as a *maestro espiritual.* This imagination was shaped by his constant and affective contact with the symbolism of the bible. Noel O'Donoghue has credited John of the Cross with a mystical imagination, an imagination fired by the experience of the source, «the fountain of all creation» [34]. This source or fountain for John of the Cross was the encounter with the Holy Spirit, the Spirit of the Bridegroom whom he experienced in so extraordinary a way as reported in the poem and commentary we call the *Flame* (LB 1.3). The same Holy Spirit experienced there is the one who spoke in and through the scriptures (LB 1.34; 2.5).

The experiences of God enjoyed by Old Testament *santos* like Moses (LB 1.27; 2.2) and Elijah (LB 2.17) fired the imagination of Juan de la Cruz. Even the adventures of Esther gave John language with which to describe the mystical life (see Schema B). For John of the Cross there was no discontinuity between the graces he had received and those of the holy women and men of the bible [35]. For him their stories and language were a magnificent resource for what he needed to imagine and in order to express his own experiences of God. It never entered the mind of John of the Cross to consider the bible as a mere source of information. Rather the bible was a vivid record of God's presence in human life, a loving presence that he perceived in his own life and that of others. As a poet John sang of this wondrous divine activity that as a mystic he knew at firsthand. As a *maestro espiritual,* he shared with others in his commentaries the meaning for their lives that he had found in his own experience. Spiritual directors in our day have learned to send their directees to the bible to enlarge their vision of who God is for them. John did the same, gifted beyond the ordinary with a biblical imagination.

The confines of space make it necessary not to write more but to send readers of this essay to John's writings with the bible at their elbows. The schemas in this essay are meant to alert readers of John of the Cross to the foundational character that the bible has in «*The living Flame of Love*», and its commentary, both composed by a Spanish mystic and poet whose imagination was shaped by the bible that fired the imaginations of Origen, Augustine, and Bernard of Clairvaux.

---

[34] N.D. O'Donoghue, «The Mystical Imagination», J.P. Mackey, ed., *Religious Imagination* (Edinburgh, 1986), p.197.

[35] On the celebration of feasts in honor of Old Testament saints in the Carmelite liturgy: B. Zimmerman, «Carmes (Liturgie...)», *Dictionnaire d'archéologie Chrétienne et de Liturgie* 2.2 (Paris, 1910), cols. 2173-4.

Schema A

Biblical Citations in «The Living Flame of Love»

Canciones que hace el alma en la íntima unión en Dios	Probable Influence Song of Songs	Possible Influence Song of Songs
¡Oh, llama de amor viva, que tiernamente hieres de mi alma en el más profundo centro! Pues ya no eres esquiva, acaba ya, si quieres; rompe la tela deste dulce encuentro.	llama: 8.6 hieres: 4.9; 5.7	amor: passim alma: passim quieres: 2.7;3.5;8.4 dulce: passim
¡Oh, cauterio suave! ¡Oh regalada llaga! ¡Oh mano blanda! ¡Oh toque delicado! que a vida eterna sabe, y toda deuda paga; matando, muerte en vida la has trocado		suave: 1.3; 4.13; 7.6 llaga: see note[36] mano: 5.4,5.14; 7.1 toque: 5.4 delicado: 7.6 muerte: 8.6
¡Oh lámparas de fuego, en cuyos resplandores las profundas cavernas del sentido,[37] que estaba oscuro y ciego, conextraños primores calor y luz dan junto a su querido.!	lámparas de fuego: 8.6 cavernas: 2.14	querido: 2.7; 3.5; 8.4
¡Cuán manso y amoroso recuerdas en mi seno[38] donde secretamente solo moras, y en tu aspirar sabroso[39] de bien y gloria lleno cuán delicadamente me enamoras!	recuerdas: 2.7; 3.5; 8.4 aspirar: 2.17; 4.6	amoroso: amor above moras: 7.11 delicadamente: 7.6 enamoras: amor above

Note: Abbreviations for the books of the bible, the order of these books, and the numbering of the psalms are taken from *Biblia sacra iuxta vulgatam versionem*, 2 vols., 3rd ed. (Stuttgart, 1983). The letter C in these schemas indicates the help that can be had from concordances: *Novae concordantiae bibliorum sacrorum iuxta vulgatam versionem*, ed. B. Fischer, 5 vols. (Stuttgart-Bad Canstatt, 1977); *Concordancia de las sagradas escrituras*, ed. C.P. Denyer (San José, Costa Rica, 1969). PParallels. Helpful for the near contemporary meaning of the Spanish words: Sebástian de Covarrubias, *Tesoro de la lengua Castallana* (1611 edition in 1943 facsimile).

---

[36] *Llaga* may be a substitute for a form of *hieres*, Ct 4.9;5.7, but chosen to rhyme with *paga*.

[37] Helmut Hatzfeld, «Las profundas cavernas», *Estudios*, pp. 318-24.

[38] John used *recuerdas* in his translation of lCt 2.7;3.5;8.4 in L 3.55. And see note 39 below.

[39] *Aspirar* was used by John in his poetic restatement of Ct 2.16; Poems: CA 26; CB 17. *Recuerdas* also was used in these stanzas. John could have drawn on the many differing texts and translations of the Song of Songs. See Peter Dronke, «The Song of Songs and Medieval Love-lyric», *The Bible and Medieval Culture*, eds. W. Lourdaux and D. Verhelst (Louvain, 1979), 236-62.

Schema A, ii

Biblical Citations in «The Living Flame of Love»

Canciones que hace el alma en la intima unión en Dios	Biblical Influences other than the Song of Songs
¡Oh, llama de amor viva,	viva: C. See Ps 83.3 (L 1.6)
que tiernamente hieres	tiernamente: see Is 47.1
de mi alma en el más profundo centro!	profundo: C. See Ps 129.1;lCor 2.10
Pues ya no eres esquiva,	
acaba ya, si quieres;	
rompe la tela deste dulce encuentro.	tela: Ps 89.9 (L 1.32) See Job 8.14 and Os 8.6
¡Oh cauterio suave!	
¡Oh regalada llaga!	
¡Oh mano blanda! ¡Oh toque delicado!	Mdelicado (delicadamente below): see Is 47.1
que a vida eterna sabe,	vida eterna: C
y toda deuda paga;	toda deuda paga: Mt 18.23-35. See Mt 6.12
matando, muerte en vida la has trocado.	muerte en vida: Rm 6.11P
¡Oh lámparas de fuego,	
en cuyos resplandores	resplandores: Hbr 1.3 and C
las profundas cavernas del sentido,	profundas: see profundo above
con extraños primores	
calor y luz dan junto a su querido!	calor y luz: C
¡Cuán manso y amoroso	manso: Mt 5.4;11.29; Ps 36.11
recuerdas en mi seno [40]	seno: Os 12.3; Job 24.20
donde secretamente solo moras,	
y en tu aspirar sabroso	
de bien y gloria lleno [41]	bien: C. gloria lleno: Is 6.3
cuán delicadamente me enamoras!	bienes/gloria: 2 Par 1.11.12 (Spanish)

Note: Some of the language of this poem could have come through symbols used in the mystical tradition but ultimately derived from the bible. Words and themes can be checked in Helmut Hatzfeld, «The Influence of Ramon Lull and Jan van Ruysbroeck on the Language of the Spanish Mystics», *Traditio* 4 (1946), 337-97; Jean Orcibal, *Saint Jean de la Croix et les Mystiques Rheno—flamands* (Bruges, 1966).

Schema B

Biblical Citations in The Living Flame of Love

Gn	Flame	Jdc	Flame	Job	Flame
1.3	3.71	13.20	1.4	10.16	2.13
1.14-8	3.71			19.21	2.16
2.7	2.27	3 Kg		23.6	4.11
	polvo			26.14	4.11

---

[40] *Seno*: see note 14 above.

[41] *Gloria lleno*, Is. 6.3, could easily have come to John by way of the *sanctus* of the liturgy. J.A. Jungmann, *The Mass of the Roma Rite*, vol.2, trans. IF. Brunner (NY, 1955), 128-38.

15.12,17	3.6	19.11-2	2.17	29 .18,20	2.36
23.4	4.14			30.21	1.20
	ajena	Tb		40.18-9	3.64
28.17	3.62			41.21	3.64
		6.8	1.21	42.10,12	2.28
EX		12.13	2.28		
		14.4	2.28	Ps	
3.8,17	3.38				
14.26-8	3.38	Est		11.7	2.29
16	3.38			16.2	1.36
33.22	1.27;4.12	2.3,12	3.25	16.3	1.19
34.6-7	3.4	2.17	1.8	16.15	1.27
40.22	4.7	3.10-3	2.31	18.3	3.71
	velos	4.1-2,4	2.31	18.6	4.13
		4.11;5.2ii;		29.2,12-3	2.36
Dt		8.4	4.13	30.20	2.13
		cetro		30 .21	2.17
4.24	2.2	6.3	2.31	32.3C	2.36
5.24	4.12ii	6.10-1	2.31		nuevo
	grandeza	15.9-17	4.11	34.10	2.22
32.39	2.16	15.10	4.12	35.9	1.17
		15.11-2	4.12	41.2	3.19
Jos				41.8	3.71
		Job		43.23	4.8,9
9.19-27ii	3.57,58	1-2	2.28	44.9-10	3.7
15.17-9	3.16			44.10	4.13

Note: biblical or biblically derived words usually not included in the above citations: A. Names for divinity--Dios, Padre, Verbo, Espíritu Santo, Hijo de Dios, Santísima Trinidad, Jesús, Jesucristo, Cristo. B. Words like alma, amada(o), amor, ángeles, caverna, corazón, demonio, desposado(a), desposorio, esposo(a), evangelio, fuego, herida, hermosura, gloria, lámpara, llaga, llama, mano, perfección, profundo, querido, recuerdo, resplandores, sabiduría, vida/muerte, vida eterna.

Biblical references contained in the repetitions of verses from the poem that appear throughout the commentary are not tabulated in Schema B.

Schema B, ii

Ps	Flame	Ct	Flame	Lam	Flame
45.5	3.7	6.3	4.10	1.13	1.19; 2.26
70.20-1	2,31	7,1	3.5,24	3,1-9	1.21
76.6	2.34		joyas	3.20-1	3.21
83.3	1.6;36;	7.2	3.7		
	3.20	8.3	4.14,15	Bar	
84.9	3.34	8.5	1.26		
89.4	1.32	8.6	1.36;	3.22	2.17
			3.5,8,28		
89.9	1.1,iii;	8.7	1.30		
	1.32		rios	Ez	
90.1	3.14,78			1.5,13,	
	sombra	Sap		15,18,	
103.32	2.16				

Io
1.3-4	4.4
1.5	1.22
4.28	1.6
6.35	3.7
6.60-1,67	1.5
6.64	1.5iii
6.69	1.6
7.38	1.1
14.2	1.13
14.17	2.17
14,23	Pr,2;1,5
17,10	3,79
17.26	3.82

Act
2.3	2.3;3.8
10.34P	1.15
14.21	2.24
17.28	4.4

Rm
6.11P	2.28,34
	muriendo
8.13	2.32
8.14	2.34
8.14-5P	3.78

1 Cor
2.10	2.4;4.17
	profundos
2,14	3,74
2.15	2.4
5.6	1.31
9.22	3.59
13.5	1.27
15.24	4.4

Gal
2.20	2.34
5.9	1.31
6.17	2.14

Eph
3.18	3.59
4.22-4	2.33
	hombre

Phil
1.23	1.31
2.10	4.4

Hbr
1.3	2.16;4.4

Jac
1.16	4.9
	todo bien
1.17	1.15;3.47

1 Pt
1.12	3.23

Apoc
1.18	4.17
	saecula
2.17	2.21
5.12C	4.17
	honra
19.1C	4.11,12
	poder
19.6	4.10,11

La «Editio princeps» de la «Subida» y de la «Llama de amor viva» de San Juan de la Cruz, a nombre de Juan Bretón [1]

P. Enrique Llamas, O.C.D.

I. *Introducción*

El año 1618 se publicaron las obras de San Juan de la Cruz, después de una larga y minuciosa preparación de los textos manuscritos. Hacía ya veintisiete años que había muerto el Santo. La edición incluyó tres obras mayores: *Subida del Monte Carmelo*, *Noche Oscura* y *Llama de Amor viva*, y algunos escritos breves y secundarios [2].

Pero, cuatro años antes (1614) el P. Juan Bretón, de la Orden de San Francisco de Paula, llamada comunmente de los Mïnimos, publicó gran parte de la *Subida* y de la *Llama*, muchos capítulos enteros y otros fragmentados, incorporados y fundidos en las páginas de su obra: *Teología Mística*, sin citar ni nombrar para nada a su verdadero autor, el Santo Carmelita [3].

Este hecho tiene tan amplias proporciones que justamente sorprende a quien lo examina y lo analiza de cerca, convirtiéndose para él en un interrogante permanente. Porque, no se trata de un plagio vulgar y corriente, ni de la publicación de algunos párrafos, o de algunos capítulos circunstancia-

---

[1] J. Bretón, *«Mística Theologia y doctrina de la perfection evangelica a la que puede llegar el alma en esta uida, sacada del spu. de de los Sagrados Doctores»*, Compuesto por el padre Fray Joan Bretón, frayle Mínimo de San Franco de Paula y qualificador del Sancto Officio. Con Priuilegio de Castilla y Aragon. 1614. Impreso en Madrid en casa de la biuda de Alonso Martin»: Colofón: En Madrid; en casa de Francisca de Medina, viuda de Alonso Martín. Año 1614. En 4.º

[2] «Obras espirituales que encaminan a una alma a la perfecta unión con Dios. Por el Venerable P. Fr. Jvan de la Cruz... Con una resulta de la vida del Autor y unos discursos, por el P. Fr. Diego de Jesús, Carmelita Descalzo, Prior del convento de Toledo... Impreso en Alcalá por la viuda de Andrés Sanches Ezpeleta, Anno de MDCXVIII». En 4.º Edición dedicada al Cardenal don Gaspar de Borja, con el título de Santa Cruz de Jerusalen.

[3] J. Bretón, *«Mistica Theologia ...»*.

les, usurpados al verdadero autor; no se trata de copiar una frase, o una definición, o de asumir un ejemplo apropiado, sin citar su procedencia, —como era frecuente hacerlo en aquel tiempo.

Se trata de algo mucho más importante y llamativo: de la publicación fraudulenta del *cuerpo doctrinal* de esas dos obras, de *bloques* homogéneos de capítulos en los que el Doctor Místico desarrolla ampliamente, y de forma completa, temas de teología espiritual, como la purificación de las potencias, los requisitos para el acceso a la unión con Dios, etc. Se trata de la publicación de capítulos enteros. Y cuando Bretón publica a la letra solamente una parte de otros capítulos, resume y sintetiza el resto, utilizando con frecuencia frases sueltas, tomadas del original.

Las características que presenta esta publicación y la amplitud que tiene en la obra de J. Bretón es tan desmesurada que, a mi modo de ver, podemos considerarla como la *editio princeps* de esas dos obras de San Juan de la Cruz: la *Subida* y la *Llama*. Y esto, aunque dicha publicación no sea completa, y mucho menos legítima. Creo que no es hiperbólico usar esta expresión, a pesar de que se trate de una edición, que no quiso serlo, y que es bastante fragmentaria y en realidad fraudulenta.

San Juan de la Cruz tuvo varios plagiarios a raiz de la publicación de sus libros, que debieron causar cierto impacto en los ambientes espirituales. Los plagios que conocemos son en parte intrascendentes, y se reducen a algunas frases o breves párrafos de alguno de sus libros[4]. El plagio en aquel tiempo, cuando el derecho de propiedad literaria dependía de las licencias de impresión de una obra, era un abuso frecuente; pero, no pasaba de ser un abuso de género menor[5].

Juan Bretón es un caso especial. No copia de un libro impreso, sino de un texto manuscrito. Es más que un plagiario. Es un usurpador. Se apropió indebidamente —al menos no conocemos razones que lo justifiquen— de lo que no era suyo ni le pertenecía por ningún título. El P. Gerardo ha calificado su actitud de «pecado de hurto literario»[6].

---

[4] Ver nuestro estudio: Enrique del Sdo. Corazón, «*Un plagiario más de San Juan de la Cruz. El P. Blas López, de los Clérigos Menores*», Rev. de Espiritualidad, 1947, 506-512.

[5] Algunos autores realizaron plagios, que pueden considerarse como notables. Así, Pedro de Medina, quien en su *Libro de la verdad* (1555) plagia numerosos textos y páginas enteras de varios autores: Petrarca, el Kempis, Erasmo, Pedro Ximenez de Préxamo, A. de Venegas... y de libros muy conocidos (Cfr. Ildefonso Adeva, «*El Maestro Alejo Venegas de busto, plagiado por Pedro de Medina*», en «Cuadernos para Investigación de la Literatura» (Madrid, F.U.E.), n.º 9, 1988, 165-191; ID., «*El Maestro Venegas plagiado por Luján de Sahavedra*» (en prensa). El mismo San Juan de la Cruz transcribe a la letra algunos conceptos, o definiciones de otros autores, como García de Cisneros y Fray Luis de Granada. Ver el estudio de: Atilano Rico Seco, «*Fray Luis de Granada, Maestro de San Juan de la Cruz*», en Ciencia Tomista, no 376, mayo-agosto, 1988, 211-232.

[6] Gerardo de San Juan de la Cruz, «Obras del Místico Doctor San Juan de la Cruz. Edición crítica ... con Introducciones y notas del ...», I, Toledo, 1912, p.XLVIII.

Este es el caso que quiero someter a examen en estas páginas, reflexionando sobre sus implicaciones y sobre algunos de los muchos interrogantes que nos plantea.

El tema no es totalmente inédito. Lo es tal vez en el análisis y en la orientación que voy a darle aquí. Bajo este punto de vista, creo que ningún historiador ni investigador sanjuanista se ha ocupado de él.

El P. Gerardo de San Juan de la Cruz, pionero en la serie de las ediciones críticas de las obras del Doctor Místico, conoció la obra de Juan Bretón y anotó cuidadosamente algunas diferencias que presenta su texto con relación a otros textos impresos y manuscritos[7]. Da cuenta también de algunos investigadores carmelitas antiguos, que tuvieron conocimiento de este hecho. Cita al P. Jerónimo de San José y más en particular al P. Andrés de la Encarnación, que lo conoció con todo detalle[8].

Los datos aportados por el sabio editor a propósito de esta causa cayeron en el vacío. Al menos, no sabemos que se hayan ampliado, completado y comentado por los continuadores de aquella obra. Sorprende que el P. Silverio de Santa Teresa, gran conocedor de todo lo relativo a la historia del texto de los libros de San Juan de la Cruz, no haya hecho ni una leve referencia a este hecho[9]. Los modernos estudiosos, desde el punto de vista crítico de las obras del Santo, tampoco lo han dado importancia, ni le han prestado atención.

El P. Lucinio Ruano, editor de las obras del Doctor Místico en la Biblioteca de Autores Cristianos (B.A.C.) hace una referencia a Bretón, tomada del P. Gerardo[10]. A pesar de que no desarrolla esta cita, la referencia fue para mí como una llamada, que renovó y avivó una inquietud que venía preocupándome desde hace muchos años, y que quiero satisfacer y acallar con este trabajo.

Hoy que se estudia a San Juan de la Cruz desde la cima de la contemplación mística y de la literatura poética más sublime y delicada; hoy que el estudio y la investigación se centran con una no disimulada complacencia

---

[7] *Ibid.: «Introducción a la Subida»*, p.21; ver también pp.XLVIII-XLIX. En sus notas manuscritas, a que nos hemos referido, anota también algunos lugares concretos en los que Bretón plagia a San Juan de la Cruz.

[8] «Yo he visto —dice— un libro místico de un Padre Victorio, impreso antes que el Santo, que pone capítulos enteros y muchos de la *Subida del Monte Carmelo ad pedem litterae*, vendiéndolos por propios» (B.N., Ms.3.180, «Notas y Adicciones a San Juan de la Cruz; *Adicciones*, E, f.4, p.3a). Se refiere aquí al P. J. Bretón, religioso de los Mínimos, a quienes en Madrid llamaban Victorios, por el titular de su convento: *Nuestra Señora de la Victoria*, que adoptaron también en otras fundaciones.

[9] Silverio de Santa Teresa, «Obras de San Juan de la Cruz ... Editadas y anotadas por el P. ...», I, Burgos, 1929, (B.M.C.10), párrafos XII-XIV, pp.172-218.

[10] Ver, *«Vida y Obras de San Juan de la Cruz»*...; Prólogo general, Presentación de las Obras, Introducciones a las mismas, por el P... . B.A.C., 3.ª edic., Madrid, 1955, p.502, n.29.

estética en la contemplación de la figura del Santo, iluminada con la expresión más pura y más cercana a la realidad inefable de Dios y de los misterios de la gracia; hoy que por el camino que han seguido Colin P. Thompson [11], M. Florisoone [12], E. Orozco Díaz [13], los poetas G. Diego y J. Guilén [14] y otros se ha llegado a descubrir en la poesía del *Cántico* y de la *Llama de amor viva* la expresión de la mística más esenciada e inefable ... ¿tiene interés u objeto dedicar unas horas a la investigación de un tema, como el que propongo aquí, árido y muy poco luminoso, perteneciente al campo de la crítica textual, o al de la transmisión de los textos del Santo, y a la proyección de su magisterio escrito?

En la base de todo estudio literario o doctrinal está el problema de la autenticidad de los textos, el análisis de la prosa cálida y penetrante del Doctor Místico, con la que el lector busca el contacto intelectual y afectivo.

En este sentido, el tema que analizo en estas páginas encuentra plena justificación. Toda investigación que incide directamente en el problema de la transmisión de los textos del Santo, tiene un valor positivo en sí misma, máxime si tenemos en cuenta las circunstancias particulares, y un tanto desconcertantes, que rodean esos textos, a partir de la desaparición de los autógrafos.

II. *Juan Bretón*

Son muy escasas las noticias biográficas de Juan Bretón, que han llegado hasta nosotros. El cronista L. Montoya lo cita entre los escritores ilustres de su Orden; pero no aporta apenas datos importantes de caracter biográfico, tal vez porque cuando él redactaba su *Crónica* vivía aún nuestro autor [15].

Los modernos historiadores de la teología y de la espiritualidad española registran su nombre, como escritor notable y destacado en la ciencia mística, y como testigo de la doctrina del recogimiento espiritual, muy cer-

---

[11] Colin P. Thompson, *«El poeta y el Místico. Un estudio sobre el "Cántico Espiritual" de San Juan de la Cruz».* Ed. Torre de la Botica, Madrid, 1985.

[12] M. Florisoone, *«Esthétique et mystique d'aprés Sainte Thérèse d'Avila et Saint Jean de la Croix»,* Paris, Ed. Seuil, 1956.

[13] E. Orozco Diaz ha escrito bellas páginas sobre San Juan de la Cruz, recogidas en las bibliografías del Santo. Destaca su obra: *«Poesía y Mística. Introducción a la lírica de San Juan de la Cruz»* Madrid, Ed. Guadarrama, 1959.

[14] G. Diego: *«Música y ritmo en la poesía de San Juan de la Cruz»,* en «Escorial», IX, 1942, pp.163-186. J. Guillén: *«San Juan de la Cruz y lo inefable místico»,* en «Lenguaje y Poesía», Madrid, Ed. Alianza, 2.ª edic., 1972, pp.73-109.

[15] L. Montoya, *«Crónica General de la orden de los Mínimos de San Francisco de Paula, su Fundador ...»,* en *Madrid, año de 1619,* p.373.

cano a las enseñanzas de San Juan de la Cruz, a quien copia en muchas ocasiones. Pero, es muy poco lo que aportan para conocer su biografía [16].

La investigación que hemos realizado en torno a J. Bretón nos ha ayudado a despejar algunas incógnitas y a esclarecer de forma definitiva los datos fundamentales del entramado de su vida y de su actividad. A pesar de todo, no haremos más que esbozar su biografía, consignando con brevedad algunos datos que pueden abrir la pista para ulteriores investigaciones.

1. Datos biográficos

Juan Bretón nació en Babilafuente (Salamanca), Villa de Señorío desde la baja Edad Media y cabeza de las «Siete Villas» [17], asentada en una amplia planicie a cuatro leguas de la capital.

No conocemos la fecha de su nacimiento. Pero, teniendo en cuenta que en 1574 inició los estudios de Artes en la Universidad de Salamanca, y que en 1577 (y tal vez en 1575) era ya sacerdote, podemos aventurar la hipótesis de que pudo nacer entre 1553 y 1556.

No conocemos el nombre de sus padres. Pero, podemos aventurar algunas suposiciones, en base a los siguientes datos. La familia Bretón era una de las más numerosas en Babilafuente en los años que corre nuestra historia, juntamente con la rama de los Corrionero [18]. Conocemos todos estos miembros de esa familia entre los años 1574-1591 [19]:

— Juan Bretón, casado con Catalina Martín (ff.7v., 17r). No figuran hijos suyos.

— Diego Bretón, casado con Catalina Santos, de los que no figuran hijos (ff.9v., 10r) [20].

— Diego Martín Bretón (si es distinto del anterior...), que figura como padrino de un hijo de Pascual Manso y María Martín, probablemente hermana o prima suya, de quien no se dan otros detalles (f.4v).

— Diego Bretón, esposo de Catalina Sánchez, padres de Diego, bautizado el 20 de septiembre de 1575 (ff.5v.; ver f.8v).

---

[16] Ver J. Duhr, S.J., «Bretón (Jean), en Dict. de Spiritualité, I, París, 1937, cols. 1938-39; Eulogio de la Virgen del Carmen, O.C.D., «La espiritualidad de la Ilustración», en «Historia de la Espiritualidad», II, Barcelona, Ed. Juan Flors, 1969, pp. 251-254; M. Andrés, «Los recogidos, Nueva visión de la mística española (1500-1700)», Madrid, Edic. F.U.E., 1975, pp.569-575.

[17] Ver Filomena López García—F. Blanco Iglesias, «La Villa de Babilafuente», Salamanca, 1988, pp.37-47.

[18] Ibid., pp.62-64.

[19] Ver: Babilafuente, Archivo Parroquial: «Libro de baptizados», ff. 4v.-60r.

[20] En el bautizo de un hijo de Antonio de Periáñez, celebrado el día 19 de marzo de 1583 (f.38r) figura como madrina Catalina, sin apellidos, «mujer de Diego Bretón». ¿De qué Catalina y de qué Diego se trata?...

— Inés Bretón, esposa de Pedro Carnicero, padres de un hijo, bautizado el 10 de septiembre de 1574 (f.8r) [21].

— Antonio Bretón, casado con Leonor Cortés, padres de Alonso, Leonor, y Francisca (ff.22v., 32v., 41v.) [22].

— Diego Bretón, casado con Ana Cortés, —prima o hermana de Leonor, esposa de Antonio—, padres de Isabel, María, Antonio y otra hija cuyo nombre no conocemos (ff.37r., 45r., 64r., y 53r.) [23].

— Pedro Bretón, casado con Juana Martín, padres de Catalina y de María (ff.53v, 60r) [24].

¿Se encuentran aquí los padres de Juan Bretón? Creo que sí. Pueden ser Juan Bretón y Catalina Martín; con menos probabilidad pienso que podrían ser Diego Bretón y Catalina Santos.

En plena adolescencia, cuando contaba unos 16 ó 17 años, Juan Bretón ingresó en la Orden de los Mínimos, probablemente en el convento-Colegio de Salamanca, que había sido fundado en 1554, «extramuros de la ciudad» [25]. En el mismo Colegio debió hacer el tiempo de noviciado y la profesión religiosa, cuya fórmula es conocida [26].

Entre 1574 y 1579 cursó Artes y Teología en la Universidad de Salamanca: dos cursos como artista y tres como teólogo. En 1575 debió ser ordenada sacerdote, o a más tardar en 1577 [27]. Escuchó en las aulas universita-

---

[21] Pedro Carnicero parece ser hermano de Francisco Carnicero casado con la Borreguera, que actuó de madrina, con Diego Bretón como padrino, —tal vez hermano de Inés— en el bautizo de un hijo de Domingo Borrego —hermano de la madrina—, en 13 de marzo de 1574.

[22] En dos ocasiones se le llama Antonio Martín Bretón. Creo que se trata de la misma persona, por la coincidencia con el nombre y apellidos de su esposa.

[23] Diego Bretón, sin apellidos, pero probablemente el marido de Ana, figura como padrino en el bautizo de Diego, hijo de Juan Ruano y de María Cortés, que parece ser hermana, o prima de su esposa, 29 de marzo de 1586 (f.48r).

[24] Fueron bautizados respectivamente en 21 de junio de 1587 y 7 de febrero de 1589. María casó en 5 de julio de 1620 con Pedro Mesonero (Ver: Babilafuente, Archivo Parroquial: «Libro de Matrimonios..», f.3v).

[25] 1554 es la fecha que asigna a esta fundación L. Montoya (o.c., p.94). El historiador salmantino M. Villar y Macías, que conoció el edificio del convento, hoy desaparecido, da como año de la fundación el 1555 («Historia de Salamanca», II, Salamanca, 1887, c.XV, p.341). Fundó el colegio Fray Juan italiano. Entre sus primeros superiores, o Correctores, como se les llamaba, encontramos a P. de Vallora (1568-69), Hipólito Serrano (1569-70), Francisco Moreno (1570-71), Jerónimo de Santo Domingo (1571-72), probablemente cuando ingresó el joven Juan Bretón en la Orden.

[26] Los Mínimos se gobernaban por la «Regla Tercera», aprobada por el Papa Julio II. La fórmula de profesión no contenía la expresión de votos especiales, más que el de obediencia a los Superiores General y Provincial, y de cumplir fielmente la regla. L. Montoya transcribe el texto de la fórmula de profesión (o.c. p.381).

[27] A.U.S., «Libros de Matrículas»; 290, 1574-5, f.7r; 291, 1575-6, f.8r.; (no aparece matriculado el Colegio de los Mínimos en el curso 1576-77); 293, 1577-8, f.9r.;294, 1578-9, f.19r. A mi modo de ver, J. Bretón figura ya como presbítero en 1575.

~ias las lecciones de los más destacados maestros. En Artes, Enrique Her-~ández, Francisco Meneses, Bartolomé Barrientos, Francisco Zúmel, el fa-~oso maestro Francisco Sánchez de las Brozas (el Brocense); y en teología, ~ray Luis de León, Mancio de Corpus Christi, Bartolomé de Medina, el ~aestro León de Castro, el P. Guevara, entre otros[28].

Aparte de las clases universitarias asistió también a las dos lecciones de ~eología que se daban en su propio Colegio, completando así la formación ~ los conocimientos adquiridos en la Universidad, con su especialidad per-~onal[29].

Siguiendo las indicaciones de Montoya es de suponer que de Salaman-~a el joven estudiante pasó, como pasante en teología, al Colegio de Valla-~olid, que había sido fundado en 1544[30]. No conocemos cuántos años duró ~u pasantía. Pero, debió ser nombrado muy pronto lector de teología, dada ~u preparación y sus buenas cualidades para la enseñanza (hacia 1583). Man-~uvo este título durante su vida. En 1618 se le daba el título de «lector jubi-lado» en teología. Creo que desde su estancia en Valladolid desempeñó tam-bién el cargo de «Consultor y calificador del Santo Oficio»[31].

Durante su estancia en Valladolid, y con posterioridad, residiendo en Madrid y en otras ciudades, se dedicó intensamente y con preferencia a la vida apostólica: a la predicación y a la dirección espiritual. Su dedicación y atención al confesonario le proporcionó una larga experiencia en el conoci-miento de problemas de vida espiritual, de que ha dejado constancia en su obra, en más de una ocasión.

Fue confesor ordinario de la Marquesa de Camarasa, a quien califica de *Santa Señora*. También de doña Francisca Enríquez, Marquesa de Poza, a la que dedicó su obra sobre la teología mística.

Desarrolló el ministerio de la predicación en varias ciudades, en las más importantes de España; en particular en Valladolid y en Madrid[32]. Pre-dicó también en Valencia, invitado tal vez por su Arzobispo, San Juan de Ribera (1568-1611), donde encontró, según propia confesión, «buenos predi-cadores y directores espirituales», con lo que quiere hacer un elogio también del celo apostólico del Arzobispo[33].

---

[28] Cfr. E. Esperabe Arteaga, *«Historia pragmática e interna de la Universidad de Salamanca»*, II, Salamanca, 1917, pp.297-311; 316 ss.

[29] L. Montoya exalta la importancia que tuvo en la Orden el Colegio de Salamanca y el aprecio general que todos tenían de él. «...Es Seminario donde se crían todos los varones seña-lados en letras y púlpito; y aunque los estudiantes oyen algunas lecciones en las escuelas, no por eso dexa de haber en casa dos lectores de teología, con ordinarios exercicios, mientras son oyentes, hasta que van pasantes al Colegio de Valladolid» *(o.c., p.94).*

[30] L. Montoya, *o.c.*, p.94.

[31] Puede verse la obra de L. Montoya, en la que figura el juicio de J. Bretón: «Censura de la Orden» (s.f.).

[32] Ver, J. Bretón, *Mística Teologia...*, lib.III, c.16, f.97v, ff.148v-149r.: lib.I, c.17, f.132v.

[33] J. Bretón, *o.c.*, lib.IV, c.14, f.177r.

Desde 1602, tal vez desde 1598, trabajó intensamente en la redacción de su obra sobre mística teología, de la que trateremos en el siguiente apartado. La obra estaba concluida en el año 1613.

Los últimos años de su vida debió pasarlos en el convento de Madrid, bajo el título de Nuestra Señora de la Victoria, que había sido fundado en 1561.

Durante su estancia en Madrid fue maestro y director espiritual del P. Pelayo de San Benito, monje benedictino y autor de un interesante libro sobre la oración y la contemplación. Eran los años 1614-1617. Juan Bretón influyó poderosamente en el ánimo de su discípulo, por su doctrina y por la práctica de la oración mental. Lo afirma el mismo Fray Pelayo, refiriéndose precisamente a la función que desempeñan los maestros espirituales en la dirección de las almas, que no igualan ni mucho menos a la acción de Dios [34].

Residiendo en el convento de Madrid el Superior General le encomendó el examen y la revisión de la *Crónica general de la Orden*, que había escrito en aquellos mismos años el P. Lucas Montoya. Hizo un juicio enteramente favorable, firmado en 24 de febrero de 1618, que figura al frente de la obra, como *censura de la Orden*.

No conocemos el año de la muerte de nuestro protagonista. Supongo que moriría en Madrid, no mucho después de 1618. Sería enterrado en el claustro del convento, en el que «había muchas capillas para enterramientos» —dice L. Montoya—, al lado de otros «grandes siervos de N. Señor, que han muerto en opinión de Santos, y están sepultados en la bóveda de los fundadores, como en el claustro y ante sacristía» [35].

La práctica de la vida de oración, la frecuente y continuada lectura de los libros y tratados más espirituales de su tiempo, su contacto espiritual con personas que escalaron altos grados de perfección estimularon y ayudaron a Juan Bretón a vivir también una vida de santidad y de elevada perfección religiosa.

Fray Pelayo de San Benito, que le trató durante tres años en los últimos de su vida, y le conoció muy de cerca, lo califica de «gran maestro» y de «venerable», por el testimonio y el ejemplo de su vida.

---

[34] «En razón de esto —dice— aquel gran maestro deste exercicio (de la oración), el P. Fr. Juan Bretón, Victoriano (cuyo es mucho de lo que en este tratado digo: y sigo de buenísima gana, por el gran bien que mi alma halló en su comunicación y enseñanza en caso tres años que viví en Madrid, donde a la sazón tuve yo esa dicha que residiese él también» (Pelayo de San Benito, *Sumario de oración, en que para mañana y tarde se ponen en práctica dos exercicios della...* Burgos, 1626, parte 1a, c.XXXI, f.141r).

[35] L. Montoya, *o.c.*, p.100.

2. La Obra de Juan Bretón

La *Mística Teología* de Juan Bretón vio la luz en 1614, como hemos recordado anteriormente, cuatro años antes de que se publicasen los escritos mayores de San Juan de la Cruz[36].

La obra tuvo una laboriosa y prolongada gestación, que se prolongó durante unos catorce años. Es interesante conocer el iter de su composición, y examinar cuidadosamente sus hitos, porque podemos detectar bajo esa luz y a lo largo de esos años contactos con los escritos del Doctor Místico.

La obra no tuvo una composición regular y ordenada. Pienso que el libro primero está escrito después de haber redactado los libros segundo, tercero y cuarto. Es un dato a tener en cuenta, para valorar la unidad y homogeneidad de todas sus partes.

Los detalles de la redacción de la obra nos los da a conocer el mismo autor, en varias lugares. Por una parte afirma que tardó *catorce años* en redactarla[37]. Por otra parte, consta que estaba redactando el libro primero en 1612. Lo dice el mismo autor, al recordar ciertas normas, válidas para detectar a los «falsos profetas»[38].

En este contexto, podemos dedicar una conclusión importante, que hemos enunciado anteriormente. Si en 1612 Bretón estaba escribiendo el libro primero, si la obra se publicó en 1614, y si tardó *catorce* años en redactarla, hay que suponer que el cuerpo de la misma, que lo constituen los libros II, III y IV, al menos estaba preparado muchos años antes. Comenzaría a redactar, preparar y adaptar esos libros hacia 1598. En ese largo lapso de tiempo, hasta 1612, Bretón dispuso de alguna copia manuscrita de los escritos de San Juan de la Cruz, que eran codiciados por los espirituales de aquel tiempo; copia, que adaptó cuidadosamente y acomodó a su propósito.

---

[36] La cita bibliográfica de la obra de J. Bretón la hemos dado al comienzo de nuestro estudio. Ver la nota 1.

[37] «Confieso —dice— que muchos motivos he tenido para tomar la pluma ahora, después de catorce años que di principio a comunicarlo y escribirlo» (J. Bretón, *o.c.*, lib.II, c.1, f.3v).

[38] Según J. Bretón, J. van Ruusbroec había escrito ya sobre este tema. «Y ahora nuevamente —añade— el P. Sobrino, segunda parte, en el principio, explicando unas proposiciones que enviaron de Flandes ahora, este año de seis y doce; y aunque han hecho gran ruido ...» (lib.I, c.4, f.37r).

Se refiere aquí al franciscano descalzo Fr. Antonio Sobrino, y a su obra: *Vida espiritual y perfección cristiana. Por Fray..., menor descalço de la Provincia de San Juan Bautista. Confútase un pernicioso errror antgiuo, que agora algunos en Flandes siembran y enseñan con color de perfección y espíritu ... Con privilegio, en Valencia por Juan Chrysostomo Garriz, año 1612* (en 8.º; 84 + 789 pp. + 56.4) (Ver A. Palau y Dulcet, *o.c.*, XXI, Barcelona, 1969, p.338).

Durante ese tiempo el P. Tomás de Jesús preparaba, por encargo de los superiores de la Orden, los manuscritos de las obras del Santo, con vistas a su publicación, que se retardó unos años [39].

A finales de 1612 Juan Bretón tenía concluida la redacción de toda su obra, el mismo año en que estaba redactando los primeros capítulos del libro primero. A mediados del año siguiente había sido revisada y examinada por los censores. El 24 de agosto de 1613 Jorge de Jovar firmaba, en nombre del Rey, la licencia de impresión, dada en *San Lorenzo el Real*. En marzo de 1614 estaba concluida la impresión de esta obra, que fue muy bien recibida en los ambientes espirituales de la época.

La *Teología Mística* consta de cinco libros, que van precedidos de un *Prólogo*, o presentación al lector, y de nueve *Preludios*, o introducciones generales, «necesarios a la más clara inteligencia de este libro» y para conocer el intento del autor (ff.1-19v).

El libro I trata de *La mística Teología* en general. Tiene 26 capítulos (ff.20r-176v), con numeración, o paginación independiente de los tres libros siguientes.

Los libros segundo, tercero y cuarto forman una unidad temática. Tienen una paginación unitaria (ff.1r-211v). Son los tres libros en los que copia literal y sucesivamente textos de la *Subida* y de la *Llama* de San Juan de la Cruz. Precede un *Preludio* a los libros segundo y tercero (ff. 1r-2v), y un *Prólogo* al libro cuarto (ff.106r- 106v).

El libro II trata fundamentalmente de *la Unión* del alma con Dios y de sus requisitos. Tiene diez capítulos (ff.3r-41v).

El libro III trata de la unión *de la memoria y la voluntad*. Va precedido de un *Preludio* (ff.42r-44v), a pesar de que antepuso al libro segundo un *preludio* común para los dos libros. Tiene 18 capítulos (ff.45r-105v).

Hay que advertir aquí un detalle, que denota la irregularidad de la composición de esta obra. Al concluir la exposición del tema relativo a la memoria con el cap.8 (f.71v) encontramos este título en impresión destacada, en el f.72r, antes de iniciar el cap. noveno: «Prosigue el libro tercero, en el qual comiença a tratar de la voluntad» (ff.72r-105v), como marcando una segunda parte dentro de este libro tercero.

El libro IV va precedido de un *Prólogo* —no preludio, como los anteriores (ff.106r-106v)— como hemos indicado más arriba, en el que el autor hace la síntesis de su contenido. Trata este libro de *la mística teología*, de los

---

[39] La intervención del P. Tomás de Jesús en estos trabajos está suficientemente historiada. Ver: Silverio de Santa Teresa, *o.c.*, pp.202-206. Ver también: Simeón de la Sda. Familia, *Un nuevo códice manuscrito de las Obras de San Juan de la Cruz, usado y anotado por Tomás de Jesús*, en: «Ephem. Carmeliticae», 4, 1950, 95 ss.

fenómenos que San Juan de la Cruz describe en la *Llama de amor viva*. Tiene 20 capítulos (ff.107r-211v).

El libro V lleva por título: «Del exercicio de la mística entre día». Tiene trece capítulos, que siguen la paginación de los libros anteriores (ff.213r-280v). En el capítulo último explica seis grados de amor de Dios[40].

El texto de esta obra, aun en su misma impresión material y tipográfica, presenta ciertas irregularidades y una notable falta de unidad y coherencia. Se advierte fácilmente, que el libro primero fue redactado, cuando estaban ya escritos los libros restantes, al menos el segundo, tercero y cuarto.

Ocurren muchas repeticiones a lo largo de toda la obra. En ocasiones el mismo autor advierte la reiteración. Algunos capítulos tienen no pocas digresiones, que se apartan del nucleo principal y rompen la unidad de pensamiento y de exposición.

El estilo no es muy brillante ni aquilatado. Se detecta sin esfuerzo la diferencia que existe entre los textos que Bretón transcribe de San Juan de la Cruz, y los que él añade de su propia cosecha, o inspiración.

Los libros II-IV, por lo que expondremos a continuación, carecen totalmente de originalidad. Son un plagio de San Juan de la Cruz. Los otros dos libros tampoco destacan por una exposición o tratamiento original de los temas y problemas de la teología mística. La exposición es por lo general pesada; a veces carece de lógica. El desarrollo de muchos capítulos y la distribución de los párrafos son muy irregulares.

Juan Bretón es un erudito en la ciencia del espíritu. Había leído muchos libros espirituales. Espigó en los autores más destacados para escribir su obra. En ocasiones, algunas páginas aparecen como un mosaico de referencias, que no siempre son muy ajustadas al tema principal que desarrolla. Cita con frecuencia a Dionisio Areopagita, como es natural; a San Gregorio y a San Agustin; a Santo Tomás de Aquino, a San Buenaventura, a San Bernardo, a Dionisio Cartujano, a Tauler, a Ruusbroec, a Cayetano, y otros autores antiguos y medievales. Entre autores modernos y contemporáneos suyos cita con preferencia y elogio: a Francisco Suárez, a propósito del valor de la contemplación mística, como conocimiento de Dios[41]; al P. Solís, agustino, en su *Arte de servir a Dios*[42]. Aduce en una ocasión la autoridad

---

[40] La explicación de los grados de amor de Dios es bastante superficial. Siguen a continuación las *tablas* de materias y de textos bíblicos, de cada uno de los cinco libros por separado (s.fol.).

[41] J. Breton, *o.c.*, lib.III, c.3, f.53r; lib.IV, c.10, f.157v. Cita a F. Suárez, II *De Religione*, lib.II, c.13, párrafo 18.

[42] J. Bretón, *o.c.*, lib.IV, c.2, ff.119v-120r. Se refiere a la obra de Ricardo Solís, agustino, que en su segunda parte coincide en cuanto al título con el que transcribe Bretón: R. Solís, «Segunda parte del Arte de servir a Dios perfectamente. Con privilegio, impresso en Valencia, en casa de la Viuda de Pedro Huete, año de 1585»; en 4.º; 2h., 562pp, + 16h.

de Santa Teresa de Jesús sin referirse a ningún libro suyo en particular[43]. En repetidas ocasiones cita con elogio y entusiasmo a dos autores dominicos, de los que transcribe algunos textos a la letra: fray Luis de Granada, a quien da el título de «Padre» suyo y «Maestro»[44], y fray Bartolomé de los Mártires, a quien considera como «máxima autoridad» en las cuestiones de la teología mística[45].

Juan de Bretón expone en esta obra su sistema acerca de las cuestiones fundamentales de la teología mística: acerca de la contemplación, de la unión más alta del alma con Dios, de la necesidad de la purificación interior para llegar a la unión verdadera con Dios, del conocimiento y la sabiduría mística; acerca de la experiencia mística, como conocimiento de Dios y de sus misterios, etc.

Nuestro autor no destaca por la profundidad de pensamiento. Introduce temas de poca importancia, que rompen el hilo de la exposición y son como un contrapeso que impide profundizar en el análisis de los problemas. El mismo efecto tienen las frecuentes digresiones que hace a lo largo de no pocos capítulos.

Esta obra tiene indudablemente sus méritos, que fueron reconocidos por sus primeros lectores: es un exponente de la tradición doctrinal mística, y resumen de la doctrina de muchos autores clásicos. Los libros II-IV sintetizan la enseñanza de San Juan de la Cruz, con bastante fidelidad, liberándola también de algunas redundancias y textos accesorios.

Al margen de otros problemas, después de leer detenidamente la obra de J. Bretón, creo que hay que aceptar el juicio que hace el P. Eulogio de la Virgen del Carmen: «La única originalidad del místico salmantino está en

---

La parte primera de esta obra lleva por título: «Arte dada del mismo Dios a Abraham para le servir perfectamente, Impreso en Valencia en casa de Pedro de Huete, año de MDLXXIIII», en 8.°; 17 h 577 pp, + 9 h. Otras ediciones, Valencia 1579 y 1585; Medina del Campo, 1586. (Cfr. A. Palau y Dulcet, «Manual del librero hispanoamericano», XXII, Barcelona, 1969, pp.478-479).

[43] J. Bretón, *o.c.,* lib.I, c.21, f.153v.

[44] J. Bretón, *o.c.,* lib.III, c.17, f.99r-99v; lib.IV, cs. 1,2 y 6, ff.110, 117r, 138r.

[45] Refiriéndose a la teología mística, y a los autores modernos que escribieron de esta materia, dice, a modo de ejemplo: «... el doctísimo y para mí Santo Padre fr. Bartolomé de Martyribus» (f.138r); «En nuestros tiempos habló algo más claro el doctísimo y santo Arçobispo de Braga, de la Orden de Santo Domingo, fray Bartolomé de Martyribus (que leyó veinte años Theología escolástica y estudió treinta de mystica theologia» (lib.IV, c.1, f.110v).

Probablemente Bretón se refiere a la obra: «Compendio de la doctrina espiritual» de B. de los Mártires, que tuvo varias ediciones antes de 1615 (cfr. A. Palau y Dulcet, *o.c.,* V, Barcelona, 1954-1955, p.322). Bartolomé de los Mártires está en la misma línea de San Juan de la Cruz en cuanto a la necesidad de la purificación interior, para llegar a la unión mística, y al valor de la contemplación (cfr. J.S. Da Silva Dias, *Correntes de Sentimiento religioso em Portugal, [sig. XVI-XVIII],* I, Lisboa, 1960, pp.80-87).

haber dispuesto con habilidad un esquema bastante completo de teología espiritual, rellenándolo luego con descarados plagios de los místicos contemporáneos, sobre todo de San Juan de la Cruz»[46].

Con relación a los temas claves de la teología mística, Bretón manifiesta una postura moderada, que a veces equivale a imprecisión, o indefinición. Enseña la equivalencia entre doctrina espiritual y teología mística, e identifica la contemplación infusa con la experiencia y con lo que él llama «sabiduría mística», siguiendo a Bartolomé de los Rios[47].

En cuanto al problema de si en la vida mística prevalece el acto del entendimiento o de la voluntad sigue la via intermedia, aduciendo autores a su favor, y estableciendo un equilibrio entre intelectualismo y voluntarismo[48].

Anexo

La *Mística Theologia* de J. Bretón fue traducida al francés por el P. Claude Burens, natural de París, religioso Mínimo de la Provincia de Flandes, según el testimonio de L. Montoya, recogido por N. Antonio[49]. La traducción vio la luz en Amberes, en 1619[50].

En otro aspecto, la obra de Bretón fue resumida en gran parte por el benedictino fray Pelayo de San Benito, predicador y Abad del Monasterio de San Pedro de Arlanza, en su obra: *Suma de oración*[51]. Fray Pelayo cita en algunas ocasiones a San Juan de la Cruz, de quien dice: «Nótese esto que dice aquí este (para mí) santo padre»[52].

Fray Pelayo cita en varias ocasiones a Juan Bretón, pero son muchas más las que transcribe textos de su obra, sin citarle. Bien es verdad que en una ocasión dice que toma de él «mucho de lo que en este tratado digo»[53]. Entre textos que copia de Bretón, sin citarle, encontramos muchos que este

---

[46] Eulogio de la Virgen del Carmen, *l.c.*, p.306. J. Duhr es más condescendiente en su juicio sobre la originalidad de J. Bretón (*l.c.*, col.1938); pero, creo que no hay fundamento para ello.

[47] Ver Eulogio de la Virgen del Carmen, *l.c.*, pp.306-307.

[48] J. Bretón, *o.c.*, lib.IV, c.6, ff.135v-141v.

[49] L. Montoya, *o.c.*, p.374; N. Antonio, *l.c.*

[50] No he podido localizar ningún ejemplar de esta edición en bibliotecas de París, Roma, Madrid, ni en otras varias de España, que he consultado. No figura registrada esta edición en el *National Union Catalog Pre-1956 Printings*, (Mansell, 1970). No obstante, creo que existió, dadas las noticias concretas que nos dan los contemporáneos.

[51] Pelayo de San Benito, *Sumario de oración, en que para mañana y tarde se ponen en práctica dos exercicios della: Sacado todo de la divina Escriptura y de lo que Doctores Sagrados y personas graves experimentadas han enseñado ... Por el P. Predicador fr. Pelayo de S. Benito, Abad del monasterio de S. Pedro de Arlanza... año de 1626. Con privilegio, en Burgos, por Pedro Gomez de Valdivielso*, en 4.°, 389 ff. dobles, + 21 ff. Indice de textos de la Escritura y tabla de las cosas más notables.

[52] Pelayo de San Benito, *o.c.*, parte 2.ª, c.3, f.171r, al margen.

[53] Pelayo de San Benito, *o.c.*, parte 1.ª, c.31, f.141r.

transcribió de San Juan de la Cruz. De esta suerte, Fray Pelayo incorpora
a su obra párrafos del Místico Doctor a través de su plagiario[54].

Algunos autores, como N. Antonio, A. Palau y Dulcet, J. Simón Díaz
atribuyen a J. Bretón un tratado *De la Concepción de Nuestra Señora*, publicado en Burgos en 1616.

J. Simón Díaz[55] le atribuye también otro escrito, que describe de esta
forma: «Tardes espirituales. Breve disposición para el recogimiento interior
de la contemplación y perfección de la vida espiritual ..., 1620.

III.   *Secuencias de la publicación de los libros de la «Subida» y de la «Llama de
       amor viva»*

1.   *Algunos datos testimoniales*

Andrés de la Encarnación advirtió ya en su tiempo (siglo XVIII) que
el libro del P. Bretón tenía «capítulos enteros y muchos», copiados *ad pedem
litterae* de la *Subida del Monte Carmelo*, «vendiéndolos por propios»[56].

El P. Gerardo de San Juan de la Cruz verificó personalmente esta afirmación, llegando a decir con cierta ironía, que «debe ponerse al frente de
todas las páginas del libro II y III» del P. Bretón el nombre de San Juan
de la Cruz, como autor. «Todo el contenido de estos libros está tomado del
libro de la *Subida del Monte Carmelo*. El referido Padre saqueó a gusto y ...
copió al pie de la letra muchos y largos párrafos, y no pocos capítulos casi
enteros»[57].

Refiriéndose a la *Llama* el mismo autor precisa: «No es tan solo la *Subida*... la que ha plagiado el P. Bretón; también ha metido su mano en la
Llama de amor viva y de ella ha transcrito a la letra un largo y bellísimo párrafo, que ocupa en su obra desde el folio 200 al 204 vuelto»[58].

José María Moliner elogia a J. Bretón como «defensor de las teorías
místicas carmelitanas», al lado de López Navarro y Antonio Ximénez. Pero,
afea y acusa el vicio de su obra, plagio de San Juan de la Cruz, en la que

---

[54] De esta suerte, el plagiario Bretón resultó también plagiado. La fuente de los dos plagiarios, San Juan de la Cruz. Sobre Pelayo de San Benito, ver: E. Zaragoza Pascual, *Pelayo de
Saint Benoît*, en: «Dict. Spiritualité», XII, París, 1984, cols.881-883 (con una nota de fuentes y
bibliografía).

[55] J. Simón Díaz, *o.c.*, p.662, n.º 5419.

[56] Andrés de la Encarnación, *l.c.*

[57] Gerardo de San Juan de la Cruz, *o.c.*, I, p.XLVIII. El P. Gerardo dejó anotados en sus
papeles manuscritos *(l.c.)* algunos lugares concretos en los que J. Bretón copia a la letra textos
de San Juan de la Cruz. Pero, el plagio tiene una dimensión mucho más amplia de lo que el
sabio crítico anotó, en particular con relación a la *Llama de amor viva*.

[58] Gerardo de San Juan de la Cruz, *o.c.*, I, p.XLIX. Esta afirmación la amplía y la consigna en sus notas manuscritas, pero, solamente con relación a unos pocos textos.

hasta doscientas páginas de la *Subida* y otras tantas de la *Llama* —dice—
e transcriben íntegramente», sin citar a su verdadero autor[59].

J. Bretón adopta el clásico estilo del plagio en su tiempo. Transcribe
la letra largos párrafos del Santo, en los que a veces cambia o modifica
lgún término, o una simple expresión, lo cual no desvirtúa el valor y la
ealidad del plagio. En ocasiones suprime algunos párrafos, algunas líneas,
ına frase, y enlaza con el texto siguiente, a veces de forma un poco artifi-
iosa.

Con frecuencia Bretón introduce entre los textos de San Juan de la
Cruz algunos párrafos breves, que parecen de su propia cosecha. Esto planea un problema, que analizaremos más adelante: el de la autoría de estos
extos, que podemos llamar inter-textuales.

Los historiadores hablan de muchos párrafos de San Juan de la Cruz,
le *capítulos enteros* transcritos por J. Bretón en su obra. ¿Qué dimensiones
lcanza la obra del Doctor Místico en la de su plagiario?

2. Secuencias de la publicación de la «Subida»

a) Libro I

J. Bretón recoge en el libro I de su *Mística Teología* muchas ideas, y
ıún algunas expresiones, que utiliza San Juan de la Cruz, acerca de la con-
emplación mística, de la función purificadora de la fe en la vida espiritual,
de la unión con Dios, etc. El contenido de este libro no pasa de ser un eco
de la lectura del Santo, adobada con citas de Santos Padres y de otros autores espirituales.

b) Libro II

El libro II trata de la unión del alma con Dios. El capítulo primero
(ff.3-5) es una exposición de intenciones. En el capítulo segundo expone un
tema típicamente sanjuanista: la necesidad que tiene el alma de purificarse de
todos los defectos sensibles, para llegar a la unión con Dios. Después de
una presentación sintética, comienza a transcribir textos del libro I de la *Subida*.

Transcribe el n.º 2 del cap. tercero, que enlaza con el capítulo cuarto,
del que transcribe los números 1, 2 y 3. Copia a la letra el final del n.º 4,
que une con el final del n.º 5. Omite el n.º 6 y transcribe unas líneas del n.º
7, que enlaza con el texto bíblico del n.º 8, del que copia unas líneas a la
letra, haciendo síntesis del resto. En el mismo párrafo introduce el texto del
cap. quinto, del que hace una síntesis.

---

[59] J. M.ª Moliner, «*Historia de la literatura mística en España*», Burgos, Ed. El Monte Carmelo, 1961, p.467. La expresión de Moliner es un tanto hiperbólica, en particular con relación
a los plagios de la *Llama*.

El capítulo tercero lleva un título similar al capítulo sexto de la *Subida* (lib.I). Copia a la letra la mayor parte del n.º 3, resumiendo los nn. 4-6. Suprimidos aquí los caps. 7-8, introduce sucesivamente los temas de los capítulos 9, 10 y 11, que reduce a una apretada síntesis. Transcribe a la letra (f.11) el n.º 2 (segunda parte del capítulo once) y algunos párrafos de los números 3, 4 y 5 (ff.11r-15r). Transcribe con cierta libertad algunas frases del cap. sexto (nn. 1 y 2) y de los números 2-3 del cap.12 (ff.13v; pone 15 por error), del que copia a la letra el n.º 5 casi en su totalidad (ff.13v-14r).

En el cap. 4 da entrada a la enseñanza y textos del lib.II de la *Subida*. Resume los números 1-3 del cap. tercero. Transcribe a la letra las últimas líneas del n.º 4 y casi todo el n.º 5, que une en un mismo párrafo con lo anterior. En párrafo aparte copia a la letra todo el cap. cuarto, desde el n.º 2 hasta el n.º 8.

El capítulo 5 de Bretón lleva el mismo título que el quinto de San Juan de la Cruz. En Bretón: «En que se declara qué sea la unión del alma con Dios...». Transcribe los números 3, 4 y 5 suprimiendo algunas líneas.

Enlaza este capítulo con el tema del sexto de la *Subida* (lib.II), del que copia a la letra casi todo el n.º 1. Transcribe parte del n.º 5.

El cap. 6 está formado de retazos del capítulo 7 de la *Subida* (lib.II). Comienza transcribiendo en n.º 5, omitidas las primeras líneas.

El cap. 7 lleva un título similar al del capítulo octavo de San Juan de la Cruz: «Cómo ningún pensamiento ni imaginación le pueden servir al alma para la unión...».

Copia a la letra los números 1-6, y enlaza con el capítulo noveno, del que transcribe los dos primeros números (ff.27r-28r), omitiendo algunas frases.

El cap. 8 se inicia con una síntesis del n.º 1 del capítulo 10 de la *Subida* (lib.II). Transcribe el n.º 2. Enlaza a continuación con el cap. 11, del que transcribe a la letra los números 1 y 2. Copia a la letra gran parte del n.º 3, y resume los números 4 y 5, del que transcribe a la letra las últimas líneas, con las que enlaza el texto del n.º 6, del que copia a la letra algunas frases, haciendo síntesis del resto. En forma parecida resume el n.º 7, del que copia a la letra seis líneas. Pasa el n.º 10, del que transcribe también a la letra una parte. Enlaza a continuación con el capítulo 12, transcribiendo parte de los números 3, 4, 6, 7 y 8.

En el cap. 9 introduce Bretón el texto del capítulo 16 (*Subida*, II). El título mismo de ese capítulo manifiesta su dependencia y la identidad de la doctrina y la terminología: «Cómo oí las imaginaciones, aprehensiones en la fantasía sirven al alma de medio próximo para la visión» (f.34v).

Copia a la letra las últimas líneas del n.º 1 y transcribe integros los nn. 2 y 3. Transcribe también el n.º 4. Omite el 5, y enlaza las últimas frases del n.º 6, con el n.º 7, que transcribe a la letra, con los nn. 8 y 9, y una parte del n.º 10. Omite los números 11 y 12, transcribiendo a la letra el resto del capítulo (nn. 13, 14 y 15).

Enlaza a continuación con el capítulo 17, del que transcribe a la letra los nn. 2 y 3 casi en su totalidad (ff.38v-39r).

Concluye J. Bretón este lib.II con el capítulo décimo, que es una síntesis del tema de las visiones, que San Juan de la Cruz expone con detenimiento en los capítulos 17-19 del libro II de la *Subida*.

c) *Libro III*

Juan Bretón dedica el libro tercero a la exposición de la doctrina sobre la purificación de la memoria y la voluntad, incorporando textos del libro III de la *Subida del Monte Carmelo*.

El cap. primero (ff.45r-48r) se inicia con la exposición del oficio de la memoria, siguiendo a San Juan de la Cruz, a Ruusbroec y a Fray Luis de Granada, autor favorito de Bretón. Transcribe textos del capítulo 2 (lib.III), a partir del n.º 4, que copia a la letra en su mayor parte. Transcribe también el n.º 5.

El cap. segundo es continuación del anterior (ff.48v-51v). Transcribe a la letra el n.º 7 y el 8, este en su primera parte, del capítulo 2 (lib.III).

El cap. tercero (f.51v) transcribe la segunda parte del n.º 8 del mismo c(apítulo 2...) (lib.III). Tras una breve digresión enlaza las últimas líneas con el texto del n.º 9, que copia en parte a la letra, y transcribe algunas líneas de los nn. 14 y 15, que amplía con explicaciones, cuyo contenido está muy cerca del texto de la *Subida*.

En el cap. cuarto integra muchos párrafos del capítulo tercero de la *Subida* (lib.III). Copia a la letra parte de los nn. 1 y 2, y la segunda parte del n.º 3; también la primera parte del n.º 4, en el que sustituye el ejemplo de *la pez* que mancha, que pone el Santo, por el de *la polilla* que roe (f.58r). Del n.º 5 copia a la letra la segunda parte (f.60v; pone por error 62).

El cap. quinto lleva el mismo título, en substancia, que el capítulo cuarto (lib.III) de la *Subida*: «en que se pone el daño que puede hacer el demonio en las aprehensiones naturales de la memoria» (f.61r). Del capítulo quinto de la *Subida* transcribe a la letra unas frases de los nn. 1 y 2 (f.63v). Transcribe también parte del n.º 3. Une este tema con el capítulo sexto (lib.III) del que copia a la letra las primeras líneas del n.º 3 (f.62r; pone por error 64).

El cap. sexto comienza con la transcripción a la letra de la mayor parte del n.º 1 del capítulo séptimo de la *Subida* (lib.III). Añade aquí Bretón una referencia a los «Maestros espirituales», y enlaza con el capítulo octava (f.63v), del que transcribe el n.º 2 y la mayor parte del n.º 3. Introduce unas líneas de su cosecha, y añade las últimas líneas del mismo n.º 5.

Sin interrupción enlaza este tema con el capítulo noveno de la *Subida* (lib.III) (f.64v), que copia a la letra. A continuación del texto del n.º 4 introduce el tema del capítulo décimo (*Subida, III*), del que hace una síntesis.

A continuación introduce el tema del capítulo doce (*Subida*, III). El plagiario se toma algunas libertades.. Transcribe a la letra el n.º 1. Omite el texto del n.º 2 y transcribe también el n.º 3, que cierra el capítulo (ff.66v-67r)[60].

El capítulo 7 corresponde con el 13 de la *Subida* (lib.III). Copia a la letra el n.º 1 (fol.67v) y el 2, casi en su totalidad. Transcribe en su mayor parte los números siguientes, del 5 al 9.

El cap. 8 de Bretón incorpora el texto del capítulo quince (*Subida*, III). Copia a la letra una parte del n.º 1, y sintetiza el resto (ff.71r-71v).

El cap. 9, en el que comienza a tratar de la purificación de la voluntad, va precedido de un título llamativo, que marca como una segunda parte de este libro tercero: «*Prosigue el libro tercero* —dice— *en el qual comienza a tratar de la voluntad*» (f.72r).

El cap. 9 se corresponde con el 16 de la *Subida* (lib.III). Copia a la letra las primeras líneas del n.º 1, levemente modificadas. Enlaza con el texto del n.º 1, del que copia a la letra la mayor parte. Transcribe los nn. 2 y 3, y sigue con la transcripción del n.º 5, que copia casi en su totalidad, lo mismo que el n.º 6, que cierra el capítulo.

En el cap. 10 incorpora textos del 17 de la *Subida* (lib.III), que consta de dos números solamente. Los transcribe a la letra, omitiendo alguna frase (ff.74v-75r). Enlaza con el capítulo 18. Copia a la letra el n.º 1, omitiendo algunas frases. Añade aquí una página, que en parte es resumen de la doctrina de San Juan de la Cruz, y en parte añadidura personal de J. Bretón (f.75v). Introduce a continuación, sin interrupción, el capítulo 19 de la *Subida* (lib.III). Transcribe a la letra el n.º 1. Sintetiza el resto de este largo capítulo, copiando a la letra algunas líneas de los números 2, 6 y 8.

Introduce a continuación el texto del capítulo 20 (*Subida* III), comenzando con la transcripción de algunas frases del n.º 2 (f.77r). Copia a la letra casi en su totalidad el n.º 3 y las primeras líneas del n.º 4.

El cap.11 se corresponde con el 21 de la *Subida* (lib.III). Transcribe con fidelidad la mayor parte del n.º 1 y las primeras líneas del n.º 2. Omite el resto del capítulo y enlaza con el capítulo 22, comenzando su transcripción con la segunda parte del n.º 2: «El primero es *vanagloria*...». Abrevia el resto del capítulo, del que transcribe muchas líneas a la letra.

En la última parte de este capítulo incorpora Bretón el tema de los *provechos* que se le siguen al alma ... que San Juan de la Cruz expone en el capítulo 23 (*Subida* III). Copia a la letra las primeras y las últimas frases del n.º 1. A continuación transcribe el n.º 2.

---

[60] Modifica aquí Bretón el orden de algunas frases e introduce textos del c.11 de la *Subida*. Añade por su parte unas frases, sobre cuyo origen ya reflexionó el P. Gerardo de San Juan de la Cruz en sus notas manuscritas, y que podrían pertenecer, según él, a alguna copia, o a algún otro lugar del Doctor Místico. En concreto, de esta frase: «Y es disparate y gran error, y las almas que desta manera tratan caeran miserablemente en un grande engaño y en cien mil errores, como ya habemos visto». «Y el alma en esta vida...» (f.66v).

El cap. 12 corresponde al 24 de la *Subida* (lib.III). Es una copia literal de todo el capítulo, nn. 1 al 7.

El cap. 13 corresponde al 25 de la *Subida* (lib.III). La identidad temática se pone de relieve en el mismo título: «Del daño que el alma recibe de no purgar la voluntad de los bienes sensuales y el gozo dellos».

Transcribe a la letra y funde en un mismo párrafo los nn. 1, 2 y 3. En el párrafo siguiente el contenido de los nn. 4, 5 y 6, que copia a la letra (ff.83r-83v). Omite los nn. 7 y 8, y enlaza sin interrupción con el capítulo 26 (f.83v), que transcribe a la letra en su totalidad (nn.108).

En el cap. 14 incorpora el texto del capítulo 27 (*Subida* III). Transcribe a la letra el n.º 1, y parte del n.º 2. Copia la mayor parte del n.º 3, al igual que el n.º 4, resumiendo el resto. Lo mismo hace con el número siguiente.

A continuación enlaza con el capítulo 28, del que copia a la letra los nn. 1 y 2, y la primera parte del n.º 3. Copia a la letra en su mayor parte los nn. 7, 8 y 9, sobre los *daños* que se le siguen al alma; pero, altera el orden de los mismos (ff.89v-90r). Propone a continuación el tema del «*7.º daño*», que une con el texto del capítulo 29 (*Subida* III), del que copia a la letra parte del n.º 1. Resume a continuación el contenido de ese capítulo, transcribiendo a la letra algunas líneas sueltas. .

En el cap.15 incorpora Bretón el texto del 30 de la *Subida* (lib.III), que copia a la letra en su totalidad, omitiendo algunas frases ocasionales y sin importancia.

Sin interrupción enlaza con el capítulo 31. Transcribe a la letra los nn. 2 y 3. Omite algunas líneas y enlaza con el n.º 4. De la misma forma copia a la letra parte del n.º 5, pasando sin interrupción a transcribir el n.º 8, del que suprime las últimas líneas. Omitidos los nn. 9 y 10 enlaza con el capítulo 32, que transcribe a la letra prácticamente en su totalidad.

El capítulo 16 de Bretón se corresponde con el 33 de la *Subida* (lib.III). Es un capítulo falto de coherencia en su texto. transcribe a la letra los nn. 2 y 3. Enlaza sin lógica con el texto del n.º 1 del capítulo 34 (*Subida* III), del que copia unas líneas a la letra. Vuelve a continuación al capítulo 33, del que transcribe el n.º 1.

Los dos capítulos finales del libro de Bretón, el 17 y el 18, tratan de la purificación de la voluntad en el uso de los bienes espirituales. La exposición que hace es muy similar a la del Místico Doctor. Aduce muchos ejemplos, que el Santo utiliza en la *Subida* y en la *Noche*[61].

---

[61] El P. Gerardo sugiere en sus notas manuscritas, refiriéndose a estos dos capítulos, la posibilidad de que Bretón tomase «algo de esto de lo que falta en el texto de la *Subida*», que parece quedó incompleto en su redacción original. Aunque en última instancia, piensa que no fue así. Temas de estos capítulos, como algunos del libro IV se corresponden con la doctrina de Fray Luis de Granada y de Fray Bartolomé de los Mártires.

3. Secuencias de la publicación de la «Llama de amor viva»

En el libro IV de su obra trata J. Bretón cuestiones relativas a la alta contemplación y a la *mística teología*. Expone con brevedad las diversas teorías de los maestros espirituales sobre el conocimiento y el amor, sobre el valor de la experiencia mística, etc.

En los primeros capítulos (ff.107r-141v) encontramos muchas páginas en las que el autor resume doctrina y enseñanzas de San Juan de la Cruz, si bien no son exclusivas suyas. Pero, es fácil detectar su afinidad y cercanía con la enseñanza del Santo.

La transcripción de textos de la *Llama* se inicia en el cap. 7 (ff.141v-148r). Son pocos los textos transcritos a la letra; pero, son muchos los lugares en los que Bretón sintetiza la doctrina del Santo.

El cap. 7 se inicia con el resumen de los nn. 3 y 6 de la *Canción I*, y con una clara alusión al n.º 20 de la *Canción III*. Lo que San Juan de la Cruz llama *centro del alma* lo traduce Bretón por *estancia* y *fondo*, en algunas ocasiones. Pero, vuelve al término *centro* y enlaza con las últimas líneas del n.º 9 (canc.I), que une con el n.º 11, que copia a la letra en su totalidad.

A continuación resume los nn. 12 y 13, de los que copia algunas líneas a la letra. Recuerda también a San Juan de la Cruz el comentario que hace a propósito de los diversos géneros de unión con Dios (ff.144v-146r), remitiendo a los nn. 16 y 17 de esta misma canción.

Acto seguido enlaza con un tema que San Juan de la Cruz expone en la canción III de la *Llama*, explicando el verso: «Las profundas cavernas del sentido» (no 18), haciendo referencia a las potencias del alma y a la necesidad de su purificación interior (f.146v).

En los capítulos 8 y 9 encontramos muchas reminiscencias de la doctrina de San Juan de la Cruz sobre la unión del alma con Dios, y la contemplación (ff.148r-157r).

A partir del cap.14, «en el qual declara cómo Dios previene al alma con su amor...», comienza a transcribir textos de la *canción III* de la *Llama*.

Transcribe a la letra los nn. 28 y el 29, con el que enlaza el texto del n.º 30, que adapta y completa con datos de su propia experiencia, que expone con proligidad (ff.176v-178r), con referencia a temas del cap. 45 del libro III de la *Subida*.

En el cap. 15 continúa la transcripción de la *canción III*. Comienza copiando a la letra el n.º 68, en el que sustituye el término *cavernas* por *fondos*, y *amor* de la voluntad por *hipo*. Resume *ad sensum*, con cierta libertad, los nn. 70, 71 y 72, usando algunas expresiones y terminología muy característica del Santo: *catarata*, *nube*, *ciego*, etc. Transcribe a la letra parte del n.º 73, con lo que enlaza el n.º 74, del que suprime las dos primeras líneas. Une con este texto el del n.º 75, con levísimas modificaciones.

A continuación (f.184v) pasa a transcribir el n.º 50 de la misma *canción*, sin modificar ni su primera línea: «De esta manera ...». Copia solamente el párrafo primero, con el n.º 51, que también copia. Pasa a transcribir a la letra el n.º 55, alterando el sentido del último párrafo.

Pasa de aquí a transcribir a la letra, con cierta libertad, el n.º 34 de la misma *canción*, que copia parcialmente. Introduce un párrafo por su parte, y enlaza con el n.º 35, que funda con el n.º 36, suprimiendo solo algunas líneas. A continuación copia a la letra los números 37 y 38. Dentro de este número, después del primer párrafo, introduce una ampliación, que tiene estilo y sabor sanjuanista. Enlaza con el n.º 39, que copia a la letra, así como las primeras líneas del n.º 40.

En el cap. 16 vuelve atrás en el texto de la *Llama*. Comienza transcribiendo el n.º 23 de la misma *canción III*, excepto las tres últimas líneas[62]. Copia a la letra el n.º 24, y el n.º 25 hasta la línea tercera del último párrafo, donde introduce una aclaración o confirmación, fruto de su propia experiencia. A continuación de la cita del libro de Esther (f.190r) transcribe con cierta libertad las primeras líneas del n.º 18 de esta misma canción, párrafos primero y segundo, con una alusión al autor de la *Llama*, a propósito del *fondo del alma*, «que otros —dice— llaman *cavernas*, sin haber explicado qué sean» (f.190v); textos que ha transcrito en los ff.146v-147r. Retoma aquí el texto de este n.º 18, párrafos tercero, cuarto y quinto, que transcribe a la letra. Copia a la letra a continuación los nn.19, 20 y 21, adaptando las frases hilativas de cada número, según su propósito. Transcribe parte del n.º 22, adaptando al *fondo* del alma, en singular, lo que San Juan de la Cruz dice en plural de las *cavernas*.

El cap. 17 incorpora una parte de la *canción II* de la *Llama*. Forma parte del comentario al verso: *Y toda deuda paga*. Comienza transcribiendo a la letra el n.º 24, con leves modificaciones. Copia también el n.º 25, con algunas omisiones. Lo mismo hace con el n.º 26, resumiendo la parte final.

El cap. 18 es una explicación de la *mezcla de trabajos* en que Dios pone a las almas que llegan a la más alta contemplación. El tema es afín a la doctrina de San Juan de la Cruz.

En el cap. 19, después de establecer un puente con lo que ha tratado en las páginas anteriores, Bretón transcribe a la letra textos de la *canción I*. Copia en su totalidad los números 19, 20 y 21. Transcribe también a la letra el n.º 22, en el que modifica algunas expresiones, y omite algunas frases. Copia igualmente a la letra la primera parte del n.º 23. Sintetiza el párrafo segundo, y transcribe a la letra los dos párrafos siguientes. Omite el n.º 24 y transcribe el 25, adaptándolo a su propósito, con lo que cierra este capítulo[63].

---

[62] En cuanto a la variante que anotan en este lugar los editores de San Juan de la Cruz, en ediciones y copias manuscritas, con relación a *espíritu* y *alma*, Bretón transcribe *alma*.

[63] El plagio de estos últimos textos lo advirtió y describió el P. Gerardo de San Juan de la Cruz: *«Un trozo inédito de la Llama de amor viva de N.P. San Juan de la Cruz»*, en: «Monte Carmelo», año XI, 1910, n.249, pp.801-805; y *«Obras del Místico Doctor...»*, II, pp.397-399.

IV. *Reflexión conclusiva*

1. El fenómeno que acabamos de describir plantea muchos problemas e interrogantes. ¿Por qué se aventuró J. Bretón a hacer un plagio de tales proporciones...? ¿Pensaría que los escritos de Juan de la Cruz nunca verían la luz y que, por tanto, no se identificarían sus plagios? o ¿quiso salvar y dar a conocer esos textos ante el peligro de que quedasen inéditos para siempre y relegados al olvido? ¿Por qué no ha sido siempre fiel en la transcripción, modificando expresiones, y alterando en ocasiones el orden de los textos? ¿Quiso encubrir con esto su plagio?

No es fácil conocer las intenciones del autor. Ante cualquiera respuesta que se ofrezca, quedará siempre colgada la pregunta fundamental: ¿Por qué copiando tantos textos de las obras del Místico Doctor no cita ni una sola vez su nombre?

Juan Bretón cita con frecuencia a otros autores espirituales. De San Juan de la Cruz no aparecen más que unas *alusiones* no muy definidas, si no erramos en su interpretación. Son las siguientes.

1.ª En el cap. 9 del libro IV, tratando del modo del conocimiento de Dios en la contemplación mística, después de comentar la doctrina de F. Suárez, dice que él conoce dos autores que han tratado de esto: «El uno ha impreso, el otro no»[64]. ¿Es una alusión a San Juan de la Cruz, cuyas obras aun estaban inéditas?

2.ª Una nueva alusión: al transcribir algunos textos de la *canción III* de la *Llama*, en que el Santo comenta el verso: *Las profundas cavernas del sentido*, descubrimos una velada referencia al Santo, a la que hemos aludido anteriormente. Bretón traduce *cavernas* por *el fondo del alma*, o *fondo de las potencias*. «Los quales fondos —dice— que otros llamaron cavernas, sin haber explicado qué sean, mas ya explicadas digo, que cuando no estan vacíos...»[65].

3.ª Interpreto también como una alusión al Santo esta frase, relativa a las diversas opiniones sobre qué es la *mística teología*: «Y así dixo muy bien un moderno doctísimo y Santo, que la mística theología es ciencia escondida, porque en el secreto escondrijo del corazón la enseña el divino Maestro, que para sí solo quiso reservar este magisterio, del qual nos dió a sus siervos menos parte»[66].

Bretón añade un capítulo más, el veinte, en que trata de cómo Dios enseña al alma a vivir cuando no disfruta de la unión y de la experiencia mística, hasta que de nuevo le comunica la misma gracia (ff.205r-211v).

[64] J. Bretón, *o.c.,* lib.IV, c.9, f.157v.

[65] J. Bretón, *o.c.,* lib.IV, c.16, f.190v.

[66] J. Bretón, *o.c.,* lib.IV, c.1, f.110v. Lugares paralelos: *Subida*, II, 8,6; *Noche*, II, 17, 2 y 6; *Llama*, II, 17. «moderno, doctísimo y Santo», son calificativos que aplica también a Fray Bartolomé de los Mártires, a quien en otros lugares cita por su nombre. Si se hubiera tratado

Si Juan Bretón hubiera querido celar sus plagios ¿por qué incluyó en su obra estas alusiones, que podían llevar al lector a la identificación de sus textos? Aunque parezca extraño, pienso que Bretón no pretendió apropiarse, sin más, de unos textos que no le pertenecían. El no podía ignorar que existían muchas copias manuscritas de los escritos del Santo, que estaban en conocimiento de muchas personas que trabajaban en la promoción de la vida espiritual. Tenía que pensar, que un plagio de tales proporciones podía ser descubierto con facilidad.

Bretón era consultor y calificador del Santo Oficio de la Inquisición. ¿Tuvo conocimiento, por razón de su oficio, de las dificultades que encontraban los escritos del Santo para su publicación? ¿Quiso salvarlos de las sombras y de un posible sequestro inquisitorial, dándolos a luz dentro de su obra, con las leves modificaciones que él introduce...? Habían sido sometidos a censura los escritos de la Madre Teresa; acusados a la Inquisición Fray Luis de Granada, y antes San Ignacio de Loyola y San Juan de Avila ... En el ambiente reinaba todavía la fuerte oposición de los teólogos escolásticos contra los escritores espirituales, cuyas obras eran consideradas injustamente como inspiradoras de muchos alumbrados y falsos espirituales. San Juan de la Cruz no se había librado de estas reservas. ¿Quiso J. Bretón salvar sus escritos?

2.   Este fenómeno plantea otro problema. Desde los últimos años del siglo XVI y en los primeros del siglo XVII se estaban recogiendo las copias más autorizadas de los escritos del Santo, y preparándolos para su publicación. Intervino en esta tarea por encargo de los Superiores el P. Tomás de Jesús, entre 1601 y 1608. En el mismo año en que vio la luz la obra de J. Bretón, 1614, el P. Diego de Jesús Salablanca estaba revisando las copias y preparando los textos, que vieron la luz cuatro años más tarde[67].

¿Conocieron los editores y los Superiores de la Orden la publicación que había hecho J. Bretón? Parece que sí. El general de la Orden, José de Jesús María, en la dedicatoria al Cardenal don Gaspar de Borja de la edición de los escritos del Santo, hace una referencia un tanto velada a este hecho, según creo[68]. Por su parte, el editor de las obras, Diego de Jesús Salablan-

---

de un autor, que había publicado sus textos, Bretón hubiera citado su nombre, no lo hubiera callado, como no lo oculta en otras ocasiones. M. Andrés opina que alude aquí a Francisco de Osuna, y si no, a Laredo (M. Andrés, «Los Recogidos...», p.575).

[67] Cfr. Silverio de Santa Teresa, o.c., pp.202-207. El P. Silverio dice que: «Como la edición salió este mismo año de 1618, es muy verosímil que el P. Diego hubiese recibido el encargo algunos años antes» (p.206).

[68] «... Ni ha ayudado poco haberse ya impresso algunos fragmentos deste libro sin la trabazón y enlace que tienen en él, y por ventura con menos eficacia y provecho, aunque con alguno. Dexo aparte el sentimiento que podía causar verlo apropiar a diferente dueño» («Al Ilustrisimo Señor D. Gaspar de Borja..., Fray Josef de Jesús María, General de la Orden de Carmelitas Descalços..., 30 de octubre 1618». En: «Obras Espirituales»... (ver nota 2.ª).

ca, al explicar las conveniencias de esa edición, dice: «... Añádese que andando en otros libros y escritos en lengua vulgar muchas de las cosas que aquí se tratan no tan bien declaradas, y con mucha necesidad de algunas advertencias...» [69].

¿Alude a la publicación hecha por J. Bretón? Es probable. El P. Salablanca no podía ignorar el hecho, que era conocido en las altas esferas de la Orden. En este supuesto: ¿por qué no se identificó con suficiente claridad al autor del plagio? ¿Por qué no se reafirmó la autenticidad, o paternidad de San Juan de la Cruz, sobre los textos plagiados, y se reprobó la actitud del plagiario? ¿Era suficiente una simple alusión, velada e imprecisa?

Ante los hechos consumados, parece que la Orden aceptó el suceso, sin darle mayor importancia. Al menos no conocemos datos para enjuiciar los hechos de otra forma. Al fin y al cabo, por ese procedimiento se había conseguido «algun provecho espiritual», a juicio del P. José de Jesús María.

3. La transcripción que J. Bretón hace de los textos de San Juan de la Cruz presenta algunas diferencias con relación a las copias más autorizadas: la de Alba de Tormes y la de Burgos [70], y a las ediciones actuales. Algunas de estas diferencias pueden proceder del mismo J. Bretón, que modificó los textos manuscritos: omisión de algunos pàrrafos, añadidos de frases y textos...

El cambio de algunos términos y expresiones ¿proviene del texto manuscrito utilizado por el plagiario? ¿Qué copia tuvo a su disposición? ¿alguna procedente de los ambientes carmelitanos espirituales de Valladolid, Salamanca o Madrid? ¿Sería posible identificar la copia utilizada para estos plagios?...

4. Hoy no conocemos los autógrafos de las obras más importantes de San Juan de la Cruz. Por razones, o causas que los historiadores no han conseguido iluminar, estos desaparecieron de forma un tanto misteriosa, que no deja de desconcertarnos.

Conocemos, sin embargo, varias copias manuscritas de sus escritos mayores, autorizadas por su antigüedad y por su reconocimiento general. La publicación que hace J. Bretón de los textos de la *Subida* y de la *Llama* no se corresponde enteramente con esas copias. Esto hace que esta publicación constituya un documento singular, individualizado e independiente, que goza de indiscutible valor a la hora de establecer el texto auténtico del Santo, ante las muchas variantes y diferencias de las copias.

---

[69] Diego de Jesús (Salablanca): «Apuntamientos y advertencias ... Discurso tercero: De cuán convenientemente salen estos libros en lengua vulgar». En Gerardo de San Juan de la Cruz, *o.c.*, III, p.498.

[70] Ver: Gerardo de San Juan de la Cruz, *o.c.*, pp.XLVI-XLIX; y en «Introducción» a la *Subida del Monte Carmelo*, pp.18-22.

En este contexto, el P. Gerardo de San Juan de la Cruz, lejos de indignarse ante la actitud del P. Bretón, le da «las gracias por los servicios que con esto nos ha prestado»[71]. ¿Qué servicios? El habernos transmitido un texto que es punto obligado de referencia en la crítica textual de la *Subida* y de la *Llama*, ante las variantes que presentan las copias, y a falta de los autógrafos[72].

Se trata, sin duda, de un documento histórico de innegable valor. Entre textos literales de San Juan de la Cruz Bretón intercala en ocasiones algunas frases, o breves párrafos —que no recogen las ediciones—, que tienen sabor sanjuanista. ¿Pertenecen estos textos a la obra del Santo en realidad, o son elementos añadidos? ... Queda ahí el interrogante, en busca de una respuesta adecuada. Y como este pueden formularse otros parecidos.

Pienso que no es lícito subestimar este documento, desde el punto de visto de la crítica textual, aunque bajo otro aspecto constituya un abuso y un hurto, que en las circunstancias en que fue cometido no me atrevería a decir que no encuentra alguna explicación, más o menos aceptable. De cualquier forma, el texto que nos transmite el P. Bretón tiene tanta y más autoridad que algunas copias. Siguiendo el criterio del P. Gerardo de San Juan de la Cruz creo que no es justo prescindir del todo de este documento «de mucha utilidad para restituir a su primitiva pureza el texto de la *Subida*... y de la *Llama de amor viva*[73].

---

[71] Gerardo de San Juan de la Cruz, *o.c.*, I, p.XLIX.

[72] Es el valor que el P. Gerardo ha reconocido al texto de J. Bretón, transcrito de los manuscritos de las obras de San Juan de la Cruz, cuando escribía: «Se colige que es un documento de mucha utilidad para restituir a su primitiva pureza el texto de la *Subida del Monte Carmelo* y algún trozo de la *Llama de amor viva*» (*o.c.*, I, «Introducción» a la *Subida*..., p.21). Podemos matizar, que no solamente para algún trozo, sino para la mayor parte de la *Llama*.

[73] El P. Gerardo anota en su edición de la *Subida* y de la *Llama* algunas de las variantes que presenta el texto que nos transmite Juan Bretón. Pero, tiene muchos más matices. Y el análisis no debe reducirse solamente a la consignación de algunas variantes, sino también a la inclusión, u omisión de algunos párrafos, frases cortas, etc. ¿Corresponden al texto de alguna copia?

San Juan de la Cruz en la música española del siglo XX

Andrés Temprano, O.Carm.

Los místicos y los músicos, como también los poetas, son los seres humanos más vecinos a la gloria de Dios y amigos de su refulgencia. Dios-Majestad, Jesús-Fulgor y Cristo-Belleza son trinidad generosa derramada en ellos como prodigio estético.

Porque es esto como un sostenido andar por las cumbres de los hombres y de las cosas, escribiré con temor y temblor; también con valiente gozo.

Por el verso, esplendor de belleza, y con el verbo —otra luz de entendimiento— de la cima más alta del misticismo universal, el sonido y conceptos musicales del siglo XX español alcanzan cotas de privilegio en su particular paisaje.

Acercarse a la palabra única de San Juan de la Cruz, regalo del Amor, y tomarla para ponerla paralela al pentagrama es, además de venturosa audacia, regocijo, luz y consuelo de sentidos, entendimiento y espíritu. ¡Paralelas convergentes en el ideal soñado!

¡San Juan de la Cruz!

Alondra,
tortolica,
filomela;
esquilas-ecos del alma.

Flecha,
águila,
dardo encendido;
vuelo y llama del amor.

Cantor de montañas,
ínsulas...
y ríos; aura y austro del Espíritu.

Cazador de la Bondad,
sembrador de belleza;
orfebre en la oscuridad.

Palabra del Verbo,
místico regalo de Castilla;
manantial de claridades...

¡San Juan de la Cruz!:

Bendita la memoria-compañera que nos regala el gozo de celebrar el instante eterno de la llegada a la cumbre de tu monte.

Federico Mompou: «Música Callada» y «Cantar del Alma»

Barcelona, 30 de junio de 1987: Suena más Mompou ahora que ha callado. Suave como un susurro-resonancia que se pega al alma y la enciende acabo de sentir, lento como una eternidad de belleza, el toque del espíritu-sonido de Federico. La campana-corazón de este hombre la escucho ampliada, encordando, en todos sus silencios ...

¡Federico Mompou, abrazable metáfora y reflejo de Dios! Clásico convergente con lo mejor de nuestra cultura. El músico espiritual más original e interesante de la Europa del siglo XX. Exponente singular del «seny» catalán. Ermita, oasis, palmera y nardo, ciprés gerardeño, ... Todo Federico Mompou es fruto de la Gracia; y su música, limpia y leve, intensa e íntima confidencia de amigo. Chopin, Fauré o Scriabin son, en alguna medida y manera, sus padres en el espíritu, junto al espíritu más primitivo y puro de la música culta objetivado en el «organum», en el gregoriano y en las sonancias populares.

Como San Juan de la Cruz supo desvelarnos los matices últimos de su concepto estético-teológico y vivencia mística con una prosa, comentario al verso, constitutiva de la pedagogía religiosa más ejemplar, así Federico Mompou ha querido darnos pistas para el mejor entendimiento de su música íntima: «Pretendo, siempre, hacer buena música. Mi único afán es escribir obras en las que nada falte ni sobre. Estimo como importantísimo limitarse a lo esencial, sin perderse en ideas secundarias de menor importancia». Etc.

Releo ahora sus cartas, guardadas con tanto celo como estima, y me resulta particularmente simpático y significativo el final de una felicitación del Año Nuevo 1967 que, a partes iguales, me escriben Carmen, su mujer, y él: «Recuérdenos en sus oraciones para que la Música esté con nosotros ...¡¡Amén!!»

«Música Callada»

La aureola de esta música, peso y vuelo, está en que nos regala contemplación sosegada, silencio gritando en nuestro espíritu.

Si decimos que *Música Callada* son veintiocho momentos o números pianísticos titulados con el correspondiente guarismo romano, sin más, y distribuidos en Cuatro Cuardernos: nueve para el Primero, siete para el Segundo, cinco para el Tercero, y siete también para el Cuarto; que dichos «cuadernos» están fechados entre 1959 y 1967, concretamente en 1959, 1962, 1965 y 1967 respectivamente, habremos apuntado poquito más que muy poco.

Empezamos a señalar matices significativos de relación y diálogo si añadimos, por ejemplo, que la obra entera —44 páginas de esencias— está publicada por la Editorial Salabert, de París; que el propio autor (1975) la tiene registrada en disco de la marca ENY AL/555-5 Barcelona, ENY AZ/ 701-5 París y MHS/4362-66 N.York (es el n.º 5.º del album de cinco «Mompou interpreta Mompou», album que en 1977 mereció el premio especial de la crítica internacional, organizado por la revista «High Fidelity», de Berlín); que el n.º I está dedicado a Federico Sopeña neomisacantano; que todo el último «cuaderno» se lo dedica «a Alicia de la Rocha», y que ésta lo estrena en el Festival Internacional de Cadaqués, 1972; ...

Pero si subrayamos que es el piano más Mompou el que canta esta música, soberana creación de entrañables ámbitos de quietud contemplativa; que su raiz más honda se alimenta en los versos «la música callada,/ la soledad sonora» de la estrofa catorce del *Cántico Espiritual*; que es la obra predilecta y sello de Mompou; la síntesis más subida y pura de su credo estético; el exponente más alto de su famoso «recomenzar»; música plantada en la verdad permanentemente remozada ...; ah, entonces lo hemos dicho casi todo y, además, entusiasmados. *Música Callada* es el elogio inefable al sonoro silencio.

Apoya y alienta la loa sincera esta revelación del propio autor: «Esta música es callada porque su audición es interna. Contención y reserva. Su emoción es secreta y solamente toma forma sonora en sus resonancias bajo la bóveda de nuestra soledad». Es evidente que Mompou ha leído, lento y plácido, a San Juan de la Cruz.

Muy en la contemplación de todos y cada uno de los veintiocho números de *Música Callada*, el comentario más natural y propio será siempre el cordial e íntimo, el que ensalza y subraya: estados del ánimo ante la transcendencia o el misterio. Sonido de prodigio con la «cadencia» —arriba o abajo— siempre flotando al aire del espíritu; la soledad más caliente y acompañada; ejemplo cabal y feliz de un intento permanente por desmaterializar la música a fuerza de humanizarla; música de voluntaria ascesis purificadora; veintiocho expresiones muy sentidas del alma —angélico, lento, «cantabile», «afflitto e penoso», lento, «dolce», «severo-serieux», doloroso, luminoso, ...—, en la gama que va desde la modalidad más libre o tonalidad más amplia hasta los mismísimos linderos del serialismo más espiritual; monumento sutil a las sonoridades no escritas (las que se deben sentir y oir desde que termina la pulsación de una nota y se ataca la siguiente) y al «rubatto» con más duende, cautivador y de pálpito; la música, en fin, de morfología acuosa, áerea, en llama o de cristal; de prosodia, prosapia y vocación campaneras; de esquisita y singular ortografía; de sintaxis para el corazón. O dicho de otra manera: *Música Callada* la veo y siento como la más evolucionada consecuencia del espíritu y forma de su simbólico protoacorde «Barrio de Playa» (*fa* sostenido melancólico en la base y *re* agudo de queja en lo alto, más en el corazón -*do*, *mibemol*, *labemol*-la casi consonancia mayor): «barrio», entrañable y extrañado mundo nuestro, y «playa» —mar, horizonte al fondo—, eterna deseada. Luego y siempre el quehacer del compositor evidencia calidades de un alma romántica, añorante, y refinado estilo de paciente buscador impresionista muy sensible y particularmente hábil. *Música Callada* sería así su más elocuente y bella imagen sonora de esta vida y de la Otra, soldadas ambas por mantenido ejercicio de purificación. La juntura de esas dos vidas se logra, en efecto, por lo que acaba siendo una de las glorias del magisterio de Mompou: que la disonancia sea biensonante sacrificio natural saludable o consonante y lógico esfuerzo provechoso. Su color armónico constituye una de las formas más atractivas de conjugar las sombras y la luz de manera que todo parezca claridad.

«Cantar del Alma»

Si Mompou no hubiese cantado por la voz también el verso de San Juan de la Cruz, nos habríamos perdido la joya.

Cantar del Alma, para piano y canto, escrita en 1945, obra dedicada a Pura Gómez de Ribó y editada por Salabert, de París, canta seis de las trece estrofas de «Cantar del alma que se huelga de conocer a Dios por fe», y está inspirada en perfiles melódicos y rítmicos del canto gregoriano.

En este poema de San Juan de la Cruz, donde el tema y anhelo es «la eterna fonte» objetivada en el misterio cristiano familiar del «pan de vida», ve Federico Mompou, a la vez que la palabra ideal para ser cantada, la savia mística de su credo religioso y estético. «Creo formalmente en el mensaje, en la inspiración que penetra al artista, y hace que se refleje en él algo que viene de fuera», insiste Mompou.

La estructura de esta composición podría señalarse como A B A'B'A". (Las variantes temporales y espaciales de A y B —piano y voz, respectivamente—, no por leves dejan de apreciarse en sus pertinentes matices expresivos y de emoción): preludio del piano —entraña en sí una verdadera canción sin palabras—, sección A; primera intervención de la voz de soprano, donde se cantan tres estrofas del poema, la 1.ª, 3.ª y 4.ª, sección B; preludio del piano, ahora sentido como interludio, A'; segunda intervención de la voz para cantar ahora las estrofas 7.ª, 8.ª y última, la 13.ª, B'; y cierre del piano: «tempo primo», más «coda» como pedal profundo que recala en el silencio ..., sección A". Todo es nuevo, por más que algo que se oye parezca igual a algo que se escuchó antes. En realidad, omniludio creativo cabal, virgen canción o, en Mompou, dos canciones hermanas para sus dos más queridos —exclusivos, casi— instrumentos musicales: el piano y la voz humana.

Lo que yo llamo primera canción hermana, palabra poética del piano de Mompou, es un momento lento, binario, nacido de un germen de tres notas que, iniciado en el tercer grado de la escala de *mí menor*, lo integran una negra con puntillo, corchea (2.ª M. ascendente) y blanca (3.ª M. descendente) y que engendra todo lo demás: una frase de cuatro compases, a cuatro voces reales, de armonías y contrapunto clásicos —plácido, un punto melancólico suspiro, arco ligeramente desigual ...—, en la que la voz tercera querría alcanzar la luz mayor ...; una segunda frase, también de cuatro compases, subida una 5.ª justa y alcanzada por salto de octava disminuida —onda ondulante, con más carga sonora los compases 1.º, 3.º y primera parte del 2.º y 4.º, por acumulación cromática en la segunda voz, voz que calla en el resto—; más final «rit.» (dos compases), invitando por cadencia interrogativa a la voz de la solista para que nos desvele el misterio ... Esta «coda», cuando por tercera vez se escucha, ya como broche de toda la obra, alargada en «PP» y transformada-sintetizada por «calderón» sobre el *mí* más profundo del Piano, está suponiendo, desde luego, el asentimiento más pleno al mensaje místico de San Juan de la Cruz. En ese último, mágico instante comienza a *sonar dentro* la verdadera «canción del alma» de Federico Mompou.

Lo que denominamos segunda canción hermana es una melodía «dans le style grégorien», lírica, original, diatónica, libre el ritmo, natural y atinadamente despojada de todo acompañamiento, silábica, predominantemente por grados conjuntos su curso, tan aparentemente simple como rica en sugerencias, infinitamente porosa en su desnudez para recibir entera la fuerza soberana del verso que canta. Enmarcada por lo que antes dijimos referido a la parte del Piano, su vuelo grácil —ámbito de 9.ª— parece aupar un punto los hexacordos *natural* y de *sí bemol* gregorianos, por los que va y viene (así se nos antoja) cadenciando en los modos eclesiásticos principales. Las tres unidades dobles de la melodía entera —abc, abc, por esquematizar de alguna manera cada unidad vocal— cantan, en la forma ya indicada, las seis estrofas señaladas antes, etc. Espejo, la «cristalina fuente» del *Cántico*...

Hizo Mompou de esta obra una versión para Órgano, Soprano y Coro mixto. En ella, el Órgano abre la pieza de igual manera a como en el original lo hiciera el Piano —ahora repitiéndose todo el fragmento con registraciones y expresión distintas—, además de acompañar luego, doblando y muy suave, el Coro. La voz solista canta idénticas estrofas que en la versión original y en la misma forma y momentos. El Coro, usando todo el material original de la canción del Piano, canta en su primera intervención los dos endecasílabos de la estrofa once, más el fragmento heptasílabo del primer verso de la segunda estrofa —códice del Sacro Monte— «En esta noche oscura», la primera parte del dodecasílabo (7 + 5) del pórtico-estribillo del poema, y «de amor que es vida», pentasílabo añadido por Mompou. En la segunda intervención del Coro —cierre de la obra— se cantan los dos endecasílabos de las estrofas 1.ª y 3.ª Así, esta parte coral resulta ser, además de ampliación del texto poético de la versión original y subrayado más intenso del conmovedor apunte cristológico y eucarístico del poema, un comentario esclarecedor de lo que yo, desconociendo esta segunda versión, calificara como «primera canción hermana».

Juan-Alfonso García: «Trilogía Mística». «En Belén, José pide posada» y ...

Sobre base natural de artista, Juan-Alfonso García, sacerdote y organista de la catedral de Granada, es un músico generoso, de cimientos sólidos, expresión cordial, formas y estilo de directa belleza. Es, además, un maestro con alumnos triunfando aquí y luciendo prestigio fuera.

Las obras del primer estilo suyo —las que comentaremos a él pertenecen— amasan esencias del canto gregoriano y de la mejor polifonía de nuestros clásicos. El resultado es una música personalísima, síntesis de esquisiteces. Las puntas de este estilo son extensiones de un Debussy, Ravel, Falla, Eduardo Torres, Otaño o Don Valentín Ruiz-Aznar eternos. Su segundo estilo —una muy característica y meditada interpretación de la modernidad desde la madurez y equilibrio más exigentes— tiene valiente arranque en el *Salmo 12* —«palabras para un mundo en esperanza»— (1969), con brillantes desarrollos, por ejemplo, en *Epiclesis* (1976), *Paraíso cerrado* (1981), o *«Cántico espiritual»* que está naciendo.

«Trilogía Mística»

A falta de las tres últimas secciones de la primera parte y algunos pequeños retoques posteriores, la *Trilogía Mística* está publicada en la revista «Tesoro Sacro Musical», n.º 5, Madrid, 1964, y es, sin duda, la obra importante más interpretada entre todas las de su autor.

Veintitrés de noviembre, de 1961: «Mañana es día de San Juan de la Cruz. Durante esta gran temporada —más de dos años— que he trabajado en la *Trilogía*, me he compenetrado bastante con San Juan de la Cruz y le he cobrado un gran afecto ...» (Del *Diario* de Juan-Alfonso).

Efectivamente, esta larga, hermosa e intensa composición está escrita entre los años 1959 y 1961 —¡tres otoños!— y alcanza a ser un fiel reflejo sonoro de las vivencias contemplativas, espirituales y estéticas experimentadas entonces por Juan-Alfonso con particular signo y fuerza. No olvidemos que vive estrenando sacerdocio. Ya publiqué la cita; pero será siempre conveniente repetirla cuando se quiera hablar de la *Trilogía Mística*: «Otoño es mi tiempo; quiero decir (subraya Juan-Alfonso), es la época en que más espontáneamente escribo ... En realidad, el otoño es, en Granada, la época más emotiva del año. Basta subir una tarde a «Los Mártires» —donde se siente la presencia del espíritu de San Juan de la Cruz y de Manuel de Falla— o al Generalife —donde, más aún que en la Alambra, se respira la nostalgia y el misticismo musulmán—, para quedar el alma llena de las más altas emociones y los ojos saciados en la más bella contemplación ...» (Modernamente se está apuntando la muy posible raiz agarena, por vía materna, de San Juan de la Cruz).

I.   *La fonte* (3 v. b.) —Canción del alma que se huelga de conoscer a Dios por fe—.

El esquema de esta primera parte de la *Trilogía* es el siguiente: a. Estribillo —Soli a 3, con dos cantantes por voz, más *Tutti* del Coro—; A, estrofas 1.ª y 3.ª; a', segmento *Tutti* del Estribillo; B, 4.ª, 5.ª y 6.ª estrofas; a'; C, las tres estrofas siguientes del poema de San Juan de la Cruz; a'; D, estrofas 11.ª, 12.ª y última; a, Estribillo musical entero. (No se cantan las estrofas 2.ª y 11.ª del manuscrito de *Sacro-Monte*, y sí todas las de *Sanlúcar*).

El sonido de esta música es realmente blanco y, desde luego, muestra una de las páginas más naturales, directas y candorosas de Juan-Alfonso. Su programa cordial, simbólico, está en la Naturaleza misma: encuentro casual con «la fonte» —una determinada y física serrana fuente que brota alta de dentro de la tierra, corre sin pausa, se da sin medida— y «la noche» —una concreta granadina noche inicial de acción creativa— como lugares, momentos y ámbitos de honda contemplación dialogal. Como Juan de la Cruz y con él, se transciende y canta a Fuente-Dios alimento y corriente y a Noche-Dios escondido y conocido.

A un ritmo que amalgama tiempos binarios y ternarios, el Estribillo arranca tenue desde el aire del alma la primera agua como hilillo sonoro que está —dos sopranos segundos—, brota-asciende (dos sopranos primeros), desciende y corre —dos altos—... «Soli», «Tranquillo ed espressivo» canta la polimelodía modal, popular y homófona, el primer verso del poema: «¡Que bien sé yo la fonte que mana y corre!». «Tutti», «Piú mosso» se repite este verso, *mf*. ahora y por sencillo contrapunto imitativo, describiendo «mana» y «corre», más el pentasílabo «aunque es de noche», paradójico «ostinato» de luz en el poema y la canción. Este segundo verso se canta «forte», muy matizado con episemas horizontales oportunos al inicio, *rit*. justo, reguladores expresivos convincentes y con dos puntos de cromatismo que subrayan la consustancial paradoja de todo el poema. El tono y modo de *do sostenido menor* nostálgico, ya de suyo ambiguo aquí por las reiteradas sucesiones de cuartas y quintas armónicas, se ha mutado por momentos ...

Todo lo demás —música para once estrofas, once pareados más sus respectivos retornelos y/o constantes internos (diez adversativos y uno elocuentísimo mutado reveladoramente en causal en la estrofa penúltima)— es consecuencia de ese primer impulso comentado: una múltiple variación sonora del misterio escondido y manifiesto. El carácter intimista y de creciente emoción que tiene el poema lo logra Juan-Alfonso dosificando el volumen coral de «el corriente» sonoro de «aquella eterna fonte»: tres solistas en la primera estrofa y seis en la tercera; dos sopranos para dos voces en la 4.ª y 5.ª y seis —dos para cada voz— en la 6.ª; soprano solista en la 7.ª, soprano primera y alto en la 8.ª, y soprano a la que se suma otra en el quinto compás, primera voz, más dos para la voz segunda y otras dos para la tercera en la 9.ª estrofa; una cantante para cada una de las tres cuerdas en la estrofa 10.ª, seis —dos por voz— en la 11.ª, y *Tutti* para el coral variado de la última estrofa.

II.   *El pastorcico*. (3 v. mix., soprano, alto y tenor). —Canciones a lo divino de Cristo y el alma—.

El pastorcico-Pastorcico son Cristo Bi-faz y también el poeta, personas mensajeros cantores del Amor. Desde el propio título acrece Juan-Alfonso la ternura y el lirismo para luego dibujar el madrigal más humanamente divino.

En San Juan de la Cruz, los cinco cuartetos de versos endecasílabos, con rima consonante según la fórmula ABBA, acentuación en sexta, con el último verso de cada estrofa, «y el pecho del amor muy lastimado», (menos en la 2.ª, el verso del desamparo) a modo de estribillo o retornelo, que se aprecia como bordón y dardo del sentimiento del poema y resonancia del otro «aunque es de noche», son esquisita mutación más a lo divino, verdadera y genial recreación, de una poesía de Sebastián de Córdoba, a su vez ésta inspirada en otra profana acaso de Garcilaso, etc.

Juan-Alfonso canta así las cinco secciones del poema: A, en Coro de tres voces mixtas; B, con los mismos tres timbres, a «Soli»; C, por *cantus* y *altus*, «soli»; D y E, «Tutti» del Coro mixto.

Teniendo en la memoria la primera parte de *Trilogía Mística*, lo que de inmediato se percibe en esta segunda es la continuación de un trabajo de variación sutil del que acabará siendo famoso *do sostenido* nostálgico (tono-símbolo del propio San Juan de la Cruz, se me antoja) abierto por simplicidad a toda vecindad amiga, especialmente a los tonos y modos de luz ...

La música para la primera estrofa —sección A—, tras el recitativo tan cantable como melancólico del primer verso, logra de hecho un extraño y cambiante estado de agitación interior, señalando la realidad del hombre en soledad que padece activo la gloria añorada del Amor —Amada = pastor— pastora. La «actividad» está sugerida en el contrapunto de melodías que se imitan por elementos fugados, canónicos o de eco; la «agitación» y «pasión» —aparente calma ensimismada—, en toda la idea poética textual, «tempo» y en fugaces y leves disonancias puntuales.

En la sección B, tres líneas modales cantan la razón de la pena del pastorcico: «mas llora por pensar que está olvidado». La música, comprensiva y compasiva, disculpa «dolce» el sentimiento desolado del pastocico.

Cristo y el alma cristificada, alma de Juan, dos almas blancas, cantan la sección C: otra perla dual de *Trilogía*, semejante a la primera parte de la sección B de «La fonte». Y la *pastora* es aquí la humanidad entera. Se anticipa en este punto «la locura» definitiva de la postrera estrofa. Lírica pura; sustancia y también accidentes gregorianos (se evoca otra vez el «Ecce quam bonus ...», L.U., pp.295 y 1071) es la música; cantable suspiro que puede, anhelante, llegar hasta el grito «se deja maltratar en tierra *ajena*», resonancia sin duda del «que muero porque no muero». ¡Escoltado por estas dos hermanas bellezas melódicas gemelas, camina, humedeciendo de emoción los ojos del alma, el rumor inefable de Dios!

Hay otras lecturas, seguro; pero yo lo veo así: En el centro herido, corazón inmenso de la sección D y de la estrofa 4.ª está el «desdichado» drama-enigma del hombre: «Ay, desdichado/ de aquel que de mi amor ha hecho ausencia/ y no quiere gozar la mí presencia/ , ...» Es posiblemente el fragmento poético más desgarrado de San Juan de la Cruz, y, estéticamente, en Juan-Alfonso atisbos de un paso adelante en su proceso evolutivo como compositor. «Intenso e con asperezza» suena atonal —o politonal, según se mire—, de puro alterar prácticamente todos los grados de la escala de *do sostenido menor*; tono y modo que no elimina, sin embargo.

En la última estrofa y sección E de *El pastorico* todo se consuma por elevación, silencio y luz resucitada. Ni sangre, ni clavos, ni terremoto, ni ...; sí todo el amor amoroso de «brazos bellos» eternamente abiertos desde lo más alto y para todos. Atinadamente la música ha subrayado cada uno de los instantes de la definitiva, sustantiva metáfora poética.

III.   *La LLama.* (4 v. m.) —Canciones del alma en la íntima comunicación de unión de amor de Dios—.

Paráfrasis del último endecasílabo de la estrofa 38 del *Cántico Espiritual* y vanguardia más próxima a la beatitud, los veinticuatro versos que integran las cuatro estancias —estados admirativos de éxtasis— de *La llama* conjugan, en rima consonante, arte mayor y menor. Su esquema estrófico —abCabC— no tiene pareja formal en toda la poesía de San Juan de la Cruz. Liras las llama su autor. En realidad, liras ampliadas por un cuarto heptasílabo que equilibra y da simetría al conjunto de la estrofa, a la vez que las enriquece en acentuación y ritmo. «Llama» es la palabra-Amor protagonista, como «rompe la tela deste dulce encuentro» el vehemente ruego.

¿Qué hace Juan-Alfonso con palabra y concepto tan subidos? Primero, quererlos, cuidarlos con particular simpatía; segundo, cantarlos sumando a belleza humilde esplendores de hoguera grande.

Tras el doble impulso invocativo con el primer verso del poema —entonación unisonal politímbrica y su repetición contrapuntística aupada y más firme—, la música de la sección A se desarrolla como liturgia cósmica con tensiones lírico-dramáticas que, en efecto, anhelan la bienaventuranza plena. Por primera vez la plenitud vocal es evidente; por vez primera aparecen también los matices dinámicos «fortissimos» amplios y «sforzandos» enérgicos para «pues ya no eres esquiva,/ acaba ya, si quieres:/ Rompe la tela deste dulce encuentro», respectivamente. ¡Nada menos que siete *sfz.*, claroscuro sonoro de ordenada progresión y creciente prodigalidad armónicas para el singular verso sáfico del serafín de Fontiveros!

La sección B, sin los bajos, juega un papel de contraste tímbrico en toda esta tercera parte de la *Trilogía* y podría figurar en una antología de música terapéutica. Música curativa, sin duda, y no sólo del alma. Es como la experiencia anticipada del anhelo místico expresado antes.

Conocida la obra casi toda de Juan-Alfonso, me viene a la memoria el *Salmo* de «*Paraíso cerrado*» —solistas, coro y orquesta—, con texto de Pedro Soto de Rojas: «Criador inefable, que a solas me corriges, me alegras y me afliges, y en las alas de los vientos te paseas: Yo, a la luz que me das, busco quién eres» (Versos 1117, 1138, 1135, 1116 y 1139). La llama de esa luz es amoroso fuego purificador en las «lámparas» de San Juan de la Cruz. Una interpretación ideal de *Trilogía Mística* pediría para cantar la estrofa penúltima de *La llama* —sección C— coro multiplicado al infinito, miles de encendidas lámparas iluminando y calentando al mundo. Recitativo coral y contrapunto fugado de ahora son temprano anticipo místico de lo que más tarde sería también magnificencia sonora en *Paraíso cerrado*, granada abierta en luz de belleza cegadora para los elegidos.

Todo un símbolo es la tersura de la última página —sección D— de *Trilogía*, silábica polifonía homófona, gozo postrero de quietud en el Amado.

«*En Belén, José pide posada*» —Para Solo y Piano—

Es el título que Juan-Alfonso da a esta letrilla de San Juan de la Cruz: «Del Verbo divino/ la Virgen preñada/ viene de camino;/ ¡si le dais posada!».

Este «villancico para antes de nacer el Niño» se empieza a componer y se termina en la mañana del 24 de diciembre de 1962.

Es obligado citar al P. Alonso que, aludiendo a una Noche Buena en Granada, escribe: Fray Juan de la Cruz «hizo poner a la Madre de Dios en unas andas, y tomada en los hombros, acompañada del siervo de Dios y de los religiosos que la seguían, caminando por el claustro llegaban a las puertas que había en él a pedir posada para aquella Señora cercana al parto y para su esposo que venían de camino; y llegados a la primera puerta pidiendo posada cantaron esta letra que el Santo compuso: "del Verbo divino ...", y su glosa se fue cantando a las demás puertas» (Alonso de la Madre de Dios, *Vida, virtudes y milagros del santo padre fray Juan de la Cruz*... Edición preparada por Fortunato Antolín, O.C.D., Madrid, EDE, 1989, p.402).

Manejando con particular habilidad series de la gama de un omnipresente *do sostenido menor* de sabores múltiples y simultáneos, configura así su delicia menuda Juan-Alfonso: en ritmo ternario, un preludio del Piano; luego, primera sección de la canción con los tres primeros versos de la cuarteta; interludio de sorpresa, cantando el Piano la melodía, variada, del primer verso; y canto del verso final, repetido, usando el mismo material melódico y armónico del preludio. Floreos oportunos, preciso juego del pedal y los correspondientes detalles expresivos y dinámicos completan este precioso villancico. Tanto en la introducción como, más aún, en el final —dos versiones de lo que se siente como estribillo de la letrilla (verso 4.º)—, la duda interrogativa supuesta ¿y si no le dan posada? tiene tímida manifestación en la cadencia de Juan-Alfonso; pero todo lo demás —todo, en definitiva— es respuesta afirmativa y amorosa. Se sugiere el canto hondo de Andaluciía. El sentimiento popular se condensa y es tanto flecha oculta como dardo expreso.

Nota: Los puntos suspensivos que he puesto en el título para el apartado de este compositor, hacen referencia a lo que sus amigos esperamos como «la obra» de Juan-Alfonso: gran Oratorio para el *Cántico Espiritual*, completo, de San Juan de la Cruz. El trabajo está ya muy adelantado y ojalá su estreno sea uno de los logros artísticos que den esplendor a la conmemoración del IV Centenario de la muerte-Vida de San Juan de la Cruz.

Cristóbal Halffter: «Noche pasiva del sentido» y ...

Probado en mil noches como hombre y como profesional de la Música, Cristóbal Halffter, uno de nuestros compositores más imaginativo e internacional, representa la madura punta de vanguardia más conocida y comentada por la crítica especializada. Tan de pueblo como universal, por madrileño, es todo un veterano en el difícil ejercicio de discernir. Desde su casa castillo-»monasterio» de Peña Ramiro, en Villafranca del Bierzo (León), encarna el símbolo retiro-noche que ha parido más expansiva luz de belleza sonora, refleja y propia, en esta España nuestra.

El proyecto de C. Halffter es llevar a cabo lo que será tetralogía para «Noche oscura». (Como conferenciante, ha explicado recientemente en Alemania el influjo fundamental de Calderón en el concepto teatral de Wagner, así como también la decisiva influencia de nuestros místicos a la hora de componer «Tristán e Isolda», por ejemplo).

«Noche pasiva del sentido»

Sabemos por el propio C. Halffter su propósito al escribir esta composición: homenajear la expresión simplemente poética de San Juan de la Cruz. Bien. Pues contemplada por un creyente cristiano que además conozca la más genial teología escrita y vivida en España, cual es la del carmelita de Fontiveros, esta obra supera con creces esa intención. El resultado sonoro general de *Noche pasiva del sentido* tiene las características de un muy original procesional nocturno místico de loa interiorizada al Amor.

Noche pasiva del sentido responde a un encargo personal del Profesor Strobel, para sus estudios de música electrónica. Pensada y proyectada en los últimos meses de 1969, la partitura está fechada en Madrid, el 29 de enero de 1970, y publicada por Universal Edition, de Londres, en 1973. Se da con carácter de estreno mundial en Baden-Baden (Alemania), en el mes de febrero de 1971, habiéndose interpretado, hasta la fecha, en otras siete ocasiones, dos de ellas en la Escuela de Canto (1973) y en la sede de la Fundación Juan March (1975), en Madrid. La reciente versión discográfica —LC 0612: Christophorus Verlag. Freiburg im Breisgau, 1987— dirigida por el propio autor, tiene como intérpretes a la Soprano Sigune von Osten y a los percusionistas Markus Steckeler y John Dvorachek, además de los técnicos ingenieros de sonido Rudolf Straub, Artur Kempter y Bernard Noll. Señalar también que, atendiendo a las peculiaridades no comunes de la partitura, preceden a la misma, en la pulcrísima edición arriba indicada, cuatro páginas en las que se aclaran minuciosamente, además de determinados grafismos musicales propios del autor, los signos alusivos a cómo tocar cada instrumento (22 en total, tales como címbalos, tam-tam, gongs, triángulo, campanas, etc., además de Piano preparado), distintos modos de emisión de la voz solista y puntual forma de activar los diferentes elementos electrónicos.

Noche pasiva del sentido está escrita, pues, para voz de Soprano, dos percusionistas y transformación electrónica; en clave de símbolo y como objeto sonoro vivo que se renueva cada vez que se pone en pie en las salas de concierto. Su inspiración, bien expresada desde el propio título, está en el poema «Noche oscura» —primera estrofa— y en los comentarios que para dichos versos hace el Santo en su Libro I de «Noche».

Como en el poema y comentarios, hay en esta música —estructurada en tres partes o, mejor, en una unidad tripartita— una *línea* narrativa en espiral y, qué duda cabe, de signo dramático y dialéctico (la segunda sección): pero lo esencial, lo más sustantivo, es un expansivo y lírico *punto* contemplativo de gratitud absorta e intensamente receptivo, puesto de relieve en el inicio y final instrumentales y en la intención primera y última —estática— de la voz solista. El conjunto de punto y línea pretenden significar, por metáfora musical, la actividad humana en contemplación y lucha respondiendo amparada, circunvalada (técnica de «los anillos»), al influjo sobrenatural-purificativo. Desleyendo los tres primeros versos del texto poemático de San Juan —los dos últimos se leen— el canto de la voz solista quiere simbolizar, por otra parte, que la palabra como signo de la experiencia mística también es, aunque poética, oscura e incapaz, «... porque sólo el que por ello pasa lo sabrá sentir, mas no decir». (Prólogo a «Subida», 1). Así, dice C. Halffter, «la voz realiza una serie de variaciones sobre la fonética de las palabras, siendo el contexto musical el que reproduce, en otra esfera, su semántica». Todos los elementos que colaboran en la interpretación de la obra e incluyen en el contexto (los elementos electrónicos) «con la intención —sigue aclarando el compositor— de hacer volver los acontecimientos sonoros próximos pasados a un nuevo presente, donde se inscriben en una nueva realidad, para así poder mantener el clima que el texto sugiere». ¡Sorprendente y exacto! Hasta el propio estilo literario sanjuanista de avances y retrocesos continuos que pueblan su declaración en «Noche» está reflejado en la música).

La sensación que produce nos sumerge, insisto, en un ámbito nocturnal con todos los nubarrones, temores y peligros de este mundo sometidos bajo los pies, y por sobre nuestras cabezas todas las estrellas luciendo ...; así, su carga simbólica viene a evocarnos también la experiencia fenomenológica y mística que Fray Juan de la Cruz viviera tantas veces en las noches como templos naturales de Castilla y Andalucía, e interpreta, en alguna medida, la paradoja «noche luminosa» que arde en el corazón de todo el poema, como también la yustaposición de expresiones de peligro y seguridad —«a oscuras y segura», etc.— pena y ventura que existen en el mismo.

En un afán por señalar otras particulares sugerencias de esta composición, para muchos la más hermosa de su autor, me fijo en el tiempo, la matemática y la geometría de la obra, observando cómo la línea, los números y el cronómetro se cargan de simbolismo y alcanzan distinta dimensión e insospechadas resonancias. Veamos, por ejemplo: La experiencia que el hombre puede tener y vivir en presentes sucesivos sensaciones simultáneas de pretérito y de futuro, de futuro como fugaces anticipos de eternidad en este caso, y que misteriosamente se da de forma singular y asombrosamente consciente en la privilegiada experiencia mística que vive San Juan, C. Halffter la refleja ahondando en su ya famosa técnica de los anillos (los anillos serían aquí alianzas con el Amor) y en la búsqueda de un tiempo que no parezca tiempo común. En efecto; lo que la voz e instrumentos cantan y escuchamos en directo —se crea la obra, en parte, en el transcurso de su interpretación— es grabado en cintas anilladas de 190 y 228 centímetros (estas cintas giran a 19 centímetros por segundo) y de 380 y 456 centímetros (a 38 centímetros por segundo) y reproducido luego 10 y 12 segundos más tarde. Según esto, y utilizando tan concienzuda como artísticamente todo un sofisticado complejo electrónico —mesa de registro y de mezclas, cinco micrófonos (dos para la cantante, otros dos para los percusionistas, y uno general), cinco potenciómetros, cuatro magnetófonos, dos altavoces y cintas—, resulta que nos es dado escuchar el sonido en directo, original y nuevo, y, a la vez, en diferido, lo que se cantó y tocó diez y doce segundos antes, o veinte y veinticuatro segundos más tarde, etc. A todo esto, para el tiempo de contemplación o de pasividad receptiva encuentra y emplea Halffter sucesivos ciclos de siete segundos y medio (poquito menos de dos compases de cuatro por cuatro), tiempo y compás que siendo una periodicidad dividida no da sensación de periodicidad; con ello el autor halla realmente una calidad de tiempo rítmico tan largo que al que escucha le es imposible de seguir rítmicamente —no puede adivinar de antemano los golpes consiguientes y sucesivos— pero en cambio sí es posible notar una periodicidad rítmica interna. Por esta solución temporal, el compositor ha creado la imagen que nos evoca —así lo siento yo— el carácter imprevisible de los «toques» de la acción divina operando sobre el alma.

Semejantes esquisiteces técnicas dan como consecuencia una polifonía vocal e instrumental muy peculiar —la cantante, por ejemplo, tiene al principio los dos micrófonos abiertos y empieza a cantar una como saeta ideal, alrededor de un *si* y *si bemol*, que escuchamos realmente a tres voces—, y los ecos y cánones que se generan son particularmente significativos y con un poder de sugestión grande. Los efectos de la noche pasiva del sentido, penosos unos y de ventura otros —sequedad en la oración, impotencia y desgana, inquietud, melancolía ...; amor y luz de Sabiduría —, se producen mezclados en la experiencia mística, y en la música de C. Halffter pueden identificarse, con la partitura a la vista y habiendo escuchado muchas veces la obra, uno a uno. En el *si bemol* «obstinato» de la parte central de *Noche pasiva del sentido* que los percusionistas tienen siempre dentro del Piano —una constante de belleza en C. Halffter cuando quiere significar un deseo propio intenso (recordemos su elegía «Sangre», en memoria de Federico García Lorca)—, veo tanto la permanente acción amorosa de Dios como el siempre amoroso esfuerzo del hombre por serle fiel. El hombre como eterno necesitado y suplicante está en los suspiros, gritos, ascensiones por intervalos disjuntos extremos, y en ese anhelante «na-a me-e» reiterativo de la voz solista, alma en el aire del Amor siempre. Etc.

Sobre los puntos suspensivos del título, selañalar, sin más, que, sobre *Noche activa del espíritu* —la segunda parte de la futura tetralogía— hay una no definitiva versión para dos Pianos y transformación electrónica que, no satisfaciendo a su autor, se revisará en un futuro próximo.

José María Alcácer: «Tras de un amoroso lance», etc.

Con ochenta y nueve años bien cumplidos y mejor llevados, el Padre Alcácer, religioso paul, sigue manteniéndose como un vivísimo y laborioso compositor con la categoría fija y maciza de un clásico de la música religiosa en nuestro sorprendente siglo XX. Y al señalar que tiene escritas obras como *Un pastorcico solo*, *Vivo sin vivir en mí*, *¡Oh llama de amor viva!*, *Entreme donde no supe*, *Noche oscura del alma*, *Romance del Nacimiento*, *El Cántico Espiritual*, *Romance de la Creación*, *Del Verbo divino*, *Al que a ti te amase*, *Hijo* (De la comunicación de las Tres Personas), y *Tras de un amoroso lance*, demostramos que ha puesto paralelos a pentagramas repletos de buena música más versos —516, concretamente, de un total posible de 964 escritos por el poeta carmelita— que cualquier otro músico.

Aunque sea verdad que todas esas diez composiciones (exceptuamos la apuntada en último lugar) son menores, por atender a circunstancias que exigían sencillez en planteamientos expresivos y de desarrollo, no es menos cierto que en todas ellas evidencia buen gusto y habilidad de profesional seguro. Todas están escritas entre los años de 1986-88.

Tras de un amoroso lance». —Para solistas (Tenor, Mezzo-Sporano y Barítono), Coro mixto y Piano—

En agosto de 1988, por expresa propuesta y sugerencias mías, acepta el P. Alcácer componer esta obra que concluye y firma en octubre del mismo año.

El texto literario es una cuarteta de exposición temática —*Abba*, punto de referencia— y cuatro octavillas de comento. (Es de notar, porque la música de Alcácer así lo subraya, las finas luces de sentido, variaciones o ecos, constantes —palabra «alto» en cada verso 7.°— y ritornelo exacto del último de la cuarteta en cada octavo verso).

Hay en esta poesía de San Juan de la Cruz —como, seguro, en todas las suyas— un dual sentimiento básico y, por elevación, único; regalada esperanza radical contemplativa —la virtud mística que «tanto alcanza cuanto espera»—, pasividad espiritual receptiva de alcanzar un deseo singular por del todo sustantivo (alegría y gozosa sorpresa admirativa en el Amor), y muy compleja actividad humana temporal impregnada de tan real como sutil dramatismo. De hecho, en ella se puede ver con claridad otra versión de su noche oscura y venturosa. Pues bien; la música del P. Alcácer no hace otra cosa que no sea sumar atento interés a ese doble sentimiento apuntado. Los ejemplos más notorios de ello aparecen en cada introducción del Piano y en la traducción musical del concepto poético de los versos 2; 8 y 10; 16; 23, 24 y 26. Con diferentes matices, el primer aspecto del sentimiento dicho (la alegría) se enuncia en las introducciones pianísticas 1.ª, 2.ª, 3.ª y 4.ª; el segundo (el drama), en la música para los versos antes señalados, resultando paradigmático el 26 «y abatíme tanto tanto». Toda la cuarta glosa es un resumen, a la vez, de las dos realidades del sentimiento total.

Sentido en su conjunto y de una vez, *Tras de un amoroso lance*, de Alcácer, es un plural himno a la esperanza cristiana y como una ofrenda-motete quíntuple al Amor; un tema y cuatro variaciones libres.

Párrafo circunstancial

Obligado a resumir todavía más, sólo apuntar otros compositores españoles —seguro que no todos— y obras que han celebrado con su arte la memoria de San Juan de la Cruz: *¿Adónde te escondiste?* —Organo y Coro a 4 v. mix., 1954—, de Manuel Blancafort; *Llama de amor viva* —cantata para Soprano, Coro de hombres y Orquesta, 1969—, de Oscar Esplá; *Cántico de* *la esposa* —las cuatro primeras estrofas del «Cántico Espiritual», para Soprano y Piano, 1934—, de Joaquín Rodrigo; *Pequeña cantata a San Juan de la Cruz* —doce estrofas del «Cántico», para solistas, coro mix. y orq., más reducción para Organo de la parte orquestal, 1987—, del P. José G. Ferrero; *¿Adónde te escondiste?* —las tres primeras estrofas, Voz (Mezzo, preferentemente) y Piano, 1952—, de José Peris; *¿Adónde te escondiste?* —las cinco estrofas iniciales del «Cántico», para Soprano, Coro mixto y Piano, 1958—, de Miguel Alonso; *«Cántico Espiritual* —lied-romanza para voz y Piano, 1985, sobre algunas estrofas del «Cántico»—, de Emilio López de Saá; *¿Adónde te escondiste, Amado?* —2 v. ig., ocho estrofas escogidas del «Cántico»— y *¡Oh llama de amor viva!* —3 y 4 v. m.—, de Domingo Cols. A esta lista, que no pretende ser exhaustiva, habría que añadir las siete composiciones —1, 2, 3 y 4 voces, con acompañamiento de organo, 1945— del P. José Domingo de Santa Teresa, O.C.D., e incluso y de forma indirecta el *Homenaje a Federico Mompou* —para Orquesta, 1987—, de Román Alís, y la transcripción e instrumentación de los *Cuadernos 3.º y 4.º* de «Música Callada» de Mompou, de Josep María Mestres Quadreny. Particular interés tienen, aparte de ser esto primicia informativa, la obra *La cuz, el ciprés y la estrella*, en la que se incluyen, a más de otros textos diversos, fragmentos de «Cántico» y de «Llama» —para Coros, Recitador, Solistas y Orquesta, 1988 ...—, de Eduardo Pérez Maseda, y el proyecto firme de este mismo compositor de escribir una ópera (trabaja en ella y es «encargo» a estrenar en el 91) sobre San Juan de la Cruz.

III. DOCTRINA Y MAGISTERIO

r. A la tarde te examinaran en
el amor aprende a amar
como dios quiere ser amado
y deja tu condicion.—

r. Cata que no te entremetas
en cosas agenas maximas
pases por tu memoria porq
quica no podras tu cumplir
con tu tarea.

r. No pienses que porque en a
quel no veculen las virtudes
que tu piensas: no sera precio
so delante de dios por lo que tu
no piensas.—

r. No sabe el hombre gocarse bien
ni dolerse bien. porque no ven
tiende la distancia de el bien
y de el mal.

Aspekte sanjuanistischer Gnadenlehre

Giovanna della Croce, O.C.D.

«Das mystische Leben ist die höchste, aber zugleich eine ausserordent-
liche und besondere Entfaltung des christlichen Lebens in der Gnade»[1].
Diese Worte schrieb vor einem halben Jahrhundert Alois Winkelhofer in einem Werk über die Gnadenlehre des hl. Johannes vom Kreuz, entsprechend der damaligen und vielleicht auch heute noch teilweise bestehenden
Auffassung der sanjuanistischen Mystik. Wenn es auch sicher richtig ist,
daß der Christ erst auf den Höhen der mystischen Vereinigung dem Gnadenangebot Gottes in höchster und «vollkommener» Weise entspricht, so dürfte es bei einer näheren Prüfung der geistlichen Lehre des spanischen Heiligen wohl kaum stimmen, im mystischen Leben eine «außerordentliche und
besondere Entfaltung» des christlichen Gnadenlebens sehen zu müssen. Für
Johannes vom Kreuz gibt es, angefangen von der Taufgnade bis zur mystischen Vereinigungsgnade, nur einen und allen Menschen von Gott zuge-
dachten Weg, auf dem der Mensch in Antwort auf Gottes Angebot immer
mehr werden kann, als es ihm von Natur aus möglich ist.

Dieser Weg steht einem jeden getauften Christen offen und braucht
nicht an außergewöhnliche Gnaden zu appellieren, weil er einfach der Weg
eines intensiven Glaubens ist:

> «*Para conseguir la gracia y la unión del Amado, no puede el alma
> ponerse mejor túnica ... que esta blancura de la fe*»[2].

---

[1] A. Winkelhofer, *Die Gnadenlehre in der Mystik des hl. Johannes vom Kreuz*, Freiburg 1936,
S.160.

[2] San Juan de la Cruz, *Obras completas* (texto crítico-popular), editadas por el P. Simeón
de la Sagrada Familia, OCD, Burgos, El Monte Carmelo, 1959.— Die von mir zitierten Texte
beziehen sich immer auf diese Ausgabe. Für die deutsche Übersetzung habe ich teilweise die
im Johannes-Verlag, Einsiedeln, erschienene Übertragung von I.Behn/O.Schneider, in 4 Bänden (³1984), benützt. Doch habe ich es hier und da vorgezogen, direkt vom Originaltext zu
übersetzen.— Kürzel: S = *Subida del Monte Carmelo* (Empor zum Karmelberg); N = *Noche oscura* (Die dunkle Nacht); CA = *Cántico espiritual*, segunda redacción (Das Lied der Liebe); F
= *Llama de amor viva*, segunda redacción (Die Lebendige Liebesflamme).— Für die Dichtungen habe ich auch die Übertragung von F.Braun: Johannes vom Kreuz, *Die dunkle Nacht der*

Gnade geschieht am Menschen auf dem Weg des Glaubens als Begegnung mit dem unerkennbaren und unbegreiflichen Gott, mit dem oft sich in Schweigen hüllenden und scheinbar abwesenden Gott, aber auch mit dem redenden und handelnden, sich liebevoll über ihn neigenden, ihn durchformenden und umwandelnden Herrn. Diese Begegnung wird verschiedene Formen annehmen, entsprechend der inneren Situation des einzelnen Menschen, die aber zur normalen Entfaltung des christlichen Frömmigkeitsslebens gehören.

Johannes beschreibt eindeutig die göttliche Gnadenpädagogie in 2S 17,3-4:

> *«Um die Seele zu bewegen (d.h., gnadenhaft auf sie einzuwirken) und von der äußersten Grenze ihrer Niedrigkeit zur anderen äußersten Grenze seiner Erhabenheit in göttlicher Vereinigung zu erheben, pflegt Gott geordnet und milde und auf die Weise der Seele vorzugehen». Er beginnt «mit der Vervollkommnung der körperlichen Sinne», und wenn diese «einigermaßen bereitet sind, pflegt er sie noch weiter zu vervollkommnen durch Gewährung einiger übernatürlicher Gnaden und Gaben, um sie im Guten zu befestigen». Dann wirkt er auf die «inneren Sinne» ein, indem er sie «erleuchtet und vergeistigt». «Und auf diese Weise geleitet Gott die Seele von Stufe zu Stufe bis ins Innerste. Nicht als müßte er diese Ordnung der Reihe nach genau so einhalten». Gott ist absolut frei im Mitteilen seiner Gnade, so daß er «zuweilen das eine ohne das andere und statt des mehr Innerlichen das weniger Innerliche und alles zugleich wirkt, je nachdem er sieht, was der Seele nützlich ist oder wie es ihm gefällt, die Gnaden zu gewähren. Doch der gewöhnliche Weg ist der besagte»* (2S 17,3-4).

Wie dieser Weg verläuft, um eine *«dichosa ventura»*, ein glückliches Abenteuer, zu sein, das trotz dunkler Nächte zur Vereinigung mit Gott führt, das hängt nicht nur vom Gnadenangebot Gottes ab, sondern auch von der Antwort des Menschen. Beide komplementäre Aspekte gehören zur Grundstruktur der sanjuanistischen Gnadenlehre und Gnadenmystik.

Seele, Sämtliche Dichtungen, Otto Müller Verlag, Salzburg 1952, herangezogen.— Lit. (Auswahl): Simeón de la Sagrada Familia, OCD, *La doctrina de la gracia como fundamento teológico en la doctrina sanjuanista*, in: *El Monte Carmelo* 43 (1942), S.521-541; Joannes a Cruce Boldt, *Der Mensch in der Gnade Gottes nach dem spanischen Mystiker und Kirchenlehrer Johannes vom Kreuz*, in: *Ephemerides Carmeliticae* 29 (1978), S.238-265; Max Huot de Longchamp, *Lectures de Jean de la Croix. Essai d'anthropologie mystique*, Beauchesne, Paris 1981; G.H. Tavard, *Poetry and Contemplation in St John of the Cross*, Ohio University Press Books, Athens, 1988.

. Gnade als Anrede Gottes und Antwort des Menschen

In den Schriften des hl. Johannes vom Kreuz trifft man verhältnismäßig selten auf das Wort «Gnade» (*gracia, merced*), und das ist kein Zufall. Er vermeidet offensichtlich diesen Ausdruck, weil er nicht als (scholastischer) Theologe eine Gnadenlehre darlegen will, die auf technischen Formeln aufbaut. Gnade steht für ihn viel zu sehr im unlösbaren Zusammenhang mit dem Leben des Menschen, mit seiner gesamten Existenz als Christ, um sich bei seinen Beschreibungen der üblichen theologischen Unterscheidungen zu bedienen zu können. Gerade diese würden ihn ja hindern, um das eigentliche, von ihm persönlich tief empfundene und mystisch erfahrene Gnadenwirken und Gnadengeschehen zum Ausdruck zu bringen.

Das schließt nicht aus, daß er vereinzelt sich technicher Unterscheidungen bedient. Er grenzt habituelle und aktuelle Gnade ab, setzt im Leser die Fähigkeit voraus, zwischen geschaffener, ungeschaffener und heiligmachender Gnade zu unterscheiden und spricht zum genaueren Verständnis auch von *gratiae gratis datae*. Doch diese Differenzierungen bilden nur den Untergrund seiner Aussagen, bei denen es primär darum geht, in der Gnade den wirksamen Ausdruck göttlichen Eingreifens in die menschliche Natur zu erfassen, derart, daß diese befähigt wird, mit allen ihren Kräften dieses Eingreifen zu bejahen, sich diesem auszuliefern und sich von ihm zur Übernatur erheben zu lassen.

Gnade ist damit das Geschenk der Selbstmitteilung Gottes an den Menschen, durch das er be-gabt wird, seine Antwort zu formulieren, progressiv, je nach dem Grad des geistlichen Lebens, das er erreicht hat. Dieses Aufeinandergehen Gottes und des Menschen, dieses einzigartige Frage— und Antwortspiel der göttlichen und menschlichen Liebe, kann nur auf dem Hintergrund *personalen* Verhaltens verstanden werden[3]. Denn Gnade ist für Johannes vom Kreuz warm pulsierendes göttliches Leben, das zum Menschen kommt, sich über ihn liebend neigt, ihn im tiefsten Inneren berührt und empfänglich macht für seine Wirkkraft. *Personal* konzepiert ist ebenfalls die Antwort des Menschen, die sich mit Hilfe dieser wirksamen Gnade vom Sinnenhaften zum Geistigen durchringen wird. «Je mehr ihr (der Seele) Umgang mit Gott sich vergeistert, um so mehr entblößt und entleert sie sich der sinnlichen Weise (...). Gelangt sie dann zum vollendet geistigen Umgang und ist in der Beziehung zu Gott in ihr alles Sinnenhafte entfernt» (2S 17,5), dann hat sie in personaler Entsprechung jene Antwort auf Gottes

---

[3] Sehr richtig bemerkt P. Nicotra in einer Studie zur sanjuanistischen Anthropologie: «Movendosi sul binario aristotelico-tomista e, soprattutto, in una profonda esperienza dell'uomo dotato di fino spirito, il genio di San Giovanni della Croce svelò le profondità ontologiche e dinamiche dell'uomo, aprendole a Dio. Per lui, l'arrivare *dell'uomo all'unione con Dio*, non è un'avventura cosmica né tanto meno un'impresa comunitaria. E un'opera *personale*. Un'opera dell'uomo concreto. La sua attitudine è tanto chiara che non ammette il più lieve dubbio» (*L'uomo alla ricerca di Dio*, Istituto Giovanni XXIII, Roma 1987, S.107).

Gnade gegeben, auf die all deren Wirken hinzielte. Und diese Antwort kann nach Johannes vom Kreuz nur in hingebender Liebe gegeben werden.

Johannes vom Kreuz weiß, daß nicht alle, sogar nur sehr wenige Menschen bis dahin gelangen. Auch wenn «Gott stets in der Seele zugegen ist», sowohl «wesentlich» (*presencia esencial*) wie als habituelle Gnade (*por gracia*), nämlich im Innewohnen in der Seele des Christen, der im Stande der Gnade lebt[4], vermag dieser nicht die zum Entsprechen erforderliche Antwort zu formulieren, ohne einen hohen Grad der Liebe erreicht zu haben, jener Liebe, von der Johannes sagt: «... lieben heißt danach streben, Gott zuliebe von allem frei und bloß zu werden, was nicht Gott ist» (2S 5,7). Gerade in diesem Kapitel der *Subida* unterscheidet der spanische Mystiker zwischen der «substantiellen Vereinigung der Seele mit Gott», die aufgrund der habituellen Gnade oder dem Innewohnen Gottes «immer gegeben ist», und der «*unión y trasformación del alma con Dios, que no está siempre hecha, sino sólo cuando viene a haber semejanza de amor*»(2S 5,3). Die eine ist «natürlich, die andere übernatürlich und kommt zustande, wenn beider Willen, nämlich der Seele und Gottes, zu einem einzigen Willen werden (*están en uno conformes*)» und so einander gleichförmig sind, «daß es in dem einem nichts gibt, was dem anderen widersteht» (ebd.).

Der Mystiker will damit sagen, daß der von Gottes Gnade wirksam ergriffene Mensch restlos in sich *Gott Raum geben muß*. Dies geschieht im Ausscheiden alles dessen, «was dem göttlichen Willen widerstrebt oder in ihn nicht eingefügt ist (*que no conforma con la voluntad divina*)» (2S 5,3), damit Gottes Wille den menschlichen überformen kann. Erst dann, wenn der Mensch das eigene Wollen ganz dem göttlichen Willen «angeglichen und verähnlicht hat», d.h., wenn er ganz Gott in sich Raum gegeben hat, gelangt er zur übernatürlichen Vereinigung mit Ihm. Es handelt sich dabei um ein von Stufe zu Stufe Aufsteigen, damit im Läuterungsprozeß die sündige und naturgebundene Existenz des Menschen von ihren Unähnlichkeiten entblößt werde. Ein solches Werk der Selbstbefreiung verwirklicht sich in der Liebe, die hier von Johannes als Ausdruck der Gleichförmigkeit mit Gottes Willen gesehen wird. Denn

> «Gott senkt seine Gnade und Liebe in die Seele gemäß des Ausmasses des liebenden Willens in ihr» (wörtlich: *«Dios no pone su gracia y amor en el alma sino según la voluntad y amor del alma»*) (CB 13,12).

---

[4] Wie bekannt, Johannes vom Kreuz macht sich die klassische Unterscheidung der drei Weisen göttlicher Gegenwart in der Seele zu eigen. In CB 11,3 heißt es: «Auf drei Arten kann Gott in der Seele gegenwärtig sein. Die erste ist eine wesentliche (...), mit der er Leben und Sein gibt». Zum zweiten «ist er gegenwärtig durch Gnade», eine «Gegenwart, die nicht allen zuteil wird. Sie wird den Todsündern entzogen. Ob Gott derart in ihr wohnt, kann die Seele natürlicherweise nicht wissen. Die dritte Weise ist bedingt durch geistige Liebesneigung».

Da nicht alle Menschen in gleicher Weise Gott lieben, weil sie entweder einen höheren oder einen weniger hohen Grad der Liebe errreicht haben, ergibt sich für Johannes, daß Gottes Schenkungswillen dieser Tatsache Rechnung trägt:

> *«De donde a aquella alma se comunica Dios más que está más aventajada en amor, lo cual es tener más conforme su voluntad con la de Dios»* (1S 2,5).

Um auf Gottes Selbstmitteilung, um auf seine Gnade entsprechend antworten zu können, muß «der aufrichtig (Gott) Liebende besorgt sein, daß es ihm nicht an Liebe fehle, denn sie bewirkt es (wörtlich: *«por ese medio»*), daß ihm Gott mehr Liebe zuwendet und sich mehr in seiner Seele bemerkbar macht (wörtlich: *«se recree más en su alma»*) (CB 13,12). Je mehr Liebe der Mensch Gott gegenüber hat, umsomehr erfaßt ihn das göttliche Gnadenwirken, und umso bedingungsloser vermag er auf Gottes Anruf zu antworten.

Bei einer solchen personalen Interpretation der Gnade als Begegnung Gottes und des Menschen greift der spanische Mystiker nicht selten auf Bilder und Symbole zurück, die teilweise auf der Väterlehre beruhen und vorwiegend christozentrisch sind. Das gilt besonders für seinen *Geistlichen Gesang* und für die *Lebendige Liebesflamme*, wie wir noch sehen werden. Obwohl dort der ontologische Unterschied zwischen geschaffener und ungeschaffener Gnade im Hintergrund bleibt, muß er doch, wenn das gesammte Geschehen ins Licht interpersonalen Aufeinandergehens und Zusammengehens geworfen wird, gegenwärtig gehalten werden.

Hier sei noch darauf hingewiesen, daß Johannes die *absolute Freiheit Gottes* beim Mitteilen seiner übernatürlichen Gnade betont. Gott schenkt Gnade dem, wie er es will. Aber auch der Mensch besitzt die volle Freiheit, dieses Geschenk anzunehmen oder zu verweigern. Es kann sogar zum Mißbrauch des göttlichen Gnadengeschenkes kommen, besonders dann, wenn es sich um *gratiae gratis datae* handelt, nämlich bei «allen von Gott verliehenen Gaben und Gnaden, die die natürliche Kraft und Fähigkeit übersteigen, wie die Gabe der Weisheit und des Wissens (...), und bei den vom hl. Paulus aufgezählten Gnaden (1 Kor 12,9-10)» (3S 30,1). Bei ihnen besteht immer die Gefahr, daß der Mensch sich eigennützig an sie anklammert und eine natürliche Befriedigung empfindet. Ihr eigentlicher Zweck, «dadurch Gott in wahrer Liebe zu dienen» (3S 30,5), wird dann nicht erreicht[5].

---

[5] Vgl. dazu 3S 31,7: «Wer also die übernatürliche Gnade und Gabe hätte, hüte sich vor der Lust und Freude an ihrer Ausübung und sei nicht darauf aus, sie anzuwenden. Gott, der sie ihm in übernatürlicher Weise zum Nutzen seiner Kirche und deren Glieder verliehen hat, wird ihn auch übernatürlich bewegen, wie und wann sie zu betätigen ist».

Andererseits darf nicht vergessen werden, daß dort, wo der Mensch sich in freier Hingabe Gott schenkt, wo er seinen Willen vollkommen mit dem göttlichen vereint, niemals ein Ursache-Wirkungs-Verhältnis besteht. Die Haltung des Liebenden, seine freie Hingabe an Gottes Mitteilung, kann niemals das Geschenk seiner Gnade verursachen. Gott bleibt immer der souverán Freie, von dem eine jede Initiative ausgeht. Da Gott aber Liebe ist und Liebe niemals in sich geschlossen bleibt, sondern sich ausstrahlen will, verbürgt er die Möglichkeit eines wechselseitigen, freien Bezugs durch das Geschenk seiner selbst in Gnade und Liebe, mit dem die Befähigung verbunden ist, in der Betroffenheit durch Gnade und der Be-gabung durch «Geist» zu antworten.

Dazu scheibt der Heilige in der *Lebendigen Liebesflamme* im Zusammenhang mit dem mystischen Verlöbnis, jener Stand, in dem die Seele «Gott in der Gnade besitzt, aber noch nicht in der Vereinigung» (LB 3,24) [6]:

«Vor allem muß man wissen: wenn die Seele Gott sucht, umso mehr sucht sie Gott (*su Amado*). Und wenn sie ihm ihr liebendes Verlangen zusendet, dann (...) sendet er ihr seine göttlichen Eingebungen und Berührungen (*toques*). Da diese immer von ihm ausgehen, sind sie ausdrücklich auf die Vollkommenheit im Gesetze Gottes und des Glaubens hingeordnet, die zur stetigen Annäherung an Gott unerläßlich sind. Und so muß die Seele verstehen, daß Gottes Wunsch bei allen Gnaden, die er ihr schenkt, darin besteht, (...) sie für noch erlesenere und feinere bereitzumachen, für solche, die Gott mehr entsprechen. Dies so lange, bis in ihr die Bereitschaft so lauter und innig sein wird, daß sie die Vereinigung mit Gott verdient sowie die wesentliche Umwandlung in all ihren Vermögen.

Doch dies muß der Seele bewußt bleiben: Gott ist hierbei der hauptsächlich Handelnde, der sie (...) hin zum Übernatürlichen führt, das weder ihr Verstand, noch ihr Wille, noch ihr Gedächtnis so erkennen können, wie es ist. So muß ihre Hauptsorge sein, dem göttlichen Führer kein Hindernis zu bereiten auf diesem, von ihm bestimmten Weg der Vervollkommnung in seinem Gesetz und im Glauben» (FB 3,28-29).

---

[6] Der Unterschied zwischen Verlöbnis = Besitz Gottes in der Gnade, und mystischer Vermählung = Besitz Gottes als Vereinigung, wird deutlich von Johannes vom Kreuz betont, um ein jedes Mißverständnis zu vermeiden: «En esta cuestión viene bien notar la diferencia que hay en *tener a Dios por gracia en sí solamente*, y *en tenerle también por unión; que lo uno es bien quererse* (das eine bedeutet, sich wahrhaft lieben) *y lo otro es también comunicarse* (das andere bedeutet überdies, sich gegenseitig auszutauschen) (LB 3,24).

2. Gnade in Bezug auf die Selbstverwirklichung des Menschen

Mehr als einmal hebt Johannes vom Kreuz hervor, daß die Gnade dem Menschen im *irdischen Leben* geschenkt wird, damit er durch sie auf die Vereinigung im anderen Leben vorbereitet werde. Sie vermag zwar bereits jetzt einige Momente innigster Vereinigung hervorzurufen. Aber erst im Leben der Glorie wird es zur dauernden Einigung mit Gott kommen. Bezüglich der Gnade in Bezug auf die endliche Existenz des Menschen gilt deshalb für den Mystiker, daß sich «die Seele in diesem Leben durch die Gnade vollkommen mit dem vereinigen möchte dem sie im anderen durch die Glorie vereint sein *soll*» (2S 4,4). Die Gnade wirkt im Zuge des menschlichen Bemühens, die Vereinigung zu erreichen. Diese wird, wenn Gott es will, im anderen Leben über alles menschliche Bemühen hinaus zur ungetrübten Wirklichkeit werden.

In der mystischen Sprache des spanischen Heiligen ist das Leben in der übernatürlichen Gnade dem Verlöbnis der Seele mit dem Geliebten vergleichbar. So wie dieses der mystischen Vermählung vorausgeht, so erfüllt die übernatürliche Gnade die Existenz des Menschen mit durchformender und umformender Kraft, um diese auf die letzte Einigung auszurichten. Daraus ergibt sich die asketische Forderung nach innerer Läuterung, für die Johannes den Vergleich eines Sonnenstrahls bringt, der auf ein Glasfenster fällt.

«Ist das Fenster durch Flecken getrübt oder angelaufen, so kann der Strahl es nicht so erhellen und ganz in sein Licht umgestalten, wie wenn es frei von diesen Trübungen und durchsichtig wäre; vielmehr wird er es umso weniger erhellen, je weniger es von Trübungen und Flecken frei ist, und umso besser, je reiner es ist. Das liegt nicht am Strahl, sondern am Fenster. Wäre es ganz klar und rein, der Strahl würde es so umbilden und erhellen, daß es selbst wie ein Strahl erschiene und ebenso Licht ausstrahlte wie er, obwohl die Glasscheibe in Wahrheit ihre vom Strahl verschiedene Natur beibehält» (2S 5,6).

Der sanjuanistische Mensch soll ein solches Glasfenster sein. Erst wenn er ganz klar und durchsichtig ist, hat er sein wahres Sein, seine Existenz in Wahrheit erreicht. Er hat sich selbst verwirklicht, genau so, wie es Gott von ihm gewollt hat. Und dazu hilft ihm die Gnade. Sie ist Mittel, Vermittelndes zur Vereinigung, entscheidend Eingreifendes auf dem Weg der Selbstverwirklichung.

Bei Johannes vom Kreuz besteht eine Zuordnung von *Gnade und Tugenden*, was aber nicht bedeutet, Gnade moralistisch als Mittel zum tugendhaften Handeln zu verstehen. Auf die angebotene Gnade antwortet der Mensch durch Tugenden, vor allem in der Ausübung der theologischen Tugenden des Glaubens, der Hoffnung und der Liebe. Ganz besonders wird vom Heiligen die Beziehung von Glaube zur Gnade hervorgehoben: «Der Glaube hebt den Menschen in eine Gnadentranszendenz, d.h. zu seiner natürlichen Transzendenzbewegung» hin. Dadurch «wird er in die Gnadenrelation aufgenommen, mit deren Hilfe neue Kräfte in ihm frei werden, die sich sowohl in der Beziehung zu Gott als auch zu sich selbst und zum anderen auswirken»[7]. Selbstverwirklichung wird erreicht, wenn der Mensch, «gestützt auf den reinen Glauben und durch ihn aufsteigend zu Gott», sich von Stufe zu Stufe auf «der geheimen Treppe» emporringt, die zu «den Tiefen Gottes» führt (2S 1,1).

Welch eine Bedeutung die «Tugenden» im Leben des Menschen haben, der bereits im Stand des Verlöbnisses lebt, wird von Johananes vom Kreuz in CB 30 lyrisch geschildert, aufgrund eigener Erfahrung der inneren, dynamischen Verbindung mit dem geliebten Gott. Die Christus anverlobte Seele

> «... besingt das Spiel der Tugenden (Gnade und Entsprechung) von einem zum anderen, das Hin- und Widerstrahlen des frommen Austausches. So sagt sie zu ihm, sie wollten üppige Blumengewinde flechten, reich an Gaben und Tugenden, die zu entsprechender und angebrachter Zeit erworben wurden (*adquiridas y ganadas*), Gewinde, die durch die Liebe (des Bräutigams) und mittels seiner Gnade verschönt und in der Liebe, die sie (die Braut) für ihn hat, in ihrer Frische bewahrt bleiben» («...*hermoseadas y graciosas en el amor que tiene él a ella y sustentadas y conservadas en el amor que ella tiene por él*») (CB 30,2).

Die theologische Deutung dieses Textes stellt das *gemeinsame Geschehen* der Begnadigung in den Vordergrund. Nicht die Seele allein will «Blumengewinde flechten», d.h. Tugenden üben, und ebensowenig überläßt sie es dem Bräutigam, d.h. seinem umwandelnden Gnadenwirken. «Beide zusammen wollen sie winden. Denn die Seele kann die Tugenden nicht allein, nicht ohne Gottes Hilfe erringen; noch wirkt sie Gott allein in der Seele, ohne sie. Auch wenn nach den Worten des Apostels Jakobus jede gute und vollkommene Gabe vom Vater des Lichtes kommt (1,17), so kann diese jedoch nicht empfangen werden ohne entschlossenes Mitwirken der Seele» (wörtlich: «*sin la habilidad y ayuda del alma*») (CB 30,6). Beides sind komplementäre Aspekte des gleichen Geschehens. Und der Heilige betont einige Zeilen später nochmals, wie notwendig dieses entschlossene Mitwirken des Menschen ist, um wirklich zum Partner Gottes zu werden und um sich in der Existenz in der Gnade voll zu verwirklichen:

> «Die Bewegung hin zum Guten kann danach allein von Gott kommen. Doch vom Vorwärtslaufen heißt es, daß weder

---

[7] Joannes a Cruce Boldt, *Der Mensch in der Gnade*..., S.255.

er noch sie allein laufen, sondern beide zusammen: *Correremos entrambos*. Das Vorrandringen wird von Gott und der Seele gemeinsam gewirkt» (30,6).

Doch der Tugendkranz würde bald verwelken und auseinanderfallen, wenn er nicht von der Liebe umschlungen würde. «Die Liebe leistet das gleiche wie der Faden beim Kranz. Denn wie er die Blumen in dem Gewinde umschlingt und festhält, so umschlingt und hält die Liebe in der Seele die Tugenden» (30,9). Das bedeutet für den Mystiker, daß die wesentlichste Bedingung zur Erfahrung Gottes in der Fähigkeit einer hingebenden Liebe zu suchen ist. «Es genügt nicht, daß Gott uns liebt, um uns Tugenden zu schenken», um uns mit seiner Gnade zu erfüllen; «auch wir müssen ihn lieben, um sie zu empfangen und zu bewahren». Je größer die Liebe des Menschen ist, umso tiefer wird Gottes unschätzbar große Liebe empfinden: «*porque entonces es el amor que él tiene al alma inestimable, según el alma también lo siente*» (CB 30,9) [8].

In der folgenden Strophe des *Geistlichen Gesangs* bemüht sich Johannes vom Kreuz um ein noch tieferes Eindringen in dieses, in der Liebe sich verwirklichende *Zusammenwirken von Gott und Mensch* im Gnadengeschehen, auch wenn er überzeugt ist, für dieses keine «zureichende Worte finden zu können» (CB 30,10). So greift er erneut zum Bild, zur Allegorie, zum dichterischen Vergleich mit der Braut des Hohenliedes. Jetzt ist es nicht mehr die «nach Liebe schmachtende Braut», die sich auf die Suche nach dem Geliebten begibt. Sie ist erstarkt und erstrahlt in Schönheit, d.h. der Selbstverwirklichungsprozeß des Menschen ist in Liebe und Gnade zu Ende gekommen. Auf dem Weg des reinen Glaubens (vgl. CB 31,3), auf dem im Selbstverlieren alle Gegensätze zwischen Gott und Mensch überwunden wurden, auch wenn «die Verschiedenheit der Substanz nach» bestehen bleibt (CB 31,1), ist die Braut des sanjuanistischen Canticum «nicht mehr das, was sie früher war, sondern eine vollkommene Blume, in vollkommener Schönheit erblüht» (wörtlich: «... *no pareciendo el alma ya lo que antes era, sino la misma flor perfecta con perfección y hermosura de todas las flores*») (CB 31,1). Auch wenn es erst im anderen Leben eine solche ununterbrochene Verwirklichung gibt, so bleibt doch die Tatsache, daß man im Aufeinandergehen von göttlicher und menschlicher Liebe, von Gnade und Tugenden, bereits im irdischen Leben zur Vereinigung mit Gott gelangen kann, die sich zwar in der Zeit noch auseinanderfalten wird, aber bereits in die Ewigkeit eingefaltet ist.

Dies ist praktisch das Ziel aller sanjuanistischen Schriften. In der Entsprechung auf Gottes Gnade, in Übereinstimmung des eigenen mit dem göttlichen Willen, ringt sich der Mensch durch die «dunklen Nächte», um «die kostbare und glückliche Freiheit» der liebenden Vereinigung mit Gott

---

[8] Der Paralleltext in CA 21,8 lautet einfach: «... *según el alma da a entender en la siguiente canción*».

zu genießen. Unter vielen Mühen und Entsagungen «schwang er sich empor vom Niedrigen zum Erhabenen, wurde von einem irdischen Wesen in ein himmlisches verwandelt, von einem menschlichen in ein göttliches» (2N 22,1). So von nichts mehr festgehalten wurde er frei für Gottes Liebe und Gnade, frei von sich selbst und für die anderen. Niemand wird einem solchen Menschen Schaden zufügen können, «denn in unbedingter Dunkelheit und Geborgenheit vor dem Feinde empfängt er die geisthafte Gnade Gottes (...). Von Gott selbst geschenkt, ist diese Gnade vollkommen göttlich und übernatürlich (*toques, totalmente divinas y soberanas*)» und dringt in das Innerste der Seele (2N 23,11).

Nach Johannes vom Kreuz wirkt also «die Gnade im Menschen prozeßhaft in seine Lebensgeschichte, und soll ihn Stufe für Stufe "veredeln", mehr zu Gott führen, mehr zu sich selbst und mehr zu den Menschen»[9]. Die damit verbundene Selbsterkenntnis des Menschen, das Bewußtsein der eigenen Situation mit all dem Hemmenden, das dazu gehört, steht also ganz im Licht der Gnade, die seinen Weg begleitet «comme principe du renouvellement de la jouissance mystique fondamentale, comme éveil permanent de la vie»[10].

3. Der trinitarisch-christologische Charakter der Gnade

Nach Johannes vom Kreuz ist Gott immer bereit, uns auf diesem Weg zu helfen. «Und es darf nicht verwundern, daß Gott so erhabene Gnaden schenkt». Er will ja «mit grenzenloser Liebe und Güte» als «Vater, Sohn und Heiliger Geist in uns Wohnung nehmen» (LB, Vorwort). Die trinitarische Einwohnung beginnt mit der Taufgnade und erneuert sich als Gnade Christi und als Gnade seines Geistes, entsprechend den Möglichkeiten der Assimilation und Entsprechung des Menschen.

Für den spanischen Mystiker ist es Gottes Willen, dem Menschen in Christus zur Befreiung vom «alten und sündigen» Menschen zu helfen, um aus ihm ein neues Geschöpf zu machen, ein Kind Gottes. Deshalb wird ihm bereits im Augenblick der Taufe «die ursprüngliche Gnade» gegeben,

«*la primera gracia, lo cual se hace en el bautismo con cada alma*» (CB 23,6).

Diese Gnade hat Christus dem Menschen durch seinen Kreuzestod verdient[11]. Sie wurde ihm «*de una vez*», auf einmal, «*al paso de Dios*» (CB 23,6)

---

[9] Joannes a Cruce Boldt, *o.c.*, S.255.

[10] M.H. de Longchamp, *Lectures de Jean de la Croix,...* S.335.

[11] J. Vicente Rodríguez, *La liberación en San Juan de la Cruz*, in: *Teresianum* 36 (1985) bemerkt treffend: «La elevación o levantamiento del hombre a lo divino, o la irrupción de lo sobrenatural en lo natural y humano es debida a Dios en Cristo» (S. 437).

geschenkt. Vom Kreuz her reichte Christus der Seele seine Hand und zog sie zu sich empor, um sie zu erlösen und sich ihr anzuverloben. Vom Kreuz her empfing er sie liebend mit seiner Gnade, als Unterpfand seines Willens, um sie aus ihrem «niedrigen Stand in seine vertraute Gemeinschaft zu erheben» (3-4). Von Christus an der Hand geführt beginnt dann der Aufstieg der Seele zu Gott, ihre *«dichosa ventura»* im ständigen *«salir»* (sich-selbst-verlassen, von-sich-selbst-fortgehen), von ihm «in reiner Liebe erhoben», wie es im *Gebet Heiliger Liebe* heißt. Das wird nur langsam, Schritt für Schritt, geschehen, *«al paso del alma»* (CB 23,6). Doch kann die sanjuanistische Seele überzeugt sein, daß, wie es im eben genannten Gebet gesagt wird, «Du, mein Gott, wirst nicht von mir wegnehmen, was du mir einmal (bei der Taufe) in deinem eingeborenen Sohn Jesus Christus gewährtest. In ihm gabst du mir alles, was ich begehre. Nun kann ich frohlocken, denn du wirst nicht säumen, wenn ich dich hoffend erwarte». Und Christus wird «Gaben auf Gaben spendend» —*«mil gracias derramando»*— (CB 5) der Seele-Braut sich zeigen und sie mit *«innumerables gracias y virtudes»* bekleiden und verschönern (CB 5,1).

Im Mittelpunkt der Gnadenlehre des hl. Johannes vom Kreuz steht damit das *Christusmysterium*, Christus im Geheimnis seiner Menschwerdung, Christus, *«que es el Verbo»*, der eingeborene Sohn Gottes (CB 5,1). Obwohl Gottes Offenbarung im Wort in sich abgeschlossen ist, ist sie dennoch nie beendet, da sie an die Menschen aller Zeiten und Räume ergeht. Sie ist immer wieder neu, immer wieder die Geschichte einer Begegnung des Menschen mit der göttlichen Offenbarung in Christus, wie es der Heilige betont. Denn Gottes Liebe erreicht den Menschen als Gnade durch und mittels «der Menschwerdung des Wortes» (CB 5,3). In seinem Sohn gewährt er ihm «die Schönheit des übernatürlichen Seins»[12] (CB 5,4).

Symbolisch heißt das für den Heiligen, daß Gott seine *Augen*, seine *Blick* auf das Geschöpf richtet:

> «Und sich zu ihnen wendend
> mit seiner Augen Scheine,
> barg er sie ganz in Schönheit, in die seine» (CB 5).

Diese Schönheit, «seine göttliche Wesenheit» (CB 11,2), teilt sich mit vier Wohltaten beschenkend mit: läuternd, bereichernd, erleuchtend und begnadigend (*«la mirada de Dios hace cuatro bienes en el alma: limpiarla, agraciarla, enriquecerla y alumbrarla»*), so wie die Sonne mit ihren Strahlen austrocknet (*enjuga*)[13], durchglüht, verschönt und erleuchtet» (CB 33,1).

---

[12] Der Abschnitt endet mit einem Blick auf Joh 12,32: Wenn ich über die Erde erhöht worden bin, will ich alles an mich ziehen, und erklärt: «*Y así, en este levantamiento de la Encarnación de su Hijo y de la gloria de su resurrección según la carne, no solamente hermoseó el Padre las criaturas en parte, mas podremos decir que del todo las dejó vestidas de hermosura y dignidad*» (CB 5,4).

[13] Das spanische Verbum *enjugar* kann auch bedeuten, eine Schuld zu streichen.

Die erste Wirkung dieses Blicks ist Befreiung von allem dem, was einen Schatten auf die Vergangenheit des Menschen werfen kann.

> «Wenn Gott einmal diese letzten drei Gnaden (wörtlich: *bienes*) in die Seele gesenkt und damit die Seele ihm wohlgefällig gemacht hat, gedenkt er niemals mehr die Häßlichkeit und Sünde, von denen sie zuvor entstellt wurde» (CB 33,1).

Das alles verwirklicht sich aber im *Geheimnis der Menschheit Christi*: Gott schaut den Menschen in seinem Sohn, dem Abglanz und Abbild seiner Schönheit, um den Menschen in der Schönheit seines Sohnes zu bergen. In ihm, Kraft seines Erlösungstodes, ist die Sünde der Vergangenheit verziehen. In ihm vollendet sich das Werk der Umgestaltung bis zur höchsten Vereinigung mit Gott. In Anlehnung an Gal 2,20 kommt es wirklich zu einem «nicht mehr ich lebe, sondern Christus lebt in mir», oder wie es Johannes vom Kreuz in CB 12,6, wo der den paulinischen Text zitiert, sagt: «Der Geliebte lebt wirklich im Liebenden und der Liebende im Geliebten». Das eigene Leben wird herübergebildet in Christus kraft der Mitteilungen seiner Liebe und Gnade.

Dieser Gedanke kommt ebenfalls in den *Romanzen* zum Ausdruck. Diese Folge von neun Dichtungen über das Thema: *In principio erat Verbum* beginnt mit dem ewigen Ratschluß Gottes zur Menschwerdung und endet mit der zeitlichen Geburt Jesu Christi. Die *erste* Romanze zeigt das «Wort», Anfang alles Geschaffenen ohne selbst einen Anfang zu besitzen, im Schoß der hlst. Dreifaltigkeit. Dort ist es der ewige Gedanke Gottes, der sich im Wort ausdrückt, und dort wohnt der Sohn —das Wort— im Vater wie ein Liebender im Geliebten. Dort ist er, wie es die *zweite* Romanze besingt, «Abbild seiner Wesenheit», «Leben von seinem Leben» und «Licht von seinem Licht». Gott besitzt sich als Vater im Sohn, so wie er sein ewiges, eigenes Sein im reinen Akt ausdrückt. Deshalb kann ihn allein der Sohn befriedigen. Das bedeutet aber im Blick auf den Menschen:

> *Dem aber, der dich liebt, mein Sohn,*
> *Trag' ich mich selbst entgegen,*
> *Und die Liebe, die ich zu dir fühl',*
> *Will ich in ihn legen,*
> *Weil er den Geliebten (Christus) zu lieben weiß,*
> *Der so sehr mir am Herzen gelegen (Romanzen, 2.Str.)*

Gott ist entschlossen, dieselbe Liebe, die er zu seinem eingeborenen Sohn fühlt, auf seine Geschöpfe auszudehnen, wenn diese den Sohn lieben. Denn durch diese Liebe werden sie am Leben des Vaters und des Sohns teilnehmen, wie es in der folgenden Romanze heißt. Deshalb beschließt Gott die Schöpfung der Menschheit als Braut des Sohnes. Um diese erlöst zu ihm zurückzuführen, und damit sie die gleiche Glückseligkeit genieße, die Gott ewig genießt, beschließt er die Menschwerdung seines Sohnes:

> «*Que, como el Padre y el Hijo,*
> *y el que de ellos procedía,*
> *el uno vive en el otro,*
> *así la esposa sería,*
> *que, dentro de Dios absorta,*
> *vida de Dios viviría*» (*Romanzen*, 4.Str.)

Auch auf der Erde erhebt sich der sehnsüchtige Ruf nach dem Messias. So kommt es zur geschichtlichen Realität. Wenn bisher noch gegenüber dem Abbild der Unterschied dem Fleische nach bestand, in der Menschwerdung verwirklicht sich das Gesetz der Ähnlichkeit zwischen dem Liebenden und dem Geliebten. So steigt das Wort in die Zeitlichkeit herab, um die Mühen und Leiden seiner Braut zu teilen und «damit sie das Leben erlange»:

> *Ich will gehen,*
> *Deine Schönheit zu verkünden (...)*
> *Und meine Braut mir finden, und dann gern erdulden*
> *Ihre Mühen, ihre Plagen,*
> *Was sie litt durch ihr Verschulden.*
> *Doch, daß sie das Leben habe,*
> *Ich für sie den Tod erwähle (...)*
> *Bring ich sie dir heim, die Seele (Romanzen, 7.Str.).*

Wenn so die Romanzen den christologischen Charakter der Gnade betonen, wo bleibt dann der anthropologische Ansatz der sanjuanistischen Lehre? Während die meisten Texte des Heiligen bewußt die Antwort des Menschen auf den göttlichen Liebesanruf in Christus aufnehmen und betonen, daß diese in und durch den Sohn gegeben wird, vertiefen sich die Romanzen in den ewigen Ratschluß Gottes, die Menschheit in seine Liebe hineinzuholen, also in den Anruf Gottes in Christus im Geheimnis der Menschwerdung und Erlösung. Johannes scheint ein inneres, dynamisches Entsprechen zu vergessen.

Wenn man eine Erklärung für diese Tatsache suchen will, dürfte sie in seiner persönlichen Erfahrung gesucht werden, was auch für die oben genannten *Dichtungen* des *Geistlichen Gesangs* zutrifft. Wo Johannes sich als Mystiker poetisch der überwältigenden Erfahrung der Gnade Gottes in Christus ausliefert, tritt die Antwort des Menschen zurück. Wo er als Theologe spricht, umfaßt sein Gedanke das doppelte und gegenseitig sich ergänzende Geschehen, so daß er auch das Entsprechen des Menschen, seine Antwort auf Gottes Anruf, beleuchten will.

Diese Unterscheidung muß auch bei den von Johannes vom Kreuz genannten *Weisen der Mitteilungen göttlicher Gnade* beachtet werden. Er bezeichnet die übernatürliche und wirksame Gnade öfters als «Berührungen» (zumeist im Plurar gebraucht: «toques») von verschiedener Intensität (2S 26,9) und Dauer (*«unos son distintos y pasan presto; otros no son tan distintos y duran más»*), welche das Wesen der Seele mit sehr hohen Empfindungen erfüllen (2S 32,2). Es sind Gnaden (*mercedes*), die nicht von guten Werken oder entsprechender Disposition abhängen (ebd.). Gewöhnlich empfängt sie der Mensch erst nach langem Leiden (2N 12,6). Als «Kuß des Geliebten» sind sie «höher als alle andere Gnaden (*mercedes*) zu schätzen, die Gott schenkt» (2N 23,12). Wenn sich in ihnen Gott selbst unmittelbar mitteilt, bezeichnet sie Johannes vom Kreuz als *«toque de sustancias desnudas»* (CB 19,4), die eine glühende Liebe aufflammen lassen (CB 25,5-6).

Besonders in der *Lebendigen Liebesflamme* erklärt der spanische Mystiker das Wirken dieser Berührungen: «*Oh toque delicado, que a vida eterna sabe, y toda deuda paga*». Lieblich kann er eindringen, aber auch heftig brennend und Wunden schlagend, deren Schmerz als lind und köstlich empfunden wird. Diese «verborgenen Liebesberührungen verwunden und durchdringen die Seele wie ein feuriger Pfeil, so daß sie selbst zu einer Liebesflamme wird» (vgl. CB 1.17). Ihr Urheber ist Christus, aber auch der von ihm gesandte Geist. Im Symbol der Hand, die «sich zu Gnadengaben auftut» und «mit großmütiger Gnade» beschenkt, ist zwar der Vater gesehen. Doch die Berührung dieser Hand geschieht im Sohn. Er «ist die zarte Berührung» der barmherzigen Hand des Vaters (F 2,17). Auch die Flamme —der Hl. Geist— der als heilender Brand ins Innerste dringt, wirkt durch die Berührung des Sohnes Gottes. Im Grunde genommen ist die in und durch Christus vermittelte Gnade trinitarisch: trotz der «Sonderart der Wirkungen» geschieht Gnade in Einem: der Heilige Geist ist «die Wunde», der Sohn «das ewige Leben», der Vater «die Vergottung» (vgl. F 2,1), um die Seele in Gott umzuwandeln:

> «Nachdem das Licht der Gnade auf die Seele niedergestrahlt war und den Abgrund ihres Geistes damit aufgehellt hatte, nachdem Gott sie seinem Licht erschloß und sie vor sich wohlgefällig machte, da rief dieser Abgrund der Gnade einen anderen Abgrund der Gnade: die Umwandlung der Seele in Gott» (L 3,71).

Diese Umwandlung, die «*trasformación divina del alma en Dios*» (L 3,71)[14], ist das Höchste, das durch die Selbstmitteilung Gottes in der Gnade in diesem Leben teilnehmend und unvollkommen erreicht werden kann, um dann im anderen Leben ungetrübt und als Ausdruck höchster Liebe ohne Grenzen von Zeit genossen zu werden.

---

[14] Vgl. dazu: U. de Mielesi, *La trasformazione d'amore in san Giovanni della Croce*, Edium, Milano 1981.

Las criaturas en el proceso espiritual de San Juan de la Cruz

Florentino Bocos, O.Carm.

Introducción

Una de las cuestiones importantes que plantea el magisterio de San Juan de la Cruz y que merece la atención de la teología espiritual es su pensamiento y valoración de las criaturas. Un estudio profundo de este tema facilitaría, sin duda, el acceso a los escritos del Santo y contribuiría positivamente a la estima de su persona todavía hoy distante por muchos prejuicios. Porque, si es verdad que Dios es el tema central de sus preocupaciones —Dios relacionado con el hombre destinatario de su amor y por eso protagonista y no sólo sujeto pasivo de la acción divina en el proceso espiritual—, también hay que decir que esa relación protagonista Dios-hombre se abre a un tercer elemento insoslayable que es el mundo, compañero inseparable del ser humano en sus venturas y desventuras, pues bien sabido es que lo cosmológico ha sido siempre leído antropológicamente por la tradición cristiana. De ahí el interés por descubrir y conocer el papel que las criaturas juegan en el camino espiritual. Decir —como algunos quieren— que Juan de la Cruz desprecia el mundo creado, además de revelar una gran ignorancia, supone una grave acusación al santo doctor de la Iglesia de omisión de lo que constituye el primer artículo de nuestro credo.

Aunque nunca se propuso hacer una teología de la creación, en los surcos de sus escritos pueden espigarse las afirmaciones fundamentales de la doctrina de la Iglesia acerca de la misma, revestidas de la luz y del calor que les confiere la experiencia mística. Tan osados y profundos son algunos de sus textos que bien se puede hablar de la perennidad de su magisterio.

Por otra parte, es interesante también este tema en la aurora presente de unos tiempos que se anuncian de reconciliación del hombre con la naturaleza. Es justo y necesario que la teología espiritual dé a conocer la experiencia cristiana colectiva y personal al respecto. Sería una contribución a las demandas que científicos, pensadores y personas sensibilizadas, en general, hacen a las grandes religiones en favor de una ética y de una mística ecologistas que promuevan un comportamiento de justicia y de respeto para con el medio donde el hombre habita, tan agredido y despredado en nuestro tiempo.

El tema ofrece distintos puntos de interés y perspectivas que no es posible abarcar aquí. Unicamente me centraré en el papel que las criaturas desempeñan en el proceso espiritual del Santo desde el enfoque de la teología espiritual. Un aspecto fundamental y por eso muy comprometido, pero mi propósito no es tanto aportar cosas nuevas cuanto recoger algunas razones vertidas al cambiar para bien la estima de algunos respecto del Santo Doctor me daría por satisfecho, lo mismo que si lo tratado contribuyera a poner un poco más de afecto en nuestra mirada sobre el mundo.

I. LAS PURIFICACIONES

1. *Sentido del desasimiento de las criaturas*

Sobre las criaturas podemos hallar en las obras de San Juan de la Cruz las afirmaciones más sublimes y las negaciones más radicales. Sin duda la piedra de escándalo es el famoso capítulo trece de la Subida del Monte Carmelo, en que el Santo carmelita recomienda a quien pretenda ascender a la cumbre de la unión con Dios la mortificación de las propias pasiones mediante consejos como estos:

> «Para venir a gustarlo todo,
> no quieras tener gusto en nada.
> Para venir a poseerlo todo,
> no quieras poseer algo en nada.
> Para venir a serlo todo,
> no quieras ser algo en nada
> ...
>
> Porque para venir del todo al todo,
> has de negarte del todo en todo.
> Y cuando lo vengas del todo a tener,
> haslo de tener sin nada querer
> ...
>
> En esta desnudez halla el alma espiritual su quietud y descanso; porque no codiciando nada, nada le fatiga hacia arriba y nada le oprime hacia abajo»[1].

A propósito de este inquietante capítulo, y pensando en la equivocada aplicación que de él han hecho algunos directores espirituales, dice A. Do-

---

[1] 1S 13, 11-13.

názar que hubiera sido mejor no haberlo escrito, porque se habrían ahorrado muchos disparates[2]. Teilhard de Chardin, por otra parte, objeta que se trata de una ruptura con el mundo: «*¿Quieres encontrar a Dios? Cierra entonces todas las salidas por las cuales te llega la falsa vida exterior. Y cuando lo hayas hecho, ipso facto aparecerá la luz superior y la otra desaparecerá ... Hay dos palabras diferentes que suenan continuamente. Para distinguir la una bien hay que ahogar la otra*»[3]. El místico francés, admirador del Santo en las líneas fundamentales de su doctrina, especialmente en lo referente a la unión con Dios, no acabó de asimilar su lenguaje ascético, excesivamente negativo para su gusto y, aunque en el transcurso de su vida suavizó sus críticas, no llegó a cambiar de opinión, según afirma F. Kelly. Ciertas expresiones le dan la impresión de una doctrina irreconciliable con la sublimación de las criaturas y su convergencia en Dios. La función de las criaturas en el proceso espiritual es un tanto negativa y sin valor para nuestro tiempo. Lo mismo el modo como expresa el misterio de la purificación, demasiado estático y negativo[4].

En la obra del Santo hay una voluntad de alejamiento respecto del mundo sensible y al mismo tiempo una omnipresencia del mismo. Sus biógrafos cuentan que a menudo se le veía embebido en la contemplación de la naturaleza y tenía para ella una gran delicadeza de afectos[5]. El porqué de estos aspectos contradictorios ha sido estudiado desde la perspectiva filosófica por Madame Gilbert Azam, quien ha observado ciertos paralelismos entre el método y pensamiento de Juan de la Cruz y el método y pensamiento de la fenomenología de von Brentano y Husserl. Al contrario que para sus contemporáneos, para Juan de la Cruz el mundo sensible no puede ser espejo de la hermosura divina y el alma tiene que eludir toda referencia a lo concreto: «*Porque, aunque es verdad que todas ellas (criaturas) tienen, como dicen los teólogos, cierta relación a Dios y rastro de Dios..., de Dios a ellas ningún respecto hay ni semejanza esencial, antes la distancia que hay entre su divino ser y el de ellas es infinita, y por eso es imposible que el entendimiento pueda dar en Dios por medio de las criaturas...*»[6]. Hay una inadecuación, pues, entre la ciencia sensible y el conocimiento de Dios. El pensamiento contemporáneo —piensa Gilbert Azam— puede alumbrar el problema: «*Si la intencionalidad es la esencia de la conciencia, ésta existe según un modo de ser que la agota cuando tiende a lo otro que a sí misma. Así como no hay conocimiento sin lo conocido, tampoco hay amor sin amado, ni odio sin odiado, etc... Se comprende mejor así por qué el mundo sensible constituye para San Juan de la Cruz un riesgo de alienación y por qué es preciso des-*

---

[2] Cfr. A. Donazar, *Fray Juan de la Cruz, el hombre de las ínsulas extrañas*, Burgos, 1985, 119-120.

[3] F. Kelly Nemeck, *Receptividad. De San Juan de la Cruz a Teilhard de Chardin*, Madrid, EDE, 1985, 121.

[4] Cfr. *Ibíd.*, 25-26.

[5] Una serie de relatos ofrece J.V. Rodríguez en *S. Juan de la Cruz y la ecología*: Rev. de Espiritualidad 46, Madrid (1987) 108-133.

[6] 2S 8,3; 2S 8,1. etc.

poseerse de él y vaciarse por completo. Forma, en efecto, un obstáculo en la medida en que ocupa la conciencia en un nivel que es el de las cosas y la distrae del conocimiento superior y puro» [7].

El modo de desposeerse y vaciarse es la noche. Así como la fenomenología practica la «epoché» o vaciamiento que consiste en poner entre paréntesis —no negar— la consideración o afirmación de la realidad del mundo para conseguir la actitud del espectador desinteresado o la contemplación donde la esencia de las cosas se revela a la razón, así —salvando las distancias, pues el Santo se mueve también dentro de la teología y no sólo dentro de la ciencia natural— Juan de la Cruz, mediante la noche, pone entre paréntesis los datos suministrados por la percepción de los sentidos como insuficientes para un conocimiento directo de Dios. Y lo mismo hace con toda actividad del entendimiento y de la voluntad que buscan autónomamente la propia satisfacción o interés intelectual o afectivo. El entendimiento ha de vaciarse radicalmente para obtener una fe pura y la voluntad para un amor totalmente desinteresado. El silencio de las potencias no termina en vacío intelectual o afectivo, sino en la fe informada por el amor en *«la inteligencia oscura general, que es la contemplación que se da en fe»* [8]. Mouroux habla de la naturaleza de esta experiencia de la siguiente forma: *«Poco a poco, oscuramente invade al alma un conocimiento general, no porque sea vago en el terreno de las nociones, sino porque es una comunicación en un plano que ya no es nocional: es "noticia y advertencia amorosa en general de Dios" (2S 14). Pone en juego las potencias espirituales puras, o, como decimos nosotros, las potencias intuitivas y comunicativas. La razón queda vacía, privada de formas inteligibles ante un objeto más oscuro que nunca. Pero el espíritu que no es más que un inmenso espíritu de amorosa y acogedora atención, se pone en contacto con Dios, pues "pasivamente" se le comunica Dios, así como al que tiene los ojos abiertos, que pasivamente, sin hacer él más que tenerlos abiertos, se le comunica la luz (2S 15)»* [9].

De todo lo cual se deduce que Juan prescinde de la doctrina tradicional de la «analogía entis». La criatura no puede servir para nada en el camino del conocimiento de Dios [10]. La fe, o mejor el amor —que es un modo de conocimiento directo y transracional, más clarividente que la inteligencia— es el único modo de conocer. La teología natural puede ser posible «en sí», pero no tiene valor existencial. Por lo tanto, la naturaleza y el mundo sensible sufren el mismo desprecio y no valen sino recuperados, iluminados por el amor divino [11].

---

[7] G. Azam, *El mundo sensible y la expresión en San Juan de la Cruz,* en Actas del IV Seminario de la Historia de la Filosofía Española, Salamanca, 1986, 571- 579.

[8] 2S 10,4.

[9] F. Ruiz, *Introducción a San Juan de la Cruz. El escritor, los escritos, el sistema,* Madrid, BAC, 1968, 573-574.

[10] Cfr. J. Bendiek, *Gott und Welt nach Johannes vom Kreuz,* en Philosophisches Jahrbuch 79 (1972), 88-105.

[11] Cfr. G. Azam, *o.c.* (nota 7), 571- 579.

Una vez considerado —aunque sea muy superficialmente— el engranaje filosófico sobre el que Juan de la Cruz apoya la teología de su proyecto, volvemos a tomar, desde la óptica de la teología espiritual lo que en el título nos proponíamos: el sentido espiritual de los desasimientos.

Para tratar de comprenderlo conviene tener presente la distinción que él mismo hace: *«Llamamos aquí noche a la privación del gusto en el apetito de las cosas... porque no tratamos aquí del carácter de las cosas, porque eso no desnuda al alma, si tiene apetito de ellas; sino de la desnudez del gusto y apetito de ellas, que es lo que deja al alma libre y vacía de ellas aunque les tenga»* [12]. La purificación o renuncia no ve sobre las cosas mismas «plantadas por la mano del Amado» y ensalzadas por su encarnación, «por haberse unido con la naturaleza de todas ellas en el hombre» [13], sino sobre el corazón del ser humano que, preso de su afición por ellas, se ve impedido para avanzar en la búsqueda del Bien Sumo. La noche libera el corazón del hombre de sus falsos amores para que pueda querer al Señor con todo el corazón, con toda el alma y con todas las fuerzas (Dt 6,5).

No niega la voluntad, ni las potencias de la persona, ni su capacidad de gozar, porque la estructura humana necesita de lo sensorial para el desarrollo del espíritu, para creer y para amar con toda la fuerza del ser. Pero en llegando a cierto punto, todo lo que hay de sensitivo en una situación puede entorpecer el progreso espiritual. El obstáculo no es el gozo o el gusto, sino la detención en gustar y gozar negándose a pasar a través de ellos a Dios [14].

Para amar a Dios con todo el ser el hombre ha de arrancar de sí todo apego a cualquier cosa que no sea Dios, aunque sea buena y venga de Dios, porque el amor a las cosas no puede detener ni dispersar, ni suplantar a Dios. El amor a Dios es exclusivo y no admite competencias (Mt 6,24).

El verdadero motivo de todos los desprendimientos es siempre «por amor a Jesucristo». Juan presenta siempre las renuncias como exigencias de la tercera virtud teologal, nunca como ascesis. «Para vencer todos los apetitos —dice el Santo— y negar los gustos de las cosas, con cuyo amor y afición se suele inflamar la voluntad para gozar de ellos, era menester otra inflamación mayor de otro amor mejor, que es el de su esposo, para que, teniendo su gusto y fuerza en éste, tuviese valor y constancia para fácilmente negar todos los otros» [15]. El amor siempre precede a la noche y a toda negación. Baruzi afirma que la lucha contra los sentidos va al fracaso si no va animada por el triunfo de un amor sobre otro amor. Triste la victoria de un alma que renuncia sin estar motivada por el amor [16], porque el vacío sería

---

[12] 1S 3,1-3.
[13] C 5,4.
[14] Cfr. F. Kelly Nemeck, *o.c.* (nota 3) 70-71.
[15] 1S 3,1-3.
[16] Cfr. F. Ruiz, en *Obras Completas de San Juan de la Cruz*, Madrid, EDE, 1980, 237.

absolutamente negativo: sin Dios y sin el mundo. Pero Juan, superada la noche del sentido, exclama: «¡Oh dichosa ventura!» Tal es el beneficio que esto supone en su camino al encuentro con Dios y en la realización de sus planes de amor en el hombre. Este canto del alma es el punto de partida del libro de Subida y el Santo Doctor se esfuerza en ayudar a descubrir la grandeza de Dios y su destino sobre el hombre, porque solamente así será capaz de dar el paso y empezar a caminar por la noche oscura[17]. Así comprende también G. Brenan el aura de felicidad y paz que tienen las privaciones de nuestro místico frente a las de otros religiosos y ascetas[18]. En definitiva es el amor mismo el que lleva a cabo los desasimientos como la unión y la transformación del hombre[19]. La base teológica son los textos evangélicos de las exigencias del discipulado (Mt 7,14; Mc 8). De muchas maneras se puede ir a la perfección, pero ninguna sin desnudez de espíritu acerca de las cosas[20]. «De donde todo espíritu que quiere ir por dulzuras y facilidades y huye de imitar a Cristo, no le tendría por bueno»[21].

El desasimiento representa una opción radical. Juan de la Cruz sitúa al hombre ante su opción fundamental de vida y lo hace con el lenguaje radical de los profetas, porque los valores que se persiguen conviene presentarlos en toda su entidad. Una cosa debe quedar bien clara: «Sólo Dios puede ser el verdadero destino del ser humano y no hay nada que se le parezca[22]. A partir de esta convicción hay que establecer la escala de valores.

Según esto la desnudez de todas las cosas significa la negación de todos los ídolos y la confesión de Cristo como único Señor y Salvador llevada hasta los últimos recovecos de nuestro vivir cotidiano. «Sólo los místicos —indica González de Cardedal— han sospechado qué piélagos de pecado y autodivinización alberga el hombre en sus senos y cuán larga es la batalla que desemboca en la simple confesión de fe: "Tú solo eres santo y tú solo Señor". Por eso hablan tanto de nada y de todo, por eso han hablado tan a fondo de esa humildad ontológica, que se despliega en la fe y en la oración; por ello han reconquistado la creación y el ser propio como don y lo han podido glorificar como nadie porque lo amaban en la libertad y no lo degustaban en el egoísmo»[23].

En este plano fundamental de la opción radical hay que entender las comparaciones según las cuales las criaturas no significan nada y Dios es absolutamente todo: «Toda la hermosura de las criaturas comparada con la in-

---

[17] Cfr. J.D. Gaitán, *San Juan de la Cruz y su dichosa ventura. Opción por Dios y purificación de los sentidos*, Rev. de Espiritualidad 45, Madrid (1986) 489-520.

[18] Cfr. G. Brenan, *San Juan de la Cruz. Biografía*, Barcelona, Laia, 1983, 159-160.

[19] Cfr. J.C. Nieto, *Místico, poeta, rebelde, santo: En torno a San Juan de la Cruz*, México-Madrid-Buenos Aires, Fondo de cultura económica, 1982, 207.

[20] Cfr. C 25,4.

[21] 2S 2,8.

[22] Cfr. 1S 4.

[23] O. González de Cardedal, *Elogio de la encina*, Salamanca, Sígueme, 1973, 3a, 74.

finita hermosura de Dios es fealdad» [24]. No hay comparación posible y quien hace de las criaturas su Dios o su gran ideal no sabe lo lejos que está de Dios. La alternativa: o todo o nada significa: o total confianza en Dios o autosuficiencia. Esta disyuntiva no supone propiamente desprecio del mundo, sino preferencia y estima de otros valores superiores que en su nombre comporta la renuncia de otros también verdaderos [25]. Deja por amor a Dios y «cuantos más y mayores cosas desprecia, tanto más le estima y engrandece» [26]. La renuncia se convierte en una garantía de generosidad.

Juan de la Cruz busca la concentración del afecto frente a la dispersión del corazón que desorienta al hombre, seguro de que en el Sumo Bien lo recuperará todo y lo amará todo como Dios quiere: «Para tener a Dios en todo, conviene no tener en todo nada; porque el corazón que es de uno ¿cómo puede ser todo del otro?» [27]. «Porque no puede uno poner los ojos de la estimación en una cosa que no los quite de las demás. De lo cual se sigue, por lo menos, desestima real de las demás cosas; porque naturalmente, poniendo la estimación en una cosa, se recoge el corazón de las demás cosas en aquella que estima, y de este desprecio real es muy fácil caer en el intencional y voluntario de algunas cosas de esotras, en particular o en general, no sólo en el corazón, sino mostrándolo con la lengua diciendo: tal o cual cosa, tal o tal persona no es tal o tal» [28]. La opción, pues, representa el verdadero amor.

Por otra parte la renuncia va incluida en la misma vida que nos la impone de una u otra manera. La experiencia dice que el entusiasmo por un ideal borra la estima de cualquier otro. El enamorado descarta muchas cosas sin pensarlo ni sufrir como una consecuencia natural y espontánea del ideal que está viviendo. Cuando se ama de verdad las renuncias vienen solas y se hacen más llevaderas [29]. El amor sitúa al enamorado por encima de todas las cosas y barreras y, porque es intrépido, no mira los sacrificios con tal de mantener el bien que posee [30]. En cambio, para el mediocre todo se le hace cuesta arriba. La falta de amor no motiva y los valores que se le proponen se convierten en una pesada carga. Por otro lado, agarrarse a todo porque todo es bueno le parece al Santo una reacción de almas dispersas [31].

El desasimiento se convierte en una experiencia de gratuidad. El vacío representa el itinerario que ha llevado a los místicos desde una necesidad de Dios a un deseo de Dios, a una adoración y alabanza absolutamente desinteresada. Dios irrumpe libre y gratuitamente para el hombre ante el cual éste

---

[24] 1S 4,4-8.
[25] Cfr. F. Ruiz, *Introducción*, 431.
[26] 3S 32,2.
[27] Ep 16, 28-7-89.
[28] 3S 22,2.
[29] Cfr. F. Ruiz, *Introducción*, 434.
[30] Cfr. C 29,10.
[31] Cfr. F. Ruiz, *Introducción*, 434.

no tiene otra respuesta que el «heme aquí» sin preguntar por qué y sin exigir respuestas. Todo es don y en consecuencia el hombre se reconoce anterior a sí mismo, es decir, dado, amado, alcanzado por Dios. Se percibe así la verdad de todo amor espiritual, que nunca es posesión egoísta, sino afirmación gratuita del Otro [32].

El desapropio no logra por sí mismo el objeto, es una disposición a recibir lo que solamente puede venir de Dios. De este modo el camino purificativo se convierte en un proceso de apertura y receptividad. Es un vacío teológico con vistas a una llenazón y no un empobrecimiento humano causado muchas veces por la abundancia de cosas. El resultado de la obra de Dios en este vacío es el milagro de la divinización del hombre por la que alcanza la medida de Cristo. El ser humano queda transformado y feliz. Cuando se habla de mortificación no debemos engañarnos y mirar sólo aquello que se deja, sino lo que se consigue: un amor purificado que centra a la persona y la hace exclamar: «¡Oh dichosa ventura!» [33].

Después de todo esto cabe la pregunta: ¿No será todo un sistema mental perfectamente articulado, pero imposible de llevarlo a efecto? ¿Es posible que una persona inmersa en el mundo, en la familia, entre las amistades y los negocios puedan seguir esta dinámica? Anselmo Donázar, tan crítico con el Santo, piensa que su sistema es descarnado, poco realista y artificial [34]. José C. Nieto opina que la contemplación infusa, la unión mística, son logros de cristianos aprovechados y no de cristianos corrientes, contra Mc Mahon, que sostiene que la vía contemplativa forma parte de la evolución normal y necesaria de la vida espiritual [35]. F. Ruiz asegura que la Subida del Monte Carmelo no son las duras consignas del capítulo trece, ni las visiones, ni la actitud negativa frente a toda clase de bienes. Tales consignas son ejemplificaciones de una realidad básica: Dios se comunica al hombre transformándole por fe, amor y esperanza para la igualdad de amor con él por medio de Cristo. El verdadero contenido de Subida es la vida teologal cristiana vivida hasta el fondo con todo lo que comporta de bienes divinos y, a la vez, de conversión interior y de gestos existenciales que comprometen al creyente frente a personas y cosas. La necesidad de una conversión total de actitudes es inherente a la virtud teologal y viene del evangelio. El Santo Doctor, para dar vida a la exposición de los principios añade una serie de procedimientos concretos y de criterios de discernimientos para actuar en situaciones determinadas que pueden modificarse con el cambio de estas situaciones [36].

---

[32] Cfr. O. González de Cardedal, *o.c.* 72-74.
[33] Cfr. F. Ruiz, *Introducción*, 427.
[34] Cfr. A. Donázar, 125-129.
[35] Cfr. J.C. Nieto, 72-74.
[36] Cfr. F. Ruiz, en *Obras completas de San Juan de la Cruz*, Madrid, EDE, 1980, 184.

F. Kelly dice que ha de darse un equilibrio entre el amor a las criaturas y la búsqueda de Dios en ellas y a través de ellas y la renuncia total de la voluntad a todas y cada una de ellas. Este equilibrio es un misterio personal en la vida y vocación de cada persona. Por eso cada cual ha de discernir hasta qué punto una afición concreta es verdadera búsqueda de Dios a través de las cosas o una detención ante un Dios falso. Lo normal es que se dé una mezcla de ambas cosas. De ahí la necesidad de mantener un gran desprendimiento. El discernimiento sobre lo que hay que desprenderse y hasta qué medida resulta muy delicado, por eso, para no correr el riesgo de extirpar algo valioso y vital, vemos la necesidad de que sea Dios el que nos purifique y nos pode (Jn 15,1-2). En último término el desasimiento verdadero consiste en dejarse llevar por Dios, que nos despoja de nuestros apegos y nos descarga lo acumulado [37].

Una manera práctica de comprender si nuestra tenencia o disfrute de las criaturas es correcta y no entorpece nuestro camino hacia Dios es comprobar si somos capaces de gozar de las cosas cuando las tenemos y de aceptar su carencia cuando nos faltan con la ecuanimidad de Job (1,21): «Dios me lo dio, Dios me lo quitó; Bendito sea su santo nombre» [38].

2. Función purificativa de las criaturas en la divinización del hombre

Las cosas, de por sí, no son obstáculo para llegar a Dios. La creación no es una realidad neutra y ordenada estáticamente, sino en tensión dinámica hacia el ser humano. Como hecho salvífico busca su plenitud junto al hombre y ambos caminan ayudándose recíprocamente. La creación narra, anuncia, da gracias a Dios con un mensaje que intenta afectar al hombre, al mismo tiempo que, muda, encuentra en él palabra, conciencia y alabanza. Así en el destino del hombre va incluido el destino del cosmos. Lejos de ser la antítesis negadora de Dios, la creación es, por el contrario, el lugar de su cercanía —«palacio para la esposa», que diría el Santo— donde llama a la comunión y a la intimidad con él [39].

Ahora bien, si los mensajes que de Dios transmiten las criaturas no interesan a Juan de la Cruz por insuficientes y poner en ellas afición es negar el corazón a Dios ¿qué función pueden desempeñar las criaturas? Precisamente la de manifestarse como insuficientes y avivar el deseo del hombre de aquel que es por sí mismo la «Hermosura» [40].

---

[37] Cfr. F. Kelly Nemeck, o.c., 73.
[38] Cfr. Ibid., 78-79.
[39] Cfr. G. Colzani, Creación, en Diccionario Teológico Interdisciplinar II, Salamanca, Sígueme, 1982, 142-155.
[40] «Hermosura» es la palabra más adecuada para hablar de Dios y designa su ser en la armonía y esplendor de todos sus atributos.

Es en el Cántico Espiritual —dice F. Kelly [41]— donde se pone de relieve especialmente el lugar providencial de la creación en el proceso de perfección. El Santo lo expone en forma negativa. Cuando Dios, por medio de la noche, entra en el corazón de la persona, ésta experimenta una dolorosa herida de amor: se da cuenta de que el Amado ha desaparecido porque todo cuanto creía ser Dios, en realidad no lo era, pero el sabor del amor que ha dejado en la persona por medio de las criaturas le hace arder en deseos de buscarle y poseerle: «¿Adonde te escondiste/ Amado, y me dejaste con gemido? ...» [42]. Las criaturas no son Dios. El hombre le busca por todas ellas, pero no lo encuentra porque Dios es más que todas ellas. Esa transcendencia es la primera causa del dolor de la ausencia. Llega un momento, pues, en que nada de lo creado le hace vislumbrar ya la presencia del Señor como antes. Dios está llamando a la persona a adentrarse más y más en el misterio. Así, con gritos de ansiedad pregunta a la creación: «¡Oh bosques de espesuras/ plantadas por la mano del Amado!/ ... decid si por vosotros ha pasado!» [43]. La creación responde: «Mil gracias derramando/ pasó por estos sotos con presura...» [44]. Con presura también el hombre ha de buscarlo y lo hallará en el alma escondido a través de la contemplación una vez purificado el corazón de todo apego de sí y de las demás cosas [45].

En la sexta canción y en su correspondiente comentario el Santo expone de forma bien precisa la misión purificativa del mundo creado en la perfección del hombre: «Y por tanto, llagada el alma en amor por este rastro que ha conocido en las criaturas de la hermosura de su Amado, con ansias de ver aquella invisible hermosura que esta visible hermosura causó, dice la siguiente canción: ¡Ay! ¿quién podrá sanarme?/ ¡Acaba de entregarte ya de vero;/ no quieras enviarme/ de hoy ya más mensajero/ que no saben decirme lo que quiero!» [46]. El ser humano no puede quedar satisfecho por nada ni por nadie. Solamente el encuentro personal con Cristo puede saciar su sed de conocimiento y de amor: «Entrégate, pues, ya de vero, dándote todo al todo de mi alma, porque toda ella tenga a ti solo... En lugar, pues, de estos mensajeros, tú seas el mensajero y los mensajes» [47].

La inquietud sembrada por las criaturas, lejos de constituir desencanto es un deseo de crecer en el amor de Cristo y de identificarse con él. De esta forma lleven a cabo las criaturas su misión providencial en el proceso de divinización del hombre: lo finito abriendo el corazón humano a lo infinito [48].

---

[41] Cfr. F. Kelly Nemeck, *o.c.*, 47- 53.
[42] C 1.
[43] C 4.
[44] C 5.
[45] Cfr. C 1,6.
[46] C 6,1; 3-4.
[47] C 6, 6-7.
[48] Cfr. F. Kelly Nemeck, *o.c.*, 53.

Quedarse atrapado en las criaturas significa no solamente una esclavitud, sino una ofensa contra ellas mismas.

Lo positivo de las criaturas en el proceso va como debajo fondo en muchas expresiones negativas que el Santo utiliza, lo cual nos ayuda a valorar con mayor justeza las razones del desasimiento. El texto que sigue de Noche Oscura explica la razón de ser de la noche del alma en relación con todo lo creado: «Esta dichosa noche, aunque oscurece al espíritu, no lo hace sino por darle luz de todas las cosas; y aunque le humilla y pone miserable, no es sino para ensalzarle y levantarle; aunque le empobrece y vacía de toda posesión y afición natural, no es sino para que divinamente pueda extenderse a gozar y a gustar de todas las cosas de arriba y de abajo, siendo con libertad de espíritu general en todo»[49].

La dinámica de las purificaciones da como resultado una unión con Dios cada vez más estrecha, desde donde es posible conocer y amar las criaturas en su verdadera dimensión. El mundo creado se dejó para volver a recuperarlo ahora con un corazón nuevo.

II. LA UNION CON DIOS

Recuperación y glorificación de las criaturas

En este estado todo es plenitud, satisfacción y abundancia, porque se ha llegado a lo único necesario, al Todo, con el cual vienen todas las cosas por añadidura. En Cristo Dios toma posesión del ser humano que entra a participar de la vida trinitaria. El alma queda transformada en el Amado y «hecha divina y Dios por participación»[50]. De este modo se realiza el proyecto divino sobre el hombre; llegar a ser imagen y semejanza de Cristo. El Doctor Místico escribe páginas sublimes con atrevidas expresiones sobre este estado inefable de la unión con Dios.

Este enamoramiento no es, como quería Ortega y Gasset, una anomalía de la atención del creyente que, absorto por lo divino, reduce su campo de visión. Hay, efectivamente, un estrechamiento porque las potencias quedan prendidas en lo divino, pero al mismo tiempo surge un ensanchamiento superior porque en Dios se recuperan todas las cosas iluminadas por su gloria y penetradas de su misterio; como en los relatos de la creación puede verse que donde sólo había Dios y todo se centraba en lo divino, estallan en su verdad todas las cosas[51].

Por otra parte advierte J.C. Nieto que en la unión con Dios el alma llega a la realización más completa posible aquí en la tierra. Llega a la per-

---

[49] 2N 9,1;
[50] C 22,3.
[51] Cfr. X. Pikaza, *Palabra de amor*, Salamanca, Sígueme, 1983, 195-196.

fección anticipando escatológicamente el estado beatífico de la vida ultrate
rrena y, por esta razón, puede decirse que la experiencia de los místicos apo
ya nuestra fe en el desvelamiento final de la soberanía de Dios sobre las co
sas, en la soberanía del hombre en sus justos términos y en los cielos nue
vos y la tierra nueva donde habita la justicia [52].

Por los testimonios que refiere el Santo en este estado podría decirs
que experimenta por anticipado la unidad o «recapitulación de todas las co
sas en Cristo» (Ef 1,10; Col 1,20). La presencia de Dios se hace tan dens
y universal en la unión que todas las cosas quedan traspasadas de su bonda
y belleza como el vitral es traspasado por el sol y se hace uno con él. As
puede decir con el Apóstol: «Dios es todo en todo» (1Cor 15,28) o, hacien
do suya la expresión de San Francisco: «Dios mío y todas las cosas». Juar
siente a Dios en todas las criaturas: «Mi Amado las montañas/ los valles so
litarios nemorosos/ las ínsulas extrañas/ los ríos sonorosos/ el silbo de lo
aires amorosos...» [53]. Con su exquisita sensibilidad comenta el Santo: «La
montañas tiene alturas, son abundantes, anchas, hermosas, graciosas, flori
das y olorosas. Estas montañas es mi Amado para mí» [54].

Por un lado Juan se refiere a la realidad sobrenatural de los bienes
dones recibidos, tan sublimes e inefables que el discurso racional es incapa
de expresar y por eso recurre al lenguaje simbólico de la naturaleza, mucho
más expresivo y sugerente. Pero, por la naturaleza misma del símbolo, e
paisaje, lejos de ser mero lenguaje evocador al estilo de la poesía bucólica
se convierte en teofanía de Dios y sacramento de su presencia: «Siente se
todas las cosas Dios». La naturaleza se reafirma.

Efectivamente, en el símbolo hay una realidad que por sí misma (inma
nencia) y a través de sí misma (transparencia) hace presente o recuerda alg
que va más allá de sí misma (transcendencia). Por la transparencia, que aco
ge tanto en sí a la inmanencia como a la transcendencia, lo transcendente se
hace presente en lo inmanente, logrando que esto se vuelva transparente a
la realidad de aquello. Si el símbolo se inmanentiza excluyendo la transcen
dencia, se vuelve opaco, sin el fulgor de la transcendencia que transforma
el peso de la materia. Y si el símbolo se transcendentaliza excluyendo la
inmanencia, se vuelve abstracto porque pierde la concreción que la inmanen
cia confiera a la transcendencia y por eso desprecia o niega la realidad natu
ral destruyéndose, en consecuencia, el simbolismo [55].

En los versos citados el santo poeta vierte su profunda experiencia de
fe y la experiencia y comunión con el paisaje. Ambas cosas van juntas de
suerte que podemos decir que sin la base vivencial de la naturaleza difícil
mente Juan de la Cruz hubiera volcado en esos versos su experiencia supe

---

[52] Cfr. J.C. Nieto, *o.c.*, 182.
[53] C 14-15.
[54] *Ibid.*, 6.
[55] J.L. Ruiz Capillas, *Antropología teológica*. (pro ms.).

ior [56] y sin su experiencia superior no habría alcanzado ese intenso y divino entimiento y conocimiento de la naturaleza. Tan absoluto es el misterio de Dios que se anuncia en todo, lo penetra todo y en todo resplandece: «En as cuales (canciones) dice la esposa que todas estas cosas es su Amado en í y lo es para ella, porque en lo que Dios quiere comunicar en semejantes excesos, siente el alma y conoce la verdad de aquel dicho que dijo San Francisco, es a saber: Dios mío y todas las cosas. De donde, por ser Dios todas as cosas al alma y el bien de todas ellas, se declara en las dichas canciones... En lo cual se ha de entender que todo lo que aquí se declara está en Dios eminentemente en infinita manera o, por mejor decir, cada una de estas grandezas que se dicen es Dios, y todas ellas juntas son Dios.

Que, por cuanto en este caso se une el alma con Dios, siente ser todas as cosas Dios» [57]. El místico poeta contempla en la naturaleza directa y realmente a Dios y mira las figuras del mundo sólo con relación a los atributos divinos. Mi Amado las montañas: las montañas son mi Amado, no en el sentido panteísta, sino en el sentido que Juan explica en la cuarta estrofa de Llama [58], según el cual la presencia de Dios en las criaturas es tan densa que más son Dios que ellas mismas —salvando siempre su creaturalidad— y por eso se conocen mejor en Dios que en ellas mismas [59]. Junto a la divinización del hombre viene también la divinización de las criaturas.

Al conocimiento experiencial y fruitivo de Dios se añade también el conocimiento fruitivo del misterio de las cosas percibido en él [60], que es uno de los deseos y peticiones de la esposa en estos últimos estadios de la vida espiritual [61]. El alma «pide la gracia y la sabiduría y la belleza que de Dios tiene no sólo cada una de las criaturas..., sino también la que hacen entre sí..., que es cosa que hace al alma gran donaire y deleite conocerla» [62]. Y Dios se lo concede descubriéndolas en él: «Y, aunque es verdad que echa allí de ver el alma que estas cosas son distintas de Dios, en cuanto tienen ser creado, y las ve en él con su fuerza, raíz y vigor, es tanto lo que conoce ser Dios en su ser con infinita eminencia todas estas cosas, que las conoce mejor en su ser que en ellas mismas. Y este es el gran deleite... conocer los efectos por su causa y no la causa por los efectos que es conocimiento trasero y esotro esencial» [63]. Hay un cambio de perspectiva y conocimiento que

---

[56] Cfr. J.V. Rodríguez, *San Juan de la Cruz y la ecología*: Rev. de Espiritualidad 46, Madrid (1987), 118-119.

[57] C 14-15.

[58] Cfr. G. Azam, *o.c.*, 571-579.

[59] Cfr. L 4,5.

[60] Cfr. Beniamino dell SS. Trinità, *L'esperienza di Dio*, en: *La communione con Dio secondo San Giovanni della Croce*, Roma, Ed. del Teresianum, 1968, 81-108.

[61] Cfr. C 9,2.

[62] *Ibid.*, 11.

[63] L 4,5.

el místico estima mucho más verdaderos, como ya vimos al principio del trabajo. El místico se ve sumergido en Dios y allí ve las criaturas como son. Esta visión —indica F. Ruiz— es más bien una visión de Dios en su ser creador [64]. El alma las coge en el momento eterno de su creación y dependencia [65]. A este respecto dice L. Boff, cuando trata del cielo y de la visión de Dios, que al justo le es concedido contemplar y gozar del proceso divino de la autogeneración y además: «En Dios podemos ver cómo son creados y mantenidos en la existencia todos los seres; nos será concedido participar de aquello que se nos escapa totalmente y que constituye el misterio de todas las ciencias: la irrupción de todas las cosas de la nada por el acto creador de Dios» [66].

Con la visión de la soberanía de Dios sobre todas las cosas el místico percibe al mismo tiempo la reconciliación del hombre y el cosmos según lo que vamos considerando. El encuentro con el Amado supone una visión dilatada y una relación pacífica y fraternal con el mundo (C 12-16). Cesan las tensiones, los recelos y las renuncias (C 1- 11). Montes, valles, ríos, flores, riberas..., todo cuanto dejó a su paso lo encuentra ahora pacífica y amistosamente. Hombre y mundo son dos realidades recíprocamente referidas. Según la antropología bíblica es impensable una consumación autónoma de lo mundano como una consumación acósmica de lo humano. Por eso la humanidad nueva, transfigurada y gloriosa pide como espacio vital un mundo —el mismo— transfigurado y glorioso [67]. Esta paz cósmica o mutua integración del hombre y de la naturaleza es para Juan de la Cruz una eterna sinfonía de alabanza que la creación entona con el hombre a su Creador. Cada criatura es una voz que en Cristo encuentra melodía: «A este mismo modo echa de ver el alma en aquella sabiduría sosegada en todas las criaturas... según lo que ellas tienen en sí cada una recibido de Dios, dar cada una su voz de testimonio de lo que es Dios y ve que cada una en su manera engrandece a Dios teniendo en sí a Dios según su capacidad. Y así todas estas voces hacen una voz de música de grandeza de Dios y sabiduría y ciencia admirables» [68].

Juan entra en la perspectiva de la consumación y pregusta la nueva tierra de las visiones proféticas, espacio —«palacio» según el santo poeta— del amor de Dios con los hombres, sin muerte ni llanto (Ap 21,3ss), porque todo ha quedado penetrado de la gloria de Dios. Aquella inhabitación oculta y anticipadora de Dios en el templo y en el pueblo se hace ya inhabitación universal. Cielos y tierra son el templo, el tabernáculo de Dios con los

---

[64] Cfr. F. Ruiz, *o.c.*, 654.
[65] *Ibid.*, 263.
[66] L. Boff, *Hablemos de la otra vida*, Santander, Sal Terrae, s.a. 5a, 87.
[67] Cfr. J.L. Ruiz de la Peña, *La otra dimensión*, Madrid, 1975, 2a, 226-229.
[68] C 14-15, 27.

hombres. Con el hombre glorificado la tierra se ve libre ya de esclavitud participando a su manera en la gloria de Dios [69].

La creación aparece unificada, reconciliada consigo misma y transparente. Libre ya de la opacidad de la vanidad a que fue sometida, ya no es obstáculo a la revelación de Dios. Las cosas son auténticos espejos que reflejan desde ángulos diversos el mismo rostro afable y amoroso de Dios [70]. Jerónimo de la Cruz, compañero del santo carmelita refiere de él que gustaba de campos amenos, ríos o fuentes o cielos en descampados y allí se ponía en oración mirando al agua si había arroyo o no, o mirando las yerbas en que decía ver un no sé qué de Dios [71].

Otra experiencia mística alcanzada en la unión con Dios relacionada con las criaturas es el señorío y posesión de todas las cosas conseguido de modo perfecto tras la purificación de todos sus asimientos egoístas y desde su lugar en la escala de valores: ni bajo la creación, que supondría una esclavitud ante la misma, ni sobre Dios, que supondría una administración caprichosa, sino desde la inserción en Cristo, Señor del cielo y de la tierra. La oración del alma enamorada representa este señorío y posesión al estilo de Jesús: «Míos son los cielos y mía es la tierra...» [72]. ¿No es esto —se pregunta González de Cardedal— la real concreción de ese total logro evangélico que tiene lugar mediante la previa y lúcida renuncia a la señoría dominadora y al uso desnaturalizador? [73]. El espiritual domina y posee como Cristo desde el amor y desde el servicio solícito al mundo. Quien ha atravesado la noche y ha purificado sus egoísmos descubre el mundo como sujeto de sus derechos y no como objeto de manipulación. La relación entre ambos será una relación intersubjetiva y, por tanto, de justicia y comunión. El entorno se vuelve, en consecuencia, compañero o hermano, según Francisco de Asís.

Marx soñaba con la resurrección de la naturaleza y esperaba que fuera fruto de la naturalización del hombre y de la humanización de la naturaleza [74]. Juan de la Cruz, desde su experiencia espiritual sugiere que la resurrección de la naturaleza ocurre cuando dejamos que Dios sea Señor absoluto de ella y que el hombre —su administrador— ejerza el señorío con el estilo de Cristo, porque solamente la justicia con el entorno y la solicitud fraterna con él pueden humanizar la naturaleza y naturalizar la humanidad.

A modo de conclusión, el sencillo contraste que establece F. Kelly entre Teilhard de Chardin y San Juan de la Cruz puede ser ilustrativo.

El religioso francés, místico y científico, trata las cosas más en sí mismas, en su inmanencia, aunque lo haga desde la fe. Juan, en cambio, sin ne-

---

[69] Cfr. J. Moltmann, *El futuro de la creación*, Salamanca, Sígueme, 1973, 157.
[70] Cfr. L. Boff, *o.c.*, 85.
[71] Cfr. J.V. Rodríguez, *o.c.*, 124.
[72] D 31.
[73] Cfr. O. González de Cardedal, 74.
[74] Cfr. J. Moltmann, *o.c.*, 161.

gar la inmanencia, hace mayor hincapié en la transcendencia de Dios y la nada de todo lo creado. Reconoce la necesidad de insertarnos en la creación y de pasar por ella, pero el énfasis lo pone en lo que al final de este paso nos espera: el encuentro con Dios tal y como es, infinitamente superior a la presencia que de él podemos tener en la creación.

Teilhard, en cambio, sin negar la transcendencia, pone mayor énfasis en la inmanencia de Dios en las criaturas: Dios siendo todo en todo; Dios a través de todo.

Si el ascetismo de Juan es la desnudez de todo, el ascetismo del místico francés es el compromiso de renovación y transformación del mundo. Este busca la unión con Dios no por la anti o extra materia, sino por la transmateria. En lo fundamental, como puede ser la pasividad o la acción gratuita de Dios en el alma, convergen y las diferencias son de énfasis y de tono [75].

---

[75] Cfr. F. Kelly Nemeck, o.c., 187-195.

Autour de la perfection spirituelle
selon saint Jean de la Croix

Max Huot de Longchamp

Le lecteur de l'oeuvre de saint Jean de la Croix, est généralement gêné par une certaine imprécision dans la succession et la teneur des états spirituels qui lui sont décrits. Il serait bien en peine de préciser, au delà des généralités, les caractéristiques des «commençants», des «progressants» et des «parfaits». Sans doute cette difficulté à fixer un itinéraire mystique de référence, tient-elle à l'essence même de la vie mystique, improvisation divine sur le double registre de la nature et de la grâce: «... *ainsi Dieu élève-t-il l'âme de degré en degré jusqu'à plus intérieur; et pourtant, il n'est pas toujours nécessaire de conserver cet ordre de premier et de dernier de façon aussi précise, car Dieu fait parfois l'un sans l'autre, ou le moins intérieur à la place du plus intérieur, ou tout à la fois...*». Dès lors, la seule règle absolue du lecteur prudent sera de n'en point avoir, même si Dieu a aussi des habitudes: «... *il en est comme Dieu voit qu'il vaut mieux à l'âme ou comme il veut la gratifier, même si la voie ordinaire est conforme à ce que l'on a dit*»[1].

Cette difficulté de se repérer dans l'itinéraire spirituel, devient presque inextricable quand saint Jean de la Croix en aborde pour elle-même la dernière étape, celle des «fiançailles» et du «mariage» spirituels. Ces deux mots à eux seuls posent de graves problèmes littéraires, tant ils semblent souvent pris l'un pour l'autre au fil des textes du *Cántico* et de la *Llama*. Mais la question terminologique n'est pas la plus fondamentale; qu'elle soit appelée «fiançailles» ou «mariage», les descriptions de l'union mystique proprement dite se répartissent en deux catégories entre lesquelles nous aimerions pou-

---

[1] 2S 17, 4. Nous noterons ainsi les références en l'oeuvre de saint Jean de la Croix: S = *Montée du Mont Carmel;* N = *Nuit Obscure;* Ct = *Cantique Spirituel A;* Ll = *Vive Flamme.* Le chiffre précédent S ou N indique le livre considéré du traité; le premier chiffre suivant S, ou N, ou Ct, ou Ll, indique le chapitre ou la strophe considéré; le deuxième chiffre suivant S, ou N, ou Ct, ou Ll, indique le paragraphe à l'intérieur du chapitre ou du commentaire à la strophe.

voir choisir: cette perfection apparaît par moment... parfaite, à l'abri de tou
te tentation, de tout trouble de jouissance, de tout retour en arrière; et un
peu plus loin, nous voyons réapparaitre tentations, troubles et risques divers
au sein de cette perfection qui n'en était donc pas une. Et pourtant, l'enjeu
est de taille, car de l'affirmation ou non d'un état de réelle perfection sur cette terre, dépend toute la conception que l'on se fait de la vie spirituelle, et
au-delà, de l'histoire du salut telle que les mystiques peuvent en témoigner
par connaissance expérimentale. Ajoutons dans le cas de saint Jean de la
Croix, que cette question concerne de près l'authenticité du remaniement du
Cántico, admise par certains éditeurs et commentateurs, avec d'énormes
conséquences doctrinales. En tout cas, le dossier de cette version controver-
sée appelle une analyse claire de ce point dans la version primitive et incon-
testée de tous (conventionnellement appelèe «Cantique A»), celle que nous
utiliserons dans ces pages.

Une autre difficulté, très liée à la première, touche le rapport qu'établit
saint Jean de la Croix entre l'état de perfection ici-bas et l'état des bienheureux dans l'au-delà. Le cadre de ce rapport peut être tracé ainsi: *«que l'âme
parvienne à une telle transformation d'amour que celle du mariage spirituel, qui est
le plus haut état auquel on puisse parvenir en cette vie, ... ce n'est qu'une esquisse d'a-
mour en comparaison de la figure parfaite de la transformation de gloire»* [2]. Dès lors,
faut-il envisager la mort physique du parfait comme impliquée ou réclamée
par sa perfection même? Par moment, le saint semble l'affirmer, l'amour en
sa plénitude provoquant bel et bien cette mort «antes de tiempo» [3]. Mais par
moment aussi, il dépasse la question au profit d'une perfection supérieure à
toutes les perfections, celle de la simple conformation à la volonté de Dieu,
la mort de ces âmes étant semblable à celle des autres quant à la nature...,
en infirmité ou en accomplissement de leur âge» [4].

Ces contradictions internes ne sont-elles qu'apparentes? Relèvent-elles de
la seule littérature, de mutations d'expressions dans une oeuvre en formation? Ou bien saint Jean de la Croix a-t-il hésité, changé d'avis sur le fond
de la perfection spirituelle? Ou bien le paradoxe mystique implique-t-il ici,
comme souvent ailleurs, la superposition d'expériences apparemment con-
tradictoires? Ces questions ont souvent été posées avec pertinence par les
commentateurs, quelles que soient les réponses qu'ils y aient apportées.
Nous voudrions nous limiter ici aux deux points fondamentaux mentionnés
plus haut: 1) Trouvons-nous chez saint Jean de la Croix deux conceptions
différentes de la perfection spirituelle? 2) Trouvons-nous chez saint Jean de
la Croix deux conceptions différentes de la mort physique du mystique? Tel
est l'objet du présent article.

---

[2] Ct 11,8.
[3] Ll 1, 34.
[4] Ll 1, 30.

1.   Trouvons-nous Chez saint Jean de la Croix deux conceptions différentes de la perfection spirituelle?

1.1.   Rappels préalables

1.1.1.   *Qu'il ne faut pas se fier à la terminologie fiançailles-mariage à l'intérieur de l'état de perfection*

Apparemment, cette terminologie est éclairante:

> ... dans les fiançailles, il n'y a qu'un «oui» égal et une seule volonté de part et d'autre,... mais dans le mariage, il y a aussi communication et union des personnes. (Ll, 3, 24).

Malheureusement, elle s'avère vite inopérante, cette distinction simple ne fonctionnant guère qu'une fois dans le Cantique, où fiançailles et mariage échangent souvent leurs propriétés. Nous ne reprendrons pas ici la démonstration de ce point, facilement établi par tous ceux qui se sont penchés sur la formation de ce texte déconcertant[5]. Signalons toutefois que ces auteurs cherchent généralement à restaurer pour leur compte une cohérence *in re* entre fiançailles et mariage spirituels, laquelle préside ensuite à leurs tentatives de reconstruire logiquement la genèse du Cantique[6]. Cela ne nous paraît nullement obligatoire. En effet, si l'on admet que saint Jean de la Croix lui-même a fait circuler le texte A du Cantique, il faut admettre aussi qu'il n'a pas jugé très grave de laisser en l'état l'imprécision de ces deux termes, et il faut donc s'interdire de les utiliser pour découvrir la structure fondamentale de l'oeuvre.

Faisons un pas de plus: la répartition de l'union mystique entre «fiançailles» et «mariage» spirituels, ne serait-elle pas étrangère au texte initial du *Cántico*[7]? Certes, Ct 27, 3 semble au contraire en faire la clef de voûte de tout l'ouvrage, mais il se trouve curieusement que ce passage est en un état tout différent et sans aucun exposé de la découpe du *Cantique*, dans cet excel-

---

[5] Un guide précis sur ce point: San Juan de la Cruz, *Cántico espiritual,* éd. Eulogio Pacho, Madrid, 1981, p 750, note 3.

[6] Cf. Ph. Chevallier, *Le Cantique Spirituel,* Paris, 1933, pp 25-27; Gabriel de Sainte Marie-Madeleine, *Le Cantique de l'Amour,* in *Sanjuanistica,* Rome, 1943, pp 107-119; Silverio de Santa Teresa, *Obras de S. Juan de la Cruz,* III, Burgos, 1930, p XIV; Henri Sanson, *L'Esprit humain sean saint Jean de la Croix,* Paris, 1953, pp 289-311, Federico Ruiz Salvador, *Introducción a San Juan de la cruz, Madrid,* 1968, p 246; R. Duvivier, *La Genése du Cantique Spirituel de saint Jean de la Croix,* Paris, 1971, pp 384, 424-430; P. Adnès, *Mariage Spirituel,* in *Dictionnaire de Spiritualité,* 10, col. 401, E. Pacho, op. cit., p 68 et les nombreuses notes critiques sur ce point.

[7] Tout comme elle l'est pour celui de la *Llama,* où ce rôle des fiançailles apparaît, tel une météorite, dans la seconde rédaction de Ll 2, 24.

lent témoin du texte qu'est la version française de 1622 par René Gaultier[8]. Rappelons que René Gaultier n'est autre que l'introducteur en France d'Anne de Jésus, destinatrice de l'ouvrage, ce qui devait lui permettre d'en savoir plus long que nous sur la formation du *Cántico*... Voici le texte habituellement reçu:

> Pour expliquer plus ouvertement l'ordre de ces strophes, et donner à entendre celui que l'âme tient ordinairement jusqu'à ce qu'elle parvienne à cet état de mariage spirituel —qui est le plus élevé, dont nous avons maintenant à parler avec l'aide de Dieu— auquel l'âme est maintenant parvenue, il faut noter qu'elle a commencé par s'exercer dans les travaux et amertumes de la mortitication, ce dont l'âme a parlé au début, depuis la première strophe jusqu'à celle qui dit: «Répandant mille grâces.» Après quoi, elle est passée par les peines et les détroits d'amour qu'elle a raconté dans la suite des strophes, jusqu'à celle qui dit: «Ecarte-les, Bien Aimé!» En plus de cela, elle raconte ensuite qu'elle a reçu de grandes communications et de nombreuses visites de son Bien Aimé, ce qui lui a permis de se perfectionner et s'établir en son amour; si bien que, sortant de toutes les choses et d'elle-même, elle s'est livrée à lui par union d'amour en fiançailles spirituelles, ce en quoi, désormais fiancée, elle a reçu de l'Epoux de grands dons et des joyaux, comme elle l'a raconté depuis la strophe où se sont faites ces divines fiançailles, laquelle dit: «Ecarte-les, Bien Aimé!», jusqu'à celle d'ici qui commence par: «L'épouse est entrée», où il restait encore à conclure le mariage spirituel entre cette âme et le Fils de Dieu, son Epoux. Lequel est beaucoup plus que les fiançailles, car il s'agit d'une transformation totale dans le Bien Aimé, en laquelle les deux partis se livrent l'une à l'autre par totale possession de l'une et de l'autre avec une union d'amour consommée, comme il est possible en cette vie, en laquelle l'âme est rendue divine et faite Dieu par participation, autant qu'il est possible en cette vie; aussi est-ce le plus haut état auquel on puisse parvenir en cette vie. (Ct 27, 3)

Et voici le texte de Gaultier:

> Pour déduire plus ouvertement l'ordre de ce Cantique, et donner à entendre celui que l'âme tient d'ordinaire jusqu'à ce qu'elle soit parvenue au mariage spirituel, qui est le plus haut

---

[8] *Cantique d'Amour divin entre Jésus-Christ et l'Ame dévote,* composé par le B. Père Jean de la Croix, traduit par M. René Gautier, Paris, Adrian Taupinart, MDCXXII.

état dont nous dirons un mot avec l'aide de Dieu, notez qu'il se faut premièrement exercer ès travaux et amertumes de la mortification, puis passer par les rigoureuses angoisses d'amour, avant que d'entrer ès communications et visites de son ami, où l'âme s'est entièrement perfectionnée; de manière que sortant de toutes choses et de soi-méme, elle s'est unie et contracté un mariage spirituel avec lui, où elle a reçu de grandes faveurs, dons, joyaux de son Epoux le Fils de Dieu, par une entière transformation en son amie, où les deux parties se livrent l'une à l'autre en parfaite union d'amour, autant qu'elle peut ètre en cette vie, où l'âme devenue divine est comme déifiée par participation, qui est le plus haut degré où on puisse parvenir icibas. (p 164).

Faut-il voir une interpolation dans l'amplification des manuscrits espagnols correspondants, d'autant que le même passage, abondamment annoté sur le fameux manuscrit de Sanlúcar, devient décisif pour la distribution du texte en sa version B? Tenons-nous en à une confirmation sur ce point du haut intérêt du texte de Gaultier, témoin probable d'un état primitif du Cantique, et bien sûr, l'on pense ici à celui de l'exemplaire personnel d'Anne de Jésus.

Allons plus loin encore: la distinction fiançailles/mariage = volonté commune/union des personnes, qui est celle de Ll 3, 24-26, en tout point conforme à celle que l'on trouve dans les dernières *Moradas* de sainte Thérèse, ne fonctionne qu'en 27, 3 pour le texte espagnol du Cantique (sans équivalent chez Gaultier), et en 27, 5, où elle oppose également un état préalable à l'union à l'union réalisée. Or, ce passage de la strophe 27 est le seul où Gaultier parle de fiançailles là où l'espagnol parle de desposorio. Partout ailleurs, il ne connait que le mariage spirituel[9]. Avouons que Gaultier nous offre là une simplification radicale et séduisante des problèmes d'interprétation du Cantique!.

Que vaut ce double témoignage de Gaultier? Nous parlons ici du traducteur, et non plus du compagnon d'Anne de Jésus. Les auteurs ont l'ha-

---

[9] Dans son édition critique du Cantique (cf supra), Eulogio Pacho omet huit fois sur onze cette variante dont on peut apprécier ici l'enjeu. Il conviendrait de l'ajouter à Ct 13, lignes 22 et 28, Ct 18, lignes 8, 42 et 45, Ct 19, ligne 94, Ct 27, ligne 33, et Ct 28, ligne 29. On ne considère pas ici la strophe 18, où le thème des fiançailles est lié au poème comme tel, dans un context toute différent. Par ailleurs, on peut constater que Gaultier, dans son édition de 1621 de Vive Flamme, traduit exactement le vocabulaire nuptial de Ll 3, 24-26.

Ajoutons enfin ici une curiosité: dans sa célèbre *Historia de la Vida y Virtudes del Venerabla P. F. Juan de la Cruz,* Bruxelles, 1628, José de J. M. Quiroga n'ignore pas la distinction fiançailles/mariage telle qu'elle apparaît dans le *Cántico,* tout en l'interprétant de façon totalement originale et surprenante; mais dans la version française de 1638 du même ouvrage, le traducteur a régulièrement rendu «desposorio» par «mariage», sauf lorsqu'il cite Ct 27!

bitude de le négliger parce qu'officiellement détestable. Il y a là un regret-
table préjugé. Certes, il contracte souvent les textes de saint Jean de la
Croix dans des proportions impressionnantes, tous traités confondus. Mais
pour ce qui est du Cantique Spirituel, en dehors du poème où il laisse fran-
chement libre cours à sa fantaisie, sa fidélité est remarquable, aux fautes
—abondantes— de typographie près. Il n'y a, dans le texte du commentaire, absolument aucun autre cas de transformation analogue à celui que nous
sommes en train d'examiner. En cela, il est en progrès sur son édition de
1621 des autres traités. Ajoutons que les rééditions de sa traduction du Cantique (nous avons examiné celles de 1627 et 1628) corrigent un peu l'inélé-
gance du texte de 1622, mais ne touche pas à la substitution fiançailles/ma-
riage.

De tout ce qui précède, nous retiendrons seulement pour notre propos,
qu'il n'y a que des avantages à oublier la distinction fiançailles/mariage dans
l'interprétation de l'état de perfection spirituelle à l'intérieur du *Cántico*.

1.1.2. *Qu'il ne faut pas se fier à la terminologie union-transformation à l'intérieur de l'état de perfection*

Ce point a moins été remarqué que le précédent. Il serait cependant dan-
gereux de croire qu'union et transformation recouvrent deux états spirituels
différents, comme on le suggère souvent à propos du Cantique en sa version B.

Dans la Montée du Carmel et Nuit Obscure, «union», ou «union divine», ou «union totale», désignent très régulièrement l'état de perfection sans
autre spécification; dans ce contexte, «transformation», souvent associé à
«union» en est une simple explicitation:

> Dieu demeure et est présent substantiellement en toute
> âme, même en celle du plus grand pêcheur, et cette sorte d'u-
> nion est toujours faite entre Dieu et toutes les créatures, et par
> elle il les maintient en leur être... Mais *quand nous parlons de l'u-*
> *nion de l'âme avec Dieu, nous ne parlons pas de l'union substantielle, la-*
> *quelle est toujours faite, mais de l'union et transformation* par amour
> de l'âme avec Dieu. (2S 5,3).

Dans le Cantique, distinguer la simple «union» de la «transformation»
qui en serait une étape ultérieure peut paraître éclairant:

> ... sortant de toutes les choses et d'elle-même, *l'âme s'est li-*
> *vrée à lui par union d'amour en fiançailles spirituelles; ...mais le maria-*
> *ge spirituel est bien plus que les fiançailles, car il s'agit d'une transfor-*
> *mation totale dans le Bien Aimé,* en laquelle les deux parties se li-
> vrent l'une à l'autre par totale possession de l'une et de l'aute

avec une union d'amour consommée, comme il est possible en cette vie... (Ct 27,3).

Mais, sauf erreur, une telle répartition, dépendante d'un texte qui nous a déjà semblé problématique [10], est unique, et a contrario, le passage déjà cité de Vive Flamme, souligne que c'est l'union qui qualifie la pleine perfection spirituelle:

> ... dans les fiançailles, il n'y a qu'un «oui» égal et une seule volonté de part et d'autre, avec des bijoux et une parure pour la fiancée que le fiancé lui donne grecieusement; mais dans le mariage, il y a aussi communication et union des personnes. Et *dans les fiançailles,* s'il y a parfois des visites et des cadeaux de l'époux pour l'épouse, *il n'y a pas union des personnes,* ce à quoi conduisent les fiançailles. (Ll 3, 24).

Par ailleurs, qu'«union» et «transformation» soient exactement du même niveau spirituel, ressort des nombreux emplois de «unión o transformación», «unión y transformación» que l'on relève en Ct et Ll aussi bien qu'en SMC et NO, sans parler d'équivalences moins immédiates, mais guère moins faciles à relever. Est-ce que cela veut dire qu'il n'y ait aucun progrès pour l'âme engagée dans l'union? Non pas, mais le terme de «transformation», qui prévaut dans la seconde moitié du Cantique, exprime le processus même de l'union, non pas un état nouveau par rapport à elle: l'âme est «unie à Dieu en transformation d'amour» (Ct 15, 4); et si l'on tient à un dépassement de l'union, c'est le mot de «qualification» qui en rend compte:

> Méme s'il est vrai que les unes et les autres [= les strophes de Ct et Ll] ne parlent que d'un même état de transformation, et que l'*on ne peut le dépasser en tant que tel, toutefois, avec le temps et l'exercice, l'amour peut se qualifier et gagner en substance bien davantage.* Il en va comme du feu qui, une fois entré dans la bûche, *la maintient transformée et lui reste désormais uni:* au fur et à mesure que le feu s'attise et que le temps passe, la bûche gagne en incandescence et en flamboiement, au point de jeter d'elle-même des étincelles et des flammes. (Ll, Prologue, 3).

Nous avons cité un peu longuement pour montrer que Jean de la Croix prend transformation-union comme un tout («la maintient transformée en lui et lui reste désormais uni»), par rapport auquel il introduit une «qualification» nouvelle, et non un état nouveau.

---

[10] Hélas encore, le texte de René Gaultier cité plus haut ne fait pas non plus allusion à cette distinction, traitant le mariage spirituel comme le tout union-transformation....

Il nous faut donc renoncer, pour notre enquête sur l'homogénéité de l'état de perfection, à une terminologie que nous fournirait saint Jean de la Croix lui-même. Aussi ne parlerons-nous plus que de «l'état de perfection», toute appellation plus précise se heurtant à trop de variations d'usage.

1.2. Des textes nets sur l'état de perfection

C'est par rapport à l'état de perfection le plus clairement décrit par saint Jean de la Croix, que nous organiserons notre lecture, du plus certain au moins certain.

1.2.1. Quelques textes décisifs en dehors du Cantique Spirituel

Commençons par un texte de Vive Flamme, extrait d'une description de l'ensemble de l'itinéraire spirituel:

> ... Il faut savoir qu'ordinairement, aucune âme ne peut venir à ce haut état et à ce royaume des fiançailles si elle ne passe d'abord par bien des tribulations et des travaux... lesquels sont désormais passés en cet état, car *à partir d'ici, parce qu'elle est purifiée, l'âme ne pâtit pas.* (LI 2, 24)

Complétons avec Nuit Obscure:

> ... ces deux parties de l'âme, la spirituelle et la sensitive, il faut qu'elles soient d'abord réformées, ordonnées et en quiétude de ce qui est sensitif et spirituel, pour pouvoir venir à la divine union d'amour, *conformément au mode de l'état d'innocence qui était celui d'Adam.* (2N 24, 2)

«L'âme ne pâtit pas», «... conformément à l'état d'innocence qui était celui d'Adam»: deux affirmations claires et complémentaires dont on trouverait de nombreux parallèles. Allons en chercher confirmation dans le Cantique Spirituel.

1.2.2. Les textes les plus nets du Cantique Spirituel

> ... en ce jour heureux [où se conclut l'union], non seulement s'achèvent pour *l'âme ses violentes angoisses et les plaintes d'amour qui étaient les siennes auparavant,* mais ... *elle entre en un état de paix, de délices et de suavité d'amour...* Aussi, dans les strophes suivantes [= celles qui suivent Ct 12], *elle ne parle plus de peines ni d'angoisses,* comme elle faisait auparavant, mais de la communication et de l'exercice de l'amour doux et pacifique entre elle et son Bien Aimé, *tout le reste finissant en cet état.* (Ct 13, 2)

> [en la strophe 15] ... l'épouse chante l'état élevé et heureux dans lequel elle se voit établie, *ainsi que sa sûreté;* elle chante les richesses des dons et des vertus dont elle se voit dotée et ornée dans la chambre nuptiale de l'union de son Epoux. En effet, elle déclare maintenant ne faire qu'un avec le Bien Aimé, posséder les fortes vertus et la charité *en perfection et paix accomplie,* être enrichie et embellie de dons et de beauté, autant qu'il est possible en cette vie de posséder et de jouir. (Ct 15, 2)

> ... en cet état, les vertus sont de telle manière entrelacées, renforcées l'une par l'autre et unies en une perfection achevée de l'âme, qu'*il n'y a plus rien en elle qui permette au démon d'entrer;* et non seulement cela, mais elle est aussi munie de remparts, pour qu'*aucune chose au monde, ni basse ni élevée, ne puisse l'inquiéter, lui faire de la peine ou la mouvoir.* Etant maintenant libre de toute peine des passions naturelles, éloignée et dépouillée de la tourmente et du changement des choses temporelles, elle jouit en sécurité de la participation de Dieu.... En cet état, l'âme jouit d'une suavité et tranquillité ordinaire, qui jamais ne se perd ni ne fait défaut. (Ct 15,5)

Et cette description d'une perfection sans troubles continue jusqu'à la strophe 24 sans interruption, sans aucune idée d'altération possible d'un bonheur total:

> Heureuse vie, heureux état et heureuse âme qui y parvient! Tout lui est désormais substance d'amour, bonheur et délices de fiançailles... (Ct 19, 10)

Description qui reprend à partir de la strophe 27:

> ... l'épouse a pénétré dans l'aimable jardin qu'elle désirait, à l'écart de tout le temporel, de tout le naturel, de toutes les affections, des modes et des manières spirituelles, toutes les tentations, tous les troubles, toutes les peines, tout le zèle et tous les soucis étant mis à part et oubliés, transformée qu'elle est en ce haut embrassement. (Ct 27, 4)

A partir de là, la suite du Cantique décrira la perfection spirituelle, non pas comme un état figé, mais comme une victoire continuelle de l'âme sur ce qui la troublait auparavant, comme un envahissement d'amour rétablissant tout l'organisme spirituel dans son harmonie originelle:

> Toute la substance de l'âme, baignée de gloire, chante les grendeurs de Dieu, et elle ressent à la manière d'une totale

> jouissance, une intime suavité qui la fait refluer en louanges, en reconnaissances, en remerciements et en louanges pour Dieu, avec une grande joie, toute prise qu'elle est en amour. (Ct 37, 6)

Ce bonheur de l'union ne se réfugie donc pas dans les régions cérébrales, mais il est à la fois joie et jouissance, se développant de la fine pointe de l'âme jusqu'aux enveloppes les plus extérieures de la chair, ce que Vive Flamme appellera *«la toile sensitive de cette vie»*:

> ... en cet état, la partie sensitive de l'âme est tellement purifiée, qu'elle se recueille avec ses puissances sensitives et ses forces naturelles pour participer aux grandeurs spirituelles que Dieu est en train de communiquer à l'esprit, et pour en jouir à sa manière, selon ce que David donnait à entendre quand il disait: «Mon esprit et ma chair se sont réjouis et délectés en Dieu vivant.» (Ct 39, 5; Cf Ct 31, 8-9)

Voici donc à grands traits le tableau de la perfection spirituelle que nous présente saint Jean de la Croix, par rapport auquel nous aurons à évaluer un peu plus loin des textes plus difficiles. Auparavant, éliminons deux faux problèmes touchant une éventuelle altération de cet état de perfection.

1.2.3. *Des épreuves dont l'âme est toujours victorieuse*

«Tout lui est désormais substance d'amour», lisions-nous un peu plus haut. Dans ce tout, faut-il le dire? se trouvent aussi bien les épreuves que les consolations:

> ...l'épouse peut en vérité dire à l'Epoux divin ces paroles de pur amour qu'elle lui dit au Cantique des Cantiques: «Omnia poma, nova et vetera, servavi tibi». Ce qui revient à dire: «Mon Bien Aimé, à cause de toi, je veux tout ce qu'il y a de dur et de laborieux, et pour toi je veux tout ce qu'il y a de suave et de savoureux!» (Ct 19, 10)

Il ne s'agit pas de générosité héroïque ni d'indifférence à la souffrance: l'accord complet de la volonté du parfait avec celle de Dieu supprime le problème même de la souffrance; sans rébellion aucune, le spirituel cueille la vie à sa source telle qu'elle sort de la main de Dieu:

> La grandeur et stabilité de l'âme en cet état est telle, que si auparavant les eaux de la douleur l'atteignaient pour quoi que ce soit..., cela [= ce qui en était cause autrefois] ne lui provoque plus de douleur, ni elle ne le ressent...; que ce soit pour vi-

vre ou pour mourir, elle est conforme et ajustée à la volonté de Dieu. (Ct 29, 10)

Dès lors, tout événement se retourne en occasion d'amour, le parfait étant entré dans la logique de la croix «en laquelle sont toutes les délices de l'esprit» (LI 2, 26):

> L'Epoux dit à l'épouse comment ce fut au moyen de l'arbre de la croix qu'il l'épousa... lui découvrant les dispositions de sa sagesse, comment il sait tirer le bien du mal... (Ct 28, 2-5)

Dans ces épousailles sur la croix, ce qui était auparavant le plus redoutable devient fort logiquement le plus désiré, car

> ... le plus pur pâtir apporte et entreine un plus pur comprendre, et par conséquent une joie plus pure et plus relevée pour être plus intérieure. (Ct 35, 12)

Parlant d'un bonheur sans troubles, nous ne parlons donc pas d'une absence d'épreuves, mais de cette victoire constante sur elles: restant ce qu'elles ont toujours été, les choses ne sont plus qu'occasion de jouissance, non pas malgré la croix, mais grâce à la croix et sur la croix, de telle sorte que

> ... plus rien ne peut plus atteindre l'épouse ni lui être pénible, maintenant qu'elle est entrée dans l'aimable jardin qu'elle désirait, où elle jouit en toute paix, où elle goûte toute suavité, où tout ce qu'il y a de délicieux la ravit, autant que le supporte la condition et l'état de cette vie. (Ct 29, 15)

Et tout au long des strophes 29-30, saint Jean de la Croix passe en revue tout ce qui autrefois était occasion de souffrance et de troubles —oiseaux légers, lions, cerfs, daims, monts, vallées, rivières, vents, sécheresses, craintes de la nuit —et qui continue d'arriver au seuil, mais au seuil seulement, de la chambre nuptiale, l'Epoux donnant à l'âme la victoire sur toutes ces épreuves au fur et à mesure qu'elles se présentent:

> En ces deux strophes, l'Epoux donne à entendre comment par le moyen de ces douces lyres (qui signifient ici la suavité dont [l'âme] jouit d'ordinaire en cet état), ainsi que par le chant des sirènes (qui signifie les délices que l'âme trouve toujours en lui), il achève de mettre fin et terme à toutes les opérations et passions de l'âme qui lui étaient auparavant de quelque empêchement et privation de saveur quant au goût et à la suavité pacifiques; il dit ici qu'il s'agit des digressions de la fantaisie ima-

ginative, et il les conjure de cesser; de même met-il à la raison les deux puissances naturelles que sont l'irascible et la concupiscible, qui l'affligeaient quelque peu auparavant. De même par ces lyres et ce chant donne-t-il à entendre comment les trois puissances de l'âme, l'entendement, la volonté et la mémoire, s'établissent en perfection et mesure, autant qu'il se peut en cette vie. De même y trouve-t-on comment les quatre passions de l'âme, la douleur, l'espérance, la joie et la crainte, se combinent et s'établisent en raison, au moyen de la satisfaction que l'âme possède, signifiée par les aimables lyres et le chant des sirènes... Dieu veut que cessent tous ces inconvénients, pour que l'âme jouisse des délices, de la paix et de la suavité de cette union, avec davantage de goût et sans aucune interruption. (Ct 29, 4; cf Ct 39, 1-4)

Remarquons bien dans ce passage, qu'il n'y a pas perfection d'abord et union ensuite, mais que l'union comme telle est principe de perfection et de victoire; c'est elle qui met fin aux imperfections en les transformant, ce que l'âme vit comme une préférence et une satisfaction supérieures à celles des états antérieurs («...*par le moyen de ces douces lyres,... au moyen de la satisfaction que l'âme possède...* »), une assomption dans une jouissance plus forte: la logique de la croix est d'abord celle de la joie, «... *le plus pur pâtir apportant une joie plus relevée*». Du début à la fin de l'itinéraire spirituel, cette jouissance de plus en plus réceptrice et passive, et non pas une vertu de plus en plus active, est l'indice du progrès de l'âme, tout comme l'union en est le moteur:

> ... Que cessent vos colères,
> Et veuillez ne point toucher au mur
> Pour que l'épouse dorme d'un sommeil plus sûr! (Ct 30),

ce que le saint commente ainsi:

> C'est-à-dire, pour qu'elle se délecte plus savoureusement de la quiétude et suavité dont elle jouit... (Ct 30, 19)

Nous avons insisté sur ce point pour mettre en garde contre les interprétations qui font de l'union mystique une récompense mettant à l'abri du sort commun des mortels, à l'abri surtout de la croix du Christ «en laquelle sont toutes les délices de l'esprit»; mais il faut surtout se réserver de lire des textes moins nets quant à la quiétude de l'état de perfection, à la lumière de cette continuelle transformation de la mort en vie qui définit exactement l'oeuvre du Christ en et pour son épouse:

> O feu plein de douceur,
> O plaie savoureuse,
> En tuant, tu as changé la mort en vie! (LI 2)

1.2.4. « *Autant qu'il est possible en cette vie...* »

Cette restriction que nous avons également rencontrée plus haut, revient une dizaine de fois [11] sous des formes voisines dans l'oeuvre de saint Jean de la Croix. Elle ne porte pas sur la perfection comme telle, mais sur le statut terrestre de ceux qui vivent l'état de perfection, comparé à celui des bienheureux dans la gloire. En effet, d'une part,

> en cette vie, l'âme peut posséder l'habitus de la charité de façon aussi parfaite que dans l'autre... (Ll 1, 14).

et d'autre part,

> pour grandes que soient les communications qu'une âme reçoive de Dieu en cette vie, cela n'est pas Dieu essentiellement, ni n'a rien à voir avec lui... (Ct 1, 3)

En fait, ce statut terrestre du mystique accompli est celui d'Adam au paradis:

> ... il s'agit là d'une vie bienheureuse, semblable à celle de l'état d'innocence... (Ct 31, 9) [12]

Les incises sur les limites du statut terrestre des parfaits ne diminuent donc en rien leur perfection ni leur bonheur, si nettement affirmés par ailleurs dans les textes que nous avons relevés ; mais elles permettent de distinguer les conditions, imparfaites ici-bas et parfaites au-delà, dans lesquelles est vécue cette perfection. C'est exactement ce qui nous conduisait à envisager plus haut l'union comme un état dynamique, une victoire continuelle de l'amour sur des épreuves qui ne cessent pas de parvenir au seuil de la chambre nuptiale. Et cela jette une vive lumière sur le faux problème de la confirmation en grâce [13]: en effet, dire que la perfection spirituelle remet en la situation d'Adam, ne veut aucunement dire que cet état soit de droit irré-

---

[11] Par exemple en 2S 5, 2; Ct 1, 6; Ct 15, 2; Ct 27, 3; Ct 29, 15; Ct 38, 14; LI 1, 29-36; LI 3, 10. Il serait éclairant de montrer qu'en ajoutant plusieurs restrictions analogues, Ct B les justifie par une impossibilité de perfection spirituelle ici-bas, et non plus par une différence de statut entre perfection ici-bas et état de gloire; par exemple en Ct B 1, 4; 22, 4; 39, 14.

[12] Cf 2S 24, 4-5; 3S 2, 9-10 (où cet état est également comparé à la perfection de la Vierge Marie); 3S 20, 3; 3S 26, 5; 2N 24, 2; Ct 28; Ct 37...

[13] Laquelle n'apparaît jamais chez saint Jean de la Croix, si l'on veut bien réserver la question de l'authenticité de l'annotation à Ct 27, 3 sur le manuscrit de Sanlúcar. (E. Pacho, *op. cit.,* p 166, tient pour acquise l'unanimité favorable des paléographes sur le caractère autographe de ces annotations. Ayant interrogé l'un d'entre eux à la Bibliothèque Vaticane, par ailleurs parfaitement ignorant de l'enjeu, nous avons obtenu une sentence exactement opposée...).

versible et impeccable [14]; tout parfait qu'il fût, il a bien fallu qu'Adam fút capable de commettre le péché puisqu'il l'a commis! Quant à savoir si cet état est irréversible de fait, Jean de la Croix nous en dit beaucoup moins sur le sujet que sainte Thérèse ou Tauler. Notons au passage que nous aurions là un point de départ de premier ordre pour réfléchir sur le péché original à la lumière de l'expérience des mystiques.

1.3.   Des textes moins nets sur l'état de perfection dans le Cantique Spirituel

Pour exposer l'état achevé de perfection, nous avons dû sauter des passages du Cantique Spirituel qui, à première vue, réintroduisent des troubles de toute nature à l'intérieur de cet état. Nous les trouvons d'une part en Ct 25-26, d'autre part en Ct 31.

Maintenant, nous allons poser à propos de chacun d'eux les deux questions suivantes: 1) le contexte nous force-t-il à placer ce texte à l'intérieur d'une description de la perfection proprement dite? 2) Si oui, la contradiction avec les textes déjà cités est-elle irréductible?

Nous ne ferons cette enquête qu'à l'intérieur du Cantique Spirituel, la question ne se posant pas pour la Montée du Carmel et Nuit Obscure, et revenant pour Vive Flamme à l'étude de la mort physique du mystique, telle que nous la conduirons un peu plus loin.

1.3.1.   Ct 25-26

> Voyant les vertus de son âme désormais établies en leur perfection, ce en quoi elle jouit maintenant de leurs délices, de leur suavité et de leur parfum,... désirant que cette suavité continue sans qu'aucune chose puisse l'empêcher, l'épouse demande en cette strophe aux anges et ministres de Dieu, de bien vouloir éloigner d'elle tout ce qui peut abattre et flétrir cette fleur et ce parfum de ses vertus; par exemple, tous les troubles, toutes les tentations, les inquiétudes, les appétits, les imaginations, et les autres mouvements naturels et spirituels *qui ont coutume d'empêcher en l'âme la fleur de la paix, la quiétude et la suavité intérieure,* au moment où elle en jouit avec un maximum de saveur en ses vertus, conjointement avec son Bien-Aimé. (Ct 25, 1)

---

[14] Sainte Thérèse peut nous éclairer sur la distinction de ces deux plans: «*Il semble que je veuille dire que, une fois que Dieu a fait cette grâce à l'âme, elle est sûre de son salut et de ne point retomber. Je ne dis pas cela; et toutes les fois que je traiterai de cela, à savoir qu'il semble que l'âme se trouve en sécurité, il faudra comprendre.: pour autant que Sa divine Majesté la tiendra ainsi en sa main, et qu'elle ne l'offensera pas.*» (Moradas séptimas, 2, 12) Un peu plus loin (4, 3), elle dit même que de nombreuses imperfections morales peuvent accompagner cette perfection spirituelle.

Il y a donc des choses qui peuvent encore troubler l'âme? Le correcteur du manuscrit de Sanlúcar a dû s'en étonner autant que nous, car il ajoute prudemment «pour autant qu il en reste!». Un peu plus loin, les choses s'aggravent:

> ... à cette époque, surviennent parfois en la mémoire et en l'imaginaire beaucoup de formes et d'imaginations variées, et en la partie sensitive, beaucoup de mouvements et d'appétits variés, qui donnent de la peine à l'âme par leur grande subtilité et vivacité, et la retirent de la suavité et quiétude intérieure dont elle jouit. Et en plus de cela, les démons, très envieux de la paix et du recueillement intérieur, provoquent en l'esprit des horreurs, des troubles et des craintes. (Ct 25, 4)

Et Ct 25, 5-10 de continuer sur le même ton.

Faut-il donc renoncer à la perfection absolue de l'union? Ct 25, 11 nous donne une issue de secours:

> L'âme dit cela ici pour autant qu'en cette période de communication avec Dieu, il convient que tous les sens, les intérieurs comme les extérieurs, soient désencombrés et vides, car dans cette situation, plus ils entrent en jeu, plus ils causent de troubles. En effet, *lorsque l'âme parvient à l'union intérieure avec Dieu,* alors les puissances spirituelles n'opèrent plus, et les corporelles encore moins, pour autant que l'oeuvre d'union d'amour est désormais faite, et ces puissances ont fini d'opérer...

Donc, Ct 25, 1-10 était en fait avant l'union, et plus précisément à la veille de l'union, alors que s'exaspèrent les puissances opérant pour ainsi dire à vide, ayant déjà presque perdu leur objet mondain, mais n'ayant pas encore trouvé leur objet divin:

> .... en effet, *une fois le but atteint, toutes les opérations des intermédiaires cessent.* Et ainsi, ce que l'âme fait alors en son Bien-Aimé, c'est de rester en l'exercice de ce qui est déjà réalisé en elle, ce qui est aimer en continuation de l'union d'amour. (Ct 25, 11)

Les troubles de 25, 1-10 sont donc antérieurs à l'union. Il faut les mettre sur le même plan que ceux décrits abondamment en Ct 1-11, passage délicat pour l'âme dont les périls fourniront l'occasion du long développement de Ll 3, 26-67 sur la direction spirituelle. Toute autre interprétation de cette strophe 25 se heurte aux repères chronologiques très clairs donnés par saint

Jean de la Croix. Reste qu'au tout début du commentaire à cette strophe 25, il dit bien que l'âme *«voit ses vertus désormais établies en leur perfection.»* Sans doute faut-il s'en tenir à la plus simple explication, la plus simplement littéraire, celle d'un glissement au fil du commentaire du poème, sans grande importance pour un texte dont la logique initiale reste celle du poème, et dont le caractère plus systématique ne sera dû qu'à des développements de toute façon postérieurs.

La strophe 26 pose des problèmes exactement semblables. Sans doute faut-il la placer aussi à la veille de l'union:

> Et tout cela [= ce que chante la strophe 26], l'âme le désire non pas à cause des délices et de la gloire qui lui en reviennent, mais parce qu'elle sait que l'Epoux y trouve ses délices, et que *cela est une disposition et une préparation en elle,* pour que son Epoux bien aimé, le Fils de Dieu, vienne prendre en elle ses délices. (Ct 26,9)

Disposition et préparation qui annoncent la strophe 27, celle où, clairement, se fait l'union. D'ailleurs, tout le thème longuement développé ici des odeurs, des onguents de l'Esprit-Saint, des attouchements, se retrouvent dans le Cantique et en Vive Flamme comme la préparation ultime de l'union. Répétons que nous sommes dans la logique d'un poème, même si le poème ici n'aide pas le commentaire: le jardin de Ct 26 est celui de l'épouse, et celui de Ct 27 sera celui de l'Epoux. Certes, il était tentant de réorganiser l'ensemble du Cantique autour de la charnière Ct 26-27, ce dont témoignent les remaniements particulièrement importants de ces deux strophes quand on juxtapose l'édition de 1622, Ct A, ses annotations dans le manuscrit de Sanlúcar et Ct B [15], mais n'allons pas dire pour autant que son agencement initial était incompréhensible.

1.3.2.   Ct 31

> L'épouse, se voyant établie par son Epoux en des dons et des délices si riches et si avantageux quant à la partie supérieure et spirituelle, désirant se maintenir en leur sécurité et en leur possession continue..., voyant qu'*un si grand bien pourrait lui être ôté ou être troublé du fait de la partie inférieure,* qui est la sensualité, demande aux opérations et mouvements de cette partie inférieure de se mettre en repos quant à ses puissances et à ses sens, ne sortant pas des limites de leur région —la région sensuelle— pour malmener et inquiéter la partie supérieure et spirituelle de

---

[15] Cf supra 1.1.1.

l'âme, afin de ne pas lui ôter, par un mouvement aussi minime soit-il, le bien et la suavité dont elle jouit. (Ct 31, 3)

Donc, l'harmonie n'est apparemment pas parfaite. Sommes-nous revenus à un stade antérieur à l'union? Ct 31, 4-7 explicite ce trouble possible de l'âme, mais le situe dans une perspective générale:

> ... parce qu'il y a une communication naturelle entre les gens des faubourgs de la partie sensitive de l'âme (et ceux de la citadelle de la partie spirituelle), ce qui s'opère en cette partie se ressent ordinairement en l'autre, la plus intérieure et qui est la rationelle; et par conséquent, elle la divertit et la retire de la quiétude de l'opération spirituelle qu'elle a en Dieu. (Ct 31, 7)

Mais dans la perspective particulière de la prière de l'épouse en cette strophe 31, la victoire sur ce trouble est de toute façon assurée, ce qui nous permet de retomber sur nos pieds, c'est à dire, de ne pas opposer l'union aux épreuves qui continuent de survenir, mais qui n'entameront pas pour autant la quiétude de l'âme, ainsi qu'on l'a vu abondamment plus haut[16]; pour autant,

> cette strophe a été placée ici pour donner à entendre la paix tranquille et sûre que possède l'âme parvenue à cet état, non pas pour que l'on pense que ce désir de voir ces nymphes se calmer, dont elle témoigne ici, soit parce qu'elles la malmènent en cet état; en effet, elles sont désormais calmées, comme on l'a donné à entendre plus haut. D'ailleurs, ce désir appartient à ceux qui progressent et qui ont déjà progressé, plutôt qu'aux parfaits, chez lesquels les passions et les mouvements ne règnent que peu ou pas du tout. (Ct 31, 9)

1.4.   *Conclusion provisoire sur l'état de perfection à partir du Cantique Spirituel*

On voit qu'une lecture attentive, mais sans a priori, du Cantique Spirituel en sa version A non annotée, conclut à l'homogénéité de l'état de perfection tel que saint Jean de la Croix nous le présente. Cet état n'est pas un

---

[16] Cf supra 1.2.3. On peut renforcer ce point par une comparaison empruntée à sainte Thérèse: «*Le Roi se trouve en son palais, et il y a beaucoup de guerres en son royaume, et beaucoup de choses pénibles; mais cela ne l'empêche pas d'être à son poste. De même ici: quoiqu'il y ait beaucoup d'agitation et des bêtes venimeuses dans les autres demeures et que l'on en entende la bruit, rien ne parvient en celle-ci qui en ferait sortir [l'épouse]. Et les choses qu'elle entend lui donnent bien quelque peine, mais cela n'est pas de manière à la troubler et à lui ôter la paix; car les passions sont désormais vaincues, si bien qu'elles craignent d'entrer là, car elles en sortent encore plus soumises*». (Moradas séptimas, 2, 14).

simple idéal impossible à rejoindre ici-bas, mais bien une réalité, caractérisée par un bonheur complet et une intensité de vie dont on nous dit qu'elle dépasse toute description.

Cette perfection, plutôt qu'un point d'arrivée sans développement ultérieur, est un équilibre dynamique, intégrant toutes les circonstances d'une vie par ailleurs parfaitement ordinaire; et cet équilibre reste parfaitement terrestre, et donc destiné à un dépassement dans la gloire. Mais cela ne diminue en rien l'harmonie sans faille de cet état, qui nous est présenté ici comme celui dont jouissait Adam au paradis. Si l'on tient tout cela ensemble, les descriptions que nous en donne saint Jean de la Croix sont parfaitement cohérentes.

De même faut-il faire bien attention aux indications de chronologie spirituelle ponctuellement indiquées par le saint: le déroulement des strophes et de leur commentaire n'est pas linéaire, mais ces indications sont suffisantes pour ne pas réintroduire dans la perfection spirituelle des éléments appartenant à sa préparation. N'oublions surtout pas que tout part d'un poème, et d'un poème dont on sait par ailleurs qu'il fut élaboré en plusieurs étapes. Toute systématisation du commentaire, qu'elle soit dûe ou non à l'auteur du poème, ne peut que se heurter à cette logique initiale, une solution à nos yeux très défectueuse étant de donner à la terminologie nuptiale ou à celle de la transformation mystique, des contenus propres à charpenter une réorganisation du texte du Cantique.

Reste à envisager notre deuxième question sur cet état de perfection, celle d'une réelle insatisfaction de l'âme tant qu'elle demeure dans cette chair. Des passages très nets de Vive Flamme vont-ils nous obliger à remettre en cause ce que nous venons d'affirmer? Où bien notre lecture doit-elle s'approfondir encore?

2. Trouvons-nous chez saint Jean de la Croix deux conceptions différentes de la mort physique du mystique?

Il nous faut ici prolonger notre réflexion sur les limites du statut terrestre des parfaits [17]: la perfection de l'homme spirituel est une chose, celle des conditions de cette vie parfaite en est une autre. Et nous allons voir cette perfection dans l'imperfection engendrer une insatisfaction dans la satisfaction: ayant reçu la plénitude de l'habitus d'amour, l'âme voudrait bien recevoir aussi celle de son acte, pour rester dans la terminologie de LI 1, 14. C'est cette nouvelle expansion du désir de l'âme qui va nous occuper maintenant.

---

[17] Cf. supra 1.2.4.

Remarquons d'abord que «l'échappée» dans l'au-delà semblait à l'âme la seule issue possible à son désir jusqu'à ce que l'union soit réalisée:

> L'âme amoureuse du Verbe, Fils de Dieu, son Epoux,... se plaint de ce que son Bien Aimé ne la délivre pas encore de la chair mortelle... (Ct 1, 2)

Ct 1-11 module ce thème, et en Ct 12, l'âme croit enfin être exaucée:

> ... le Bien Aimé a découvert à l'âme quelques rayons de sa grandeur et divinité, selon son désir. Ces rayons furent d'une telle élévation, et ils lui ont été communiqués avec une telle force, que cela la fit sortir d'elle-même par ravissement et extase. Dans les débuts, cela arrive avec grand dommage et grande peur pour la nature. Aussi, ne pouvant supporter cet excès en un sujet si faible, l'âme dit en cette strophe: «Ecarte-les, Bien Aimé!» C'est-à-dire: «Ecarte les yeux divins, car ils me font m'envoler, sortant de moi-même, jusqu'à la contemplation suprême, au-dessus de ce que supporte la nature». Elle dit cela parce qu'il lui semblait que son âme s'envolait de sa chair, et c'est ce qu'elle désirait. (Ct 12, 2)

Mais ce désir n'est pas celui de l'Epoux, car il n'est pas venu sur terre pour que l'épouse s'en échappe:

> Ce désir et ce vol, l'Epoux les lui retient aussitôt en disant: «Reviens, colombe», car la communication que tu reçois maintenant de moi, n'appartient pas encore à cet état de gloire auquel tu prétends maintenant. Mals reviens à moi, qui suis celui que tu recherches, blessée d'amour. Car moi aussi, blessé de ton amour, je commence à me montrer à toi par ta haute contemplation, et je prends récréation et repos en l'amour de ta contemplation.» (Ct 12, 2)

Autrement dit, ce que l'épouse attendait de l'au-delà, voilà que la contemplation le lui donne ici-bas, et la suite du Cantique ne fera plus qu'approfondir ces retrouvailles terrestres et la perfection qui leur est propre, ce qui, soit dit en passant, suffit à rendre strictement incompréhensible le renvoi dans l'au-delà du mariage spirituel opéré par Ct B.

Maintenant, le problème du désir de la mort se repose dans Vive Flamme, dans le commentaire de la première strophe. L'âme y réclame plusieurs fois l'achèvement de sa vie terrestre, alors que sans ambiguïté aucune, nous sommes en pleine perfection spirituelle. Comment interpréter cette demande d'une âme qui n'a normalement plus rien à demander?

2.1. *L'épouse réclame la mort (LI 1, 27-29)*

> «Achève maintenant de consommer parfaitement avec moi le mariage spirituel par ta vision béatifique»... L'âme vivant encore en espérance, ce en quoi on ne laisse pas de ressentir du vide, elle gémit autant qu'il lui manque pour la possession achevée de l'adoption des fils de Dieu; là, sa gloire se consommant, son appétit se reposera. (LI 1, 27)

Quel est le niveau exact de cette insatisfaction de l'âme?

> Cet appétit, aussi accordé à Dieu soit-il ici-bas, ne sera jamais rassasié ni reposé jusqu'à ce que paraisse sa gloire. (id.)

«Aussi accordé à Dieu soit-il...»: la question n'est donc pas d'une éventuelle imperfection morale ou spirituelle. *«Jusqu'à ce que paraisse sa gloire...:* c'est la condition terrestre comme telle qui est en cause, et tant qu'elle dure, l'appétit continue de fonctionner. Maintenant, cette insatisfaction n'est pas forcément pénible, et les gémissements de l'âme n'ont plus rien de tragique ici, contrairement aux hurlements de désespoir d'avant l'union; en fait, il s'agit des gémissements de Ro 8, 23-26 [18], extrêmement présent à tout ce passage ou il s'agit bien de la «rédemption du corps»:

> Et pour autant, cet appétit et la demande qui en provient ne sont pas ici accompagnés de peine, car ici l'âme est incapable d'en avoir, mais d'un désir doux et plein de délices, réclamant cela dans la conformité de l'esprit et du sens. C'est pourquoi elle dit: «Achève maintenant, si tu le veux», car sa volonté et son appétit ne font tellement qu'un avec Dieu, qu'elle tient pour sa gloire d'acomplir ce que Dieu veut. (LI 1, 28)

Or, ce que Dieu veut maintenant, c'est que l'âme quitte cette terre:

> ... l'âme voit alors que dans cette force de communication délicieuse de l'Epoux, l'Esprit Saint la provoque et l'invite par cette gloire immense qu'il propose à ses yeux en des façons merveilleuses et en de douces affections. [Suit Cant 2, 10-14] L'âme sent tout cela et elle le comprend très distinctement en une haute sensation de gloire, que l'Esprit Saint lui montre en ce flam-

---

[18] Une lecture attentive de LI 1, 27-28 montre que Ro 8, 23, commenté en un sens douloureux en Ct 1,14, est ici assumé par Ro 8, 26 (*«l'Esprit vient en aide à notre faiblesse»*), tout le poids de ces paragraphes portant sur l'invitation de l'Esprit Saint, qui forme la prière de l'âme et lui fait vouloir ce que Dieu veut.

boiement doux et tendre, désireux de la faire entrer dans cette gloire. Et pour autant, se trouvant ici provoquée, elle répond: «Achève maintenant, si tu le veux», ce en quoi elle fait à l'Epoux ces deux demandes qu'il nous a enseignées en l'Evangile: «Adveniat regnum tuum; fiat voluntas tua». Ainsi, c'est comme si elle disait: «Achève», à savoir, de me donner ce règne; «si tu le veux», c'est à dire, parce que c'est ta volonté. (Ll 1, 28)

«Parce que c'est ta volonté»: saint Jean de la Croix parle-t-il ici pour lui-même, à un point de sa propre expérience où il voit le ciel s'ouvrir devant lui? En tout cas, le désir de l'âme vient ici à la rencontre du désir de Dieu. Elle sait que le moment est venu d'*«achever la consommation du mariage spirituel»*. Il y a là une sorte de transparence finale de l'union que va développer le thème de la toile infiniment subtile au vers suivant: *«Brise la toile de cette heureuse rencontre!»*

En Ll 1, 26, saint Jean de la Croix mentionne les trois toiles interposées entre l'âme et Dieu, tout l'itinéraire spirituel consistant en une consumation des deux premières (*la temporelle, qui comprend toutes les créatures, et la naturelle, qui comprend les opérations et inclinations purement naturelles... »*). C'est la troisième qui nous concerne ici; il s'agit de *«la toile sensitive, qui comprend seulement l'union de l'âme et du corps»*. Cette dernière toile n'empêche pas l'union, si bien que la flamme de l'amour

> ne l'attaque pas avec rigueur, comme elle faisait pour les deux autres, mais savoureusement et doucement; c'est pourquoi l'âme l'appelle ici «douce rencontre», et d'autant plus douce et savoureuse qu'il lui semble davantage qu'elle va rompre la toile de la vie. (LI 1, 29)

«... d'autant plus douce et savoureuse»: alors qu'à la veille de l'union, la touche d'amour aurait fait mourir l'âme par sa violence, c'est maintenant sa douceur qui va l'emporter. En tout cas, ce qui nous intéresse ici est la netteté de la demande de l'âme: sans ambiguïté aucune, elle demande la mort, et en cela elle sait qu'elle demande ce que Dieu veut. En bonne logique, saint Jean de la Croix aurait dû mourir avant de nous en dire autant.

2.2. *Le mystique meurt-il avant les autres?* (LI 1, 33-36)

Mais saint Jean de la Croix n'est pas mort. Continuons donc notre lecture. Sautons LI 1, 30 pour retrouver d'autres demandes non équivoques d'une mort immédiate:

> Pourquoi l'âme demande-t-elle ici que Dieu «brise» la toile, plutôt qu'il ne la coupe ou ne la consume?... C'est *pour que la toi-*

> le de la vie s'achéve *plus rapidement,* car pour couper et consumer, on prend son temps et l'on attend que la chose soit mûre, ou usée, ou rendue de quelque façon à son terme, alors que pour rompre, on n'attend pas que la chose paraisse mûre, ni rien de ce genre. (Ll 1, 33)

> Et c'est ce que veut l'âme amoureuse, car *elle ne supporte pas les délais de l'attente de l'achévement naturel de la vie,* ni qu'elle s'interrompe à tel ou tel moment: la force de l'amour et la disposition qu'elle voit en elle, *lui font vouloir et demander que se brise tout de suite la vie* par quelque rencontre ou élan surnaturel d'amour. L'âme ici sait très bien qu'il est de la condition de Dieu d'enlever à lui avant le temps les âmes qu'il aime beaucoup, achevant en elles en peu de temps par cet amour ce qu'elles pourraient acquérir en toute leur vie en avançant d'un pas ordinaire. [Suit une citation de sap 4, 10-14]... Par le mot «ravir», il faut comprendre que *Dieu enlève le juste avant son temps naturel...* (LI 1, 34)

Enfin, la prière finale de l'âme qui va quitter cette chair:

> ... brise la toile délicate de cette vie, et ne la laisse pas parvenir à ce que l'âge et les années la tranchent naturellement, afin que je puisse *tout de suite* t'aimer avec la plénitude et la satiété que mon âme désire, sans terme ni fin!. (LI 1, 36)

On ne peut être plus net! Faut-il en déduire que les vieillards sont peu spirituels, ou que Jean de la Croix lui-même, qui écrit cela environ cinq ans avant sa propre mort, prend ses désirs pour des réalités? Problème difficile que le saint lui-même ne pouvait pas ne pas percevoir. Il est clair qu'il projette ici vers l'avant sa propre expérience de l'union pour décrire ce qu'en sera l'acte final, et il est merveilleux de le voir nous en donner ainsi la clef par anticipation. Maintenant, faisons deux remarques avant d'examiner un texte complémentaire: 1) Le principe de transformation dans et par l'union reste ici vérifié: ce nouveau progrès spirituel est progrès dans la jouissance (Il s'agit *«d'un désir doux et plein de délices»*) et la passivité, la passivité la plus radicale étant la mort. 2) Le ressort de cette longue prière de l'âme est tout entier sa conformité à la volonté de Dieu: *«sa volonté et son appétit ne font tellement qu'un avec Dieu».* A supposer que le mystique accompli meure avant les autres, il n'aurait de toute façon pas à déterminer le moment de cette mort.

Pour autant, la question d'une éventuelle mort prématurée du mystique ne doit pas nous inquiéter, car Jean de la Croix nous dit et répète que cela ne met pas en cause l'équilibre et le bonheur sans faille du parfait: *«cet appétit et la demande qui en provient ne sont pas ici accompagnés de peine, car ici l'âme est incapable d'en avoir...»* Mais cela n'exclut pas une croissance supplémentaire dans l'union, précisément celle d'une rupture de ses conditions terrestres, ce en quoi il ne s'agit plus tant d'une satisfaction nouvelle, que d'une nouvelle dilatation.

Il n'empêche que l'affirmation d'une mort «avant le temps naturel» ne laisse pas de surprendre, et que nous devons faire un pas de plus pour la comprendre.

2.3. Le *mystique meurt comme tout le monde. (LI 1, 30)*

La logique de Vive Flamme, tout comme celle du Cantique Spirituel, est celle d'un poème. Le commentaire est d'abord une broderie qui en épouse tous les détours, et le poète sentait ici l'éternité à portée de sa main. Reste que, comme pour le Cantique, Jean de la Croix a dû expliquer peu à peu ce qu'avaient de déconcertant les raccourcis de ses premières effusions, et notamment le caractère abrupt de la demande de mort que nous venons de lire. Pour autant, la seconde rédaction de Vive Flamme nous donne une précision extrêmement éclairante sur la manière d'interpréter les textes précédents:

> Il faut savoir que le mourir naturel des âmes qui parviennent à cet état, *quoique la condition de leur mort soit semblable à celle des autres quant à la nature, en est bien différent par la cause et le mode.* En effet, si les autres meurent d'une mort causée par l'infirmité ou l'avancement des jours, celles-ci, *même si elles meurent en infirmité ou au terme de l'âge,* rien ne leur arrache l'âme, sinon quelque élan et rencontre d'amour beaucoup plus relevé que les passés, plus puissant et plus vaillant, capable de rompre la toile et d'enlever le joyau de l'âme.

> Aussi la mort de ces âmes est-elle toujours très suave et douce, plus que ne leur fut la vie spirituelle toute au long de leur vie. En effet, elles meurent en des élans plus relevés et des rencontres savoureuses d'amour, comme le cygne qui chante plus doucement lorsqu'il meurt. (LI 1, 30)

«...quoique la condition de leur mort soit semblable à celle des autres quant à la nature..., en infirmité ou au terme de l'âge...» Voilà qui rectifie quelque peu la première rédaction, laquelle ne commence qu'à *«Aussi la mort de ces âmes...»,* faisant immédiatement suite à la douce rencontre de LI 1, 29. Les circonstances de la mort sont donc les mêmes chez le mystique et le non mystique, mais la cause n'est pas la même, et c'est cela l'essentiel. Nous voici replacés dans la logique que nous relevions plus haut: restant ce qu'elles ont toujours été, les circonstances ne sont plus qu'occasion de jouissance, non

pas malgré la croix, mais grâce à la croix et sur la croix[19]. Le mystique ne jouit pas d'une existence et d'une mort moins difficiles que celles des autres, mais il en perçoit sur la croix la vérité vraie, celle d'une entrée dans la vie éternelle. Dès lors, deux choses sont à tenir ensemble:

1) L'exacte coïncidence du désir de Dieu et du désir de l'âme tout au long de l'union, et particulièrement au moment où elle aboutit à une véritable assomption de l'âme en Dieu:

> ... car ici toutes les richesses de l'âme viennent à confluer, les fleuves de l'amour de l'âme entrant dans la mer, si larges et si gonflés qu'ils semblent déjà la mer..., le juste qui s'en va et part pour son royaume... (LI 1, 30)

2) La parfaite normalité des circonstances de la mort du mystique, en même temps que son caractère parfaitement surnaturel. Plutôt que de naturel et de surnaturel, saint Jean de la Croix nous a parlé ici de «condition» et de «cause» à propos de cette mort. Il s'agit d'une réintégration de l'homme tout entier dans l'acte d'amour qui l'a fait naître, et qui le fait maintenant renaître corps et âme à la vie éternelle. Les textes de Jean de la Croix s'harmonisent fort bien si l'on va jusque là, alors qu'en deçà, il ne sont plus qu'une vague consolation devant l'épaisseur de la mort. Comment ne pas évoquer ici l'Assomption exemplaire de la Vierge Marie, entrée corps et âme dans la plénitude de la Rédemption, figure parfaite de l'itinéraire décrit par saint Jean de la Croix, et lumière pour entrevoir la «rédemption du corps» de Ro 8, support biblique de toute cette strophe, comme couronnement de l'expérience mystique?

Conclusion

Au terme de cette brève analyse de quelques difficultés d'interprétation de l'état de perfection chez saint Jean de la Croix, on ne peut qu'être frappé par la cohérence, la solidité et l'homogénéité de l'ensemble, pour peu que l'on aille du texte à la doctrine, et non pas de la doctrine supposée au texte.

Nous avons vu au fil de cet examen que, pour le Cantique Spirituel, sinon pour Vive Flamme, s'écarter du texte le plus primitif complique très vite l'interprétation.

Le résultat de cette lecture n'est pas mince: nos craintes initiales d'une certaine imprécision dans l'affirmation et la description de l'état de perfection, sont sans fondement: un bonheur sans restriction aucune est la norme

---

[19] Cf supra, 1.2.3.

de la maturité spirituelle, et dans cet état, la mort elle-même devient dilatation d'amour et de jouissance. Le retournement évangélique de la mort en vie nous aura ainsi été montré de bout en bout, nous fournissant un fondement solide pour une réflexion théologique ultérieure, réflexion qui nous paraîtrait particulièrement féconde dans deux directions:

1)   La réintégration de l'état paradisiaque jette une lumière puissante sur l'entrée du mal et de la souffrance dans l'histoire de l'âme, et donc sur le péché originel, et sur l'exercice concret d'une liberté parfaite dans les conditions de finitude qui sont les nôtres ici-bas; elle montre également que toute souffrance peut être dépassée dans une croissance en contemplation, jusqu'à la réconciliation finale entre la volonté de l'âme et celle de Dieu qui définit l'union mystique. On verrait du fait même que l'homme restauré dans l'union devient porteur du salut de ses frères, devenu foyer d'amour au coeur du monde comme Adam était devenu foyer de division et de péché.

2)   La mort d'amour et la mise en texte qu'en fait saint Jean de la Croix, ouvrent des perspectives trop peu explorées à l'eschatologie. Nous avons vu l'incarnation rédemptrice pénétrer nos plus charnelles capacités de jouir, *«jusqu'à la toile sensitive de cette vie»;* dont la rupture finale correspond à l'assomption du juste *«qui part pour son royaume».* En nous disant ce qu'aurait été la mort d'Adam, en nous disant ce qu'a été la mort du nouvel Adam et de ses frères, saint Jean de la Croix nous fait toucher du doigt la résurrection de la chair, non pas comme une promesse lointaine et extrinsèque à la vie chrétienne, mais comme l'expérience la plus concrète, et pour ainsi dire la plus immédiate, des épousailles du Verbe et de notre chair. Il y aurait de nombreuses conséquences à en tirer pour une vision globale de l'histoire du salut, le mystique nous présentant, au degré de conscience qui est le sien, la pleine réalisation de la promesse du Christ: *«Quand je m'en serai allé, je reviendrai et vous prendrai auprès de moi, afin que là où je suis, vous soyez vous aussi».* Tout ce que nous dit saint Jean de la Croix converge vers ces retrouvailles dans lesquelles l'Epoux invite l'épouse à la consommation du mariage spirituel: *«Lève-toi, viens vite, ma bien aimée, ma colombe, ma soeur, viens; l'hiver s'en est allé, la pluie s'est éloignée et les fleurs ont apparu sur notre terre...»* (LI 1, 28)

L'homme spirituel a l'image de Dieu
selon Jean de la Croix

Hein Blommestijn & Kees Waaijman, O.Carm.

Introduction

A la différence de beaucoup d'autres auteurs mystiques, Jean de la Croix parle rarement de l'homme «fait à l'image et à la ressemblance de Dieu» (Gn. 1,26). Cette doctrine anthropologique traditionelle est-elle absente chez lui, ou plutôt transposée en «description psychologique»[1]? Il est vrai que le thème de l'image de Dieu *affleure* seulement *de temps à autre au niveau de l'expression verbale*[2], mais il est néanmoins présent comme doctrine fondamentale à la base de toute l'oeuvre de Jean de la Croix. Même si son discours spirituel ne semble point élaborer et développer explicitement ce thème, on ne peut aucunement comprendre l'évolution mystique décrite par lui, sans le considérer comme un des éléments constitutifs qui organise imperceptiblement le texte.

L'idée de l'homme à l'image de Dieu ne s'élabore pas chez Jean de la Croix par libre association ou d'une façon spéculative. Tout au contraire, la résonance de l'Ecriture se laisse aisément percevoir dans son élaboration du thème. L'architecture du texte biblique, étant sa nourriture de base, donne une orientation intérieure à sa déscription du processus mystique. Rarement on a fait remarquer cette fonction profondément structurante de l'Ecriture. D'habitude, on se limite à des renvois aux versets ou passages cités par Jean de la Croix.

Subissant l'influence structurante de l'Ecriture, Jean de la Croix s'aligne sur la grande tradition mystique, qui en était encore entièrement pénétrée. On a aussi peu remarqué la forte influence des mystiques médiévaux, comme Guillaume de Saint- Thierry[3] ou Jean Ruusbroec[4], sur Jean de la

---

[1] Oechslin, Raphaël-Louis, *Image et Ressemblance,* in: DS, t. 7, 1460.

[2] Ibid., 1461.

[3] Surtout: *Lettre aux Frères du Mont-Dieu,* éd. Jean Déchanet, édition revue et corrigée, Paris, SC 223, 1985.

[4] Une exception heureuse, mais souvent méconnue dans les recherches sanjuanistes, fut Jean Orcibal: *La rencontre du Carmel Thérésien avec les mystiques du Nord,* Paris, 1959; *Saint Jean de la Croix et les mystiques rhéno-flamands,* Paris, 1966.

Croix. Pourtant, la description de l'évolution spirituelle et mystique, si admirablement présentée par Jean de la Croix, est fidèlement calquée sur celle de ces auteurs.

Tout cela ne diminue aucunement l'originalité extraordinaire de Jean de la Croix, ni sa grandeur littéraire. On y peut constater simplement la persistance d'une même tradition biblique et mystique, conservant les traits essentiels de la transformation d'amour dans une différenciation historique constante du discours. Même si Jean de la Croix semble donner la prééminence à l'expérience personelle d'assimilation de l'âme à Dieu dans l'union d'amour, la conformant profondément à Dieu, cela n'empêche aucunement que la transformation mystique, décrite par lui, est essentiellement un processus d'intériorisation de l'image de Dieu, par lequel Dieu s'incarne toujours plus profondément dans la réalité humaine.

Deux lignes convergentes de recherche apparaissent côte à côte dans cette étude. Quoique indépendantes et commencées en dehors du contexte de Jean de la Croix, elles sont conduites avec une même approche herméneutique. De façon surprenante et après coup, elles s'unissent à l'oeuvre et s'y intègrent, démontrant clairement l'enracinement de Jean de la Croix en ces traditions, foncièrement bibliques. De la sorte, nous proposons une contribution nouvelle aux études sanjuanistes.

La transformation dynamique et progressive, définie avec précision par Guillaume de Saint-Thierry[5], suit le même modèle que celle de Jean de la Croix. Il distinguait la *ressemblance naturelle,* au niveau de l'orientation fondamentale de l'être de l'homme et du don naturel, la *ressemblance volontaire,* au niveau de la prise en charge par la conscience intellectuelle et du don de la grâce, et finalement la *ressemblance parfaite* ou *unité d'esprit,* au niveau de la transformation en amour divin et du Saint Esprit qui agit dans l'homme. D'une façon parallèle, Jean de la Croix a fait la distinction entre la présence essentielle de Dieu par l'être, la présence par la grâce, et la présence affective par la transformation de l'amour[6]. Jean de la Croix ne s'intéresse pas tellement aux deux premiers états, car il se concentre sur le processus de la transformation mystique, aboutissant à «l'union de ressemblance» par l'amour parfait. Pourtant, sa doctrine mystique s'insère aussi dans le contexte d'une croissance de l'image de Dieu dans l'homme.

La seule référence directe au texte de la Genèse (1,26-27) semble être un passage du Cantique Spirituel (B 39,4). Cette citation se trouve ajoutée dans la version B.

> Y no hay que tener por imposible que el alma pueda una
> cosa tan alta, que el alma aspire en Dios, como Dios aspira en

---

[5] Cf. Hein Blommestijn, *L'Image de Dieu chez Guillaume de Saint-Thierry,* article à publier prochainement en Italie.

[6] Cántico Espiritual, B 11,3-4; Subida II,5,3-11; Llama IV, 14- 17. *Obras completas,* (éd. José Vicente Rodríguez & Federico Ruiz Salvador), Madrid, 1988.

> ella, por modo participado. Porque dado que Dios le haga merced de unirla en la Santísima Trinidad, en que el alma se hace deiforme y Dios por participación, ¿qué increíble cosa es que obre ella también su obra de entendimiento, noticia y amor, o, por mejor decir, la tenga obrada en la Trinidad juntamente con ella como la misma Trinidad? Pero por modo comunicado y participado, obrándolo Dios en la misma alma; porque esto es estar transformada en las tres Personas en potencia y sabiduría y amor, y en esto es semejante el alma a Dios; y para que pudiese venir a esto la crió a su imagen y semejanza.

Dans ce texte, il est clair que la création de l'homme à l'image et à la ressemblance de Dieu a comme perspective la plus haute transformation mystique par la participation à la vie divine de la Trinité. Le Christ, l'image parfaite du Père «en unité d'amour», accomplit «par nature» l'oeuvre d'amour, que le mystique accomplit «par unité et transformation d'amour», c'est à dire «par union d'amour» et «par participation»[7]. Chez Jean de la Croix, la doctrine de l'image de Dieu est placée essentiellement dans cette perspective christologique.

La ressemblance par l'essence

Premièrement, présentons les trois passages où Jean de la Croix parle de la ressemblance, ou présence essentielle, qui se trouve en chaque homme. Cette ressemblance coïncide avec la vie même, et de la sorte on ne peut guère la perdre.

> La primera (presencia) es esencial, y de esta manera no sólo está en las más buenas y santas almas, pero también en las malas y peccadoras y en todas las demás criaturas. Porque con esta presencia les da vida y ser y, si esta presencia esencial les faltase, todas se aniquilarían y dejarían de ser. Y ésta nunca falta en el alma.[8]

> Para entender, pues, cuál sea esta unión de que vamos tratando, es de saber que Dios, en cualquiera alma, aunque sea la del mayor pecador del mundo, mora y asiste sustancialmente. Y esta manera de unión siempre está hecha entre Dios y las criaturas todas, en la cual les está conservando el ser que tienen; de

---

[7] Cántico Espiritual, B 39,5-6.
[8] Cántico Espiritual, B, 11,3.

manera que si (de ellas) de esta manera faltase, luego se aniquila-
rían y dejarían de ser.[9]

Es de saber que Dios en todas las almas mora secreto y
encubierto en la sustancia de ellas, porque, si esto no fuese, no
podrían ellas durar.[10]

Dans ces textes Jean de la Croix semble citer le mystique Brabançon
Ruusbroec[11], en reprenant pourtant une doctrine traditionnelle. Dans la
substance de son être, chaque homme porte l'image de Dieu: le simple fait
de son existence est continuellement produit par Dieu Créateur, l'Etre par
excellence[12]. Ce n'est point une qualité morale ou intellectuelle, parce qu'il
suffit que l'homme se rende compte qu'il est incapable de causer son existence (d'être «causa sui») pour découvrir cette présence essentielle de
Dieu[13]. Cette ressemblance consiste en le don naturel de l'être et de la

---

[9] Subida, II,5,3.

[10] Llama, IV,14.

[11] Jan van Ruusbroec, *De Ornatu Spiritualium Nuptiarum* (traduction de Surius), in: *Opera omnia*, t. 3, Tielt-Turnhout, 1988, 286-288 (b 47 — b 54): Prima eademque suprema hominis unitas est in ipso Deo: quando non homines duntaxat, sed etiam creaturae omnes, quod ad essentiam, vitam, et conservationem attinet, in quadam unitate ex Deo dependent: et hac ratione si a Deo disiungerentur, redirent prorsus in nihilum, nihilque efficerentur. Isthaec unitas, sive boni, sive mali simus, ex natura in nobis essentialiter inest, neque ea absque nostro studio et conatu seu cooperatione sanctos nos efficit aut beatos. Possidemus autem eam in nobis et tamen supra nosipsos ceu originem quandam ac principium conservationemque vitae et essentiae nostrae. Guillaume de Saint-Thierry, *Lettre aux Frères du Mont-Dieu* (éd. Déchanet), SC 223, Paris, 1985, n. 260, 350-352: Est autem similitudo quaedam Dei, quam nemo vivens nisi cum vita exuit; quam omni homini in testimonium amissae melioris et dignioris similitudi-
nis, Creator omnium hominum reliquit; quam habet et volens et nolens, et qui eam cogitare potest, et qui tam hebes est ut eam cogitare non possit; scilicet quod, sicut ubique est Deus, et ubique totus est in creatura sua, sic et in corpore suo omnis vivens anima... Haec similitudo Dei in homine, quantum ad meritum ejus, nullius apud Deum est momenti, cum naturae, non voluntatis ejus sit, vel laboris.

[12] Cántico Espiritual, B 11,4: «con su presente ser da ser natural al alma».

[13] Jan van Ruusbroec, *De Ornatu Spiritualium Nuptiarum*, in: o.c., 474 (b. 1517-1532): Porro secundum creatam essentiam suam, aeterni exemplaris sui impressionem continenter ac sine intermissione suscipit ac patitur, perinde ut speculum immaculatum perpetuo quidem prae-
sentis obiecti simulacrum retinet, ac sine cessatione novo semper adspectu agnitionem nova claritudine renovat. Isthaec essentialis spiritus nostri unitas cum Deo, non seipsa nititur, neque in seipsa sive sua virtute subsistit, sed in Deo manet, et ex Deo dependet, in Deumque ceu aeternam causam suam reflectitur: et hactenus quidem nec recessit unquam a Deo, nec in omne aevum recedet. Etenim naturaliter nobis inest. Et si a Deo hoc pacto disiungeretur atque disce-
deret, creatura mox rediret in nihilum. Est etiam loco ac tempore superior, et instar Dei perpe-
tuo sine intermissione operatur: at tamen aeterni exemplaris sui impressionem, quatenus ea Dei quaedam similitudo est, et in seipsa creatura patiendo recepit. Ista nimirum praestantia ac nobi-
litate ex natura in essentiali spiritus nostri unitate, ubi is naturaliter cum Deo unitus est, prae-
diti sumus: quod tamen neque sanctos, neque beatos nos efficit, cum ex aequo tam malis quam bonis omnibus commune sit: quamquam omnis sanctitatis et beatitudinis causa prima dici potest. Et haec est divini humanique spiritus obviatio ac unio naturalis.

conservation. Cette ressemblance ne se perd que par la mort corporelle. Elle est présente en tout homme, et ne dépend point de ses actions. Elle est le point de départ du processus spirituel, et en assure le fondement.

L'idée mystique de la présence essentielle de Dieu dans l'existence même de l'homme s'enracine dans la couche la plus ancienne de la spiritualité judéo-chrétienne[14], présentant dans la Bible la création de l'homme comme l'ouvrage personnel du Créateur. Celui-ci modèle Adam, l'être qui «vient du sol», avec la glaise; il insuffle dans ses narines une haleine de vie (Gn.2,7). Cet ouvrage s'exprime en vieux noms propres: Bouna (construit par Lui), Jetser (Il forme), Asa-'El (le Puissant fait), 'El-Paäl (le Puissant agit), Caïn (Il acquiert). Ces noms proviennent de la même tradition que les récits de la création d'Adam à partir de la terre (adama)[15], et sont plus que des désignations de personnes! Ils font partie du rituel de naissance où la mère —en imposant le nom à son enfant— lui donne accès à la communauté de Dieu. En marquant l'enfant de son nom, la mère le fait entrer en relation avec Dieu. L'idée que le Puissant modèle l'homme au plus profond de son être, ne résulte pas seulement des noms propres, mais bien des psaumes aussi la mettent en relief, comme par exemple le fragment trés ancien[16]: «Oui, Tu m'as acquis les reins, m'as tissé au ventre de ma mère... quand je fus façonné dans le secret, brodé dans la couche la plus inférieure de la terre» (Ps.139,13-15). Ici, l'homme est «formé» (acquis, tissé, façonné, brodé) d'un trait: dans la terre et dans le ventre maternel. Le Puissant est vitalement mêlé à la fécondité de l'homme: à son engendrement, à sa formation fondamentale, à sa naissance. «Le Puissant m'a accordé une descendance» (Gn.4,25). «J'ai acquis un homme de par le Puissant» (Gn.4,1). Quand Rachel, restée sans enfants, désire un fils de Jacob, celui-ci lui répond: «Est-ce que je tiens la place du Puissant?» (Gn.30,2). Le Puissant ouvre le ventre maternel (Gn.29,31; 30,22), mais il peut aussi le fermer (Gn.16,2).

Histoires, noms propres et psaumes expriment que Dieu est foncièrement mêlé à la genèse de la personne humaine: «Oui, Il est celui qui sent du dedans notre forme, se souvenant que nous sommes poussière» (Ps.103,14). Il est en contact intime avec ce qui pétrit notre vie; il sait d'une connaissance intime, que nous avons été transformés de poussière en vie par son souffle vital qui nous traverse.

---

[14] Westermann, *Genesis 1-11* (BK I/1), Neukirchen/Vluyn, 1974, 198-199 et 26-34; cfr. Albertz, *Weltschöpfung und Menschenschöpfung,* Stuttgart, 1974; Doll, *Menschenschöpfung und Weltschöpfung in der alttestamentlichen Weisheit,* Stuttgart, 1985.

[15] Noth, *Die israelitischen Personennamen im Rahmen der Gemeinsemitischen Namengebung,* Stuttgart, 1928.

[16] Maag, *Sumerische und babylonische Mythen von der Erschaffung des Menschen, dans: Asiatische Studien* (1954), 92-93; Westermann, o.c., 1974, 36 et 50.

Ce Dieu qui façonne l'homme au plus profond de son être s'appelle «mon Dieu», terme technique pour désigner le Dieu qui veut ma naissance, le Dieu qui est dans la trame du devenir de ma personne [17]. «C'est toi qui me fis jaillir du ventre, me mis en sûreté aux mamelles de ma mère; sur toi je fus allongé de par la tendresse; dès le ventre de ma mère, tu es: *«mon Dieu»* (Ps.22,10-11 [18]). «Mon Puissant» me met à part du chaos, me tisse dans le ventre de ma mère, me modèle et prend soin de moi. Comme une sage-femme Il me fait passer du ventre maternel dans le monde sans protection. A partir de ce moment, lui-même m'enveloppe avec la tendresse du ventre maternel. Il me donne de la résistance interne: étant ma delivrance, ma raideur, ma douceur, ma solidité [19]. En étant si profondément mêlé à ma naissance, Dieu est apparenté à moi. Cette même idée est exprimée en noms propres anciens: Abi-'El (mon Père est le Puissant), Achi-'El (mon Frère est le Puissant), Ami-'El (mon Parent est le Puissant). L'homme se sait formé par Sa force de vie qui pénètre tout.

Le lien entre le Créateur et l'origine de l'être est constitutif du rapport de confiance fondamentale entre «mon Dieu» et chaque homme en particulier. «La relation de confiance intime et personnelle, entre chaque homme en particulier et son Dieu, trouve son dernier fondement dans le fait d'être créé. Parce que Dieu l'a créé et l'a entouré de soins après sa naissance, il est son Dieu, de même que son père et sa mère deviennent ses parents en l'engendrant, en lui donnant le jour, en lui prodiguant leurs soins durant les premières années de sa vie. Les nombreuses expressions de confiance en Dieu, qu'on rencontre dans les confessions de confiance, sont fondées —comme nous pouvons dire maintenant—sur la conscience de la tendresse du Créateur des hommes pour sa créature» [20]. Cette intimité pénètre toute la vie: «Ce qui se passe en parole et en action entre Dieu et l'homme se réalise immédiatement» [21].

Dans le vocabulaire biblique, cette présence créative s'exprime par le mot *tsèlem,* en français: «ombre projetée». «Ombre projetée» évoque une relation dynamique entre l'objet réel et l'image. L'ombre projetée y est ou n'y est pas sous l'influence permanente de celui dont il est l'ombre. «Ombre projetée» comprend en un seul mot la structure dynamique de faire-et-bénir. Dans «l'ombre projetée» se dessine la forme à partir de Celui qui forme, et la force stimulante et protectrice de Celui qui forme y est gardée. Buber comprend bien cette structure dynamique qui met en relation Celui qui forme avec la forme. Il dit à propos de Genèse 1,26: «Dieu crée l'homme dans ou même par le moyen de l'ombrage formé par la projection de Son

---

[17] Waaijman, *Mijn Machtige — de God van Abraham en Sara,* dans: *Speling,* 38 (1986), 78-91.
[18] Cfr. aussi Ps.71:5-6.
[19] Voir Ps.59;18; Ps.18:3 et 29-30; Ps.59:11; Ps.3:4; Ps.27:1 etc.
[20] Albertz, *Persönliche Frömmigkeit und offizielle Religion,* Stuttgart, 1978, 38.
[21] Westermann, *Genesis 12-36* (BK 1/2), Neukirchen/Vluyn, 1981, 701.

ombre»[22]. Ce «tselem» divin est si indestructiblement ancré en l'homme et tellement garanti par la bénédiction de Dieu même, qu'à travers tous les «toledot» d'Adam (Gn.5,1-3) il sera gardé[23].

En un parallélisme contrastant avec cette «ombre» de Dieu il y a deux textes de psaumes, où réapparait le mot «tselem». Le premier (psaume 39,7) est une réflexion sur l'insuffisance fondamentale de l'homme quand il est livré à lui-même, à son activisme, et à ce qu'il entasse et ramasse. De par soi-même, le Terreux «n'est rien qu'une ombre projetée» (v.7). On comprend que le psalmiste poursuive: «Et maintenant, vers quoi suis-je tendu, mon Maître? C'est après toi que j'attends» (v.8). Mon espérance ne se fonde ni sur ma propre longueur ou largeur (v.6), ni sur ce que j'entasse (v.7), mais uniquement sur mon Créateur qui accomplit en moi sa bénédiction créatrice originale[24]. Dans le deuxième texte (psaume 73,20) il est question «d'un songe qui au réveil» (v.20) s'évapore. Il en est de même pour «les menants à perdition»: «Mon Maître, en t'éveillant, tu méprises leur ombre» (v.20). «Le menant à perdition» est présenté, dans ce qui précède (v.4-12) comme quelqu'un qui s'est soustrait à tous points de vue à Dieu et qui se prend lui-même pour Dieu. Il s'est amputé de la Source de lumière qui projette son ombre. Il est comme un rêve qui se détache du rêveur et s'évapore. Coupée de son origine, l'ombre projetée qu'est l'homme, n'est plus qu'*une ombre-fantôme:* un mirage, un songe au réveil. Par contre celui qui, malgré les expériences amères, demeure «près de Toi», celui-là est une ombre projetée vivante (v.22-23)[25].

La dimension mystique de cette création riche en bénédiction s'établit quand l'homme s'éveille à la conscience révérentielle d'être créé, dans un sentiment: «Oui, Il sent notre forme» (Ps.103:14). Le psaume 139 exprime cela de façon impressionnante. Ce psaume, où des traditions très anciennes se répercutent, parlant de la création de l'homme dans le ventre de la terre, a comme dynamisme mystique l'éveil à la conscience d'être mis à part prodigieusement (v.14). Mon âme sent en elle-même la force du Dieu Créateur la mettant à part et reconnaît cette mise à part dans toutes les autres créatures: «Prodige que tes oeuvres» (v.14). Dans la tradition évoquant la création de l'homme, le noyau mystique, c'est que l'homme «sent», c'est-à-.dire qu'il a une connaissance essentielle de cette donnée prodigieuse, que Dieu le tisse

---

[22] Cité par K.L. Schmidt, *Homo Imago Dei im Alten und Neuen Testament,* dans: *Der Mensch als Bild Gottes,* 1969, 28. Cfr. Loretz, *Der Mensch als Ebenbild Gottes* (Gn.1,26 ff.), dans: *Der Mensch als Bild Gottes,* 1969, 124-126; Stamm, *Die Imago- Lehre von Karl Barth und die alttestamentliche Wissenschaft,* dans: *Der Mensch als Bild Gottes,* 1969, 68.

[23] Duncker, *Das Bild Gottes im Menschen (Gn.1,26.27). Eine physische Ähnlichkeit?,* dans: *Der Mensch als Bild Gottes,* 1969, 81.

[24] Ce psaume fut analysé amplement en: C.J. Waaijman, *Psalmen bij ziekte en genezing,* Kampen, 1981, 88-95.

[25] Ce psaume fut analysé en détail en: Waaijman, *Psalmen bij het zoeken van de weg,* Kampen, 1982, 90-101.

aux entrailles de l'être, le brode dans les couches profondes de l'existence et le façonne dans le secret (v.13-15). Ce «sentir» est une connaissance mystique du prodige que je suis. Oui, ce sentir est l'âme de l'homme: sentir au plus profond de mon être que *j'existe,* mis à part, invité, défié [26].

Donc, Dieu lui-même se lie profondément à la structure dynamique qu'est l'homme dans sa genèse. Dieu me survient dans l'oeuvre (la structure) que je suis et dans la bénédiction (le dynamisme) qui me porte. Eckhart dit: «L'être de Dieu est ma vie. Si ma vie est l'être de Dieu, il faut que l'être de Dieu soit mon être et l'être originel de Dieu mon être originel; ni moins ni plus.» «Il opère et je deviens» [27]. Ce qui est propre à l'*Imago Dei,* c'est précisément de «sentir du dedans (jadac; Ps.139,14) qu'Il sent du dedans ma forme» (Ps.103,14; jadac). Cela implique un contact essentiel avec Celui (jadac) qui est en contact essentiel avec mon être [28].

La ressemblance essentielle, exposée par Jean de la Croix à la suite des mystiques médiévaux, correspond exactement à la prise de conscience de la création et de la bénédiction de par Dieu Créateur, que les traditions bibliques nous présentent.

La ressemblance par le progrès

La seconde ressemblance dont parle Jean de la Croix, appartient à l'homme progressant; elle est produite par la grâce [29] et par la conformité croissante avec Dieu. Donc, tout le monde ne la possède pas. Elle peut augmenter et diminuer, et peut être perdue par le péché mortel. Le processus de croissance spirituelle dépendra aussi de la prise de conscience de la ressemblance naturelle, à laquelle on se conforme de plus en plus.

> La segunda presencia es por gracia, en la cual mora Dios en el alma agradado y satisfecho de ella. Y esta presencia no la tienen todas, porque las que caen en pecado mortal la pierden Y esta no puede el alma saber naturalmente si la tienen. [30]

---

[26] Waaijman, *Psalmen over de schepping,* Kampen, 1983, 93-104; Aarnink-Waaijman, *Psalmschrift: Psalm 139,* Kampen, 1988.

[27] Maître Eckhart, *Sermons 1-30,* (éd. J. Ancelet-Hustache), sermon 6: «Iusti vivent in aeternum», Paris, 1974, 84 & 86.

[28] Cf. Buber, *Werke* II, München-Heidelberg, 1964, 987.

[29] Cántico Espiritual, B 11,4: «con su presente gracia la perfecciona».

[30] Cántico Espiritual, B,11,3. Jan van Ruusbroec, o.c., 476-478 (b 1543-1563): In hac unitate spiritus hominis aut Deo similis sit necesse est par gratiam et virtutes, aut dissimilis per mortifera peccata. Quod enim homo ad Dei similitudinem conditus esse dicitur, de gratia intelligendum est, quae lux quaedam deiformis est, suis nos radiis perlustrans, Deoque similes efficiens, sine qua cum Deo coniungi ac uniri supernaturaliter neutiquam valemus. Et licet Dei imaginem, naturalemque quae nobis cum illo est, unitatem amittere non queamus, at tamen si

La croissance de la ressemblance avec Dieu n'est point le produit d'un processus dialectique de développement de toutes les possibilités inhérentes à l'être humain. Tout au contraire, cette ressemblance s'effectue par la tension dialogale entre l'offre de la grâce d'une part et la réponse libre de l'homme d'autre part. L'homme peut prendre conscience de sa ressemblance substantielle avec Dieu, mais il peut aussi la nier, la supprimer ou la refouler. Ensuite, il peut activement la prendre en charge, et y conformer concrètement toute sa vie, mais il peut aussi la retarder par indolence, indétermination ou ambivalence.

> De donde, aunque es verdad que, como habemos dicho, está Dios siempre en el alma dándole y conservándole el ser natural de ella con su asistencia, no, empero, siempre le comunica el ser sobrenatural. Porque éste no se comunica sino por amor y gracia, en la cual no todas las almas están; y las que están, no en igual grado, porque unas (están) en más, otras en menos grados de amor. De donde a aqella alma se comunica Dios más que está más aventajada en amor, lo cual es tener más conforme su voluntad con la de Dios. [31]

L'offre de la grâce de la part de Dieu rend possible la croissance de l'amour dans l'homme. De par sa nature Dieu est amour gratuit. L'homme possède la liberté d'accepter cet amour ou de le refuser. En l'acceptant et se faisant aimer par Dieu, la volonté humaine —c'est-à-dire toute la structure affective et intentionnelle de l'homme— se conforme de plus en plus à la volonté d'amour de Dieu. Dans la mesure où l'homme devient —à l'initiative de Dieu— amour désintéressé, intériorisant la logique de l'amour

---

similitudinem, quae illius gratia est, perdiderimus, aeterna damnatione plectemur. Atque ea re ubi aliqua ex parte ad suam percipiendam gratiam Deus benignissimus accomodatos ac habiles nos conspicit, ex liberrima bonitate sua vivificare nos, sibique assimiles et conformes efficere paratus est. Tales autem nos sumus, id est, ad capessendam eius gratiam idonei, quoties integra voluntate ad ipsum nos convertimus. Eodem enim ipso momento Christus ad nos venit per media et sine mediis, id est, per gratiae suae dona, et supra dona omnia: nosque itidem ad ipsum et in ipsum per media et sine mediis, hoc est, cum virtutibus et supra virtutes omnes venimus. Atqui suam ipse imaginem et similitudinem, id est, seipsum et dona sua nobis imprimens, a peccatis nos eximit atque absolvit, efficitque liberos et similes sui. Eo ipso autem quo nos a peccatis liberat, et in charitate similes sui ac immunes reddit, spiritus in amoris fruitionem sese demergit: atque ita hic iam quidam fit occursus atque unitio medii expers ac supernaturalis, in qua nostra consistit salus ac beatitudo. Quanvis enim Deo naturale sit, ex amore ac liberrima bonitate largiri, nobis tamen pro nostro modulo accidens est, et supernaturale, utpote qui ante alieni atque dissimiles fuimus, sed postmodum similitudinem et cum Deo unionem adepti sumus.

[31] Subida, II,5,4. Guillaume de Saint-Thierry, o.c., n. 261, 352: Sed est alia (similitudo Dei) magis Deo propinqua, in quantum voluntaria, quae in virtutibus consistit; in qua animus, virtutis magnitudine, summi boni quasi imitari gestit magnitudinem, et perseverante in bono constantia, aeternitatis ejus incommutabilitatem.

divin, il s'ouvre de plus en plus à Dieu qui se communique à lui amoureusement. [32]

La structure dynamique de la croissance spirituelle est constituée par la tension entre ressemblance et dissemblance, entre Dieu et non-Dieu, entre conversion et aversion. Est-ce que l'homme se satisfait de lui-même, des images de ses propres besoins, désirs, idées et souvenirs, ou bien se rend-il vide et disponible pour absorber de plus en plus l'image de Dieu, contemplé dans son altérité irréductible? La ressemblance s'accroît quand la volonté humaine, au lieu de poursuivre les buts limités et fragmentaires de son amour-propre, se conforme à la volonté divine, qui est essentiellement amour simple et gratuit.

> De aquí queda más claro que la disposición para esta unión, como decíamos, no es el entender del alma, ni gustar, ni sentir, ni imaginar de Dios ni de otra cualquier cosa, sino la pureza y amor, que es desnudez y resignación perfecta de lo uno y de lo otro sólo por Dios; y cómo no puede haber perfecta transformación si no hay perfecta pureza; y cómo según la proporción de la pureza será la ilustración, iluminación y unión del alma con Dios, en más o en menos; aunque no será perfecta, como digo, si del todo no está perfecta, y clara, y limpia. [33]

Dans la mesure où l'homme s'imagine Dieu, il fait sur Dieu la projection de ses propres idées, de son propre goût, de ses sentiments et fantaisies. Il ne s'ouvre point pour être transformé par Dieu, parce qu'il façonne Dieu à sa propre image. Il réduit Dieu à ses propres limites. Au lieu de le considérer comme Créateur, infini et incompréhensible, il le compare aux créatures, le plaçant au même niveau. Il faut que l'homme mystique se concentre complètement sur Dieu seul. Le problème n'est pas que l'homme soit mauvais, que son entendement, son goût, son sentiment et son imagination soient corrompus, mais qu'ils fassent obstacle à la véritable rencontre avec Dieu. La pureté n'est point une qualité morale, mais signifie le respect absolu de l'altérité de Dieu, qui n'appartient aucunement au monde humain. Il faut que l'homme laisse Dieu être Dieu, et qu'il se contente de ne pas être Dieu mais créature. La pureté est que l'homme cesse de se confondre avec Dieu, en l'acceptant comme le pôle opposé de la rencontre d'amour. L'homme mystique ne se confond point avec Dieu, et de la sorte il cesse de se rencontrer lui-même sous la couverture d'une expérience purement spirituelle. C'est dans la mesure de cette pureté, que Dieu peut s'unir avec lui.

> Lo cual también se entenderá por esta comparación: Está una imagen muy perfecta con muchos y muy subidos primores

---

[32] Subida, II, 5,4.
[33] Subida, II,5,8.

y delicados y sutiles esmaltes, y algunos tan primos y tan sutiles, que no se pueden bien acabar de determinar por su delicades y excelencia. A esta imagen, el que tuviere menos clara y purificada vista, menos primores y delicadez echará de ver en la imagen, y el que la tuviere algo más pura, verá aún mas perfección; y finalmente, el que más clara y limpia potencia tuviere, irá viendo más primores y perfecciones. Porque en la imagen hay tanto que ver, que, per mucho que se alcance, queda para poderse mucho más alcanzar de ella.

De la misma manera podemos decir que se han las almas con Dios en esta ilustración o transformación. Porque, aunque es verdad que una alma, según su poca o mucha capacidad, puede llegado a unión, pero no en igual grado todas. [34]

La question cruciale se pose de savoir si le regard de l'homme se conforme à l'objet, ou bien s'il le réduit aux mesures de sa prévision, du déjà-vu. Il refuse alors de se vider de soi-même, et d'entrer dans l'espace libre où les amants peuvent se rencontrer toujours plus intimement et véritablement. De par sa nature, l'homme possède la capacité de cette rencontre, à condition qu'il se vide de son opération propre. Si la vision de l'homme est encore mêlée à des idées préconçues, il lui manque la pureté et la clarté pour vraiment voir l'autre. Si le regard est encore plein d'admiration de soi-même, il ne peut point voir et admirer l'objet dans la plénitude de ce qui se donne à voir. Dieu dépasse largement la capacité naturelle de la vue, parce qu'il est l'image la plus parfaite. La contemplation de Dieu requiert un processus de transformation profonde de l'homme, qui le rend toujours plus conforme à Dieu. Plus l'homme est assimilé à l'image de Dieu, plus il acquiert la capacité de voir pleinement son image.

> Pero la que no llega a pureza competente a su capacidad, nunca llega a la verdadera paz y satisfacción, pues no ha llegado a tener la desnudez y vacío en sus potencias, cual se requiere para la sencilla unión. [35]

La véritable union avec Dieu requiert que l'homme devienne réceptivité totale [36]. Au lieu d'être rempli de soi-même, il doit se vider et se dépouiller de toutes les images cognitives et de toutes les attaches affectives pour parvenir à sa capacité maximale de rencontre. Par la renonciation à soi-même, le mystique devient de plus en plus *capax Dei,* c'est-à-dire capable de recevoir l'opération divine dans ses puissances. De la sorte, il se

---

[34] Subida, II,5,9-10.
[35] Subida, II,5,11.
[36] Llama, I,9: 'su negocio es ya sólo recibir de Dios'.

réalise de plus en plus comme image de Dieu, progressant constamment vers la pleine similitude.

Jean de la Croix ne peut penser la transformation progressive de l'homme, qui se conforme de plus en plus à l'image de Dieu, que par le moyen de l'opposition conceptuelle du Créateur et de la créature, qui forment les deux pôles antinomiques de l'univers sanjuaniste. Dieu et l'homme ne peuvent point se mêler, si on veut garantir la transformation de l'homme en Dieu. Cette solution est la plus radicale et la plus audacieuse. Tandis que la mystique de Jean de la Croix n'est rien d'autre qu'une description de la transformation progressive de l'homme, son oeuvre mystique se construit sur la base de la tension fondamentale entre les deux extrêmes incompatibles: Dieu et l'homme. Leur distance infinie trace l'itinéraire spirituel [37].

Pourtant, cette antinomie conceptuelle ne fixe point Dieu et l'homme chacun dans son domaine propre, immuable et inpénétrable. L'opposition n'est pas statique, mais dynamique. Il ne s'agit pas de distinguer deux êtres, mais deux façons ou deux qualités d'être, ou mieux encore deux formes d'amour. Toute la question est de savoir si l'homme s'enferme en lui-même comme créature, ou bien si, sortant de lui-même, il entre en relation avec l'Autre, Dieu-Créateur. Est-ce qu'il suit simplement la logique naturelle de son être —c'est-à-dire l'amour propre et la peur qui défendent sa propre subsistance, en oubliant le don permanent de l'existence (la ressemblance naturelle)— ou bien entre-t-il dans la logique surnaturelle de l'amour divin qui ne sait que donner tout ce qu'il possède? Il y a une différence qualitative entre ces deux formes de logique, qui se combattent nécessairement [38]. Elles ne peuvent pas coexister dans un même sujet [39]. Si l'homme aime les créatures, il se fait semblable à elles et se conforme à leur logique. Par contre, s'il aime Dieu, il devient capable de recevoir l'amour divin. Il ne s'agit pas de deux objets différents de l'amour, mais de l'attachement à deux formes contraires d'amour. *«El amor hace semejanza entre lo que ama y es amado... El amor no sólo iguala, más aun sujeta al amante a lo que ama»* [40]. L'homme se fixe donc dans la rassemblance avec soi-même qui se réalise par la logique de l'amour propre, ou bien il tend de plus en plus vers la ressemblance avec Dieu, en intériorisant l'amour pur et désintéressé.

> El alma donde menos apetitos y gustos moran proprios es donde él más solo, y más agradado, y más como en casa propria mora, rigiéndola y gobernándola, y tanto más secreto mora, cuanto más solo.

[37] Subida I,6,1. Maria Jesus Mancho Duque, *Recursos Lexico-semanticos en los Escritos de San Juan de la Cruz,* Avila, Centro Internacional Teresiano-Sanjuanista, 1988, 18.
[38] Noche, II,9,9.
[39] Subida, I,4,2; 6,1; Noche, II,5,4.
[40] Subida, I,4,3.

Y así (en) esta alma, en que ya ningún apetito, ni otras imágenes y formas, ni afecciones de alguna cosa criada moran, secretísimamente mora el Amado, con tanto más intimo e interior y estrecho abrazo cuanto ella, como decimos, está más pura y sola de otra cosa que Dios. Y así, está secreto; porque a este puesto y abrazo no puede llegar el demonio, ni el entendimiento del hombre a saber cómo es. [41]

Dieu-Amour et l'amour propre de l'homme sont incompatibles, parce que leur logique est opposée. L'attachement aux créatures rend l'homme incapable de comprendre l'amour divin: *«así no podrá comprehender a Dios el alma que en criaturas pone su afición»* [42]. La créature sent fortement la vulnérabilité de sa propre existence —soumise à l'usure du temps et à la mort — et désire anxieusement conserver la vie. Cette limitation de la vie humaine se présente à l'expérience comme conscience d'un manque fondamental: *la concupiscencia aflige al alma debajo del apetito por conseguir lo que quiere»* [43]. Les désirs humains sont incapables d'obtenir la certitude de l'objet définitivement possédé, mais ils sont constamment entraînés dans sa poursuite: *«Y así como se cansa y fatiga el enamorado en el día de la esperanza cuando le salió su lance en vacío, (así) se cansa el alma y fatiga con todos sus apetitos y cumplimento de ellos, pues todos le causan mayor vacío y hambre»* [44]. De la sorte, l'amour humain reste prisonnier de ses désirs. Au lieu de se consacrer et de s'abandonner pleinement à la chose aimée, il essaie de l'utiliser pour obtenir la satisfaction de son désir propre. De par sa nature —créée à l'image de Dieu— l'homme est ordonné vers l'autre, qu'il désire aimer. Pourtant, hanté par la peur de perdre l'aimé, il se détourne de l'autre et s'enferme en soi-même, réduisant l'autre à l'objet limité et fragmenté de son désir. C'est cela «l'amour désordonné».

L'amour divin, tout au contraire, donne la vie en abondance. C'est l'amour créatif qui donne l'existence à toutes les créatures, sans conditions préalables et sans intérêt propre. De par sa nature, Dieu aime, et il n'a pas besoin de raisons d'aimer. Il aime, parce qu'il est simplement amour. S'abandonnant à la logique de l'amour divin, l'homme dépasse les contraintes de la peur et obtient finalement la liberté d'aimer. Sa capacité d'aimer retrouve son objet propre: l'autre.

L'amour propre qui retourne sur soi-même, et l'amour divin qui aime vraiment l'autre, ne peuvent jamais «habiter» ensemble dans l'homme: ou bien celui-ci se soumet à l'un, ou bien il suit l'autre. La transformation de

---

[41] Llama, IV,14.
[42] Subida, I,4,3.
[43] Subida, I,7,1.
[44] Subida, I,6,6.

l'amour exige que l'amour de l'homme commence à fonctionner selon la logique de Dieu.

> Y así, *se le renueve, como al águila, su juventud*[45], quedando vestida *del nuevo hombre, que es criado,* como dice el Apóstol[46], *según Dios.* Lo cual no es otra cosa sino alumbrarle el entendimiento con la lumbre sobrenatural, de manera que de entendimiento humano se haga divino unido con el divino; y, ni más ni menos, informarle la voluntad de amor divino, de manera que ya no sea voluntad menos que divina, no amando menos que divinamente, hecha y unida en uno con la divina voluntad y amor; y la memoria, ni más ni menos; y también las afecciones y apetitos todos mudados y vueltos según Dios divinamente. Y así, esta alma será (ya) alma del cielo, celestial, y más divina que humana.[47].

Desormais, c'est Dieu qui agit dans l'homme. L'amour humain est devenu la demeure et le réceptacle de l'amour divin:

> Va teniendo ya este amor algo de unión con Dios, y así participa algo de sus propriedades, las cuales son más acciones de Dios que de la misma alma, las cuales se sujetan en ella passivamente; aunque el alma lo que aquí hace es dar (el) consentimiento[48]
>
> Y de la misma manera que pondrían los rasgos de tizne a un rostro muy hermoso y acabado, de esa misma manera afean y ensucian los apetitos desordenados al alma que los tiene, la cual en sí es una hermosísima y acabada imagen de Dios.[49]

L'attachement à la créature et l'opération des désirs désordonnés sont une offense à la beauté de l'être humain et font perdre l'éclat de l'image de Dieu, que l'homme porte gravée en sa substance. Seul l'amour désintéressé dont les désirs sont ordonnés et divinisés peut faire croître en lui la ressemblance avec Dieu. Au lieu de s'attacher à l'objet de son propre désir, l'homme mystique s'attache de plus en plus à l'amour gratuit et libéral de Dieu lui-même. Il se laisse transformer en amour divin, sans comprendre, pourtant, comment cela se passe en lui.

> Y por cuanto toda cualquier criatura, todas las acciones y habilitades de ellas no cuadran ni llegan a lo que es Dios, por

---

[45] Ps. 102,5.
[46] Ep. 4,24.
[47] Noche, II,13,11.
[48] Noche, II,11,2.
[49] Subida, I,9,1.

eso se ha de desnudar el alma de toda criatura y acciones y habilidades suyas, conviene a saber: de su entender, gustar y sentir, para que, echado todo lo que es disímil y disconforme a Dios, venga a recibir semejanza de Dios, no quedando en ella cosa que no sea voluntad de Dios; y así se transforma en Dios. [50]

Dans la mesure où l'homme est dépouillé de la logique de l'amour propre, il devient capable de recevoir la ressemblance avec Dieu. Au lieu de comprendre, goûter et sentir la réalité selon ses propres intérêts et préoccupations, il commence à participer à l'opération divine [51]. Par la ressemblance croissante il se transforme en Dieu, c'est-à-dire en les modalités divines qui désormais se réalisent en lui.

Por lo cual, según ya queda dado a entender, cuanto una alma más vestida está de criaturas y habilidades de ella, según el afecto y el hábito, tanto menos disposición tiene para la tal unión, porque no da total lugar a Dios para que la transforme en lo sobrenatural; de manera que el alma no ha menester más que desnudarse de estas contrariedades y disimilitudines naturales, para que Dios, que se le está comunicando naturalmente por naturaleza, se le comunique sobranaturalmente por gracia. [52]

Plus l'homme sera dépouillé de toutes les opérations de la créature, contraires *(disimil et disconforme)* à Dieu par la logique naturelle de l'amour propre, plus il sera disposé à s'unir à l'amour de Dieu. Désormais, il n'y a plus rien en lui qui contrarie Dieu par une dynamique opposée. De la sorte, Dieu peut pleinement habiter en lui, et lui seul peut occuper toute la place, parce que l'homme mystique se laisse 'agir' uniquement par Dieu, et n'est plus animé par ses motivations propres. L'opération naturelle de l'homme est transformée en opération surnaturelle et divine. L'image de Dieu, de par sa nature gravée dans la substance de son être, sera maintenant une ressemblance grandissante d'amour, parce que Dieu se communique à lui de plus en plus par sa grâce surnaturelle.

La transformation intime de la volonté humaine par la volonté d'amour de Dieu —qui est en même temps un processus incessant de purification— et la participation mystique à l'opération divine qui la suit, s'enracinent dans la spiritualité biblique des Rois. Selon le modèle de cette spiritualité, le roi s'unit à Yahvé en posant les mêmes actes que Yahvé au sein de son peuple. Il veille à ce que le droit soit maintenu au coeur de la com-

---

[50] Subida, II,5,4.
[51] Noche, II,9,3-5.
[52] Subida, II,5,4.

munauté (Ps.45,4-6; 101,58). Et, comme la lentille saisit la lumière intégralement et la répand, ainsi le roi —dans son action— est transparent à Yahvé, c'est-à-dire qu'en lui Yahvé devient visible, surtout quand il rend justice aux plus humbles (Ps.72,12-14). De cette manière justement, le roi participe à la royauté universelle de Yahvé et à la durée de celle-ci: «Tous les rois se prosterneront devant lui, tous les peuples lui seront réduits en servitude» (Ps.72,11; cfr. Ps.2). «Ton trône, le trône de Dieu, sera pour toujours et à jamais!» (Ps.45,7).

L'unité d'attitude de Yahvé et de Son roi est continuellement paraphrasée dans les psaumes et caractérise la spiritualité des Rois[53]. Ainsi le psaume 110 dit que «mon maître» (le roi) reçoit l'ordre de s'asseoir «à la droite» (de Yahvé), tandis que, en même temps, «mon maître» (Yahvé) veille sur «la droite» (du roi). Le même parallélisme ou la même synergie se reproduit au psaume 21: la «main» qui frappera l'ennemi, «la droite» qui le saisira, c'est le roi et Yahvé[54]. De même au psaume 18: «Avec celui qui est bienveillant tu es bienveillant, avec le héros intègre tu es intègre, pur avec qui est pur» (Ps.18:26-27). Dans l'union d'intention de Yahvé et de son roi, le mouvement du roi vers les pauvres est essentiel. Celui-ci se rejoint dans le mouvement de Yahvé vers les pauvres. C'est ainsi précisément que Yahvé modèle l'être de Son roi et que le roi est uni au plus profond de son être à Yahvé, qu'il se sait engendré par Lui: «Tu es mon fils. Aujourd'hui, moi je t'engendre» (Ps.2,7). Cet «aujourd'hui», ce n'est pas une seule fois, mais chaque matin le roi doit se présenter comme Yahvé. C'est seulement quand il est un avec le mouvement de Yahvé qu'on peut dire de lui: «De la rosée du matin qui vivifie, du sein de l'aurore Il m'engendre» (Ps.110,3). Uniquement parce que le roi est formé selon l'être de Yahvé en régnant sur le pays, il est l'effigie pure de Son être, fondue à Son image (Ps.2,6).

Cette union intentionnelle de Yahvé et de Son roi n'est pas une donnée statique. Le roi devra sans cesse prier pour l'obtenir. L'identité royale qui s'engendre chaque jour à nouveau —est une identité priante et suppliante. Le roi se revêt intérieurement et extérieurement de Yahvé, en invoquant nuit et jour le Nom et en guettant Yahvé de tout son être: «Quand viendras-tu vers moi?» (Ps.101,2). C'est en priant que le roi reçoit le Nom, c'est en priant qu'il plonge dans son élément vital. Oui, il crie de joie en la forteresse qu'est Yahvé, il jubile en sa force libératrice, il s'assure la sécurité en Sa bienveillance et se sait à l'abri en son Nom comme en un donjon[55].

Le peuple s'unit à cette identité priante du roi. Il prie pour que la justice de Yahvé demeure en son roi (Ps.72,1). Alors seulement il fera bon vivre dans le pays, alors seulement la communauté s'épanouira et l'on verra avec révérence Yahvé présent en la personne du roi (Ps.72,5). C'est en

---

[53] Waaijman, *Psalmen rond bevrijdend leiderschap*, Kampen, 1984, 5-15.
[54] Voir aussi Ps.110:5-7.
[55] Voir Ps.20 et 21.

priant que le peuple serre les rangs solidement autour de son roi, et qu'il est «généreusement» rassemblé autour de lui en temps de lutte pour défendre le pays (Ps.110,3). Il va de soi —du point de vue du peuple comme de l'identité du roi— que certains psaumes royaux ne sont que prière d'intercession (Ps.20 et 72). En priant, la communauté transforme son roi en Yahvé, elle le plonge dans le Puissant (Ps.20,2-5.10). Elle prie qu'il soit, qu'il vive pour toujours (Ps.72,15-17). Tous, aux différents niveaux de la spiritualité biblique, se joignent à ces prières: prêtres, prophètes et sages (Ps.20,6- 7.8).

Le motif de «l'image de Dieu» acquiert une signification particulière [56] dans la tradition spirituelle des Rois. Il prend le sens de rendre présent, représenter, être son apparition sur terre, non pas comme un fait opaque, mais comme une réalité dynamique qui devra conserver sa transparence, comme le cristal qui saisit la lumière et la laisse rayonner, aussi pure que possible, sur les choses [57]. Dag Hammarskjöld, un des auteurs mystiques de notre époque, a formulé l'essence de cette spiritualité de la façon suivante:

> Tu n'es que la lentille dans le flot de lumière. Tu ne peux accueillir, donner et posséder la lumière, qu'à sa manière. Si tu te cherches toi-même «dans ton propre droit», tu empêches la rencontre de l'huile et de l'air dans la flamme, tu prives la lentille de sa transparence. Sanctification —être la lumière ou dans la lumière, en s'anéantissant pour qu'elle naisse, en s'anéantissant pour qu'elle s'accumule et se répande. [58]

Cette spiritualité royale donne un dynamisme propre aux termes de «tselem» et «demoet». «L'image «participe à la Réalité (qu'elle rend présente —K.W.), de plus, c'est la réalité même..., c'est justement le noyau, l'être de quelque chose qui émerge» [59].

Formant contraste avec l'image dynamique de Dieu dans le monde, tous les rois qui exercent de leur propre chef le pouvoir sur le peuple paralysent le flux vivant qui engendre du roi à partir du Nom invoqué et imploré par le roi et le peuple . Alors la violence et l'injustice font ravage. Cela va souvent de pair avec des idoles, ces ombres de Dieu figées et sans vie (Nb.33:52; Ez.7:20; Am.5:26; 2 R.11:18; 2 Ch.23:7) devant légitimer la

---

[56] On trouve une vue d'ensemble de cette tradition interpretative, commençant par Hehn (1915), chez: Westermann, *Genesis 1-11* (BK I/1), Neukirchen/Vluyn, 1974, 209-213.

[57] Cf. Cazelle, 1987, 106; W.H.Schmidt, *Die Schöpfungsgeschichte der Priesterschrift,* Neukirchen/Vluyn, 1967 (2), 144.

[58] *Jalons,* 28 juillet 1957, Paris, 1966, 168.

[59] Kleinknecht, *Götter— und Menschenbilder im Judentum und Christentum,* dans: *Theologisches Wörterbuch zum Neuen Testament,* II (Hrsg. Kittel), Stuttgart, 1935, 378; cf. Stamm, *Die Imago-Lehre von Karl Barth und die alttestamentliche Wissenschaft,* dans: *Der Mensch als Bild Gottes,* 1969, 66.

situation figée et sans vie du peuple de Dieu et de sa création. C'est dans les traditions narratives à propos des rois, surtout de ceux du royaume du Nord qui ne représentent plus Yahvé, mais se sont liés aux idoles, que nous pouvons lire comment la vraie image de Dieu peut être profondément altérée. Sur ce fond, Gn.1,26-28 résonne comme un appel: «L'homme est l'icône de Dieu; on ne peut faire des images de Dieu que dans la vie humaine. Nous ne pouvons pas fixer l'essence de Dieu dans des représentations ou définitions humaines. En même temps nous sommes appelés à suivre Dieu et à être nous-mêmes image de Dieu» [60].

Le centre mystique de la spiritualité des Rois est l'union intentionelle entre Dieu et le roi. En se vouant de façon désinteréssée aux créatures de Dieu, le roi s'unit à la Passion d'amour de Dieu [61]. Cette union qui se réalise dans la prière, l'enracine en Dieu, source de son agir, et le fait naître de par Dieu. C'est de cet «ensourcement» en Dieu que parle Ruusbroec:

> L'homme qui, de ce sommet est ramené par Dieu vers le monde, porte avec lui toute vérité et toute richesse de vertus. Il est en possession d'un fonds riche et libéral, qui, basé sur la richesse même de Dieu, doit toujours se répandre vers tous ceux qui en ont besoin; car son abondance coule de la source vive du Saint Esprit que nul ne peut épuiser. Cet homme est un instrument vivant et spontané dont Dieu se sert pour accomplir ce qu'Il veut et comme Il le veut; et il ne s'attribue rien à lui-même, mais rapporte toute gloire à Dieu... [62]

Cet «ensourcement», par lequel l'homme s'attache à Dieu en sortant vers les créatures de façon désintéressée, se réalise essentiellement dans la prière. Gandhi, priant au coeur de sa lutte non-violente, l'exprimait ainsi: «Je sens, je sais que je ne puis rien de moi-même. Dieu peut tout. O Dieu, fais de moi ton instrument et sers-toi de moi comme Tu voudras» [63]. Ce qui est propre à l'homme comme *Imago Dei* dans cette dimension, s'exprime par le dynamisme de l'union à Dieu: la Passion pour sa création, qui est l'essence de Yahvé, se révèle en transparence dans la passion identique de l'homme.

Cette transformation —le roi engendré et modelé par Yahvé—implique une purification incessante. L'action du roi devra devenir de plus en plus l'action de Yahvé. La vie de Yahvé doit être présente en lui de façon

---

[60] Tomson, *De mens als Godsbeeld in de joodse traditie,* dans: *Schrift* 1983, nr.87, 108.
[61] Noche, II, 11,2.
[62] *Vanden Blinckende Steen* (La Pierre Brillante), in: *Werken III,* 41, cité en: P. Verdeyen, *Ruusbroec l'Admirable,* Paris, 1990, 128.
[63] Cf. L. Fischer, *Mahatma Gandhi,* Den Haag, 1984.

parfaite et entière. Voilà pourquoi, dans cette spiritualité, les mots «intègre» et «pur» sont si souvent utilisés (Ps.2,12; 18,21.24.27.31; 72,16; 101,24). L'union d'action avec Yahvé rend le roi intègre, pur, transparent, authentique (voir Ps.101).

Dans cette tradition, l'image de Dieu ne signifie ni une qualité, ni un contact direct et immanent avec la Source de la vie, même pas une forme extérieure, mais simplement ceci: le roi participe à la Passion de Dieu. «Comme un souverain terrestre érige sa statue dans la province qu'il gouverne pour sceller sa domination, ainsi l'homme est placé sur terre comme signe de la grandeur de Dieu en étant image de Dieu. Il est appelé à garder et à réaliser le droit de Dieu à la souveraineté sur terre.»[64].

La spiritualité des Rois, concernant l'Image de Dieu, résonne largement en Jean de la Croix, comme nous l'avons vu plus haut. Selon lui, l'homme spirituel devient de plus en plus conforme à Dieu par un processus constant de purification et de transformation, jusqu'à devenir l'instrument parfait de l'amour divin.

> Y porque en esta transformación muestra Dios al alma, communicándosele, un total amor generoso y puro con que amorosísimamente se communica el todo a ella, transformándola en sí —en lo cual la da su mismo amor, como decíamos, con que ella le ame—, es propriamente mostrarla a amar, que es como ponerla el instrumento en las manos, y decirle él cómo lo ha de hacer, e irlo haciendo con ella; y así aquí ama el alma a Dios quanto de él es amada.[65].

Dans la mesure où l'homme spirituel opère l'amour total de Dieu par cette transformation mystique, il devient progressivement l'instrument de l'oeuvre d'amour qui ne peut être réalisée que par Dieu même[66].

La ressemblance de perfection

Au deuxième niveau de la ressemblance avec Dieu, la structure dynamique du progrès reposait sur l'antinomie du Créateur et de la créature, de l'amour propre et de l'amour divin. Il fallait se dépouiller de la créature et de la logique de l'amour propre pour conserver la beauté originelle de l'image de Dieu, et pour ne pas altérer l'orientation originelle de l'homme

---

[64] G. Von Rad, *Von Menschenbild des Alten Testaments,* dans: *Der alten und neuen Mensch,* 1942, 7.

[65] Cántico Espiritual, A, 37,3; cf. B, 38,4.

[66] Cf. Cántico Espiritual, A, 38,3-4; B, 39,4.

vers l'autre. A la mesure de son dépouillement, l'homme s'ouvrait pour recevoir le don de l'amour divin par la transformation en Dieu.

> La tercera (presencia) es por afección espiritual, porque en
> muchas almas devotas suele Dios hacer algunas presencias espi-
> rituales de muchas maneras, con que las recrea, deleita y
> alegra [67].

Au troisième niveau de la ressemblance avec Dieu, la structure dynamique de la perfection implique l'opposition entre la ressemblance d'amour
présente, mais encore cachée, et la même ressemblance manifestée dans la
gloire et dans la beauté divine. A ce niveau, le mystique prend conscience
de l'amour divin, dans lequel il est transformé au niveau précédent, et il
commence à en jouir pleinement.

> Que, por cuanto está cierto que Dios está siempre presente
> en el alma, a lo menos según la primera manera, no dice el alma
> que se haga presente a ella, sino que esta presencia encubierta
> que él hace en ella, ahora sea natural, ahora espiritual, ahora
> afectiva que se la descubra y manifieste de manera que pueda
> verle en su divino ser y hermosura. Porque, así como con su
> presente ser da ser natural al alma y con su presente gracia la
> perfecciona, que también la glorifique con su manifiesta
> gloria [68].

L'expérience de l'amour de Dieu fait croître dans l'homme un ardent
désir d'arriver à sa perfection. Désormais, l'homme ne peut plus se conten-
ter des reflets indirects de la grâce. Il veut voir Dieu à découvert dans son
être divin et sa beauté merveilleuse, qui plonge l'homme dans une extase infinie. Cette ressemblance d'amour ne s'accomplit définitivement que dans la
mort corporelle.

> Razón tiene, pues, el alma en atreverse a decir sin temor:
> *máteme tu vista y hermosura,* pues que sabe que en aquel mismo
> punto que la viese sería ella arrebatada a la misma *hermosura,* y
> absorta en la misma *hermosura,* y transformada en la misma *her-*
> *mosura,* y ser ella hermosa como la misma *hermosura, y abastada* y
> enriquecida como la misma *hermosura.* [69].

Le mystique n'a plus d'autre vie que de mourir en Dieu. Au lieu de
conserver anxieusement sa propre vie, il s'abandonne totalement à l'aimé

---

[67] Cántico Espiritual, B, 11,3.
[68] Cántico Espiritual, B, 11,4.
[69] Cántico Espiritual, B, 11,10.

qu'il désire contempler à visage découvert. Ici, il perd définitivement l'autonomie de sa propre existence pour ne vivre qu'en l'aimé: *«más vive el alma
adonde ama que donde anima, y así tiene en poco esta vida temporal»*[70]. La vraie vie
ne consiste qu'en cette perte totale de soi-même, quand le mystique s'oublie
lui-même et que toute sa conscience se concentre uniquement en Dieu.

> Donde es de saber que el amor nunca llega a estar perfecto
> hasta que emparejan tan en uno los amantes, que se transfiguran
> el uno en el otro, y entonces está el amor todo sano. Y porque
> aquí el alma se siente con cierto dibujo de amor, que es la do-
> lencia que aquí dice, deseando que se acabe de figurar con la fi-
> gura cuyo es el dibujo, que es su Esposo, el Verbo Hijo de
> Dios, el cual, come dice San Pablo, *es resplandor de su gloria y fi-
> gura de su sustancia*[71], porque esta figura es la que aquí entiende
> el alma, en que se desea transfigurar por amor[72].

La transformation en amour divin s'accomplit quand le mystique est
transfiguré «dans la splendeur de sa gloire», participant à la vie du Christ,
image parfaite du Père. C'est le but de toute la vie mystique selon Jean de
la Croix. Pourtant, le stade de la perfection n'est pas un état immuable, établi une fois pour toutes. Cela non seulement à cause de la limitation et de
la vulnérabilité de la vie humaine, mais surtout à cause du caractère infini
de la perfection de Dieu. Même la perfection mystique se réalise en un mouvement de spirale, par lequel le mystique se perd toujours plus en Dieu.

> En esta sazón, sintiéndose el alma con tanta vehemencia de
> ir a Dios *como la piedra* cuando se va más llegando a su centro,
> y sintiéndose también estar come *la cera* que comenzó a recibir
> la impresión del sello y no se acabó de figurar, y, demas de esto,
> conociendo que está *como la imagen* de la primera mano y dibujo,
> clamando al que la dibujó para que la acabe de pintar y
> formar.[73]

Plus il y a de ressemblance avec Dieu, plus le désir s'accroît que cette
ressemblance soit totale par l'union des deux volontés, humaine et divine.

---

[70] Cántico Espiritual, B, 11,10. C'est un thème classique de la litérature mystique: p.ex.
Henri Herp (Harphius), *Spieghel der Volcomenheit*, t.II, P. III, ch. 44, 260: «vera amatrix anima
magis est, ubi amat, quam ubi animat». Cf. J. Orcibal, *Une formule de l'amour extatique de Platon
à saint Jean de la Croix et au cardinal de Bérulle*, in: *Mélanges offerts à Etienne Gilson*, 1959, 447-463.
[71] He 1,3.
[72] Cántico Espiritual, B, 11,12.
[73] Cántico Espiritual, B, 12,1.

Il faut qu'à des niveaux toujours plus profonds et secrets toutes les inégalités et les répugnances subtiles de la volonté humaine soient éliminées pour arriver à une conformité complète. Tant qu'il demeure une distance, la douleur augmente à mesure que celle-ci diminue.

> Y así, cuando hablamos de unión del alma con Dios, no hablamos de esta sustancial, que siempre está hecha, sino de la unión y transformación del alma con Dios, que no está siempre hecha, sino sólo cuando viene a haber semejanza de amor. Y, por tanto, esta se llamará *unión de semejanza,* así como aquélla *unión essencial* o *sustancial.* Aquélla, *natural;* ésta, *sobrenatural.* La cual es cuando los dos voluntades, conviene a saber, la del alma y la de Dios, están en uno conformes, no habiendo en la una cosa que repugne a la otra. Y así, cuando el alma quitare de sí totalmente lo que repugna y no conforma con la voluntad divina, quedará transformada en Dios por amor. [74].

La ressemblance d'amour ou l'union de ressemblance correspond parfaitement à l'état d'union, ou à l'unité d'esprit selon Guillaume de Saint-Thierry. Il n'y a plus d'autre opération d'amour dans l'homme que celle de Dieu. Ici, l'homme vit en oubli total de lui-même, «transformé en Dieu par amour», et de la sorte il n'est plus capable de vouloir autre chose que ce que Dieu veut. Pendant la vie humaine, il ne peut s'agir d'une condition ontologique, mais d'une structure dynamique et spirituelle. A mesure que Dieu devient le seul acteur de l'opération des puissances humaines, l'homme qui ne s'y oppose pas, contemple davantage l'action de Dieu en lui. Désormais, l'action humaine est devenue passive et contemplative, sans pourtant cesser d'être véritable action. Par le fait que son activité s'oriente dans la même direction que celle de Dieu, le mystique en contemplation se concentre totalement sur la volonté de Dieu qu'il ne sait plus distinguer de la sienne.

> En dando lugar el alma —que es quitar de sí todo velo y mancha de criatura, lo cual consiste en tener la voluntad perfectamente unida con la de Dios, porque el amar es obrar en despojarse y desnudarse por Dios de todo lo que no es Dios—, luego queda eslarecida y transformada en Dios, y le comunica

---

[74] Subida, II,5,3; cf. I,11,2-3. Guillaume de Saint-Thierry, o.c., n. 262, 352-354: Super hanc autem alia adhuc est similitudo Dei; haec de qua jam aliquanta dicta sunt, in tantum proprie propria, ut non jam similitudo, sed unitas spiritus nominetur; cum fit homo unum cum Deo, unus spiritus, non tantum unitate idem volendi, sed expressiore quadam veritate virtutis, sicut jam dictum est, aliud velle non valendi.

Dios su ser sobrenatural de tal manera, que parece el mismo Dios y tiene lo que tiene el mismo Dios.

Y se hace tal unión, cuando Dios hace al alma esta sobrenatural merced, que todas las cosas de Dios y el alma son unas en *transformación participante*. Y el alma más parece Dios que alma, y aun es Dios por participación; aunque es verdad que su ser naturalmente tan distinto se le tiene del de Dios como antes, aunque está transformada, como también la vidriera le tiene distinto del rayo, estando de él clarificada [75].

L'union des deux volontés fait que le mystique se dépouille toujours plus «par Dieu de tout ce qui n'est pas Dieu», c'est-à-dire de tout amour propre. De la sorte, il est transformé en l'être surnaturel de Dieu, n'étant rien d'autre que véritable amour. On ne peut guère distinguer le mystique de Dieu même, parce qu'il aime comme Dieu. Toutefois, il ne perd aucunement son être et son identité personnelle, qui le distinguent de Dieu comme structure ontologique. Par la transformation mystique, pourtant, il participe à la structure dynamique de l'amour divin, qui opère en lui «sans façon ni mesure», c'est-à-dire sans distinction et divinement. Même, si on doit maintenir que l'homme ne sera jamais Dieu par son être, il faut admettre qu'il est Dieu par son amour, parce qu'en lui il n'y a que l'amour de Dieu. Se dépouillant totalement de soi-même, et perdant tout ce que lui est propre, il devient simplement espace vide, capable de recevoir Dieu par l'amour. De la sorte, Jean de la Croix s'aligne tout à fait sur la fameuse parole de Guillaume de Saint-Thierry: *«caritas, Deus est»* [76]. L'homme qui aime comme Dieu, est Dieu, non par nature, mais par participation. De cette façon, l'image de Dieu gravée dans la substance de son être acquiert la perfection de la pleine ressemblance.

Mas, en este recuerdo que el Esposo hace en esta alma perfecta, todo le que pasa y se hace es perfecto, porque le hace él todo; que es al modo como cuando uno recuerda y respira, siente el alma un extraño deleite en la espiración del Espíritu Santo en Dios, en que soberanamente ella se glorifica y enamora. [77]

L'opération qui s'accomplit dans l'homme est devenue parfaite, parce que Dieu seul agit. L'homme s'en réjouit simplement, quand il contemple en lui cette opération totalement divine et qu'il en prend conscience. Pourtant, la ressemblance parfaite ne s'accomplit pas au moment où l'homme,

---

[75] Subida, II,5,7.
[76] *Lettre aux Frères du Mont-Dieu,* o.c., n. 235, 332.
[77] Llama, IV,16.

par la transformation mystique, acquiert la plénitude de l'image de Dieu, originellement gravée en lui, mais quand Dieu même se manifeste et lui révèle dans l'amour, c'est-à-dire l'aspiration de l'Esprit saint, son aspect véritable. Alors, l'homme mystique se réjouit passivement de la face de Dieu qu'il contemple en lui-même.

En disant que l'homme spirituel parfait doit mourir en Dieu et se perdre toujours plus en lui, pour être transfiguré «dans la splendeur de sa gloire» et le contempler à visage découvert, Jean de la Croix se rattache à la spiritualité sacerdotale. Le noyau mystique de cette tradition biblique consiste dans le rapprochement de l'homme et de Dieu dans la nuée sur la montagne, et l'initiation dans l'intimité de l'Alliance pour laquelle Dieu a créé l'homme.

Pour comprendre cette dimension mystique, la connaissance de la spiritualité sacerdotale ou cultuelle est nécessaire. Trois motifs y sont importants et fonctionnent comme orientation intérieure du récit: le motif de «l'alliance», de la «bénédiction» qui y est liée, et le motif de la «gloire» de Dieu, symbole de Sa présence.

Chez le narrateur sacerdotal, le motif de l'*alliance* (berit) traverse —comme un fil rouge— la conception de l'histoire et en définit les périodes: l'alliance avec Noé en Genèse 9, l'alliance avec Abraham in Genèse 17, et finalement l'alliance au Sinaï (Ex.24:15ss.). Ces alliances vont de pair avec le motif de la *bénédiction:* promesse de fécondité et de terre. La bénédiction de Dieu est la réalisation immédiate de son alliance, étant moins considerée comme une alliance entre deux partenaires égaux, que comme un engagement du supérieur à l'égard de son serviteur[78]. Cette asymétrie n'exclut nullement que les deux partenaires aient chacun sa propre valeur. Au contraire, l'alliance, comme engagement de Dieu, présuppose justement l'unicité indissoluble de l'homme. Le troisième motif de la tradition sacerdotale est celui de la *gloire* de Dieu (kabod). La *«gloire»* de Yahvé apparaît pour la première fois comme nuée en Exode 16,10, quand la communauté se met à murmurer durant sa marche à travers le désert. Cette apparition sur le chemin du Sinaï anticipe les événements décisifs sur le Sinaï. Là, la manifestation de la «gloire de Yahvé» (Ex.24,40; Lv.9) va établir le culte d'Israël et constituer la communauté[79]. Quand Israël arrive au Sinaï (Ex.19:1-2), la nuée couvre la montagne: «et la gloire de Yahvé descend ... comme un feu dévorant» (Ex.24,15 ss.). Moïse entre dans la nuée et reçoit les plans de Dieu relatifs à la construction de la tente de la Rencontre et à l'institution du Sacerdoce

---

[78] Voir: l'article «berit», in: *Theologische Handwörterbuch zum Alten Testament* (Hrsg. Jenni-Westermann), München, I, 1978, 339-352, et: *Theologisches Wörterbuch zum Alten Testament* (Hrsg. Botterweck-Ringgren), Stuttgart-Berlin-Köln-Mainz, 1970, I, 781-808.

[79] W.H. Schmidt, *Einführung in das Alte Testament,* Berlin-New York, 1985, 3me éd, 107.

(Ex.25-29). Finalement la «gloire de Yahvé» remplit le sanctuaire récemment érigé (Ex.40,34).

Le prototype de la mystique sacerdotale est Moïse au Sinaï. Il précède Israël en ce que Yahvé —dès sa première apparition au Sinaï (Ex.19,1 et ss.)— a révélé comme but véritable: «Vous serez pour Moi un royaume de prêtres et une nation sainte» (Ex.9:6). Se sanctifier et se purifier servent essentiellement à cette très lente approche (p.ex. Ex.19,10-17.21-23). Finalement, Moïse seul s'approchera vraiment de Dieu (Ex.24,12ss).

> Puis, Moïse gravit la montagne et la nuée couvrit la montagne. La gloire de Yahvé s'établit sur le mont Sinaï que, pendant six jours, la nuée recouvrit. Le septième jour, Yahvé appela Moïse du milieu de la nuée. L'apparition de la *gloire* de Yahvé révélait, aux yeux des enfants d'Israël, l'aspect d'un feu dévorant au sommet de la montagne. Moïse pénétra dans la nuée. Il gravit la montagne, sur laquelle il demeura quarante jours et quarante nuits'. (Ex.24,15-18)

C'est à lui que tout l'ordre du culte est révélé: le tabernacle, l'arche, la table, le candélabre, l'autel des holocaustes, le parvis, l'huile, les vêtements des prêtres, la consécration au sacerdoce, les offrandes etc. (Ex.25-31). Après l'adoration du veau d'or (Ex.32) et la crise qui s'en suit dans la relation avec Yahvé (Ex.33), Moïse demande de voir la *gloire* de Dieu: «Fais-moi, de grâce, voir ta gloire» (Ex.33,18). Quand cela a eu lieu, il est écrit:

> Lorsque Moïse redescendit de la montagne du Sinaï —Moïse avait en main les deux Tables du Témoignage à sa descente de la montagne— il ne savait pas que la peau de son visage rayonnait, à la suite de son entretien avec Yahvé. (Ex.34,29)

Quand Aäron et les Israélites voient —émerveillés— que la peau de son visage rayonne, ils n'osent pas l'approcher (Ex.34,30). Pour les ménager Moïse se couvre le visage (Ex.34,33). Mais «lorsqu'il venait devant Yahvé pour s'entretenir avec Lui, Moïse ôtait son voile jusqu'à sa sortie de la tente» (Ex.34,34). «Quand les enfants d'Israël voyaient au visage de Moïse que la peau de son visage rayonnait, Moïse remettait le voile sur son visage, jusqu'à ce qu'il entrât pour s'entretenir avec Lui» (Ex.34,35). Viennent ensuite les instructions concernant le sabbat, la construction et le service dans le tabernacle, le choix des ouvriers, l'érection du tabernacle, etc. (Ex.35-40,33). «Et la nuée couvrit la Tente de Rencontre, et la *gloire* de Yahvé remplit le tabernacle. Moïse ne put pénétrer dans la Tente de Rencontre, à cause de la nuée qui reposait sur elle, et de la gloire de Yahvé dont le tabernacle était rempli» (Ex.40,34-35). Le Deutéronome conclut à juste titre qu'il n'y eut plus personne en Israël de semblable à Moïse, «lui qui avait senti Yahvé face à Face» (Deut.34,10). Cette montée de Moïse vers la connaissance «face à Face», forme le dynamisme le plus profond auquel la «ressemblance» de Génèse 1,26-28 est orientée, selon l'idée du narrateur sacerdotal. Dieu a créé l'homme pour cela. [80]

Selon le point de vue sacerdotal l'homme n'est pas seulement créé à la «ressemblance» de Dieu, mais Dieu lui-même participe intimement à l'existence du «terreux»: la gloire de Yahvé «a les traits d'une figure ayant l'apparence d'un terreux» (Ez.1,26). Dieu et l'homme sont revêtus —en une réciprocité d'amour— de l'existence de l'un et de l'autre, un face à Face d'amour les unit. Le terreux créé comme *demoet* de Dieu, contemple Dieu dans la *demoet* du terreux. A l'apogée d'une vision mystico-sacerdotale, se révèle la structure fondamentale et réciproque de la «ressemblance», infuse dans l'homme.

La spiritualité sacerdotale trouve son noyau mystique dans l'intimité de l'Alliance pour laquelle Dieu a créé l'homme et dans laquelle Il veut le parfaire: «Il veut leur faire sentir du dedans son alliance» (Ps.25,14). Il invite l'homme à s'approcher de Lui sur la montagne dans la nuée, pour qu'il ait part au feu de l'amour de Dieu et pour qu'il demeure avec Lui face à Face. Saint Paul a exprimé le désir de cette expérience.

> Aujourd'hui, certes, nous voyons dans un miroir, d'une manière confuse, mais alors ce sera face à Face. Aujourd'hui je connais d'une manière imparfaite; mais alors je connaîtrai entièrement comme je suis connu moi-même'. (1 Co 13,12)

Le chemin vers cette contemplation fait entrer dans le nuage de l'inconnaissance. Grégoire de Nysse a finement décrit la transcendance totale de Dieu, qui, pourtant, se laisse rencontrer face à Face dans la ténèbre des puissances humaines.

> La vraie connaissance de celui qu'il cherche, en effet, et sa vraie vision consistent à voir qu'il est invisible, parce que celui qu'il cherche transcende toute connaissance, séparé de toute part par son incompréhensibilité comme par une ténèbre...
> Donc, lorsque Moïse a progressé dans la gnose, il déclare qu'il voit Dieu dans la ténèbre, c'est-à-dire qu'il connaît que la divinité est essentiellement ce qui transcende toute gnose et qui échappe aux prises de l'esprit. «Moïse entre dans la ténèbre où Dieu se trouvait», dit l'histoire. [81]

---

[80] On peut rapprocher aussi les révélations de la 'gloire' de Dieu en Isaïe 6 et Ezechiel 1 et 10, situées toutes en contexte cultuel. Cf. W.H. Schmidt, o.c., 107.
[81] *La Vie de Moïse*, SC 1 bis, 1955, 81-82.

Vraiment voir Dieu c'est s'approcher sans cesse de Lui dans l'obscurité du mouvement du désir: «Car c'est en cela que consiste la véritable vision de Dieu, dans le fait que celui qui lève les yeux vers Lui ne cesse jamais de le désirer» [82]. Ici encore, le propre de l'*Imago Dei*, c'est le dynamisme mystique: l'homme est créé pour s'approcher de Dieu, comme Moïse et Ezéchiel, et pour être touché de son feu dans cette approche même, ayant —sans le savoir— le visage embrasé. Selon l'interprétation de la spiritualité sacerdotale, ce rayonnement divin du visage, c'est l'*Imago Dei* de Genése 1,26- 28, vue de façon dynamique.

La ressemblance comme transparence de Dieu

La doctrine de Jean de la Croix sur l'image de Dieu se résume en la transparence toujours plus claire de l'homme à Dieu [83]. Au commencement l'homme était encore plein de lui-même et se recourbait sur soi par l'amour propre, incapable qu'il était de recevoir dans ses puissances, c'est-à-dire dans ses structures psychologiques, la Sapience de Dieu (le Fils), le Pur Amour (l'Esprit Saint) et la forme fondatrice et finale de l'image de Dieu (le Père) [84]. L'homme spirituel parfait devient réceptivité pure à l'opération divine. Il dépasse l'ambiguïté, la fragmentation et le redoublement de ses passions, de ses appétits et désirs propres, pour n'être plus —en simplicité et unité d'esprit— que «ce que Dieu est» [85]. Dèsormais, il a intériorisé la volonté d'amour de Dieu, jusqu'au point de rester divinisé en une transparence totale.

---

[82] O.c., 107.

[83] Subida, II,5,6: Y para que se entienda mejor lo uno y lo otro, pongamos una comparación. Está el rayo del sol dando en una vidriera; si la vidriera tiene algunos velos de manchas o nieblas, no la podrá esclarecer y transformar en su luz totalmente como si estuviera limpia de todas aquellas manchas y sencilla; antes tanto menos la esclarecerá cuanto ella estuviere menos desnuda de aquellos velos y manchas, y tanto más cuanto más limpia estuviere. Y no quedará por el rayo, sino por ella. Tanto, que, si ella estuviere limpia y pura del todo, de tal manera la transformará y esclarecerá el rayo, que parecerá el mismo rayo y dará la misma luz que el rayo. Aunque, a la verdad, la vidriera, aunque se parece al mismo rayo, tiene su naturaleza distinta del mismo rayo; mas podemos decir que aquella vidriera es rayo o luz por participación. Y así, el alma es como esta vidriera, en la cual siempre está embistiendo o, por mejor decir, en ella está morando esta divina luz del ser de Dios por naturaleza, que habemos dicho.

[84] Subida, I,8,2: Porque, como decimos, ni el entendimiento tiene capacidad para recibir la ilustración de la sabiduría de Dios, como tampoco la tiene el aire tenebroso para recibir la del sol, ni la voluntad tiene habilidad para abrazar en sí a Dios en puro amor, como tampoco la tiene el espejo que está tomado de vaho para representar claro en sí el rostro presente, y menos la tiene la memoria que está ofuscada con las tenieblas del apetito para informarse con serenidad de la imagen de Dios, como tempaco el agua turbia puede mostrar claro el rostro del que se mira.

[85] Cf. Guillaume de Saint-Thierry, o.c., n. 258, 348-350.

Au niveau de l'entendement, illuminé par la foi, le mystique arrive à la vision claire, par laquelle il contemple pleinement la peinture parfaite et accomplie que Dieu a faite de lui-même au fond de l'âme[86]. Cette connaissance imprime en lui plus qu'une esquisse: elle le rend transparent à elle, parce qu'il ne connaît que Dieu. Au niveau de la volonté, l'amant devient l'aimé par l'union d'amour. Il n'y a plus en lui d'autre amour et d'autre vie que celle de Dieu. L'image de Dieu, contemplée par l'entendement, se réalise concrètement par la ressemblance d'amour, par laquelle les deux amants échangent leur être. Dieu aussi bien que l'homme, sont devenus transparents l'un à l'autre par un merveilleux échange d'amour. Dieu et son image ne se distinguent plus dans cette ressemblance parfaite, parce que dans l'homme on ne voit que Dieu[87].

> Y a este talle, siendo ella por medio de esta sustancial transformación sobra de Dios, hace ella en Dios por Dios lo que él hace en ella por sí mismo, al modo que lo hace, porque la voluntad de los dos es una, y así la operación de Dios y de ella es una. De donde, como Dios se le está dando con libre y graciosa voluntad, así también ella, teniendo la voluntad tanto más libre y generosa cuanto más unida en Dios, está dando a Dios al mismo Dios en Dios, y es verdadera y entera dádiva del alma a Dios.
> Porque allí ve el alma que verdaderamente Dios es suyo y que ella le posee con posesión hereditaria, con propiedad de derecho como hijo de Dios adoptivo, por la gracia que Dios le hizo de dársele a sí mismo, y que, y como cosa suya, le pueda dar y comunicar a quien ella quisiere de voluntad.[88]

Ici, on ne peut plus distinguer 'ce que Dieu fait lui-même dans l'homme' et «ce que celui-ci fait en Dieu par Dieu», parce qu'il existe une seule opération divine, nonobstant le fait qu'il y a encore deux sujets. Le mystique participe pleinement à l'amour divin, parce que Dieu s'est donné à lui en pleine possession. De la sorte, l'homme peut librement disposer de Dieu, jusqu'au point incroyable de donner «Dieu à Dieu par Dieu». Ce que Dieu peut faire par nature, l'homme peut l'accomplir maintenant «par grâce».

> Según dice san Pablo, el Hijo de Dios es *resplandor de su gloria y figura de su sustancia*[89]; es, pues, de saber que con sola esta figura de su Hijo miró Dios todas las cosas, que fue darles el ser

---

[86] Cántico Espiritual, B,12,6.
[87] Cántico Espiritual, B,12,7-8.
[88] Llama, III, 78.
[89] He 1,3. Cf. Llama, II,16.

natural, comunicándoles muchas gracias y dones naturales, haciéndolas alcabadas y perfectas, según dice en el Génesis por estas palabras: *miró Dios todas las cosas que había hecho y eran mucho
buenas*[90]. El mirarlas mucho buenas era hacerlas mucho buenas
en el Verbo, su Hijo.

Y no solamente les comunicó el ser y gracias naturales mirándolas, como habemos dicho, mas también con sola esta figura de su Hijo las dejó vestidas de hermosura, communicándoles
el ser sobrenatural; lo cual fue cuando se hizo hombre, ensalzándole en hermosura de Dios, y por consiguiente, a todas las criaturas en él, por haberse unido con la naturaleza de todas ellas en
el hombre.[91]

Dieu nous a créés dans toute la splendeur de notre beauté par son regard amoureux. L'homme est beau, parce que Dieu l'a vu comme tel. En
nous regardant amoureusement, Dieu nous a communiqué toutes les qualités de notre être naturel. Dans sa Sapience, c'est-à-dire dans le Fils de Dieu,
il nous a «connus» comme Créateur dans la perfection de notre être. Dans
l'acte de la création, connaître, aimer et communiquer sont donc la même
chose. Le Fils de Dieu est la révélation de l'homme parfait, et, avec lui, de
toute la création. Par l'incarnation , il a rendu possible leur perfection. Dans
la contemplation du Fils de Dieu, l'homme découvre l'appel à se rendre
plus conforme à l'image de Dieu par l'intériorisation progressive du regard
divin et par la participcation à l'être surnaturel que Dieu lui communique.
En se faisant homme, Dieu n'a pas uniquement enlevé le péché, il a surtout
élevé l'homme à la beauté de Dieu lui-même. Il ne s'agit pas seulement
d'une beauté originelle (l'être naturel), mais d'une beauté progressive (l'être
surnaturel). Celle-ci s'accroît à mesure que l'homme en prend conscience et
l'intériorise, et que Dieu la communique davantage par l'oeuvre de l'incarnation et de la divinisation, rendant l'homme à son tour «fils de Dieu, fils
adoptif», transfiguré lui aussi «dans la splendeur de sa gloire et l'image de
sa substance»[92].

Y vámonos a ver en tu hermosura.

Que quiere decir: Hagamos de manera que por medio de
este ejercicio de amor ya dicho lleguemos a vernos en tu hermosura; esto es, que seamos semejantes en hermosura, y sea tu hermosura de manera que, mirando el uno al otro, se parezca a ti
en tu hermosura, y se vea en tu hermosura, lo cual será transformándome a mí en tu hermosura; y así te veré yo a ti en tu

---

[90] Gn 1,31.
[91] Cántico Espiritual, A,5,4.
[92] He 1,3. Cántico Espiritual, B,11,12.

hermosura, y tú a mí en tu hermosura; y tú te verás en mi hermosura, y yo me veré en ti en tu hermosura; y así parezca yo tú en tu hermosura, y parezcas tú yo en tu hermosura, y mi hermosura sea tu hermosura, y tu hermosura mi hermosura; y seré yo tú en tu hermosura, y serás tú yo en tu hermosura, porque tu hermosura misma será mi hermosura. [93]

Le but de la création est que l'homme découvre en lui et en toutes choses la beauté de Dieu, s'y conformant au fur et à mesure. Quand l'homme, par la transformation mystique, devient capable de «voir» [94] cette beauté divine que Dieu par amour a communiquée aux créatures, création, incarnation, rédemption et glorification s'accomplissent ensemble. Finalement, l'homme devient véritablement ce qu'était sa substance: image de Dieu.

Cette vision nouvelle et transformée est la conséquence de «l'exercice d'amour», par lequel l'homme devient plus semblable à Dieu par sa beauté. La ressemblance est conformité, ou mieux «uniformité» d'amour [95]. Désormais, il ne se trouve plus d'amour propre dans l'homme, parce que celui-ci est totalement 'in-formé' [96], ou «sur-formé» selon l'espression de Ruusbroec [97], par l'amour divin. La forme divine —la modalité gratuite de l'amour divin— devient dès lors la forme de l'amour humain, qui, en restant une activité humaine, est agie et mue par Dieu selon la logique incompréhensible de son amour totalement créatif.

Par l'exercice d'amour, Dieu rend l'homme plus semblable à lui, parce que celui-ci n'a plus d'autre «vie, mouvement et être» [98] que celui de Dieu, et l'homme découvre en soi-même toute la beauté de Dieu qui, désormais, est la sienne par transparence totale. Dieu et l'homme se ressemblent en beauté d'amour. Dieu contemple en l'homme la beauté de son amour, qui transforme et dépasse toutes les résistances et contradictions d'autrefois. L'homme contemple en Dieu l'essence même de sa vie qui ne lui appartient plus, mais à Dieu. La vie humaine est toute concentrée en Dieu, parce que l'homme goûte en soi-même pleinement toutes les jouissances de la vie divine [99], et participe parfaitement à l'amour par lequel Dieu s'aime [100]. Trans-

---

[93] Cántico Espiritual, A,35,3.

[94] «Voir» est un mot clé du Cantique Spirituel.

[95] Cf. Cántico Espiritual, A,37,2.

[96] Cántico Espiritual, A,35,4: 'aseméjame e infórmame en la hermosura de la sabiduría divina, que, como decimos, es el Hijo de Dios'.

[97] Boecsken der verclaringhe, Opera Omnia, t. I, Tielt/Leiden, 1981, ch, XI, 144-145: 'hic nudus eorum intellectus aeterna perfunditur ac penetratur claritudine, quamadmodum aërem solis splendor penetrat; nuda autem et elevata voluntas infinito penetratur et transformatur amore (hi wert overformet ende doregaen met grondeloser minnen), sicut ignis ferrum totum penetrat'.

[98] Act 17,28.

[99] Cf. Cántico Espiritual, A,37,4.

[100] Cf. Cántico Espiritual. A,38,3.

figuré en Christ et devenu fils adoptif de Dieu, il réalise définitivement en lui l'image de Dieu «en la beauté de la sapience divine qu'est le Fils de Dieu»[101]. Dieu seul vit en l'homme. La forme originelle de l'homme —présente en lui en esquisse comme ressemblance substantielle— est finalement et définitivement devenue le principe dynamique et vivifiant qui dirige toute son intentionalité:

> La gracia de Dios està infusa en nuestros corazones por el Espiritu Santo que nos es dado[102]. Y así ama en el Espiritu Santo a Dios junto con el Espiritu Santo, no como instrumento, sino juntamente con él, por razón de la transformación, como luego se declarará, supliendo lo que falta en ella por haberse transformado en amor elle con él.[103]

La transformation mystique, comme Jean de la Croix l'a décrite, a comme perspective ultime que Dieu nous a créés dans toute notre beauté par son regard amoureux: en nous regardant amoureusement, Dieu nous a communiqué toutes les qualités de notre être. Dans cette perspective mystique il s'agit d'une intériorisation progressive du regard divin. Or, c'est précisément cette intériorisation du regard divin, que les Sages ont élaboré dans leurs écoles, par exemple Jésus Sirach. Pour lui, le niveau le plus fondemental de l'*Imago Dei*, c'est que la relation créatrice pénètre si profondement dans l'être même de l'homme qu'il devient voyant. La prise de conscience d'être créé en relation avec le Créateur forme son regard. Son oeil devient dès lors un organe avec lequel il apprend vraiment à voir la création autour de lui comme oeuvre de Dieu et révélation de son Nom. Sa compétence royale au coeur de la création, l'homme la reçoit du fait qu'il est le *partenaire de Dieu*. C'est exactement cela que Jésus Sirach a exprimé.

> Il forma leur langue, leurs yeux, leurs oreilles, il leur donna un coeur pour prendre conscience. Il les remplit d'empathie et de conscience et leur fit connaître du bien et du mal. *Il mit son oeil dans leur coeur* pour leur faire voir la grandeur de ses oeuvres, qu'ils parlent de la grandeur de ses oeuvres et qu'ils célèbrent son Saint Nom'. (Si. 17,6-10)

Nous y voyons le Créateur à l'oeuvre, en train de modeler l'homme: sa langue, ses yeux, ses oreilles, mais surtout son coeur. Car c'est avec son coeur que l'homme prend conscience, qu'il a conscience du bien et du mal,

---

[101] Cántico Espiritual, A,35,4.
[102] Rom 5,5.
[103] Cántico Espiritual, A,37,2.

conscience de ce qu'est la création au fond. La signification du v.8 est: Yahvé a mis son oeil dans leur coeur, pour leur faire *voir* la grandeur de ses oeuvres, pour qu'ils interprètent la grandeur de ses oeuvres et parlent du Saint Nom que l'homme peut célébrer de sa langue [104]. Le roi vulnérable qui a en son pouvoir ce qui vit sur terre (v.2) et qui piétine les animaux et les oiseaux (v.4), est présenté ici comme un contemplatif et un sage. La force dont il a été revêtu —parallèle à l'ombre projetée selon laquelle Dieu l'a fait (cfr. v.3)— se rattache immédiatement à l'acte créateur modelant l'homme avec des sens (langue, yeux, oreilles) et surtout avec un coeur qui lui permette de voir et de prendre conscience de ce qu'est la création et le dessein du Créateur sur l'homme [105] pour interpréter, raconter et célébrer combien grand est le Nom dans lequel tout a été créé.

L'homme est créé en relation indestructible avec son Créateur. C'est au coeur de cette structure fondamentale de dialogue que sa dignité vulnérable va entrer dans le jeu d'une réciprocité dynamique et va se parfaire dans la prise de conscience vivante de son Créateur. Conscience infuse lors même de sa création, quand le Créateur «mit son oeil au fond du coeur de l'homme».

Ce noyau dialogal: voir avec l'oeil de Dieu, qui me regarde en toute chose —ce noyau-là, est mentionné dans le livre de la Sagesse: «Dieu a créé le terreux pour une vie incorruptible, il en a fait une ombre projetée de sa propre éternité» (Sg.2,23).

Ce noyau mystique est aussi présent dans le psaume 8: Dieu a pris si profondément soin de l'homme (paqad) et le porte si profondément en son coeur (zakar), que la question même «qu'est-ce que l'homme?» se constitue en «regard», s'étonnant de tant de confiance. Jésus Sirach a compris ce message mystique et dialogal: Dieu a mis son oeil dans le coeur de l'homme. Grâce à lui l'homme peut voir à travers la création jusqu'à Dieu, il va le voir «plein de révérence» [106]. Le coeur de l'homme devient un oeil plein de révérence, qui se sait responsable et compétent, car à un niveau essentiel il a pris conscience que son «sentir» le plus profond a été créé en lui lors de sa création comme une faculté divine.

Les cercles des conférences spirituelles dans l'exil et la tradition des écoles domestiques, qui en resulte, ont comme centre mystique la transformation en amour. Le Créateur du ciel et de la terre est un Maître dont le regard repose sur son disciple à un niveau si essentiel et qui entre si profondement en lui (paqad) qu'Il le transforme en sa propre intériorité, l'intériorisant en Lui-même (zakar). Dans ce processus de transformation, le coeur de

---

[104] Cf. K. Waaijman, *Betekenis van de Naam Jahwe,* Kampen, 1984, pour la signification fondamentale du Nom de Jahvé dans la spiritualité d'Israël.

[105] Cf. la répétition fréquente de «sentir».

[106] Si.17,8, en version Grecque.

l'homme se transforme en regard d'amour qui découvre en toutes choses la main de son maître.

Buber formule cette transformation mystique et dialogale comme suit: 'Je deviens par le Tu. En devenant je, je dis Tu' [107]. Autrement dit: par le Tu qui vient à ma rencontre, je suis si profondément transformé, que ce n'est plus qu'à travers cette transformation par Toi, que je Te vois et viens à toi. C'est cette transformation en amour que Jean de la Croix décrit. Chez lui l'essence de l'*Imago Dei* est constituée par le dynamisme de l'union à Dieu. L'homme est *Imago Dei* dans la mesure où il apprend à voir, à entendre, à parler et à sentir avec «l'oeil de Dieu» déposé «dans son coeur» (Si 17,8).

Conclusion

Quoique Jean de la Croix le mentionne rarement de façon explicite, l'homme créé à l'Image de Dieu apparaît néanmoins comme leitmotiv de son développement du processus mystique. Ce thème est un des éléments qui constituent, en la structurant, l'évolution mystique, comme elle vient d'être décrite par Jean de la Croix.

Pourtant, ce leitmotiv n'est point un élément biblique particulier, utilisé ici et là. Le thème de l'*Imago Dei* résonne dans tout l'espace de l'Ecriture où il trouve des échos multiples. Quatre traditions spirituelles, présentes dans l'Ecriture, y résonnent à l'unisson. Toutes ces traditions ont sucessivement enrichi ce thème central. *La piété d'Abraham et de Sara* remet à la mémoire que le Puissant façonne et bénit l'homme, et qu'ainsi Il «sent du dedans notre forme» (Ps.103,14), afin que notre âme le sente foncièrement (Ps.139,14). Dans *la spiritualité des Rois,* la présence du Puissant devient tangible à travers le dévouement désintéressé du roi pour son peuple, un dévouement qui respire au rythme porteur de la Passion de Dieu. Dans *la spiritualité sacerdotale,* Dieu crée l'homme pour l'introduire dans l'intimité de son Alliance (cf. Ps.25,14), le face à Face d'un amour infini. Dans *la spiritualité sapientielle,* le regard du Puissant saisit si bien l'homme en ce qu'il est foncièrement que Son oeil s'ouvre dans le coeur de l'homme. Dès lors l'homme contemple la création dans la perspective de Dieu. Du fond de son existence, il se sait devenu responsable de cette création.

Cette architecture mystique de l'homme, comme elle vient d'être élaborée dans l'Ecriture, —au niveau fondamental de la genèse de l'homme, au niveau de la transformation intentionelle, au niveau de la transformation d'amour, jusqu'à la participation au dynamisme central de l'être divin— n'est point une découverte originale de Jean de la Croix qui n'est pas le

---

[107] *Ich und Du,* (1923), 1962, 85.

premier à l'avoir utilisée. La grande tradition mystique, qui, comme lui, a lu et médité l'Ecriture en profondeur, a servi d'intermédiaire à cette conception de l'anthropologie mystique. Pour eux, l'Ecriture fut l'espace vital dans lequel l'homme comme créature se voit peu à peu transformé dans la dynamique divine de l'amour.

Del Dios del riesgo al riesgo de «hacerse» hombre

Maximiliano Herraiz, O.C.D.

El místico, más y mejor que el simple solitario, hace camino. Hoy asistimos a un momento de alza significativa en el número de su alumnado. Por distintas pulsiones, con preguntas muy diversas y aspiraciones no siempre formuladas con precisión, peregrinamos al místico. Sus causas tendrá este movimiento. Y su esclarecimiento nos llevaría al trazado de una biografía auroral del hombre «religioso» contemporáneo —del hombre que busca y se busca— y de un mapa de operaciones para el empeño iluminado en favor de quien —peregrino y nómada por vocación del infinito—, puede perderse en desviaciones sin cuento, o recostar su tendencia a la mediocridad en cualquier recodo del camino.

Juan de la Cruz une en su persona muchos elementos que, uno a uno, pueden ser poderosos moventes del acercamiento a él. Es un poeta excepcional, artista del lenguaje, pensador recio, agudo teólogo, místico de altura y calidad. En todos estos sectores está encaramado a los primeros puestos. Hay que contar con él. Y concretamente no se puede navegar por los mares de la mística sin llevar a bordo a este hombre de «grandes letras y experiencia», como dijera de él Teresa de Jesús.

Un hombre, místico, que habla apasionadamente, con obsesión lúcida de Dios y del hombre «unidos» en un mismo riesgo: «Si el hombre busca a Dios mucho más le busca su Amado a él» (Ll 3,28). «La *unión* del hombre con Dios como «vocación» de Dios y vocación única, esencial del hombre. El riesgo de Dios es el desmedido, ambicioso proyecto de «ofrecer» al hombre *ser* Dios, y esto con la indefensión y el silencio de su amor, «haciéndose» dependiente del hombre en su imagen en el escenario de la historia. Y el riesgo del hombre es prostituirse en la adoración de dioses que, además de hechura de sus manos, son reveladores del hombre que quiere ser.

Dios y el hombre convienen, tienen unida su «suerte», vocacionalmente en el movimiento de ser «entrambos uno por amor». Esta perspectiva de unidad Dios-hombre es clave hermenéutica de la palabra del místico Juan de la Cruz. Perspectiva unitaria. Es decir, que la experiencia de Dios y del hombre, así como la palabra sobre uno y otro, es un todo compacto e irrompible. Historia de salvación, dada y acogida activamente, en la que Dios se revela y desvela al hombre, y el hombre afirma su condición de criatura con «pretensión» de Dios y revela a Dios. *Es* su imagen. Sólo metodológicamente nos vemos abocados a separar lo que está unido en su verdad más honda y lo que sólo unido puede alcanzarse en la inevitable distribución de acentos: Dios y el hombre.

San Juan de la Cruz, como hombre creyente tiene su centro de gravedad en Dios. Y percibe que Dios tiene su centro de gravedad en el hombre. Fuente de la que la manan al hombre todos los bienes, y en la que sacia su sed y acalla su hambre. «Los bienes inmensos» que Dios «siempre tiene propuestos al hombre» (Ll 4,9), revelan al Dador y al destinatario: quién es Dios y quién es y puede llegar a ser el hombre.

Por eso, el quehacer humano tiene siempre detrás de sí la *gracia* de ser. Ésta hace posible siempre, en cualquier presente, y define el proyecto de ser que Dios ha puesto en manos del hombre. Y que, por eso, en la medida en que el hombre explicite ese proyecto de «hacerse» revelará a Dios, amigo no rival, dador de sí no celoso del crecimiento del hombre, a quien, como veremos, «no ama más bajamente que a sí».

He dicho que Dios ha dejado en manos del hombre el proyecto de «hacerse». Pero no del todo. Ni mucho menos si esto significa abandono de Dios. Pues siendo el hombre trascendente a sí mismo, en otras manos últimamente está su «poder ir siendo». «Sin ti —reza el santo a Dios— no se hará nada» (D, pról.). «¿Cómo se levantará a ti el hombre engendrado y criado en bajezas, si no le levantas tú, Señor, con la mano que le hiciste?» (D 26). Máxime si, además, el hombre es despilfarrador de su hacienda: «Y ahora te ruego, Señor, que no me dejes en ningún tiempo en mi recogimiento, porque soy desperdiciadora de mi alma» (D 123). Desde cualquier perspectiva al hombre hay que acercarse desde Dios. Por ahí empieza el místico.

1. Dios, presencia envolvente

Con Dios se encuentra el hombre que se busca a sí mismo. Presencia insoslayable, necesaria. San Juan de la Cruz, en la línea de los datos más esenciales de su fe cristiana, fuente y marco de su experiencia, arranca en *Cántico* con una confesión sibrante: «conociendo... la gran deuda que a Dios debe en haberla criado solamente para sí..., y en haberla redimido solamente por sí mismo...» (C 1,1). Con la rústica belleza y diáfana tersura de los *Romances* nos abre la ventana a ese «antes» absoluto del que arranca nuestra historia y en el que culmina nuestro proceso accidentado y duro, posible siempre:

> «Una esposa que te ame,
> ni Hijo, darte quería,
> que ver tu amor merezca
> tener nuestra compañía
> y comer pan a una mesa
> de el mismo que yo comía» (R 3)

La Encarnación, de «venida» y de vuelta:

> «y que Dios sería hombre
> y que el hombre Dios sería» (R 4)

Cerrando el arco del «proyecto» divino con la inmersión en la vida trinitaria:

> «Así la esposa sería
> que, dentro de Dios absorta,
> vida de Dios viviría» (R 4).

Un «proyecto» que, desmesurado, no sólo nace de Dios, «sale» de su ser infinitamente comunicativo, sino que permanente lleva en sus manos con la asombrosa actividad que «exige» su amor. Un ser de gracia, «dado» es el nuestro. De origen y coextensivo a toda nuestra historia; en el principio absoluto, y en cada instante del curso existencial humano.

He dicho que éste es un dato esencial, primigenio de nuestra fe. Juan de la Cruz le alcanza también experiencialmente, y lo formula con el vigor de su pensamiento teológico, y la galanura de su arte literario. «Dios es como la fuente, de la cual cada uno coge como lleva el vaso» (2S 21,2), «la fuente que solamente nos puede hartar» (3S 19,7), de la que nos manan todos los bienes, «que no van del hombre a Dios, sino vienen de Dios al hombre» (2N 16,5). Y también, y sobre todos, el «bien» del amor. Por eso, «si el alma busca a Dios, mucho más le busca su Amado a ella» (Ll 3,28).

Amor, Dios no puede buscar al hombre sino para comunicar, para dar. «Dios no se sirve de otra cosa sino de amor». Y da la razón: «todas nuestras obras y todos nuestros trabajos, aunque sea lo más que pueda ser, no son nada delante de Dios, porque en ellas no le podemos dar nada ni cumplir *su deseo, el cual sólo es de engrandecer al alma*» (C 28,1).

Con formulación feliz, profunda y audaza nos sitúa en el principio mismo de nuestra identidad de gracia, inconmensurable como la fuente misma de la que nos nace: «Dios, así como no ama cosa fuera de sí, así ninguna cosa ama más bajamente que a sí, porque todo lo ama por sí, y así el amor tiene la razón de fin... Por tanto, amar Dios al alma es meterla en cierta manera en sí mismo, *igualándola* consigo, y así ama al alma en sí consigo, con el mismo amor que él se ama» (C 32,6). Dos columnas firmes para apuntalar el puente Dios-hombre: marcando el acento en el nacimiento de ese «río sonoroso que nos baña», escribe: «Porque, si él por su gran misericordia no nos mirara y amara primero... y se abajara, ninguna presa hiciera en él el vuelo del cabello de nuestro bajo amor, porque no tenía él tan alto vuelo que llegase a prender a esta divina ave de las alturas; mas porque ella se bajó a mirarnos y a provocar el vuelo y levantarlo de nuestro amor, dándole valor y fuerza para ello...» (C 32,8). Lo que conlleva el conocimiento experiencial «que de su parte ninguna razón hay ni la puede haber para que Dios le mirase y engrandeciese, sino sólo de parte de Dios, y ésta es su bella gracia y mera voluntad» (C 33,2). Subraya este dato de la liberalidad y gratuidad de Dios: «Conoces que Dios te ama y hace mercedes con liberalidad sin ningún interés» (Ll 3,6). Y recoge la nota de gratuidad que caracteriza a un hombre «realizado»: «Enseña Dios allí a amar al alma pura y libremente, sin interés, *como él nos ama*» (C 38,4). Dios no ha creado al hombre para tener siervos que reconozcan con su absoluto vasallaje su grandeza y majestad, sino para servirles comunicándoles todo lo que es, haciéndoles verdaderamente hijos, partícipes de su inconmensurable vida, como inmediatamente recordaré con palabras del Doctor Místico.

En síntesis, he aquí los datos, de fe y de experiencia, con los que teje su imagen de Dios, decisiva y determinante para su imagen del hombre, tanto «en sí» como realidad de gracia, como en su devenir en el que va emergiendo y afirmándose, «haciéndose» «gracia» y «amor», es decir, pura relación «sin desechar nada», sin dejar nada, irredento, fuera de esta relación divina, gratuita.

Dios, por su amor, se nos adelanta, «nos busca más y mejor». Con un fin único: engrandecer al hombre. «El fin de Dios es engrandecer al alma» (Ll 2,3). Engrandecer es «igualar consigo»: no hay otra cosa en que más la pueda engrandecer que igualándola consigo» (C 28,1). «Igualdad de amistad», añade, que es la ley del «amor perfecto»:

> «En los amores perfectos
> esta ley se requería:
> que se haga semejante
> el amante a quien quería» (R 7).

Dios se hace semejante a nosotros y nos hace semejantes a él por la Encarnación: «Y así, en este levantamiento de la Encarnación de su Hijo y de la gloria de su resurrección según la carne, no solamente hermoseó el Padre las criaturas en parte, mas podemos decir que del todo las dejó vestidas de hermosura y dignidad» (C 5,4). Sembrando en el hombre el deseo irrefrenable y creciente de «entrar más adentro en su Hermosura» (C 37).

Nos dejó vestido de su «hermosura» «del todo» dándonos al TODO que es su Hijo (D 26; 2S 22,3-5), participándonos «los mismos bienes» (C 36,5; 39,5-6). Porque amarnos Dios es «meternos en cierta manera en sí mismo», ya que «ama como Dios», «no menos que como Dios» (C 33,8; Ll pról.2).

«Siendo Dios el que lo hace, hácelo no menos que como Dios» (Ll 3,40). Ofreció antes una prueba sencilla, con el apoyo de un axioma filosófico: «Porque cuando uno ama y hace bien a otro, hácele bien y ámale según su condición y propiedades; y así tu Esposo estando en ti, *como quien él es* te hace las mercedes» (ib.,6). Y termina el número poniendo estas palabras en boca del Padre: «Yo soy tuyo y para ti y gusto de ser tal cual soy por ser tuyo y para darme a ti» [1].

El «encarecimiento» no es exageración sino presión sobre el lenguaje que congela la realidad fluyente, como dijo Bergson, y cuando se trata de expresar lo inefable, como es la comunicación de Dios, se queda tan a distancia como «lo pintado de lo vivo» (Ll Pról.1). «Y lo que Dios comunica..., totalmente es indecible, y no se puede decir nada, así como del mismo Dios no se puede decir algo que sea como él; porque el mismo Dios es el que se le comunica» (C 26,4). De ahí la permanente tentación del silencio: «porque no se entienda que aquello es más de lo que se dice» (Ll 2,21). «Porque veo claro que no lo tengo de saber decir, y parecería que ello es si lo dijese» (Ll 4,17). El místico percibe con dolorosa clarividencia «cuán bajos y cortos y en alguna manera impropios son todos los términos y vocablos con que en esta vida se trata de las cosas divinas» (2N 17,6).

La tentación de callar se doblegó ante la necesidad de compartir, de decir sugiriendo «con figuras, comparaciones y semejanzas» «algo» de lo que experimentaba de Dios (C pról.1). Y diciendo lo que es Dios por lo que *hace* a los hombres [2], dice del hombre que llega «hasta parecer Dios» (Ll 1,13). ¿Habla de Dios el místico o del hombre? Dios «se da a conocer» *haciendo* al hombre a su semejanza. Y el hombre, en la medida que es, revela, es sacramento de Dios.

Inefabilidad, que por eso la he evocado aquí, que sitúa la realidad humana «más allá» de las lindes que alcanzamos con nuestras inteligencias y marcamos con nuestras palabras. *Soy* más de lo que experimento bullente en mí y, por supuesto, más de lo que logro decir. Y esto también me fuerza a peregrinar a la tierra de la promesa del ser, que siempre me reservará parcelas no holladas, profundidades no exploradas. Porque «el más profundo

---

[1] Ya en la misma obra había escrito: «Siente a Dios aquí tan solícito en regalarla... y de engrandecerla... que le parece al alma que no tiene él otra en el mundo a quien regalar ni otra cosa en que se emplear, sino que *todo él es para ella sola*» (2,36).

[2] Colgó su asombro el santo de esta pregunta punzante: «¿Quién podrá decir hasta dónde llega lo que Dios engrandece un alma cuando da en agradarse de ella?». Y abrió el horizonte con esta sugeridora respuesta: «No hay poderlo ni aun imaginar; porque, en fin, *lo hace como Dios, para mostrar quién él es*» (C 33, 8). Antes y mejor que el teólogo de escuela sabe que la distinción entre el «Dios en sí» y el «Dios económico» es banal. Aquél *es* el que se nos revela *haciéndonos* toda gracia.

Escribió Schillebeeckx: «Cada vez entiendo menos la distinción clásica entre «Dios en sí mismo» y «Dios para nosotros» (*Jesús en nuestra cultura. Mística, ética y política*, Sígueme, Salamanca, 1987, p.35).

centro del hombre» es inalcanzable en el horizonte de la historia (Ll 1,9-14), corriente «que tampoco puede vadearse», no puede decirse. Misterio, el hombre para sí mismo. Por eso, «quedarme» en cualquier momento del proceso, tener alguna palabra sobre mi como la última, será una rotunda negación, limitadora de quien soy.

«SALIR» es la consigna sanjuanista, rompiendo con cualquier presente, porque mi ser en su más genuina y auténtica, completa realización siempre es «ausente», «ido», escurridizo al lazo de la palabra y al más noble empeño por ser. Siempre quedarán potencialidades dormidas, no actuadas, «centros» no alcanzados. Por ello, tensión y dinamismo crecientes de futuro. En esperanza vivimos necesariamente, gimiendo «por lo que nos falta», arrullados por la «inmensa voz» del inmenso ser que, «encubierto», nos ofrece «visos» de la realidad absoluta que nos hurta. «Sintió (el alma) estar allí un inmenso ser encubierto, del cual le comunica Dios ciertos visos entreoscuros de su divina hermosura..., que hace al alma codiciar y desfallecer en deseo de aquello que siente encubierto allí» (C 11,4). Cuando la purificación o el adelgazamiento del ser, por el desprendimiento de tantas adherencias que gravan e hipotecan su marcha haya alcanzado las cotas más altas, significará la realidad con estas palabras: «padécese una viva imagen de aquella privación infinita por estar el alma en cierta disposición para recibir su lleno.

Aunque este penar es ... en los senos del amor ... por la posición de su Dios a quien espera por momentos de *intensa codicia*» (Ll 3,22).

Dios es «rios sonorosos». Voz y sonido que «la hinche de bienes», «como una voz y sonido inmenso interior que viste al alma de poder y fortaleza» (C 14,10). «Voz espiritual *es* el efecto que ella hace en el alma». «Dios es voz infinita, y comunicándose al alma ..., *hácele* efecto de inmensa voz» (ib.).

Traigo esto a colación para que no separemos el discurso de Dios del discurso sobre el hombre. Dios *es* ... comunicativo y participativo. Dios *se* muestra en el engrandecimiento inimaginable del hombre (C 33,8). Hablar de lo que Dios es y hace es —debe ir siendo— hablar del hombre. Y asomarnos a la realidad del hombre, que el místico-poeta expresa como «profundas cavernas», y el teólogo presenta como «igualdad de amor», «igualdad de amistad» (C 28,1), «dos naturalezas en un espíritu y amor» (C 22,3). El alma «recibe las propiedades de Dios» (C 22,4). *Es* Dios «por participación» y gracia. Y esto no es un recorte o disminución de la realidad que se dirima: *es* Dios, o «vive vida de Dios», sino enunciación del «título» por el que se es lo que se dice.

Hablar de Dios en cristiano es hablar de Dios que *hace* al hombre «articionero de su divina naturaleza»; contar las acciones sucesivas, múltiples, siempre portentosas porque portentoso es el objetivo que persigue: trasvasar su ser al hombre, «sentarlo a su mesa», «absorberlo» en su vida. Y esto, en apunte rápido, no sólo en sentido pasivo —*somos* receptores de la vida de Dios—, sino también en sentido activo —*obramos y actuamos* vida de

Dios—, porque Dios nos ha engrandecido tanto que nos ha querido constructores de nuestro destino y concreadores con él del mundo y de la gracia.

Agentes de la vida de Dios en el interior del misterio trinitario. El santo lo afirma y confiesa vigorosamente, con acento estremecido: «Y no hay que tener por imposible que el alma *pueda* una cosa tan alta ...» como aspirar y no sólo ser aspirada (C 39,4-5). Volverá en *Llama* a decir que el hombre transformado «calor y luz da junto a su Querido»: *«hace ella en Dios por Dios lo que* él hace en ella por sí mismo» (3,77). Con la ayuda del texto joánico (17.10) dirá: «Los bienes de entrambos, que son la divina esencia, poseyéndolos cada uno libremente por razón de la entrega voluntaria del uno al otro, los poseen entrambos juntos, diciendo el uno al otro lo que el Hijo de Dios dijo al Padre ...» (ib.,79).

Agentes también «ad extra». *«Hecha* el alma Dios», obra vida de Dios. «Por hacerse más semejante al Amado», y como fruto revelador y alimentador de su semejanza, el hombre proclama su voluntad de «gozarse en el Amado», amando «efectiva y actualmente, ahora *interiormente* ..., ahora *exteriormente* haciendo obras pertenecientes al servicio del Amado» (C 36,4). Es lo propio de la persona enamorada: perderse a sí y a sus cosas, «no haciendo caso de todas sus cosas, sino de las que tocan al Amado» (C 29,10). «Cosas» que pueden, en algunas personas, por vocación, «reducirse» a una «asistencia de amor» totalitaria, excluyendo «obras externas», siendo, no obstante, «de más provecho» para la Iglesia «que todas esas otras obras juntas» (ib.,2). Teológicamente afirma la validez y la supremacía del amor sobre todo: *es la* obra por la que la Iglesia evangeliza, o el cristiano colabora en la redención de la humanidad, con o sin obras externas (ib.,1-4).

De este modo San Juan de la Cruz se sitúa en la raíz de la vida y de la actividad transformadora del hombre. Que nadie le achaque que *no hable* de esta o aquella actividad concreta por la que manifestaría su compromiso histórico con Dios y con los hombres. *Todas* las formas de fidelidad al hombre, que engrandezcan a la persona, o al Dios que «praxisticamente» nos ha mostrado su amor —¡y cuánto sabe de *este* Dios San Juan de la Cruz!— caben en su palabra. Su silencio gesta todas las palabras. Y las hace posibles y auténticas. Y la exige.

2. *El hombre, «un gran señor en la cárcel»* (C 18,1)

Dios se desvela obrando, en la praxis fiel e intensa, sostenida —«bienes que *siempre* nos tiene propuestos» (Ll 4,9)— de su comunicación participativa. Su grandeza infinita de donación, trascendencia activa de amor, se corresponde con la grandeza infinita de receptividad, y consiguiente, simultánea grandeza infinita de donación, del hombre. Así Zubiri ha podido «definir» al hombre como «una forma finita de ser Dios». Y R. Garaudy decir que «Dios entra en la definición del hombre, como rompedor de límites y de fronteras, como una apertura permanente hacia la invención del futuro[3]. El mismo agrega: «Decir "Dios existe" significa que el hombre es siempre algo más que el hombre»[4]. Desde posiciones católicas, E. Schillebeeckx escribió: «Podremos únicamente hablar con sentido acerca de Dios, cuando ese enunciado esté vinculado con la comprensión humana de sí mismo. No podemos formular un anunciado acerca de Dios que no hable al mismo tiempo con sentido acerca del hombre. Y viceversa»[5].

El místico, en cuanto se califica por una experiencia de Dios y decidor de la misma, profeta de Dios, es en la misma medida, y por el mismo título, experto de humanidad y decidir de una «palabra de hombre», vigía del hombre. San Juan de la Cruz nos ofrece dos variaciones sobre el mismo tema, Dios-hombre, que son variaciones por la colocación del acento o por la presencia explícita de uno o de otro sobre el escenario de sus páginas. Decir, significando a Dios, que «lo que comunica es totalmente indecible» (C 26,4), es lo mismo que afirmar que es indecible el misterio de vida del hombre, «resultado» de ese Dios autocomunicante, y que el santo se atreve a apuntar «que parece Dios» (Ll 1,13). La historia ascendente de la comunicación de Dios es la historia ascendente del hombre hasta alcanzar su talla que por creación y recreación recibió por el Verbo o por el hombre nuevo, Jesús de Nazaret.

2.1 El hombre, «un gran señor»

«Con capacidad infinita» (2S 17,8), «el hombre no se satisface con menos de Dios» (C 35,1). Dios es su salud (C 2,8; 11,11; 2N 16,10), «la fuente que sólo puede hartarle» (3S 19,7), «el manjar» que le alimenta y nutre (Ll 3,18).

Por creación y redención el hombre «pretende» ser Dios: «Esta pretensión del alma es la igualdad de amor con Dios, que siempre ella *natural* y *sobrenaturalmente* apetece» (C 38,3). El hombre es tensión permanente, creciente de Dios. Para ser él, persona, «pretende» ser Dios, «igualar» a Dios. Este impulso le es *dado*, por naturaleza (creación) y gracia (redención). La única «salida» digna del hombre es Dios. Para ser él aspira, necesita ser Dios. Ésta es la raíz última de que Juan de la Cruz contemple «al hombre en el devenir más que en el ser»[6]. Perspectiva teológica y mística: «devenir» Hijo de Dios, partícipe de una vida que, «dándosele de una vez, al modo de Dios» en el bautismo (C 23,6), avanza y se consolida en un *ser* siempre de *gracia* —¡dependencia ennoblecedora!— y en un «nuevo modo» de obrar.

---

[3] *Palabra de hombre,* Edicusa, Madrid, 1976, 221-22.
[4] *Ibid.,* 222.
[5] *Dios, futuro del hombre,* Sígueme, Salamanca, 1970, p.80.
[6] E. Pacho, *El hombre, aleación de espíritu y materia,* en Varios, *Antropología sanjuanista,* Avila, 1988, p.23.

Radicado en Dios, firme y segura roca en todas las contingencias humanas, *puede* llegar a ser como Dios *con* Dios, *por* gracia siempre, de inición y terminación, como en el tránsito entre los dos extremos, pero no *sin él*, llamado como es graciosamente a ser constructor de sí mismo en su ser de gracia. El camino, tan profunda y largamente señalado por el Doctor Místico, entre la autobiografía y la reflexión teológica, y del que después algo diré, quedará siempre como la palabra más luminosa y densa del místico-teólogo, imprescindible para cualquier buscador del hombre en su devenir y en su punto terminal, ese abordaje en el mar infinito del ser en el que, Dios y el hombre, «uno por amor», aunque «en sustancia son diferentes», sin embargo «en gloria y parecer el alma parece Dios, y Dios el alma» (C 31,1). Terminación el la que aparece que Dios no se ha servido del hombre sino que ha servido al hombre: «Y está tan solícito en la regalar, como si él fuese su esclavo y ella fuese su Dios. Tan profunda es la humildad y dulzura de nuestro Dios» (C 27,1).

Porque «el inmenso Padre» es su destino y horizonte, como es la fuente de la que nace, o es su centro, el hombre está «condenado» a vivir peregrinando siempre, «saliendo» sin llegar, en creciente dinamismo y permanente aceleración, logrando sólo columbrar, a través de una finísima tela, el inmenso ser en los últimos compases de su devenir. Peregrino del ser, del ser propio como del ser de Dios, cuya «unión» pretende, «en gemido» por lo que le falta «todavía» (Ll 1,27); experimentador de la «ausencia» de Dios, que es ausencia también de sí, de lo mejor y de lo último de sí, que siempre, soterradamente, en el abismo del inconsciente o de la plena luz, «excesiva luz» de la conciencia bañada de Dios, seguirá tensando su existencia hacia adelante, haciéndole inhóspita la casa del presente.

Cuando, en titánica lucha contra la inefabilidad de su experiencia, fuerza y tensa el lenguaje para comunicar menos mal, siempre como «pintado» lo que percibe como «vivo» (Ll pról. 1), nos dice que el matrimonio espiritual, la máxima realización humana posible (C 12,8), que «tanto Dios como el alma desean» (C 22,6), es «dos naturalezas en un espíritu y amor» (C 22,4), «unidad de dos solos» (C 36,1), «entrambos uno por transformación de amor» (C 12,7), y que «nunca descansa el alma hasta llegar a él» (C 22,6), o que «*siempre* puede entrar más adentro» (C 36,10) en su proceso de hominización-deificación. Argumentará uniendo en una sola página creación «a imagen de Dios» y «redención» por el Hijo la «igualdad de amor» con Dios, aun cuando el *ser* (la naturaleza) del hombre tan distinto y distante del de Dios permanezca como antes, «no mudando alguna de ellas (naturaleza de Dios y del hombre) su ser» (C 22,5), pues «en sustancia son diferentes» (C 31,1): «No hay que tener por imposible» que el alma esté transformada en la Trinidad y «aspire en Dios, como aspira en ella», aunque «por modo comunicado y participado; porque esto es estar transformada en las Tres Personas en potencia y sabiduría y amor (Padre-potencia, Hijo-sabiduría, Espíritu Santo-amor), y en esto es semejante el alma a Dios, y *para que pudiese venir a esto* la crió a su imagen y semejanza (C 29,4).

Y continúa en «lógica» del amor de Dios: «Y cómo este sea, no hay más saber ni poder para decirlo, sino dar a entender cómo el Hijo de Dios nos alcanzó este alto estado y nos mereció este subido puesto de poder ser hijos de Dios» (ib.,5).

La «pretensión» de ser «igual» a Dios en el amor recibido-dado, en la relación interpersonal pasiva-activa, horizonte del hombre. Y hasta llegar a esto «nunca descansa el alma». Lo que prueba desde dos perspectivas, o con dos imágenes como recursos expresivos de la realidad:

— desde la imagen del «centro» de gravitación existencial del hombre;
— desde la tensión ontológica expresada como tendencia de «ver» a Dios.

Dios, centro del hombre

«Centro», no como imagen espacial, sino de concentración vital, de «terminación» del viaje de ser en el devenir entre un punto de «salida» de sí y otro de «entrada» simultánea, dinámica en Dios.

Objetivamente, precisa el santo, «aquello llamamos centro más profundo, que es a lo que más puede llegar su ser y la fuerza de su operación y movimiento de [una cosa]» (Ll 1,11). Y subjetivamente, de hecho, el hombre llega «a su más profundo centro», *según toda la capacidad de su ser»*, «cuando con todas sus fuerzas entienda y ame y goce a Dios» (ib.,12). Tanto «más profundamente *entra en Dios»* cuanto más ama, desde un grado de amor hasta que éste alcance «el último centro y más profundo del alma, que será transformarla y esclarecerla *según todo el ser»* y potencia y virtud de ella, *según es capaz de recibir, hasta ponerla que parezca Dios»* (ib.,13). «Reconcentrada en Dios» (ib.,14).

No somos centro de nosotros mismos. Y ninguna criatura puede «centrarnos», «terminar» nuestra *capacidad infinita* (2S 17,8), que «no se llena con menos de infinito» (Ll 3,18).

Somos dejando ser en nosotros al que *es* y nos hace ser. Llamados, atraídos por quien es el amor al amor, *somos* «pasando de sí al *otro»* (C 26,14), «saliendo de sí y de todas las cosas», de cualquier realización siempre parcial, insuficiente e insatisfactoria, y *entrándonos* en él, «el centro de nuestra esfera», que es la vida filial del Hijo. Todas las comunicaciones de Dios «son a fin de llevarle [al alma] al centro de su esfera, y todos aquellos movimientos que hace es porfiar por llevarlo», pero «*todavía* no acaba hasta que llegue el tiempo en que salga de la esfera del aire de esta vida de carne y pueda entrar en el centro del espíritu de la vida perfecta en Cristo» (Ll 3,10). En la misma línea, con idéntica profundidad había escrito ya antes: «Porque vive en esperanza *todavía*..., tiene tanto de gemido..., cuanto le falta para la acabada posesión de la adopción de los hijos de Dios» (Ll 1,27).

«Entrar en Dios» es entrar en lo más interior de nosotros actuando nuestra potencialidad dormida, redimiendo para la relación estratos y sectores de nuestro ser hasta que seamos pura relación como Dios trino. «Entrar en lo interior del Esposo» (Ll 3,6), «entrar profundamente en Dios» (Ll 1,19), es transformarse en Dios, «entrar en sus divinos resplandores por transformación de amor» (C 13,1). «*Y allí nos entraremos*», es decir, «allí nos transformaremos, es a saber: yo en ti por el amor» (C 37,5).

El final del *Cántico* expresa bien este entramiento en Dios, entramiento y logro de la «salida» fulgurante con que inició la aventura de seguir al Amado —que es «salir de todas las cosas según la afección y voluntad y *entrarse* en sumo recogimiento dentro de sí misma» (C 1,6), «salir fuera *de* sí y renovar toda [el alma] y *pasar a* nueva manera de ser» (ib.,17):

> «Mi alma ya está desnuda...
> y tan adentro entrada en el interior recogimiento
> CONTIGO» (C 40,2).

«Descubre tu presencia»

Tensión, dije también ontológica, de ser creado y redimido, de «ver», de alcanzar con inmediatez la «presencia de Dios» que colmará las más vitales aspiraciones de la persona, y que puede presentarse como desvelación existencial, cumplimiento del deseo que cruza la vida del hombre de llegar a ser presente a sí mismo, realidad cumplida, «muerte que es vida».

El deseo de presencia y manifestación, de inmediatez de Dios, «lumbre de los ojos del hombre», el que únicamente puede apagar los enojos del alma enamorada, palabra y amor saciantes del hambre que él mismo ha suscitado con la «herida» de un amor provocador y quemante, da a la existencia humana el carácter de una lucha contra la ausencia inevitable y la presencia inalcanzable.

El hombre quiere «ver» a Dios y desea que le descubra su presencia, y esto como un impulso ontológico y una palpitación amorosa por alcanzar el ser propio tan ceñido de carencias y muertes prematuras como bañado de aguas de infinitud. El hombre que busca a Dios busca su propio ser, por infinito, insaciable. Aquejado de ausencia de un Dios que se le esconde y hurta en su misma donación, y en agónica tensión por su presencia, sin decaimientos ni claudicaciones, amorosamente obsesionado por el Dios «ido», el hombre Juan de la Cruz, y el hombre que él biografía en sus obras, se profesa caminante, peregrino de sí, flechado tras la huella que el HOMBRE Amante-Amado le dejó para orientar su seguimiento y medir su fidelidad a los requerimientos y llamadas del ser, que de sus entrañas más profundas se elevan y tanto más se oyen, y prenden en el ánimo de éste, cuanto más y mejor responde adentrándose en sí, en el Dios que es y que «incorpora» y alumbra conforme se retira de la deslizante superficie del paisaje creatural y se adentra en la espesura en la que mana la fuente del ser, corriente «invadeable», «espesura» de la cruz y de la sabiduría (C 36,10-13) en la que alcanza toda su estatura el «hombre nuevo», y con él, los que profesan hacerse «semejantes a él en vida, condiciones y virtudes» (D pról.).

«Hombre nuevo», Jesús, misterio que declara penúltimos todos nuestros hallazgos de «la abundante mina» del ser Dios-hombre que es él y que somos, por participación, nosotros.

La gracia y el reto de ser, en referencia a Cristo, la formula sí Juan de la Cruz: «Por más misterios y maravillas que han descubierto los santos doctores y entendido las santas almas en este estado de vida, les quedó todo lo más por decir y aun por entender, y así hay mucho que ahondar en Cristo, porque es como una abundante mina con muchos senos de tesoros, que, por más que ahonden, nunca les hallan fin ni término, antes vana en cada seno hallando nuevas venas de nuevas riquezas acá y allá» (C 37,4). El devenir de la cristología-antropología, antes como incorporación de vida que como penetración intelectual y palabra de luz, no podrán tener mejor formulación. Iremos arañando parcelas al misterio del ser, sacando a la luz de la existencia «nuevas riquezas», pero «todo lo más» quedará todavía poniendo a prueba la capacidad humana de aventura en la conquista del ser, teniendo siempre como horizonte «entrar». «Entraremos» dice el poeta y explica el teólogo, en plural, porque «esta obra no la hace ella, sino el Esposo con ella» (C 37,6). Dios y el hombre, solidarios en el pastoreo del ser.

2.2. «... en la cárcel»

«Un gran señor *en la cárcel*». Así ve Juan de la Cruz al hombre histórico: con todo su potencial y su capacidad infinita, pero impedido de descubrirla, echarla de menos y gustarla. «Porque, aunque es verdad que el alma desordenada, en cuanto al ser natural está tan perfecta como Dios la crió...» (1S 9,3). Hay desorden, pero éste no afecta al ser nativo. El devenir del hombre es posible, pero es duro. Tendrá que «poner en razón» su vida desordenada (C 20-21,4; 3S 16,2).

Hombre cautivo, oscurecida su razón, su voluntad debilitada, minado por los «apetitos» que cierran su *salida* a la libertad. «Ciego para tanta luz y sordo para tan grandes voces» (C 39,7), el hombre arrastra de nacimiento «el desorden de la razón» (1S 1,1). La amenaza y el riesgo del ser los tiene dentro. Y dentro también la capacidad de recreación, porque «en cuanto al ser natural está tan perfecto como Dios lo crió», y porque, redimido, cuenta con la fuerza interiorizada del Espíritu. Dios sigue apostando por *este* hombre, haciendo más por recrearlo que por crearlo de la nada (1S 6,4). A esta sostenida y paciente, amorosa presión de Dios llamará Juan de la Cruz «noche pasiva», necesaria absolutamente para llegar a ser. Porque «no atina a entrar [en la noche reengendradora del ser] bien uno por sí solo a vaciarse de todos los apetitos para venir a Dios» (1S 1,5), para venir a «hacerse» hombre.

Y que como acabo de insinuar el santo presenta como «poner en orden» o «poner en razón» el mundo disperso, encontrado de fuerzas diversas. El propósito de recreación y el hecho alcanzado de ser aparecen en estos dos textos del Doctor Místico:

Propósito: «En estas dos canciones pone el Esposo Hijo de Dios al alma esposa en posesión de paz y tranquilidad, en conformidad de la parte inferior con la superior, limpiándola de todas sus imperfecciones y *poniendo en razón las potencias y razones naturales* del alma...» (C 20-21,4). Y más adelante, concretiza refiriéndose a las «potencias irascible y concupiscible»: «Y es de notar que no conjura el Esposo aquí a la ira y concupiscencia, porque estas potencias nunca en el alma faltan, sino a los *molestos y desordenados actos de ellas*» (ib.,7).

Objetivo: Como *hecho* logrado nos ofrecerá un apunte sublime de la persona que vive la máxima realización de cada elemento en la armonía más grandiosa del conjunto. Armonía o «puesta en razón» que la presenta como condición esencial para «ver» a Dios (= para ser uno mismo en plenitud). Escribe: *«Y el cerco sosegaba»*, «esto es, las cuatro pasiones ordenadas en razón, y los apetitos mortificados». Y añade: «Hasta que el alma tiene ordenadas sus cuatro pasiones a Dios..., no está capaz de ver a Dios» (C 409,4).

No se ha sacrificado nada del hombre en el proceso de recreación, de «negación» como la llama Juan de la Cruz. Ahora se constata una reasunción de toda la persona, también los sentidos, las pasiones, todo el caudal del hombre, como bellamente adelantó en síntesis en *Noche* «sin desechar nada del hombre» (2N 11,4), y cantó en *Cántico*, 28: la vida del hombre, resuelta en amor, existencia amorizada, pura relación gratuita. El alargamiento del hombre realizado, de la fiesta del Espíritu (Ll 1,9; 2,36; 3,10), a todo el «compuesto» humana lo hace con gusto Juan de la Cruz.

Culminada la purificación «la parte sensitiva... se recoge a participar y gozar *a su manera* de las grandrezas espirituales» (C 40,5), *«por cierta redundancia* del espíritu (ib.,6). Es la apoteosis del hombre nacido a «nueva manera de ser», auténtica primicia y sacramento del hombre glorificado del que particularmente habla *Llama*. Dice: «Y de este bien del alma a veces redunda en el cuerpo la unción (o unión) del Espíritu Santo y goz toda la sustancia sensitiva, todos los miembros y huesos y medulas, no tan remisamente como comúnmente suele acaecer, sino con sentimiento de grande deleite y gloria, que se siente hasta los últimos artejos de pies y manos» (Ll 2,22).

A «ese poner en razón» la existencia desordenada, rota por fuerzas contrapuestas, está llamado el hombre aquí y ahora, permanentemente. Lo que significa que Dios obra e él la *gracia* liberadora de *hacer* el orden y poner en razón. Llamado, pues, es *capacitado*. Capacita para empeñarse *activamente* haciéndose cargo del *don* de la existencia. Condición esencial para que la gracia sea de hecho gracia recreadora de su persona.

Pero, porque se interpuso el pecado, ese desorden *radical* de origen, del que «se originan» y al que sirven los desórdenes del pecado personal, por el que el hombre *se apropió* la existencia que se le otorgó como *gracia* y *don*, y que sólo como gracia y don puede vivirla, el ser constructor del propio destino:

— arranca de la gracia de ser hijos;
— requiere asumirse como tal gracia;
— lo que implica la eliminación o «aniquilación» de todo lo que no hay de gracia en nosotros, que nos disminuye y degrada, y positivamente *actuar*, *hacer* la gracia, vivir en gratuidad;
— y esto se convierte en «dejar hacer a Dios», en dejar a Dios ser Dios», que «él tome la mano» (1N 3,3; 2N 12,7) para hacer posible, sostener y mantener en su justa dirección nuestra imprescindible pero insuficiente voluntad y empeño de vivir «en gracia». Lo cual nos lleva a encontrarnos nuevamente con Dios en nuestra vida, «obrando» su «designio»:

«y que aquella su bajeza» (del hombre)
él se la levantaría» (R 4).

Huelga decir que en este procesos de rehacimiento por el que el hombre «se reengendra en vida de espíritu» (2N 9,6), no se sacrifica nada, sino que se pasa a una «nueva manera de ser» (C 1,17), en la que «toda su vida vieja e imperfecciones se aniquilan y se renueva en nuevo hombre» (C 26,17), que, en apunte rápido, enuncia así: en entendimiento, es decir, el hombre entero, «es ya movido e informado de otro más alto principio de lumbre sobrenatural de Dios» (Ll 2,34). «Todos los movimientos de tal alma son divinos; y aunque son suyos, de ella lo son porque los hace Dios en ella con ella» (ib. 1,9). Es la cima de la escalada del ser.

Conclusión

Desdoblada en varias proposiciones por las que aparece el riesgo de «hacerse» persona:

1.ª en descolgarse, por negación directa y explícita, o implícita, por una religiosidad «moralista», sin raíz, de Dios. Una *«autonomía»* que arroja a la soledad de la egolatría, o a una solidaridad sin trascendencia, truncada, es una negación flagrante del hombre. Para quien «fuera de Dios todo le es estrecho» (Cta.13);

2.ª en no creer-aceptar lo que se es, por creación y redención, jugando a proyectos que, por ser de hechura personal, le vienen pequeños y se convierten en prisión de un yo que es trascendente a sí mismo, con capacidad infinita, cuyo manjar es Dios mismo, Dios solo: «no apaciente el espíritu en otra cosa que Dios» (D80);

3.ª en aceptarse y hacerse pelagianamente, prometeicamente con la conciencia de haber robado el fuego a los dioses. Lo que está, más o menos presente en tantas ascéticas del esfuerzo personal, de la tensión agónica por modearse de acuerdo a un ideal cuyo listón se sube en progresión continua, convirtiendo al «espiritual» en un gladiador del espíritu;

4.ª o en acometer el proyecto cristiano de existencia con un moralismo necesariamente manco, endurecedor de quien lo vive, intolerante. Forma suavizada o barnizada de pelagianismo: afirmación de sí, protagonismo humano casi excluyendo la gracia. El santo se ha referido en varios pasajes de sus obras, criticándolo con dureza, a este «espiritual» (2S 7,5.8; 1S 5,6; 8,4). Hay un «reduccionismo» que priva de su veta evangélica a la vida «espiritual», al proceso de hominización.

San Juan de la Cruz descela el engaño que resulta trágico, ontológicamente frustrante, y que afecta por igual a la imagen de Dios y del hombre. En definitiva niega la *gracia* desmedida de Dios, y la «vida de gracia» abierta al infinito del hombre, en la que Dios siempre está empañado, engrandeciendo al hombre, precediéndole y marcándole ritmos y contenidos, y que «condena» al hombre a vivir «saliendo» constantemente de sus estrecheces y superficialidades, en referencia de comunión con Él y los demás llamados *como* él.

Hace bien Juan de la Cruz en invitarnos a orar así:

«¡Recuérdanos tú y alúmbranos, Señor mío,
para que conozcamos y amemos los bienes que siempre
nos tienes propuestos,
y conoceremos que te moviste a hacernos mercedes y
que te acordaste de nosotros!» (Ll 4,9).

Vida y experiencia carmelitana en los escritos de San Juan de la Cruz

Federico Ruiz, O.C.D.

San Juan de la Cruz ha dedicado a la formación espiritual de carmelitas descalzos y descalzas lo mejor de su tiempo y de su esfuerzo. A esos mismos fines y destinatarios dedica también sus escritos. Es normal que en los escritos se refleje también esa forma de vida. Tanto más, que él mismo vive esa experiencia y de ella alimenta la exposición de sus libros.

Esos tres elementos van siempre unidos en la obra de Juan de la Cruz; y deben irlo también en su lectura e interpretación. Experiencia personal, enseñanza oral y magisterio escrito, forman un conjunto inseparable.

Sorprende que, dado ese hecho de intercomunicación, no encontremos mayor resonancia de su programa de vida y de formación carmelita en los escritos. Era una exigencia aún mayor, dado que ha tenido que ocuparse con frecuencia de la formación de jóvenes carmelitas, a los que se hacía necesario mostrar los principios e ideales de su particular vocación. A estas personas dedicaba directamente sus obras, que ha preferido circularan sólo manuscritas y en ambientes de familia o entre personas muy cercanas a la espiritualidad del Carmelo teresiano.

Juan de la Cruz no ha legado a sus hijos espirituales una obra al estilo del *Camino de perfección*, o de las *Fundaciones* de Santa Teresa. De él no poseemos un libro donde se explique en conjunto o con cierta amplitud la modalidad de vida adoptada por el carmelita descalzo, con sus particulares fines medios y exigencias para conseguir la perfección religiosa.

Las indicaciones que hace en algunos escritos breves, como las *Cautelas* o los *Cuatro avisos a un religioso*, no tienen intención de ofrecer una síntesis, ni siquiera los componentes esenciales de la misma. Son escritos de ocasión y de complemento, que presuponen en los lectores una vida espiritual más sólida y compleja, cultivada por otros medios.

En cambio, hemos heredado de San Juan de la Cruz cuatro grandes obras, donde expone de manera sistemática y abundante los componentes y el desarrollo de la perfección cristiana: Cristo en el centro, la vida en fe amor y esperanza, el seguimiento con la cruz, las leyes y exigencias del amor, etc. Esos y otros temas fundamentales son objeto de análisis repetidos en diferentes perspectivas del camino espiritual.

Aquí salta el problema. Por un lado, tenemos el ambiente de vida, la declaración explícita de los prólogos, en que dedica las grandes obras a sus hermanos religiosos del Carmelo. Por otra parte, tenemos que esos contenidos esenciales son de alcance cristiano universal, como el autor mismo hace notar en la redacción. ¿Tenemos derecho nosotros a vincular la exposición doctrinal de las grandes obras al estilo de vida religiosa abrazado por el carmelita? ¿Es descuido o intención deliberada la yuxtaposición y mezcla de elementos universales y particulares en los escritos sanjuanistas?

Aunque no se llegue a formularlo en términos explícitos, el problema se deja sentir en interpretaciones y reproches o alabanzas que se hace a la obra del doctor místico. Por una parte, le vienen las quejas internas de algunos carmelitas, que desearían encontrar en sus libros una presentación más detallada y orgánica del carisma que él vivió y enseñó a vivir. Del lado contrario, le vienen los reproches de los «extraños», que le acusan de mezclar en su obra teológica de carácter universal demasiados elementos de vida contemplativa y conventual.

No le será fácil defenderse de los ataques que le vienen de esos dos frentes, además opuestos. Si satisface a uno de ellos, ahonda los motivos de insatisfacción para el contrario. Esta problemática se ha hecho muy sensible en la conciencia moderna. En su vida espiritual, el cristiano tiene conciencia viva de la identidad propia de su forma de vida y servicio. O quiere tenerla. De ahí sus afanes de distinguir entre universal y particular, común y propio. No quiere desvincularse de lo universal, pero tampoco diluirse en ello.

Volvamos al propósito central de estas breves reflexiones. Aparte el carácter más o menos característico de los temas que encuentra en los escritos sanjuanistas, el carmelita descalzo se mueve en su ambiente. Siente resonancias íntimas, sintonía. Lo que allí descubre es su propia vida, realizada y percibida con particular intensidad. Además lo halla todo: vida carmelitana, vida religiosa, vida cristiana [1].

San Juan de la Cruz enfoca y resuelve el problema de la *identidad* seguramente con mayor clarividencia y eficacia de como lo hacemos nosotros. No se plantea esos dilemas que a nosotros nos preocupan tanto: ¿Hay confusión o indiferenciación, de su parte, entre evangelio y carisma particular? ¿Tiene dos públicos diferentes: uno interno para la enseñanza oral, y otro externo y eclesial en sus escritos?

Mejor que sea el santo mismo quien nos dé su propio enfoque del tema y la respuesta que juzga más apropiada. De ahí resultará una visión su-

---

[1] Algunos aspectos de este mismo tema los he desarrollado, con diferente perspectiva, en F. Ruiz, *Vida interior del carmelita descalzo en los escritos de San Juan de la Cruz*: Revista de espiritualidad, 21 (1962) 464- 480.

ficientemente clara y explícita de lo que es la vida espiritual del carmelita descalzo en los escritos de San Juan de la Cruz.

Para respetar mejor las modalidades de cada sector y tratarlo según su perspectiva, distingo tres campos en la investigación: magisterio oral, escritos breves, obras mayores.

I. *Magisterio oral*

Aun cuando el campo de investigación directa sean los escritos, resulta clarificadora la referencia al estilo y contenido de su enseñanza oral. No es necesario entrar en análisis, para captar algunas orientaciones esenciales, que esclarecen nuestra problemática actual.

La primera evidencia que obtenemos es que desaparece el temido contraste entre los dos proyectos: el de la formación oral para los carmelitas, y el de la obra escrita para cristianos. Resulta que su proyecto de formación para los carmelitas descalzos asigna al componente cristiano común el mismo relieve que recibe en las grandes obras.

Un indicio de abertura y universalidad lo observamos en su actitud frente a otras formas de vida religiosa. Nunca hace referencias al Carmelo de la Antigua Observancia, para marcar la distinción o la acentuación contemplativa de la Reforma. Vive sencilla su vida y asume de la ajena todo lo que juzga válido y coherente, trasformándolo en materia viva de su propia vocación.

Sabemos, por la historia, que lee e interpreta las leyes de la Orden a sus religiosos, que incluso las elabora y configura como miembro de los organismos de gobierno general. Aprueba igualmente instrucciones, libros de oración, costumbres santas, para los noviciados y casas de formación. Es decir, está en el detalle de la vida concreta del carmelita descalzo.

Pero en esta misma tarea de formación carmelita le notamos preocupado por la esencialidad cristiana. Es el horizonte primordial en que forma al carmelita: novicio, profeso, religioso maduro; y a las monjas carmelitas, novicias o de antigua profesión. De ello se pueden citar gran número de hechos y de palabras que han recordado los testigos [2].

Nos limitamos a unas cuantas referencias de fácil comprobación, por encontrarse en el volumen de los *Procesos*, publicado por el P. Silverio [3]:

> En su vida espiritual, libro básico es la S. Escritura; y la toma también como primer libro de formación:

---

[2] Cf. J.V. Rodríguez, *Magisterio oral de San Juan de la Cruz*: Revista de Espiritualidad, 33 (1974), 109-124; Id., *¿San Juan de la Cruz, talante de diálogo?*: Ib., 35 (1976) 491-533.

[3] San Juan de la Cruz, *Procesos de beatificación y canonización de...* Editados por Silverio de S.Teresa. Burgos 1931 (Biblioteca Mística Carmelitana, vol.14).

«Cuando predicaba alguna vez, que fueron pocas; o hacía pláticas, que era de ordinario; nunca leía otro libro sino la Biblia» (*Proc.*, p.386).

En Beas, a las monjas «frecuentemente les leía los Evangelios y les declaraba la letra y espíritu de ellos».

Sus temas preferidos:
Hablaba siempre de Dios ... (passim)
«Tenía don particular del cielo y eminencia grave en declarar cualquier salmo o pasos de Semana Santa» (*Proc.*, p.325).

Las virtudes teologales, como recuerda una monja de Beas:
«Casi de ordinario en todas las comunicaciones y pláticas que tenía conmigo y con las demás religiosas traba de las dichas virtudes teologales, y en particular de la fe» (*Proc.*, p.189).

Modo de vida y conducta:
Apela a valores cristianos fundamentales, para modelar la conducta concreta de sus religiosos: «Tenía costumbre de decir que por donde fuésemos hiciésemos bien a todos, para que pareciésemos hijos de Dios. Y que jamás hiciésemos agravio a nadie, ni con obras ni palabras agraviásemos a nuestro prójimos» (*Proc.*, p.172).

Resumiendo los varios testimonios que conservan la temática y el tono de su enseñanza oral directa, encontramos los mismos elementos que en las grandes obras: unión con Dios, seguimiento de Cristo, virtudes teologales, cruz y mortificación, desprendimiento y soledad de vida contemplativa, etc.

La convergencia no tiene nada de extraño, cuando sabemos que formaba a sus religiosos a base de las mismas obras de *Subida-Noche-Cántico*, que nosotros conocemos. Copió personalmente la figura del montecillo y la explicó personalmente a infinidad de religiosos. En las casas de formación sabían y recitaban de memoria el poema de la *Noche oscura*; conocían el *Cántico*. A sus religiosos de Granada les lee y explica directamente los libros de la *Subida del Monte Carmelo*.

Como anécdota curiosa y significativa, tenemos la lección de fray Juan al novicio de Baeza [4]. Un joven universitario, licenciado en derecho entra en el Carmelo Reformado. Agota en seguida la pequeña biblioteca del noviciado y pide libros de su especialidad para formarse y llenar el tiempo. Fray Juan encarga al maestro de novicios de trasmitirle al novicio la *bibliografía*: «Déle esta cartilla y un puntero, y lea en ese capítulo del pater noster, sin

---

[4] Lo narra el P. Alonso de la Madre de Dios, en su *Vida, virtudes y milagros del santo padro fray Juan de la Cruz...*, Edición preparada por Fortunato Antolín. Madrid, Editorial de Espiritualidad, 1989, Libro I, cap.42, p.321.

pasar a otra cosa, todos los días hasta que yo ordene otra cosa». Un buen método de formación carmelitana: como libro de base, el catecismo; como tema de contemplación, el padrenuestro.

II. Escritos breves

Entre los escritos breves del santo, son las *Cartas* y las *Cautelas* los que contienen elementos más abundantes y concretos de vida religiosa. En ellas, reafirma el ideal de la vida religiosa de entrega total a Dios y desprendimiento del mundo, sugiriendo algunos medios concretos para realizar con perfección ese proyecto de vida. Son las referencias más concretas y circunstanciadas que hallamos en toda su obra a la vida religiosa. Habla de vida religiosa, sin especificar «carmelitana»; porque vale en general para todo religioso, y porque se sobreentiende la peculiaridad, tratándose de páginas breves dirigidas a personas concretas.

Las Cartas

No es un sector muy nutrido el de las cartas de San Juan de la Cruz. Son apenas 33; varias de ellas en estado fragmentario. De éstas, un total de 25 cartas están dirigidas a frailes y monjas del Carmelo reformado. Algunas de ellas tratan negocios ocasionales o principios generales[5].

Las que más directamente se refieren a modalidades y exigencias de la vida religiosa se concentran en tres bloques:

— a las carmelitas de Beas: 7. 8. 9.
— a carmelitas descalzos: 10. 13.
— a las carmelitas de Córdoba: 15. 16. 17. 21.

En las dos que dirige a los frailes, el estilo es más práctico y doctrinal. En la primera, habla como presidente de la Consulta y recuerda la unidad de formación que se debe dar a los novicios: «que ningún sacerdote, ni no sacerdote, se entremeta en tratar con los novicios; pues, como V.R., no hay cosa más perniciosa que pasar por muchas manos y que otros anden traqueando a los novicios» (n.10). La siguiente (n.13) enseña el modo de amar a Dios solo y en todas las cosas.

Del grupo de cartas a las monjas de Beas (7-9) , las dos primeras están dirigidas a la comunidad, y la tercera a una religiosa particular. La primera exalta la dignidad de la religiosa consagrada esposa de Cristo, y al mismo tiempo la exigencia de amor concentrado y soledad de corazón que esa dignidad conlleva. Formula esa teología en estilo lírico de especial afecto y de-

---

[5] La numeración de las Cartas está hecha siguiendo el orden de las tres ediciones más difundidas de las *Obras* de San Juan de la Cruz: Editorial de Espiritualidad, B.A.C., El Monte Carmelo. Coinciden las tres en los números citados.

licadeza. La primera parte de la carta tiene esa delicadeza especial, quiza no repetida en el epistolario sanjuanista. Merece citarse: «Piensan que, aunque me ven tan mudo, que las pierdo de vista y dejo de andar echando de ver cómo con gran facilidad pueden ser santas, y con mucho deleite y amparo seguro andar en deleite del amado Esposo. Pues yo iré allá y verán cómo no me olvidaba, y veremos las riquezas ganadas en el amor puro y sendas de la vida eterna y los pasos hermosos que dan en Cristo, cuyos deleites y corona son sus esposas; cosa digna de no andar por el suelo rodando, sino de ser tomada en las manos de los serafines, y con reverencia y aprecio la pongan en la cabeza de su Señor» (n.7).

De tono más grave es la n.9: «El religioso de tal manera quiere Dios que sea religioso, que haya acabado con todo y que todo se haya acabado para él; porque El mismo es el que quiere ser su riqueza, consuelo y gloria deleitable... Ahora, bien olvidada de todas las cosas, podrá a sus solas gozar bien de Dios, no se le dando nada que hagan de ella lo que quisieren por amor de Dios, pues que no es suya, sino de Dios». No precisamente ulteriormente los elementos. Reafirma con fuerza la consagración total y exclusiva a Dios, reafirmada existencialmente en la disponibilidad y libertad de espíritu, todo envuelto en amor.

En las cuatro que dirige a las monjas carmelitas de Córdoba (15. 16. 17. 21), hay algunas constantes debidas a las circunstancias particulares de esta fundación. La nueva comunidad se funda en Córdoba, en pleno verano de 1589, con mucha pobreza: «calores, estrechuras, pobrezas y trabajar en todo, de manera que no se advierta si duele o no duele» (n.17). Los acentos van siempre en la misma dirección; se trata de principios de fundación, en que Dios da más espíritu y también exige más; en estos principios, Dios no quiere almas haraganas, ni delicadas, ni amigas de sí, ni aniñadas, sino espíritus generosos con voluntad robusta; así las nuevas vocaciones podrán ver desde el principio lo que dentro se profesa, que es a Cristo desnudamente; procuren mucho vivir unidas entre sí las religiosas, especialmente las superiores.

Formula una pequeña síntesis en la carta a la priora, María de Jesús: «Lo que ha de hacer es procurar traer su alma y las de sus monjas en toda perfección y religión: unidas con Dios / Olvidadas de toda criatura y respecto de ella / hechas todas en Dios y alegres con solo él» (n.21).

Las Cautelas

Ese título, con el que se designa comúnmente el escrito, indica con suficiente claridad las modestas pretensiones de esta obrita. Modesta igualmente en sus dimensiones, ya que consta de seis páginas escasas. «Cautelas», precauciones, normas de prudencia, que ayudan al religioso a inmunizarse y sacar provecho de ciertos peligros frecuentes en la vida religiosa.

El subtítulo lleva pretensiones más altas: «Instrucción y cautelas de que debe usar el que desea ser verdadero religioso y llegar a la perfección». Sigue en pie la categoría de «cautelas», pero a la vez integra esas normas en el ideal supremo de la consagración religiosa: ser un verdadero religioso y llegar a la perfección.

Las dos finalidades se entremezclan y apoyan mutuamente. Positivo y negativo forman parte de un mismo problema de acción, como especifica a continuación el autor: llegar a la unión con Dios y al gozo del Espíritu, entrar en el recogimiento y pobreza de espíritu, librarse de los impedimentos que le pueden venir del mundo del demonio y de sí mismo. Estos tres *enemigos del alma* ofrecen el esquema de base, que asigna tres cautelas a cada uno de ellos. El tema fundamental va en el subtítulo: *ser verdadero religioso*. Repite con mucha frecuencia el término religión-religioso. En positivo: quiénes lo son, por su fidelidad a estos principios. En negativo: multitud de religiosos andan alborotados y arruinados por no ser coherentes con estas exigencias de su vida.

No utiliza ningún término específico del ambiente carmelita: carmelitas, descalzos, Carmelo, Reforma... Sabemos con certidumbre que lo escribe en El Calvario-Beas, destinado a descalzos y descalzas de las dos comunidades. Todas sus páginas responden a un ideal de vida contemplativa: oración, fraternidad espiritual, recogimiento, renuncia.

Pudiéramos reagrupar estas nueve cautelas en torno a un esquema o a valores fundamentales de la vida religiosa. Pedagógicamente resulta expresivo y muy accesible, incluso a los religiosas y religiosos más sencillos, la distribución en tres enemigos y tres cautelas frente a cada uno de ellos.

Organizando la exposición en torno a valores fundamentales de la vida religiosa, se pueden señalar algunos temas como más acentuados: los tres votos, la comunión fraterna, la educación de la sensibilidad en fortaleza. No se deben tomar las divisiones con excesivo rigor, pero sí responden al contenido real de la obra.

La *castidad* es objeto de la primera cautela, con una norma muy rigurosa: quita el corazón, es decir, el pensamiento y la afición, de todas las personas que puedan significarte un impedimento para la perfección espiritual; «por el temor de que la carne y sangre no se avive con el amor natural».

La *pobreza* recibe un tratamiento breve y condensado en la segunda cautela. Para templar la demasía del apetito, procura aborrecer toda manera de poseer, y no tengas afán de las cosas: comida, vestido, etc.

A la *obediencia* dedica la cuarta y quinta cautela, cada una con un aspecto particular. En la primera establece el principio general: no te muevas a hacer nada fuera del ámbito de la obediencia; más quiere Dios obediencia, que sacrificios. En la segunda trata el tema particular del modo de ser o la *condición* del superior, con su mediación delicada; atendiendo a sus modales, agradables y desagradables, puede la obediencia del religioso quedar en reacción puramente humana.

El tratamiento más delicado lo recibe indudablemente la convivencia fraterna. Por un lado, es fecunda de contenidos, de mutua ayuda y edificación. Pero también está llena de peligros, de evasiones y defectos. Son los mismos que siempre amenazan a la caridad fraterna, y que aquí asumen modalidades especiales, por tratarse de una convivencia continua y prolongada.

Tres aspectos pone en mayor relieve, por su incidencia en la vida de comunidad: sobriedad de información y de juicios, amor humilde y reverencia hacia los demás, paciencia y fortaleza para sobrellevar las molestias.

Sobriedad en la curiosidad y en los juicios que se hacen sobre personas y temas que uno observa constantemente en la convivencia. Lo trata en la tercera cautela, que es sin comparación la más larga de todas. Se ve que el tema le preocupaba. «Ten por averiguado que en los conventos y comunidades nunca ha de faltar algo en qué tropezar, pues nunca faltan demonios que procuran derribar a los santos, y Dios lo permite para ejercitarlos y probarlos». Por tanto, procura no poner mucho la lengua y el pensamiento en cómo es y lo que hace cada uno; no te entremetas en lo que no te corresponde, ni te escandalices de nada. Peligro de continuas distracciones, murmuraciones, juicios, sospechas infundadas ...

Al ejercicio del *amor fraterno* cualificado dedica la sexta cautela. Procura de corazón humillarte en la palabra y en la obra, alegrándote del bien de los otros como del de ti mismo, de todo corazón. Ejercítalo particularmente con los que menos te caen en gracia.

La *paciencia y fortaleza* reciben una exposición fuerte y gráfica en la séptima cautela. Es el tercer aspecto de la convivencia: el aspecto pasivo. Con el modo de ser, pensar, obrar de cada uno, más o menos defectuoso, Dios lleva a cabo una obra de perfeccionamiento mutuo entre los religiosos. A veces de manera inconsciente e involuntaria, otras quizá con malicia, cada persona se convierta en lima para los demás. Fray Juan pone de relieve, al lado de los anteriores, también este aspecto pasivo: entiende que has venido al convento a que te labren; los hermanos son oficiales que Dios ha puesto allí para este fin también; recíbelo como cosa de Dios, y no reacciones contra ellos.

En las dos últimas cautelas, octava y novena, establece una norma general para la *educación de la sensibilidad*: mira las cosas en razón y obra lo que conviene, aunque no te guste; no mires en el sabor, sino en la sustancia.

Estas breves páginas son bastante más que unas cautelas o avisos útiles al religioso en su vivir diario. Llevan, simplificados, muchos de los componentes fundamentales de la vida teologal sanjuanista: pobreza y desnudez, mortificación del apetito, la mediación de las personas, la purificación pasiva, etc. Y todo ello envuelvo en clima de una experiencia contemplativa intensa y de un proyecto de perfección cristiana.

III. *Obras mayores*

La dialéctica sanjuanista entre vida carmelitana y santidad cristiana se hace particularmente evidente en las cuatro grandes obras del doctor místico: *Subida del Monte Carmelo*, *Noche oscura*, *Cántico espiritual*, *Llama de amor viva*. Las vamos a examinar en esta perspectiva, ya que ofrecen planteamientos y soluciones de mucho interés.

Como decía al principio, están todas ellas dedicadas de manera muy explícita a frailes y monjas del Carmelo primitivo, y por otra parte se presentan con temas y pretensiones de universalidad cristiana.

Referencias al Carmelo

El enclave carmelitano de las grandes obras del santo queda puesto de relieve desde un principio en el título y el prólogo de cada escrito. Doña Ana de Peñalosa, destinataria de la *Llama*, conduce una vida de religiosa carmelita.

Subida-Noche es la más explícita: «Ni aun mi principal intento es hablar con todos, sino con algunas personas de nuestra sagrada Religión de los primitivos del Monte Carmelo, así frailes como monjas, por habérmelo ellos pedido, a quien Dios hace merced de meter en la senda de este Monte; los cuales, como ya están bien desnudos de las cosas temporales de este siglo, entenderán mejor la doctrina de la desnudez de espíritu» (*Sub.*, pról.,9).

Esta declaración explícita del prólogo está avalada por una abundante documentación histórica. Testigos fidedignos confirman el hecho de la dedicatoria a frailes y monjas del Carmelo reformado. Y sobre todo, hacen notar que esa misma obra o fragmentos de ella fueron objeto de explicación directa del santo a sus religiosas y religiosos [6].

El título de la obra *Subida del Monte Carmelo* va en este misma dirección. La figura del *monte de perfeccion*, con su senda estrecha y sus caminos, lleva en la parte superior un encabezamiento explícito: *Monte Carmelo*.

En la misma línea van las dedicatorias de *Cántico* a madre Ana de Jesús, y la de *Llama* a doña Ana de Peñalosa. Confirman la actitud de *Subida*, sin ofrecer elementos nuevos o perspectivas.

Mayor interés ofrece un detalle, sencillo pero frecuente, que deja trasparentar su carmelitanismo en medio de la redacción. Es el título de familia que añade, cuando habla del profeta Elías: *Elías, nuestro padre*. «De Elías, nuestro padre, se dice que en el monte se cubrió el rostro en la presencia de Dios» (*Sub* II, c.8,4). Así vuelve a repetir la expresión por cinco o seis veces: Elías nuestro padre; o nuestro padre Elías. Y siempre refiriéndose a esa misma posible revelación de la esencia divina en el monte Horeb, narrada en el III libro de los Reyes (19,12-13). Solamente una vez cita a «nuestro padre Elías» como mensajero de un castigo (*Sub* II, c.20,2).

---

[6] El contexto del mismo prólogo no permite acentuar la exclusividad de esa dedicatoria. La presenta al final, como repliegue, tras haber insistido ampliamente en el alcance general de lo que se escribe en esta obra. Hace notar explícitamente que, si alguno la siente extraña, será por inhabilidad del autor, no porque la materia y contenido le sean ajenos.

Indudablemente se trata de una clara resonancia del ambiente carmelitano, que consideraba al profeta Elías como fundador-padre-inspirador de los eremitas primitivos que iniciaron, en el Monte Carmelo, la experiencia religiosa contemplativa de la Orden carmelitana.

También aplica a santa Teresa el título de «madre», en otro plano, pero en la misma actitud de sentimiento de familia y de respeto al carisma. En materia de éxtasis místicos, remite a la autoridad de ella: «la bienaventurada *Teresa de Jesús, nuestra madre*, dejó escritas de estas cosas de espíritu admirablemente, las cuales espero en Dios saldrán presto impresas a luz» (*Cánt.* 13,7). El título «nuestra madre» y las indicaciones sobre la próxima impresión indican ambiente familiar e interno del Carmelo.

Resonancias temáticas

Pero no son esas indicaciones explícitas lo que más claramente nos hace ver el fondo carmelitano de sus grandes obras. Hay resonancias espirituales más hondas, que delatan el parentesco de los escritos con su propia experiencia y con la de los destinatarios, frailes y monjas del Carmelo primitivo. En esta línea, yo colocaría la peculiar presentación que hace de tres elementos: contemplación, vida teologal, noche oscura.

a) *La vida contemplativa.* La contemplación es presentada y defendida como valor cristiano fundamental en dos páginas, que se cuentan entre las más vehementes del *Cántico*. Se encuentran en la «Anotación» o introducción que antepone, al redactarlo por segunda vez, a la estrofa 29: «Pues ya si en el ejido / de hoy más no fuere vista ni hallada ...». La lectura de esas dos páginas impone varios niveles.

El inmediato y evidente corresponde al sentido que da el texto. La vida de oración y contemplación es deber y necesidad primordiales para todo cristiano o creyente. Los fundamentos alcanzan a todos: fuimos creados para amar y adorar, que es el objetivo principal de la contemplación; estamos todos llamados a prestar un servicio activo en la Iglesia, y el alma de todo servicio y testimonio es la contemplación.

Un segundo plano de lectura refiere la experiencia contemplativa intensiva a algunas almas particulares, y a ciertas de vida retirada en la Iglesia. A todos exige respeto y estima hacia ellas, aun cuando no todos estén obligados o llamados a seguirlas. Se refiere a la vida contemplativa, como forma de consagración religiosa.

Aún cabe una tercera lectura. La vehemencia de fray Juan de la Cruz en estas páginas se debe, en primer lugar, al valor cristiano esencial que está en juego; y también a un estilo de vida religiosa con tradición abundante y calificada. Pero, a pesar del tono general en que se mantiene la estrofa con su declaración, se nota que el autor se siente tocado en lo más íntimo de su propia vida, experiencia y vocación. Se siente atacado en el contenido primordial de su propia vocación: el espíritu contemplativo del Carmelo que él personalmente valora y vive. Nadie le convencerá de que han sido horas perdidas las que él trascurre diariamente en comunión con Dios y en educar para esa vida y experiencia a tantas almas privilegiadas del Espíritu.

b) *Vida teologal.* También aquí se trata de una realidad cristiana fundamental: vivir en fe, amor, esperanza. Estas tres virtudes dan estructura y dinamismo a toda la revelación cristiana.

La insistencia de fray Juan en la vida teologal tiene también fondo y horizonte contemplativo. «Contemplación», para él, no es solamente una forma de oración. Es sobre todo una forma de vivir la existencia entera, con sus tareas y mediaciones, en referencia directa y absoluta a Dios. Gracias a las virtudes teologales, la vida contemplativa puede incorporar plenamente a su experiencia la variedad de trabajos, servicios, penalidades, que conlleva el vivir del religioso. El mismo lo experimentó concretamente en sus múltiples tareas de gobierno, viajes, trabajo manual, oración, dirección espiritual, enfermedades, malos tratos ...

También ha sido interpretada su insistencia en las virtudes teologales como posible reacción a algunas tendencias que se iban generalizando en los monasterios femeninos de la Reforma carmelitana; y en medida inferior, también entre los frailes. Los éxtasis y visiones de la madre Fundadora, su autobiografía y relaciones, suscitaron un clima de curiosidad y de atracción. El carisma de la santa llevaba elementos personalísimos, que no eran objeto de imitación ni siquiera en el Carmelo reformado. San Juan de la Cruz trataría de rectificar esa tendencia, orientando los ánimos hacia los contenidos esenciales de la experiencia teologal.

c) *Noche oscura.* Con ser un tema de tan amplio alcance en la obra sanjuanista y en la experiencia humana y cristiana, también lleva elementos de la vida contemplativa y de la experiencia carmelita que vive el autor.

Pone de relieve una sensibilidad acentuada frente a la presencia y ausencia de Dios, que en forma tan extremada sólo se sienten en un género de vida totalmente volcado en El. El alma intensamente contemplativa no tiene otro respiradero en la existencia. Todo lo que pueda significar distancia y abandono por parte de Dios, o indignidad irreparable de parte propia, corta de raíz todo sentido a la existencia.

Otro tanto podemos decir de la insistencia en la desnudez y pobreza de espíritu. Delatan un horizonte contemplativo en esas realizaciones concentradas, sin perder por ello su carácter evangélico universal.

Vivencia real

El paralelismo que Juan de la Cruz establece entre la vida del religioso y el camino de la perfección cristiana se funda en equivalencias de experiencia real. Por eso, al mismo tiempo que exalta la vida religiosa o contemplativa, exige que ésta sea verdaderamente religiosa y contemplativa, centrada enteramente en la búsqueda y la comunión con Dios. No se contenta con una simple equivalencia objetiva, como si el «estado religioso» o el «estatuto contemplativo» fueran por sí mismos garantía de la experiencia interior. No es uno verdaderamente religioso, por el hecho de entrar en el estado religioso; ni contemplativo, por incorporarse a un instituto con esa caracterización.

Cuando alude a frailes y monjas de la Reforma, en el prólogo de *Subida*, como personas a quienes Dios hace merced de conducir a la unión por la senda de este Monte, supone que «ya están bien desnudos de las cosas temporales de este siglo». Sólo en estas condiciones su forma de vida constituye un ambiente privilegiado para entender y realizar los programas de *Subida*.

De ahí el aviso que ofrece en su *Dichos de luz*: «Si deseas hallar la paz y consuelo de tu alma y servir a Dios de veras, no te contentes con eso que has dejado, porque por ventura te estás en lo que de nuevo andas tan impedido o más que antes. Mas deja todas esotras cosas que te quedan y apártate a una sola que lo trae todo consigo ...» (n.78). Ni siquiera la decisión externa de seguir una vocación contemplativa crea una libertad efectiva en la persona. Puede cambiar de ambiente y objetos, y conservar la misma atadura.

Lo mismo sucede con la experiencia de noche oscura. Las personas con vida de oración intensa y regular, con mucha libertad frente a las aficiones mundanas, están en mejores condiciones para que Dios inicie su intervención pasiva. Efectivamente Dios lo realiza normalmente, «mayormente en gente religiosa» (*Llama* 3,32).

Ya hemos visto en las Cautelas el propósito y el destinatario: «El que desea ser *verdadero religioso*» (Subtítulo). Igual tono en los *Cuatro avisos a un religioso*: «El que quisiere ser *verdadero religioso* y cumplir con el estado que tiene prometido a Dios ...».

IV. *Conclusiones*

Este breve recorrido de los escritos sanjuanistas ha servido para detectar corrientes y perspectivas en su valoración del ideal carmelitano, más que para analizar los textos o elaborar proyectos concretos de vida para el carmelita descalzo. Quedan echadas las bases para llevar a cabo la fusión de la experiencia de vida contemplativa en el dinamismo de la santificación cristiana.

Hemos notado que, en sus grandes obras abiertas, destinadas a la formación de carmelitas descalzos y descalzas, no le gusta explicitar mucho el nombre o el motivo congregacionales. En cambio, los valores del carisma los propone y defiende con insistencia. Los universaliza.

Con los breves análisis que preceden, estamos ahora en mejores condiciones para afrontar los problemas que proponíamos al principio. Todos ellos se centran en un enfoque básico y global: la relación entre lo universal y lo particular en los escritos y en la vida de San Juan de la Cruz.

Nos encontramos ante un estilo diferente de enfocar la *identidad* del carmelita descalzo. Diferente, en primer lugar, porque queda incompleto. No tiene intención de presentar una síntesis estructurada. Y diferente, sobre todo, por su modo de vivir lo particular en lo universal, y lo universal en lo particular.

Particular y universal

La relación entre ambos se presenta de manera original y paradójica en los escritos de San Juan de la Cruz. No es solamente el contraste entre dos planos generales, sino que se repite varias veces entre círculos de mayor y menor extensión.

Este hecho ya fue puesto de relieve por J. Baruzi en algunas páginas de su conocido estudio sobre la experiencia mística en San Juan de la Cruz. Observa Baruzi: Juan de la Cruz es cristiano católico convencido; con plena adhesión intelectual y afectiva a la Iglesia católica; se siente carmelita, entusiasta de su vocación. Y al mismo tiempo, su experiencia y su palabra alcanzan a innumerables personas ajenas a esos niveles de particularización de su fe y su vocación[7].

Ahora vienen las interpretaciones, a partir de ese dato de evidencia. Es aquí donde se deja sentir el problema y donde cada autor o lector aplica sus propias luces de comprensión.

Concretamente Baruzi, en valioso libro, plantea la solución de esa paradoja por vía de reducción. A medida que vamos eliminando los componentes o estratos particularizantes, nos vamos encontrando con el núcleo esencial y universal al desnudo. El método es sencillo en su principio y en el mecanismo de aplicación. Prescindimos primeramente de las pequeñas modalidades de su vida conventual carmelitana. Se le quita los afanes de ortodoxia con el pensamiento de la Iglesia. Por último, se relativiza el influjo de ciertos «dogmas» cristianos que desentonan de la pureza a que llega en la cima de su misticismo. Relativizando todo esto, tendríamos al desnudo el místico universal, que habla a todo hombre que tenga un sentido profundo de la existencia.

Para un no creyente o no cristiano, parece una solución válida y respetuosa, elaborada con intención de poner de relieve un hecho positivo: el interés generalizado por San Juan de la Cruz. En su intención, es un elogio, aun cuando a nosotros nos parezca demasiado poco. Varios autores siguen esa línea.

---

[7] J. Baruzi, *Saint Jean de la Croix et le problème de l'expérience mystique*. 2a ed., Paris 1931, pp.229-231.

Seguramente hay que orientar la solución de manera diversa. San Juan de la Cruz no es universal a pesar de sus particularidades de fe y de vocación, sino precisamente gracias a ellas. La fuerza irradiante de universalidad brota de la concreción de una experiencia concreta y depurada, pero siempre encarnada en sus propias formas. Privada de sus concreciones de fe y de vida, la experiencia mística de San Juan de la Cruz se vuelve teórica, filosófica, y se degrada.

La misma confrontación vuelve a plantearse entre lo cristiano y lo católico; y más concretamente, entre lo cristiano católico y la vivencia eclesial desde su vocación de carmelita descalzo. Gracias a esa vocación y ambiente, ha elaborado una experiencia universal.

La síntesis

Lo que parecía, en el análisis sucesivo, una serie de elementos fragmentarios y dispersos, sobre la vida espiritual del carmelita, acaba por alcanzar fuerza y figura de síntesis unitaria, de proyecto general. Teniendo en cuenta siempre lo que ya queda demostrado: la distinción entre componente cristiano y elementos de vida carmelita en sus escritos no se establece deslindando temas. Prácticamente todos los temas fundamentales y aun los secundarios gozan de una y otra dimensión al mismo tiempo.

No trata de silenciar lo carmelitano a beneficio de lo cristiano; ni tampoco sacrifica lo cristiano, para ofrecer modalidades particulares de vida carmelita. Cualquier tipo de lector puede encontrarse a gusto dentro del clima de sus escritos, sin riesgo de ser trasportado a un mundo que no es el suyo.

Concluyo señalando algunos de los temas, que tienen la propiedad de realizar simultáneamente la doble dimensión buscada por fray Juan en sus escritos: fuertemente cristianos, y a la vez objeto de una experiencia carmelitana muy acentuada.

— Unión y comunión en el misterio de la Santa Trinidad.
— Seguimiento de Cristo: Palabra, Misterio, Cruz.
— La vida en fe-amor-esperanza.
— Realización oracional y contemplativa.
— El misterio de la cruz en forma de noche oscura.
— Recogimiento y pobreza de espíritu.
— Libertad y desprendimiento frente al «mundo».

Estas son algunas indicaciones generales y de sistema. Anteriormente quedan señaladas algunas modalidades de vida religiosa, comentando las Cautelas. Y se podría también citar los hechos y palabras de San Juan de la Cruz, que delatan su experiencia y visión vocacionales, sin haber entrado en sus escritos.

Cristo en la mística de San Juan de la Cruz

Eutiquio García Lázaro, O.Carm.

«Acudir a Jesús»

En el evangelio de Juan «acudir a Jesús» supone haber roto con otros centros de equilibrio, de identificación y de relación, incluyendo personas y cosas, y abrirse a una nueva relación polar, a un nuevo centro, Jesús, quien progresivamente se va configurando para sus seguidores en lugar epistemológico, en lugar privilegiado de la manifestación de Dios y en referencial de sentido y existencia personal y grupal (Jn 1,12; 2,1-21; 5,24; 14,9 étc...). El encuentro con Jesús y la experiencia de vida con El crea novedad en un doble nivel: por una parte, agudiza y profundiza la conciencia humana en un realismo inmanente abierto a la transcendencia, y por otra, vivencia la apertura a Dios no como limitación y dependencia sino como aliento, enriquecimiento y plenitud personal.

Del encuentro con Dios, en Jesús, el hombre sale potenciado, vitalmente crecido (cfr. Lc 19,1-10; Jn 8,1-11). «Dios no es aquello que los hombres echan de menos, como expresión de insuficiencia; es todo lo contrario, aquello que echan de más. Por eso, se le encuentra en el lugar de plenitud, allí donde la búsqueda se vuelve campo de respuesta, donde la luz pequeña de la entrega por los otros y la angustia de la muerte se convierten en presencia del misterio. No está Dios donde la vida se prohíbe, se cierran los caminos de la búsqueda, se tapian los espacios de realización. No es Dios principio de muerte sino espacio donde brota la vida. Es fuerza de creatividad, signo de grandeza desbordante en el camino que realiza el hombre. Dios está donde la vida emerge, se alienta la búsqueda, se plenifica la creatividad.

Por eso, el Dios cristiano sólo puede ser experienciado de verdad si el hombre llega a la raiz de sus preguntas y las vive como campo abierto en gratuidad al fundamento en el que todo se arraiga y plenifica (...). La experiencia de Jesús transforma y enriquece preguntas y respuestas»[1].

---

[1] X. Pikaza, *Experiencia religiosa y cristianismo. Introducción al misterio de Dios.* Salamanca, Ed. Sígueme, 1981, pp. 470-471; cfr. la amplia bibliografía allí recogida sobre experiencia, experiencia religiosa y experiencia cristiana.

De los relatos neotestamentarios se deduce, con claridad, que el encuentro en profundidad con Cristo no afecta a la persona sólo en alguna dimensión o faceta de la vida, sino en el mismo hacerse hombre; origina un modo de ser y situarse que alcanza a la totalidad de la vida: pensar, actuar y relacionarse con los demás. Es una experiencia tan radical y determinante que lleva a confesar a Jesús como el Señor y a relativizar cualquier otro pretendido absoluto (cfr. Mt 23,8-11). Experiencia y «confesión» que no se resuelve en un simple y ambigüo recitar fórmulas (cfr. Mt 6,5-6), ni en observar un comportamiento ético racionalizado y voluntarista (cfr. Mt 15,1ss) sino en sentir y vivenciar su presencia íntima que cambia y transforma profundamente al hombre abriéndole al conocimiento de Dios y de sí mismo. En definitiva, «significa intentar vivir el mismo comportamiento y las mismas actitudes y valores con los que Cristo vivió: total apertura filial al Padre, amor universal a todos los hombres amigos y enemigos, anuncio gozoso de un futuro feliz para nuestro mundo, compromiso de hacer más visible y concreta esta realidad, ya actual, llamada Reino de Dios»[2].

En el transfondo de este proceso reestructurante[3], en el que, según la perspectiva bíblica, el protagonista no es el hombre sino Dios-Cristo, que habla y actúa, se verifica y construye el hombre como creyente que escucha la Palabra, como creyente referido a Alguien que no es sí mismo y se va realizando la acción liberadora y transformante del hombre concreto e histórico en la totalidad de su vida. El encuentro de dos totalidades personales, Cristo y el hombre concreto, histórico y comunitario[4], reviste caracteres de cambio y novedad existenciales y como consecuencia un nuevo equilibrio de consistencias y relaciones. Una polaridad diversa. Dios y el hombre convergen.

Encuentro y experiencia son, pues, el ámbito de las relaciones Dios-hombre. Ahí se autodesvelan, dialogan y se expresan. Pero son, además, categorías de acceso y comprensión de la vivencia mística entendida como el coronamiento normal de un cristianismo tomado en serio. Característica de la experiencia mística cristiana es que el hombre se percibe en una nueva relación, frente a una nueva realidad personal de referencia que se le «impone» desde dentro: Dios-Cristo.

Es una relación de fe, de amor, donde el centro de la propia realidad se va corriendo desde nosotros a Dios. Hay un corrimiento del centro de la propia conciencia a Dios. El místico «descubre» que toda su vida está centrada en Dios, se da cuenta de que es El quien descubre nuestra realidad,

---

[2] Clar, *La vida según el Espíritu en las comunidades religiosas de América Latina*, Bogotá, Ed. Indo-American Press Service, 1973, p.21; cfr. J.I. González Faus, *La Humanidad Nueva. Ensayo de Cristología*, Santander, Ed. Sal Terrae, 7a Ed., 1984, pp.53-345.

[3] Cfr. A. Cencini, *Amerai il Signore Dio tuo. Psicologia dell'incontro con Dio*, Bologna, Ed. EDB, 1987, pp.67-138.

[4] Cfr. X. Pikaza, *Experiencia religiosa...*, pp.209-213.

quien la potencia y orienta, quien la finaliza. Y la razón de ello está en que, toda verdadera vocación cristiana, es la necesaria repercusión del misterio personal de Dios en el hombre. Quien tiene de Dios sólo una idea, una definición y no se deja seducir por El, transcendiendo la formal racionalización teista, probablemente no probará jamás la resonancia vital de su encuentro ni jamás tendrá que experimentar la actitud de abandono ni desnudarse de sí mismo y «perderse» (cfr. Mt 10,39) para identificarse con la voluntad de Dios. Dios se dará sólo a aquél que tenga el derecho de alcanzarlo porque ya antes se ha dejado alcanzar por El, en perspectiva paulina y que San Juan de la Cruz ha sabido captar hondamente (cfr. Gál 2,20) [5].

Todo esto implica pasar de la vida organizada en torno a uno mismo y sobre uno mismo (cfr. Mc 10,17-30: el joven rico que organiza su proyecto de vida sólo *para sí* incapacitándose a la vez para oir la llamada de Dios, la Palabra, y el clamor de los pobres y en definitiva incapacitándose para *«salir»* y *encontrarse*) a la autotranscendencia. Es un cambio de motivaciones vivenciado en el paso del nivel de los gustos, apetitos y necesidades al nivel de los valores, hasta el nivel del Valor Supremo. O lo que es lo mismo, paso del nivel de la autocomplacencia e identificación, al nivel de la internalización, hasta el nivel de la divinización y la unión de amor con Dios [6].

Se trata de depurar el sentido último y energizante de la vida, el centro de la vida: a) mantenimiento de la vida o el bien «para mí»; b) búsqueda del bien en sí; c) Dios mismo como centro de la vida. Un proceso dinámico en el que se produce un paso gradual desde un fuera de órbita del hombre a la concentración de todo el ser de éste en la órbita de Dios, hasta descubrir que el yo se identifica con Dios mismo. San Juan de la Cruz no pierde nunca la perspectiva teológica, al contrario, deja bien claro que el origen de este dinamismo es Dios que se mantiene en todo momento como centro y realidad primera, protagonista principal del encuentro y relación interpersonales con el hombre.

En la dialéctica sanjuanista Dios es el centro significante y la necesidad del proceso nocturno, purificatorio y doloroso, del hombre, no es sólo de índole ascética sino teológica, es conocimiento de Dios, experimental e in-

---

[5] CB 12,7; 22,6. Cito las obras de San Juan de la Cruz según la edición de la Editorial de Espiritualidad: San Juan de la Cruz, *Obras completas. Revisión textual, introducción y notas al texto.* J. Vicente Rodríguez; *Introducción y notas doctrinales,* F. Ruiz Salvador. Madrid, EDE, 1988, 3a Ed.

[6] Cfr. S arg.; 2S 16,9; 2N 3,3; CB 12,7; 22,1.2.3.5.8; 28,4-5; 31,1.2; 37,6; 39,5 étc...; F. Ruiz Salvador, *Introducción a San Juan de la Cruz. El hombre, los escritos, el sistema.* Madrid, BAC, 1968, pp.271-294 y 383-413; F. Urbina, *La persona humana en San Juan de la Cruz,* Madrid, 1956, p.272.

mediato[7], «es conocimiento de veras»[8], es conocimiento de Dios en Cristo, en el Cristo evangélico, único camino que conduce al Padre: «Porque el aprovechar no se halla sino imitando a Cristo, que es el camino y la verdad y la vida, y ninguno viene al Padre sino por él, según él mismo dice por San Juan (14,6 y 10,9). Y en otra parte dice: Yo soy la puerta; por mí, si alguno entrare, salvarse ha. De donde todo espíritu que quiere ir por dulzuras y facilidad y huye de imitar a Cristo, no le tendría por bueno»[9].

Cristo es para Juan de la Cruz mediación absoluta del encuentro con Dios. Palabra de Dios, que mora en la tierra: «Este es mi Hijo amado, ¡escuchadle!» (Mt 17,5). Lo ha escrito en un capítulo fascinante y lleno de convicción, el 22 del Segundo Libro de la Subida:

> «Por lo cual, el que ahora quisiese preguntar a Dios o querer alguna visión o revelación, no sólo haría una necedad, sino haría agravio a Dios, no poniendo los ojos totalmente en Cristo, sin querer otra alguna cosa o novedad.
>
> Porque le podría responder Dios de esta manera, diciendo: "Si te tengo ya habladas todas las cosas en mi Palabra, que es mi Hijo, y no tengo otra, ¿qué te puedo yo ahora responder, o revelar, que sea más que eso? Pon los ojos sólo en él, porque en él lo tengo dicho todo y revelado, y hallarás en él aún más de lo que pides y deseas"»[10].

«Entre Dios y el hombre —dice H.U. von Balathasar— cabe entenderse sólo en el lenguaje de Dios. Dios es quien comenzó a hablar y sólo porque El se "exteriorizó", puede el hombre "internarse" en Dios... Poder mirar y entrar en su intimidad, en la entraña de la Verdad eterna, nos viene de la luz que fluye de Dios y nos vuelve luminosos y transparentes en El... Lo decisivo es que escuchemos la palabra de Dios y encontremos en ella la respuesta»[11].

Llamada y respuesta posible y realizada en Cristo; no fruto de «mis maneras y modos», de lógica humana, de medios propios y leyes y normas abstractas, sino de la fe, de que Dios «mira» y «toca» y «embiste»[12] al hombre produciendo en él asentimiento, conocimiento experiencial de Cristo, unión

---

[7] Cfr. 2N 5; 12; CB 27; F. Urbina, *Comentario a Noche oscura del espíritu y la Subida al Monte Carmelo de San Juan de la Cruz*, Madrid, Ed. Marova, 1982, pp.19- 31 y 112-120; F. Ruiz Salvador, *Introducción a San Juan de la Cruz...*, especialmente pp.271-294 y 546-574; idem, *Místico y Maestro San Juan de la Cruz*, Madrid, EDE, 1986, pp.69-81 y 167-178.

[8] CB 6,5.

[9] 2S 7,8; cfr. también 2S 7, 11.12; CB 37,4.6...; F. Ruiz Salvador, *Místico y Maestro San Juan de la Cruz...* pp.123-137; idem, *Introducción a San Juan de la Cruz...*, pp.355-382.

[10] 2S 22,5.

[11] H.U. von Balthasar, *La oración contemplativa*, Madrid, Ed. Encuentro, 1985, p.10.

[12] Cfr. 2N 5-6.

con él, en un dinamismo cada vez más profundo, que se desarrolla en etapas o «noches»: sensitiva y espiritual, de imitación y seguimiento, de asimilación y participación en la vida del Amado, del Esposo, del Hijo, de la Sabiduría del Padre hasta el «alba» de la fe en la unión mística con Dios uno y tripersonal.

Para San Juan de la Cruz, la divinización del hombre, culmen del amor intratrinitario y uno de los tópicos más prestigiosos del pensamiento utópico, «tiene lugar en el seno de una relación interpersonal, de un intercambio vital entre el yo humano y el tú divino. Ese tú divino y divinizante no es sino la segunda persona de la Trinidad. En efecto, la categoría *visión de Dios* se resuelve neotestamentariamente en la categoría *ser con Cristo*. El Dios a quien veremos, en cuya vida participaremos, es el Hijo-Dios, el «consustancial a nosotros según la humanidad». «Felipe, el que me ha visto a mí ha visto al Padre» (Jn 14,9). O, lo que es lo mismo: no hay otro modo de *ver* a Dios, que ver al Hijo de Dios»[13]. El conocimiento y la comunión con la persona de Cristo desemboca en la participación trinitaria[14].

Este es el objetivo y la finalización de la experiencia cristiana lograda, plenamente integrada e integradora y desarrollada. Y este es también el intento de Juan de la Cruz. Vivencia histórica totalizadora y narración escrita provocadora. Un intento dinámico, transido de vida e imposible de reducir a rígidos esquematismos[15]. Por motivos pedagógicos, en la declaración de las canciones recuerda los esquemas del desarrollo de la vida espiritual[16], pero el verdadero ritmo lo impone el amor[17], conocer a Cristo, entregarse a Cristo y ser poseído por El. Cristo en todas las etapas del camino.

«Cristo está en el centro de la mística sanjuanista»[18] porque lo está en el proyecto salvífico de Dios sobre el que Juan de la Cruz se entiende a sí mismo como creyente, establece y construye la experiencia espiritual cris-

---

[13] J.L. Ruiz de la Paña, *Lo propio e irrenunciable de la esperanza cristiana*, en Sal Terrae 75 (1987) 793-806, p.804. El subrayado es suyo.

[14] Cfr. CB 37,6.

[15] Cfr. CB Prólogo, 1-2.

[16] Cfr. 1N Prólogo; 1N 1,1; CB Argumento, 1-2; CB 22,3; cfr. también G. de Saint-Thierry, *Epistola ad Fratres de Monte Dei*, traducción italiana preparada por C. Falchini, *Lettera d'Oro*, Magnano, Ed. Qiqajon, 1988; idem, *De contemplando Deo*, igualmente en la traducción italiana preparada por E. Arborio Mella, *Contemplazione*, Magnano, Ed. Qiqajon, 2a Ed., 1988.

[17] Se proponen cuatro fases o ciclos de acción referidos especialmente a Cántico: San Juan de la Cruz, *Obras completas*..., p.667; F. Ruiz Salvador, *Místico y Maestro*... pp.253-279; S. Castro, *Hacia Dios con San Juan de la Cruz*, Madrid, EDE, 1986, pp.95-110; F. García Muñoz, *Cristología de San Juan de la Cruz (sistemática y mística)*. Madrid, Ed. Fundación Universitaria Española, 1982, pp.155-251; S. Castro, *El amor como apertura transcendental del hombre en San Juan de la Cruz*, en Rev. de Espiritualidad, 35 (1976) 431-463; cfr. CB 1,13; 3; 12,6-7; 28,8; 29,3; LB 4.

[18] Así se expresa G. Morel, *Le sens de l'existence selon S. Jean de la Croix. II, Logique*, Paris, Aubier, 1960, p.192; afirmación recogida también por Lucien- Marie de Saint-Joseph: *Jean de la Croix*, en DS 8, Paris, 1972, col.431; cfr. sin embargo las afirmaciones del mismo G. Morel en pp. 194-195 y 200-206 así como J. Baruzi, *Saint Jean de la Croix et le problème de l'expérience mystique*, Paris, 1931, pp.260ss. Cfr. 257; 22; 2 N 21; CB 22-39; LB 4.

tiana y estructura toda su obra desde los «Romances» a la «Llama». Con autoridad sentencia F. Ruiz Salvador: «El valor supremo es en realidad, Cristo, y el hombre en comunión con él. El verdadero centro de Cántico es la persona de Jesucristo, que incorpora al hombre y le introduce en el seno de la Trinidad» [19].

Unión del hombre con Dios en Cristo

La brevedad de estas páginas convierte en deseo imposible el intento de abordar y desentrañar toda la rica y compleja realidad de la «vida en Cristo», de la «unión con Cristo», según San Juan de la Cruz. Otros lo han hecho con competencia y éxito diversos [20].

San Juan de la Cruz no ha pensado nunca en un tratado teológico completo y cerrado sino en un acercamiento, poético, bíblico y sitemático, a la experiencia cristiana de algunas almas, incluida la suya. Un acercamiento voluntariamente parcial y abierto; y parcial, en su caso, no significa excluyente sino preferente y abierto quiere decir que ni él agota todas las posibilidades ni se descarta a nadie. Lo recuerda repetidamente [21].

Además, el suyo no es un acercamiento frío, académico, formal y neutral sino situado, pedagógico, pastoral y convencido. Recurre a la experiencia, a la ciencia, al magisterio, a la Escritura; no carece de su propio sistema y estructuración; pero el punto de arranque es la vida y el interés la vida misma que crece y se desarrolla integrada «dejándose poner libremente en el puro y cierto camino de la unión». Las mismas palabras del místico, en el Prólogo a *Subida*, pueden ofrecernos la perspectiva adecuada:

«Para haber de declarar y dar a entender esta *noche oscura*
por la cual pasa el alma para llegar a la divina luz de la unión

---

[19] San Juan de la Cruz, *Obras completas. Introducción y notas..*, pp. 674-675.

[20] Señalo algunos títulos: los capitulos dedicados al tema en los estudios citados de F. Ruiz Salvador, G. Morel, S. Castro, F. García Muñoz; Lucien-Marie de Saint Joseph, *Le Christ dans la doctrine de Saint Jean de la Croix*, en su libro *L'expérience de Dieu. Actualité du message de Saint Jean de la Croix*, Paris, Cerf, 1968, pp.241-281; Giovanna della Croce, *Christus in der Mystik des Hl. Johannes vom Kreuz*, en Jahrbuch für Mystische Theologie 10 (1964) pp.9-123; Idem, *Le Christ chez Saint Jean de la Croix*, en Le Carmel (1967)2, 122-143; José Vicente de la Eucaristía, *Christus in oeconomia salutis secundum Sanctum Joannem a Cruce*, en Eph. Carm. 16(1965)313-354; R. Moretti, *Cristo nella dottrina di S. Giovanni della Croce*, en AA.VV. *Gesù Cristo. Mistero e presenza*, Roma, Teresianum, 1971, pp.547-567; Johannes a Cruce Peters, *Función de Cristo en la mística*, en Rev. de Espiritualidad, 17 (1958) 507-532; J. Catret, *La persona de Cristo y la fe. Pensamientos de San Juan de la Cruz*, en Rev. de Espiritualidad, 34 (1975)68- 76; J. Castellano, *Mística bautismal. Una página de San Juan de la Cruz a la luz de la tradición*, en Rev. de Espiritualidad, 35 (1976)465-482; F. Rodríguez Fassio, *La cristología de San Juan de la Cruz*, en Communio 13 (1980)197-227 y 291-330; J.C. Nieto, *Místico, poeta, rebelde, santo: en torno a San Juan de la Cruz*, Madrid, Fondo de Cultura Económica, 1982, étc...

[21] Cfr. S Prólogo, 8.9; 2S 6,8; CB Prólogo, 2.3.

perfecta del amor de Dios, cual se puede en esta vida, era menester otra mayor luz de ciencia y experiencia que la mía; porque son tantas y tan profundas las tinieblas y trabajos, así espirituales como temporales, por que ordinariamente suelen pasar las dichosas almas para poder llegar a este alto estado de perfección, que ni basta ciencia humana para lo saber entender, ni experiencia para lo saber decir; porque sólo el que por ello pasa lo sabrá sentir, mas no decir...

Para lo cual me ha movido, no la posibilidad que veo en mí para cosa tan ardua, sino la confianza que en el Señor tengo de que ayudará a decir algo, por la mucha necesidad que tienen muchas almas; las cuales, comenzando el camino de la virtud, y queriéndolas Nuestro Señor poner en esta *noche oscura* para que por ella pasen a la divina unión, ellas no pasan adelante; a veces, por no querer entrar o dejarse entrar en ella; a veces, por no entender y faltarles guías idóneas y despiertas que las guíen hasta la cumbre... Y ya que, en fin, Nuestro Señor las favorezca tanto, que sin eso y sin esotro las haga pasar, llegan muy más tarde y con más trabajo, y con menos merecimiento, por no haber acomodádose ellas a Dios, dejándose poner libremente en el puro y cierto camino de la unión...»[22].

Cita larga pero significativa y orientadora acerca de las intenciones del santo carmelita. La perspectiva es teológica; Dios, Nuestro Señor, es protagonista gratuito en cuyo proyecto el hombre acepta colaborar o no libremente; el dinamismo es de comunión entre Dios y el hombre que se siente involucrado en todos sus niveles y relaciones; la tendencia es de crecimiento gradual e ilimitado en el camino de la unión; los implicados Dios y el hombre concreto y real; la razón y el ideal que todo lo moviliza, y desde cualquier situación en que el hombre se halle, «dejarse llevar de Dios» «para llegar a la divina luz de la unión perfecta del amor de Dios». La unión concentra esfuerzos, interés y aspiraciones, pero es sobre todo gracia y decisión salvífica de Dios y cuyo itinerario «empieza en vida trinitaria para terminar incorporando al hombre a esa misma vida»[23].

Llegar a ser Dios por participación[24] puede parecer una pretensión extraña y atrevida. Para San Juan de la Cruz no lo es. Tiene una visión positiva del hombre y, sobre todo, semejante posibilidad y aspiración humana la

---

[22] S Prólogo, 1.3.

[23] F. Ruiz Salvador, *Introducción a San Juan de la Cruz...*, pp.399-400. «Toda la trayectoria de la obra (de S. Juan de la Cruz) condensada en los «momentos fuertes» de las crisis «nocturnas» tiene una doble vertiente: se trata de una liberación con respecto a los vínculos que atan y de una disponibilidad transida de deseo que lleva a la más profunda realidad que es un encuentro amoroso» (F. Urbina, *Comentario a Noche oscura del espíritu...*, p.99).

[24] Cfr. CB 22,3; 36,5; 39,4.6.

apoya en una profunda razón, la misma voluntad de Dios que ha hecho al
hombre a su imagen y semejanza. Como proyecto y como estructura está
convocado a la unión. Dice el doctor místico:

> «Y no hay que tener por imposible que el alma pueda una
> cosa tan alta, que el alma aspire en Dios, como Dios aspira en
> ella, por modo participado. Porque dado que Dios la haga mer-
> ced de unirla en la Santísima Trinidad, en que el alma se hace
> deiforme y Dios por participación... Pero por modo comunica-
> do y participado, obrándolo Dios en la misma alma; porque esto
> es estar transformada en las tres Personas en potencia y sabidu-
> ría y amor, y en esto es semejante el alma a Dios, y para que
> pudiese venir a estos la crió a su imagen y semejanza» (Gén
> 1,26) [25].

Convocado a la comunión y a la deificación. Juan de la Cruz no es un
ingenuo, y mucho menos un inconsciente. Sabe que la «imagen» está cega-
da, oscurecida, necesitada de purificación y crisis (cfr. *Subida* y *Noche oscura*).
Sabe que «no podrá vivir el alma perfectamente, si no muriere también perfectamente el hombre viejo...» [26]. Conoce el ritmo de Dios y sabe de la lenti-
tud humana; conoce la fidelidad de Dios y sabe del desencuentro humano;
conoce la transformación radical que obra el amor de Dios y sabe de la libertad con la que el hombre se decide a la alianza y a la corresponsabilidad
moral; sabe que la salvación es recibida como don pero sabe también que
con la Encarnación Dios ha decidido pasar a través del hombre... «Y la Palabra se hizo carne, y puso su Morada entre nosotros, y hemos contemplado
su gloria, gloria que recibe del Padre como Hijo único, lleno de gracia y
verdad» (Jn 1,14) transformando al «hombre viejo» en «nuevo» por la semejanza con la imagen única de Dios, Cristo, el Verbo que devuelve a las criaturas su hermosura y dignidad y mantiene abierta la historia de comunión
de Dios con el hombre. «... con sola su figura, vestidos los dejó de su hermosura...».

> «Es, pues, de saber que con sola esta figura de su Hijo
> miró Dios todas las cosas, que fue darles el ser natural, comuni-
> cándoles muchas gracias y dones naturales, haciéndolas acabadas
> y perfectas,... Mas también con sola esta figura de su Hijo las
> dejó vestidas de hermosura, comunmicándoles el ser sobrenatu-

---

[25] CB 39,4.
[26] LB 2,33.

ral; lo cual fue cuando se hizo hombre, ensalzándole en hermosura de Dios, y, por consiguiente, a todas las criaturas en él, por haberse unido con la naturaleza de todas ellas en el hombre»[27].

Misterio trinitario, Encarnación como apertura del diálogo y amor divinos comunicados al hombre en el encuentro con Cristo y en El también destinado a la vida divina, a las bodas con el Hijo[28]. «La esposa, surgida de Dios mismo, está destinada a experimentar y vivir la vida que anima en las personas divinas, para ser conducida después al hogar trinitario de donde partió: «Que, como el Padre y el Hijo/ y el que de ellos procedía/ el uno vive en el otro,/ así la esposa sería/ que, dentro de Dios absorta,/ vida de Dios viviría»[29].

La verdad real es el misterio trinitario y la unión con Dios es el único centro que puede despertar interés y respuesta en el hombre cualquiera que sea su ámbito de realización y su nivel de experiencia de Dios. San Juan de la Cruz ha hablado de «tres maneras de presencias»[30]. Y un autor de hoy, con lenguaje y sensibilidad actuales, sintetiza así esta clave del sistema sanjuanista: «La unión con Dios lleva tres planos sobrepuestos e incorporados: comunicación del ser (presencia esencial, filosófico), comunión de gracia (presencia teologal, teológica), unión transformante (presencia mística). Es decir, la unión integra toda la realidad psicológica, histórica y cristiana de la persona. No es todo. La unión con Dios aún tiene ulteriores implicaciones para San Juan de la Cruz: a) unión del hombre consigo mismo o unificación de sentido y espíritu, que constituye una de las aspiraciones acariciadas a todo lo largo del camino; b) unión y armonía del hombre con el mundo de la naturaleza y de la historia»[31]. Superposición sin fusión. Cada plano mantiene su propia naturaleza y consistencia. El dinamismo integrador, en cambio, es evidente y claramente finalizado: «descubre tu presencia». No encubierta, sino clara, definitiva, «en su divino ser y hermosura»[32].

Parece innecesario concluir diciendo que, para San Juan de la Cruz, la unión no es una categoría abstracta sino histórica y vivencial. Es unión con personas vivas: Jesucristo encarnado, Dios Padre, Hijo, Espíritu Santo. Su realismo le viene de su contenido existencial, no de su formulación.

---

[27] CB 5,4.
[28] CB 38,9.
[29] S. Castro, *Hacia Dios con San Juan de la Cruz...*, p.21; R. 4,160-166.
[30] CB 11,3.
[31] F. Ruiz Salvador, *Estructuras de la vida teologal*, en Monte Carmelo 88(1980) 367-387, p.376.
[32] CB 11,4.

Y en este realismo histórico, Juan de la Cruz presenta a Cristo como «el punto central sobre el que se vertebra la obra de Dios»[33]. El mismo lo ha escrito en *Cántico* con precisión y hondura teológicas:

«Y cómo esto sea, no hay más saber ni poder para decirlo, sino dar a entender cómo el Hijo de Dios nos alcanzó este alto estado y nos mereció este subido puesto de poder ser hijos de Dios, como dice San Juan (1,12); y así lo pidió al Padre por el mismo San Juan, diciendo: Padre, quiero que los que me has dado, que donde yo estoy, también ellos estén conmigo, para que vean la claridad que me diste (17,24) es a saber, que hagan por participación en nosotros la misma obra que yo por naturaleza, que es aspirar el Espíritu Santo. Y dice más: No ruego, Padre, solamente por estos presentes, sino también por aquellos que han de creer por su doctrina en mí; que todos ellos sean una misma cosa de la manera que tú, Padre, estás en mí y yo en tí, así ellos en nosotros sean una misma cosa. Y yo la claridad que me has dado, he dado a ellos para que sean una misma cosa, como nosotros somos una misma cosa, yo en ellos y tú en mí; porque sean perfectos en uno, porque conozca el mundo que tú me enviaste y los amaste como me amaste a mí (Ibid. 17,20-23), que es comunicándoles el mismo amor que al Hijo, aunque no naturalmente como al Hijo, sino, como habemos dicho, por unidad y transformación de amor. Como tampoco se entiende aquí quiere decir el Hijo al Padre que sean los santos una cosa esencial y naturalmente como lo son el Padre y el Hijo, sino que lo sean por unión de amor, como el Padre y el Hijo están en unidad de amor»[34].

Unido a Jesucristo y a él incorporado, el hombre se une a la Trinidad con agradecimiento y participación activos: «... en su Hijo Jesucristo, subidísima y estrechísimamente, se transforma el alma en amor de Dios según estas noticias, agradeciendo y amando al Padre de nuevo con grande sabor y deleite por su Hijo Jesucristo. Y esto hace ella unida con Cristo, juntamente con Cristo»[35].

En Cristo, «todo»

«Acudir a Jesús» como consecuenciua y respuesta a la bondad y misericordia de Dios ejercidas en el hombre y como construcción de un nuevo

---

[33] S. Castro, *Hacia Dios con San Juan de la Cruz...*, p.27.
[34] CB 39,5.
[35] CB 37,6.

equilibrio reestructurante de relaciones interpersonales en Cristo, en «unión con Cristo», con Dios mismo, con los otros y con las cosas, nos lleva directamente a la visión cristológica de San Juan de la Cruz y al sentido y lugar centrales que Cristo, su persona y funciones, tienen para él, como mediador absoluto, camino y meta, de nuestro encuentro con Dios.

Una precomprensión cerrada y análisis sectoriales aislados, han hablado de «evidente *déficit* cristológico»[36]. Son posiciones calificadas de extrañas y reductoras por su evidente parcialidad o por haber recluido al silencio aspectos fundamentales de la mística cristológica sanjuanista. Por otra parte, San Juan de la Cruz no está interesado ni se deja encerrar dentro de los límites de la discusión introducida con posterioridad a él entre mística «teologal» y «crística»[37].

Como cualquier otro autor, San Juan de la Cruz, al tiempo que acentúa y selecciona, se limita. Es inevitable, entra dentro de su plan, del servicio que se apresta a dar y lo ha advertido expresamente[38]. Es válida también y aceptable la opinión de quienes afirman que «hay puntos de las enseñanzas de San Juan que plantean serios problemas teológicos»[39]; pero desde un acercamiento desapasionado, objetivo y global al conjunto de su obra «es indudable que nos ha legado una visión cristológica sublime y muy original sobre el sentido de Cristo en la revelación de Dios. Ello ha resultado así porque ha puesto en movimiento vital los datos más importantes de la historia de la salvación»[40]. Esta perspectiva de historia de la salvación me parece la más adecuada para intentar el acceso y comprender la presencia creciente de Cristo en la experiencia mística a la que Juan de la Cruz quiere acercarnos y transmitirnos. El corto espacio a disposición obliga a ser necesariamente breves y limitados a algunos aspectos fundamentales.

«Por lo cual Hijo de Dios y del hombre se decía» (R 285-286)

Juan de la Cruz es un seducido por Jesucristo a la vez que un convencido de la voluntad salvífica de Dios. Teologalmente confiesa a Cristo cons-

---

[36] F. Ruiz Salvador, *Introducción a San Juan de la Cruz...*, pp. 355ss. El subrayado es suyo.

[37] Cfr. F. Ruiz Salvador, *Introducción a San Juan de la Cruz...*, p.382 y notas 17 y 18 de la misma página.

[38] Por eso «la cristología sanjuanista es más de signo *mistérico* que histórico; más de signo *paulino* y *joánico* que sinóptico, bernardino- franciscana, de la «devotio moderna»; más *catabática* que anabática. Nada tiene pues de extraño que una cristología al estilo de San Pablo, de San Juan y de los Padres Griegos, ponga el acento en la divinidad de Jesucristo» (F. García Muñoz, *Cristología de San Juan de la Cruz...*, p.14. El subrayado es suyo).

[39] C.P. Thompson, *Hacia una evaluación de la teología de San Juan*, en su libro *El Poeta y el místico. Un estudio sobre el «Cántico Espiritual» de San Juan de la Cruz*, San Lorenzo del Escorial, Ed. Swan, 1985, pp.215-246, p.243.

[40] S. Castro, *Hacia Dios con San Juan de la Cruz...*, p.15 y notas 4 y 5 de la misma página.

tituido en centro del plan salvífico de Dios[41], centro de la revelación; en él Dios se ha dado a sí mismo totalmente al hombre, y en la persona de Cristo concluye la mutua lejanía y la nostalgia y deseos de la unión se convierten en la unidad fundamental Dios-hombre.

Creación, encarnación y misterios del Hijo de Dios humanado no son acontecimientos paralelos y cerrados, sino expresión del amor del Padre por su Hijo, manifestación de su gloria e incorporación del hombre a esa misma historia de comunión. Jesucristo concentra o incorpora, sin ruptura y de forma articulada, toda la obra de Dios en línea descendente y ascendente. Está siempre presente la totalidad aunque aparezcan los acentos. Dios como misterio de vida y comunión, como amor trinitario y la encarnación del Hijo como manifestación en el tiempo y en el espacio, en la historia de los hombres, constituye la primera y fundamental visión teológica, cristológica y mística de la que parte San Juan de la Cruz y a la que se atiene en todo momento.

Vivencialmente, la *Oración de alma enamorada* formula con exclamación cordial, confiada y sublime la intuición, movimiento y experiencia religiosos de un Juan de la Cruz seducido y entregado a la mano de Jesucristo. Supera a cualquier argumento:

> «¡Señor Dios, amado mío!; si todavía te acuerdas de mis pecados para no hacer lo que te ando pidiendo, haz en ellos, Dios mío, tu voluntad, que es lo que yo más quiero, y ejercita tu bondad y misericordia y serás conocido en ellos. Y si es que esperas a mis obras para por ese medio concederme mi ruego, dámelas tú y óbramelas, y las penas que tú quisieres aceptar, y hágase...
>
> ¿Cómo se levantará a tí el hombre engendrado y criado en bajezas, si no le levantas tú, Señor, con la mano que le hiciste?
>
> No me quitarás, Dios mío, lo que una vez me diste en tu único Hijo Jesucristo, en que me diste todo lo que quiero; por eso me holgaré que no te tardarás si yo espero...
>
> Míos son los cielos y mía es la tierra; mías son las gentes, los justos son míos, y míos los pecadores; los ángeles son míos, y la Madre de Dios y todas las cosas son mías, y el mismo Dios es mío y para mí, porque Cristo es mío y todo para mí»[42].

Concentración cristocéntrica de la experiencia religiosa vivida como relación interpersonal en fe, esperanza y amor. Jesucristo es siempre centro de las virtudes teologales y Juan no perderá ocasión de afirmarlo a lo largo de su obra.

---

[41] Cfr. R 47-76 y 135-166.
[42] D 26.28.29.31.

Pero por otra parte, y en continuidad sostenida, opción existencial que encuentra en Cristo, en la asimilación progresiva [43] al Hijo de Dios humanado, liberación del propio sinsentido [44] y realización del proyecto ineludible del hombre de buscarse a sí mismo y encontrarse encontrándose en el otro. Para Juan de la Cruz este otro no es indiferente: es Jesucristo.

> «Cayendo el alma en la cuenta de lo que está obligada a hacer...; conociendo, por otra parte, la gran deuda que a Dios debe de haberle criado solamente para sí, por lo cual le debe el servicio de toda su vida, y en haberla redimido solamente para sí mismo, por lo cual le debe todo el resto y respondencia del amor de su voluntad, y otros mil beneficios en que se conoce obligada a Dios desde antes que naciese,... y que ya es tarde y por ventura lo postrero del día (Mt 20,6)) ... renunciando todas las cosas, dando de mano a todo negocio, sin dilatar un día ni una hora, con ansia y gemido salido del corazón herido ya del amor de Dios, comienza a invocar a su Amado y dice: ¿A dónde te escondiste ...?» [45]

El Amado que suscita las ansias y la invocación del alma, no es un ser etéreo y mítico, sino encarnado, el Cristo histórico y evangélico [46], en el que el Padre nos ha hablado y dado «todo» y cuya presencia, no sólo interior sino humana y visible, continúa acreditada corporalmente en la Iglesia y en sus ministros hombres [47]. Dios, que está siempre presente con una proximidad constante y fecunda de salvación, en Jesús ha asumido la forma definitiva de su presencia y es una presencia de vida.

---

[43] Cfr. D Pról.

[44] Cfr. 1S 4.

[45] CB 1,1. «Para él, Cristo es la figura central y crucial de la historia, y sobre las enseñanzas de Cristo edifica su sistema místico. Proclama su interpretación sobre las palabras de Cristo como el fundamento místico de una purificación drástica. Asimismo entiende que el Espíritu Santo es el don de Dios tras la realización en uno mismo de las radicales exigencias de Jesús. Es, pues, evidente que nada puede decirse acerca de la unión mística, de la contemplación infusa o de ningún otro tópico del pensamiento místico de Juan sin referirse en última instancia a Cristo... Cristo es la personalidad histórica que vincula el mundo empírico con el transcendente...» (J.C. Nieto, *Místico, poeta, rebelde, santo*..., pp.177-178).

[46] «Para Juan está, pues, claro que el Cristo de la unión mística es el Cristo humano y divino que enlaza el Antiguo con el Nuevo Testamento y, a través del cual, Moisés «entendió» los misterios de Su humanidad. Este mismo Cristo está simbolizado en el Cantar de los Cantares: es el Amado. Todo el *Cántico Espiritual*, tanto el libro como el poema, se basan en este tema: Cristo, el de los Evangelios y Epístolas, aquel del que Pablo dijo: «Cristo vive en mí». Este Cristo en toda su realidad histórica y transhistórica es el objeto y el amado del alma que busca el desposorio místico». (J.C. Nieto, *Místico, poeta, rebelde, santo*..., p.189).

[47] Cfr. 2S 22,4-7.

*Hijo y Palabra: «Pon solos los ojos en El, y hallarás ocultísimos misterios y
sabidurías y maravillas de Dios»* (2S 22,6)

Son muchos los títulos y nombres que San Juan de la Cruz emplea
para referirse a Jesucristo. Su sensibilidad teológica y espiritual queda reflejada en ellos y a través de los mismos nos acerca al misterio de Cristo con
acentos peculiares y originales. Su intención no es ofrecer información sino
suscitar interés, promover el conocimiento de veras desde el amor e impli-
car al hombre en una respuesta de comunión creciente y confiada, amorosa,
al Dios que ha salido de sí previamente y se nos ha dado en Jesucristo. Jesucristo es el mediador único y absoluto, la realidad fundante que nos hace
accesible el misterio trinitario y la unión con Dios.

En la concepción dinámica que él tiene de la historia de la salvación,
descubre a Jesucristo como el único camino para llegar a Dios; como la verdad que asimilada nos hace libres; como la nueva vida, gratuitamente dona-
da, y en cuya transformación nos hacemos agradables al Padre que nos puede mirar complacido. De aquí hace derivar la imitación y el seguimiento [48],
la contemplación en verdad y el caminar en fe «el admirable medio para ir
al término que es Dios» [49], la nueva vida como identificación con Cristo por
el Espíritu [50].

Hay dos capítulos en la obra de fray Juan de la Cruz que con rigor
teológico y visión bíblica desarrollan su cristología. Son los capítulos 22 y
7 del Segundo libro de Subida. Páginas que han concitado general admiración y valoración positiva [51]. Jesucristo es la Palabra única y definitiva; no
uno más entre los mensajeros de Dios ni una más entre otras palabras, sino
la Palabra, *«mi Palabra»* [52] que se expresa como Hijo y nos incorpora personalmente a compartir lo que El es. Máxima revelación y máxima relación.
Dios Padre de todos y nosotros hijos en el Hijo [53]. Dios misterio abierto,
vuelto hacia nosotros y en el que participamos por la incorporación filial en

---

[48] Cfr. 1S 13,3.4.6; 2S 7,2; 7,4; 7,8-9...

[49] 2S 2,1; cfr. 2S 3; 4; 9; 14; 1N 1; 2N 12...; J. Catret, *La persona de Cristo y la fe*..., pp.78-
98; F. Urbina, *Comentario a Noche oscura del espíritu*..., pp.107-129.

[50] Cfr. CB 12,7.8; LB 2,32-35...; G. Morel, *Le sens de l'existence*, pp.179-215.

[51] Cfr. p.ej. F. Ruiz Salvador, *Introducción a San Juan de la Cruz*..., pp.376-382; Idem, *Místico y maestro San Juan de la Cruz*..., pp.127-136; S. Castro, *Hacia Dios con San Juan de la Cruz*...,
pp.27-35; J. Catret, *La persona de Cristo y la fe*..., pp.70-72 y 83-89; F. Rodríguez Fassio, *La cristología en San Juan de la Cruz*, pp.312-324; J.C. Nieto, *Místico, poeta, rebelde, santo*..., pp.152-164;
cfr. sin embargo la opinión de J. Boulet, *Dieu ineffable et parole incarnée, Saint Jean de la Croix
et le prologue du 4e Evangile*, en Rev. Hist. Phil. Relig. 46(1966) 227-240 y la crítica a la misma
de F. Ruiz Salvador, *Juan de la Cruz: realidad y mito*, en Rev. de Espiritualidad, 35(1976) 349-
376, pp. 366-368.

[52] 2S 22,5.

[53] Cfr. J.I. González Faus, *La Humanidad Nueva*..., pp.315-345; 525-540; 557-611.

el Hijo humanado. Cristo en su Humanidad es fuente de revelación y principio permanente de comunión con Dios: [54]

> «Porque en darnos, como nos dio a su Hijo, que es una Palabra suya, que no tiene otra, todo nos lo habló junto y de una vez en esta sola palabra, y no tiene más que hablar... Y si también quisieres otras visiones y revelaciones divinas o corporales, mírale a él también humanado, y hallarás en eso más que piensas; porque también dice el Apóstol: «In ipso (...)», que quiere decir: En Cristo mora corporalmente toda plenitud de Divinidad. Y lo que de este camino saliere no sólo es curiosidad, sino mucho atrevimiento. Y no se ha de creer cosa por vía sobrenatural, sino sólo lo que es enseñanza de Cristo-hombre...» [55].

Desde este planteamiento, se entiende, con mentalidad evangélica, la insistencia de nuestro doctor místico en conocer a Jesucristo de veras, seguirle e identificarse con él asumiendo su misterio pascual de muerte y resurrección. La cruz no es sólo ascesis, es sobre todo revelación de la obra de vida que Cristo realiza en nosotros; consecuencia de nuestro seguimiento de Jesucristo. D. Bonhoeffer, al que no le falta sintonía con la experiencia sanjuanista, lo ha dicho con palabras que vale la pena recordar: «La cruz no es el mal y el destino penoso, sino el sufrimiento que resulta para nosotros únicamente del hecho de estar vinculados a Jesús... La cruz es el sufrimiento vinculado no a la existencia natural, sino al hecho de ser cristianos» [56]. Es el seguimiento, la decisión por el el amor a Cristo la que introduce al discípulo en la Cruz. Es darse por amor y en el amor que él nos dio primero [57]. Pasar del «hombre viejo» al «nuevo», de la muerte a la vida, del morir al vivir en Cristo [58] que llena y satisface plenamente la soledad de predilección [59].

«Ejercicio de amor entre el alma y el Esposo Cristo»

Con estas palabras comienza fray Juan su declaración de las Canciones del Cántico Espiritual. Atravesadas y superadas las terribles crisis y noches

---

[54] Sobre las cuestiones discutidas de la aparente ausencia de Cristo en el período de la Noche y del lugar que ocupa la Humanidad de Cristo en el proyecto y pensamiento sanjuanistas cfr. F. García Muñoz, *Cristología de San Juan de la Cruz*..., pp.185-187 y 199-201; pp.233-234 y 249-250 con la bibliografía allí recogida; T. Alvarez, *Humanité du Christ* DS, VII-I, 1096- 1108; S. Castro, *Hacia Dios con San Juan de la Cruz*..., p.101.

[55] 2S 22,3.6.7.

[56] Citado por J.A. Pagola, *Seguir al Crucificado*, en Sal Terrae 77 (1989) 105-117, p.107.

[57] Cfr. 2S 7; 22,6; 3S 35,5; CB 23; 36,13; Ep. 11; poesía del «Pastorcico»; etc. ...

[58] Cfr. LB 2,32-34.

[59] Cfr. CB 35.

del sentido y del espíritu, la soledad querida y mantenida se llena de la presencia del Amado y la revelación definitiva que es Jesucristo no se agota ni se disuelve en secuencias ascéticas o éticas sino que implica en el alma una búsqueda en fe y amor, un conocimiento personal y personalizante a través de una creciente simplificación de imágenes externas y representaciones interiores y un ejercicio de amor que la guía y la encamina y por el que «andando ella tratando y manoseando estos misterios y secretos de la fe, merecerá que el amor la descubra lo que en sí encierra la fe, que es el Esposo que ella desea» [60]. El ideal es la tranformación y la unión de amor, como encuentro interpersonal, en el que «es verdad decir que el Amado vive en el amante y el amante en el Amado. Y tal manera de semejanza hace el amor en la transformación de los amados, que se puede decir que cada uno es el otro y que entrambos son uno» [61].

El simbolismo esponsal en el que Cristo aparece como Esposo Amado, «el principal amante» [62] y el alma como esposa, amada, es la «categoría fundamental» [63] de la experiencia cristiana de San Juan de la Cruz y de su expresión poética y sistemática. «Con sólo decir que Cristo es el *Amado* en la experiencia y en los escritos sanjuanistas, ya nos hacemos una idea de las funciones permanentes e ilimitadas que allí desempeña. Busca al Amado, se siente herida del Amado, se une con el Amado. Habiendo quedado el Padre como *mudo*, todo el diálogo se dirige a Jesucristo. Así entendido, el cristocentrismo es la savia del sistema sanjuanista. La unión de amor, que sería el punto clave, se orienta hacia El. El proceso avanza en la medida en que le descubre, intima. Por la presentación que hacen el poema de *Noche*, el poema y comentario de *Cántico*, vemos que Jesucristo constituye una verdadera obsesión» [64].

Como principal amante que es, la unión de amor es obra de Cristo. El alma «andando de él enamorada» [65] se descubre vestida de «gracia y hermosura» [66]; la mirada del Esposo, mirándola, «le hermosea y levanta tanto, que la hace consorte de la misma Divinidad» [67]; habiendo escogido la soledad penosa, el Esposo la recompensa en soledad también, pero gozosa [68]; verse ella y él en la hermosura del Esposo «que será cuando vea a Dios cara a cara» [69] es el objetivo y el deseo que la polariza...

---

[60] CB 1,11.
[61] CB 12,7.
[62] CB 31,2.
[63] F. Ruiz Salvador, *Místico y Maestro San Juan de la Cruz*..., p.131.
[64] F. Ruiz Salvador, *Introducción a San Juan de la Cruz*, p.380. El subrayado es suyo.
[65] CV 31,9.
[66] CB 33.
[67] CB 32,4.
[68] Cfr. CB 35.
[69] CB 36,5.

Sin embargo, no es sin el concurso libre del hombre. El primer desposorio realizado en el Misterio de la Redención y al paso de Dios, requiere la decisión libre del hombre y su participación activa «al paso del alma», para que el camino concluya en comunión:

> «Este desposorio que se hizo en la Cruz no es del que ahora vamos hablando. Porque aquél es desposorio que se hizo de una vez, dando Dios al alma la primera gracia, lo cual se hace en el bautismo con cada alma. Mas éste es por vía de perfección, que no se hace sino muy poco a poco por sus términos, que, aunque es todo uno, la diferencia es que el uno se hace al paso del alma, y así va poco a poco; y el otro al paso de Dios, y así hácese de una vez» [70].

Una comunión que, para San Juan de la Cruz, sólo alcanzará plenitud en un paso ulterior, siendo comunión trinitaria. La asimilación con el Hijo humanado nos abre a la comunión con el Padre. La unión con el Hijo nos hace hijos en el Hijo. Es el ciclo completo del proyecto espiritual sanjuanista. «Ninguna de las etapas anteriormente vividas se descarta. Perdura la imitación, el misterio de la Cruz, la intimidad con el Amado. Mas se visten de colores trinitarios, en perfecta armonía con el punto de partida, también marcadamente referido al misterio de la Santísima Trinidad. Termina en un marcado teocentrismo [71].

Conclusión

Juan de la Cruz escribió convencido y con lucidez:

> «Hay mucho que ahondar en Cristo, porque es como una abundante mina con muchos senos de tesoros, que, por más que ahonden, nunca hallan fin ni término, antes van en cada seno hallando nuevas venas de nuevas riquezas acá y allá» [72].

La afirmación tiene plena vigencia y actualidad

— como aceptación del desafío, teórico y práctico, que nos lanza la lucha contra los dioses,

---

[70] CB 23,6.
[71] F. Ruiz Salvador, *Introducción a San Juan de la Cruz...*, p.381; cfr. también Lucien Marie, *Actualité de la doctrine de Saint Jean de la Croix*, en *Actualité de Saint Jean de la Croix*, Bruges, Desclée de Brouwer, 1970, pp.23-50, p.36.
[72] CB 37,4.

— como superación de un subjetivismo reduccionista y a la postre cosificador anónimo,
— como memoria liberadora y creyente, al estilo de K. Barth, de que «son los hombres los que hablan de Dios» sin que con ello logren empequeñecerlo y menos aún poseerlo,
— como apertura, experiencia y fidelidad confiada al Misterio Absoluto, radicalmente transcendente y no reducible a emotividad, y que se nos ha manifestado en el Dios de Nuestro Señor Jesucristo,
— finalmente, y por encima de cualquier espiritualidad difusa y sin rostro, como encuentro personal con ese mismo Señor Jesucristo en quien tenemos acceso al Padre por el Espíritu.

Fermentos de hoy e interrogantes abiertos. Plural el diálogo y complejo su desarrollo. Juan de la Cruz tiene invitación segura y no de mudo.

The Prayer Journey of St John of the Cross

Ernest E. Larkin, O.Carm.

In one sense all John of the Cross' teaching is on prayer, since the goal of his writing is divine union. But he has little on the mechanics or even the phenomenology of the act of praying. He moves on the higher ground of principles, and these he discusses around the three developmental phases of meditation, contemplation and union.

This paper is a schematic presentation of these stages in dyadic form: viz. meditation-mortification, contemplation-poverty of spirit, and union-in-symbols. The stages will be discussed in the framework of the first 15 stanzas of the poem, «The Spiritual Canticle», as interpreted by St John of the Cross in his commentary, st.22, n.3[1]. He assigns the first five stanzas to meditation-mortification, stanzas 6 to 12 (Canticle B) to the contemplative way, and the rest of the poem to union. The value of this study is to provide a road map of the sanjuanist journey to divine union.

The poem opens with immense pain of loss:

> Where have You hidden,
> Beloved, and left me moaning?

The bridegroom (Christ) has disappeared and left the bride (the soul) with a wound that only physical presence can heal. The first two stages of the journey have brought on the condition, because they have led the bride step by step into the void which John calls elsewhere «the deep caverns of feeling» («Living Flame of Love», 3). It is an intense experience of poverty of spirit that is frightening in its depth.

Everything has been lost for the sake of the Beloved, and the prize of union has not yet been given. Instead there is a bone-shattering hollowness along with a feverish yearning for God. The emotional element is real,

---

[1] The commentaries of St John of the Cross are referred to as follows: A = *The Ascent of Mount Carmel*; N = *The Dark Night*; C = *The Spiritual Canticle*; F = *The Living Flame of Love*. All references are to *The Collected Works of St John of the Cross* (tr. Kieran Kavanaugh, OCD and Otilio Rodriguez, OCD, Washington, D.C.: Institute of Carmelite Studies, 1979).

because the whole person is caught up in an immense need that is frustrated. But the condition is more than emotional infatuation. It is metaphysical in dimension and fully spiritual, i.e. embracing every fibre of the bride's being [2].

Healing will take place when the crowning gift of union is received. Then the transformation of the soul into God will be complete; the spouses will be totally alike in perfect love and conformity of wills in a «union of likeness». (A 2.5.3; C 11.12; 12.7). The divine presence will not only be restored but bridegroom and bride, Christ and the person, will have a common life in «participant transformation» (A 2.5.7), with such a likeness that «one can say that each is the other and both are one», (C 12.7), all the while retaining their own personal identities.

Overview of the Process

The transformation is the progressive assimilation of the image of Christ, first in the «outside» or normal functioning of the person's life, where God is apprehended in metaphor and analogy, and then in the inner depths where God communicates himself in contemplation. Faith creates a sketch like a wax impression or sketch of a painting which is completed and perfected through growth in love (C 12.1). This pattern is like an archetype which is progressively enfleshed by putting off the false self with its illusions and desires and putting on a Christ-centered life (Eph 4:22-24). John makes it clear that the completion of the project is possible only through contemplation (C 11.12).

In the first stage of meditation and mortification, a phase John passes over quickly and by allusions without much extended treatment, the divine individuation is done by bits and pieces. Engaging images of Christ from the gospel replace the self-centered representations of ego and promote choices for God. The objective is to make Christ more attractive and desirable than other desires. The images thus increase the love, and it is love that fashions the likeness to Christ in the soul.

The transactions take place on the level of the sensible, which for John is ordinary thinking and willing. It is the level of concrete images and the

---

[2] Thomas Tyrrell in his *Urgent Longings* (Whitsunville, MA: House of Affirmation, 1981) rightly identifies the «urgent longings» of the poem «Dark Night» as the imperfect love of infatuation and he develops the cure, which is contemplative love. A similar condition obtains in the opening stanzas of the present poem. But it can hardly be called infatuation. It certainly is not the shallow romantic enthusiasm of an inexperienced beginner who has not yet experienced contemplation (e.g. N.1.1.3). The yearning for God here comes out of a profound degree of purity of heart and looks for transforming union. This depth experience at the threshold of the ultimate union which John identifies as a union in the substance of the soul involves the total being of the person.

will-acts of affective or effective love that flow from these perceptions; it is the active dark night of the senses. The passive night of the senses comes later and is the entrance into the spiritual way of contemplation, which is the author's main concern in all his works. John is the great teacher of dark or apophatic contemplation, which is pure gift and almost identified with poverty of spirit. It is no accident that the keystone of the spiritual structure he builds in all his teaching is nakedness of spirit (A prol 9; see also the emphatic development of this theme in F 3.26-62), which is the outcome of the wholesale renunciation of all desires and the purification of the spirit effected by the dark night of the same name. This void and emptiness is a remote goal and beyond the scope of the stage of meditation-mortification, where the concern is the rectification and positive employment of sensible activity for the honor and glory of God. The famous «nadas», which are the privation in will and affection of all sensible and spiritual satisfactions, become the direct and proximate objective of spiritual striving at the end of the way of beginners, when contemplation is breaking into the person's life. This state is still the night of sense in John's usage, but on the horizon of contemplation. It has to do with our second dyad rather than the first.

The perspective is the biblical one of absolute and single love of God (Mk 12:29; see 10:18) against all other desires, but suited to the strength of the person (A 2.17.3) and pursued «with order and discretion» (A 1.13.7). These desires are indeed inordinate, precisely because they are not integrated into the love of God (A 3.16.2); they are thus competitors. The mortification of all such desires or appetites is the trademark of St John of the Cross and often a threatening challenge for would-be disciples. But for those who meditate, it is a long-term objective; for the time being they engage in the limited mortification of struggling to be more faithful to their vocation and the right use of creatures [3]. The project of total renunciation is a reasonable objective when the soul is in the mode of contemplation [4].

In that second stage, contemplation is the effective instrument of growth. The images which had served well in meditation are now broken open, and Christ is revealed in pure faith beyond the normal processes of thought, in imageless and wordless Mystery. Sanjuanist contemplation is the

---

[3] Ernest E. Larking, O.Carm., «The Role of Creatures in the Spiritual Life», in Proceedings of the Catholic Theological Society of America 17 (1962) 207-234, esp. 216-223.

[4] The distinction drawn between the limited mortification of the first dyad and the pursuit of the total renouncement connected with contemplation may seem uncharacteristic of St John of the Cross' perspectives. But that is a wrong perception. Abnegation and the love of God are always in tandem in his writings; total detachment is the underside of perfect love. The fervent seeker does not set limits in ideals, only in the application of the absolute demands of the gospel. The distinction suggested seems helpful for pastoral reasons; it is clearly implied in passages like N 1.8.3, which will be examined later, and explicit in A 3.39.1.

same one species of mystical grace which is defined as «nothing else than
a secret and peaceful and loving inflow of God, which, if not hampered,
fires the soul in a spirit of love». (N 1.10.6). It is divine wisdom, «loving,
tranquil, solitary peaceful, mild» and it comes «without knowing from
where nor how» (F 3.38; see also N 2.4.1; A 2.15.4). It is the source of «the
paths and straits of love» (C 22.3). Contemplation is the purifying fire of
the passive dark nights of both sense and spirit, and it comes from and
leads to the pure faith, hope and charity that are the life of the spirit. There
is a proliferation of terms in John of the Cross to describe this blessed state
of contemplation-poverty of spirit, both in its positive context of the pure
action of the theological virtues and its negative condition of nakedness and
emptiness of spirit, spiritual poverty, selflessness, spiritual purity, annihila-
tion of the natural mode and a number of other phrases (A 2.7.5; A 2.24.8;
N 2.4.1; F 3.26-62 passim). The journey here is immensely simple: it is toward an ever deeper affective detachment, which is at once the condition
for and the consequence of sanjuanist contemplation.

Contemplation and poverty of spirit move the relationship with God
to the level of the whole person and beyond particular goods and choices
(A 2.4.4.). The total person is related to God in an authentic I-Thou, person-to-person relationship. The patch-quilt of meditation and mortification
has given way to the seamless robe of contemplation. Particular representations of Christ that are the work of the imagination have done their task,
so that now the fostering of the image of Christ is on the level of spirit and
the result of contemplative love.

The goal of the whole journey, divine union, is described in the «Canticle» in the imagery of spiritual betrothal and marriage (C 22.3; F 3.24-25).
This final self-communication of God makes the soul the perfect reflection
of God, the mirror of the divine Beauty, Christ born anew and now fully
formed in his spouse. The bride is transfigured; she has come home.

Inter-relationship of the Stages

These three stages are related to each other, not in linear, but circular
fashion. The searcher moves in concentric circles that spiral inward toward
the center that is Christ. The movements are not perfect circles, but more
often ellipses, which may cross over from one stage to another. One's place
in the journey is determined by the predominance of a given stage. Thus
there are mixtures of experiences in a person's life, so that even experiences
of union are possible in a beginner, and mature mystics can meditate, not
only in prayer but in figuring things out, making decisions, and handling
the business of life the way every one else does. The stages in other words
do not exist in a pure state. They are valuable primarily as a way of orga-
nizing the understanding of spiritual development. Each dyad names the

different tasks and points to different moments in the process of Christogenesis.

The inter-weaving of the different experiences is illustrated in the fifteen verses of the «Canticle» under examination. There is no question about the advanced mystical state of the bride, who is on the threshold of spiritual betrothal. But to resolve the pain and anxiety of separation from God she proposes a vigorous asceticism (stanza 3) and a search in meditation for the Beloved (stanzas 4-5). These are roads already taken and now revisited.

We shall address these beginnings first and then describe the way of contemplation and of divine union. Even in our attempt to describe these passages there is an inevitable circularity, since the stages are best understood by comparison and contrast to each other. John's commentaries seem to follow this same method of exposition (A prol 8).

Meditation and Mortification

Meditation is the activity of the religious imagination that fashions «forms, figures and images» and deploys them in discursive activity (A 2.12.3). It is not a method of prayer as such, but a mode of intentional activity describing the ordinary thinking, feeling, deliberating, and choosing in active prayer and behind the variety of activities that make up the Christian life[5]. The dynamics of meditation operate in every effort to live out the gospel, such as prayer, study, celebration of liturgy, work for justice, community building and ministry[6].

Meditation involves images and concepts, affections and will-acts and moves discursively among these elements. It muses on images of Christ drawn from the gospel and life in order to come to know, appreciate and

---

[5] This interpretation of the meaning of meditation in John of the Cross fits the role of the religious imagination as described in contemporary literature. The imagination is not a single faculty, but ordinary consciousness. In the words of one of its best proponents, William Lynch, S.J., it is «all the resources of man [sic], all his faculties, his whole history, his whole life, and his whole heritage brought to bear on the concrete world inside and outside himself, to form images of the world, and thus to find it, cope with it, shape it, even make it ... The religious imagination ... tries literally to imagine things with God». *Christ and Prometheus* (Notre Dame, 1970) 23, cited by Michael Gallagher, *«Imagination and Faith»*, in *The Way* 24 (April, 1984) 120-121. The whole issue is on the topic of the imagination, as is the February, 1985 number of *Studies in Formative Spirituality* and a recent issue of the *Irish Theological Quarterly*, 52(1986) 1/2.

[6] Cultivating the love of God has many faces and all of them contribute to the formation of Christ within. St Teresa of Avila puts the matter practically: «If contemplating, practicing mental and vocal prayer, taking care of the sick, helping with household chores, and working with the lowliest tasks are all ways of serving the Guest who comes to be with us and eat and recreate, what difference does it make whether we serve in the one way or the other?» *The Way of Perfection* 17.6, in *The Collected Works of St Teresa of Avila*, 2, tr. Kieran Kavanaugh, OCD, and Otilio Rodriguez, OCD, Washington, D.C.: Institute of Carmelite Studies, 1980).

love him through these symbolizations of the Mystery. The process uses
story and myth, visualization and sound, movement and fantasy to center
on Christ and to muster strength for the mortification demanded for
growth in the love relationship. Many-minded and undisciplined, the self-
centered beginner addresses the task of building up a new self-identity by
replacing the images that control her life and re-ordering her choices and
desires accordingly. This double-pronged effort of meditation and mortification cultivates satisfaction and pleasure in God and the strength to deny
gratification in objects not related to him; it gives primary attention to
habitual sins and imperfections (A 1.11.3-5).

The meditation is the first step in the «metanoia» process. One needs
to change one's thinking, if one's loving is to move from conflicting desires
to the single love of Jesus Christ. John sets down this primary text in the
Ascent:

> *First, have a habitual desire to imitate Christ in all your deeds by
> bringing your life into conformity with his. You must then study his life
> in order to know how to imitate him and behave in all events as he
> would.* (A 1.13.3)

This work of the religious imagination will change the interpretive
schemes and educate the desires of a person's life. These building blocks of
a new consciousness include every particular, thematic, psycho-social
expression of the person's relationship with God in thought, word, or even
deeds. So images are one's inner world of insights, feelings, judgements,
stories, myths, ideas and values, choices and commitments.

The process of meditation is the weaving of a new tapestry of one's
life by connecting outside experiences with the presence of Christ within[7].
Verses 4 and 5 of the poem illustrate the process:

> *O woods and thickets,*
> *Planted by the hand of the Beloved...*
> *Tell me, has He passed by you?*
>
> *Pouring out a thousand graces*
> *He passed these groves in haste;*
> *And having looked at them,*
> *With His image alone*
> *Clothed them with beauty.*

---

[7] An interfacing of this concept of the role of meditation with the intensive journal theory of Ira Progoff that proves to be helpful in understanding the relationship between meditation and contemplation is developed by John McMurry, S.S., *«Spirituality for a Secular Culture: a Christological Interpretation of Progoff's Intensive-Journal Method»* in *Review for Religious* 47
(1988) 383-392.

The beauties of nature reveal God, but only partially, from afar, and not in person. Created representations are mere signs pointing to an absent Presence. One day in divine union these forms will be trans-formed, the figures trans-figured, because the mystic possesses the God who is at the core of their being; then they will be symbols containing and evoking that Presence, and the bride will say:

> My Beloved is the mountains,
> And lonely wooded valleys... (stanza 14)

The change is not outside in nature but in the transformation of the mystic. The state is the anticipation of glory, «the revelation of the sons of God» when creation will finally share «in the glorious freedom of the sons of God» (Rom 8:19,2). This state of divine union is the goal; meditation and mortification are the humble beginnings of the journey to that goal. Faithfully pursued they will wean the soul away from worldly interests and bring about «a more intense enkindling of another, better love (love of one's heavenly bridegroom)» (A 21.14.2); this is the foundation for the gift of contemplation, and it invites the person to the full implementation of chapter 13 of the *Ascent* (Book 1) and to the subsequent purification of Books 2 and 3 (see A 2.1.2; 2.4.2; 2.7.2; 2.11.9).

These beginnings of the second dyad are the divine invitation to live on the level of spirit, which God gives «after beginners have exercised themselves for a time in the way of virtue and have persevered in meditation and prayer». For it is through the delight and satisfaction they experience in prayer «that they have become detached from worldly things and have gained some spiritual strength in God. This strength has helped them somewhat to restrain their appetites for creatures and ... suffer a little oppression and dryness without turning back». They have done the preliminary work and are ready to enter the night of a pure faith walk without any immediate satisfactions. In exchange for «sensible consolations», which include all self-validating experiences, even aridities borne with a sense of accomplishment, God now «leaves them in such confusion and vulnerability that they do not know which way to turn in their discursive imaginings; they cannot advance a step in meditation, as they used to, now that the interior sensory faculties are engulfed in the night. He leaves them in such dryness that they not only fail to receive satisfaction and pleasure from their spiritual exercises and works, as they formerly did, but also find these exercises distasteful and bitter» (N 1.8.3.). Contemplation is a new way of relating to Christ. It lifts up the whole person in faith and love from the inside out. But until it is firmly in place, and that is to say until the sensible order of things has been fully integrated into this thrust, until the night of sense has been traversed, and the person is able to dwell peacefully in the quiet nothing of contemplation, these first graces of contemplation will be a painful journey in darkness, validated only by the three signs the Saint lays down (N 1.9; A 2.13). Between this entrance, which is the passive dark night of sense, and the exit, which is the passive dark night of spirit, and including both these doors, lies the proficient's way of contemplation.

The Way of Contemplation

For John of the Cross meditation is a remote means, contemplation a proximate one to union with God. Meditation brings the Christ down to human proportions; it delivers the Lord, but in the images of the finite. John compares it to the husk or rind that enclose and bring forth morsels of spiritual communication or nourishment (A 2.14.2; 2.16.3; 2.17.5 & 9). The little kernals of faith, hope and charity are morsels of true spirituality, which eventually coalesce and allow the relationship with Christ to rest on a deeper level. The habit of contemplation is formed, and this way of «habitual and substantial, general and loving knowledge» becomes a way of life (A 2.14.2). Visions and revelations and other particular supernatural communications are in the same imperfect category of images as meditation; they too are «the wrappings of spiritual communication» (A 2.16.11; 2.11.5-6). In this analysis, even when they are authentically supernatural, their only value lies in the interior spiritual regeneration which caused them in the first place (A 2.17.7).

In John's anthropology the processes of meditation-mortification are rooted in embodied, sense life, the level of ordinary, «natural» operations. Grace is essential there, but working in a human mode. The region of contemplation is the spirit, the level of obediential potency, where God gives himself in pure faith, hope and charity. This mature theologal life transcends images and breathes the free air of total disponability to the divine intervention. The active effort in the night of the spirit is to live a faith life in utter purity of heart, without the distraction of selfish interest, immediate pay-off, without any human support systems, even structures of meaning and the security of tested experiences that give one reassurance and personal direction. To be thus totally in the hands of God is a frightening and threatening prospect. It is a call to walk in unlimited transcendence, moving beyond anything and everything that is not God. It is the way of the «nadas» of the Mount of Perfection[8].

This is spirituality in its pure state, a delivery system of knowledge and love that does not depend on the visible and tangible. Word and sacrament and the created order in general remain in place and as the instruments of mediation between God and the human being. The way of con-

---

[8] The original pencil sketch of «Mount Carmel» in notarized copy is found in Kavanaugh, *Collected Works*, 66-67.

templation does not remove one from the human condition either in church or world. But the life that comes through these forms and structures is not compromised by their finitude, limited to little morsels because of the finite conduit. The creaturely condition is engaged and yet transcended in these operations, and there is presence to the living God. It is beyond the scope of this paper to enter into theological explanations of the experience. In John's mind the theological virtues acting without encumberance or distortion from an unredeemed psyche or spirit offer a sufficient explanation for the «inflow of God» (A 2.15.4; F 3.38). Contemplative living is a life of contact and presence to the hidden Christ that allows the unlimited variety of human expressions that loving faith can embody. It is unalloyed faith and love, whatever the human dress.

The love of Christ that thrives in meditation's forms is limited by the sensory quality of that approach. The understanding is partial and superficial and does not remove all the distortions of ego or the unrecognized motivation of the unconscious. Images in other words image God poorly and for this reason John calls for their «denuding»:

> *Like a blind man [the contemplative] must lean on dark faith, accept it for his guide and light, and rest on nothing of what he understands, tastes, feels, or imagines. All these perceptions are a darkness that will lead him astray. Faith lies beyond all this understanding, taste, feeling and imagining (A 2.4.2).*

The chapters on beginners' faults (N 1.2-7), which describe the capital sins gone underground and appearing in spiritual disguises, are the flawed outcome of the self-direction of meditation.

Contemplation can deal with these dead ends, because it moves beyond objects. Thus the call to «renounce and remain empty of any sensory satisfaction that is not purely for the honor and glory of God» (A 1.13.4) is fully logical in a contemplative perspective. The totality of person-to-person relationship with God is the single concern, not pieces of knowledge or isolated satisfactions. The relationship, hence contemplation, is greater than any partial expression or all of them put together.

So the bride in the «Canticle» wants no more images, no more «messengers», since «they cannot tell me what I must hear». (Stanza 6). She has moved beyond words to the Word, and the communication now is ineffable:

> All who are free
> Tell me a thousand graceful things of You;
> All wound me more
> And leave me dying
> Of, ah, I-don't-know-what behind their stammering.

The «I-don't-know-what» is the grace of contemplation. It is camouflaged at first, too delicate and too new and different to be recognized for what it is. Even when the contemplation becomes the customary way of prayer in the quiet, peaceful plateau between the two nights, it remains an ineffable «I-don't-know-what».

Both the stanzas and the commentary illustrate the fact that the way of contemplation in no way removes one from the involvements and transactions of life. In the present stanza it is experienced in the exchanges of friends. Contemplation is a hidden state of being before it is any particular mode of consciousness. It is a depth relationship with self, God, and the world that has innumerable phenomenological expressions. Its surest sign is a quality of all pervasive love. Because the knowledge is by way of love, it lacks the clarity of this or that image or concept. So it is dark and obscure, favorite words of St John of the Cross. The darkness is not always painful; in itself the darkness is friendly, because it is the loving God communicated. It is soon experienced as the «tranquil» (stanza 15) and «serene» (stanza 39) dark night beyond the time of purification. The darkness wounds only to heal, and it heals by bringing the whole person into union with God.

In contemplation one enters the holy of holies beyond mere representations and figures, beyond any identifiable mystical phenomena such as visions and locutions, ecstasies or miracles, beyond any of the old landmarks or consoling understandings or reassuring oasies. There is no new technical knowledge. The knowledge and skills that provided self-direction remain in place, and the loving «unknowing» of contemplation provides only a sense of God and a spiritual affinity and con-naturality in the things of God. Nothing is changed, yet everything is changed, because of the deeper and more wholistic and more loving quality of life.

This love grows to enormous proportions and in the absence of felt presence of the Beloved there is profound frustration and impatience, the disorientation of «not living where you live» (stanza 8). The purification consists precisely in the patient endurance of this state. But it costs, and the lament of the bride gets more and more intense. She desperately wishes to be with him, but for this she must wait. Meanwhile life must go on, and this is an added burden: «such souls suffer much in dealing with people and with business matters». Their hearts are elsewhere (C 10.2; 11.10).

The «arrows» of love (stanza 8) continue their task of configuring the person to Christ. The Word of God, the Christ who is spirit, becomes more and more the totality of the person's life. The Mystery of Christ now relativizes everything and is experienced as the all-inclusive meaning of reality (A 2.22.5). The surest sign that growth is happening is the falling away of all creature supports, sensible and spiritual, in imitation of Christ in his passion and death (A 2.7). This death-like experience is complemented by the awe-

some thrust toward union with Christ. Its healing lies in the transformation
desired; the bride begs to be carried off like stolen booty (stanza 9). The
response is the betrothal and marriage in which the spouse become one.

Divine Union

The desire for the real presence of the Beloved is put in the metaphor
of vision, so that the eyes carry the message of yearning from stanza 10 to
the ecstasy of stanza 13. The bride begs to see the Beloved:

> ... may my eyes behold You,
> Because You are their light,
> And I would open them to You alone.

This is a desire for face to face vision (C 10.7), a vision which only the
passage through death allows. She willingly accepts this condition, even
prays for it in stanza 11: «And may the vision of Your beauty be my
death». In the beatific vision «presence and image» are complete, because
then at last «the lovers are so alike that one is transfigured in the other».
(C 11.12). This is the ultimate state of assimilation to Christ, the perfection
of the original sketch or image of Christ, Bridegroom, Word, and Son of
God (C 11.12). The earthly state of divine union turns out to be something
short of this beatific vision.

Yet there is incredible identification of the spouses, and the image of
eyes brings this out. In stanza 12 the bride wants to peer into her lover's
eyes. So she looks into her faith that reveals the Christ, into an image-
become-symbol that contains and evolkes the reality of Christ. The faith is
the beautiful «cristalina fuente», the crystal-clear Christ-fountain, which
Kavanaugh translates as «spring like crystal». She wants her eyes to meet
the eyes of Christ present in that symbol, on the outside surface of faith,
which are its propositions and dogmas. What does she see? His eyes indeed,
but eyes already part of her very being, «sketched deep within [her] heart».
Now the enfleshment of the Beloved in herself is complete, because the
spouses share the same faculties in incredible co-inherence. The experience
is too much to bear and she flies off in ecstasy.

The detail of the eyes is almost surrealistic. Divine union is usually
described in terms of the divinization of the faculties of intellect and will
(e.g. F 2:34) or participation in the divine attributes (e.g. F 3:2-17). Here
the homely figure of the eyes is the sign of the transformation. His eyes are
her eyes, since they are engraved in her being, and her eyes his, because the
mystic «lives no longer herself, but Christ lives in her». (Gal 20:20; C 12.8).

To those struggling on the path of meditation there are figures and forms and similitudes of faith; in the way of contemplation there is simply darkness, a presence in absence. Now the faith is brought to perfection in symbol. The mystic apprehends her Beloved in his truth and reality, still in faith, still in the «silvered-over outside» of the propositions and articles of faith, but with an immediacy of love that penetrates to the inner reality of those truths. The outside truths are now symbols.

In the ensuing dialogue the depth of the realism of the mutual indwelling is underlined. «Withdraw your eyes», the bride calls out: she cannot sustain his gaze. Note that now he is the one who is gazing on her with love and she cannot bear it; the eyes are his, but mirrored in her own being and now experienced. He calls her back from the threatened flight of the spirit and utters the astounding revelation that he too has been suffering the wound of love and has been healed by her very flight. Once again the roles are exchanged. Until the transformation she was the wounded dove and he was the stag who wounded her. Now in the two becoming one the wound is transferred to him and he is healed, «cooled by the breeze of flight» (stanza 13).

From this point on in the poem all creation becomes the symbol of the Beloved, just as the Christ-fountain of faith reveal the very eyes of Christ. Stanzas 14 and 15 are a magnificent symphony in which bride and bridegroom and all of creation are made one together. Enraptured in the beauty of her Beloved in her own being the bride celebrates that same beauty in the beautiful and wonderful things of creation. The inner experience is the outer experience; inner transformation and outer sacrament are perfectly coordinated. So the experience of her Beloved is her experience of mountains and valleys, islands and rivers, breezes and dawn, as well as the oxymorons of «silent music» and «sounding solitude». Her Beloved is everything to her, and everything is her Beloved, not in a pantheistic sense, but as symbols revealing and concealing the inner Presence. In a final personalistic reference at the end of the list of symbols in stanza 15 the Beloved is «the supper that refreshes and deepens love». The Eucharist perfectly exemplifies the profound identity of human and divine experience. For the mystic in divine union every supper is eucharist, the experience of the real Presence in symbol.

The end of the journey has been reached. The human subject has become «God by participation», so that there is utter transparency in her own embodied being and in all of creation. No longer are their forms and figure separated from their origin and final end. Their truth and reality are manifest now as a bonus of detachment (A 3.20.2). The forms and figures which were the stepping stones to God in the first phase and which were abandoned in favor of dark faith in the second phase are now repossessed in a trans-formation and a trans-figuration that bring them into the one divine symphony and the spouse can sing with St John of the Cross:

> *Mine are the heavens and mine the earth. Mine are the nations, the just are mine, and mine the sinners. The angels are mine, and the Mother of God, and all things are mine; and God Himself is mine and for me, because Christ is mine and all for me* («*Sayings of Light and Love*», 25).

John of the Cross' Doctrine of Prophecy in the Ascent of Mount Carmel

Allan J. Budzin

Descubre tu presencia
y máteme tu vista y hermosura;
mira que la dolencia
de amor, que no se cura
sino con la presencia y la figura [1]

For John of the Cross, all creation shimmers with the mystery of God. To many people, however, this divine presence remains hidden or obscured. They require a moment of contemplative experience to reveal the presence of God in creation and within the depths of the human heart. In the above stanza from the «Cántico espiritual», John of the Cross desires such a divine revelation. He yearns for the presence and beauty of God, who alone can appease the love-sickness of the human heart. Commenting on this verse, John suggests that only the manifestation of God to the soul can satisfy such a desire since he is «unable to find any remedy less than this glorious vision of [God's] divine essence» [2]. Moreover, the Carmelite mystic compares this revelation to the experience of Moses on Mount Sinai, where God disclosed the divine glory to the first prophet of Israel: «While standing in God's presence, [Moses] was able to get such sublime and profound

---

[1] Juan de la Cruz, «Canciones entre el alma y el esposo» (B), in *Obras Completas*, notes and appendices by Lucinio Rusno (Madrid: Biblioteca de Autores Cristianos, 1982), p.607. (Henceforth al Spanish citations of John's writings will refer to this critical edition). My English translation is as follows:

> Reveal your presence,
> And let your sight and beauty kill me;
> Behold, the ache of love,
> Which is not cured Except by your presence and countenance.

[2] Spiritual Canticle 11.2. [Unless otherwise noted, English translations of John's writings are taken from *The Works of Saint John of the Cross*, 3 vols., translated by E. Allison Peers (London, Burns and Oates, 1934-35)].

glimpses of the height and beauty of the hidden divinity of God that, unable to endure it, he asked God twice to reveal His glory»[3].

Accordingly, John of the Cross interprets this divine revelation to Moses as a prophetic experience that manifests God as the holy and ineffable Mystery, to whom the human person becomes united in transforming love. Furthermore, prophecy of this sort defines a particular kind of divine knowledge that constitutes the experience of union with God[4]. In this way John significantly associates the contemplative moment of divine revelation with the experience of prophecy.

Thus, he identifies the prophet as one who experiences and articulates the mysterious presence of God shimmering throughout creation. In this context, the present essay will analyze John of the Cross' specific doctrine of prophecy as deliberately formulated in his treatise the *Ascent of Mount Carmel*.

The sanjuanist doctrine of prophecy in the Ascent

In the second book of the *Ascent of Mount Carmel* John of the Cross presents a detailed exposition of prophecy. He places this discussion within a clearly anthropological and epistemological context dealing with the sensual and spiritual parts of the human person. Moreover, he relates these divisions of the soul to the manner in which knowledge of God and creatures is acquired. According to John, such philosophical analysis is necessary to adequately fulfill the purpose of his treatise: «to direct the soul through all its natural and supernatural apprehensions, without deception or hindrance in the purity of faith, to divine union with God»[5]. John claims that an experiential knowledge of God's essence constitutes this mystical union, which is the goal of the spiritual life[6]. To attain such divine knowledge and union the Carmelite mystic states that the human person must be led by faith into a certain darkness or nullification of objects perceptible to one's sensual and rational capacities: «for, in order that a soul attain supernatural transformation, it is clear that [the soul] must be placed in darkness and carried away from al that its nature contains, which is sensual and rational»[7]. Once within this darkness, however, the human person paradoxically

---

[3] *Ibid.* 11,5. See also *Ascent* 2.16.8-9. For a discussion of Moses as paradigmatic prophet, see Walter Brueggemann, *The Prophetic Imagination* (Philadelphia, Fortress Press, 1978), pp.11-43.

[4] See *Ascent*, 2.26.2.

[5] *Ascent* 2.28.1. For a succinct description of John's anthropology, see Kieran Kavanaugh, ed., *John of the Cross: Selected Writings* (New York, Paulist Press, 1987), pp.34- 37; an extensive analysis of John's epistemology can be found in George Morel, *Le sens de l'existence selon S. Jean de la Croix*, 3 vols. (Paris, Aubier, 1960- 61), II, 37-30.

[6] See *Spiritual Canticle* 11.3-5.

[7] *Ascent* 2.4.2.

discovers the splendid arena of divine light in which one experiences the illumination of faith.

To elucidate this paradox John of the Cross applies the principle of scholastic philosophy which teaches that all means must be proportioned to their end[8]. Accordingly, he argues that the essence of God cannot be perceived through the natural means of human knowledge because God, as an object of knowledge, transcends any cognitive activity dependent upon sensible perceptions. On the contrary, God is known only by means of faith which «tells us of things that we have never seen nor understood in themselves or in their likenesses, since they have [no likenesses]. And thus, about this [God's essence] we have no light of natural knowledge, since that which tells us [of God] is not proportioned to anything sensible[9]. For John of the Cross, the knowledge that faith provides is acquired without the illumination of the understanding by means of sensible perceptions. From this perspective John describes faith as a «dark night» (*noche oscura*) that darkens or annuls the rational capacity of the human person with respect to knowledge of God[10]. This dark night of faith makes an individual feel like a «blind man, leaning upon dark faith, taking it for guide and light, and leaning upon none of the things that he understands, experiences, feels and imagines. For all of these things are darkness which will cause him to stray»[11]. Thus the person who seeks knowledge of God must ignore the normal ways of human knowing and rely completely on faith, which provides an apophatic way of knowing and experiencing God. John notes that such a means of possessing divine knowledge demands a reversal in the ordinary method of human knowing: «in order to reach God, a soul must rather proceed by not understanding than by desiring to understand; and by blinding itself and setting itself in darkness, rather than by opening its eyes, in order to more nearly approach the divine ray: ...[for] as God is darkness to our understanding, so also does faith blind and dazzle our understanding»[12]. Consequently, he concludes that faith alone is the proximate and proportionate means by which the human person knows God and becomes united with God.

Since the Carmelite mystic professed to use «divine scripture» as his guide for exploration of the dark night[13], he draws on biblical authority for the principle that nothing created can serve as a means to divine knowledge. To illustrate this philosophical position, John of the Cross proposes the experience of prophets such as Moses, Elijah, and Isaiah. For example,

---

[8] See *Ascent*, 282.
[9] *Ibid.*, 2.3.3.
[10] *Ibid.*, 2.3.4 and 2.4.2.
[11] *Ibid.*, 2.4.2.
[12] *Ibid.*, 2.8.5 and 2.9.1.
[13] *Ibid.*, Prologue 2.

John interprets God's revelation to Moses on Mount Sinai as demonstrating the incapacity of human intelligence for receiving clear knowledge of God through sensible perception: «wherefore Moses, when he entreated God for this clear knowledge, was told by God that he would be unable to see Him, in these words: "No one shall see me and remain alive"»[14]. According to John, this admonition signifies that Moses could not form an intelligible likeness of what he had experienced of God in this situation. Similarly, the prophet Elijah covered his face in the presence of God on Mount Carmel. John interprets Elijah's response to this theophany as an action «signifying the blinding of his understanding» (*que significa cegar el entendimiento*)[15]. Moreover, the prophet of Carmel clearly saw that «whatever he might consider or particularly understand was very distant and dissimilar to God»[16]. Likewise, John cites a long passage from «that most notable authority (*aquella tan notable autoridad*)», the prophet Isaiah, to support the position that nothing understood, willed, or imagined can serve as a means to divine union[17]. Finally, John of the Cross adds a short excerpt from the prophet Baruch [3:23] to demonstrate that the normal paths of human intelligence cannot lead to union with God[18]. These prophetic references provide John with the scriptural authority to confirm that faith serves as the only appropriate means for divine knowledge and union with God.

Having displayed a biblical foundation for his thesis about faith, the Carmelite friar proceeds to the philosophical demonstrations. He intends «to make a distinction between all the apprehensions, whether natural or supernatural, which the soul may receive, so that in a more logical order we may then direct the understanding with greater clearness into the night and obscurity of faith»[19]. For John of the Cross, the terms «natural» and «supernatural» define specific modalities of human knowledge. They represent different modes of perceiving the same object or event. For example, natural intelligence indicates a way of knowing initiated by sense perception; whereas, supernatural intelligence denotes a way of knowing that is passively apprehended by the human subject without being initiated by the senses. In other words, natural knowledge always happens through the mediation of the senses; supernatural knowledge usually occurs through the mediation of God[20].

In this regard John provides a brief sketch of his epistemological paradigm including a deliberately concise outline of its divisions[21]. He teaches

---

[14] *Ibid.*, 2.8.4.
[15] *Ibid.*
[16] *Ibid.*
[17] *Ibid.*, 2.8.5.
[18] *Ibid.*, 2.8.6.
[19] *Ibid.*, 2.10.1.
[20] For a precise treatment of this distinction, see Morel, II:51-55.
[21] *Ibid.*, 2.10.2-4.

that the intellect (*el entendimiento*) receives information and knowledge (*noticias e inteligencias*) in two ways: naturally and supernaturally. The former denotes all that the intellect understands by way of the bodily senses or by its own power; the latter includes all that the intellect receives beyond its natural ability and capacity (*su capacidad y habilidad natural*). John further divided this supernaturally received information and knowledge (*noticias sobrenaturales*) into two kinds: 1) corporal (*corporales*), which the intellect apprehends by way of the exterior bodily senses (i.e., hearing, touch, taste, sight, smell), or by way of the interior senses of imagination and fantasy; and 2) spiritual (*espirituales*), which are also divided into two categories: a) that which is distinct and particular (*distintas y particulares*); and b) that which is confused, dark and general (*confusa, oscura y general*). The first category includes four types of apprehensions (*maneras de aprehensiones*) which are communicated to the intellect without any mediation of the bodily senses: visions, revelations, locutions, and spiritual feeling (*visiones, revelaciones, locuciones y sentimientos espirituales*)s; the second category includes only contemplation given in faith (*la contemplación que se da en fe*).

These principal elements of sanjuanist epistemology demarcate the steps that John of the Cross must follow in order to lead the human person into the dark night of faith. In the *Ascent* John specifically employs this schema as a guide for his method of procedure, namely, «from the lesser to the greater, and from the more exterior to the more interior, until reaching the most intimate recollection wherein the soul is united with God»[22]. Moreover, John notes that God directs the human person to such union «with order and gentleness, and according to the mode of the soul itself (*ordenadamente y suavemente y al modo de la misma alma*)»[23]. These philosophical principles coalesce in a remarkable passage delineating the exact manner in which God brings the human person to divine knowledge. According to John, God employs the sou's natural capacities of sensation and reason as a means to contemplative wisdom:

> since the order whereby the soul acquires knowledge is through forms and images of created things, and the mode of its knowing and understanding is through the senses, it follows that, for God to elevate the soul to supreme knowledge, and to do so with gentleness, he must begin to work from the lowest and extreme end of the soul's senses, in order that he may gradually lead it from its own mode to the other extreme of [God's] spiritual wisdom, which does not belong to sense. From here he first leads [the soul] by instructing it through forms, images, and ways of sense, according to its own manner of understand-

[22] *Ibid.*, 2.12.1. See also 2.17.3- 4.
[23] *Ibid.*, 2.17.3.

ing (now naturally, now supernaturally) and by means of rea-
soning, to this supreme Spirit of God[24].

This excerpt clearly describes the way by which God moves the soul
toward divine union. The movement begins with sensible perception and
ends with the spiritual knowledge of contemplation given in faith. In this
way God gradually transforms the human person's natural manner of
acquiring knowledge into a divine mode of knowing. For John of the
Cross, such a transformation confirms that «God brings man to perfection
according to the mode of man, from the lowest and most exterior to the
highest and most interior»[25]. Consequently, the Carmelite friar will treat in
turn the various ordered elements of both natural and supernatural knowledge that serve this gnoseological transformation and direct the human
person along the path toward union with God.

John's analysis carefully follows the order determined by his methodo-
logical principles. He gradually moves from the exterior natural perception
of the senses to the interior supernatural knowledge of contemplation. For
example, in the brief first book of the *Ascent* John treats the natural apprehensions, which the intellect directly receives from created objects through
the bodily senses or from the natural power of the intellect itself. Then, in
the second book he considers the supernatural apprehensions, which the intellect receives from a modality transcending its natural ability and capacity[26]. Although these apprehensions are called supernatural, certain of their
effects are analogous to those apprehended by means of natural perception.
For example, a person may imagine a representation of a particular saint or
angel, or hear the voice of someone not present. Accordingly, John examines those spiritual apprehensions which come to the intellect through the
five exterior bodily senses or through the two interior bodily senses of
imagination and fantasy (*la imaginativa y fantasía*)[27]. In this context John
consecutively discusses the distinct and particular apprehensions (visions,
locutions, revelations, spiritual feeling) and concludes with a treatment of
contemplation. His examination of these spiritual apprehensions is particularly significant because it includes the sanjuanist analysis of prophecy.

Initially John addresses the theme of prophecy while investigating certain supernatural apprehensions known as imaginary visions (*visiones imagi-*

---

[24] *Ibid.*

[25] *Ibid.*, 2.17.4.

[26] For an extensive discussion of the sanjuanist distinction between natural and supernatural ways of knowing, see: Morel, II, 41-111.

[27] See *Ascent* 2.11-12. As examples of spiritual apprehensions which the intellect receives
from the exterior senses John lists imaginative forms of saints, representations of angels, and
the words which such figures may seem to speak. From the imagination and fantasy, the intellect receives the discursive activity of meditation, which is effected by means of images, forms,
and figures fashioned by these interior senses.

narias) [28]. These visions, which the intellect receives without any direct mediation of the exterior senses, include «all things which can be represented to the imagination supernaturally by means of any image, form, figure and species» [29]. According to sanjuanist epistemology, such representations are retained by the fantasy and memory, which function as «the archive and storehouse of the intellect» (*como un archivo y receptáculo del entendimiento*) [30]. John observes examples of these imaginary visions in the experience of various prophets: «as Isaiah saw God in his glory beneath the smoke which covered the temple, and beneath the seraphim who covered their faces and feet with wings; [as] Jeremiah saw the rod keeping watch, and Daniel a multitude of visions» [31]. Surprisingly, John of the Cross advises people to avoid desiring such visions because they do not serve as a proportionate means to divine knowledge. These supernatural apprehensions rely on knowledge received through the interior senses and stored in the memory. Consequently they impede the acquisition of divine knowledge that comes through faith [32],

In contrast to knowledge mediated by imaginary visions John sets the unmediated knowledge of faith. A person acquires this knowledge without dependence on intelligible forms, figures, or particular ideas. To exemplify this type of knowledge, John selects a text from the Book of Numbers (12:6- 8) where God describes the special quality of Moses' prophetic experience of divine revelation. John cites the Latin Vulgate text, which reads in translation as follows: «If there is any prophet of the Lord among you, I will appear to him in some vision or form, or speak with him in dreams. But no one is like my servant Moses, the most faithful one in all my house, and I will speak with him mouth to mouth, and he does not see God through comparisons, likenesses, and figures» [33]. This excerpt aptly serves John's purposes in two ways: 1) it affirms the unmediated communication of God to the person during the experience of divine union; and 2) it emphasizes the essential nature of this communication. John interprets this biblical text as follows:

> ...in this lofty state of union whereof we are speaking, God is not communicated to the soul by means of any disguise of imaginary vision, similitude, or form, neither can He be so communicated; but mouth to mouth —that is, in the naked and pure essence of God, which is the mouth of God in love, with

---

[28] *Ascent* 2.16.1.
[29] *Ibid.*, 2.16.2.
[30] *Ibid.*
[31] *Ibid.*, 2.16.3.
[32] *Ibid.*, 2.16.12.
[33] *Ibid.*, 2.16.9.

the naked and pure essence of the soul, which is the mouth of
the soul in love of God [34].

For John of the Cross, God's «mouth to mouth» communication to
the soul denotes an unmediated act of prophetic revelation. In fact, such
communication of God to the human person becomes the sanjuanist paradigm of mystical experience and divine revelation. It relativizes the effects
of other inferior apprehensions that distract the soul from the genuine
union of love in God. Moreover, John of the Cross teaches that the benefits of these apprehensions come to the soul passively as a divine gift.
Since people receive the effects of supernatural apprehensions whether they
desire them or not, individuals must not become attached to them. Therefore John advises everyone to reject imaginary visions and intellectual
forms or figures because they cannot serve as proportionate and proximate
means to the essential union of love. Faith alone mediates such a union [35].

John of the Cross defends this argument with a reference to the
second letter of Peter, which confirms the priority of the prophetic word
over distinct supernatural apprehensions such as the transfiguration of
Christ on Mount Tabor. As usual, John cites the Latin Vulgate text: «And
we have a surer prophetic word [than the vision of Tabor]: to which you
do well to attend, as to a lamp shining in a dark place, until the day dawns.
(2 Peter 1:19) [36]. This scriptural verse admirably suits John's desire to as-
sociate the sayings of the prophets with the dark night of faith. He explains
the text as follows: «in telling us to look to the faith whereof the prophets
spoke, as to a candle that shines in a dark place, [Peter] is bidding us remain in the darkness, with our eyes closed to all these other lights; and telling us that in this darkness, faith alone, which likewise is dark, will be the
light to which we shall cling» [37]. John evinces three important observations
in this comment. First, he acknowledges the significant relationship between
faith and prophecy, and implies that faith is the content of prophetic revelation; secondly, John notes the paradoxical nature of the dark night of faith:
although it denotes an unknowing in comparison with the normal process
of human cognition, faith nevertheless illumines the intellect with divine
knowledge as a candle brightens a dark room; and finally, he affirms the
superiority of faith in comparison to supernatural apprehensions, the «other
bright lights».

---

[34] *Ibid.*

[35] See *ibid.*, 2.16.10-12.

[36] *Ibid.*, 2.16.15. In the text John paraphrases 2 Peter 1:19 as follows: «Quiere decir: *Y
tenemos más firme testimonio que esta visión del Tabor, que son los dichos y palabras de los profetas que
dan testimonio de Cristo, a las cuales hacéis bien de arrimaros, como a la candela que da luz en el lugar
oscuro*».

[37] *Ibid.*

Several preliminary insights about the sanjuanist understanding of prophecy develop from John's analysis of imaginary visions. They may be summarized as follows: 1) prophecy is a type of supernatural apprehension, which the intellect receives from a modality transcending its natural ability and capacity; 2) prophecy can be either a distinct and particular apprehension (as exemplified by various imaginary visions given to certain prophets) or a general revelation (as exemplified by God's unmediated communication to Moses); 3) as a type of divine revelation, prophecy communicates the essential knowledge of faith to the human person; 4) the experience of prophetic revelation constitutes an element in the dark night of faith and indicates a significant dimension of divine union; and 5) John of the Cross affirms the benefit of prophetic revelation that leads a person to contemplation, but he denies the usefulness of lesser supernatural apprehensions such as imaginary visions that can be misunderstood and confusing. This initial analysis of prophecy is further developed in several subsequent chapters of the *Ascent*.

In chapter 19 of the second book of the *Ascent* John presents a rule for interpreting prophecy. The context for his discussion involves the ambiguity of certain supernatural prophecies, visions and locutions. According to John, these apprehensions may deceive a person in two ways: from the defective manner in which they are understood, and from the variety of their causes [38]. He explains that the first inadequacy results from the transcendence of God: «since God is immense and profound, [God] is accustomed, in his prophecies, locutions and revelations, to employ ways, concepts and ideas very different from the purpose and method that we normally are able to understand [in them]» [39]. John observes several examples of such misunderstandings in the biblical stories of Abraham (Genesis 15), Jacob (Genesis 46) and the tribes of Israel (Judges 20). These situations demonstrate the human tendency to interpret divine revelations and locutions according to their apparently literal significations.

Such a method of interpretation, however, ignores the principal intention of God «to express and convey the spirit that is contained in [the revelations and locutions], which is difficult to understand» [40]. For John of the Cross, the spiritual sense of scripture reveals the fullest intentions of the divine text. Influenced by Paul's comment in 2 Corinthians 3:6 —«The letter kills, but the spirit gives life»— John affirms the priority of spiritual signification because «[the spirit] is much more abundant than the letter, and is very extraordinary, and goes far beyond its limits» [41]. Accordingly, the person who attends only to the literal meaning of the bible, like the one

---

[38] *Ibid.*, 2.19.1.
[39] *Ibid.*
[40] *Ibid.*, 2.19.5.
[41] *Ibid.*

who clings to the signification of imaginary visions and locutions, falls into error by relying merely on the superficial level of sense.

As usual, John of the Cross supports this argument with biblical authority. He cites several prophetic texts, Isaiah 29:9-11, Jeremiah 8:15, and Psalm 71:8-12, to demonstrate how easily human beings misinterpret the sayings of the prophets[42]. Although John customarily quotes scripture in the vernacular, he cites these excerpts in the Latin Vulgate alone. For the purpose of a sanjuanist interpretation of prophecy, the verses from Isaiah are particularly relevant. John presents the Isaian text as follows: «*Quem docebit Dominus scientiam!? et quem intelligere faciet auditum? ablactatos a lacte, avulsos ab uneribus. Quia manda, remanda, manda, remanda; exspecta, reexspecta, exspecta, reexspecta, modicum ibi, modicum ibi. In loquela enim labii et lingua altera loquetur ad populum istum*» (To whom will the Lord teach knowledge? And to whom will he cause to understand what is heard? Those weaned from the milk and taken from the breasts. For it is command and command again, command and command again; wait and wait again, wait and wait again; here a little, there a little. For, in the words of lips and in another tongue God will speak to this people).

John's immediate paraphrase of this text differs significantly from a literal translation by introducing the notion of prophecy: «To whom will God teach knowledge? And whom will God make to understand his prophecy and word? Only to those who are already weaned from the milk and drawn away from the breasts. For all say (that is, concerning the prophecies): promise and promise again, wait and wait again, wait and wait again; a little here, a little there; for in the word of his lips and in another tongue [God] will speak to this people»[43]. John obviously extends the meaning of this prophetic statement to include a notion of prophecy not contained in the biblical verses. Such an amplification of meaning suits the Carmelite friar's purpose of contrasting literal and spiritual significations. In this context, the words of Isaiah present John of the Cross with a helpful metaphor. Those people who interpret a prophetic text in a merely literal sense taste only the «milk of the letter» (*este leche de la ... letra*) that flows from «the breasts of their own senses» (*esos pechos de sus sentidos*). Moreover, they do not comprehend the «greatness of knowledge» that comes from the spirit (*la grandeza de la ciencia del espíritu*)»[44].

John concludes this argument about prophetic statements and the defective mode of human understanding with a general principle for interpreting prophecy. He states: «in interpreting prophecy, we have not to consider our own sense and language, knowing that the language of God is very different from ours, and that it is spiritual language, very far removed from

---

[42] *Ibid.*, 2.19.6-7.
[43] *Ibid.*, 2.19.6.
[44] *Ibid.*

our understanding and exceedingly difficult»[45]. In other words, the language of God pronounced in prophetic statements requires a different method of interpretation than human language. Since prophetic discourse principally intends to communicate divine revelation, the primary meaning of prophecy is discovered in its spiritual sense. Certainly John of the Cross does not ignore the literal sense of scripture[46]. This signification, however, is clearly secondary to the spiritual sense, which displays the full intentions of God. The literal sense is simply the «rind» (*la corteza*) under which the truly fruitful spiritual meaning of scripture is discovered[47].

Furthermore, John of the Cross acknowledges the role of the Holy Spirit in determining the true sense of prophetic statements. He clearly affirms that «the Holy Spirit causes many things to be said that bear another sense than that which human beings understand»[48]. Although the Spirit guarantees the veracity of scripture, nevertheless human beings can still misinterpret the divine intentions because of the inadequacy of human intelligence. John points out this frequent contradiction between divine intention and human understanding: «for God always expresses in his words the sense that is most fundamental and profitable; whereas the human person can understand in his [or her] own way and purpose the less fundamental sense, and thus may be deceived»[49]. Consequently John advises the spiritual teacher (*el maestro espiritual*) to dissuade her or his disciple from interpreting all supernatural apprehensions. He calls such visions and locutions nothing more than «tiny particles of the spirit» (*unas motas de espíritu*), which distract a person from practicing a genuine spirituality. Rather, the *maestro espiritual* must counsel the disciple «to dwell (*estar*) in the liberty and darkness of faith, in which one receives freedom of spirit and abundance, and therefore, the wisdom and understanding proper to the sayings of God»[50].

In this way the disciple will develop a true spirituality that enables one to judge the things of God according to their spiritual significations. John associates this ability to discern the profound significance of divine things with the Pauline distinction between the «animal» and «spiritual» human

---

[45] *Ibid.*, 2.19.7: «Y así no se ha de mirar en ello nuestro sentido y lengua, sabiendo que es otra la de Dios, según el espíritu de aquello muy diferente de nuestro entender y dificultoso». Kavanaugh and Rodríguez translate this difficult passage as follows: «One should not interpret the prophecy literally, for God's spiritual meaning is difficult to understand and different from our literal interpretation». A more literal translation would read: «And thus we are not supposed to consider in this [prophecy] our own meaning and language, knowing that it [human meaning and language] is different from that [meaning and language] of God, just as the spirit of [prophecy] is very different from our understanding and [is] exceedingly difficult».

[46] For example see *Ascent* 1.5.2, where John literally interprets Luke 14:33.

[47] See *Ascent* 2.19.6.

[48] *Ibid.*, 2.19.9.

[49] *Ibid.*, 2.19.13.

[50] *Ibid.*, 2.19.11.

being. Commenting on 1 Corinthians 2:14, John appropriates the Pauline comparison to serve his own purpose: «Animal man here denotes one who uses the senses alone; the spiritual [denotes] one that is not bound or guided by sense»[51]. According to John, the more spiritual one becomes, the less deceived one is about the true sense of divine prophecies since one is able to accurately discern the full intentions of the Holy Spirit.

Having discussed the limitations of human intelligence in discerning the true sense of prophecy, John of the Cross next analyzes the variety of human causes that also complicate the matter. From John's perspective, this new issue involves the immutability of God and the mutability of creation: «God often says things founded upon creatures and their effects, which are changeable and liable to fail, for which reason the statements that are founded upon them are liable also to be changeable and to fail»[52]. In other words, the mutable nature of the created order can alter the outcome of certain prophetic statements. For example, John notes the conflict between King Ahab and the prophet Elijah in 3 Kings 21, where the divine punishment prophesied against Ahab was retracted when Elijah convinced the king to repent. Ahab's contrition altered the effects of the divine prophecy. From this situation John deduces an important principle: «although God may have revealed or affimatively declared something to a soul, whether good or evil, or relating to that soul itself or to others, this may more or less be changed or altered or entirely withdrawn, according to the change or variation in the affection of the soul, or the cause established by God, and therefore it would not be fulfilled as one expected...»[53]. Thus John of the Cross asserts that the fulfillment of certain prophetic revelations may vary or change when they are dependent upon mutable causes. Because of these variations, John notes that the prophets, into whose hands was entrusted the word of God (*en cuyas manos andaba la palabra de Dios*), experienced prophecy as a great burden (*grande trabajo*) since its pronouncements were not fulfilled according to their apparent literal meaning[54]. John of the Cross advises individuals to avoid this confusing and onerous task of interpreting prophetic revelations by not relying simply on human understanding that cannot fully comprehend the hidden truths of God and their variety of meanings.

In short, John's discussion of the ways in which a person may be deceived about the meaning of supernatural visions, locutions and revelations expands the sanjuanist understanding of prophecy by presenting three significant hermeneutical principles: 1) prophecy expresses the word of God entrusted to each prophet; 2) prophetic discourse must be interpreted

---

[51] *Ibid.*
[52] *Ibid.*, 2.20.1.
[53] *Ibid.*, 2.20.3.
[54] *Ibid.*, 2.20.6.

according to the spiritual sense since it articulates the profound intentions of the Holy Spirit; and 3) the limits of human intelligence and the mutability of created causes can alter or obscure the intention of prophetic sayings. In this context, John contrasts the spiritual interpretation of scripture, which appropriates the primary signification of prophecy, with a merely literal interpretation that ignores the complexities of divine language and distracts a person from the full meaning of prophetic revelation. Furthermore, John of the Cross emphasizes that a proper understanding of prophecy requires an awareness of the mutable causes on which certain prophecies depend for their fulfillment.

This complex matter of prophetic interpretation induces John of the Cross to offer more general instruction about the desire of some spiritual people (*algunos espirituales*) to know certain things by supernatural means. He strongly admonishes individuals to avoid such extraordinary methods of seeking divine knowledge because they exceed the natural limits of human order and governance. As John argues: «[God] has established natural and rational limits for human conduct; so, to desire to surpass them is not lawful, and to desire to search for and obtain things by supernatural means is to exceed these natural limits» [55]. He discovers an example contrasting such importunity in a text from the prophet Isaiah (7:12), where King Ahaz refused to ask for a supernatural sign from God. In John's view, the king's decision exemplifies God's desire to give to each person according to the most suitable manner: «*a cada uno da [Dios]... ségun su modo* [56]. Occasionally God may allow a person to use supernatural means for obtainig divine knowledge, but the ordinary method follows the natural order of human cognition and conation. In fact, the Carmelite friar obviously distrusts extraordinary methods such as visions and revelations, and clearly indicates the proper means for obtaining knowledge of God: «there is no necessity for any of the [supernatural method], since there is natural reason and the evangelical law and teaching through which one can be quite sufficiently guided; and there is no difficulty or necessity that cannot be solved or remedied by these means, which are very pleasing to God and helpful to souls» [57].

For John of the Cross, human reason and the teachings of the Gospel denote the most trustworthy way toward divine knowledge. Moreover, John emphasizes their privileged distinction as primary means for attaining knowledge of God: «we must make such great use of reason and evangelical teaching that, if certain things are told supernaturally to us —whether or no we so desired— we must receive only that which clearly conforms

---

[55] *Ibid.*, 2.21.1.
[56] *Ibid.*, 2.21.2.
[57] *Ibid.*, 2.21.4.

to reason and evangelical law»[58]. He further asserts that reason and Gospel function as the measure of any supernatural revelation: «... then we must receive [what is supernaturally revealed], not because it is revelation, but because it is reason, setting aside all sense of revelation»[59]. These remarkable comments evince John of the Cross' tremendous confidence in human reason and his profound commitment to evangelical values. He unreservedly disfavors a spirituality based on the curious and the unusual. In contrast, John proposes a spirituality directed by the limits of human reason and inspired by the values of the Gospel. Only within the matrix of such a spirituality will John of the Cross confirm the benefit and spiritual meaning of any prophetic revelation.

When John examines the function of prophecy within the context of biblical history he observes a significant difference in its purpose during the periods before and after Christ. For example, in the era of the First Testament God communicated to the Hebrew prophets by means of various supernatural visions and revelations. According to John, prophets sought such extraordinary means «because at that time faith had not been well founded nor had the evangelical Law been established»[60]. Furthermore, John explains why the people of Israel received the word of God through the discourses and symbolic actions of the prophets: «it was necessary that they would inquire of God and that God would speak, sometimes in words, sometimes by way of visions and revelations; now in figures and similes, now through many other means of signification; for everything that God answered and expressed and revealed concerned mysteries of our faith and things touching it or leading to it»[61]. These prophetic revelations of the Hebrew scriptures directed Israel's relationship with God, yet they manifested merely inchoate signs of a faith that would be expressed more completely in Christ.

In the period after Christ, however, prophecy serves a different purpose. Since the Christian dispensation affirms that the fullness of faith has been revealed in Christ, God no longer employs the extraordinary methods of the Hebrew prophets to express the divine intentions. From this perspective, John of the Cross acknowledges the significance of Christ for a new understanding of prophecy;

> Now that the faith is founded in Christ and the Law of the Gospel is manifested in this era of grace, there is no reason to inquire of God in that manner [of the Hebrew prophets], nor any reason now for God to speak or respond as before; for, in

---

[58] *Ibid.*

[59] *Ibid.*

[60] *Ibid.*, 2.22.3.

[61] *Ibid.*

giving us (as he did) his Son, who is his Word, —he possesses no other— God told us everything all at once in this only Word; and he has nothing more to say [62].

In this excerpt John identifies Christ as the unsurpassable Word of God, who expresses the fullness of divine revelation. He also implies that Christ represents the final prophet, who fulfills all that the previous prophets had intended to proclaim. John confirms this position with an effective reference to the Letter to the Hebrews (1:1): «What God formerly spoke to our fathers through the prophets in many diverse ways, now in these days God has spoken to us in the Son» [63]. Given this scriptural authority, John asserts that the reality of Christ annuls the need for new prophetic revelations «since what God was saying previously in part to the prophets, he now has spoken completely in [Christ], giving us the All, who is his Son» [64]. For John of the Cross, the event of the Incarnation underscores the partial nature of Hebrew prophecy. The metaphorical language and symbolic action through which the Hebrew prophets communicated divine intentions are replaced by the *realsymbol* of Christ the incarnate Word. As the final prophet, Christ proclaims the unsurpassable revelation of God to humankind and manifests the full content of faith.

Therefore, further prophetic revelations are unnecessary; the history of divine revelation is now complete. Accordingly, John concludes that the incarnation of the Word brings new definition to the meaning of prophecy.

John of the Cross reprises this conviction about Christ as final prophet in a long lyrical section structured as a dialogue between God and the soul [65]. In the conversation God instructs the soul to ignore supernatural revelations and set her eyes on Christ alone since he is God's complete word, response, vision and revelation («*toda mi locución y respuesta, ... toda mi visión y toda mi revelación*»). With an string of affectionate metaphors, John describes the intimacy between Christ and the human person as a relation of «brother, companion and teacher, ransom and prize (*por Hermano, Compañero y Maestro, Precio y Premio*)» [66]. Moreover, the soul will also find hidden in Christ the «most secret mysteries, and wisdom, and the wonders of God (*ocultísimos misterios y sabiduría y maravillas de Dios*)» [67]. Eventually John will identify these benefits as the content of prophetic revelation. In short, John of the Cross concludes that a new intimacy between God and humankind

---

[62] *Ibid.*

[63] *Ibid.*, 2.22.4. John cites the Latin Vulgate text: «Multifariam multisque modis olim Deus loquens patribus in Prophetis: novissime autem diebus istis locutus est nobis in Filio».

[64] *Ibid.*

[65] *Ascent* 2.22.5-6.

[66] *Ibid.*, 2.22.5.

[67] *Ibid.*, 2.22.6.

has been established through Christ and the full content of faith has been graciously bestowed.

Furthermore, the event of the Incarnation also bears ecclesiological significance. John suggests that the teaching and ministry of the church now mediates the prophetic meaning of this Christian mystery: «in all things we must be guided by the law of Christ made man, and by that of his church, and of his ministers, in a human and a visible manner; and in this way [we must] remedy our spiritual weaknesses and ignorances, since in these means we shall find abundant medicine for them all» [68]. On account of this mediatory role of the church, the Carmelite friar firmly dissuades people from seeking supernatural manifestations of God.

In John's opinion, a desire for such revelations displays an audacious curiosity and distracts a person from the evangelical teachings of Christ. Instead of reliance on supernatural means, he encourages individuals to discover the doctrine of the incarnate Christ in the proclamation of the gospel and the ministry of the church. According to John of the Cross, these human mediations of divine teaching evince a more reliable approach to God than extraordinary revelations. In fact, John assigns an analogously prophetic role to these privileged means of Christian revelation since they recapitulate the function of prophets during the period of the Old Law: «what God spoke at that time did not possess the authority or power to induce complete belief unless it was approbated by the mouth of priests and prophets» [69].

For John of the Cross, this observation suggests a perceptive comparison: as the prophets of Israel mediated in a human way the word of God to their people, so do evangelical law and ecclesial ministry mediate the teaching of Christ to the Christian community [70]. In this way Christian ministers appropriate the twin tasks of prophetic ministry as exemplified by the Hebrew prophets: they serve as mediators of God's word and as models of spiritual discernment.

Within this context John of the Cross deliberately emphasizes the prophetic task of spiritual discernment. He indicates that prophets such as Moses, David, and Nathan not only mediated the word of God but also judged the validity of other people's spiritual experiences. From the activities of these prophets John deduces the critical effect of prophetic discernment: «people were to believe that God spoke to them through the mouth of these [prophets] ... and not through their own opinion» [71]. In other words, a person's religious experience is not self-validating. According to John of the Cross, an individual requires the assistance of a spiritual direc-

---

[68] *Ibid.*, 2.22.7.
[69] *Ibid.*, 2.22.9.
[70] See *ibid.*, 2.22.8.
[71] *Ibid.*

tor, or prophet, to discern the proper method and true meaning of God's communication. The assessment of another person's experience of God is so essential for an authentic spirituality that the Carmelite friar defines such discernment as a fundamental principle of spiritual direction. In the *Ascent* John states this principle as follows:

> «God is so concerned that the conduct and affairs of man should be through another man like himself and that man should be directed and governed by natural reason, that God fully desires us not to give full credence to things which he supernaturally communicates to us nor to confirm their strength and security until they pass through this human aqueduct of the mouth of man. Therefore, whenever God expresses or reveals something to the soul, God confers upon this soul a kind of inclination to tell what he said to the appropriate person [72]».

In this passage John of the Cross affirms the necessity of expressing one's divine communications to another human being. Since religious experiences are not self-validating, John claims that an individual needs to assistance of another person to confirm their validity and legitimacy. Recalling the Hebrew scriptures, he observes how God used prophets to mediate divine revelation to the people. John similarly implies that the task of spiritual discernment still remains the responsibility of a prophet or spiritual director. According to John of the Cross, God's self- disclosure characteristically informs the person with an inclination to articulate this revelation to another human being. Until one's experience of God is expressed and confirmed, it remains incomplete and dissatisfying. Thus John suggests that religious experience is constituted by both an original encounter with God and an intrinsic dynamism toward expression and confirmation. To confirm the validity of these experiences, however, John argues that a person must defer to the judgement of the Christian community: «God does not desire that any single individual should believe that one's experiences are from God, nor should one act in conformity with them or rely on them, without the church and her ministers; for God will not clarify and confirm the truth in the heart of one who is alone» [73]. From this perspective, John of the Cross concludes that the spiritual director acts prophetically on behalf of the church in assisting the individual to discern the legitimacy of one's religious experiences.

In summary, several additional characteristics concerning the sanjuanist notion of prophecy develop from this cautious discussion of the desire for supernatural revelations. First, John of the Cross strongly dissuades people

---

[72] *Ibid.*, 2.22.9.
[73] *Ibid.*, 2.22.11.

from seeking knowledge of God through supernatural means. Prophetic revelations do not necessarily require extraordinary means of divine communication. Second, the Carmelite friar identifies natural reason and the teaching of the gospel as the primary means of attaining divine knowledge. These two privileged resources define the measure by which other methods of spirituality are judged. Third, in the time of the Hebrew scriptures, prophecy mediated the word of God through the discourses and symbolic actions of certain chosen prophets.

These individuals functioned as the spokespersons of God and offered the Israelite community legitimate means of access to God.

Fourth, in the Christian era, God's decisive communication with humanity occurs through Christ, the incarnate Word of God. John identifies Christ as the final prophet who manifests the unsurpassable revelation of God in history. Finally, John of the Cross highlights the ecclesial context of prophetic revelation in the Christian age. The teachings of the incarnate Christ are mediated in a human way by the ministers of the church, who proclaim the evangelical message and serve as models of spiritual discernment. In this way ecclesial ministers and spiritual directors fulfill the prophetic task of evaluating the legitimacy of certain religious experiences.

Following the method of his scholastic paradigm, John proceeds to analyze the four intellectual apprehensions that are purely spiritual, namely: visions, revelations, locutions, and spiritual feelings [74]. These apprehensions differ from the previously discussed imaginary apprehensions insofar as the intellect does not apprehend them by way of the corporal senses. John describes these purely spiritual apprehensions as follows: «without the mediation of any interior or exterior corporal sense, [purely spiritual apprehensions] present themselves clearly and distincly to the understanding by supernatural means; [this operations occurs] passively, without the soul positing any act or other on its own part, at least actively» [75]. In an attempt to simplify his definition, John generally denotes these spiritual apprehensions as «visions of the soul» (*visiones de alma*) or «intellectual visions» (*visiones intelectuales*) since «the intellect derives spiritual vision or intelligence from all these [communications] without the apprehension of any form, image, or figure of the imagination or natural phantasy; for these things are communicated immediately to the soul through supernatural work and means» [76]. Despite this description, John's analysis is confusing because both types of apprehensions include identical categories whose scholastic distinctions are extremely subtle.

Generally, John of the Cross advises individuals to avoid these spiritual apprehensions since they distract one from the solitude and detachment

---

[74] *Ibid.*, 2.23.1.
[75] *Ibid.*
[76] *Ibid.*, 2.23.2.

required for union with God[77]. Nevertheless he presents a thorough analysis of each category in order to prevent one from becoming deceived by their apparent benefits. In particular, John's treatment of spiritual visions and revelations elucidates with more detail the sanjuanist notion of prophecy.

In the *Ascent* John's examination of spiritual visions deals obliquely with prophecy. He notes that a person may experience spiritual visions of either corporal or incorporal substances, both of which are mediated by supernatural illumination. The Carmelite friar disregards the apprehensions of corporal substances since they produce aridity and pride, which inhibit divine union[78]. In contrast, visions of spiritual substances may engender a «confused mystical understanding» (*la inteligencia mística y confusa*) that directs one toward union with God[79]. According to John's scholastic vocabulary, «confused» indicates a type of idea that is not distinctly or sucessively apprehended by the intellect. Examples of this kind include the theophanies manifested to prophets like Moses and Elijah[80]. Although John remarks that such moments of divine revelation are brief and extremely rare, his reference to these prophetic events indicates the close relationship between mystical experience and prophecy in his theological perspective.

John of the Cross presents a more direct analysis of prophecy and its relation to God's self-disclosure in his treatment of revelations. Noting that this second kind of spiritual aprehension properly belongs to the «spirit of prophecy», John defines revelation as «the discovery of some hidden truth or the manifestation of some secret or mystery»[81]. This association of prophecy and revelation implies a plainly intellectual conception of these notions, consonant with scholastic method. In fact, John of the Cross confirms this intellectual emphasis when he distinguishses two kinds of revelation: one, «the disclosure of truth to the intellect, which is properly called intellectual information or knowledge»; the other, «the manifestation of secrets, which is called revelation more fittingly than the other [kind][82]. The first type of revelation, that is, intellectual knowledge, imparts an uncommon intuition of the «naked truths» (*verdades desnudas*) concerning both temporal and spiritual things; the second type, namely, the manifestation of secrets, reveals the hidden mysteries (*misterios ocultos*) of God. John of the Cross analyzes each category with careful attention.

With respect to revelation as knowledge of naked truths, John initially comments that its meaning cannot be adequately expressed in human lan-

---

[77] See *ibid.*, 2.23.4.
[78] *Ibid.*, 2.24.5-8.
[79] *Ibid.*, 2.24.4.
[80] *Ibid.*, 2.24.3.
[81] *Ibid.*, 2.25.1.
[82] *Ibid.*, 2.25.2.

guage[83]. He nevertheless proceeds to examine the implications of this revelation for a fruitful spirituality.

In contrast to the previously discussed spiritual visions that grasp corporal things with the intellect, this revelatory vision denotes a comprehension of temporal and divine truths. According to John, it consists in «understanding and seeing the truths of God or of things that are, have been, and will be»[84]. Furthermore, John of the Cross significantly notes that this particular knowledge «closely conforms to the spirit of prophecy»[85]. It may, in fact, be called a type of prophetic revelation. John suggests such a designation when he differentiates the two divisions of these intuitions: one kind deals with knowledge of God; the other with knowledge of creatures[86]. From this perspective John of the Cross will demonstrate the analogous relationship between prophetic revelation and the contemplative experience of God.

Although the knowledge of both objects causes immense delight, John of the Cross states that the intuition of God produces an incomparable and inexpressible exhilaration in the one granted such a favor. The delight evoked by this gnoseological experience comes from a knowledge of God apprehended through one of the divine attributions. As John remarks, «this knowledge deals directly with God, [the soul] sublimely perceiving some attribute of God —his omnipotence, fortitude, goodness, sweetness, etc.; and whenever this knowledge is experienced, what is perceived cleaves to the soul[87]. Since this revelatory event unites the person with God, John of the Cross identifies it with contemplation and notes its ineffable character. «insofar as this [knowledge of God] is pure contemplation, the soul clearly sees that there is no way to express anything about it, except to speak some general terms about the abundance of delight and well-being felt by souls experiencing it»[88]. After alluding to the manifestations of divine knowledge given to prophets like Moses and David, the Carmelite friar emphatically confirms this identity of prophetic revelation and divine union: «these lofty manifestations of knowledge can come only to the soul who arrives at union with God, for they are themselves that very union; to receive them consists in a certain touch of the Divinity produced in the soul, and thus it is God who is experienced and tasted there»[89]. In other words, the prophetic knowledge imparted by these revelatory visions constitutes an essential dimension of divine union and affects one's whole personality.

---

[83] *Ibid.*, 2.26.1.
[84] *Ibid.*, 2.26.2.
[85] *Ibid.*
[86] *Ibid.*, 2.26.3.
[87] *Ibid.*
[88] *Ibid.*
[89] *Ibid.*, 2.26.5. See also 2.26.10.

Commenting on the splendid benefits that these spiritual revelations bring to the individual, John of the Cross reiterates the inability of the person to produce these effects. They are simply the result of divine gratuity: «the soul cannot attain this lofty knowledge through any comparison or imagination of its own, since they are beyond all this; so, without the ability of the soul God produces them in it»[90]. Despite this incapacity, however, the particular divine knowledge and delight bestowed by prophetic revelations can be mediated by various prayers, meditations, and devotions. For example, John of the Cross suggests that a person may dispose herself or himself to the touch of God through spiritual reading, scriptural meditation, or the remembrance of divine favors[91].

Several key principles concerning the sanjuanist doctrine of prophecy derive from these remarkable statements about the first category of spiritual revelation. First, for John of the Cross, prophecy represents a charism of knowledge. It denotes a disclosure of truth, that is, a primarily intellectual activity through which an individual receives a new perception of God or historical events. In this sense John describes prophecy as a revelatory vision that does not require the mediation of the exterior or interior senses, but depends on supernatural illumination for its effect. Secondly, prophecy defines a form of supernatural revelation through which God communicates knowledge of certain divine attributes. According to John, a knowledge of these attributes corresponds to an intuition of God that determines the experience of contemplation. Moreover, John identifies the disclosure of divine knowledge as a prophetic experience of God. Thirdly, the divine manifestations disclosed by prophetic revelation constitute an integral element in the union of the human person with God. In fact, John equates the reception of prophetic manifestations with the event of divine union. Fourthly, prophecy, although denoting a primarily intellectual activity, affects an individual's entire personality insofar as it establishes a contemplative encounter with God. Finally, John affirms the divine causality of prophetic revelations and indicates the dispositions appropriate for receiving their benefits.

These principles derive from John's analysis of spiritual revelations that disclose knowledge of God. After examining this type of revelatory vision, the Carmelite friar proceeds to explore the second category, which imparts knowledge of created things and historical events. According to John, this type of intellectual information also pertains to the spirit of prophecy and comprises the Pauline charism known as the discernment of spirits[92]. It denotes a supernaturally infused perception of particular things as well as charismatic habits freely given by God. As examples of this infused

---

[90] *Ibid.*, 2.26.8.
[91] *Ibid.*, 2.26.8-9.
[92] *Ibid.*, 2.26.11.

knowledge, John lists several Pauline charisms: wisdom, faith, prophecy, interpretation of words, and understanding of tongues. He recognizes that individuals who have attained union with God possess these particular benefits through divine favor[93]. Since information of this sort, however, pertains to creatures and historical events, John recommends a cautious attitude toward its acquisition. When manipulated by the devil or valued more than spiritual goods, such temporal knowledge could hinder a person's progress toward God. Consequently, John of the Cross endorses a journey to God that follows the path of unknowing: «... I will only say that one should be extremely careful always to reject [this knowledge], desiring to journey to God by unknowing»[94].

Having discussed both kinds of revelatory visions that impart knowledge of temporal and spiritual things, John of the Cross considers the other category of spiritual revelations, namely, the manifestation of hidden mysteries and secrets. These revelations impart knowledge about two aspects of the divine Mystery: 1) the essential nature of God; and 2) God as revealed in the works of creation. For example, the first set includes doctrines such as the Unity of God and the Holy Trinity; the second comprises the articles of Catholic faith and their derived propositions as well as «the revelations of the prophets» (las revelaciones de los profetas)[95]. This latter category also includes divine manifestations about the universe, historical events, and personal activities. In John's view, both categories of spiritual revelation display a variety of forms through which God discloses new information about the divine Mystery. He explains that «these revelations do not happen only by word, since God imparts them in many ways and manners: sometimes by word alone, sometimes only by signs, figures, images, and likenesses, sometimes in more than one way at once, as is also seen in the prophets...»[96]. Thus John of the Cross affirms the diverse forms of religious language and symbolic action that prophetically evince aspects of the divine Mystery and insights into the created order.

After noting that God continues to communicate such revelations to his contemporaries, John of the Cross deters people from becoming attracted to their novelty. Reiterating that the total substance of Christian faith has been unsurpassably revealed in Christ, John argues that new revelations about the articles of faith are unnecessary and superfluous; the add nothing to the witness of Christ. Moreover, John warns that novel revelations can deceive one about matters of faith and cause a misunderstanding of ecclesial doctrine. Consequently, he advises people to disregard contem-

---

[93] Ibid., 2.26.12.
[94] See ibid., 2.26.18.
[95] Ibid., 2.27.1.
[96] Ibid.

porary revelations, accept the teachings of the church, and rely on faith alone [97].

This position apparently undermines John's appraisal of spiritual revelations. Yet is displays his consistent emphasis on absolute faith as the definitive means of union with God. For John of the Cross, the value of any spiritual exercise or charism is determined by its ability to direct a person toward divine union. He clearly asserts this conviction in the *Ascent*: «The discrete reader must alway remember the purpose and goal that I intend in this book: [namely], to guide the soul, through all its natural and supernatural apprehensions without deception or impediment in the purity of faith, to divine union with God» [98]. In this context, John of the Cross unconditionally renounces those charisms that distract a person from love of God, or deceive one's knowledge of ecclesial doctrine, or inflate a disordered love of self. Accordingly, the absolute love of God and the priority of faith determine the value of any spiritual charism and define the fundamental principles of sanjuanist spirituality.

Conclusion

With this analysis of spiritual revelations John of the Cross culminates his implicit examination of prophecy in the second book of the *Ascent*. A general synopsis of the sanjuanist doctrine of prophecy as developed in this important treatise can now be summarized:

I.   John develops his notion of prophecy within an obviously anthropological and epistemological context. He relates prophecy to the constitutive elements of human nature and to the manner in which knowledge of God and creatures is acquired. His scholastic method betrays the categories of an Augustinian and Thomistic synthesis. For example, John's tripartite division of human personality into understanding, will, and memory reflects an Augustinian anthropology. Furthermore, his association of prophetic inspiration with God's self-disclosure insinuates Augustine's theory of prophetic vision [99]. In addition, John's description of prophecy exhibits several Thomistic accents. These affinities include the definition of prophecy as an intellectual charism that discloses truths inaccessible to human reason alone and the characterization of prophecy as the immediate contemplation of divine truth [100]. Although the direct influence of these theological masters on

---

[97] See *ibid.*, 2.27.3-6.

[98] *Ibid.*, 2.28.1.

[99] For Augustine's understanding of prophecy, see Gerard O'Daly, *Augustine's Philisophy of Mind* (Berkeley and Los Angeles: University of California Press, 1987), 121-127.

[100] For the theory of prophecy in Thomas Aquinas, see *De Veritate*, q.12 and *Summa Theologiae* II-II, qq.171-178; also note Pierre Benoit and Paul Synave, *Prophecy and Inspirations* (New York: Desclee Company, 1961).

the sanjuanist doctrine of prophecy cannot be precisely determined, one may reasonable surmise that the Carmelite friar was exposed to the Augustinian and Thomistic intellectual traditions during his years as a student at the University of Salamanca. In any event, the theological horizons of Augustine and Thomas Aquinas inform the anthropological and epistemological paradigms employed by John of the Cross in his consideration of prophecy.

II.   A pervasive biblical context also determines the Carmelite friar's notion of prophecy. In the prologue to the *Ascent* John of the Cross affirmed his reliance on the bible as a hermeneutical guide for important or troublesome issues. He plainly demonstrates this scriptural assurance in his analysis of prophecy. For example, in the *Ascent* John cites the Hebrew scriptures at least 250 times and the Christian writings about 200 times. These citations include at least 65 specific quotations from the writings of the classical prophets. If one appends references to David, Job, and Samuel —whom John of the Cross acknowledges as prophets— the number of prophetical citations swells to 123, that is, nearly fifty per cent of references to the Hebrew texts [101]. From this vast retentive knowledge of scripture, John develops a biblical imagination that associates prophecy with a host of sacred events: the theophanies of Moses and Elijah, the visions of Isaiah, the dreams of Ezekiel, the oracles of Jeremiah, the psalms of David, the patient suffering of Job. According to John, these revelatory events represent paradigms of prophetic experience and require careful interpretation to discern their proper meaning, since they are inspired by the Holy Spirit.

III.   Prophetic discourse must be interpreted spiritually in order to manifest the profound intentions of the Holy Spirit. Although John of the Cross applies the medieval tradition of the four scriptural senses, classified by his contemporaries as *sentido literal, tropológico, alegórico* (also designated *espiritual* or *místico*), and *anagógico*, he accentuates the priority of the spiritual senses [102]. This signification interprets the primary meaning of prophecy by indicating the mutability of human causes that can obscure the intentions of prophetic revelation and neglect the method of divine language.

IV.   Prophecy defines an act of divine revelation. It denotes a supernatural gift through which God communicates knowledge about the divine nature and truths about creation and human activity. In this sense, John of the Cross identifies prophecy as an intellectual charism that expands the capacity of human cognition. It enables one to comprehend the profound

---

[101] These figures represent my own count and estimations: David (50), Isaiah (25), Jeremiah (15), Job (6), Elijah (5), Lamentations (4), Ezekiel (4), Jonas (3), Daniel (2), Micah (2), Eliseus (2), Habakuk (1), Baruch (1), Hosea (1), Samuel (1), Nathan (1).

[102] For a discussion of these medieval senses of scripture in the theological milieu of sixteenth century Spain, see Melquiades Andrés, *La Teología Española en el Siglo XVI*, 2 vols. (Madrid: Biblioteca de Autores Cristianos, 1972), I:643.

significance of divine acts in human history. John ascertains a biblical model for this characteristic in God's direct communication to Moses and in the visions granted to various prophets. These examples represent respectively types of immediate and mediated prophetic revelation. According to John of the Cross, the Mosaic pattern of unmediated revelation possesses superior value because it transcends the natural operation of human intelligence and imparts knowledge of the divine nature. Lesser prophetic visions, in contrast, interpret the meaning of human events, explain the purpose of creation, or clarify the articles of faith.

V.   John of the Cross identifies prophecy as a contemplative experience of God. Like contemplation, which endows the intellect with a higher knowledge of God, prophecy also confers a new perception of divine realities. In its immediate form, prophetic revelation conveys an intuition of God that derives from a supernatural apprehension of divine attributes. Since these attributes form part of the divine nature, John contends that an individual actually experiences God during the event of prophetic disclosure. In other words, John equates the prophetically revealed perception of a divine attribute with a certain apprehension of God. Moreover, this divine encounter constitues an essential aspect of union with God, which is the motive of mystical experience. In this sense, prophecy is contemplation insofar as it discloses God and effects divine union.

Similarly, John of the Cross affirms that faith is the content of prophetic revelation. He defines faith as a paradoxical knowing by unknowing, which indicates an apophatic way toward divine knowledge. In this sense faith represents the «dark night» that annuls the rational capacity for comprehending God. Accordingly, the spiritual person must ignore the normal ways of human cognition and rely completely on the supernatural illumination of faith for the attainment of divine knowledge. John of the Cross posits that such illumination occurs through certain spiritual apprehensions which constitute prophetic revelation. When these apprehensions communicate knowledge of the divine nature, prophecy fulfills the purpose of faith, namely, the union of the human person with God. Thus faith denotes not simply the acceptance of doctrinal articles but primarily the dynamic process of entering into the mystery of God. By disclosing qualities of the divine nature and inducing the experience of union, faith informs the content of prophetic revelation and indicates the sanjuanist identification of prophecy and contemplation.

VI.   Prophets are those to whom the word of God is entrusted. In this role they not only experience the divine presence but they also serve as mediators between God and the human community. Their contemplative encounter with God impels them to convey the implications of their divine perception to others. According to John, this prophetic vocation entails the responsibility to function as spokespersons for God. Prophets communicate God's will to the people and indicate its consequences for human society.

By performing these ministries prophets represent mystagogues who evince from their own experience of God the implications of the divine presence for their community. They manifest knowledge about the mysteries of God and creation received in moments of prophetic revelation. From this perspective, the Carmelite friar associates prophecy with the ministry of spiritual direction. He notes that prophets represent models of spiritual discernment, who proclaim the evangelical message and assist others in discerning the legitimacy of their religious experiences.

VII. The sanjuanist notion of prophecy displays a clear Christological emphasis. John of the Cross identifies Jesus Christ as the final prophet. In contrast to the biblical prophets, who funtion as spokespersons for God, Christ himself is the divine Word, whose incarnate divinity established the unsurpassable and irrevocable revelation of God in history. According to John, the event of the Incarnation abates the need for further prophetic revelations because all that God intended to communicate has been manifest in Christ. Consequently, knowledge of Christ and adherence to his teachings become the privileged means of union with God, which is the goal of prophetic revelation.

VIII. John of the Cross affirms the ecclesiological context of prophecy in the present age. He demonstrates that the church now mediates the prophetic revelation of Christ through its evangelical teaching and ministry. By proclaiming the gospel and serving as models of spiritual discernment, the Christian community performs the prophetic ministry of mediating the divine Word and enabling divine union. According to John, these ministries fulfill the commitments of Christian discipleship and recapitulate the mission of the prophets. On account of this deliberate Christocentric and ecclesiological conviction, John of the Cross deprecates the value of personal revelations. In contrast, he proposes a categorical acceptance of church doctrine and an absolute reliance on faith alone. Such commitment assures the absolute love of God and the priority of faith that determine the value of any spiritual charism and define the primary elements of sanjuanist spirituality.

Vida y muerte en la «Noche Oscura» de San Juan de la Cruz

José Damián Gaitán, O.C.D.

I. La vida más allá de la muerte

1. Vida y muerte, muerte y vida son dos realidades, más que conceptos, con las que Juan de la Cruz está acostumbrado a convivir. Desde su infancia, la vida y la muerte están presentes en su existencia como realidades estrechamente unidas entre sí. Y esto, no sólo como algo lejano que toca a otros, sino como algo vivido en propia carne: en la muerte de su hermano Luis y de su propio padre, cuando apenas está dando los primeros balbuceos de niño en la vida. Su infancia y adolescencia, con la pobreza extrema de su familia, es una lucha continua por sobrevivir, por mantenerse en la vida. Lucha que Juan de Yepes verá, de forma mucho más cruda aún en el hopital de enfermos contagiosos, donde trabajó en sus años de adolescencia y juventud. Era la lucha del hombre por la vida más allá de la muerte, que amenazaba a diario. Experiencias humanas que son vividas por Juan de Yepes, en toda su verdad, en unos años tan decisivos de la persona como son los de la infancia, adolescencia y juventud.

2. Años más tarde, cuando Juan de Yepes es ya Juan de la Cruz, vive otra experiencia, también de gran transcendencia, en este campo de la lucha entre la vida y la muerte: fue su estancia de nueve meses en la cárcel conventual de Toledo. Santa Teresa de Jesús, que tan solítica se mostró en ese tiempo por conocer el paradero y la situación de Juan de la Cruz, escribe posteriormente una carta a Jerónimo Gracián en la que afirma que fray Juan allí, en la cárcel de Toledo, estuvo a la muerte[1]. El sentimiento de la muerte es algo que el mismo santo dejó plasmado en algunas de sus poesías

---

[1] Carta escrita en Avila, 21 de agosto 1578. Un mes más tarde, la Santa expresa igualmente su preocupación por la salud de fray Juan en carta al P. Gracián. «Plega a Dios que no se nos muera», dice. (Carta escrita en Avila, med. septiembre 1578): cfr. *Obras Completas*, Madrid, BAC, 8.ª ed., 1986, 250 y 256.

del tiempo de la cárcel: Romance «Super Flumina», «Cántico Espiritual». En el primero, expresa así sus sentimientos:

«Estábame en mí muriendo,
y en ti solo respiraba.
En mí por ti me moría,
y por ti resucitaba,
que la memoria de ti
daba vida y la quitaba.
Moríame por morirme
y mi vida me mataba,
porque ella perseverando
de tu vista me privaba» [2].

Como se puede observar en estos versos aquí citados, se habla de una dialéctica entre el *vivir y el morir*, entre la vida y la muerte.

El poema «Fonte», también del tiempo de la cárcel de Toledo, completaría el panorama anterior con unas interesantes referencias al tema de la *vida*, o Dios como fuente viva y de vida. Allí encontramos expresiones como: «agua viva», «vivo pan por darnos vida», «viva fuente», «pan de vida», que son, por otra parte, de clara inspiración joánica [3].

En todos estos testimonios escritos hay que observar que, al menos a partir de la experiencia de la cárcel, el Juan de la Cruz que sabía mucho del misterio de la vida más allá de la muerte, ha captado el valor de la transposición evangélica al respecto: la paradoja de la muerte a sí mismo que lleva a la vida, a la resurrección. La paradoja de Dios fuente de vida. Paradojas que serán cruciales en toda su doctrina y sus escritos posteriores.

3.   No vamos a analizar aquí todo este mundo de vida y de muerte tan interesante en toda la obra de Juan de la Cruz, sino que nos limitaremos a estudiar estos aspectos en su libro conocido popularmente como «Noche oscura». En esta obra el santo se propone comentar el poema «Noche oscura», cosa que sólo realizará en parte. El comentario fue pensado como una obra sin más divisiones internas que las de las propias estrofas y versos, cuyo tema principal sería el de la purificación pasiva del hombre. Esta purificación, que sería del sentido y del espíritu, establecería claramente, sin em-

---

[2] Cfr. J.D. Gaitán, *San Juan de la Cruz: un canto en tierra extraña. Exégesis y actualidad de un romance*, en *Rev. de Espiritualidad* 37(1978) 601-621; idem, *San Juan de la Cruz: un místico ante la muerte. Anotaciones sobre un tema en el Cántico Espiritual*, en *Rev. de Espirit.* 40(1981) 105-118.

Para los textos de san Juan de la Cruz, usaremos habitualmente la edición siguiente: *Obras completas,* ed. de José V. Rodríguez y Federico Ruíz, Madrid, Editorial de Espiritualidad, 3.ª ed., 1988.

[3] Algunos textos aquí indicados, en nuestra edición de referencia se encontrarán en las notas al poema «Fonte», por no hallarse esos versos en todos los códices.

bargo, una división del escrito en dos partes con ciertas características propias cada una [4].

Leyendo las primeras reflexiones introductorias de esta obra, nos encontramos que, para Juan de la Cruz, la purificación de la que nos quiere hablar se identifica con la paradoja evangélica de la vida más allá de la muerte o de la muerte como camino hacia la vida: ambas entendidas en un sentido no tanto físico, ni siquiera escatológico, cuanto más bien existencial y espiritual.

En el prólogo (n.º 2) tenemos un largo comentario al texto evangélico sobre «el camino estrecho que lleva a la vida». Y líneas más abajo, comenzando ya a querer declarar la primera estrofa del poema en su conjunto, vuelve al tema del «camino que lleva a la vida», pero ahora relacionándolo muy claramente con el tema de la muerte previa, siguiendo la dinámica evangélica. «Cuenta el alma en esta primera canción el modo y manera que tuvo en salir según la afección de sí y de todas las cosas, muriendo por verdadera mortificación a todas ellas y a sí misma, para venir a vivir vida de amor dulce y sabrosa con Dios» [5].

Juan de la Cruz insiste, por otra parte, desde estos primeros pasos de su obra, en el papel trascendental que Dios ocupa en esta aventura humano-espiritual. El nos ayuda dándonos la fuerza del amor, y además haciéndonos pasar por situaciones propicias para esta experiencia [6].

II. *Vivir creciendo* (Primer libro de la Noche)

1.   Podemos decir que Juan de la Cruz, lejos de ser un hombre estático o que tenga una visión estática del hombre, es muy amigo de lo que podríamos llamar el crecimiento continuo y constante en la vida. Piénsese, por ejemplo, en la recomendación que nos hace en «Cántico Espiritual» de buscar a Dios siempre como escondido, como si no le hubiésemos encontrado todavía, más allá de las experiencias pasadas o presentes, por grandes que éstas sean (CB 1).

---

[4] El título original de la obra «Noche oscura» es bastante largo y comienza diciendo «Declaración de las canciones ...». En cuanto a la relación que existe entre esta obra y el poema «Noche oscura», cfr. J.D. Gaitán, *San Juan de la Cruz: En torno a «Subida» y «Noche». Su relación con el poema «Noche Oscura»*, en *Varios, Introducción a San Juan de la Cruz*, Avila, Institución «Gran Duque de Alba», 1987, 77-90.

[5] 1 Noche (= Primer libro de la «Noche Oscura»), Primera Canción, Declaración 1.

[6] Cfr. 1 Noche, Primera Canción, Declaración 2; 1,1. Para un conocimiento global de lo que es esta obra —«Noche Oscura»—, cfr. la introducción a la misma que encontramos en: San Juan de la Cruz, *Obras completas*. Madrid, 3.ª ed., Editorial de Espiritualidad, 1988, p.419-435, y en San Juan de la Cruz, *Obras completas*, Burgos, Ed. Monte Carmelo (edición de E. Pacho), 1982, p.543-577.

La imagen del *crecimiento necesario* ha sido escogido por Juan de la Cruz, entre otras, precisamente para explicarnos de forma plástica la necesidad de pasar por una serie de etapas primeras y fundamentales en el camino del evangelio, que después, se han de ir superando en un proceso de maduración, y que él llama aquí purgación de la parte sensitiva del hombre (Noche, Pról.1).

Para que se dé un crecimiento humano y psicológico correcto del hombre, la moderna psicología insiste en la importancia y necesidad tanto del calor y cariño de los padres en las primeras etapas de crecimiento, como, igualmente, en la necesidad de superar y completar esa primera etapa, en que el niño vive como si fuera el centro del mundo.

2.   Juan de la Cruz sabe mucho del cariño de su madre sobre todo, dado que su padre lo perdió a los dos años. Pero también sabe mucho de lo que significa comenzar muy pronto el duro, pero necesario, aprendizaje del ser adulto en la vida. Quiza por ello, maneje aquí, con tanta claridad de ideas, una serie de imágenes que nos ayudarán a comprender mejor el proceso que lleva a lo que él llama paso por la noche oscura del sentido o purgación de la parte sensitiva del hombre, en cuanto camino pasivo o camino en el que Dios nos mete. Comienza precisamente la explicación de estos estadios del camino evangélico con una comparación que es programática en todos los sentidos. Comparación que explica y aplica de la manera siguiente:

> «Es, pues, de saber que el alma, después que determinadamente se convierte a servir a Dios, ordinariamente la va Dios criando en espíritu y regalando, al modo que la amorosa madre hace al niño tierno, al cual al calor de sus pechos le calienta, y con leche sabrosa y manjar blando y dulce le cría, y en sus brazos le trae y le regala. Pero, a la medida que va creciendo, le va la madre quitando el regalo, y, escondiendo el tierno amor, pone el amargo acíbar en el dulce pecho, y, abajándole de los brazos, le hace andar por su pie, porque, perdiendo las propiedades de niño, se dé a cosas más grandes y sustanciales. La amorosa madre de la gracia de Dios, luego que por nuevo calor y hervor de servir a Dios reengendra al alma, eso mismo hace con ella; porque la hace hallar dulce y sabrosa la leche espiritual sin algún trabajo suyo en todas las cosas de Dios, y en los ejercicios espirituales gran gusto, porque le da Dios aquí su pecho de amor tierno, bien así como a niño tierno (1 Pe 2,2-3)» (1 Noche 1,2).

En este texto, de inspiración bíblica, el santo distingue claramente el ejemplo o comparación de la relación madre-hijo, en las primeras etapas de la existencia humana, de lo que es su posterior aplicación a las etapas del camino de madurez en la vida de Dios. También aparecen claramente distinguidas las dos etapas que le interesa subrayar dentro de este proceso: los inicios y las etapas de gradual crecimiento que conducen progresivamente a la superación de la etapa de niñez. Sin embargo, la explicación y aplicación de la comparación queda aquí, en parte, truncada y sólo se retomará y completará algunas páginas más adelante, después de haber hablado de los principiantes y sus defectos. En el capítulo octavo se nos dirá:

> «al mejor tiempo, cuando más a su sabor y gusto andan en estos ejercicios espirituales, y cuando más claro a su parecer les luce el sol de los divinos favores, oscuréceles Dios toda esta luz y ciérrales la puerta y manantial de la luz de agua espiritual que andaban gustando en Dios todas las veces y todo el tiempo que ellos querían; porque, como eran flacos y tiernos no había puerta cerrada para éstos, como dice San Juan en el Apocalipsis (3,8) ... mas (ahora), en lugar de ésto, hallan por el contrario sinsabor y amargura en las dichas cosas; porque, como he dicho, sintiéndolos ya Dios aquí algo crecidillos, para que se fortalezcan y salgan de mantillas los desarrima del dulce pecho y, abajándolos de sus brazos, los veza a andar por sus pies; en lo cual sienten ellos gran novedad porque se les ha vuelto todo al revés» (1 Noche 8,3).

Desde el punto de vista literario, es importante observar el paralelismo estructural que existe entre ambas partes de la comparación. Algo que sólo aparece en la segunda parte es la referencia al *engendrar*. Mientras que en la primera parte parece darse por supuesto, en la explicación se habla de que Dios «reengendra al alma». El término «reengendrar» lo primero que nos sugiere es la idea de Dios que nos hace nacer a una vida nueva. Reengendrar es engendrar de nuevo (nacer de nuevo —de Dios, como nos dice el cuarto evangelio). En la primera carta de Pedro se nos hablará de que hemos sido reengendrados en Dios (1 Pe 1,3.23). Hemos sido engendrados a la vida tanto por Dios como por nuestros padres. Lo cierto es que aquí se habla de reengendrar, es decir de la acción por la cual Dios nos vuelve a engendrar a una vida nueva. Como personas recién nacidas, en los primeros momentos necesitamos cuidados amorosos, especiales de Dios, para que seamos capaces de crecer y dar los primeros pasos en esta nueva vida a la cual Dios nos ha reengendrado. Y seríamos reengendrados a esta vida nueva por Dios, coincidiendo con el momento en que el hombre «determinadamente se convierte a servir a Dios» (1 Noche 1,2).

3. Pero la semilla de esta vida nueva a la cual Dios nos reengendra, está sembrada en un corazón de hombre, en un ser humano cuyas estructuras básicas en este momento estarían muy lejos de ser las de una criatura completamente nueva. De ahí que, lo mismo que en el niño es importante el ir dejando atrás, progresivamente, los primeros estadios para llegar al es-

tado de hombre adulto, superando toda fijación en un estadio anterior, lo mismo ha de suceder aquí en la nueva vida a la que Dios nos reengendra.

El hombre, según Juan de la Cruz, se siente feliz en ese estadio de niñez espiritual (tomada esta expresión en el sentido negativo en que la suele usar Pablo), pero a su vez, los mismos fervores y facilidades del principio producen en él una serie de actitudes que, más que acercarle al evangelio, lo distancian del mismo. Y lo malo es que, muchas veces, de forma inconsciente. Estas situaciones las describe aquí nuestro santo a partir de los pecados capitales, de los que analiza fundamentalmente su vertiente espiritual y religiosa; o, si se prefiere, sus repercusiones en las personas llamadas, comunmente, buenas. A este tema dedica varias páginas (1 Noche, capítulos 2-7), cuyo mensaje fundamental es el siguiente: quien vive en este estadio de principiantes, o de niñez espiritual en los caminos de Dios, casi siempre cae en el equívoco de tenerse a sí mismo por criterio de todo, y cree que Dios y los prójimos están sólo para su servicio. Lo quieren todo enseguida. Se enojan contra Dios y contra sí mismos, si no obtienen inmediatamente lo que se proponen. Se enojan contra los que les llevan la contraria o no ven las cosas como ellos[7], y no quieren que los prójimos sean o aparenten en algo más que ellos. Su criterio de lo evangélico es el gusto o disgusto que puedan encontrar en cada cosa.

4. Un resumen de todo esto lo podemos encontrar en el capítulo séptimo, que, en principio, estaría dedicado a hablarnos de la envidia y acidia espiritual. *Respecto de Dios* se nos dice:

> «Muchos de estos querrían que Dios quisiese lo que ellos quieren, y se entristecen de querer lo que quiere Dios, con repugnancia de acomodar su voluntad a la de Dios; de donde les nace que muchas veces, en lo que ellos no hallan su voluntad y gusto, piensan que no es voluntad de Dios, y que, por el contrario, cuando ellos se satisfacen, crean que Dios se satisface, midiendo a Dios consigo, y no a sí mismos con Dios, siendo muy al contrario lo que él mismo enseñó en su evangelio (Mt 16,25), diciendo que "el que perdiese su voluntad por él, ése la ganaría y el que la quisiese ganar, ése la perdería"» (1 Noche 7,3).

Y continúa, respecto del exigirse en el *seguimiento de Cristo*, que esos tales

> «oféndense de la cruz..., y como ellos pretenden andar en las cosas espirituales a sus anchuras y gusto de su voluntad, há-

---

[7] Aunque en castellano sea una frase hecha, se nos dice que «huyen como de la muerte» de los que les contradicen con el fin de hacerles comprender el buen camino (1 Noche 3,3). La referencia a la muerte es poco usual e importante en este primer libro de la Noche.

celes gran tristeza y repugnancia entrar por el camino estrecho, que dice Cristo, de la vida (Mt 7,14)» (1 Noche 7,4).

En cuanto a la relación con *los demás*, se nos dice que tienen

«movimientos de pesarles del bien espiritual de los otros, dándoles alguna pena sensible que les lleven ventaja en este camino, y no querrían verlos alabar; porque se entristecen de las virtudes ajenas, y a veces no lo pueden sufrir sin decir ellos lo contrario, deshaciendo aquellas alabanzas como pueden, y les crece, como dicen, el ojo no hacerse con ellos otro tanto, porque querrían ellos ser preferidos en todo» (1 Noche 7,1).

De todo esto se deduce la necesidad de pasar por la noche del sentido o purificación de la dimensión sensitiva del hombre. Conclusión lógica que, en este mismo capítulo séptimo, el santo resume de la siguiente manera:

«Estas imperfecciones baste ... para que se vea cuánta sea la necesidad que tienen de que Dios los ponga en estado de aprovechados, que se hace entrándolos en la noche oscura que ahora decimos, donde, destetándolos Dios de los pechos de estos gustos y sabores en puras sequedades y tinieblas inferiores, les quita todas estas impertinencias y niñerías, y hace ganar las virtudes por medios muy diferentes» (1 Noche 7,5).

Se trataría de actitudes inmaduras, de niños, no sólo desde un punto de vista religioso, sino también psicológico y puramente humano. El santo insiste repetidas veces en estas páginas (c. 2-7), que, en sus gustos y actitudes, son «como niños» (1 Noche 3,1; 5,1; 6,3), «se entristecen como niños y andan de mala gana» (1 Noche 6,3). Por eso necesitan ser purgados de estas «impertinencias» y «niñerías» (1 Noche 6,6; 7,5). Estas referencias serían como una prolongación de la comparación inicial del *niño,* donde encontramos expresiones como: «niño tierno», «propiedades del niño», «obrar, como flacos niños, flacamente» (1 Noche 1,2- 3).

De estas imperfecciones, impertinencias y niñerías pocos se librarían (1 Noche 2,8). De ahí que, cuando Dios nos ve un poco fuertes y crecidos (1 Noche 1,2; 8,3), nos haga pasar por un proceso de «cura» («purificación», «noche»), con el fin de hacernos madurar en nuestro desarrollo y superar dichas imperfecciones psicológicas y evangélicas. Porque, leyendo estos capítulos, se comprende claramente que, para Juan de la Cruz, cierta madurez humana básica es camino indispensable de madurez evangélica. Esta no puede ser verdadera, si no se asienta sobre una madurez humana real. Pero, a su vez, la madurez humana encontraría su camino de realización plena en los procesos de purificación por los que Dios hace pasar al hombre. «Divina cura, donde sana el alma de todo lo que ella no alcanzaba a remediarse» (1 Noche 3,3). La noche pasiva del sentido será, más que nada, un tiempo de *primeras curas divinas*, con las que Dios comienza a sanar nuestro corazón para hacernos capaces de abrirnos al amor (cfr. 1 Noche 6,8; 11,2).

5.   Siguiendo la comparación inicial del niño, este periodo o tiempo de cura lo ve Juan de la Cruz reflejado, sobre todo, en la imagen del *destete* del niño. El texto antes citado del capítulo 7,5 es bien claro en este sentido: «Destetándolos Dios de los pechos de estos gustos y sabores ..., impertinencias y niñerías». Pero no es la única vez que el santo usa esta comparación, que tiene sus raíces en el texto inicial de 1 Noche 1,2-3. Los textos en que se hace referencia al destete, se encuentran fundamentalmente entre los capítulos 7-13 de este primer libro de la Noche. Capítulos que están dedicados, precisamente, a describirnos el paso por la noche pasiva del sentido o purificación pasiva de lo puramente instintivo como criterio de vida.

Este hecho o comparación del destete del niño no siempre se expresa de la misma forma, aunque las frases son equivalentes entre sí. Las frases son las siguientes: «Como el niño que le apartan del pecho de que estaba gustando a su sabor» (1 Noche 5,1); «los desarrima del dulce pecho» (1 Noche 8,3); «por su flaqueza no convendría destetarlos de un golpe» (1 Noche 9.9); «de aquí es que a éstos nunca les acaba de hecho de desarrimar el sentido de los pechos» (1 Noche 9,9); «Abraham ... quitó la leche a su hijo Isaac»(1 Noche 12,1); «quitándole el pecho de la leche y blando y dulce manjar de los niños» (1 Noche 12,1); Dios enseñará su ciencia «a los destetados de la leche, a los desarrimados de los pechos» (1 Noche 12,5); «no es la disposición la leche primera de la suavidad espiritual, ni el arrimo del pecho de los sabrosos discursos» (1 Noche 12,5); «bien así como, no acostumbrando a sacar leche de la ubre, se secan los cursos de la leche» (1 Noche 13,3); «se le van enjugando los pechos de la sensualidad con que sustentaba y criaba los apetitos» (1 Noche 13,13).

Ciertamente, todas estas frases habrían de ser situadas en su contexto propio, pero todas ellas son indicio de una idea constante que el santo va repitiendo como sinónimo de una situación concreta de la vida. Y, lo mismo que se nos dijo antes, que era Dios quien nos reengendraba y nos daba los primeros cuidados, aquí se nos recuerda que es Dios quien nos hace superar la etapa de niños de pecho. Dios, sintiéndonos algo «crecidillos», comienza a darnos un alimento más fuerte, como de adultos, y hacernos caminar como adultos, poniendo nuestros pies sobre el duro suelo (cfr. 1 Noche 8,3). Un paso duro, pero necesario en todo proceso de maduración humana.

Un texto muy bonito en este sentido, y que está puesto también en un lugar estratégico, es el siguiente:

«Esta noche y purgación del apetito, dichosa para el alma, tantos bienes y provechos hace en ella —aunque a ella antes le parece, como habemos dicho, que se los quita—, que así como Abraham hizo gran fiesta cuando quitó la leche a su hijo Isaac (Gen 21,8), se gozan en el cielo de que ya saque Dios a esta alma de pañales, de que la baje de los brazos, de que la haga andar por su pie, de que también, quitándole el pecho de la leche y blando y dulce manjar de los niños, la haga comer pan con corteza, y que comience a gustar el majar de robustos (Heb 5,12-14), que en estas sequedades y tinieblas del sentido se comienza a dar» (1 Noche 12,1).

De su observación, Juan de la Cruz deduce que «comunmente» todos pasan por este estadio (1 Noche 8,4). Aunque también hace notar que el «destete» a veces no se puede hacer «de un golpe», y que algunos no acaban de salir nunca del todo de este estadio primero (1 Noche 9,9; cfr. 14,5). Textos muy esclarecedores, tanto por lo que se refiere al modo de actuar de Dios, como a nuestra evolución humana.

Sin duda, en la época de Juan de la Cruz, y en su propia experiencia personal, el destete era un momento del desarrollo humano mucho más significativo que en nuestros días. Ciertamente, podría muy bien significar el paso, sobre todo en las familias más pobres, al duro mundo de los adultos. Hoy día, este paso habría que situarlo, más bien, en el momento de la adolescencia-juventud, que es paso de la infancia a la edad adulta.

6. *Los frutos* del paso por este momento importantísimo de purificación y maduración, serían muchos. A ellos dedica el santo fundamentalmente los capítulos 12-13 del primer libro de Noche. El principal fruto es la superación de todos los límites que se habían anotado en los primeros capítulos. Se redimensiona todo el mundo personal y del entorno. Se aprende que no se es el centro del universo. Se puede decir que, frente a Dios, el hombre se hace mucho más humilde y sencillo, y abandona su despotismo anterior. Se comprende la gratuidad del amor y de los dones de Dios. Lo mismo se diga respecto de los prójimos y de nuestras actitudes frente a ellos. La caridad sincera hacia los demás es, sin duda, el fruto más importante y preciado de nuestra relación con ellos (cfr. 1 Co). Y todo ello, porque uno comienza a conocerse mejor a sí mismo y su propia realidad personal en toda su crudeza, pero también en toda su verdad. Valor de resumen tiene la afirmación siguiente: «se hace mansa para con Dios y para consigo, y también para con el prójimo» (1 Noche 13,7).

«Paz y tranquilidad», «libertad de espíritu» serían también expresiones que resumirían el estado anímico de quien, con la ayuda de Dios, ha sido capaz de dar este paso de madurez humana y evangélica «en que se van granjeando los doce frutos del Espíritu Santo» (1 Noche 13,11; cfr. 13,3.11.14).

III. Una muerte que lleva a la vida (Segundo libro de la Noche)

Aunque la división de la *Noche Oscura* en dos libros no es original de Juan de la Cruz sino de los editores, sí lo es, sin embargo, la división en *dos noches*. Y también aquí, para nosotros, «tiempo es, pues, ya de comenzar a tratar de la segunda noche» (1 Noche 14,6), que es *noche o purificación del espíritu* (2 Noche 1). El fruto de pasar por ella sería la plena realización humana y evangélica. Suponiendo cierto equilibrio y madurez humanos alcanzados en la purificación anterior, se va derecho a proponernos la plenitud humana que nace de la plenitud y perfección evangélica.

1. En los primeros capítulos del segundo libro de la Noche (1-3), el santo intenta hacernos comprender que, el haber logrado cierta madurez humana y evangélica, no significa que se haya llegado a la plenitud. Estas son palabras mayores. La purificación del sentido no sería más que «puerta y principio» (2 Noche 2,1) para lo que ha de venir. El hombre sólo se purifica verdadera y completamente cuando, a través de la noche del espíritu, llega a alcanzar la plena madurez según Dios. «De donde la noche que habemos dicho del sentido, más se puede y debe llamar cierta reformación y enfrenamiento del apetito que purgación» (2 Noche 3,1). La madurez evangélica no es, pues, supererogatoria, sino complemento necesario dentro de un proceso que ha de ser siempre ascendente. Pero nadie alcanzará plenamente una sin la otra (2 Noche 2-3)[8].

En este contexto, la figura clave ya no es la del *niño*, sino la del *hombre*: el hombre viejo y el hombre nuevo creado según Dios (2 Noche 3,3). Y recupera el símbolo de la dinámica evangélica de *muerte- vida*, de la que se nos había hablado en las páginas introductorias de esta obra (cfr. Prólogo y 1 Noche, Declaración Canción Primera).

La persona que ha logrado pasar positivamente la noche pasiva del sentido, tendrá todavía, a pesar de todo, muchos restos y vestigios de «hombre viejo». De ahí la necesidad de pasar por una nueva etapa de purgación o purificación, la del espíritu, que lleve a la plena madurez evangélica. En este sentido son muy interesantes, no sólo las *descripciones* de todo el capítulo segundo de este libro, sino también algunas de sus *expresiones*. Bien claramente afirma que la purificación del sentido no pudo llegar a ciertas «raíces» y «manchas del hombre viejo», que «a él no se lo parece ni las echa de ver; las cuales, si no salen por el jabón y fuerte lejía de la purgación de esta noche, no podrá el espíritu venir a pureza de unión divina». La diferen-

---

[8] Una, en principio sorprendente, referencia al hombre como «pequeñuelo» en las cosas de Dios, hecha en el capítulo tercero de 2 Noche, nos indicaría claramente que, para Juan de la Cruz, sólo se llega a la verdadera edad adulta evangélica por la noche pasiva del espíritu (cfr. 2 Noche 3,3).

cia entre ambas purgaciones es «la que de la raíz a la rama, o sacar una mancha fresca o una muy asentada y vieja». La causa de todo esto estaría en «la "habitudo mentis" y la rudeza natural que todo hombre contrae por el pecado» (2 Noche 2,1-2).

2. La purificación pasiva del espíritu sería el momento en el cual Dios nos despoja y nos desnuda «de este hombre viejo» y nos reviste «del nuevo, que según Dios es criado en la novedad del sentido, que dice el Apostol» (2 Noche 3,3) [9]. En este texto, de inspiración y referencias paulinas, hay una serie de datos claves para entender la dinámica de esta noche. Se habla de «desnudar» y «revestir» («desnudarlos de hecho de este viejo hombre y vestirlos del nuevo»), se habla de «viejo hombre» y «del nuevo». Y este «nuevo» es el que vive según el designio de Dios para el que le creó, o también, que según Dios es vuelto a crear ahora en novedad de vida («que según Dios es criado en la novedad del sentido»). De ahí la relación entre: «nuevo»/ «según Dios ... criado»/ «novedad».

Este paso, en el que Dios actúa de una forma muy importante, es un desnudarse, pero también un revestirse. Es un dejar lo viejo para asumir lo nuevo. Es un hacer realidad en nosotros el designio para el que Dios nos creó, y es también como una nueva creación.

Y el contenido de este paso nos lo explicita Juan de la Cruz de una forma dialéctica, como lo hacen también los textos paulinos en los que se inspira la imagen del hombre viejo y el nuevo. Relativamente cerca del texto antes citado y haciendo un comentario a la primera estrofa del poema «Noche», nos dice:

> «(con) ansias de amor de Dios, salí de mí misma, esto es, de mi bajo modo de entender, y de mi flaca suerte de amar, y de mi escasa y pobre manera de gustar de Dios ..., salí del trato y operación humana mía a operación y trato de Dios; es a saber, mi entendimiento salió de sí, volviéndose de humano y natural en divino ... Y mi voluntad salió de sí, haciéndose divina, porque, unida con el divino amor, ya no ama bajamente con su fuerza natural, sino con la fuerza y pureza del Espíritu Santo ...; y, ni más ni menos, la memoria se ha trocado en aprehensiones eter-

---

[9] Los editores suelen citar aquí como referencia *Colosenses* 3,10. En mi opinión, aquí no nos hallamos tanto ante una cita bíblica literal, cuanto más bien, ante una suma de textos y referencias, a veces generales y a veces literales, inspirados en la versión bíblica de la Vulgata. Los textos de referencia serían fundamentalmente: *Efesios* 4,20-24 y *Romanos* 12,2. Por supuesto que *Colosenses* 3,10 y todo su contexto también sería válido como lugar paralelo. Curiosamente, los editores, en un texto posterior muy parecido (2 Noche 13,11; cfr. también LLama 2,33), nos ofrecen la referencia bíblica de *Efesios*, y no la de *Colosenses*.

nas de gloria. Y, finalmente, todas las fuerzas y afectos del alma, por medio de esta noche y purgación del viejo hombre, todas se renuevan en temples y deleites divinos» (2 Noche 4,1-2).

Por la fuerza del Espíritu Santo el hombre viejo, que no vive, por lo tanto, según el proyecto de Dios para el que le creó, se renueva en temples divinos (cfr., además del texto antes citado, también 2 Noche 17,2; 20,4).

3.   Pero, al igual que en la terminología neotestamentaria, aquí también el paso del hombre viejo al hombre nuevo se ve como un *proceso de muerte*. El despojamiento equivaldría a la muerte. No se vive plenamente según el hombre nuevo, si no se muere totalmente al hombre viejo. Una muerte que, paradójicamente, lleva en sí el germen de la resurrección y de la vida nueva, aunque esto no se perciba mientras se vive el proceso de despojo y de muerte. Un texto muy completo en este sentido, y sobre el que gravitan muchas páginas anteriores y posteriores de explicación, es el siguiente:

> «La tercera manera de pasión y pena que el alma aquí padece es a causa de otros dos extremos, conviene a saber, divino y humano, que aquí se juntan ... Que, como el divino embiste a fin de cocerla y renovarla para hacerla divina, desnudándola de las afecciones habituales y propiedades del hombre viejo, en que ella está muy unida, conglutinada y conformada, de tal manera destrica y descuece la sustancia espiritual, absorbiéndola en una profunda y honda tiniebla, que el alma se siente estar deshaciendo y derritiendo en la haz y vista de sus miserias con muerte de espíritu cruel; así como si, tragada de una bestia, en su vientre tenebroso se sintiese estar digiriéndose, padeciendo estas angustias como Jonás (2,1) en el vientre de aquella marina bestia. Porque en este sepulcro de oscura muerte le conviene estar para la espiritual resurrección que espera» (2 Noche 6,1).

Lo que se pone en juego en esta purificación es, sobre todo, la *relación del hombre con Dios*, su actitud frente a El. De ahí su carácter fuerte y estremecedor, pero también plenamente humanizador y humanizante, porque sólo en Dios y desde Dios el hombre encuentra su forma correcta y plena de existir (cfr. 2 Noche 5,5-7).

En el texto arriba citado es muy significativa la referencia a la figura de Jonás, que en el evangelio es símbolo de la muerte y resurrección de Cristo (Mt 12, 39-40; 16,4) y aquí lo es del cristiano, es decir, de aquél que es capaz de llegar a morir con Cristo para resucitar con El (Rom 6,1-11; 2 Tim 2,11), para vivir con El una vida nueva (Rom 6,4). Por otra parte, ¿no existe cierto paralelismo entre «sepulcro de oscura muerte» y «sepultados por el bautismo con El en la muerte» (Rom 6,4)? Finalmente, quisiera subrayar que se habla de una resurrección en esperanza, porque, lo que en ese momento se experimenta, es sólo la muerte[10].

4.   Los capítulos 5-7 son un verdadero comentario, con referencias bíblicas y propias, al texto de 6,1 antes citado y transcrito. Dichos capítulos me suscitan algunas consideraciones posteriores que me parecen interesantes:

— Las referencias al tema de la muerte, en sentido más bien psicológico y existencial: *sentirse morir*. Todos sabemos que, cuando a uno le vienen a faltar las cosas en las que apoyaba su propia vida, entonces puede llegar a sentirse morir. Tanto más cuanto más esenciales sean dichas cosas y realidades. Decimos: ¡qué mal lo he pasado! ¡me sentía morir![11]. El santo nos habla de «gemidos de muerte», «sombra de muerte» (2 Noche 6,2; 7,3). En otra parte nos dice que se sentirá dicha experiencia como un *agonizar* sin llegar a morir físicamente (2 Noche 5,6; cfr. 10,4), y que, si algunos de estos sentimientos durasen mucho tiempo, el hombre «moriría muy en breves días» (2 Noche 6,6).

— El uso de *palabras* como «deshacer», «deshacimiento» y «aniquilar», sinónimos, en este caso, de morir realmente al hombre viejo. Todas estas palabras se encuentran, por ejemplo, de una forma concatenada en el discurso que el santo hace en el n.º 5 del capítulo sexto: número que, por otra parte, comienza con la comparación del hombre al que le «detuviesen el aire, que no respirase». No respirar es sinónimo también de muerte.

— Y de una forma casi imperceptible en medio del fragor de la muerte, Juan de la Cruz comienza a hablarnos de la experiencia del *infierno*, o mejor, de la bajada o descenso a los infiernos.

«Dolores de infierno siente el alma muy a lo vivo, que consiste en sentirse sin Dios» (2 Noche 6,2), «que le parece al alma que ve abierto el infierno y la perdición. Porque de éstos son los que de veras descienden al infierno viviendo (Sal 54,16)»[12].

Tremenda palabra que después aminora y cambia por la de «purgatorio» (cfr. 2 Noche 7,7 y otros). Pero ¿no era el infierno, en la tradición teo-

---

[10] En una carta tenemos un texto muy parecido al final de 2 Noche 6,1, al que, en cierto sentido, completa. Dice a las monjas carmelitas de Beas: «Sirvan a Dios ..., siguiendo sus pisadas de mortificación en toda paciencia, en todo silencio y en todas ganas de padecer ..., mortificándose si por ventura algo ha quedado por morir que estorbe la resurrección interior del Espíritu, el cual more en sus almas» (Carta 7).

[11] Cfr. nota 2.

[12] 2 Noche 6,6. Un texto muy parecido, aunque tomado de Baruc, lo encontramos en CB 18,2.

lógica, la experiencia de la total ausencia de Dios y para siempre? Yendo más lejos, podríamos también preguntarnos ¿no considera la tradición la muerte de Cristo como una bajada a los infiernos?

— Por último, y en este contexto de descenso a los infiernos, se inicia otra línea temática que será muy importante en el desarrllo de ulteriores capítulos de la obra: el de la *humillación* y el *ensalzamiento*. Un tema estrictamente evangélico (cfr. Mt 23,12), que tiene sus prototipos en Cristo (cfr. himno de Filipenses 2,8-9: «se anonadó ... por eso Dios lo ensalzó») y en María (cfr. «Magníficat»). Pablo sugiere que Cristo se anonadó hasta la muerte y muerte de cruz, por eso Dios lo ensalzó. Aquí sugiere Juan de la Cruz que «en esto humilla Dios mucho al alma para ensalzarla mucho después» (2 Noche 6,6). Será la primera referencia importante a este tema, dentro además del importante capítulo sexto, pero no será, ni mucho menos, la última. Más adelante, cuando empieza a explicar que este camino es como una «escala» o escalera para subir hasta Dios (cfr. cap.19-20), curiosamente nos viene a decir que, para subir por ella, hay que bajar primero (2 Noche 18,1-4). Casi al final de la obra se nos dirá que Dios «nunca mortifica sino para dar vida, ni humilla sino para ensalzar» (2 Noche 23,10). Es la dialéctica evangélica del anonadamiento, cuyo exponente máximo lo tenemos en el misterio de la muerte de Cristo.

5.   Después de que, a lo largo de varios capítulos, la muerte y la sombra de muerte adquiera una densidad estremecedora, poco a poco vuelven las referencias al positivo, a la meta y fruto de dicha experiencia purificadora en el hombre: *la vida nueva*, el hombre nuevo.

«Todas estas aflictivas purgaciones del espíritu para reengendrarlo en vida de espíritu por medio de esta divina influencia, las padece el alma, y con estos dolores viene a parir el espíritu de salud» (2 Noche 9,6).

Un poco antes nos decía:

«Conviene que primero sea puesta el alma en vacío y pobreza de espíritu ..., para que, así vacía, esté bien pobre de espíritu y desnuda del hombre viejo para vivir aquella nueva y bienaventurada vida que por medio de esta noche se alcanza, que es el estado de unión con Dios» (2 Noche 9,4).

Por último, en el capítulo 13,11 nos encontramos con un texto que hace referencia a muchos temas anteriormente esbozados en los primeros capítulos. Dice así:

«Por lo dicho queda entendido cómo Dios hace merced aquí al alma de limpiarla y curarla con esta fuerte lejía y amarga purga, según la parte sensitiva y la espiritual ..., haciéndola Dios desfallecer en esta manera a todo lo que no es Dios naturalmente, para irla vistiendo de nuevo, desnuda y desollada ya ella de su antiguo pellejo. Y así, se le renueve, como al águila, su juventud (Sal 102,5), quedando vestida del nuevo hombre, que es criado, como dice el Apostol (Ef 4,24), según Dios» (2 Noche 13,11) [13].

El nuevo vestido y pellejo del hombre son las actitudes teologales, de las que nos hablará más tarde, en el capítulo 21, cuando comente la palabra «disfrazada», de su poema «Noche oscura».

6. El *fruto* de haber llegado a entrar en esta experiencia de morir con Cristo al hombre viejo, es la progresiva resurrección, el progresivo manifestarse de la vida nueva de Dios en el hombre. Con una breve referencia al hecho de la muerte y resurreción de Lázaro, Juan de la Cruz nos dice que «esta enfermedad no es para muerte, sino para gloria de Dios» (2 Noche 19,1). Y aquí nos encontramos con un hecho interesante del segundo libro de Noche: lo que podríamos llamar la búsqueda apasionada de la vida, del Resucitado, de aquél que ama el alma. En este sentido hay algunos signos muy interesantes, que se dan, sobre todo, a partir del capítulo 13:

— Se comienza a usar la palabra «Amado» (que tanta carga cristológica tiene en Juan de la Cruz).
— Se comienzan a usar las palabras «Esposo» y «Esposa» (que a la luz de «Cántico Espiritual» indican la plena reciprocidad en el amor).
— Los textos de Jeremías (Lamentaciones) y Job (dos figuras por excelencia del misterio de Cristo sufriente) dejan paso a las referencias tomadas del «Cantar de los Cantares».
— Por último, como una de las figuras de esta nueva etapa, se cita a María Magdalena; identificada, por otra parte, con la Esposa del «Cantar de los Cantares». El texto más amplio en este sentido es el del capítulo 13,5-8 (cfr. 19,2). Un texto bellísimo, lleno de referencias, en el que curiosamente se nos dice que, aquél a quien se busca y se ama, ya no está en el sepulcro.

---

[13] Cfr. también 2 Noche 11,3-4 (amar a Dios con todo el ser y las fuerzas); 16,4; 24,2 (referencia a Adán).

7. A partir de dicho capítulo 13 la misma *muerte* comienza a adquirir *otro tinte* menos negro y oscuro. Igual que antes, se habla de que el hombre sin Dios se siente morir, pero esto no se aplica ahora tanto al puro sentimiento de ausencia de Dios, cuanto a la búsqueda irreprimible del mismo:

> «Anda esta herida alma a buscar a su Dios ..., estando muriendo de amor por El. Y éste es el amor impaciente, que no puede durar mucho el sujeto sin recibir o morir» (2 Noche 13,8; cfr. 19,5).

Este amor es más fuerte que la misma muerte y va más allá del infierno (cfr. 2 Noche 19,4), y, en su comparación, todo lo del mundo le parece al hombre que ha llegado a este punto de maduración, «seco, lacio y muerto» (2 Noche 21,6).

También en este segunda parte del segundo libro de la Noche se hablará de la vida más allá de la muerte, o más allá de esta vida, como el grado surpemo y consumado del hombre nuevo. Pero en este caso, generalmente no se habla de muerte. Se habla más bien de haber salido de la carne (2 Noche 20,5), de un grado de madurez que ya no es de esta vida (2 Noche 20,4), y de que ciertos aspectos de algunos niveles de experiencia de Dios no pueden durar mucho, porque «sería cierta gloria en esta vida» (2 Noche 20,3).

Para *concluir*, quisiera citar aquí un texto en el que, de forma muy bella, aparece claramente la tensión entre el más allá y el más acá que se da en el hombre que ha logrado ser nuevo por la fuerza del Espíritu Santo.

> «En este último grado de clara visión —nos dice—, que es el último de la escala donde estriba Dios, como ya dijimos, ya no hay cosa para el alma encubierta, por razón de la total asimilación; de donde nuestro Salvador (Jn 16,23) dice: "En aquel día ninguna cosa me preguntaréis, etc". Pero hasta ese día todavía, aunque el alma más alta vaya, le queda algo encubierto, y tanto cuanto le falta para la asimilación total con la divina esencia ... De esta manera ... se va el alma saliendo de todas las cosas y de sí misma y subiendo a Dios. Porque el amor es asimilado al fuego, que siempre sube hacia arriba, con apetito de engolfarse en el centro de su esfera» (2 Noche 20,6).

Eschatologie bei Johannes vom Kreuz

Frans Maas

Das Wort «auferstehen» kommt bei Johannes vom Kreuz kaum vor, eine Eschatologie im Sinne eines zusammenhängenden theologischen Traktates selbstverständlich noch weniger. Der Heilige ist vor allem von der Möglichkeit einer Einheit mit dem Geliebten hier und heute fasziniert, und nur aus dieser Perspektive beschäftigt er sich mit dem Leben nach dem Tod. Das ist bei allen großen Mystikern so. An einem Himmel im Sinne eines Jenseits liegt ihnen kaum etwas. Einen Lohn gibt es für sie nicht und es treibt sie auch keine Angst. Sie sind nicht darauf aus, sich selbst in Sicherheit zu bringen. Ihren Blick richten sie nicht auf ein anderes Leben, sondern ganz im Gegenteil auf ein Leben mit Gott hier auf Erden. [1] Die Perspektive und Betrachtungsweise, die damit auf ewiges Leben möglich ist, werden wir in den Werken von Johannes vom Kreuz untersuchen.

Wir stoßen jedoch sofort auf ein wichtiges theologiegeschichtliches Problem. Um die eigene Position eines Autors in Anbetracht eines bestimmten Themas profilieren zu können, muß die communis opinio bezüglich dieses Themas im zeiträumlichen Kontext des Autors als Hintergrund zur Verfügung stehen. Es erweist sich jedoch als besonders schwierig, die spezifisch theologischen Auffassungen über die Eschatologie zu ermitteln, die wir mit Sicherheit als einen selbstverständlichen Ausgangspunkt unseres Autors auffassen können. [2] Wir müssen uns daher auf allgemein gängige Auffassungen beschränken. Und im allgemeinen läßt sich sagen, daß in Spa-

---

[1] Vgl. Hein Blommestijn, *Het eeuwige nu,* in: Speling 38 (1986) Nr. 4, 32-41; Frans Maas, *Het oorspronkelijk thuis,* in: ibidem, 47-56; id., *De vluchtige tijd bijeenhouden in het moment van de ziel.* De «presentische» Eschatologie van Meester Eckhart, in: Tijdschrift voor Theologie 28 (1988) 26-49.

[2] In Salamanca wurden im akademischen Jahr 1567-68 — für Johannes vom Kreuz war es sein letztes Studienjahr — im sekundären Lehrstuhl, d.h. von Juni bis Oktober, Vorlesungen u.a. über die Auferstehung von den Toten gegeben, vgl. Luis Enrique Rodríguez, *Peripecia universitaria de San Juan de la Cruz en Salamanca (1564-1568),* Lección inaugural de curso academico 1989-1990, Avila 1989. Johannes vom Kreuz könnte hieran teilgenommen haben; das ist allerdings nicht sicher.

nien im 16. Jahrhundert eine Wende stattfand und daß die Veränderungen in der religiösen Kultur auch die Eschatologie betrafen. Man kann davon ausgehen, daß die humanistische Renaissance, die sich in anderen Teilen Europas schon eher bemerkbar gemacht hatte, in der spanischen Religiösität des goldenen Jahrhunderts eine Verinnerlichung bewirkte. Das wachsende Bewußtsein vom inneren Wert des Menschen führte auch auf religiösem Gebiet zu einem Selbstbewußtsein, auf Grund dessen man jetzt anders als vorher mit der Erfahrung der menschlichen Endlichkeit und Kontingenz umging. Hatte man die Angst vor dem Fegefeuer und der Hölle ehedem durch Ablässe und allerlei andere äußerliche Religiösität beschworen, deren Achse ein spiritueller Egozentrismus war, so entstand jetzt, vor allem unter dem Einfluß der «Praeparatio ad mortem» und des «Modus orandi» von Erasmus eine Kultur des innerlichen Betens und der Nächstenliebe. Der Humanismus bewirkte im religiösen Spanien eine Wende zum innerlichen Leben. [3] Ohne Zweifel hat die karmelitanische Schule der humanistischen Betonung des inneren Wertes des Menschen eine eigene Gestalt gegeben. [4]

Was Johannes vom Kreuz über das ewige Leben schreibt, lohnt sich, in humanistischem Kontext zu lesen. Wie viele andere Mystiker [5] betont auch er den inhärenten Wert des Menschen. Dieser Wert wird selbstverständlich religiös interpretiert, d.h. als das menschliche Vermögen, sich dem Deus absconditus zu nähern. Das führt ganz und gar nicht zu einem Absolutsetzen der menschlichen Subjektivität und Autonomie. Das innerliche Leben wird ja gerade auf die Transzendenz hin geöffnet. Das gereinigte innerliche Leben des Menschen hier auf Erden und das ewige Leben sind wesentlich miteinander verbunden, auch wenn Johannes vom Kreuz sich jedesmal beeilt, hinzuzufügen daß beide nicht identisch sind. Vielleicht spielte bei dieser oftmals wiederholten Anmerkung die Vorsicht gegenüber der Inquisition eine Rolle, die in der Betonung des innerlichen Lebens schnell Zeichen von Illuminismus zu entdecken meinte. Unverhüllt tritt der innere Wert des Menschen ans Licht, wo der Mystiker über die Vereinigung spricht. Bis dahin muß der Mensch in einer dialektischen Bewegung durch das Nichts hindurch, um zum Alles zu kommen. Johannes vom Kreuz ist vielleicht vor allem als Verfechter des Loslassens, als Lehrer des Nichts bekannt. Doch hat dieser negative Weg nur auf der Basis einer ursprünglichen Nähe Sinn: «Deus intimior intimo meo». Das möge gleich aus dem Lesen

---

[3] Vgl. Marcel Bataillon, *Érasme et l'Espagne. Recherches sur l'histoire spirituelle du XVe siècle*, Paris 1937, 589-629; 639-648.

[4] Vgl. Melquiades Andrés Martín, *Los Recogidos*. Nueva Visión de la mística española (1500-1700), Madrid 1976, 621-663; Bataillon, o.c., 793f minimalisiert die Beziehung zwischen der humanistischen und karmelitanischen Innerlichkeit.

[5] Vgl. die Tradition der «scintilla animae», des höchsten Punktes der Seele, in dem das Geschöpf die Wirklichkeit Gottes berührt. Bei vielen Mystikern wirkt sich diese Tradition aus, wennauch mit verschiedenen Metaphern.

entsprechender Texte ersichtlich werden. Als Leitfaden unserer Untersuchung gilt die These, daß für Johannes vom Kreuz der Mensch einen unvorstellbar großen inneren Wert besitzt, daß er nämlich empfänglich ist für den verborgenen Gott. Diese von Gott gegebene menschliche Möglichkeit kann in diesem Leben verwirklicht werden; die Realisierung dieser Möglichkeit ist die Kontinuität zwischen dem Leben hier auf Erden und später im Himmel; anders ausgedrückt: diese Realität ist in gewissem Sinne der Himmel hier auf Erden. Eine weitere Intensivierung dieser Realität wird ausdrücklich offen gehalten. Diese These hoffe ich im Laufe dieser Studie annehmbar zu machen.

Nachdem wir exemplarisch einen Text zur Untermauerung unserer Behauptung betrachtet haben (1), werden wir der Dialektik zweier Momente auf die Spur kommen. An erster Stelle steht die Überzeugung von der menschlichen Kontingenz: das irdische Leben selbst ist eigentlich schon Tod, von Gott können wir nichts erfassen (2). Doch gibt es auch die andere Erfahrung: menschliches Leben ist Verlangen nach der Tiefe, die jetzt schon da ist (3). Diese Dialektik korrespondiert mit einer zweifachen Rede über die eschatologische Vollendung. Erstens ist oft Sprache vom «anderen Leben», das meistens «diesem Leben» in all seinen Einschränkungen gegenübergestellt wird. Aus diesem Blickwinkel wird das irdische Leben gerade in seiner Unzulänglichkeit betrachtet. Es zeigt sich somit als Möglichkeit zu Wachstum. Das «andere Leben» öffnet die Perspektive und den Raum zum Wachsen. Der zweite Blickwinkel ist der dem Mystiker eigene Blickwinkel. Er zeigt dieses Leben als bereits verwirklichtes Wachstum, als geistliche Vereinigung von Mensch und Gott. In der sich weiterentwickelnden Dialektik dieser beiden Momente wird die irdische Wirklichkeit grundsätzlich als wertvoll gewürdigt, nämlich als Weg zu Gott und als Fundort von Gott (4).

1. Was dem Menschen von Ewigkeit her eigen ist: Cantico 38

In Strophe 38 des Cantico ist die Rede vom Begehren der Seele. Der Auslegung [6] zufolge besteht das Begehren darin, daß die Seele den Geliebten lieben will, wie Gott sie liebt. Sie will lieben, wie Gott liebt. Erst später spricht sie *«wie von etwas, das weniger wichtig ist»* von der *«wesentlichen Herrlichkeit»*, vom *«Sehen Gottes»* [7]. Das ist typisch für Johannes vom Kreuz. Natürlich glaubt er an das ewige Leben, an das sogenannte «Leben nach dem Tod», aber auf diese Selbstverständlichkeit kommt es nicht an. Das Jenseits

---

[6] C 38.3-4. Wir benutzen die B-Fassungen sowohl vom Geistlichen Gesang als auch von der Lebendigen Liebesflamme.

[7] C 38.5.

an sich ist unwichtig, darauf ist sein Streben nicht ausgerichtet. [8] Es geht dem Mystiker um die Leben-weckende Gottesbeziehung hier auf Erden. Es geht darum, daß der Mensch zum vollen Maß des Liebens kommt. Das volle Maß erreicht die Seele in ihrer Vereinigung mit Gott. Im Wachsen auf diese Fülle hin können drei Momente unterschieden werden: die Reinigung der Liebe, ihre Fülle in der Vereinigung und ein Mehr als dieses «im anderen Leben». Dieses «Mehr» hat jedoch nur als unbegrenzte Vervollkommnung der irdischen Vereinigung Bedeutung. In diesem Sinn ist die himmlische Schau nicht von dieser getrennt. Außerdem impliziert das Begehren der vollkommenen Gottesliebe (d.h. daß man ebenso sehr lieben will wie Gott) die Gottesschau bereits [9]: Man kann nämlich nicht geben, was man nicht empfangen hat. Empfangen hat der Mensch aber von Anfang an. In der ersten Strophe des Geistlichen Gesanges, im Anschluß an den Vers: *«Wo hast du dich verborgen»*, greift Johannes vom Kreuz auf die augustinische Tradition des «inquirere intimiorem intimo meo» zurück; er weist darauf hin, *«...daß das Wort, der Sohn Gottes, gemeinsam mit dem Vater und dem Heiligen Geist, dem Wesen nach im inneren Sein der Seele verborgen und dort gegenwärtig ist»* [10]. Die Gottesschau erfolgt auf der Ebene des rezeptiven Verstandes [11]. Am *«Tage der Ewigkeit»*, bevor die Zeit begann, hat Gott sich selbst in der verborgenen Tiefe der menschlichen Seele verständlich gemacht als deren wesentliches *«Bestimmtsein zur ewigen Herrlichkeit»* [12]. Diese Gabe nennt Johannes vom Kreuz ein *«was»*. Im Laufe seines Lebens (*«des Tages, der in der Zeit ist»*, der gegenüber *«dem Tag, der Gottes Ewigkeit ist»* steht) [13] muß der Mensch diese Gabe aktiv aufgreifen und so zur vollkommenen Gottesliebe gelangen. Dies ist eher eine Sache des Willens als des Verstandes, es ist eher ein Geben als ein Empfangen. [14] Die Braut des Geistlichen Gesanges geht bis zum Äußersten und gibt sich selbst, ohne auf ihren eigenen Vorteil zu achten oder auf ein Empfangen aus zu sein. Sie entwickelt, was zutiefst in ihr ist. Sie gibt, «was» bereits wesenhaft —wenngleich als Gabe Gottes— ihr eigen war. Indem sie gibt, d.h. indem sie ganz und gar liebt, wird *«offenbar»* [15], was immer *«verborgen»* war. Dies und nichts Anderes ist die ewige Seligkeit. Die himmlische Herrlichkeit ist das verborgene Eigene, das im Wachstum offen zutage tritt. Die himmlische Herrlichkeit ist für Johannes vom Kreuz keine hinzugefügte Wirklichkeit [16]. *«Wir wollen nun sehen, welchen*

---

[8] Vgl. C 38.5.

[9] Vgl. C 38.5.

[10] C 1.6.

[11] Vgl. C 38.5.

[12] C 38.6.

[13] C 38.6.

[14] Vgl. C 38.5.

[15] C 38.6.

[16] Vgl. Federico Ruiz Salvador, o.c.d., *Introducción a San Juan de la Cruz*. El escritor, los escritos, el sistema. BAC Madrid 1968, 673ff.

Tag die Seele hier mit dem "anderen" Tag meint und was dieses "was" ist, das Gott ihr an jenem Tag gab und um das sie für später in der Herrlichkeit bittet...Das «was» ist einer solchen Seele so sehr eigen, daß kein Geschehen und kein Widerstand, groß oder klein, in der Lage sein wird, sie hiervon für immer zu entfernen. Im Gegenteil wird sie das "was", zu dem Gott sie von Anfang an vorherbestimmte auch ohne Ende besitzen. Das ist die Bedeutung dieses "was", das er ihr, wie sie sagt, "am anderen Tag gab". Es ist also das, was sie jetzt offen in Herrlichkeit besitzen will» [17].

Wir meinen, daß die eschatologische Perspektive von Johannes vom Kreuz hier treffend formuliert ist. Ewiges Leben ist dem Menschen nicht fremd, ist keine hinzugefügte Realität, sondern im Gegenteil etwas Eigenes. Es ist etwas, das Gott ihm von Anfang an gegeben hat und das im Laufe des Lebens offenbar wird. Dieses Offenbar-Werden wird Gott vollenden.

Diese eschatologische Intuition werden wir bei unserem Autor nun in der Dialektik zweier Bewegungen nachvollziehen: in einer diskontinuierlichen Tendenz, die den Unterschied zwischen diesem und dem anderen Leben betont und in einer kontinuierlichen Tendenz, die die verborgene aber wesenhafte Verbindung unterstreicht. Diese Tendenzen dürfen nicht als zwei chronologisch aufeinander folgende Phasen des geistlichen Lebens aufgefaßt werden, wenngleich die eine Bewegung tatsächlich mehr zum reinigenden Weg und die andere mehr zum vereinigenden Weg gehört. Es geht aber nicht um eine Chronologie der Bewegungen, sondern um die dialektische Spannung zwischen zwei Momenten, die zusammen die eine Wahrheit des menschlichen Lebens ausmachen, des menschlichen Lebens, das von Gottes Gnaden ewig ist. [18]

2. Diskontinuität: das irdische gegenüber dem «anderen» Leben

a. Ein Kontrast im Kontext der Seelsorge

Gegensätze zwischen dem zeitlichen und dem ewigen Leben durchziehen das Werk von Johannes vom Kreuz. *«Was haben das Zeitliche und das Ewige gemeinsam?»*, lautet oft seine rhetorische Frage [19]. Man kann sich nicht

---

[17] C 38.6.

[18] Mouroux bezeichnet die Zeit bei Johannes vom Kreuz ohne Einschränkung als «eschatologische Zeit», d.h. die Zeit ist ein Verlangen nach Vollendung in Gott; die Ewigkeit fundiert und orientiert die Zeit. Der spezifische Inhalt dieser «eschatologischen Zeit» ist der Tod und die Auferstehung mit Christus. Auch hier geht es nicht um aufeinander folgende Etappen, sondern vor allem um zwei Faktoren, die zusammen die mystische Zeit ausmachen. Am Anfang des Weges ist mehr «Sterben», am Ende mehr «Auferstehen»; immer ist es aber eine Kombination von beiden. Vgl. J. Mouroux, *Le mystère du temps*. Approche théologique (Théologie 50) Paris 1962, 256-266.

[19] Vgl. S I 6.1; den selben Gegensatz zwischen dem Zeitlichen und Ewigen; vgl. S II 19.6; S II 19.12.

gleichzeitig in der Herrlichkeit und im sterblichen Fleisch befinden. Darum muß man sich vom Irdischen loslösen [20]. Wir dürfen nicht übersehen, daß der Kontrast zwischen Zeit und Ewigkeit immer im Kontext der pastoralen Ermahnung steht. Das bedeutet, daß der Gegensatz zwischen Himmel und Erde nicht so sehr als objektiver Tatbestand dargestellt wird, sondern vielmehr der Hintergrund ist für die Ermunterung, auf dem geistlichen Weg weiterzugehen, u.a. indem man losläßt [21] und bescheiden bleibt [22]. Die Gegenüberstellung zwischen diesem und dem anderen Leben fungiert offensichtlich als Ausgangspunkt für geistliche Unterweisung. Sie ist nicht Element der systhematischen sondern der pastoralen Theologie.

Aus diesem Blickwinkel ist nicht nur von einer Antithese zwischen diesem Leben und der ewigen Herrlichkeit die Rede. In der Dunklen Nacht geht Johannes vom Kreuz noch weiter und betrachtet dieses irdische Leben eigentlich als Tod. Der Mensch, der sich nach voller Gottesnähe sehnt, kann dieses Leben nur für wertlos halten. Es ist dem *«Grab des dunklen Todes»* vergleichbar und erwartet wird die *«geistliche Auferstehung»*, auf die auch Jonas im Bauch des Seeungeheuers warten mußte [23]. Wenn die lebendige Liebesflamme Gottes die Seele verwundet und ihr so der Geschmack des ewigen Lebens mitgeteilt wird, zeigt sich ebenfalls, daß das Leben —losgelöst von Gott— wie der Tod ist. Durch die Berührung Gottes wird dieser Tod getötet und verändert sich in Leben. [24] Das irdische Leben kann mit dem Tod verglichen werden, aber aus dem Kontext heraus wird jeweils deutlich, was für ein Leben damit gemeint ist: ein Leben, das nicht im vitalen Zusammenhang mit dem Lebendigen Gott steht. Die pastorale Dimension des Vergleiches ist überdeutlich.

In dieser Perspektive stellt Johannes vom Kreuz das «andere Leben» wiederholt diesem Leben gegenüber. Weil wir die Stärke des anderen Lebens sogar noch durch den Schleier hindurch spüren, der es jetzt noch bedeckt, ist das irdische Dasein nur ein schwaches Leben [25]. Oft dient der Kontrast zwischen diesem und dem anderen Leben auch dazu, eine Beziehung zwischen beiden herzustellen: hier unten ist nicht oder nur teilweise wahr, was da oben in Fülle sein wird. [26]

b. Leben als Bekehrung aus der Todessehnsucht: «Ich sterbe am Nicht-Sterben»

Die Geringschätzung des körperlichen irdischen Lebens hat einen Grund. In diesem sinnenhaften und irdischen Dasein sind wir nämlich nicht

---

[20] Vgl. C 11.9 (Paulus); auch Moses: C 37.4.
[21] U.a. S III 20.4 (über die Pädagogik der Strafe Gottes); S III 18.2-3; N I 11.4.
[22] S II 20.5: Gott spricht aus der Ewigkeit, wir verstehen nur gemäß der Zeit.
[23] N II 6.1; N II 21.6.
[24] L II.1.
[25] L I.32.
[26] S II 16.15; C 39.1 und C 1.4.

in der Lage, Gott zu fassen. Das Vermögen unseres naturhaften Verstandes reicht nicht so weit. Darum muß ein Mensch entweder seine Sehnsucht nach Gott aufgeben oder den Tod nicht scheuen. Die Überzeugung der Schrift «kein Mensch kann mich sehen und in Leben bleiben» (Ex 33,20) füllt Johannes vom Kreuz mit eigener Erfahrung[27]. Trotz dieser wesentlichen Einschränkung des irdischen Daseins, die der Mystiker durch und durch erfährt, ist er sich gleichzeitig auch des unendlichen Fassungsvermögens der Seele bewußt. In ihrem Grunde ist sie offen für Gott und Gott führt die Seele in ihren Grund, in ihre eigene Weise. *«Die Seele hat ein unendliches Fassungsvermögen»* und Gott erhebt die Seele *«nach der Weise der Seele selbst»*[28]. Die Größe der Seele ist der Spannungspol gegenüber der Geringheit des irdischen Daseins. Wir kommen gleich noch darauf zurück. Hier sei bereits auf die wesentliche Dialektik des menschlichen Lebens hingewiesen: einerseits ist dieses Leben wegen seiner Unzulänglichkeit auf Gott hin eigentlich nichts anderes als ein Tod; andererseits ist es das Verlangen nach einer Tiefe, die bereits da ist.

Diese Tiefe kann sie jetzt jedoch noch nicht besitzen. Darum erfährt der Mensch, der von diesem großen Verlangen berührt ist, sein Leben als einen Tod und ein Exil in der Fremde[29]. Das Hindurchgehen durch diesen Tod ist der einzige Ausweg für die Sehnsucht[30]. Darum ist die Todessehnsucht ein verständlicher Moment auf dem Weg nach Gott.

Im Kommentar zu den Cantico-Versen *«Entblöße deine Gegenwart, es töte mich dein Anblick und deine Schönheit»* und *«Ich fliege auf»* macht Johannes vom Kreuz die Sehnsucht nach dem Tod einfühlbar. Doch kennzeichnet er sie sofort auch als unvollkommen.[31] *«Zerreiß das dünne Gewebe dieses Lebens und laß es nicht dahin kommen, daß erst das Alter und die Jahre es auf natürliche Weise zerschneiden; zerreiß es, damit ich dich sogleich lieben kann mit der Fülle und Durchsättigung, die meine Seele ersehnt —grenzenlos und ohne Ende»*, bittet die Seele an anderer Stelle[32]. Der Mensch will den Geliebten finden und wird daran von seiner naturhaften Begrenztheit gehindert. Was liegt dann mehr auf der Hand, als sofort wie Paulus entbunden sein zu wollen und diese Einengung übersteigen zu wollen? Das wäre jedoch ein zu einfaches Entkommen. Außerdem würde der Mensch nicht auf seine eigene wesentliche Mö-

---

[27] S II 8.4.

[28] S II 17.8; vgl. L III.18.

[29] C 18.1f; vgl. José Damián Gaitán, *San Juan de la Cruz: un canto en tierra extraña.* Exégesis y actualidad de un romance, in: Revista de Espiritualidad 37 (1978) 601-621.

[30] Vgl. L II.32, wo von zwei verschiedenen Leben gesprochen wird: dem glückseligen Leben und dem geistlichen Leben; das erste ist durch den natürlichen Tod zu erreichen, das zweite durch Abtötung; vgl. Spr A,55.

[31] C 11.8f; C 13.6.

[32] L I.36.

glichkeit eingehen, die seiner Seele eingeschaffen ist[33]. Sein naturhaftes Leben würde nicht umgeformt werden. Darum muß die Todessehnsucht, auch wenn sie verständlich ist, bekehrt werden. Es kommt nämlich darauf an, daß der Mensch durch die Umformung «*das Leben Gottes lebt*»[34].

Wenn es dann aber gerade so weit ist, wird die Unzulänglichkeit des irdischen Daseins noch stärker empfunden, so daß man beinahe daran stirbt. «*Der niedrigere Teil des Menschen kann ein solch intensives Feuer der Herrlichkeit nicht ertragen*»[35]. Jetzt wo der Mensch die Vereinigung mit Gott erlangt hat, stößt er noch mehr als früher auf die Einschränkungen dieser irdischen Wohnung. Der Körper wird durch die Liebe Gottes in gewissem Sinn verzehrt. Das ist auch genau der Unterschied zwischen der Umformung in diesem Leben und der im anderen Leben[36]. Im anderen Leben wird das Feuer den überformten Menschen nicht mehr vernichten. Hier unten hat die Seele jedoch das Gefühl, daß sie «*stirbt, weil sie nicht stirbt*»[37]. Weil der natürliche Tod ausbleibt, droht der begrenzte Körper an der Fülle dessen, wozu der Geist in der Lage ist, zunichte zu werden. Manchmal kommt Gott selbst zu Hilfe «*indem er der Natur beisteht, so wie er es bei Moses in der Felsenhöhle tat, so daß dieser seine Herrlichkeit sehen konnte ohne zu sterben (Ex 33,22)*»[38]. Übrigens wird dasselbe Bild von Ex 33, nämlich der Schutz in der Felsenhöhle, benutzt um auf die aktive Nachfolge Christi hinzuweisen; mit anderen Worten: wenn der Mensch vollkommen lebt, wie Christus vollkommen gelebt hat, ist er der verzehrenden Gottesliebe gewachsen. In der Nachfolge erlangt er die höchste Einheit, «*die in diesem Leben erreichbar ist*»[39]. In der Nachfolge findet der Mensch auch Schutz vor Gottes versengender Glut. So ruft Johannes vom Kreuz zufolge der mystische Überfluß, der dem Menschen seit dem Tag der Ewigkeit zugeteilt ist, direkt zu konkretem christlichen Leben auf.

3. Kontinuität: das andere Leben in der Verlängerung des irdischen Lebens

Die Diskontinuität zwischen dem irdischen und dem anderen Leben steht für Johannes vom Kreuz im Zusammenhang einer wesentlichen Verbundenheit. Die Herrlichkeit des ewigen Lebens ist nicht völlig anders als

---

[33] Vgl. José Damián Gaitán, *San Juan de la Cruz: un místico ante la muerte*. Anotaciones sobre un tema en el Cántico Espiritual, in: Revista de Espiritualidad 40 (1981) 105-118.

[34] L II.34.

[35] L I.27.

[36] Vgl. u.a. C 39.14; die Umformung in diesem Leben hat darum auch immer noch etwas Schädigendes für den Menschen, auf sinnenhafter Ebene ist er nämlich der Fülle der Liebe nicht gewachsen. Daß der Körper eine Einschränkung ist, durch die wir Gott nicht voll und ganz genießen können, wurde auch in früheren Phasen erfahren, vgl. C 1.2.

[37] Vgl. den letzten Vers der Strophen des Gedichtes «Vivo sin vivir en mí».

[38] L I.27 und 28; vgl. C 13.1.3.4; S II 24.2.

[39] C 1.10.

die Gottesvereinigung hier auf Erden. Es geht um das selbe in zwei verschiedenen Erscheinungsformen. Gerade weil es wesentlich identisch ist, ist die Akzentuierung der Nicht— Identität oder Diskontinuität wichtig. Wir werden nun zuerst in den Texten des Mystikers die Identität des geglückten Lebens hier und später zusammenlesen (a), daneben auch, wie diese Identität konkret erfahren wird (b). Anschließend behandeln wir die am häufigsten vorkommende Formel, die den Unterschied zwischen beiden angibt. Jetzt ist noch unvollkommen, was dem Menschen dann in Fülle zuteilwerden wird (c). Danach werden wir die analogen Aussagen noch genauer und aufmerksamer betrachten (d). Schließlich wird deutlich werden, daß der Glaube den Menschen auf beider Identität hin orientiert (e).

a. Identität: das Jenseits auf Erden

Das Bild des Schutzes in der Felsenhöhle, das —wie wir sahen— auf unterschiedliche Weisen die Diskontinuität zwischen der Erde und dem Himmel illustrieren mußte, wird in Strophe 37 des Cantico zur Andeutung der Kontinuität benutzt. Im Anlehnung an Joh 17,3 —ewiges Leben ist es, Gott und seinen Sohn zu kennen— interpretiert Johannes vom Kreuz das Betreten der Felsenhöhle und das genießen von den Früchten der Erde, in diesem Sinn: *«daß sie (die Braut, die Seele), nachdem sie weiter in die göttliche Weisheit hineingegangen ist, d.h. in die geistliche Ehe, die ihr nun zuteil wird, himmlische Herrlichkeit genießen wird. Denn die Seele sieht Gott dann von Angesicht zu Angesicht, da sie mit der göttlichen Weisheit, dem Sohne Gottes, vereinigt ist».* [40] Die Felsenhöhle von Exodus ist hier nicht der Schutz vor dem versengenden Überfluß der Gottesliebe. Jetzt ist sie gerade der Ort, an dem wir Gott von Angesicht zu Angesicht begegnen. Die Wirkung des Heiligen Geistes, der die Seele wie eine lebendige Flamme mit Liebe durchtränkt, führt zu dieser Erfahrung: dem Menschen wird *«ewiges Leben»* geschenkt, denn er wird dazu veranlaßt, *«in Gott göttlich zu handeln»* [41]. Es ist daher auch nicht so unglaublich, daß der Mensch *«einen Schimmer des ewigen Lebens genießt, auch wenn das noch nicht in Fülle geschieht»* [42]. Die Selbstmitteilung Gottes in Liebe ist hier auf Erden ein und dieselbe wie im Himmel. Darum kennt ein solcher Mensch Gott, wie er ihn auch im Himmel kennen wird [43]. In der Rede von

---

[40] C 37.2; vgl. C 36.5, wo die Seele dahin gelangen will, den Sohn *«'in deiner Schönheit' im ewigen Leben»* zu sehen.

[41] L I.4; vgl. L I.1: *«Immer wenn die Flamme sie (die Seele) in sich aufnimmt, meint sie, daß sie ihr das ewige Leben schenken wird»*; vgl. auch S III 30.5: die uneigennützige Freude an den ihm von Gott verliehen Günsten findet der Mensch *«darin, daß er Gott mit wahrer Liebe dient. Diese Liebe ist die Frucht des ewigen Lebens».*

[42] L I.6.

[43] L III.5: *«Sie sieht jetzt ganz deutlich, daß dies die Liebe des ewigen Lebens ist»*; C 26.16: das göttliche Licht ist die beherrschende Lichtquelle, die aber die menschliche Erkenntnis nicht vernichtet, sondern vervollkommnet; *«So wird es meiner Ansicht nach im Himmel sein».* Der Vergleich mit dem Himmel wird auch im Zusammenhang mit den Liebeszeichen gemacht, die Gott dem liebenden Menschen erweist: C 27.1.

der Läuterung, die in der Dunklen Nacht ja vorherrschend ist, heißt es daher auch, daß der Mensch *«aus seiner gewöhnlichen und alltäglichen Weise zu fühlen»* herausgezogen wird. *«Dadurch wird sie (die Seele) in Bezug hierauf zunichte und die göttliche Weise zu fühlen wird ihr eingeformt. Diese gehört schon mehr zum anderen als zu diesem Leben»* [44]. Der eigenen Form entledigt zu werden und in Gott umgeformt werden, bedeutet, daß im Wesen des Menschen etwas von Gott da ist. Gott läßt sich auf das Wesen (die Form) des Menschen ein. Dadurch wird dieser Mensch ein *«himmlischer und göttlicher Mensch»* [45].

Die prinzipielle Identität mit Gott drückt Johannes vom Kreuz an anderen Stellen mit dem Bild vom «Zentrum der Seele» aus. Im Kommentar zum Cantico-Vers, Gott verwundet die Seele *«in ihrer tiefsten Mitte»* benutzt er den Vergleich vom Stein. Das ist ein Versuch, eine Identität zu umschreiben, die doch noch intensiviert werden kann. Ein Stein hat natürlicherweise die Tendenz, bis in die Tiefe der Erde zu fallen. Wenn er in der Erde ist, und sei es auch noch nicht im Mittelpunkt der Erde, sagen wir doch, daß er *«irgendwie in seinem Mittelpunkt ist. Er befindet sich nämlich im Bereich seines Mittelpunktes, seiner Aktivität und seiner Bewegung»* [46]. Wenn das Hindernis aber weggenommen wird, kann er aus eigener Kraft noch weiter. Dann fällt er in die tiefste Mitte, ins Zentrum der Erde. *«Der Mittelpunkt der Seele ist Gott. Zu ihrer eigenen letzten und tiefsten Mitte in Gott gelangt die Seele, wenn sie mit der ganzen Fassungskraft ihres Seins und der Kraft ihres Wirkens und ihrer Neigung zu ihm gelangt. Hier wird sie sein, wenn sie Gott mit all ihren Kräften versteht und liebt und genießt. Und wenn sie noch nicht so tief gelangt ist —wie es in diesem sterblichen Leben eben geschieht, da die Seele nicht mit all ihren Kräften zu Gott gelangen kann— ist sie dennoch in ihrer Mitte: Gott. Sie ist hier durch seine Gnade und durch den Umgang, den er mit ihr hat. Doch weil sie noch in Bewegung ist und Kraft für mehr hat und nicht befriedigt ist, ist sie zwar in der Mitte, aber nicht in der tiefsten. Sie kann ja noch tiefer in Gott hineingehen»* [47]. Die Vereinigung mit Gott wird in diesem Bild als das allereigenste Zu-sich-selbst-Kommen des Menschen besprochen. Gleichzeitig macht dieses Bild deutlich, daß eine weitere Intensivierung möglich ist.

b. Konkrete Erfahrbarkeit dieser Identität

Der Mensch, der durch die Läuterung zur Vereinigung gelangt ist, fühlt auch im konkreten Leben etwas von der ewigen Herrlichkeit wirksam werden. Der Vers aus dem Cantico *«und schau mit deinem Antlitz zu den Bergen»* spricht für den Mystiker von Gott, der mit seiner Gottheit (Antlitz)

---

[44] N II 9.5; N II 23.10: in der passiven Nacht , nach aller Läuterung erwarten die Seele auch Günste, die sie geläutert, wie sie ist, jetzt empfangen kann. *«Denn diese geistlichen Visionen gehören mehr zum anderen als zu diesem Leben...».*

[45] Vgl. N II 22.1.

[46] L 1.11.

[47] L 1.12.

das Können der Seele (Bergen) durchstrahlt, um sie an göttlichen Einsichten, an göttlicher Liebe und an göttlicher Herrlichkeit teilhaben zu lassen [48]. *«Gott selbst ...(wird) hier erfahren und gekostet ... zwar noch nicht so deutlich wie in der Herrlichkeit, aber doch ... so, daß (dies) das Mark der Seele durchdringt. ... Diese Einsicht ist ein Kosten des göttlichen Wesens und des ewigen Lebens»* [49]. Die Ewigkeit zu kosten ist offensichtlich etwas Anderes als sinnenhafte Visionen zu haben, in denen Gestalten aus dem Jenseits sichtbar werden. Auf diese Visionen darf ein Mensch sich gerade nicht stützen, die muß er lassen, was sie sind. [50] Sonst würde der Mensch aus seiner eigenen Situation fliehen und sich an einem Ort aufhalten, wo er eigentlich selbst noch nicht ist. Nach dem Weg der Läuterung, wenn der Mensch von Gott berührt worden ist, schmeckt dieses Berührtwerden jedoch selbst nach ewigen Leben, wie in der Liebesflamme gesagt wird: *«So genießt die Seele hier alle Dinge Gottes, indem er ihr Stärke, Weisheit und Liebe, Schönheit, Anmut und Güte usw. mitteilt. Weil Gott dies alles ist, genießt die Seele dies auch alles in einer einzigen Berührung Gottes»* [51]. Das wirkt sich dann sogar bis in den Körper hinein aus: *«Dann genießt auch die gesamte sinnenhafte Substanz: alle Glieder, die Knochen, das Mark. ... Weil alles, was man darüber sagen kann, nicht ausreicht, möge sowohl für den körperlichen als auch für den geistlichen Genuß lediglich gesagt sein, daß er "nach ewigem Leben schmeckt"»* [52]. Den Geschmack des ewigen Lebens erfährt die Seele als Lohn für das Loslassen, das sie durchmachen mußte [53]. Angemerkt sei zu diesem Text, daß der Lohn, das ist der Geschmack des ewigen Lebens, nicht in einem Jenseits, sondern hier gewährt wird. Alles Wohlbehagen und aller Genuß, den der Mensch in diesem Stadium in der Glut Gottes wie ein einziges Fest erlebt, steht im Zeichen des ewigen Lebens und oft hat der Mensch den Eindruck, daß Gott nahe daran ist, es ihm ganz zu schenken [54].

c. Vereinigung als wirklicher, wenn auch begrenzter Vorgeschmack der Herrlichkeit

An vielen Stellen, an denen beschrieben wird, wie die mystische Vereinigung alles Erdenkliche übersteigt, wird gleichzeitig gesagt, daß es sich

---

[48] C 19.4; So war das Antlitz von Moses auch einst von Gottes Herrlichkeit durchstrahlt (Ex 33,23), vgl. C 17.7; N II 4.2; vgl. auch C 26.5, wo nicht nur vom Können, sondern auch vom «Mark der Seele» die Rede ist, das an der Herrlichkeit teilhat.

[49] S II 26.5; hier wie auch an anderen Stellen wird die Vereinigung auf der Ebene des menschlichen Markes (sustancia) situiert, nicht nur im Können. An anderen Stellen ist Johannes vom Kreuz wieder zurückhaltender bezüglich einer ins Mark reichenden Vereinigung, spricht aber doch von «Gott durch Teilhabe an Gott»; vgl. L II.34.

[50] S II 11.1f.

[51] L II.21.

[52] L II.22.

[53] Vgl. L II.23.

[54] Vgl. L III.10, wo das Flackern in der Flamme als ein Bild der unvollkommenen Herrlichkeit ausgelegt wird. Von Gott her ist das Verlangen «ewiges Leben zu schenken» immer schon da, vgl. L I.36.

hier dennoch nur um einen Vorgeschmack und einen vagen Abriß dessen handelt, was uns im ewigen Leben erwartet. Die Umformung der Seele in Gott ist hier noch nicht so wesentlich und vollkommen wie dann; denn dann wird man nicht durch das eigene Maß der körperlichen Wirklichkeit eingeschränkt[55]. Der Genuß der Vereinigung ist hier auf Erden noch nicht so vollkommen wie im anderen Leben, aber trotzdem bereits ganz wirklich[56]. Manchmal wird die Unvollkommenheit hier auf Erden als nicht fortwährender, d.h. als unterbrochener Genuß umschrieben. Die Kontingenz des menschlichen Daseins, in dem eine wirkliche Identität mit dem ewigen Dasein gegeben ist, wird daher in Kategorien der Zeit ausgedrückt[57].

d.   Die Identität dieses und des anderen Lebens näher betrachtet

In Gott geformt werden —Gotteserkenntnis, die menschliche Erkenntnis vollendet— Gottes Selbstmitteilung —Gott von Angesicht zu Angesicht sehen— in die tiefste Mitte kommen: bei Johannes vom Kreuz finden sich viele Redensarten, die den Moment der Kontinuität zwischen dem irdischen und dem himmlischen Leben formulieren. Im Cantico ist die Rede von der Gotteserkenntnis. Die Gotteserkenntnis ist kein distanziertes Wissen, sondern ein Berührtwerden, das im Menschen Liebe weckt. Der Geliebte hat die Braut (Seele) verwundet und ist danach entflohen. Die Braut geht hinter ihm her und durchschreitet die Pracht der Natur. Die Geschöpfe verwunden sie jedoch erneut, weil sie seine Spuren sind und somit etwas von der Schönheit des Schöpfergottes sichtbar machen[58]. Aber gerade indem sie den Schöpfer als Spur präsentieren, betonen sie seine Abwesenheit. Damit gewinnt in diesem Abschnitt neben dem Bewußtsein, daß der Schöpfer auf eminente Weise diese geschöpfliche Naturschönheit ist, eine unaussprechliche Erkenntnis Gestalt. Die Spur, auf der der Geliebte vorbeigeeilt ist, zeichnet eine Gegenwart, in der der Geliebte selbst nicht mehr präsent ist. Gottes Gegenwart wird als Abwesenheit fühlbar.

Gerade diese Gotteserkenntnis unterscheidet Menschen von einander und zwar auf vergleichbare Weise wie auch zwischen denen, die im Himmel sind, unterschieden wird. Hier wird eine Proportionalitätsanalogie ausgedrückt, deren gemeinsamer Terminus eine «unaussprechliche, Liebe erzeugende Gotteserkenntnis», ein «ich weiß nicht was» ist, von dem die Geschöpfe stammeln. Mit anderen Worten gibt es einen Unterschied zwischen den Menschen sowie es auch einen Unterschied gibt zwischen denen, die im Himmel sind; auf beiden Ebenen ist der springende Punkt, in welchem Maß man Gottes Transzendenz fühlt.

---

[55] C 12.8; 14.16; 22.5; 26.4; 26.13; L I.6; I.14; II.21; II.34; III.10; III.83; S II 26.5.
[56] C 36.2; 38.3; 39.4; 39.6; 39.8; 39.10; 40.6.
[57] L II.79; N II 20.3.
[58] Vgl. C 4-6.

Über die Ausstrahlung Gottes in die Natur hinaus gibt es *«ein "ich-weiß-nicht-was", das —wie ich fühle—noch zu sagen bleibt, etwas, das unerkannt zu sagen bleibt, eine intensive Spur von Gott, die sich der Seele entdeckt und doch aufzu-spüren bleibt, ein allerhöchstes Verstehen Gottes, das sich nicht aussagen läßt, das die Seele darum ein "ich-weiß-nicht-was" nennt. Wenn das andere, das ich verstehe, mich von Liebe verwundet und versehrt, so tötet mich dies, was ich niemals ganz verstehe, was ich aber doch tief fühle. ... In diesem Fühlen fühlt sie Gott so tief, daß sie ganz klar versteht, daß alles noch zu verstehen verbleibt. Dies Verstehen und Fühlen, daß die Gottheit so unermeßlich ist, daß sie nicht völlig verstanden werden kann, ist ein sehr intensives Verstehen. ... Es ist nämlich vergleichbar mit der Weise, in der diejenigen, die im Himmel sind, Gott sehen. Die ihn da am besten kennen, verstehen auch am deutlichsten, wie unendlich viel noch zu verstehen verbleibt. Die ihn da weniger deutlich sehen, haben auch weniger den Eindruck, daß ihnen noch viel zu sehen verbleibt. Wer dies nicht erfahren hat, wird es meiner Ansicht nach nicht ganz verstehen. Aber die Seele, die es erfahren hat, nennt es ein "ich-weiß-nicht-was", da sie sieht, daß ihr noch zu verstehen verbleibt, was sie sehr tief gefühlt hat»* [59]. Das auf Erfahrung beruhende Erahnen des «ich-weiß-nicht-was» ist das kritische Moment, durch das der Mensch sowohl hier als auch später im Himmel seinem eigenen Maß entsprechend mit Glück und Anschauung erfüllt wird. Es wird von einer Proportionalität ausgegangen, einem Verhältnis (zwischen jetzt und dann) von Verhältnissen (die Empfänglichkeit für das Unaussprechliche bestimmt das eigene Maß der Gotteserkenntnis) [60].

In dem Verhältnis von Verhältnissen (Proportionalitätsanalogie) geht es nicht um den Vergleich zweier im Hinblick auf einander externer Beziehungen, im Gegenteil: ein und dasselbe, in diesem Falle die Empfänglichkeit des Menschen für das unvorstellbare Geheimnis Gottes (ich-weiß-nicht-was) ist in zwei verschiedenen Situationen (in diesem Falle im irdischen und im anderen Leben) entscheidend für die Qualität der Gotteserkenntnis und seligen Gottesschau. Wenn wir diesen Gedanken unter dem Aspekt seiner scholastischen Denkform betrachten, erkennen wir darin die klassische thomistische Analogielehre, die besagt, daß eine Proportionalitätsanalogie auf einer Attributenanalogie basiert sei [61]. Das «primum analogon» ist in dieser Analogie die «Erfahrung des unvorstellbaren ich-weiß-nicht-was». Die zweiten «analogata» sind dann die verschiedenen Weisen, wie diese Erfahrung Form erhält, nämlich hier auf Erden in der Weise der Gnade und in anderer Weise im Himmel, nämlich als Herrlichkeit. Wegen der einen eigentlichen Wirklichkeit (das «primum analogon»), die auf eigene Weise auf Erden und

---

[59] C 7.9f.

[60] Dieselbe Proportionalität finden wir auch z.B. in S II 5.10.

[61] Vgl. E. Schillebeeckx, *Het niet-begrippelijk Kenmoment in onze Godskennis volgens Thomas van Aquino*, in: id., Openbaring en Theologie. Theologische Peilingen I, Bilthoven 1964, 201-232, vor allem 221ff; Cornelio Fabro, *Participation et causalité selon S. Thomas d'Aquin*, Louvain-Paris 1961, S. 625-640, vor allem: La sémantique de la participation: l'analogie.

im Himmel verwirklicht ist, sind die irdische und himmlische Situation einander analog, d.h. auf verschiedene Weisen doch dasselbe.

Dieses «Ich-weiß-nicht-was» aus dem Cantico treffen wir auch im Subida an und zwar als «primum analogon» in ebenfalls negativer Formulierung an. *«Wie sehr die Seele auch begehrt, sich in diesem Leben völlig in Gnade mit dem zu vereinigen, mit dem sie im anderen Leben in Herrlichkeit vereinigt ist, so ist das doch immer, wie Paulus hier sagt, was kein Auge gesehen, kein Ohr gehört und was in keines Menschen Herzen aufgekommen ist»* [62]. Diese theologische Überzeugung setzt der Mystiker sofort in eine pastorale und geistliche Begleitung um. Um zur Vereinigung zu gelangen, sagt er, muß ein Mensch nicht kosten und wissen wollen; er muß in Dunkelheit verkehren in Bezug auf alles, das durch das Auge und das Ohr in ihn hineinkommt, in der Phantasie vorgestellt und mit dem Herzen umfaßt werden kann. Nicht eine klare Einsicht oder ein rationales Greifen sondern der dunkle Glaube enthält für den Menschen das «ich-weiß-nicht-was».

An vielen Stellen bezeichnet der Mystiker den Glauben als den Ort par excellence, wo die Einheit verborgen ist und von dem aus sie durch den liebenden Menschen offenbar werden kann. *«Mehr als nötig ist, mußt du nicht schmecken oder verstehen wollen. Das sind die beiden Diener des Blinden, die dich durch das Land, das du nicht kennst, in das Verborgene Gottes führen müssen. Der Glaube ... ist nämlich mit den Füßen vergleichbar, auf denen die Seele zu Gott geht. Die Liebe ist der Führer, die sie auf dem Weg begleitet. Wenn sie nur immer mit diesen Mysterien und Geheimnissen des Glaubens beschäftigt bleibt und sie betastet, dann wird die Liebe ihr offenbaren können, was der Glaube in sich enthält, nämlich den Bräutigam, nach dem sie sich in diesem Leben durch die Kraft einer besonderen Gnade sehnt, und das ist, wie wir gesagt haben, die Vereinigung mit Gott. Im anderen Leben geschieht diese durch die Kraft der wesentlichen Herrlichkeit, durch ein Genießen Gottes von Angesicht zu Angesicht, sodaß er überhaupt nicht mehr verborgen ist»* [63].

e. Glaube als der Ort, wo die Ewigkeit verborgen ist

Auf der Suche nach der Eschatologie bei Johannes vom Kreuz haben wir einige Konstanten gesehen: die mystische Vereinigung der Seele mit Gott ist die höchste Glückseligkeit, die hier auf Erden erreicht werden kann. Es ist dieselbe Glückseligkeit wie «im anderen Leben», jedoch noch nicht vollkommen; hier wird sie durch die Gnade erfahren, da in Herrlichkeit. Was hier auf Erden und dann im Himmel wesentlich identisch ist, ist das Berührtwerden von einem «ich-weiß-nicht-was», d.h. durch Gott in seiner Verborgenheit. Diese Berührung entspricht dem Maß der Empfänglichkeit des Menschen, sowohl hier als auch im Himmel. Nicht die Einsicht mit

---

[62] S II 4.4.
[63] C 1.11; vgl. L III.80.

dem Verstand oder irgendeine Vision, sondern der Glaube ist der Ort, an dem der Mensch verweilen muß, bis in diesem Leben die Vereinigung und im anderen Leben die klare Gottesschau beginnt[64]. Warum der Glaube? Aus einem doppelten Grund: im Glauben ist der Ewig Verborgene gegenwärtig und darum entledigt sich der Mensch im Glauben von aller Bindung an seine Eigenart. Wir werden jetzt vor allem auf den ersten Grund eingehen. Daß der Glaube die Zeit transformiert[65] und den Menschen von seinem Eigensinn reinigt, der die Hingabe verhindert, steht ja gerade in Beziehung zu dem Licht, das er, wie einst Gideon, in seinen irdischen Gefäßen verbirgt. *«Die Gefäße sind ein Bild des Glaubens. Der Glaube enthält das göttliche Licht. Wenn dieser am Ende ist und durch den Bruch und das Ende dieses sterblichen Lebens zerbrochen ist, dann wird sofort die Herrlichkeit und das Licht der Gottheit erscheinen, das er enthielt. Um in diesem Leben zur Vereinigung und zum unmittelbaren Umgang mit Gott zu gelangen, muß die Seele notwendigerweise eins werden mit der "Finsternis", von der Salomo sagte (1 Kön 8,12), daß Gott versprach, darin zu wohnen»*[66].

In dieser Finsternis ist eine helle Mitte, Gott selbst verborgen in den Glaubenswahrheiten. In seinem Kommentar zu Strophe 12 des Cantico unterscheidet Johannes vom Kreuz zwischen Gold und Silber. Im irdischen Dasein, unterwegs zu dem Einen, müssen wir Menschen uns mit dem dunklen Licht der Glaubenswahrheiten zufriedengeben. Sie sind ein «silbriges Mienenspiel», dessen Kern von Gold ist. Das Gold steht für Gott, während das Silber mit den Glaubenswahrheiten über den Bräutigam Christus verbunden ist. Strophe 12 lautet folgendermaßen:

> *«O kristallene Quelle,*
> *wenn du in deinem silbrigen Mienenspiel*
> *doch plötzlich formtest*
> *die ersehnten Augen*
> *die ich in meinem Innern gezeichnet trage!»*

In dem Wortspiel «kristallen» und «Christus» wird das Silber auf die Glaubenswahrheiten über Christus bezogen. Der Mystiker sehnt sich danach, daß Gott selbst durch die Glaubenswahrheiten hindurch gegenwärtig wird und sich von Angesicht zu Angesicht zu erkennen gibt. Die Seele weiß, daß sie bereits etwas davon in sich trägt, aber sie will weiter als zu diesem vagen Bild, sie will auch weiter als zu der «dunklen Helligkeit» der Lehrsätze. *«Darum nennt die Seele diese Wahrheiten hier "silbriges Mienenspiel".*

---

[64] Vgl. S II 16.15; S II 24.4: *«Diese liebevolle dunkle Erkenntnis, der Glaube, steht in diesem Leben immer auf gewisse Weise im Dienste der Vereinigung mit Gott, so wie das Licht der Herrlichkeit im anderen Leben als Mittel für die klare Gottesschau dient».*

[65] Der Glaube ist «communication d'éternité qui transfigure le temps», sagt Jean Mouroux, Le mystère du temps. a.a.O., S 252.

[66] S II 9.3f; vgl. C 12.6.

Am Ende des Glaubens aber, wenn der Glaube schließlich in eine klare Gottesschau aufgeht, wird das Mark des Glaubens —seines silbrigen Schleiers entledigt— "goldfarben" übrigbleiben. Der Glaube schenkt uns Gott selbst und teilt ihn uns mit, jedoch umhüllt mit dem Silber des Glaubens. Aber er schenkt uns Gott darum nicht weniger wirklich. ... Unter den "Augen" versteht sie ... die göttlichen Strahlen und Wahrheiten. Der Glaube hält uns diese Wahrheiten ... in den Glaubensartikel vor, hinter denen sie sich formlos verbergen. Es ist also, als sagte die Seele: O, würdest du doch schließlich diese Wahrheiten, die du mich formlos und dunkel lehrst, verborgen in deinen Glaubensartikeln, würdest du sie mir doch endlich hell und in ihrer eigenen Form schenken, von den Glaubensartikeln entledigt! So bittet meine Sehnsucht» [67].

Hier wird zwischen Gold und Silber unterschieden, zwischen Gottes Verborgenheit und dem, was die Glaubensartikel über ihn sagen. Auf dem Weg ins Herz dieser Dinge geht der Mensch durch die äußere Form hindurch, die eigentlich, verglichen mit der eigenen Form des Göttlichen, dunkle Formlosigkeit ist. Hier wird in der Dynamik der Glaubensbewegung eine festgelegte Glaubensformel relativiert. Sie formt tatsächlich den Weg zur Gottesbegegnung, fällt aber auf dem selben Weg ins Nichts. Wir müssen uns hier vergegenwärtigen, daß es sich nicht um doktrinäre Unwichtigkeiten handelt sondern um zentrale christologische Lehre.

«In via» können wir die Lehre nicht entbehren, aber auch da entlehnen die Glaubenswahrheiten ihre Kraft der goldenen Mitte, Gottes verborgener Wahrheit, deren vages Bild die Seele in sich hat. Die göttliche Form, die vom irdischen Menschen aus gesehen ein vages «ich-weiß-nicht-was» ist, ist wesentlich im Innersten des Menschen gegenwärtig. Es ist die helle Mitte des dunklen Glaubens. Gern greift Johannes vom Kreuz auf das Bild der irdenen Gefäße des biblischen Erkunders Gideon zurück, um diese verborgene Gegenwärtigkeit auszudrücken.

Diese Gegenwärtigkeit Gottes setzt den Menschen von innen heraus in Bewegung. Diese Bewegung selbst führt zur Läuterung in die Nacht des Glaubens hinein. Auf der Ebene der «via purgativa» stellt Johannes vom Kreuz die Läuterung hier auf Erden häufig als Äquivalent neben die Läuterung im Fegefeuer [68].

4. Der Wert der irdischen Wirklichkeit in dieser Eschatologie

Aus dem Vorhergegangenen möge deutlich geworden sein, daß Johannes vom Kreuz die eschatologische Fülle nicht leugnet, aber ebensowenig das irdische und himmlische Leben völlig voneinander trennt. Die mystische Vereinigung hier unten ist vielmehr eine Verwirklichung der Escha-

---

[67] C 12.4f.
[68] Vgl. N II 6.6; N II 12.1; N II 20.5; L I.21.24; L II.25. Das Hinausgehen in die Nacht ist der Weg zum ewigen Leben: N I 11.4, vgl. N II 18.1.

tologie, sei es auch immer auf die Weise des Hier-unten. Doch ist die Rede von einer Identität zwischen der Dynamik der Gottesbegegnung hier auf Erden und der im Himmel. Und diese Dynamik hat ihre Wurzeln in einem selben Berührtsein vom «deus absconditus», einem «ich-weiß-nicht-was».

Was bedeutet das jetzt für das konkrete irdische Leben in der Zeit? Von einer Wertminderung des Irdischen und einer Flucht ins Jenseits kann sicherlich nicht die Rede sein. Trotzdem hat man die Mystik oft mit Weltflucht assoziiert. Die mystische Vereinigung ist aber gerade die Verwirklichung der irdischen Möglichkeit: von dem Geliebten berührt und in Liebe entzündet zu werden. Ist das auch keine Flucht ins innerliche Leben? Nein, im Gegenteil, der mystische Mensch —der Mensch, der sich in die Einheit mit Gott begeben hat, so wie dieser im dunklen Glauben verborgen ist— dieser Mensch kehrt gerade ausdrücklich zur Erde zurück und zu dem, was da zu tun ist, nämlich zur Nächstenliebe. Es geht um zwei Bewegungen: die der Geschöpfe zu Gott hin (eine aufsteigende transzendierende Bewegung) und die Bewegung Gottes zur Schöpfung hin (eine absteigende Bewegung): die Schöpfung kennen und mit ihr umgehen, so wie Gott mit ihr umgeht. In der Tradition werden diese Bewegungen seit Augustinus als das Kennen des Abends und das Kennen des Morgens angedeutet. [69]

Die transzendierende Bewegung weist den Menschen durch die Schöpfung auf Gott hin. Das ist die Tradition der «vestigia Dei» in der Schöpfung. Der Naturlyriker Johannes vom Kreuz ist sehr empfindsam hierfür. Zu Beginn des Cantico [70] weisen diese Spuren auf eine gewisse Gegenwärtigkeit des verborgenen Geliebten in der Schöpfung hin. Dieser Hinweis befriedigt jedoch nicht, gerade weil er eine Richtung angibt und das Verlangen steigert, Gott selbst aber nicht näher bringt. Als die Seele im Cantico ausging, um ihren Geliebten zu suchen, nahm sie sich daher vor, sich nicht am Wegesrand aufhalten zu lassen und bei der Schönheit der Schöpfung zu verweilen. Diese Schönheit schmerzt nur, weil sie doch nicht der Schöpfer selbst ist. Gott ist da vorbeigegangen und hat diese Spur geschöpflicher Schönheit zurückgelassen. Was als Zeichen seiner Gegenwärtigkeit erfahren werden könnte, fühlt die Seele in ihrer Sehnsucht eher als Zeichen seiner Abwesenheit: der Geliebte ist vorbeigegangen. Auch wenn es noch nach ihm duftet, ist die Spur doch leer. Darum heißt es von all den schönen Geschöpfen: *«und alle verwunden mich immer noch mehr/ und sterbend läßt mich zu-*

---

[69] Unter dem Kennen des Abends wird traditionell die Gotteserkenntnis verstanden, die vom Buch, von der Schrift oder der Natur ausgeht. Das Kennen des Morgens kennt Gott jedoch nicht durch die Schöpfung, sondern umgekehrt: die Schöpfung in Gott. Vgl. L IV.5: *«Der große Genuß dieses Erwachens in Gott liegt darin, daß sie nun die Geschöpfe durch Gott kennt und nicht mehr Gott durch die Geschöpfe. Sie kennt also die Folgen aus ihrer Ursache und nicht mehr die Ursache aus den Folgen. Das letztere ist ein abgeleitetes Kennen, das erste aber ein wesentliches Kennen».*

[70] C 5.1-4.

rück| ein "ich-weiß-nicht- was", das sie unablässig stammeln». [71] Das «ich-weiß-nicht-was» ist hinter all dem, was ein Mensch aus der Schöpfung und Kultur von Gott erkennen kann, verborgen und trotzdem ist er davon ergriffen. Schöpfung und Kultur, *«Engel und Menschen ... laufen mit Gott herum, weil sie etwas von ihm verstehen. ... Durch die vernünftigen Geschöpfe hat die Seele die lebendigste Gotteserkenntnis. (Sie) ... unterrichten sie über Gott. Manche —so wie die Engel— tun dies innerlich durch geheime Eingebungen, andere äußerlich durch die Wahrheiten der Schrift»* [72] Von all diesen Zeichen Gottes, diesen Spuren Gottes diesen Überbringern der Gotteserkenntnis, sagt die Seele: Gott sende mir von jetzt an keine Boten mehr, sondern komme selbst [73]. Denn sie stammeln doch nur von «ich-weiß-nicht- was».

Für den Mystiker sind die sichtbaren Gestalten Gottes heilender Gegenwärtigkeit auf Erden eher ein schmerzliches Hindernis als ein unverzichtbarer positiver Halt. Sie sind eher ein Zeichen der Abwesenheit Gottes. Darum brauchen sie aber noch nicht verworfen zu werden, denn auch als Zeichen der Abwesenheit sind sie immer noch Zeichen. Genau an diesen Gestalten, die untrennbar mit dem eigenen religiös-kulturellen Kontext verbunden sind, wird der Mystiker vorbeigehen. Das bedeutet, daß er nicht an dieser Stelle aufhört, sondern weitersucht. Wenn wir Johannes vom Kreuz z.B. sagen hören, daß die «Wahrheiten der Schrift» nur auf störende Weise vom Geliebten stammeln und daß sie darum nicht das letzte Wort sind, müssen wir jedoch bedenken, daß er Tag und Nacht mit der Schrift lebte und gleichsam aus ihr atmete. Das ist das Paradox der eigenen konkreten kulturellen und religiösen Tradition: sie ist unentbehrlich, um den Weg zu gehen, sie ist «gefährlich» wenn sie für das Ende und Ziel des Weges gehalten wird. Beide Momente müssen zusammengehalten werden. [74]

Schöpfung und Kultur weisen für den Mystiker auf Gott hin, aber dieser Hinweis —gerade weil er ein Hinweis und keine endgültige Gegenwart ist— stillt das Verlangen keineswegs. Doch wird damit der Wert der irdischen Wirklichkeit, die der Weg zu Gott ist, angegeben. In der Verlängerung der Schöpfung reicht der Mensch nach dem Schöpfer.

Die zweite Bewegung ist umgekehrt: aus der Vereinigung mit dem Schöpfer kennt der Mensch die Schöpfung viel eigentlicher als in einer direkten Annäherung. Die Richtung verläuft dann von Gott zur Schöpfung,

---

[71] C 7.

[72] C 7.6.

[73] C 6.6f.

[74] Diese Frage diskutierten vor ein paar Jahren J.B. Lotz und J. Sudbrack, wobei jener meinte, daß die Meditation auf das «über- objektive» Sein ausgerichtet sei, während dieser betonte, daß die «Geschehnisse in Palästina» nicht vergessen werden dürfen, vgl. Erbe und Auftrag, Benediktinische Monatszeitschrift 47 (1971) 459-471: 48 (1972) 95-102. Die ziemlich polemische Diskussion endete mit dem Ergebnis, daß beide Momente wesentlich miteinander in Beziehung stehen.

es ist eine Rückkehr zur Erde, ohne sich aus der Vereinigung zu entfernen. In Strophe 14 und 15 des Cantico sieht die Braut die Schöpfung selbst als Gott, weil sie in ihrer —hier jedoch noch nicht endgültigen— Vereinigung alles in seiner eigentlichen Verbundenheit mit Gott wahrnimmt. Die Braut ist an den Geschöpfen vorbeigegangen, hinter ihrem Geliebten her. Dann gelingt die Verfolgung. Der Ort der Begegnung kommt in Sicht: ein Berg, ein Garten, unter dem Apfelbaum, das Lager, die innerlichste Bergung. Wenn die Seele den Geliebten findet, erhält sie alles, was sie auf dem Weg hinter sich gelassen hat, wieder zurück. *«Denn darin, was Gott der Seele in solchem Übermaß gewöhnlich mitteilt, fühlt und erkennt die Seele die Wahrheit dessen, was Franziskus sagte: Mein Gott und alle Dinge. Für die Seele ist Gott all diese Dinge* (nämlich was in der Strophe genannt und jetzt erklärt wird: Berge, Täler, Flüsse usw.) *und das Gut all dieser Dinge ... Hierbei muß man beachten, daß alles, was hier erklärt wird, auf eminente und unendliche Weise in Gott ist, oder besser gesagt: Gott ist jedes dieser Dinge ... und alle zusammen sind sie Gott. In dem Maße, in dem die Seele sich mit Gott vereint, fühlt sie, daß Gott all diese Dinge ist ... Was hier vom Fühlen der Seele gesagt wird, darf nicht als ein Sehen der Dinge im Licht und der Geschöpfe in Gott verstanden werden. Nein, indem sie Gott besitzt, fühlt die Seele, daß Gott all diese Dinge ist. ... Für mich ist mein Geliebter diese Berge... Für mich ist mein Geliebter diese Täler»* [75] *«Es ist wahr, daß die Seele erst jetzt sieht, daß die Dinge von Gott unterschieden sind. Diese haben nur ein geschaffenes Sein. Aber die Seele sieht sie in ihm, verbunden mit seiner Kraft und Vitalität und verwurzelt in ihm. Sie erkennt, daß Gott dies alles in unendlicher Vorzüglichkeit ist. In ihm erkennt sie die geschaffenen Dinge besser als in sich selbst.»* [76] *«Gott und sein Werk ist Gott».* [77]

Dies ist das Kennen des Morgens [78], in dem der Mensch wiederum bei den Dingen der Welt ist, aber jetzt in seiner Einheit mit dem Verborgenen. Alle Geschöpfe *«und jedes einzelne richten sich in bestimmter Weise auf Gott aus und jedes singt auf seine Weise mit seiner Stimme von dem, was Gott in ihm ist, so daß es der Seele wie eine Harmonie intensivster Musik erscheint...»* [79]. Hier weisen die Geschöpfe also nicht auf ihn hin, sondern machen ihn gegenwärtig. Nur der Mensch, der die eschatologische Realität —im Maß der irdischen Mö-

---

[75] C 14-15.5-7; es ist übrigens frappant, daß viele Übersetzer es nicht wagen, Johannes vom Kreuz in seiner Gott und Welt identifizierenden Erfahrung zu folgen. Sie übersetzen dann z.B. «mein Geliebter ist wie die Berge» oder «die Seele hat das Gefühl, daß ...». Ihre Sorge gilt der Gefahr des Pantheismus. Johannes vom Kreuz schützt sich davor jedoch besser, als mit einer furchtsamen Übersetzung möglich ist, nämlich durch die praktische Erfahrung seiner Überzeugung, daß die «Welt nicht ist», so daß der unendliche Unterschied zwischen Gott und Welt das noetische Fundament für diese Identifikationen bildet. Vgl. J. Bendiek, *Gott und Welt nach Johannes vom Kreuz*, in: Philosophisches Jahrbuch 79 (1972), 88-105.

[76] L IV.5.

[77] Spr 29.

[78] Vgl. C 14-15.23.

[79] C 14-15.25.

glichkeiten — an sich geschehen läßt, erfährt diese Harmonie.[80] Diese Wahrnehmung fordert unmittelbar zu einer damit übereinstimmenden Haltung auf: zur liebevollen Annäherung an die irdische Wirklichkeit. Ob solch ein Mensch dann mit geistlichen oder zeitlichen Dingen beschäftigt ist —alles was er tut *«ist nur noch die Praxis der Liebe»*[81].

In der «vestigia Dei» -Tradition wird der Wert der Erde zunächst in ihrem unverzichtbare Hinweis auf Gott gesehen. Je mehr der Mensch dann zur Gottesvereinigung gelangt, desto mehr wird der Wert der Erde in ihrer tatsächlichen Vergegenwärtigung Gottes gefunden. Das erfordert einen Umgang mit der Erde, wie Gott ihn hat: die Liebe.

Schluß

Das ewige Leben ist für Johannes vom Kreuz nicht ausschließlich etwas Zukünftiges. Vielmehr ist es die eigentlichste Mitte des Jetzt. Diese Mitte des Jetzt wird in der mystischen Umformung des Menschen in Gott aktuell, obgleich die Möglichkeit der Intensivierung immer gegeben bleibt. Um die Dynamik anzugeben, öffnet Johannes vom Kreuz die Perspektive des «anderen Lebens». Die ewige Seligkeit ist letztendlich keine Größe neben dem irdischen Dasein, sondern vielmehr dessen eigentliche Dynamik. Dabei hängt es ganz von der Perspektive ab, ob die ewige Seligkeit eher als das andere oder als das eigenste dieses Lebens gesehen wird, ob die Diskontinuität oder die Kontinuität stärker betont wird. Je inniger sich der Mensch mit Gott vereinigt, desto stärker wird die Kontinuität betont und desto stärker wird der Mensch mit der Erde, der Zeit und der Schöpfung verbunden: in der Einheit mit Gott wird das kontingent Endliche doch zur wirklichen Gegenwart des einen Geliebten.

---

[80] In den Strophen des Cantico geht es um sichtbare Wirklichkeit; an anderer Stelle spricht Johannes vom Kreuz über die Möglichkeit, in Visionen ein «himmlisches Jerusalem» wahrzunehmen, im «übernatürlichen Licht, das sich von Gott herleitet». Darin kann auch abwesende Realität in himmlischer Harmonie wahrgenommen werden, vgl. u.a. S II 24.1.

[81] C 28.9.

Johannes vom Kreuz als geistlicher Führer

Erika Lorenz

Als Teresa de Jesús den jungen, gerade zum Priester geweihten Juan de Santo Matía mit Engelszungen überredete, nicht zu den Kartäusern zu gehen, sondern ihr bei ihrer «unbeschuhten» Reform, genauer bei der Gründung von Klöstern für die männlichen Karmeliten zu helfen, suchte sie einen klugen, verläßlichen Menschen, der bereit war, mit Schwierigkeiten und Härten zu leben. Johannes seinerseits mit seinen 27 Jahren suchte ein strengeres und kontemplativeres Leben, als er es im damaligen, mehr auf die missionarische Praxis gerichteten Karmelitenorden fand. Teresa wollte einen Menschen der Vita activa mit kontemplativem Verständnis, Johannes wollte eine Vita contemplativa mit einem vorübergehend aktiven Einstieg. Weshalb er, als er im Herbst 1567 in Medina del Campo sein Jawort zur Mitarbeit gab, eine Bedingung hinzufügte: es müsse bald geschehen! [1].

Inzwischen hatte er selbst freilich noch mit einem Jahr in Salamanca seine theologischen Studien zu vollenden. Dann aber war er bereit und reisefertig. Die Mutter nahm ihn zunächst einmal in die Lehre und fuhr mit ihm zur Gründung eines Frauenklosters nach Valladolid [2], der großen schönen Stadt, die zeitweilig auch dem königlichen Hof eine würdige Kulisse gab. Denn die heilige Teresa bevorzugte, wenn es irgend ging, bedeutende Orte, da sie auf Wirksamkeit und Spenden bedacht war [3]. Aus Valladolid schrieb sie an Francisco de Salcedo, einen frommen Weltmann, der erst später Theologe und Priester wurde, einen Brief, der mit der sehr erfreuten Versicherung endet:

> «Der Geist, den der Herr ihm gegeben hat und die Befähigung, die er bei zahlreichen Gelegenheiten zeigte, freuen mich sehr und lassen mich denken, daß wir in rechter Weise beginnen» [4].

---

[1] Vgl. *Libro de las Fundaciones*, 3,17.

[2] Vgl. *ibid.*, 10,4.

[3] Vg. *ibid.*, 19,6; 28,9; Cartas 16,3.

[4] «Mucho me ha animado el espíritu que el Señor le ha dado y la virtud entre hartas ocasiones, para pensar que llevamos buen principio». (*Carta* 13,8). Die Texte wurden übersetzt nach «Santa Teresa de Jesús, *Obras Completas*, Edición manual. Transcripción, introducciónes y notas de Efrén de la Madre de Dios, O.C.D. y Otger Steggink, O.Carm., B.A.C 212, 6a ed., Madrid 1979.

Ein guter Anfang ist mit Juan de Santo Matía gemacht, wenn auch kein ganz problemloser. Darum bittet die Mutter Teresa den Edelmann Salcedo, doch einmal mit Johannes zu sprechen; offenbar ist sie selbst bei ihm noch nicht mit allem ganz «durchgedrungen», wobei sie freilich nicht seine Fehler stören, sondern seine «Vollkommenheit»:

> «Reden Sie mit diesem Pater, ich bitte darum, und stehen Sie ihm bei diesem Unternehmen bei. Denn wenn er auch klein ist, erkenne ich ihn doch als groß in den Augen Gottes. Gewiß wird er uns hier sehr fehlen, denn er ist verständig und für unsere Lebensweise geeignet, weshalb ich glaube, daß er von unserem Herrn dazu berufen ist. Es gibt keinen Bruder, der nicht gut von ihm spräche, denn er lebte immer in großer Strenge gegen sich selbst. Wenn er auch noch nicht lange hier ist, scheint mir doch, daß wirklich der Herr ihn leitet. Denn wenn auch gelegentlich bei den Verhandlungen Spannungen aufkamen, lag die Schuld doch bei mir, weil ich mich gereizt gegen ihn zeigte. An ihm aber haben wir niemals eine Unvollkommenheit bemerkt»[5].

Die heilige Teresa fühlte sich oft durch die ruhige Unbedingtheit des Johannes herausgefordert, die nicht zu seiner Jungend zu passen schien. Auch schien ihr der Vorrang, den er der Kontemplation gab, zu absolut[6]. Zur Pflege dieser Kontemplation waren freilich auch die Klöster der um 25 Jahre älteren Teresa gedacht —sie selbst war dazu fähig unter allen Umständen und an allen Orten— aber als Gründungshelfer hätte sie sich doch einen Menschen gewünscht, der weniger hartnäckig an seinem Ideal festhielt und sich dafür mehr von ihr leiten ließ.

So ging sie bei aller Anerkennung ein wenig auf Distanz, und berichtet mit leiser Selbstironie im dreizehnten Kapitel des «Buches der Klosterstiftungen»:

> «Es war so gut, daß zumindest ich sehr viel mehr von ihm lernen konnte, als er von mir. Dennoch tat ich es nicht, sondern

---

[5] «Hable vuestra merced a este padre, suplícoselo, y favorézcale en este negocio, que aunque es chico entiendo es grande en los ojos de Dios. Cierto él nos ha de hacer acá harta falta, porque es cuerdo y propio para nuestro modo, y ansí creo le ha llamado nuestro Señor para esto. No hay fraile que no diga bien de él, porque ha sido su vida de gran penitencia. Aunque ha poco tiempo, mas parece le tiene el Señor de su mano, que aunque hemos tenido aquí algunas ocasiones en negocios (y yo que soy la mesma ocasión, que me he enojado con él a ratos), jamás le hemos visto una imperfección» (C. 13,2).

[6] Johannes vom Kreuz verstand «Kontemplation» in einem sehr weiten Sinne, der auf die gelebte Verwirklichung von Glaube, Liebe und Hoffnung gerichtet war. Vgl. Federico Ruiz Salvador, *Místico y maestro San Juan de la Cruz*, Editorial de Espiritualidad, Madrid 1986, die Kapitel 5 und 15.

beschränkte mich darauf ihm darzulegen, wie mit den Schwestern zu verfahren sei»[7].

Nun, da sollte sich noch manches ändern. Für Teresa bezüglich des Lernens, für Johannes bezüglich seiner Illusion, er könne sich nach Gründung der ersten Mönchsklöster (Duruelo 1568, Pastrana 1569 und Mancera 1570) für die er den neuen Klosternamen Juan de la Cruz angenommen hatte, nun wieder ins Kontemplative zurückziehen. Nichts dergleichen, dieser Kummer sollte ihn sein Leben lang verfolgen. Denn schnell hatte sich gezeigt: er war nicht nur geeignet, neue Häuser zum Leben zu erwecken, er war auch ein vorzüglicher geistlicher Führer!

Noch einmal möge es die heilige Teresa bezeugen, die ihn Ende 1578 nach dem andalusischen Beas de Segura gesandt hatte, um dort eines ihrer besten Nonnenklöster zu betreuen. Als man ihn dort, so klein und umscheinbar, wie er war, nicht sofort mit der gebührenden Begeisterung aufnahm, schreibt sie:

> «Ich habe in Kastilien keinen gefunden, der ihm gleichkäme, noch jemanden, der eine solche Begeisterung für den mystischen Weg zu wecken verstünde. Sie können sich gar nicht vorstellen, wie einsam ich mich ohne ihn fühle. Sehen Sie doch, welch einen großen Schatz Sie dort in diesem Heiligen haben, und alle Schwestern sollten sich ihm anvertrauen. Dann werden sie erfahren, wie sehr es sie fördert und wie schnell sie vorankommen in der inneren Vervollkommnung. Den unser Herr hat ihn gerade für solche Führung besonders begnadet»[8].

Juans ganz besondere Begabung hatte sich schon während des Studiums gezeigt, als er eine mit höchster Note ausgezeichnete Examensarbeit über wahre und falsche Kontemplation verfaßt hatte. Leider ging diese Arbeit, wie so viele Zeugnisse des heiligen Johannes vom Kreuz, verloren, aber seine späteren Schriften nehmen den Faden wieder auf. Sein ganzes großes, erst im letzten Lebensjahrzehnt geschriebenes Werk ist nichts anderes als geistliche Führung auf dem Gebiet der Kontemplation, was für Juan bedeutete: Umwandlung des nur natürlichen in einen gotterfüllten Menschen des Glaubens, der Liebe und der Hoffnung.

Es ist auch diese Begabung, die ihm so viele Ämter und Pflichten auferlegt. Schon bald nach seiner ersten Gründung wird er Novizenmeister

---

[7] «El era tan bueno que al menos yo podía mucho más deprender de él que él de mi; mas esto no era lo que hacía, sino el estilo del proceder las hermanas». (F 13,5).

[8] «No he hallado en toda Castilla otro como él ni que tanto fervore en el camino del cielo. No creerá la soledad que me causa su falta. Miren que es un gran tesoro el que tienen allá en ese santo, y todas las de esa casa traten y comuniquen con él sus almas y verán qué aprovechadas están y se hallarán muy adelante en todo lo que es espíritu y perfeción; porque le ha dado nuestro Señor para esto particular gracia» (C 261, 1- 2).

und man ruft ihn nach Pastrana, wo sich durch den Einfluß einer ebenso bekannten wie seltsamen Büßerin —Catalina de Cardona[9]— ein unguter Geist eingeschlichen hat, eine Maßlosigkeit in Askese und Kasteiung, die abstoßende Formen annimmt. Zugleich entsteht in diesem Kloster das erste große Noviziat des reformierten Ordens: Johannes kommt für einen Monat, um dem Novizenmeister Anweisungen zu geben. Dann muß er wieder reisen und manches tun und leiten, was seiner tiefsten Natur nicht entspricht. Aber er tut es gern für die Mutter Teresa.

Eine große Herzensfreude war es für ihn, als man ihn in 1572 von seiner Stellung als Rektor des Studienkollegs in Alcalá de Henares —das erste der Reform— abberief und nach Avila beorderte. Dort mußte nämlich die heilige Teresa auf Wunsch ihrer Vorgesetzten[10] wieder in ihr altes, noch unreformiertes Kloster, den Convento de Santa María de la Encarnación, das «Menschwerdungskloster», einziehen, was allerlei Widerstände und Mißlichkeiten hervorbrachte. Sie brauchte die Hilfe eines überaus guten Beichtvaters, und das konnte nur einer sein: Johannes vom Kreuz. Zuerst —wie es ihm noch öfter im Leben gehen sollte—wollten die Schwestern ihn nicht akzeptieren. Nur die jüngsten, flexibelsten kamen. Aber es dauerte nicht lange, so füllte sich sein Sprechzimmer, und schließlich hatten ihn ausnahmslos alle zum Beichtvater und Seelenführer erwählt, einschließlich der Mutter Teresa.

Für Johannes beginnt nun eine ruhige Zeit, eine der glücklichsten Phasen seines Lebens. Schon wenige Monate nach seiner Ankunft findet sich die heilige Teresa, wie sie selbst angibt, des Eintritts in die ersehnte Unio mystica gewürdigt, und das nicht ohne Zutun des Johannes, wenn sie sich auch wieder über ihn ärgern muß! Er, der alle falschen Anhänglichkeiten und Verhaftungen als gottfremd bekämpft, hatte bei ihr einen Rest von «Habsucht» erkannt, weil sie sich stets bemühte, bei der hl. Kommunion eine möglichst große Hostie zu erhalten —»viel» Jesus Christus! Um ihr zu zeigen, daß erstens der Herr auch im kleinsten Teilchen ganz enthalten und zweitens dieser Wunsch nach Menge und Fülle nicht sehr geistlich ist, teilt er eine Hostie und gibt ihr nur die Hälfte. Es ist köstlich nachzulesen, wie ihr nun als Kompensation für diese Beschränkung Christus erscheint und ihr die geistliche Vermählung anbietet. Dennoch hat sie ihre Lektion gelernt, denn statt eines Eheringes gibt ihr Christus einen Kreuzesnagel: Teilhabe an seinem Leiden[11].

---

[9] Vgl. Efrén de la Madre de Dios, O.C.D./Otger Steggink, O.Carm., *Tiempo y vida de Santa Teresa*, Madrid 1977, Parte II, 262-270. Ebenso P. Jerónimo de la Madre de Dios, *Peregrinación de Anastasio*, Diálogo primero.

[10] Welcher Vorgesetzte es war, der den Befehl erteilte, ist umstritten. Vgl. Pablo M. Garrido, O.Carm., *Santa Teresa Priora de la Encarnación de Avila*, in: *Monte Carmelo*, 95, Burgos 1987, 1.

[11] Vgl. *Cuentas de Conciencia*, n.º 25a.

Die fünf ruhigen Jahre in Avila werden nur von Reisen unterbrochen, vor allem der Mutter Gründerin. Dann aber, als sich der ersehnte stille Alltag eingestellt hat, kommt —nach beunruhigenden Drohungen— das Ende wie ein Paukenschlag: die Entführung des Johannes in das Ordensgefängnis von Toledo! Die Karmeliten seines ursprünglichen Ordens, die nicht reformwillig waren, hatten dazu ein Recht. In ihren Augen war Juan ein Rebell und auf Rebellion stand, so sagten es die Ordensstatuten, Gefängnis. Ein Punkt, der übrigens auch von der heiligen Teresa in Ihren neuen Konstitutionen übernommen wurde. Aber nun schrieben sie sich die Finger wund, um ihren jungen Mitarbeiter wieder herauszuholen [12]. Vergeblich, doch befreite er sich nach knapp 9 Monaten selbst in einem abenteuerlichen Abseil- und Kletterakt [13].

Aber die schönen Tage von Kastilien waren endgültig vorbei. Johannes mußte nach Andalusien, nicht sehr gern, denn die Sprache und Mentalität der Menschen dort lagen ihm nicht (ebensowenig wie der heiligen Teresa!). Aber: sein Ruf als geistlicher Führer übertönte alles Leid und alle Wünsche. So wie er schon der beste in Kastilien gewesen war, wurde er nun der erste in Andalusien, als Nachfolger der «Apostels von Andalusien», des berühmten Juan de Avila, verstand man ihn. Vor seinem Sprechzimmer drängten sich die Menschen. Denn Johannes folgte dem demokratischen Zug seiner Zeit: Kontemplation, Gebet, gelebte Gottesliebe waren für alle da, kein Ordensprivileg [14]. Wenn er auch bei den Ordensleuten strengere Maßstäbe anlegte. Ob nun in Baeza (1579-81) oder in Granada (1582-88) —Johannes hatte alle Hände voll zu tun, um «jung und alt», seine unbeschuhten Karmelitinnen und Karmeliten, Professoren, Priester, Weltleute, unter ihnen vor allem die Frauen, geistlich zu betreuen. Mit den Frauen verstand er sich immer besonders gut [15] und wußte sich in diesem Punkte mit seinem Herrn Jesus Christus einig. Schrieb doch schon die Mutter Teresa in ihrer ihm gewiß bekannten Autobiographie:

> «Es sind nämlich viel häufiger die Frauen als die Männer, denen der Herr besondere Gnaden schenkt. Ich habe das selbst

---

[12] Teresa ahnte, daß er in Toledo war, aber sie wußte es nicht mit Sicherheit. Sie schrieb schon zwei Tage nach der Entführung, also am 4. Dezember 1577, einen Brief an König Philipp II., in dem sie dringend um Hilfe bat (C 208).

[13] Vgl. Bericht seines Gefängniswärters Fr. Juan de Santa María, in: *Obras de San Juan de la Cruz*, Tomo V, Procesos de Beatificación y Canonización, Ed. El Monte Carmelo, Burgos 1931, 289-297.

[14] Vgl. *Llama de amor viva*, 1,15 und 2,27. — Die Texte des Johannes vom Kreuz wurden übersetzt aus: San Juan de la Cruz, *Obras completas*; revisión textual, introducciones y notas al texto: José Vicente Rodríguez. Introducciones y notas doctrinales: Federico Ruiz Salvador. Ed. de Espiritualidad, Madrid 1980. Die Briefe aus: *Vida y Obras*, vgl. Anm. 19.

[15] Vgl. Ismael Bengoechea, *San Juan de la Cruz y la mujer*, Burgos/Cádiz 1986 (Coedición Monte Carmelo-Carmelitas Descalzos).

beobachtet und hörte es auch den heiligen Petrus von Alcántara sagen, daß die Frauen auf diesem Weg weiter kommen als Männer. Und er gab dafür ausgezeichnete Gründe an, die ich hier nicht alle aufzählen kann, aber alle zugunsten der Frauen» [16].

Si sind auch die wenigen von Juan de la Cruz erhaltenen Briefe überwiegend an Frauen gerichtet, sind seine beiden schönsten Werke, der «Geistliche Gesang» (*Cántico espiritual*) und die «Lebendige Flamme der Liebe» (*Llama de amor viva*) Frauen gewidmet —der schönen, klugen Priorin von Granada, Ana de Jesús, und einer großherzigen Weltdame Ana de Peñalosa [17]. Johannes fühlt sich bei ihnen besonders verstanden, erstens wegen ihre gleichsam natürlichen religiösen Neigung, zweitens wegen ihres feinen Gespürs für Künstlerisches, Lyrisches; denn ein Lyriker war Johannes in seinem tiefsten Herzen, auch wenn er das die heilige Teresa von Avila, die selbst schöne Gedichte schrieb, nicht merken ließ. Überhaupt begann sein eigentliches Schaffen, d.h. sein Gedichte auslegendes Prosawerk, erst in ihrem letzten Lebensjahr im ach so fernen Andalusien, entfaltete sich erst voll nach ihrem Tode. Eine gewisse Scheu ist hier zu vermuten, aber auch die Anregung durch so viele sich ihm Anvertrauende und Führung Suchende in Baeza un Granada.

Der heutige Leser kann ruhig die damalige Bedeutung der «Seelenführung» mit der der Psychoanalyse in unserem Jahrhundert vergleichen Beide wollen den Menschen von Fehlhaltungen befreien, beide ihm helfen, sein eigentliches Wesen so vollendet wie möglich zu entfalten. Nur daß dieses Wesen nach christlicher Auffassung in den weiteren Horizont des Zugehens auf Gott gestellt ist, in dem es sich erst findet, erfüllt und vollendet.

Nun ist es dementsprechend ein unerhört hoher Anspruch, Menschen in ganz persönlicher, ihrer Individualität entsprechenden Weise zu Gott zu führen —gewiß ist der Anspruch höher als der eines heutigen Psychoanalytikers oder Psychiaters. Johannes vom Kreuz ist das sehr bewußt. Er ist ein Mensch der Renaissance, dem das Individuelle, Persönliche einen unantastbarer Wert bedeutet. Darum muß auch das Verhältnis zu den geistlichen «Söhnen und Töchtern» ein einfühlsamen und von Zuneigung getragenes sein. Er muß eingehen können auf die einmalig geprägte Erfahrung jedes

---

[16] «Y hay muchas más que hombres a quien el Señor hace estas mercedes, y esto oí al santo fray Pedro de Alcántara — y también lo he visto yo — que decía aprovechan mucho más en este camino que hombres, y dava de ello excelentes razones, que no hay para qué decir aquí, todas en favor de las mujeres» (V.40,8).

[17] Ana de Jesús (Lobera), 1545-1621, setzte später das Werk Teresas in Frankreich und Flandern fort. Ana del Mercado y Peñalosa, eine wohlhabende Witwe, hatte Ana de Jesús und ihre Nonnen bei den schwierigen Anfängen in Granada in ihr Haus aufgenommen. Sie folgte Juan später nach Segovia und veranlaßte nach seinem Tod in Ubeda die Überführung seines Sarkophags nach Segovia.

Einzelnen [18]. Hinzu kommt, daß die Menschen damals wie heute ihre psychischen Störungen und Erkrankungen hatten, wobei die Sucht jener Zeit nach geistlicher Erfahrung oft als Ventil diente, so daß der unglückliche Betroffene bald als Heiliger, bald als vom Teufel besessen betrachtet wurde. Man zog in solchen Fällen gern Juan de la Cruz hinzu, weil er ein so sicheres Urteil hatte. Er soll ein großer «Teufelsaustreiber» gewesen sein, aber es ist auch eine Geschichte überliefert, die gewiß nicht einmalig war: Er wurde von Avila aus in ein entferntes Kloster gerufen, um dort aus einer Nonne den Teufel zu verjagen. Nachdem er kurz mit ihr gesprochen hatte, setzte er sich hin und las ihr aus der Heiligen Schrift vor. Nach dem Grund solchen Tuns befragt, antwortete er: «Sie hat nicht den Teufel, sie ist seelisch krank» [19].

Juan hat sich in seinem letzten Werk, der «Lebendigen Flamme der Liebe», ausführlich und mit Nachdruck über das Amt des geistlichen Führers geäußert. Er fürchtet nichts so sehr, als daß ein geistlich Suchender, der in ein Stadium eingetreten ist, in dem er (im Grunde durch seinen Fortschritt) keinen Weg mehr sieht, also blind ist, von einem anderen Blinden geführt wird. Ein solches Gehen endet im Abgrund, «wenn die Seele die sich von einem ebenfalls Blinden führen ließe. Und die Blinden, die sie vom Wege abbringen könnten sind drei: der geistliche Führer, der Teufel und sie selber» [20].

Der Ärger des Johannes über schlechte geistliche Führer, dem er in seinem berühmten Exkurs in der «Lebendigen Flamme» ausgiebig luft macht [21], ist, so scheint es mir, auch auf das zurückzuführen, was die heilige Teresa in dieser Hinsicht in ihrem Leben erlitten hatte. Es tat seiner Liebe besonders weh zu wissen, wie man mit dieser gottbegnadeten Seele jahrelang verfahren war. Und da sie selbst sich in ihrem letzten und größten Werk, «Den Wohnungen der inneren Burg» noch einmal darüber beklagt, greift auch Johannes das Thema mit unverhüllter Leidenschaft auf.

Er hebt hervor: Der geistliche Führer muß wissen, daß der eigentliche Blindenführer Gott selber ist, «der die Seele geleitet, wohin sie aus Eigenem nicht gelangen könnte» [22]. Ebenso muß der Exerzitienleiter beherzigen, daß der geistliche Weg bei jedem Menschen ein anderer, seiner Individualität

---

[18] Vgl. Lucien-Marie Florent, O.C.D., *Spiritual Direction according to St. John of the Cross*, in: Carmelite Studies, Washinton 1980, S.22 ff.

[19] P. Crisógono de Jesús O.C.D., *Vida de San Juan de la Cruz*, in: *Vida y Obras de San Juan de la Cruz*, B.A.C., Madrid 101978, C.7, S.115 («Esta hermana no tiene demonio, sino falta de juicio»).

[20] «...si se deja llevar de otro ciego. Y los ciegos que la podrán sacar del camino son tres, conviene saber: el maestro espiritual, el demonio y ella misma» (L 3,29).

[21] Vgl. Dennis R. Graviss, O.Carm., *Portrait of the spiritual director in the writings of Saint John of the Cross*, Institutum Carmelitanum, Rom 1983, Part II, S.93-197.

[22] «... que le ha de guiar por la mano a donde ella no sabría ir» (L 3,29).

entsprechender sein wird, die Gott berücksichtigt. Johannes warnt den geistlichen Führer, indem er vergleiche aus dem Handwerk verwendet:

«Wenn du dich auf nichts anderes als auf das Hobeln verstehst, das heißt, die Seele nur zu Weltentsagung und Überwindung der Begehrlichkeiten führen kannst, oder wenn du ganz Bildschnitzer bist und es vermagst, sie in heilige Meditationen einzuführen, mehr aber weißt du nicht, wie willst du dann die Seele zur Vollkommenheit eines edlen Gemäldes führen? Denn das erreicht man weder durch Hobeln noch durch Schnitzen, auch nicht durch Skizzen und Entwürfe. Dieses vollkommene Gemälde ist allein das Werk des in der Seele wirkenden Gottes.

Darum wird sie mit Sicherheit zurückfallen oder zumindest in ihrer Entwicklung stehenbleiben, wenn du sie immer nur das Gleiche lehrst und sie an diese eine Weise bindest. Ich frage dich, was würde das denn für ein Bild, wenn in der Seele ständig gehämmert und gehobelt wird, was nichts anderes ist als ein Üben der natürlichen Seelenkräfte? Wie soll daraus ein Bild werden? Wann und wie gibt man endlich Gott Gelegenheit, es zu malen? Ist es denn möglich, daß du dich so auf sämtliche Künste verstehst, daß du für eine bestimmte Seele ausreichst, weil es ihr vielleicht an Begabung zum Weiterkommen fehlt, so ist es doch ganz unmöglich, daß dein Können für alle reicht, die du nicht aus den Händen lassen willst. Denn eine jede wird von Gott auf verschiedenen Wegen geführt, du wirst kaum eine geistige Anlage finden, die Gott auch nur halbwegs in der gleichen Weise führt wie eine andere»[23].

Johannes weiß genau, welche Vergleiche er hier verwendet, hatte er doch selbst in seiner harten, einsamen Jugend Hobeln, Bildschnitzen und

---

[23] «Pues veamos si tú, siendo solamente desbastador que es poner el alma en el desprecio del mundo y mortificación de sus apetitos, o cuando mucho entallador, que será en ponerla en santas meditaciones, y no sabes más, ¿cómo llegarás esa alma hasta la última perfección de delicada pintura, que ya ni consiste en desbastar, ni entallar, ni aun en perfilar, sino en la obra que Dios en ella ha de ir haciendo? Y así, cierto está que, si en tu doctrina, que siempre es de una manera, la haces siempre que está atada, o ha de volver atrás o, a lo menos, no irá adelante. Porque ¿en qué parará, ruégote, la imagen si siempre has de ejercitar en ella no más que el martillar y desbastar, que en el alma es el ejercicio de las potencias? ¿Cuándo se ha de acabar esta imagen? ¿Cuándo o cómo se ha de dejar a que la pinte Dios! ¿Es posible que tú tienes todos estos oficios, y que te tienes por tan consumado que nunca esa alma habrá menester a más que a ti? Y dado caso que tengas para alguna alma, porque quizá no tendrá talento para pasar más adelante, es como imposible que tú tengas para todas las que tú no dejas salir de tus manos; porque a cada una lleva Dios por diferentes caminos, que apenas se hallará un espíritu que en la mitad del modo que lleva convenga con el modo del otro» (L 3,58-59).

Malen gelernt. Und er nennt nun die drei Grundeigenschaften eines guten geistlichen Führers:

> «Er muß gelehrt und unterscheidungsfähig, darüber hinaus aber muß er vor allem erfahren sein. Denn wenn auch die Basis geistlicher Führung Wissen und Unterscheidungsvermögen ist, wird er doch ohne Erfahrung dessen, was reiner und wahrer Geist ist, die Seele nicht zu ihm hinführen können, wenn Gott sich ihr schenken will, ja, ohne Erfahrung wird er das nicht einmal bemerken»[24].

Juan selbst besaß diese Erfahrung im höchsten Maße, aber er sprach nicht gern davon, teils, weil er sich nicht als «Günstling» Gottes hinstellen wollte, teils, weil er wußte, daß in geistlichen und, wie er sagte, «übernatürlichen Dingen» die Verhaftungen viel schwerer zu meiden oder zu lösen sind als auf dem harmloseren Gebiet der Sinne —auch wenn sich beide Bereiche letztlich nicht trennen lassen. Während die heilige Teresa unbefangen ihre Erfahrungen niederschreibt, teils für die Beichtväter, teils für die Mitwelt, weil sie spürt, wie sie selbst davon «gebessert» wird, kann man die Erfahrungen des Juan nur indirekt aus seinen Schriften ableiten. Er drückt sich neutral aus, z.B. wenn er von den Trockenheiten und Versuchungen spricht, von den «Nächten» also, die jedem Grad der Gotteinung notwendig vorausgehen, weil sie läuternd wirken. Er schreibt dann etwa:

> «Die Seelen aber, die zu einem so glückseligen und hohen Stande gelangen sollen, wie es die Liebeseinung ist, pflegen im allgemeinen eine lange Zeit der Trockenheiten und Versuchungen durchzumachen, so lehrt es die Erfahrung»[25].

Es braucht auch nicht immer an den dunklen Kerker von Toledo erinnert zu werden, Echtheit der «Nachterfahrung» des Johannes zu belegen. Ganz im Gegenteil können solche äußeren Widrigkeiten, ja, Lebensbedrohungen dem geistlich Fortgeschrittenen durchaus als Licht erscheinen. Die «Nächte» sind innerseelische Wandlungsvorgänge, sind Erfahrungen des inneren Unvermögens und scheinbarer Gottverlassenheit, die Gott selbst zum Besten des Menschen wirkt. Nicht etwa, weil er ihn quälen will, sondern

---

[24] «Demás de ser sabio y discreto, ha de ser experimentado. Porque, para guiar al espíritu, aunque el Fundamento es el saber y la discreción, si no hay experiencia de lo que es puro y verdadero espíritu, no atinará a encaminar al alma en él, cuando Dios se lo da, ni aun lo entenderá» (L 3,30).

[25] «Pero las almas que han de pasar a tan dichoso y alto estado como es la unión de amor, (...), harto tiempo suelen durar en estas sequedades y tentaciones ordinariamente, como está visto por experiencia» (L 3,30).

weil er ihm besseres, nämlich sich selbst, nur geben kann, wenn er ihn hindert, allein den eigenen begrenzten Kräften zu vertrauen.

Darum ging es Johannes bei seiner geistlichen Führung immer wieder darum, seinen Schützlingen den Punkt zu zeigen, an dem sie sich Gott überlassen müssen, den es ist der eigentlich kritische Augenblick des inneren Wegs.

Objektiv gesehen zeigt sich die Krise im Übergang von der Meditation (dem sich vertiefenden Nachsinnen über einen geistlichen Text oder ein Ereignis aus dem Leben Christi) zur Kontemplation (dem auch inneren Schweigen in Gottes Gegenwart, die alle Worte und Bilder übertrifft). Johannes gibt schon in seinen ersten Werken, dem «Aufstieg zum Berge Karmel» und der «Dunklen Nacht» Merkmale für den Übergang zwischen beiden Gebetsarten an.

Es sind drei, die man kurz etwa so wiedergeben kann:

1.	Man empfindet einen wachsenden Widerwillen gegen die bisher immer gern geübte Meditation.

2.	Man kann sich auch nicht an anderem freuen.

3.	Man möchte Gott dienen, hat aber das Gefühl, es beim besten Willen nicht mehr zu tun.

Dieser Punkt ist der wichtigste, denn er bezeugt letztlich ein «liebendes Aufmerken auf Gott», das, wollte man dabei auf Eigenmächtigkeit verzichten, sich bald in «inneren Frieden, Ruhe und Gelassenheit» verwandeln würden. Leider aber kommen immer wieder «die Akte und Übungen der Seelenkräfte Gedächtnis, Verstand und Wille»[26] dazwischen.

Bei weniger Gegenwehr wären also die «Nächte» schneller vorüber. Darum weist Johannes seine Beichtkindern immer wieder zum inneren Loslassen an. Anders können sich Verstand, Wille und Gedächtnis nicht in Glaube, Liebe und Hoffnung verwandeln, weil diese theologischen Tugenden Gottesgaben sind. Man kann heute sagen, daß Juan seinen geistlichen Rat auf diesen Punkt konzentriert, wie es aus den rund 33 Briefen ersichtlich ist, die von ihm überliefert sind[27], also 10 Jahre vor seinem Tode und etwa ein Jahr vorm Heimgang der heiligen Teresa. An letztere ist uns leider kein einziger Brief von ihm überliefert, nur eine Klage aus Andalusien (Baeza), daß er «unsere Mutter» seit dem Gefängnis in Toledo nicht mehr sah. Eine große Liebe spricht aus diesen wenigen Zeilen.

---

[26] «Atención amorosa a Dios —en paz interior y quietud y descanso— actos y ejercicios de las potencias memoria, entendimiento y voluntad» (2 S 13, 2-4).

[27] Siehe hierzu Erika Lorenz, *«Ins Dunkel geschrieben. Johannes vom Kreuz — Briefe geistlicher Führung»*, Herder Taschenbuch-Verlag Nr. 1550, Freiburg 1987.

Dafür haben wir aber genügend Briefe beratender Seelsorge, um uns von Juan de la Cruz als geistlichen Führer ein Bild machen zu können. Keiner beginnt ohne eine Versicherung des Gedenkens und der Liebe:

> «Meinen Sie, weil Sie mich so stumm sehen, ich hätte Sie aus den Augen verloren? —Wenn ich nicht schrieb, so lag das nicht am mangelnden guten Willen, denn ich wünsche Ihnen doch wahrhaftig das Beste, sondern weil mir scheint, daß genug gesprochen und geschrieben wurde, um das, worauf es ankommt, zu realisieren».— «Vor weinigen Tagen diktierte ich Pater Juan (Evangelista) einen Brief an Sie in Beantwortung Ihres letzten, der, wie zu erwarten, mit Dank aufgenommen wurde. Ich schrieb Ihnen, daß ich meines Wissens alle Ihre Briefe erhielt, und um Ihre Bedrängnisse und Plagen und um Ihre schmerzliche Einsamkeit weiß. Alles das erhebt in mir immer wieder lautlos seine Stimme, deutlicher und vollständiger, als die emsige Feder es dazulegen vermag» [28].

Besonders vertraut scheint der Ton des zuletzt zitierten Briefes. Er ist an eine junge Dame in Granada gerichtet, Juana de Pedraza, die ihm innerlich nahstand. Sie hat später viel Wichtiges über ihn berichtet, unter anderem —und sein Sekretär Juan Evangelista sprach von der gleichen Erfahrung— daß Johannes vom Kreuz manchmal schon einen Brief beantwortete, ehe er ihn erreichte. Seine durch Kontemplation aufs äußerste geschulte Sensibilität hatte ihm diese Fähigkeit des Vorherwissens oder der Telepathie verliehen. Juana, die ja in der Welt lebt, rät er nicht zu extremem Verzicht und Losschälung in langen «Nächten», sondern nur zur Überwindung der Begehrlichkeit (apetito) und zum «schlichten und ebenen Weg des Willens Gottes und der Kirche», zum «Leben im dunklen und wahren Glaube, in sicherer Hoffnung und in ganzer Liebe» [29].

Ein Ordensmann dagegen, der unbefangen von seinem Wunsch nach baldiger Gotteinung berichtet, erhält einen liebevoll «geharnischten» Brief, der ebenso gut im «Aufstieg zum Berge Karmel» stehen könnte und diesem Werk auch tatsächlich in vielen Editionen angefügt ist. Ursprünglich hätte er zum 17. Kapitel des 3. Buches gehören können, das die ersten, die «akti-

---

[28] «¿Piensan qué, aunque me ven tan mudo, que los pierdo de vista? —El no haber escrito no ha sido falta de voluntad, porque de veras deseo su gran bien, sino parecerme que harto está ya escrito para obrar lo que importa». —«Pocos días ha la escribí por vía del padre fray Juan (Evangelista) en respuesta de la suya postrera, que, según se había esperado, fue bien estimada. Allí la respondí cómo, a mi ver, todas sus cartas tengo recibidas, y sus lastimas y males y soledades sentidas, las cuales me dan a mí siempre tantas voces callando, que la pluma no me declara tanto» (Vgl. E 7, 8, 11).

[29] «... camino llano de la ley de Dios y de la Iglesia, y sólo vivir en fe oscura y verdadera, y esperanza cierta, y caridad entera (E 19). Zur Übersetzung der Briefe vgl. Anmerkung 27.

ven» Läuterungen des Willens behandelt, in denen der Kontemplative noch
lernen muß, seine Wünsche zu vergessen. Juan schreibt:

> «Ich freue mich, daß Gott Ihnen so heilsame Wünsche ein-
> gibt, und noch mehr werde ich mich freuen, wenn sie sich erfül-
> len. Dafür müssen Sie wissen, daß alle Vorlieben, Freuden und
> Beglückungen unserer Seele durch den Willen entstehen, durch
> sein Hinstreben nach allem, was sich ihm als gut, passend und
> erfreulich darstellt, so daß er es für kostbar und lustvoll hält.
> Folglich richtet der Wille sein Begehren auf alles dieses, er
> hofft, es zu erhalten, freut sich, wenn er es hat, und fürchtet als-
> dann, es zu verlieren. So ist also, entsprechend der Anziehungs-
> kraft dieser Dinge und dem mit ihnen verbundenen Lustge-
> winn, die Seele erregt und unruhig» [30].

Johannes schreibt hier also an einem Anfänger, an einen, der erst den
«Aufstieg zum Berge Karmel» beginnen will. Die Dramatik, mit der er die
Folgen der Wunschhaltung zeigt, soll aufrütteln. Ganz anders, wenn jemand
ein Stück hinangestiegen ist und —schon vielem Vertrauten entrückt
—erschrocken innehält. Das ist die Situation, der sich der Heilige mit aller-
größter Liebe annimmt. So etwa bei der Priorin von Caravaca, Ana de San
Alberto [31], die er auch gut persönlich kennt:

> «Ich sage Ihnen, seien Sie nicht so unklug, sich mit Ängs-
> ten zu tragen, die Ihr Herz mutlos machen. Geben Sie an Gott,
> was er Ihnen schenkte unt täglich schenkt» [32].

Einige Monate später, als die Priorin offensichtlich Fortschritte machte, es aber selbst —wie es die «Nächte» mit sich bringen— nicht weiß,
macht Johannes ihr Mut:

> «Was sind denn das für unangebrachte Tränen, die Sie da
> weinen? Und wieviel kostbare Zeit wollen Sie noch mit Ihren
> Skrupeln vergeuden? Wenn Sie mir mitteilen möchten, was Sie

---

[30] «Huélgome de que Dios le haya dado tan santos deseos, y mucho más me holgaré que
los ponga en ejecución. Para lo cual le conviene advertir cómo todos los gustos, gozos y aficiones se causan siempre en el alma mediante la voluntad y querer de las cosas que se le ofrecen como buenas y convenientes y deleitables, por ser ellas a su parecer gustosas y preciosas;
y según esto, se mueven los apetitos y la voluntad a ellas, y las espera, y en ellas se goza cuando las tiene y teme perderlas y le duele perdiéndolas; y así, según las aficiones y gozos de las
cosas, está el alma alterada e inquieta» (E 13).

[31] Vgl. Bengoechea, *a.a.O.*, S. 167 f, und «Procesos» Anmerkung 13. Ana de San Alberto
lieferte für die Seligsprechung einen langen Bericht.

[32] «... yo le digo que no sea boba ni ande con temores que acobardan el alma. Déle a Dios
lo que le ha dado y le da cada día» (E 3).

plagt, so stellen Sie sich vor den makellosen Spiegel des ewigen Vaters (Weish. 7,26), seinen Sohn. In diesem Spiegel erblicke ich jeden Tag Ihre Seele, und sie würde getröstet sein über das, was ich da sehe und würde wissen, daß es keinerlei Anlaß gibt, an der Tür armer Leute zu betteln»[33].

Zu den «armen Leuten», an deren Tür Ana de San Alberto nicht betteln soll, zählt sich der Heilige selbst, denn er muß sich zurücknehmen, sobald er sieht, daß sein Schützling in die entscheidende Phase eingetreten ist. Daß er seiner Rede ein Bibelzitat einflicht, ist nicht nur charakteristisch für alle seine Werke, sondern auch für seine Auffassung von der «Weisheit», die ein Seelenführer besitzen muß. Diese Weisheit und dieses Wissen gleichen den Sprüchen Salomos, die immer wieder zeigen, daß alles innere Wachstum von Gott geschenkt wird, sofern man sich ihm ganz anvertraut. Und in Jesus Christus bestätigt sich dieses Wissen, das weise ist: «Man muß wissen, daß, wenn die Seele Gott sucht, sie noch viel mehr von ihrem Geliebten gesucht wird»[34]. Die Unterstützung durch die Heilige Schrift muß, so betont Juan im Vorwort zur «Subida», zur Erfahrung hinzukommen, anders bestünde Gefahr, sich im Subjektiven zu verlieren.

Das so oft und wie selbstverständlich benutzte Wort «Erfahrung» ist bei Juan nicht einfach zu definieren. Zunächst meint er damit Gebetserfahrung, die eine beglückende und eine «trockene», scheinbar unbegnadete und von Selbstzweifeln begleitete Seite hat. Im Extrem geht sie bis zum Gefühl der Gottverlassenheit, die beim Betroffenen Selbstbeschuldigung auslösen kann und daher nicht als Christusnachfolge erlebt wird, es jedoch mehr als alles andere ist. Hier kommen wieder alle Strukturen der «Nächte» zum Zuge, die, dem «Strahl der Finsternis» des Areopagiten folgend, unerkanntes, blendendes Licht sind.

Es war das Lebensanliegen des Johannes, diese Zusammenhänge zu klären, um den ihm Anvertrauten den Weg zu verkürzen und zu erleichtern. Er ist sich dabei bewußt, daß keine Erklärung ganz an das göttliche Geheimnis heranreicht, darum ist jeder Kommentar nur ein relativer und vorläufiger[35]. In seinen Gedichten aber versucht er der Erfahrung einen durch Bild, Symbol, Klang un Rhythmus unterstützten unmittelbaren Ausdruck zu geben. Die Nächte der Gedichte sind voller Seligkeit. In die-

---

[33] «¿Qué lágrimas tan impertinentes son esas que derrama estos días? ¿Cuánto tiempo bueno piensa que ha perdido con esos escrúpulos? Si desea comunicar conmigo sus trabajos, váyase a aquel "espejo sin mancilla" (Sab 7,26) del Eterno Padre, (que es su Hijo), que allí miro yo su alma cada día y sin duda saldrá consolada y no tendrá necesidad de mendigar a puertas de gente pobre» (E 4).

[34] «Es de saber que, si el alma busca a Dios, mucho más la busca su Amado a ella» (L 3,28).

[35] Johannes vom Kreuz sagt dies selbst nachdrücklich im Vorwort zum «Geistlichen Gesang» (Cántico espiritual).

sem Überborden, Überschäumen der Liebe zwischen Gott und seinem Geschöpf kommt es auch zu jenen Erscheinungen, die als «mystische Phäno-
mene» bezeichnet werden. Die Zeit des Johannes vom Kreuz war reich an
solchen «übernatürlichen» Erfahrungen, die ebenfalls der Mode unterworfen
zu sein scheinen. Johannes erlebte Ekstasen, Visionen, Levitationen, wie
Augenzeugen berichten. Er selbst, theoretisch allen Visionen als Gefahr von
Täuschungen abhold, sprach zu Menschen, die ihm sehr nah standen, doch
gelegentlich davon, wenn ihn etwa eine Christusvision tief beeindruckte.
Wer aber von ihm mehr über solche Dinge erfahren will, wird auf Teresas
Schriften verwiesen.

Schrecklich sind ihm jene, die sich mit solchen Erfahrungen brüsten,
die sich bewundern und als heilig verehren lassen. Hier findet seine sichere
Gabe der Unterscheidung ihren schärfsten Ausdruck. So in dem Gutachten
über eine Karmelitin, das er 1589 in Segovia schreibt. Zunächst rügt er ihre
Sprache: so affektiert spricht niemand, der den Heiligen Geist empfängt.
Sodann ihre geistliche «Habsucht» und übertriebene Selbstsicherheit. Und
schließlich kommt er ausführlich auf den entscheidenden Punkt zu sprechen, die Demut:

> «Viertens und vor allem aber werden in ihrem Innenleben
> keine Anzeichen von Demut sichtbar. Wäre ihre Behauptung
> von von der Echtheit ihrer Begnadungen richtig, so würden
> sich diese normalerweise der Seele nicht mitteilen, ohne sie zu-
> nächst ganz aufgelöst und vernichtet in den Niederungen der
> Demut zurückzulassen. Wenn sie solche Wirkungen verspürte,
> hätte sie es nicht unterlassen, in ihrem Bericht auch davon zu
> schreiben. Denn sie sind so durchschlagend, daß die Seele sich
> als erstes gedrängt fühlt, dankbar davon zu berichten. Sie lassen
> sich einfach nicht verheimlichen. Zwar sind nicht alle Gotteser-
> fahrungen von so starker Wirkung, aber diese, von denen die
> Schwester spricht und die sie Unio mystica nennt, kommen nie-
> mals ohne dieses Merkmal vor» [36].

Den von ihm geleiteten Beichtkindern pflegt es an Demut im allgemeinen nicht zu fehlen Wohl aber neigen sie, die Briefe zeigen es, zu Skrupeln.

> «Was sind Skrupel? Das Wort kommt vom lateinischen
> scrupulus, spitzes Steinchen. Ein winziges spitzes Steinchen, an

---

[36] «Lo cuarto y principal, que en este modo que lleva no parecen efectos de humildad, los
cuales, cuando las mercedes son, como ella aquí dice, verdaderas, nunca se comunican de ordinario al alma sin deshacerla y aniquilarla primero en abatimiento interior de humildad. Y si
este efecto le hicieran, no dejara ella de escribir aquí algo, y aun mucho, de ello, porque lo primero que ocurre al alma para decirlo y estimarlo son efectos de humildad, que cierto son de
tanta operación, que no los puede disimular. Que, aunque no en todas partes las aprehensiones
de Dios acaezcan tan notables, pero estas que ella aquí llama unión, nunca anda sin ellas» (E
25).

dem man Anstoß nimmt. "Eine Genauigkeit", schreibt das deutsche etymologische Wörterbuch, "die so ängstlich ist wie der Gang über spitze Steine". Als "scrupulum" bedeutet es den kleinsten Teil eines Gewichts. Sozusagen ein Gramm Sünde auf der Waagschale der Gewissenserforschung. Etwas, das überhaupt nicht wiegt. Und das doch von dem, der unter "Skrupeln" leidet, als so unangenehm, so schmerzhaft empfunden wird wie der Gang über spitze Steine» [37].

Aber diese Empfindlichkeit —eine Art «Sündenallergie»— ist von anderen nicht leicht nachzuvollziehen. Gerade hier zeigt sich die ganze Geduld und Menschenliebe des Pater Johannes. Hatte er schon Ana de San Alberto ermutigend gefragt, wie viel kostbare Zeit sie denn eigentlich mit ihren Skrupeln verschwenden wolle, gibt er auch gleich in seinem ersten Werk, dem «Aufstieg», diesbezügliche Anweisung: «Wenn es ihr Skrupel bereitet, daß sie nichts tut, möge sie sich klarmachen, daß es kein Geringes ist, wenn sie ihre Seele befriedet [38]. Und etwa eineinhalb Jahre vor seinem frühen Tod gibt er einer skrupelgequälten Karmelitin genaue Anweisung, wie großzügig sie die Beichte —wenn sie sie durchaus nicht lassen kann— behandeln soll:

> «Wenn Sie Ihren Skrupeln ein Ende bereiten könnten, hielte ich es im Interesse der inneren Ruhe für besser, nich zur Beichte zu gehen. Wenn Sie aber doch gehen wollen, so beichten Sie folgendermaßen:
> Was Ihre Gedanken und Überlegungen angeht,. möge es sich nun um Einfälle handeln oder um ungeordnete Strebungen, Vorstellungen und sonstige Anstöße, die unwillkürlich erfolgen, ohne daß die Seele ihnen zustimmt oder bei ihnen verweilt, so sollen Sie diese nicht beichten und sich nicht darum kümmern und sorgen. Am besten ist es, dieses alles zu vergessen, mag auch die Seele sich sträuben; wenn die Qual aber zu schlimm ist, mögen Sie nur ganz generell beichten, daß es Unterlassungen und Nachlässigkeiten gab bezüglich der Reinheit und Makellosigkeit, in der Sie Ihre inneren Fähigkeiten, das Gedächtnis, den Verstand und den Willen halten sollen.
> Was die *Worte* betrifft, so nennen Sie nur das Zuviel und die geringe Zurückhaltung, die Sie vielleicht zeigten im Ver-

---

[37] Zitat aus «Ins Dunkel geschrieben», S.125, vgl. Anm.27.
[38] «Si, como hemos dicho, le hiciese escrúpulo de que no hace nada, advierta que no hace poco en pacificar el alma» (2S 15,5).

gleich zu der Wahrheit, Aufrichtigkeit, Notwendigkeit und reinen Absicht, die wir beim Reden beobachten sollen.

Bezüglich der *Werke* beichten Sie nur eventuelles Abwei-
chen von dem einzig richtigen Ziel, das ganz bedingungslos
Gott allein ist. Wenn Sie so Ihre Beichte ablegen, können Sie
zufrieden sein, ohne etwas von allen diesen Einzelheiten gesagt
zu haben, auch wenn es Ihnen schwer fällt» [39].

Und nachdrücklich empfiehlt, befiehlt er ihr, öfter als sonst die Heilige
Kommunion zu empfangen. Damit sagt er ihr deutlicher als mit allen Worten, daß sie in seinen Augen an keiner Sündenschuld trägt. Sagt ihr, wie sie
von ihm ganz als Mensch angenommen und in Liebe getragen ist.

Johannes vom Kreuz ist der große, einfühlsame Seelenführer geworden, weil er die Menschen liebte. Seine Zeitgenossen haben das gefühlt.
Was wäre auch ein wahrer Heiliger anderes als ein Mensch der Liebe? Die
heilige Teresa schrieb über den gefangenen Johannes an König Philipp II.:
«Also hält man ihn für einen Heiligen. Und nach meiner Meinung ist er das
auch und war es sein Leben lang» [40].

Sein Leben lang —die Mutter Teresa schreibt das, nachdem sie Juan,
der jetzt 37 ist, seit 10 Jahren kennt. Zweifellos denkt sie dabei auch an seine Kindheit, weiß von seiner Liebe und Geduld gegenüber seiner Familie
und ganz besonders gegenüber dem geistig ein wenig zurückgebliebenen
Bruder, weiß von seinen jungen Jahren aufopfernder Krankenpflege, von
seinem Lerneifer, der doch keinen Ehrgeiz kannte. Und vor allem natürlich
vom Umgang mit ihren Schwestern und ihr selber!

Was die Zeitgenossen des Johannes wußten, haben die Nachfahren
manchmal vergessen. Noch heute denkt man sich Johannes vom Kreuz oft
als einen Introvertierten, der einzig Gott seine Liebe reservierte. Wie falsch
eine solche Auffassung ist, zeigen schon allein die Briefe. Und seine große
Sorge um das Amt geistlicher Führung, das alle seine Werke prägt. Auch
gibt es wohl keinen Mystiker und Heiligen, der die Formel von der aus Got-

---

[39] «Si pudiere acabar con sus escrúpulos, no confesarse estos días entiendo sería mejor
para su quietud; mas cuando lo hiciere será de esta manera: acerca de las advertencias y pensamientos, ahora sean de juicios, ahora de objetos o representaciones desordenadas y otros cualesquier movimientos que acaecen, sin quererlo ni admitirlo el alma y sin querer parar con advertencia en ellos, no los confiese, ni haga caso ni cuidado de ellos, cuando mucho, podrá decir
en general la omisión o remisión que por ventura haya tenido acerca de la pureza y perfección
que debe tener en las potencias interiores: memoria, entendimiento y voluntad. *Acerca* de las
palabras, la demasía y poco recato que hubiese tenido en hablar con verdad y rectitud, y necesidad y pureza de intención. *Acerca* del obrar, la falta que puede haber del recto y solitario fin,
sin respeto alguno, que es solo Dios» (E 20).

[40] «Y ansí le tienen por un santo, y en mi opinión lo es y ha sido toda su vida» (C
208,37).

sliebe hervorgehenden Nächstenliebe auch umzudrehen wagte, indem er
nit letzterer begann:

> «Je mehr die Nächstenliebe wächst, um so größer wird
> auch die Liebe zu Gott. Und je mehr die Gottesliebe wächst,
> um so mehr auch die Nächstenliebe» [41].

Daraus gibt sich die Warnung des geistlichen Führers:

> «Wer seinen Nächsten nicht liebt, verachtet Gott» [42].

---

[41] «Cuanto más crece este amor, tanto más crece el de Dios; y cuanto más el de Dios, tan-
o más este del prójimo» (1 N, 3,2).

[42] «Quien a su prójimo no ama, a Dios aborrece» (A 4,9).

A propósito del magisterio espiritual de San Juan de la Cruz. Acogida de sus escritos místicos entre los carmelitas españoles

Pablo María Garrido, O.Carm.

Con ocasión del IV Centenario de la muerte de Santa Teresa en 1982, y a propósito del entroncamiento del ideal de la Santa con la espiritualidad antigua de la Orden del Carmen, en una obra por otra parte valiosa, escribía el carmelita descalzo Antonio Sicari:

> *En las actuales relaciones entre las dos ramas de la Orden Carmelitana, se da hoy por parte de la así llamada Antigua Observancia el intento —por lo demás óptimamente realizado— de redescubrir la antigua y común tradición carmelitana centrada sobre la Regla y sobre el espíritu «profético-mariano». Pero en este intento algunos consideran la obra de Teresa (y otro tanto podría decirse de la de San Juan de la Cruz, según supongo) sólo como una experiencia bien y particularmente lograda de carmelitanismo, aunque en el fondo su magisterio resultaría inesencial para la espiritualidad de la Orden. Hasta tal punto que se podría incluso silenciarlo. Y se hace así, por ejemplo, en el campo de la oferta-acogida de las vocaciones* [1].

Ignoro la consistencia real que pueda tener actualmente entre los miembros del antiguo Carmelo esa denuncia de A. Sicari, que, en el caso de ser cierta, sería, sin duda, algo lamentable. Es de suponer que, al hacerla así, sin reservas, tuviera sus razones, por más que no las indique, pero la reciente beatificación del beato Tito Brandsma, ferviente admirador, como es sabido, de los dos santos y válido estudioso de sus obras y de su doctrina espiritual, no vendría precisamente a confirmarla.

---

[1] Antonio Sicari, O.C.D., *Contemplativi per la Chiesa. L'itinerario carmelitano di S. Teresa d'Avila*. Roma, 1982, p.164, n.4.

En todo caso, si esa su denuncia tuviera algún fundamento, lo tendría sólo, o al menos principalmente, respecto del ambiente carmelitano italiano, en el que él vive y para el que escribía su obra. Porque lo que sí me parece poder afirmar es que el reduccionismo del magisterio teresiano y —suponiendo siempre— del sanjuanista, al que él alude, no tiene hoy consistencia alguna en la realidad del Carmelo antiguo español, como tampoco la tuvo en el pasado. Traté de demostrarlo ampliamente, respecto de este último, en la obra que publiqué, con la misma ocasión del IV Centenario de la muerte de la Santa, con el título de *Santa Teresa, San Juan de la Cruz y los carmelitas españoles*[2].

El hecho de que esta obra apareciera en el mismo año que la de A. Sicari explica suficientemente el que éste no pudiera llegar a conocerla al redactar la suya. Confío que, si ha tenido después la oportunidad de leerla o de hojearla, le haya servido al menos para darse cuenta de que hubiera debido matizar mucho más su afirmación de que en el fondo, para los hermanos de hábito de los dos Santos Doctores, «su magisterio resultaría inesencial para la espiritualidad de la Orden».

No es verdad, de hecho, como de lo que allí escribía sobradamente se desprende, que se haya intentado silenciar nunca ese magisterio entre los carmelitas españoles, como efectivamente ocurrió respecto del sanjuanista, según es ya sabido, entre algunos de los hijos de los dos santos. Y tengo el presentimiento, por no decir convicción, de que una investigación parecida acerca del sentir de los carmelitas en otras partes del mundo llevaría probablemente a la misma conclusión, salvando, claro está, algunas posibles excepciones que siempre suelen darse y que, por otra parte, vendrían a confirmar la regla. No me es posible asumir ahora esta tarea, pero no quiero desaprovechar la ocasión que me ofrece la celebración del igualmente IV Centenario de la muerte de San Juan de la Cruz para volver sobre este tema, recordando y poniendo de relieve algunos de los puntos más significativos de aquel mi trabajo respecto del Doctor Místico.

1. *Los inicios del magisterio sanjuanista*

El hecho de que las consecuencias amargas de las contiendas caseras que tuvieron lugar entre las dos ramas de la Orden en los inicios de la descalcez recayeran, como es sabido, sobre todo en el frailecito de Fontiveros, hizo pensar a muchos en un distanciamiento entre él y sus hermanos de hábito. Modo de pensar que se iría perpetuando y hasta universalizando por el excesivo e innecesario dramatismo con que los biógrafos del Santo, sin

---

[2] Publicada en la colección «Espirituales Españoles», Serie C, Monografías, tomo 13 (Universidad Pontificia de Salamanca/ Fundación Universitaria Española), Madrid, 1982.

excluir a los modernos, han salido describir el penoso incidente de su encarcelamiento en el convento de Toledo [3].

La realidad, sin embargo, ha sido bien diversa. El amor y la admiración hacia San Juan de la Cruz por parte de los hermanos y hermanas de su Orden, fruto, sin duda, del saludable influjo ejercido por él con su ejemplo y con su doctrina, se remonta, en efecto, hasta los mismos días de su existencia terrena. Comenzó, de hecho y como es también sabido, entre las últimas en su monasterio de la Encarnación de Avila con su oficio de confesor del mismo, a requerimiento de la por aquel tiempo priora Teresa de Jesús, desde 1572 hasta 1577 [4].

En él tendría discípulas aventajadas como Quiteria Dávila, priora que fue hasta cinco veces del monasterio y compañera de viaje de su buena amiga Teresa de Jesús en algunas de sus fundaciones, con la que tuvo «particular amistad y comunicación, a su parecer, casi veinte años» [5]. Amistad y comunicación de la que se aprovechó no poco, como se aprovecharía también de la del santo Juan de la Cruz. Pero, sobre todo, hay que recordar a la salmantina Ana María de Jesús (Gutiérrez), tal vez la más fiel y devota admiradora del mismo, cuyas «pláticas y palabras —según ella dice— eran todas de Dios, y decíalas con tal amor y calor que encendía con ellas a los que trataba a que amasen a Dios y tratasen de servirle» [6]. Dato revelador de la íntima compenetración espiritual a que debieron de llegar los dos es el dato que ella sola nos ha transmitido sobre la vida del Santo: el de su confirmación en gracia en su primera misa; merced que el Señor le había concedido y que a ella misma le habría revelado mientras esperaba un día para acercarse a su confesonario, donde el mismo Santo se lo habría confirmado, según ella declaraba en el proceso de beatificación de éste [7].

Y en esa su declaración nos dejaba también el más elocuente testimonio del fruto y provecho que hizo en su alma y en la de las demás religiosas del monasterio «con sus confesiones y pláticas espirituales y trato de oración», que venía a confirmar el que ya había dado la misma Santa Teresa, mientras fray Juan de la Cruz ejercía allí su ministerio: «Gran provecho

---

[3] Me limito a remitir a la biografía del mismo más acreditada: Crisógono de Jesús Sacramentado, O.C.D., *Vida de San Juan de la Cruz*, 11 ed. preparada y anotada por el P. Matías del Niño Jesús, O.C.D., Madrid, 1982, c.9.

[4] Cf. *Ibid.*, 107-120, y ahora Efrén de la Madre de Dios, O.C.D./Otger Steggink, O.Carm., *Santa Teresa de Jesús y su tiempo* (3 v, Salamanca, 1982-1984), II.1, 346-356.

[5] Así lo dice ella misma en su deposición en el proceso de la Santa (en: Silverio de Santa Teresa, O.C.D., *Procesos de beatificación y canonización de Santa Teresa* 3 v., Burgos, 1934-1935, I, 235).

[6] Silverio de Santa Teresa, *Procesos de beatificación y canonización de San Juan de la Cruz*, en sus *Obras completas* del Santo (5 v., Burgos, 1929-1931), V, 298.

[7] *Ibid.*

hace este descalzo que confiesa aquí: es fray Juan de la Cruz»[8]. El de Ana María de Jesús lo recogí ya ampliamente en mi citada obra, como recogí también el de sus confesores posteriores, los padres fray José de Velasco y fray Juan de San José, y el del padre Alonso de la Madre de Dios, que lo confirman, y no voy a repetirlo aquí[9].

No sabemos si las buenas monjas pudieron posteriormente leer alguno de los manuscritos de las obras del Santo, antes de que éstas se imprimieran en 1618, pero sí consta que pudieron consolarse de la ausencia del mismo con la lectura de los «billetes espirituales» y de otros «papeles de cosas santas» que el Santo les había dejado con este fin. Lo dice expresamente la misma Ana María de Jesús, afirmando que «tuvo gracia en consolar los que trataba, así con sus palabras, como con sus billetes, de quien esta testigo recibió algunos, y lo mismo algunos papeles de cosas santas que esta testigo estimara harto tenerlos agora»[10]. Y hay que relevar que, como advertía ya Pacho, fue probablemente en este monasterio de la Encarnación, donde el Santo inició este sistema de los breves apuntes, con destinación casi siempre personal, que luego seguiría en otras comunidades confiadas a su dirección. Y en esta misma línea habría que colocar también «el célebre dibujo de Cristo Crucificado, diseñado por el Santo durante su estancia en Avila, y conservado todavía hoy en la Encarnación como preciada reliquia». La Cruz a secas, como concluía el mismo Pacho, era ya entonces el modelo de su vida y el libro que enseñaba a sus hijas espirituales, y más adelante el camino de la cruz se convertiría en la senda estrecha del Monte Carmelo[11].

Pero este camino de la cruz lo había emprendido ya antes de iniciar la descalcez, mientras vivía con sus hermanos de hábito en los conventos de Medina del Campo, donde había profesado, y en el de Salamanca, donde había cursado sus estudios, suscitando la admiración de sus connovicios y condiscípulos y de todos cuantos tuvieron la suerte de conocerlo y tratarlo: «No hay fraile que no diga bien de él, porque ha sido su vida de gran penitencia», atestiguaba ya la misma Santa Teresa en septiembre de 1568, cuando su «medio fraile» se dirigía a preparar la nueva fundación de Duruelo[12]. Así se lo había referido, sin duda, el padre fray Pedro de Orozco, condiscípulo de fray Juan en el colegio de San Andrés y en la Universidad de Salamanca[13].

---

[8] En carta del 27 de septiembre de 1572 a su hermana doña Juana de Ahumada (en *Obra completas de Santa Teresa*, edición manual por los padres Efrén de la Madre de Dios y Otger Steggink, Madrid, 1986, 911).

[9] *Santa Teresa, San Juan de la Cruz* (cf. *supra*, n.2), 174-177.

[10] *Procesos* (cf. *supra*, n.6), 302.

[11] Eulogio de la Virgen del Carmen (Pacho), O.C.D., *San Juan de la Cruz y sus escritos*. Madrid, 1969, 77-78, quien en nota recoge otras noticias de interés sobre este famoso dibujo de Santo.

[12] En: *Obras completas* (cf. *supra*, n.8), 880.

[13] Cf. *Fundaciones*, 3, 17, en *Obras completas*, 685.

Y esta admiración no se extinguiría ni siquiera se amortiguaría con ocasión de las contiendas caseras surgidas por el anómalo desarrollo de la descalcez, a las que me he referido, y se convertiría en fervorosa devoción hacia su persona y sus escritos, una vez muerto el Santo, especialmente en los conventos con los qu él había estado más relacionado: Avila, Salamanca, Toledo mismo [14], y, sobre todo, Medina del Campo. Este último convento se convertiría, de hecho, en un foco de irradiación sanjuanista, promovida y sostenida por la presencia del hermano del Santo, Francisco de Yepes que había profesado en él como terciario del Carmen. Así se desprende sobradamente tanto del no menos elocuente testimonio de otros condiscípulos del Santo en Salamanca, el maestro fray Alonso de Villalva [15], como del de los carmelitas que depusieron en los procesos de beatificación y canonización del mismo, a los que voy a referirme. Especial importancia en este sentido tiene también la biografía del P. fray José de Velasco sobre Francisco de Yepes, en la que se ocupa además de su santo hermano fray Juan de la Cruz [16].

2. Lectura de los manuscritos del Santo

No voy a ofrecer de nuevo todos esos testimonios de los procesos, que muestran bien la corriente de simpatía y devoción hacia éste por parte de sus antiguos hermanos de hábito, puesto que lo hice ya detalladamente en mi mencionada obra, donde publiqué además el texto íntegro de sus deposiciones [17]. Aquí sólo quiero llamar la atención sobre aquellos textos del proceso ordinario del Santo que, como es sabido, tuvo lugar en 1614, antes de que se imprimieran sus obras, en los que se habla de los manuscritos de esas obras como objeto de lectura de los mismos carmelitas, y que prueban fehacientemente que éstos se acogieron desde un principio a su extraordinario magisterio.

---

[14] En este sentido cabe recordar lo que se dice en una *Relación de algunas excelencias que de oydas ha havido del santo padre N. fr. Juan de la Cruz*, escrita precisamente desde Toledo por el P. fr. Juan de Jesús María, cumpliendo lo que había mandado el P. Alonso de Jesús María, provincial de la provincia del Espíritu Santo, a mediados de octubre de 1614: «En los Padres Calzados (de Toledo) pienso saven mucho dél (S. Juan de la Cruz), particularmente unos Maestros que ay en esta casa de Toledo, que quando vinieron a la fiesta los religiosos, digo a la fiesta de nuestra madre Santa Teresa, dijeron algunos dellos que, si se tratase de su beatificación, avía paño que cortar, y aun no sé si dixo uno, que no menos que de la Santa» (Madrid, Biblioteca Nacional, ms.8568, p.298)j.

[15] Lo recogí ya en *Santa Teresa, San Juan de la Cruz*, 179.

[16] José de Velasco, O.Carm., *Vida, virtudes y muerte del venerable varón Francisco de Yepes*. Barcelona, 1624. La primera edición apareció en Valladolid, en 1616, donde se reimprimía al año siguiente.

[17] Cf. *Santa Teresa, San Juan de la Cruz*, 187-205; el texto de las deposiciones, *ibid.*, 319-373.

Todos, en efecto, declaran haberlos leído, al menos parcialmente, dando al mismo tiempo fe de la estima que les merecían y del gran fruto y provecho que habían sacado de ellos. Así el padre fray Antonio de Sagrameña quien, respondiendo a la pregunta 35 del sumario y aludiendo a una copia del *Cántico espiritual* que, como veremos se había procurado los carmelitas de Medina, dice:

> *que ha visto y leído un tratado que entre otros dejó escrito el dicho venerable padre y siervo de Dios fray Juan de la Cruz, en el cual se contiene tan alta doctrina y tan levantada de estilo y tan llena de sabiduría divina que le parece a este testigo que no era posible ingenio humano, dejado a las letras adquisitas a solas, acertar a decir cosas tan subidas y de estilo tan soberano, el cual le parece a este testigo tan alto que, como la teología mística de San Dionisio Areopagita ha menester mucha contemplación y luz del cielo para entender los misterios de que habla, ansí lo ha menester lo que escribe el dicho venerable padre fray Juan de la Cruz* [18].

Así también el mencionado padre fray José de Velasco, quien, respondiendo a la misma pregunta, declaraba, a su vez:

> *que lo que della sabe es que el dicho venerable padre compuso algunos tratados de teología mística y entre ellos unas canciones en verso heroico del trato unitivo espiritual del Esposo y esposa y del alma con Dios, las cuales declaró con tan grande espíritu y alta sabiduría que encierran en sí muchos misterios y secretos del espíritu y del trato interior y explica las tres vías que ponen los teólogos místicos, que son: purgativa iluminativa y unitiva, declarando los regalos que tiene el alma con su dulce Esposo Jesús y los amorosos abrazos que goza en la quieta y profunda contemplación, y los deleites y gozos espirituales que el alma, viviendo en carne mortal, puede gozar y desear. Todo lo cual trata con estilo tan levantado que le parece a este testigo no podía alcanzarse sólo con ingenio humano ni sabiduría terrena, sino con ciencia sobrenatural y muy particulares ayudas de Dios* [19].

Lo mismo afirmará el padre fray Jerónimo de Olmos, el cual, siempre a propósito de la misma pregunta, dice saber que

> *el dicho venerable padre fray Juan de la Cruz dejó escritos algunos tratados de mística teología, de los cuales ha visto este testigo las cancio-*

---

[18] *Ibid.*, 323. Sobre el P. Sagrameña y otros detalles significativos de su deposición, *ibid.*, 189-192.

[19] *Ibid.*, 342. Sobre el P. Velasco y el interés de los datos que ofrece sobre el Santo en su deposición, que después ordenaría y completaría en su mencionada obra sobre Francisco de Yepes (cf. *supra*, n.16), *ibid.*, 192-197.

nes que compuso y la interpretación que dellas hizo, y por lo que ha visto y leído dellas le parece a este testigo que fue dotado en grado heroico no solamente de las virtudes teologales de fe, esperanza y caridad, sino también de las virtudes morales, porque habla de todas ellas excelentemente, y de tal manera que le parece a este testigo que más eran las dichas canciones y la interpretación que dellas hizo cosas reveladas, y que con la gran luz y comunicación que tuvo y tenía con Dios se le habían comunicado, que adquiridas ni sabidas con estudio o ingenio humano [20].

Y algo parecido repetirá el padre fray Juan de San José en su deposición, que debió de hacer en el proceso de Salamanca, donde era subprior y maestro de novicios en el colegio de San Andrés, en la que decía:

Este testigo tiene algunos tratados de los libros de mística teología que el dicho venerable padre fr. Juan de la Cruz escribió, y por lo que de ellos ha leído echa de ver con claridad que es verdad lo que la pregunta dice, que se descubre en ellos que su autor, según la alteza y soberanía de lo que escribió y el estilo y modo con que trató de semejantes cosas, lo hizo más con ciencia infusa, sobrenatural y divina, que con la natural y adquisita, y de aquí juzga que les viene el sentir con ellos los que los leen grande aprovechamiento en el camino espiritual y en la divina contemplación [21].

Estos son los testimonios explícitos que nos han quedado acerca de la lectura de los escritos manuscritos del Santo por parte de los carmelitas antiguos, aunque no sea posible precisar a base de los mismos cuales fueron en concreto esos escritos que leyeron, a excepción del *Cántico espiritual*, al que se refieren expresamente los padres Velasco y Olmos. Pero puede darse por seguro que no serían ellos solos los que los leyeron. La alta estima y el aprecio que manifiestan por ellos tuvo que ser común a todos los carmelitas castellanos, al menos en los conventos en que ellos vivieron.

Un indicio en este sentido lo indiqué ya a propósito de fray Miguel de la Fuente, quien, después de pasar algunos años en el convento de Segovia, probablemente de 1606 a 1609, pasaba en este último año al de Toledo, en el que viviría hasta su muerte en 1625 y donde publicaría en 1625 su alabada obra *Las tres vidas del hombre*, que puede ser considerada como una de las primeras codificaciones del pensamiento teresiano-sanjuanista [22]. Pero ya en 1615, tres años antes de que apareciera la primera edición incompleta de las obras de San Juan de la Cruz, había publicado también su tratadillo *Ejercicios de oración mental*, como apéndice de su *Regla y modo de vida de los hermanos*

---

[20] *Ibid.*, 346. Acerca del P. Olmos, *ibid.*, 197-200.
[21] *Ibid.*, 373. Sobre el P. Juan de San José, *ibid.*, 202-204.
[22] Cf. *Ibid.*, 218-222; en relación a Santa Teresa, *ibid.*, 106-110.

Terceros y Beatas de Nuestra Señora del Carmen. Y hablando en él de las tres cosas que son necesarias para el ejercicio de la aspiración propiamente dicha, dice que la primera es que «cuando el alma está recogida y siente a Dios dentro de sí, lo primero que ha de hacer es, sin fuerza ni ruido, sino suavemente, cortar el hilo al discurso del entendimiento y quedarse con sola una noticia general de Dios infinito, incomprensible, a quien se conoce por fe, que está interiormente obrando en lo más íntimo de su alma lo que su Majestad es servido» [23]. Palabras en las que no es difícil descubrir una alusión directa a la doctrina del Místico Doctor que ve en esta noticia general amorosa una de las señales de que comienza en el alma el estado de contemplación [24], y por lo demás, el mismo lenguaje de que allí se sirve para definir la aspiración como «un afecto amoroso», «un deseo inflamado» y «una palabra regalada», parece reflejar claramente el del Santo. Señal, por lo mismo, de que había leído ya sus obras aún manuscritas [25].

Por otra parte, es igualmente probable que esta lectura de sus manuscritos se diera también en otros conventos fuera de los castellanos. Es de veras lamentable que ninguno de los carmelitas andaluces que pudieron conocer y tratar al Santo de Fontiveros, mientras éste vivió en aquellas tierras, declarara en los procesos del mismo, pues su deposición tal vez nos hubiera deparado alguna sorpresa. En todo caso, consta, al parecer, que los carmelitas observantes de Granada estimaban los escritos sanjuanistas. Así lo afirmaba el P. Pacho, añadiendo que, aunque no cabe afirmar que conocieran el *Cántico*, es muy probable que sí, ya que en Granada éste consiguió resonancia especial, dadas las circunstancias de su composición, y el actual ms. G pudo ser una de las copias que allí circulaban [26]. Y algo parecido podría decirse de los conventos de Aragón y Valencia [27].

3. *Primeros intentos de publicación de los manuscritos*

Una muestra especial del valor que los antiguos hermanos de hábito del Santo concedieron a los escritos del mismo nos lo ofrece el mencionado

---

[23] Publiqué de nuevo este tratadillo en *Los «Ejercicios de oración mental» (1615) de Miguel de la Fuente, O.Carm.*, en *Carmelus*, 17(1970), 280-309. El texto citado, en esta última página.

[24] *Ibid.*, 286-287 cf. San Juan de la Cruz, *Subida*, II, 13,4, en *Obras completas*, 3a ed., de José Vicente Rodríguez y Federico Ruiz Salvador, Madrid, 1988, 245.

[25] Cf. *Los «Ejercicios de oración mental»*, 309. Parece aludir al verso de *Noche oscura*: «Con ansias en amores inflamada», y al de *Llama de amor viva*: «Oh, regalada llaga». En cambio, tanto en esta obrita, como en *Las tres vidas*, parece faltar toda alusión al *Cántico* , que tanto apreciaban sus hermanos de hábito de Medina, y que él no debió de llegar a conocer, ni siquiera impreso, pues, como es sabido, no se publicó en la edición de las obras del Santo de Alcalá, en 1618.

[26] Eulogio de la Virgen del Carmen (Pacho), *El Cántico espiritual. Trayectoria histórica del texto*. Roma, 1967, 25.

[27] Véanse los indicios que recogí en *Santa Teresa, San Juan de la Cruz*, 206-207.

padre fray Jerónimo de Olmos, quien a continuación de su testimonio que ya he recogido añadía:

> Y por echar de ver este testigo que eran de tanto fruto y provecho para las almas las hizo trasladar (se refiere a las Canciones, es decir, al Cántico) y las tiene con mucha estima y aprecio, como cosas tan soberanas y dignas de toda estimación, y que a este testigo le son de mucho consuelo y de aprovechamiento para su alma, y ha visto que otras personas religiosas doctas y devotas las han tenido y tienen en la misma estima que este testigo, y esto es notorio [28].

Años más tarde, en el proceso apostólico del Santo, en el que depuso también el 1 de octubre de 1627, confirmaría lo que había dicho en el anterior y lo enriquecería con nuevos detalles. Refiriéndose ya a los libros del mismo, que corrían impresos, con exclusión del *Cántico,* desde 1618, en respuesta a la pregunta 6 del sumario decía que el Santo era «un hombre de tan continua y perpetua oración como lo dicen bien sus libros que yo he leído». Y añadía a continuación, respondiendo a la 21:

> Digo que, como dicho llevo, he leído sus libros antes y después que se imprimiesen, y los trasladé de mi mano para tenerlos, que me los dio en cuadernos la madre Elvira de San Angel, descalza nuestra, por parecerme su doctrina más revelada del Espíritu Santo que aprendida con trabajo propio y ser de mucho provecho para las almas [29].

Tuvo que ser a él a quien se los vio trasladar el padre fray Antonio de Sagrameña, según lo dice él mismo en el testimonio que he transcrito también, al final del cual añadía, a su vez, después de haber alabado la doctrina del Santo:

> Y ansí son estimados en mucho sus libros, y este testigo los ha visto trasladar y ha deseado y desea haberlos a las manos y tenerlos para sacarlos a luz, todo lo cual sabe este testigo por lo que ha experimentado de la lección desta doctrina del dicho venerable padre [30].

Es de interés poner de relieve este deseo del P. Sagrameña de sacar a luz los escritos del Doctor Místico, por aquel entonces —1614— aún inéditos, deseos que, como vamos a ver, manifestarían también otros hermanos del Carmen de Medina y de Salamanca y que prueban, según creo, la desa-

---

28 *Ibid.,* 346-347.
29 *Ibid.,* 367-368.
30 *Ibid.,* 323.

zón que les producía la tardanza de verlos en letras de molde, así como el grande aprecio que por ellos sentían [31].

De hecho, el p. Velasco añadiría igualmente en su declaración una parecida coletilla:

> *Y por la estima que dellos (los tratados del Santo) ha tenido y tiene los ha deseado imprimir para que los fieles no carezcan de cosa tan importante y de tanto provecho para sus ánimas, y por esta misma estima sabe este testigo que andan muchos traslados de mano en diversas partes, y esta misma estima de estos dichos tratados y escritos del dicho venerable padre tienen algunos hombres graves, doctos y espirituales* [32].

Uno de éstos era, sin duda, el ya mencionado padre fray Juan de San José, quien tuvo durante algún tiempo en su poder el Cristo crucificado que había pintado el Santo y que le había dado en cierta ocasión la madre Ana María de Jesús de la Encarnación de Avila, aunque después volviera a pedírselo, cuya perfección y eficacia para mover los ánimos encarecía, como encarecía también la eficacia del magisterio del mismo Santo en ese monasterio, del que había sido confesor [33]. En su ya mencionado testimonio, en el que alababa la sabiduría sobrenatural y divina de que estaban llenos los tratados espirituales del Místico de Fontiveros, así como la alteza y soberanía de estilo con que los había escrito, de cuya lectura tanto él como otros habían sacado grande aprovechamiento, añadía, a su vez:

> *Por lo cual son más estimados de personas doctas y espirituales, y se han sacado muchos traslados que andan por estos reinos de España. Y este testigo conoce a muchas personas que los tienen y los estiman en lo que es razón, y todos están deseosos de que se impriman y salgan a luz sus obras, como él las escribió, y este testigo las ha querido imprimir* [34].

Es de lamentar que no nos hayan quedado más noticias sobre estos repetidos deseos e intentos de edición de los escritos del Santo Doctor por parte de sus antiguos hermanos de hábito, que dicen no poco en favor de la sensibilidad estética y espiritual de los mismos. Sobre todo respecto de los del P. Juan de San José, quien, al parecer, fue el que mayor decisión mostró en este sentido, como advertía ya el P. Pacho, añadiendo justamente

---

[31] De estos primeros intentos de edición se ocupaba ya Pacho, en su mencionada obra *El cántico espiritual* (cf. *supra*, n.26) 39, donde reproduce su artículo *Primeras ediciones del Cántico espiritual*, publicado con anterioridad en *Ephemerides carmeliticae*, 18 (1967).

[32] En *Santa Teresa, San Juan de la Cruz*, 342.

[33] *Ibid.*, 370-371. Como advertía ya Pacho, la relación del P. Juan de San José sobre el orígen del famoso crucifijo pintado por el Santo constituye la fuente más directa y minuciosa (cf. *San Juan de la Cruz y sus escritos*, p.77, n. 53).

[34] En *Santa Teresa, San Juan de la Cruz*, 373.

que el inciso «como él los escribió» de su declaración, no hace alusión a mutilaciones editoriales, que todavía no se habían dado, «sino a la progresiva adulteración sufrida (por los escritos del Santo) a manos de copistas poco escrupulosos»[35], que hacían, por lo mismo, más necesaria la edición de los mismos escritos. La avenida del Tormes en 1626, que destruyó el convento de San Andrés, en el que el P. Juan de San José había sido subprior y maestro de novicios, se llevó su archivo, se llevó probablemente con él algunos secretos a este respecto y tal vez las copias de los tratados sanjuanistas que, según dice, tenía y había querido imprimir. De las que hizo de su propia mano el P. Jerónimo de Olmos, según él atestigua también[36], se conservó por lo menos la del *Cántico* que seguían venerando en pleno siglo XVIII los moradores del convento de Medina, como lo pudo constatar el padre fray Manuel de Santa María, que pudo verla[37].

Aunque esos intentos de publicación no llegaran a culminar, puede darse por seguro que sí contribuyeron a que la deseada edición viniera a ser realidad, bien que parcial, en 1618. A ellos debía de referirse sobre todo el padre Jerónimo de San José al escribir su *Introducción* a la edición de 1630, en la que, describiendo la situación apurada en que se encontraba el gobierno de la descalcez por esta causa, decía en efecto: «Cebado con todo eso el gusto con la experiencia del provecho que la gente espiritual hallaba en su lectura, comenzaron a clamar por su impresión, y era tan impaciente la instancia que a la Religión se hacía en este caso que amenazaban algunos los imprimirían en su nombre... Hubo la Religión de apresurar el paso viendo el peligro, y ajustando y examinando los más fieles manuscritos que por entonces se hallaron, sacarlos a luz, como se hizo el año de mil y seiscientos y diez y ocho en Alcalá y el siguiente en Barcelona»[38].

Esta edición, según se reconoce, «no fue éxito en ningún sentido: ni en el plano científico, ni en el propagandístico, ni siquiera en el divulgativo del sanjuanismo auténtico»[39]. No podemos saber si, en el caso de haberla podido realizar los hermanos observantes del Santo, este éxito hubiera sido mayor. Pero sí se puede afirmar que hubiera sido probablemente más completa, pues ellos en ningún caso hubieran renunciado a la publicación del *Cántico*, que tan vivamente apreciaban, como hemos podido ver, y que sólo

---

[35] *El Cántico espiritual*, 39.

[36] Cf. *supra*, n.29.

[37] Cf. E. Pacho, *San Juan de la Cruz y sus escritos*, p.53, donde en nota añade: «Recordando en su célebre *Espicilegio historial* el paradero de los mss. por él vistos de los escritos sanjuanistas, escribe: "Y otro también que he visto guardado con especial aprecio en el archivo de NN. PP. Observantes de Medina del Campo"» (Madrid, B.N., ms.8713, f.22r).l

[38] *Historia del venerable padre Fr. Juan de la Cruz*, Madrid, 1641, 388; citado por Pacho, *El cántico espiritual*, 39-40, el cual advierte en nota que el P. Jerónimo copiaba al pie de la letra lo que había escrito antes en la *Introducción* a la edición de las obras del Santo de 1630, p.pr. (7).

[39] E. Pacho, *El cántico espiritual*, 46.

saldría en letras de molde en la mencionada edición de 1630, después de haber corrido en traducción francesa desde 1622 y en italiana desde 1627, año éste en que aparecía también en Flandes la edición princeps del mismo en su redacción primitiva[40].

Todo esto prueba suficientemente, según creo, que por lo menos los carmelitas castellanos no estuvieron menos familiarizados con las sublimes páginas del Doctor Místico que sus mismos hijos e hijas dentro de la familia teresiana ya desde un principio. Familiaridad que se iría aumentando una vez publicados sus escritos y se extendería a todos los demás carmelitas de España, si es que no existía ya antes entre ellos. Así se desprende claramente de los numerosos testimonios de los escritores espirituales posteriores y de los predicadores que intervinieron en las fiestas de la beatificación y canonización del Santo en 1675 y 1726, respectivamente[41]. Y todos hubieran suscrito de buena gana, como lo suscribimos ahora sus sucesores, lo que a continuación del texto que he referido al principio de este trabajo añadía el mismo A. Sicari:

> *A mi parecer —por convicción teológica y no por espíritu de parte— la experiencia de Teresa* (y de Juan de la Cruz, añado yo) *y su magisterio son esenciales a la Orden en cuanto tal, y tan esenciales que no pensamos sea posible una real experiencia carmelitana —aún en la diferencia necesaria de las formas— que no tenga en cuenta lo que Santa Teresa* (y San Juan de la Cruz, añado de nuevo yo) *ha vivido y enseñado sobre el ideal contemplativo*[42].

Y abrigo la esperanza de que estas páginas puedan contribuir de algún modo a disipar las «demasiadas ambigüedades» que, según él se darían aún en las relaciones esenciales entre carmelitanismo y teresianismo y que condicionarían substancialmente también la elección de estructuras y de estilos de vida.

---

[40] Cf. *Ibid.*, 58-82.
[41] *Santa Teresa, San Juan de la Cruz*, 217-277.
[42] Cf. *supra*, n.1.

De Juan Taulero a Juan de la Cruz: ¿Bartolomé de los Mártires como puente?

Alvaro Huerga, O.P.

1. El problema textual

La pretensión de este trabajo no es otra que otear el enlace Juan Taulero-Juan de la Cruz en un punto tan angosto como el del «paso» de la *ascética* a la *mística*, y ver si el *Compendium spiritualis doctrinae*, del tauleriano Bartolomé de los Mártires, sirvió de puente.

La dificultad primera con que tropieza el investigador o explorador proviene de la inseguridad de los textos. Es decir, de no saber si los «instrumentos de trabajo» son de San Juan de la Cruz y de Juan Tauler, o son interpolaciones sucedáneas.

En cuanto a los de San Juan de la Cruz, la *editio princeps* vio la luz en Alcalá, 1618 [1], bajo el escudo y las armas del cardenal Gaspar de Borja; ese escudo y esas armas no iban a ser suficiente muro de protección contra los disparos de la *crítica teológica* [2], y, lo que es más grave, ningún estudioso ignora que la edición es póstuma y que fue manipulada por el editor. Nació, pues, con un grave problema de *autenticidad textual* a cuestas [3]. Un problema que no ha sido posible solucionar cabalmente, por falta de los manuscritos originales: hay que resignarse a admitir las ediciones, con la debida reserva, que nos ponen en las manos los libreros, ediciones tan «varias» y con tantas «variantes» como es ya de costumbre. Este problema de *crítica textual*, irresoluble, no empece para aceptar, en líneas generales, la autoría sanjuanista de los textos, aunque algún recelo nos acucie.

---

[1] Juan de la Cruz, *Obras espirituales que encaminan a una alma a la perfecta unión con Dios*, Alcalá de Henares, Viuda de Andrés S. Ezpeleta, 1618.

[2] Cf. A. Huerga, «Insidas sevillanas a la *Noche oscura* de San Juan de la Cruz», *Angelicum* 61, 1984, pp.441-472.

[3] «Aunque las interpolaciones sean su mayor defecto, tiene también muchos otros»: Silverio de Santa Teresa, *Preliminares a Obras de San Juan de la Cruz* (BMC 10), Burgos, 1929, p.212.

Más clara es la situación de las ediciones taulerianas: la *crítica* pone hoy en tela de juicio la autenticidad de los textos que le atribuyen las ediciones (también *póstumas*: hechas después de su muerte y, por lo mismo, no controlados por él).

Con el nombre de Taulero se agavillaron obritas de varios autores espirituales, y Lorenzo Surio volvió a meterle mano a la gavilla al hacer la traducción al latín, 1548 [4]. La versión y edición de Surio divulgó en la vasta área de la cultura europea (que hablaba *latín*) el mensaje místico de los autores «renano-flamencos», al que los paises mediterráneos se mostrarán muy sensibles. Era lo que se esperaba, según anota, con gozo contenido, el abad de la cartuja de Colonia al dedicar la versión y la edición al «principe elector»: «En —le dice—, quod diu in votis fuit piis omnibus, Latinus tandem [...]. D. Ioannes Thaulerus, sublimis et praeclarus Theologus, ut qui tot annis solis germanis germanice locutus est, nunc demum toti Orbi, tuis felicissimis emissus auspiciis, Latine loquatur» [5].

Por su parte, Lorenzo Surio confiesa, con honesta sinceridad, que no se ha contentado con el mero trabajo de traductor: ha «manipulado» la gavilla, en el más puro significado del término. Ocurre esto especialmente con las *Instituciones*, que van a seguido de los *Sermones*, y que Surio introduce con una brevísima advertencia *Ad lectorem*: «Ea quae sequuntur, susurra, non eo, quo hic conspiciuntur, ordine ab ipso Authore tradita atque conscripta sunt, sed per nos ex diversis illius scriptis undecumque corrasis collecta et consarcinata, atque in hunc digesta ordinem: quibus nihilominus aliqua Eccardi et aliorum aeque illustrium virorum quaedam hic inde admixta sunt, quae certe legisse iuvabit» [6].

Placentera lectura, indudablemente. Con todo, la autoría tauleriana de la gavilla se pone en tela de juicio, indicando una pista de individuación de otros autores ilustres y confesando que ha «manipulado» lo que ha creído oportuno.

Dos datos previos, a propósito de la colección tauleriana, son actualmente firmes: 1o, la edición germánica es una gavilla o florilegio en el que se atan con el nombre de Taulero escritos de autores místicos múltiples; 2o, la versión latina, hecha y publicada por Surio, está, según confesión del mismo, «manipulada».

Si algunos *sermones* «taulerianos» tienen otra paternidad [7], las *Instituciones* presentan un caso curioso y vistoso: aunque el rastreo no es muy obvio por

---

[4] D. Ioannis Thauleri, *Opera, Interprete Laurentio Surio Lubecensi*, Coloniae, I Quentel, 1548. Uso edición: Coloniae et denuo Maceratae, 1697.

[5] *Ibid.*, preliminares, (Dedicatoria de Gerard von Hamont, *Cartusiae Coloniensis Prior*, a D. Adolfo, arzobispo de Colonia, príncipe elector).

[6] *Ibid.*, p.671.

[7] Cf. J. Tauler, *Die Predigten*, ed. F. Vetter, Berlin, 1910,; Id. *Predigten*, ed. G. Hofmann, Freiburg i.B., 1961 (c/r. de Giovanni da Vigolo, «In margine alla nuova edizione tedesca delle Prediche di Taulero» *Rivista di ascetica e mistica*, 6, 1961, pp.537-552).

la «manipulación» textual, la crítica despoja casi por completo a Taulero de la paternidad de las *Instituciones*: los críticos modernos, observa J. Orcibal, «no descubren la mano de Taulero más que en los capítulos XXXIV y XXVIII, y aun esto con dificultad»[8].

De todas maneras, lo cortés no quita lo valiente. Quiero decir que, para mi propósito, lo importante es el contenido doctrinal —de alta mística— de los textos, tanto los atribuidos a Taulero como los atribuidos a San Juan de la Cruz. No se trata, por tanto, de un asunto grave, aunque, eso sí, debemos mirarlo de soslayo, o no prescindir del todo de él.

Como veremos enseguida, el jugo doctrinal de esos textos corre y fertiliza la más prestigiosa vena del misticismo español.

2. *El problema de los influjos*

Paralelo al problema de autoría de los textos es el problema de los influjos. Desde mediados del siglo XIX se discute sobre si los místicos «renano-flamencos» influyeron o no en los místicos españoles.

Rousselot opinaba que el influjo había sido prácticamente nulo[9]. Menéndez Pelayo atisbó más positivamente, aunque procura ennegrecerlo[10]. En el siglo XX han sido muchos los estudiosos que han prestado solicitud a la exploración concreta de esos presuntos influjos, en general con resultados valiosos. Groult señala una etapa positiva en este campo[11], y, en pos de él, son ya legión los que han zahondado la cantera.

Sin caer en el «fuentismo», pues siempre el alcance de un influjo literario o doctrinal debe ser matizado y contrastado con la aportación y asimilación personales[12], el problema es real y, por consiguiente, digno de que se le otorgue máximo cuidado. Ayuda, cuando menos, a comprender mejor la doctrina de los místicos, la vena caudal que atraviesa la historia de la espiritualidad cristiana, las «herencias» y los enriquecimientos.

En el caso concreto de San Juan de la Cruz, la comprobación de que ha leído y ha asimilado otros autores, aunque no los cite, obliga a no consi-

---

[8] J. Orcibal, *San Juan de la Cruz y los místicos renano-flamencos*, vers. de T.H. Martín, Madrid, 1987, p.141: «Les Institutions pseudo-tauleriens— elles contenaient plus des textes eckhartiens ou ruysbroeckiens que de Tauler authentique»: id., «Le rôle de l'intellect possible chez Jean de la Croix. Ses sources scolastiques et nordiques», en: AA.VV. *La mystique rhénane*, Paris, Presses Universitaires de France, 1963, p.263.

[9] Cf. P. Rousselot, *Les mystiques espagnols*, Paris, Gabalda, 1867, p.55.

[10] Cf. M. Menéndez Pelayo, *Heterodoxos* IV, 212-13 (ed. Santander, Aldus, 1947): 1a ed. t.II, p.524 (Madrid, 1880).

[11] Pierre Groult, *Los místicos de los Paises Bajos y la literatura espiritual española del siglo XVI*, Madrid, FUE, 1976.

[12] Cf. Dámaso Alonso, *De los siglos oscuros al de oro*, Madrid, Gredos, 1964, pp.84-5 y 219.

derarle como un islote, sino precisamente como un continuador y un enriquecedor del patrimonio místico cristiano.

La verificación de que su mística del «amor cualificado» —que amplía o abre el diafragma del *Cántico*— se inspira en el opúsculo seudo-tomista *De beatitudine*[13] es un hecho que demuestra palmariamente sus lecturas y aprovechamientos. Los aprovechamientos poéticos van saliendo a flor con espontánea naturalidad. Incluso expresiones que parecían tan suyas, como las de «la música callada» y «la soledad sonora», son lugares comunes (*topoi* literarios) que se hallan ya en circulación a fines del siglo XV, ni más ni menos[14]. Los aprovechamientos místicos aparentaban estar más soterrados, quizá por la difusa e imprecisa especie de la portentosa originalidad del Doctor Místico. Nada hay que objetar, ni restar, a esa originalidad, pues el fruto útil de una lectura no le quita valor a la sistematización mística sanjuanista, realmente portentosa y personalísima.

Hecha esta apresurada advertencia, no extraña que haya «sufrido» un enriquecedor influjo de los místicos «renano-flamencos». Son numerosos los autores que se han entretenido en buscar y precisar esas benéficas influencias[15]. No los vamos a reseñar, y tampoco a seguir. Nos fijaremos sólo en las señales que indican el «paso» de la meditación a la contemplación[16]. Se trata, a primera vista, de una «relectura» de un texto de las *Instituticiones* seudo-taulerianas. No fue Crisógono de Jesús, como se ha dicho, el primero en descubrirlo[17]. Se percató de la similitud —no precipitemos o anticipemos los acontecimientos, utilizando la palabra *deuda*— aquel gran contemplativo y sagaz lector que fue Juan Falconi (1596-1638). Falconi transcribe el texto de San Juan de la Cruz, y a continuación apunta:

> «Estas mismas señales para pasar a la contemplación pone también Taulero, dándolas por regla cierta; para que en viéndolas en sí alguna persona pueda seguramente no afligirse por ver que no puede usar de la meditación, ni de las imaginaciones y formas que sirven para ella».

---

[13] Cf. M.A. Diez, «La reentrega de amor. Influjo de un opúsculo pseudo-tomista en San Juan de la cruz», *Ephemerides carmeliticae* 143, 1962, pp.299-52; Teodoro H. Martín, «De la vida del cielo (Texto- fuente de San Juan de la Cruz)», *Teología espiritual* 32, 1988, pp.3-70.

[14] Cf. A. Huerga, «Santa Catalina de Siena en la historia de la espiritualidad hispana», en *Positio per S.C. da Siena Dottore de la Chiesa*, Roma, 1969, p.323.

[15] Cf. Crisógono de Jesús, *San Juan de la Cruz. Su obra científica y su obra literaria*, Avila, 1929; Buenaventura García, «Taulero y San Juan de la Cruz», *La vida sobrenatural* 50, 1949, pp.349-62 y 423-36; A. Winklhofer, «Johannes vom Kreuz u. die Surius-Uebersetzung der Werke Taulers», en: *Theologie in Geschichte und Gegenwart M. Schmaus*, Munich, 1957, pp.317-48; y sobre todo J. Oricibal, o.c. (*supra*, n.8).

[16] Cf. *Subida* II,13.

[17] «El P. Crisógono ha sido el primero en indicar la influencia de Tauler, que prueba enumerando diez lugares paralelos (en especial el tema de las tres señales) y la coincidencia doctrinal entre ambos»: J. Orcibal, *o.c.*, p.16.

Y a renglón seguido copia el texto de Taulero, sin precisar de dónde lo toma [18]. Evidentemente, de las *Instituciones*.

Como esta obra es anterior a la *Subida*, síguese que las «mismas señales» tienen un orden cronológico inequívoco: primero aparecen en las *Instituciones*; después, y presumiblemente copiadas de aquí (por via directa o por via indirecta, ahí está el nudo de la cuestión), en la *Subida*.

Tanto Orcibal [19] como Martín [20] insisten en la comparación textual, o, si se quiere, literal, por el método vistoso de las columnas paralelas.

No es imprescindible, creo yo, poner en columnas paralelas los textos de *Instituciones* y de *Subida*. A simple lectura se percata el estudioso de la analogía doctrinal, aunque la exposición del Doctor Místico es mucho más rica y psicológica que la del texto de las *Instituciones*. El análisis doctrinal comparativo lo pondrá en evidencia. Será, pues, el primer eslabón, casi puramente informativo.

Una segunda cala consistirá en otear, según prometí, cómo se produce el trasvase; es decir, por dónde pasa (el puente) el texto seudo-tauleriano a San Juan de la Cruz: si por una lectura directa, o por mediación de otro autor (en mi hipótesis, Bartolomé de los Mártires).

3. *Las «señales»*

3.01. El texto de las *Instituciones*

El capítulo 35 de las *Instituciones* —«manipulado» por el traductor Lorenzo Surio— reza así:

—«Quaerat forsan aliquis, utrum omnes sint imagines abiiciendae, et nudo spiritu Deo adhaerendum.

—Respondetur duobus modis imagines abdicari posse, et fideliter, et noxie. Si enim priusquam eas plene cognoscam, bonis imaginibus valefaciam, stolide quidem ac noxie ago. Cur hoc? Quia veritas, quae per quamlibet mihi bonam imaginem innotuisset, cognitioni meae substrahitur.

—Quae autem, ait aliquis, sunt utilissimae imagines?

—Primo quidem, ut quis intimo cordis cum dolore, perfectaque aversione, male transactam, immo et praesentem malam vitam suam recte cognoscat.

---

[18] Juan Falconi, *Camino derecho para el cielo*, ed. E. Gómez, Barcelona, Juan Flors, 1960, pp.72-76 (el tema que explica es: «Cuánto tiempo se ha de gastar en meditaciones y cuándo se ha de pasar a la contemplación»).

[19] Cf. J. Orcibal, *o.c.*, pp.144-47.

[20] T.H. Martín, «Estudio preliminar» a: Juan Tauler, *Obras*, Madrid, FUE, 1984, pp.126-28.

Secundo, ut vitae et institutionum Salvatoris nostri discat habere notitiam.

Tertio, ut eiusdem acerbissimam passionem ac mortem, ex ineffabili amore susceptam, quantum potest, scire conetur.

Hae plane sunt utilissimae imagines. Fieri quippe non potest, ut ad altiora proficiat, qui non prius has imagines sapienter percurrerit.

—Quae vero nobilissimae sunt imagines?

—Primo, altissima et incomprehensibilis unio divinae humanaeque naturae. Secundo, nobilitas ac excellentia divinae spiritus vel animae humanae. Tertio, praestantissimum Salvatoris corpus.

Haec, si bene perspiciantur, nobilissimas esse imagines facile constabit.

—Quae demun purissimae, mundissimaeque sunt imagines?

—Primo, trium personarum supersanctissima Trinitas. Secundo, aeterna Filii ex Patre generatio, et eiusdem in eodem inmansio, atque ex utroque, Patre scilicet et Verbo, Spiritus Sancti processio atque inmansio in eisdem. Tertio, immensa maxime existens, simplissimaque Divinitatis essentia.

His nimirum quatenus licet intendendo, purissimae imagines esse comprobantur.

—Quod si quaeratur, cur omnibus imaginibus renuntiandum sit? Respondetur, eam ob causam, quod nonnisi via quaedam sint ad nudam ac simplicem veritatem. Si ergo ad veritatem ipsam pertingere velim, paulatim abdicanda via est, cunctaeque imagines recto ordine percurrendae, ut videlicet ab infimis ad medias, et a mediis ad supremas conscendam, quo nulla me veritas subterfugiat. Inter nobilissima quippe opera, quae in hac vita fieri ab homine possunt, etiam illud est rationabiliter in divinas imagines transformari.

Caeterum tria sunt, ex quibus adverti potest, quando iam dictae imagines abdicandae sunt, ne vel citius quam oportet repudientur, vel nimis diu eisdem inhaereatur. Primum est quando quidquid unquam auditu percepimus vel intellectu cum taedio respicimus. Secundum, quando quidquid audimus vel intelligimus, nulla nos delectatione afficit. Tertium, cum intra nos esuriem desideriumque summi boni illius, quod tamen apprehendere non valemus, magis ac magis crescere sentimus, ita ut dicamus: *Domine Deus meus, ultra iam procedere nequeo. Orare meum est, annuere tuum.*

Haec tria quisquis in seipso deprehenderit, non solum poterit, sed et debebit eas, de quibus praediximus, imagines sanctas et opera rationabiliter abdicare.

—Sed dicat aliquis: cui ergo spiritus inhaeret, cunctis repudiatis imaginibus?

—Plane nulli omnino inhaeret, sed totus ab omnibus nudus est. Si enim alicui inniteretur, hoc ipsum imago foret»[21].

3.02. El texto de *Subida*

San Juan de la Cruz enseña que «conviene y es necesario a los que pretenden pasar adelante saberse desasir de todos esos modos y maneras y obras de la imaginación», con tal que se haga «en el tiempo y sazón que lo pide y requiere el aprovechamiento del estado que llevan»[22]. Opción, por tanto, decidida, pero a su tiempo y sazón: hay que «dejar de caminar por el discurso»[23], hay que decirle adiós a «la obra del discursivo meditar por las dichas imaginaciones y formas y figuras», con tal que «no se dejen antes o después que lo pide el espíritu». Y para que la doctrina no quede confusa, apunta las señales que indican que el espiritual ha llegado a la encrucijada o bivio, y conoce que le conviene «dejar la meditación y discurso y pasar al estado de contemplación». Las señales son tres:

— «La primera es ver en sí que ya no puede meditar ni discurrir con la imaginación, ni gustar de ello como de antes solía; antes halla ya sequedad en lo que de antes solía fijar el sentido y sacar jugo.
Pero en tanto que sacare jugo y pudiere discurrir en la meditación, no la ha de dejar, si no fuere cuando su alma se pusiese en la paz y quietud que se dice en la tercera señal.
—La segunda es cuando ve no le da ninguna gana de poner la imaginación ni el sentido en otras cosas particulares, exteriores ni interiores.
No digo que no vaya y venga (que ésta aun en mucho recogimiento suele andar suelta), sino que no guste el alma de ponerla de propósito en otras cosas.
— La tercera y más cierta es si el alma gusta de estarse a solas con atención amorosa a Dios sin particular consideración, en paz interior y quietud y descanso, y sin actos y ejercicios de las potencias, memoria, entendimiento y voluntad —a lo menos discursivos, que es ir de uno en otros—; sino sólo con la atención y noticia general

---

[21] *Ed.cit.*, p.770.
[22] *Subida* II, 12,8.
[23] *Subida* II, 12,9.

y amorosa que decimos, sin particular inteligencia y sin entender sobre qué.

Estas tres señales ha de ver en sí juntas por lo menos el espiritual para atraverse seguramente a dejar el estado de meditación y del sentido y entrar en el de contemplación y del espíritu.

Y no basta tener la primera sola sin la segunda, porque podría ser que no poder ya imaginar y meditar en las cosas de Dios como antes fuese por distracción y poca diligencia; para lo cual ha de ver también en sí la segunda, que es no tener gana ni apetito de pensar en otras cosas extrañas; porque, cuando procede de distracción o tibieza el no poder fijar la imaginación y sentido en las cosas de Dios, luego tiene apetito y gana de ponerla en otras cosas diferentes y motivo de irse de allí.

Ni tampoco basta ver en sí la primera y segunda señal, si no viere juntamente la tercera; porque, aunque se vea que no puede discurrir ni pensar en las cosas de Dios, y que tampoco le da gana pensar en las que son diferentes, podría proceder de melancolía o de alguno otro jugo de humor puesto en el cerebro o en el corazón, que suelen causar en el sentido cierto empapamiento y suspensión que le hacen no pensar en nada, ni querer ni tener gana de pensarlo, sino de estarse en aquel embelesamiento sabroso. Contra lo cual ha de tener la tercera, que es noticia y atención amorosa en paz, etc., como habemos dicho.

Aunque verdad es que a los principios, cuando comienza este estado, casi no se echa de ver esta noticia amorosa. Y es por dos causas: la una, porque a los principios suele ser esta noticia amorosa muy sutil y delicada y casi insensible; y la otra, porque, habiendo estado habituada el alma al otro ejercicio de la meditación, que es totalmente sensible, no echa de ver ni casi siente estotra novedad insensible, que es ya pura de espíritu, mayormente cuando, por no lo entender ella, no se deja sosegar en ello procurándole otro más sensible, con lo cual, aunque más abundante sea la paz interior amorosa, no se da lugar a sentirla y gozarla. Pero, cuanto más se fuere habituando el alma en dejarse sosegar, irá siempre creciendo en ella y sintiéndose más en aquella amorosa noticia general de Dios, de que gusta ella más que de todas las cosas, porque le causa paz, descanso, sabor y deleite sin trabajo» [24].

4. *Coincidencias y diferencias*

La comparación o cojeto de los dos pasajes nos lleva pronto a observar que se trata de un asunto común y delicado, y que las señales que indican el momento de «cambio de via» —del «discursivo meditar» se *pasa* a la con-

---

[24] *Subida* II, 13,2-7.

templación o noticia amorosa— coinciden en número y son similares en sustancia.

Las *Instituciones* —siguiendo las trilogías «dionisianas»[25] y las minuciosas pautas de la *devotio moderna*[26]— defienden el valor de las «imágenes», es decir, de la fantasía, en el camino espiritual. Abandonar ese medio antes de llegar a la meta es dañino. Mas continuar en él cuando ya se ha arribado a la meta, es absurdo.

A las «buenas imágenes» no hay que decirles adiós antes de tiempo, pues de suyo son *utilísimas* (por tres razones) y no se puede subir *ad altiora* si no se pisan y se rumian; son, en segundo lugar, *nobilísimas* (también por tres motivos); y, en fin, algunas son *purísimas*, como las trinitarias («imagen» de la trinidad de Personas, «imagen» de las procesiones e «inmansiones» divinas, «imagen» de la simplicísima esencia de Dios).

La metafísica agustiniano-eckhartiana está tocando aquí sus cumbres y sonando su hondo abismamiento.

Pero el defensor, y aun el apologista, de las «imágenes» anhela la «unión» o «adherencia» a Dios en desnudez de espíritu («nudo espíritu»). Las imágenes han servido como vía y como medio. De ahí que haya que apearse de ellas y abandonarlas («abdicare») cuando se llega a la meta. ¿Y cuándo sabrá el camiante que ha llegado? Ahí le advierte las *tres señales* («tria», tres indicaciones): el tedio o hastío, la carencia de gozo, el anhelo o hambre del Sumo Bien. Cuando percibe en sí mismo estas tres señales no sólo puede, sino también debe «abdicar» las *imágenes*. Y quedarse en desnudez total de espíritu.

La doctrina de las *Instituciones* es tal vez algo fría, harto abstracta, quizá atiborrada de trilogías. Pero no hay duda que es un plato místico fuerte.

La doctrina de la *Subida* coincide con la de las *Instituciones* no sólo en el tema, sino también en algunos detalles: el de «ni antes ni después» («ne vel citius quam oportet repudietur, vel nimis diu eisdem inhaereatur» equivale a «no se dejen antes o después de lo que pide el espíritu»); la trilogía de señales; también la simultaneidad de las mismas, aunque es un poco borrosa en las *Instituciones*, contrastada con la insistencia meridiana del Doctor Místico, nos convencemos que la postulan ambos, etc.

Sin embargo, las coincidencias no empecen para que nos percatemos de seguida que San Juan de la Cruz ha tratado con más amplitud y con mayor profundidad el tema, y que, aun en el supuesto de que tuvo a ojo y mano

---

[25] Cf. Daniel de Pablo Maroto, «El *camino espiritual*. Revisiones y perspectivas», *Salmanticensis* 34, 1987, p.34.
[26] Cf. R. García-Villoslada, «Rasgos característicos de la devotio moderna», *Manresa* 28, 1956, pp.315-50.

las *Instituciones*, reelaboró el cuadro doctrinal y le inyectó nueva savia y nuevos perfiles. En definitiva, lo «retocó» con finísima maestría.

No hay duda de que el tema le preocupaba seriamente. Director espiritual, maestro, guía de almas, le desazona que algunos zafios paralicen el dinamismo de la vocación y de la voluntad místicas de los espíritus generosos. La claridad de ideas, la introspección psicológica y la personal coyuntura convergen en sus lecciones magistrales. Véase, si no, el comentario a la estrofa de *Llama*, donde «repite» compendiosamente lo que expuso en *Subida*. Hay directores que paralizan a «muchas almas» por no «entender ellos las vias y propiedades del espíritu»; las detienen en faenas de «principiantes» y no las quieren dejar pasar «a más de aquellos principios y modos discursivos e imaginarios» [27]. Por si fuera menester, aclara el horizonte con un análisis de las características del estado o condición de principiantes: «Es de saber, dice, que el estado y ejercicio de principiantes es meditar y hacer actos y ejercicios discursivos con la imaginación. En este estado, necesario le es al alma que se le dé materia para que medite y discurra, y le conviene que de suyo haga actos interiores y se aproveche del sabor y jugo sensitivo en las cosas espirituales». Mas cuando va avanzando, se desarraiga de esos «ejercicios discursivos» e imaginativos, y «luego comienza Dios, como dicen, a destetar el alma y ponerla en estado de contemplación» [28]. De ahí, pues, el cambio de camino: «en este tiempo, precisa, totalmente se ha de llevar el alma por modo contrario del primero; que si antes le daban materia para meditar y meditaba, que ahora antes se la quiten y que no medite, porque, como digo, no podrá, aunque quiera, y, en vez de recogerse, se distraerá; y si antes buscaba jugo y hervor y le hallaba, ya no le quiera ni le busque, porque no sólo no le hallará por su diligencia, mas antes sacará sequedad, porque se divierte del bien pacífico y quieto que secretamente le están dando en el espíritu, por la obra que él quiere hacer por el sentido; y así, perdiendo lo uno, no hace lo otro, pues ya los bienes no se los dan por el sentido como antes. Y por esto en este estado en ninguna manera le han de imponer en que medite ni se ejercite en actos, ni procure sabor ni hervor, porque sería poner obstáculo al principal agente, que, como digo, es Dios, el cual oculta y quietamente anda poniendo en el alma sabiduría y noticia amorosa sin especificación de actos» [29]. En resumen: pasividad, «noticia sencilla y amorosa», noticia de «silencio y escucha», noticia «como quien abre los ojos con advertencia de amor» [30].

Son típicas, son primorosas las expresiones sanjuanistas. Es, desde luego, profunda la intimidad psicológica que reflejan, la sensibilidad estética

---

[27] *Llama* 3,31.
[28] *Llama* 3,32.
[29] *Llama* 3,33.
[30] *Llama* 3,34-35.

que aletean, el primor lingüístico con que va forjando la «tela» del dulce encuentro del alma con Dios, meta anhelada, meta suprema.

«Lo primero que se echa de ver en la actitud vital del místico es su *intimidad*. El místico se recoge dentro de sí, trata de encerrarse en su interior. Huye de las cosas de fuera para refugiarse en sí mismo. Este es fondo común de todas las Místicas. Desde las *introversiones* de los místicos germanos hasta el *Castillo interior* de Santa Teresa de Jesús, pasando por todos los místicos no cristianos antiguos y modernos. Todos son fieles al precepto de San Agustín: *Noli foras ire, in teipsum redi; in interiore homine habitat veritas.*

Desde la oración de recogimiento hasta la más elevada unión transformante —y, aun antes, en todo el ejercicio de la vida ascética— todo es un proceso trabajoso y dulce de interiorización.

San Juan de la Cruz nos hablará, en la *Llama de amor viva*, de ese *centro del alma* adonde ella ha llegado ya casi a tocar, en estas altísimas etapas de perfección.

> *¡Oh llama de amor viva*
> *que tiernamente hieres*
> *de mi alma en el más profundo centro!*
> *Pues ya no eres esquiva,*
> *acaba ya si quieres:*
> *¡rompe la tela de este dulce encuentro!*

Y todavía, cuando en la hora del goce definitivo, se haya roto la tela y rasgado el velo del misterio, toda la bienaventuranza estará en la alegría de la infinita presencia en la más entrañable y dulce intimidad»[31].

¿Puede evocarse con más acendrada pulcritud el propósito cenital de la mística sanjuanista? Quizá algún lector entronque, por rumor de vocabulario, el «fondo» o *centro*, tan entrañable a la mística tauleriana[32]. Pero sin ningún rodeo nos hallamos en frente de la intención primordialísima de los escritos de San Juan de la Cruz: «subir» o conducir a la cumbre, o sea, hasta «el alto estado de la perfección, que aquí llamamos unión del alma con Dios»[33]. Unión interior e íntima, unión *transformante*.

---

[31] Agusto A. Ortega, *Razón teológica y experiencia mística*, Madrid, 1944, p.64-5.
[32] Cf. B. García Rodríguez, «El fondo del alma», *Revista española de teología* 8, 1948, pp.457-77; H. Fisher, «Fond de l'âme», en DS V, 651-661; A. Walz, «Grund und Gemüt bei Tauler», *Angelicum* 40, 1963, pp.328-69.
[33] *Subida*, «argumento. «Todo el negocio [...] está en purgar la voluntad de sus aficiones y apetitos, porque así, de voluntad humana y baja, venga a ser voluntad divina, hecha una mis-

A lo largo de la empinada y divinizadora *Subida* se trata precisamente de eso, de la unión con Dios. Para que se produzca, hay que purificar los sentidos, hay que limpiar el alma hasta que quede *limpia y vacía, desnuda y desocupada, sosegada y acallada*. Puesta en fe, en esperanza y en amor. «Cuando está perfecto el amor es cuando se hace la transformación por amor del alma con Dios»[34]. Mas para llegar a la unión transformante han sido precisas muchas escaladas y purificaciones —mucha *noche oscura* — de la fe. Uno de los capítulos-eje de la *Subida* es el que trata de «cómo la fe es el próximo y proporcionado medio al entendimiento para que el alma pueda llegar a la divina unión de amor»[35].

Para probarlo trae a colación autoridades y figuras de la Sagrada Escritura, sentando primero la tesis o conclusión:

> «para que el entendimiento esté dispuesto para esta divina unión, ha de quedar limpio y vacío de todo lo que puede caer en el sentido, y desnudo y desocupado de todo lo que puede caer con claridad en el entendimiento íntimamente sosegado y acallado, puesto en fe, la cual sola es el próximo y proporcionado medio para que el alma se una con Dios. Porque es tanta la semejanza que hay entre ella y Dios, que no hay otra diferencia sino ser visto Dios o creído; porque, así como Dios es infinito, así ella nos le propone infinito, y así como es Trino y Uno, nos le propone ella Trino y Uno, y así como Dios es tiniebla para nuestro entendimiento, así ella también ciega y deslumbra nuestro entendimiento. Y, por tanto, cuanto más fe el alma tiene, más unida está con Dios»[36].

Los que gustan del cotejo de ideas y fraseología, no tardarán en individuar la fuente seudo-dionisiana. Pero ¡con qué vigorosa fuerza se reproponen aquí!

Para el Doctor Místico son palpables los obstáculos —*impedimentos*— que impiden o dificultan la unión, tanto en el orden de los sentidos como en el orden del espíritu. No olvida nunca que el hombre necesita «imágenes y fantasías» para conocer, porque *nihil est in intellectu quin prius fuerit in sensu*. A este axioma dedica una aguda glosa, previa al abordaje del mentado tema de las *tres señales*. Procediendo de menos a más, de lo exterior a lo más interior —«hasta llegar al íntimo recogimiento donde el alma se une con

---

ma cosa con la voluntad de Dios»: *Subida* III, 16,3; guiándola a través de «la noche espiritual de fe a la divina y sustancial unión de Dios» : *Subida* II, 23,4; «[...] hasta llevarlos a la clara y pura luz de amor»: *Noche* I, 10,3.

[34] *Subida* I, 2,4.

[35] *Subida* II, 9 (epígrafe del capítulo).

[36] *Subida* II, 9,1.

Dios» [37]—, traza un primoroso cuadro de la dinámica de la «imaginativa y fantasía», sentidos primordiales, que se sirven o ayudan mutuamente, «porque el uno discurre imaginando, y el otro forma la imaginación o lo imaginado fantaseando». En realidad, es lo mismo hablar de imaginación que de fantasía. Lo importante, anota, es que constituyen la puerta del humano conocer, y que «todo lo que aquestos sentidos pueden recibir y fabricar se llaman imaginaciones y fantasías —que son formas que con imagen y figura de cuerpo se representan a estos sentidos» [38].

La faena purificadora consiste en «vaciar» el alma de esas imaginaciones. «La razón de esto es porque la imaginación no puede fabricar ni imaginar cosas algunas fuera de las que con los sentidos exteriores ha experimentado, es a saber: visto con los ojos, oído con los oídos, etc.»

Lo imagina todo. Pero lo imaginado —un palacio de oro y perlas, Dios mismo— no es la realidad y, por tanto, conocer la imagen no significa propiamente conocer la esencia. Aunque el hombre imagine palacios de perlas y montes de oro —porque ha visto oro y perlas en la verdad—, «menos es todo aquello que la esencia de un poco de oro». Análogamente, «los que imaginan a Dios debajo de algunas figuras de éstas, o como un gran fuego o resplandor, u otras cualesquier formas, y piensan que algo de aquello será semejante a Él, harto lejos van de Él» [39].

Todas esas elocubraciones, calibradísimas, desembocan de nuevo en la consideración de los pros y de los contras de la meditación discursivo-imaginativa. Son necesarias y útiles a los *principiantes*, en cuanto medios remotos para unirse con Dios; más aún: medios o etapas necesarias. «Pero ha de ser de manera que pasen por ellos y no se estén siempre en ellos», ya que, de quedarse ahí, nunca llegarían a la meta.

Exponiendo este programa, se encara otra vez con los que traban a las almas en ese discursivo e imaginativo meditar. El pasaje es paralelo y parejo al ya citado de *Llama*. También es idéntica la actitud: «que aprendan a estarse con atención y advertencia amorosa en Dios en aquella quietud, y que no se den nada por la imaginación ni por la obra de ella, pues aquí, como decimos, descansan las potencias y no obran activamente, sino pasivamente, recibiendo lo que Dios obra en ellas. Y, si algunas veces obran, no es con fuerza ni muy procurado discurso, sino con suavidad de amor» [40].

En realidad, la *quietud* de las potencias y de los sentidos nunca es omnímoda o absoluta [41]. Habrá que tenerlo presente para no caer en errores fu-

---

[37] *Subida* II, 12,1.

[38] *Subida* II, 12,3.

[39] *Subida* II, 12,4-5.

[40] *Subida* II, 12,8.

[41] «La quietud omnímoda, de que hablan los autores místicos, consiste, pues, en un sosiego total de los sentidos externos e internos y del conato o esfuerzo de las potencias del alma para cualquier clase de discurso. Es una quietud relativa»: *Suma teológica*, t.X, Madrid, 1955, p.598.

nestos. El Doctor Místico afina aquí más de lo que se supone; y lo corrobora un poco más abajo al decir que la imaginación va y viene y aun en mucho recogimiento «suele andar suelta».

Todo en este jugoso capítulo 12 es medular. Y para que la doctrina que contiene y explana «no quede confusa», dedica el 13 a las señales indicadoras del instante preciso en que hay que «dejar de caminar por el discurso y obra de la imaginación» y adentrarse en la contemplación, o *noticia amorosa y sabrosa*.

El esbozo de las señales es de una profundidad extraordinaria. Se ve, a simple lectura, que San Juan de la Cruz otorga a ese «paso» una importancia capital. De ahí que ponga cuidadoso empeño en estudiar su perfil, su «conveniencia» [42]. De ahí también que abrillante las señales con una serie de acotaciones. Evidentemente, está buscando claridad y precisión. Él mismo se percata que está sobando o manoseando el asunto, y «no había para qué alargarnos tanto, si no fuera por no dejar esta doctrina» borrosa o «confusa». Todavía le parece que «lo queda mucho» [43].

Los grandes maestros, los grandes genios, son siempre humildes. Y, a la par, linces. Si la *quietud* y el *no pensar nada* no son tan totales que abdiquen el movimiento, el ir y venir, el cavilar, también el «pasar» de la meditación a la contemplación no es un paso definitivo. Las etapas del camino espiritual no se queman o andan como si se tratase de un camino de tierra: son flexibles y con frecuencia implican «regresos». Es decir, vuelta a lo cotidiano, a lo imaginativo, a lo discursivo. En este punto San Juan de la Cruz se muestra categórico y «teresiano»: «Podrá acerca de lo dicho haber duda, y es si los aprovechantes [...] no hayan ya para siempre de aprovecharse de la via de la meditación y discurso». A esa duda o problema, «se responde que no», o sea, que seguirán aprovechándose del discursivo e imaginativo meditar, por lo menos de vez en cuando [44].

Acaba con un consejo espoleador:

> «Aprenda el espiritual a estarse con advertencia amorosa en Dios, con sosiego de entendimiento, cuando no puede meditar, aunque le parezca que no hace nada, porque así, poco a poco y muy presto, se infundirá en su alma el divino sosiego y paz con admirables y subidas noticias de Dios, envueltas en divino amor» [45].

---

[42] Cf. *Subida* II, 14,1-6.
[43] *Subida* II, 14,14.
[44] *Subida* II, 15,1.
[45] *Subida* II, 15,5.

5.   *¿Bartolomé de los Martires como puente?*

Se puede admitir un estrecho parecido entre las señales de Taulero y las de San Juan de la Cruz. Se puede dar por muy verosímil que San Juan de la Cruz ha «asimilado y transformado» el jugo de las *Instituciones*. Lo que ya no resulta fácil de probar es que haya leído directamente ese libro.

A J. Baruzi le parecía legítima la hipótesis que conjetura que San Juan de la Cruz leyó personalmente las *Instituciones* y las obras germano- flamencas traducidas al latín[46]. J. Orcibal opina que pudo conocer y utilizar la versión española de las *Instituciones*[47].

Mi parecer es que se trata de hipótesis, y que, por eso mismo, hay que caminar con tiento y con reservas. Las comparaciones, los paralelismos, los textos a dos columnas no son prueba apodíctica: son analogías, nada más. Por otra parte, San Juan de la Cruz imprime un sello personal a todo lo que toca. Y no se puede ver una clara deuda en este caso, sino un marcado parecido. Téngase presente que los místicos se parecen en ser monótonos, en manosear los mismos temas y en decir las mismas cosas, aunque las digan con diversa entonación y con diversa gracia[48].

Además, «el paralelo pone de relieve la originalidad del Carmelita, tanto bajo el punto de vista doctrinal como literario»[49]. Quiere ello decir que no está clara la deuda.

Absolutamente hablando, qué duda cabe que pudo leer las obras de Taulero, pues existían ediciones en latín y las vendían los libreros y los mercaderes. De la posibilidad al hecho hay, sin embargo, un trecho; un trecho menesteroso de una prueba, ya que no basta la conjetura, ni los textos literarios.

En cuanto a las *Instituciones*, existía una curiosa traducción española, editada no en territorio español, sino en tierras lusas[50]. Esa edición, pese a estar podada o «afeitada»[51], fue «vedada» en 1559[52], y la prohibición es un argumento muy fuerte para excluir la lectura directa por parte de San Juan de la Cruz: la «veda» llevaba consigo un exterminio casi total —rarísimo era el ejemplar que se salvaba— de la edición; la «veda» vinculaba moralmente, es decir, «prohibía» la lectura; no se puede, por tanto, pensar en una lectura furtiva; lo que le aconteció a Santa Teresa, según su confesión[53], fue

---

[46] Cf. Jean Baruzi, *Saint Jean de la Croix et le problème de l'expérience mystique*, Paris, 1931, p.145.
[47] *O.c.*, p.141.
[48] Cf. A. Huerga, «L'amore nei mistici», *Sacra doctrina* 23, 1978, pp.95-131.
[49] J. Orcibal, *o.c.*, p.144.
[50] *Coimbra*, 1551.
[51] Recupera los textos podados la versión de Francisco de Cubillas, Madrid, 1669; pueden verse en la ed. de T.H. Martín (citado arriba, nota 20).
[52] F. de Valdés, *Catalogus librorum prohibitorum*, Pinciae, 1559, p.56.
[53] «Cuando se quitaron muchos libros de romance que no se leyesen, yo sentí mucho, porque me daba recreación leerlos»: *Vida* 26,6.

lo corriente y común, acentuado en San Juan de la Cruz por los pocos años que entonces —1559—tenía. Sin negar, pues, la posibilidad de una abrevadora lectura de las ediciones latinas, y excluyendo el manejo personal de la versión española de las *Instituciones*, me atrevo a proponer una hipótesis distinta. Y voy a intentar probarla hasta donde pueda.

En dos bases firmes la apoyo: 1a, en la difusión de los escritos atribuídos a Taulero en Portugal; 2a, en el trasvase, esta vez seguro, del jugo de esos escritos a la obra de Bartolomé de los Mártires. La hipótesis estriba en esos dos pilares, tendiendo el puente del *Compendium spiritualis doctrinae*, de Bartolomé de los Mártires, de ribera a ribera; es decir, de Taulero a San Juan de la Cruz.

Iremos, pues, por pasos contados, un pie tras otro, sin brincos.

5.01. Difusión de Taulero en Portugal

Los escritos de Taulero lograron gran difusión en Portugal, mucha mayor desde luego que en España. Ya es misterioso que las *Instituciones*, vertidas al español, se publiquen en Portugal [54]. El traductor, anónimo, les amputó las puntas místicas, es decir, los pasajes de mayor audacia. A pesar de todo, el libro fue incluído, como ya se indicó, en el *Catálogo* de 1559. Una prohibición española no afectaba abiertamente a Portugal, y podían seguirse leyendo esos textos [55], aunque, como es de suponer, la «veda» mermó el número de lectores y el de ejemplares en circulación. Los portugueses cultos del siglo XVI usaban el español como «segunda lengua». En cuanto a la propia o nativa, también procuraron traducir algún escrito atribuído a Taulero. Concretamente, los *Exercicios e devota meditaçâo da vida e paixâo de N.S. Iesuchristo*, obrita que tuvo varias ediciones [56].

Tenemos, pues, que los escritos atribuídos a Taulero circulan en Portugal no sólo en latín, sino también en portugués y español.

El gusto por Taulero está abundantemente analizado por Silva Dias [57] y finalmente explicado por Ricard:

---

[54] La edición contiene opúsculos de otros autores y, según reza la portada (ejemplar de BN de Madrid, signatura R.4710), se hizo «por mandado y con aprobación» del card. don Enrique.

[55] L. de Granada, que no ocultó su entusiasmo por esta edición, se vio obligado a amatarlo: cf. *Obras*, ed. J. Cuervo, t.II, Madrid, Fuentenebro, 1906, pp.301 y 518.

[56] Lisboa, 1562; Viseu, 1571; Coimbra, 1571; cf. J. Anselmo, *Bibliografia das obras impressas em Portugal no século XVI*, Lisboa, 1926, números 346, 721 y 856.

[57] Cf. J.S. da Silva Dias, *Correntes de sentimento religioso em Portugal (séculos XVII a XVIII)*, t.I, Coimbra, 1960, pp.258-263.

«D'une façon génerale, cette double convergence, moralisme ascétique et dévotion affective, explique sans doute l'attachement des écrivains portugais au Ps. Tauler» [58].

Un paradigma lo ofrece fray Bartolomé de los Mártires (1514-1590), que es el autor que aquí nos interesa.

5.02. El taulerianismo de Bartolomé de los Mártires

Del ilustre escritor Bartolomé de los Mártires dice su maestro y biógrafo fray Luis de Granada que, ocupado en la lección de la *teología escolástica*, «hurtaba el tiempo que podía para el estudio de la *teología mística* [...], leyendo también los teólogos que de ella trataron, como San Dionisio, San Buenaventura, San Bernardo, Gerson y otros tales» [59]. Con premeditada mesura calla fray Luis el nombre de Taulero, o lo mete entre los «otros tales». La mosca le zumbaba detrás de la péñola. El segundo biógrafo de Bartolomé de los Mártires, Luís de Sousa, no tiene empacho en explicitar lo que el primero silenció por prudencia. Efectivamente, amplifica la referencia de Luis de Granada: hurtaba santamente sus horas a los libros de teología escolástica —dice, parafraseando al primer biógrafo, y las gastaba en libros espirituales, «ûas vezes empregando-as com o devotissimo Bernardo, outras com S. Boaventura, Taulero e Gerson, onde achava com que cevar sua alma de pasto celestial destoutra teologia que, por mais alta e mais soberana, tem o nome de Mística Teologia» [60].

Que Bartolomé de los Mártires leía sin rebozo y sin complejos al místico del Rhin se ve por muchas ventanas, y se materializa la prueba al oírle decir: «affirmat Taulerus...» [61].

Efectivamente, Bartolomé de los Mártires está releyendo un sermón, sin duda en la versión latina de Surio, del místico renano [62].

Hay huellas perceptibles —amén de las apuntadas— de que también leyó las *Instituciones* y las «aprovechó» para su personal uso. Como se sabe, sus «cuadernos» de apuntes cayeron en manos de fray Luis de Granada, y los editó, 1582, en un primoroso tomito bajo el epígrafe de *Compendium spiritualis doctrinae* [63].

---

[58] R. Ricard, «L'influence des mystiques du Nord sur les spirituels portugais du XVIe et du XVIIe siècle», en: AA.VV, *La mystique rhenane*, ed.cit., p.226.

[59] L. de Granada, *Obras*, ed. J. Cuervo, t.XIV, Madrid, Fuentenebro, 1906, p.325.

[60] Luís de Sousa, *A vida de D. Frei Bertolomeu dos Mártires*, [Villa da Maia, 1984], p.23.

[61] *Compendium* (cit.*infra*, n.63), p.160.

[62] *Dom. V post Trinit.*, sermo 1: «tantaque intus exultatione», etc. en la ed. Coloniae- Maceratae, 1697, p.377.

[63] Lisboa, Antonio Ribeiro, 1582; cf. J. Anselmo *o.c.*, n.° 951; y L. de Granada, *Obras*, t.XIV, Madrid, Fuentenebro, 1906, p.478.

5.03. El «Compendium»

Fray Luis de Granada, al presentar el *Compendium*, se hace lenguas de su contenido, y, siguiendo viejos métodos, lo retoca y embellece literariamente, conservando todo su jugo doctrinal.

El *Compendium* no es un libro con pretensiones, pues se formó *ad usum privatum*. Es, eso sí, un libro que junta la más sabrosa afectividad de añejos autores místicos (San Bernardo, San Buenaventura, *Taulero*, etc.) con el equilibrio del teólogo de pura cepa y de consistente fibra.

Estamos, pues, ante una obra maestra de espiritualidad. El juicio de valor y el entusiasmo de fray Luis de Granada, que la sacó a luz, están justificados sobradamente. El *Compendium* se divide en dos partes: en la *primera*, trata de limpiar el terreno, de arrancar la yerba, de la «purgación de los vicios»; en la *segunda*, más copiosa, de plantar virtudes, de «inflamar el alma» y de conducirla a la contemplación y al amor unitivo («ad veram contemplationem et unitivum amorem»). La abundancia de textos de los «santos» da solidez y prestigio —da *autoridad*— al *Compendium*, que no pretende ser otra cosa que un florilegio. Pero a vueltas de agavillar («colligere») pasajes de «santos», el colector mete baza y puntualiza subidos temas, como el de la unión, el de la afinidad y contraste entre teología escolástica y teología mística, el de la vocación universal a la perfección, el de la «pasividad» («ut facilius intelligas quid sit unio animae cum Deo, scias velim duplicem esse unionem animae cum Deo per amorem ... activam et passivam»), el de las «imágenes» que impiden la unión, en fin, el espinoso y discutido de la «meditación de la humanidad de Cristo», etc., etc.

Bastará poner algún ejemplo:

a) «Sed quaeres quid sit mystica theologia?

Est experimentalis notitia habita de Deo, cum supremus appetitivae potentiae apex Deo ipsi per amorem conciliatur. Ad quam nemo unquam pervenire poterit, nisi a sordidis et impuris affectionibus desiccatus, velut ligna viridia et aqueo humore plena, quae ab igne comburi nequeunt nisi post desiccationem multis insufflationibus comparatam» [64].

b) «Multorum sententia fuit hanc unionem, quamvis pura esset, a quibuscumque imaginibus posse impediri, licet essent imagines ipsae utiles, quae animam ipsam disposuerant, ut imagines misteriorum humanitatis Christi, et etiam divinorum attributorum.

Hoc tamen caute intelligendum est, ne erroris existat occasio:

— Si enim intelligamus has imagines, dum se offerunt intellectui animae inmediate quiescentis ac fruentis unione divina pura, non esse tenaciter recipiendas, nec morose eo temporis articulo illis vacandum, aut rebus quas illae repraesentant, sed re vera claudendos esse

---

[64] *Compendium*, p.56 (ed. Venetiis, 1711).

ad eas mentis oculos, regulariter loquendo verum hoc fateamur necesse est: divertere enim ad eas morose impedit progressum inmediatae unionis cum Deo.

— Si autem intelligamus has imagines quotiescumque occurrunt pure contemplanti atque amanti Deum impedire hebetareque vigorem ac perfectionem unionis, credo falsum esse: experientia enim constat hoc saepe evenire, dum homo in solum Deum toto mentis actu fertur, fit enim ut eo tempore raptim occurrat intellectui haec imago, videlicet: Hic Deus pro me homo factus est, aut crucifixus: hae namque imagines non solum non impediunt, verum etiam promovere et augere solent unionem amoris atque admirationis suspensivae» [65].

Estas precisiones hubiesen sido delicia para Santa Teresa, que tanto fatigó para deshacer el nudo o lazo que le tendieron algunos autores en esta cuestión [66].

Para Bartolomé de los Mártires, como para su maestro Luis de Granada —y para toda la espiritualidad lusa, que aquí tiene una de sus constantes más típicas—, «licet variae sint exercitationes quibus ad contemplationis perfectionem scandere possumus, tamen via optima et commodissima haec est: nempe, diligentissima totius vitae Christi meditatio, praesertim sacratissimae passionis» [67].

5.04.   Los tres «signa»

Tauleriano hasta la medula, Bartolomé de los Mártires asume la doctrina de los tres signos, sin mentar a Taulero, y sin ceñirse a una copia literal: reelabora el punto y lo carga de precisión, de enjundia:

> «Si quis quaerat quae sint signa hominis iam interni et intra se manentis, tria esse respondemus:
>
> *Primum*, si intellectus iam ex se non emittat cogitationes alias, nisi quas fidei lumen excitet, et voluntas longo usu excitata non producat actus amandi, nisi erga Deum, vel relative ad Deum.
>
> *Secundum*, si cum primum reliquerit occupationem externam, cui insistebat, mox intellectus et voluntas in Deum facillime convertantur: sicut lapis, remoto obstaculo, in centrum suae quietis descendere properat.

---

[65] *Ibid.*, pp.46-7.

[66] Cf. *Vida*, 22,1-7.

[67] *Compendium*, p.79. «Nemo huius perfectionis et unionis incapax: ad divinitatem per humanitatem Christi perveniendum; recolenda Christi passio; devotio sensibilis non quaerenda», son epígrafes de II P., cap.X, 3, p.39.

Tertium, si finita oratione ita exteriorum omnium oblivisci-
tur, ac si ulla numquam vidisset, aut tractasset, et ita se erga externa gerit quasi denuo mundum ingrediatur, et denuo metuit
confligere cum negotiis exterioribus, ea naturaliter abhorrens,
nisi caritas compelleret: talis anima a rebus omnibus externis libera, facile ad se intrat, ubi solum Deum videt, et se in Deo, atque frequenter fervidis actibus amandi unitivis insistit»[68].

A simple ojo se percibe que el esquema de las tres señales, del que venimos hablando, no sólo está presente, sino que se ha enriquecido y que habla un preciso lenguaje teológico.

Llegamos así al punto crucial: ¿hizo de puente el *Compendium* para que
la trilogía seudo-tauleriana «pasase» a manos de San Juan de la Cruz?

5.05.   El puente (hipótesis del)

No debemos extrañarnos de las analogías; los místicos se abrevan en
fuentes comunes, y usan con frecuencia los mismos símiles. El del árbol
verde se halla en Bartolomé de los Mártires al menos dos veces; y se halla
también en San Juan de la Cruz, más glosado o desplegado[69].

Lo que sí hay que poner de relieve son dos cosas o dos hechos ciertos:
En primer lugar, el prestigio que logró Bartolomé de los Mártires en el campo de la mística. Aun de puertas adentro de la inquisición, o, para ser más
exactos, en la solución de cuestiones discutidas recurrían al *Compendium* cali-
ficadores tan finos como Basilio Ponce de León o Jerónimo de Guzmán.
Éste, «calificando» unas censuras de teólogos sevillanos precisamente a Taulero, lo libera de la misma con un mandoble bartolomeano: el arzobispo de
Braga, fray Bartolomé de los Mártires, «persona bien docta y pia», dice, usa
idéntica terminología e idénticas ideas que Taulero en el *Compendium spiritualis doctrinae...*[70].

Bartolomé de los Mártires, lector de Taulero, se convertía así en su escudo. ¡Paradojas estupendas del mundo de los místicos!

En *segundo* y convincente *envite*, fray Juan de la Cruz realizó un viaje a
Lisboa en 1585[71]. La estancia en la bellísima y culta y cosmopolita ciudad,
¿no es argumento demostrativo de que mi hipótesis no es una musaraña?
Allí, en Lisboa, se había editado el *Compendium*; allí, en las librerías de las

---

[68] *Ibid.*, pp.85-6.

[69] Cf. *Noche*, II, 10,1; etc. (es un símil clásico, al que San Juan de la Cruz recurre varias
veces).

[70] Cf. A. Huerga, «Las diatribas de fr. Alonso de la Fuente (1584-1589) contra Taulero»,
en: AA.VV, *Hispania christiana. Estudios en honor del prof. Dr. J. Orlandis*, Pamplona, 1988,
pp.613-636.

[71] Cf. Crisógono de Jesús, *Vida y obras de S. Juan de la Cruz*, Madrid, BAC, 1964, p.249.

rúas del entorno de la Plaza del Rocío, o en las del *Bairro Alto* («ao Carmo»), se vendía el *Compendium*.

Un hombre tan alerta a los problemas de la mística como San Juan de la Cruz, ¿resistiría la santa tentación de leer y empaparse de ese libro? Sinceramente, opino que no.

Está, por otra parte, la seguridad de que en esos años redactó la mayoría de sus obras, en especial la *Subida*[72], que es donde tan anchuroso comentario dedicó al asunto del «paso» del discursivo meditar al quieto contemplar.

Las *afinidades* de la doctrina de uno y otro, sin caer en cotejos y en fuentismos, son indiscutibles, salvando las distancias, los métodos y la personalidad de cada cual. La evolución y maduración del tema, que es nuclear en mística, discurre así por un camino histórico nada raro. Y San Juan de la Cruz conserva, en esta perspectiva, su puesto cimero.

6. *Una resonancia posterior: Miguel de Molinos*

En el siglo XVII, ya en las postrimerías, cuando la mística se tornó barroquismo, y tal vez *vaciedad*[73], reaparece el tema de las *tres señales*. Es Miguel de Molinos, en trance de su tragedia, el que lo pone sobre el tapete. Sin ninguna originalidad por cierto, y a son de autoapología y de plagio. De *autoapología*, para defenderse de los que le acusan de destruir la meditación imaginativa.

> «Es falsa consecuencia, dice, la que algunos infieren: que yo destruyo y aborrezco la meditación, y que la destierro del mundo, porque escribo de contemplación. Es engaño manifiesto, porque la amo, la estimo y la tengo por santa, y deseo que todo el mundo la ejercite. Sólo aconsejo, con la corriente de los santos y doctores místicos, que se deje cuando es necesario y Dios lo quiere, para que pase el alma del estado del sentido al estado del espíritu, porque entonces es de embarazo y Dios quiere que se deje, no porque en sí no sea buena y fructuosa —que sería necia temeridad el condenarla—, sino porque es conveniente y necesario para pasar a otro estado más perfecto»[74].

La anterior declaración se halla al principio de la *Defensa*, y ello patentiza bien a las claras que es uno de los núcleos discutidos del famoso y malhadado maestro. Ese aviso introductorio nos pone en guardia para la lectura

---

[72] Cf. E. Pacho, *Vértice de la poesía y de la mística*, Burgos, 1983, pp.15-16.
[73] Cf. A. Huerga, *Historia de los Alumbrados*, t.IV, Madrid, FUE, 1988, p.348.
[74] Miguel de Molinos, *Defensa de la contemplación*, ed. de A. Pacho, Madrid, 1988, p.62.

de una serie de capítulos de la *Defensa*, en los que efectivamente se «defiende» que la meditación «es medio» imperfecto y de principiantes, y que «es necesario dejarla para pasar al estado más perfecto y de aprovechados» (cap. 1-6). El lector llega así al capítulo 7, en el que el asunto se adelgaza y concretiza: «Cuándo se ha de pasar a la oración de fe y resignación». Para Molinos es «máxima asentada» que se ha de dejar la meditación para pasar a la contemplación; y esto supuesto, aborda la pregunta del *cuándo*.

Es ahí donde inserta las «señales» que el «común de los santos y maestros enseñan para conocer cuándo Dios quiere que el alma deje la meditación para pasar a la oración de fe».

Molinos no pone nada, o muy poco, de su propia cosecha: se limita a transcribir el texto de San Juan de la Cruz. Y a continuación dice que «estas mismas señales pone también el beato Taulero»[75]. Cotejadas esas páginas de la *Defensa* con el *Camino*, la desilusión es mayúscula: Molinos no ha hecho más que plagiar a Falconi. El único interés del caso estriba en que las señales siguen resonando, aunque ya en lejanía y a dúo: Taulero y Juan de la Cruz.

---

[75] *Ibid.*, p.125.

El Tú como eje de distancia y aproximación en la obra de San Juan de la Cruz

María del Sagrario Rollán

> Die Eswelt hat Zusammenhang
> im Raum und in der Zeit.
> Die Duwelt hat im Raum und
> Zeit kein Zusammenhang.
>
> (Martin Buber, *Ich und Du*)

El clamor inaugural del *Cántico*, «¿Adónde te escondiste?», resuena a lo largo de toda la obra de San Juan de la Cruz como centro de gravitación de la misma. En realidad el *Cántico* es el arranque primero —querella de ausencia— brotado en la soledad dolorosa de la cárcel de Toledo. Poco a poco la querella se transformará en canto de amor, comunión de intimidad creciente, delicado boca a boca, que el autor invita a protagonizar al lector de sus canciones.

Pero ¿cómo situar esta forma directa de participación dialógica respecto de *Subida/Noche*? Allí el Tú parece difuminarse, y a veces inexistente. La tensión hacia el Absoluto, sin modo, ni nombre, ni figura de *Subida/Noche* ha hecho de estas páginas el blanco privilegiado de interpretaciones metafísicas[1]. Y sin embargo, en una lectura atenta *el Tú vibra* hasta en los transfondos sombríos de esa árida exposición de *Subida*. El escondimiento evocado en el primer verso del *Cántico* nos envía ya a esos transfondos de oscuridad y vacío, de negación nocturna, porque el Tú es un Tú escondido pero presente, ausente pero solicitando en ansias de amor.

El Tú es desde el principio de *Subida* el *eje de distancia y de aproximación*, que da sentido a los diversos recorridos. El Tú convoca todos los vacíos en

---

[1] Estas interpretaciones inclinándose sobre todo hacia las nociones de vacío y negación. Este parece el problema mayor de la interpretación de Baruzi: *Saint Jean de la Croix et le problème de l'expérience mystique*. Paris, Alcan, 1931. Cf. Morel, G. *Le sens de l'existence selon S. Jean de la Croix*. Paris, Anbier, 1961, vol. II, pp.56-64... Aunque también a éste le falta resaltar el aspecto personal y dialógico de la experiencia mística.

una sola, radical ausencia, y concentra la dispersión de afectos, a través de las ansias de amor, en un sólo deseo: *la igualdad de amor*. Como señala Marcel de Corte, en San Juan de la Cruz no se trata sólo del conocimiento de otro como otro, sino de un conocimiento sabroso[2], de un conocimiento de otro, añadimos nosotros, en tanto que Tú.

Volvamos un momento a los prólogos. El autor pretende situar al lector en la dinámica del dejarse llevar, del dejarse enamorar, diríamos en clave del *Cántico*. Y este dejarse enamorar sí que es una relación personal, dialógica, que si se desdibuja en *Subida/Noche*, es para poner más de relieve su *trascendencia*. El principiante, no avezado todavía, podría tomar por el rostro de Tú, los visajes parciales que su deseo no purificado tiende a mistificar. El discurso de *Subida/Noche*, en su intransigencia es *una forma de muerte* (el paso por la puerta estrecha), para acceder *a la verdad del deseo*, que es anchura y libertad, en respondencia de amor.

El Tú es el eje de sentido que restaña las fisuras del discurso más allá de lo decible, y es, a la vez, la *herida constantemente renovada*, por exceso, de la palabra poética. Es también el punto de convergencia de los varios niveles de expresión en la obra de San Juan de la Cruz.

Estos niveles se podrían esquematizar como sigue:

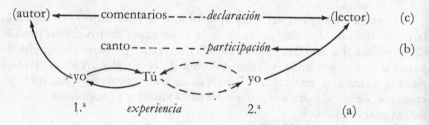

El núcleo es una experiencia (1a) personal-dialógica (a), que se expresa en primer lugar como canto (b). Ese canto, explicitado en unas *declaraciones* (c), es el nivel formal del discurso, —donde hay un autor y un lector—. Pero este lector, pasando a su vez por la *participación* en el canto, se convertirá, él mismo, en protagonista ante el Tú de la experiencia (2a) originaria que funda toda palabra, y le hace, a su vez, capaz de decir.

1. El Tú de Noche: el Absoluto

El Absoluto no puede presentarse como Absoluto sino por lo que no lo es, es decir, por *vía negativa* o *apofática*. Así parece haberlo entendido el autor místico proponiendo en la noche la negación de los visibles, para dar

---

[2] Marcel de Corte, «L'expérience mystique chez Plotin et chez Saint Jean de la Croix», *Etudes Carmelitaines* 20 (1935) 164-215, p.172.

cabida a la luz, o, lo que es lo mismo, en la negación paulatina de las realidades (objetos) finitas que ocupan y solicitan el deseo, para abrir éste a la *transformación del amor*.

> «Es suma ignorancia del alma pensar podrá pasar a este alto estado de unión con Dios si primero no vacía el apetito de todas las cosas naturales y sobrenaturales que le pueden impedir...; pues es suma la distancia que hay de ellas a lo que en este estado se da, que es puramente transformación en Dios» (1S 4,2).

Hay una alta valoración del Tú que implica a su vez una gran consideración del yo. Si el Tú es absoluto, el yo es único e indiviso, de aquí el famoso principio de los contrarios, que «según nos enseña la filosofía[3], no pueden caber en un sujeto» (1S 4,2).

El discurso pretende desmontar la contradicción de los principiantes por simplificación. Si *el Tú es absoluto* y *el yo único*, la relación entre ambos debe ser *total*. Todo el esfuerzo de *Subida/Noche* parece ser el de conducir al alma (lector) a esta *relación personal con el Tú*. Más allá de toda fijación parcial en un objeto (aunque éste sea Dios mismo).

No hay ni fusión ni confusión con Dios. La mística de San Juan de la Cruz no es del orden del sentimiento. Y el Tú no es, por consiguiente, inmediata fusión, sino, muy al contrario, *absoluta trascendencia*; esto lo pone bien de relieve San Juan de la Cruz en el capítulo 4 del libro 1 de *Subida*. Pues

> «todo el ser de las criaturas, comparado con el infinito ser de Dios, nada es...
>
> Y descendiendo en particular a algunos ejemplos:
>
> Toda la hermosura de las criaturas, comparada con la infinita hermosura de Dios es suma fealdad...
>
> Y toda la gracia y donaire de las criaturas comparada con la gracia de Dios, es suma desgracia y sumo desabrimiento...
>
> Y toda la bondad de las criaturas del mundo, comparada con la infinita bondad de Dios, se puede llamar malicia...
>
> Y toda la sabiduría del mundo y habilidad humana, comparada con la sabiduría infinita de Dios, es pura y suma ignorancia...» (1S 4,4).

No olvidemos que esta melancólica letanía brota de la misma pluma que ha escrito el *Cántico*, y no apresuremos los juicios de dualidad o maniqueísmo.

---

[3] Se refiere, sin duda, a la filosofía tomista vigente.

La negación cada vez más profunda que se propone en las páginas de *Subida*, no es la aniquilación del ser[4]. *La nada es relativa al todo*. El vaciamiento o desenganche del deseo, lo es en función de *una receptividad plena*, sin contradicción. La base de la negación está en el encuentro o visitación para el que el alma se dispone. Y el Amado (Esposo) se constituye en puntal de la negación desde las primeras páginas de *Subida*:

> «...porque para vencer todos los apetitos y negar los gustos de todas las cosas..., era menester otra inflamación mayor de otro amor mejor,. que es de su Esposo, para que, teniendo su gusto y fuerza en este, tuviese valor y constancia para fácilmente negar todos los otros» (1S 14,2).

En este sentido, la nada en su misma radicalidad es, por tanto, relativa a una afirmación que impulsa todo el discurso y la poesía: la *inflamación de amor* (simbólicamente hablando, la *Noche* es relativa a la *Llama*). Con esta afirmación de base el autor se esforzará por desmistificar la nada misma[5], sustraer al alma, entrada en estas vías de negación, del vértigo de su propia aniquilación, y como «no se dé vacío en la naturaleza», que «aprenda el espiritual a estarse con advertencia amorosa en Dios con sosiego» (2S 15,4-5).

Una vez *asentada la afirmación* como «inflamación mayor de otro amor mejor», en ansias, *la negación va ganando planos*, en sucesivo silencio de las potencias.

> «Y así, siendo verdad como lo es, que a Dios el alma antes le ha de ir conociendo por lo que no es que por lo que es, de necesidad para ir a El, ha de ir negando y no admitiendo» (3S 2,3).

De modo que «mejor es aprender a poner las potencias en silencio, y callando para que hable Dios» (3S 3,4).

La negación de las potencias, que tiene su raiz última en la voluntad, tiene lugar, como decimos, por planos sucesivos, al menos al nivel del discurso[6]. Estos planos se expresan según la operación de cada facultad. Y así por momentos San Juan de la Cruz se va a ocupar, no del Tú que funda el desasimiento, sino de las *condiciones empíricas* de éste como andadura nocturna. Es la purificación de las potencias en los libros 2 y 3 de *Subida*.

Para el entendimiento se trata de la transposición simbólica de lo imaginario y de la inteligencia clara y distinta, como vía para acceder al Absoluto, sin modo, ni nombre ni figura, cuya imagen se ha revelado en el rostro

---

[4] Marcel de Corte sitúa bien el problema en el artículo citado. Ver también Longchamp, M.H., *Lectures de Saint Jean de la Croix. Essai d'anthropologie mystique*, Paris, Beauchesne, 1981, p.232.

[5] Cf. Longchamp, M.H., *o.c.*, pp.265- 266.

[6] Morel, G. *o.c.*, vol.I, p.215.

desfigurado de Cristo Jesús, y su palabra única en el silencio y abandono de la cruz. A este respecto es clave el capítulo 22 de *Subida* 2. Por eso el que busca el Absoluto en verdad[7] «la viva imagen busca dentro de sí que es Cristo crucificado» (3S 35,5).

La memoria se purificará en transposición temporal de toda impresión y afecto, sin retorno sobre sí, pues la experiencia nocturna como tensión absoluta hacia el Tú, es contraria justamente a cualquier manera de ensimismamiento o de complacencia rememorante.

Por lo que se refiere a la voluntad, en fin, toda la fuerza de sus pasiones y apetitos ha de enderezarse en torno a un solo querer, y «ha de desear con todo deseo venir a aquello que excede todo sentimiento y gusto» (2S 4,6).

Si la negación sucesiva de las potencias es concebida como silencio, un *silencio atento* a la espera y a la escucha; la experiencia de la medianoche, horrenda y terrible, es más aún, *el exilio de la palabra*, la mudez de la angustia que no sabe a donde dirigirse.

En este exilio (la noche pasiva) serán purificadas de raíz las imperfecciones que aún manifiestan la resistencia del alma a dejarse llevar en total abandono, más allá de donde aún se puede percibir a sí misma. Hay una relación explícita entre la inmadurez de la experiencia y la capacidad de decirla. Y es que antes de esto «todavía entienden de Dios como pequeñuelos, y hablan de Dios como pequeñuelos y saben y sienten de Dios como pequeñuelos» (2N 3,3).

Para este trance en vacío apela San Juan de la Cruz a la imagen del destete[8], pues «para esta divina influencia no es la disposición la leche primera de la suavidad espiritual» (1N 12,5).

De la *boca que consume* a la *voz que canta*[9], hay una larga travesía configurada ya por el pueblo de Israel, suspendiendo las arpas en tierra extranjera. *El exilio de la palabra* y el *exilio de la luz* coinciden, son el destino del *éxtasis nocturno del deseo*, para entrar en la promesa del Amor.

En la noche se llega a no saber, no sentir, no hablar, no entender... San Juan de la Cruz intenta conducir esta andadura en el desierto al borde de la fuente, donde todo sentir, saber y hablar se expresan como única invocación de «los ojos deseados».

Allí será posible la emergencia del Tú para el alma, que comprenderá entonces la inhabitación del Amado en ella como *relación absolutamente personal*. Pues ya al principio de *Subida* distinguía el autor dos maneras de unión: la sustancial o natural, y la de semejanza de amor (sobrenatural).

---

[7] Morel, G., *o.c.,* vol.II, p.179 y ss.

[8] Destete del ojo ávido o *castración simbólica* según la expresión de Vasse. Se trata de librarse del objeto imaginario y despertar la mirada desprendida a la Presencia (que es promesa), al tiempo de la espera. Cf. Vasse, D., *Le poids du réel, la souffrance.* Paris, Seuil, 1983, p.181.

[9] Cf. Vasse, D., *Le temps du désir,* Paris, Seuil, 1969, p.154.

Sólo en la última hay relación personal, porque sólo en ella, donde hay amor, *el otro es Tú para mí.*

> «Y así, cuando hablamos de unión del alma con Dios, no hablamos de esta sustancial, que siempre está hecha, sino de la unión y transformación por amor del alma con Dios, que no está siempre hecha, sino sólo cuando viene a haber semejanza de amor. ... La cual es cuando las *dos voluntades*, conviene a saber la del alma y la de Dios, *están en uno conformes»* (2S 5,3).

Pero antes de acercarse al borde de la fuente, donde el alma amante canta el reconocimiento del Amado, el exilio de la palabra pasa por el grito, el gemido, el rugido [10], por el insomnio del dolor, el tiempo del deseo mudo para acceder a la palabra:

> «De aquí es que trae en el espíritu un dolor y gemido tan profundo, que le causa fuertes rugidos y bramidos espirituales, pronunciándolos a veces por la boca (...). Porque a este propósito dice también el profeta Job: En la noche es horadada mi boca con dolores, y los que me comen no duermen; porque aquí por la boca se entiende la voluntad [11], la cual es traspasada por estos dolores, que en despedazar al alma ni cesan ni duermen, porque las dudas y recelos que traspasan al alma así nunca duermen» (2N 9,7-8).

> Pero de lo que está doliente el alma aquí y lo que más siente es parecerle claro que Dios la ha desechado y aborreciéndola, arrojado en las tinieblas» (2N 6,2).

El abandono, la ausencia y aún el *aparente rechazo* de *quien fundaba las ansias* enfervorecidas «con otro amor mejor» es la principal causa del dolor que no acierta a expresarse como no sea por este hervor de un grito sordo reducido al polvo. Pues no encuentra eco en el Tú al que apela, aunque lo reconoce como Tú del dolor.

El símbolo del fuego en medio de la noche sirva para hacer la transición, transposición del deseo, que de la más profunda angustia, se torna inflamación de amor y *sed renovada* [12].

> «Porque el toque deste amor y fuego divino de tal manera seca al espíritu y le enciende tanto los apetitos por satisfacer su

---

[10] Cf. Vasse, D., *o.c.,* pp.30-33.

[11] Es curiosa esta asociación, que nos remite a la asociación del cuerpo, el deseo y la palabra, tan ampliamente desarrollada por el psicoanálisis.

[12] Vasse, D., *o.c.,* p.42: «Il y a dans le désir de l'homme une dimension d'altérité qui l'assoiffe. La soif d'eau qui restaure l'image de son corps blessé ne tient sa verité que d'être la métaphore du désir. L'eau incorporée qui fait vivre jusqu'à la mort, est la métaphore d'une parole incarnée...» ¡Esta palabra es la que el alma descubrirá en la fuente!

sed de este divino amor, que da mil vueltas en sí y se ha de mil modos y maneras a Dios, con la codicia y deseo del apetito» (2N 11,5).

Y así del rugido pasa al grito de ausencia, que anuncia ya el *Cántico*, invocación con el salmista, que dice así:

«Cuán de muchas maneras *se ha mi carne a tí*» (2N 11,5).

2. *El Tú de Cántico: Encarnación y entrañamiento*

Cántico nos introduce, sin preámbulos, en la forma directa de interpelación, búsqueda, invocación, querella de ausencia, exultación de amor. Así pues *el Tú aparece de inmediato* como polo de referencia. El comentario lo que hace es sugerir el escenario en el que el alma se mueve y tiene lugar el diálogo. Es frecuente, por otra parte, que el mismo comentario derive en la forma directa de invocación o se prolongue en queja de ausencia o exultación, según el caso. Es frecuente el «como si dijera...», o el «dice..., por lo que da a entender», siguiendo inmediatamente a las estrofas que va explicando. Con lo cual una cierta libertad queda abierta al margen del discurso, que no se pretende en modo alguno dogmático. El autor lo ha dejado claro en el prólogo, se trata de dar alguna luz sobre el poema, de invitar a la participación, no de una declaración exhaustiva.

El comentario discursivo es, como señala Morel[13], necesario para el principiante, que reconoce aún la realidad de forma dispersa y sucesiva. Por eso en *Subida/Noche* era más sistemático. Para acceder a la absoluta trascendencia del Tú, desde la finitud y la dispersión de las criaturas, era necesario el paso en vacío de la noche. Pero el nivel en el que se desenvuelve el *Cántico* es ya *más teologal que teológico*, por eso nos introduce inmediatamente en la *actualidad de una relación personal*, en la que el lector se situará según el «caudal de su espíritu» y la forma de su propio deseo, fundamentalmente desasido ya y extasiado (fuera de sí).

Si en *Cántico* el discurso se plantea como trasfondo del poema es más bien como contrapeso[14], para recordar que no se puede entrar en el poema sin preparación (obviamente no se trata de preparación literaria). El poema como intimidad, invocación directa del Tú, en exultación o en querella, requiere que se haya pasado por la *prosa de la vida mística*, por el silencio y la mudez de que hablábamos más arriba. La voz que canta fue antes boca reducida al polvo.

---

[13] Morel, *o.c.*, vol.I, p.215.
[14] *Ibid.*, p.219.

Esta intimidad, invocación directa del Tú, que era impensable en *Noche*, supone un alma ya purificada y bastante avanzada por las vías de la experiencia mística, pero sigue manteniendo en toda su relevancia la *absoluta trascendencia del Tú* al que se invoca. Por cuanto se trata todavía, siempre (en esta vida), de un Dios escondido: «¿Adónde te escondiste?».

De todas formas el acento puesto en la trascendencia en *Subida/Noche* y la manera como era desarrollada, estaba más en el espíritu del *Antiguo Testamento*: la insistencia en el Dios único, sin modo, ni nombre, ni figura, lejos de toda idolatría de desordenado afecto. Era sobre todo *el Dios escondido*, el Dios celoso de los profetas, llamando al alma (como en otro tiempo al pueblo de Israel) al desierto para hablarle al corazón. Porque el desierto esconde un misterio de amor.

Aquí, en *Cántico*, se trata del *Dios encarnado*, el Verbo hecho Tú, Esposo, Amado, Hijo. Y el alma le invoca desde la osadía que le infunde el amor. Si las ansias tienen aquí un papel privilegiado es porque el alma, ya vuelta del todo al Todo, en éxtasis y desfallecimiento del deseo, no puede curar sino con la Presencia de quien le causa está herida de amor.

«Y con esa codicia y entrañable apetito, no pudiendo más contenerse el alma dice: Descubre tu presencia» (C 11,4).

La trascendencia es, pues, una Presencia, aunque escondida en el seno de la propia alma.

Extasis, desfallecimiento y gemido, ponen de manifiesto los tres la *duración del tiempo de la formación de la palabra*. Toda palabra desbordada en su contenido, es como una llaga abierta en lo real[15].

Esta llaga desborda en el balbuceo de las criaturas, que renuevan la herida con la noticia de amor (que es todavía dilación). Así canta San Juan de la Cruz:

«Y todos más me llagan,
Y déjame muriendo
un no sé qué que quedan balbuciendo» (C 7).

El Tú es el eje de dolor (ausencia) de esta herida de las criaturas:

«... allende de lo que me llagan estas criaturas en las mil gracias que me dan a entender de tí, es tal un no se qué que se siente quedar por decir, y una cosa que no se conoce quedar por descubrir..., que si lo otro que entiendo me llaga y hiere de amor, esto que no acabo de entender de que altamente siento me mata» (C 7,9).

---

[15] *Ibid.*

El balbuceo, que antes podía tomar el alma por la palabra o la presencia, es situado ahora perfectamente en relación al Absoluto de quien encarna sólo la Palabra en su totalidad. El balbuceo de las criaturas, «que es el hablar de los niños, que es no acertar a decir» (C 7,9), el alma lo transformará en canto en presencia del Amado, cuando éste responda al borde de la fuente a la querella de ausencia, y el poema se torne diálogo de amor. Sólo en diálogo, en canto, es soportable la duración del tiempo, que es aún separación del Amor.

Sólo a través del canto la muerte se hace posible como muerte de amor, porque el tiempo que dura es ofrenda en el silencio que escucha y aguarda.

3. *La fuente, clave y término de la andadura nocturna*

> «¡Oh cristalina fuente,
> si en esos tus semblantes plateados
> formases de repente
> los ojos deseados
> que tengo en mis entrañas dibujados!».

Sin esta invocación de la fuente, en la estrofa 12 del *Cántico,* no se puede comprender adecuadamente, a nuestro parecer, el alcance de la noche. De hecho uno de los primeros poemas sanjuanistas, compuesto ya en la cárcel de Toledo asocia los dos símbolos:

> *«Qué bien se yo la fonte que mana y corre,*
> *aunque es de noche*
> ....
> *Su claridad nunca es oscurecida,*
> *y sé que toda luz de ella es venida*
> *aunque es de noche».*

En la experiencia y en la percepción simbólica de nuestro autor toda la fuerza misteriosa de la noche parece venirle de ese hogar de luz que encierra en su seno secreto [16]. En el principio la noche no es, pues, una imagen dramática, sino de *esperanza.*

La fuente cristalina es *clave y término* de la andadura nocturna. Al menos en su aspecto psicológico-existencial negativo: como privación, ausencia, dolor, etc. (Teológicamente hablando, según el mismo San Juan de la Cruz,

---

[16] Recordemos que la noche y el desierto son lugares privilegiados de hierofanías a lo largo de la historia de las religiones, y en particular en el Antiguo Testamento. Esos símbolos asociados a la fuente inspiran también algunas páginas de la literatura secular más reciente. Por ejemplo Saint-Exupèry en *Citadelle.*

la unión a Dios en esta vida es siempre como de noche). Por lo que se refiere al primer aspecto, que es el que nos interesa, observamos que, a partir de la invocación de la fuente en el *Cántico,* el clima en que se desenvuelve la experiencia cambia de signo. La noche es enfocada ya como *noche serena,* o en los levantes de la aurora.

Al borde de la fuente la *salida* y el *entrañamiento* convergen. El éxtasis y la purificación del deseo coinciden en este hogar de luz, *centro virtual al que los dos movimientos tendían.* La fuente es el medio atravesado por estos dos ejes, puesto que en ella la salida se descubre como *salida hacia los adentros* (en privación de los visibles), como inmersión en los ojos deseados. El cegamiento —purificación nocturna—, es condición previa para que aflore en la fuente la mirada entrañal.

Los dos ejes principales de la simbólica sanjuanista, *visual* y *entrañal,* se cruzan en la invocación de los ojos deseados; este entrecruzamiento apela, a su vez, al *entendimiento* (visual, ojos) y a la *voluntad* (entrañal, deseados); al dibujo de fe y amor respectivamente [17].

> «Dice que los tiene en sus entrañas dibujados, es a saber, en su alma según el entendimiento y la voluntad. Porque según el entendimiento tiene estas verdades infundidas por fe en su alma y, porque la noticia dellas no es perfecta, dice que están dibujadas (...) Pero sobre este dibujo de fe hay otro dibujo de amor en el alma de el amante y es según la voluntad» (C 12 6,7).

Según la división clásica de las vías, a partir de la fuente se acaba la purificativa y comienza la iluminativa (o desposorios) [18]. No nos interesa detenernos aquí en esta división, que no deja de ser un poco artificial y extraña (exterior) a la impulsión lírica de nuestro autor. En él es más bien un esquema explicativo a posteriori. Lo importante, siguiendo la evolución misma del poema y al hilo de nuestra reflexión, es la ruptura que la fuente instaura, como *advenimiento radical del Tú.*

Sólo a partir de la fuente el Tú, al que el alma invoca y apela, hace su aparición. Y esto de dos maneras, *como mirada,* y *como palabra.* La irrupción del Tú, *como mirada arrebata al alma fuera de sí:*

> «... con tantas ansias había deseado estos divinos ojos» y «fueron de tanta alteza y con tanto fuerza comunicados, que la

---

[17] La esperanza, a su vez, se podría representar por esa espera, en el tiempo, de la transfiguración en perfecta y clara visión.

[18] Baruzi desprecia el simbolismo nupcial, por parecerle demasiado simplista. El tendería a una cierta pureza simbólica demasiado abstracta e intelectual. Sin embargo es considerable la importancia de este simbolismo a lo largo de la historia de la espiritualidad, por su capacidad de vinculación y adherencia existencial y afectiva.

hizo salir por arrobamiento y éxtasis, lo cual acaece al principio con gran detrimento y temor del natural» (C 13,2).

Como palabra, a su vez, el Tú invocado, *la convoca y la devuelve a la carne y al tiempo*. Porque la fuente no es aún el Rostro (el cara a cara) que el alma se impacienta por descubrir, pues «o ha de morir o no lo ha de recibir» (2S 8,4).

Y aunque «de muy buena gana se le iba el alma del cuerpo en aquel vuelo espiritual, pensando que se le acababa ya la vida y que pudiera gozar con su Esposo para siempre y quedarse al descubierto con él», en el exceso de su impaciencia, «atajóle el Esposo el paso, diciendo: *¡Vuélvete, paloma!*» (C 13,8). La fuente es el vaso de luz, pero todavía no la luz desnuda, es el medio simbólico, la transparencia, a través la cual el Rostro se da y se esquiva. Es el soporte de comunicación (en el tiempo) entre Dios y la criatura.

Como palabra el advenimiento del Tú en la fuente es también *encarnación*, pues Dios viene a comunicarse al alma según su medida, en su aquí y en su ahora. Aunque el alma se ve afectada y turbada por la fuerza de la comunicación divina, hasta la ambigüedad de querer alejar la comunicación que antes pretendía, *Dios se hace cercano*. Ya no es el Dios (absolutamente Otro) alejado y escondido de *Noche*, sino el *Verbo encarnado y herido del amor de la esposa*.

Entre la absoluta diferencia que existe entre el Absoluto y el ser finito, el Tú responde poniendo de manifiesto la semejanza que existe entre ellos [19], y esta semejanza es dibujo y herida de amor.

Por esto la fuente es también acceso al Origen, en ella reconoce el alma el origen mismo de su deseo, como deseo del otro:

«Si llagada vas de amor de mí, yo también como el ciervo [20]
vengo en esta tu llaga, llagado a tí» (C 13,9).

Decíamos que la fuente inaugura una ruptura. En efecto el reconocimiento de este flujo, corriente de amor, que «la herida de uno es de entrambos», pone fin a las impaciencias y ansias que habían llegado al momento de máxima tensión. Hasta aquí era la ausencia dolorida, intensificada por los vestigios balbucientes de las criaturas. Aquí el *reconocimiento* es a la vez *transfiguración*. El espacio de vértigo y ausencia de las estrofas precedentes se armoniza, polarizado en la irrupción de los ojos deseados. A la luz de estos ojos la creación emerge en sus infinitos matices:

---

[19] Morel, G., *o.c.,* vol.II, p.234.
[20] La aparición del Amado bajo el aspecto de ciervo prolonga el juego lírico que iniciaba la primera estrofa, donde el alma (cazador o perseguidor) se presentaba herida por él. Aquí él aparece también herido.

«Mi Amado, las montañas,
los valles solitarios nemorosos,
las ínsulas extrañas,
los ríos sonorosos,
el silbo de los aires amorosos».

En esto:

«no solamente se la acaban al alma sus ansias vehementes y
querellas que antes tenía, más quedando adornada de los bienes
que digo, comiénzale un estado de paz y deleite y de suavidad
de amor... no hace otra cosa sino contar y cantar las grandezas
de su Amado» (C 14-15,2).

Hay, pues, una transfiguración del cosmos, transfiguración de la misma
alma, y transfiguración del lenguaje[21], que se torna canto de alabanza, después de haber pasado por la querella y la mudez. Y es que al descubrir en
la fuente los ojos que la guiaban en la ceguera nocturna (los ojos con que
ve y es vista), el alma comprende que si *las criaturas son vestigio, sólo ella es
imagen.* Y *el balbuceo* de las criaturas, sólo *en ella*, mirándose en los ojos de
la fuente, *puede ser canto* de amor.

Pero ¿qué es la fuente? ¿Por qué clave y término de la andadura nocturna? La fuente, según lo explieita el mismo San Juan de la Cruz, es en primer lugar *la fe*. Es también *Cristo* mismo. Y en último término la interioridad reflectante de *la misma alma*. Estas determinaciones vienen a coincidir
en la idea del hombre como *imagen* y *semejanza*[22], latente todo a lo largo de
la obra de San Juan de la Cruz. Aunque no está explicitada, estructura su
pensamiento y aparece más clara en sus alusiones al tema de la Belleza, por
otra parte es una idea fuertemente desarrollada en la tradición patrística.

Como medio simbólico de comunicación e intercambio entre la criatura
y Dios, la fuente es, sobre todo y en primer lugar, *la fe*. «Vuélvese a hablar
con la fe, como la que más al vivo le ha de dar de su Amado luz, tomándo-
la por medio para esto» Y así dice: «Oh cristalina fuente» (C 12,2).

---

[21] Longchamp habla de una «anti-antropología», para expresar la percepción negativa del
alma durante la noche, y de sus efectos dolorosos. Y también de un «anti-poema» (por desreali-
zación y ausencia) en las primeras estrofas del Cántico, hasta la fuente. Cf. *o.c.*, p.257.

[22] Sobre la base de esta idea, la belleza será un tema sumamente importante para San Juan
de la Cruz, privilegiado, pero como señala Morel, contradiciendo a Florisoone, en *«Esthétique
et mystique d'après Sainte Thérèse et Saint Jean de la Croix*, Paris, Seuil, 1956, p.161 (no único, ni
finalidad en sí, *o.c.*, vol.II, p.299). Es hasta cierto modo normal *que un poeta se exprese preferentemente* en la clave de *lo bello*, pero de ahí a remitir la experiencia mística a una clave estética,
como parece querer Florisoone, hay toda la distancia que expresa bien la purificación nocturna.

«Llama cristalina a la fe por dos cosas; la primera porque es de Cristo su Esposo; y la segunda, porque tiene las propiedades del cristal en ser pura en las verdades y fuerte y clara, limpia de errores y formas naturales. Y llámala fuente, porque della le mana a el alma las aguas de todos los bienes espirituales» (C 12,3).

El medio transparente de la fuente no impide, sin embargo, considerarla a la vez como manantial «abisal de amor». Porque las noticias que el alma recibe en la fuente (la fe), no son mera apariencia, sino el *espesor de una mirada vivificante* que emerge del seno del amor divino, por la cual «la sustancia corporal y espiritual parece a el alma se le seca en sed de esta fuente viva de Dios» (C 12,9)[23].

Implícitamente, la fuente es también *Cristo mismo*, como resplandor de la gloria del Padre «porque esta figura es la que aquí entiende el alma en que se desea transfigurar por amor» (C 11,12).

En definitiva la fuente viene a ser la *interioridad última reflectante y receptiva del alma*, pero no como superficie que le devuelva su propia imagen, sino como *espacio de alteridad, de visitación, de acogida*. En efecto, el alma que se mira en el espejo de la fuente no busca ni descubre su propio rostro. «Pide a la fuente que la ayude en su alumbramiento... El alumbramiento del mirar del otro»[24].

Este espacio de visitación y alteridad de la fuente es clave para situar justamente la mística de San Juan de la Cruz, que no es ni panteísta, ni mística del Uno. Es fundamentalmente una *mística dialógica*. De hecho, a partir de la fuente, hemos dicho, el Tú hace su aparición como Amado que habla[25]. Y que habla, por vez primera, *para hacer volver del vuelo al alma que se lanza* extasiada fuera de su existencia corporal.

La fuente es todo lo contrario de un espacio de encantamiento ... (Recordemos el mito de Narciso ahogado en su propia imagen: el objeto de Narciso siendo el espacio psíquico, la representación, el fantasma)[26]. La fuente no es ni hundimiento, ni inmediata fusión en una unidad cósmica o panteísta que colme toda ausencia. La fuente, como interioridad última del alma (purificada) reflectante, es *brecha abierta*, alteridad[27], insólita *trascendencia* que remite, sin embargo, la experiencia mística al tiempo y al espacio, y hacen de ella una aventura corpórea[28], es decir encarnada.

---

[23] Decíamos que lo entrañal y lo visual vienen a coincidir. He aquí que esta sed es la sed de una mirada.

[24] Valente, J.A., *La piedra y el centro*, Taurus, Madrid, 1983, p.69.

[25] *Ibid.*, p.70. El Amado es una mirada que habla, pero el hablar mismo implica una *separación*; por lo que no podemos decir que en este encuentro se consume la unión. La fuente todavía separa.

[26] Cf. Kristeva, J., *Histoires d'amour*, Paris, Denöel, 1983, pp.117, 348.

[27] Cf. Vasse, D., *o.c.*, p.53.

[28] Valente, J.A., *o.c.*, p.23-24.

Por lo demás la contradicción del tiempo que dura y la muerte que ha de ser revelación plena de la Presencia (toda la tensión de las estrofas precedentes), no se disuelve, pero su dolorosa intensidad es apaciguada en la visión de la fuente. La *pasión de amor* entra en un *ritmo de paciencia* que dicen bien los siguientes versos, donde hay una cierta quietud, la noche sosegada es como un sueño ... «entre dos luces, así esta soledad y sosiego divinos ...» (C 14-15,23).

Conclusión

La mística de San Juan de la Cruz no es una mística de lo Uno, sino una mística *dialógica*. El «logos». la palabra que emerge en la distancia, en encuentro, comunión, diálogo, reciprocidad.

Así la trascendencia que el autor hace del lenguaje, discursivo o descriptivo; la trascendencia del deseo, trascendencia constantemente abierta en el amor, de las representaciones y proyecciones del mismo, así como de las formas o figuras del entendimiento, halla su fundamento en este horizonte de alteridad. San Juan de la cruz no dice nada del hombre ni de Dios desde fuera de esta relación, e invita al lector a entrar, a dejarse entrar en ella, como único medio de conocimiento. Su canto es en primer lugar participación de esa relación de comunión, y su exposición teórica intenta desmontar el discurso teológico y antropológico para devolverlo a su verdadera dimensión, *teologal-existencial*. Sólo en una *relación viva*, en el interior de la misma, el hombre puede conocer a Dios y conocerse. El hombre no es anulado en un retorno al Uno, Dios no es absorbido en la proyección panteísta. Ambos se comunican en una *relación abierta* que siempre tiende a más.

Sólo en el interior de la relación es posible la emergencia de una palabra plena, que no sea palabra sobre (de información), sino palabra viva (de transformación), canto, celebración de comunión. Por eso, donde el discurso lógico no alcanza, la palabra poética sigue participando en el diálogo de amor.

The Imagination of John of the Cross

John Welch, O.Carm.

The poetry of John of the Cross, and the imagery woven throughout his writings, is a powerful process of communication. John is addressing us at levels of our being where we simply are mute or only stammer. His language hints at hungers and nourishments which we recognize but cannot express.

These products of the imagination of John of the Cross were not always valued. For three centuries writers generally considered his poems aesthetic addenda to the more important teaching found within his prose commentary on the poems. Today, we have a renewed respect for the power of the human imagination to capture realities which can be expressed in no other way than imaginatively. It is commonly agreed that Johns most powerful poems are *The Dark Night*, *The Spiritual Canticle*, and *The Living Flame of Love*.

Carl Jung was a modern pioneer in the land of the psyche. He concluded that symbolic imagery is the first language of the psyche. The psyche expresses its depth experiences first in imagery and only later in rational concept. For Jung, a dream is not a thought coded, as though one should work through dream imagery to get to the underlying thoughts. No, the dream imagery *is* the thought process of the psyche. We have generally lost our ability to hear this language of the psyche, and to speak it. Jung wrote:

> «The [imagination] is to be understood here as the real and literal power to create images —the classical use of the word in contrast to *phantasia*, which means a mere "conceit" in the sense of insubstantial thought ... [Imagination] is the active evocation of (inner) images ... an authentic feat of thought or ideation, which does not spin aimless and groundless fantasies "into the blue"— does not, that is to say, just play with its objects, but tries to grasp the inner facts and portray them in images true to their nature» [1].

---

[1] C.G. Jung, *Psychology and Alchemy* (Collected Works, 12, Princeton University Press, 1968), 219.

John of the Cross recognized imagination as a faculty or power of the soul. In his anthropology he described imagination, and the closely-linked faculty of fantasy, as an inner sense which stored images coming to it from the five outer senses, or from a «supernatural» source. He likened imagination to archives, or to a seaport or market where the intellect comes and shops. Here imagination appears to be a static repository, but he does credit it with the power to create images as well, And so important is the sense of imagination and fantasy that John calls it «the gate and entry to the soul» [2].

Contemporaty articulations of the role of imagination expand our understanding. Urban Holmes discusses imagination not as one faculty or power but as a posture of the whole person toward reality; it is a capacity to make an image of the immaterial or spiritual; this process involves intuition and wonder [3]. Holmes also understands imagination, with Owen Barfield, as the capacity to make an image of the immaterial or spiritual [4]. Phil Keane calls imagination a «basic process by which we draw together the concrete and the universal elements of our human experience» [5]. And Andrew Greeley writes:

> «The religious experience, symbol, and story come into existence in that dimension of the personality which may ... be called the imagination .... Religion occurs, at least primordially, in that dimension of ourselves that produces dreams, poems, stories, myths, and great or lesser works of art. ...The poetic and imaginative dimensions of religion come before its propositional, cognitive and theological dimensions» [6].

John of the Cross says he resorted to poetry, to imagination, because he had no other words for his experience of God. In the prologue to *The Spiritual Canticle* John writes about his difficulty:

> «It would be foolish to think that expressions of love arising from mystical understanding, like these stanzas, are fully explainable. The Spirit of the Lord, who abides in us and aids our weakness, as St. Paul says, pleads for us with unspeakable groanings in order to manifest what we can neither fully understand nor comprehend. Who can describe the understanding He

---

[2] John of the Cross, *Ascent of Mount Carmel*. (*Collected Works*, trans. Kieran Kavanaugh and Otilio Rodriguez, Washington, D.C.: Institute of Carmelite Studies, 1973), Book II, c.16, n.4.

[3] Urban Holmes, *Ministry and Imagination* (New York: The Seabury Press, 1976), p.88.

[4] Ibid., pp.97-98.

[5] Philip Keanae, *Christian Ethics and Imagination* (New York: Paulist press, 1984) p.81.

[6] Andrew Greeley and Mary Greeley Durkin, *How to save the Catholic Church* (New York: Viking Penguin, incl., 1984).

gives to loving souls in whom He dwells? And who can express the experience He imparts to them? Who, finally, can explain the desires He gives them? Certainly, no one can! Not even they who receive these communications. As a result these persons let something of their experiences overflow in figures and similies, and from the abundance of their spirit pour out secrets and mysteries rather than rational explanations»[7].

He continues, saying that his prose commentary on the poem is only one possible interpretation. The reader is invited to explore other meanings.

Psyche and Poetry

A true work of art says something about our shared human story. It has escaped the merely personal concerns of the artist. In Jung's view the creative urge in the artist has practically an autonomous existence, and in the creative process the artist cooperates with this inner imperative. It is a process living in the artist, as a tree in the earth, drawing nourishment from the artist. In Jung's paper, «On the Relation of Analytical Psychology to Poetry», he writes:

«We would do well, therefore, to think of the creative process as a living thing implanted in the human psyche»[8].

This creative process produces powerful art when it reaches deep down in the psyche and draws on levels present in everyone.

«I am assuming», Jung writes, «that the work of art we propose to analyze, as well a being symbolic, has its source not in the personal unconscious of the poet, but in a sphere of unconscious mythology whose primordial images are the common heritage of humankind. I have called this sphere the collective unconscious ...»[9].

When art comes solely from personal layers of the psyche it may be more symptom than symbol. The merely personal can be a muddy tributary. But the collective layers are a deep, mighty river. Jung writes:

«That is the secret of great art, and of its effect upon us. The creative process, so far as we are able to follow it at all,

---

[7] John of the Cross, *The Spiritual Canticle*, *C.W.*, Prologue, n.1.
[8] C.G. Jung, *The Spirit in Man, Art, and Literature* (*C.W.*, *15*, 1966), § 115.
[9] Ibid., § 125.

consists in the unconscious activation of an archetypal image, and in elaborating and shaping this image into the finished work. By giving it shape, the artist translates it into the language of the present, and so makes it possible for us to find our way back to the deepest springs of life» [10].

Because great art is drawing upon such hidden, forgotten sources, it is continually educating the present times. Just as a dream may compensate the conscious attitude of the dreamer, the great work of art produces images which compensate for the one-sidedness of the present. It is often just those people who do not seem to «fit», who are open to new and creative sources of life. «Here the artist's relative lack of adaptation turns out to his advantage; it enables him to follow his own yearning far from the beaten path, and to discover what it is that would meet the unconscious needs of his age» [11].

Primordial words

Depth psychologist James Hillman opinions that the poetic process begins when powerful experiences drive the individual inward, into an interiority, a subjectivity. In these depths the psyche then begins to grope for metaphors to capture the experience; «It is like this or that ...». Then the psyche begins to narratize, to relate the metaphors in story form [12].

The specific events which gave impetus to John's mystical poetry are unknown to us. Unlike Teresa of Avila, John reveals very little about the concrete details of his daily living. It is not that John says nothing about himself. On the contrary, John reveals himself in his most intimate dimensions. He writes of matters which are at the very core of his humanity. Still, we generally do not know how events and experiences in his life are related to particular poems and reflections.

We know about his relatively impoverished childhood, the early loss of his father, his work in a local hospital comforting the dying. We know of his serious, ascetical character which led him to join the Carmelites and later moved him to seek a more contemplative group. Teresa of Avila encouraged him to remain in the community and assist her with the reform of the Carmelites. We know about the difficulties he encountered during the reform, including imprisonment by his brothers in Carmel. We also know that during the time of his imprisonment John began to write his

---

[10] Ibid., § 130.
[11] Ibid., § 131.
[12] James Hillman, Re-*Visioning Psychology* (New York: Harper and Row, 1975), p.140.

poetry, including most of the verses of *The Spiritual Canticle*. As we have seen, John said his experiences were basically inexpressible, but that he let something of his experiences «overflow in figures and similes ...»

The images that emerge from the imagination of John of the Cross become the basic wording of his experience: a dark night, a still house, a secret ladder, fanning cedar, lilies, an absent lover, shepherds, mountains, watersides, flowers, wild beasts, woods, thickets, meadow, arrows, a wounded heart, crystal, a dove, a wounded stag, silent music, sounding solitude, refreshing supper, north wind and south wind, swift-winged birds, lions, stags, and leaping roes, lowlands, and river banks, waters, winds and ardors, watching fears of night, a bride, an apple tree, shields of gold, an inner wine cellar, a lost herd, high caverns, fresh pomegranate juice, a li-inner wine cellar, a lost herd, high caverns, fresh pomegranate juice, a living flame, a wounded soul, gentle hand and delicate touch, lamps of fire, These are the images of John of the Cross, the bridges thrown out to the unseen shore of the spirit.

An amazing story of grace and human development is told in these images. Millions of years ago —perhaps only a few thousand years ago— these images were entirely outside the human personality; they were found only in their reality as an actual mountain, waterside, night, flame, thicket, wild beast, silence, island. Slowly, in the course of time, human consciousness arose, spirit unfolded. These realities were given names as language developed, and through their names were brought within the psyche and used as a primordial wording for that which is most deep and interior and sacred. John's images provide an inner landscape, a geography of soul, a topography expressive of the journey of the human spirit.

This journey of the spirit has always been the fundamental journey, but for millions of years it was expressed through physical contact, an experience of the senses and an actual traversing of African landscapes and later other landscapes of this earth. And now, in these images, John of the Cross, a «pioneer of humanity» as Evelyn Underhill called the mystics, charts the fundamental journey of the human spirit, taking place in regions of the human where only moanings and primordial words even begin to satisfy. In these images the physical, the concrete, the solid, the sensual, meets with the ethereal, the ungraspable, the atmospheric, the infinitely light. We have all Africa with us.

Wounding and healing

While the specific experiences that presured these images into existence are not known by us, there appear to be two basic experiences being expressed in John's imagery: the experience of being wounded, and the experience of being healed.

The experience which John communicates is ultimately a positive experience, but one can see, feel, read in the imagery experiences of suffering. His major images contain pain: a night in which one is lost (*The Dark Night*), abandonment by a beloved (*The Spiritual Canticle*), a flame which burns (*The Living Flame of Love*). These images speak of times, perhaps years, when John's basic experience was one of feeling lost, alone, and hurt.

Very probably, John's appeal to the popular imagination, and to some extent his forbidding nature, lies in his willing acceptance and clear articulation of the tragic in life. John seems tough to people. His very name, John of the Cross, his ascetical character, and his fundamental image of the dark night speak of realities which one would rather not face.

And yet the spirituality of John of the Cross is no tougher than life itself. People hear in his writings, and feel in his poetry, expressions of their own experience of being lost, alone, hurt. And tey ask, with him, where is God in all of this?

Theologian David Tracy has written:

> «... for most of us most of the time, I suspect, the threats to that basic confidence and faith are at least as real and often more powerful than the experience of basic confidence itself. We really do doubt that there exists an inner connection between how we believe we ought to live, and how reality itself is constituted» [13].

Tracy quotes Melville's dictum as capturing the dark of human experience:

> «Say no with thunder, for all who say yes, lie».

And Tracy goes on to conclude:

> «The presence of the negative is central to most religious experiences and expressions: surely central to any experience available in this contemporary situation» [14].

An appeal of John of the Cross, and it is one which should not be weakened, is his expression of the valleys through which the human journey winds. Here are words for our sorrows. Who has not been lost, alone, hurt?

The second powerful experience expressed in John's imagery is the experience of being healed. The night in which one was lost becomes a truer

---

[13] David Tracy, *The Analogical Imagination* (New York: Crossroad, 1981), p.165.
[14] Ibid., p.166.

guide than the light of noon; the experience of abandonment reveals an un-
suspecting presence of the beloved; the painful flame cauterizes, heals, enli-
vens, bringing warmth and light.

This reaffirmation of the graciousness of life, this rekindling of the
hope that is constitutive of being human, too, gives words to experiences
fundamental to the human journey. The night gives way to dawn and the
journey is taken up once again. Carl Jung writes:

> «He (the poet) transmutes our personal destiny into the
> destiny of mankind, and evokes in us all those beneficent forces
> that ever and anon have enabled humanity to find a refuge from
> every peril and to outlive the longest night» [15].

John of the Cross may be heavy at times, but the ending is happy. His
images speak of beneficent forces at the heart of reality.

The story

As James Hillman reminds us, once the psyche has found images,
words for its dark experience, it naturally begins to narratize, to put these
images at the service of a story. The story told in John's three major poems
is a love story.

A soul, aching for the love and presence of an absent lover, searches
for the beloved. She slips out of the quiet house at night by a ladder and
searches unseen. She is undeterred by anyone or anything, stopping only to
ask, «Have you seen him? Has he passed by you?» She cries out for a revelation of his presence, to be removed from the death she is experiencing.

The beloved suddenly appears —a wounded stag—on a hill, and calls
her. They meet and the lover's senses are filled with the beloved, and all the
world speaks of his presence. They rest together in a pastoral setting, putting up around their bower «do not disturb signs».

They make love, and the bride is quite content to remain in this solitude. She urges that they go apart even farther, «to the high caverns in the
rock, which are so well concealed». There her search is ended and her soul
fulfilled.

The imagination of John of the Cross presents us with a sensual love
story. His communication is more than simply a story line. The wording
and patterning of his poetry are all an attempt to capture the ineffable.
«Poems are rafts clutched at by men drowning in inadequate minds,» writes

---

[15] C.G. Jung, *The Spirit in Man, Art, and Literature*, *op.cit.*, § 129.

psychologist Julian Jaynes[16]. All minds are inadequate to express the love story John experienced at the core of his humanity. Yet, his poems do say something to us.

The effect of these poems rests in the power of the imagery and movement to express archetypical human themes which speak to the humanity of the reader. The poems speak from collective depths, wellsprings of life which we share with one another. As a matter of fact, we may say that these stories tell themselves through John of the Cross. His experiences have opened him to matters which are more than merely personal and regions which are inhabited by more than himself. And his imagination has groped toward a telling of what he experienced through primordial words, symbols, which present a continual challenge to the mind and heart of the reader.

The symbolic nature of the poems is quite evident in their ability to evoke an atmosphere while at the same time defying any certainty in grasping specifics or even in logically sequencing events. As with all symbols John's images may point forward and back, up and down, and contain this and that, all simultaneously. To enter into the story too analytically finds the mind thrown into confusion because the unconscious speaks in a many-layered manner which is foreign speech to consciousness.

The innerwork of John of the Cross

It is possible to follow the work of John's psyche as it moves from the dark of experience through articulation and understanding to a faithful response. Robert Johnson, a Jungian analyst, has provided a four-step process for working with dreams[17]. If we accept the hypothesis that John's poetry is analogous to a dream, since the poem and the dream both draw on collective depths in the psyche and are the psyche's fundamental expression of its experience, then we may follow John's movement through these four steps.

The four steps are a natural process for reflection upon the psyche's symbols. The first step is to make «associations», personal and collective. What in my personal life relates to the symbols of the dream or poem? And what myths, fairytales, and ancient religious traditions relate to these symbols? The latter-type association is an archetypal amplification which may situate my experience in a collective context.

---

[16] Julian Jaynes, *The Origins of Consciousness in the Breakdown of the Bicameral Mind* (Boston: Houghton Mifflin Company, 1976), p.256.

[17] Robert Johnson, *Inner Work* (San Francisco: Harper and Row Publishers, 1986), pp.51.

Jung warned against ready-made interpretations for symbols from reference books and Johnson concurs. Johnson believes that the unconscious itself will eventually reveal the relationship of the individual to the symbols.

> «Nevertheless,» he writes, «it is a great aid to know what the symbol has meant to others, and how it has appeared in collective myths and folktales. This knowledge can shorten the process. It can also act as confirmation of the personal associations that spring spontaneously out of you» [18].

The second step is to connect the imagery with «inner dynamics». A dream may be about people and situations outside the dreamer, but to take the dream inward and attend to its subjective connotations can be a fruitful direction.

> «The overall subject of our dreams,» says Johnson, «is, ultimately, the inner process of individuation. Most dreams, in one way or another, are portrayals of our individual journeys toward wholeness. They show us the stages along the way, the adventures, obstacles, conflicts, and reconciliations that lead finally to a sense of the self. Every dream, in some way, either shows our effort to integrate some unconscious part of ourselves into consciousness or our resistance against the inner self, the ways we set up conflict with it rather than learn from it» [19].

The third step involves a process of «interpretation». In effect, it involves asking the meaning of these symbols for my life. What is the significance of this material for me? What ideas, insights, meanings emerge as a result of this process? Actually all four steps of this process for working with symbols involve a process of interpretation. This third step calls for articulation and comprehension of meanings born in the process.

Finally, the fourth step is to «create ritual». A ritual, or «symbolic behaviour consciously performed», keeps one in touch with the depths that have been engaged in the experience. A ritual physically manifests inner realities. «The best rituals are physical, solitary, and silent. These are the ones that register most deeply with the unconscious» [20].

Through ritual a sense of reverence may pervade a life, helping enhance psychological health. «If a person has no sense of reverence, no feeling that there is anyone or anything that inspires awe, it generally indi-

---

[18] Ibid., p.64.
[19] Ibid., p.66.
[20] Ibid., p.99.

cates an ego inflation that cuts the conscious personality off completely
from the nourishing springs of the unconscious»[21].

The process of John of the Cross moves from experience, to primordial wording of the experience in poetry, to prose commentary on the
poetry. Once John's imagination produces the poem it is possible to follow
his psyche's continued innerwork as his experience works its way into
meaning and behaviour. Johnson's four-step guideline will be used to trace
this process.

Scripture as archetypal amplification

In his commentary on the poems John certainly made associations
with his poetic imagery. When Johnson discusses making associations he
refers to personal associations which relate specifically to the individual
dreamer (or poet in this case), and collective associations which extend and
deepen the meaning by relating the imagery to «myths, fairy tales, and
ancient religious traditions».

The personal associations John made between his poetry and the
events of his life would be difficult for us to determine because of the im-
personal nature of his commentaries. His writings contain very little auto-
biographical material. But, as Jung points out, the importance of great
poetry lies in its ability to speak to us from our common source of life, the
collective, transpersonal layers of psyche.

John did make collective associations, however, with his poetry. In his
commentaries on the poems John does present archetypal amplifications of
his imagery. Through his extensive use of scripture, he offers stories which
parallel and contextualize his own story. John's use of scripture is not
simply for didactic purposes to exemplify a point he is trying to make. Certain scriptural stories are chosen by his imagination because they themselves
are symbolic expressions of mysteries which make John mute. These stories, sacred images, themselves have power since they come from the archetypal treasury of religious tradition.

John uses these scriptural stories as he uses his own images —to begin
to word what is essentially mystery. His prologue to *The Spritual Canticle* reveals his understanding. Speaking first of his own images, then of scripture,
he writes:

> «If these similitudes are not read with the simplicity of the
> spirit of knowledge and love they contain they will seem to be
> absurdities rather than reasonable utterances, as will those com-
> parisons of the divine Canticle of Solomon and other books of

---

Sacred Scripture where the Holy Spirit, unable to express the fullness of His meaning in ordinary words, utters mysteries in strange figures and likenesses» [22].

In other words, John is saying both my poetry and the scripture I refer to in my commentary have to be read the same way, i.e. with an openness to realities which cannot be satisfactorily worded.

If we may assume then that scripture contains stories which capture fundamental human themes and which address the psyche at levels where the human story waits to be told, then we may view John's use of these stories as his own amplification of the meaning of his poetry through the archetypal symbolism of scripture. John is not chiefly presenting a teaching or a doctrine, much less a program. He is communicating an experience, a process. He is struggling to find a human language to communicate his experiences of God, which experiences he calls «the language and ... the words God speaks in souls ...» [23].

John calls upon his own imagination as well as the Judeo-Christian imagination of the community expressed in the Bible. He uses biblical imagery and story as so many windows to the transcendent. These archetypal amplifications from scripture, from a particular religious tradition, help bring into focus the hues and hints of John's non-religious imagery.

For example, in his commentary on *The Living Flame of Love* John expands on the symnbols used to express his experience of a wounding and a healing. He draws on the imagery and stories of sacred scripture to amplify his images and story.

John finds his pain shared by the Psalmist: «God tries by fire» [24].; by Jeremiah: «Are not my words perchance, like fire?» [25]; by Job: «You are changed to be cruel toward me» [26]; by the Deuteronomist: «Our Lord is a consuming fire» [27]; and by Isaiah (paraphrased): «The fire of God is on Sion, his furnace in Jerusalem» [28].

In an extensive quote John paralells his experience with the words of the author of Lamentations whom John understands to be Jeremiah:

«I am the man that sees my poverty in the rod of His indignation. He has led me and brought me into darkness and not into light. Only against me He has turned and turned again His hand. He has made my skin and my flesh old, and He has

---

[22] John of the Cross, *The Spiritual Canticle*, C.W., Prologue, n.1.
[23] John of the Cross, *The Living Flame of Love*, C.W., Stanza 1, n.5.
[24] Ibid., Stanza 1, n.19.
[25] Ibid., Stanza 1, n.5.
[26] Ibid., Stanza 1, n.20.
[27] Ibid., Stanza 2, n.2.
[28] Ibid., Stanza 1, n.16.

broken my bones. He has surrounded me and compassed me with gall and labor. He has set me in dark places as those who are dead forever. He has built around me that I might not get out. He made my fetters heavy. And besides this when I have cried out and prayed, He has shut out my prayer. He shut up my ways with square rocks and turned my steps and paths upside down» [29].

Here there is no question of a privatized spirituality. Not only does John use poetic images which speak to the common human journey, but he contextualizes his experience in the cries of the people of the Old Testament. He hears in their words expressions of his own transformations and he is able to identify with the ministry of the prophets such as Jeremiah.

Walter Brueggemann has written that the task of prophetic ministry is to bring about a consciousness which is an alternative to the predominant consciousness of the culture. And real criticism begins with the capacity to grieve because grieving is «a visceral announcement that things are not right» [30]. The poetic imagination of the prophets was the last and best chance to challenge and conflict the dominant «royal consciousness», a consciousness wishing to remain numb to the possibility of death.

Brueggemann identified Jeremiah as a model of prophetic imagination. Heremiah offered a language of grief. He knew the end was near for his people as was the time for indifferent affluence, cynical oppression and presumptive religion. Brueggemann writes that Jeremiah had a «ministry of articulated grief» which could be found throughout his poetry [31].

The imagination of John of the Cross resonates with the prophetic imagination. The images of their story amplify his own. He finds their «articulated grief» consonant with his own deepest experience, and in his writings it is evident that he continues this ministry.

John's powerful experience of healing, too, finds age-old expression in Scripture. He compares the flame with living waters in the gospel of John [32], and the gentle breeze experienced by Elijah [33]. But he especially turns to the *Canticle of Canticles* to find language for his renewed soul:

«Behold what my Spouse is saying to me: rise and make haste, my love, my dove, my beautiful one, and come; for winter is now passed, and the rains are over and gone, and the

---

[29] Ibid., Stanza 1, n.°.21.

[30] Walter Brueggemann, *Thr prophetic Imagination* (Philadelphia: Fortress Press, 1978), p.20.

[31] Ibid., p.53.

[32] John of the Cross, *The Living Flame of Lovew*, *C.W.*, Stanza 1, n.1.

[33] Ibid., Stanza 2, n.17.

flowers have appeared in our land; the fig tree has put forth her fruits; the vines in flower have given their fragrance. Arise my love, my fair one, and come; my dove in the clefs of the rock, in the hollow of the wall, show me your face, let your voice sound in my ears, because your voice is sweet and your face beatiful» [34].

Here are images to match John's experience of the flame as sweet, delightful, gentle, delicate. And, again, the experience is not just unique to John, but he sees it as the experience of a people who found words for their journey in the *Canticle of Canticles*. This story of love between two people had always been understood as the story of a people and their God.

The amplification of John's poetic imagery through parallel expressions from scripture provides a context within which his poems may be heard. While not using explicitly religous language in his poems, John oves the reader into otherwise inaccessible levels of understanding through the scriptural imagery woven throughout his writings.

John's poetry is now seen not only as the account of God's relationship with this Carmelite friar, but it is also an expression of God's relationship with humanity, specifically evidenced in the history of a particular people. It is a story of the human heart, not just one person's adventure. The wounding and healing disclose a human yearning and divine faithfulness which intertwine in the story of every man and woman. This presence of God and process of transformation is revealed in the history of the Jews, as well as in the life, death, and resurrection of Jesus of Nazareth. John incorporates New Testament as well as Old Testament passages.

Inner dynamics

Step two of Johnson's guidelines for working with dream imagery encourages looking at the imagery as refering to the emergence of the self. The point of this step is to focus inward and not on the outward possibilities of the dream.

John's poems refer to a deeply interior process. He is expressing the effects of the impact of God on his personality. For John the human is psychically healthy only when in relationship with God. John's language in his commentaries is drawn from the faculty psychology of his dray. He uses the language of sense, appetite, faculty to describe the transformation of his psychic structure as his relationship with God deepens.

---

[34] Ibid., Stanza 1, n.28.

Interpretation

Step three involves making interpretations, articulating what has been learned. Here John has offered entire treatises which interpret his poetic expressions. John's commentaries are an effort to somewhat systematically present the «spirituality» he has learned through his prayer.

Frequently, studies of John of the Cross begin and end here, with his conclusions. The commentaries are seen as containing the heart of John's teachings. But, as John warned, the commentaries are only one way of interpreting the experiences captured in the poetry. The poetic myth, or symbols-in-narrative, does not point to clear statements. Analyst James Hillman observed: «Instead we hover in puzzlement at the border where the true depths are. Rather than an increase of certainty there is a spread of mystery, which is both the precondition and the consequence of revelation» [35].

Johnson's steps for innerwork help us appreciate John's broader interpretative process beginning with the symbolic expressions of his depth experiences. The «interpretations» of his commentaries, while able to stand alone, are most fully appreciated when read in conjunction with his poetry.

Rituals

The process of innerwork leads naturally to rituals which honor what has been heard in the experience. They are a way of keeping in touch with levels of psyche which are met only in symbol.

Prayer appears to be the ritual John urges in *The Ascent of Mount Carmel*, and he makes some specific recommendations regarding the setting. In accord with Johnson's advice that rituals should be «physical, solitary, and silent», John observes that «a solitary and austere locations is beneficial for the sure and direct ascent of the spirit to God» [36]. Along with oratories and churches John identifies three types of natural places: «The first includes those sights that have pleasant variations in arrangement of the land and the trees, and provide solitary quietude, all of which naturally awakens devotion» [37]. Throughout his life John was drawn to just such places.

The second type of setting is a place where God has been experienced in a powerful way by an individual. Sometimes a person is drawn back to that place with a desire to once again be in touch with God as before. But there may be no going back, John warns. It is possible to be disappointed

---

[35] Hillman, *Re-Visioning Psychology*, *op.cit.*, p.142.
[36] John of the Cross, *The ascent of Mount Carmel*, *C.W.*, Book III, c.39, n.2.
[37] Ibid., Book III, c.42, n.1.

because God bestows favors without being bound to place or time, or even the longing of the person [38].

The third type of setting refers to places in this world, such as Mt. Sinai, where God has chosen to communicate with humanity. Among these places are the numerous shrines which have been identified through special interventions of the Blessed Virgen [39].

As for rituals recommended by Jesus, John notes there were only two. By example, Jesus retired to solitary places, often in the quiet of the night, in order to pray. And in his teachin he said, «When you pray enter into your secret chamber, and having closed the door, pray» [40].

In his writings John urged a silent, peaceful attentiveness to God. And when God speaks in the solitude of the heart John says to simply listen in freedom, letting go even of the practice of loving attentiveness.

But John of the Cross emerged from all of this quiet with multitudes of words, beginning with his poetry. Surely, here is a ritual of sorts. He was driven to find words for the primordial Word he was hearing in his contemplative experience. Bernard Lonergan would recognize psyche's imperative to understand what has been known darkly.

Perhaps John's rituals relate to phases of his prayer. Falling quiet, being a «watch in the night» interiorly, is his response to the experience of Gods's love. Writing his poetry, and then using it as a basis for further teaching in his commentaries, is a ritual flowing from the silence and responding to psyche's natural language of symbol.

Being poets of our lives

If we are to read John of the Cross, interpret the writings through a dialogue with our own lives, then it appears important to enter into an imaginative process similar to John's, an innerwork which seems normative as psyche speaks of mystery through symbol. By opening my heart and mind to John's narratized, primordial wording I can be led into my own depths and story, and I can be moved to my own images for these experiences.

The symbols of John's poems, archetypal though they may be, are still «his» images. But they have the power to lead me to my images, to poems I am writing in my life. I may actually be writing poems, or painting pictures, or doing some other creative work, but I may also look to the memories which I carry, the places where I feel centered and renewed, the people who enliven me and lead me into my unlived life. Are not these my

---

[38] Ibid., Book III, c.42, n.3.
[39] Ibid., Book III, c.42, n.5.
[40] Ibid., Book III, c.44, n.4.

images, do they not constitute my poem, as I attend to them and link them
in the narrative of my life. It is through them my wider, deeper self is
speaking. With this poem I can then engage the poetry of John of the
Cross, letting story speak to story.

And, as John did, I can let scripture carry my story into broader chan-
nels. I can amplify my poetry by listening for its resonances in the treasury
of biblican imagery and story. John was convinced that Jesus is God's final
Word, the one Word all our stories are trying to express. Through that
story, my symbols for wounding and healing are heard as expressive of the
paschal mystery, the death and resurrection of the Lord, which is taking
place within the transformations of my psychic structure.

De la fe angustiada a las ansias de amor
Sören Kierkegaard y San Juan de la Cruz

María del Sagrario Rollán

«Méditer sur l'angoisse, c'est, je crois user de son rude écolage pour explorer et ressaisir l'affirmation originaire, plus originaire que toute angoisse qui se croirait originelle» (P. Ricoeur).

Presentación

Las páginas que siguen fueron publicadas en el año 1987 en la revista *Diálogo Ecuménico*, con la intención de sugerir un diálogo fecundo sobre un problema humano, denso de significados, como es la angustia, desde perspectivas religiosas diversas en el tiempo y en el planteamiento: Juan de la Cruz y Kierkegaard.

Con motivo del IV Centenario del místico español han sido revisadas y enriquecidas con algunas aportaciones sobre la angustia y la noche, de Rof Carballo y López-Ibor. Pero más importantes, desde el punto de vista de diálogo abierto, considero las breves referencias a las páginas de aquel alma angustiada y profundamente religiosa, debatiéndose en los umbrales del dogma, que fuera S. Weil en «espera de Dios».

Muchas veces, desde diversos ángulos, en el último siglo se ha puesto de relieve la perspicacia y profundidad de los análisis de Kierkegaard en *El concepto de la angustia*[1] sobre este fenómeno. Filósofos, psicólogos y psicoterapeutas le reconocen su deuda. Unos y otros han recorrido a su manera los diversos caminos desbrozados por Kierkegaard en sus apretadas páginas.

También a los teólogos les ha tocado la preocupación por el tema. En su libro *El cristiano y la angustia*[2] elogia Von Balthasar la penetración de este

---

[1] S. Kierkegaard, *El concepto de la angustia.* (Madrid 1979).

[2] H.U. von Balthasar, *El cristiano y la angustia* (Madrid 1960).

«intento por dominar teológicamente» dicho problema y se lamenta, a su vez, de la suerte que aquellos análisis de la angustia han corrido con los años, pues han llegado a ser el arranque de orientaciones del pensamiento y de la experiencia completamente trágicas y secularizadas, —como el psicoanálisis y la filosofía existencial, a pesar de que el propio Kierkegaard se situa intencionalmente en un horizonte de reflexión cristiana.

En el tiempo que ha seguido a la obrita de Kierkegaard, tenemos la impresión de que el espíritu finito ha sido devorado por las falacias de su propia angustia creciente. Por diversas razones el *salto de la fe* que propone el autor parece haberse hecho imposible para el hombre moderno que, sin embargo, ha sido ciertamente *educado* en la angustia.

Nuestro propósito en estas páginas no es examinar esas razones, sobre las que una y otra vez se vuelve, sino retrotraernos en el tiempo —tiempo psicológico y tiempo histórico—, de manera que podamos captar el fenómeno de la angustia en su dimensión de tensa conjunción con la fe. Pero nuestra perspectiva no es teológica, sino *psicológico-antropológica*. Y nuestro punto de vista es el de una psicología religiosa, justamente por cuanto trata de elucidar el fenómeno (psicológico-existencial) de la angustia en el campo de significaciones propias (contextualidad religiosa) que le da la fe, en la globalidad de la experiencia referida por nuestros autores.

Para reencontrar esa tensa conjunción de fe y angustia nada mejor que ir en busca del *genio religioso*, según la expresión del propio Kierkegaard. Y, siendo la mística el paradigma y culminación de una cierta experiencia religiosa, se nos ocurre interpelar a Juan de la Cruz, pues no en vano se ha entrañado en los abismos de la *noche*, deslindando así una de las vertientes extremas de la «posibilidad de la libertad...»[3].

A lo largo de estas páginas iremos desglosando semejanzas y contrastes, divergencias y confluencias entre la angustia de Kierkegaard y la mística nocturna de Juan de la Cruz. La andadura misma justificará los dos elementos de comparación elegidos. Por el momento queremos señalar, no obstante, dos razones que hacen a Juan de la Cruz susceptible de dar luz sobre el fenómeno que nos ocupa, a pesar de la distancia de tiempo y mentalidad que lo separa del propio Kierkegaard, por una parte y, aparentemente, más aún del hombre moderno. En primer lugar subrayemos la objetividad y coherencia que presenta la obra del gran místico español. Pero el hecho de encontrarse en los albores de la conciencia moderna, el Renacimiento, lo hace aún más sugerente para nuestro propósito. En efecto, la angustia religiosa ha empezado ya a abrir fallas en la conciencia; la conciencia del hombre renacentista —y Juan de la Cruz lo es por varias razones que no vamos a apuntar aquí—, es una conciencia particularmente sabedora de su munda-

---

[3] Justamente lo propio del *genio religioso* es volverse del todo hacia dentro, y de allí hacia Dios, sin detenerse en mediaciones. Este es también el movimiento propio de la noche. Cf. S. Kierkegaard, *o.c.*, pp.130-31.

neidad y finitud, ya expatriada de la confianza en el Ser que caracterizaba al hombre medieval.

Antes de entrar a discutir los puntos de encuentro o posibles paralelismos que venimos sugiriendo, vamos a establecer independientemente las bases de comparación de los autores, presentando, de manera sucinta y general, el problema de la angustia en cada uno de ellos. En un segundo momento nos detendremos en la experiencia de finitud como generadora de angustia. Después pasaremos a ver la solución que cada uno de los autores propone como respuesta a la finitud. Y finalmente haremos la interpretación y consideración psicológica del problema.

1. Bases de comparación

a) Kierkegaard o el vértigo de la libertad

Kierkegaard desarrolla su concepto de la angustia en un horizonte de reflexión cristiana, teniendo a la vista el problema del pecado [4], sin embargo se propone tratarlo *psicológicamente*.

En primer lugar pone de relieve la distinción, hoy ya clásica, entre *miedo* y *angustia*, señalando que, mientras el miedo tiene un objeto determinado, lo propio de la angustia es la libertad como *posibilidad*, antes de cualquier realidad objetiva o determinación. El hombre es, en efecto, una síntesis entre alma y cuerpo, pero no una síntesis dada, sino *adviniendo* en el espíritu y en ese advenimiento es cuando la angustia entra en escena. Por eso en el animal no hay angustia, no puede haberla, puesto que el animal no está determinado ni es susceptible de llegar a serlo en ningún momento como espíritu [5].

La angustia se halla tanto en la inocencia —donde el espíritu aún se encuentra soñando—, como en la culpa. En el principio de la inocencia el objeto de la angustia no es nada, pura posibilidad; pero, una vez puesto el pecado, la nada se torna más y más un algo, «en viva relación de reciprocidad con la ignorancia de la inocencia» [6]. Entre la inocencia y la culpa, entre el sueño y el despertar del espíritu, la angustia pone siempre de manifiesto la tensión en conflicto del devenir humano. Para el ser finito, entre el tiempo y lo eterno, tan pronto como es puesto el espíritu, surge el momento y, ahí mismo, comienza la historia, que es diferenciación e individuación de la posibilidad. Lo futuro así, en cuanto posibilidad de lo eterno, se convierte

---

[4] *Ibid.*, p.29.
[5] La *angustia animal*, si se la puede llamar así, es de otro orden completamente diverso, sobre todo porque hace referencia a «una estructura receptiva finita y cerrada». Cf. H.U. von Balthasar, *o.c.*, p.113.
[6] S. Kierkegaard, *o.c.*, p.81.

en el individuo en angustia. Y esta angustia cobrará un *carácter reflejo*, como predisposición, presentimiento, etc., que incide también en la *sensibilidad*[7].

En definitiva la angustia es el vértigo de la libertad. Expresa la ambigüedad fundamental, inherente al individuo puesto enfrente de su destino, que reside no sólo en el abismo del destino, sino también, y sobre todo, en «aquel cuyos ojos son inducidos a mirar..., pues bastaríale no fijar la vista en el abismo»[8] para no sentir el vértigo que le suscita la inmensidad de la posibilidad de su libertad, tan inciertamente sostenida en la finitud.

Por lo que se refiere al contexto religioso cristiano en que Kierkegaard prosigue su reflexión, después de haberse detenido en el problema del pecado original, tenemos que la angustia se explicita «dialécticamente en dirección de la culpa»[9], culpa que descubre en sí el ser infinito vuelto hacia Dios, y que pone en juego, comprometiéndola, su libertad, que se angustia entonces de la posibilidad del pecado. En este ámbito, distingue la *angustia del bien* y la *angustia del mal*, siempre desde la psicología, a la que atañe el discernimiento de los estados que preceden a cada salto cualitativo, y en cada estado la angustia acecha como posibilidad.

La *angustia del mal* se revela ante la posibilidad del pecado que se manifiesta en el vértigo de la tentación, y en ese momento «lo único que puede armarnos caballeros contra los sofismas de la angustia es la fe, sin acabar por ello con la angustia, lo que hace más bien es arrancarse por la fuerza a su mirada mortal»[10]. La *angustia del bien* es lo «*demoniaco*», lo reservado, que se angustia, en su esclavitud, ante la posibilidad de la revelación. Siendo la libertad lo dilatativo, cuando la reserva entra en contacto con la libertad surge la angustia; es el conflicto entre querer la revelación y al mismo tiempo anclarse en la reserva. En este sentido subraya Kierkegaard el papel revelador de la palabra como salvación, la angustia sólo puede expresarse en la mudez o en el grito.

Como tensión fundamental, la angustia remite siempre al transfondo conflictual del proceso de hacerse individuo, de realizar su libertad. Pero el advenimiento del espíritu, como síntesis real, más allá de este vértigo, es en definitiva para Kierkegaard la fe. Porque el educado en la angustia, considerada como privilegio humano entre la finitud y lo infinito, sólo en la anticipación de la fe puede sustraerse a las falacias de la misma angustia. Sólo en la fe se abre el individuo verdaderamente a la infinitud y sólo en ella se re-

---

[7] Como señalamos más arriba, la fuente última de la angustia se encontraría en el espíritu, como indeterminación y apertura hacia lo infinito, aunque ciertas manifestaciones puedan redundar en la sensibilidad, o incluso partir de ella, siendo equiparables a veces, a la *angustia animal*.

[8] S. Kierkegaard, *o.c.*, p.80.

[9] Del mismo modo que fuera de la conciencia religiosa se explica la angustia en dirección del *destino*, en cuyo lugar aparece ahora la providencia. Cf. *ibid.*, p.120.

[10] *Ibid.*, p.131.

suelve su culpa. Por encima del vértigo se hace necesario el *salto de la fe*
pues «quien llega a conocer su culpabilidad meramente por medio de la finitud, se ha perdido en ésta»[11].

b) *Juan de la Cruz o el ansia de amor*

Nuestro místico no aborda de manera explícita el fenómeno de la angustia, no existe dicha noción en su obra, aunque abunda el término mismo;
angustia, junto a otros cercanos como aprieto, congoja, ansia, etc.. Hay que
subrayar que la *Noche oscura* no es una experiencia de orden psicológico, por
más que sea susceptible de comparaciones y análisis bajo este ángulo. Equi-
parar la noche con el «inconsciente»[12] o querer comprenderla desde los episodios depresivos o melancólicos que la acompañan, es reducir notablemente su carácer ontológico-existencial, como experiencia límite del ser creatural.

Sin predeterminaciones conceptuales, la experiencia de la noche aparece, sin embargo, dominada por un trasfondo de angustia que se dice, a lo
más, en el eco de los textos bíblicos aducidos por el autor.

Distinguimos tres momentos del movimiento nocturno que nos abren
al sondeo de la angustia, en los textos de *Subida al Monte Carmelo* y *Noche
Oscura*:

I. El primer momento se sitúa antes de la noche propiamente dicha.
En el crepúsculo de los sentidos se propone «la privación del gusto en el
apetito de todas las cosas, así como la noche no es otra cosa sino privación
de la luz...»[13]. Entonces hay una desazón y frustración del ser-en-el-mun-
do[14]. La angustia está puesta en relación con el *apetito como movimiento ansioso
del deseo*, fuertemente apegado a las criaturas y a la vez insatisfecho. Es decir,
que la angustia, más propiamente ansiedad, aquí aludida proviene de la naturaleza conflictiva del apetito, de una cierta *sensibilidad*[15] del hombre místico que en los umbrales de la noche anticipa ya su determinación por el espíritu.

---

[11] *Ibid.*, p.188.

[12] Así J.J. López-Ibor en *De la noche oscura a la angustia*, Rialp, Madrid 1973, p.18; parece
que al autor se le escapa la esencia de la noche en el sentido apuntado arriba. Además las confrontaciones psicopatológicas al respecto son confusas, a causa de su versión excesivamente esquemática de la psicología profunda.

[13] Juan de la Cruz, 1 *Subida*, 3,1.

[14] Tomamos esta expresión en el sentido heideggeriano del *ser ahí* («dasein») que instaura
un mundo de cosas y significaciones a la mano, cosas y significaciones que empiezan a des-rea-
lizarse en los umbrales de la noche.

[15] Cf. J. Baruzi, *Saint Jean de la Croix et le problème de l»expérience mystique*, 2a ed.)Paris
1931) p.413. El autor habla de las heridas de las cosas, aludiendo a la particular ternura, en el
sentido de vulnerabilidad del hombre místico: «Les âmes austères, et qui furent conduites parfois à leur austerité par une tendresse trop perméable aux blessures des choses...».

En este sentido cabe recordar las observaciones de S. Weil[16] sobre el amor del orden del mundo y la belleza como forma implícita del amor de Dios. La autora apunta el peligro de que este amor derive, sin embargo, en idolatría, subrayando que la belleza no es un fin en sí misma, y la finalidad transcendente que la habita es lo que descentra la voracidad propia del deseo[17]. Vemos como a la luz de un espíritu religioso moderno la necesidad de la noche se hace evidente.

Se pone en marcha, pues, un proceso de negación y privación, que implica la indeterminación del apetito, la vuelta atrás, en desenganche, de la pulsión insertada en las criaturas. Una vez desenganchada esta *com- placencia* de la sensibilidad, la noche se va haciendo más interior y apunta ya a la suspensión de la intencionalidad de las potencias espirituales.

II.   En el proceso de negación de las potencias se hace difícil, por la prolijidad de la exposición, captar el pálpito vivo de la experiencia que subyace al discurso de avisos y exhortaciones que ocupa casi todo el libro de *Subida*. El alma se encuentra arrojada a la noche y expulsada de la cotidiana familiaridad del «estar en su casa». Colocada en los límites inciertos de su conciencia intencional, toda seguridad quebrantada, sin asideros para la memoria, el entendimiento ni la voluntad, surgen diversas reacciones que evidencian otras tantas maneras de soslayar el vacío que se impone: Melancolía, narcisismo exaltado, fenómenos alucinatorios, escrúpulos obsesivos; son hitos que van marcando la sinuosidades de este caminar vacilante en pleno desierto afectivo e intelectual. En momentos críticos la vivencia de la *derelicción* se agudiza, y el mundo se hunde en una insignificatividad que, psicológicamente, presenta los trazos de la inhibición propia de la melancolía[18]. En cualquier caso el fondo de angustia se hace sentir en el recelo de andar perdido, y parece expresar aquella tensión propia del sujeto sostenido entre dos maneras de conciencia[19].

El deseo, desasido de lo inmediato y lejos aún de la Presencia que funda tal desprendimiento, se debate entre la fascinación de la nada y el vértigo de la perfección, se repliega sobre sí defendiéndose de la amenaza de aniqui-

---

[16] Ver S. Weil en *Attente de Dieu*, La Colombe, Paris 1950, pp.152-157.

[17] «La grande douleur de la vie humaine, c'est que regarder et manger soient deux opérations différentes». Por lo mismo el origen de todos los vicios y desviaciones estaría en querer «manger la beauté, manger ce qu'il faut seulement regarder. Eve avait commencé. Si elle a perdu l'humanité en mangeant un fruit, l'attitude inverse, regarder un fruit sans le manger, doit être ce qui sauve». *Ibid.*, p.156. ¿No es esta la esencia de la ascesis o de la purificación nocturna? Por lo demás estas observaciones, sin proceder de la psicología, coinciden plenamente con la oralidad primigenia del deseo puesta de relieve por la psicología profunda.

[18] Cf. Juan de la Cruz, 1 *Noche*, 9,3.

[19] Sobre la angustia como estado afectivo correspondiente a la tensión de una conciencia naciente, cf. D. Lagache, «Les rapports de l'angoisse et de la conscience», en *Oeuvres II* (Paris 1979) pp.150 y ss.

lación psíquica y moral del yo[20]. Pero más allá de la auto- conciencia amenazada, en un olvido de sí que habrá posibilitado la esperanza, el alma se verá abocada a un momento crucial de radical desamparo, extrema soledad y profunda angustia.

III.   Llegamos así al corazón de la experiencia nocturna. El vacío abisal en que el alma se encuentra está afectado en su entraña por el impacto de la *Ausencia*. Anteriormente la angustia se manifestaba en referencia al mundo —o a su apartamiento-, y a sí mismo, es decir, que venía agitando la superficie del espacio propio; ahora, sin embargo, emerge en su dimensión constitutiva por cuanto remite al espacio del *Otro*. Se trata del «pathos» propiamente místico, un padecer que Juan de la Cruz— más allá de las privaciones y carencias ya señaladas-, llama «sobrepadecer», «pues no sólo padece el alma *vacío* y *suspensión* destos arrimos naturales..., mas sobrepadece grave *deshacimiento* y tormento interior[21]. Aquí la angustia está fuertemente determinada en dirección de la culpa que recibe como compañera el genio religioso vuelto del todo hacia Dios y profundamente imbuído de su finitud[22].

Toda la ambigüedad de la angustia se pone de manifiesto, en cuanto que acontece tanto en la *distancia que separa*, como en el *contacto que desgarra*. En efecto, el alma siente una profunda impresión de abandono y rechazo (distancia) por parte de Dios a causa de sus miserias, que ve tan claras a la luz del «rayo de tiniebla». Pero bajo esta luz arrolladora sufre también el alma una violencia de contacto que incluso llega a exasperar las pasiones adormecidas, y así el gemido, el grito, hasta la blasfemia, se alzan a veces en lugar de la palabra. La angustia de contacto nos evoca lo «demoníaco», por cuanto sugiere las últimas resistencias que, más allá de la conciencia culpable, se ponen frente al bien[23].

Esta contradicción del deseo religioso explicaría en parte la «dimisión» de la libertad que se da a veces en la vida religiosa, ciertas complicidades enfermizas, pero no del todo inocentes que Juan de la Cruz denuncia en los

---

[20] Cf. G. Morel, *Le sens de l'existence selon S. Jean de la Croix*, 3 vols. (Paris 1961); Vol. II, pp. 92 y 104. Allí se refiere el autor al problema de la fijación en el vacío, así como a la posibilidad de desequilibrios y confusión, el riesgo de sucumbir moralmente ante el impacto más o menos deformante en el psiquismo de la Realidad.

[21] Juan de la Cruz, 2 *Noche*, 6,5.

[22] «Es como si se reuniesen las culpas del mundo entero para hacerlo culpable..», S. Kierkegaard, *o.c.*, p.133. Esto correspondería a la idea de Baruzi sobre la purificación *supraindividual* en la noche del espíritu., cf., *o.c.*, p.602.

[23] Cf. S. Kierkegaard, *o.c.*, p.149. En su libro *L'angoisse*, 2a ed. (Paris 1963) página 202, J. Boutonier, recoge la idea de éste sobre lo «demoníaco» y la pone en relación con la *resistencia* frente a la curación que tiene lugar en el psicoanálisis, concluyendo que la angustia nace de la posibilidad del cambio y del riesgo que éste representa. También S. Weil en *o.c.*, p.166, habla del alma que, bajo cualquier pretexto, renuncia a su libertad y se esconde tras el velo de la carne, huyendo del bien puro.

«pecados de los espirituales» *(Noche pasiva del sentido)*. Curioso paralelismo el que se muestra aquí entre psicología y experiencia religiosa: resistencia a la curación en el neurótico por una parte; huída del bien y de la gracia purificadora en la criatura por otra, justo en el momento en que la libertad ha de acceder a niveles superiores del espíritu.

Llegados al momento de suprema angustia, hacia el final de *Noche* la expresión cambia de signo, empieza a perder dramatismo para tornarse vehemencia apasionada en *ansia de amor*. La evolución de la experiencia ya no se entenderá en la clave de la angustia, sino de un amor creciente. Esta *ansia de amor*, que estaba ya presente en los primeros versos del poema, es el fondo último de verdad del deseo purificado, que habiendo pasado por la terrible angustia, ha llegado a tocar de raíz «*la afirmación originaria*»[24]. Nos encontramos en plena intensificación de la conciencia mística, un connato de vida absolutamente nuevo se despliega desde las intimidades del espíritu.

La noche sanjuanista no se puede abstraer de esta positividad originaria que la estructura desde el principio. Así lo entiende también Rof Carballo cuando al lado de los episodios infantiles de pobreza y desamparo del místico, recoge sus tempranas percepciones de la belleza y el amor como determinantes de su talente místico y poético[25].

2. *Finitud y culpabilidad: el núcleo de la angustia*

Teniendo siempre a la vista el horizonte religioso, es decir, el ámbito de fe en el que nuestros respectivos autores tratan el problema de la angustia, buscando el núcleo generador de la misma, nos encontramos con la *finitud* como experiencia radicalmente angustiante. ¿Qué significa esto? El texto de P. Ricoeur, al que aludimos en la nota precedente, puede ilustrarnos al respecto.

Cuando P. Ricoeur dice que la angustia significa una amenaza para mi totalidad[26], está tocando el centro neurálgico de la cuestión que ha preocupado a Kierkegaard y que fondea la noche mística de Juan de la Cruz. Evidentemente la totalidad no es dada, recordemos la «*síntesis adviniendo* en el espíritu» del primero, o el «*des-hacimiento interior*» del místico. Esa totalidad, nunca del todo realizada, la percibimos, sin embargo, de manera acuciante

[24] Esta expresión la tomamos de P. Ricoeur, «Vraie et fausse angoisse», en *Histoire et Verité* (Paris 1935), p.318. El la toma, a su vez, de M. Nabert, en *Elements pour une Ethique*, para designar ese connato de vida que subyace a las honduras de la existencia registradas por la angustia.

[25] J. Rof Carballo, «El hombre y la noche en San Juan de la Cruz» en *Revista de Espiritualidad* (XXVII) 1968, 352-373. También hace el autor algunas confrontaciones de la experiencia biográfica de la cárcel con experiencias psicológicas de privación sensorial, para concluir en los aspectos positivos de un cierto aislamiento, de cara a la creación y al enriquecimiento personal.

[26] P. Ricoeur, *art.cit.*, p.317.

en la angustia, en la medida que la vivenciamos como amenaza. Según continua P. Ricoeur esta amenaza recorre toda la escala de manifestaciones posibles de la angustia, desde la vulnerabilidad más elemental del cuerpo físico, pasando por la desintegración y discordancia psíquica o social, hasta la discontinuidad y fragmentación de la libertad, o incluso el aparente sinsentido de la historia...[27].

Estas posibilidades de lo discordante, de lo vulnerable, de lo fragmentado remiten a la finitud como brecha abierta en el ser, o mejor dicho, en el *siendo*, del hombre, que todavía no es, pero se proyecta en base a la dimensión anticipatoria de su deseo. Deseo y angustia siendo correlativos, pues ambos remiten a la incompletud originaria[28]. Finitud significa contingencia, acabamiento, posibilidad de no ser... «Manque-à- être» en la jerga lacaniana, «pasión inútil» en términos de Sartre, o aún «ser-para-la-muerte» según Heidegger. Finitud significa, además, posibilidad de ser erradamente, en el límite de la inocencia y al borde de la prohibición, pues «a las palabras de la prohibición siguen las palabras de la sanción: tu morirás»[29].

Hay que señalar que, si bien la experiencia de la finitud aparece como peculiar de la idiosincrasia del hombre moderno secularizado, es, sin embargo, una vivencia hondamente religiosa, de la que están imbuídos ya los textos de la Escritura[30]. La experiencia de la finitud teñida de angustia en el ámbito religioso tiene connotaciones propias. En el ámbito religioso —que remite a la divinidad como alteridad irreductible-, la finitud se determina particularmente en la dirección de un ámbito (vacío) de separación y ausencia, en el que la *culpa* se cierne sobre el individuo como la posibilidad amenazante de abrir aún más la separación, es decir como posibilidad del supremo extrañamiento. Pues «aquello ante lo que se angustia el *espíritu* no es el vacío de la nada de su propia dimensión interna, sino el vacío que se entreabre donde la proximidad de Dios y su concreción dejan lugar a una *lejanía* y un *extrañamiento* de Dios, a una *relación abstracta* con un "otro", con un "frente a frente"»[31].

Esta trabazón finitud/angustia/culpa, es bien patente en la obra de Kierkegaard, y particularmente relevante en las últimas páginas, donde la tensión no resuelta del trinomio apunta dramáticamente al *salto de la fe*. En efecto, el peso agobiante de la finitud y de la culpa parece frustrarlo, o al menos restarle impulso. El horizonte de la *caída*, de la enfermedad mortal (desesperación) o incluso del suicidio[32], se abren como la otra posibilidad

---

[27] *Ibid.* Son los diversos niveles que el autor va desarrollando en su artículo.
[28] Para la ampliación de este tema y sus implicaciones de orden religioso remitimos a D. Vasse, *Le temps du désir* (Paris 1969).
[29] Kierkegaard, *o.c.*, p.62.
[30] Cf. H.U. von Balthasar, *o.c.*, particularmente el cap.1.
[31] *Ibid.*, pp.128-29.
[32] S. Kierkegaard, *o.c.*, p.185.

aterradora ante el pretendido *«caballero de la fe»* [33]. El problema lo plantea el hecho, o mejor, la posibilidad de que en el espacio (vacío) del salto el individuo se quede prendido por el vértigo en una especie de sombría fascinación por la nada, o de autocontemplación raciocinante. Aquella inminencia angustiante, que decimos más arriba, de la posibilidad de la abstracción de la relación con un «otro» parece obsesionar, en los trasfondos de su espíritu, a Kierkegaard, tan difícil se hace la determinación confiada del salto, frente al fantasma de un «Dieu méchant» [34], del que parece que no consigue desembarazarse [35].

No es extraño, pues, que en la recuperación que posteriormente se ha hecho del *concepto de la angustia* de Kierkegaard, ese espacio de vértigo se haya dilatado y vaciado aún más, y el salto hecho casi imposible. Heidegger pondrá de relieve el *anonadamiento* diciendo que «en la angustia hay un retroceder ante... que no es ciertamente un huir, sino una fascinada quietud», y un poco más adelante que existir es, en definitiva «estar sosteniéndose dentro de la nada» [36]. López-Ibor, por su parte, habla de la «nihilización de la vivencia del yo» y «desracionalización del mundo normal», poniendo de manifiesto así los dos polos, objetivo y subjetivo, de la angustia [37].

La problemática tensión finitud/angustia/culpa, se encuentra también en las honduras de la noche mística de Juan de la Cruz. Ya la ansiedad del apetito pone de manifiesto la tensión de un deseo indefinido e insatisfecho y su determinación culpable en el con-sentimiento de la voluntad libre a los bienes finitos . También la razón evidenciará su «rudeza natural» al ser desnudada de categorías y esquemas por el *«rayo de tiniebla»* que esclarece y deslumbra, que asombra angustiosamente las profundidades del espíritu [38].

Pero lo más sorprendente es ver cómo el fantasma del «Dieu méchant» tampoco es ajeno a nuestro místico. Ciertas expresiones doloridas lo ates-

---

[33] En *Temor y Temblor* (Madrid 1976) donde se hacen diversas variaciones sobre el tema de la fe y el salto, el propio Kierkegaard parece confesarnos su incapacidad: «... sé muy bien que mi valor no es el coraje de la fe... porque no puedo hacer el movimiento de la fe, no puedo cerrar los ojos y, lleno de confianza, arrojarme en el absurdo...» p.45.

[34] La expresión está tomada de Ricoeur en el mismo artículo. El autor considera que la idea de la bondad de Dios es una difícil conquista, lejos de ser espontánea, justamente aún se vería puesta en juego, más allá de la angustia de culpa, por la desesperación en la experiencia del justo sufriente. Cf. *art.cit.*, p.332.

[35] Amante desgraciado, creyente angustiado, poeta de lo religioso, enamorado de su propia desesperación frente al Absoluto, Dios permanece como el temible, más allá de cualquier categoría intermedia de reconciliación. Ver J. Wahl, *Etudes kierkegaardiennes*, 4a ed. (Paris 1974) particularmente el capítulo XI «La croyance et la vie».

[36] M. Heidegger, *¿Qué es metafísica?* (Buenos Aires 1974) p.49.

[37] J.J. López-Ibor, *o.c.*, pp.153- 54.

[38] A este propósito habría que distinguir entre *admiración* y *asombro*, como acertadamente ha subrayado Von Balthasar en *o.c.*, pp.107-8. Sólo así se podrá hacer una valoración real de la angustia en el ámbito religioso (así como en el metafísico) y de sus límites como fenómeno en sí negativo.

tiguan: «... de lo que está doliente el alma aquí y lo que más siente es parecerle claro que Dios la ha desechado y, aborreciéndola, arrojado en las tinieblas (...) como esta oscura noche la tiene impedida las potencias y afecciones, ni puede levantar afecto ni mente a Dios, ni le puede rogar; parecióndole lo que a Jeremías, que ha puesto Dios una nube delante porque no pase la oración»[39]. Sin embargo, el abismo del extrañamiento será salvado con una *gracia*[40] que contrasta fuertemente con el salto violento de Kierkegaard. Veamos esto más despacio.

3.   *Del salto de la fe al vuelo absorto en el amor*

En una lectura seguida de la *Noche* de Juan de la Cruz sorprende el viraje súbito de expresión y experiencia que tiene lugar hacia el final del libro 2, cuando el autor se pone a comentar el segundo verso del poema:

«con ansias, en amores inflamada».

En efecto, en un cierto momento el alma, que se encuentra en los abismos de la más terrible angustia, empieza a remontar con inusitada vehemencia, y la noche deja de ser oscuro «*rayo de tiniebla*» para tornarse *ardorosa inflamación de amor*. «Es aquí de ver cómo el alma, sintiéndose tan miserable y tan indigna de Dios..., tenga tan osada y atrevida fuerza para ir a juntarse con Dios»[41].

Si el giro resulta sorprendente, más aún lo es la impresión de que dicha vehemencia y ardor se han ido fraguando en el seno de la «horrenda noche de contemplación», suscitados en la entraña misma del padecimiento. El autor se encarga de puntualizar al respecto «que no se piense que por haber en esta noche y oscuridad pasado por tanta tormenta de angustias, dudas, recelos y horrores, como se ha dicho, corría por eso más peligro de perderse, porque antes en la oscuridad de esta noche se ganó»[42].

Para mejor comprender el proceso de cambio que aquí tiene lugar, detengámonos todavía en la angustia, para ver las implicaciones espaciales que conlleva la expresión de tal experiencia.

La propia angustia es expresión de un conflicto que remite tanto al exterior como a la estructura interna del sujeto. En su indeterminación, es previa a la diferenciación sujeto/objeto y, como vivencia espacial, remite ya

---

[39] Juan de la Cruz, 2 *Noche*, 6,2 y 8,1.
[40] Decimos gracia en el doble sentido que tiene en español, de gracioso, o atractivo, por una parte, y de don gratuito. En el último sentido concluye Wahl en su capítulo sobre la angustia que Kierkegaard parece un místico al que hubiera faltado en ciertos momentos la gracia, permaneciendo sobre todo en estado de *aridez*. Cf. *o.c.*, p.256.
[41] Juan de la Cruz, 2 *Noche* 13,9.
[42] *Ibid.*, 15,1.

al nacimiento, primera experiencia de separación. Como la separación nunca es total, del mismo modo que tampoco es total la fusión con el mundo o con *otro*, se origina así una dialéctica espacial, en la que, justamente, se inscribe la angustia como expresión de la tensión de la conciencia naciente. Así pues, la angustia acontece en cada caso ante un nuevo campo de significación que requiere la separación del que lo proyecta [43].

A partir de esto se comprende que los autores coincidan, a la hora de proponer una transcendencia o superación de la angustia, en el término de *salto*, pareciendo este movimiento el más indicado para romper la fascinada quietud, tensión irresuelta, de la angustia.

Por lo que se refiere al ámbito religioso, Von Balthasar coincide con Kierkegaard al conferir a la fe esa dimensión espacial de ruptura que es el salto [44].

En Juan de la Cruz, sin embargo, la simbólica del salto no aparece, a pesar de la intensidad espacial y dinámica del lenguaje en el que se expresa la *noche*, y de que la realidad espiritual que simboliza se considera como tránsito, andadura. A pesar, incluso, de la orientación vertical y ascendente de muchas de sus metáforas, pues la *noche* misma es *subida*. Y, si bien hay un descender a los abismos de la angustia, no remonta el alma con la brusquedad del salto, sino en una suave ascensión (después de tornará vuelo), que es inflamación de amor.

Entre el movimiento del salto (sobre el vacío), y la ascensión (en inflamación de amor) hay notables diferencias que, desde el orden psicológico-simbólico, nos ilustran sobre las profundidades de la vivencia espiritual. El movimiento del salto es unívoco, expresa ruptura, tenso impulso sobre un vacío que sigue siendo vertiginoso y angustiante. Esa tensión se encuentra bellamente expresada en *Temor y Temblor*: «El verdadero arte en este orden de cosas consiste en aterrizar de tal modo que en el mismo momento parezca que se está detenido y en marcha, transformando constantemente en marcha acompasada el salto hacia la vida y expresando absolutamente el sublime impulso alado en el mismo caminar a pie sobre tierra firma» [45].

La concentración de fuerzas, necesaria para el salto, por parte del sujeto, que en tal coyuntura sigue produciendo angustia [46] se hace patente en las últimas páginas de *El concepto de angustia*, a pesar de que la trascendencia gratuita de la fe sea reconocida de manera explícita por Kierkegaard, por ejemplo cuando afirma que «El hombre puede llegar por *sus propias fuerzas* a ser un héroe trágico, pero nunca un caballero de la fe» [47].

---

[43] Cf. D. Lagache, *art.cit.*, p.156.

[44] H.U. von Balthasar, *o.c.*, p.138.

[45] S. Kierkegaard, *Temor y Temblor*, p.57. Subrayar la alusión, de orden exclusivamente poético, creemos nosotros, al «impulso *alado*».

[46] S. Kierkegaard, *El concepto de la angustia*, p.181.

[47] S. Kierkegaard, *Temor y Temblor*, p.95.

Pero volvamos al análisis simbólico. Lo unívoco del salto contrasta con la ambivalencia que, en la dinámica nocturna, presentan los movimientos de trascendencia de la angustia. La simbólica de la inflamación conlleva la dimensión de des-hacimiento y destrucción (combustión dolorosa), y al mismo tiempo sirve para expresar la regeneración por el amor en la iluminación y hermosa ascendencia de la llama [48]. Por lo demás, la ascensión en inflamación de amor se torna finalmente *vuelo*. La simbólica del vuelo, contrariamente a la del salto, ha eliminado ya toda connotación de pesantez, es decir, de tenso esfuerzo subjetivo en sí limitado, e incapaz de acceder al otro (lado) [49]. El que vuela pierde pie, pero mientras levita otro espacio ingrávido lo sostiene, es el espacio del amor, que abre ante sí el movimiento de abandono y confianza. Este movimiento de abandono y confianza que permanece absolutamente problemático para Kierkegaard, pues se sitúa explícitamente en contra de las consideraciones que aproximan lo religioso —como movimiento-, al orden del amor, contraponiendo el riesgo esforzado de la creencia [50].

Siguiendo a Juan de la Cruz, una vez que accedemos a la simbólica de la inflamación de amor y del vuelo, la experiencia que expresa la nueva intensidad de conciencia no es ya la angustia, sino el *ansia de amor*. A pesar del parentesco, los dos fenómenos son muy diferentes. La evolución que hay entre ambos ilustra justamente el éxtasis y la purificación del deseo que tienen lugar en la noche. En Juan de la Cruz la angustia no llega a trascenderse o vencerse por un esfuerzo más o menos subjetivo, sino que, por un acceso confiado a la Alteridad fundante, se remonta hasta sus fuentes originarias y se ve absorbida en ellas, renaciendo ya como vehemencia de unión en *ansia de amor*.

El *ansia de amor* expresa el deseo purificado que, habiendo remontado hasta su origen, se reconoce como provocado y convocado por el Otro que ha amado primero. allí el deseo se acrece, de más amor, o de amar «tanto como es amada», habiendo experimentado hasta la raíz la potencia regeneradora de ese Amor. De ahí que este resurgimiento se exprese bien en los términos de P. Ricoeur como «*afirmación originaria*», nueva vehemencia o connato de vida más original que cualquier angustia [51]. Si el ser finito por sus propias fuerzas no puede ni siquiera ponerse ante la nada [52], por su esfuerzo subjetivo sólo, tampoco podrá superar el vértigo angustiante de la misma, «...pero el amor solo que en este tiempo arde, solicitando el corazón por el

---

[48] Cf. Juan de la Cruz, 2 *Noche* 10,1.

[49] Da la impresión de que en el salto de Kierkegaard la atención se vuelque sobre el acto mismo, en lugar de hacia el Otro al que apunta.

[50] Cf. J. Wahl, *o.c.*, p.307, nota 1.

[51] P. Ricoeur, *art.cit.*, pp.318 y 334-35.

[52] M. Heidegger, *o.c.*, p.50.

Amado, es el que guía y mueve al alma entonces, y la hace volar a su Dios por el camino de la soledad, sin ella saber cómo ni de qué manera»[53].

El vuelo no tiene, pues, la violencia del salto, que arrastra como un lastre el peso mortal de la angustia, el vuelo sólo es posible llevado «en las alas del amor»[54], en un cierto olvido de sí, espacios desplegados de esperanza, en donde la memoria doliente del pasado y de la culpa no se ancla sobre sí. La fe angustiada permanece, sin embargo, presa de sus propias falacias: disarmonía entre entendimiento y voluntad, entre conocimiento y deseo, que se podrán entender a la luz de una confrontación psicológica.

4. Interpretación psicológica

a) Opacidad entre las dos noches

Cuando Juan de la Cruz habla del paso entre la noche (pasiva) del sentido y la noche del espíritu, y de algunos que «ni bien están en la noche, ni bien fuera de ella», nos parece adivinar de algún modo los sufrimientos y contradicciones de Kierkegaard, prendido por la tensión de su personalidad demasiado fantasiosa y demasiado reflexiva[55]. Entre la angustia paralizadora y el salto de la fe, el «spiritum vertiginis», interpone una misteriosa opacidad, que «de tal manera les oscurece el sentido, que los llena de mil escrúpulos y perplejidades tan intrincadas al juicio de ellos, que nunca pueden satisfacerse con nada ni arrimar el juicio a consejo ni concepto»[56].

Hay en Kierkegaard una abundante profusión de categorías, estadios, paradojas, etc., para explicarse el movimiento de la fe, que hacen de la propia tentativa de *racionalización* un obstáculo irracional, el cual viene a bloquear, en definitiva, dicho movimiento. No en vano en algún momento de su vida esta racionalidad se habría aplicado a una crítica del cristianismo[57], a partir de la cual se habría acercado a sus núcleos de verdad que, no obstante, permenecerán para él problemáticos, en una especie de fijación recurrente sobre la *paradoja*[58]. El anclaje en la contradicción y la paradoja parece desembocar, por momentos, en una mistificación psicológica, que reempla-

---

[53] Con estas palabras termina el libro de la *Noche*, quedando inacabado el comentario al poema.

[54] «El hombre... llevado en las alas del amor, siente un *temblor*, que precisamente como tal temblor le concede confianza para no asentarse en sí mismo o en la tierra, sino para volar con nueva fuerza». La simbólica del vuelo viene a completar la del salto también en H.U. von Balthasar, *o.c.*, p.132.

[55] Cf. J. Wahl, *o.c.*, pp.447-48.

[56] Juan de la Cruz, 1 *Noche* 14,3.

[57] Cf. J. Wahl, recogido en los *Extraits du Journal*, *o.c.*., pp.467-68.

[58] La paradoja y la ironía pudiendo ser la expresión de una cierta perversión racionalista. Cf. D. Vasse, *o.c.*, pp.72-73.

zaría la vida psíquica —por lo demás perfectamente analizada en su rica complejidad— por un saber crítico sobre la vida [59]. Esta es la opacidad de un racionalismo especular que, mirándose constantemente en cada movimiento, con la pretensión de expurgar la fe de contagios afectivos u otros, permanece presa de sí mismo, doblemente aherrojado por el desgarramiento narcisista subyacente.

El grito desamparado de la subjetividad hacia aquello que la trasciende [60] parece no encontrar acogida, y por momentos la angustia que genera viene a resolverse en ironía, novelesca mistificación tipológica, o pseudonimia..., accediendo así a una especie de substitutivos que alivian exteriormente de la crispación interior [61]. En medio de este desgarramiento, el propio Kierkegaard, «tan reflexivo como un pronombre», justifica su obra como una larga explicación consigo mismo [62], suscitada y a la vez bloqueada por su enorme lucidez y capacidad crítica.

Pero en estos caminos oscuros de la fe lo que más conviene, según Juan de la Cruz, «es no querer aplicar su juicio para saber lo que sea lo que en sí tiene y siente» [63]. La incurvación reflexiva sobre sí es peligrosa por su ambigüedad. En el mismo sentido puntualiza Von Balthasar: «En la reflexión sobre su fe (¿cómo haré?) ya se ha vuelto a hacer incrédulo San Pedro, y se hunde, y dentro de la trascendencia se descubre lo que se había enredado a su paso: la angustia. No se puede a la vez soltar y querer aferrar el acto de soltar» [64].

b) *Del narcisismo y la imagen del padre*

A estas alturas de nuestra reflexión podríamos consignar la clave de una real trascendencia de la angustia (en la fe) bajo el lema: prohibido mirar*se*. La imposibilidad de superar la angustia, con la consiguiente crispación, patente no sólo en la obra a que nos hemos referido, sino en tantas páginas de Kierkegaard (particularmente en el *Diario*), esta imposibilidad, decimos, podría remitirse a un sentimiento de culpa exacerbado. Esta culpabilidad es de orden psicológico antes que religioso; por eso, a pesar de ser reconsiderada y com- prendida en el ámbito de la fe, no llega a ser decantada de sus influjos morbosos, de ahí la presencia constante de la angustia. El

---

[59] A. Vergote, *Religion, foi, incroyance. Etude psychologique* (Bruxelles 1983) p.240. El autor pone de relieve la «pasión narcisista de dominio» que anima tal empresa hipercrítica.

[60] J. Wahl, *o.c.*, p.256.

[61] Según el fenómeno de *proyección*, descrito por Frued; la representación exterior substituiría al modo del *síntoma*, un cambio interior que permanece bloqueado, dado que, además la posibilidad del cambio produce angustia.

[62] J. Wahl, *o.c.*, *Extraits du Journal*, p.455.

[63] Juan de la Cruz, 3 *Subida* 8,5, referido a la purificación de la memoria.

[64] H.U. von Balthasar, *o.c.*, p.132.

acceso a una creencia sosegada se hace imposible para quien se encuentra
tan afectado por el sentimiento de indignidad, pues las estructuras intrapsí-
quicas del sujeto, aún en el movimiento de la fe, permanecen presas de sus
propias limitaciones y debilidades [65].

El acento apasionado puesto en la subjetividad, la desesperación frente
al desdoblamiento del yo abatido por la culpa, la violencia y constante *reflexión* de ese desdoblamiento, el dilema de los estadios con la tensión inconci-
liable entre lo ético y lo religioso, así como la depreciación de lo estético,
son tremendas contradicciones mantenidas y alimentadas sobre un fondo
vertiginoso de angustia, con las que Kierkegaard nos fascina a fuerza de ser
dolorosamente él mismo.

A la luz de la psicología profunda estas contradicciones podrían remitirse a un fondo común: el de un narcicismo exaltado por la idea de la perfección [66], y extremamente matizado por las categorías de culpa y pecado
que le confieren las determinaciones de la existencia religiosa.

En el límite de la posibilidad, en el salto de la fe, el sujeto ha de volverse sobre sí para aferrar (racionalmente) su propia acrobacia. Sólo en ese
movimiento reflejo cualquier acto de la existencia parece cobrar consistencia... Pero en definitiva se trata de una consistencia falsa, porque especular
e imaginaria. Una angustia de conciencia —entre el ser y la apariencia-, im-
pregna ese deseo de corresponder el deseo del *otro*— Dios, el padre, frente
al cual en sujeto se pone y se mira-, que está a la base de este desdoblamiento. El deseo de correspondencia al ideal propuesto por esa autoridad, cuyo
amor nunca se merece, mientras que uno podría hacerse siempre reo de culpa, es lo que hace que la máxima expresión de la existencia religiosa se formule para Kierkegaard en un «delante de Dios», donde el individuo se busca idéntico a sí mismo y a salvo de la disarmonía propia de la espontaneidad
vital y emocional [67].

En el «delante de Dios» la angustia expresaría la persistencia de la distancia insalvable de sí a sí mismo, y frente al *otro*. Narciso herido por el espejo roto de una perfección imposible reaviva constantemente esa distancia
como herida y como vértigo a fuerza de mirarse en ella y constatar la imposibilidad de colmarla con el poder de su razón o de su deseo. Sólo mirándose en el Otro que llama y convoca a través de la distancia, puede superarse
el vértigo, sería necesario un acto o movimiento de confianza enamorada,
posibilitado a su vez por la esperanza que, rompiendo la fijación sobre sí,
desplegaría espacios libres de olvido y acogida [68].

---

[65] A. Vergote, *Dette et Désir* (Paris 1978), pp.104 ss., se explica ampliamente sobre las
trampas del saber *reflexivo* en la búsqueda de Dios.
[66] *Ibid*. También López-Ibor concluye sobre la necesidad imperativa de sustraerse al narcisismo para madurar en la vida religiosa; *o.c.*, pp.159-60.
[67] A. Vergote, *Dette et Désir*, pp.98-103.
[68] Es el tema de Juan de la Cruz en los capítulos sobre la purificación de la memoria.

c) *En la fuente: la mirada entrañal*

Es interesante constatar que en la purificación del deseo que tiene lugar en la *noche* de Juan de la Cruz, aparecen muchas de las tensiones manifiestas en las páginas de Kierkegaard: La tentación del racionalismo, la incurvación narcisista ante el vértigo de la nada, la fijación doliente de una memoria que arrastra el peso muerto del deseo no colmado... Pero la opacidad del racionalismo se disuelve en la luz cegadora del profundo «*rayo de tiniebla*» y la angustia de saber en el silencio de la escucha amorosa. Contra el afán de una razón que quiere conocer*se* en todo y todo conocer se alza la noche del entendimiento. La noche de la memoria, que embebe al alma en «grande olvido», retrotrae la angustia de poseer*se* a un tiempo prístino de esperanza y atención de amor [69].

La purificación de las potencias, que culmina en la voluntad desasida, donde la angustia queda trastocada en *ansia de amor*, nos habrá conducido hasta la clave de la noche. Esta clave se encuentra en la fuente evocada en la estrofa 12 del *Cántico*:

> «¡Oh cristalina fuente,
> si en esos tus semblantes plateados
> formases de repente
> los ojos deseados
> que tengo en mis entrañas dibujados!»

La fuente es el centro de sentido y el hogar de luz de la noche. Habiendo pasado por la negación de visibles (cuantas representaciones el entendimiento pudiera comprender), y por el olvido del propio reflejo proyectado en una búsqueda ansiosa a través de las criaturas, habiendo aceptado la distancia y el silencio, los apetitos dormidos y suspendidas las potencias, el alma se despierta al borde de la fuente con la sed de una mirada. Ya no busca en sus aguas prístinas su propio rostro o identidad —como Narciso, ahogado en el encantamiento reflectante de sus espacios psíquicos-; el alma busca aquí la mirada entrañal, aquella de los ojos deseados que han mirado y amado primero, y por eso están como esbozados en sus entrañas espirituales. En ellos accede el alma al reconocimiento del origen del propio deseo. Así pues, más allá de los fantasmas generadores de ansiedad de las criaturas, de los reflejos fragmentados de sí que, en la aniquilación de la noche producían angustia, el reconocimiento de la fuente retrotrae toda pasión a esta vehemencia de amor, que «por la grande presencia que del Amado siente le parece la está ya siempre mirando» [70].

Pero aquí ya no se siente el alma mirada como «*frente a frente*», o «*delante de*», sino convocada en una mirada que vivifica y regenera desde su inte-

[69] Juan de la Cruz, 3 *Subida*, 2, 4- 5.
[70] Juan de la Cruz, *Cántico* B, 12,5.

rior. La brecha insalvable de extrañamiento angustiante se ha tornado herida de amor que sólo con más amor se cura. Y por eso la angustia reabsorbida y reconocida en los orígenes del deseo se convierte en *ansia de amor*[71].

La fuente que, en definitiva, es la fe, transforma colmando en una cierta anticipación, los espacios de vértigo que aterran con la posibilidad infinita. En la fuente el alma reconoce su intimidad última reflectante, más allá de los espacios psíquicos, como «imago Dei», re-creada y acogida en esta mirada de amor que sostiene, de modo que se hace superflua aquella incurvación vacilante sobre sí.

»Pues, como esta palomica de el alma andaba volando por los aires de amor sobre las aguas del diluvio de las fatigas y ansias suyas de amor..., no hallando donde descansase su pie, a este último vuelo que habemos dicho extendió el piadoso padre Noé la mano de su misericordia y recogióla...»[72].

Conclusiones

Llegados al final de estas páginas queremos poner de relieve algunos puntos, a modo de conclusiones.

En primer lugar querríamos señalar la dimensión paradigmática de la angustia en el orden religioso, ya que ésta remite la existencia a los núcleos últimos e íntimos de la configuración de su ser. Siguiendo a P. Ricoeur consideramos que esta angustia última, de carácter «metafísico», engloba de algún modo todas las otras manifestaciones o niveles fragmentarios.

Así lo ha percibido seguramente Kierkegaard cuando propone el salto de la fe como la única salvación posible de la angustia. El problema es que, a pesar de su enorme penetración y lucidez, o a causa de una cierta perversión hipertrófica de la misma, Kierkegaard se queda aún prendido en la fragmentación inherente a los espacios psíquicos. A pesar de la intuición del misterio, su actitud respecto a la fe es con frecuencia la de «*frente*» al problema. Demasiado racionalismo, oponiendo sus resistencias frente a la «*dilatatio*»[73] del alumbramiento de la Vida. El mismo del que fue prisionero durante largo tiempo, como atestigua el libro VII de las *Confesiones*, un espíritu

---

[71] Cf. G. Morel, *o.c.*, vol.III, p.75: «C'est l'aspect négatif du désir que nous nommons angoisse, tout désir supposant absence. Lorsque cet aspect négatif revient à son origine, c'est à dire, lorsque il s'éprouve fondé dans l'amour et comme amour, il est appelé par Saint Jean de la Croix *ansia*... Tandis que l'*ansia* ne peut pas grandir, l'angoisse au contraire, doit peu à peu s'abolir au cours de l'expérience».

[72] Juan de la Cruz, *Cántico* B, 14-15, 1.

[73] Cf. H.U. von Balthasar, *o.c.*, p.135. Es interesante señalar lo femenino, como «modo de estar», de la actitud de acogida y disposición «pasiva» para el alumbramiento, por contraposición a la disposición viril de conquista de la razón. En este sentido habría una femineidad en la mística de la noche que contrasta fuertemente con la polarización de Kierkegaard sobre los aspectos religiosos dominados por la imagen del padre: ley, culpa, deuda, «frente a», etc.

tan lúcido y sensible como Agustín de Hipona; el racionalismo sin piedad del hombre moderno, pero que es tan antiguo y tan humano...

Muy otra es la actitud que propone Juan de la Cruz que, sabedor de la finitud y contingencia de la razón, propone el camino ignoto de la noche, y «en este camino, dejar *su* camino es entrar en camino», pero quien «a alguna luz suya se quisiere arrimar, tanto más se cegará y se dentendrá en el camino de la unión» [74].

---

[74] Juan de la Cruz, 2 *Subida* 4, 5 y 7.

Dag Hammarskjöld als Interpret des hl. Johannes vom Kreuz

Jos Huls, O.Carm.

Einleitung

In Schweden gab es heftige Diskussionen, als 1963 posthum das Tage-buch Dag Hammarskjölds, *Zeichen am Weg,* herausgegeben wurde[1]. Dag Hammarskjöld war als Generalsekretär der Vereinten Nationen (1953-1961) weltweit durch sein ehrliches und unparteiisches Auftreten in vielen interna-tionalen Konflikten bekannt. Daß sich hinter diesem schwedischen Diplo-mat ein religiöser Mensch verbarg, vermuteten nur wenige. *Zeichen am Weg* brachte daher in einem Land, das bereits zu Beginn dieses Jahrhunderts Re-ligion zu einem aussterbenden Phänomen abgestempelt hatte, viele Zungen in Bewegung. Glaube war etwas für Kinder, nicht für moderne, nachdenken-de Menschen. Das Unverständnis war sogar so groß, daß manche Landsleute das Tagebuch für einen Schandfleck auf Hammarskjölds Karriere hielten[2]. Der Aufruhr, den das Tagebuch verursachte, war enorm, obwohl Ham-marskjöld seine gläubige Lebenseinstellung nie verschwiegen hatte. Nicht nur in seinen Briefen, sondern auch in den offiziellen Dokumenten und Vorträgen lassen sich Passagen finden, die seinen religiösen Hintergrund ve-rraten. In einer Ansprache, die er 1954 im kanadischen Rundfunk hielt, ging

---

[1] Dag Hammarskjöld, *Vägmärken,* Stockholm 1963. Deutsche Übersetzung: Dag Ham-marskjöld, *Zeichen am Weg,* München 1965. Kurze Biographie: Dag Hammarskjöld wurde am 29. Juli 1905 in Jönköping, Schweden, geboren. Er war der vierte Sohn einer adligen schwe-dischen Familie, die viele Beamte und Staatsmänner hervorgebracht hat. Dag Hammarskjöld wuchs in Jönköping und Uppsala auf. In Uppsala studierte er insbesondere Jura und Wirt-schaftswissenschaft. Er promovierte 1933 über die Dekonzentration der Konjunktur und mach-te danach eine schnelle Karriere im schwedischen Beamtenapparat. Am 7. April 1953 wurde er zum Generalsekretär der Vereinten Nationen gewählt. Diese Aufgabe wurde am 17. Spetem-ber 1961 abrupt durch ein dramatisches Flugzeugunglück beendet, wobei Hammarskjöld ums Leben kam.

[2] Vgl. Eyvind Bartels, *Dag Hammarskjöld og hans Gud,* En diskussion mellem Eyvind Bartels, Olov Hartman og Sven Stolpe, Kopenhavn 1964.

Hammarskjöld sogar offen auf seinen persönlichen Glauben ein und sprach u.a. von den Einfluß, den die mittelalterlichen Mystiker auf ihn hatten:

> Doch die Antwort auf die Frage, wie der Mensch ein Leben gesellschaftlichen Dienens führen kann —in völliger Harmonie mit sich selbst als Mitglied der Gemeinschaft des Geistes— fand ich in den Schriften der großen mittelalterlichen Mystiker... [3]

In *Zeichen am Weg* kommen regelmaßig Zitate von Mystikern wie Meister Eckhard und Thomas à Kempis vor. In der Büchersammlung Hammarskjölds finden wir Schriften von Franziskus von Assisi, Johannes vom Kreuz, Heinrich Seuse und Teresa von Avila. Die eben zitierte Rundfunkansprache bezieht sich jedoch nur auf Johannes vom Kreuz. Vor allem dessen Schriften ließen Dag Hammarskjöld verstehen, daß der Glaube in erster Linie eine *Verfassung* des Menschen ist:

> Glaube ist eine Verfassung des Geistes und der Seele. In diesem Sinn können wir die Worte des spanischen Mystikers Johannes vom Kreuz verstehen: *Glaube ist die Vereinigung Gottes mit der Seele* [4].

Wie wichtig Dag Hammarskjöld diese Entdeckung fand, wird durch die zentrale Rolle dieses häufig zurückkehrenden Zitats *Glaube ist die Vereinigung Gottes mit der Seele* in seinem Tagebuch unterstrichen. Obwohl er ausdrücklich behauptete, mit diesen Worten Johannes vom Kreuz zu zitieren, kommt der Satz in dieser Form nicht in den Schriften des spanischen Mystikers vor. In den vielen Texten, die auf den Zusammenhang von Glaube und Vereinigung eingehen, identifiziert Johannes vom Kreuz beide Begriffe nie miteinander und spricht immer über den Glauben *als Mittel* zur Vereinigung mit Gott. Außerdem beschreibt er den mystichen Weg *als einen Aufstieg der Seele zu Gott* und kehrt diesen Weg nie um. Trotzdem meinte Dag Hammarskjöld, daß dieses «Zitat» nicht nur Johannes vom Kreuz richtig wiedergibt, sondern auch seine eigene Erfahrung adäquat ausdrückte [5].

---

[3] Vgl. Dag Hammarskjöld, *Speeches,* S. 24: But the explanation of how man should live a life of active social service in full harmony with himself as a member of the community of the spirit, I found in the writings of those great medieval mystics...

[4] Dag Hammarskjöld, *Speeches,* Stockholm 1962, p. 23.

[5] Vgl. Aufstieg auf den Berg Karmel II 9.1: Der Glaube ist das einzige, nächste und angemessene Mittel für die Seele, um sich mit Gott zu vereinigen.

Aufstieg auf den Berg Karmel II 19.14: Dies tun wir, indem wir sie, wie wir gesagt haben, an die Univermischtheit des Geistes gewöhnen in dunklem Glauben, der das Mittel zur Vereinigung ist.

Vgl. auch: Aufstieg auf den Berg Karmel II 19.14 und 24.4-9. Die Dunkle Nacht I 11.4, II 2.5 und 7.3-7. Lebendige Liebesflamme III 47-48.

In der nun folgenden Studie mochte ioh zwei Texte besprechen, in denen das vermeintliche Zitat *Glaube ist die Vereinigung Gottes mit der Seele* vorkommt. Der erste Text ist der oben zitierten Rundfunkansprache entnommen (Paragraph 1). Der andere Text kommt aus dem Tagebuch *Zeichen am Weg* (Paragraph 3). Eine gute Analyse dieses letztgenannten Textes ist aber nur aus dem Kontext des Tagebuchs heraus möglich. In einem Zwischenparagraph wird darum kurz der religiöse Weg Dag Hammarskjölds betrachtet, so wie dieser sich in *Zeichen am Weg* darstellt (Paragraph 2). Da Hammarskjöld ausdrücklich an die mystische Tradition des Johannes vom Kreuz anknüpft, bilden die Schriften dieses Mystikers den Hintergrund, vor dem beide Texte beleuchtet werden. Abschließend wird kurz darauf eingegangen, welche Aktualität Johannes vom Kreuz für das Glaubenserleben des modernen Menschen hat, von dem *Zeichen am Weg* ein Zeugnis ist.

1. *Glaube ist eine Verfassung des Geistes und der Seele*

Glaube ist eine Verfassung des Geistes und der Seele. In diesem Sinn können wir die Worte des spanischen Mystikers Johannes vom Kreuz verstehen: Glaube ist die Vereinigung Gottes mit der Seele. Die religiöse Sprache ist ein System von Formeln, das eine fundamentale geistliche Erfahrung ausdrückt. Diese Sprache darf nicht für eine Beschreibung der Wirklichkeit gehalten werden, die —in Begriffen, die von der Philosophie zu bestimmen sind— unseren Sinnen und den Werkzeugen der Logik zugänglich ist [6].

Der zitierte Abschnitt aus der Radioansprache von 1954 kann in zwei (zusammenhängende) Teile zerlegt werden.

Johannes vom Kreuz spricht über den Glauben als *Mittel*, weil die damals geltende Theologie davon ausging, daß das irdische Leben eine Einschränkung der Beziehung zu Gott ist. Das Leben selbst implizierte bereits eine Vermittlung, die nur durch den übergang in ein anderes Leben nach dem Tod aufgehoben werden konnte. Aus dieser Perspektive gibt es keinen grundsätzlichen Unterschied zu der Auffassung Dag Hammarskjölds, wenn Johannes vom Kreuz den *Glauben als das einzige, nächste und angemessene Mittel* bezeichnet, *um zur Vereinigung mit Gott zu gelangen.* Auch die Umkerung dieser Bewegung deutet nicht auf einen Unterschied in der Erkenntnis hin. Glaube ist nämlich auch für Johannes vom Kreuz die unmittelbare Einwirkung Gottes auf den Menschen. (Vgl. Aufstieg auf den Berg Karmel II 3.3).

[6] Vgl. Dag Hammarskjöld, *Speeches*, a.a.O., S. 23: Faith is a state of the mind and the soul. In this sense we can understand the words of the Spanish mystic St. John of the Cross: «Faith is the union of God with the soul.» The language of religion is a set of formulas which register a basic spiritual experience. It must not be regarded as describing, in terms to be defined by philosophy, the reality which is accessible to our senses and which we can analyse with the tools of logic.

— Der erste Teil spitzt sich auf den Ausdruck *Glaube* zu, der vom
Autor in erster Linie als ein Zustand oder eine Verfassung des
Menschen verstanden wird, die nicht nur den menschlichen Geist
sondern auch die Seele betrifft. Vor dem Hintergrund dieser
Umschreibung muß der Satz *Glaube ist die Vereinigung Gottes mit der
Seele* verstanden werden.

— Der zweite Teil richtet sich auf *die religiöse Sprache,* die dem Autor
zufolge Ausdruck der im ersten Teil angedeuteten *fundamentalen geistlichen Erfahrung* ist. Die Formeln, derer die Religion sich bedient,
dürfen aber nicht so verstanden werden, als ob hier eine empirische
Erfahrung in Worte gefaßt wird. Die religiöse Sprache ist keine
Beschreibung der objektiven Wirklichkeit, so wie diese für die Sinne
und den Verstand zugänglich ist, sondern vielmehr Ausdruck einer
Erfahrung, die als Erfahrung nicht bewußt gemacht werden kann[7].

In diesem Text bilden die beiden ersten Aussagen über den Glauben
den Kern dessen, was Dag Hammarskjöld mitteilen will. Diese Aussagen
können jedoch nur in ihrer richtigen Bedeutung verstanden werden, wenn
man sie von den Bedingungen aus liest, die im zweiten Teil gestellt werden.
Die religiöse Sprache ist nämlich Ausdruck einer «Erfahrung», die im Unterschied zu unserer normalen Erfahrung für das Bewußtsein nicht zugänglich ist. Die oben gemachten Aussagen über den Glauben dürfen also auch
nicht als eine Erfahrung verstanden werden von «etwas», das durch die Sinne oder den Verstand in den Menschen gelangt. Diese negative Formulierung, deren Ursprung bei Johannes vom Kreuz zu finden ist, kann auf zwei
Weisen ausgelegt werden:

Erstens drücken diese Worte aus, daß Gott als «Objekt» der Erfahrung
nicht in den begrenzten menschlichen Kategorien erfaßt werden kann. Gott
ist der *Andere* oder das total *Andere*[8], das aus dem Rahmen des menschlichen Bewußtseins fällt.

Weil aber doch von einer Erfahrung gesprochen wird, kann diese Formulierung zweitens darauf hinweisen, daß es hier nicht um eine Erfahrung
von etwas *in* der Wirklichkeit geht, sondern um eine Veränderung der Erfahrung. Die «Sprache der Religion ist mit anderen Worten nicht Ausdruck
einer objektiven Veränderung» der Wirklichkeit, sondern eines veränderten

---

[7] Vgl. Die dunkle Nacht II 17.5-6.

[8] Die Ausdrücke der *Andere* oder das total *Andere* werden hier großgeschrieben, um sie
von der Bedeutung zu unterscheiden, die sie im normalen Sprachgebrauch haben. Es geht hier
nämlich nicht um «jemand» oder «etwas», das sich in der Wirklichkeit sehen läßt, sondern um
die Wirkung der Wirklichkeit. Da diese Wirkung —wie wir später sehen werden— sich dem
menschlichen Bewußtsein entzieht, ist hier in einem absoluten Sinn die Rede van dem *Andern*
oder dem total *Andern.* Auf Grund des unmittelbaren Anspruches, der von dieser Wirkung
ausgeht, spreche ich ab jetzt meistens von dem *Anderen,* ohne hiermit eine persönliche Wirklichkeit anzudeuten.

Erlebens der Wirklichkeit. Dies wird durch den ersten Satz bestätigt, der besagt, daß der Glaube als eine Verfassung des Menschen ist. Diese subjektive Haltung darf jedoch nicht mit einer bestimmten Gemütsverfassung verwirrt werden. Stimmungen sind nämlich Folge eines bestimmten Bewußtseinzustandes und sind darum als normale Erfahrungen anzusehen.

Nachdem der Glaube nun von allem abgegrenzt ist, was wir normalerweise unter (Glaubens) Erfahrung rechnen würden, kann man sich fragen, was Dag Hammarskjöld unter Glauben versteht. Wie müssen wir uns eine *fundamentale geistliche Erfahrung* vorstellen, ohne daß das Objekt dieser Erfahrung bewußt gemacht Erfahrung der Und —wenn der Glaube eine veränderte Erfahrung der Wirklichkeit ist— warum können wir dann nicht von einer bestimmten Gemütsverfassung sprechen? Da Dag Hammarskjöld hier von Johannes vom Kreuz beeinflußt ist, können wir am besten von einem Text dieses Mystikers ausgehen:

> Der Glaube, so sagen die Theologen, ist eine Haltung der Seele, sicher und dunkel. Sie ist eine dunkle Haltung, weil sie die Seele Wahrheiten glauben macht, die von Gott selbst offenbart sind, die über jedes natürliche Licht hinausgehen und allen menschlichen Verstand unvergleichlich überschreiten.
>
> Daher ist dieses übermäßige Licht, das der Glaube der Seele gibt, für sie eine dunkle Finsternis[9].

Wenngleich Dag Hammarskjöld selbst nicht darauf eingeht, kommen die Worte *Glaube ist eine Verfassung des Geistes und der Seele* beinahe wörtlich aus diesem Zitat[10]. Für Johannes vom Kreuz ist der Glaube eine Haltung des Menschen und gleichzeitig ein unmittelbares Einwirken Gottes. Diese Einwirkung oder diese Mitteilung geht jedoch nicht den normalen Weg der Sinne oder des Verstands, sondern übersteigt diese, wodurch der Mensch bezüglich dieses Geschehens im Dunkeln bleibt. Trotzdem wird der Glaube eine Haltung genannt, die an erster Stelle *sicher* ist. Gerade diese paradoxe Aussage macht den Text interessant. Wie kann sich der Mensch in einer Verfassung befinden, die gleichzeitig sicher und dunkel ist? Dag Ham-

---

[9] Aufstieg auf den Berg Karmel II 3.1.

[10] Johannes vom Kreuz spricht hier nicht von einer Verfassung (estado) sondern von einer Haltung (hábito) der Seele. Obwohl sich diese Worte in ihrer Bedeutung unterscheiden, meinen sie aber dasselbe Phänomen. Der Unterschied liegt in der Absicht der Autoren. Dag Hammarskjöld beschränkt sich in diesem Text auf eine Beschreibung dessen, was Glaube ist. Johannes vom Kreuz beschreibt im *Aufstieg auf den Berg Karmel* jedoch den mystischen Aufstieg der Seele zu Gott. In diesem Aufstieg ist der Glaube die lenkende Instanz, die schließlich zur zentralen Haltung wird.

marskjöld erhellt dieses Problem einigermaßen, indem er in seinem Text zwischen dem menschlichen *Geist* und der menschlichen *Seele* unterscheidet.

Mit dem Wort *Geist* wird der Sitz des Denkens, Fühlens und Handels des Menschen angedeutet. Er ist das Zentrum des Bewußtseins —das oft mit der Seele gleichgesetzt wird— und die zentrale Instanz, die die Eindrücke verarbeitet, die von außen in uns hineinkommen. Vor allem die Perzeptions-Psychologie hat sich mit der Funktion des Bewußtseins beschäftigt. Sie geht davon aus, daß wir nur das wahrnehmen oder erfahren, was in unserem Bewußtsein erscheint. Das Bewußtsein ist jedoch keine objektive Instanz, die alle Eindrücke von außen automatisch weitergibt, sondern funktioniert eher als ein selektives Interpretationsschema, das nur die für den Menschen brauchbare Information verarbeitet. Durch dieses Bewußtsein, das hauptsächlich soziokulturell bestimmt ist, werden wir in die Lage versetzt, die chaotischen Eindrücke, die von außen in uns hineinkommen, zu einem sinnvollen Ganzen zu strukturieren. Mit dem Bild, das wir auf diese Weise von uns selbst, dem andern und der Wirklichkeit aufbauen, können wir uns in der Wirklichkeit orientieren, sie erkennen und sie zum Objekt der Kommunikation machen. Der menschliche Geist kann darum kurz umschrieben werden als ein «intelligenter» Filter, der in der Lage ist, die chaotische Wirklichkeit so zu vermitteln, daß der Mensch die Möglichkeit erhält, auf die Wirklichkeit einzuwirken, sich in ihr zu orientieren und sie zu einem sinnvollen Ganzen zu machen. Dieses Bild vermittelt jedoch so viel Zuverlässigkeit und Schutz, daß der Mensch dazu neigt, dieses subjektive Bild zur Wirklichkeit *selbst* zu verabsolutieren.

Im Unterschied hierzu ist der mystischen Tradition zufolge die *Seele* der Punkt, wo der Mensch ummittelbar die absolute Wirklichkeit Gottes berührt. Die Seele ist nicht nur der von Gott beseelte Grund all dessen, was ist, sondern ist gleichzeitig das «Organ», durch das Gott sich dem Menschen unmittelbar aufdrängt. Dieses Einwirken Gottes geschieht nicht außerhalb unserer selbst oder außerhalb der Wirklichkeit, sondern ist vielmehr das Transparent-Werden unseres eigenen Selbst oder der wirklichen Wirklichkeit. Wir müssen uns das aber nicht so vorstellen, daß sich diese Einwirkung dem Menschen zeigt, sie ist eher eine unmittelbare Berührung im Dasein des Menschen. Mystiker beschreiben diese Erfahrung darum im allgemeinen auch mit taktielen Begriffen. Der Mystiker wird berührt, verwundet, im Herzen getroffen usw. Die Seele ist also eine Spalte im menschlichen Geist, durch die die Wirklichkeit als *Wirklichkeit* im Menschen wirksam wird.

Die Unterscheidung zwischen Geist und Seele verdeutlicht, daß der Glaube sich für die Mystiker auf dem Niveau der Seele ereignet und in den menschlichen Geist hineinwirkt. In *Zeichen am Weg* drückt Dag Hammarskjöld diese Erfahrung daher auch als *das Unerhörte* aus. Er will damit sagen, daß man Gott da begegnen kann, wo nichts mehr gehört wird. Gott is *das Unerhörte* an der Grenze unseres Daseins, das uns gerade an dieser Grenze unmittelbar erfüllt[11]. Trotz dieser Einwirkung bleibt das Bewußtsein in Bezug auf dies Geschehen im Dunklen und der Mensch kann nicht sagen, was sich and dieser Grenze ereignet hat. Das bedeutet jedoch nicht, daß es hier um ein vages Geschehen geht, daß vom Menschen kaum bemerkt wird. Das *Unerhörte* läßt Dag Hammarskjöld zufolge einen viel tieferen Eindruck zurück als unsere Normalerfahrung[12]. Um genau zu verstehen, was Glauben bedeutet, müssen wir zwischen der unmittelbaren Berührung und den Folgen, die diese Berührung im Bewußtsein hat, unterscheiden. Die unmittelbare Berührung entzieht sich dem Bewußtsein. Darum kann der Mystiker wenig hiervon sagen. Nur im Nachhinein kann er feststellen, daß er durch die Veränderung, die an ihm geschehen ist, in seinem Dasein unmittelbar getroffen wurde. Ohne daß er es selbst wußte, hat er sich so verändert, daß er die Wirklichkeit mit völlig anderen Augen sieht. Obwohl er den Ursprung dieses Perspektivwechsels nicht angeben kann, heißt das nicht, daß er diese Umformung als rein intra-psychischen Prozeß erfahren hat. Die Getroffenheit oder Verwundung, in der der Mystiker zurückbleibt, verweist für ihn direkt auf seinen unbekannten Ursprung oder die göttliche Wirklichkeit, die jedoch hinter dem Horizont seines Bewußtseins verborgen bleibt. Mit anderen Worten ist der Glaube die unmittelbare Berührung des Anderen oder total Anderen, die uns durch die Umformung, die sie zur Folge hat, bewußt macht, daß dies die Wirkung der absoluten Wirklichkeit oder Gottes gewesen sein muß. Glaube ist darum mit dem Augenblick des Erwachens aus einem Traum vergleichbar, der vorher als Wirklichkeit erlebt wurde. Er ist genau der (nicht bewußtzumachende) Augenblick, in dem die Wirklichkeit die Traumwelt verjagt. Wenn wir einmal erwacht sind, können wir nur auf Grund der Folgen feststellen, daß die Traumwelt verschwunden ist und wir in einer anderen Wirklichkeit leben.

Wenngleich der Glaube eine Einwirkung Gottes auf den Menschen ist, wird er von Dag Hammarskjöld und Johannes vom Kreuz an erster Stelle

---

[11] Jetzt. Da ich die Furcht überwunden — vor den andern, vor mir, vor dem Dunkel darunter:/ an der Grenze des Unerhörten:/ Hier endet das Bekannte. Aber vom Jenseits her erfüllt etwas mein Wesen mit seines Ursprungs Möglichkeit. / Hier wird Begehren zu Offenheit gereinigt: jedes Handeln Vorbereitung, jede Wahl ein Ja dem Unbekannten. / Durch die Pflichten des Oberflächenlebens gehindert, mich über die Tiefe zu beugen, aber in ihnen langsam dazu gerústet, formend in das Chaos niederzusteigen, aus dem der Duft der weißen Anemonen das Versprechen einer neuen Zusammengehörigkeit trägt. (p. 46-47).

[12] Dag Hammarskjöld zeigt die Struktur dieser Erfahrung an einem Text über Träume. Diese Träume sind einerseits ohne faßbaren Inhalt wie eine Erinnerung an eine Erinnerung. Andererseits dringen diese Träume tiefer ins Gemüt eins als die Eindrücke, die uns die Sinne vermitteln.

Vgl. *Vägmärken*, S. 62.1; *Zeichen am Weg*, S. 45-6: Wo verläuft die Grenze? Was ist es, das wir erreichen in diesen Träumen von gesättigter Schönheit, bedeutungsschwer ohne faßbaren Inhalt, tiefer in die Sinne geätzt als das Zeugnis der Augen? —Erreichen ohne Schreck, ohne Lust. Die Erinnerung an die Wirklichkeit der Körper— wohin verschwindet sie? Während das Bild jener Traumwelt nicht altert. Es lebt —als Erinnnerung an eine Erinnerung.

eine *Haltung* oder *Verfassung* des Menschen genannt. Sie machen damit deutlich, daß der Mensch in diesem Prozeß eine bestimmte Rolle hat. Glaube kann nur dann im Menschen wirksam werden, wenn er sich für Gott öffnet. Diese Haltung wird von Johannes vom Kreuz als eine aktive Haltung umschrieben, als das Loslassen des Bildes, das wir mit unserem menschlichen Geist von der Wirklichkeit aufgebaut haben. Nur in dieser Offenheit —die im Loslassen ein Berühren des Andern ist— kann der Glaube wieder die Möglichkeit bekommen, sich im Menschen zu realisieren. Fraglich ist aber, ob beide Mystiker nur von einer offenen Haltung sprechen oder vielmehr von der Wirkung, die darin entstehen kann. Dag Hammarskjöld läßt in dem Wort *Verfassung* bereits durchklingen, daß der Zustand, den er zur Sprache bringen will, dem Menschen eher zustößt als daß er ihn selbst bewirkt. Doch nennt er den Glauben nicht den Durchbruch des Andern. Zu Beginn des Kommentars habe ich bereits darauf hingewiesen, daß der Glaube nicht die Folge einer Veränderung der Wirklichkeit ist, sondern einer Veränderung des subjektiven Erlebens der Wirklichkeit. Anders ausgedrückt: der Mystiker entdeckt durch die Berührung des Andern das, was immer schon war, wozu er aber durch die Begrenzung seines Bewußtseins keinen Zugang hatte. Durch dieses Wiederfinden oder Heimkehren wird er sich bewußt, daß er auf einer tieferen Ebene mit der Wirklichkeit in Kontakt gekommen ist. Die Wiederentdeckung der Wirklichkeit veranlaßte Dag Hammarskjöld dazu, den Glauben eine Verfassung des Menschen zu nennen.

Trotzdem verband er dieses subjektive Geschehen mit dem Zitat *Glaube ist die Vereinigung Gottes mit der Seele*. Hierin liegt scheinbar ein Widerspruch. Wenn nämlich keine Rede von einer Veränderung der Wirklichkeit ist, wie kann Hammarskjöld dann über ein Eingreifen Gottes sprechen? Wenn wir jedoch von der Erfahrungstatsache ausgehen, daß die Berührung des Andern den Menschen gleichzeitig näher an die (absolute oder göttliche) Wirklichkeit bringt, wird deutlich, daß der Glaube als Verfassung des Menschen gleichzeitig die Vereinigung mit Gott sein kann.

Vertraut mit den Schriften von Johannes vom Kreuz wissen wir, daß Dag Hammarskjöld mit dem Zitat *Glaube ist die Vereinigung Gottes mit der Seele* hier auf eine *Vereinigung durch Ähnlichkeit* abzielt:

> Gott wohnt in jeder Seele und unterstützt sie in ihrem Mark, auch wenn es die Seele des größten Sünders der Welt ist. Diese Weise der Vereinigung Gottes mit allen Geschöpfen gibt es immer. Darin bewahrt er ihnen das Sein, das sie haben, so daß, wenn diese Weise der Vereinigung fehlte, sie zunichte würden und sie aufhörten zu sein.
>
> Wenn wir über die Vereinigung der Selle mit Gott sprechen, dann meinen wir nicht das ins Mark reichende Vereinigtsein mit ihm, das es immer gibt. Wir sprechen dann über die Vereinigung der Seele mit Gott und ihre Überformung, die es

nicht immer gibt, sondern nur dann, wenn sie ihm ähnlich wird in der Liebe. Darum wird diese Vereinigung Vereinigung durch Ähnlichkeit genannt, so wie die andere eine wesenhafte oder ins Mark reichende Vereinigung heißt [13].

Johannes vom Kreuz unterscheidet in diesem Text zwei Formen der Vereinigung:

— Die *ins Mark reichende Vereinigung* ist durch unser Dasein gegeben. Ohne diese Vereinigung würden wir nicht da sein. Diese Worte dürfen nicht nur als eine theoretisch theologische Aussage gelesen werden, sondern verweisen auf die konkrete Erfahrung, daß das Dasein nicht selbstverständlich ist.

— Die *Vereinigung durch Ähnlichkeit* wird von Johannes vom Kreuz gleichzeitig als eine Vereinigung und Umformung gesehen. Durch diese Transformation wird der Mensch Gott immer ähnlicher. In dieser Aussage geht es scheinbar um etwas Einfaches, —wenn wir aber bedenken, daß der Andere jeder menschlichen Kategorie entfällt, wird deutlich, daß diese Transformation eher der Abbruch des eigenen Bildes von der Wirklichkeit ist als der Aufbau eines neuen Bildes. Johannes vom Kreuz spricht hier auch von der Nacht des Glaubens. Die Vereinigung durch Ähnlichkeit kommt jedoch nur durch Liebe zustande. Dieses zentrale Symbol in der mystischen Literatur, ist an erster Stelle Ausdruck der Bewegung zum Andern/ andern hin und steht somit dem Menschen gegenüber, der sich so in sich selbst und der eigenen Dynamik des Bewußtseins einschließt, daß er keine Möglichkeit mehr hat, aus seiner Welt herauszubrechen. Die Liebe, die durch die Berührung des Andern entsteht, läßt den Menschen aus seiner eigenen Welt hinausziehen, weil er weiß, daß das Geheimnis der Wirklichkeit sich nur entfalten kann, wenn er ihr in aller Offenheit entgegen tritt.

2. *Zeichen am weg: eine Reise zu den Brunnen des Daseins*

In Jahre 1954 schreibt Dag Hammarskjöld in *Zeichen am Weg* über die Nacht des Glaubens. Die extremen Worte, in denen er diese Nacht schildert, vermitteln uns den Eindruck, daß es hier um eine tiefgehende persönliche Krise geht. Wenngleich sein Leben in der Öffentlichkeit hierzu überhaupt keinen Anlaß gibt —sein zweites Amtsjahr als Generalsekretär der Vereinten Nationen wurde von einer ziemlichen Ruhe gekennzeichnet— müssen wir doch annehmen, daß die Situation, die hier beschrieben wird,

---

[13] Aufstieg auf den Berg Karmel II 5.3.

auf den Autor selbst zurückgeht. Die Frage ist jedoch, ob diese Nacht die Folge einer Krise ist oder die letztendliche Konsequenz der Wirkung des Glaubens. Letzteres paßt besser in den gesamten Kontext des Tagebuchs, das vom ersten Gedicht an eine Bewegung auf den Andern zu ist. Eine gute Interpretation dieses Textes, der im folgenden Paragraph behandelt wird, ist darum nur vor dem Hintergrund seiner Entstehungsgeschichte in *Zeichen am Weg* möglich.

> Weiter treibe ich
> hinaus ins fremde Land.
> Beinhart die Erde,
> Eisluft beißender kalt.
>
> Berührt vom Winde
> meines unbekannten Ziels,
> zittern die Saiten
> im Warten.
>
> Immer ein Fragender,
> werde ich dort sein,
> wo das Leben verklingt-
> ein klar schlichter Ton
> im Schweigen.

In diesem Gedicht, mit dem *Zeichen am Weg* beginnt, zeigt der Autor uns, daß dasjenige, was er später *Glaube* nennt, ein Geschehen ist, das ihn aus der Selbstverständlichkeit seines Daseins hinauszieht. Die Berührung des Andern, die sich seinem Leben wie ein ungreifbarer Wind aufdrängt, zieht ihn in eine Wirklichkeit, von der er bislang nichts wußte. Die Reise, die jetzt beginnt, läßt ihn durch das blitzartige Erscheinen des Andern immer mehr begreifen, daß er selbst, der andere und die Natur offene Wirklichkeiten sind, die sich in der Stille des Seins entfalten. Trotzdem mutet die Landschaft, in der sich die Reise abspielt immer kälter an, *Beinhart die Erde, Eisluft beißender kalt*. Dieser doppelte Weg einer erwachenden Wirklichkeit in einer Bewegung auf den Tod hin wird bis ans Ende des Buches durchgehalten.

In den ersten Jahren richten sich die Texte [14] auf das eigene Innere und beschreibt Dag Hammarskjöld vor allem die Spannung zwischen ängstlicher Selbstbehauptung und einem Leben in der Dynamik seines tiefsten Inneren, durch die sich das Leben selbst in ihm wiederspiegelt und er der Stimme seiner Berufung folgen kann. Die Texte haben beinahe ausschließlich anspornenden Charakter und richten sich vor allem auf die Leere, die entsteht,

---

[14] Gemeint sind hier die Jahre zwischen seinem zwanzigsten und vierzigsten Lebensjahr. Diese Periode umfaßt die ersten neun Seiten von insgesamt 170 Seiten.

als Hammarskjöld sich bewußt wird, daß er sein Leben nur auf sich selbst
ausrichtet:

> Wenn es still um dich wird und du in Schreck erstarrst: er-
> kenne, daß Arbeit eine Flucht vor der Angst und der Verant-
> wortung geworden ist und Altruismus eine mühsam verkappte
> Selbstquälerei. Wenn du des Steppenwolfs schadenfrohen, grau-
> samen Herzschlag hörst —dann betäube dich nicht damit, daß
> du die Hetze wieder suchst. Sondern halte das Bild fest, bis du
> ihm auf den Grund gekommen bist. (S. 21).

Die Stille, über die dieser Text spricht, ist kein meditativer Augenblick, in dem der Autor sein Leben überdenkt. Es ist auch keine Stille der
Einsamkeit, die ihn überfällt, weil niemand mehr in seiner Nähe ist. Es ist
vielmehr die schmerzliche Konfrontation mit der Stille oder Leere seines eigenen Daseins, die sich ihm von innen heraus aufdrängt. Trotzdem hat diese mit Erschrecken gefüllte Stille nichts mit der saugenden Dunkelheit einer
depressiven Persönlichkeit zu tun. Der Grund für die Stille ist vielmehr in
der Berührung des Andern zu suchen, der ihn so mit seinem Wesen konfrontiert, daß sein soziales Verhalten als eine Flucht vor der Angst enttarnt
wird [15]. Gleichzeitig ist diese stillmachende Berührung genau der Punkt, an
dem er unmittelbar auf seine Verantwortung angesprochen wird, sein Wesen zu verwirklichen. Dieses Angesprochen werden ist kein moralischer
Anspruch, sondern seine eigene Antwort auf den unmittelbaren Anspruch,
den das Leben selbst an ihn stellt, in dem Bewußtsein, daß er nur über diesen Weg wirklich Mensch werden kann. Die entschieden negative Formulierung, die Dag Hammarskjöld für die Erfahrung des Berührtwerdens vom
Andern gebraucht, wirft —wie paradox das auch sein mag— doch Licht
auf die «Erfahrung» des Berührtwerdens, die sich anscheinend nur in der
Auswirkung fühlbar macht. Die Aufnahme in die Fülle des Lebens bleibt
hinter dem Horizont des Bewußtseins verborgen. Der Autor erfährt nur
den Schrecken der Stille in einem Dasein, das sich durch die Angst von sei-

---

[15] Man kann hier auch von der Berührung des «Selbst» sprechen. In *Zeichen am Weg* wird
von der göttlichen Realität gesprochen, die uns in uns selbst als eine unentrinnbare Wirklichkeit übersteigt. Der Begriff *Wesen* ist hier nur ein Hilfsbegriff, der angibt, daß es hier um eine
Kontrasterfahrung geht. Dieser Begriff hat nichts mit einem Bild oder Konzept zu tun, dem
man entsprechen muß, sondern drückt die Begegnung mit der Quelle des Daseins aus. Dieses
Wesen läßt sich daher auch nicht beschreiben oder erfahren, sondern nur verwirklichen, indem
man von ihm her lebt. In dem Text sehen wir daher auch, daß dieses *Wesen* sich nur als Negation der eigenen Lebensweise ausdrücken läßt. Johannes vom Kreuz spricht in diesem Fall von
«sich entblößen von allem Handeln» (Aufstieg auf den Berg karmel II 5.4).

nem ursprünglichen Ziel entfernt. Trotzdem ist dieser Schrecken gleichzeitig die Erkenntnis einer Wirklichkeit, die —trotz der Tatsache, daß sie nicht bewußt gemacht werden kann— in ihrem unmittelbaren Anspruch mit mehr *Bedeutung und Leben* gefüllt ist, als sein Leben, das er bis jetzt gelebt hat.

In diesem wie auch in anderen Texten gibt Dag Hammarskjöld an, daß der Weg zu den Quellen des Daseins eine Gegenbewegung zur eigenen Dynamik von *sichselbst* ist. Die letztere wird durch die Berührung des Andern als eine sich vom *Leben* isolierende Dynamik enttarnt und ist in vielen Texten als eine egoistische Haltung gezeichnet, die nur auf des eigene Dasein ausgerichtet ist. Trotzdem muß sie aber in einer breiteren Perspektive gesehen werden, die ihre Wurzeln in unserem Lebenstrieb oder der Angst vor dem Tod hat. Diese Angst hält nämlicht eine Dynamik in Stand, die darauf ausgerichtet ist, *sichselbst* dem andern und der Wirklichkeit gegenüber in Sicherheit zu bringen. Auch wenn wir uns dieser Angst kaum bewußt sind, ist sie dem Autor zufolge —durch ihre Verdrängung eine der wichtigsten Triebfedern unseres sozialen Handelns, in dem das eigene Leben, die eigenen Bedürfnisse und Sehnsüchte und das, was *wir* dem andern bedeuten, wichtiger sind als das *Leben* des anderen. Die ängstliche Selbstbehauptung und die eigene Perspektive, die sich daraus ergibt, veranlassen uns dazu, daß wir uns dem anderen gegenüberstellen, der sich uns dadurch nur in seiner Gegensätzlichkeit zeigen kann. Der andere bleibt in dieser Beziehung ein Gegenüber, das von uns verschieden ist.

Demgegenüber stellt Dag Hammarskjöld das *Leben des andern* oder die *Gegenwärtigkeit des anderen Selbst,* die —ohne das Interesse, das er am andern hat— ihn unmittelbar anspricht und aus seiner eigenen Welt zieht. Die Leere, von der die Rede war, ist darum kein Mangel an Kontakt im üblichen Sinne des Wortes, sondern das Bewußtsein, daß das Leben des andern nicht oder kaum in diesen Raum der eigenen Perspektive durchdringt. Solange er *sichselbst* und seine eigenen Interessen über den andern stellt, wird er nie dem Leben des andern begegnen. Die Berührung der Stille, die ihn mit dieser Welt —aus der alles Leben verschwunden ist— konfrontiert, spricht ihn jedoch gleichzeitig auf sein tiefstes Wesen an, das sich nur in der Bewegung zum andern/Andern hin verwirklichen kann.

Die Jahre 1945-49 tragen den Titel *Zu neuen Ufern?* und umfassen relativ lange Texte, die größtenteils die Leere des eigenen Daseins schildern. Die Selbstmord-Passage dieses Kapitels haben viele Biographen dazu veranlaßt, Dag Hammarskjöld als eine depressive Persönlichkeit zu bezeichnen. Meiner Meinung nach ist es jedoch keine übliche «Depression», die Dag Hammarskjöld zu diesen Meditationen über den Tod bewegt, sondern die Berührung des Andern. Der Andere macht ihm bewußt, daß die Welt von *sichselbst* eine tote Welt ist, und daß er aus *sichselbst* diese Welt nicht aufheben kann. Echte Begegnungen im mystischen Sinn des Wortes kommen daher auch nur selten vor. Ein schönes Beispiel einer solchen Begegnung ist *Zeichen am Weg,* S. 22-23; da wird er —in einer übrigens trostlosen Wirklichkeit— plötzlich vom Antlitz eines alten Mannes berührt:

> Jetzt und hier—. Nur dies ist wirklich:
> das gute Gesicht eines alten Mannes,
> nackt, ein unbewachter Augenblick
> ohne Vergangenheit und Zukunft.

Der andere verwirklicht sich erst in dem leeren Raum, in dem der andere der *andere* ist und in nichts zu etwas von *sichselbst* reduziert wird. Der unmittelbare Anspruch des Andern läßt ihm keine Wahl. Zurück in ein Leben, in dem er *sichselbst* gelten läßt, kann er nicht, weil diese Welt, in der er früher Befriedigung fand, jetzt —gehüllt in den Schrecken der Stille— eher den Tod als das Leben vergegenwärtigt. Das einzige, was ihm noch übrig bleibt: als Folge der Berührung des Andern den Tod von *sichselbst* unter Augen zu sehen.

> Zu wagen—
> Er durchsucht jedes Gesicht. Und sieht im spärlichen Licht
> nur wenige Variationen auf das Thema seines eigenen Geizes.
> So würde sich Dante die Strafe erträumen für den, der niemals
> wagte. In tödlicher Selbstaufgabe geht jeder für sich allein. Und
> diesseits des Todes wird er niemals den Weg zu jemanden finden, der ihn durchschritt. (S. 24).

In dem geizigen Licht der Welt des *sichselbst* sieht Dag Hammarskjöld nur noch Menschen, die mit gleichem Geiz behaftet sind. Zwischen dieser leblosen Realität der eigenen Perspektive und der Begegnung mit dem Andern ist offensichtlich ein Abgrund, der nur durch den Tod der Selbsthingabe überbrückt werden kann. Doch ist dieser Text keine Beschreibung eines «Todes», mit dem er der leblosen Wirklichkeit zu entfliehen versucht. Sowohl dieser als auch andere Texte machen deutlich, daß der Autor diesen «Tod» nicht als Ausweg, sondern als letztendliche Folge eines Weges beschreibt, der auf den Spuren eines Andern entstanden ist. Der Andere macht ihm das Angefülltsein mit diesem «Tod» bewußt. Der Tod der Selbsthingabe ist daher auch keine Sehnsucht von *sichselbst,* sondern der unmittelbare Anspruch des Andern. Abgesehen von der Frage, ob dieser Tod zu neuen Ufern führt, ist er die Konsequenz der Bewegung, die ihn einmal berührt hat.

Der zitierte Text zeigt jedoch auch, daß die Hingabe an den Andern ein außerordentlich beängstigendes Geschehen ist, denn wer auf diese «Stimme» hört, dessen Selbsterhaltungstrieb wird zersetzt. Wenn er sich wirklich vom Andern leiten lassen will, muß er die Perspektive des Andern/andern über seine eigene Perspektive stellen. Diese Umkehrung bedeutet, daß er seine eigene sichere Welt hinter sich lassen muß, ohne daß er einen

anderen Schutz dafür zurückerhält. Durch den still machenden Anspruch
des Andern hat er aber keine andere Alternative als die Leugnung dessen,
was er in diesem Anspruch gefühlt hat. Nur indem er sich dem Andern hingibt, kann sein eigener Geiz zu einer Bewegung auf den andern zu umgeformt werden. In diesem vervollkommnenden Tod der Selbsthingabe geht
jeder jedoch allein, weil von der anderen Seite der Grenze nichts anderes
hörbar ist als die Stille des Anspruchs.

> O Cesarea Philippi: Die Verurteilung als die Frucht und
> Voraussetzung des Einsatzes hinzunehmen, dies hinzunehmen,
> wenn man seinen Einsatz erkennt und wählt! (S. 28)

Die Jahre 1950 bis 1954 haben in *Zeichen am Weg* den Titel *Bald naht
die Nacht,* ein Titel, der einem Kirchenlied des Dichter-Bischofs Franzén
(1772-1847) entnommen ist. Die Struktur, die der Autor seinem Tagebuch
gegeben hat, stellt diesen Anfangstext an das Ende einer etwa vierjährigen
Periode, die am treffendsten als die Annahme von Tod und Einsamkeit als
Folge des gewählten Wegs charakterisiert werden kann. Beide Begriffe, Tod
und Einsamkeit, werden für sich genannt, weil sie zwei verschiedene Momente des mystischen Wegs von Dag Hammarskjöld ausdrücken. Obwohl
in der vorhergehenden Periode der Tod der Selbsthingabe eine sehr zentrale
Rolle spielte, bricht erst 1950 das Bewußtsein durch, daß es hier um einen
sich fortwährend wiederholenden Prozeß geht, den der Andere in ihm vollzieht und dem er —trotz der vernichtenden Wirkung, die er an *ihm selbst*
hat— nur treu bleiben kann, indem er sich dieser Bewegung hingibt [17]. Neu
in dieser Periode ist jedoch das Thema der Einsamkeit, das sich vor allem
im Laufe des Jahres 1952 stark entwickelt. Diese Einsamkeit ist die Folge
einer absoluten Stille, in der der Andere ganz und gar abwesend ist. Durch
diese Leere drohte Hammarskjöld jede Orientierung auf seinem Weg zu
verlieren. Gegen Ende des Jahres war die Verzweiflung so groß, daß der
Tod eine verlockende Alternative wurde: *Müdigkeit betäubt den Schmerz und*

---

[17] Der Tod der Selbsthingabe ist kein rein passives Geschehen, sondern eine Aktivität,
die völlige Hingabe des Menschen an die Bewegung des Andern ist. Diese Selbsthingabe —die
bei Dag Hammarskjöld auch Opfer genannt wird— ist als Berührung des Andern gleichzeitig
der Moment der Verwiklichung des eigenen Wesens. Tod un Verwirklichung fallen darum in
einem Moment zusammen. Dag Hammarskjöld drückt diese doppelte Bewegung in einem Gedicht aus, dessen zwein Strophen trotz des Kontrastes denselben Moment beschreiben: Zeichen
am Weg, S. 29: In wirbelnden Vernichtungsfeuer,/ im eisigen Opfer, das nichts verschont,/ ist
dir der Tod willkommen,/ Doch wenn er dich langsam durchdringt,/ Tag für Tag,/ ängstigt
du dich,/ ängstigst dich unter dem stillen Richtspruch, der über dein Leben hinweggeht,/ während die Blätter fallen in the fool's paradise.// Des Wählenden Glück ist dem gleich, was er
wählte,/ Ruhe und Eisenspäne in des Magnetfelds Karaftlinie —/ Geborgenheit in ruhender
Harmonie,/ von allem Inhalt entblößtes Bewußtsein —/ dieses Glück ist hier und jetzt,/ im
ewigen, kosmischen Augenblick./ Ein Glück in dir —doch nicht das deine.

lockt mit dem Tod (S. 52). An dieser Endstation der eigenen Perspektive steht alles zum Andern aus, der endgültig unerreichbar zu sein scheint[18].

> Sei im Nichts,
> Schlaf im Schweigen,
> Weine im Finstern-
> Kleiner Incubus,
> wann, *wann?* (S. 51)

Die Beschreibung der totalen Einsamkeit fällt im Jahre 1953 weg (das Jahr, in dem Hammarskjöld zum Generalsekretär der Vereinten Nationen gewählt wurde). Das bedeutet aber nicht, daß sich die Nacht von diesem Moment an auflöst. Das Jahr 1953 trägt nämlich noch immer den Titel *Bald naht die Nacht.* Die Probleme werden nur unwichtig angesichts der Aufgabe, vor die Hammarskjöld gestellt wurde. Man kann aber sagen, daß sich in diesem Jahr bei Hammarskjöld das Bewußtsein entwickelte, daß die Nacht die Vereinigung *ist.*

In einer nacht, die so dunkel ist, daß wir nicht einmal den glauben suchen dürfen

> «Glaube ist Gottes Vereinigung mit der Seelle.» —Glaube ist— kann daher nicht erfaßt werden, noch viel weniger identifiziert werden mit Formeln, in denen wir das umschreiben was ist.
> —*en una noche oscura.* Des Glaubens Nacht— so dunkel, daß wir nicht einmal den Glauben suchen dürfen. Es geschieht in der Gethsemane-Nacht, wenn die letzten Freunde schlafen, alle anderen deinen Untergang suchen und Gott schweigt, daß die Vereinigung sich vollzieht. (S. 56).

Das Leitmotiv dieses Tagebuchtextes aus dem Jahre 1954 ist das Wort *Glaube,* das an erster Stelle als *Gottes Vereinigung mit der Seele* angedeutet wird. Anschließend werden die beiden ersten Worte des Beginnzitats (Glaube ist) wiederholt, während der Begriff «Vereinigung» erst am Ende des Textes zurückkehrt. In der Inklusion, die hierdurch entsteht, versucht der Autor die Bedeutung des Zitats offen zu legen.

Der Abschnitt nach dem Beginnzitat gibt im Vorhinein an, wie die im folgenden Abschnitt beschriebene Nacht verstanden werden muß. *Glaube,*

---

[18] Die Beschreibung der totalen Einsamkeit fällt im Jahre 1953 weg (dem Jahr, in dem er zum Generalsekrerär der Vereinten Nationen gewählt wurde). Das bedeutet jedoch nicht, daß sich von diesem Zeitpunkt an die Nacht auflöst. Das Jahr 1953 trägt nämlich immer noch den Titel «Bald naht die Nacht». Die Probleme wurden jedoch unbedeutend verglichen mit der Aufgabe, vor der er stand (vgl. Zeichen am Weg, S. 54.5). Wir können aber sagen, daß sich in diesem Jahr das Bewußtsein entwickelt hat, daß die Nacht die Vereinigung ist.

ist und fällt darum nicht mit den Formeln zusammen, in denen wir die
Wirklichkeit objektiv beschreiben.

Anschließend wird —mit Hinweis auf Johannes vom Kreuz— ein
Bild der Nacht eine Bewegung des Menschen in völlige Einsamkeit hinein
aus. Dieser *Tod* ist —wie paradox auch immer— gleichzeitig der Augenblick, in dem sich die Vereinigung vollzieht.

Der Beginn des oben zitierten proleptischen Textes stimmt ziemlich
genau mit der im ersten Paragraph behandelten Radioansprache überein und
gibt an, wie der Begriff «Glaube» verstanden werden muß. *Glaube ist* und
unterscheidet sich hiermit von dem, was objektiv beschrieben werden kann.
Mit dieser Formulierung grenzt Hammarskjöld «Glaube» von allem ab, was
als Gegenstand unserer Erfahrung bewußt gemacht werden kann. Glaube
hat bei ihm nichts mit einer Annahme von Wahrheit zu tun und ebensowenig mit der Erfahrung von «etwas» in der Wirklichkeit, nicht einmal mit einem Gefühl, das uns bei der Erfahrung begleitet, denn all dies kann durch
den menschlichen Geist in die Welt des Seins/Seienden gebracht werden.
Glaube hat aber mit dem Sein selbst zu tun. Glaube *ist,* wie ein Mensch sein
kann und *sein* kann, wie ein Mensch leben kann und *leben* kann. Oft wird
man sich nur in Grenzsituationen des Lebens selbst bewußt. So verweist die
Konfrontation auf eine Grenzerfahrung, die ihm das Leben bewußt macht.
Auge in Auge mit dem Tod erhält jeder Augenblick Ewigkeitswert, weil er
einen einzigartigen und nicht wiederholbaren Moment repräsentiert.
Außerdem wird an dieser Grenze, an der man nichts mehr zu verlieren hat,
der unmittelbare Anspruch des Lebens «fühlbar». Da diese Intensivierung
des Lebens unmittelbar mit dem Dasein selbst verbunden ist, kann sie nicht
in Formeln über das Leben Dasein erfaßt werden. Diese können nämlich
nie die Berührung im Dasein vermitteln. Trotzdem erhält der Glaube dem
Autor zufolge gerade hier als Erfahrung Fleisch und Blut.

Direkt nach dieser Bemerkung über den Glauben beschreibt Dag
Hammarskjöld eine Nacht, in der jeder Zugriff verloren geht. Diese Nacht
ist nicht nur das Ende seines eigenen Glaubens, sondern sie entbehrt auch
jede Form von Nähe, sowohl von Gott als vom Menschen. Dem vorigen
Paragraphen haben wir entnehmen können, daß diese Grenzerfahrung die
Folge eines Prozesses ist, der bereits im zwanzigsten Lebensjahr Hammarskjölds begann. Jetzt, fünfundzwanzig Jahr später, ist das, was ihn einst
lockte, zum Einsatz seines Lebens geworden, der ihn bis auf den Grund des
Nichts gebracht hat. Diese totale Entäußerung verbindet er mit der Nacht
des Glaubens, die Johannes vom Kreuz in *Die dunkle Nacht* und in *Der
Aufstieg auf den Berg Karmel* beschreibt. Diese beiden Werde sind ein Kommentar zu dem Gedicht *Noche oscura,* von dem Hag Hammarskjöld hier die
erste Zeile in Spanisch zitiert.

Die Nacht des Glaubens —Johannes vom Kreuz nennt sie auch die
Nacht des Geistes— folgt der Nacht der Sinne. Johannes vom Kreuz greift
mit dieser Zweiteilung auf die klassische theologische Unterscheidung von

Anima (die das Leben gibt und belebt) und *Animus* (die Gesamtheit des Begreifens, der Motivation und innerlichen Ausrichtung) zurück.

Das Leben des Menschen, der sich Gottes noch nicht bewußt ist, wird vom Streben der Anima oder dem Lebenstrieb beherrscht. Dieser bindet den Menschen ganz an seine eigenen Bedürfnisse und Sehnsüchte, weil er keine andere Orientierung hat als *sichselbst* und seinen eigenen Überlebungstrieb. Durch die Umkehr zu Gott, die gleichzeitig eine Umkehr zum andern ist, findet der Mensch eine neue Orientierung außerhalb *seiner selbst*. Dadurch wird diese Grundbewegung durchbrochen. Obwohl diese Bewegung in erster Linie auf *sichselbst* ausgerichtet ist, kann hierin gleichzeitig die Sehnsucht nach dem andern als *andern* oder nach Gott *selbst* entstehen.

Diese Veränderung im Streben nennt Johannes vom Kreuz *die Nacht der Sinne,* weil der Mensch in allem, was mit seinen *eigenen* Bedürfnissen und Sehnsüchten zu tun hat, keine Befriedigung von *sichselbst* keinen Reiz mehr. Es gibt ein tieferes Berührtsein, das sich nicht mehr mit der Welt von *sichselbst* zufrieden geben kann. Obwohl diese Stille den Menschen zunächst mit Schrecken erfüllt, ist sie gleichzeitig die Geburt der Liebe zu Gott. Gott selbst wird der einzige Bezugspunkt in seinem Leben, der unabhängig vom Trost für *sichselbst* seinen totalen Einsatz fordert [19].

Die Bewegung zu Gott hin um Gottes willen, die den Menschen aus der Welt von *sichselbst* zieht, ist gleichzeitig ein Wiederfinden der Mitte des eigenen Wesens, wo der Mensch sich vom inneren Licht des Glaubens führen läßt. Dieser Weg wird von Johannes vom Kreuz die Nacht des Geistes genannt, weil er das Bewußtsein oder den Animus des Menschen blind macht:

> So ist der Glaube für die Seele: Er sagt uns Dinge, die wir nie gesehen oder verstanden haben, nicht in sich selbst noch in etwas, das diesen Dingen ähnlich ist, denn das gibt es nicht. Und so haben wir hierüber kein Licht von natürlichem Wissen, da kein einziger Sinn dem entspricht, was der Glaube uns sagt. Wir wissen es aber vom Hören, weil wir glauben, was er uns lehrt, und unser natürliches Licht unterwerfen und blind werden lassen [20].

---

[19] Vgl. Dunkle Nacht I 11.1: Als David sich in dieser Nacht befand, sagte er dies von sich selbst mit den folgenden Worten: «Weil mein Herz entflammte», —d.h. in der Liebe der Kontemplation— «wurden auch meine Nieren umgepolt», d.h. mein Hunger nach sinnenhafter Zuneigung wurde umgepolt, und zwar vom sinnenhaften zum geistlichen Weg. Dies ist das Trockenwerden und Aufhören all diesen Hungers, von dem wir eben sprachen. «Und ich,» —so sagt er— «wurde in nichts aufgelöst und zunichte und wußte nichts». (Ps 72, 21-22). Denn wie gesagt, sieht die Seele —ohne zu wissen, woher dies kommt— daß sie im Hinblick auf alle Dinge von oben und unten, die sie zu schmecken pflegte, zunichte wird. Sie sieht nur, daß sie verliebt ist, ohne zu wissen, wie und warum dies geschieht.

[20] Aufstieg auf den Berg Karmel II 3.3.

Der Glaube als unmittelbare Einwirkung Gottes führt nicht nur zu dem Bewußtsein, daß Gott für den Menschen wirklicher ist als er für sich *selbst* ist, sondern stellt auch —wie wir bei Dag Hammarskjöld gesehen haben— einen direkten Anspruch an den Menschen. Johannes vom Kreuz spricht in diesem Text über die Unterwerfung an das, was der Glaube uns lehrt. Diese Gegenbewegung, auf die der Mensch hört, ist gleichzeitig die Verwirklichung des Andern in ihm. Dieser Einbruch wird auf der Bewußtseinsebene jedoch nicht als Aufbau von etwas Neuem erfahren, sondern als Abbruch all dessen, an das der Mensch sich in der Welt von *sichselbst* festklammert.

Wer sich mit Gott vereinigen will, darf nicht da entlang gehen, wo er versteht oder sich an einen Geschmack, einen Sinn oder die Vorstellungskraft festklammert. Er muß vielmehr an sein Sein glauben, das nicht in den Bereich seines Verstehens, seines Hungers, seiner Vorstellungskraft oder eines anderen Sinnes fällt noch in diesem Leben «gewußt» werden kann. Das Höchste, das in diesem Leben gefühlt oder geschmeckt werden kann ist noch unendlich weit von Gott und dem unvermischten Besitz Gottes entfernt [21].

An Gott glauben ist für Johannes vom Kreuz an Sein Wesen glauben, das aus dem Rahmen jedes Verstellungsvermögens fällt. Dieses Sein läßt sich darum nie verstehen, sondern nur verwirklichen. Um von diesem Sein aus zu leben (d.h. von dem aus, was Johannes vom Kreuz den unvermischten Besitz Gottes nennt), muß man alles hinter sich lassen, was zur Welt von *sichselbst* gehört. Dies Loslassen, durch das Gott im Menschen zu wirken beginnt, muß jedoch völlig von der Dynamik des Andern aus verstanden werden, die dem Menschen die Leere seiner eigenen Welt bewußt macht. Dennoch bleibt die Aktivität des Loslassens eine Initiative des Menschen. Die Phase der Nacht wird darum von Johannes vom Kreuz auch als aktiv bezeichnet.

In der klassischen mystischen Theologie wird der Prozeß des Loslassens oft mit dem Ausdruck «zunichtewerden» wiedergegeben, da im Laufe der Zeit die Welt von *sichselbst* auf immer tieferem Niveau abgebrochen wird. Trotz dieses Abbruchs ist der eigentliche Antrieb hinter diesem Prozeß die *Liebe*. Der Mystiker wird so sehr von der unmittelbaren Wirklichkeit des Andern (in der er sein tiefstes Wesen vermutet) berührt, daß die Welt von *sichselbst* im Vergleich hierzu im Nichts verschwindet. Trotz der unmittelbaren Berührung des Andern fällt die Wirklichkeit des Andern so total aus dem Rahmen seines eigenen Vorstellungsvermögens, daß er gleichsam gezwungen wird, jeden Halt, den er in der Welt von *sichselbst* hatte,

---

[21] Aufstieg auf den Berg Karmel II 4.4.

aufzugeben. Anfangs hat er noch das Gefühl, daß er sich durch dieses Zunichtewerden dem Andern nähert. Wenn aber auch die tiefsten Schichten seines Daseins zunichtewerden, bricht langsam das Bewußtsein durch, daß der Andere überhaupt nicht in der Welt von *sichselbst* zu finden ist. Der Andere bleibt der völlig Andere, der auf keinerlei Weise bewußt gemacht werden kann. Weil er weiß, daß er (als Mensch) nie imstande sein wird, aus der Welt von *sichselbst* auszubrechen, sieht er zum ersten Mal ein, daß er für immer vom Andern geschieden sein wird. Zwischen der Welt von *sichselbst* und der absoluten Wirklichkeit oder Gott liegt eine unüberbrückbare Kluft. Dies alles wäre nicht so dramatisch, wenn der Mensch in seinem Getroffensein nicht so durch den Andern zunichte geworden wäre, daß ihn nichts mehr aus der Welt von *sichselbst* zufrieden stellen kann. In seiner Liebe zu Gott kann er nur noch mit Gott selbst Genüge nehmen. Der Mystiker steht daher mit seinem Rücken zur Wand, weil er als Gefangener seiner selbst nur einen Schluß ziehen kann: Gott (der Gegenstand seiner Liebe) ist für immer unerreichbar. Es ist daher auch nicht verwunderlich, daß Johannes vom Kreuz diesen Tiefpunkt der Nacht als Hölle beschreibt, denn was sonst ist die Hölle als das Bewußtsein, für immer getrennt zu sein von demjenigen, was einem am liebsten ist?

> Ja wirklich, wenn diese reinigende Kontemplation der Seele am meisten zusetzt, fühlt sie sehr lebhaft den Schatten des Todes, die Seufzer des Todes und die Schmerzen der Unterwelt, d.h. sie sieht sich ohne Gott, gestraft und verworfen, seiner unwürdig und daß er zornig ist. Das alles fühlt man hier und noch schlimmer; es scheint, daß es für immer so ist [22].

Die Einsamkeit, die durch das Bewußtsein dieses unermeßlichen Abgrundes zwischen Gott und Mensch entsteht, ist so beißend, daß dem Menschen nichts mehr aus dieser Leere hinaushelfen kann. Keine menschliche Nähe kann die Leere ausfüllen, weil der Mensch durch die Unerreichbarkeit des Andern gleichzeitig völlig von *sichselbst* entfremdet ist. Von Gott und Mensch verlassen hat er das Gefühl, in der unendlichen Stille des Daseins zermalmt zu werden.

Die totale Verlassenheit, die Johannes vom Kreuz vor allem in seinem Buch *Dunkle Nacht* beschreibt, ähnelt sehr der Nacht, die Dag Hammarskjöld in *Zeichen am Weg* meint. Für ihn ist *die Nacht des Glaubens so dunkel, daß wir nicht einmal den Glauben suchen dürfen.* Dieses Paradox wird wor dem Hintergrund, den Johannes vom Kreuz hierzu bildet, verständlich, wenn man sieht, wie sich in dieser Nacht des Glaubens gerade der Abgrund zwischen Gott und Mensch (oder dem Menschen und seinem Wesen) zeigt. Der Glaube selbst macht den Glauben unmöglich, weil er auf ungnädige Weise

---

[22] Dunkle Nacht II 6.2.

sichtbar macht, daß Gott unerreichbar ist. Diesen Tiefpunkt der Nacht verbindet Hammarskjöld mit dem Ereignis am Ölberg und so werden wir an
die totale Einsamkeit Christi in den letzten Stunden vor seinem Tod erinnert. Seine letzten Freunde schliefen, alle anderen suchten seinen Untergang
und auf seine dreimal wiederholte Bitte bekam er keine Antwort:

> Und sie kamen zu einem Gehöft namens Getsemani, und er
> sprach zu seinen Jüngern: «Setzt euch hier nieder, während ich
> bete». Und Petrus, Jakobus und Johannes nahm er mit sich und
> begann zu erschauern und zu zagen und sprach zu ihnen: «Mei-
> ne Seele ist betrübt bis in den Tod. Bleibet hier und wachet».
> Dann ging er ein wenig weiter, warf sich auf die Erde nieder
> und betete, daß diese Stunde an ihm vorübergehen möge, wenn
> es möglich wäre, und sprach: «Abba, Vater, alles ist dir mög-
> lich. Laß diesen Kelch an mir vorübergehen. Doch nicht was
> ich will, sondern was du willst». Und er kam und fand sie schla-
> fend und sprach zu Petrus: «Simon, du schläfst? Konntest du
> nicht eine Stunde wachen? Wachet und betet, damit ihr nicht in
> Versuchung fallet, der Geist ist zwar willig, das Fleisch aber
> schwach». Wiederum ging er weg und betete mit den gleichen
> Worten. Und als er zurückkam, fand er sie wieder schlafend,
> denn die Augen waren ihnen schwer geworden, und sie wußten
> nicht, was sie ihm antworten sollten. Und er kam zum dritten-
> mal und sprach zu ihnen: «Schlaft ihr weiter und ruht! Es ist
> genug. Die Stunde ist gekommen. Siehe der Menschensohn
> wird in die Hände der Sünder überliefert [23].

In diesem Moment, kurz vor seiner Gefangennahme, sieht Jeus ein,
daß er seinem Schicksal nicht entkommen kann —es sei denn, er würde seinen Weg verleugnen. Völlig ratlos bittet er darum, daß der Kelch an ihm
vorübergehen möge. Diese in Todesangst gesprochene Bitte wird aber weder erfüllt noch abgelehnt: Gott schweigt. Die Stille Gottes, in der sich die
letzten Stunden von Jesu Leben vollziehen, hält Markus bis ans Ende der
Leidensgeschichte durch, als Jesus stirbt mit den Worten: *Mein Gott, mein
Gott, warum hast du mich verlassen?* (Mk 15, 34; Ps 22, 2).

Dag Hammarskjöld verleiht dieser Verlassenheit noch mehr Nachdruck, indem er den Passus *und Gott schweigt* unterstreicht. Müssen wir dem
entnehmen, daß Gott den Menschen in dem Moment, wo er ihn am nötig-
sten braucht, im Stich läßt? Den Gedanken Johannes vom Kreuz folgend,
müssen wir sagen, daß dies sicher nicht der Fall ist. Gewiß erfährt der
Mensch in der Nacht des Geistes eine Verlassenheit, die ihm das Gefühl
gibt, lebend zu sterben. Durchdrungen von dem Bewußtsein, daß er nicht

---

[23] Mk 14, 32-14.

aus der Welt von *sichselbst* ausbrechen kann, droht er ohne eine Hoffnung auf Antwort unter zu gehen. Dennoch wird Johannes vom Kreuz zufolge das Bewußtsein der totalen Ohnmacht von einem göttlichen Licht verursacht. Dieses Licht macht dem Menschen bewußt, daß ihn alles Greifen nach der Welt von *sichselbst* von seinem eigenen Wesen trennt. Er empfindet dies aber wie einen Tiefpunkt in der Nacht, der ihn jeder Stütze in *sichselbst* beraubt.

In dieser Nacht verliert Dag Hammarskjöld seine Orientierung auf der Reise zu den Quellen seines Daseins. Gott schweigt oder der Schreck der Stille —der bis jetzt Gottes Sprechen ausmachte— ist zu einer absoluten Stille geworden. Daß dieser persönliche Anspruch verschwindet, macht Hammarskjöld im Jahre 1952 verweifelter als je zuvor, weil ihm jeder weitere Schritt auf dem Weg zum Andern unmöglich wird. Schweigt Gott dann doch? Johannes vom Kreuz macht mit dem Bild vom Licht deutlich, wie wir das Schweigen Gottes verstehen müssen:

> Ein Sonnenstrahl, der durch das Fenster kommt, ist umso weniger klar zu sehen, je unvermischter und reiner er von Staubteilchen ist. Je mehr Staubteilchen und Fäserchen die Luft hat, desto klarer erscheint sie dem Auge. Dies kommt daher, daß das Licht nicht selbst gesehen wird, sondern das Mittel ist, durch das die Dinge, auf die es stößt, gesehen werden [24].

Das Licht ist nur durch den Staub sichtbar, der sich in der Luft befindet. Wenn der Staub nicht da wäre, nimmt man auch das Licht nicht wahr. Genauso wird auch das Schweigen Gottes immer absoluter, je mehr man von Seinem Wesen aus lebt. Solange man von *sichselbst* aus Gott noch behindert, wird Gott noch als Gegenbewegung zum Menschen erfahren. Vom dem Augenblick an, daß dieser Widerstand nicht mehr da ist, fällt auch das «Sprechen» Gottes weg. Gott schweigt darum von dem Moment an, in dem der Mensch für *sichselbst* zunichte geworden ist. Im Bewußtsein des Menschen ist dieser Tiefpunkt der Nacht darum sowohl die Erfahrung der absoluten Stille, als auch der absoluten Entfremdung von *sichselbst*. Gott wird in dieser Stille als der total Andere erfahren, der in keiner einzigen Hinsicht zu etwas von *sichselbst* zurückgebracht werden kann. Der Mensch fühlt nur den Abgrund des Nichts, weil es nichts mehr gibt, was in dieser Leere Bezugspunkt sein könnte. Nur das Fragen bleibt noch übrig in einer Wirklichkeit, die so absolut das Gegenteil zeigt, daß man letztendlich sogar des Bewußtsein einer Antwort verliert.

Trotzdem ist dieses nächtliche Geschehen gleichzeitig die Periode, in der der Mensch —ohne daß er es selbst weiß— so aus *sichselbst* gezogen wird, daß sich sein Suchen selbst zu einer Antwort reinigt. Diese Antwort ist kein Aufheben der Leere, sondern ein völlig neues Erleben der Dunkel-

---

[24] Dunkle Nacht II 8.3.

heit. Die Leere hat den Menschen in der Nicht-Antwort so verändert, daß es scheint, als ob er in eine andere Wirklichkeit hineingeraten ist. Trotzdem geht es hier um dieselbe Wirklichkeit, die ihres Schleiers entledigt wird. Die Nacht öffnet die Augen für eine Wirklichkeit, die immer schon da war, von der der Mensch aber durch die Bewegung von *sichselbst* ausgeschlossen war. Der mystische Tod ist die Entdeckung, daß der Mensch in dieser völligen Entfremdung von *sichselbst* ist. In dem Zunichte-Werden ist der Mensch, weil er hierin völlig an sein Wesen hingegeben ist.

—So sah ich, daß es die Mauer nie gegeben hatte, daß «das Unerhörte» hier und dieses ist, nicht ein anderes, daß «Opfer» hier und jetzt, immer und überall ist— daß dieses «surrendered». Sein das ist, was Gott von sich, in mir, sich gibt. (S. 56).

Zum schluß

Es wird wenig Lesern entgangen sein, daß der Geist, in dem *Zeichen am Weg* geschrieben ist, weithin übereinstimmt mit dem von Johannes vom Kreuz. Natürlich gibt es auch viele Unterschiede, doch diese sind in erster Linie Unterschiede im Zeitgeist, der Kultur und im Kontext. Grundsätzlich ist die Dynamik beider Schriften dieselbe. Müssen wir daraus den Schluß ziehen, daß sich Dag Hammarskjöld in einer Glaubenswelt vergangener Zeiten bewog? Wer *Zeichen am Weg* gelesen hat, weiß, daß dies sicher nicht der Fall ist. Die Texte zeugen insgesamt von einem modernen und kritischen Geist, der nichts von der Wirklichkeit mit einem Glauben an Gott versöhnen will. Der Glaube Dag Hammarskjölds ist keine Flucht aus der Wirklichkeit, sondern ergibt sich aus dem Bewußtsein, daß der Mensch der Wirklichkeit *als Wirklichkeit* nur begegnen kann, wenn er den Mut hat, sich mit nichts anderem als mit Gott selbst zufrieden zu geben. Diese Bewegung hin zur absoluten Wirklichkeit von uns-selbst, dem andern und der ganzen Schöpfung formuliert Johannes vom Kreuz folgendermaßen:

> Um zu ihm zu kommen, den du nicht schmeckst,
> mußt du da entlang gehen, wo du nicht schmeckst.
> Um zu ihm zu kommen, den du nicht kennst,
> mußt du da entlang gehen, wo du nicht kennst.
> Um zu ihm zu kommen, den du nicht besitzst,
> mußt du da entlang gehen, wo du nicht besitzst.
> Um zu ihm zu kommen, der du nicht bist,
> mußt du da entlang gehen, wo du nicht bist [25].

---

[25] Aufstieg auf den Berg Karmel I 13.11.

Diese Entdeckungreise zu den Quellem des Daseins führt sowohl Johannes vom Kreuz als auch Dag Hammarskjöld bis in die Gewölbe des Todes. An dieser Grenze, total entfremdet von *sichselbst*, dem andern und Gott entdecken sie in der Nicht-Antwort der Nacht die Kraft des Lebens. Diese Geschichte ist nicht aus dem Mittelalter, sondern wird bis heute von Menschen erfahren, die —durch welche Umständen auch immer— so völlig zunichte geworden sind, daß die Nicht-Antwort der Wirklichkeit sich in ihnen zur Antwort umkehren kann. Man braucht jedoch nicht nur an tiefe persönliche Krisen zu denken. Auch die allgemeine Glaubenskrise, in der sich nach Ansicht vieler unser Land befindet, ist von der Mystik aus gesehen nicht negativ, denn *wie viele wurden nicht durch das leere Gerede vom Glauben als einem Für-wahr-Halten in das Dunkel getrieben!* (S. 21-22). Die Tatsache, daß viele Menschen vom Glauben entfremdet sind, ist kein Beweis dafür, daß es keinen Gott gibt, sondern zeigt vielmehr, daß in dieser Zeit reiner als je empfunden wird, daß Gott nicht zur bestimmen ist. *Der Glaube ist eine dunkle Nacht für die Seele,* sagt Johannes vom Kreuz. Trotzdem ist diese läuternde Nacht gleichzeitig der Raum, in dem der Mensch so verändert, daß Dag Hammarskjöld später in seinem Tagebuch sagen kann: *Glaube ist, schafft und trägt. Er wird nicht hergeleitet, nicht geschaffen, nicht getragen von irgend etwas anderem als seiner eigenen Wirklichkeit.* (S. 80). Die Nacht des Glaubens läßt den Menschen von seinem göttlichen Wesen aus leben, weil er für *sichselbst* keine Bestätigung mehr braucht. Dieser Glaube ist nicht der Glaube von Kindern, sondern von Menschen, die die Nacht zu ihrem Haus und die Wüste zu ihrem Land gemacht haben.

Zur deutschen Auseinandersetzung
mit San Juan de la Cruz

Die Verbreitung seiner Schriften und die literarische Rezeption von Leben und Werk vom 17. bis ins 20. Jahrhundert

Guillaume van Gemert

Die Frömmigkeit der karmelitanischen Reformbewegung hält, im europäischen Vergleich jedenfalls, verhältnismäßig spät Einzug in die deutschen Lande. Während die Werke von Santa Teresa de Avila oder jedenfalls mehrere Einzelschriften von ihr bis 1610 bereits in französischer, italienischer und niederländischer Übersetzung vorlagen,[1] sollte es bis 1649 dauern, ehe ihr Oeuvre in deutscher Sprache greifbar wurde. Ältere Einzelübersetzungen, die der Gesamtausgabe den Weg bereitet hätten, lassen sich nicht nachweisen. Das deutsche Interesse für Santa Teresa scheint, wenn man die Viten mitberücksichtigt, überhaupt erst nach ihrer Kanonisation (1622) einzusetzen. Die Heiligsprechung veranlaßte offensichtlich zunächst einmal die lateinische Ausgabe der *Opera S. Matris Teresae* in der Übersetzung von Matthias Martinez, die 1626-1627 in Köln in zwei Bänden erschien und die sich wesensgemäß an einen relativ kleinen Rezipientenkreis richtete, der sich aus Geistlichen und humanistisch vorgebildeten Laien zusammensetzte. Erst in der zweiten Jahrhunderthälfte kommt es in den deutschen Landen zu einer umfassenden Teresa-Rezeption, insofern jetzt auch die nicht-lateinkundige Laienschaft und Ordensfrauen angesprochen werden. Sie bleibt aber das ganze Jahrhundert über in erster Linie eine Angelegenheit des Karmeliterordens, indem dieser der Rezeption die entscheidenden Impulse vermittelt.[2]

---

[1] Vgl. Simeon a S. Familia, Bibliographia operum S. Teresiae a Iesu typis editorum (1583-1967). Roma 1969.

[2] Zur deutschen Teresa-Rezeption im 17. und 18. Jahrhundert vgl. Dietrich Briesemeister, Die lateinischsprachige Rezeption der Werke von Teresa de Jesús in Deutschland. In: Iberoromania N.F. 18 (1983), S. 9-21; Guillaume van Gemert, Teresa de Avila und Juan de la Cruz im deutschen Sprachgebiet. Zur Verbreitung ihrer Schriften im 17. und 18. Jahrhundert. In: Dieter Breuer (Hrsg.), Frömmigkeit in der frühen Neuzeit. Studien zur religiösen Literatur des 17. Jahrhunderts in Deutschland. Amsterdam 1984. (= Chloe 2), S. 77-107.

Die Frühphasen der deutschen Beschäftigung mit San Juan de la Cruz lassen, wiederum im europäischen Kontext, eine womöglich noch augenfäl- ligere Zeitversetzung erkennbar werden als die eben skizzierte Teresa-Re- zeption.[3] Wo bis 1640, also innerhalb von gut zwanzig Jahren nach der Ver- öffentlichung der spanischen *Obras espirituales* (1618), in Italien, Frankreich und den Niederlanden schon Gesamtausgaben bzw. mehrere Auflagen der bedeutendsten Einzelschriften in der jeweiligen Landessprache vorlagen,[4] erschien die erste selbständig veröffentlichte deutschsprachige Übersetzung sanjuanistischen Schriftguts, zugleich die erste deutsche Gesamtausgabe, kurz vor dem Ende des Jahrhunderts, 1697, in Prag.[5] Als Übersetzer fir- mierte der Karmelit Modestus a S. Joanne Evangelista.[6] Zwar lag seit 1639 eine auf deutschem Boden, in Köln, gedruckte, lateinische Werkausgabe vor[7], für deren Latinisierung ebenfalls ein Karmelit, der aus Polen stam- mende Andreas a Jesu,[8] verantwortlich zeichnete, diese lateinische Fassung scheint aber eine breitere Wirkung eher abgeblockt als in die Wege geleitet zu haben. Sie machte zwar die Auffassungen des zunächst einmal mit kaum verhüllter Skepsis begegneten spanischen Mystikers interessierten theologi- schen Fachkreisen, in erster Linie wohl den geistlichen Angehörigen des ei- genen Ordens, zugänglich, sicherte sie aber gleichzeitig vor dem Zugriff von seiten einer nicht gegen unorthodoxe Fehlinterpretationen gefeiten Laienschaft sowie von seiten der Klosterfrauen.

Bis ins frühe 19. Jahrhundert hinein sind die Zeugnisse für eine katho- lische deutsche Auseinandersetzung mit dem Werk von San Juan de la Cruz recht spärlich und bis zur Mitte des 18. bleibt sie ausschließlich eine Ordens- angelegenheit der Unbeschuhten Karmeliten. Die Seligsprechung 1675 und die erst 1726 erfolgte Kanonisation des Spaniers ändern da wenig. Kurz

---

[3] Dazu: Christine Eisner, Die Lyrik des Johannes vom Kreuz in deutschen Übersetzun- gen. Phil. Diss. Kiel 1972; van Gemert, Teresa de Avila.

[4] Pier Paolo Ottonello, Bibliografia di S. Juan de la Cruz. Roma 1967. (= Bibliotheca Carmelitica III, 3). Vgl. auch: M. Viller u.a. (Hrsg.), Dictionnaire de Spiritualité. Paris 1937 ff. (= DS). Hier: Bd. 8, Sp. 408-447, bes. Sp. 444-445.

[5] Die Geistliche Bücher und Schrifften Deß Geistreichen Lehrers und Seeligen Vatters Joannis vom Creutz/ [...] Von Ihm selbsten anfangs auff Spanisch geschrieben/ Anjetzo aber in die Teutsche Sprach übersetzet/ Von Dem Ehrwürdigen P.F. Modesto vom H. Joanne Evangelista [...] Gedruckt in der Alten Stadt Prag/ in der Ertz- Bischöfflichen Druckerey in St. Norberts Collegio, durch Samuel Beringer/ 1697. Titel nach Eisner, Lyrik, S. 187. Vgl. auch unten Anm. 26.

[6] Über Modestus a Sancto Joanne Evangelista (1658-1721) vgl. Cosmas de Villiers, Bi- bliotheca Carmelitana [...] curavit P. Gabriel Wessels. Romae 1927. 2 Tle. Hier: II, Sp. 466; Eisner, Lyrik, S. 170-171.

[7] Opera Mystica V. ac Mystici Doctoris F. Joannis a Cruce [...] Ex Hispanico idiomate in Latinum nunc primum trans- lata, per R.P.F. And ream a Jesu [...] Una cum Elucidatione Phrasium Mysticarum, quas Author in his suis Operibus usurpat [...] Coloniae Agrippinae Sumptibus Haered Bernard. Gualtheri Excudebat Henricus Krafft. Anno M. DC. XXXIX.

[8] Über Andreas a Jesu (1584-1640) s. DS I, Sp. 555-556; Eisner, Lyrik, S. 149-150.

nachdem 1753 der bayerische Landpfarrer Johann Christoph Beer[9] als erster Nichtkarmelit eine (Auswahl)Ausgabe sanjuanistischer Schriften vorgelegt hatte,[10] lähmt die der Mystik abholde Aufklärung für ein gutes Dreiviertel-jahrhundert das deutsche katholische Interesse für San Juan. Bis zum Wiedererwachen dieses Interesses in der Spätromantik scheinen zumal vereinzelte protestantische Autoren, die sich von der Mitte des 17. Jahrhunderts an besonders für die Lyrik des spanischen Karmeliten zu begeistern begannen, die Erinnerung an ihn noch am ehesten lebendig zu erhalten, sieht man einmal ab von der zweifellos vorhandenen diesbezüglichen ordensinternen Traditionspflege, die sich in dieser Zeit aber im deutschen Sprachraum nicht in Werkübersetzungen oder Lebensdarstellungen niederschlug.

Erst von etwa 1830 an läßt sich die deutsche Auseinandersetzung inner- und außerhalb des Karmeliterordens mit San Juan de la Cruz sehr viel intensiver dokumentieren als in den beiden vorhergehenden Jahrhunderten. Für die offenkundige Diskrepanz zwischen der spärlichen frühen deutschen San-Juan-Rezeption und der soviel reicheren im benachbarten westeuropäischen nicht-deutschsprachigen Ausland läßt sich keine eindeutige Erklärung beibringen: am ehesten noch dürfte die anfangs relativ geringe Präsenz der Discalceaten in den deutschen Landen, die ja überall sonst auch am massivsten die Frömmigkeit ihres Mitbruders propagierten, dafür verantwortlich zu machen sein.[11] Ansonsten könnte das mystische Gedankengut San Juans bei dem vorwiegend polemisch-apologetischen Grundzug der deutschen Gegenreformation und dem vordergründig moralisch-asketischen der nachfolgenden katholischen Reformbewegung dort weniger gefragt gewesen sein.

Die spanische geistliche Literatur des Siglo de Oro gelangt in zwei Schüben in die deutschen Lande.[12] Der erste Höhepunkt der Rezeption ist

---

[9] Zu Johann Christoph Beer (1690-1760) s. Karl Böck, Johann Christoph Beer 1690-1760. Ein Seelsorger des gemeinen Volkes. Kallmünz 1955. (= Münchener Historische Studien. Abt. Bayerische Geschichte. Bd. 2).

[10] Die Geistreiche Bücher oder Schrifften Des heiligen Vatters Johannis vom Creutz [...] Welche [...] aus dem teutschen Exemplar diser Bücher in eine beliebige Abkürtzung/ herausgezogen hat/ Johann Christoph Beer [...] Augspurg/ Verlegts Johann Jacob Mauracher, Buchhandler. 1753. Vgl. Böck, Beer, S. 15. Auch mit der Verlagsangabe: «Lintz, Verlegts Frantz Antoni Ilger, Buchhandler. 1753». Vgl. Eisner, Lyrik, S. 196.

[11] In den ersten Jahrzehnten des 17. Jahrhunderts wurden im deutschen Sprachraum folgende Niederlassungen der Unbeschuhten Karmeliter gegründet: Köln 1613, Wien 1623, Prag 1625 und Würzburg 1627. Vgl. Koloman Joss, Die Karmeliten in Österreich. In: August M. Knoll / Ernst Karl Winter / H.K. Zessner-Spitzenberg (Hrsg.), Dominicus a Jesu Maria Ord. Carm. Disc. Seine Persönlichkeit und sein Werk. Eine Festschrift zum 300. Todestag des ehrw. Diener Gottes. Wien 1930, S. 88-109; Redemptus Weninger, Die Karmeliten in Deutschland. Ebd., S. 110-131.

[12] Vgl. Hermann Tiemann, Das Spanische Schrifttum in Deutschland von der Renaissance bis zur Romantik. Eine Vortragsreihe. Hamburg 1936. (= Ibero-Amerikanische Studien 6) [Reprogr. Nachdr.: Hildesheim / New York 1971]; Gerhart Hoffmeister, Spanien und Deutschland. Geschichte und Dokumentation der literarischen Beziehungen. Berlin 1976. (= Grundlagen der Romanistik 9).

die Zeit zwischen etwa 1590 und 1620, als bedeutende Übersetzer wie der bayerische Hofbeamte Aegidius Albertinus[13] sich um die Vermittlung dieses Schrifttums bemühen im Rahmen ihrer Bestrebungen, den Reformidealen des Tridentinums im deutschen Sprachraum zum Durchbruch zu verhelfen, um so den Katholizismus im Lande der Reformation innerlich zu festigen. Dementsprechend werden aus dem Gesamtfundus des spanischen geistlichen Schrifttums des Siglo de Oro primär solche Werke, die sich im Rahmen der bewährten moralisch-aszetischen Belehrung bewegen, bevorzugt. Mystisch ausgerichtete Werke finden weniger Anklang; wenn sie überhaupt übersetzt werden, so werden dabei zumeist die mystischen und kontemplativen Momente reduziert zugunsten einer stärkeren Hervorhebung der konkreten Erfordernisse eines christlichen Lebenswandels. Als der spanische geistliche Autor, der beim damaligen deutschen Lesepublikum am meisten beliebt war, ist zweifellos Fray Luis de Granada anzusehen.[14] Insgesamt ist im späten 16. und im 17. Jahrhundert das geistliche Schrifttum der Blütezeit der spanischen Literatur in den deutschen Landen stärker verbreitet als sein profaner Pendant. Aus letzterem Bereich sind dem deutschen Leser im Grunde fast nur die novela picaresca, und zwar besonders Alemáns *Guzmán de Alfarache*, sowie die Schriften von Antonio de Guevara geläufig.

Während der zweiten Welle der Rezeption der spanischen Literatur des Siglo de Oro, in der deutschen Romantik und im Zuge der katholischen Restauration noch bis in die zweite Hälfte des 19. Jahrhunderts hinein, läßt sich eine umgekehrte Tendenz beobachten: jetzt rangiert die profane Literatur eindeutig vor der geistlichen. Die ungeheure Beliebtheit von vor allem Cervantes und Calderón kann dies nur bestätigen.[15] Innerhalb der geistlichen Literatur wird die Mystik diesmal aber neu bewertet. Der missionarische Verkündigungsantrieb, der der barocken Überakzentuierung des moralisch-aszetischen Moments förderlich war, ist entfallen. Dafür wird der spanischen mystischen Literatur ein Stellenwert eingeräumt im Rahmen einer verklärten Katholizität als Konstituente des Ideals eines christlich-geein-

---

[13] Über Albertinus (1560-1620) s. Guillaume van Gemert, Die Werke des Aegidius Albertinus (1560-1620). Ein Beitrag zur Erforschung des deutschsprachigen Schrifttums der katholischen Reformbewegung in Bayern um 1600 und seiner Quellen. Amsterdam 1979. (= Geistliche Literatur der Barockzeit. Sonderband 1).

[14] Dazu: Guillaume van Gemert, Zur Rezeption der Werke von Luis de Granada im deutschen Sprachraum in der frühen Neuzeit. Prolegomena zur Erforschung der Vermittlertätigkeit von Matthaeus Tympius. In: Alberto Martino (Hrsg.), Beiträge zur Aufnahme der italienischen und spanischen Literatur in Deutschland im 16. und 17. Jahrhundert. Amsterdam-Atlanta 1990. (= Chloe 9), S. 289-336.

[15] Werner Brüggemann, Cervantes und die Figur des Don Quijote in Kunstanschauung und Dichtung der deutschen Romantik. Münster 1958. (= Spanische Forschungen der Görres-Gesellschaft. 2. Reihe, Bd. 7); Ders., Spanisches Theater und deutsche Romantik. Bd. 1 [mehr nicht erschienen]. Münster 1964. (= Spanische Forschungen der Görres-Gesellschaft. 2. Reihe, Bd. 8); Henry W. Sullivan, Calderón in the German Lands and the Low Countries. His Reception and Influence, 1654-1980. Cambridge / London / New York usw. 1983.

ten Europa, der projizierten Gegenwelt zur Tagesrealität. Die Flucht-
punkt— und Ausgleichsfunktion eignet der geistlichen wie der weltlichen
Literatur des Siglo de Oro in dieser Epoche, ganz besonders aber der mystischen. Von etwa der Mitte des 19. Jahrhunderts an erwächst der rezipier-
ten spanischen geistlichen Literatur in Deutschland zudem zunehmend eine
politische Aufgabe: im Rahmen von katholischer Restauration und Kultur-
kampf soll sie nicht zuletzt auch die Bedeutung sowie die Universalität der
katholischen kulturellen Leistungen dokumentieren. Im 19. und im 20.
Jahrhundert werden die Werke der bedeutendsten spanischen geistlichen
Autoren des Siglo de Oro, aus deutscher Sicht hauptsächlich Santa Teresa
de Avila und San Juan de la Cruz, wenn sie nicht aus spirituellem Antrieb
übersetzt wurden, von Katholiken und Nichtkatholiken vor allem auch als
Weltliteratur rezipiert, [16] was sich besonders in der konfessionsübergreifen-
den Beschäftigung mit der Lyrik von San Juan de la Cruz bemerkbar
macht. In der ersten Hälfte des 20. Jahrhunderts betrachten Teile der katholischen Rezeption San Juan nicht zuletzt auch als einen Halt in einer Zeit,
die zunehmend zur Areligiosität und zum Materialismus tendierte. Daß die
Rezeption dabei, sicher in der Zeit vor dem zweiten Vatikanum, gelegentlich unter eher konservativen Vorzeichen stand, liegt nahe.

Vor dem Hintergrund des eben skizzierten Gesamtverlaufs der Rezeption der Literatur des Siglo de Oro im deutschen Sprachraum ist auch die
Auseinandersetzung mit Leben und Werk von San Juan de la Cruz zu sehen. Sie wird im folgenden aus drei Perspektiven dargestellt. Zunächst werden die deutschen Werkausgaben auf die ihnen zugrunde liegenden Motive
und den jeweils angesprochenen Rezipientenkreis hin befragt. Auf Übersetz-
zungen von Einzelschriften und Anthologien kann dabei nicht eigens eingegangen werden; sie modifizieren das Bild, das aufgrund der Auswertung der
Werkausgaben entsteht, nicht wesentlich und sind ohnehin relativ gering an
der Zahl. [17] Weiter wird die Ausrichtung der Lyrikrezeption berücksichtigt,
die zum Teil auch, und zwar von Anfang an, eine protestantische Angelegenheit war. Abschließend soll erstmals eine Darstellung der produktiv-literarischen Rezeption von San Juans Leben und Werk versucht werden,
wobei auch die deutsche San-Juan-Biographik gestreift werden muß. So soll
in drei mehr oder weniger konzentrischen Kreisen das ganze Spektrum der
deutschen San-Juan-Rezeption abgedeckt werden, bis auf die theologisch-
fachwissenschaftliche Rezeption, die ausdrücklich ausgeklammert wird. Daß

---

[16] Zum Weltliteraturkonzept, das sich in Deutschland im Laufe des 19. Jahrhunderts pa-
rallel zum Nationalliteratur-verständnis entwickelt vgl. Paul Merker / Wolfgang Stammler
(Hrsg.), Reallexikon der deutschen Literaturgeschichte. Zweite Auflage, herausgegeben von
Werner Kohlschmidt und Wolfgang Mohr. Berlin 1958-1988. 4 Bde. und Registerband. (=
RL) Hier: Bd. 4, S. 815-827.

[17] Die Titel der im deutschen Sprachraum gedruckten Ein-zelschriften San Juans und der
Auszüge aus seinen Werken sind zu finden bei Eisner, Lyrik, S. 190-191 und 196- 199. Daß

dabei im vorliegenden Kontext nur ein Überblick geboten werden kann, dürfte einleuchten. Auf die Art der Übersetzung von San Juans Werken und seiner Lyrik kann z.B. nicht im einzelnen eingegangen werden. Eine eingehende Darstellung würde nicht nur mehr Raum beanspruchen, als hier zur Verfügung steht, sie benötigte vor allem mehr Vorarbeiten. Bis jetzt liegt im Grunde zum Thema einzig und allein die verdienstvolle Dissertation von Christine Eisner vor, die sich eingehend mit den Lyrikübersetzungen befaßt, daneben aber auch die Werkausgaben streift. Zur biographischen sowie zur produktiv-literarischen Rezeption gibt es bislang überhaupt keine eigenen Untersuchungen.

* * *

Die sieben Werkausgaben, eine lateinische und sechs verschiedene deutsche, die von den dreißiger Jahren des 17. bis in die sechziger Jahre des 20. Jahrhunderts im deutschen Sprachraum veröffentlicht wurden und die das Oeuvre San Juans einem deutschen Leserkreis erschließen wollten, spiegeln, wenn ihr Erscheinen gelegentlich implizit hin und wieder von gesellschaftspolitischen Wirkungsabsichten —wie bereits dargetan— mit initiiert wurde, primär direkt oder indirekt innerkirchliche Rezeptionshaltungen, mehr konkret das ganze Spektrum der offiziellen und inoffiziellen Ein- und Wertschätzung von San Juans Lehren sowie das unterschwellige Spannungsverhältnis eben dieser oft entgegengesetzten Positionen, wider; ein Spannungsverhältnis, das auch nach der Kanonisation noch lange latent bleibt, zumal die deutschen Ausgaben sich zunehmend auf ein breiteres, nicht mehr unbedingt theologisch vorgebildetes Publikum ausrichten. Die Werkausgaben sind, anders als die deutsche Rezeption von San Juans Gedichten, die teilweise eigene Wege ging, eine rein katholische Angelegenheit, so daß sich in ihnen die erwähnten innerkirchlichen Diskussionen ohne allzu große Zurückhaltung artikulieren konnten. Als geistliche Gebrauchsprosa waren sie zudem weniger anfällig für kontemporäre literarische Modeströmungen als die Lyrik, die sicher bei einzelnen späteren, zumeist protestantischen, Nachdichtern eine Tendenz zur Profanierung aufwies. Der Aussagewert der Werkausgaben scheint somit sehr viel ungetrübter zu sein. Er erhellt besonders aus den oft recht ausführlichen Widmungsvorreden und Einleitungen der Übersetzer, Selbstkommentare, die bei den Lyrikübertragungen kaum je anzutreffen sind und die im folgenden daher in erster Linie berücksichtigt werden.

Die in chronologischer Hinsicht erste Werkausgabe, die bereits erwähnte lateinische Übersetzung, die Andreas a Jesu 1639 in Köln veröffentlichte,[18] erkennt auf Anhieb in treffender Klarheit ein Dilemma, das die

---

[18] Vgl. oben Anm. 7. Im folgenden wird zitiert nach der zweiten Ausgabe der *Opera Mystica*, die 1710 in Köln erschien.

deutsche Beschäftigung mit den Werken von San Juan lange erschweren sollte: um seine Schriften adäquat übersetzen zu können, müßte man im Grunde über den mystischen Geist des spanischen Karmeliten sowie über seine sprachliche Begabung verfügen:

> Ad fidelem, ac numeris omnibus absolutam interpretationem operum Beati P. Joannis a Cruce [...] fuissent utique necessaria ejusdem Authoris Spiritus sensus, verborumque proprietas: utpote cujus tam doctrinam quam etiam verba coelitus inspirata existimant omnes. [19]

Andreas rettet sich aus der Verlegenheit, indem er dem Leser versichert, daß es immerhin besser sei, eine unvollkommene Übersetzung zu besitzen als überhaupt keine. [20] Sein Argument ist umso triftiger als seine Latinisierung des Gesamtwerkes die erste schlechthin ist und als solche eher in einen übernationalen als in einen deutschen Kontext einzuordnen wäre, ein Umstand, dessen sich Andreas voll und ganz bewußt ist. Andreas' Ringen um eine möglichst präzise Wiedergabe von San Juans Gedanken wird besonders in seinem Verfahren mit dessen Lyrik augenfällig, auf das weiter unten noch einzugehen sein wird.

Andreas' Übersetzung richtet sich an die Geistlichkeit, an einen Leserkreis jedenfalls, der mit den damals gängigen theologischen Lehrmeinungen vertraut war. Die Entscheidung zugunsten des Latein unter gleichzeitigem Verzicht auf die Landessprache unterstreicht dies einmal mehr. Trotzdem, oder gerade eben deshalb, ist dem Übersetzer die eigene Vermittlertätigkeit nicht ganz geheuer. Dies geht daraus hervor, daß er sich genötigt sieht, die *Elucidatio Phrasium Mysticae Theologiae B. P. Joannis a Cruce* von Nicolaus a Jesu Maria anzuhängen, [21] die, so Andreas in seinem Geleitwort, einer theologisch versierten Leserschaft bestätige, daß die Auffassungen von San Juan sich mit der herkömmlichen Theologie im Einklang befinden:

> Denique ne quis propter imperitiam Mysticae Theologiae, haereat in phrasibus, seu mysticis locutionibus in his operibus a V. Authore usurpatis, quaeque prima fronte Scholasticae Theologiae repugnare videntur, nisi sano modo intelligantur; idcirco ad calcem operis annectitur Elucidatio earundem locutionum, erudita satis, (pro ut legenti patebit) [...] in qua ex doctrina SS. PP. DDque utriusque Theologiae insignium, earundem phra-

---

[19] Opera Mystica, «Candido Lectori Interpres», Bl. † † † 2r.

[20] Dass., ebd.: «Quamvis enim non sit usquequaque perfecta, & aliquibus in locis obscura videatur locutio, mirum videri non debet, si materia ex se intellectu difficilis, alieno idiomate non adeò clara & perspicua reddatur, praestat nihilominus aliquam interpretationem, licet non ita exactam habere, quam nullam».

[21] Über Nicolaus a Jesu Maria (gest. 1655) vgl. DS XI, Sp. 286-287.

sium veritas, et cum Theologia Scholastica consonantia luculen-
ter demonstratur. [22]

Die *Opera Mystica*, wie Andreas sie vorlegte, enthalten alle damals bekannten Schriften San Juans. In ihnen gelangten erstmals auch die *Cautelas*,
gleich in lateinischer Übersetzung, zum Druck. [23] Man kann Andreas über-
setzerisches Geschick nicht absprechen. [24] Dies hat wohl dazu geführt, daß
seine Ausgabe 1710, als schon seit fast anderthalb Jahrzehnten eine deutsche
Fassung von San Juans Werken vorlag, noch einmal neu aufgelegt wurde
und daß spätere deutsche Übersetzer sich bis ins 19. Jahrhundert hinein immer wieder auf sie stützten. [25]

Die erste deutschsprachige Werkausgabe, jene bereits erwähnte des
böhmischen Karmeliten Modestus a Sancto Joanne Evangelista, die 1697 in
Prag veröffentlicht wurde, erlebte innerhalb von gut dreißig Jahren drei
Auflagen. [26] Sie gab zudem in den fünfziger Jahren des 18. Jahrhunderts die
Grundlage ab für eine gekürzte Ausgabe, die von dem bayerischen Pfarrer
Johann Christoph Beer besorgt wurde. [27] Noch die erste deutsche San-Juan-
Werkausgabe des 19. Jahrhunderts ist kaum mehr als eine sprachlich-stilis-
tisch modernisierende Überarbeitung von Modestus' Übersetzung. Insgesamt scheinen deren Wechselfälle ein wachsendes Interesse für San Juan de
la Cruz in den deutschen Landen zu dokumentieren. Sie richtet sich denn
auch an einen breiteren Leserkreis als die lateinische Werkausgabe von Andreas a Jesu, auf die sie übrigens massiv zurückgreift. [28] Damit soll jedoch
nicht gesagt sein, daß San Juan durch sie im deutschen Sprachraum ähnlich

---

[22] Opera Mystica, «Candido Lectori Interpres», Bl. † † † 2r.

[23] Zu der Druckgeschichte der *Cautelas* vgl. die Einleitung zu der spanischen Ausgabe der
Werke San Juans: Vida y obras de San Juan de la Cruz. Biografía inédita del Santo por Criso-
gono de Jesus. Prólogo general, presentación de las obras [...] del R.P. Lucinio del SS. Sacramento. Tercera edición. Madrid 1955. (= BAC 15), S. 1249-1250. In den späteren Auflagen
sind die bibliographischen Anmerkungen wesentlich gekürzt. Für den vorliegenden Beitrag
wurde die elfte Auflage benutzt: San Juan de la Cruz, Obras completas. Edición critica, notas
y apendices por Lucinio Ruano de la Iglesia. Undecima edición. Madrid 1982.

[24] Vgl. auch DS I, Sp. 556: «De l'avis des connaisseurs cette traduction est de tous points
remarquable et décèle une rare maîtrise des nuances de la langue espagnole aussi bien qu'une
connaissance très sûre des termes de la théologie mystique».

[25] So etwa Modestus a Sancto Joanne Evangelista (vgl. auch weiter unten Anm. 28) und
Magnus Jocham (s. Anm. 37 und 55).

[26] Vgl. oben Anm. 5 und 6. Die zweite Auflage erschien 1707 in Augsburg, die dritte 1729
in Prag. Im folgenden wird Modestus' Übersetzung nach dieser dritten Auflage zitiert: Die
Geistliche Bücher und Schrifften Deß Geistreichen Lehrers und Heiligen Vatters Joannis vom
Creutz. [...] Prag/ bey Caspar Zacharias Wussin/ und Cornelius Werners Buchhändler/ 1729.

[27] Vgl. oben Anm. 9 und 10.

[28] Dazu detailliert: van Gemert, Teresa de Avila, S. 92-93. Eisner, Lyrik, S. 59, scheint
diese Abhängigkeit trotz ihrer Behauptung, daß «die Unterschiede zwischen der lateinischen
und der deutschen Ausgabe gravierender [seien] als die äußerlichen Übereinstimmungen in
Aufbau der Editionen und Auswahl der Schriften», insgesamt zu bestätigen.

populär wurde wie Santa Teresa. Dürfte sich doch die neue Zielgruppe in erster Linie auf die Insassen von Frauenklöstern, und zwar besonders auf die Karmeliterinnen, beschränkt haben. Dafür sprechen mehrere Indizien. Zum einen widmete Modestus sein Werk ausdrücklich den weiblichen Angehörigen der deutsch-böhmischen Karmeliterprovinz vom Allerheiligsten Sacrament. [29] Zum andern hat er, offensichtlich mit Rücksicht auf eine nicht theologisch geschulte Leserschaft, die schwer verständliche *Elucidatio* von Nicolaus a Jesu Maria, die sich in den lateinischen *Opera* fand, durch die leichter faßlichen *Aufzeichnung: Und Anmerckungen [...] Zu leichterer Verständnuß der geheimen Red-Arten und Lehr [...] Des Seeligen Vatters Joannis vom Creütz*, eine Übersetzung von Diego de Jesús' *Apuntamientos y advertiencias en tres discursos* ersetzt. [30] Schließlich bemüht er sich um einen schlichten, leicht verständlichen Stil und gebärdet er sich stellenweise eher als Exeget denn als Übersetzer. [31]

Auch Modestus sieht sich bezeichnenderweise nach wie vor genötigt, seine Ausgabe der Werke von San Juan trotz dessen mittlerweile erfolgter Seligsprechung zu rechtfertigen und dessen Auffassungen gegen etwaige Verdächtigungen im Sinne eines vermeintlichen unorthodoxen Gehalts in Schutz zu nehmen. Die Rechtgläubigkeit San Juans, den er übrigens mit barockem Überschwang lobt, sei, so Modestus, nach Ausweis der gelehrten *Elucidatio* des Nicolaus a Jesu Maria über jeglichen Zweifel erhaben. Alle Anfeindungen und Prüfungen, die dem seligen Ordensreformator zu Lebzeiten widerfahren seien, hätte die göttliche Vorsehung diesem nur deswegen zuteil werden lassen, daß dessen Übereinstimmung mit der kirchlichen Lehre umso klarer an den Tag trete:

> Joannes vom Creütz ein unveränderliches Ziehl der Himmlischen Blitzstralen/ der irrdischen Donner-Keülen/ der Göttlichen Straffen/ der Menschlichen Peinen/ der höllischen Feinden muste gedulten nicht nur den hochmüthigen Frevel der unverschämten Zungen/ nicht nur die straffmäßige Eigenschafft der nachardtender Aegyptier/ welche/ wie Augustinus dem tyrannischen Pharao vorwerffet/ die noch nicht an das Liech [sic !] gekommene Künder verdammen (die noch nicht verfertigte Bücher) verwerffen/ sondern er müste auch nebst diesem die wohlvermeinte Bezüchtigung mancher bewehrter andächtiger Seelen/ erdulten/ welche von keiner neidtragender Begierlichkeit ver-

---

[29] Die Geistliche Bücher, Bl.)(2r: «Denen Wohl-Ehrwürdig: in Gott Geistlichen Mütteren und Schwesteren/ Barfüssigen Carmeliterinnen der Provintz deß Allerheiligsten Sacraments in Teütschland und Böheimb».

[30] Die deutsche Übersetzung ist den *Geistlichen Büchern* mit eigener Seitenzählung angehängt (Bogensignaturen AA1[-AA4]-MM3; 93 numerierte Seiten). Zu Diego de Jesús (1570-1621) vgl. DS III, Sp. 873-874. Zu den *Apuntamientos* ebd., Sp. 399-400.

[31] Vgl. Eisner, Lyrik, S. 59-69, bes. S. 64.

blendet/ sondern von Apostolischen Glaubens-Eyffer angetrieben/ seine hochziehlende gantz fleischloße Unterweisung mit etwas kleinmüthiger Zaghafftigkeit angesehen/ mit gar zu zarter gewissens Aengstigung überlesen haben. Diesem wiewohl geringen Nachtheil des seeligen Vatters/ mit kindlicher Liebs-Regung/ mit sorgfältiger Fürsichtigkeit vorzubiegen/ beschlosse gar weißlich mein heiliger Orden/ alle seine Himmlische und dahero auf Erden etwas frembde Lehrstuck/ in reifliche Erforschung zuziehen/ solche mit dem unverfälschten Gewicht des Heiligthumbs abzuwegen/ das ist dem lebendigmachenden Geist der Göttlichen Schrifft/ wie auch der unwiedersprechlicher Lehr der heiligen Vätter entgegen zu halten/ alle ungemeine Red-Arten zu überlegen/ wie solches in der sinnreicher Erörterung des Wohl-Ehrwürdigen P. Nicolai von Jesu Maria zu lesen; [...] Also nicht weniger wurde in erster Erleütterung dieser Himmlischen Schrifften meines seeligen Vatters Joannis vom Creütz seine tieffsinigste Weißheit entweder mit der masen einer ungewöhnlicher Verständnuß bezeichnet/ oder gar mit dem Merckmahl einer verdächtiger Hochheit bezichtiget. Dieses ware ein sonderbahrer Fund der liebreichesten Vorsichtigkeit Gottes/ welche die bißhero verborgene von ihrem demüthigsten Diener Joanne allzeit verdeckte Gaben der freygebigen Gnad wolte entdecken/ sie gestattete eben darumb daß unterschiedliche/ Gottsförchtige/ hocherleichte Seelen/ in überlegung seiner wundervoller Lehr wurden bestürtzet/ in seinen gächen Auffsteig zum Berg Carmelo ermatteten/ in seiner finsterer Nacht erblindeten/ in seiner brennender Liebs-Flamm sich ärgerten/ mit seinem Geheimnuß vollen Gesang nicht übereinstimmen könten/ damit nehmlich durch Mittel dieser nachforschenden/ die ihnen verdächtige Lehr offenbahret/ in dem Ofen der heiligen Inquisition geprüfet/ in der geheimen Rath-Stuben der Römischen Kirchen-Richter durchsuchet/ in den gemeinden der benambtesten Universitaeten erwogen/ gut geheissen/ und der reinesten Lehr der erleichtesten heiligen Vätter verglichen wurde. [32]

Man solle sich aber nicht voraussetzungslos mit San Juans Mystik befassen, so führt Modestus weiter aus, sie erfordere vielmehr seelische Reife:

Dannenhero vnterstehe dich nicht fürwitziges Welt-Kind/ deinen Trost in diesen Büchern zu suchen/ bemühet euch nicht ihr eüeren unordentlichen Begierlichkeiten gewidmete Seelen darinnen einige Vergnügung zu finden/ dann ihr werd von dem

---

[32] Die Geistliche Bücher, Bl. c1v-c2v (Vorrede des Übersetzers).

Eingang dieses von der Welt gantz entlegenen/ über alles irrdisches erhobenen Paradeiß durch das Feür speiende Schwerd des wachenden Cherubins/ das ist von dem bluttrieffenden Creütz des grossen Rath-Engels abgehalten werden. Ja so gar auch jene zarte noch unmündige Kinder der Milchtränckender Andacht/ die annoch die Brust der Göttlichen Tröstungen saugen/ werden allhier ihre Nahrung nicht haben; allein jene starckmüthige Seelen deren Hunger das Brod der Aengsten stillet/ deren Durst die Wasser der Trübsal außlöschen/ werden allhier nach Belieben gespeiset/ nach Vergnügen geträncket. [33]

Seinem Werk mit unverbindlicher Frömmelei entgegenzutreten, wäre die falsche Rezeptionshaltung. San Juans Mystik verlange vielmehr bedingungsloses Engagement: er messe «die unverfälschte Bildnuß einer liebenden Seel nicht mit dem Faden einer zärtlenden Andacht/ sondern mit dem Maßstab deß Creützes» ab. [34] Die Behutsamkeit, mit der Modestus seine Ausgabe präsentiert, sowie die Explizität, mit der die Konformität von San Juans Lehren mit der kirchlichen Lehrautorität herausgestellt wird, ist noch bei seinen Nachfolgern im 19. Jahrhundert anzutreffen, dagegen verlagert sich die Rezeptionshaltung offensichtlich nicht zuletzt unter dem Einfluß der pietistischen Beschäftigung mit San Juan auch bei den katholischen Rezipienten im Laufe des 19. Jahrhunderts dennoch hin und wieder zu der von Modestus so sehr verpönten «zärtlenden Andacht».

Christine Eisner hat treffend beobachtet, [35] daß die drei deutschen San-Juan-Werkausgaben, die im 19. Jahrhundert erschienen, nachdem das deutsche Interesse für San Juan sich während der Aufklärungszeit kaum öffentlich bekundet hatte, die Ausgaben von Gallus Schwab [36] (1830), Magnus Jocham [37] (1858/59) und Peter Lechner [38] ([1858-]1859), allesamt aus dem

---

[33] Ebd., Bl. c3r-c3v.

[34] Ebd., Bl.)(2v-)(3r (Widmung).

[35] Eisner, Lyrik, S. 72-74.

[36] Über Gallus Schwab (1779-1837) vgl. Rochus Frhr. von Liliencron / Franz Xaver von Wegele (Hrsg.), Allgemeine Deutsche Biographie. Leipzig 1875-1912. 56 Bde. (= ADB). Hier: Bd. 33, S. 153. Seine San-Juan-Ausgabe erschien in zwei Bänden: Die sämmtlichen Schriften des heiligen Johannes vom Kreuz mit einer Einleitung und mit Anmerkungen aus Kirchenvätern herausgegeben von Gallus Schwab. Sulzbach 1830.

[37] Zu Magnus Jocham (1808-1893) vgl. ADB L, S. 676-679; DS VIII, Sp. 1229-1231. Weiter auch: Johannes Zinkl, Magnus Jocham (Johannes Clericus) 1808-1893. Ein Beitrag zur Geschichte der katholischen Theologie und Frömmigkeit im neunzehnten Jahrhundert. Freiburg 1950. Jochams Übersetzung umfaßt, wie die Schwabsche Ausgabe, zwei Bände: Die sämmtlichen Schriften des heil. Johannes vom Kreuz. Als zweite Auflage der Ausgabe von Gallus Schwab, ehemal. bischöflichen Rath und Regens, neu aus dem spanischen Originale übersetzt von Magnus Jocham. Regensburg 1858-1859.

[38] Über Peter Lechner OSB (1805-1874) s. ADB XVIII, S. 107- 108; DS IX, Sp. 463-465. Der erste Band von Lechners dreibändiger Ausgabe enthält eine Lebensdarstellung, die beiden weiteren die Werke San Juans. Der Gesamttitel lautet: Leben und Werke des heiligen Johan-

Umkreis bzw. der Schülerschaft von Johann Michael Sailer, [39] dem langjäh-
rigen Theologieprofessor und späteren Regensburger Bischof, hervorgegan-
gen sind. Sailer war u.a. über seine Beziehungen zur sogenannten Allgäuer
Erweckungsbewegung mit pietistischen Frömmigkeitsauffassungen konfrontiert worden. Über ihn verlief direkt oder indirekt die Beziehung der
katholischen Werkausgaben des 19. Jahrhunderts zur protestantischen San-
Juan-Rezeption, die sich vor allem, erst recht in der Frühzeit, wie noch darzutun sein wird, im heterodoxen, zumal im pietistischen Kontext vollzog.
Die Spuren dieser pietistischen Einwirkung sind gelegentlich besonders
augenfällig, so basiert die San-Juan-Vita, die Gallus Schwab seiner Werkausgabe vorausschickt, wie er ausdrücklich vermerkt, auf Gerhard Ter-
steegens *Auserlesenen Lebensbeschreibungen Heiliger Seelen*. [40]

Schwabs deutsche Fassung von San Juans Gesamtwerk ist, wie er selber in seiner Einleitung einräumt, keine Neuübersetzung, sondern eine Überarbeitung der älteren Übersetzung von Modestus a Sancto Joanne Evangelista. [41] Dabei beschränkte Schwab sich im Grunde auf eine Modernisierung
des sprachlichen Gewands, wobei es ihm allerdings oberstes Gebot war, den
Text inhaltlich unverändert hinüberzuretten:

> Die Treue, das Empfangene nach bestem Wissen und Ge-
> wissen wieder zu geben, war mir unerläßliche Pflicht. Bloß all-
> zulange Perioden, die dem deutschen Sprachgebrauche nicht zu-
> sagen, habe ich hin und wieder in kürzere Sätze aufgelöst; übri-
> gens aber mich genau an den Grundsatz des Origenes gehalten,
> der sagte: «Es ist besser, wir stoßen bei dem Dolmetschen der

---

nes von[!] Kreuz, ersten Barfüsser-Karmeliten. Zum ersten Male vollständig aus dem spanischen Originale übersetzt von P. Peter Lechner. Regensburg 1858-1859. Die einzelnen Teile haben eigene Titelblätter. Die der eigentlichen Werkausgabe (= Band 2 und 3 von *Leben und
Werke*) lauten: Schriften des heiligen Johannes von [!] Kreuz, ersten Barfüsser-Karmeliten. Aus
dem Spanischen übersetzt von P. Peter Lechner. Erster [Zweiter] Band. Regensburg 1859.

[39] Zu Johann Michael Sailer (1751-1832) vgl. ADB XXX, S. 178-192; DS XIV, Sp. 132-137.

[40] Sämmtliche Schriften (Schwab), Bd. 1, S. VI: «Ich folgte hier größtentheils der Origi-
nalausgabe von Terstegens Lebensbeschreibungen heiliger Seelen; dann benützte ich die Vorre-
den zu den ältern Ausgaben der Schriften des heil. Johann vom Kreuz, die Schriften der heil.
Theresia u.a.m.». Vgl. auch unten Anm. 115.

[41] Ebd., Bd. 1, S. V, (s. das Zitat zu Anm. 43), wo «besonders die Wendung «neu heraus-
zugeben» hervorzuheben wäre. Schwab weist nirgends ausdrücklich auf seine unmittelbare
Vorlage hin, in seinen Anmerkungen wird die Prager Ausgabe von 1697 allerdings wiederholt
erwähnt (z.B. Bd. 2, S. 3-5). Jocham nennt dann 1858 im Vorwort zu seiner Übersetzung
Schwabs eigentliche Quelle: «Die Verlagshandlung übertrug im vorigen Herbste dem Unter-
zeichneten die Besorgung einer neuen Auflage dieser Schriften. Derselbe fand, daß die
Schwab'sche Ausgabe nur eine Revision der vom Carmeliten P. Fr. Modestus vom heil. Johannes Evangelista aus dem spanischen Original gefertigten und 1697 in Prag gedruckten Uebersetzung sei, an der außer der Orthographie nur wenig verbessert worden war» (Sämmtliche
Schriften (Jocham), Bd. 1, S. III-IV).

Schriften gegen die Grammatiker an, als wenn wir bei Verdeutlichung der Wahrheit einen Anstoß hinstellen». [42]

Schwab nennt als den eigentlichen Beweggrund seiner Bemühungen um die Schriften San Juans die Notwendigkeit, echte Mystik gegen Schwärmerei und Pseudomystik, die soviel Unordnung und Unheil in Gesellschaft und Kirche verursacht hätten, ja am Ende den Atheismus förderten, abzugrenzen, denn es sei leider üblich geworden, aufgrund der Auswüchse von Schwärmerei und Pseudomystik alle Mystik in Bausch und Bogen zu verdammen:

> Möchte man doch von einer solchen Flachheit abgehen und das Kostbare von dem Schlechten wohl zu sondern lernen! Wenn die Grundsätze der ächten Mystiker bekannter wären und mit Ernst in Anwendung gebracht würden, so dürften die bald lächerlichen, bald beweinenswerthen Mißgriffe der Aftermystik unter die Seltenheiten gehören. Dieses bewog mich, die aus dem Buchhandel ganz verschwundenen Schriften des heiligen Johannes vom Kreuz, dieses «Adlers unter den Mystikern», in deutscher Sprache neu herauszugeben. [43]

Welcher Geisteshaltung Schwab mit seiner Unterscheidung von wahrer Mystik und «Aftermystik» den Kampf ansagte, dürfte deutlich sein: er will die Nachwirkungen der pauschalen Ablehnung der Mystik durch das starre Vernunftdenken des «aufgeklärten» 18. Jahrhunderts rückgängig machen bzw. durch Nuancierungen zunächst einmal abmildern. Insofern markieren seine Bemühungen um San Juan eine Wende, eben jene Wende von der Aufklärung zur Romantik, als deren bedeutendster Exponent im Klerus Süddeutschlands Johann Michael Sailer anzusehen ist. [44] Schwabs eigene Leistung besteht ansonsten darin, daß er die Ausgabe mit einer Einleitung zu Leben und Werk versah und daß er San Juans Ausführungen mit Zitaten aus der Väterliteratur kommentierte, was er offensichtlich als seinen wichtigsten Beitrag ansah, da er es auf dem Titelblatt hervorhebt und in seiner Einleitung noch einmal ausdrücklich darauf zu sprechen kommt:

> Vor Zeiten wollten Einige gegen die Probehaltigkeit der Schriften des heil. Johannes vom Kreuze aus dem Grunde einen Zweifel geltend machen, weil er zur Bewährung seiner Lehren

---

[42] Sämmtliche Schriften (Schwab), Bd. 1, S. LVIII.
[43] Ebd., S. V.
[44] Dazu neben den in Anm. 39 genannten Darstellungen auch: Hans Graßl, Aufbruch zur Romantik. Bayerns Beitrag zur deutschen Geistesgeschichte 1765-1785. München 1968. Bes. S. 335-357.

nur die Bibel, äußerst selten die Kirchenväter, benützte. Ich fügte
deßwegen aus letztern Anmerkungen bei, um zu zeigen, daß der
Eine Geist Gottes, welcher durch die Kirchenväter geredet,
auch durch unsern Johannes geredet habe. Dabei hatte ich auch
die Absicht, manche Stellen, die mißverstanden werden könnten
und auch schon mißverstanden wurden, gegen neue Mißver-
ständnisse sicher zu stellen. Zwar bemerkte mir ein Freund,
meine Weise, eine Verwandtschaft der Ideen herauszubringen,
gehe manchmal in das Weitläufige; allein vielleicht leistet das,
was für Manchem überflüßig ist, einem Andern gute Dienste. [45]

Schwabs diesbezügliches Verfahren zeigt, daß auch er es, hundert Jahre nach der Kanonisation, noch für nötig hält, San Juans Einklang mit der
orthodoxen Tradition ausdrücklich herauszustellen. Der Hinweis in seiner
Einleitung, daß die spanische Inquisition Gutachten über San Juans Schriften in Auftrag gegeben hätte, die seine Rechtgläubigkeit einwandfrei und
uneingeschränkt erwiesen hätten, [46] dient dem gleichen Bestreben.

Die «Dunkelheit» von San Juans Stil erklärt Schwab aus der Unzulänglichkeit der Sprache bei der Wiedergabe genuin mystischer Erfahrungen. [47]
Die häufigen Wiederholungen gefallen dem Herausgeber weniger, aber auch
ihnen weiß er eine gute Seite abzugewinnen: sie bestätigten die Einheit von
San Juans Lehre. [48] Den Rezipientenkreis, an den sich seine Werkausgabe
richtet, legt Schwab nicht genau fest: es paßt aber in seine Strategie zur
Aufwertung der wahren Mystik, daß dieser ein gewisses Maß an Bildungs-
exklusivität besitzt, das ein Abgleiten ins Schwärmertum verhütet. Schwab
schwebt daher der «redliche Leser» [49] vor, der zu unterscheiden vermag:

> Bemerkt muß noch werden, daß die Schriften des heiligen
> Johannes vom Kreuz, wie er selbst sagt, nicht für Leser ohne
> Unterschied seyen, und daß man sich in verschiedene Geis-
> teswege, besonders in solche, von denen im zweiten Band die
> Rede ist, ja nicht mit der Einbildungskraft eindrängen dürfe;
> denn da würde man schon gegen die Grundsätze des Heiligen,
> die er vorausgehen ließ, handeln. [50]

---

[45] Sämmtliche Schriften (Schwab), Bd. 1, S. LVIII-LIX.
[46] Ebd., S. XLV: «Der Großinquisitor in Spanien hatte dem gelehrten Augustiner und
Lehrer der Theologie auf der Hochschule zu Salmantika, M. Basilius Pontius von Leon den
Auftrag gegeben, diese Schriften scharf zu prüfen. Derselbe hieß sie nicht nur gut, sondern
schrieb eine ganze Apologie darüber [...]».
[47] Ebd., S. LII-LIII.
[48] Ebd., S. LIV.
[49] Ebd., S. LIV.
[50] Ebd., S. LIV-LV.

Es ist das Verdienst von Schwabs Neubearbeitung der Schriften San Juans, wie übrigens auch der Santa Teresas, [51] daß er mit ihnen, die er ausdrücklich gegen Schwärmerei abgrenzt, die Mystik über die Aufklärung hinüberrettet und sie gegen allzu starre Vernünftelei aufwertet. Seine Rehabilitation mystischen Denkens ist aber irgendwie zwiespältig: trotz seiner Betonung des Eigenwerts der wahren Mystik gegenüber der Vernunft, muß er dem vernunftorientierten Nützlichkeitsdenken Zugeständnisse machen, indem er den «wahren Mystiker» San Juan abschließend auch als Vermittler von Lehren mit einem «ächten, wissenschaftlichen» —was wohl in Klarschrift heißt: handgreiflich praktischen, im Sinne der konkreten Nutzanwendung— «Werth» hinstellt:

> Wenn aber Bernieres sagt, Johannes habe größtentheils nur von eigenen Erfahrungen geredet, so muß dieses hauptsächlich von den Erklärungen des Wechselgesanges und der lebendigen Liebesflamme, welche im zweiten Bande enthalten sind, verstanden werden. Denn die Grundsätze, welche Johannes in den Büchern des ersten Bandes, vorzüglich in denen vom Aufsteigen zu dem Berge Carmel, aufstellt, haben nicht bloß einen erbaulichen, sondern auch einen ächten, wissenschaftlichen Werth, und sind auf den Wegen des Geistes nicht nur allgemein anwendbar, sondern auch nothwendig, wenn man sich nicht auf Abwege verirren will. [52]

Als der Freysinger Theologieprofessor Magnus Jocham 1858/59 seine deutsche Fassung der Werke San Juans vorlegte, präsentierte er diese, wohl eher aus verkaufstechnischen als aus Pietätsgründen, als die zweite Auflage der Schwabschen Ausgabe. [53] Im Grunde hatte er, mit Hilfe von Benedikt Weinhart, [54] sämtliche Schriften San Juans neu aus dem Spanischen übersetzt, unter Zuhilfenahme der lateinischen *Opera* von Andreas a Jesu und einer französischen Übersetzung von Migne. [55] Zu Jochams Zeiten war eine Rehabilitation der Mystik gegenüber Verdächtigungen von seiten eines starr vernunftorientierten Denkens nicht mehr unbedingt erforderlich. Stattdessen will er den Eigenwert der Mystik von innen her erhärten. Er stellt daher die innere Konsistenz und den übergreifenden Zusammenhang von San

---

[51] Die sämmtlichen Schriften der hl. Theresia von Jesu. Sulzbach 1831-1833. 6 Bde.

[52] Sämmtliche Schriften (Schwab), Bd. 1, S. LVII.

[53] Sämmtliche Schriften (Jocham), Titelblatt.

[54] Über Benedikt Weinhart (1818-1901) vgl. Josef Höfer / Karl Rahner (Hrsg.), Lexikon für Theologie und Kirche. Freiburg 1957-1967. 10 Bde. und Registerband. Hier: Bd. 10, S. 998.

[55] Sämmtliche Schriften (Jocham), Bd. 1, S. IV: «Außerdem stand dem Uebersetzer die vortreffliche lateinische Uebersetzung des polnischen Carmeliten Andreas a Jesu zu Gebote und die von Abbe [!] Migne in Paris 1845 besorgte französische Uebersetzung».

Juans mystischem Schrifttum heraus. Dazu schickt er beiden Teilen seiner Übersetzung eine genau differenzierende, systematische Einleitung voraus, die das Gesamtwerk des Karmeliten in seinem Zusammenhalt zu erfassen versucht:

> Die Lehre des Heiligen will als ein Ganzes in bündigem Zusammmenhange gefaßt sein. Darauf hat es der heilige Verfasser selbst abgesehen. Dieß leuchtet ganz deutlich aus seiner Neubearbeitung des *Wechselgesanges* hervor. Mit anmuthiger Lesung dieser tiefen Schriften ist wenig gewonnen. Man muß ein Verständnis derselben gewinnen. [56]

Insgesamt seien San Juans Schriften als eine «Pastoraltheologie höherer Ordnung» sowohl den geistlichen Leitsmännern als auch mystisch veranlagten Seelen besonders hilfreich:

> Diese Schriften sind somit eine Pastoraltheologie höherer Ordnung und haben den Zweck, Seelsorger über das geistliche Leben und über die rechte Pflege desselben zu unterrichten. Sie dienen aber auch zur Selbstbelehrung für fromme Seelen, die auf dem Wege des geistlichen Lebens schon fortgeschritten sind und Erfahrungen gemacht haben. [57]

Dementsprechend stellt Jocham, dem Geist seiner Zeit, mit ihrem romantischen Interesse für die Abgründe der Seele entgegenkommend, San Juan als einen großen Psychologen hin, der dank seiner gründlichen Auseinandersetzung mit den thomistischen Auffassungen von der Seele und ihren Vermögen «seine erhabene Lehre so klar, so bestimmt, so gründlich vorzutragen» [58] in der Lage gewesen sei. Am Schluß seiner Einleitung überträgt Jocham «für einzelne Leser», womit wohl die kritischeren Geister unter den Zeitgenossen gemeint sind, die der Mystik eines San Juan mit Skepsis entgegentraten, «die Grundzüge der Psychologie des Heiligen, die keine andere als die des heil. Thomas ist», [59] noch einmal eigens in eine kontemporäre Terminologie. So versucht er alles in allem unverkennbar eine Aktualisierung San Juans, ohne auf eine Einbindung in die Tradition verzichten zu müssen.

Während Jocham sich mit seiner San-Juan-Übersetzung an eine eher kritische Leserschaft, innerhalb wie außerhalb der katholischen Kirche, richtete und dabei auf Polemik, Apologetik sowie auf Triumphalismus verzich-

---

[56] Ebd., Bd. 2, S. V.
[57] Ebd., Bd. 1, S. VIII.
[58] Ebd., S. X.
[59] Ebd., S. XX.

tete, war der Scheyerer Benediktiner Peter Lechner mit seiner etwa zur gleichen Zeit erscheinenden Ausgabe, die er als «zum ersten Male vollständig
aus dem spanischen Originale übersetzt»[60] anpreist, unverkennbar bestrebt,
in erster Linie die eigenen Reihen zu festigen. Die Werke San Juans stellt
Lechner in den Dienst restaurativer Bestrebungen der eigenen Zeit. In seiner Einleitung schildert er in einem breiten Panorama den siegreichen
Kampf der katholischen Kirche gegen unterschiedliche Häresien, als deren
letzte er die Reformation ansieht. Zu den herausragenden Repräsentanten
der Kirche in eben jener Epoche zählten, so Lechner, Santa Teresa und San
Juan. In Lechners Augen eignen sie sich besonders dazu, das katholische
Selbstgefühl, wenn auch nur im Sinne eines unbestimmten Hochgefühls, zu
steigern:

> Schwere, überaus schwere Gewitter brachen mit dem An-
> fange des sechzehnten Jahrhunderts herein über die Kirche. Un-
> ter Anführung von dünkelvollen Menschen, die da wähnten, die
> Kirche Christi bestehe nicht mehr, fielen ganze Völker ab vom
> geheimnißvollen Leibe Jesu und huldigten gleich unsteten Wol-
> ken jedem Winde menschlicher Weisheitslehre. Statt der Lehre
> vom Kreuze hörte man damals nichts häufiger, als die Lehre
> von Freiheit und Ungebundenheit.
>
> O welch ein Jammer war das! O wie seufzten und trauer-
> ten damals die edlen und guten Hirten, die treuen und gläubi-
> gen Schaafe der Heerde Christi! Die Erbarmung Gottes blieb
> nicht aus. Zur nemlichen Zeit, da der Abfall seinen Lauf durch
> die Länder nahm, wuchs eine Schaar neuer Helden und Heldi-
> nen Christi heran, die da zur rechten Zeit die Waffen des Kreu-
> zes ergriffen, und durch Selbstverläugnung, Muth, Gebet, Mühe
> und Arbeit den Kampf Gottes kämpften.
>
> [...]
>
> Unter den Kämpfern für Wahrheit, Recht und Heiligkeit,
> die in damaliger Zeit antraten, strahlen in hellem Glanze There-
> sia, die Erneuerin des Ordens Maria vom Berge Karmel und ihr
> Gehilfe, Johannes vom Kreuz. Was beide durch ihr gottseliges
> Leben, durch ihre Wunder, durch ihren Muth, durch ihre be-
> geisterte Liebe zum Kreuze, durch ihre Schriften gewirkt haben,
> gehört der Unvergänglichkeit an. Ihre Namen glänzen heute
> noch so hell, wie in dem Jahrhunderte, da ihr Leben hell strahl-
> te durch die Auen und Gebirge der pyrenäischen Halbinsel.
> Welcher Katholik fühlt sich nicht durchdrungen von Verwun-

---

[60] Leben und Werke, Titelblatt. Vgl. auch Anm. 38.

derung, Hochachtung und Zuneigung, wenn er diese Namen nur nennen hört?[61]

Ganz anders als Jocham, der in San Juan einen feinfühligen Psychologen auf der Grundlage der gelehrten thomistischen Tradition sah, evoziert Lechner, was man als den «Mythos San Juan» bezeichnen könnte. Der Heilige ist für ihn ein mystisches und mystagogisches Naturtalent, das ohne gelehrte Bildung ausgekommen sei. Vermutlich deshalb hat Lechner wohl auch auf eine eingehendere Einleitung zu den einzelnen Werken San Juans verzichtet. Sein «Mythos San Juan» ist allerdings nur eine Hilfskonstruktion, die in erster Linie dazu dienen soll, etwaige Kritik an San Juans spärlichen Rekursen auf patristische und scholastische auctoritates, gegen die sich bereits Gallus Schwab abzusichern versucht hatte, von vornherein zu unterbinden:

> In allen diesen Schriften, die durchaus nicht für die Oeffentlichkeit bestimmt waren, und die nur in den Klöstern des Ordens oder unter sehr vertrauten Seelen außerhalb derselben umhergeboten und mitgetheilt wurden, spricht der Heilige nichts Anderes aus, als was er selbst in sich erschaut, erlebt und erprobt hat, und thut es in der Sprache der Einfalt. So erhaben der Gegenstand ist, so einfältig ist die Sprache, mit welcher er denselben behandelt. Er wollte sich ja Ordensbrüdern verständlich machen, die nicht hoch studirt waren, aber Empfänglichkeit hatten, durch Uebung des Gebetes, der Abtödtung, der Betrachtung sich zu erschwingen zum innigsten Verkehre mit Gott.
>
> Da er kein anderes Buch in seiner Zelle hatte, als die heilige Schrift, und außer derselben entweder nur wenig oder Nichts aus andern Büchern zu lesen pflegte, so schöpfte er auch die Belege für seine Lehre und Vorträge nur aus dieser Quelle. Nur hie und da ließ er einen Satz aus der Weltweisheit, den er noch von den Studien her im Gedächtnisse hatte, einfließen. Die heiligen Väter benützte er nicht, sei es nun, daß er in den Klöstern, wo er schrieb, ihre Werke nicht zu Handen hatte, oder was wahrscheinlicher ist, daß er es für unnnöthig hielt, seine einfältigen Ordensbrüder mit vielen Auctoritäten zu belasten, da er ihnen den Quell der heiligen Schrift so überflüssig mittheilte. Der andächtige Leser wird den Mangel der Väterstellen nicht spüren. Die hier gebotene Malzeit ist so köstlich gewürzt, daß von einem Mangel keine Rede sein kann.[62]

---

[61] Ebd., Bd. 1, S. X-XII.
[62] Ebd., Bd. 2, S. XII-XIII.

Die literarische Qualität von San Juans Werken ist für Lechner zweitrangig. Er engt diese zudem auf deren etwaige Zugehörigkeit zum Kanon der spanischen Nationalliteratur ein; die Kategorie «Weltliteratur» ist ihm offensichtlich nicht geläufig. Für die Literarizität sprächen, so Lechner, «eine mehr als gewöhnliche Geistesfrische und Stärke der bildlichen Anschauung».[63] Lechners Hintansetzung der literarischen Qualität zugunsten der inhaltlichen Aussage hat sich auf seine Art zu übersetzen insofern positiv ausgewirkt, als er sich nicht genötigt fühlt, stilistische Schwächen zu beschönigen. Zuverlässige Wiedergabe der Vorlage und «Originalton» gehen ihm vor sprachlicher Glätte:

> Da man aber die Schriften des Heiligen aus dem Spanischen übersetzt wünschte, so hielt ich mich strenge an den Original-Laut, und künstelte Nichts an der schlichten, einfachen, oft rauhen und holperichen Sprache des Verfassers. Ich erlaubte mir, auch das Sprachunrichtige nachzuahmen. Was der Heilige sagte, darf auch der Uebersetzer des Heiligen sagen. Sprachfehler sind keine Fehler gegen Gottes Gebot.[64]

Nicht ohne Stolz weist der Übersetzer darauf hin, daß seine Ausgabe als erste in Deutschland eine Übersetzung der *Espinas de espíritu* enthält, von denen Lechner nicht zu wissen scheint, daß die Autorschaft umstritten ist, und die hier nach einer italienischen Vorlage verdeutscht wurden.[65] Bei aller übersetzerischen Genauigkeit läßt sich aber nicht verhehlen, daß San Juans Werke von Lechner wesentlich auch zu zeitgenössischen, tagespolitischen Zwecken funktionalisiert, ja fast vereinnahmt werden.

Ohne ein gewisses Moment der Funktionalisierung bzw. der Aktualisierung kommen auch die beiden San-Juan-Werkausgaben des zwanzigsten Jahrhunderts, die bis heute immer wieder neu aufgelegt wurden, nicht aus. Allerdings geht ihnen jeglicher Triumphalismus, wie er noch aus Lechners Einleitung sprach, ab. Sie stellen beide San Juan, mit mehr oder weniger Aplomb, als einen sicheren Halt in einer Zeit der Haltlosigkeit und einer durch Weltkriege aus den Fugen geratenen Weltordnung hin.

Die ältere der beiden, die San Juans Schriften in der Übersetzung von Aloysius ab Immaculata Conceptione und Ambrosius a Sancta Theresia prä-

---

[63] Ebd., S. XIV.
[64] Ebd., S. XVII-XVIII.
[65] Ebd., S. XVIII, Anm. 6: «Da die spanische Ausgabe, nach welcher ich arbeitete, noch zu den ältern gehört, und somit den "Gesang zwischen Bräutigam und Braut", nicht vollständig enthält, so übersetzte ich diesen aus dem Italienischen des Marco di S. Francesco. "Die Dörner des Geistes", die in jener spanischen Ausgabe ebenfalls fehlen, hatte mein verehrter Mitbruder P. Carl Zeller zu übersetzen die Güte».

sentierte und zwischen 1924 und 1929 in München aus Anlaß der zweiten Zentenarfeier der Kanonisation in fünf Bänden erschien,[66] machte den Karmeliterheiligen zur Leitfigur in der zeitgenössichen Auseinandersetzung mit dem Modernismus, indem sie bei den Modernisten eine gewisse Verwandtschaft mit den Alumbrados, gegen die San Juan sich abgrenzte, zu erblicken glaubte.[67] Die beiden Übersetzer wollen mit ihrer Vermittlertätigkeit dem «lebendigen Zug nach Verinnerlichung» entgegenkommen, der «seit dem unglücklichen Verlauf des Weltkrieges die Länder Europas» durchziehe und der «gewiß ein erfreuliches Zeichen dafür» sei, «daß die innerlich veranlagten Seelen nach dem Zusammenbruch aller irdischen Stützen sich mehr als je an Gott anklammern möchten in der sicheren Erwartung, in ihm Ruhe für ihre suchenden Herzen zu finden».[68] Sie versprechen sich daher von San Juans Schriften für die eigene Zeit, «die einer Durchdringung mit den ewigen Ideen des Übernatürlichen mehr denn je bedarf»,[69] einen ähnlich reichen Nutzen wie in früheren Jahrhunderten, denn San Juans Lehren seien überzeitlich und ihre Bedeutung reiche über die Grenzen seiner spanischen Heimat hinaus.[70]

Aus all dem sollte man nicht schließen, daß die Übersetzer eine Popularisierung San Juans in die Wege leiten wollten. Sie sind sich dessen bewußt, daß sich San Juans Schriften seit eh und je bloß eines «verhältnismäßig kleinen Leserkreis[es]»[71] erfreut haben. Ihre Zielgruppe scheint sich denn auch vor allem aus den Angehörigen der kontemplativen Orden und deren Seelenführer zusammenzusetzen.[72] Ihre Einleitung zu den Werken

---

[66] Des Heiligen Johannes vom Kreuz Sämtliche Werke in fünf Bänden. Neue deutsche Ausgabe von Aloysius ab Imac. Conceptione und P. Ambrosius a S. Theresia, unbeschuhte Karmeliten. München 1924-1929. Im folgenden wird sie zitiert nach der 3.-5. Auflage, München 1956-1957. Über Aloysius (Alkofer) (1878-1954) und Ambrosius (Hofmeister) (1886-1951) vgl. Eisner, Lyrik, S. 147 bzw. 148.

[67] Sämtliche Werke, Bd. 1, S. X: «Ich habe da vor allem die Alumbrados, die "Erleuchteten", im Auge, welche behaupteten, unmittelbar vom Heiligen Geist erleuchtet zu sein und darum jeglicher Führung und Unterweisung im religiösen und geistlichen Leben entraten zu können. Aus dieser verkehrten Lehre, die besonders von den Klöstern ausging, entwickelte sich ganz natürlich ein Geist der Unabhängigkeit in religiöser Hinsicht, ein starker Individualismus, nicht unähnlich dem Modernismus unserer Tage».

[68] Ebd., Bd. 2, S. IX.

[69] Ebd., Bd. 1, S. XXIII.

[70] Ebd., S. XI.

[71] Ebd., S. XIX.

[72] Ebd., S. XIX-XX: «Sie [die Schriften San Juans] waren ja nicht für die große Masse geschrieben, sondern für die allzeit wenigen, die mit Jesus den Weg des Kreuzes wandeln, um zum Gipfel der Vollkommenheit zu gelangen. Denn daß sie für alle heilsbegierigen Seelen von großem Werte waren und sind, läßt sich nicht bestreiten. Viele Seelen haben sich aus ihnen Ansporn und sichere Führung bei der Besteigung des Berges der Vollkommenheit geholt; und die Seelenführer können aus ihnen lernen, wie die Seelen auf diesem Weg vor Gefahren und Täuschungen am sichersten zu bewahren sind».

San Juans ist entsprechend summarisch. Zweifel an San Juans Orthodoxie werden mit einem kurzen Hinweis auf die Kanonisation und die mittlerweile erfolgte Eingliederung unter die Kirchenlehrer ausgeräumt. [73] Wie bei Jocham findet sich auch hier ein expliziter Hinweis auf die profunde scholastische Schulung San Juans. [74]

Die Art zu übersetzen wird knapp als ein Bestreben, «dem modernen Stand der deutschen Sprache möglichst nahe[zu]kommen», [75] charakterisiert. In einem Punkt trauen die Übersetzer sich sogar leise Kritik zu: sie gilt der literarischen Qualität, als deren Konstituenzien vor allem San Juans anschauliche Bilder, seine feine Beobachtungsgabe und seine packenden Vergleiche dingfest gemacht werden. Auf diesem Gebiet ließe sich aber, so die Übersetzer, auch einiges bemängeln, und zwar die Weitschweifigkeit, gelegentliche Ungenauenzien und «gewisse literarische Manieren», die sich der geistliche Autor habe zuschulden kommen lassen:

> Wenn wir schon einmal von den Vorzügen seiner Schriften reden, so soll auch nicht unerwähnt bleiben, was seinen Stil und seine Darstellungsweise so anziehend macht; und das sind vor allem die anschaulichen Bilder, die er überall einstreut, und die er aus seiner unmittelbaren Umgebungswelt nimmt, so recht geeignet, das zu behandelnde Objekt erst ins rechte Licht zu stellen. Es verrät sich darin seine feine Beobachtungsgabe. Dazu die packenden Vergleiche, die er trefflich anzuwenden versteht, welche zeigen, wie der Heilige trotz seiner innigen Vertrautheit mit der übersinnlichen Welt doch auch ein offenes Auge hatte für die Dinge in der Natur, für das reale Leben.
>
> Freilich dürfen wir über diesen Vorzügen, wie sie den Werken des heiligen Johannes vom Kreuz unstreitig zu eigen sind —es wurden deren nur die bedeutendsten aufgeführt— unser Auge auch nicht verschließen vor manchen Mängeln, die ihnen anhaften wie jedem Menschenwerk. Dazu möchte ich eine gewisse Weitschweifigkeit und Wiederholung mancher zu behandelnder Gedanken zählen; ferner eine gewisse Ungenauigkeit und Nachlässigkeit, die der mystische Lehrer sich bisweilen zuschulden kommen läßt, indem er nicht genau das bringt, was er

---

[73] Ebd., S. XX.

[74] Ebd., S. XX-XXI: «Johannes vom Kreuz ist ein Lehrer der Mystik im eminentesten Sinn des Wortes. Was ihn zu dieser erhabenen Tätigkeit besonders geeignet machte, war vor allem seine gründliche Schulung in der scholastischen Theologie, sein tiefer Gebetsgeist, sein inniger und liebender Verkehr mit Gott, seine ernste Bußstrenge, sein klarer, scharfer Verstand, sowie seine reiche Erfahrung im geistlichen Leben, die er sich als Seelenführer und durch fortgesetzte Selbstbeobachtung gesammelt hatte».

[75] Ebd., S. XXIII.

einleitend zu behandeln versprochen hatte. Außerdem finden
sich bei ihm auch gewisse literarische Manieren, wie sie den spanischen zeitgenössischen Schriftstellern eigen und größtenteils
aus Italien importiert waren.[76]

Es ist die keine neue Kritik. Sie fand sich ja schon bei Modestus a
Sancto Joanne Evangelista im späten 17. Jahrhundert und sie ist aus theolo-
gischer Sicht unverfänglich. Sie steigert aber die Glaubwürdigkeit der Übersetzer, da sie sich so vom Odium der blinden Verehrung befreien. Daß der
Vorwurf der Manieriertheit zeitbedingt ist, haben sie sich offenbar nicht
vergegenwärtigt.

Bei der zweiten San-Juan-Werkausgabe aus dem 20. Jahrhundert, der
vierbändigen von Irene Behn und Oda Schneider besorgten Übersetzung,
die von 1961 bis 1964 in Einsiedeln erschien,[77] muß die Auswertung im
Hinblick auf ihren Stellenwert in der deutschen San-Juan-Rezeption wenig
ergiebig bleiben. Selbstkommentare der Übersetzerinnen fehlen, desgleichen
auch eine allgemeine Einführung in die Geistigkeit San Juans. Die Einleitungen in den einzelnen Bänden verstehen sich offensichtlich strikt als Ver-
ständnishilfen bei der Lektüre. Nur einmal klingt etwas von der Zeitklage
und dem Kulturpessimismus an, die in der Münchener Ausgabe aus den
zwanziger Jahren die Aktualisierung und Funktionalisierung von San Juans
Frömmigkeit für zeitgemäße Zwecke mit konstituierten, wenn es nämlich
heißt, daß es «vielleicht [...] kein wirksameres Mittel» gebe, «die Menschen
der Gegenwart und Zukunft aus ihren gefährlichen Angstpsychosen zu befreien als [San Juans] Lehre von der glückseligen Nacht, von der gottbezo-
genen Liebesangst».[78]

Offensichtlich fassen Behn und Schneider, die übrigens auch San Juans
gediegene scholastische Gelehrsamkeit[79] und «die grandiose Einheit all sei-
ner Werke»[80] hervorheben, ein breiteres Zielpublikum ins Auge als ihre
Vorgänger in den zwanziger Jahren. Als einem Kirchenlehrer muß San
Juan eben Breitenwirkung eignen, eine Breitenwirkung, der sogar sein
Dichtertum nicht abträglich zu sein brauche:

> Die Lehre des Doctor mysticus von der Dunklen Nacht
> beschränkt sich keineswegs auf ein Spezialgebiet, an dem nur

---

[76] Ebd., S. XXII.
[77] Johannes vom Kreuz, Sämtliche Werke. Einsiedeln 1961- 1964. 4 Bde. (= Lectio spiritualis 7, 4, 6, 9). Im folgenden wird diese Übersetzung zitiert nach der 3.-4. Auflage Einsiedeln
(und Trier) 1983-1989. Über Irene Behn (geb. 1886) und Oda Schneider (Sr. Maria Cordis
O.C.D.) (geb. 1892) s. Eisner, Lyrik, S. 151 und 175.
[78] Ebd., Bd. 1, S. XL.
[79] Ebd., S. XVI.
[80] Ebd., S. XXV.

Seelen Interesse fänden, die das Geheimnisvolle anzieht. Sie beleuchtet einen wesentlichen Faktor im Plan der Welterlösung. Johannes vom Kreuz wäre sonst nicht Kirchenlehrer. Er wurde es, weil er in unvergleichlicher Weise Gegebenheiten und Vorgänge aufhellt, die für die Heilsökonomie der Gnaden und Kräfte im Gesamtleibe der Kirche wie auch im geistigen Werdegang des Einzelmenschen von größter Bedeutung sind. Daß er zunächst als Dichter die Gedanken formte, ist kein Nachteil. Auch der inspirierten Schrift liegt das Dichten nicht fern. [81]

Der insgesamt spärlichen Selbsteinordnung zum Trotz wird gerade aus dem weiteren Schicksal der Behn-Schneiderschen Übersetzung eine Wende in der deutschen San-Juan-Rezeption ersichtlich; eine Wende, die, wie noch darzutun sein wird, ironisch genug, gerade den von beiden Übersetzerinnen in einer ihrer wenigen Stellungnahmen allgemeinerer Art so lapidar gerechtfertigten Einklang von Mystik und Dichtertum betraf. Von der zweiten Auflage aus dem Jahre 1978 an, wurden die Gedichte San Juans in der Übertragung Behns, die eher einer freien Nachdichtung gleichkam, durch eine genauere Übersetzung, von Cornelia Capol, ersetzt, vermutlich weil erstere modernen Ansprüchen nicht mehr genügte. [82]

* * *

Die Werkübersetzungen vermitteln den besten Eindruck vom Gesamtverlauf der deutschen Rezeption sanjuanistischer Geistigkeit und deren Wechselfällen im einzelnen. San Juans Lyrik wurde, zumal wo sie außerhalb der Werkausgaben rezipiert wird, primär als schöne Literatur betrachtet und oft entsprechend funktionalisiert. Die deutsche Rezeption der Lyrik San Juans geht somit, gemessen an der der Werkausgaben, eigene Wege und kennt anders als diese auch eine protestantische Tradition, die die Funktionalisierung schon sehr früh, bereits im 17. Jahrhundert, vorantrieb. Sie schaltete und waltete auf jeden Fall mit den Vorlagen insgemein freizügiger als die katholischen Übersetzer, die immer wieder hin— und hergerissen wurden zwischen einerseits der Notwendigkeit, bei der Übersetzung so zu verfahren, daß sie, was bei der Dichte von San Juans lyrischer Aussage nicht immer leicht war, nicht mit der kirchlichen Lehrmeinung kollidierten und die gebührende Achtung vor den Worten des Heiligen wahrten, und andererseits ihren eigenen Fähigkeiten, den literarischen Gehalt der Vorlage möglichst integral hinüberzuretten. Beide Rezeptionsstränge verlaufen von Anfang an getrennt. Es scheint hier keine konkreten Berührungspunkte zu

---

[81] Ebd., S. XL.
[82] Vgl. auch weiter unten zu Anm. 110.

geben, wie im Bereich der San-Juan-Biographik, wo Schwab sich, wie bereits dargetan, auf Tersteegen stützte. Gemeinsamkeiten in der Auffassung vom Übersetzen und solche stilistischer Art sind wohl eher epochenbedingt.

Im folgenden sollen kurz die Haupttendenzen beider Rezeptionsstränge aufgezeigt werden. Dabei muß im vorliegenden Kontext auf Einzelanalysen verzichtet werden. Dies kann deshalb ohne große Nachteile geschehen, weil sich in der Untersuchung von Christine Eisner manch treffende Einzelanalyse findet.[83] Die nachfolgenden Ausführungen zur Lyrik greifen denn auch wesentlich auf die Eisnersche Dissertation zurück, wobei allerdings gelegentlich andere Akzente gesetzt werden müssen. So legt Eisner ihrer Betrachtung der Lyrikübersetzungen letztlich eine chronologische Perspektive zugrunde, während es wohl sinnvoller wäre zunächst nach dem konfessionellen Kontext, in dem die Übersetzung funktioniert, zu fragen. Dies führt u.a. dazu, daß der Säkularisierungstrend, den Eisner in den Lyrik-Übersetzungen Geibels und Georges feststellt[84] und der relativ unvermittelt dasteht, hier organischer als die letzte und radikalste Emanation der Funktionalisierungstendenz erscheint, die vor allem die protestantische Rezeption von San Juans Lyrik seit dem 17. Jahrhundert kennzeichnete.

Die lateinische Werkausgabe, die Andreas a Jesu 1639 veröffentlichte, verfuhr bei der Übersetzung von San Juans Lyrik recht pragmatisch. Sie übersetzte die drei Gedichte, die San Juan in seinen Werken erläutert, die poemas mayores, «Noche oscura», «Cántico espiritual» und «Llama de amor viva» also, jeweils zweimal, einmal metrisch und einmal wortwörtlich «absque metri quantitate».[85] Letztere Fassung wurde zur Grundlage der Erläuterungen im laufenden Werk gemacht.[86] Dieses Verfahren der zweifachen Übersetzung hat sich für die Werkausgaben bewährt, denn es wurde noch bis ins 20. Jahrhundert hinein gehandhabt: Schwab, Jocham sowie die Karmeliter Aloysius und Ambrosius in den zwanziger Jahren gehen so vor. Es bot einerseits die Möglichkeit, den Leser etwas von der dichterischen Begabung San Juans spüren zu lassen, während andererseits die Genauigkeit, die die Deutung im laufenden Einzelwerk erforderte, nicht gefährdet wurde. Für Separatverdeutschungen von Gedichten San Juans, die also nicht in Werkausgaben eingegliedert waren, egal, ob es sich um poemas mayores oder menores handelte, waren solche Dopppelfassungen selbstverständlich gegenstandslos. Die Werkausgaben des 19. und noch die erste des 20. Jahrhunderts nahmen allesamt ältere, separat erschienene Nachdichtungen von San Juans Lyrik in sich auf und steuerten im Falle der poemas mayores bes-

---

[83] Vgl oben Anm. 3.

[84] Eisner, Lyrik, S. 117-126.

[85] Opera Mystica, 2r.

[86] Die poemas menores, soweit sie damals bekannt waren, werden von Andreas nicht übersetzt; er druckt sie einfach in der spanischen Fassung ab.

tenfalls selber die nichtmetrische Fassung bei. [87] Zu den in ihnen enthaltenen Gedichtübertragungen braucht also nichts mehr gesagt zu werden, was nicht bereits zu den separat erschienen Lyriknachdichtungen vorgebracht wurde. Für die einzige deutsche Werkausgabe aus dem 17. Jahrundert, die von Modestus a Sancto Joanne Evangelista, gilt dies nicht. Sie enthält, wie übrigens die Behn-Schneidersche seit deren zweiter Auflage, über die später Näheres, eigens für sie angefertigte Lyrikübersetzungen, wenn auch nur der poemas mayores, die daher hier kurz gestreift werden sollen, zumal Eisner sie nicht hinreichend einordnet. [88]

Modestus reduziert San Juans Verse in den drei von ihm übersetzten poemas mayores einheitlich auf jambische Dreiheber, in der «Llama»-Übersetzung gelegentlich mit Vierhebern untermischt. Er bediente sich somit des Versmaßes, das Opitz in seiner Regelpoetik, dem *Buch von der Deutschen Poeterey* von 1624, als für die deutsche Sprache besonders geeignet empfohlen hatte. [89] Daraus sollte man jedoch nicht schließen, daß Modestus sich somit schlechthin zu der für den deutschen Barock so entscheidenden Opitzschen Dichtungsreform bekannt hätte. Immer wieder finden sich in seinen Übertragungen Verstöße gegen die elementarsten Opitzschen Regelvorschriften. Unreine Reime treten haufenweise auf; Wort— und Versakzent fallen durchaus nicht immer zusammen und die Verse strotzen gleichsam vor Apokope und Synkope in solchen Fällen, wo sie Opitz gerügt hatte. Daß Modestus von der Opitzschen Reform nicht gewußt hätte, ist eher unwahrscheinlich.

---

[87] In Schwabs *Sämmtlichen Schriften* sind wie bei Lechner Nachdichtungen von Silbert und Diepenbrock anzutreffen, bei Jocham dazu noch solche von Storck. Die Ausgabe der Karmeliter Aloysius und Ambrosius bringt die Gedichte in Übertragungen von Diepenbrock, Storck und Weinhart, letztere nach der Jochamschen Ausgabe. Die poemas mayores werden von Schwab in der spanischen Fassung, in einer eigenen deutschen wörtlichen, in einer deutschen metrischen (von Diepenbrock oder Silbert) und in einer lateinischen metrischen (nach der lateinischen Ausgabe von 1710) Übertragung abgedruckt. Jocham legt sie seinem Leser in einer eigenen wörtlichen und in einer metrischen von Diepenbrock bzw. Weinhart vor. Lechner übersetzte sie offensichtlich selber (metrisch) und die fünfbändige Ausgabe aus den zwanziger Jahre des 20. Jahrhunderts schickt den Schriften San Juans jeweils den spanischen Text und eine metrische Reimübertragung aus eigener Feder bzw. von Bernhard Panzram voraus. Den Erläuterungen im laufenden Text legen die beiden Übersetzer eine eigene wörtliche Übersetzung zugrunde. Vor ihrer Ausgabe der *Dunklen Nacht* drucken sie neben der eigenen metrischen Übertragung auch Diepenbrocks Nachdichtung ab. Auf den spanischen Text verzichten sie hier. Zu Panzram (geb. 1902) vgl. Eisner, Lyrik, S. 172. Zu Weinhart s. Anm. 54, zu den übrigen Übersetzern weiter unten Anm. 101-103.

[88] Eisner, Lyrik, S. 59-69, berücksichtigt nicht das Verhältnis von Modestus' Nachdichtungen zur Opitzschen Dichtungsreform.

[89] Zu Martin Opitz (1597-1639) und seiner Reform vgl. Klaus Garber, Martin Opitz. In: Harald Steinhagen / Benno von Wiese (Hrsg.), Deutsche Dichter des 17. Jahrhunderts. Ihr Leben und Werk. Berlin 1984. S. 116-184. Martin Opitz, Buch von der Deutschen Poeterey (1624). Nach der Edition von Wilhelm Braune neu herausgegeben von Richard Alewyn. 2. Auflage. Tübingen 1966. (= Neudrucke Deutscher Literaturwerke. N.F. 8).

Vermutlich stand er, wie ein Großteil der katholischen Dichtung der Barockzeit in bewußter Opposition zu ihr. Im Bestreben, sich gegen die Dominanz der protestantischen «Luthersprache» abzugrenzen, lehnte man in der Dichtung der katholischen Reformbewegung die Opitzschen Regeln ab und tradierte bis ins 18. Jahrhundert hinein sprachliche und stilistische Eigenheiten der oberdeutschen Kanzleisprache fort, eine Tendenz, die man als «Oberdeutsches Literaturprogramm» auf einen gemeinsamen Nenner zu bringen versucht hat. [90] Modestus dürfte als einziger katholischer Übersetzer von San Juans Lyrik in diesem Kontext funktionieren; für seine unmittelbaren Nachfolger, die bereits dem frühen 19. Jahrhundert angehören, ist das barocke oberdeutsche Literaturprogramm und die Opitz-Opposition mittlerweile unerheblich geworden.

Die barocke protestantische Rezeption richtet sich schon an den Opitz-Regeln aus. Sie kennzeichnet sich durch zweierlei: zum einen verläuft sie weitgehend über heterodoxe Kreise, zum andern weist sie eine ausgeprägte Tendenz zur Funktionalisierung von San Juans Gedichten, im Sinne von deren Inanspruchnahme für eigene spezifische Zwecke, auf. Letztere Eigenschaft, die die protestantische wie die profane Rezeption von San Juans Lyrik bis an die Schwelle des 20. Jahrhunderts durchzieht, findet sich schon bei Georg Philipp Harsdörffer, [91] der als erster Nichtkatholik und als erster überhaupt ein San-Juan-Gedicht, den «Cántico espiritual», ins Deutsche übersetzt, wenn auch auszugsweise. [92] Eisner hat schon dargetan, daß Harsdörffer seine verkürzende Nachdichtung in 17 Strophen, von denen nur die ersten elf auf San Juan zurückgehen und zumeist mehrere Strophen des

---

[90] Dazu: Dieter Breuer, Die Auseinandersetzung mit dem oberdeutschen Literaturprogramm. Zum Verhältnis von sprachlicher und gesellschaftlicher Programmatik. In: Archiv für Kulturgeschichte 53 (1971), S. 53-93; Ders., Oberdeutsche Literatur 1565-1650. Deutsche Literaturgeschichte und Territorialgeschichte in frühabsolutistischer Zeit. München 1979. (= Zeitschrift für Bayerische Landesgeschichte. Reihe B. Beiheft 11).

[91] Zu Harsdörffer (1607-1658) vgl. Irmgard Böttcher, Der Nürnberger Georg Philipp Harsdörffer. In: Steinhagen / v. Wiese, Deutsche Dichter, S. 289-346.

[92] Die Übersetzung erschien 1651 im zweiten Teil von Hars-dörffers *Nathan und Jotham*. Vgl. zu dieser Ausgabe Gerhard Dünnhaupt, Bibliographisches Handbuch der Barockliteratur. Hundert Personalbibliographien deutscher Autoren des siebzehnten Jahrhunderts. Stuttgart 1980-1981. 3 Bde. (= Hiersemanns Bibliographische Handbücher Bd. 2.I-2.III). Hier: Bd. 2, S. 803. Mir lag das Werk in der zweiten Auflage aus dem Jahre 1659 vor: Nathan und Jotham: Das ist Geistliche und Weltliche Lehrgedichte/ Zu sinnreicher Ausbildung der waaren Gottseligkeit/ wie auch aller löblichen Sitten und Tugenden vorgestellet/ und in diesem zweyten Druck vermehret: [...] Durch ein Mitglied der Hochlöblichen Fruchtbringenden Gesellschafft. Nürnberg/ In Verlegung Michael Endters. M. DC. LIX. Das Gedicht ist enthalten im zweiten Teil auf S. 65-71. Es wurde von Harsdörffer ebenfalls beigesteuert zu der Sammlung *Göttliche Liebesflamme* von Johann Michael Dilherr: Göttliche Liebesflamme: Das ist/ Christliche Andachten/ Gebet/ und Seufftzer/ über Das Königliche Braut-Lied Salomonis. Nürnberg 1651. Bl.)()(iiijr-)()(ixr.

«Cántico» zusammenfassen, als Hoheliedparaphrase in die Tradition der zeitgenössischen (geistlichen) Schäferdichtung einreiht. [93] Sie stuft es, da sie davon ausgeht, daß es von Anfang an für Johann Michael Dilherrs Sammelband *Göttliche Liebesflamme* (1651) bestimmt war, zu Unrecht als Kirchenlied ein. Es war wohl eher als geistliches Lied für die Haus— und Privatandacht gemeint, statt für den Gemeindegesang. [94] Das bestätigt nicht zuletzt auch der Umfang. Das Gedicht wurde von Harsdörffer, wie auch Eisner beiläufig feststellt, noch in einem anderen Zusammenhang gebracht, für den es wohl ursprünglich konzipiert wurde, nämlich in seiner eigenen Schrift *Nathan und Jotham*, einer Sammlung «Lehrgedichte». [95] Harsdörffer versteht unter «Lehrgedicht eine kurze fiktive Exempelgeschichte mit anschließender didaktischer Ausdeutung. Man würde sie heute wohl am ehesten als «Parabel» oder als Fabel im weiteren Sinne bezeichnen. In *Nathan und Jotham* soll die «Cántico»-Nachdichtung, wie es in der Überschrift heißt, «Gottes Liebe» aufzeigen. [96] Hier, in *Nathan und Jotham*, ist die Nachdichtung am deutlichsten funktionalisiert worden, was besonders ersichtlich wird aus der Erweiterung um sechs eigene Strophen Harsdörffers mit ihren massiven Erläuterungen.

Funktionalisiert, ja gelegentlich vereinnahmt, werden San-Juan-Gedichte auch von den nachfolgenden Nachdichtern in der protestantischen oder profanen Tradition. [97] So benutzt der «Schwärmer» Quirinus Kuhlmann im 62. «Kühlpsalm» seines *Kühlpsalters* eine Kollage aus den drei poemas mayores dazu, seinen Weg zu «seinem eignem Groscentrum, [...] dem Jeselischem Jerusalem» darzustellen. [98] Emanuel Geibel funktioniert, in dem von ihm gemeinsam mit Paul Heyse herausgegebenen *Spanischen Liederbuch* (1852) San Juans «Noche» zu einem profanen Liebeslied der spanischen

---

[93] Eisner, Lyrik, S. 37-48. Hier bes. S. 38-39.

[94] Zu der Unterscheidung zwischen Kirchenlied und geistlichem Lied vgl. Irmgard Scheitler, Das Geistliche Lied im deutschen Barock. Berlin 1982. (= Schriften zur Literaturwissenschaft 3).

[95] Zu *Nathan und Jotham* und dem Begriff "Lehrgedicht" in Harsdörfferschem Sinne vgl. Guillaume van Gemert, Einleitung zum reprographischen Nachdruck von *Nathan und Jotham*. Erscheint 1991 in Frankfurt/M. in der Reihe «Texte der frühen Neuzeit».

[96] Nathan und Jotham. 2. Teil, S. 65.

[97] Vgl. Eisner, Lyrik, S. 70-89 und 117-126. Die einzige Ausnahme bilden die Prosa-Übersetzungen der poemas mayores durch Gotthard Ludwig Kosegarten in seinem Buch «Die Ströme» (1817) vgl. Eisner, Lyrik, S. 75-89.

[98] Über Quirinus Kuhlmann (1651-1689) s. Claus Victor Bock, Quirinus Kuhlmann. In: Steinhagen / v. Wiese, Deutsche Dichter, S. 736-751. Zu dem Gedicht vgl. Leonard Forster / A.A. Parker, Quirinus Kuhlmann and the Poetry of St. John of the Cross. In: Bulletin of Hispanic Studies 35 (1958), S. 1-23. Auch in: Leonard Forster, Kleine Schriften zur deutschen Literatur im 17. Jahrhundert. Amsterdam 1977. (= Daphnis 6 (1977), H. 4), S. 235-261. Hier ist auf S. 238-241 auch das Gedicht abgedruckt. Das Zitat, ebd., S. 246. Vgl. auch Eisner, Lyrik, S. 49-58.

Volkspoesie um.[99] Bei Stefan George schließlich könnte die Nachdichtung der «Noche oscura» nicht zuletzt von seiner symbolistischen Vorliebe für den Hell-Dunkel-Kontrast, der auch in seinem *Algabal*-Zyklus eine zentrale Rolle spielte, ausgelöst worden sein.[100] Insgesamt dürfte das Gedicht von George aber als Beitrag zur eigenen Selbststilisierung als Dichter beabsichtigt sein, denn Dichtertum bedeutete ihm Priestertum im Sinne einer Teilhabe am Höheren. So konnte unter Beibehaltung der sanjuanistischen Bildlichkeit die mystische Aussage profaniert und durch den Selbstbezug zugleich vereinnahmt werden.

In der katholischen Rezeption von San Juans Lyrik setzt sich in der ersten Hälfte des 19. Jahrhunderts von den zwanziger Jahren an mit den Gedichtübertragungen von Johann Peter Silbert,[101] Melchior von Diepenbrock[102] und Wilhelm Storck,[103] die ursprünglich außerhalb von Werkausgaben erschienen, aber später immer wieder in solche hineingenommen wurden, eine Auffassung durch, die sich bei Modestus schon leise andeutete, als er San Juans Gedichte formal den Gepflogenheiten seiner Zeit anglich. Von nun an bis ins 20. Jahrhundert wird in der deutschen Auseinandersetzung mit San Juans Gedichten die Übersetzung zunehmend zur Manier. Nachdichtungen in —generell gesagt— spätromantischem oder epigonenhaft klassizistischem Stil werden fortan die Regel, wobei Formvollendung und Klangqualität, formale Angleichung an das Original und Beibehaltung des ursprünglichen Reimschemas vor Genauigkeit der inhaltli-

---

[99] Dazu: Eisner, Lyrik, S. 117-121. Über (Franz) Emanuel (August) (von) Geibel vgl. ADB XLIX, S. 265-274; Neue Deutsche Biographie. Hrsg. von der Historischen Kommission bei der Bayerischen Akademie der Wissenschaften. Berlin 1953 ff. (= NDB). Hier: Bd. 6, S. 139-140.

[100] Zu Stefan George (1868-1933) vgl. Paul Gerhard Klussmann, Stefan George. In: Benno von Wiese (Hrsg.), Deutsche Dichter der Moderne. Ihr Leben und Werk. 3Berlin 1975, S. 139-160. Das Gedicht ist enthalten in: Stefan George, Werke. Ausgabe in 4 Bdn. Bd. 4. München 1983. (= DTV 2134), S. 230-231.

[101] Über Johann Peter Silbert (1777-1844) vgl. ADB XXXIV, S. 316-318. Seine Nachdichtungen sind enthalten in der Sammlung *Dom heiliger Sänger oder fromme Gesänge der Vorzeit* (Wien / Prag 1820), zu der Friedrich Schlegel eine Vorrede schrieb.

[102] Zu Melchior von Diepenbrock (1798-1853) s. ADB V, S. 130- 138; NDB III, S. 651-652. Diepenbrocks Übertragungen von San-Juan-Gedichten erschienen in der Sammlung *Geistlicher Blumenstrauß aus spanischen und deutschen Dichter-Gärten* (Sulzbach 1829). Mir lag die vierte Auflage des *Blumen- strauß* vor, die 1862 in Sulzbach erschien.

[103] Über Wilhelm Storck (1829-1905) s. Wilhelm Kosch, Deutsches Literaturlexikon. Biographisches und bibliographisches Handbuch. 2Bern 1949-1958. 4 Bde. Hier: Bd. 4, S. 2888. Seine Gedicht-Übertragungen veröffentlichte er in der Sammlung *Sämmtliche Gedichte des heiligen Johannes vom Kreuze und der heiligen Theresia von Jesus* (München 1854). Die meisten Übertragungen Storcks wurden 1924 neu gedruckt in der zweisprachigen Ausgabe *Gedichte des heiligen Johannes vom Kreuz*. München 1924. (= Theatiner Drucke 1). Nur die «Noche oscura», der «Cántico» und «Qué bien sé yo la fonte» sind hier in der Diepenbrockschen Nachdichtung enthalten.

chen Wiedergabe rangieren. [104] Der Lyriker San Juan wird so zunehmend zum deutschen Klassiker zurechtgetrimmt. Daß dadurch auch das Bild der dichterischen Fähigkeiten San Juans insgesamt Einbußen erleidet, indem man ihn unbewußt in deutsche Traditionszusammenhänge einordnet, braucht nicht eigens betont zu werden.

Die letzte Vertreterin dieser Tendenz der glättenden Nachdichtung war Irene Behn, die 1959 die Gedichte gesondert herausbrachte [105] und sie in der

---

[104] Als Beispiel für diese Art zu übersetzen mögen hier die ersten drei Strophen der «Noche oscura» in der Übersetzung Diepenbrocks (Blumenstrauß, S. 164) dienen:

1.

In einer Nacht gar dunkel,
Da ganz mein liebend Herz vor Inbrunst glühte,
O hochbeglückte Stunde!
Entschlich mit leisem Tritte Ich meiner tief in Ruh' versunk'nen Hütte.

2.

Im sichern Schutz des Dunkels
War die geheime Leiter bald erstiegen;
O hochbeglückte Stunde!
Verhüllt und tiefverschwiegen
Ging ich, und ließ in Ruh' die Hütte liegen.

3.

O seligste der Nächte.
Da ich beherzt den dunkeln Pfad erklimmte,
Da mich kein Blick erspähte,
Kein Licht den Tritt bestimmte,
Als das, das in der innern Brust mir glimmte.

[105] Theresia von Jesus / Johannes vom Kreuz, Gedichte. Übertragen und mit einem Nachwort versehen von Irene Behn. Einsiedeln 1959. (= Sigillum 15). Die ersten drei Strophen der «Noche oscura» lauten in der Behnschen Übersetzung (ebd., S. 77):

1.

In Nacht an Sternen bloß,
von Liebesdrang glühend zum Ziel gerichtet-
o wunderseliges Los!-
entging ich ungesichtet,
mein Haus in Stille lassend, tiefbeschwichtet.

2.

Tief in des Dunkels Schoß,
verborgene Stufen längs, vermummt, umdichtet-
o wunderseliges Los!-
nachts, jedem Blick vernichtet,
mein Haus in Stille lassend, tiefbeschwichtet!

3.

Geheim, in Zauberringen
der Dunkelheit, wo mich kein Blick erkannte,
wo ich nichts sah von Dingen und nichts mir Strahlen sandte
als jenes Leitlicht, das im Herzen brannte!

Einzelne Gedichtübertragungen sind bereits anzutreffen in Behns Studie *Spanische Mystik. Darstellung und Deutung* (Düsseldorf 1957).

gleichen Übertragung 1961 in den zweiten Band der von ihr und Oda
Schneider besorgten Werkausgabe aufnahm. [106] Etwa gleichzeitig wurde die
erste Opposition gegen eine solche Übersetzungsauffassung, insofern sie die
geistliche Lyrik betraf, laut. Sie verbindet sich mit dem Namen des Jesuiten
Erich Przywara. Er veröffentlichte 1962 in seiner Sammlung *Hymnen des
Karmel* einzelne Gedichte San Juans in einer Übersetzung, die mit der bishe-
rigen Tradition restlos brach. [107] Sie verzichtet auf formale Glättung, auf
Reim und geschlossenen Strophenbau, ist dafür in getragenem Ton gehalten
und bedient sich einer spröden, durchaus nicht immer rhythmischen Sprache. Die Satzkonstruktion läuft häufig dem üblichen Erwartungsmuster zu-
wider. Przywara, als dessen Weggefährtin man vielleicht Edith Stein mit ihren Übersetzungen der poemas mayores in der *Kreuzeswissenschaft* betrachten
könnte, [108] will, daß die geistliche Dichtung San Juans so den Leser aufrüt-
telt und zum Nachdenken anregt, was er von ihrem Mehrwert gegenüber

---

[106] Vgl. oben Anm. 77.

[107] Erich Przywara, Hymnen des Karmel. Teresa von Jesus —Johannes vom Kreuz—
Therese vom Kind Jesus und heiligen Antlitz. Zürich 1962. Die Übersetzung entstand bereits
in den dreißiger Jahren; das Imprimatur datiert vom 19.2.1932. Die ersten drei Strophen der
«Noche oscura» wurden von Przywara folgendermaßen übersetzt (ebd., S. 38):

1.

In einer Nacht dunkel
mit Ängsten in Liebe um Liebe eingeflammt,
— o glücklich Auf-gut-Glück!
entsprang ich ohne zu sein bemerkt,
da schon war mein Haus ruhgestillt.

2.

In Dunkelheiten und ohne Sorge
auf der geheimen Stiege vermummt,
— o glücklich Auf-gut-Glück!
in Dunkelheiten und Gesicht-verdeckt,
da schon war mein Haus ruhgestillt.

3.

In der Nacht glücklich,
im Geheimen, daß niemand mich sah
noch ich schaute ein Ding,
ohne ander Licht und Führer,
wenn nicht, das im Herzen brannte.

Über Przywara (1889-1972) vgl. DS XII, Sp. 2493-2501.

[108] Edith Stein, Kreuzeswissenschaft. Studie über Joannes a Cruce. Louvain 1950. (=
Edith Steins Werke I). Die Übersetzungen der poemas mayores sind enthalten auf S. 37-38,
166 und 196-205. Edith Stein überträgt die ersten drei Strophen der «Noche» wie folgt (ebd.
S. 37):

1.

In einer dunklen Nacht,
Da Liebessehnen zehrend mich entflammte,
O glückliches Geschick!
Entwich ich unbemerkt,
Als schon mein Haus in tiefer Ruhe lag.

«reiner Lyrik» her rechtfertigt. Letztere darf sich im Vermitteln von schlechthinnigem poetischem Genuß erschöpfen, wozu sie sich auch einer glättenden Nachdichtung bedienen mag; geistliche Dichtung kann sich damit jedoch nie zufriedengeben:

> Diese Methode steht bewußt gegenüber einer Methode der Übersetzung in «Nachdichtung» dem «Sinne nach» zu einer neuen, glatten, dichterischen Form. Diese kann ihren Sinn dort haben, wo es sich um reine Lyrik handelt. Wo es aber, wie hier und bei den genannten übrigen Übertragungen des Verfassers, wesentlich auf die eigene Durchdringung der Aussage durch den Leser ankommt, auf den Nachvollzug des «Hörenden», Lauschenden, schließt jede geglättete Nachdichtung die Gefahr eines «beruhigten» Lesens in sich: den Genuß der poetischen Form. Alle echte theologische Aussage aber ist «Stammeln», ist Torso gemessen am unaussprechbaren Inhalt, oder ist Gleichnis, also lapidare Ver-einfach-ung. [109]

Przywaras Auffassungen haben sich, sei es in gemilderter Form, durchgesetzt. Dies dürfte dazu geführt haben, daß 1978 in der zweiten Auflage des Gedichtbandes der Behn-Schneiderschen Werkausgabe sämtliche Dichtungen in einer neuen Übersetzung vorgelegt wurden, die mehr den von Przywara verfochtenen Ansichten entsprach. [110] Auch spätere Übersetzungen

---

2.
Im Dunkel wohl geborgen,
Vermummt und auf geheimer Leiter,
O glückliches Geschick!
Im Dunkel und verborgen,
Da schon mein Haus in tiefer Ruhe lag.
3.
In dieser Nacht voll Glück,
In Heimlichkeit, da niemand mich erblickte,
Da ich auch nichts gewahrte,
Und ohne Licht noch Führer
Als jenes, das in meinem Herzen brannte.
In einer Anmerkung (ebd., S. 36) wird angegeben, wie die Übersetzung zustande kam: «Die Übersetzung ist mit Hilfe der verschiedenen Übertragungen in der deutschen Ausgabe des Theatinerverlages [Gemeint ist die Werkausgabe von Aloysius und Ambrosius] und einer wortgetreuen flämischen (Cyriel Verschaeve, Schoonheid en Christendom, Brügge 1938, S. 57f.) dem Urtext möglichst genau angepaßt». Zu Edith Stein (1891-1942) s. DS XIV, Sp. 1198-1204.

[109] Przywara, Hymnen, S. 131.

[110] Johannes vom Kreuz, Die dunkle Nacht und die Gedichte. Einsiedeln 1978. In einer Notiz auf der Rückseite des Titelblatts heißt es: «"Die dunkle Nacht" wurde für diese 2. Auflage übertragen von Hans Urs von Balthasar, die Gedichte von Cornelia Capol, und durch-

von einzelnen Gedichten San Juans, die von Repges[111] etwa, bekennen sich
zu der neuen Sichtweise, sind in einer schlichten, rhythmischen Sprache ab-
gefaßt und verzichten auf Reim. So scheint das gut anderthalb Jahrhunderte
lange Ringen um das Verhältnis von Form und Inhalt in der deutschen, zumal der katholischen Rezeption von San Juans Lyrik allmählich, nicht zuletzt auch übrigens im Zuge der generellen Aufwertung der rhythmischen
Sprache und des reimlosen Verses zu literarischen Ehren, in pragmatischer
Weise entschieden worden zu sein.

* * *

Mit der Rezeption von San Juans Lyrik und seinen Werken insgesamt
ging eine Flut an biographischer bzw. hagiographischer Literatur einher.
Sie diente in erster Linie dazu, dem Leser den Menschen und den Heiligen,
der sich hinter dem Werk verbarg, näherzubringen. Oft ist sie zudem eine
Einführung in San Juans Werk und in sein Denken. Bis ins 19. Jahrhundert
basieren diese Viten hauptsächlich auf ausländischen Vorlagen, die sie mehr
oder weniger volständig übertragen. Sowohl Andreas a Jesu als Modestus
a Sancto Joanne Evangelista schicken ihren Werkausgaben den von Hie-

---

gesehen von H. Leopold Davi». Zum Vergleich seien auch die drei ersten Strophen dieser
Übertragung (ebd., S. 165) hier abgedruckt:

1.
In einer dunklen Nacht,
entflammt von Liebessehnen,
o seliges Geschick!
entfloh ich unbemerkt,
da nun mein Haus in Ruhe lag.

2.
In Dunkelheit und ungefährdet,
auf geheimer Leiter, vermummt,
o seliges Geschick!
in Dunkelheit und im verborgnen,
da nun mein Haus in Ruhe lag.

3.
In der seligen Nacht,
insgeheim, so daß mich keiner sah,
und ich selber nichts gewahrte,
ohne anderes Licht und Geleit
außer dem, das in meinem Herzen brannte.

Über die Übersetzerin Cornelia Capol ließ sich nichts feststellen. Dafür, daß die Behnschen Nachdichtungen durch die Capolschen Übertragungen ersetzt wurden, werden keine
Gründe beigebracht.

[111] Walter Repges, Johannes vom Kreuz. Der Sänger der Liebe. Würzburg 1985. Es finden sich hier Übersetzungen von «Qué bien sé yo la fonte» (S. 26-29), «Vivo sin vivir» (S. 50-
53), «Un pastorcico» (S. 74-75), «Tras de un amoroso lance» (S. 94-97) und «Entréme donde
no supe» (S. 114- 117). Repges, Jahrgang 1928, studierte Philosophie, Theologie und Romanistik. Er ist seit 1960 im diplomatischen Dienst der Bundesrepublik tätig.

ronymus a Sancto Josepho verfaßten *Dibujo del Venerable Padre Frai Juan de la Cruz* in lateinischer bzw. in deutscher Übersetzung voraus. [112] Dieselbe Vita erschien 1675 in Wien, wohl aus Anlaß der Seligsprechung, noch einmal separat in der Übersetzung eines unbekannten Angehörigen des Karmeliterordens unter dem Titel *Kurtzer Begriff Deß Heiligen vnd wunderbarlichen Leben Deß Seeligen Vatters Joannis vom Creutz*. [113] Noch Jocham hängte Hieronymus' San-Juan-Vita seiner Werkausgabe an. [114] Sein Vorgänger Gallus Schwab verwertete, wie bereits dargetan, die San-Juan-Vita von Gerhard Tersteegen in dessen *Auserlesenen Lebensbeschreibungen Heiliger Seelen*, die aber über Gottfried Arnolds *Leben der Gläubigen* letztlich wieder auf Hieronymus a Sancto Josepho zurückgriff. [115] Auch Lechner wußte letzteren zu schätzen. Er hielt dessen Darstellung für «wohl das beste Werk, das über das Leben des Heiligen geschrieben worden» sei, [116] benutzte daneben für seine Lebensskizze noch ein gutes halbes Dutzend weitere Quellen, darunter auch die seinerzeit bekannte Darstellung von Dominicus a Jesu Maria *Der heilige Johann vom Kreuze, der erste barfüßige Karmelit* [117] (1852), Lechner zufolge «in sehr blühendem Style und mit seltener Begeisterung und Salbung geschrieben». [118] Im 20. Jahrhundert wächst die Zahl der eigenen deutschen San-Juan-Monographien und —Viten. Genannt seien nur die von Hildegard Waach [119] (1954) und von E. Specker [120] (1957). Auch finden sich gelegentlich popularisierende Darstellungen, die sich an ein breiteres Publikum richten, wie der Beitrag über San Juan in Walter Niggs Sammlung *Große Heilige* [121] (1946).

Neben der Biographie bzw. der Hagiographie hat sich, vor allem im zwanzigsten Jahrhundert, noch eine andere Art herausgebildet, San Juan

---

[112] Zu Hieronymus a Sancto Josepho (1587-1654) vgl. DS VIII, S. 937-938.

[113] Kurtzer Begriff Deß Heiligen vnd wunderbarlichen Leben Deß Seeligen Vatters Joannis Vom Creutz/ Ersten Baarfüsser-Carmeliters/ Vnd Der Baarfüssigen Carmeliter/ mit der H. Seraphischen Jungfrau vnd Mutter Theresia von Jesu, Stiffters Von Dem Wohl-Ehrwürdigen P. Hieronymo à S. Joseph, Baarfüssigen Carmeliter in Spanischer Sprach anfänglich beschrieben. Anjetzo Durch einen dieses Ordens Priester/ heraußgezogen/ in das Teutsche übertragen/ vnd in Druck geben [...] Gedruckt zu Wienn/ bey Johann Christoph Cosmerovio/ Röm. Kays. Mayest. Hof-Buchdrucker. 1675.

[114] Sämmtliche Schriften (Jocham), Bd. 2, S. 615-788.

[115] Sämmtliche Schriften (Schwab), Bd. 1, S. VI-XLIV. Vgl. auch Eisner, Lyrik, S. 76-77.

[116] Leben und Werke, Bd. 1, S. 14.

[117] Das Werk erschien in Wien. Lechner nennt weiter noch als Quellen für seine San-Juan-Vita Schriften von Josephus a Jesu Maria, Dosithée de S. Alexandre, Marco di S. Francesco, Honoratus a S. Maria, P. Collet und Gianfederigo di S. Rosa sowie die *Chronica generalis* des Karmelordens. Vgl. Leben und Werke, Bd. 1, S. 13-15.

[118] Ebd., S. 15.

[119] Hildegard Waach, Johannes vom Kreuz. Wien / München 1954.

[120] E. Specker, Johannes vom Kreuz. Lehrer der Mystik. Das Leben des Heiligen, gestaltet aus den spanischen Dokumenten. Stans 1957.

[121] Walter Nigg, Große Heilige. 2Zürich 1947. Hier: S. 220- 263: Der Dichter der Mystik. Johannes vom Kreuz 1542- 1591. Die erste Auflage war 1946, ebenfalls in Zürich, erschienen.

dem deutschen Leser näherzubringen. Sie ist allerdings nicht wissenschaftlich, historio— oder hagiographisch ausgerichtet, obwohl sie weder ohne historisches Quellenmaterial zu Leben und Werken San Juans noch ohne seine Schriften auskommt, sondern vielmehr literarisch. Sie gehört in den Bereich der sogenannten Halbfiktivität oder der biographischen Fiktion. Ihr Verfahren ist das der produktiven Rezeption, der schöpferischen Aneignung von historischen Gestalten und deren Leben. [122] Der Held der Darstellung erscheint als literarische Gestalt, an die sich der Autor gleichsam heranschreibt, manchmal bis zur Horizontverschmelzung. So wird nicht nur der Leser allmählich an sie herangeführt, auf eine Weise, die die «wissenschaftliche» Biographie oder Hagiographie nie realisieren könnte, der Prozeß der Annäherung an die literarische Gestalt hat meistens auch für den Autor eine befreiende, ja sogar therapeutische Wirkung, je nach dem Ausmaß seiner Identifizierung mit ihr.

In der deutschen Literatur der letzten Jahrzehnte, besonders im Zuge der sogenannten Neuen Subjektivität, [123] hat diese Ausprägung der produktiven Rezeption hohe Wellen geschlagen. Objekt der Darstellung sind zumeist historische Dichter oder sonstige Künstlergestalten, mit denen sich der moderne Autor mit seinen literarischen Ansprüchen leicht identifizieren kann, aber kaum je die etablierten, vielmehr die Außenseiter unter ihnen, die Frühvollendeten, die jung verstarben oder in geistiger Umnachtung endeten: Hölderlin, Lenz oder Kleist etwa. Bei ihnen glaubt man das Rätsel des Künstlertums offensichtlich eher auf die Spur zu kommen. Die Art, wie mit der historischen Gestalt verfahren wird, kann recht unterschiedlich sein. Kritiklose Idealisierung ist eher die Ausnahme. Weit häufiger finden sich Vergegenwärtigung, Problematisierung oder Inanspruchnahme für kontemporäre Zwecke.

Heilige wurden bislang, soweit feststellbar, selten in solcher Weise dargestellt. Wo dies aber geschieht, unterscheidet sich die Art der Darstellung von der herkömmlichen Hagiographie, einmal abgesehen von der generell anderen Akzentsetzung, die die literarische Ausrichtung mit ihrem größeren Freiraum für die Phantasie bedingt, durch die Vielfalt der potentiellen Inanspruchnahmen zu außerliterarischen Zwecken. Sie kann sich andererseits in Richtung Legende entwickeln, wird aber aufgrund ihrer Veranke-

---

[122] Zu diesem Phänomen: Ralf Sudau, Werkbearbeitung, Dichter-figuren. Traditionsaneignung am Beispiel der deutschen Gegenwartsliteratur. Tübingen 1985. (= Studien zur deutschen Literatur 82).

[123] Vgl. Peter Beicken, "Neue Subjektivität". Zur Prosa der siebziger Jahre. In: Paul Michael Lützeler / Egon Schwarz (Hrsg.), Deutsche Literatur in der Bundesrepublik seit 1965. Untersuchungen und Berichte. Königstein/Ts. 1980, S. 164-181; Helmut Kreuzer, Neue Subjektivität. Zur Literatur der siebziger Jahre in der Bundesrepublik Deutschland. In: Manfred Durzak (Hrsg.), Deutsche Gegenwartsliteratur. Ausgangspositionen und aktuelle Entwicklungen. Stuttgart 1981, S. 77-106.

rung in historisch verbürgter Faktizität nie vollständig mit dieser zusammenfallen. San Juan ist einer der wenigen Heiligen, denen im deutschen Sprachraum eine solche literarische «Behandlung» mittlerweile mehrfach zuteil geworden ist. Bevor auf die zwei in diese Kategorie gehörigen Werke, die bis jetzt ermittelt werden konnten, eingegangen wird, sei noch darauf hingewiesen, daß dieses literarische Verfahren der biographischen Fiktion den Helden der Darstellung, sei es der große Künstler, sei es der Heilige, immer irgendwie auf normalmenschliche Dimensionen reduziert, [124] ihn für den Hausgebrauch zurechtstutzt, vor allem weil die biedere oder die fromme Phantasie, je nachdem, die Lücken in der dokumentarisch belegbaren Überlieferung zumeist nur mit gängiger Alltagserfahrung auszufüllen vermag: das Rätsel, das wahres Künstlertum oder wahre Heiligkeit letztendlich sind, wird auch hier nie wirklich gelöst. Andererseits aber bietet dieses Verfahren gerade durch diese Reduktion auch ungeahnte Möglichkeiten der Popularisierung und der Aktualisierung.

San Juans Name taucht schon früh in literarischen Werken auf. Bereits im ersten Teil des in den Jahren 1785 bis 1790 veröffentlichten «psychologischen Romans» *Anton Reiser* von Karl Philipp Moritz wird er erwähnt. [125] Doch ist er hier keine literarische Gestalt. Der junge Reiser liest nur seine Schriften. Der Hinweis auf diese Lektüre soll einzig und allein die pietistischen Verhältnisse, denen Reiser entstammte, mit charakterisieren.

Diente San Juan bei Moritz zur bloßen Staffage, so ist seine Rolle in Stefan Andres Novelle *Wir sind Utopia*, die erstmals 1942 erschien, von sehr viel mehr Gewicht. [126] Obwohl er auch hier nicht handelnd auftritt und ebenfalls nur, gleichsam beiläufig, erwähnt wird, ist er eine Art Gegenfigur und zugleich das heimliche Leitbild der Hauptperson Paco, eines ehemaligen Karmeliten, der aus dem Orden ausgetreten war und exkommuniziert wurde. Als utopischer Träumer glaubte er, die Welt verbessern zu können. Im spanischen Bürgerkrieg kehrt er als gefangener Franco-Soldat in sein altes Kloster zurück, um dort kurz vor seinem Tod zu Gott und zu seinem Priestertum zurückzufinden. In seiner alten Zelle, wo sein ehemaliger Mit-

---

[124] Vgl. dazu Reinhard Baumgart, Die biographische Phantasie. In: Ders., Glücksgeist und Jammerseele. Über Leben und Schreiben, Vernunft und Literatur. München / Wien 1986, S. 106-132.

[125] Karl Philipp Moritz, Anton Reiser. Ein psychologischer Roman. Mit Textvarianten, Erläuterungen und einem Nachwort herausgegeben von Wolfgang Martens. Stuttgart 1979. (= Universal-Bibliothek 4813), S. 67: «Manchmal unterhielt sich auch L[obenstein] des Abends mit Anton allein, und sie lasen dann zusammen etwa in den Schriften des Taulerus, Johannes vom Kreuz, und ähnlichen Büchern». Zu Moritz (1756-1793) vgl. Hans Joachim Schrimpf, Karl Philipp Moritz. In: Benno von Wiese (Hrsg.), Deutsche Dichter des 18. Jahrhunderts. Ihr Leben und Werk. Berlin 1977, S. 881-910.

[126] Stefan Andres, Wir sind Utopia. Novelle. 28München / Zürich 1989. (= Serie Piper 95). Zu Andres (1906-1970) vgl. Käte Lorenzen, Stefan Andres. In: Benno von Wiese (Hrsg.), Deutsche Dichter der Gegenwart. Ihr Leben und Werk. Berlin 1973, S. 183-194.

bruder Padre Julio erschossen wurde, tritt er vor das Bildnis San Juans und
erkennt in dem Heiligen etwa von sich wieder:

> Er schöpft tief Atem und geht auf das Stehpult zu, darüber
> der heilige Johannes vom Kreuz aus einem alten Kupfer blickt.
> Er nähert sein Gesicht den Augen des Heiligen, und gleich
> schüttelt er seufzend den Kopf: warum sie nur so wehmütig aus
> ihrer Gloriole in die Welt schauen? Nun wohl, der Ordensvater
> hatte es aus seinem Bilde her mit ansehen müssen, wie sein
> Sohn, Padre Julio, gegen die Tür gewandt stand und «un mo-
> mento» schrie. Aber er sah den Padre Julio auch verträumt vor
> sich hinlächeln und lateinische Verse schreiben: an Cousinen
> und ehemalige Schulkameradinnen, jedoch gerade das mußte
> den strengen Ordensvater noch schwermütiger stimmen. Paco
> lächelte mit seinem undurchdringlichen Gesicht den Heiligen
> an. O ja, man begriff ein wenig diesen suchenden und nie Ge-
> nüge findenden Blick. Die Heiligen, die Liebenden und die uto-
> pischen Träumer dichten immerfort auf ihre Weise an der Welt
> weiter, und alle merken sie bald, wenigstens die besten von ih-
> nen —Paco zwinkert dem Heiligen mitleidig zu—, daß man die
> himmlischen Visionen schwer unterbringt auf dieser Welt. Das
> stimmt schwermütig, wenn die Bilder reiner Sehnsucht in kei-
> nen Rahmen passen wollen, wenn die Wirklichkeit sich schein-
> bar als ein blindes, wucherndes Gewächs erweist, das die Heili-
> gen, Liebenden und Träumer nur wie parasitische Blattläuse er-
> duldet. Aber wie traurig wäre die Welt ohne die Schwermut aus
> unstillbarer Sehnsucht! Das erlebte er an sich selber, sooft er
> praktisch und vernünftig werden wollte, nur das ansteuernd,
> was das körperliche Wohlbefinden verlangte. [127]

Im selben Jahr als Anders' Novelle erschien das erste deutschsprachige
literarische Werk, in dem San Juan als Hauptperson auftritt, die Erzählung
Die dunkle Nacht des Heiligen Johannes vom Kreuz von Reinhold Schneider. [128]
Sie schildert bloß einen Abschnitt aus San Juans Leben, seine Kerkerhaft in
Toledo, die Erniederigungen, die ihm dort von seiten seiner Mitbrüder der
alten Observanz widerfuhren, und seine letztendliche Befreiung, die er im
ungebrochenen Gottvertrauen durch seine Geduld und seine Demut, die

---

[127] Andres, Utopia, S. 19-20.
[128] Reinhold Schneider, Die dunkle Nacht des heiligen Johannes vom Kreuz. In: Ders.,
Der grosse Verzicht. Erzählungen, Drama. Auswahl und Nachwort von Edwin Maria Landau.
Frankfurt/M. 1978. (= Reinhold Schneider. Gesammelte Werke. Bd. 3), S. 77-118. Über
Schneider (1903-1958) vgl. Kurt Galling (Hrsg.), Die Religion in Geschichte und Gegenwart.
Tübingen 1957-1965. 6 Bde. und Registerband. Hier: Bd. 5, Sp. 1466-1467.

ihn allmählich die Achtung seiner Widersacher einbringen, erringt. Zugleich läßt die Erzählung den Leser figurenperspektivisch die Entstehung des «Noche-oscura»-Gedichts nachempfinden. Die Verwandtschaft von Schneiders Erzählung und Andres' Novelle ist größer, als man auf den ersten Blick glauben würde. Als Erzeugnisse der sogenannten Inneren Emigration, [129] der nicht-systemkonformen Literatur im nationalsozialistischen Deutschland, die sich nicht selten der historischen oder historisierenden Verschlüsselung bediente, um sich mit der eigenen Zeit auseinanderzusetzen, sind sie nicht Selbstzweck, sondern eignet ihnen ein wenn auch verschleierter Gegenwartsbezug. San Juan wird hier unmittelbar selbst bzw. mittelbar über die Paco-Gestalt zum Leitbild für den Menschen, der unter der Hitlerschen Gewaltherrschaft zu leiden hatte, zum Tröster in dunklen Zeiten.

Aus aktuellem Anlaß erschien das bislang jüngste Werk, in dem San Juan als literarische Gestalt auftritt: Erika Lorenz' *Licht der Nacht* (1990). [130] Es präsentiert sich als «die Biographie zum 450. Geburtstag und 400. Todestag des großen Menschen und Mystikers». [131] San Juan schildert hier selbst, als Ich-Erzähler, sein Leben und Denken, bis hin zu seinem Tod. Die Verfasserin will den Heiligen vergegenwärtigen und ihn zugleich rehabilitieren gegenüber einer, wohl sich als wissenschaftlich gebenden, Sicht auf ihn, die ihm zunehmend menschliche Züge absprach:

> Johannes vom Kreuz hat keine Aufzeichnungen über sein Leben hinterlassen. Neben seinem mystischen Werk und einigen Briefen gibt es keine Selbstzeugnisse. Darum ist die autobiographische Form dieses Buches eine Fiktion.
>
> Der literarische Kunstgriff der Ich-Erzählung wird von der «Schreiberin» verantwortet, weil es so möglich war, das grobe Gerüst überlieferter Daten und Fakten mit dem Fühlen, Denken und Wollen des großen spanischen Mystikers auszufüllen.
>
> [...]
>
> Es geht hier nicht darum, akribisch kein Datum auszulassen oder wissenschaftlich neues Material zu häufen. Es geht auch nicht um modernes «Umwerten» oder Psychologisieren. Dieses Buch wurde geschrieben, um das im Laufe der Jahrhun-

---

[129] Dazu u.a. Reinhold Grimm, Im Dickicht der inneren Emigra-tion. In: Horst Denkler / Karl Prümm (Hrsg.), Die deutsche Literatur im Dritten Reich. Themen — Traditionen — Wirkungen. Stuttgart 1976, S. 406-426.

[130] Erika Lorenz, Licht der Nacht. Johannes vom Kreuz erzählt sein Leben. Freiburg / Basel / Wien 1990. Erika Lorenz, Jahrgang 1923, ist Professor für Romanistik an der Universität Hamburg und hat mehrere Arbeiten zur spanischen geistlichen Literatur des Siglo de Oro veröffentlicht. Vgl. Werner Schuder (Hrsg.), Kürschners Deutscher Gelehrten-Kalender 1987. 15. Ausgabe. Berlin / New York 1987. 3 Bde. Hier: Bd. 2, S. 2795.

[131] So ein Werbetext des Verlags.

derte verdunkelte Bild des Johannes wieder in seinen ursprünglichen Farben erstrahlen zu lassen. [132]

Auch hier kann der Leser figurenperspektivisch die Entstehung von Gedichten und sonstigen Werken San Juans miterleben, die Perspektive, für die Erika Lorenz sich entschieden hat, verhindert jedoch von vornherein jegliche Annäherung. Sie läßt nämlich San Juan als Heiligen und Kirchenlehrer aus seinem «Tag der Ewigkeit», gemeint ist: postum, aus der himmlischen Seligkeit, heraus erzählen, eine Perspektive, die sie gleich zu Beginn ihres Buches festlegt:

> Es mag ein wenig ungewöhnlich erscheinen, daß jemand, der die Erde vor rund vierhundert Jahren verließ, Ihnen, mein lieber Leser im Herrn, sein Leben erzählt. Aber Sie wissen ja, ich bin nicht tot, und so habe ich aus meinem «Tag der Ewigkeit» heraus das Bedürfnis, zu den Menschen zu sprechen, denen man mich vorgestellt hat als ihren Lehrer, «Kirchenlehrer» nannte man das 1926. Das bedeutet nicht, daß ich die Kirche belehrte, so gut das auch manchmal sein könnte, sondern daß ich mit ihrer Zustimmung dem heutigen Menschen sage, was den Sinn meines Werks und meines Lebens ausmacht. [133]

Diese Perspektive führt aufgrund der Autorität des Ich-Erzählers wie des Heiligen, zweifellos ungewollt, dazu, daß auch die Einsprengsel der Phantasie sogleich im wortwörtlichen Sinne «kanonisiert» werden und eben dadurch für den kritischen Leser, der sie als Zutaten der «Schreiberin», wie sich die Verfasserin bezeichnet, erkennt, unglaubwürdig wirken. Die Ich-Perspektive jenes Erzählers, der eine entscheidende «Bekehrung», eine tiefgreifende Wende im Leben, erfahren hat, eignet nicht nur der geistlichen Autobiographie, sie ist im Bereich des Fiktionalen, und in eben diese Kategorie reiht sich Lorenz' Buch aufgrund ihrer Entscheidung zugunsten der biographischen Fiktion nun einmal ein, in erster Linie die des pícaro-Romans. [134] Der Bericht aus dem Jenseits dagegen gehört in die auf Lukian zurückgehende Tradition des «Totengesprächs». [135] Beide, Schelmenroman wie

---

[132] Lorenz, Licht, S. 7-8.

[133] Ebd., S. 11.

[134] Auch der pícaro-Roman präsentiert sich als fiktive Autobiographie. Obwohl der Protagonist dem Bereich der Fiktionalität angehört, wird konkrete Zeit— und Gesellschaftskritik dadurch ermöglicht, daß die Gesellschaft, zu der der Held in Opposition tritt, als real existent erkennbar bleibt. Zum Schelmenroman vgl. u.a. Hendrik van Gorp, Inleiding tot de picareske verhaalkunst of de wederwaardigheden van een anti-genre. Groningen 1978; Jürgen Jacobs, Der deutsche Schelmen- roman. Eine Einführung. Vor allem aber die unterschiedlichen Beiträge in: Helmut Heidenreich (Hrsg.), Pikarische Welt. Schriften zum europäischen Schelmenroman. Darmstadt 1969. (= Wege der Forschung 163).

[135] Zum Totengespräch vgl. RL III, S. 475-513.

Totengespräch, kennzeichnen sich durch eine spezifische Gesellschafts—
und Zeitkritik, die ihr Gewicht von der überlegenen Außenseiterposition
der Hauptperson her erhält. Leicht ironische Kritik an gesellschaftlichen
und kirchlichen Zuständen des 20. Jahrhunderts läßt Erika Lorenz zwar
auch ihren San Juan in dessen «Autobiographie» üben, das ist aber keineswegs ihr Hauptanliegen. Aufgrund der hauptsächlich durch die Wahl der
Erzählperspektive bedingten Diskrepanz zwischen Anliegen und Realisierung kann das Werk, das nicht zuletzt wegen der gediegenen Kenntnisse
von San Juans Leben, seinen Schriften und seiner Zeit, die aus ihm sprechen, besticht, literarischen Maßstäben nicht voll genügen.

* * *

Die deutsche San-Juan-Rezeption entwickelte sich im Laufe der Jahr-
hunderte von spärlichen Anfängen zu einer Vielfalt, die belegt, daß der
Karmelitermystiker mittlerweile auch im deutschen Sprachraum eine viel-
leicht nicht allzu große, aber immerhin treue Lesergemeinde gefunden hat.
Für manche mag er eher der in den Kanon der Weltliteratur gehörige Dich-
ter sein, für andere eher der Mystiker, der Seelenführer oder der heilige
Kirchenlehrer, fest steht, daß er bis heute, wie die Neuübersetzungen und
Neuauflagen seiner Werke, die zahlreichen Übertragungen seiner Lyrik und
die eben erst einsetzende literarische Aneignung im Gefüge der produktiven
Rezeption bestätigen, auch in den deutschen Landen lebendig geblieben ist.
Er ist gewiß nicht zu einem jener Volksheiligen geworden, die als Gegenstand der Volksdevotion oft eher die fromme Phantasie beflügeln als daß
ihre Verehrung noch aus der unmittelbaren Bekanntschaft mit ihrem Leben
und ihren Schriften genährt wird. Trotzdem dürfte er, vielleicht neben Santa Teresa, der geistliche Autor des spanischen Siglo de Oro sein, der im
deutschen Sprachraum über Jahrhunderte hinweg am intensivsten und in
den unterschiedlichsten Verwendungszusam-menhängen rezipiert worden
ist, innerhalb wie außerhalb der katholischen Kirche.